INVENTAIRE DES SCEAUX

DE

LA COLLECTION CLAIRAMBAULT

À LA BIBLIOTHÈQUE NATIONALE,

PAR

G. DEMAY,

CHEF DE LA SECTION HISTORIQUE AUX ARCHIVES NATIONALES,
MEMBRE DU COMITÉ DES TRAVAUX HISTORIQUES ET SCIENTIFIQUES.

TOME SECOND.

PARIS.
IMPRIMERIE NATIONALE.

M DCCC LXXXVI.

COLLECTION

DE

DOCUMENTS INÉDITS

SUR L'HISTOIRE DE FRANCE

PUBLIÉS PAR LES SOINS

DU MINISTRE DE L'INSTRUCTION PUBLIQUE.

TROISIÈME SÉRIE.

ARCHÉOLOGIE.

Par décision du 9 mars 1883, le Ministre de l'instruction publique et des beaux-arts, sur la proposition de la Section d'archéologie du Comité des travaux historiques et scientifiques, a ordonné la publication de l'*Inventaire des sceaux de la collection Clairambault*, par M. DEMAY, chef de la section historique aux Archives nationales.

M. Siméon LUCE, membre du Comité, a suivi l'impression de ce volume, en qualité de commissaire responsable.

INVENTAIRE DES SCEAUX

DE

LA COLLECTION CLAIRAMBAULT

À LA BIBLIOTHÈQUE NATIONALE,

PAR

G. DEMAY,

CHEF DE LA SECTION HISTORIQUE AUX ARCHIVES NATIONALES,
MEMBRE DU COMITÉ DES TRAVAUX HISTORIQUES ET SCIENTIFIQUES.

TOME SECOND.

PARIS.
IMPRIMERIE NATIONALE.

M DCCC LXXXVI.

INVENTAIRE DES SCEAUX

DE

LA COLLECTION CLAIRAMBAULT.

6620 NAAST (GODEFROI DE),
Chevalier banneret.

Sceau rond, de 36 mill. — Écu portant trois lions, dans une rose gothique. — Légende détruite.

Guerres des frontières de Flandre et de Hainaut. — Quittance de gages. — Paris, 1ᵉʳ mai 134.. (Clair., r. 80, p. 6277.)

6621 NAAST (GODEFROI DE),
Chevalier.

Sceau rond, de 24 mill. — Écu portant trois lions, penché, timbré d'un heaume cimé d'un vol, sur champ réticulé.

GODEFROY D.....

Quittance d'une assignation sur le fermier de la prévôté de Passavant. — 6 mars 1355, n. st. (Clair., r. 80, p. 6275.)

6622 NACELLES (BERTHIER DE),
Écuyer.

Sceau rond, de 19 mill. — Écu portant trois nacelles l'une sur l'autre.

✶ B DE NA...ELLE

Poursuite des Anglais. — Quittance de gages. — 18 octobre 1380. (Clair., r. 80, p. 6275.)

6623 NACELLES (JEAN DE),
Écuyer.

Sceau rond, de 18 mill. — Écu portant trois nacelles l'une sur l'autre, penché, timbré d'un heaume cimé d'une nacelle, sur champ réticulé.

..DE NA......

Poursuite des Anglais. — Quittance de gages. — Corbie, 4 août 1380. (Clair., r. 80, p. 6275.)

6624 NACELLES (PIERROT DE),
Écuyer.

Sceau rond, de 20 mill. — Écu portant trois nacelles l'une sur l'autre, dans un quadrilobe. — Légende détruite.

Guerres de Normandie. — Quittance de gages. — Rouen, 8 août 1346. (Clair., r. 80, p. 6275.)

6625 NACELLES (ROBIN DE),
Écuyer.

Sceau rond, de 16 mill. — Écu à la nacelle portant un léopard couché mantelé et voguant sur des ondes où nage un poisson.

..O...DE NA..LLES

Guerres de Normandie. — Quittance de gages. — Rouen, 8 août 1346. (Clair., r. 80, p. 6275.)

6626 NADES (GUILLAUME DE),
Écuyer de corps du duc de Berry.

Sceau rond, de 26 mill. — Écu au chevron accompagné de trois merlettes, penché, timbré d'un heaume cimé d'un objet conique entre deux cornes, supporté par deux lions.

GUILL DE CHAQUIGN..

Don du roi. — Quittance délivrée au receveur général des aides. — 22 janvier 1392, n. st. (Clair., r. 80, p. 6245.)

6627 NAGU (JEAN DE),
Seigneur de Varennes,
guidon de la compagnie du comte de Bennes.

Signet rond, de 16 mill. — Écu portant une fasce losangée de trois pièces ou trois losanges rangées en fasce, sous un chef chargé d'une croix; entouré d'un chapelet. — Sans légende.

Quittance de gages. — Mâcon, 22 décembre 1571. (Clair., r. 184, p. 6803.)

6628 NAGU (JEAN DE),
Seigneur de Varennes,
guidon de 50 hommes d'armes sous le comte de Bennes.

Signet ovale, de 21 mill. — Écu portant une fasce losangée de trois pièces ou trois losanges en fasce. — Sans légende.

Quittance de gages. — 23 avril 1572. (Clair., r. 184, p. 6803.)

6629 NAILLAC (ÉLIE DE),
Chevalier.

Sceau rond, de 23 mill. — Écu portant deux léopards l'un sur l'autre au bâton en bande brochant. — Légende détruite.

Ost de Flandre. — Quittance de gages. — Bruges, 18 janvier 1300, n. st. (Clair., r. 81, p. 6365.)

6630 NAILLAC (ÉLION DE).

Sceau rond, de 21 mill. — Écu portant deux léopards l'un sur l'autre au lambel, penché, timbré d'un heaume cimé d'un lion assis, sur champ festonné.

ELION DE N.LLAC

Service de guerre en Flandre. — Gages de Guillaume de la Motte, chevalier, de la compagnie du sire de la Trémoille. — 31 juillet 1385. (Clair., r. 79, p. 6183.)

6631 NAILLAC (ÉLION DE),
Chevalier.

Sceau rond, de 20 mill. — Variété du type précédent.

S ELION ....

Quittance des gages de Gautier de Billy. — 9 février 1390, n. st. (Clair., r. 14, p. 957.)

6632 NAILLAC (GUILLAUME DE),
Chevalier.

Sceau rond, de 19 mill. — Écu portant deux léopards l'un sur l'autre.

..VILLE ...ELA..

Garde du fort de Saint-Savin au duché de Guienne. — Quittance de gages. — Paris, 26 juin 1371. (Clair., r. 80, p. 6245.)

6633 NAILLAC (GUILLAUME DE),
Chevalier,
sénéchal de Saintonge, gouverneur de la Rochelle.

Sceau rond, de 28 mill. — Écu portant deux léopards l'un sur l'autre, penché, timbré d'un heaume cimé d'un lion assis, supporté par une dame et un homme sauvage.

.....DE NELLAT

Quittance délivrée au trésorier des guerres. — .... 138.. (Clair., r. 80, p. 6317.)

6634 NAILLAC (GUILLAUME DE),
Chevalier.

Sceau rond, de 24 mill. — Écu portant deux léopards l'un sur l'autre, penché, timbré d'un heaume cimé d'un lion assis. Dans le champ, deux rameaux.

..G'VILLE' DE NELLAC

Chevauchée de Bourbourg. — Quittance de gages. — 15 septembre 1383. (Clair., r. 80, p. 6317.)

6635 NAILLAC (GUILLAUME DE).

Sceau rond, de 25 mill. — Variété du type précédent. — Légende détruite.

Guerres de Saintonge. — Gages d'Aubert de Saint-Sébastien, chevalier. — 4 mai 1386. (Clair., r. 102, p. 7925.)

6636 NAILLAC (PHILIBERT DE).

Sceau rond, de 23 mill. — Écu portant deux léopards l'un sur l'autre, au lambel.

. . . L PҺILBG . . . .

Guerres de Saintonge. — Gages d'Aubert de Saint-Sébastien, chevalier. — 20 mai 1386. (Clair., r. 102, p. 7925.)

6637 NAILLY (ÉTIENNE DE),

Écuyer, du bailliage de Sens.

Sceau rond, de 20 mill. — Écu à la croix chargée de cinq coquilles, au lambel de quatre pendants.

. . GST . Π . . . . . .

Service de guerre. — Quittance de gages. — Paris, 15 août 1346. (Clair., r. 80, p. 6247.)

6638 NAILLY (RAOUL DE),

Écuyer, du bailliage de Sens.

Sceau rond, de 18 mill. — Écu à la croix chargée de cinq coquilles et accompagnée d'une molette en chef et à dextre.

✠ S R . . . L . . . . .

Service de guerre. — Quittance de gages. — Paris, 15 août 1346. (Clair., r. 109, p. 8483.)

6639 NAIN (PIERRE LE),

De Bellancourt, du bailliage de Vermandois.

Sceau rond, de 23 mill. — Écu besanté à trois fasces de vair, accosté d'une étoile et d'un croissant.

. . . . . ON LG Π . . .

Ost de Flandre. — Quittance de gages. — Arras, 10 septembre 1302. (Clair., r. 80, p. 6293.)

6640 NAMBU (ANDRÉ DE),

Commissaire ordinaire des guerres.

Sceau ovale, de 23 mill. — Écu échiqueté à la bordure au franc canton d'hermines, timbré d'un fleuron. — Sans légende.

Quittance de gages. — 30 juin 1576. (Clair., r. 184, p. 6805.)

6641 NAMUR

(Guillaume de Flandre, comte de).

Sceau rond, de 25 mill. — Écu portant un lion couronné à la bande brochant.

S' G' . . LLGRMI GOMITIS . . . . . . Π

Quittance au sujet d'une vente faite à la ville de Rouen. — 23 décembre 1360. (Clair., r. 214, p. 9511.)

6642 NAMUR

(Guillaume, fils aîné du comte de), chevalier banneret.

Sceau rond, de 31 mill. — Écu au lion couronné à la bande brochant, penché, timbré d'un heaume cimé d'un vol, dans un ovale, sur champ festonné.

. . . . au côte ðe nam cɧlr

Guerres de Flandre. — Quittance de gages. — 26 août 1383. (Clair., r. 48, p. 3561.)

6643 NAMUR

(Guillaume, fils aîné du comte de), seigneur de l'Écluse.

Sceau rond, de 40 mill. — Un lion assis, coiffé d'un heaume cimé d'un vol, portant à son cou un écu au lion couronné à la bande brochant, dans une niche treillissée de fleurs, sur champ festonné.

S gui . . . . seiɡce ?

Seconde chevauchée de Flandre. — Quittance de gages. — 15 octobre 1385. (Clair., r. 48, p. 3561.)

6644 NAMUR

(Guillaume, fils aîné du comte de), seigneur de Béthune, Bailleul et Peteghem.

Sceau rond, de 44 mill. — Écu au lion, penché,

timbré d'un heaume cimé d'un vol. Dans le champ, deux G placés chacun dans un nœud de feuillage. — Légende détruite.

Quittance en déduction de 10,000 francs à lui donnés par le roi à l'occasion de son mariage avec Jeanne d'Harcourt. — 6 septembre 1391. (Clair., r. 217, p. 9819.)

6645 NANCY (COUR DE).

Sceau rond, de 60 mill. — Écu à la bande chargée de trois alérions.

✠ SIGILL........RINGIG

Mariage de Jean de Marly avec Jeanne de Lenoncourt. — 2 octobre 1403. (Clair., r. 218, p. 9845.)

6646 NANCY (LOUIS DE),
Sergent d'armes du roi.

Sceau rond, de 19 mill. — Écu à la bande chargée de trois lionceaux.

✠ S LO.. DE VERA.SE

Guerres de Vermandois. — Quittance de gages. — Saint-Quentin, 14 octobre 1339. (Clair., r. 80, p. 6253.)

6647 NANFAN (JEAN),
Écuyer, capitaine de Meaux.

Sceau rond, de 33 mill. — Écu écartelé : au 1 et 4, un chevron d'hermines chargé de... au sommet et accompagné de trois...; au 2 et 3, trois renards passant l'un sur l'autre; penché, timbré d'un heaume à lambrequins cimé d'un renard.

Seel Iohan nanfau

Gages de la garnison de Meaux. — 2 janvier 1438, n. st. (Clair., r. 184, p. 6805.)

6648 NANTES.
Sceau aux contrats.

Sceau rond, de 40 mill. — Écu d'hermines, dans une rose gothique.

....VOIS ....

CONTRE-SCEAU : Une fleur? dans une étoile géométrique à six branches. — Sans légende.

Ordre d'ajourner le seigneur de Laval. — 1er février 1320, n. st. (Clair., r. 65, p. 5035.)

6649 NANTEUIL (GAUTIER DE),
Chevalier.

Sceau rond, de 21 mill. — Écu portant trois jumelles.

AVE MARIA G........

Ost de Flandre. — Quittance de gages. — Arras, 10 septembre 1302. (Clair., r. 80, p. 6253.)

6650 NANTEUIL (JEAN DE),
Prieur d'Aquitaine, capitaine souverain en Saintonge.

Sceau rond, de 25 mill. — Fragment d'écu portant deux fasces ondées, soutenu par un homme sauvage, dans une rose gothique.

S FR..........L

Gages de ses gens d'armes, lorsqu'il était capitaine à la Rochelle. — 25 novembre 1346. (Clair., r. 80, p. 6255.)

6651 NANTOUILLET (JEAN, SIRE DE),
Chevalier.

Sceau rond, de 24 mill. — Écu losangé au franc canton, penché, timbré d'un heaume couronné et cimé d'une tête de griffon, supporté par deux hommes sauvages.

S IEHAN DE NAN...LE. ChLR

Service de guerre. — Quittance de gages. — Riom, 8 février 1370, n. st. (Clair., r. 80, p. 6259.)

6652 NANTOUILLET (JEAN DE),
Écuyer, valet tranchant du roi.

Sceau rond, de 20 mill. — Écu losangé au franc canton chargé d'une étoile.

✠ IEhAN DE ..NTOVLLIET

Don du roi. — Quittance. — 21 janvier 1392, n. st. (Clair., r. 80, p. 6261.)

6653 NANTOUILLET (OGER DE),
Premier écuyer de corps du duc d'Orléans et maître de son écurie.

Sceau rond, de 24 mill. — Écu losangé au franc canton au lambel sur le tout, penché, timbré d'un heaume couronné et cimé d'une tête de griffon, supporté par deux hommes sauvages.

......TOUL..

Quittance de pension. — 14 juin 1405. (Clair., r. 80, p. 6261.)

6654 NANTOUILLET (RENAUD DE),
Chevalier.

Sceau rond, de 18 mill. — Écu losangé au franc canton.

........LGT

Quittance délivrée au trésorier du Temple au sujet de blé pris pour la reine de Navarre. — Paris, « le lundi après les Brandons » 1340? (Clair., r. 80, p. 6257.)

6655 NANTOUILLET (RENAUD DE),
Chevalier,
commissaire sur le fait de l'imposition de 4 deniers par livre, octroyée en la ville de Paris.

Sceau rond, de 22 mill. — Écu losangé, penché, timbré d'un heaume couronné et cimé d'une tête de griffon, sur champ réticulé.

......G NANTOVLLGL CHL.

Quittance de gages. — 30 avril 1348. (Clair., r. 80, p. 6257.)

6656 NANTOUILLET (RENAUD DE),
Chevalier, chambellan du duc de Bourgogne.

Sceau rond, de 25 mill. — Écu losangé au franc canton, penché, timbré d'un heaume couronné et cimé d'une tête de griffon, supporté par deux hommes sauvages.

S renaut ꝛe nanto....

Quittance délivrée au receveur général des aides. — 16 mai 1403. (Clair., r. 80, p. 6263.)

6657 NANTOUILLET (ROBERT DE),
Écuyer du roi.

Sceau rond, de 22 mill. — Écu losangé au franc canton chargé d'une croix fleuronnée?, dans un quadrilobe.

...BGRT D.....

Quittance de 60 livrées de bois à lui données par le roi pour la réparation de son hôtel. — 22 mars 1344, n. st. (Clair., r. 80, p. 6257.)

6658 NAPLES (FRANÇOIS DE),
Capitaine d'arbalétriers à pied.

Sceau rond, de 20 mill. — Écu au lion, penché, timbré d'un heaume cimé d'une tête de lion dans un vol, supporté par un lion et un griffon.

FRANSOIS .. NASPLGS

Projet de descente en Angleterre. — Quittance de gages. — Saint-Just près Pont-Saint-Esprit, 2 mars 1385, n. st. (Clair., r. 80, p. 6266.)

6659 NARBONNE
(Aimery, vicomte de).

Sceau rond, de 28 mill. — Écu détruit, penché, timbré d'un heaume couronné et cimé d'un plumail, supporté par deux lions, dans un quadrilobe. — Légende détruite.

Guerres de Gascogne. — Quittance de gages. — 15 septembre 1355. (Clair., r. 80, p. 6265.)

6660 NARBONNE
(Guillaume, vicomte de),
chevalier banneret.

Sceau rond, de 30 mill. — Écu écartelé : au 1 et 4, un arbre; au 2 et 3, un plain; penché, timbré d'un heaume cimé de plumes d'autruche.

..viscomte ꝛe narbone

Service de guerre contre les Anglais. — Quittance de gages. — 31 juillet 1420. (Clair., r. 80, p. 6269.)

6661 NARBONNE
(Jean de Foix, vicomte de).

Sceau rond, de 40 mill. — Écu écartelé : au 1 et 4, trois pals; au 2 et 3, deux vaches passant l'une sur l'autre; au lambel de cinq pendants sur les deux quartiers du chef; et sur le tout un écusson effacé. — Légende détruite.

Quittance de pension. — 31 janvier 1475, n. st. (Clair., r. 48, p. 3593.)

6662   NARBONNE
(Renaud de Bourbon, archevêque de).

Sceau rond, de 58 mill. — Écu portant une large bande (double d'une bande ordinaire) chargée d'un bâton côtoyé de six fleurs de lys, timbré d'une croix fleuronnée sous un dais d'architecture, supporté par deux personnages nimbés et tenant une palme.

Sigillum ca . . . . . . eginaldi . . borbonio archiepiscopi narbonensis

Quittance d'épices pour avoir présidé les trois États de Languedoc. — 28 septembre 1475. (Clair., r. 142, p. 2913.)

6663   NAVARRE (AGNÈS DE),
Comtesse de Foix.

Voyez Foix.

6664   NAVARRE (ANTOINE, ROI DE),
Capitaine de 100 lances.

Sceau rond, de 53 mill. — Écu écartelé : au 1 et 4, les chaînes de Navarre; au 2 et 3, trois fleurs de lys à la bande brochant; surmonté d'une couronne.

. . . . REGIS NAVARRE

Gages de l'office de capitaine. — 15 novembre 1558. (Clair., r. 227, p. 727.)

6665   NAVARRE
(Catherine, reine de).

Sceau rond, de 65 mill. — Écu écartelé parti : au 1, les chaînes de Navarre; au 2, trois pals; au 3, deux vaches passant l'une sur l'autre; au 4, trois fleurs de lys à la bande componée brochant; sur le tout, un écusson à deux lions passant l'un sur l'autre; cet écartelé parti d'un écartelé en sautoir de trois pals au 1 et 4, d'un château au 2, d'un lion au 3. L'écu timbré d'une couronne.

S katherine . . . gra regine nava . . . . . .

Gages de l'office de capitaine de feu son mari le roi de Navarre. — 24 août 1516. (Clair., r. 225, p. 469.)

6666   NAVARRE (CHARLES, ROI DE),
Comte d'Évreux.

Sceau rond, de 35 mill. — Écu écartelé : au 1 et 4, les chaînes de Navarre; au 2 et 3, un semé de fleurs de lys à la bande componée brochant; timbré d'un lion assis tenu par un homme sauvage, supporté par deux lévriers, sur un champ planté de rameaux, dans un trilobe.

SIGILLU KAROLI REGIS NAUAR . . . .

Achat de bétail au sujet de la gésine de la reine sa femme. — Ordonnance de payement. — Évreux, 2 juillet 1361. (Clair., r. 80, p. 6277.)

6667   NAVARRE (CHARLES, ROI DE),
Comte d'Évreux.

Sceau rond, de 43 mill. — Dans une niche gothique, un écu écartelé : au 1 et 4, les chaînes de Navarre; au 2 et 3, un semé de fleurs de lys à la bande componée brochant; timbré de deux oiseaux becquetant une tige fleuronnée, accosté de deux lévriers dans deux logettes latérales, supporté par deux lions.

SIGILLUM S. CR . . . . GIS NAUARRE

Accusé de réception de pièces d'habillement, «d'un tablet d'argent pourtrait à plusieurs ymages, d'une douzaine d'escriptoires garnies, d'un siguet à un ruby balai entaillé», etc. — Pampelune, 12 septembre 1377. (Clair., r. 215, p. 9651.)

6668   NAVARRE (HENRI, ROI DE),
Comte de Foix et de Bigorre, seigneur de Béarn et d'Albret, etc., capitaine de 60 lances.

Sceau rond, de 75 mill. — Écu coupé de 1, parti de 2, six quartiers : au 1, les chaînes de Navarre; au 2, un contre-écartelé de trois fleurs de lys et d'un plain; au 3, un palé de six pièces; au 4, deux vaches passant l'une sur l'autre; au 5, trois fleurs de lys à la bande componée brochant; au 6, un contre-écartelé en sautoir de quatre pals au 1 et 4, d'un château au 2, d'un lion au 3; sur le tout, un écusson à deux lions passant l'un sur l'autre; timbré d'une couronne, sur champ de rinceaux.

✠ S' HENRICI DEI GRA NAVAR..REGIS .O.ITIS FVXI DOMINI BIARNII ET COMITIS BIGORRE

Gages de l'office de capitaine. — Avril 1527, n. st. (Clair., r. 80, p. 6289.)

6669 NAVARRE (HENRI, ROI DE),
Chevalier de l'ordre du roi, lieutenant général en Guienne et capitaine de 80 lances.

Sceau rond, de 27 mill. — Écu écartelé parti : au 1, les chaînes de Navarre; au 2, un contre-écartelé de fleurs de lys et d'un plain; au 3, deux vaches passant l'une sur l'autre; au 4, trois fleurs de lys à la bande componée brochant; sur le tout, un écusson à deux lions passant l'un sur l'autre; cet écartelé parti d'un écartelé en sautoir portant au 1 et 4 trois pals; au 2, un château; au 3, un lion. L'écu timbré d'une couronne et entouré du collier de Saint-Michel. — Sans légende.

Gages de l'office de capitaine. — 24 juillet 1551. (Clair., r. 226, p. 623.)

6670 NAVARRE
(Henri de Bourbon, prince de),
capitaine de 40 lances.

Cachet ovale, de 45 mill. — Écu écartelé : au 1 et 4, les chaînes de Navarre; au 2 et 3, trois fleurs de lys au bâton péri en bande brochant; timbré d'une couronne. — Sans légende.

Gages de l'office de capitaine. — 5 août 1560. (Clair., r. 142, p. 2917.)

6671 NAVARRE
(Henri de Bourbon, prince de),
Chevalier de l'ordre du roi, capitaine de 50 lances, gouverneur de Guienne.

Cachet ovale, de 25 mill. — Écu écartelé: au 1 et 4, les chaînes de Navarre; au 2 et 3, trois fleurs de lys au bâton alaisé péri en bande brochant; timbré d'une couronne, entouré du collier de Saint-Michel. — Sans légende.

Gages de l'office de capitaine. — 3 juin 1567. (Clair., r. 142, p. 2915.)

6672 NAVARRE
(Henri de Bourbon, roi de),
souverain de Béarn, duc de Vendômois, pair de France, gouverneur de Guienne, capitaine de 80 lances.

Sceau ovale, de 24 mill. — Écu coupé : au 1, les chaînes de Navarre, parti de trois fleurs de lys au bâton brochant, parti d'un écartelé de trois fleurs de lys et d'un plain, parti de quatre pals; au 2, un écartelé de quatre lions sous un chef chargé de deux vaches passant l'une sur l'autre, parti de trois fleurs de lys à la bande componée brochant, parti d'un écartelé en sautoir, portant en chef et en pointe trois pals, à dextre un château, à sénestre un lion; sur le tout, un écusson à deux lions passant l'un sur l'autre. L'écu timbré d'une couronne. — Sans légende.

Gages de ses hommes d'armes. — 29 mars 1575, n. st. (Clair., r. 142, p. 2909.)

6673 NAVARRE
(Henri de Bourbon, roi de),
capitaine de 100 hommes d'armes.

Cachet rond, de 45 mill. — Variante du type précédent. L'écu timbré d'une couronne et embrassé par deux branches de laurier. — Sans légende.

Gages de l'office de capitaine. — 9 juillet 1579. (Clair., r. 142, p. 2921.)

6674 NAVARRE (JEAN, ROI DE),
Capitaine de 100 lances.

Sceau rond, de 60 mill. — Écu coupé de 1, parti de 2, six quartiers : au 1, les chaînes de Navarre; au 2, un contre-écartelé de trois fleurs de lys et d'un plain; au 3, trois pals; au 4, deux vaches passant l'une sur l'autre; au 5, trois fleurs de lys à la bande componée brochant; au 6, un écartelé en sautoir portant au 1 et 4 un palé de six pièces; au 2, un château; au 3, un lion; sur le tout, un écusson à deux lions passant l'un sur l'autre; timbré d'une couronne.

S ..HAN..... DEI GRACIA
REGIS NAVARRE

Gages de l'office de capitaine. — Navarrenx, 24 octobre 1514. (Clair., r. 225, p. 459.)

6675 NAVARRE (JEANNE DE).

Sceau rond, de 21 mill. — Écu parti : au 1, un semé de fleurs de lys à la bande componée brochant; au 2, les chaînes de Navarre; dans une rose gothique.

SEEL ..... NCHE DE NAVARRE

Quittance d'une rente sur la recette de Beaumont-le-Roger et de Conches. — 30 mai 1362. (Clair., r. 80, p. 6279.)

6676 NAVARRE
(Jeanne, fille aînée du roi de France, reine de), comtesse d'Évreux.

Sceau rond, de 32 mill. — Écu parti : au 1, les chaînes de Navarre, coupé d'un semé de fleurs de lys à la bande componée brochant; au 2, un semé de fleurs de lys; dans une rose gothique ornée d'animaux.

.... DE FRANCE ..... UARRE

Ordre de payer à Jean Dent-de-Rat 20 francs, prix d'un cheval qui lui a été acheté. — Évreux, 1er juin 1366. (Clair., r. 50, p. 3729.)

6677 NAVARRE (JEANNE DE).

Sceau rond, de 27 mill. — La lettre initiale I au centre d'un trilobe contenant dans chacune de ses divisions un écu écartelé : au 1 et 4, les chaînes de Navarre; au 2 et 3, trois fleurs de lys à la bande componée brochant. — Légende détruite.

Quittance d'une assignation sur la recette de Carentan. — 23 août 1367. (Clair., r. 80, p. 6281.)

6678 NAVARRE (LOUIS DE),
Comte de Beaumont-le-Roger.

Voyez BEAUMONT-LE-ROGER.

6679 NAVARRE (PIERRE DE).

Sceau rond, de 35 mill. — Écu écartelé : au 1 et 4, les chaînes de Navarre; au 2 et 3, un semé de fleurs de lys à la bordure componée; le tout à la bordure; soutenu par un homme sauvage, supporté par un lévrier et une aigle, dans un trilobe.

✱ S ..... um Secret .... u Regis navarre

Quittance délivrée au receveur général des aides. — 16 août 1387. (Clair., r. 80, p. 6283.)

6680 NAVARRE (PIERRE DE),
Comte de Mortain.

Voyez MORTAIN.

6681 NEAUPHLE (DENIS DE),
Écuyer.

Sceau rond, de 18 mill. — Écu au lion.

.DI .... E

Guerres de Saintonge; garde du pont de Saintes. — Quittance de gages. — 4 novembre 1380. (Clair., r. 80, p. 6295.)

6682 NEAUPHLE (JEAN DE),
De la vicomté de Paris.

Sceau rond, de 20 mill. — Écu au chevron accompagné de trois lions, dans un quadrilobe.

S IG ....

Guerres de Vermandois. — Quittance de gages. — Saint-Quentin, 22 octobre 1339. (Clair., r. 80, p. 6293.)

6683 NEAUVILLE (HERVIEU DE),
Maître de la chambre aux deniers du duc de Bourgogne.

Sceau rond, de 24 mill. — Écu d'hermines portant un lion naissant et une roue en chef et une roue en pointe, sur champ festonné.

Le Seel hervien de neauvi...

Quittance délivrée au receveur des aides. — Paris, 22 février 1386, n. st. (Clair., r. 80, p. 6295.)

6684 NÉDONCHEL (ANIEUX DE),
Écuyer.

Sceau rond, de 22 mill. — Écu écartelé : au 1 et 4, une bande; au 2 et 3, un contre-écartelé de plains; penché, timbré d'un heaume cimé d'un coq, accosté des lettres n et a.

.DE NEDOCHEL DIT ANIEV.

Guerres de Picardie. — Quittance de gages. — Corbie, 4 août 1380. (Clair., r. 80, p. 6299.)

6685 NÉDONCHEL (JEAN DE),
Chevalier.

Sceau rond, de 20 mill. — Écu à la bande accompagnée en chef et à sénestre d'un écusson chargé de..., dans un quadrilobe.

....AN DE NEDONCHEL

Guerres des frontières de Picardie. — Quittance de gages. — Amiens, 25 décembre 1382. (Clair., r. 80, p. 6299.)

6686 NEEL (JEAN),
Capitaine d'arbalétriers.

Sceau rond, de 22 mill. — Écu incomplet portant une sorte de chevron renversé sous un chef chargé de deux besants ou deux tourteaux, penché, timbré d'un heaume cimé d'un col de cygne.

IOHAN NEEL

Guerres de Normandie. — Quittance de gages. — Rouen, 22 septembre 1415. (Clair., r. 80, p. 6299.)

6687 NEGRO (NICOLAS DE),
Connétable d'arbalétriers à pied du pays de Gênes.

Sceau rond, de 20 mill. — Écu portant une feuille de scie accompagnée en pointe de trois fleurs de lys.

S NICOLAS DE NEGRO

Guerres des frontières de Picardie. — Quittance de gages. — Thérouanne, 26 juin 1387. (Clair., r. 80, p. 6309.)

6688 NÉGRON (PIERRE DE),
Chevalier.

Sceau rond, de 25 mill. — Écu portant deux léopards l'un sur l'autre, penché, timbré d'un heaume couronné et cimé d'une tête de chien. Dans le champ, deux serres couronnées.

PIERRE DE NEGRON

Guerres de Normandie. — Quittance de gages. — 28 septembre 1387. (Clair., r. 80, p. 6313.)

6689 NEILLAC.

Voyez NAILLAC.

6690 NEMOURS (JEAN DE),
Chevalier.

Sceau rond, de 19 mill. — Écu portant trois jumelles, penché, timbré d'un heaume cimé d'un col de cygne dans un vol, sur champ réticulé.

......NEMO...

Ost d'Hesdin et de Calais. — Quittance de gages. — 17 août 1357. (Clair., r. 80, p. 6321.)

6691 NÉRET (PIERRE),
Sergent à pied du guet de nuit de Paris.

Sceau rond, de 19 mill. — Écu écartelé : au 1, une sextefeuille; au 2 et 3, une corne de cerf?; au 4, un raisin.

✠ P..... .ERET

Quittance de gages. — 21 juillet 1396. (Clair., r. 81, p. 6327.)

6692 NERVILLE (GUILLAUME DE),
Écuyer.

Sceau rond, de 19 mill. — Écu portant une croix au lambel.

G'VILLE DE NEREVILLE

Guerres de Normandie. — Quittance de gages. — Bayeux, 16 janvier 1388, n. st. (Clair., r. 81, p. 6329.)

6693 NERVILLE (GUILLOT DE),
Écuyer.

Sceau rond, de 23 mill. — Écu portant une croix au lambel.

.....DE NERV....

Chevauchée de Flandre. — Quittance de gages. — 31 août 1383. (Clair., r. 81, p. 6327.)

6694 NÉRY (GUIOT DE),
Écuyer.

Sceau rond, de 21 mill. — Écu portant six fleurs de lys en orle accompagnées d'un écusson en abîme, dans un quadrilobe.

...IOT ... .ERI

Garde de la ville du Mans. — Quittance de gages. — Paris, 24 septembre 1356. (Clair., r. 81, p. 6329.)

6695 NÉRY (PIERRE, SEIGNEUR DE),
Écuyer.

Sceau rond, de 25 mill. — Écu portant six fleurs de lys en orle, penché, timbré d'un heaume cimé d'une touffe, supporté par deux lions.

... ƎRRE DE ....

Service de guerre contre le duc de Bourgogne. — Quittance de gages. — 26 août 1414. (Clair., r. 81, p. 6331.)

6696 NESLE (FERRI DE),
Chevalier, garde et capitaine des trois villes de Melun.

Sceau rond, de 20 mill. — Écu à la fasce accompagnée d'un vivré en chef, penché, timbré d'un heaume cimé d'une tête de bélier, sur champ réticulé.

S F.... ..nǝǝiLǝ..

Quittance de gages.— 11 novembre 1365. (Clair., r. 80, p. 6305.)

6697 NESLE (GUI DE),
Sire de Mello, maréchal de France,
capitaine de 200 hommes d'armes du pays de Vermandois.

Sceau rond, de 23 mill. — Écu semé de trèfles à deux bars adossés accompagnés à dextre d'un lion, dans une rose gothique.

✠ .....DE ...LE

Montre de Jean de Chepoix, écuyer, reçue le 27 octobre 1348. (Clair., r. 80, p. 6301.)

6698 NESLE (GUI DE),
Sire de Mello, maréchal de France.

Sceau rond, de 30 mill. — Variété du type précédent. — Légende détruite.

Montre de Christophe de Richebourg, reçue à Saint-Omer, 13 mars 1352, n. st. (Clair., r. 80, p. 6303.)

6699 NESLE (GUI DE),
Sire de Mello, maréchal de France,
capitaine général du pays de Bretagne, d'Anjou et du Maine.

Sceau rond, de 32 mill. — Type équestre. —

L'écu et la housse semés de trèfles à deux bars adossés.

.GVY DE nǝ... ......

Nomination de Rabache de Hangest aux fonctions de capitaine de la ville du Château-Josselin et de la forteresse de la Chaucie devant Ploërmel. — Rennes, 17 avril 1354. (Clair., r. 80, p. 6305.)

6700 NESLE (GUI DE).

Voyez Maréchaux de France.

6701 NESLE (JEAN DE).
Chevalier, sire d'Offémont, queux de France.

Sceau rond, de 27 mill. — Écu semé de trèfles à deux bars adossés, penché, timbré d'un heaume de face à volet cimé d'un plumail entre deux bars, dans un quadrilobe. — Légende détruite.

Quittance d'une rente sur le comté de Montfort. — Amiens, 6 mai 1347. (Clair., r. 80, p. 6299.)

6702 NESLE (JEAN DE),
Écuyer.

Sceau rond, de 19 mill. — Écu au chevron accompagné de trois besants ou trois tourteaux, penché, timbré d'un heaume cimé d'une tête de chèvre, sur champ festonné.

S IǝhAn........

Restor d'un cheval mort à la chevauchée de Brillac. — Poitiers, 27 octobre 1356. (Clair., r. 80, p. 6305.)

6703 NESLE (JEAN DE),
Chevalier banneret, sire d'Offémont.

Sceau rond, de 30 mill. — Écu semé de trèfles à deux bars adossés, penché, timbré d'un heaume cimé d'une tête de cerf, supporté par deux chiens.

SǝEL Iǝh.. ....mont

Chevauchée de Flandre. — Quittance de gages. — 28 août 1383. (Clair., r. 80, p. 6307.)

6704 NESLE (JEAN DE),
Chevalier.

Sceau rond, de 23 mill. — Écu semé de trèfles à

deux bars adossés à la bande brochant, penché, timbré d'un heaume cimé d'une touffe, supporté par deux lions.

S IOhAN ......

Chevauchée de Bourbourg. — Quittance de gages. — 10 septembre 1383. (Clair., r. 80, p. 6307.)

6705   NESLE (ROBERT DE).
Chevalier banneret.

Sceau rond, de 26 mill. — Écu semé de trèfles à deux bars adossés à la bordure, penché, timbré d'un heaume de face cimé de... — Légende détruite.

Poursuite des Anglais en la compagnie de monseigneur de Coucy. — Quittance de gages. — Gallardon, 5 septembre 1380. (Clair., r. 80, p. 6307.)

6706   NESSON (JAMET DE),
Valet de chambre et garde des deniers des coffres du roi.

Sceau rond, de 22 mill. — Écu portant une aigle à la bordure besantée, penché, timbré d'un heaume cimé d'une tête de More, supporté par deux aigles.

iamet .. nesson

Quittance délivrée au receveur général des aides. — 12 septembre 1401. (Clair., r. 81, p. 6333.)

6707   NEUCHÈSE (LOUIS DE),
Enseigne de la compagnie de monseigneur de Damville.

Sceau ovale, de 27 mill. — Écu portant neuf molettes, 3, 3, 2 et 1, dans un cartouche. — Sans légende.

Quittance de gages. — 29 juillet 1561. (Clair., r. 186, p. 6925.)

6708   NEUCHÈZE (PIERRE DE),
Écuyer.

Sceau rond, de 22 mill. — Écu portant neuf molettes, 3, 3, 2 et 1, à la bordure engrêlée, penché, timbré d'un heaume cimé d'un vol, sur champ festonné.

P...RE .. vuhese

Guerres de Bretagne. — Quittance de gages. — 20 janvier 1381, n. st. (Clair., r. 81, p. 6333.)

DE LA COLLECTION CLAIRAMBAULT. 11

6709   NEUFCHÂTEL (JEAN DE),
Chevalier, de Suisse.

Sceau rond, de 27 mill. — Écu au pal chargé de trois chevrons, penché, timbré d'un heaume couronné et cimé d'une touffe, supporté par deux hommes sauvages.

S IOhAN DE .V....STOL

Quittance délivrée au trésorier du roi de Navarre. — 22 novembre 1362. (Clair., r. 81, p. 6335.)

6710   NEUFCHÂTEL (THIBAUD DE),
Chevalier banneret.

Sceau rond, de 24 mill. — Écu à la bande, penché, timbré d'un heaume cimé d'un vol aux armes. Dans le champ, deux rameaux.

....AVT SIRE DE N.......

Chevauchée de Bourbourg. — Quittance de gages. — 25 août 1383. (Clair., r. 81, p. 6335.)

6711   NEUFCHÂTEL (THIBAUD DE),
Chevalier.

Sceau rond, de 28 mill. — Écu à la bande, penché, timbré d'un heaume couronné et cimé d'un vol aux armes, supporté par deux hommes sauvages chacun à cheval sur un lion.

S ThIBAVT SEGNIEUR DE NEVFChASTEL

Chevauchée de Bourbourg. — Quittance de gages. — 10 septembre 1383. (Clair., r. 81, p. 6335.)

6712   NEUILLY (JEAN DE),
Sécrétaire du roi et son procureur au bailliage de Mâcon.

Sceau rond, de 22 mill. — Écu portant trois rencontres d'âne, penché, timbré d'un heaume cimé d'une tête d'âne, supporté par deux hommes sauvages.

.......ne..L..

Quittance de gages. — Mâcon, 13 octobre 1386. (Clair., r. 81, p. 6359.)

6713   NEUVE-RUE (EUSTACHE DE LA),
Chevalier.

Sceau rond, de 23 mill. — Écu portant une fasce

2.

au lambel, penché, timbré d'un heaume couronné et cimé de deux cornes ou de deux bras, supporté par deux sirènes.

...TASCE.......

Quittance d'une rente sur la recette du bailliage d'Amiens et comté de Ponthieu. — 8 novembre 1360 ou 1369. (Clair., r. 81, p. 6339.)

6714 NEUVE-RUE (EUSTACHE DE LA),
Chevalier.

Sceau rond, de 26 mill. — Écu écartelé : au 1 et 4, une fasce au lambel; au 2 et 3, une bande engrêlée accompagnée d'une merlette en chef et à sénestre. — Légende détruite.

Service de guerre sous monseigneur de Sempy, capitaine du pays de Picardie. — Quittance de gages. — 23 décembre 1382. (Clair., r. 81, p. 6339.)

6715 NEUVE-RUE (EUSTACHE DE LA),
Chevalier.

Sceau rond, de 26 mill. — Écu écartelé : au 1 et 4, une fasce; au 2 et 3, une bande engrêlée accompagnée d'une merlette en chef et à sénestre; penché, timbré d'un heaume couronné et cimé de deux bras? supporté par deux sirènes.

.......CE DE NEUUERUES DE RAU.....

Garde de la ville de Boulogne. — Quittance de gages. — Amiens, 31 mai 1387. (Clair., r. 81, p. 6341.)

6716 NEUVESALLE (JEAN DE),
Écuyer.

Sceau rond, de 18 mill. — Écu portant une herse accompagnée d'une aiglette en chef et à dextre.

✶ S' IO DE NOVES..LE

Guerres de Vermandois et de Cambrésis. — Quittance de gages. — Saint-Quentin, 15 septembre 1339. (Clair., r. 81, p. 6343.)

6717 NEUVILLE (ANTOINE DE),
Écuyer.

Sceau rond, de 18 mill. — Écu incomplet portant une bande accompagnée en chef et à sénestre d'une étoile, penché, timbré d'un heaume cimé d'une hure.

antoin. . . .envile

Service de guerre contre le duc de Bourgogne. — 26 juin 1414. (Clair., r. 81, p. 6353.)

6718 NEUVILLE (BERNARD DE),
Écuyer, capitaine de Caudrot.

Sceau rond, de 20 mill. — Écu au chevron accompagné de trois besants au lambel.

S.TE... DE GA..RNE

Gages de l'office de capitaine. — Agen, 4 mars 1343, n. st. (Clair., r. 81, p. 6345.)

6719 NEUVILLE (BERNARD DE),
Écuyer.

Sceau rond, de 21 mill. — Écu portant un chevron accompagné de trois besants et d'une étoile en abîme.

✶ S' BERNAR... ...VILLE

Quittance délivrée au trésorier du roi à Carcassonne. — 30 janvier 1344, n. st. (Clair., r. 81, p. 6345.)

6720 NEUVILLE (DESRÉÉ DE),
Écuyer.

Sceau rond, de 20 mill. — Écu portant deux bandes frettées séparées en chef par une étoile.

S' BATRAN DE NEWLLA

Guerres des frontières de Picardie. — Quittance de gages. — Thérouanne, 30 septembre 1387. (Clair., r. 81, p. 6351.)

6721 NEUVILLE (EUSTACHE DE),
Le Borgne, sire de Matringhem, chevalier.

Sceau rond, de 26 mill. — Écu fretté au franc canton chargé d'un croissant, penché, timbré d'un heaume cimé d'une tête de More, supporté par deux lions, sur champ festonné.

.....MA........

Chevauchée du Mans. — Quittance de gages. — Le Mans, 4 août 1392. (Clair., r. 71, p. 5569.)

DE LA COLLECTION CLAIRAMBAULT.

6722 NEUVILLE (GILLES DE),
Sire du Pré et de Vitermont.

Sceau rond, de 25 mill. — Écu fretté au franc canton chargé d'une merlette. — Légende détruite.

Quittance d'une rente sur la recette de Béthune. — 28 février 1310, n. st. (Clair., r. 81, p. 6343.)

6723 NEUVILLE (GUI DE),
Chevalier.

Sceau rond, de 22 mill. — Écu fruste portant un chef, timbré d'un heaume de face cimé d'oreilles d'âne, supporté par deux lévriers, dans un trilobe.

S NVEFVIL.. CҺER

Chevauchée de Bourbourg. — Quittance de gages. — 10 septembre 1383. (Clair., r. 81, p. 6351.)

6724 NEUVILLE (GUILLAUME DE),
Écuyer, du bailliage de Senlis.

Sceau rond, de 18 mill. — Écu au croissant surmonté d'une molette et accompagné de sept merlettes, 4 en chef et 3 en pointe. — Légende détruite.

Guerres de Vermandois. — Quittance de gages. — Compiègne, 26 septembre 1339. (Clair., r. 81, p. 6345.)

6725 NEUVILLE (JEAN, SIRE DE),
Chevalier, lieutenant et neveu de monseigneur d'Audrehem, maréchal de France.

Sceau rond, de 20 mill. — Écu écartelé : au 1 et 4, trois doloires, les deux en chef adossées; au 2 et 3, trois bandes à la bordure; dans un trilobe. — Légende détruite.

Montre... reçue à Ardres, le 20 janvier 1356, n. st. (Clair., r. 81, p. 6347.)

6726 NEUVILLE (JEAN DE),
Chevalier, commis au lieu de son oncle le maréchal d'Audrehem.

Contre-sceau rond, de 25 mill. — Écu écartelé aux armes du précédent, penché, timbré d'un heaume cimé d'un globe billeté, sur champ réticulé.

S' .OҺ........

Montre de Jean Rivant, écuyer, reçue à Limoges, le 3 janvier 1357, n. st. (Clair., r. 95, p. 7403.)

6727 NEUVILLE (JEAN DE),
Sire de Matringhem, chevalier.

Sceau rond, de 24 mill. — Écu fretté au franc canton, penché, timbré d'un heaume cimé d'une tête d'homme dans un vol, dans un ovale.

S' IOҺAN DE NEVVILLE

Guerres des frontières de Picardie. — Quittance de gages. — Saint-Omer, 24 août 1387. (Clair., r. 71, p. 5567.)

6728 NEUVILLE (JEAN, SIRE DE).
Voyez Maréchaux de France.

6729 NEUVILLE (RAOUL DE),
Chevalier,
procureur de Laurent Waren, chevalier et capitaine de Coutances.

Sceau rond, de 38 mill. — Écu semé de croisettes recroisetées au pied fiché à trois fleurs de lys brochant, penché, timbré d'un heaume à lambrequins cimé d'une tête de chèvre.

Sigillum Radulphi .... litis

Gages du capitaine de Coutances. — 15 mars 1346, n. st. (Clair., r. 185, p. 6857.)

6730 NEUVILLE (ROBINET DE),
Sire de Matringhem, écuyer.

Sceau rond, de 20 mill. — Écu fretté au franc canton et au lambel sur le tout, penché, timbré d'un heaume cimé d'une tête de chèvre, sur champ réticulé.

ROBERT DE ..... GҺE

Poursuite des Anglais sous le duc de Bourgogne. — Quittance de gages. — Montlhéry, 3 septembre 1380. (Clair., r. 71, p. 5565.)

6731 NEUVILLE (GAUTIER DE LA),
Damoiseau, vignier de Toulouse.

Sceau rond, de 21 mill. — Écu au sautoir cantonné de quatre merlettes, dans un quadrilobe.

S GAVTIER DE LA NEVVILLE

Approvisionnement de Toulouse. — 6 mars 1324, n. st. (Clair., r. 212, p. 9327.)

6732 NEUVILLE (GUILLAUME DE LA),
Chevalier.

Sceau rond, de 17 mill. — Écu portant trois écussons de vair?, à la bordure engrêlée. — Légende détruite.

Poursuite des routiers. — Quittance de gages. — Vienne, 2 mai 1376. (Clair., r. 81, p. 6357.)

6733 NEUVILLE (ROBERT DE LA),
Écuyer, du bailliage de Senlis.

Sceau rond, de 24 mill. — Écu à la croix chargée de cinq annelets au bâton en barre brochant, sur champ festonné.

..OBERT DG ....VIL...

Guerres de Vermandois. — Quittance de gages. — Saint-Quentin, 11 octobre 1339. (Clair., r. 81, p. 6357.)

6734 NEUVILLETTE (GUILLAUME DE),
Écuyer, de Rouen.

Sceau rond, de 25 mill. — Écu portant trois fermaux à la bande brochant.

S' G'VILEI DE ROVAVILLETA ARM

Ost de Flandre. — Quittance de gages. — Arras, 15 septembre 1302. (Clair., r. 81, p. 6357.)

6735 NEUVILLETTE (HENNOC DE),
Écuyer, du bailliage de Senlis.

Sceau rond, de 22 mill. — Écu losangé, dans un trilobe.

...ILL.....ARG.....

Guerres de Vermandois. — Quittance de gages. — Saint-Quentin, 14 octobre 1339. (Clair., r. 81, p. 6359.)

6736 NEVERS (ALIX DE),
Comtesse d'Auxerre.

Voyez AUXERRE.

6737 NEVERS
(Anne de Bourbon, douairière de), dame de la reine.

Sceau ovale, de 23 mill. — Écu parti : au 1 ... (Clèves?); au 2, une fleur de lys et demie, pour trois fleurs de lys, au bâton en bande brochant; timbré d'une couronne. — Sans légende.

Quittance de pension. — 6 août 1566. (Clair., r. 18, p. 11.)

6738 NEVERS
(Françoise, duchesse de Brabant, comtesse de).

Voyez BRABANT.

6739 NEVERS (PHILIPPE, COMTE DE)
Et de Rethel, baron de Donzy, banneret.

Contre-sceau rond, de 28 mill. — Écu semé de fleurs de lys à la bordure, timbré d'un heaume de face cimé d'une fleur de lys. Dans le champ : jote ps, et au-dessous, des rameaux.

9ts p..ort' utv.......

Service de guerre. — Quittance de pension et de gages. — 31 mai 1412. (Clair., r. 20, p. 1367.)

6740 NEVERS (PRÉVÔTÉ DE).

Contre-sceau rond, de 22 mill. — Écu au lion, dans un trilobe.

✶ 9.........SITVR.......

Quittance de Geoffroi Chastignier, sergent du roi, pour sa part de prise de trois bêtes et de trois minots et demi de sel non gabellé. — 10 octobre 1396. (Clair., r. 29, p. 2163.)

6741 NEVEU (GUILLAUME LE),
Écuyer.

Sceau rond, de 21 mill. — Écu portant trois besants ou trois tourteaux au lambel, penché, timbré d'un heaume cimé de deux bras, sur champ festonné.

GV......NeVAV

Guerres de Périgord et de Limousin. — Quittance de gages. — 14 janvier 1377, n. st. (Clair., r. 80, p. 6343.)

6742 NEVEU (GUILLAUME LE),
Arbalétrier à pied.

Sceau rond, de 20 mill. — Écu à la fasce en devise

DE LA COLLECTION CLAIRAMBAULT.

accompagnée de trois coquilles deux en chef et une en pointe, dans un trilobe.

seel .... le neveu

Garde de la ville et du château de Valognes. — Quittance de gages. — 24 décembre 1404. (Clair., r. 80, p. 6323.)

6743 NEVEU (YVONNET LE),
Écuyer.

Sceau rond, de 25 mill. — Écu billeté à la bande engrêlée brochant, sous un chef; penché, timbré d'un heaume, supporté par deux lions. Dans le champ, deux rameaux.

...uonnet ....

Poursuite des Anglais. — Quittance de gages. — 4 août 1420. (Clair., r. 81, p. 6327.)

6744 NEVILL (GUILLAUME),
Seigneur de Fauquembergue.

Sceau rond, de 50 mill. — Écu écartelé : au 1 et 4, un sautoir; au 2 et 3, un lion; penché, timbré d'un heaume à lambrequins cimé d'une tête de bœuf. Dans le champ, des rameaux fleuris.

s Guillaume neuille segneur fauconberge

Service de guerre. — Ravitaillement de Montargis. — 16 janvier 1438, n. st. (Clair., r. 185, p. 6853.)

6745 NEVILL (GUILLAUME),
Seigneur de Fauquembergue.

Sceau rond, de 48 mill. — Écu écartelé : au 1 et 4, un sautoir; au 2 et 3, un lion; penché, timbré d'un heaume à lambrequins cimé d'une tête de bœuf. Dans le champ, des rameaux fleuris.

s guillau .... eur fauconberge

Quittance de pension. — 6 avril 1443, n. st. (Clair., r. 185, p. 6863.)

6746 NICOLAÏ (JEAN),
Licencié en lois, conseiller au grand conseil.

Sceau rond, de 30 mill. — Écu au lévrier courant. — Légende fruste.

Quittance de pension. — 24 août 1491. (Clair., r. 185, p. 6883.)

6747 NICOLAS DU CARRET,
Marquis de Savone.

Voyez SAVONE.

6748 NICOLE DE COQUAINVILLIERS,
Évêque de Berrhoé.

Voyez BERRHOÉ.

6749 NICOLET (JEAN),
Secrétaire du Dauphiné.

Sceau rond, de 18 mill. — Dans un quadrilobe allongé, les initiales I R.

s ioban ... colleti

Quittance de gages. — Grenoble, 1390, n. st. (4 janvier sur un autre acte). (Clair., r. 81, p. 6361.)

6750 NIELLE (GUILLAUME DE),
Dit le Pape, arbalétrier génois.

Sceau rond, de 21 mill. — Écu au cerf saillant attaqué par un lévrier. — Légende détruite.

Guerres de basse Normandie. — Quittance de gages. — Carentan, 14 octobre 1380. (Clair., r. 81, p. 6359.)

6751 NIELLE (GUILLAUME DE),
Dit le Pape, capitaine d'arbalétriers génois.

Sceau rond, de 19 mill. — Écu au cerf passant attaqué par un lévrier, dans un trilobe.

...... PAP

Armée d'Écosse. — Quittance de gages. — L'Écluse, 18 mai 1385. (Clair., r. 81, p. 6359.)

6752 NIELLES (JEAN DE),
Dit le Breton, écuyer.

Sceau rond, de 21 mill. — Écu portant une quintefeuille accompagnée en chef et à dextre d'une merlette, au lambel; penché, timbré d'un heaume cimé d'un chien issant, sur champ festonné.

...han de .ielles

Armée d'Écosse. — L'Écluse, 8 mai 1385. (Clair., r. 81, p. 6357.)

6753 NIELLES (JEAN DE),
*Chevalier,
sur un autre sceau, capitaine de Rue.*

Sceau rond, de 26 mill. — Écu au chef d'hermines chargé à dextre d'un écusson portant..., soutenu par un homme sauvage, supporté par..., dans un encadrement gothique. — Légende détruite.

Service de guerre sous monseigneur de Coucy. — Quittance de gages. — 30 novembre 1387. (Clair., r. 81, p. 6355.)

6754 NIELLES (OUDART DE),
Écuyer, capitaine et garde de la tour de Pont-Sainte-Maxence.

Sceau rond, de 26 mill. — Écu écartelé : au 1 et 4, un chef; au 2 et 3, une croix ancrée; penché, timbré d'un heaume cimé d'une tête de lévrier?, supporté par deux lions.

SEL O.DART DE NIELES

Quittance de gages. — 25 juin 1394. (Clair., r. 81, p. 6357.)

6755 NIELLES (SOHIER DE),
Écuyer.

Sceau rond, de 23 mill. — Écu d'hermines au lion à la bande brochant et à la bordure engrêlée, supporté à dextre par un homme sauvage coiffé d'un heaume cimé d'une tête de héron.

S · SO........LES

Poursuite des Anglais. — Quittance de gages. — Gallardon, 5 septembre 1380. (Clair., r. 81, p. 6355.)

6756 NIVERNAIS
*(Marie d'Albret, duchesse de)
et comtesse de Dreux.*

Sceau rond, de 60 mill. — Fragment. Écu en losange écartelé : au 1, une aigle, parti d'une fasce échiquetée; au 2, ... contre-écartelé de...; au 3, un semé de fleurs de lys à la bordure; au 4, un semé de fleurs de lys à la bordure componée. — Légende détruite.

CONTRE-SCEAU : Écu en losange, timbré d'une couronne, écartelé aux armes de la face. — Sans légende.

Signé et scellé sur parchemin blanc vers 1550. (Clair., r. 136, p. 2281.)

6757 NIVODE (DENISE LA).
Abbesse du Val-de-Grâce.

Voyez VAL-DE-GRÂCE.

6758 NIZE (LOUIS DE),
Écuyer.

Sceau rond, de 42 mill. — Une aigle au repos, à gauche.

LO....V NISE

Service de guerre à Paris. — Quittance de gages. — Saint-Arnoult-en-Yvelines, 10 décembre 1415. (Clair., r. 81, p. 6359.)

6759 NOAILLAN (BERTRAND DE).
Seigneur de Sainte-Livrade.

Sceau rond, de 18 mill. — Écu à la croix vidée et tréflée.

.....RAN DE NOA.....

Guerres de Gascogne. — Quittance de gages. — Agen, 27 août 1340. (Clair., r. 81, p. 6365.)

6760 NOAILLES
*(Garsias-Arnaud, seigneur de).
chevalier.*

Sceau rond, de 25 mill. — Un lévrier rampant accosté de six cerises (les auteurs disent six noyaux).

GIX ...D NAVA....

Quittance délivrée aux trésoriers du roi au sujet de 600 livrées de terre. — Paris, 17 janvier 1299, n. st. (Clair., r. 81, p. 6367.)

6761 NOBLE (JACQUET LE),
Valet de chambre du roi.

Sceau rond, de 18 mill. — Saint Jean debout, portant l'Agnus.

IAQVES LENOBLE

Don par le roi. — Quittance. — 24 mars 1399, n. st. (Clair., r. 81, p. 6371.)

6762 NOBLE (JEAN),

Épicier et valet de chambre du roi.

Sceau rond, de 20 mill. — Écu fruste portant trois quintefeuilles? sous un chef à la bande brochant sur le tout, dans une rose gothique.

✼ ..GILLVM ....BIMA..AI

Fourniture de cire «pour l'obsèque de nostre Saint-Père le Pape que le roi a naguères fait faire en l'église Nostre-Dame de Paris». — Quittance de 300 francs d'or. — Paris, 18 janvier 1371, n. st. (Clair., r. 81, p. 6369.)

6763 NOBLET (THIBAUD).

Du bailliage de Chaumont.

Sceau rond, de 20 mill. — Écu portant un poisson en bande en chef et une sextefeuille en pointe, au franc canton chargé d'une molette.

✼ S' T.....NOBLET

Ost de Flandre. — Quittance de gages. — Devant Vitry, 15 septembre 1302. (Clair., r. 81, p. 6371.)

6764 NOGARÈDE (JACQUES DE),

Procureur de la judicature de Lauraguais.

Sceau rond, de 23 mill. — Écu portant une cloche, timbré d'un arbre.

S iaques d nogarede

Quittance de gages. — Toulouse, 12 juin 1446. (Clair., r. 185, p. 6895.)

6765 NOGARET (BERTRAND DE),

Docteur en lois, juge en la sénéchaussée de Toulouse.

Sceau rond, de 28 mill. — Écu portant un noyer sous un chef chargé d'une croix. — Légende détruite.

Gages de son office. — Toulouse, 3 décembre 1436. (Clair., r. 185, p. 6897.)

6766 NOGARET (BERTRAND DE),

Juge mage à Toulouse.

Sceau rond, de 30 mill. — Écu portant un noyer sous un chef chargé d'une croix, penché, timbré d'un heaume à volet.

s stene d nogaret

Quittance de gages. — 13 février 1440, n. st. (Clair., r. 185, p. 6899.)

6767 NOGARET (JEAN DE),

Seigneur de la Valette, capitaine de 50 lances.

Sceau rond, de 28 mill. — Écu parti : au 1, un noyer sous un chef chargé d'une croix; au 2, une demi-croix fleuronnée; dans une couronne de feuillage. — Sans légende.

Quittance de gages. — 16 juin 1568. (Clair., r. 185, p. 6903.)

6768 NOGARET (JEAN-LOUIS DE)

De la Valette, duc d'Épernon, colonel général de l'infanterie de France.

Sceau ovale, de 24 mill. — Écu parti : au 1, un noyer; au 2, un plain, parti d'une demi-croix fleuronnée; sur le tout, un écusson chargé d'une cloche; le tout sous un chef chargé d'une croix potencée. L'écu surmonté d'une couronne et entouré de deux colliers. — Sans légende.

Quittance d'une rente appartenant à ses enfants mineurs. — 22 avril 1597. (Clair., r. 131, p. 1585.)

6769 NOGARET (MONDAIE DE),

Chevalier.

Sceau rond, de 20 mill. — Écu au noyer accompagné de besants en orle, penché, timbré d'un heaume cimé de..., sur champ réticulé.

.......GAROT

Service de guerre en l'ost d'Aiguillon. — Quittance de gages. — Paris, 13 octobre 1347. (Clair., r. 185, p. 6887.)

6770 NOGARET (PAULON DE).

Sceau rond, de 24 mill. — Écu au noyer, soutenu par une dame tenant une banderole avec les mots voirai et apait...

S' PAVL .G NOGARET

Quittance de gages en blanc. — 6 février 1369, n. st. (Clair., r. 185, p. 6889.)

6771 NOGARET (RAYMOND DE),
Damoiseau, fils de feu Guillaume de Nogaret.

Sceau rond, de 30 mill. — Écu portant un noyer, dans un quadrilobe.

S' REMORDI DE NO.....O
DOMICELLI

Quittance d'une somme due à son père sur la recette de la sénéchaussée de Beaucaire. — Paris, 22 mars 1316, n. st. (Clair., r. 81, p. 6373.)

6772 NOGARET (VITAL DE),
Clerc du roi,
procureur général de la sénéchaussée de Toulouse et d'Albigeois.

Sceau rond, de 21 mill. — Écu portant un noyer, dans un quadrilobe.

S VITALIS DE NOGARETO

Frais d'un voyage dans la sénéchaussée de Bigorre. — Quittance. — Rabastens, 27 octobre 1340. (Clair., r. 185, p. 6887.)

6773 NOGENT (FRÈRE JEAN DE),
Prieur de Beauroy.

Sceau ogival, de 46 mill. — Fragment. Le couronnement de la Vierge et au bas un priant. — Légende détruite.

Quittance d'une rente sur la recette de Champagne. — 15 mai 1353. (Clair., r. 81, p. 6375.)

6774 NOGENT (SANCE RÉVILLE DE),
Chevalier, sire d'Acirey.

Sceau rond, de 25 mill. — Écu au chevron accompagné de trois coquilles, penché, timbré d'un heaume cimé d'une tête d'homme barbu, supporté par deux griffons.

...NCE REBUILLE .. NOGENT

Quittance de 200 francs d'or prêtés au roi pour ses guerres. — 16 décembre 1373. (Clair., r. 185, p. 6907.)

6775 NOGENT-SUR-SEINE (PRÉVÔTÉ DE).

Sceau rond, de 44 mill. — Écu parti : au 1, les chaînes de Navarre; au 2, deux bandes côtoyées de cotices potencées contre-potencées; timbré d'une couronne, dans un quadrilobe. — Légende détruite.

CONTRE-SCEAU : Écu aux armes de la face, dans un quadrilobe. — Sans légende.

Quittance des frais d'un transport de vins, de Bar à Paris. — 3 mai 1388. (Clair., r. 106, p. 8087.)

6776 NOGENTEL (PIERRE DE),
Chevalier.

Sceau rond, de 22 mill. — Écu à la bande échiquetée de deux tires.

...IERRE........

Establie de Calais. — Quittance de gages. — Calais, 8 novembre 1315. (Clair., r. 81, p. 6379.)

6777 NOIR (GILLET LE),
Écuyer.

Sceau rond, de 21 mill. — Écu portant trois merlettes en bande à la bordure, dans un trilobe.

..... LE ....

Guerres des frontières de Picardie. — Quittance de gages. — 4 décembre 1387. (Clair., r. 81, p. 6387.)

6778 NOIREAU (GUILLAUME DE),
Écuyer.

Sceau rond, de 21 mill. — Écu portant trois poissons en fasce l'un sur l'autre accompagnés à sénestre d'un annelet.

..... Ha.....uer · e ....

Guerres de Normandie. — Quittance de gages. — Rouen, 13 octobre 1415. (Clair., r. 81, p. 6389.)

6779 NOIREPEL (MICHEL),
Écuyer, du bailliage de Gisors.

Sceau rond, de 19 mill. — Écu portant trois dragons passant l'un sur l'autre, au lambel.

✱ S' MICHIEL NOIRIEPEL

Guerres de Vermandois. — Quittance de gages. — Compiègne, 25 septembre 1339. (Clair., r. 81, p. 6389.)

6780 NOIZAT (JEAN DE),
Seigneur du lieu, enseigne de 30 lances.

Sceau rond, de 18 mill. — Écu au lion, accompagné de trois palmes. — Sans légende.

Quittance de pension. — Saint-Maixent en Poitou, 21 octobre 1572. (Clair., r. 81, p. 6391.)

6781 NOLETTE (JACQUEMART DE),
Écuyer.

Sceau rond, de 21 mill. — Écu portant une hamayde besantée accompagnée d'un écusson en chef et à dextre, dans un quadrilobe.

. . . . RT DE . . . .

Guerres de l'Orléanais. — Quittance de gages. — Beaugency-sur-Loire, 18 janvier 1358, n. st. (Clair., r. 81, p. 6391.)

6782 NORBERY (HENRI),
Chevalier,
lieutenant du cardinal d'Angleterre, capitaine de Cherbourg.

Sceau rond, de 31 mill. — Écu au chevron chargé d'une fleur de lys? au sommet et accompagné de trois rencontres de bœuf, penché, timbré d'un heaume à lambrequins cimé d'une tête de bœuf.

Sigillũ henricus norberry militis

Gages de la garnison de Cherbourg. — 22 mars 1440, n. st. (Clair., r. 186, p. 6913.)

6783 NORBERY (HENRI),
Chevalier, capitaine de Saint-Lô.

Sceau rond, de 33 mill. — Variété du numéro précédent.

Sigillũ henricus norberry militis

Quittance de gages desservis au recouvrement de Harfleur. — 9 août 1440. (Clair., r. 186, p. 6919.)

6784 NORBERY (JEAN),
Écuyer, capitaine d'Arques.

Sceau rond, de 31 mill. — Écu au chevron chargé d'une quintefeuille? au sommet, surmonté d'un croissant et accompagné de trois rencontres de bœuf; penché, timbré d'un heaume à lambrequins cimé d'une tête de bœuf.

Sigillum iohan norbery

Gages de la garnison d'Arques. — 18 avril 1443, n. st. (Clair., r. 186, p. 6909.)

6785 NORMANDIE (ÉCHIQUIER DE).

Sceau rond, de 33 mill. — Écu semé de fleurs de lys à la bordure, penché, timbré d'un heaume cimé d'une fleur de lys, supporté par deux lions.

. . . . . ARII · D . . . . . .

Contre-sceau : Écu aux armes de la face. — Sans légende.

Ordre de délivrer 500 livres au sire de Montmorency, chevalier et chambellan du duc de Normandie. — Rouen. 9 mai 1349. (Clair., r. 182, p. 6591.)

6786 NORMANDIE
(Jean, fils aîné et lieutenant du roi de France, duc de)
et de Guienne, comte de Poitou, d'Anjou et du Maine.

Sceau secret rond, de 28 mill. — Écu semé de fleurs de lys à la bordure, penché, timbré d'un heaume cimé d'une fleur de lys ornée de panaches, sur champ à compartiments semé de têtes couronnées.

. . . . . IS PMOGЄITI . ᏮЄIS FRANᏮORU

Octroi de 500 florins d'or en faveur de Gui de Leuze. — Amiens, 4 mai 1347. (Clair., r. 42, p. 3147.)

6787 NORMANDIE (LE TRÉSORIER DE).

Sceau rond, de 20 mill. — Écu portant trois têtes de léopard, penché, timbré d'un heaume cimé d'une tête de cheval bridé, supporté par deux lions.

LЄ . . . . . . ZᏮRᏮ

Réparation des forteresses de la ville de Rouen. — Rouen, 18 mai 1348. (Clair., r. 212, p. 9437.)

3.

6788 NORMANVILLE (HUGUES DE),
Chevalier, du bailliage de Caux.

Sceau rond, de 18 mill. — Écu portant trois merlettes sous un chef chargé de trois merlettes.

✲ S hVG D NORMANDVILG

Ost de Flandre. — Quittance de gages. — Arras, 9 septembre 1302. (Clair., r. 81, p. 6391.)

6789 NORROIS (JEAN DE),
Écuyer, du bailliage de Chaumont.

Sceau rond, de 22 mill. — Écu parti : portant six lions affrontés deux par deux de l'un en l'autre.

✲ S h........OI3 ✲

Guerres de Vermandois. — Quittance de gages. — Compiègne, 25 septembre 1339. (Clair., r. 81, p. 6399.)

6790 NORRY (JEAN DE),
Archevêque de Sens, de Vienne.

Voyez SENS et VIENNE.

6791 NORRY (PIERRE, SIRE DE),
Chevalier, conseiller et chambellan du roi.

Sceau rond, de 31 mill. — Écu à la fasce, penché, timbré d'un heaume cimé de..., supporté par deux lions. Dans le champ, deux rameaux.

.... neur de norry chlr

Quittance de pension. — 31 décembre 1400. (Clair., r. 81, p. 6393.)

6792 NORTKELMES (JEAN, SIRE DE),
Chevalier.

Sceau rond, équestre, de 25 mill. — L'écu et la housse portant une bande chargée de trois coquilles à la bordure engrêlée; le personnage en pourpoint coiffé d'un heaume cimé de deux cols de cygne.

✲ .... IGhAN DG ......

Guerres de Picardie. — Quittance de gages. — Saint-Omer, 8 mai 1351. (Clair., r. 81, p. 6393.)

6793 NOUE (GUILLAUME DE LA),
Chevalier.

Sceau rond, de 20 mill. — Écu losangé à la bordure.

S' GVIE DG .. NOG ChR

Ost de Flandre. — Quittance de gages. — Arras, 6 septembre 1302. (Clair., r. 81, p. 6397.)

6794 NOUE (JEAN DE).
Chevalier.

Sceau rond, de 21 mill. — Écu échiqueté sous un chef chargé à dextre d'un écusson portant trois fasces à la bordure, penché, timbré d'un heaume cimé d'une tête d'ours emmuselé, sur champ réticulé.

I.... DG NOV.

Guerres de Poitou et de Saintonge. — Quittance de gages. — Paris, 4 décembre 1356. (Clair., r. 81, p. 6373.)

6795 NOUE (JEAN, SIRE DE LA),
Chevalier.

Sceau rond, de 20 mill. — Écu losangé, penché, timbré d'un heaume cimé d'une crête aux armes, sur champ réticulé.

S......D ..VG

Guerres d'Angoumois. — Quittance de gages. — Angoulême, 30 juin 1354. (Clair., r. 81, p. 6371.)

6796 NOUE (PERRIN DE LA),
Écuyer.

Sceau rond, de 20 mill. — Écu losangé à la bande brochant, dans un trilobe.

S' PI......G....

Guerres de Flandre et de Hainaut. — Quittance de gages. — Tournay, 14 mars 1339, n. st. (Clair., r. 81, p. 6399.)

6797 NOUE (PHILIPPE DE LA).
Écuyer, du bailliage de Troyes.

Sceau rond, de 21 mill. — Écu losangé.

✲ P ......G LA ....KR

Guerres de Vermandois. — Quittance de gages. — Compiègne, 25 septembre 1339. (Clair., r. 81, p. 6399.)

6798   NOUVION (JEAN DE),
Chevalier.

Sceau rond, équestre, de 58 mill. — L'écu et la housse portant trois aigles. — Légende détruite.

Procuration donnée à Gautier de Montnantenil, chapelain du comte de Blois. — Becoisel. 4 juillet 1298. (Clair., r. 81, p. 6401.)

6799   NOYELLE (GODEFROI DE),
Écuyer.

Sceau rond, de 20 mill. — Écu portant trois râteaux, penché, timbré d'un heaume cimé d'un col de cygne dans un vol, supporté par deux lions.

...AVDGF.... DG ROIGLG

Guerres des frontières de Picardie. — Quittance de gages. — Thérouanne, 30 septembre 1387. (Clair., r. 81, p. 6357.)

6800   NOYELLE (JEAN, SEIGNEUR DE)
Et de Calonne, chevalier.

Sceau rond, de 28 mill. — Écu écartelé de plains, penché, timbré d'un heaume cimé de..., supporté par deux griffons.

ichan..........

Service de guerre sous le duc de Bourgogne pour aider à chasser les ennemis qui sont à Saint-Denis. — Quittance de gages. — 28 octobre 1411. (Clair., r. 81, p. 6379.)

6801   NOYEN (GUILLAUME DE),
Chevalier, du bailliage de Troyes.

Sceau rond, de 20 mill. — Écu portant un chef, à la bordure engrêlée. — Légende détruite.

Service de guerre sous Jean de Conflans. — Quittance de gages. — 6 décembre 1340. (Clair., r. 81, p. 6379.)

6802   NOYEN (JEAN DE),
Chevalier.

Sceau rond, de 21 mill. — Écu à la bordure engrêlée, sous un chef au lambel. — Légende détruite.

Ost de Flandre. — Quittance de gages. — Vitry-en-Artois, 25 septembre 1302. (Clair., r. 81, p. 6379.)

6803   NOYER (HUGUET DE),
Écuyer, châtelain du château de Roquemaure.

Sceau rond, de 25 mill. — Écu losangé au franc canton chargé de six annelets, 2, 2 et 2, penché, timbré d'un heaume cimé d'un griffon assis. Dans le champ, deux rameaux.

...nef dr noe...

Garde du château de Roquemaure. — Quittance de gages. — 1ᵉʳ octobre 1422. (Clair., r. 81, p. 6381.)

6804   NOYERS (GAUCHER DE),
Chevalier.

Sceau rond, de 27 mill. — Écu à l'aigle, penché, timbré d'un heaume cimé d'une tête d'ours emmuselé, dans une rose gothique.

✠ S G....GR DG R...GR ..LR⁄

Reconnaissance d'un prêt de 12 livres parisis. — Boulogne-sur-Mer, 7 août 1339. (Clair., r. 81, p. 6385.)

6805   NOYERS (JEAN DE),
De Cambrai.

Sceau rond, de 18 mill. — Écu portant trois coquilles.

✠ SGGL IGHAN DG ROIIGRS

Quittance d'une somme appliquée aux ouvrages et forteresses de Cambrai. — Cambrai, 12 octobre 1339. (Clair. r. 81, p. 6385.)

6806   NOYERS (JEAN DE),
Sire de Rimaucourt, chevalier banneret.

Sceau rond, de 27 mill. — Écu à l'aigle, penché, timbré d'un heaume, supporté par deux hommes sauvages.

.... DG ROYG..

Chevauchée de Flandre. — Quittance de gages. — 25 août 1383. (Clair., r. 81, p. 6387.)

6807   NOYERS (MILON, SIRE DE),
Maréchal de France.

Sceau en écu, de 26 mill. — Écu à l'aigle.

S D'RI M.......RS

Montre d'un cheval. — Vitry devant Douai, 21 septembre 1302. (Clair., r. 81, p. 6383.)

6808 NOYERS (PIERRE DE).

Sceau rond, de 20 mill. — Écu au lambel. — Légende détruite.

Guerres de Gascogne. — Restor de trois chevaux appartenant à Pierre de Fontaines, chevalier. — 12 septembre 1342. (Clair., r. 48, p. 3611.)

6809 NOYERS (ROBERT DE).
Écuyer, du bailliage de Vermandois.

Sceau rond, de 25 mill. — Écu semé de trèfles à trois croissants brochant. — Légende détruite.

Guerres de Vermandois. — Quittance de gages. — Saint-Quentin, 11 octobre 1339. (Clair., r. 81, p. 6385.)

6810 NOYON
(Les élus des aides au diocèse de).

Sceau rond, de 22 mill. — Écu à l'aigle éployée, penché, timbré d'un heaume couronné et cimé d'une aigle dans une roue de moulin, supporté par deux oiseaux à tête de femme.

REGNIER ...LERS

Ordre de payement au profit de Pierre le Dronche, leur commis à Ham. — Noyon, 10 février 1376, n. st. (Clair., r. 42, p. 3127.)

6811 NOYON
(Jean de Mailly, évêque-comte de), pair de France, conseiller du roi, président de la chambre des comptes.

Signet ovale, de 16 mill. — Écu portant trois maillets au lambel, timbré d'une crosse, embrassé par deux tiges de lis. — Sans légende.

Quittance de sel pour la provision de son hôtel. — 1ᵉʳ février 1430, n. st. (Clair., r. 68, p. 5313.)

6812 O (CHARLES D'),
Guidon de 40 lances sous monseigneur de Jametz.

Signet rond, de 20 mill. — Écu écartelé : au 1 et 4, d'hermines au chef denché; au 2 et 3, trois chevrons accompagnés d'un trèfle en chef et à dextre. — Sans légende.

Quittance de gages. — 20 mars 1547, n. st. (Clair., r. 186, p. 6941.)

6813 O (JEAN D'),
Chevalier, seigneur du lieu, lieutenant de 40 lances sous le vidame de Chartres.

Signet rond, de 16 mill. — Écu d'hermines au chef denché. — Sans légende.

Quittance de gages. — 1ᵉʳ août 1550. (Clair., r. 131, p. 1591.)

6814 O (JEAN D'),
Chevalier, seigneur de Maillebois, lieutenant de 40 lances sous le vidame de Chartres.

Signet rond, de 19 mill. — Écu d'hermines au chef denché. — Sans légende.

Quittance de gages. — 11 août 1551. (Clair., r. 186, p. 6939.)

6815 O (ROBERT D'),
Chevalier, du bailliage de Caen.

Sceau rond, de 24 mill. — Écu d'hermines au chef denché.

..OB......VR...

Ost de Flandre. — Quittance de gages. — 11 septembre 1302. (Clair., r. 82, p. 6407.)

6816 OCCAGNES (GERVAISE D'),
Chevalier, du bailliage de Caen.

Sceau rond, de 24 mill. — Écu à la bande chargée de trois fleurs de lys et accompagnée de six merlettes en orle.

✳ ....ITIS

Ost de Flandre. — Quittance de gages. — 30 septembre 1302. (Clair., r. 82, p. 6407.)

6817 OCCOCHES (JEAN, SEIGNEUR D'),
Écuyer.

Sceau rond, de 24 mill. — Écu à la fasce accompagnée en chef de trois coqs, au lion passant brochant sur la fasce et sur la pointe de l'écu.

✳ SEEL ..... OCOC.....

Service de guerre sous le comte de Ligny. — Quittance de gages. — 25 juin 1412. (Clair., r. 82, p. 6413.)

6818 OCCOCHES (MARTELET D'),
Écuyer.

Sceau rond, de 20 mill. — Écu à la fasce chargée à dextre d'un croissant et accompagnée de trois coqs en chef.

S .... OCOOḣ

Service de guerre. — Quittance de gages. — Rouen, 5 août 1469. (Clair., r. 7, p. 391.)

6819 OCHAGAVIA (OURDICHO D'),
De Navarre.

Sceau rond, de 22 mill. — Écu portant deux loups courant l'un sur l'autre et accompagnés d'une étoile en pointe, dans un quadrilobe.

..... R .. Oḣ,O .... ARG .....

Quittance délivrée au fermier des vins d'Avranches. — 18 février 1366, n. st. (Clair., r. 82, p. 6411.)

6820 OCHANCAURT (ISABEAU D'),
Dame de Petetot.

Sceau rond, de 22 mill. — Une dame debout accostée de quatre écus : deux portant trois aigles; les deux autres, trois pals sous un chef à la bande brochant sur le tout.

G' I.SABG .... S P .....

Quittance d'une rente sur la recette de Ponthieu. — 19 juin 1397. (Clair., r. 82, p. 6491.)

6821 OCHANCOURT (JEAN D'),
Chevalier, seigneur de Bouuelot.

Sceau rond, de 32 mill. — Écu portant trois aigles, penché, timbré d'un heaume cimé d'une tête d'homme, supporté par deux aigles.

S ıebau ｄｅ ocɦeuco ...

Quittance de pension. — 19 mai 1484. (Clair., r. 82, p. 6411.)

6822 ODART (AIMERY),
Chevalier.

Sceau rond, de 26 mill. — Écu à la croix, dans un quadrilobe.

S' ḣAY.GRI OD.RT

Service de guerre à Saintes. — Quittance de gages. — Saintes, 6 octobre 1330. (Clair., r. 82, p. 6415.)

6823 ODART (JEAN),
Seigneur de Chénent, chevalier.

Sceau rond, de 20 mill. — Écu à la croix chargée de cinq coquilles au lambel de cinq? pendants, dans un quadrilobe.

..... O. A ...

Guerres de Saintonge et de Poitou. — Quittance de gages. — Pons, 27 novembre 1337. (Clair., r. 82, p. 6413.)

6824 ODDE (NICOLAS),
Receveur général en Languedoc.

Sceau rond, de 19 mill. — Écu échiqueté au franc canton chargé de trois besants ou trois tourteaux, penché, timbré d'un heaume cimé d'une tête d'homme barbu, supporté par deux lions.

S' COLIΠ ODDE

Quittance délivrée au maître de la monnaie de l'or de Toulouse. — 9 avril 1357. (Clair., r. 82, p. 6415.)

6825 ODET,
Comte de Foix et de Champagne.

Voyez Foix.

6826 OESTRES (GUILLAUME D'),
Chevalier.

Sceau rond, de 24 mill. — Écu au gironné de huit pièces chargé d'un écusson en chef et à dextre, penché, timbré d'un heaume couronné et cimé d'une tête de cerf dans un vol aux armes.

... GGL .... Oḣθ

Chevauchée du Mans. — Quittance de gages. — Mans, 1ᵉʳ août 1392. (Clair., r. 41, p. 3039.)

6827 OESTRES (VIBERT D'),
Du bailliage de Vermandois.

Sceau rond, de 26 mill. — Écu losangé? au franc canton.

✶ SI.BGRT DGITRG

Ost de Flandre. — Quittance de gages. — Arras, 14 septembre 1302. (Clair., r. 41, p. 3045.)

6828 OFFIGNIES (PIERRE D'),
Du bailliage de Caux.

Sceau hexagone, de 24 mill. — Écu au bâton en barre, à la bande chargée de trois coquilles brochant.

.... IES

Service de guerre. — Quittance de gages. — Saint-Quentin, 28 octobre 1339. (Clair., r. 8, p. 411.)

6829 OGARD (ANDRÉ),
Chevalier, capitaine de Vire.

Sceau rond, de 32 mill. — Écu portant un rais.

Sygi...m andre og...

Gages de la garnison de Vire. — Rouen, 10 novembre 1428. (Clair., r. 187, p. 6977.)

6830 OGARD (ANDRÉ),
Chevalier, capitaine de Vire.

Sceau rond, de 40 mill. — Écu portant un rais, penché, timbré d'un heaume cimé de deux bras élevant un tortil ou un chapel, supporté par deux loups.

..gillum.......ogard

Gages de la garnison de Vire. — 21 mai 1430. (Clair., r. 186, p. 6973.)

6831 OGARD (ANDRÉ),
Chevalier et conseiller du roi, naguère capitaine de Touques.

Sceau rond, de 42 mill. — Écu portant un rais, penché, timbré d'un heaume à lambrequins cimé de deux bras élevant un tortil ou un chapel, supporté par deux loups.

Sigillum d' ogard...

Gages de la garnison de Touques. — Rouen, 22 novembre 1430. (Clair., r. 186, p. 6975.)

6832 OGARD (ANDRÉ),
Chevalier, conseiller du roi.

Sceau rond, de 40 mill. — Écu portant un rais, penché, timbré d'un heaume cimé de deux bras élevant un tortil ou un chapel, supporté par deux loups. Dans le champ, trois nœuds.

S andree ogard militi

Gages de son office. — 23 avril 1440. (Clair., r. 186, p. 6967.)

6833 OGARD (ANDRÉ),
Chevalier, conseiller du roi.

Sceau rond, de 42 mill. — Écu portant un rais, penché, timbré d'un heaume à lambrequins cimé de deux bras élevant un tortil ou un chapel, supporté par deux chevaux.

sigillu dni andree ogard militis

Quittance de ses gages ordinaires, délivrée au receveur général de Normandie. — 31 juillet 1441. (Clair., r. 8°, p. 6415 et r. 186, p. 6963.)

6834 OGNOLLES (SIMON, SEIGNEUR D'),
Chevalier, du Vermandois.

Sceau rond, de 24 mill. — Écu fretté au franc canton chargé de cinq poissons? en pal posés en sautoir.

S..... DOVL....

Service de guerre sous Gui de Nesle, maréchal de France. — Quittance de gages. — Saint-Omer, 12 novembre 1348. (Clair., r. 82, p. 6419.)

6835 OHIS (FERRANT D'),
Écuyer, du bailliage de Vermandois.

Sceau rond, de 24 mill. — Écu portant trois lions à la bordure engrêlée, penché, timbré d'un heaume de face cimé d'un lion assis entre deux têtes de cheval. — Légende détruite.

Guerres de Vermandois. — Quittance de gages. — Saint-Quentin, 21 octobre 1339. (Clair., r. 41, p. 3041.)

6836 OHIS (GOULARDIN D').
Écuyer.

Sceau rond, de 21 mill. — Écu portant trois lions.

✠ S GOLARDIN..... DOHIS

Guerres de Picardie. — Quittance de gages. — Corbie, 4 août 1380. (Clair., r. 41, p. 3041.)

6837 OIGNEAUX (JEAN D'),
Écuyer.

Sceau rond, de 24 mill. — Écu fruste, penché, timbré d'un heaume, sur champ de rinceaux fleuris.

. . . ᚔᚉ𝔥𝔞𝔫 𝔇𝔬𝔦𝔤𝔫𝔞𝔫𝔰

Service de guerre en la compagnie de Jean de Torsay. — Quittance de gages. — Ruffec, 14 septembre 1418. (Clair., r. 82, p. 6419.)

6838 OIGNIES (LOUIS D'),
Chevalier, seigneur de Chaulnes, capitaine de 50 lances.

Signet rond, de 19 mill. — Écu portant une fasce d'hermines au lambel. — Sans légende.

Quittance de gages. — 21 septembre 1557. (Clair., r. 187, p. 6991.)

6839 OIGNIES (LOUIS D'),
Chevalier, seigneur de Chaulnes, gentilhomme ordinaire de la chambre, capitaine de 50 hommes d'armes.

Sceau rond, de 45 mill. — Écu portant une fasce d'hermines au lambel, penché, timbré d'un heaume cimé d'une touffe de plumes, supporté par deux lévriers.

S LOYS DONGNIES S DE CHĀNES

Quittance de gages. — Paris, 1ᵉʳ août 1559. (Clair., r. 187, p. 6993.)

6840 OINBERT? (NAUDIN D'),
Écuyer, du bailliage de Bourges.

Sceau rond, de 20 mill. — Écu au sautoir. — Légende détruite.

Guerres de Vermandois. — Quittance de gages. — Compiègne, 25 septembre 1389. (Clair., r. 41, p. 3043.)

6841 OINVILLE (PIERRE D'),
Chevalier, capitaine de Gallardon.

Sceau rond, de 22 mill. — Écu incomplet portant quatre ou cinq bandes, penché, timbré d'un heaume couronné et cimé d'une tête d'aigle, sur champ réticulé.

. . . . ᚾVILL .

Quittance de gages. — Chartres, 25 janvier 1378. n. st. (Clair., r. 82, p. 6421.)

6842 OISELLERS (ÉTIENNE D'),
Chevalier.

Sceau rond, de 21 mill. — Écu à la bande vivrée accompagnée d'une étoile en chef et à sénestre. — Légende fruste.

Chevauchée de Flandre. — Quittance de gages. — 25 août 1383. (Clair., r. 82, p. 6421.)

6843 OISELLERS
(Gautier, seigneur d').
chevalier.

Sceau rond, de 22 mill. — Écu au lion, penché, timbré d'un heaume sur champ festonné.

. . . . LOR . . . . .

Chevauchée de Bourbourg. — Quittance de gages. — 10 septembre 1383. (Clair., r. 82, p. 6421.)

6844 OISON (JEAN D'),
Seigneur de la Gatelinière, commissaire ordinaire des guerres.

Sceau rond, de 29 mill. — Écu en bannière portant trois roses.

. . . AN DO . . . . . SEIGNEVR . . . . .
GATELLINI . . .

Quittance de gages. — 20 janvier 1550, n. st. (Clair., r. 131, p. 1597.)

6845 OLDHALLE (GUILLAUME),
Chevalier, grand sénéchal de Normandie.

Sceau rond, de 36 mill. — Écu au lion, penché, timbré d'un heaume à lambrequins couronné et cimé d'une tête de lion.

. . . . ᚢᚾ 𝔚𝔦𝔩𝔩𝔢𝔯𝔪𝔦 . . 𝔇𝔥𝔞𝔩𝔩𝔢
𝔪𝔦𝔩𝔦𝔱𝔦𝔰

Gages de son office. — 6 août 1425. (Clair., r. 187, p. 6977.)

6846 OLDHALLE (GUILLAUME),
Chevalier, capitaine d'Essai.

Sceau rond, de 36 mill. — Variété du type précédent.

𝔖𝔦𝔤𝔦𝔩𝔩𝔲𝔪 𝔚𝔦𝔩𝔩𝔪𝔦 𝔬𝔩𝔡𝔞𝔩𝔩𝔢 𝔪𝔦𝔩𝔦𝔱

Gages de la garnison d'Essai. — 22 juin 1428. (Clair., r. 187, p. 6989.)

6847 OLDHALLE (GUILLAUME),

Chevalier, capitaine d'Alençon et de Fresnay-le-Vicomte.

Sceau rond, de 38 mill. — Variété des numéros précédents.

.. gillm Wuillm oldhalle militis

Gages de son office. — 8 février 1430, n. st. (Clair., r. 187, p. 6979.)

6848 OLDHALLE (GUILLAUME),

Chevalier, conseiller du roi.

Sceau rond, de 38 mill. — Variété des numéros précédents.

Sigillum Wuillm oldhalle militis

Quittance de gages. — 19 janvier 1444, n. st. (Clair., r. 187, p. 6985.)

6849 OLEHAIN (GUILLAUME D'),

Écuyer.

Sceau rond, de 22 mill. — Écu portant trois tourteaux.

. . . . . G . . . O . . . . IN

Guerres de Flandre. — Quittance de gages. — Gravelines, 1ᵉʳ juillet 1386. (Clair., r. 41, p. 3045.)

6850 OLIVE (JEAN D'),

Capitaine d'arbalétriers.

Sceau rond, de 32 mill. — Écu portant trois fasces, penché, timbré d'un heaume à lambrequins cimé d'une tête d'homme barbu.

IEHAN DOLIVE

Guerres de Normandie. — Quittance de gages. — 9 septembre 1415. (Clair., r. 82, p. 6427.)

6851 OLIVIER (DALMAS),

Écuyer.

Sceau rond, de 26 mill. — Écu à la bande chargée de trois arbres, penché, timbré d'un heaume cimé d'une aigle essorant. Dans le champ...

S dalmas olivier

Service de guerre à Paris. — Quittance de gages. — Paris, 24 décembre 1415. (Clair., r. 82, p. 6427.)

6852 OLIVIER (ESGRET),

Chevalier.

Sceau rond, de 22 mill. — Écu à la croix fleuronnée, penché, timbré d'un heaume de face cimé d'un héron entre deux personnages.

. . . . . RGT OLIVIER

Service de guerre. — Quittance de gages. — 22 août 1340. (Clair., r. 82, p. 6425.)

6853 OLIVIER (GUILLAUME),

Chapelain de monseigneur de Chambly.

Sceau rond, de 20 mill. — L'initiale G au centre d'une rose gothique.

O L A D S O A G

Guerres de Flandre. — Gages de Hascott Bouant, chevalier. — Arras, 1ᵉʳ octobre 1302. (Clair., r. 19, p. 1321.)

6854 OLIVIER (JEAN),

Sergent à pied du guet de nuit de Paris.

Sceau rond, de 20 mill. — Au centre d'une étoile géométrique, l'initiale I couronnée et accostée de deux étoiles.

O . . . . GR

Gages de son office. — 12 août 1396. (Clair., r. 82, p. 6425.)

6855 OLIVIER (JEAN),

Écuyer.

Sceau rond, de 22 mill. — Écu au chevron accompagné d'un lion issant en chef et de quatre hermines en pointe. — Légende détruite.

Recouvrement du château de Sommières. — Quittance de gages. — 20 décembre 1421. (Clair., r. 82, p. 6427.)

6856 OLIVIER DU GUESCLIN,

Comte de Longueville.

Voyez LONGUEVILLE.

6857 OLLON (GUILLAUME D'),

Chevalier.

Sceau rond, de 22 mill. — Écu portant dix billettes, 4, 3, 2 et 1, penché, timbré d'un heaume, sur champ réticulé. — Légende détruite.

Guerres de Bretagne. — Quittance de gages. — Dinan, 22 janvier 1357, n. st. (Clair., r. 41, p. 3049.)

6858 ONCLE (JEAN),
Écuyer.

Sceau rond, de 26 mill. — Écu à la bande côtoyée de deux cotices dentées?, penché, timbré d'un heaume cimé de... Dans le champ, deux rameaux.

S lebau oucle

Service de guerre à Paris. — Quittance de gages. — 15 janvier 1416, n. st. (Clair., r. 82, p. 6429.)

6859 ONCLE (JEAN L'),
Connétable de sergents de pied, arbalétriers et pavoisiers.

Sceau rond, de 20 mill. — Écu au chevron accompagné de trois aigles contournées. — Légende détruite.

Service de guerre à Ardres. — Quittance de gages. — Steenberque, 7 juillet 1355. (Clair., r. 82, p. 6429.)

6860 ONS (GUIOT D'),

Sceau rond, de 24 mill. — Écu au lion à la bande besantée brochant, dans un quadrilobe.

GVIOT DE ONS

Restor d'un cheval appartenant à Colinet Mansiet. — Devant Sainte-Bazeille, 6 septembre 1342. (Clair., r. 69, p. 5401.)

6861 ORADOUR (GEOFFROI D'),
Chevalier.

Sceau rond, de 20 mill. — Écu à la croix chargée de cinq coquilles, dans un quadrilobe. — Légende détruite.

Establie de Saintes. — Quittance de gages. — Saintes, 22 mai 1330. (Clair., r. 82, p. 6429.)

6862 ORADOUR (GEOFFROI D'),
Seigneur de Nouzerines.

Sceau rond, de 22 mill. — Écu à la croix chargée de cinq coquilles, penché, timbré d'un heaume à volet, dans un trilobe. — Légende détruite.

Service de guerre. — Quittance des frais d'un voyage à Pons. — Saint-Jean-d'Angely, 16 décembre 1337. (Clair., r. 41, p. 3069.)

6863 ORADOUR (GEOFFROI D'),
Chevalier.

Sceau rond, de 18 mill. — Écu à la croix chargée de cinq coquilles, penché, timbré d'un heaume de face à volet.

........ORRGDOV.

Guerres de Saintonge, Poitou, Limousin, etc. — Quittance de gages. — Pons, 22 août 1345. (Clair., r. 82, p. 6431.)

6864 ORAINVILLE (LE MOINE D'),
Écuyer, du bailliage de Vitry.

Sceau rond, de 18 mill. — Écu échiqueté à trois pals brochant sous un chef au lion issant.

✱ S' PIGRG D..GINVILLG

Guerres de Vermandois. — Quittance de gages. — Saint-Quentin, 21 octobre 1339. (Clair., r. 41, p. 3083.)

6865 ORANGE
(Jean de Chalon, prince d').

Voyez Chalon.

6866 ORANGE (RAYMOND, PRINCE D').

Voyez Baux.

6867 ORANGER (PIERRE D'),
Chevalier.

Sceau rond, de 22 mill. — Écu au chevron chargé d'une étoile au sommet.

S I...G.. DORAGIG

Service de guerre. — Quittance de gages. — Paris, 10 décembre 1339. (Clair., r. 82, p. 6435.)

4.

6868 ORBEC (JEAN D'),
Chevalier.

Sceau rond, de 23 mill. — Écu au lion, dans un trilobe.

.....M DORB...

Service de guerre sous monseigneur de Blainville. — Quittance de gages. — 26 juin 1328. (Clair., r. 82, p. 6435.)

6869 ORBEC (JEAN D'),
Trésorier du roi à Paris.

Sceau rond, de 22 mill. — Écu portant dix têtes (dix becs) d'aigle au franc canton, soutenu par un homme sauvage, supporté par deux aigles, dans un quadrilobe.

...ƏhAN DORBEC

Mandement aux maîtres de la monnaie de Rouen au sujet de lettres royaux. — Paris, 16 juillet 1361. (Clair., r. 214, p. 9517.)

6870 ORBESSAN (ARNAUD D'),
Damoiseau.

Sceau rond, de 20 mill. — Écu parti, à la fasce de l'un en l'autre, dans un trilobe.

✻ S' A'N DOR...SA

Guerres de Gascogne. — Quittance de gages. — Marmande, 1ᵉʳ septembre 1330. (Clair., r. 82, p. 6435.)

6871 ORBESSAN (FRANÇOIS D'),
Seigneur de la Bastide,
guidon de 30 lances sous monseigneur de Joyeuse.

Signet ovale, de 20 mill. — Écu écartelé : au 1 et 4, un lion ; au 2 et 3, un tourteau. — Sans légende.

Quittance de gages. — 22 juin 1566. (Clair., r. 187, p. 6995.)

6872 ORCHIMONT
(Jacquemont, sire d').
chevalier.

Sceau rond, de 40 mill. — Écu à la bande côtoyée de deux cotices, dans un quadrilobe.

✻ S' IA..... DE ORCIOM..TE MILITIS

Franchises accordées aux bourgeois d'Orchimont. — La Roche en Ardennes, 11 mars 1398, n. st. (Clair., r. 212, p. 9337.)

6873 ORENGE (HENRI),
Naguère élu des aides à Vire.

Sceau rond, de 20 mill. — Écu portant trois coquilles accompagnées d'une étoile en chef et à sénestre, au franc canton portant une fasce en devise accompagnée en chef de trois merlettes ; penché, timbré d'un heaume cimé d'une tête d'homme.

S henry orenge

Gages de son office. — 15 août 1453. (Clair., r. 82, p. 6437.)

6874 ORENGE (JEAN),
Receveur des aides en la vicomté de Vire.

Sceau rond, de 20 mill. — Écu à la fasce accompagnée de trois..., dans une rose gothique.

S Ieh.N ORENGE

Quittance délivrée à Adam Auber. — 9 mai 1372. (Clair., r. 137, p. 2377.)

6875 ORFÈVRE (ALEXANDRE L'),
Conseiller du roi, commissaire des monnaies au bailliage de Bourges.

Sceau rond, de 20 mill. — Écu à l'écusson en abîme chargé d'une bande (il semble qu'il y ait un orle), dans un trilobe. — Légende fruste.

Quittance de gages. — 28 novembre 1354. (Clair., r. 82, p. 6439.)

6876 ORFÈVRE (GILLOT L'),
Écuyer.

Sceau rond, de 22 mill. — Écu portant trois marteaux, penché, timbré d'un heaume de face couronné et cimé d'un plumail en forme de roue, sur champ réticulé.

.....GS LOR.......

Guerres de Normandie. — Quittance de gages. — Pontorson, 14 mai 1354. (Clair., r. 82, p. 6437.)

6877 ORFÈVRE (JEAN L'),
De Chambly, élu des aides au diocèse de Senlis.

Sceau rond, de 20 mill. — Écu à l'écusson en

abîme à la bande brochant, dans une rose gothique.

SEEL IOHAN LORFEURE

Quittance de gages et de dépens. — 15 mars 1393, n. st. (Clair., r. 82, p. 6439.)

6878 ORFÈVRE (PIERRE L'),
Conseiller du roi, chancelier du duc d'Orléans.

Sceau rond, de 25 mill. — Écu à l'écusson en abîme à la bande brochant, penché, timbré d'un heaume cimé d'un oiseau essorant, supporté par deux dames.

S pierre lorfevre

Quittance des gages de conseiller. — 25 mai 1403. (Clair., r. 82, p. 6441.)

6879 ORGE (JEAN, SEIGNEUR D'),
Chevalier, bailli de Vitry.

Sceau rond, de 35 mill. — Un homme d'armes debout tenant un écu au dragon ailé rampant. — Légende détruite.

Service de guerre à Troyes avec ses hommes. — Quittance de gages délivrée au receveur de Châlons. — 28 juillet 1366. (Clair., r. 82, p. 6441.)

6880 ORGEMONT (GUILLAUME D'),
Écuyer, trésorier des guerres.

Sceau rond, de 24 mill. — Écu portant trois épis au lambel, penché, timbré d'un heaume, supporté par deux aigles.

...ILLE DOR......

Gages des archers de la garde du roi. — 7 octobre 1396. (Clair., r. 82, p. 6441.)

6881 ORGEMONT (NICOLAS D'),
Doyen de Saint-Martin de Tours.

Sceau rond, de 30 mill. — Dans une niche gothique, saint Martin partageant son manteau avec un pauvre. Au-dessous, un écu portant trois épis à la bordure engrêlée. — Légende détruite.

Quittance des gages de chancelier du Dauphiné, délivrée par les enfants de feu Pierre d'Orgemont. — 8 juillet 1389. (Clair., r. 82, p. 6449.)

6882 ORGEMONT (PIERRE D'),
Conseiller du roi.

Sceau rond, de 23 mill. — Écu portant trois épis, dans un quadrilobe.

✠ S ..... DE OR....... Ch

Quittance de gages. — 22 octobre 1355. (Clair., r. 82, p. 6441.)

6883 ORGEMONT (PIERRE D'),
Conseiller du roi, son chancelier du Dauphiné de Viennois.

Sceau rond, de 23 mill. — Écu portant trois épis, penché, timbré d'un heaume couronné et cimé de trois épis, supporté par deux anges.

.......GEMONT Ch...

Quittance des gages de chancelier. — 29 décembre 1388. (Clair., r. 82, p. 6443.)

6884 ORGEMONT (PIERRE D'),
Chevalier, seigneur de Montjay et de Chantilly, chambellan du roi.

Sceau ovale, de 28 mill. — Écu portant trois épis, penché, timbré d'un heaume cimé d'une touffe, supporté par deux aigles, sur champ de fleurettes. — Légende détruite.

Quittance d'une rente sur la recette de Paris. — 12 juin 1408. (Clair., r. 82, p. 6449.)

6885 ORGENOIS (GUILLAUME D').

Sceau rond, de 20 mill. — Écu à la croix de vair ancrée.

✠ S G'...L DARG'....O

Ost de Flandre. — Quittance des gages de Gautier d'Orgenois, chevalier, son père. — 23 septembre 1315. (Clair., r. 41, p. 3073.)

6886 ORGESSIN (LOUIS D'),
Chevalier.

Sceau rond, de 25 mill. — Écu échiqueté.

Loys dorg...in

Service de guerre sous le comte de Vendôme. — Quittance de gages. — 10 septembre 1415. (Clair., r. 82, p. 6453.)

6887 ORGESSIN (PIERRE D'),
Écuyer.

Sceau rond, de 21 mill. — Écu écartelé : au 1 et 4, un échiqueté ; au 2 et 3, deux fasces ; penché, timbré d'un heaume cimé d'une tête nimbée. Dans le champ, deux rameaux.

pierre dorgessin

Service de guerre sous le comte de Vendôme. — Quittance de gages. — 9 septembre 1415. (Clair., r. 82, p. 6451.)

6888 ORGESSIN (PIERRE D'),
Écuyer.

Sceau rond, de 28 mill. — Écu écartelé : au 1 et 4, un échiqueté ; au 2 et 3, deux fasces ; penché, timbré d'un heaume cimé d'un personnage à mi-corps tenant une palme et une épée. — Légende détruite.

Service de guerre en la compagnie du vicomte de Narbonne. — Quittance de gages. — 24 mars 1420, n. st. (Clair., r. 82, p. 6449.)

6889 ORGESSIN (PIERRE D'),
Seigneur d'Ivry, écuyer banneret.

Sceau rond, de 31 mill. — Écu écartelé : au 1 et 4, un échiqueté ; au 2 et 3, deux fasces ; penché, timbré d'un heaume cimé d'un personnage à mi-corps tenant une palme et une épée dans un vol.

S pi.... Dorgessin

Service de guerre en la compagnie du duc d'Alençon. — Quittance de gages. — Durtal, 15 août 1420. (Clair., r. 82, p. 6453.)

6890 ORIGNY (NICAISE D'),
Du bailliage de Vermandois.

Sceau rond, de 20 mill. — Écu à la fasce accompagnée de trois étoiles en chef, au bâton en bande brochant.

✠ NIC... DE ...GNI

Ost de Flandre. — Quittance de gages. — Arras, 9 septembre 1302. (Clair., r. 82, p. 6435.)

6891 ORIOLLES (PIERRE D'),
Chevalier, seigneur de Loiré en Aunis, chancelier de France.

Sceau rond, de 48 mill. — Écu à la fasce ondée accompagnée de trois vols liés, deux en chef et un en pointe ; penché, timbré d'un heaume à lambrequins, cimé d'une tête d'ange dans un vol.

S ꝑ messire ...... ole ...

Remboursement d'une somme prêtée au roi devant la Guerche-de-Bretagne. — 30 septembre 1476. (Clair., r. 41, p. 3073.)

6892 ORLANDIN (FORESTAIN),
Écuyer.

Sceau rond, de 19 mill. — Écu à la bande chargée de trois étoiles. — Légende détruite.

Guerres de Gascogne. — Restor de deux chevaux. — 25 septembre 1352. (Clair., r. 82, p. 6453.)

6893 ORLÉANS (ALEXANDRE, DUC D'),
Frère du roi, capitaine de 70 lances.

Sceau ovale, de 24 mill. — Écu portant trois fleurs de lys au lambel, couronné, entouré du collier de Saint-Michel. — Sans légende.

Gages de l'office de capitaine. — 28 janvier 1564, n. st. (Clair., r. 162, p. 4683.)

6894 ORLÉANS (FRANÇOIS D'),
Marquis de Rothelin.

Voyez ROTHELIN.

6895 ORLÉANS (GÉRARD D').
Écuyer.

Sceau rond, de 20 mill. — Écu portant trois étoiles.

G'ERART......

Guerres de Gascogne. — Quittance de gages. — Agen, 24 octobre 1346. (Clair., r. 82, p. 6467.)

6896 ORLÉANS (GIRARD D'),
Écuyer.

Sceau rond, de 20 mill. — Écu portant un marteau sous un chef chargé de deux fleurs de lys.

.... DO ......

Guerres de Gascogne. — Quittance de gages. — Toulouse, 28 septembre 1346. (Clair., r. 82, p. 6465.)

6897 ORLÉANS (JACQUET D'),
Échanson du roi.

Sceau rond, de 24 mill. — Écu à la croix chargée de cinq coquilles et cantonnée de quatre lions, penché, timbré d'un heaume cimé d'un quadrupède. Dans le champ, deux palmes.

seel iaqe dorliens

Quittance de gages. — 13 août 1405. (Clair., r. 82, p. 6469.)

6898 ORLÉANS (JEAN D'),
Valet de chambre du comte de Poitiers, fils du roi.

Sceau rond, de 20 mill. — Un homme de guerre dans le costume du xiie siècle, armé d'une épée, d'une lance et d'un écu de grande dimension, sur champ de rinceaux.

...el iehan ....a

Quittance de dépens et d'une donation. — 10 décembre 1359. (Clair., r. 82, p. 6467.)

6899 ORLÉANS (JEAN D'),
Conseiller du roi, receveur général des aides en Normandie.

Sceau rond, de 20 mill. — Écu à la croix chargée de cinq coquilles et cantonnée de quatre lions, penché, timbré d'un heaume cimé d'une tête de lion entre deux cornes, sur champ réticulé.

seel iehan dorliens

Quittance délivrée au receveur de Harfleur. — 5 juin 1364. (Clair., r. 132, p. 1639.)

6900 ORLÉANS (JEAN, BÂTARD D'),
Comte de Mortain.

Voyez MORTAIN.

6904 ORLÉANS
(Jeanne de France, fille et sœur de roi, duchesse d').

Sceau rond, de 55 mill. — Écu parti : au 1, trois fleurs de lys au lambel, coupé de la guivre engoulant l'enfant; au 2, une fleur de lys et demie (pour trois); suspendu à un arbre, supporté par deux lévriers.

S IOhANNE FILIE REGIS FRANCIE DVCISS.......

Contre-sceau : Écu aux armes de la face. — Sans légende.

Quittance de pension. — 17 janvier 1487, n. st. (Clair., r. 50, p. 3743.)

6902 ORLÉANS
(Philippe, fils du roi, duc d'),
comte de Valois, etc.

Sceau rond, de 26 mill. — Écu semé de fleurs de lys au lambel, timbré d'un heaume cimé d'un lion assis dans un vol, supporté par deux lions.

. P.........AD...?

Service de guerre. — Quittance de gages. — Dreux. 24 juin 1356. (Clair., r. 82, p. 6455.)

6903 ORLÉANS
(Philippe, fils du roi, duc d'),
comte de Valois et de Beaumont.

Sceau rond, de 40 mill. — Un cygne à tête humaine portant à son cou un écu semé de fleurs de lys au lambel, sur champ réticulé. — Légende détruite.

Don du roi «pour amender et édifier nostre hostel de la porte du Chaume». — Quittance délivrée aux trésoriers généraux. — Paris, 10 octobre 1365. (Clair., r. 50, p. 3727.)

6904 ORLÉANS (RAOUL D'),
Huissier d'armes du roi.

Sceau rond, de 24 mill. — Écu au sautoir engrêlé.

✠ ..... DORL.......

Guerres de Gascogne. — Gages de soudoyers à cheval et de sergents à pied. — Au siège devant Saint-Sever?. 13 mai 1295. (Clair., r. 82, p. 6465.)

6905 ORMES (GUILLAUME DES),
Chevalier.

Sceau rond, de 21 mill. — Écu portant trois bandes.

S GVILE DEZOVR...

Ost de Flandre. — Quittance de gages. — Arras, 4 septembre 1302. (Clair., r. 82, p. 6471.)

6906 ORNAISONS (JEAN D'),
Écuyer.

Sceau rond, de 18 mill. — Écu portant deux chevrons accompagnés de deux besants ou deux tourteaux en chef et d'une étoile en abîme, penché, timbré d'un heaume cimé de l'initiale O, sur champ réticulé.

　　　S IEHAN DOR.EISONS

Service de guerre à Chartres. — Quittance de gages. — Paris, 7 octobre 1356. (Clair., r. 82, p. 6471.)

6907 OROIX (MARTIN D'),
Chevalier, capitaine de Saint-Laurent.

Sceau rond, de 20 mill. — Écu portant un ours passant couronné.

　　　....... OROSIO MILL...

Garde de Saint-Laurent. — Quittance de gages. — Toulouse, 30 mai 1348. (Clair., r. 41, p. 3067.)

6908 ORRIÈRES? (JEAN D'),
Écuyer.

Sceau rond, de 22 mill. — Écu au lion, soutenu par un ange, supporté par deux hommes sauvages, dans un quadrilobe. — Légende détruite.

Quittance d'une rente sur la recette de Champagne. — 8 mai 1353. (Clair., r. 41, p. 3063.)

6909 ORSONVILLER (GIRARD D'),
Chevalier.

Sceau rond, de 20 mill. — Écu à la bande losangée.

　　　...RART DAN....GR E...

Guerres d'Angoumois. — Quittance de gages. — Angoulême, 27 avril 1354. (Clair., r. 82, p. 6475.)

6910 OSOUF (GUILLAUME),
Écuyer.

Sceau rond, de 23 mill. — Écu portant un rencontre de bœuf à la bande chargée de... brochant, penché, timbré d'un heaume cimé d'une tête de chien, sur champ réticulé.

　　　.....LL.......OVF

Guerres de basse Normandie. — Quittance de gages. — Valognes, 19 mai 1407. (Clair., r. 82, p. 6477.)

6911 OSTOUANT (GRIAS),
Écuyer.

Sceau rond, de 28 mill. — Écu écartelé: au 1 et 4, une aigle; au 2 et 3, un papelonné? sous un chef.

　　　.....S AST

Service de guerre à Paris. — Quittance de gages. — 14 janvier 1416, n. st. (Clair., r. 82, p. 6477.)

6912 OSTOVE (ENGUERRAN D'),
Châtelain d'Étaples.

Sceau rond, de 22 mill. — Écu portant trois fers de moulin.

　　　ENGVE..R. DOSTOVE

Garde du château d'Étaples. — Quittance de gages. — Saint-Omer, 1ᵉʳ octobre 1355. (Clair., r. 41, p. 3085.)

6913 OSTOVE (PIERRE D'),
Écuyer.

Sceau rond, de 25 mill. — Écu portant trois fers de moulin au lambel, dans un trilobe.

　　　..... PI... .STOVBE

Guerres de Flandre. — Quittance de gages. — Lille, 25 août 1386. (Clair., r. 41, p. 3039.)

6914 OTACHE? (SOSIL D'),

Sceau hexagone, de 22 mill. — Écu portant une bande ondée accompagnée de six merlettes en orle, au lambel de quatre pendants.

　　　✠ SOSIL DOTACHE

Ost de Flandre. — Gages de Bertrand de Senac, chevalier. — Paris, 17 octobre 1302. (Clair., r. 103, p. 8001.)

DE LA COLLECTION CLAIRAMBAULT.

6915 OTHE, DUC DE BRUNSWICK.

Voyez Brunswick.

6916 OUCHE (JEAN D').

Sceau rond, de 16 mill. — Écu portant trois trèfles?, penché, timbré d'un heaume cimé d'un homme sauvage à mi-corps tenant..., supporté par deux griffons.

S' IEHAN DOUCHE

Don du roi de Navarre. — Quittance délivrée au receveur du comté de Beaumont. — 1ᵉʳ juillet 1367. (Clair., r. 41, p. 3089.)

6917 OUDART (JEAN),
Écuyer.

Sceau rond, de 23 mill. — Écu à la croix accompagnée en chef et à dextre d'un lion passant, sur champ festonné.

IEHAN......

Guerres de Guienne. — Quittance de gages. — 28 juin 1405. (Clair., r. 82, p. 6415.)

6918 OULCHY (ÉTIENNE D'),
Écuyer.

Sceau rond, de 23 mill. — Écu chevronné de six pièces, soutenu par une aigle, dans un quadrilobe.

.....PHANI D....

Guerres de Tournay et de Saint-Quentin. — Quittance de gages. — Paris, 6 septembre 1339. (Clair., r. 41, p. 3089.)

6919 OURCEL (LOUIS),
Écuyer, capitaine de la tour de Vernonnet, au bout du pont de Vernon.

Sceau rond, de 30 mill. — Écu portant trois ours passant, penché, timbré d'un heaume cimé d'une tête d'ours mordant le timbre, supporté par deux chiens.

S louys ourcel...

Service de guerre en la tour de Vernonnet. — Quittance de gages. — Rouen, 27 mars 1436, n. st. (Clair., r. 187, p. 7003.)

6920 OURCINE LÈS SAINT-MARCEL
(Jeanne Cud'oe, abbesse de l').

Sceau ogival, de 54 mill. — Dans une niche gothique, l'Annonciation. L'ange debout, tient une banderole portant l'inscription AVE; une tige de lys dans un vase le sépare de la Vierge. — Légende détruite.

Quittance d'une rente sur la recette de Vernon. — 10 octobre 1374. (Clair., r. 82, p. 6481.)

6921 OURVILLE (HENRI D'),
Sergent d'armes du roi et châtelain de Caen.

Sceau rond, de 18 mill. — Écu à la fasce accompagnée en chef de trois merlettes, dans un trilobe. — Légende détruite.

Quittance d'arbalètes de cor à tour et à tour sur main, d'arbalètes d'if à deux pieds, de quatre tours, quatre de hausse-pieds, de deux mille carreaux empennés d'airain pour les arbalètes à tour, etc. — Caen, 20 juillet 1346. (Clair., r. 41, p. 3099.)

6922 OUTRELEAU (RICARD D').

Sceau en écu, de 23 mill. — Une fleur de lys fleuronnée.

S' RICA.. DOVLTRELEAVE

Ost de Flandre. — Quittance de gages. — Arras, 29 septembre 1302. (Clair., r. 82, p. 6483.)

6923 OVIN (ÉTIENNE),
Écuyer.

Sceau rond, de 20 mill. — Écu au sautoir chargé de cinq étoiles et de quatre croissants, penché, timbré d'un heaume cimé de..., sur champ réticulé.

..... ESTIENNE O...

Guerres de Normandie. — Quittance de gages. — Paris, 23 juillet 1355. (Clair., r. 82, p. 6483.)

6924 OWERTON (CLÉMENT),
Écuyer, capitaine de Montivilliers.

Sceau rond, de 24 mill. — Écu au sautoir sous un chef chargé d'un léopard.

S c.........: ton

Gages de l'office de capitaine. — 27 juillet 1406. (Clair., r. 187, p. 7003.)

6925 OWERTON (CLÉMENT),
Écuyer, capitaine de Montivilliers.

Sceau rond, de 27 mill. — Écu écartelé : au 1 et 4, un sautoir sous un chef chargé d'un léopard; au 2 et 3, une bande chargée de trois marteaux; timbré d'un arbre.

..... climent obberton

Gages de l'office de capitaine. — 12 mars 1435, n. st. (Clair., r. 187, p. 7005.)

6926 OXELAERE (JEAN D'),
Dizenier.

Sceau rond, de 19 mill. — Écu au lion couronné.

S IE..... ORES....

Quittance de garnisons de vins de Gascogne. — Calais, 15 mai 1305. (Clair., r. 41, p. 3107.)

6927 OYE (FRANCEQUIN D'),
Écuyer.

Sceau en écu, de 19 mill. — Écu parti : au 1, une tête d'homme couronnée; au 2, une demi-croix ancrée.

.... nae.... D...

Service de guerre à Chartres. — Quittance de gages. — Paris, 7 octobre 1356. (Clair., r. 82, p. 6419.)

6928 OYE (JEAN D'),
Écuyer.

Sceau rond, de 20 mill. — Écu à la bande chargée de trois quintefeuilles. — Légende détruite.

Quittance d'une rente sur la recette du bailliage d'Amiens. — 9 février 1363, n. st. (Clair., r. 41, p. 3041.)

6929 PACY (JACQUES DE),
Écuyer, seigneur du Plessier-Choysel près Senlis.

Sceau rond, de 24 mill. — Écu à trois pals de vair sous un chef chargé de deux coquilles, et à dextre d'un écusson portant un semé de fleurs de lys à la bande brochant.

✱ IAQVES D. PACY

Certificat en faveur du chapelain du Plessier-Choysel. — 8 novembre 1407. (Clair., r. 83, p. 6489.)

6930 PACY (JEAN DE),
Chevalier.

Sceau rond, de 20 mill. — Écu à trois pals sous un chef chargé de trois étoiles. — Légende détruite.

Service de guerre sous le comte de Dammartin. — Quittance de gages. — Beauvais, 25 août 1370. (Clair., r. 83, p. 6489.)

6931 PACY (RENAUD DE),
Chevalier.

Sceau rond, de 25 mill. — Écu à trois pals de vair sous un chef chargé de trois coquilles, penché, timbré d'un heaume cimé d'un col de cygne, sur champ réticulé.

...GNAVT DE PACY

Service de guerre. — Quittance de gages. — Mantes, 6 octobre 1415. (Clair., r. 83, p. 6491.)

6932 PAGNAT (GUILLAUME DE),
Chevalier.

Sceau hexagone, de 18 mill. — Écu au sautoir.

W DE PANHA. MALE

Guerres d'Auvergne. — Quittance de gages. — 16 février 1359, n. st. (Clair., r. 83, p. 6541.)

6933 PAIELE (JEAN), D'ARRAS,
Valet du roi.

Sceau rond, de 20 mill. — Écu portant une aigle, dans un quadrilobe.

✱ S' I.hA. ...ELE

Quittance de 80,000 livres tournois petits, délivrée aux trésoriers du roi. — Arras, 11 juin 1299. (Clair., r. 83, p. 6493.)

6934 PAILLARD
(Bernard, dit le Maire de),
chevalier.

Sceau rond, de 22 mill. — Écu portant une croix frettée, dans un trilobe.

....ILLART

Guerres de Normandie. — Quittance de gages. — Rouen, 11 septembre 1355. (Clair., r. 83, p. 6503.)

DE LA COLLECTION CLAIRAMBAULT.   35

6935 PAILLARD (LE BORGNE DE),
Chevalier, du Vermandois.

Sceau rond, de 18 mill. — Écu à la croix frettée accompagnée d'une molette en chef et à dextre.

. . . AT . . . . G PA . . . . R.

Service de guerre sous le seigneur de Roye. — Quittance de gages. — Saint-Omer, 10 septembre 1348. (Clair., r. 83, p. 6503.)

6936 PAILLARD (JACQUES),
Écuyer.

Sceau rond, de 23 mill. — Écu à la fasce accompagnée en chef de trois coqs.

. . . . . . LIART GS . . .

Guerres de Flandre. — Quittance de gages. — Gravelines, 1ᵉʳ juillet 1386. (Clair., r. 83, p. 6533.)

6937 PAILLARD (JEAN),
Connétable.

Sceau rond, de 18 mill. — Écu portant trois têtes de lion accompagnées d'une étoile en abîme, dans un trilobe.

S IGhAN P . . . . ART

Service de guerre à Ardres. — Quittance de gages. — Ardres, 29 octobre 1355. (Clair., r. 83, p. 6505.)

6938 PAILLARD (JEAN),
Écuyer.

Sceau rond, de 20 mill. — Écu portant trois têtes de lion accompagnées d'une étoile en abîme, dans un quadrilobe.

SGGL IGhAN PAILLART

Guerres de Picardie. — Quittance de gages. — Amiens, 20 octobre 1380. (Clair., r. 83, p. 6505.)

6939 PAILLARD (JEAN DE),
Seigneur de Choqueuse,
lieutenant de 30 lances sous monseigneur de Chaulnes.

Signet rond, de 20 mill. — Écu à la croix frettée. Dans le champ, des rinceaux. — Sans légende.

Quittance de gages. — 14 janvier 1560, n. st. (Clair., r. 187, p. 7007.)

6940 PAILLÉ (GUILLAUME DU),
Chevalier,
lieutenant et maréchal de Gui de Nesle, capitaine de Saintonge.

Sceau rond, de 21 mill. — Un heaume cimé d'un plumail.

. . . . RGI ?

Service de guerre à Saintes. — Quittance de gages. — Saintes, 31 octobre 1349. (Clair., r. 63, p. 6507.)

6941 PAILLENGOURT (MANESSIER DE),
Chevalier.

Sceau rond, de 25 mill. — Écu portant une hamayde. — Légende détruite.

Establie de Flandre. — Quittance de gages. — Lille, 30 décembre 1299. (Clair., r. 83, p. 6505.)

6942 PAIN (AUGÉ),
Écuyer.

Sceau rond, de 20 mill. — Écu au chevron accompagné de trois quartefeuilles. — Légende détruite.

Chevauchée du Mans. — Quittance de gages. — Le Mans, 6 août 1392. (Clair., r. 83, p. 6507.)

6943 PAINEL.

Voyez PAYNEL.

6944 PAKYNGTON (GUILLAUME),
Contrôleur des gens d'armes et du trait de la garnison de Bayeux.

Signet rond, de 13 mill. — Une tête de léopard.

Guille paquin . . .

Service de guerre à Bayeux. — Quittance de gages. — 23 juillet 1440. (Clair., r. 187, p. 7009.)

6945 PAKYNGTON (THOMAS),
Contrôleur des gens d'armes et de trait de la garnison de Honfleur.

Sceau rond, de 27 mill. — Écu portant trois têtes

5.

de léopard, penché, timbré d'un heaume à lambrequins cimé d'une touffe.

S TOUMAS PABYNGTON

Gages de la garnison de Honfleur. — 10 avril 1438, n. st. (Clair., r. 187, p. 7007.)

6946 PALACIA (JOHANNES DE),
Chevalier, seigneur de Noyers.

Sceau rond, de 40 mill. — Écu portant trois lions contournés au lambel.

✱ S' IOḦIS DE PA..... DE NOIERS

Vente de biens situés à Villiers-le-Comte, Hauteville, à "Nofmois", à Saint-Aubin, à Saint-Germain-des-Champs. — 22 juillet 1276. (Clair., r. 210, p. 9163.)

6947 PALAIS (PARISET DU),
Écuyer.

Sceau rond, de 20 mill. — Écu en palette portant un château sommé d'une tour à sénestre, penché, timbré d'un heaume cimé d'une tête de lévrier, supporté par deux lévriers.

S PAARIS DV PALAIS

Service de guerre sous monseigneur de Roye. — Quittance de gages. — Paris, 25 octobre 1356. (Clair., r. 83, p. 6531.)

6948 PALI (JEAN),
Écuyer.

Sceau rond, de 25 mill. — Écu au croissant surmonté d'une étoile et accompagné de six fleurs en orle. — Légende détruite.

Guerres de la frontière de Picardie. — Quittance de gages. — 16 novembre 1381. (Clair., r. 83, p. 6533.)

6949 PALIS (THIBAUD DE),
Procureur des religieuses de Poissy.

Sceau rond, de 18 mill. — Écu portant une palissade, dans un trilobe.

T⍵OB....... PⅡLICO CLIC'

Quittance d'une rente sur la vicomté de Vernon. — 9 décembre 1374. (Clair., r. 83, p. 6535.)

6950 PALISSE (PHILIBERT DE LA),
Chevalier.

Sceau rond, de 19 mill. — Écu portant trois lions.

S FELIBERT DE LA PALISSE

Guerres de Limousin. — Quittance de gages. — Périgueux, 1ᵉʳ septembre 1379. (Clair., r. 83, p. 6533.)

6951 PALLAVICINI (DAMIAN),
Capitaine de Génois.

Sceau rond, de 21 mill. — Écu à la fasce bretessée, dans un double quadrilobe.

DAMIAN PALLAVICINI

Guerres de la Rochelle. — Quittance de gages et de douze plates, de douze bacinets et de douze gorgerettes. — 22 décembre 1345. (Clair., r. 84, p. 6605.)

6952 PALLUAU (PIERRE DE),
Chevalier, sire de Montrésor.

Sceau rond, de 20 mill. — Écu portant une fasce.

...IER.. D.......

Service de guerre entre la Loire et la Dordogne. — Quittance de gages. — Poitiers, 23 janvier 1356, n. st. (Clair., r. 83, p. 6537.)

6953 PALME (GEORGES DE LA),
Écuyer, huissier d'armes du roi.

Sceau rond, de 22 mill. — Écu vairé chargé en chef et à dextre d'un écusson portant un lion.

S GORGE DE LA P..ME

Guerres des frontières de Picardie. — Quittance de gages. — 15 novembre 1381. (Clair., r. 83, p. 6541.)

6954 PALUD (FRANÇOIS DE LA),
Dit Varambon, comte de la Roche et seigneur de Villersexel. lieutenant et capitaine général du comte de Vaudemont.

Sceau rond, de 46 mill. — Écu écartelé : au 1 et 4, cinq points équipollés ; au 2 et 3, une croix d'hermines ; supporté par une dame tenant à la main droite un heaume cimé d'une tête de lion dans un vol; le tout dans une enceinte palissadée.

Seel francois de la .aln

Quittance délivrée au comte de Vaudemont. — 9 novembre 1440. (Clair., r. 230, p. 23.)

6955   PALUD (PIERRE DE LA),

Seigneur de Varambon, conseiller, capitaine et lieutenant du roi en Languedoc.

Sceau rond, de 32 mill. — Type équestre. L'écu et la housse portant une croix d'hermines.

.....RRG DG LAPALV SIRG.......

Ordre de payement en faveur de Hugues de Poyols, damoiseau. — Agen, 24 août 1340. (Clair., r. 83, p. 6539. 6541.)

6956   PANNE (GAUTIER DE),

Chevalier, d'Auvergne.

Sceau rond, de 26 mill. — Écu portant trois jumelles à la bande brochant. — Légende détruite.

Ost de Flandre. — Quittance de gages. — Arras, 30 septembre 130°. (Clair., r. 84, p. 6611.)

6957   PAPOT (JEAN),

Écuyer.

Sceau rond, de 23 mill. — Écu portant trois têtes de lion arrachées, au lambel.

✠ IOҺAN PAPPOT

Garde de la ville de Montivilliers. — Quittance de gages. — 11 juin 1416. (Clair., r. 83, p. 6543.)

6958   PÂQUIER, ÉVÊQUE DE MEAUX.

Voyez Meaux.

6959   PAQUIN (AIMART?),

Écuyer.

Sceau rond, de 18 mill. — Écu écartelé : au 1, une étoile; les trois autres quartiers plains; penché, timbré d'un heaume cimé d'un vol.

...ᴍART ✠ PAQVIN

Poursuite des Anglais. — Quittance de gages. — Paris, 17 octobre 1380. (Clair., r. 23, p. 1681.)

6960   PARADE (GASTON DE LA),

Viguier de Toulouse.

Sceau rond, de 25 mill. — Écu portant trois besants ou trois tourteaux, penché, timbré d'un heaume cimé d'une tête de cerf.

S GASTO DG .. ...ᴀDA

Quittance de gages en blanc. — Toulouse, 16 mai 1361 ou 1371. (Clair., r. 207, p. 8987.)

6961   PARAY (GUILLAUME DE),

Écuyer.

Sceau rond, de 23 mill. — Écu au sautoir cantonné de quatre merlettes, penché, timbré d'un heaume cimé d'une tête de griffon. Dans le champ, deux rameaux.

Guillaume de paraif

Service de guerre. — Quittance de gages. — 27 août 1420. (Clair., r. 83, p. 6547.)

6962   PARDAILLAN (ANTOINE DE),

Chevalier, lieutenant de 80 lances sous le roi de Navarre.

Sceau rond, de 24 mill. — Écu écartelé : au 1 et 4, une tour surmontée de trois têtes de More; au 2 et 3, trois fasces ondées. — Sans légende.

Quittance de gages. — 4 mai 1552. (Clair., r. 187, p. 7019.)

6963   PARDAILLAN (ANTOINE DE),

Chevalier, lieutenant de 80 lances sous le roi de Navarre.

Signet rond, de 19 mill. — Variété du type précédent. — Sans légende.

Quittance de gages. — 23 juillet 1554. (Clair., r. 187, p. 7021.)

6964 PARDAILLAN (BERNARD DE),
Écuyer.

Sceau rond, de 20 mill. — Écu portant deux fasces, timbré d'un fleuron, accosté de deux palmes.

✠ S' B' SERK D PA......AN

Guerres de Gascogne. — Quittance de gages. — Agen, 17 novembre 1340. (Clair., r. 83, p. 6547.)

6965 PARDAILLAN (BLAISE DE),
Chevalier, seigneur de la Motte-Gondrin, lieutenant de 50 lances.

Sceau rond, de 23 mill. — Écu écartelé : au 1 et 4, une tour surmontée de trois têtes de More; au 2 et 3, trois fasces ondées; accompagné de trois fleurons. — Sans légende.

Quittance de pension. — 21 juillet 1546. (Clair., r. 83, p. 6553.)

6966 PARDAILLAN (BLAISE DE),
Chevalier, seigneur de la Motte-Gondrin, lieutenant de 40 lances sous le comte de Laval.

Sceau rond, de 22 mill. — Écu écartelé : au 1 et 4, une tour surmontée de trois têtes de More; au 2 et 3, trois fasces ondées. — Sans légende.

Quittance de gages. — 26 avril 1547. (Clair., r. 187, p. 7013.)

6967 PARDAILLAN (BLAISE DE),
Chevalier, seigneur de la Motte-Gondrin, lieutenant de 40 lances.

Signet rond, de 17 mill. — Écu portant trois fasces ondées, entouré de trois palmes. — Sans légende.

Quittance de pension. — 26 mai 1547. (Clair., r. 83, p. 6548.)

6968 PARDAILLAN (HECTOR DE),
Chevalier, baron de Gondrin, lieutenant de 50 lances sous monseigneur de la Motte-Gondrin.

Signet rond, de 19 mill. — Écu écartelé : au 1 et 4, une tour surmontée de trois tête de More; au 2 et 3, trois fasces ondées. — Sans légende.

Quittance de gages. — 2 janvier 1561, n. st. (Clair., r. 187, p. 7029.)

6969 PARDAILLAN (HECTOR DE),
Chevalier, baron de Gondrin, lieutenant en la compagnie du seigneur de la Motte-Gondrin.

Signet rond, de 20 mill. — Écu écartelé : au 1 et 4, trois fasces ondées; au 2 et 3, une tour surmontée de trois têtes de More. — Sans légende.

Quittance de gages. — 29 mars 1561, n. st. (Clair., r. 187, p. 7029.)

6970 PARDAILLAN (JEAN DE).
Chevalier.

Sceau rond, de 30 mill. — Écu portant deux fasces, penché, timbré d'un heaume cimé d'une tête de licorne, supporté par deux damoiselles.

S 1oḥan de pardelḥa

Service de guerre à Paris. — Quittance de gages. — Paris, 10 janvier 1416, n. st. (Clair., r. 84, p. 6625.)

6971 PARDAILLAN (ODIN DE),
Écuyer, capitaine de Gondrin.

Sceau rond, de 24 mill. — Écu fascé ondé, accompagné de trois fleurons.

S ...O DE PARDELḤAN

Garde du lieu de Gondrin. — Quittance de gages. — 28 septembre 1356. (Clair., r. 83, p. 6551.)

6972 PARDIAC
(Arnaud-Guillaume de Monlezun, comte de).

Sceau rond, de 29 mill. — Écu au lion accompagné de onze corneilles en orle, penché, timbré d'un heaume couronné et cimé d'un vol, sur un champ orné.

S A....T G'VILEM C... ...DIAC

Quittance délivrée aux maîtres de la monnaie d'Agen. — Agen, 27 février 1348, n. st. (Clair., r. 182, p. 6569.)

6973 PARDIAC
(Arnaud-Guillaume de Monlezun, comte de), chevalier banneret.

Sceau rond, de 28 mill. — Écu au lion accompagné de onze corneilles en orle, penché, timbré d'un heaume cimé d'un vol, sur champ réticulé.

S ARNALDI ...LLI COMIT PARD. ACI

Guerres de Gascogne. — Restor de chevaux. — 17 octobre 1356. (Clair., r. 77, p. 6031.)

6974   PARDIAC
(Arnaud de Montezun, comte de).

Sceau rond, de 33 mill. — Écu au lion accompagné de dix-huit corneilles en orle, dans une rose gothique.

**...illum arnaldi de m........
....itis pard.....**

Quittance en blanc au nom de Bertrand de Fumel, sire de Montségur, pour son service à Cahors. — Agen, 21 décembre 1372. (Clair., r. 180, p. 6415.)

6975   PARENT (JEAN),
Arbalétrier, de la ville de Créqui.

Sceau rond, de 18 mill. — Écu portant un arc bandé, garni de sa flèche la pointe en bas et accompagné de trois fleurs de lys en chef.

IEHAN PARENT

Quittance en blanc. — XIVe siècle. (Clair., r. 83, p. 6555.)

6976   PARFONDEVAL (JEAN DE),
Écuyer, du bailliage de Caux.

Sceau rond, de 20 mill. — Un arbuste avec un oiseau perché.

...AN DE ......DEVAL

Ost de Flandre. — Quittance de gages. — 22 septembre 1302. (Clair., r. 83, p. 6555.)

6977   PARFONDRU (LAURENT DE),
Dit Morel, chevalier.

Sceau rond, de 20 mill. — Écu portant trois pals de vair sous un chef chargé de trois coquilles, penché, timbré d'un heaume couronné et cimé d'une tête de chien.

LOR........ODRVE CH

Service de guerre. — Quittance de gages et restor d'un cheval. — 5 mars 1341, n. st. (Clair., r. 85, p. 6665.)

6978   PARFONDRU (MOREAU DE),
Chevalier, élu des aides au diocèse de Laon.

Sceau rond, de 20 mill. — Écu portant trois huchets enguichés, penché, timbré d'un heaume couronné à volet d'hermines et cimé d'une tête de chien. — Légende détruite.

Quittance de gages. — Laon, 8 juillet 1361. (Clair., r. 84, p. 6635.)

6979   PARIS
(Les béguines du grand béguinage de Saint-Paul, à).

Sceau ogival, de 45 mill. — Fragment. Dans une niche gothique, la Vierge couronnée et nimbée, tenant un fleuron, sur champ fleurdelysé. Le tout fort incomplet. — Légende détruite.

Quittance du service que maître Raoul de Justinez, curé de l'église paroissiale de Saint-Paul, doit à la chapelle dudit béguinage. — 25 janvier 1400, n. st. (Clair., r. 62, p. 4815.)

6980   PARIS
(Les généraux élus des aides à).

Sceau rond, de 26 mill. — Écu portant trois merlettes en orle au franc canton d'hermines à la crosse en pal brochant sur le tout, surmonté d'un saint Jean montrant l'Agnus, supporté par deux personnages, dans un quadrilobe.

S ioḣis ḣ ....

Taxation de frais de voyage. — Paris, 20 juin 1368. (Clair., r. 214, p. 9575.)

6981   PARIS
(Les généraux trésoriers des aides à).

Sceau rond, de 26 mill. — Écu au sautoir engrêlé

cantonné de quatre faucilles, surmonté d'un dragon, supporté par deux lions.

guillaume ...vqay

Gages du receveur de Caen. — Paris, 2 mars 1364, n. st. (Clair., r. 214, p. 9553.)

6982   PARIS

(Les généraux trésoriers des aides à).

Sceau rond, de 22 mill. — Écu échiqueté au franc canton chargé de trois besants ou trois tourteaux, penché, timbré d'un heaume cimé d'une tête d'homme barbu, supporté par deux lions.

.GGL NICOLA......

Mandement au sujet des pertes subies par le fermier des vins à Caen. — Paris, 12 janvier 1364, n. st. (Clair., r. 214, p. 9537.)

6983   PARIS

(Les généraux trésoriers des aides à).

Sceau rond, de 26 mill. — Dans une niche gothique, saint Jean-Baptiste à mi-corps montrant l'Agnus, accosté de deux anges dans deux logettes latérales, au bas la lettre G entre deux lions couchés.

..GG .GNVS DGI

Mandement au sujet des gages de l'archevêque de Reims et du maréchal Boucicaut. — Paris, 16 décembre 1364. (Clair., r. 214, p. 9547.)

6984   PARIS (GUIOT DE),

Écuyer, maître d'hôtel du comte de Nevers.

Sceau rond, de 25 mill. — Écu fruste portant deux chevrons accompagnés en chef de deux? besants et en pointe de..., penché, timbré d'un heaume cimé d'un col de cygne dans un vol, supporté par deux cygnes.

Guiot de paris

Fourniture d'un minot de gros sel par le grènetier de Coucy. — 6 juillet 1409. (Clair., r. 83, p. 6557.)

6985   PARIS (HÔTEL-DIEU DE).

Sceau ogival, de 45 mill. — Sous un dais gothique, saint Jean-Baptiste debout, tête nue, nimbé, en costume philosophique, portant l'Agnus, accosté de quatre fleurs de lys, les deux plus hautes couronnées.

SIGILLVM BVRSG D.......

Quittance de 300 écus d'or donnés par le roi à l'Hôtel-Dieu de Paris. — 3 mars 1475, n. st. (Clair., r. 48, p. 3555.)

6986   PARIS? (JEAN DE),

Clerc, conseiller du roi.

Sceau rond, de 19 mill. — Une tête de vieillard encadrée dans la lettre P.

S DG ....RIS

Quittance de gages. — 8 juin 1366. (Clair., r. 83, p. 6489.)

6987   PARIS

(La marchandise de la ville de).

Sceau rond, de 22 mill. — Le vaisseau de Paris mâté, gréé, la voile déployée.

S' M.....ORVM AQVG.......

Charte par laquelle Étienne Marcel fait enfermer à l'hôtel de ville des armes et des munitions que l'on dirigeait sur Meaux. — Paris, 18 avril 1358. (Clair., r. 69, p. 5411.)

6988   PARIS (MICHEL DE),

Bailli de Vermandois.

Sceau rond, de 21 mill. — Un buste de femme de face, coiffée d'un couvre-chef.

...MICH... GST NOMGN GI...

Lettres du roi ordonnant une assemblée d'hommes d'armes à Arras pour faire la guerre à Robert, comte de Flandre. — Copie donnée à Chauny, 26 mai 1319. (Clair., r. 93, p. 7217.)

6989   PARIS (PIERRE DE),

Écuyer.

Sceau rond, de 25 mill. — Écu à la bande accompagnée de six merlettes en orle, penché, timbré d'un heaume cimé d'une tête d'aigle, supporté par un griffon et un lion.

S P DG PARIS

Garde de la ville de Saint-Malo. — Quittance de gages. — 19 septembre 1415. (Clair., r. 83, p. 6557.)

6990   **PARIS**
(Pierre de Gondy, évêque de).

Sceau rond, de 30 mill. — Écu écartelé : au 1 et 4, deux masses d'armes en sautoir liées; au 2 et 3, un palé de six pièces; timbré d'une mitre et d'une crosse. — Sans légende.

Lettres de tonsure. — 16 juin 1578. (Clair., r. 54, p. 4069.)

6991   **PARIS**
(Prieuré de Saint-Éloi de).

Sceau rond, de 31 mill. — Fragment. Saint Éloi assis à droite, ferrant sur une enclume la jambe d'un cheval qu'il a coupée, de l'autre côté de l'enclume le cheval attendant.

........AD CAS AR.....

Pierre Philippeau, prieur, donne quittance de la location d'une chambre de son prieuré, occupée pour le fait des aides. — 31 juillet 1370. (Clair., r. 85, p. 6711.)

6992   **PARISY (CLÉMENT DE)**,
Écuyer, maréchal des logis de la compagnie du duc d'Aumale.

Signet rond, de 17 mill. — Écu portant trois croix accompagnées d'un croissant en chef. — Sans légende.

Quittance de gages. — 3 juin 1567. (Clair., r. 187, p. 7041.)

6993   **PAROY (ÉTIENNE DE)**,
Écuyer, capitaine du château du Mez-le-Maréchal pour Guillaume de Melun.

Sceau rond, de 19 mill. — Écu à la croix engrêlée cantonnée en chef de cinq besants, 2, 2 et 1 à dextre et d'une étoile à sénestre.

S'..ЄIANG .. PAR..

Garde du château de Mez. — Gages de Guillaume de Melun. — 24 juin 1381. (Clair., r. 83, p. 6561.)

6994   **PARTHENAY-DE-MAILLÉ**
(Jacques de), écuyer.

Sceau rond, de 22 mill. — Écu au sautoir accompagné en chef d'un maillet, penché, timbré d'un heaume cimé d'une tête de... dans un vol, supporté par un lion et un griffon.

Iaques .. parten..

Service de guerre à Paris. — Quittance de gages. — Saint-Arnoult-en-Yvelines, 13 décembre 1415. (Clair., r. 83, p. 6561.)

6995   **PARYS (ROBERT)**,
Écuyer.

Sceau rond, de 32 mill. — Écu au rencontre de cerf surmonté d'une croix et accosté de deux..., penché, timbré d'un heaume à lambrequins cimé d'un vol.

Sigillum robert parys

Service de guerre aux environs de Bourgachard, la Bouille, les Moulineaux, la Saussoye, etc. «où repairent et hantent plusieurs malfaiteurs». — Quittance de gages. — 23 avril 1446. (Clair., r. 187, p. 7039.)

6996   **PAS (JACQUES DE)**,
Seigneur de Feuquières, enseigne de 100 lances sous le dauphin.

Sceau rond, de 33 mill. — Écu au lion, penché, timbré d'un heaume cimé d'un personnage à mi-corps armé d'une épée, supporté par deux hommes sauvages.

IAQVES DE PAS SR DE FEVQVIERES

Quittance de gages. — 6 octobre 1538. (Clair., r. 187, p. 7041.)

6997   **PAS (JEAN DE)**,
Connétable de fossiers.

Sceau rond, de 20 mill. — Une bêche accostée de deux étoiles.

IЄHAN DЄ P..

Guerres de Vermandois. — Quittance de gages. — Saint-Quentin, 19 octobre 1339. (Clair., r. 83, p. 6563.)

6998 PAS? (LIOUWEL DU),
Écuyer.

Sceau rond, de 30 mill. — Écu portant trois guivres, penché, timbré d'un heaume à lambrequins cimé de..., sur champ de rinceaux.

...nouel bonpa

Siège de Harfleur par les Anglais. — Quittance de gages. — Rouen, 30 septembre 1415. (Clair., r. 41, p. 3097.)

6999 PASERET (VIBERT),
Écuyer.

Sceau rond, de 17 mill. — Écu au chef chargé de trois besants ou de trois tourteaux. — Légende détruite.

Service de guerre. — Quittance de gages. — Arras, 31 août 1342. (Clair., r. 83, p. 6563.)

7000 PASSAC (GAUCHER DE),
Chevalier.

Sceau rond, de 21 mill. — Écu burelé à trois pals brochant (plus exactement un palé de six pièces), penché, timbré d'un heaume cimé de..., sur champ festonné.

.....AVC...

Guerres de Berry, d'Auvergne, de Nivernais. — Quittance de gages. — Nevers, 16 février 1367, n. st. (Clair., r. 83, p. 6565.)

7001 PASSAC (GAUTIER DE),
Chevalier, sénéchal de Limousin.

Sceau rond, de 29 mill. — Écu burelé à trois pals brochant, penché, timbré d'un heaume cimé d'une tête d'homme chevelu et barbu, sur champ festonné, dans un cercle de rinceaux.

Seel .... ier de passac

Guerres de Limousin. — Quittance de gages. — 24 septembre 1376. (Clair., r. 83, p. 6565.)

7002 PATÉ (LOUIS),
Conseiller du roi, réformateur au diocèse de Chartres.

Sceau rond, de 23 mill. — Écu portant trois gerbes, timbré d'une aigle essorant, supporté par deux lions, dans un trilobe. — Légende détruite.

Quittance de gages. — 12 août 1374. (Clair., r. 84, p. 6575.)

7003 PATÉ (LOUIS),
Chevalier, sire du Plessis-Paté.

Sceau rond, de 24 mill. — Écu d'hermines à deux chevrons. — Légende détruite.

Quittance d'une somme due aux enfants de sa femme. — 6 novembre 1376. (Clair., r. 84, p. 6577.)

7004 PATRIGNON (JEAN),
Écuyer, châtelain de la Motte de Bar-sur-Aube.

Sceau rond, de 27 mill. — Écu portant une aigle en chef et deux rocs d'échiquier en pointe, penché, timbré d'un heaume cimé d'une tête d'aigle dans un vol, sur champ festonné.

...han pair.....

Quittance des gages de châtelain. — 13 décembre 1416. (Clair., r. 84, p. 6579.)

7005 PATRY (JEAN),
Écuyer.

Sceau rond, de 24 mill. — Écu portant trois quintefeuilles sur un semé de besants, penché, timbré d'un heaume à lambrequins cimé d'une tête de cheval bridé.

iehan pairy

Guerres de basse Normandie. — Quittance de gages. — Rouen, 6 septembre 1415. (Clair., r. 84, p. 6581.)

7006 PATRY (RAOUL),
Chevalier.

Sceau rond, de 28 mill. — Écu d'hermines à trois quintefeuilles accompagnées d'une étoile en abîme.

tenu par une dame debout, supporté par deux lions.

...... RAO.......

Guerres de Normandie. — Quittance de gages. — Saint-Lô, 28 décembre 1369. (Clair., r. 84, p. 6581.)

7007   PATRY (ROBERT),
Chevalier.

Sceau rond, de 28 mill. — Une dame debout tenant devant elle un écu d'hermines chargé de trois quintefeuilles à la bande brochant, supporté par deux lions, sur champ de rinceaux.

. ROBER.....RI

Guerres de Normandie. — Quittance de gages. — Rouen, 27 février 1369, n. st. (Clair., r. 84, p. 6579.)

7008   PATRY (ROBERT),
Chevalier.

Sceau rond, de 34 mill. — Un homme d'armes debout coiffé d'un heaume cimé d'un col de cygne dans un vol, couvert d'un écu d'hermines à trois quintefeuilles au lambel; accosté de deux lions.

.....T PAT.....

Guerres de Normandie. — Quittance de gages. — .. octobre 1369. (Clair., r. 187, p. 7047.)

7009   PATRY (THOMAS),
Chevalier.

Sceau rond, de 23 mill. — Écu portant trois quintefeuilles, penché, timbré d'un heaume cimé d'une tête d'aigle, sur champ réticulé.

S THOMAS PATRY

Chevauchée de Bourbourg. — Quittance de gages. — 6 septembre 1383. (Clair., r. 84, p. 6581.)

7010   PATURANGE (BILLEBAUT DE),
Écuyer, du bailliage de Sens.

Sceau rond, de 22 mill. — Écu portant un lion au lambel.

...IL..BA.......

Guerres de Vermandois. — Quittance de gages. — Saint-Quentin, 20 octobre 1339. (Clair., r. 84, p. 6577.)

7011   PAULET (MARTIN),
Capitaine de Cherbourg.

Sceau rond, de 21 mill. — Écu au sautoir cantonné de quatre coquilles, dans un trilobe.

.....TIN PA...T

Quittance délivrée au receveur des terres des absents, d'une somme avancée pour sa rançon. — Cherbourg, 12 septembre 1364. (Clair., r. 84, p. 6587.)

7012   PAUME (GEORGES DE LA),
Écuyer.

Sceau rond, de 26 mill. — Écu au sautoir de vair, penché, timbré d'un heaume...

S GORGE DE .....

Guerres de Picardie. — Quittance de gages. — Saint-Omer, 16 juillet 1369. (Clair., r. 84, p. 6587.)

7013   PAUME (GEORGES DE LA),
Écuyer.

Sceau rond, de 23 mill. — Écu vairé au franc canton chargé de..., dans un trilobe.

..... DE L.......

Guerres de Champagne contre les routiers. — Quittance de gages. — Reims, 1ᵉʳ mars 1376, n. st. (Clair., r. 84, p. 6587.)

7014   PAUME (GEORGES DE LA),
Écuyer.

Sceau rond, de 24 mill. — Écu ondé? chargé d'un écusson en chef et à dextre.

✠ S GORGE DE LA PAVME

Guerres de Picardie. — Quittance de gages. — Saint-Omer, 5 juillet 1378. (Clair., r. 84, p. 6589.)

7015   PAUME (GEORGES DE LA),
Écuyer.

Sceau rond, de 24 mill. — Écu portant quatre fasces ondées accompagnées en chef et à dextre d'un écusson chargé d'un lion, penché, timbré d'un

6.

heaume couronné et cimé de . . . . . , supporté par deux griffons.

. . . . DG L . . . . .

Guerres de Picardie. — Quittance de gages. — 16 décembre 1380. (Clair., r. 84, p. 6589.)

7046 PAUMIER (NICOLAS LE).
Chevalier, sire de Pont-Chevron.

Sceau rond, de 24 mill. — Écu à la croix accompagnée en chef et à dextre d'un lion issant, dans une rose gothique.

. . . OLAS P . . . . . .

Quittance au sujets de droits de treffons au bailliage d'Orléans. — 10 novembre 1338. (Clair., r. 84, p. 6595.)

7047 PAUTE (GUI).
Chevalier.

Sceau rond, de 24 mill. — Écu portant deux serres en fasce l'une sur l'autre, penché, timbré d'un heaume couronné et cimé d'une tête de griffon, sur champ festonné.

. VI PAVTG ChLR

Guerres d'Angoumois et de Saintonge. — Quittance de gages. — 15 juillet 1380. (Clair., r. 84, p. 6595.)

7048 PAUTE (RAYMOND).
Écuyer.

Sceau rond, de 26 mill. — Écu portant deux serres en fasce l'une sur l'autre, penché, timbré d'un heaume couronné et cimé d'une tête de griffon dans un vol, supporté par deux griffons.

Remon paote

Guerres de Guienne. — Quittance de gages. — Montignac, 26 janvier 1408, n. st. (Clair., r. 84, p. 6597.)

7049 PAUVRE-ALLEMAND (NICOLAS).
Sergent fieffé de Coiffy.

Sceau rond, de 18 mill. — Écu à la bande.

. . . . OVRG ALA . . . .

Quittance de gages. — 25 juillet 1353. (Clair., r. 89, p. 6993.)

7020 PAVIE (ROBERT DE).
Clerc.

Sceau rond, de 20 mill. — Une tête de femme de face, en couvre-chef, dans un trilobe.

ROBGRT DG PAVIG GLGRG

Restor d'un cheval appartenant à Thibaud de Coulonges. — Paris, 2 novembre 1303. (Clair., r. 35, p. 2651.)

7021 PAVILLON (JEAN DU).
Écuyer.

Sceau rond, de 23 mill. — Écu portant deux bouterolles au franc canton sénestre chargé d'une croix?, penché, timbré d'un heaume cimé d'une tête d'oiseau. Dans le champ, deux rameaux.

. . . ban du pavallon

Poursuite des Anglais. — Quittance de gages. — 12 novembre 1418. (Clair., r. 84, p. 6583.)

7022 PAVELOÉ (JEAN), ¿
Chevalier.

Sceau ogival, de 35 mill. — Écu portant une fasce ondée en chef.

. . . D' IGhAN PAILOG ChGVALI . .

Ost de Flandre. — Quittance de gages. — 14 juillet 1302. (Clair., r. 83, p. 6495.)

7023 PAYEN (GEOFFROI).
Chevalier.

Sceau rond, de 20 mill. — Écu portant une quintefeuille au lambel de cinq pendants, dans un trilobe.

S G . . ROI . AIGN

Service de guerre. — Quittance de gages. — Dreux, 24 juin 1356. (Clair., r. 83, p. 6495.)

7024 PAYEN (JEAN).
Chevalier.

Sceau rond, de 32 mill. — Écu à la croix ancrée chargée de cinq mouchetures d'hermine. — Légende détruite.

Ost de Flandre. — Quittance de gages. — Arras, 4 septembre 1302. (Clair., r. 83, p. 6495.)

7025 PAYEN (JEAN),
Chevalier.

Sceau rond, de 30 mill. — Écu portant trois fleurs à quatre pétales, penché, timbré d'un heaume cimé d'une tête d'ours emmuselé, supporté par deux lions. Dans le champ, deux rameaux fleuris.

ıehan payen

Guerres de Normandie. — Quittance de gages. — 11 février 1419, n. st. (Clair., r. 83, p. 6499.)

7026 PAYEN (JEAN),
Chevalier.

Sceau rond, de 30 mill. — Écu portant trois fleurs à quatre pétales, penché, timbré d'un heaume cimé d'une tête d'ours emmuselé, supporté par deux lions, sur champ réticulé.

m ı..... an

Recouvrement de places dans le Mâconnais, le Charolais, etc. — Quittance de gages. — Jargeau, 14 octobre 1420. (Clair., r. 83, p. 6499.)

7027 PAYEN (PIERRE),
Chevalier, conseiller du roi et du régent.

Sceau rond, de 23 mill. — Écu à la croix engrêlée, timbré d'une aigle essorant, supporté par deux lions.

PIeRRe PAY.n ..... LIeR

Quittance d'une somme prêtée au régent. — 5 novembre 1358. (Clair., r. 83, p. 6497.)

7028 PAYEN (PIERRE),
Chevalier.

Sceau rond, de 23 mill. — Écu portant deux lions passant l'un sur l'autre, penché, timbré d'un heaume cimé d'une tête de lion dans un vol, accosté de deux étriers, sur champ festonné.

.... PAIen ChE

Guerres du pays de Caux. — Quittance de gages. — Harfleur, 22 juillet 1378. (Clair., r. 83, p. 6497.)

7029 PAYEN (SIMON),
Écuyer.

Sceau rond, de 23 mill. — Écu à la croix chargée de cinq châteaux, penché, timbré d'un heaume cimé d'une main tenant..., supporté par deux lévriers, sur champ réticulé. — Légende détruite.

Guerres de basse Normandie. — Quittance de gages. — Carentan, 10 août 1378. (Clair., r. 83, p. 6497.)

7030 PAYNEL (BERTRAND),
Chevalier.

Sceau rond, de 22 mill. — Écu portant deux fasces accompagnées de neuf merlettes en orle à la bordure, penché, timbré d'un heaume cimé d'une tête de griffon dans un vol, supporté par deux lévriers. — Légende détruite.

Guerres d'Écosse. — Quittance de gages. — Saint John's Town, 28 octobre 1385. (Clair., r. 83, p. 6521.)

7031 PAYNEL (BERTRAND),
Chevalier.

Sceau rond, de 27 mill. — Écu écartelé ; au 1 et 4, deux fasces accompagnées de neuf merlettes en orle ; au 2 et 3, un lion couronné ; penché, timbré d'un heaume cimé d'une tête de... dans un vol, supporté par deux oiseaux.

Seel bertran paınel

Guerres de basse Normandie. — Quittance de gages. — Valognes, 19 mai 1407. (Clair., r. 83, p. 6529.)

7032 PAYNEL (BERTRAND),
Chevalier.

Sceau rond, de 27 mill. — Écu écartelé : au 1 et 4, deux fasces accompagnées de neuf merlettes en orle ; au 2 et 3, un lion couronné ; penché, timbré d'un heaume couronné et cimé de deux annelets emmaillés dans un disque portant : . . . . **mento meı mater der**. Dans le champ à droite, le seul côté qui subsiste, la lettre ℳ.

Seel Bertra . . . . . .

Guerres de Normandie. — Quittance de gages. — Rouen, 13 octobre 1415. (Clair., r. 83, p. 6529.)

7033 PAYNEL (COLIN),
Chevalier.

Sceau rond, de 24 mill. — Écu portant deux fasces

accompagnées de neuf merlettes en orle, les deux fasces séparées par deux étoiles, à la bordure; dans un trilobe.

S⸓⸓L .OLIN PAIN⸓L

Chevauchée de Bourbourg. — Quittance de gages. — 10 septembre 1383. (Clair., r. 83, p. 6515.)

7034 PAYNEL (FOULQUES),
Chevalier.

Sceau rond, de 25 mill. — Écu écartelé : au 1 et 4, deux fasces accompagnées de neuf merlettes en orle; au 2 et 3, un lion; penché, timbré d'un heaume cimé d'une tête de griffon dans un vol, supporté par deux lions.

.OVQVI PAIN.........

Guerres de Cotentin. — Quittance de gages. — 16 mars 1386, n. st. (Clair., r. 83, p. 6521.)

7035 PAYNEL (GUILLAUME),
Seigneur de Hambye, chevalier banneret.

Sceau rond, de 20 mill. — Écu portant deux fasces accompagnées de neuf merlettes en orle.

...GVILLQ PAIGNQL S.......

Guerres de Normandie. — Quittance de gages. — Rouen, 14 avril 1369. (Clair., r. 83, p. 6509.)

7036 PAYNEL (GUILLAUME),
Seigneur de Hambye, chambellan du roi, capitaine en basse Normandie.

Sceau rond, de 29 mill. — Écu à deux fasces accompagnées de neuf merlettes en orle, penché, timbré d'un heaume couronné et cimé d'une tête de griffon dans un vol. Dans le champ, sept $\mathfrak{M}$ et l'inscription : **apnðcntes?**

S GVILLAVMQ PAINQL SIRQ DQ ⸓ANBVIQ

Récépissé de lettres royaux au sujet de la levée de l'aide. — Saint-Lô, 21 septembre 1388. (Clair., r. 217, p. 9771.)

7037 PAYNEL (GUILLAUME),
Seigneur de Hambye, chevalier banneret.

Sceau rond, de 30 mill. — Écu portant deux fasces accompagnées de neuf merlettes en orle, penché, timbré d'un heaume cimé d'une tête de griffon dans un vol. Dans le champ, en deux colonnes :

$$\begin{array}{cc} & \text{en} \\ \text{au} & \\ & \text{le} \\ \eth & \\ & \text{s} \end{array}$$

S G⸓M........

Guerres des frontières de Normandie. — Quittance de gages. — Saint-Lô, 8 décembre 1393. (Clair., r. 83, p. 6527.)

7038 PAYNEL (HENRI),
Écuyer.

Sceau rond, de 24 mill. — Écu portant deux fasces accompagnées de neuf merlettes en orle, à la bordure d'annelets. — Légende détruite.

Guerres de Cotentin. — Quittance de gages. — Carentan, 31 mars 1382, n. st. (Clair., r. 83, p. 6513.)

7039 PAYNEL (HENRI),
Chevalier.

Sceau rond, de 21 mill. — Écu portant deux fasces accompagnées de neuf merlettes en orle, à la bordure.

...NRI PAINNQL

Guerres de Normandie. — Quittance de gages. — 10 février 1389, n. st. (Clair., r. 83, p. 6525.)

7040 PAYNEL (JEAN),
Chevalier.

Sceau rond, de 23 mill. — Écu portant deux fasces accompagnées de neuf merlettes en orle.

...Q⸓AN.....

Chevauchée de Flandre. — Quittance de gages. — 25 août 1383. (Clair., r. 83, p. 6513.)

7041 PAYNEL (JEAN),
Chevalier.

Sceau rond, de 20 mill. — Écu portant deux fasces

accompagnées de neuf merlettes en orle, à la bordure.

✠ LE SEEL IOK PAINEL

Service de guerre sous Nicole Paynel. — Quittance de gages. — 3 août 1392. (Clair., r. 83, p. 6527.)

7042 PAYNEL (NICOLE),
Chevalier.

Sceau rond, de 21 mill. — Écu portant deux fasces accompagnées de neuf merlettes en orle à la bordure, sur champ réticulé.

...ICOLE ...SN....LRV

Guerres de basse Normandie. — Quittance de gages. — Pont-l'Abbé, 12 septembre 1374. (Clair., r. 83, p. 6509.)

7043 PAYNEL (NICOLE),
Chevalier.

Sceau rond, de 25 mill. — Écu portant deux fasces accompagnées de neuf merlettes en orle à la bordure, dans un trilobe.

...CO........

Guerres de basse Normandie. — Quittance de gages. — Carentan, 10 août 1378. (Clair., r. 83, p. 6511.)

7044 PAYNEL (NICOLE),
Chevalier banneret.

Sceau rond, de 24 mill. — Écu portant deux fasces accompagnées de neuf merlettes en orle à la bordure, sur champ festonné.

✠ LE SEEL NICOLAS PAINNEL

Chevauchée de Flandre. — Quittance de gages. — 31 août 1383. (Clair., r. 83, p. 6515.)

7045 PAYNEL (NICOLE),
Écuyer.

Sceau rond, de 24 mill. — Écu portant deux fasces accompagnées de neuf merlettes en orle à la bordure, penché, timbré d'un heaume cimé d'une tête de griffon dans un vol, supporté par deux lévriers.

......AS PAINNEL

Guerres de Flandre. — Quittance de gages. — 30 juillet 1385. (Clair., r. 83, p. 6519.)

7046 PAYNEL (THOMAS),
Chevalier.

Sceau rond, de 20 mill. — Écu au lion contourné. Dans le champ, des rinceaux.

...hOMAS DE.........

Ost de Flandre. — Quittance de gages. — Paris, 23 octobre 1302. (Clair., r. 83, p. 6509.)

7047 PÉAGE (JACQUES DU),
Chevalier.

Sceau rond, de 20 mill. — Écu à la fasce chargée de trois coquilles et accompagnée d'un lion passant en chef et à dextre.

S I....ON DV.....

Establies de Flandre. — Restor de chevaux. — 1er février 1302, n. st. (Clair., r. 84, p. 6599.)

7048 PÉCHARIC (LOUIS DE),
Sergent de la garnison de Carcassonne.

Sceau rond, de 16 mill. — Écu portant trois chevrons accompagnés de trois besants ou trois tourteaux.

S LVIS DE PE. ...

Quittance de gages. — Carcassonne, 11 mai 1345. (Clair., r. 212, p. 9433.)

7049 PÊLE (HENRI DE),
Du bailliage de Caen.

Sceau hexagone, de 21 mill. — Écu à l'écusson en abîme chargé de trois besants ou trois tourteaux, au lambel de cinq pendants sur le tout. — Légende fruste.

Ost de Flandre. — Quittance de gages. — 11 septembre 1302. (Clair., r. 84, p. 6601.)

7050 PELET (RAYMOND),
Sire d'Alet, écuyer banneret.

Sceau rond, de 23 mill. — Écu portant trois lions passant, dans un quadrilobe.

.........PEL........

Guerres de Gascogne. — Quittance de gages. — Agen, 2 octobre 1326. (Clair., r. 84, p. 6601.)

7051 PELETANT (JEAN).

Sceau rond, de 23 mill. — Écu portant une dame debout accostée de quatre fleurs de lys et de quatre quintefeuilles, dans un encadrement gothique. — Légende détruite.

Service de guerre en la prévôté de Péronne. — Quittance de gages. — 31 octobre 1352. (Clair., r. 99, p. 7691.)

7052 PELEUS (JEAN DE).

Chantre de Bray-sur-Somme, clerc du roi.

Sceau rond, de 20 mill. — Un oiseau passant.

..... IS DE PELOSIS

Ost de Flandre. — Quittance des gages de Philippe de Richarville, chevalier. — Paris, 18 avril 1303. (Clair., r. 84, p. 6605.)

7053 PELLEGRUE (ARNAUD DE).

Sceau rond, de 19 mill. — Écu parti : au 1, une grue; au 2, trois fasces.

... DE ...AGRVA .S

Guerres de Gascogne. — Quittance de gages. — Le Mas-d'Agenais, 15 décembre 1339. (Clair., r. 84, p. 6601.)

7054 PELLETOT (COLART DE),

Chevalier, fils de feu Robert de Pelletot, maréchal héréditaire du Ponthieu et maître enquêteur des eaux et forêts au pays de Picardie.

Sceau rond, de 27 mill. — Écu incomplet palé? de six pièces sous un chef à la bande chargée de trois coquilles brochant, penché, timbré d'un heaume cimé d'une tête de bélier dans un vol, supporté par deux lions.

Colart peletot

Quittance des gages dus à son père. — 17 janvier 1416, n. st. (Clair., r. 84, p. 6603.)

7055 PELLISSON (PIERRE),

Commissaire ordinaire des guerres.

Sceau rond, de 22 mill. — Écu au pélican en sa piété, timbré d'un heaume à lambrequins. — Sans légende.

Gages de son office. — 4 février 1560, n. st. (Clair., r. 132, p. 1659.)

7056 PELLOIE (JEAN),

Chevalier.

Sceau rond, de 14 mill. — Écu à la bande, à la fasce ondée brochant. — Légende détruite.

Ost de Flandre. — Quittance de gages. — Devant Vitry, 25 septembre 1302. (Clair., r. 84, p. 6605.)

7057 PELLOIE (JEAN),

Écuyer, du bailliage de Troyes.

Sceau rond, de 20 mill. — Écu portant une fasce ondée, au lambel.

✠ S' IEhAN PE.LAIE ESC.

Guerres de Vermandois. — Quittance de gages. — 3 août 1340. (Clair., r. 85, p. 6695.)

7058 PELOUQUET (ROBERT),

Chevalier, sire de la Bourse.

Sceau rond, de 18 mill. — Écu fascé de six pièces à la bordure.

S' ROBERT PEL......

Quittance de garnisons de vins. — Calais, 2 avril 1364. (Clair., r. 84, p. 6606.)

7059 PELU (ROBERT),

Chevalier, sire de Havelu.

Sceau rond, de 27 mill. — Écu fascé de six pièces.

✠ S' ROB' PELV.......LV OKR

Ost de Flandre. — Quittance de gages. — Arras, 4 septembre 1302. (Clair., r. 84, p. 6607.)

7060 PENARS (JEAN),

Écuyer.

Sceau rond, de 26 mill. — Écu à la bande chargée d'une étoile et de deux canettes.

S' IE..... NAR.....

Establie d'Aire. — Quittance de gages. — Aire, 14 août 1342. (Clair., r. 84, p. 6609.)

7061 PENART (PIERRE).

Sceau rond, de 23 mill. — Écu portant trois croissants accompagnés de trois plumes en chef.

✠ S PIGRG PGNAR.

Ost de Flandre. — Quittance de gages. — 10 septembre 1302. (Clair., r. 84, p. 6609.)

7062 PENELOZE? (PETRE DE),

Écuyer.

Sceau rond, de 27 mill. — Écu portant trois plumes. — Légende fruste.

Guerres de Normandie; siège de Harfleur par les Anglais. — Quittance de gages. — Rouen, 17 octobre 1415. (Clair., r. 84, p. 6613.)

7063 PENIN (MAILLOT DE),

Du bailliage d'Amiens.

Sceau rond, de 20 mill. — Écu burelé à trois maillets brochant. — Légende fruste.

Guerres de Vermandois. — Quittance de gages. — Saint-Quentin, 28 octobre 1339. (Clair., r. 84, p. 6615.)

7064 PENNE (OLIVIER DE).

Sceau rond, de 22 mill. — Écu portant une plume en bande sous un chef chargée d'une croix pattée, dans une rose gothique. — Légende détruite.

Ost de Flandre. — Quittance de gages. — Paris, 20 septembre 1302. (Clair., r. 84, p. 6611.)

7065 PENNETIER (PIERRE),

Archer.

Sceau rond, de 22 mill. — Écu portant deux roses en chef et un croissant en pointe, timbré d'un rameau.

Seel pierre pennetier

Guerres contre les Anglais. — Quittance de gages. — Montdidier, 17 août 1415. (Clair., r. 84, p. 6615.)

7066 PENNON (JEAN),

Écuyer, du bailliage de Sens.

Sceau rond, de 21 mill. — Écu portant dix besants, 4, 3, 2 et 1. — Légende détruite.

Service de guerre. — Quittance de gages. — Paris, 18 août 1346. (Clair., r. 84, p. 6617.)

7067 PENNON (ROBERT),

Écuyer, châtelain et verdier de Beauvoir.

Sceau rond, de 22 mill. — Écu portant dix besants, dans un quadrilobe. — Légende détruite.

Quittance de gages, délivrée au receveur de la vicomté de Gisors. — 16 avril 1396. (Clair., r. 84, p. 6617.)

7068 PÉRAILLES (PHILIPPE DE),

Chevalier.

Sceau rond, de 22 mill. — Écu à la fasce accompagnée de six coquilles, trois en chef et trois en pointe, au lambel? — Légende détruite.

Service de guerre. — Quittance de gages. — Au bois de Vincennes, 9 janvier 1341, n. st. (Clair., r. 84, p. 6619.)

7069 PERCEJOUR (RICARDET),

Écuyer.

Sceau rond, de 18 mill. — Écu portant trois navettes l'une sur l'autre.

S' RICHART PERSOIVR

Guerres de Normandie. — Quittance de gages. — 9 novembre 1388. (Clair., r. 84, p. 6621.)

7070 PERCEVAL (JEAN),

Écuyer.

Sceau octogone, de 18 mill. — Écu portant une bande au lambel de cinq pendants.

I PERCEVAL

Service de guerre contre les Anglais. — Quittance de gages. — Bourges, 24 juin 1418. (Clair., r. 85, p. 6681.)

7071 PERCEVAUX (PERROT),

Écuyer.

Sceau rond, de 27 mill. — Écu au chevron accompagné de trois fleurs à cinq pétales, penché, timbré d'un heaume cimé d'une tête de cerf, supporté par deux lions.

S perrot . . . . vaux

Service de guerre contre le seigneur de Parthenay. — Quittance de gages. — .. .... 1415. (Clair., r. 85, p. 6661.)

7072 PERCHAY (GIRARD DU),
Du bailliage de Senlis.

Sceau rond, de 18 mill. — Écu à la fasce chargée à dextre d'un écusson portant deux fasces et accompagnée de sept merlettes quatre en chef et trois en pointe, dans un trilobe.

✱ S'........ESC

Service de guerre. — Quittance de gages. — Amiens, 17 septembre 1338. (Clair., r. 84, p. 6621.)

7073 PERCHE
(Robert d'Alençon, comte du).
seigneur de Caniel et de Noyon-sur-Andelle.

Sceau rond, de 38 mill. — Écu semé de fleurs de lys à la bordure besantée, penché, timbré d'un heaume cimé d'un griffon dans un vol, supporté par deux lions.

........ENSO......

Quittance. — Rouen, 31 mars 1376, n. st. (Clair., r. 4, p. 89.)

7074 PERCHE
(Thomas de Beaufort, comte du).

Sceau rond, de 50 mill. — Écu écartelé : au 1 et 4, trois fleurs de lys; au 2 et 3, trois léopards; le tout à la bordure componée de fleurs de lys et de...; penché, timbré d'un heaume couronné et cimé, supporté par deux chiens, dans une rose gothique. — Légende détruite.

CONTRE-SCEAU : Un oiseau.

humb tavent ?

Garde de la ville de Paris. — Quittance de gages. — 11 novembre 1430. (Clair., r. 11, p. 705.)

7075 PERCY (GUILLAUME DE),
Chevalier.

Sceau rond, de 18 mill. — Écu portant trois besants.

✱ S GV......SY

Chevauchée de Flandre. — Quittance de gages. — 25 août 1383. (Clair., r. 84, p. 6623.)

7076 PERCY (JEAN DE),
Écuyer.

Sceau rond, de 22 mill. — Écu portant neuf besants, 3, 3, 2 et 1.

✱ S.......GRRC

Guerres de Vermandois. — Quittance de gages. — 10 octobre 1339. (Clair., r. 84, p. 6623.)

7077 PERCY (PIERRE DE),
Écuyer.

Sceau rond, de 17 mill. — Écu portant neuf besants, 3, 3, 2 et 1, penché, timbré d'un heaume.

......DE VERCI

Guerres de Vermandois. — Quittance de gages. — Saint-Quentin, 3 octobre 1339. (Clair., r. 84, p. 6621.)

7078 PERCY (RICHARD DE),
Chevalier, du bailliage de Caen.

Sceau rond, de 20 mill. — Écu à l'émanché de cinq pièces mouvant du chef.

✱ S RIChART DE PERChI

Guerres de Vermandois. — Quittance de gages. — Saint-Quentin, 28 octobre 1339. (Clair., r. 83, p. 6561.)

7079 PERCY (RICHARD DE),
«Fait chevalier nouvel.»

Sceau rond, de 23 mill. — Écu portant un émanché de trois pièces mouvant du chef.

..........G.....R'

Service de guerre. — Quittance de gages. — Paris, 13 novembre 1339. (Clair., r. 84, p. 6623.)

7080 PERCY (ROBERT DE),
Écuyer.

Sceau rond, de 26 mill. — Écu à l'émanché de cinq pièces mouvant du chef et accompagné d'un fermail en pointe, penché, timbré d'un heaume cimé d'une tête de cerf, supporté par deux lévriers.

S ROBERTI......

Guerres de basse Normandie. — Quittance de gages. — 24 août 1383. (Clair., r. 84, p. 6623.)

DE LA COLLECTION CLAIRAMBAULT.

7081 PERCY (ROBERT DE),
Chevalier.

Sceau rond, de 22 mill. — Écu à l'émanché de cinq pièces mouvant du chef, penché, timbré d'un heaume cimé de..., supporté par deux chiens.

.......DE PER..

Chevauchée du Mans. — Quittance de gages. — Le Mans, 1 juillet 1392. (Clair., r. 85, p. 6681.)

7082 PERDRIAUT (HUGUET).
Sergent d'armes du roi.

Sceau rond, de 25 mill. — Écu portant trois perdrix marchant, dans un quadrilobe.

Sɾɛl .... GR....

Guerres de Vermandois. — Quittance de gages. — Saint-Quentin, 28 octobre 1339. (Clair., r. 84, p. 6625.)

7083 PERDRIER (JEAN LE),
Maître de la chambre aux deniers de la reine.

Sceau rond, de 16 mill. — Écu au chevron accompagné de trois perdrix.

LE S..L IЄҺAΠ PЄRDRIЄR

Quittance au sujet des dépenses de l'hôtel de la reine. — 1ᵉʳ octobre 1393. (Clair., r. 84, p. 6625.)

7084 PERDRISAT (HUGUES LE),
Chevalier, châtelain de Montemp?, frère de Thibaud, garde de la terre de Luxeuil.

Sceau rond, de 23 mill. — Buste d'homme d'armes tenant une épée et un écu portant trois perdrix marchant. — Légende détruite.

Quittance de gages et de droits sur la terre de Luxeuil. — Luxeuil, 1ᵉʳ octobre 1353. (Clair., r. 84, p. 6629.)

7085 PERDRISAT (THIBAUD),
Sergent d'armes du roi.

Sceau rond, de 22 mill. — Écu portant trois perdrix marchant à la bordure, dans une rose gothique.

.......DRISΘT

Guerres de Vermandois. — Quittance de gages. — Saint-Quentin, 28 octobre 1339. (Clair., r. 84, p. 6625.)

7086 PERDRIX (MATHON),
Écuyer.

Sceau rond, de 25 mill. — Écu portant trois perdrix marchant, penché, timbré d'un heaume cimé d'une tête de chien, accosté de deux plumes.

.....MA...P....

Recouvrement de places dans le Charolais et le Mâconnais. — Quittance de gages. — Jargeau, 14 octobre 1420. (Clair., r. 84, p. 6631.)

7087 PERE (GUILLAUME),
Chevalier.

Sceau rond, de 15 mill. — Écu au lion.

✱ S W P D' SAΠFΘLI. OΠE

Ost de Flandre. — Quittance de gages. — Paris, 18 octobre 1302. (Clair., r. 84, p. 6631.)

7088 PERELLOS (FRANÇOIS DE),
Chevalier, conseiller du roi, amiral des galées venues d'Aragon.

Sceau rond, de 21 mill. — Écu portant une poire, dans un trilobe. — Légende fruste.

Quittance de gages. — Rouen, 18 octobre 1356. (Clair., r. 84, p. 6649.)

7089 PERELLOS (PONS DE),
Chambellan du roi et du duc de Bourgogne.

Sceau rond, de 26 mill. — Écu portant trois poires, penché, timbré d'un heaume cimé d'une tête de chien, supporté par... — Légende détruite.

Donation du roi. — Quittance. — 20 février 1406, n. st. (Clair., r. 84, p. 6649.)

7090 PÉRI (GUILLAUME),
Écuyer.

Sceau rond, de 18 mill. — Écu au sautoir engrêlé cantonné de quatre sextefeuilles, dans un quadrilobe. — Légende détruite.

Service de guerre à Chartres. — Quittance de gages. — Paris, 7 octobre 1356. (Clair., r. 84, p. 6637.)

7091 PERIAC (RAYMOND DE).

Sceau rond, de 18 mill. — Écu écartelé de plains.

..... DE PE .....

Restor d'un cheval. — 10 octobre 1342. (Clair., r. 85, p. 6707.)

7092 PÉRIER (ÉTIENNE),

Lieutenant en Languedoc de Jean Chauvel, trésorier des guerres.

Sceau rond, de 20 mill. — Écu portant une croix cantonnée de quatre poiriers, soutenu par une dame tenant un poirier, supporté par deux hommes sauvages, dans un quadrilobe.

LE SEEL ESTI.NE PERIE.

Gages des gens d'armes de Languedoc. — 30 avril 1351. (Clair., r. 84, p. 6639.)

7093 PÉRIER (JEAN DU),
Écuyer.

Sceau rond, de 20 mill. — Écu portant un poirier.

..... PERI ..

Garde de Sainte-Foy en Gascogne. — Quittance de gages. — Agen, 30 janvier 1348, n. st. (Clair., r. 84, p. 6639.)

7094 PÉRIGORD (HÉLIE, COMTE DE).

Sceau rond, de 25 mill. — Écu portant trois lions couronnés.

..... MITI ......

Quittance de 3717ᶫᵇ 11ˢ 2ᵈ en dédommagement des revenus du vicomté de Lomagne et d'Auvillars, occupé par les Anglais. — Toulouse, 22 juin 1304. (Clair., r. 84, p. 6641.)

7095 PÉRIGORD
(Roger-Bernard, comte de).

Sceau rond, de 26 mill. — Écu portant trois lions couronnés, penché, timbré d'un heaume cimé d'un lion couronné assis entre deux cornes, sur champ réticulé.

ROGIER B'NART COTE DE PERREGORT

Quittance de 1,000 livres sur la monnaie de Saint-Pourçain. — 21 février 1357, n. st. (Clair., r. 84, p. 6645.)

7096 PÉRIGUEUX (JEAN, ÉVÊQUE DE).

Sceau ogival, de 66 mill. — Évêque assis, mitré d'une mitre cornue, tenant sa crosse de biais, bénissant.

✠ IOḣANN .. .. CENSIS EPISCOPVS

Donation à l'abbaye de Saint-Amand de la troisième partie que Géraud de Mons, prêtre, avait en l'église de Saint-Étienne d'Archignac. — M C L X VIII. (Clair., r. 209, p. 9107.)

7097 PERNES (ANSEL DE),
Écuyer.

Sceau rond, de 21 mill. — Écu au chevron accompagné de trois quintefeuilles.

...... RN ...

Guerres de Poitou et de Saintonge. — Quittance de gages. — Poitiers, 12 octobre 1356. (Clair., r. 85, p. 6655.)

7098 PERNES (GUICHARD DE),
Écuyer.

Sceau rond, de 19 mill. — Écu portant trois quintefeuilles au lambel.

... Cḣ .. T DE PERNE.

Guerres de Normandie. — Quittance de gages. — Rouen, 8 août 1346. (Clair., r. 85, p. 6683.)

7099 PERNES (GUILLAUME DE).
Écuyer.

Sceau rond, de 20 mill. — Écu portant sept merlettes, 3, 3 et 1.

... LE DE PERNES

Guerres de Normandie. — Quittance de gages. — Bayeux, 3 novembre 1387. (Clair., r. 85, p. 6655.)

7100 [PERNES (JEAN DE),
Écuyer.

Sceau rond, de 24 mill. — Écu portant une bande à l'orle de sept merlettes, penché, timbré d'un heaume cimé d'une tête de lion. Dans le champ, deux rameaux.

lehan de pernes

Guerres contre les Anglais. — Quittance de gages. — 14 septembre 1415. (Clair., r. 85, p. 6657.)

7101 PERNES (LAMBERT DE),
Chevalier.

Sceau rond, de 30 mill. — Type équestre. Une dame à cheval portant un oiseau de vol sur le poing. — Légende détruite.

Ost de Flandre. — Quittance de gages. — Vitry, 27 septembre 1302. (Clair., r. 85, p. 6655.)

7102 PÉRONNE (GUILLAUME),
Écuyer.

Sceau rond, de 20 mill. — Écu d'hermines à la bande chargée de trois fermaux et accompagnée d'un croissant en chef et à sénestre.

✠ S GVILE PERONE

Guerres de Picardie. — Quittance de gages. — Hesdin, 20 juillet 1380. (Clair., r. 85, p. 6661.)

7103 PÉROY (NICOLAS DE),
Général député des aides au bailliage de Gisors.

Sceau rond, de 21 mill. — Écu au chef, timbré d'une aigle, supporté par deux dragons, dans un encadrement gothique.

S' NICOLAI DE PEROYO

Subsides accordés à la reine pour la garde de ses châteaux. — Vernon, 8 juin 1360. (Clair., r. 213, p. 9507.)

7104 PERRAY (BERNARD DU),
Écuyer.

Sceau rond, de 20 mill. — Écu au chef chargé d'un lion issant accompagné de... à dextre.

...NARŦ .. .e...

Guerres de Cotentin. — Quittance de gages. — Carentan, 25 octobre 1380. (Clair., r. 85, p. 6663.)

7105 PERRECY (JEAN, SEIGNEUR DE),
Chevalier.

Sceau rond, de 27 mill. — Type équestre. L'écu portant un lion passant.

seel .. au de la broce

Service de guerre à Paris. — Quittance de gages. — 15 août 1410. (Clair., r. 85, p. 6657.)

7106 PERRIERS (JEAN DE),
Écuyer.

Sceau rond, de 19 mill. — Écu burelé à trois quintefeuilles brochant.

I De PeV..RS

Chevauchée du Mans. — Quittance de gages. — Le Mans, 31 juillet 1392. (Clair., r. 84, p. 6639.)

7107 PERRIGNY (JEAN DE),
Écuyer.

Sceau rond, de 24 mill. — Écu au lion passant, penché, timbré d'une heaume cimé d'une tête de lion dans un vol. Dans le champ, deux rameaux.

.......DV RVSIA.e ?

Chevauchée de Flandre. — Quittance de gages. — 1ᵉʳ juillet 1383. (Clair., r. 84, p. 6641.)

7108 PERRIN (HENRI),
Écuyer.

Sceau rond, de 18 mill. — Écu au lion accompagné d'une étoile en chef et à sénestre, dans un quadrilobe.

S he........

Guerres de Gascogne. — Quittance de gages. — Paris, 29 avril 1343. (Clair., r. 84, p. 6649.)

7109 PERRIN (PARISET),
Commis à recevoir les montres et revues d'arbalétriers en toute la Normandie.

Sceau rond, de 23 mill. — Un homme d'armes à cheval sur un lion et lui déchirant la mâchoire.

S PARISeTI PeRRINI CLeRICI

Revue de Séraphin Truc, connétable d'arbalétriers, reçue à Dieppe, le 1ᵉʳ avril 1380, n. st. (Clair., r. 108, p. 8451.)

7140 PERRON (AUBELLET),
Arbalétrier.

Sceau rond, de 19 mill. — Écu portant deux flèches empennées sans leur fer, posées en sautoir.

S a...lct per..n

Service de guerre au château et à la ville de Gamaches. — Quittance de gages. — 3 décembre 1416. (Clair., r. 85, p. 6659.)

7141 PERSEIGNE (JEAN DE),
Écuyer, du bailliage de Vermandois.

Sceau rond, de 17 mill. — Écu à la croix chargée de cinq fermaux, dans une rose gothique. — Légende détruite.

Guerres de Vermandois. — Quittance de gages. — Compiègne, 25 septembre 1339. (Clair., r. 85, p. 6663.)

7142 PERSEIGNE (PIERRE DE),
Écuyer, du bailliage d'Orléans.

Sceau rond, de 19 mill. — Écu portant une croix pattée alésée.

S...R DE PAR...nes

Service de guerre. — Quittance de gages. — Paris, 27 novembre 1339. (Clair., r. 85, p. 6665.)

7143 PERSONNE (JEAN LA),
Capitaine de Mirabel et de Cannac.

Sceau rond, de 20 mill. — Écu portant trois pattes de lion en pal, penché, timbré d'un heaume cimé de deux pattes de lion, sur champ réticulé.

S IGhAN LA PERSONES

Service de guerre entre la Loire et la Dordogne. — Quittance de gages. — Saint-Jean-d'Angely, 16 avril 1355. (Clair., r. 85, p. 6667.)

7144 PERSONNE (JEAN LA),
Vicomte d'Aunay, chevalier.

Sceau rond, de 27 mill. — Écu portant trois pattes de lion en pal, penché, timbré d'un heaume cimé d'une tête de lion entre deux pattes de lion, sur champ réticulé.

.......G PGSONNG ... DG ....

Quittance de viretons. — Paris, 29 octobre 1378. (Clair., r. 85, p. 6671.)

7145 PERSONNE (JEAN LA),
Vicomte d'Acy, chevalier, capitaine de la Bastille.

Sceau rond, de 30 mill. — Écu portant trois pattes de lion en pal, penché, timbré d'un heaume cimé d'une tête de lion entre deux pattes de lion, sur champ réticulé.

S IGhAN ....SONNG SGIGN D'....

Garde de la bastille Saint-Antoine de Paris. — Quittance de gages. — 14 mai 1386. (Clair., r. 85, p. 6673.)

7146 PERSONNE (JEAN LA),
Chevalier.

Sceau rond, de 24 mill. — Écu portant trois pattes de lion en pal accompagnées d'une étoile en chef, penché, timbré d'un heaume cimé d'un vol, supporté par deux lions.

S ichan la persone

Service de guerre contre les Anglais. — Quittance de gages. — 6 octobre 1415. (Clair., r. 85, p. 6679.)

7147 PERSONNE (LANCELOT LA),
Chevalier.

Sceau rond, de 25 mill. — Écu portant trois pattes de lion en pal, au lambel, penché, timbré d'un heaume cimé d'une tête de lion entre deux pattes, supporté par deux lions.

S L...GLOT LA PARSONNG

Guerres de Saintonge et d'Angoumois. — Quittance de gages. — 24 mai 1376. (Clair., r. 85, p. 6669.)

7148 PERTUIS (GILLES DU),
Écuyer, du bailliage de Courtenay.

Sceau rond, de 19 mill. — Écu portant trois têtes de chien à la bande brochant..

S G'VI........

Service de guerre. — Quittance de gages. — Compiègne, 25 septembre 1339. (Clair., r. 85, p. 6683.)

7419 PERUSSE (GAUTIER DE),
Seigneur des Cars, chevalier, conseiller et chambellan du roi, commis à faire asseoir en Limousin l'aide pour le recouvrement du château et de la forteresse de Thenon en Périgord.

Sceau rond, de 39 mill. — Écu au pal de vair, penché, timbré d'un heaume cimé d'une tête humaine, supporté par deux hommes sauvages.

s gautier de perusse seigneur des cars

Quittance de gages. — 18 février 1440, n. st. (Clair., r. 187, p. 7055.)

7420 PÉRUSSE.
Voyez CARS (DES).

7421 PESCHIN (CHÀTART DU),
Écuyer.

Sceau rond, de 20 mill. — Écu portant une croix ancrée à la bande brochant, penché, timbré d'un heaume cimé d'une tête de lévrier, sur champ de fleurettes.

.....AR LORSVI?

Quittance à valoir sur un don fait par monseigneur de Poitiers. — .. juillet 1360. (Clair., r. 85, p. 6687.)

7422 PESCHIN (GILBERT DU),
Seigneur de Barbaste, commissaire ordinaire des guerres.

Sceau rond, de 41 mill. — Écu portant une croix ancrée à la bordure engrêlée, penché, timbré d'un heaume cimé d'un griffon, supporté par deux aigles.

✠ MECIRE GILBERT DV PESCHIN S DESAIES ET DE BARBASTE

Quittance de gages. — 25 septembre 1524. (Clair., r. 85, p. 6693.)

7423 PESCHIN (JACQUES DU),
Écuyer.

Sceau rond, de 26 mill. — Écu écartelé : au 1 et 4, une croix ancrée; au 2 et 3, un sautoir engrêlé; penché, timbré d'un heaume cimé d'un buste de femme dans un vol, supporté par deux anges.

. . . . que du p . . . . .

Service de guerre contre le duc de Bourgogne. — Quittance de gages. — 24 avril 1415, n. st. (Clair., r. 85, p. 6691.)

7424 PESCHIN (LOUIS DU),
Chevalier.

Sceau rond, de 27 mill. — Écu à la croix ancrée, penché, timbré d'un heaume cimé d'une tête de femme dans un vol, supporté par un lion et un griffon.

S LOY.....SChIn

Guerres d'Auvergne; siège du «Roq-le-Vendois». — Quittance de gages. — Bourges, 18 août 1390. (Clair., r. 85, p. 6689.)

7425 PESCHIN (YMBAUT DU),
Écuyer, chambellan du duc de Berry.

Sceau rond, de 25 mill. — Écu à la croix ancrée, penché, timbré d'un heaume cimé d'une tête de femme dans un vol, supporté par un lion et un griffon, dans un quadrilobe.

. . . . . bont de pesc . . .

Guerres d'Auvergne et de Bourbonnais. — Quittance de gages. — Saint-Pourçain, 12 avril 1370, n. st. (Clair., r. 85, p. 6687.)

7426 PESERIL (ROBERT),
Du bailliage d'Amiens.

Sceau rond, de 23 mill. — Écu portant trois poissons en pal accompagnés en chef d'un écusson chargé d'un chevron. — Légende détruite.

Guerres de Vermandois. — Quittance de gages. — Saint-Quentin, 27 octobre 1339. (Clair., r. 85, p. 6695.)

7427 PESQUET (ROBERT),
Maître de la nef la Mère-Dieu, de Bricquebec.

Sceau rond, de 19 mill. — Un anneau portant un croissant au bout d'une tige. — Légende détruite.

Quittance d'approvisionnements. — Honfleur, 4 mai 1340. (Clair., r. 85, p. 6697.)

7428 PESSAN (BERTRAND DE),
Capitaine d'Astaffort.

Sceau rond, de 19 mill. — Écu parti à deux fasces de l'un en l'autre à la bande brochant sur le tout, dans un trilobe.

S BG.ᴛRA. DG PGSA.

Garde d'Astaffort. — Quittance de gages. — 2 mai 1353. (Clair., r. 85, p. 6697.)

7129 PESSAN (BERTRAND DE),
Écuyer, capitaine d'Astaffort.

Sceau rond, de 23 mill. — Écu parti à la fasce de l'un en l'autre à la bande brochant sur le tout.

S B DE PE....

Garde d'Astaffort. — Quittance de gages. — Agen, 25 juin 1354. (Clair., r. 85, p. 6699.)

7130 PESSAN (BERTRAND DE),
Écuyer, capitaine d'Astaffort.

Sceau rond, de 19 mill. — Écu parti à la fasce de l'un en l'autre au bâton en barre brochant.

...BETRA. DE PESA.

Garde d'Astaffort. — Quittance de gages. — 15 avril 1356, n. st. (Clair., r. 85, p. 6699.)

7131 PESTEL (GUILLAUME).
Procureur de monseigneur Guillaume de Fontenay.

Sceau rond, de 22 mill. — Une tête de femme de face, coiffée d'un couvre-chef, dans une rose gothique.

S' GV......R OLI

Ost de Flandre. — Gages de monseigneur Guillaume de Fontenay. — Paris, 23 octobre 1302. (Clair., r. 85, p. 6701.)

7132 PESTEL (GUINOT DE),
Écuyer.

Sceau rond, de 26 mill. — Fragment d'écu portant une bande accompagnée de six petits sautoirs en orle, penché, timbré d'un heaume cimé de..., supporté par deux griffons.

...inot pe....

Service de guerre contre le duc de Bourgogne. — Quittance de gages. — 24 avril 1414. (Clair., r. 85, p. 6701.)

7133 PETIT-CELLIER (ENGUERRAN DU),
Trésorier du roi à Paris.

Sceau rond, de 24 mill. — Écu à la bande semée de fleurs de lys et côtoyée de deux dragons ailés, soutenu par un homme sauvage, supporté par deux lions, dans un quadrilobe.

ENGERRAN .. .ETIT CELIE.

Ordre de payement donné aux maîtres et gardes de la monnaie de Mâcon. — Paris, 23 février 1348, n. st. (Clair., r. 212, p. 9437.)

7134 PETIT-CELLIER (ÉTIENNE DU),
Chevalier.

Sceau rond, de 21 mill. — Écu à la bande chargée d'un lion et de deux fleurs de lys et côtoyée de deux dragons ailés.

...TIENE DV PETIT .E..R

Guerres de Vermandois. — Quittance de gages. — Buironfosse, 24 octobre 1339. (Clair., r. 106, p. 8235.)

7135 PETIT-CELLIER (ÉTIENNE DU),
Chevalier, capitaine de Saintes.

Sceau rond, de 27 mill. — Écu à la bande côtoyée de deux dragons ailés, penché, timbré d'un heaume cimé d'une tête de griffon, sur champ réticulé.

S' ESTI... .PETITSELIER CER

Garde de la ville de Saintes. — Quittance de gages. — Saint-Jean-d'Angely, 28 février 1352, n. st. (Clair., r. 85, p. 6707.)

7136 PEYRELONGUE (P. DE),
Connétable d'arbalétriers.

Sceau rond, de 16 mill. — Écu parti : au 1, un fretté ; au 2, un lion contourné.

✠ P DE PEYR.LOGVA

Garde de la ville d'Ardres. — Quittance de gages. — Ardres, 29 septembre 1355. (Clair., r. 81, p. 6363.)

7137 PEYRUSSE (JAMET DE),
Écuyer.

Sceau rond, de 22 mill. — Écu au lion sous un chef chargé de trois têtes de léopard, penché, timbré d'un heaume à lambrequins.

.amet d peyrus..

Service de guerre à Paris. — Quittance de gages. — 14 janvier 1416, n. st. (Clair., r. 85, p. 6685.)

7138 PEYTO (GUILLAUME),
Chevalier, capitaine de Creil.

Sceau rond, de 45 mill. — Écu écartelé : au 1 et 4, un fascé contre-fascé de six pièces fourchées; au 2 et 3, un contre-écartelé de trois pointes au franc canton chargé d'un cerf, et d'une fasce accompagnée de trois besants ou trois tourteaux en chef; penché, timbré d'un heaume à lambrequins cimé d'un cerf.

seel mesire guille peyto

Gages de l'office de capitaine. — 1ᵉʳ janvier 1440, n. st. (Clair., r. 187, p. 7063.)

7139 PEYTO (GUILLAUME),
Chevalier, capitaine de Creil.

Sceau rond, de 40 mill. — Écu aux armes du type précédent, penché et timbré de même.

seel mesire guille peyto

Gages de la garnison de Creil. — Quittance. — 14 août 1440. (Clair., r. 187, p. 7061.)

7140 PEYTOWE (NICOLE),
Chevalier, du pays d'Angleterre.

Sceau octogone, de 13 mill. — Écu au chevron accompagné de trois besants ou trois tourteaux.

nicolas poytovve

Service de guerre. — Quittance de gages avec congé pour aller en son pays. — 23 novembre 1412. (Clair., r. 85, p. 6709.)

7141 PEZENAS
(Charles d'Artois, comte de), seigneur de Bauçay.

Sceau rond, de 35 mill. — Écu semé de fleurs de lys au lambel châtellé, penché, timbré d'un heaume cimé d'un oiseau dans un vol, supporté par deux hommes sauvages à cheval chacun sur un griffon. — Légende détruite.

Quittance de pension, délivrée au receveur de Tours. — 12 avril 1374. (Clair., r. 6, p. 315.)

7142 PEZENAS
(Jeanne de Bauçay, comtesse de).

Sceau rond, de 30 mill. — Dame debout, portant suspendu à son cou un écu semé de fleurs de lys au lambel, tenant de la main droite un écu d'hermines? au lion et de la main gauche un écu à la croix ancrée; le tout dans un quadrilobe.

..... *iehA* ....

Quittance délivrée au receveur général des aides du diocèse de Tours. — 30 septembre 1370. (Clair., r. 11, p. 677.)

7143 PHILIPPE, COMTE DE NEVERS.

Voyez NEVERS.

7144 PHILIPPE, DUC D'ORLÉANS.

Voyez ORLÉANS.

7145 PHILIPPE (HERVÉ),
Écuyer.

Sceau rond, de 26 mill. — Écu portant trois cœurs couronnés, penché, timbré d'un heaume cimé d'un cœur couronné dans un vol, supporté par deux lions.

.... *pb* .....

Service de guerre à Paris. — Quittance de gages. — 8 mai 1416. (Clair., r. 85, p. 6711.)

7146 PHILIPPE DE BOULAINVILLIERS,
Comte de Dammartin et de Fauquembergue.

Voyez DAMMARTIN.

7147 PHILIPPE LE HARDI,
Duc de Bourgogne.

Voyez BOURGOGNE.

7148 PHILIPPE DE LÉVIS.
Vicomte de Lautrec.

Voyez LAUTREC.

7149 PHILIPPE DE MOULINS.
Évêque d'Évreux.

Voyez ÉVREUX.

7450 PICART (GUILLAUME),
Seigneur d'Ételan, conseiller et chambellan du roi.

Sceau rond, de 30 mill. — Écu portant trois fers de lance (de pique), penché, timbré d'un heaume à lambrequins cimé de...

S Guillaume picart

Quittance de pension. — 26 avril 1484. (Clair., r. 85, p. 6713.)

7451 PICART (HENRI),
Procureur général du roi au bailliage de Rouen et en Normandie.

Sceau rond, de 25 mill. — Écu portant trois fers de lance (de pique) penché, timbré d'un heaume à lambrequins cimé d'une hure.

Seel henry picart

Quittance de gages extraordinaires. — 23 juillet 1433. (Clair., r. 188, p. 7069.)

7452 PICOT (JEAN),
Écuyer.

Sceau rond, de 20 mill. — Écu portant deux fasces accompagnées en chef de deux besants ou deux tourteaux.

S' Iehan Pycot

Guerres de Normandie. — Quittance de gages. — Carentan, 18 novembre 1385. (Clair., r. 85, p. 6717.)

7453 PICOT (THOMAS),
Écuyer, naguère capitaine à Dreux.

Sceau rond, de 33 mill. — Écu portant deux bandes engrêlées séparées par trois étoiles, penché, timbré d'un heaume à lambrequins cimé d'une tête de...

Sigillum thomas picot

Gages de la garnison de Dreux. — Rouen, 24 octobre 1430. (Clair., 188, p. 7073.)

7454 PICQUIGNY (FERRI DE),
Maréchal en l'establie de Calais.

Sceau rond, de 24 mill. — Écu fascé d'hermines et de... de six pièces à la bordure, dans un quadrilobe. — Légende détruite.

Quittance d'un cheval rendu par Enguerran de la Bove, écuyer. — Calais, 19 août 1315. (Clair., r. 86, p. 6755.)

7455 PICQUIGNY (GUÉRARD DE),
Doyen de Thérouanne, frère et lieutenant de Philippe de Picquigny, chevalier, maréchal du roi de Navarre et capitaine de Pont-Audemer.

Sceau rond, de 27 mill. — Écu fascé de six pièces à la bordure, dans une rose gothique.

...RAR...G PINGO...

Quittance d'une provision faite par le roi de Navarre aux enfants de feu Jean de Picquigny, frère de Guérard, «pour eulx gouverner à l'escolles». — 5 juin 1364. (Clair., r. 86, p. 6765.)

7456 PICQUIGNY (MAHIEU DE),
Chanoine d'Amiens.

Sceau rond, de 27 mill. — Écu écartelé : au 1 et 4, un fascé de six pièces à la bordure; au 2 et 3, un lion; timbré d'un griffon et posé en pointe sur une tête grotesque, supporté par deux hommes sauvages, dans un quadrilobe. — Légende détruite.

Quittance de gages desservis au fait du subside. — Paris, 3 août 1357. (Clair., r. 86, p. 6767.)

7457 PICQUIGNY (MARGUERITE DE).

Sceau rond, de 22 mill. — Écu parti : au 1, un fascé de six pièces à la bordure; au 2, un burelé à la bande brochant; soutenu par un ange, supporté par deux hommes sauvages, dans un trilobe.

...MAR.......

Quittance d'une rente sur le péage royal de Péronne à cause du fief d'Ailly. — 30 septembre 1348. (Clair., r. 86, p. 6765.)

7458 PICQUIGNY (ROBERT DE).

Voyez ESTENDARD (JEAN L').

7459 PIE (ALBERT), COMTE DE CARPY.

Voyez CARPY.

7160 PIED-DE-CERF (JEAN),
Sergent de la douzaine de la ville de Paris.

Sceau rond, de 20 mill. — Un cerf passant.

... an p .... t.

Gages de son office. — 7 juillet 1396. (Clair., r. 85, p. 6719.)

7161 PIEMANT (PIERRE).

Sceau rond, de 28 mill. — Écu portant trois oiseaux (trois pies?) au franc canton.

✠ S P .... V DO ... GLP

Ost de Flandre. — Gages de Girard de Rochefort, écuyer. — Paris, 21 octobre 1302. (Clair., r. 96, p. 7483.)

7162 PIENNES (GILBERT, SIRE DE),
Chevalier.

Sceau rond, de 18 mill. — Écu à la fasce accompagnée de six billettes, trois en chef et trois en pointe.

GVILLGB... DG ....

Guerres de Bourgogne. — Quittance de gages. — Paris, 14 juillet 1362. (Clair., r. 85, p. 6719.)

7163 PIERRE, COMTE DE GENÈVE.

Voyez GENÈVE.

7164 PIERRE, DUC DE BOURBONNAIS.

Voyez BOURBONNAIS.

7165 PIERRE (ASTOR, SEIGNEUR DE LA),
Chevalier.

Sceau rond, de 22 mill. — Écu portant une aigle à la bordure engrêlée, penché, timbré d'un heaume à volet cimé d'une tête d'aigle, sur champ réticulé.

...... PIGRRG ChR'

Quittance délivrée au trésorier de Languedoc. — Montpellier, 22 mars 1357, n. st. (Clair., r. 84, p. 6619.)

7166 PIERRE (GEORGES),
Arbalétrier génois.

Sceau rond, de 22 mill. — Écu au griffon rampant, penché, timbré d'un heaume cimé d'un buste de dame, sur champ réticulé.

S GGORGII P...I

Garde de la ville de Dieppe. — Quittance de gages. — Harfleur, 24 août 1380. (Clair., r. 85, p. 6721.)

7167 PIERRE (GEORGES),
Capitaine d'arbalétriers génois.

Sceau rond, de 22 mill. — Écu au griffon rampant, penché, timbré d'un heaume cimé d'un buste de dame, supporté par deux lions.

SIGILLV GGORGII PGT..

Garde de la ville d'Ardres. — Quittance de gages. — Saint-Omer, 6 mai 1389. (Clair., r. 85, p. 6723.)

7168 PIERRE CHASTEIGNER.
Abbé de Charroux.

Voyez CHARROUX.

7169 PIERRE DE GONDY,
Évêque de Paris.

Voyez PARIS.

7170 PIERRE DE NAVARRE,
Comte de Mortain.

Voyez MORTAIN.

7171 PIERRE LE ROY,
Abbé du Mont-Saint-Michel.

Voyez MONT-SAINT-MICHEL.

7172 PIERREBONNE (FERRAND DE),
Dit de Séville, écuyer du pays de Castille.

Sceau rond, de 30 mill. — Écu écartelé : au 1 et 4,

8.

deux chevrons, l'un renversé, enlacés; au 2 et 3, une croix; penché, timbré d'un heaume cimé d'une tête de licorne, supporté par deux oiseaux.

.... bone

Service de guerre à Langesse et à Montargis. — Quittance de gages. — 22 mai 1428. (Clair., r. 85, p. 6727.)

7173 PIERRE-BUFFIÈRE
(Jean, sire de).

Sceau rond, de 22 mill. — Écu au lion, penché, timbré d'un heaume couronné et cimé d'un vol, sur champ réticulé.

S IO... SIRE DE PIERRE BVFIERE

Quittance de 810^{li} 18^s 9^d, montant de sa rançon, payée par le roi. — 18 mai 1355. (Clair., r. 85, p. 6729.)

7174 PIERRE-BUFFIÈRE
(Jean, sire de),
chevalier.

Sceau rond, de 22 mill. — Un lion.

...... PEREBVFIERE

Quittance de huit arbalètes à deux pieds et de quatre à un pied pour les forteresses du roi en Limousin. — 17 avril 1371. (Clair., r. 85, p. 6731.)

7175 PIERRE-BUFFIÈRE
(Jean, sire de),
chevalier.

Sceau rond, de 28 mill. — Écu au lion, penché, timbré d'un heaume couronné et cimé d'un vol, sur champ réticulé.

S' IEhAN SIRE DE PI... BVFIERE

Quittance à valoir sur 3,000 francs d'or donnés par le roi. — 21 juin 1372. (Clair., r. 85, p. 6731.)

7176 PIERRE-BUFFIÈRE (LOUIS DE),
Chevalier.

Sceau rond, de 22 mill. — Écu au lion, suspendu au cou d'une aigle.

S lonys d̄ pierebufie. e.

Guerres de Guienne. — Quittance de gages. — Montignac, 26 janvier 1408, n. st. (Clair., r. 85, p. 6731.)

7177 PIERRECOURT (JEAN DE),
Dit le Galois, chevalier.

Sceau rond, de 25 mill. — Écu portant trois fasces au bâton en bande brochant, penché, timbré d'un heaume cimé d'un lévrier, sur champ festonné.

. D' · PIERRECORT DIT ......

Guerres de Berry et d'Auvergne. — Quittance de gages. — Bourges, 15 décembre 1367. (Clair., r. 85, p. 6731.)

7178 PIERRECOURT (JEAN DE),
Dit le Galois, chevalier, capitaine d'Eu.

Sceau rond, de 25 mill. — Écu portant trois fasces, penché, timbré d'un heaume cimé d'un lévrier, sur champ réticulé.

I D PIERRECOVRT DIT LE GALOIS

Garde de la ville d'Eu. — Quittance de gages. — Paris, 30 juin 1407. (Clair., r. 86, p. 6735.)

7179 PIERRELATTE (RAYMOND DE),
Écuyer, capitaine du Puy-la-Roque.

Sceau rond, de 18 mill. — Écu portant trois besants ou trois tourteaux.

✱ S.......... LA..

Garde du Puy-la-Roque. — Quittance de gages. — 15 avril 1355. (Clair., r. 86, p. 6737.)

7180 PIERRE-PERTUSE?
(Guillaume de),
chevalier.

Sceau rond, de 26 mill. — Écu portant un bouquet de cinq trèfles tigés, penché, timbré d'un heaume cimé d'une touffe de plumes de paon, supporté par deux lions.

S GUAI......... ER

Chevauchée de Bourbourg. — Quittance de gages. — 28 octobre 1383. (Clair., r. 86, p. 6739.)

7181 PIERREPONT (ROBILLART DE),
Écuyer, verdier des forêts de Vernon, de Blaru, des Andelys, de Bacqueville, etc.

Sceau rond, de 20 mill. — Écu au chef chargé de..., dans un quadrilobe.

S ROB.......... PONT

Quittance de gages. — 19 octobre 1374. (Clair., r. 86, p. 6739.)

DE LA COLLECTION CLAIRAMBAULT.

7182 PIERRE-RAYMOND,
Comte de Comminges.

Voyez COMMINGES.

7183 PIERREVILLE (RENAUD DE),
Chevalier, commis à garder la ville d'Étretat.

Sceau rond, de 24 mill. — Écu portant trois molettes, dans un trilobe.

. RƎN .. T . . . .

Quittance de plates, de bacinets, de pavois, de lances, de viretons, de carreaux, etc. — Harfleur, 18 juin 1346. (Clair., r. 86, p. 6741.)

7184 PIFFONDS (JEAN DE),
Écuyer, du bailliage d'Orléans.

Sceau rond, de 22 mill. — Écu portant un chevron.

... ƎHAN ..... FO ...

Guerres de Vermandois. — Quittance de gages. — Saint-Quentin, 28 octobre 1339. (Clair., r. 86, p. 6745.)

7185 PIGACE (GUILLAUME),
Écuyer.

Sceau rond, de 20 mill. — Écu portant une fasce accompagnée de deux molettes au franc canton fretté, surmonté d'un dragon, supporté par deux lions.

✠ S G'VILLE' . IGASE

Chevauchée du Bourbourg. — Quittance de gages. — 29 octobre 1383. (Clair., r. 86, p. 6745.)

7186 PILLEUR (JEAN LE),
Sergent de la douzaine de la ville de Paris.

Sceau rond, de 18 mill. — Un arbre surmonté d'un chien couché.

IƎHA. ...ILƎVX

Quittance de gages. — 13 juin 1399. (Clair., r. 86, p. 6749.)

7187 PINART (PIERRE),
Écuyer.

Sceau rond, de 19 mill. — Écu à la bande, dans un quadrilobe.

... IƎR.. .IRA..

Guerres de Gascogne. — Restor de deux chevaux. — Toulouse, 24 novembre 1352. (Clair., r. 86, p. 6751.)

7188 PINCEHASTE (ADAM),
Chevalier, du bailliage de Chartres.

Sceau rond, de 21 mill. — Écu portant deux fasces à la bande brochant.

✠ S ADAM PINCEHA..... ER

Ost de Flandre. — Quittance de gages. — Arras, 30 septembre 1302. (Clair., r. 86, p. 6751.)

7189 PINCHEFALISE (JEAN DE),
Écuyer.

Sceau rond, de 20 mill. — Écu à la croix recercelée, la patte en chef et à dextre de la croix remplacée par une coquille.

IƎHAN DE ....

Garde du château et de la ville du Crotoy. — Quittance de gages. — 14 septembre 1416. (Clair., r. 86, p. 6753.)

7190 PINCHON (THOMAS),
Chevalier.

Sceau rond, de 22 mill. — Écu à la croix cantonnée : au 1, d'un écusson portant deux fasces; au 2, 3 et 4, d'une aigle, à la bordure besantée; dans un encadrement gothique. — Légende détruite.

Guerres de Normandie. — Quittance de gages. — Pontorson, 10 juin 1354. (Clair., r. 86, p. 6753.)

7191 PINEL (JEAN),
Écuyer.

Sceau rond, de 23 mill. — Écu portant trois pommes de pin accompagnées d'une étoile en abîme au lambel, penché, timbré d'un heaume cimé d'une pomme de pin, supporté par deux hommes sauvages.

Seel Jehan p. nel

Garde de la forteresse du pont de Poissy. — Quittance de gages. — 4 mai 1402. (Clair., r. 86, p. 6753.)

7192 PINS (ANISSANT DE),
Chevalier banneret, sire de Taillebourg.

Sceau rond, de 21 mill. — Écu parti : au 1, un ours rampant; au 2, quatre bandes; dans un quadrilobe.

S ANISAS DE PIS

Guerres de Gascogne; défense de ses terres, etc. — Quittance de gages. — Toulouse, 1ᵉʳ septembre 1355. (Clair., r. 86, p. 6755.)

7193 PINS (BARTHÉLEMY DE),
Chevalier banneret, sire de Calignac.

Sceau rond, de 21 mill. — Écu parti : au 1, un ours grimpant sur une branche; au 2, quatre bandes; penché, timbré d'un heaume cimé d'une tête d'ours.

S BARTHEL..I DE ....

Guerres de Gascogne. — Quittance de gages. — 10 octobre 1355. (Clair., r. 86, p. 6757.)

7194 PINS (JEAN DES),
Écuyer.

Sceau rond, de 20 mill. — Écu au chevron accompagné de trois pommes de pin, dans une rose gothique.

S IOHANNIS DE PINIS A

Guerres du pays de Caux; siège de Harfleur par les Anglais. — Quittance de gages. — Rouen, 23 septembre 1415. (Clair., r. 86, p. 6757.)

7195 PIQUET (JACQUES),
Bailli d'Arras.

Sceau rond, de 25 mill. — Écu portant une bande semée de trèfles et chargée de trois hanaps couverts accompagnée d'une étoile en chef et à sénestre, dans un quadrilobe. — Légende détruite.

Quittance de gages. — 26 février 1348, n. st. (Clair., r. 86, p. 6759.)

7196 PIQUET (JEAN),
Bourgeois d'Amiens,
général conseiller des aides en la province de Reims.

Sceau rond, de 24 mill. — Écu échiqueté à la bande chargée de... brochant, penché, timbré d'un heaume, sur champ réticulé. — Légende détruite.

Quittance de gages. — 24 octobre 1382. (Clair., r. 86, p. 6759.)

7197 PIQUET (JEAN),
Général conseiller des aides.

Signet ovale, de 12 mill. — Un heaume cimé d'une tête de chèvre.

jehan piquet

Autorisation de payement donnée au receveur général des aides. — Paris, 18 janvier 1401, n. st. (Clair., r. 49, p. 3671.)

7198 PIROU (ROBERT DE),
Chevalier.

Sceau rond, de 26 mill. — Écu à la bande côtoyée de deux cotices, penché, timbré d'un heaume couronné et cimé d'un col de cygne, supporté par deux dragons, sur champ réticulé.

SEEL ROBERT DE PIROUAR

Quittance d'une pension sur la vicomté de Valognes. — Pirou, 25 avril 1364. (Clair., r. 86, p. 6769.)

7199 PISDOUE (GUILLAUME),
Écuyer du roi.

Sceau rond, de 20 mill. — Écu à la croix chargée de losanges et cantonnée : au 1, d'une molette; au 2, 3 et 4, d'un lion; timbré d'un oiseau essorant, supporté par deux lions, dans un trilobe.

.........DOV......

Quittance de deux roncins espagnols reçus en l'écurie du roi. — 18 janvier 1317, n. st. (Clair., r. 86, p. 6771.)

7200 PISE (GHIDE DE),
Capitaine d'arbalétriers génois.

Sceau rond, de 26 mill. — Écu portant deux

DE LA COLLECTION CLAIRAMBAULT.

fasces, penché, timbré d'un heaume cimé d'une tête d'aigle.

S G҄IDE DE PISE

Garde du château de l'Écluse. — Quittance de gages. — Lille, 29 avril 1387. (Clair., r. 86, p. 6773.)

7201   PISE (OURS DE),

Capitaine de Brigants.

Sceau rond, de 18 mill. — Écu à la croix cantonnée de quatre ours.

✠ BVLLA D' ...O DE PI.A

Garde de la ville d'Ardres. — Quittance de gages. — Saint-Omer, 22 janvier 1356, n. st. (Clair., r. 86, p. 6771.)

7202   PISSELEU (JEAN DE),

Du bailliage d'Arras.

Sceau rond, de 22 mill. — Écu portant trois lions à la bande brochant.

......ELE......

Service de guerre. — Quittance de gages. — 19 septembre 1338. (Clair., r. 86, p. 6777.)

7203   PISSELEU (MICHELET DE),

Du bailliage d'Amiens.

Sceau rond, de 19 mill. — Écu portant trois lions à la bande chargée de trois coquilles? brochant. — Légende détruite.

Service de guerre. — Quittance de gages. — Amiens, 19 septembre 1338. (Clair., r. 86, p. 6777.)

7204   PLACE (JEAN DE LA),

Fils de Renaud de la Place, du bailliage d'Amiens, écuyer.

Sceau rond, de 20 mill. — Écu au chef chargé à dextre d'un croissant et à sénestre d'un écusson à la bande accompagnée en chef et à sénestre d'une roue. — Légende détruite.

Guerres de Vermandois. — Quittance de gages. — Compiègne, 26 septembre 1339. (Clair., r. 86, p. 6781.)

7205   PLACE (RENÉ DE LA),

Commissaire ordinaire des guerres.

Sceau ovale, de 24 mill. — Écu en cartouche, au chevron accompagné de trois hures. — Sans légende.

Gages de son office. — 20 juillet 1568. (Clair., r. 132, p. 1677.)

7206   PLAGNE (JEAN DE LA),

Écuyer.

Sceau rond, de 20 mill. — Écu parti : au 1, un croissant accompagné de trois...; au 2, un plain; dans une rose gothique. — Légende détruite.

Garde de Vic-Fezensac. — Quittance de gages. — 15 avril 1355. (Clair., r. 86, p. 6781.)

7207   PLAISANCE (GILLES).

Sceau rond, de 22 mill. — Intaille représentant une femme nue debout, tenant un bouclier et une lance, devant un personnage assis : Vénus et Vulcain?

.....SANGE DIT.......

Visite des œuvres et réparations des châteaux du roi en Poitou et en Saintonge. — Quittance de dépens. — 30 avril 1339. (Clair., r. 163, p. 4765.)

7208   PLAISANCE (GUIDO DE),

Écuyer.

Sceau rond, de 32 mill. — Écu à la croix componée.

......de playsance

Guerres de Normandie. — Quittance de gages. — 31 mai 1419. (Clair., r. 86, p. 6783.)

7209   PLANCY (NICOLAS DE),

Conseiller du roi, maître des comptes, commis au gouvernement de la recette générale des aides pour le passage de la mer.

Signet rond, de 17 mill. — Écu écartelé : au 1 et 4, deux poissons adossés sous un chef chargé d'un lion passant; au 2 et 3, un chef; soutenu par une aigle.

nicolas de plancy

Quittance délivrée au receveur des aides à Melun. — Paris, 30 novembre 1386. (Clair., r. 93, p. 7253.)

7210 PLANCY (NICOLAS DE),

Conseiller du roi, maître de ses comptes.

Signet octogone, de 17 mill. — Intaille : Un buste de femme à droite, diadémé. — Légende fruste.

Quittance de gages et de frais de déplacement. — Paris, 18 novembre 1388. (Clair., r. 86, p. 6785.)

7211 PLANQUE (BAUDOUIN DE LA),

Chevalier, sire de Thiennes.

Sceau rond, de 20 mill. — Écu billeté au lion couronné brochant.

.... N DE L ....

Nomination d'un receveur spécial pour toucher ses gages de l'ost de Flandre. — 29 janvier 1304, n. st. (Clair., r. 86, p. 6785.)

7212 PLANQUE (GUILLAUME DE LA),

Dit le Galois, écuyer.

Sceau rond, de 27 mill. — Écu billeté au lion brochant, au lambel.

S WILLAMME DE LA PLANKE

Garde de la ville de Gravelines. — Quittance de gages. — Thérouanne, 27 juin 1387. (Clair., r. 86, p. 6787.)

7213 PLANQUES (JEAN DES),

Écuyer.

Sceau rond, de 21 mill. — Écu à la bande.

✶ ..... IEHAN DES PLANQVES

Garde de la ville de Gravelines. — Quittance de gages. — Thérouanne, 27 juin 1387. (Clair., r. 86, p. 6787.)

7214 PLATEL (MAHIEU),

Écuyer.

Sceau rond, de 23 mill. — Écu portant un écureuil grignotant un fruit.

MAHIEV PLATEL

Guerres des frontières de Picardie. — Quittance de gages. — Amiens, 31 mai 1387. (Clair., r. 86, p. 6793.)

7215 PLEDRAN (GUILLAUME DE),

Écuyer.

Sceau rond, de 31 mill. — Écu incomplet devant porter sept macles, 3, 3 et 1, penché, timbré d'un heaume cimé d'une tête de dragon, sur champ de rinceaux. — Légende détruite.

Guerres de Guienne. — Quittance de gages. — 24 mars 1413, n. st. (Clair., r. 86, p. 6793.)

7216 PLESSAC (FOUQUET DU),

Écuyer.

Sceau rond, de 25 mill. — Écu au chef chargé d'un lion couronné issant, penché, timbré d'un heaume cimé d'une tête d'homme barbu. Dans le champ, deux rameaux.

Fouket du plesac

Poursuite des Anglais. — Quittance de gages. — 16 février 1419, n. st. (Clair., r. 86, p. 6795.)

7217 PLESSIER (GUI DU),

Chevalier banneret.

Sceau rond, de 35 mill. — Écu semé de trèfles au lion brochant. — Légende détruite.

Ost de Flandre. — Quittance de gages. — Saint-Quentin, 11 février 1304, n. st. (Clair., r. 86, p. 6795.)

7218 PLESSIER (GUILLAUME DU),

Chevalier, du bailliage de Troyes et de Meaux.

Sceau rond, de 18 mill. — Écu ovale portant six fasces à la bordure, penché, timbré d'un heaume cimé d'un annelet.

S' GUILEY DV PLESSIE

Guerres de Bretagne. — Quittance de gages. — Paris, 12 novembre 1354. (Clair., r. 86, p. 6797.)

7219 PLESSIS, SEIGNEUR DE RICHELIEU

(François du),

lieutenant de 50 lances sous le prince de Dombes.

Sceau ovale, de 22 mill. — Écu portant trois chevrons, surmonté d'un rinceau. — Sans légende.

Quittance. — 21 juillet 1576. (Clair., r. 188, p. 7089.)

7220 PLESSIS (GEOFFROI DU),
Notaire apostolique.

Sceau ogival, de 48 mill. — Dans une niche gothique à deux compartiments: en haut, l'Annonciation, et en bas, saint Martin à cheval partageant son manteau avec un pauvre.

.MAGRI G .... IO ..... ROTA

Quittance délivrée au bailli de Coutances au sujet d'une rente sur le fermage du Plessis. — Verberie, 4 octobre 1315. (Clair., r. 86, p. 6803.)

7221 PLESSIS (GUILLAUME DU),
Chevalier.

Sceau rond, de 25 mill. — Écu palé de six pièces sous un chef chargé d'un lion passant, dans un trilobe. — Légende détruite.

Chevauchée de Flandre. — Quittance de gages. — 25 août 1383. (Clair., r. 86, p. 6799.)

7222 PLESSIS (LOUIS DU),
Guidon de 30 lances sous le dauphin.

Sceau ovale, de 22 mill. — Écu portant trois chevrons, dans un cartouche. — Sans légende.

Quittance de gages. — 3 septembre 1564. (Clair., r. 188, p. 7085.)

7223 PLESSIS (PIERRE DU),
De la vicomté de Paris.

Sceau rond, de 20 mill. — Écu portant une croix engrêlée au lambel.

...ERRE .. PLESSIS...

Guerres de Vermandois. — Quittance de gages. — Saint-Quentin, 10 octobre 1339. (Clair., r. 86, p. 6797.)

7224 PLESSIS (THOMAS DU),
Écuyer.

Sceau rond, de 22 mill. — Écu portant trois oiseaux.

S ..MAS .. PLESI.

Chevauchée de Flandre. — Quittance de gages. — 25 août 1383. (Clair., r. 86, p. 6799.)

7225 PLESSIS-LÈS-TOURS
(Les Minimes du).

Sceau ogival, de 42 mill. — Saint François de Paule debout. — Légende fruste.

Quittance de rente. — 4 janvier 1521, n. st. (Clair., r. 50, p. 3785.)

7226 PLEUVILLE (GUILLAUME DE),
Écuyer.

Sceau rond, de 29 mill. — Écu portant trois objets difficiles à déterminer, penché, timbré d'un heaume cimé d'un oiseau. Dans le champ, deux fleurons. — Légende détruite.

Guerres de basse Normandie. — Quittance de gages. — Caen, 1er octobre 1415. (Clair., r. 86, p. 6803.)

7227 PLOUY (FREMIN, BÂTARD DE),
Écuyer.

Sceau rond, de 22 mill. — Écu portant cinq châteaux, 2, 2 et 1, au bâton en bande brochant.

...MIN .. PLOVIO

Poursuite des routiers. — Quittance de gages. — Lyon, 2 avril 1376, n. st. (Clair., r. 86, p. 6805.)

7228 PLOUY (HURTAUT DE),
Écuyer.

Sceau rond, de 19 mill. — Écu portant quatre quintefeuilles accompagnées d'un pot à une anse en chef et à dextre.

...IERER D Œ . E.

Guerres de Bretagne. — Quittance de gages. — Rennes, 18 juillet 1352. (Clair., r. 86, p. 6805.)

7229 PLUSQUELLEC (HENRI DE),
Écuyer, capitaine de la ville et du château de Talmont-sur-Gironde.

Sceau rond, de 33 mill. — Écu portant trois chevrons accompagnés d'une quintefeuille en abîme au lambel, soutenu par une dame portant un heaume sur ses genoux.

S henri d . . . . . qualec

Garde de Talmont-sur-Gironde. — Quittance de gages. — 24 avril 1419. (Clair., r. 86, p. 6813.)

7230 PLUSQUELLEC (MORICE DE),
Chevalier.

Sceau rond, de 32 mill. — Écu portant trois chevrons à la bordure, penché, timbré d'un heaume cimé de..., supporté par deux lions.

...o.... ploesq.....

Service de guerre. — Quittance de gages. — Bourges, 28 juin 1418. (Clair., r. 86, p. 6809.)

7231 POCCART (GUILLAUME),
Chevalier.

Sceau rond, de 28 mill. — Écu fascé de six pièces au lambel de cinq pendants. — Légende détruite.

Ost de Flandre. — Quittance de gages. — Arras, 4 septembre 1302. (Clair., r. 84, p. 6599.)

7232 POCÉ? (HUGUES DE),
Chevalier.

Sceau rond, de 18 mill. — Écu fretté, dans un trilobe. — Légende détruite.

Guerres de Poitou et de Saintonge. — Quittance de gages. — Pons, 10 mai 1338. (Clair., r. 88, p. 6951.)

7233 PODENSAC (GUILHEM DE),
Écuyer.

Sceau rond, de 22 mill. — Écu à la croix cantonnée en chef d'un croissant et d'une étoile, dans un quadrilobe. — Légende détruite.

Guerres de Saintonge. — Quittance des gages de Tison d'Estrées, écuyer. — Bastide Saint-Jacques, 1er juin 1354. (Clair., r. 159, p. 4491.)

7234 POILLEVILLAIN (JEAN),
Conseiller du roi.

Sceau rond, de 24 mill. — Écu parti : au 1, un lion à la bande brochant; au 2, une demi-croix engrêlée accompagnée en chef et à sénestre d'une merlette; dans une rose gothique.

SGG. IΘҺЯ.....VILLAIN

Acte concernant le billon blanc à ouvrer par la monnaie de Dijon. — Paris, 16 juillet 1355. (Clair., r. 21, p. 1459.)

7235 POILLEY OU POILLY (JEAN DE),
Écuyer, du bailliage du Mans.

Sceau rond, de 22 mill. — Écu au lion. — Légende détruite.

Service de guerre. — Quittance de gages. — Amiens, 17 septembre 1338. (Clair., r. 87, p. 6825.)

7236 POINGLANE (JEAN),
Bourgeois de Paris.

Sceau rond, de 23 mill. — Écu à la bande chargée de trois ânes, dans un quadrilobe.

. I...N POINGLA..

Quittance de 400 livres pour les œuvres du bois de Vincennes. — 29 janvier 1299, n. st. (Clair., r. 87, p. 6827.)

7237 POIPE (ANTEAUME DE LA),
Écuyer.

Sceau rond, de 15 mill. — Écu à l'émanché de trois pièces mouvant de la pointe, ou portant trois pointes, à la bande brochant.

S L..........

Guerres de Gascogne. — Quittance de gages. — Agen, 4 mai 1339. (Clair., r. 87, p. 6829.)

7238 POIPE (JEAN DE LA),
Écuyer.

Sceau rond, de 20 mill. — Écu portant une fasce au lambel, penché, timbré d'un heaume à lambrequins cimé d'un plumail.

I de la poype

Guerres du Lyonnais et du Mâconnais. — Quittance de gages. — 4 décembre 1418. (Clair., r. 87, p. 6829.)

7239 POISSON (RICHARD),
Écuyer.

Sceau rond, de 22 mill. — Écu portant une croix engrêlée cantonnée, au 1 et 4, d'une fleur de lys; au 2 et 3, d'un poisson en pal; soutenu par une dame, supporté par deux lions, dans un trilobe.

S RICHART POISSON

Garde de la ville et du château de l'Écluse. — Quittance de gages. — Lille, 9 septembre 1387. (Clair., r. 87, p. 6841.)

7240 POISSON (RICHARD),
Écuyer.

Sceau rond, de 24 mill. — Écu à la croix engrêlée cantonnée de quatre poissons en pal, penché, timbré d'un heaume cimé de..., supporté par deux lions.

S RICHRT POISSON

Garde du château de l'Écluse. — Quittance de gages. — Bruges, 20 mai 1388. (Clair., r. 87, p. 6841.)

7241 POISSY (GILLES DE),
Chevalier.

Sceau rond, de 18 mill. — Écu portant une aigle.

.... G P......

Guerres de Normandie. — Quittance de gages. — Rouen, 30 janvier 1369, n. st. (Clair., r. 87, p. 6837.)

7242 POISSY (JEAN DE),
Chevalier.

Sceau rond, de 20 mill. — Écu portant six losanges, 3, 2 et 1.

S IEHAN DE PG.....

Ost de Flandre. — Quittance de gages. — Arras, 10 septembre 1302. (Clair., r. 87, p. 6835.)

7243 POISSY (JEAN DE),
Chevalier, maître d'hôtel de Pierre de Navarre et son procureur.

Sceau rond, de 30 mill. — Écu portant un chef au lambel, penché, timbré d'un heaume cimé d'une touffe, supporté par deux lions.

S IEHAN DE .OISI CHER

Chevauchée de Flandre. — Quittance des gages de Pierre de Navarre, chevalier banneret. — 25 août 1383. (Clair., r. 87, p. 6839.)

7244 POITIERS (AIMERY DE).

Sceau rond, de 23 mill. — Écu portant six besants sous un chef chargé d'un lion issant, dans un trilobe.

✠ S' D.....G DEI DE PIC...IA

Quittance d'une rente sur le bailliage de Mâcon. — Donné sous notre petit scel, 1ᵉʳ juillet 1343. (Clair., r. 87, p. 6845.)

7245 POITIERS (ANTOINE DE),
Écuyer.

Sceau rond, de 26 mill. — Écu portant six besants sous un chef chargé d'une couronne à dextre, accompagné de trois palmes.

✠ S ANTHOINE DE POITIERS

Guerres de Picardie. — Quittance de gages. — Hesdin, 20 juillet 1380. (Clair., r. 87, p. 6847.)

7246 POITIERS (CHARLES DE),
Chevalier banneret, seigneur de Saint-Vallier et de Vadant.

Sceau rond, de 28 mill. — Écu portant six besants sous un chef chargé d'une couronne à dextre, penché, timbré d'un heaume supporté à dextre, le seul côté qui subsiste, par un lion. — Légende détruite.

Service de guerre. — Quittance de gages. — 10 septembre 1383. (Clair., r. 87, p. 6849.)

7247 POITIERS (COUR DE).

Sceau rond, de 46 mill. — Dans une niche gothique, un écu portant six fleurs de lys.

S. G PICT CONSTITVTVM

Contre-sceau : Une fleur de lys fleuronnée accostée, au pied, de deux fleurs de lys plus petites, sur champ réticulé semé de fleurs de lys. — Sans légende.

Donation entre vifs faite par Aimery de Paris à Philippe Gilier de Lussac, chevalier. — 13 février 1354, n. st. (Clair., r. 53, p. 4021.)

7248 POITIERS (COUR DE).
Sceau aux contrats.

Contre-sceau rond, de 20 mill. — Écu rond écartelé : au 1 et 4, trois fleurs de lys; au 2 et 3, un dauphin. — Légende détruite.

Gages de Bertrand Pontailler, huissier de parlement. — 21 juin 1420. (Clair., r. 88, p. 6917.)

7249   POITIERS
(Guillaume, bâtard de), chevalier.

Sceau rond, de 20 mill. — Écu portant six besants à la bordure brochant sous un chef chargé d'une couronne à dextre, penché, timbré d'un heaume cimé d'un vol, sur champ festonné.

S........IERS

Quittance de quatre caisses d'artillerie. — Paris, 20 mai 1374. (Clair., r. 87, p. 6845.)

7250   POITIERS
(Guillaume, bâtard de), chevalier.

Sceau rond, de 26 mill. — Écu au sautoir cantonné de six besants, un en chef, un en pointe et deux à chaque flanc, sous un chef; dans une rose gothique.

S' GUILLAUME ...TART D POITIE..

Chevauchée de Flandre. — Quittance de gages. — 25 août 1383. (Clair., r. 87, p. 6849.)

7251   POITIERS
(Guillaume, bâtard de), chevalier.

Sceau rond, de 27 mill. — Écu au sautoir cantonné de six besants, un en chef, un en pointe et deux à chaque flanc, sous un chef; penché, timbré d'un heaume cimé d'un vol, supporté par deux lions. — Légende détruite.

Chevauchée de Flandre. — Quittance de gages. — 31 août 1383. (Clair., r. 87, p. 6849.)

7252   POITIERS (JACQUES, BÂTARD DE),
Chevalier.

Sceau rond, de 21 mill. — Écu au lion.

✶ S' IACOB LE BASTART DE POITIERS

Armée d'Écosse. — Quittance de gages. — L'Écluse, 8 mai 1385. (Clair., r. 87, p. 6851.)

7253   POITIERS
(Jean, fils du roi et son lieutenant en Languedoc et en Auvergne, comte de).

Sceau rond, de 31 mill. — Écu semé de fleurs de lys à la bordure engrêlée, penché, timbré d'un heaume cimé d'une fleur de lys, sur champ réticulé.

S IOHIS FILII REGIS FRA..... ...TIS PICTAVENSIS

Ordre de payement des gages d'Aimery de la Rochefoucauld, capitaine de 100 hommes d'armes. — Paris, sous notre petit seel, 14 avril 1358. (Clair., r. 194, p. 7681.)

7254   POITIERS (LOUIS DE),
Comte et évêque de Valentinois.

Voyez VALENTINOIS.

7255   POITIERS
(Simon de Cramaux, évêque de).

Sceau rond, de 33 mill. — Dans une niche gothique, la Vierge à mi-corps portant l'enfant Jésus, accostée de saint Pierre et de saint Paul dans deux logettes latérales; au-dessous, l'évêque priant accosté de deux écus à la bande accompagnée de six merlettes en orle.

.......NIS EPI PICTAVEN'

Guerres de Guienne. — Gages de Jourdain de l'Isle, chevalier. — 4 décembre 1386. (Clair., r. 62, p. 4757.)

7256   POIVRE (RAOULET LE),
Sergent de la douzaine de la ville de Paris.

Sceau rond, de 20 mill. — Écu portant trois besants ou trois tourteaux, supporté par deux aigles. — Légende détruite.

Quittance de gages. — 1er juillet 1396. (Clair., r. 87, p. 6829.)

7257   POIX (DAVID DE),
Sire de Brimeux, chevalier.

Sceau rond, de 26 mill. — Écu écartelé : au 1 et 4, trois aigles; au 2 et 3, trois croix à la bande brochant; penché, timbré d'un heaume couronné, sur champ festonné. — Légende détruite.

Guerres de Picardie. — Quittance de gages. — Thérouanne, 26 août 1374. (Clair., r. 87, p. 6831.)

7258 POIX (GUILLAUME DE),
Chevalier.

Sceau rond, de 21 mill. — Écu à la bande chargée de trois écussons portant chacun trois lions? et accompagnée de six croix recroisetées en orle.

S .VILLAM. .G POIS

Guerres de Picardie et de Flandre. — Quittance de gages. — Béthune, 31 juillet 1383. (Clair., r. 87, p. 6831.)

7259 POIX (JEAN DE),
Écuyer.

Sceau rond, de 20 mill. — Écu à la bande accompagnée de deux croix recroisetées en chef et d'une étoile en pointe.

IEH D. PO..

Service de guerre entre les rivières de Loire et de Dordogne. — Quittance de gages. — Charroux, 13 février 1356, n. st. (Clair., r. 87, p. 6829.)

7260 POIX (JEAN, SEIGNEUR DE),
Chevalier.

Sceau rond, de 22 mill. — Écu à la bande accompagnée de douze croix recroisetées, dans un trilobe.

...hAN S DE POIS

Service de guerre. — Quittance de gages. — Abbeville, 11 janvier 1370, n. st. (Clair., r. 87, p. 6833.)

7261 POIX (JEAN, SEIGNEUR DE).

Sceau rond, de 30 mill. — Écu à la bande accompagnée de six croix recroisetées en orle, penché, timbré d'un heaume. Dans le champ, les lettres YR liées et répétées quatre fois.

.....IREL Ch........

Service de guerre. — Gages de Jean, bâtard de Doumy, écuyer. — 12 mai 1412. (Clair., r. 41, p. 3061.)

7262 POIX (ROGUE DE),
Chevalier.

Sceau rond, de 24 mill. — Écu écartelé : au 1 et 4, une bande accompagnée de six croix recroisetées en orle; au 2 et 3, un fretté; penché, timbré d'un heaume cimé d'une tête d'homme barbu, supporté par deux lions. — Légende détruite.

Guerres de Picardie. — Quittance de gages. — Thérouanne, 26 juin 1386. (Clair., r. 87, p. 6833.)

7263 POIX (ROGUE DE),
Chevalier.

Sceau rond, de 30 mill. — L'écu précédent, penché, timbré, cimé et supporté comme lui. — Légende détruite.

Service de guerre à Paris, sous le duc de Bourgogne. — 7 novembre 1411. (Clair., r. 87, p. 6835.)

7264 POLART (JEAN),
Écuyer, capitaine d'Audruicq.

Sceau rond, de 23 mill. — Écu à l'aigle éployée, dans un trilobe.

IOhA' POLART

Garde de la ville d'Audruicq. — Quittance de gages. — Saint-Omer, 22 octobre 1387. (Clair., r. 84, p. 6587.)

7265 POLART (RENAUD),
Naguère sergent à cheval du guet de nuit de Paris.

Sceau rond, de 16 mill. — Écu portant deux poissons adossés accompagnés de ... en chef, penché, timbré d'un heaume cimé d'une tête humaine. Dans le champ, deux rameaux.

REGNA.......

Quittance de gages. — 19 août 1396. (Clair., r. 87, p. 6859.)

7266 POLASTRON (JEAN DE),
Chevalier, seigneur de Mauvens,
lieutenant de 40 lances sous le baron de Terride.

Sceau rond, de 21 mill. — Écu écartelé : au 1, une croix engrêlée; au 2, un cerf passant; au 3, un sanglier au lambel; au 4, neuf besants, 3, 3, 2 et 1; sur le tout, un écusson écartelé de plains. — Sans légende.

Quittance de gages. — 19 mai 1550. (Clair., r. 188, p. 7097.)

7267 POLHAY (JEAN DE),
Écuyer.

Sceau rond, de 22 mill. — Écu à l'écusson en abîme chargé de... sous un chef fretté. — Légende détruite.

Guerres de Poitou et de Saintonge. — Quittance de gages. — Poitiers, 2 janvier 1357, n. st. (Clair., r. 87, p. 6825.)

7268 POLHAY (RIFLARD DE).

Sceau rond, de 22 mill. — Écu au chef fretté, penché, timbré d'un heaume, sur champ réticulé.

S VIƂAS.......

Quittance délivrée au vicomte de Pont-Audemer. — 24 février 1366, n. st. (Clair., r. 87, p. 6867.)

7269 POLIGNAC
(Guillaume, vicomte de),
seigneur de Chalançon.

Voyez CHALANÇON.

7270 POLIGNAC (JEAN DE),
Chevalier, seigneur de Beaumont, conseiller et chambellan du roi.

Sceau rond, de 48 mill. — Écu écartelé : au 1 et 4, un fascé de six pièces ; au 2 et 3, un contre-écartelé plain à la bordure fleurdelysée ; penché, timbré d'un heaume cimé d'une tête de... dans un vol, supporté par deux griffons.

𝔖𝔢𝔢𝔩 𝔧𝔢𝔥𝔞𝔫 𝔡𝔢 𝔭𝔬𝔩𝔩𝔶𝔫𝔞𝔠 𝔢 𝔡𝔢 𝔟𝔢𝔞𝔲𝔪𝔬𝔫𝔱

CONTRE-SCEAU : Écu en bannière aux armes de la face. — Sans légende.

Quittance de gages. — 10 avril 1491. (Clair., r. 188, p. 7107.)

7271 POLIGNAC (RICHARD DE),
Écuyer.

Sceau rond, de 20 mill. — Écu écartelé : au 1 et 4, un lion ; au 2 et 3, une barre. — Légende détruite.

Guerres de Saintonge. — Restor d'un cheval. — Bouage ?, 22 mai 1340. (Clair., r. 87, p. 6859.)

7272 POLIGNY (JEAN DE),
Écuyer.

Sceau rond, de 22 mill. — Écu au chevron, penché, timbré d'un heaume.

✵ S' . ƏHA DE POLOIGNI

Service de guerre en la compagnie du duc de Bourgogne. — Quittance de gages. — 18 mai 1412. (Clair., r. 87, p. 6865.)

7273 POLIN (GUILLEBERT),
Sergent d'armes du roi, seigneur de la nef *Notre-Dame* appelée *la Nativité*, de Dieppe.

Sceau rond, de 25 mill. — Écu au sautoir engrêlé cantonné de quatre têtes de lion. — Légende détruite.

Quittance d'approvisionnements. — Rouen, 9 mai 1340. (Clair., r. 87, p. 6865.)

7274 POLIN (PIERRE),
Lieutenant général de Jean Salvain, bailli de Rouen et de Gisors.

Sceau rond, de 22 mill. — Écu au sautoir engrêlé cantonné de quatre têtes de lion, penché, timbré d'un heaume cimé d'une tête de lion dans un vol, supporté par deux aigles.

𝔖 𝔭𝔦𝔢𝔯𝔯𝔢𝔰 𝔭𝔬𝔬𝔩𝔦𝔫

Ordre de payement au profit de Raoul d'Étampes, vicomte de Pont-Authou et de Pont-Audemer et de ses gens, pour avoir amené aux prisons de Rouen Jean le Paumier, soupçonné d'un homicide. — Rouen, 30 mars 1429. (Clair., r. 188, p. 7169.)

7275 POLINCOVE (PHILIPPE DE),
Dizenier.

Sceau rond, de 19 mill. — Écu portant d'hermines à trois losanges.

S' Ph D' PO......ans

Quittance de garnisons de vins. — Calais, 21 mai 1305. (Clair., r. 87, p. 6865.)

7276 POLLANT (JEAN DE),
Écuyer.

Sceau rond, de 24 mill. — Écu chevronné de six pièces, penché, timbré d'un heaume.

..........AN.

Service de guerre. — Quittance de gages. — 18 mai 1412. (Clair., r. 87, p. 6857.)

7277 POMAY (BERNARD DE),
Chevalier.

Sceau rond, de 20 mill. — Écu palé de six pièces à la bande brochant, penché, timbré d'un heaume, sur champ réticulé. — Légende détruite.

Service de guerre entre la Loire et la Dordogne. — Quittance de gages. — Poitiers, 30 mars 1356, n. st. (Clair., r. 87, p. 6873.)

7278 POMMARD (JACQUES DE),
Connétable de 29 arbalétriers.

Sceau rond, de 23 mill. — Écu au sanglier passant accompagné de trois étoiles, penché, timbré d'un heaume cimé d'une tête de femme dans un vol, supporté par un lion et un griffon.

S IAQVES DE POVMAR

Garde de la ville de l'Écluse. — Quittance de gages. — 9 avril 1387. (Clair., r. 87, p. 6869.)

7279 POMMEREUIL (LOUIS DE),
Chevalier.

Sceau rond, de 21 mill. — Écu au sautoir accompagné de trois étoiles, dans un quadrilobe.

LE .... D..... E

Remise à lui faite d'une rente due au roi sur le moulin de Pommereuil. — 2 juillet 1365. (Clair., r. 87, p. 6877.)

7280 POMMEREUIL (ROBERT DE),

Chevalier, seigneur du lieu, premier écuyer d'écurie du roi, capitaine de la ville et du château du Pont-de-l'Arche, maître enquêteur et réformateur des eaux et forêts de Normandie et de Picardie.

Sceau rond, de 40 mill. — Écu au chevron accompagné de trois étoiles, penché, timbré d'un heaume cimé d'une tête d'aigle dans un vol, supporté par deux lions.

Robert de pomm . . . .

Ordre de payement au profit de ses officiers. — 26 août 1541. (Clair., r. 188, p. 7131.)

7281 POMMEREUX (ROBERT DE),
Écuyer.

Sceau rond, de 24 mill. — Écu portant une aigle à la bande chargée de trois fermaux brochant. — Légende détruite.

Guerres de Flandre et de Hainaut. — Quittance de gages. — Tournay, 19 octobre 1338. (Clair., r. 87, p. 6873.)

7282 POMPADOUR (ARNOUL DE),
Chevalier.

Sceau rond, de 21 mill. — Écu portant trois tours.

✠ S A..... D......R CEL

Guerres de Limousin. — Quittance de gages. — Limoges, 16 octobre 1353. (Clair., r. 87, p. 6881.)

7283 POMPADOUR
(Pierre Hélie, sire de).

Sceau rond, de 21 mill. — Écu portant trois tours à la bordure, supporté par deux lions, dans un trilobe.

PIERRE ..LIAS

Guerres de Guienne. — Quittance de gages. — Montignac, 26 janvier 1408, n. st. (Clair., r. 59, p. 4499.)

7284 POMPADOUR
(Renoul Hélie, sire de),
chevalier.

Sceau rond, de 22 mill. — Écu portant trois tours.

.....NOL......PADOR

Guerres de Limousin. — Quittance de gages. — Limoges, 25 juin 1354. (Clair., r. 169, p. 5337.)

7285 POMPADOUR
(Renoul Hélie, sire de),
chevalier.

Sceau rond, de 22 mill. — Écu portant trois tours à la bordure.

...ROL......LIAS

Guerres de Limousin et de Périgord. — Quittance de gages. — Limoges, 18 juillet 1354. (Clair., r. 188, p. 7133.)

7286 POMPADOUR
(Seguin Hélie, sire de),
chevalier.

Sceau rond, de 21 mill. — Écu portant trois tours à la bordure.

...IGILLV SE..IRI ḣELI..

Guerres de Limousin et de Périgord. — Quittance de gages. — Limoges, 13 novembre 1354. (Clair., r. 169, p. 5337.)

7287 POMPÉREINT (JOACHIM DE),
Seigneur du lieu, capitaine de 30 lances.

Sceau rond, de 45 mill. — Écu portant un griffon, timbré d'un heaume à lambrequins cimé d'un griffon issant.

IOACHIM DE POMPERANC

Gages de l'office de capitaine. — 4 mars 1527, n. st. (Clair., r. 87, p. 6881.)

7288 POMPIGNAC (PALAMÈDE DE),
Écuyer.

Sceau rond, de 25 mill. — Écu portant un arbre.

palameđs đ ponpignac

Service de guerre. — Quittance de gages. — 29 novembre 1418. (Clair., r. 87, p. 6883.)

7289 POMPONNE (JEAN DE),
Écuyer et panetier du roi,
commissaire et réformateur général aux sénéchaussées
de Carcassonne, Beaucaire, Toulouse,
aux bailliages d'Auvergne et des montagnes d'Auvergne.

Sceau rond, de 20 mill. — Écu au chef chargé d'un écusson à dextre, sur champ festonné.

.......OMPO..

Gages de l'office de commissaire réformateur. — 18 août 1355. (Clair., r. 87, p. 6883.)

7290 PONCÉ (ROBERT DE),
Écuyer.

Sceau rond, de 27 mill. — Écu portant trois quintefeuilles, penché, timbré d'un heaume...

.......DE ...CE

Chevauchée du Mans. — Quittance de gages. — Le Mans, 4 août 1392. (Clair., r. 87, p. 6883.)

7291 PONS (ANTOINE, SIRE DE),
Chevalier de l'ordre, capitaine de 50 lances.

Sceau ovale, de 27 mill. — Écu en cartouche à la fasce chargée de trois bandes, surmonté d'une couronne, entouré du collier de Saint-Michel. — Sans légende.

Gages de l'office de capitaine. — 27 mars 1573. (Clair., r. 139, p. 1697.)

7292 PONS (BERTRAND DE),
Chevalier.

Sceau rond, de 30 mill. — Écu incomplet à la fasce bandée? accompagnée de trois étoiles en chef..., penché, timbré d'un heaume cimé d'un col de cygne dans un vol, supporté par un lion et un griffon.

s bertrā đ pons

Service de guerre contre le duc de Bourgogne. — Quittance de gages. — 24 avril 1415, n. st. (Clair., r. 87, p. 6895.)

7293 PONS (GEOFFROI DE).

Sceau rond, de 25 mill. — Écu parti : au 1, une fasce; au 2, un coticé; dans un quadrilobe.

.......SGCR....

Ost de Flandre. — Quittance de gages. — Paris, 30 octobre 1302. (Clair., r. 87, p. 6887.)

7294 PONS (PHILIPPE DE),
Chevalier.

Sceau rond, de 18 mill. — Écu portant trois jumelles, dans une rose gothique.

..........CḣL

Guerres du Tournésis. — Quittance de gages. — Tournay, 25 mai 1338. (Clair., r. 87, p. 6889.)

7295 PONS (PIERRE DE),
Chevalier.

Sceau rond, de 30 mill. — Écu burelé au lion brochant, penché, timbré d'un heaume cimé d'une tête de chèvre sommée d'une aigle, supporté par deux lions. — Légende détruite.

Chevauchée de Bourbourg. — Quittance de gages. — 31 août 1383. (Clair., r. 87, p. 6893.)

7296 PONS (PONS DE),
Guidon de 30 lances sous monseigneur de la Trémoille.

Sceau ovale, de 23 mill. — Écu parti : au 1, un tiercé portant en chef trois fasces, au milieu une fasce chargée de deux bandes et en pointe trois fleurs de lys au bâton en bande brochant; au 2, un losangé. — Sans légende.

Quittance de gages. — 6 novembre 1561. (Clair., r. 188, p. 7155.)

7297 PONS (RENAUD DE),
Chevalier, vicomte de Cailiade.

Sceau rond, de 29 mill. — Type équestre dans un trilobe. L'écu parti : au 1, une fasce; au 2, un coticé; le heaume cimé d'une aigle entre deux cornes; champ réticulé.

.... DG PO.....

Guerres des frontières de Saintonge et de Périgord. — Quittance de gages. — Paris, 20 mars 1332, n. st. (Clair., r. 87, p. 6889.)

7298 PONS (RENAUD DE),
Chevalier.

Sceau rond, de 24 mill. — Écu à la fasce chargée d'un bandé de dix pièces, timbré d'une aigle, supporté par deux lions, dans un trilobe.

REGNAVT DG PO.. .ꝝR

Guerres de Poitou et de Saintonge. — Quittance de gages. — Montendre, 9 juillet 1338. (Clair., r. 87, p. 6887.)

7299 PONS (RENAUD DE),
Sire de Ribérac, chevalier.

Sceau rond, de 21 mill. — Écu parti : au 1, une fasce; au 2, un coticé.

.... DG PO.....

Guerres des frontières de Saintonge. — Quittance de gages. — 26 novembre 1339. (Clair., r. 87, p. 6887.)

7300 PONS (RENAUD, SIRE DE),
Chevalier.

Sceau rond, de 33 mill. — Écu à la fasce bandée de six pièces, penché, timbré d'un heaume couronné et cimé de deux cols de cygne, supporté par deux chiens à tête de femme, dans un quadrilobe allongé.

SGGL REG[NAVT ..... GVR]D PONS

Quittance de 200 francs d'or «pour certaines causes». — 15 novembre 1383. (Clair., r. 188, p. 7139.)

7301 PONS (FRÈRE ROLAND DE),
Commandeur du Château-du-Loir et des Ruysseaux.

Sceau rond, de 20 mill. — Écu portant une croix. — Légende détruite.

Quittance d'une rente sur la baronnie du Château-du-Loir. — 1ᵉʳ novembre 1375. (Clair., r. 87, p. 6891.)

7302 PONT (BERNARD DU),
Écuyer.

Sceau rond, de 20 mill. — Écu portant trois roses accompagnées d'un croissant en abîme et de trois points, supporté par deux damoiselles.

bernart du pont

Guerres de Guienne. — Quittance de gages. — Périgueux, 3 mars 1408, n. st. (Clair., r. 88, p. 6911.)

7303 PONT
(Édouard, duc de Bar, marquis de).

Voyez Bar.

7304 PONT (GUILLAUME),
Contrôleur des gens d'armes et de trait de la garnison d'Arques.

Signet rond, de 11 mill. — L'initiale G couronnée. — Légende fruste.

Quittance de gages. — 21 août 1446. (Clair., r. 88, p. 6913.)

7305 PONT (ITHIER DU),
Écuyer.

Sceau rond, de 22 mill. — Écu au sautoir de vair

penché, timbré d'un heaume cimé d'un col de cygne, sur champ festonné.

S ITIGR .V PO ..

Guerres de Limousin. — Quittance de gages. — 20 mai 1404. (Clair., r. 88, p. 6911.)

7306   PONT (JEAN DU),
Écuyer, du bailliage de Chaumont.

Sceau rond, de 18 mill. — Écu à la fasce chargée de trois coquilles et accompagnée de deux molettes en chef.

✱ 2 ...... V PONG

Guerres de Vermandois. — Quittance de gages. — Compiègne, 25 septembre 1339. (Clair., r. 88, p. 6899.)

7307   PONT (JEAN DU),
Écuyer, de la vicomté de Paris.

Sceau rond, de 18 mill. — Écu portant sept besants, 3, 3 et 1, au lambel, dans un trilobe.

... IOҺ ......

Guerres de Vermandois. — Quittance de gages. — Saint-Quentin, 20 octobre 1339. (Clair., r. 88, p. 6901.)

7308   PONT (JEAN DU),
Écuyer, de Vavray-le-Grand au bailliage de Vitry.

Sceau rond, de 20 mill. — Écu billeté au croissant brochant, dans un trilobe. — Légende détruite.

Service de guerre. — Quittance de gages. — 28 décembre 1339. (Clair., r. 88, p. 6901.)

7309   PONT (JEAN DU),
Écuyer, du bailliage de Tournan.

Sceau rond, de 17 mill. — Écu portant sept besants, 3, 3 et 1, sous un chef chargé d'un lion issant. — Légende détruite.

Service de guerre. — Quittance de gages. — Paris, 15 août 1346. (Clair., r. 88, p. 6903.)

7310   PONT (JEAN DU),
Payeur des œuvres de Creil pour le roi.

Sceau rond, de 18 mill. — Écu au chevron accompagné de trois gerbes, dans un trilobe.

... G ...... ONT

Réparations de l'hôtel du Moncel lès Pont-Sainte-Maxence. — 8 août 1380. (Clair., r. 88, p. 6907.)

7311   PONT (OLIVIER DU),
Écuyer.

Sceau rond, de 20 mill. — Écu à la fasce bretessée.

✱ OLIVG ..... ONS

Guerres de Limousin, de Périgord et de Saintonge. — Quittance de gages. — 4 novembre 1380. (Clair., r. 88, p. 6907.)

7312   PONT (PIERRE DU),
Écuyer, du bailliage d'Orléans.

Sceau rond, de 21 mill. — Écu portant trois jumelles. — Légende détruite.

Guerres de Vermandois. — Quittance de gages. — Saint-Quentin, 21 octobre 1339. (Clair., r. 88, p. 6901.)

7313   PONT (PIERRE DU),
Écuyer, capitaine du château de Licques.

Sceau rond, de 20 mill. — Écu portant trois étoiles à la bande brochant.

✱ S PIGRG DV PONT

Défense du château de Licques. — Quittance de gages. — Amiens, janvier 1388, n. st. (Clair., r. 88, p. 6909.)

7314   PONT (THIBAUD DU),
Écuyer.

Sceau rond, de 27 mill. — Écu à la fasce bretessée, penché, timbré d'un heaume cimé d'une tête d'homme barbu à chevelure frisée, supporté par deux griffons.

.... ONT

Guerres de Limousin et de Périgord. — Quittance de gages. — Limoges, 15 juillet 1376. (Clair., r. 88, p. 6903.)

7315 PONTAILLER (GUI DE),
Chevalier, maréchal de Bourgogne.

Sceau rond, de 27 mill. — Écu au lion, penché, timbré d'un heaume cimé d'un lion issant dans un vol, supporté par deux aigles.

S GVIART D. .OTAILLIGR

Montre de Richard des Armoises, chevalier, reçue à Arras, le 23 août 1383. (Clair., r. 88, p. 6913.)

7316 PONTAILLER (HUGUES DE),
Chevalier, maréchal de Bourgogne.

Sceau rond, de 26 mill. — Écu au lion, penché, timbré d'un heaume cimé d'un lion issant dans un vol, supporté par deux aigles. — Légende détruite.

Montre de Jean, sire de Saint-Germain, reçue à Loudun, le 3 août 1385. (Clair., r. 53, p. 3985.)

7317 PONTAILLER (LOUIS DE),
Chevalier, lieutenant d'une compagnie de 50 lances.

Signet rond, de 20 mill. — Écu portant un lion à la bordure, timbré d'un tortil. — Sans légende.

Quittance de pension. — 28 avril 1553. (Clair., r. 88, p. 6919.)

7318 PONT-AUDEMER (JEAN DE),
Chevalier, du bailliage de Caen.

Sceau rond, de 28 mill. — Écu portant un pont à trois arches accompagné d'un léopard en chef, penché, timbré d'un heaume couronné et cimé d'une tête de... dans un vol, sur champ réticulé. — Légende détruite.

Service de guerre. — Quittance de gages. — Amiens, 31 août 1346. (Clair., r. 88, p. 6919.)

7319 PONT-BELLENGER
(Guillaume du),
écuyer.

Sceau rond, de 21 mill. — Écu portant six coquilles à la bande brochant, penché, timbré d'un heaume cimé d'un col de cygne dans un vol, supporté par deux lions.

G DV PONT BELENGER

Chevauchée du Mans. — Quittance de gages. — Le Mans, 1ᵉʳ août 1392. (Clair., r. 88, p. 6919.)

7320 PONT-FARCY (LOUIS DU),
Écuyer, du bailliage de Caen.

Sceau rond, de 15 mill. — Écu portant un fretté sous un chef.

S LOIS FARSS.......

Service de guerre. — Quittance de gages. — Paris, 16 novembre 1339. (Clair., r. 88, p. 6923.)

7321 PONTHIEU (BLANCHE DE),
Comtesse d'Aumale.

Voyez AUMALE.

7322 PONTHIEU
(Les élus des aides en).

Sceau commun, rond, de 28 mill. — Deux écus accompagnés de rameaux fleuris : celui à dextre portant un chevron accompagné de trois aiglettes; celui de sénestre portant une bande accompagnée d'une étoile en chef et à sénestre. — Légende détruite.

Gages d'un messager. — 1ᵉʳ décembre 1386. (Clair., r. 216, p. 9757.)

7323 PONTHION (RENAUD DE),
Écuyer, du bailliage de Vitry.

Sceau rond, de 20 mill. — Écu portant un fascé de huit pièces la première pièce chargée de trois quintefeuilles, dans un quadrilobe. — Légende détruite.

Service de guerre sous monseigneur de Conflans. — Quittance de gages. — 12 décembre 1339. (Clair., r. 88, p. 6923.)

7324 PONT-MOLIN (JEAN DE),
Chevalier.

Sceau rond, de 29 mill. — Écu à la fasce accompagnée d'un lion passant en chef et à dextre.

.......TM..... CHEVAL...

Ost de Flandre. — Quittance de gages. — Arras, 4 septembre 1302. (Clair., r. 88, p. 5977.)

7325 PONT-MOLIN (MAHIEU DE),
Écuyer.

Sceau rond, de 20 mill. — Écu à la fasce accom-

10.

pagnée d'un fer de lance? en chef et à dextre, penché, timbré d'un heaume cimé d'une tête de loup, supporté par deux lions, sur champ réticulé. — Légende détruite.

Service de guerre en l'armée de la mer. — Quittance de gages. — Harfleur, 22 décembre 1369. (Clair., r. 87, p. 6879.)

7326 PONTORSON (VICOMTÉ DE).

Sceau rond, de 35 mill. — Écu à l'aigle éployée au bâton en bande brochant, supporté par deux cygnes, surmontant un pont. — Légende détruite.

Guerres de Bretagne. — Gages d'Olivier le Vayer, écuyer. — 25 octobre 1379. (Clair., r. 109, p. 8481.)

7327 PONT-REMI (FAUVEL DE),
Écuyer.

Sceau rond, de 24 mill. — Écu portant un chef au lambel, penché, timbré d'un heaume cimé d'une tête de chèvre, sur champ festonné. — Légende détruite.

Service de guerre sous monseigneur de Coucy. — Quittance de gages. — Vernon, 26 août 1379. (Clair., r. 88, p. 6907.)

7328 PONT-SAINT-PIERRE
(Barthélemy de),
Sergent à cheval du guet de nuit de Paris.

Sceau rond, de 18 mill. — Un personnage assis, jouant de la harpe.

.....ƎM. D S.......POV...

Gages de son office. — 6 août 1396. (Clair., r. 84, p. 6633.)

7329 PONTVILLE (GILLES DE),
Chevalier.

Sceau rond, de 24 mill. — Écu fascé de six pièces à la bordure engrêlée.

✠ S' GIL........

Ost de Flandre. — Quittance de gages. — Arras, 12 septembre 1302. (Clair., r. 88, p. 6925.)

7330 PONTVILLE (GUILLAUME DE),
Dit le Baveux, chevalier.

Sceau rond, de 22 mill. — Écu fascé de six pièces à la bordure.

...DƎ..........

Guerres de Poitou et de Limousin. — Quittance de gages. — Poitiers, 30 mars 1356, n. st. (Clair., r. 88, p. 6927.)

7331 PONTVILLE (GUILLAUME DE),
Dit le Baveux, chevalier.

Sceau rond, de 17 mill. — Écu fascé de six pièces à la bordure. — Légende détruite.

Service de guerre entre la Loire et la Dordogne. — Quittance de gages. — 24 juillet 1356. (Clair., r. 88, p. 6927.)

7332 PONTVILLE
(Le frère de Renaud de),
écuyer.

Sceau rond, de 27 mill. — Écu fascé de six pièces à la bordure, dans un quadrilobe. — Légende détruite.

Service de guerre sous Renaud de Douy, capitaine des gens d'armes du duché d'Orléans. — Quittance de gages. — Janville, 28 juin 1364. (Clair., r. 88, p. 6925.)

7333 PONTVOIRE (AIMONNET DE),
Écuyer.

Sceau rond, de 18 mill. — Écu à l'aigle, penché, timbré d'un heaume de face à volet cimé d'un plumail, sur champ réticulé.

S AYMON DƎ PONVO...

Guerres de Vermandois et de Cambrésis. — Quittance de gages. — Saint-Quentin, 18 septembre 1339. (Clair., r. 88, p. 6961.)

7334 PONTVOIRE (HUBON DE),
Chevalier.

Sceau hexagone, de 20 mill. — Écu au chevron.

..DƎ .....RƎ

Guerres de Périgord et de Limousin. — Quittance de gages. — Périgueux, 10 août 1351. (Clair., r. 87, p. 6887.)

7335 PORC (JEAN DU),
Écuyer.

Sceau rond, de 20 mill. — Écu portant un lion au lambel, dans un quadrilobe.

. . . . POR.

Guerres de Flandre et de Tournaisis. — Quittance de gages. — Tournay, 11 mars 1339, n. st. (Clair., r. 88, p. 6931.)

7336 PORC (PIERRE LE),
Chevalier.

Sceau rond, de 22 mill. — Écu portant trois porcs, penché, timbré d'un heaume cimé d'une tête de cheval bridé. Dans le champ, deux rameaux fleuris.

S PI.... LE PORC

Chevauchée du Mans. — Quittance de gages. — Le Mans, 8 août 1392. (Clair., r. 88, p. 6935.)

7337 PORCHER (DREUX),
Secrétaire du roi.

Sceau rond, de 26 mill. — Écu portant une aigle à la bordure, penché, timbré d'un heaume cimé d'une tête de lévrier, supporté par un lion et un griffon.

. . . . ORCHER.

Quittance de dépens et de frais de voyage pour faire lever l'aide destinée aux guerres de Guienne. — 27 novembre 1388. (Clair., r. 88, p. 6929.)

7338 PORCIAU (PHILIPPE),
Chevalier, de l'Orléanois.

Sceau rond, de 30 mill. — Écu portant un écusson en abîme, à la bande brochant. — Légende détruite.

Ost de Flandre. — Quittance de gages. — Arras, 8 septembre 1302. (Clair., r. 88, p. 6931.)

7339 PORCIEN
(Antoine, seigneur de Croy, comte de).

Sceau rond, de 50 mill. — Écu écartelé: au 1 et 4, trois fasces; au 2 et 3, trois doloires les deux en chef adossées; penché, timbré d'un heaume couronné et cimé d'une tête de lévrier dans un vol, supporté par deux lions.

. . . . roy conte de porcien

Quittance d'une rente sur le grenier à sel de Bar-sur-Aube. — 31 septembre 1460. (Clair., r. 156, p. 4133.)

7340 PORCIEN (HUGUES DE),
Chevalier.

Sceau rond, de 30 mill. — Écu à trois pals de vair sous un chef chargé à dextre d'un lion passant, dans une rose gothique.

S hVG ..RE .... ONESP

Chevauchée de Flandre. — Quittance de gages. — 25 août 1383. (Clair., r. 88, p. 6931.)

7341 PORCIEN
(Jean de Châtillon, comte de).

Sceau rond, de 28 mill. — Écu à trois pals de vair sous un chef chargé à dextre d'un lion passant, penché, timbré d'un heaume couronné et cimé d'une tête de lion dans un vol, sur champ réticulé semé de fleurettes.

. . . . DE CHASTEILLON CONTE DE PORCIEN

Guerres de Picardie. — Quittance de gages. — Amiens, 18 juillet 1380. (Clair., r. 30, p. 2223.)

7342 PORCIEN (MARGUERITE DE),
Vicomtesse de Breteuil.

Voyez BRETEUIL.

7343 PORHOËT (COMTES DE).

Voyez ROHAN (VICOMTES DE).

7344 PORT (DANIEL DU),
Écuyer.

Sceau rond, de 22 mill. — Écu portant trois fasces accompagnées d'une étoile en chef et à dextre.

daniel du port

Poursuite des Anglais. — Quittance de gages. — 12 novembre 1418. (Clair., r. 88, p. 6935.)

7345 PORTE (ENGUERRAN DE LA),
Huissier de parlement.

Sceau rond, de 20 mill. — Écu au chevron chargé d'une coquille au sommet et accompagné de trois têtes de loup, penché, timbré d'un heaume, supporté à dextre, le seul côté qui subsiste, par un homme sauvage. — Légende détruite.

Quittance de gages et de robe. — 12 juillet 1415. (Clair., r. 88, p. 6943.)

7346 PORTE (FRANÇOIS DE LA),
Guidon de 50 lances sous le maréchal de Montmorency.

Sceau ovale, de 22 mill. — Écu au croissant chargé de cinq mouchetures d'hermine. — Sans légende.

Quittance de gages. — 16 août 1564. (Clair., r. 188, p. 7173.)

7347 PORTE (GUILLEMIN DE LA),
Sergent à pied du guet de nuit de Paris.

Sceau rond, de 10 mill. — Écu à la porte flanquée de deux tours.

G'VILLM D LA PORTE

Quittance de gages. — 21 novembre 1402. (Clair., r. 88, p. 6943.)

7348 PORTE (HARDOUIN DE LA),
Chevalier.

Sceau rond, de 19 mill. — Écu portant un croissant d'hermines au lambel.

S' h....... G L. PORTE ChR'

Guerres de Languedoc, Saintonge, Poitou, Limousin, etc. — Quittance de gages. — Angoulême, 31 octobre 1345. (Clair., r. 88, p. 6939.)

7349 PORTE (JEAN DE LA),
Receveur du duc Aubert, comte de Hainaut.

Sceau rond, de 30 mill. — Écu à la bande, dans un trilobe.

S' เeba........

Quittance d'une rente due au comte de Hainaut sur la recette de Vermandois. — 14 novembre 1389. (Clair., r. 88, p. 6943.)

7350 PORTE (PHILIPPE DE LA),
Écuyer.

Sceau rond, de 20 mill. — Écu portant un écusson en abîme chargé d'un sautoir engrêlé cantonné de quatre châteaux à la bordure. — Légende détruite.

Frais d'un voyage à Paris, où il était allé conduire au Châtelet maître Herbert de Tiffauges. — Toulouse, 7 juillet 1304. (Clair., r. 88, p. 6935.)

7351 PORTE (PIERRE DE LA),
Écuyer.

Sceau rond, de 20 mill. — Écu fascé de croisettes et de... de six pièces, dans une rose gothique.

S P...RT D'P...RT

Chevauchée de Bourbourg. — Quittance de gages. — 17 septembre 1383. (Clair., r. 88, p. 6943.)

7352 PORTE (ROBERT DE LA),
Évêque d'Avranches.

Voyez AVRANCHES.

7353 PORTE (THIERRI DE LA),
Dit Roland,
écuyer, capitaine de Moissac.

Sceau rond, de 20 mill. — Écu à l'émanché de trois pièces mouvant de la pointe et accompagné de trois étoiles en chef, timbré d'une tête de femme, supporté par deux lions, dans un trilobe.

S TIGR.I DG LA PORTA

Quittance de gages. — 25 juin 1354. (Clair., r. 88, p. 6937.)

7354 PORTEBOEUF (AIMAR),
Chevalier.

Sceau rond, de 20 mill. — Écu coupé portant trois rencontres de bœuf, dans un quadrilobe. — Légende détruite.

Service de guerre entre la Loire et la Dordogne. — Quittance de gages. — Charroux, 13 février 1356, n. st. (Clair., r. 88, p. 6945.)

7355 PORTEBOEUF (PIERRE),

Chevalier, exécuteur testamentaire de feu Jean de Prangis, chevalier.

Sceau rond, de 23 mill. — Écu portant un bœuf passant, à la bordure.

✠ P PORTE........

Quittance de gages dus à feu Jean de Prangis, pour service de guerre en Flandre et Hainaut. — 20 décembre 1338. (Clair., r. 78, p. 6155.)

7356 PORTEFIN (JEAN),

Capitaine d'arbalétriers.

Sceau rond, de 24 mill. — Écu portant un lion à tête de lévrier le cou passé dans une couronne, penché, timbré d'un heaume couronné et cimé d'une tête de lévrier, supporté par deux lions.

SEEL IEhā PORTEFIN

Garde de la ville d'Ardres. — Quittance de gages. — Rouen, 16 juillet 1387. (Clair., r. 88, p. 6945.)

7357 PORTES (GUILLAUME DES),

Écuyer.

Sceau rond, de 21 mill. — Écu parti au croissant de l'un en l'autre.

✠ GVILLAVME DES PORTES

Guerres de Bretagne. — Quittance de gages. — Pontorson, 1ᵉʳ avril 1380. (Clair., r. 88, p. 6949.)

7358 PORTES (JEAN DES),

Écuyer.

Sceau rond, de 26 mill. — Écu à la porte, penché, timbré d'un heaume cimé d'un moulin à vent, sur champ festonné.

s jehan de las portes

Recouvrement du pays de Languedoc. — Quittance de gages. — 31 octobre 1418. (Clair., r. 88, p. 6949.)

7359 PORTIER (ALEAUME LE),

Sergent à cheval du Châtelet.

Sceau rond, de 23 mill. — Écu portant un château accosté de deux fleurs de lys et accompagné d'une étoile en pointe, dans un quadrilobe orné de fleurs.

S ALEAVM.........

Gages et frais de voyage pour aller porter de l'argent en grenaille à la monnaie d'Angers. — 17 juillet 1355. (Clair., r. 88, p. 6951.)

7360 PORT-SAINTE-MARIE

(Les Chartreux du).

Sceau ogival, de 48 mill. — Un agnus Dei, sur champ festonné orné de quintefeuilles.

.... portus bea.........

Quittance d'une rente sur la recette de Montferrand. — 22 mars 1343, n. st. (Clair., r. 212, p. 9423.)

7361 POSTEAU (GUILLAUME),

Sergent à pied du guet de nuit de Paris.

Sceau rond, de 20 mill. — Un lion assis. — Légende détruite.

Gages de son office. — 1ᵉʳ septembre 1396. (Clair., r. 88, p. 6953.)

7362 POSTEL (JEAN),

Licencié en lois.

Sceau rond, de 23 mill. — Écu portant une gerbe accostée de deux étoiles au lambel, soutenu par une femme, supporté par deux lions, dans un trilobe.

.... han.........

Montre de Louis d'Abbeville, seigneur de Bouberch. — Abbeville, 1ᵉʳ décembre 1416. (Clair., r. 3, p. 7.)

7363 POT (GUILLAUME),

Chevalier.

Sceau rond, de 20 mill. — Écu à la fasce chargée d'un pot à une anse.

✠ S GVILL..E POT

Guerres de Guienne. — Quittance de gages. — 4 novembre 1378. (Clair., r. 88, p. 6955.)

7364   POT (RENÉ),

Chevalier, chambellan du roi.

Sceau rond, de 27 mill. — Écu portant une fasce diaprée à la bordure, penché, timbré d'un heaume cimé de..., sur champ festonné.

S .... P ....

Quittance de frais de voyage et de missions. — 31 janvier 1392, n. st. (Clair., r. 88, p. 6955.)

7365   POT (RENÉ),

Seigneur et baron de la Roche et de Châteauneuf, conseiller et chambellan du roi, châtelain et capitaine de Nîmes.

Sceau rond, de 48 mill. — Écu écartelé : au 1 et 4, une fasce; au 2 et 3, un échiqueté? à deux huchets enguichés brochant; penché, timbré d'un heaume cimé d'un paon issant, supporté par deux griffons.

S..... Rene Po. Seign ....
Roche

Contre-sceau : Écu aux armes de la face.

Seel Rene pot

Gages de l'office de châtelain. — 1ᵉʳ août 1502. (Clair., r. 189, p. 7179.)

7366   POT (ROBERT),

Chevalier.

Sceau rond, de 18 mill. — Écu à la fasce accompagnée en chef d'un lion passant, penché, timbré d'une heaume d'une tête humaine? entre deux cornes, sur champ réticulé.

S ROB .... Ch ...

Guerres de Poitou, Saintonge, Limousin, Angoumois, Périgord. — Quittance de gages. — Niort, 26 mai 1351. (Clair., r. 88, p. 6953.)

7367   POTAGE (PHILIPPE),

Écuyer, du bailliage de Tours.

Sceau rond, de 20 mill. — Écu parti : au 1, un pot à une anse; au 2, trois merlettes l'une sur l'autre.

✠ S ..XA POŧ ....

Service de guerre. — Quittance de gages. — Paris, 13 novembre 1339. (Clair., r. 88, p. 6957.)

7368   POTEL (THOMAS),

Écuyer.

Sceau rond, de 25 mill. — Écu au gironné de huit pièces sous un chef chargé de trois fermaux.

✠ : ....VMAS POSTEL :

Ost de Flandre. — Quittance de gages. — Arras, 8 septembre 1302. (Clair., r. 88, p. 6953.)

7369   POTIER (PIERRE),

Clerc des œuvres du roi.

Sceau rond, de 20 mill. — Un enfant couché dans un berceau suspendu à une colonne. Au-dessous, les lettres A L F S A?, dans un quadrilobe.

S PIERRE POTIER CLɑ

Quittance délivrée au maître de la monnaie d'Angers, d'une somme destinée à payer «certains ouvrages commencés pour la croisance d'une maison de la chambre des comptes». — 27 septembre 1351. (Clair., r. 88, p. 6959.)

7370   POTIN (MOREAU),

Chevalier.

Sceau rond, de 17 mill. — Écu au lion, accompagné de feuilles de chêne.

S MOREAV POTIN

Chevauchée de Flandre. — Quittance de gages. — 25 août 1383. (Clair., r. 88, p. 6959.)

7371   POTTE (HENRI DE),

Écuyer.

Sceau rond, de 29 mill. — Écu portant quatre fasces à la bande chargée de trois croisettes, penché, timbré d'un heaume cimé de deux pots, supporté par deux griffons.

SIG' ..RI ....

Poursuite des Anglais sous monseigneur de Coucy. — Quittance de gages. — Gallardon, 7 septembre 1380. (Clair., r. 88, p. 6957.)

7372   POTTE (HENRI DE),

Écuyer.

Sceau rond, de 22 mill. — Écu portant quatre

DE LA COLLECTION CLAIRAMBAULT.

fascés à la bande chargée de trois croisettes brochant.

✠ SEEL HENRI DE ... GES

Guerres de la frontière de Picardie. — Quittance de gages. — 25 mai 1383. (Clair., r. 88, p. 6959.)

7373 POUCHIN (ROBINET),
Écuyer, du bailliage de Rouen.

Sceau rond, de 18 mill. — Écu d'hermines au chevron fretté et chargé de... au sommet.

..... LVM B ....

Guerres de Vermandois. — Quittance de gages. — Saint-Quentin, 1ᵉʳ novembre 1339. (Clair., r. 87, p. 6885.)

7374 POUCIN (PIERRE),
Écuyer.

Sceau rond, de 20 mill. — Écu portant un vol à la bande brochant.

..... RRE ....

Guerres de basse Normandie. — Quittance de gages. — 24 octobre 1383. (Clair., r. 88, p. 6963.)

7375 POUCIN (PIERRE),
Écuyer.

Sceau rond, de 24 mill. — Écu portant un vol à la bande brochant, penché, timbré d'un heaume cimé d'une tête de coq, sur champ festonné.

PIERRE .. VC...

Guerres de Normandie. — Quittance de gages. — Saint-Lô, 20 juin 1388. (Clair., r. 88, p. 6961.)

7376 POUDENAS (MONTAZIN DE),
Chevalier.

Sceau rond, de 24 mill. — Écu fascé ondé à la bande brochant, dans un quadrilobe orné de fleurons.

✠ S .... DANAS

Guerres de Gascogne. — Quittance de gages. — 28 septembre 1356. (Clair., r. 86, p. 6819.)

7377 POUEZ (ODONET DE),
Écuyer.

Sceau rond, de 23 mill. — Écu à la croix ancrée surmontée d'un croissant et cantonnée de quatre merlettes.

✠ S' ODENE .... POIS

Poursuite des Anglais sous le duc de Bourgogne. — Quittance de gages. — Paris, 17 octobre 1380. (Clair., r. 88, p. 6963.)

7378 POUEZ (PIERRE DE),
Écuyer.

Sceau rond, de 21 mill. — Écu au lion.

✠ PIERRE DE POVEZ

Guerres de Normandie, du Maine et du Perche. — Quittance de gages. — 30 mai 1419. (Clair., r. 88, p. 6965.)

7379 POUJOL (PONCET, SEIGNEUR DE),
Écuyer.

Sceau rond, de 20 mill. — Écu écartelé : au 1 et 4, une bande; au 2 et 3, un plain; au lambel sur le tout; penché, timbré d'un heaume cimé d'une tête de More.

le ..... del porol

Service de guerre à Paris. — Quittance de gages. — 24 janvier 1416, n. st. (Clair., r. 88, p. 6963.)

7380 POULAIN (COLIN),
Écuyer.

Sceau rond, de 19 mill. — Écu au sautoir engrêlé cantonné de quatre poissons.

.. NI ..... OLAIN

Service de guerre entre la Loire et la Dordogne. — Quittance de gages. — Saint-Jean..., 5 avril 1353, n. st. (Clair., r. 88, p. 6967.)

7381 POULAIN (JEAN),
Valet de messeigneurs Guillaume Chantre de Milly et Thomas du Petit-Cellier, clercs du roi.

Sceau rond, de 20 mill. — Écu au sautoir engrêlé cantonné de quatre poissons. — Légende détruite.

Quittance de 10.000 livres pour être distribuées aux soudoyers de l'establie de Lille. — Lille, 1ᵉʳ juin 1305. (Clair., r. 60, p. 4607.)

7382 POULAIN (JEAN),
Commis des aides en la ville de Neale et au doyenné rural d'Ercheux?

Sceau rond, de 20 mill. — Un cheval passant contourné, dans une rose gothique.

...eL IOhAN.....

Quittance de gages et de frais. — 9 mars 1376, n. st. (Clair., r. 88, p. 6967.)

7383 POULAIN (JEAN),
Trésorier général du duc d'Orléans.

Sceau rond, de 22 mill. — Écu portant une tête de cheval, timbré d'une tête de femme, supporté par deux chevaux, dans un trilobe. — Légende détruite.

Quittance délivrée au receveur des aides à Château-Thierry. — 19 août 1401. (Clair., r. 88, p. 6971.)

7384 POULCHRE (FRANÇOIS LE),
Seigneur de la Motte-Mesmin, lieutenant d'une compagnie d'hommes d'armes.

Sceau ovale, de 25 mill. — Écu écartelé : au 1, un lion; au 2, une aigle éployée; au 3, quatre fasces à la bande chargée de trois lionceaux brochant; au 4, une croix; entouré du collier de Saint-Michel. — Sans légende.

Quittance de pension. — Paris, 18 mars 1569, n. st. (Clair., r. 88, p. 6973.)

7385 POULIGNY (JEAN DE),
Écuyer, de Savoie et ailleurs de la Franche-Comté.

Sceau rond, de 20 mill. — Écu portant une quintefeuille sous un chef échiqueté de trois tires.

...eK De POVLeGNe

Service de guerre. — Quittance de gages. — Devant Thun, 20 juin 1340. (Clair., r. 86, p. 6805.)

7386 POULLETTES (JEAN DES),
Receveur général des finances du duc de Bourgogne.

Signet rond, de 13 mill. — Intaille représentant un buste de jeune faune? à gauche.

Iehan des P. .Iettes...

Quittance d'une pension due au comte de Nevers. — 4 février 1401, n. st. (Clair., r. 88, p. 6975.)

7387 POUPART (CHARLES),
Argentier du roi.

Sceau rond, de 19 mill. — Écu au lion, penché, timbré d'un heaume cimé de deux crocs, supporté par deux anges.

...rles ponpart

Quittance au sujet de vêtements pour le roi. — 19 août 1391. (Clair., r. 217, p. 9817.)

7388 POUQUART (SIMONNET),
Écuyer.

Sceau rond, de 18 mill. — Écu portant deux fasces accompagnées en chef de quatre merlettes. — Légende détruite.

Service de guerre. — Quittance de gages. — Paris, 20 juin 1341. (Clair., r. 88, p. 6965.)

7389 POUQUES (ÉVRART DE),
Écuyer.

Sceau rond, de 20 mill. — Écu au lion passant.

eVRART De POVReS

Poursuite des Anglais. — Quittance de gages. — Montlhéry, 2 septembre 1380. (Clair., r. 87, p. 6819.)

7390 POUQUES (JEAN DE),
Chevalier, conseiller et maître d'hôtel du duc de Bourgogne, capitaine du nouveau château d'Audenarde.

Sceau rond, de 25 mill. — Écu au lion passant, penché, timbré d'un heaume de face cimé de deux têtes d'aigle, supporté par deux hommes sauvages.

S IeHAN De POVQVeS ChLR'

Défense du château d'Audenarde. — Quittance de gages. — .... 1387. (Clair., r. 89, p. 6989.)

7391 POURCEL (HUET),
Écuyer, du bailliage d'Orléans.

Sceau rond, de 20 mill. — Écu portant un porc accompagné d'une étoile en chef et à dextre.

S' h POVRSeAV

Guerres de Vermandois. — Quittance de gages. — Saint-Quentin, 10 octobre 1339. (Clair., r. 89, p. 6991.)

7392 POURCEL (HUET),
Écuyer, du bailliage d'Orléans.

Sceau rond, de 20 mill. — Écu portant un porc au lambel de cinq pendants.

✱ h......O........

Guerres de Vermandois. — Quittance de gages. — Paris, 15 novembre 1339. (Clair., r. 89, p. 6991.)

7393 POURNAS? (BERTRAND DE),
Connétable d'arbalétriers.

Sceau rond, de 24 mill. — Écu fruste, penché, timbré d'un heaume cimé d'une tête d'homme barbu, supporté à sénestre par un lion coiffé du heaume qui timbre l'écu. Dans le champ, deux rameaux.

S . ertran ᵽ Pournais

Service de guerre à Paris. — Quittance de gages. — 1ᵉʳ janvier 1416, n. st. (Clair., r. 89, p. 6993.)

7394 POUSSAC (JEAN DE),
Écuyer.

Sceau rond, de 22 mill. — Écu à la croix tréflée? cantonnée de deux étoiles en chef.

.......A. De .....An

Guerres de Saintonge; establic de la bastide Saint-Gilles devant Surgères. — Quittance de gages. — 15 juin 1353. (Clair., r. 88, p. 6899.)

7395 POUSSIN (PIERRE),
Écuyer.

Sceau rond, de 19 mill. — Écu au lion accompagné d'un huchet? en chef et à dextre. — Légende détruite.

Service de guerre sous le comte de Savoie. — Quittance de gages. — Mâcon, 18 juillet 1355. (Clair., r. 89, p. 6993.)

7396 PRADINES
(Antoine, bâtard de).
écuyer.

Sceau rond, de 28 mill. — Écu au chevron accompagné de deux étoiles en chef et d'un arbre en pointe, penché, timbré d'un heaume cimé d'une tête de lion, supporté par deux damoiselles.

S An..........

Poursuite des Anglais. — Quittance de gages. — 12 novembre 1418. (Clair., r. 89, p. 6995.)

7397 PRADINES (COLIN DE),
Écuyer.

Sceau rond, de 19 mill. — Écu au chevron accompagné de deux étoiles en chef et d'un arbre en pointe.

.CO......ADINES

Recouvrement de places dans le Charolais et le Mâconnais. — Quittance de gages. — 4 mai 1420. (Clair., r. 89, p. 6995.)

7398 PRAT (DENISOT DU),
Sergent à pied du guet de nuit de Paris.

Sceau rond, de 18 mill. — L'initiale D couronnée, accostée de deux rameaux. Au-dessous, en exergue :

.V PRAT

Gages de son office. — 1ᵉʳ septembre 1396. (Clair., r. 89, p. 7001.)

7399 PRAUTHOY (GUILLAUME DE),
Écuyer.

Sceau rond, de 21 mill. — Écu incomplet, où il ne reste plus que deux étoiles en chef (il doit en porter probablement trois) dans un quadrilobe.

nICO.......VDAY

Guerres de Poitou et de Saintonge. — Quittance de gages. — Niort, 7 décembre 1353. (Clair., r. 89, p. 6999.)

7400 PRAY (PHILIPPOT DU),
Écuyer, du bailliage de Rouen.

Sceau rond, de 18 mill. — Écu portant trois losanges, au lambel. — Légende détruite.

Guerres de Vermandois. — Quittance de gages. — Saint-Quentin, 28 octobre 1339. (Clair., r. 89, p. 7001.)

7401 PRÉ (GUI DE),

Chevalier.

Sceau rond, de 24 mill. — Écu au chef chargé d'une merlette à dextre.

✱ S' GVION DQ PRQ ChER

Ost de Flandre. — Quittance de gages. — 11 septembre 1302. (Clair., r. 83, p. 6545.)

7402 PRÉAUVÉ (ROBERT DU),

Écuyer.

Sceau rond, de 24 mill. — Écu portant trois annelets.

✱ R... du preauves

Service de guerre contre les Anglais. — Quittance de gages. — Bourges, 24 juin 1418. (Clair., r. 89, p. 7003.)

7403 PRÉAUX (GUILLAUME DE).

Sceau rond, de 20 mill. — Écu à l'aigle, penché, timbré d'un heaume cimé d'une tête d'aigle, sur champ réticulé.

GVILE DQ .RQAV.

Gages de Jean de la Rivière, chevalier et chambellan du duc de Normandie. — Rouen, 4 janvier 1364, n. st. (Clair., r. 190, p. 7327.)

7404 PRÉAUX

(Marguerite, dame de), de Dangu, demoiselle de la reine.

Sceau rond, de 28 mill. — Écu parti : au 1, un semé de fleurs de lys, à la bande chargée de trois lionceaux brochant; au 2, une aigle ; dans une rose gothique.

...MARG.....MINA...RQAVS

Quittance de 500 francs donnés par le roi. — 26 novembre 1390. (Clair., r. 217, p. 9813.)

7405 PRÉAUX (PIERRE, SIRE DE),

Chevalier, capitaine des frontières de Caux.

Signet rond, de 16 mill. — Une dame assise, chaque main sur la tête de deux lions mantelés l'un à l'aigle, l'autre burelé; dans un trilobe.

S' P D PRS

Quittance de «deulx cens paviers pains des armes de France, deulx cens lances ferrées, dis arbalètes de coir à tour, dis tours, huit cens de quarreaux enpanés de laton,» etc. — Harfleur, 5 juillet 1347. (Clair., r. 84. p. 6597.)

7406 PRÉAUX (PIERRE, SIRE DE),

Chevalier, capitaine aux bailliages de Caen et de Cotentin.

Sceau rond, de 33 mill. — Écu portant une aigle, penché, timbré d'un heaume cimé d'un plumail, supporté par deux hommes sauvages, dans un quadrilobe. — Légende détruite.

Gages de 100 hommes d'armes de sa compagnie. — Rouen, 1er octobre 1352. (Clair., r. 89, p. 7005.)

7407 PRÉCHAC (AIMAR DE),

Chevalier.

Sceau rond, de 26 mill. — Écu au lion, penché, timbré d'un heaume cimé d'une tête de lion, supporté par deux griffons. — Légende détruite.

Guerres de Guienne. — Quittance de gages. — 28 juin 1405. (Clair., r. 89, p. 7021.)

7408 PRÉCHAC (BÉRAUD DE),

Chevalier, capitaine de Toutoulon en Bazadais.

Sceau rond, de 22 mill. — Écu parti : au 1, un lion ; au 2, trois fasces ; dans un quadrilobe.

S BQRAU. D' PRQICh.C

Garde de Toutoulon. — Quittance de gages. — Toulouse, 3 avril 1347. (Clair., r. 89, p. 7019.)

7409 PRÉCHAC (GALLARD DE),

Sire d'Escamps, écuyer.

Sceau rond, de 19 mill. — Écu fruste, d'une lecture douteuse, parti : au 1, un lion ; au 2, trois fasces sous un chef au lambel. — Légende détruite.

Guerres de Gascogne. — Quittance de gages. — Agen, 29 juin 1341. (Clair., r. 86, p. 6777.)

7410 PRÉCHAC (GALLARD DE),
Chevalier, sire d'Estaing.

Sceau rond, de 20 mill. — Écu parti : au 1, un lion; au 2, trois fasces; le tout sous un chef au lambel de cinq pendants; dans une rose gothique.

.....D.......AO

Garde d'Estaing. — Quittance de gages. — 29 septembre 1356. (Clair., r. 89, p. 7019.)

7411 PRÉCHAC (SOUDAN DE),
Sire de Didonne.

Sceau rond, équestre, de 28 mill. — L'écu et la housse portant un parti : au 1, un lion; au 2, trois fasces.

S' SO.....P...ҺAO

Guerres de Saintonge. — Quittance de gages. — Saintes, 7 juin 1340. (Clair., r. 90, p. 7047.)

7412 PRÉCY (JEAN, SEIGNEUR DE),
Chevalier.

Sceau rond, équestre, de 26 mill. — L'écu et la housse au lion passant.

Seel.......our?

Service de guerre à Paris. — Quittance de gages. — 24 août 1410. (Clair., r. 89, p. 7009.)

7413 PRÉCY (MAHIET DE),
Écuyer, chambellan du roi de Navarre.

Sceau rond, de 23 mill. — Écu portant un losangé sous un chef chargé d'un lion issant, dans une rose gothique.

SE........DE...CY

Quittance de bois fourni par un marchand de la forêt de Cuise. — 2 octobre 1339. (Clair., r. 89, p. 7007.)

7414 PRÉCY (PHILIPPE DE),
Chevalier, sénéchal et gouverneur des frontières de Flandre.

Sceau rond, de 18 mill. — Écu portant un losangé sous un chef, dans une rose gothique. — Légende détruite.

Quittance de gages desservis en la sénéchaussée de Lille. — Mars 1317. (Clair., r. 89, p. 7007.)

7415 PRÉCY (PIERRE DE),
Chevalier.

Sceau rond, de 20 mill. — Écu portant un losangé sous un chef chargé d'un écusson à dextre, dans un quadrilobe. — Légende détruite.

Guerres de Normandie. — Quittance de gages. — Rouen, 8 août 1346. (Clair., r. 89, p. 7007.)

7416 PRÉCY (PIERRE DE),
Écuyer, seigneur de Boran, bailli de Senlis.

Sceau rond, de 28 mill. — Écu portant un losangé sous un chef chargé d'un écusson à dextre, penché, timbré d'un heaume cimé d'une tête de... dans un vol, sur champ de rinceaux.

........rre de precy

Gages de l'office de bailli. — 9 septembre 1408. (Clair., r. 89, p. 7009.)

7417 PRENET (ADAM),
Écuyer.

Sceau rond, de 20 mill. — Écu au chevron chargé de trois merlettes et accompagné de trois têtes de cerf, penché, timbré d'un heaume de face cimé de trois boules, supporté par deux lions.

LE SEEL ADA.....

Guerres de Gascogne; restor d'un cheval. — Montauban, 3 janvier 1353, a. st. (Clair., r. 89, p. 7015.)

7418 PRÉS (JEAN DES),
Écuyer.

Sceau rond, de 19 mill. — Écu portant deux têtes de léopard en chef et une étoile en pointe.

...DES PRES

Guerres de Vermandois. — Quittance de gages. — 30 octobre 1339. (Clair., r. 89, p. 7031.)

7419 PRÉS (JEAN DES),
Bailli de Crécy.

Sceau rond, de 20 mill. — Écu à la croix recercelée, penché, timbré d'un heaume... — Légende détruite.

Gages de l'office de bailli. — 2 novembre 1372. (Clair., r. 89, p. 7033.)

7420 PRÉS (JEAN DES),
Chevalier.

Sceau rond, de 22 mill. — Écu à la bande, penché, timbré d'un heaume. Dans le champ, à dextre, la lettre ꟽ.

.....ꞃ Dꟾ. ..ꟾƷ

Chevauchée de Flandre. — Quittance de gages. — 26 août 1383. (Clair., r. 89, p. 7033.)

7421 PRÉS (JEAN DES),
Écuyer.

Sceau rond, de 25 mill. — Écu écartelé : au 1 et 4, un lion; au 2 et 3, une aigle contournée; penché, timbré d'un heaume cimé d'une tête de licorne, supporté par une damoiselle.

iꞓhan des pres

Guerres du pays de Caux; siège de Harflour par les Anglais. — Quittance de gages. — Rouen, 26 septembre 1415. (Clair., r. 89, p. 7037.)

7422 PRÉS (MARGUERITE DES),
Abbesse de Valprofond.

Voyez VALPROFOND.

7423 PRÉSENT (ÉTIENNE),
Garde de la garenne et de l'hôtel de la conciergerie du bois de Vincennes.

Sceau rond, de 23 mill. — Écu à la croix engrêlée cantonnée de quatre macles, soutenu par un personnage.

.ꟾꟾL ꟾSTIꟾꞃꞃꟾ........

Gages de son office. — 27 juin 1396. (Clair., r. 89, p. 7017.)

7424 PRESLES (GUICHARD DE),
Écuyer.

Sceau rond, de 20 mill. — Écu portant deux chevrons.

...ꞓHARꞆ Dꟾ PRꟾꞒL..

Chevauchée de Bourbourg. — Quittance de gages. — 6 septembre 1383. (Clair., r. 89, p. 6999.)

7425 PRESLES (PHILIPPE DE),
Chevalier.

Sceau rond, de 22 mill. — Écu à la fasce accompagnée de six coquilles trois en chef et trois en pointe.

✠ S P.. Dꟾ PRꟾꟾLLꟾ

Guerres de Flandre et de Hainaut. — Quittance de gages. — Paris, 28 novembre 1340. (Clair., r. 89, p. 6997.)

7426 PRESLES (RAOUL DE),
Conseiller et maître des requêtes de l'hôtel.

Sceau rond, de 24 mill. — Intaille. Une tête laurée à droite (l'empereur Julien?).

........LLꟾ

Quittance d'une rente sur la recette de Paris. — 25 novembre 1375. (Clair., r. 89, p. 6999.)

7427 PRESLES (ROBERT DE),
Chevalier.

Sceau rond, de 22 mill. — Écu portant une fasce fuselée de cinq pièces, au lambel de cinq pendants.

✠ S' ROBꞆ Dꟾ ....LꟾR

Ost de Flandre. — Quittance de gages. — Arras, 29 septembre 1302. (Clair., r. 89, p. 7013.)

7428 PRESSAC (RAYMOND-ARNAUD DE),
Chevalier.

Sceau rond, de 21 mill. — Écu portant une fasce, dans un quadrilobe.

...R R ... RIS...

Guerres de Gascogne. — Quittance de gages. — Toulouse, 13 septembre 1349. (Clair., r. 89, p. 7019.)

7429 PRESSIGNY (RENAUD DE),
Chevalier, seigneur de Marant.

Sceau rond, de 25 mill. — Écu parti d'un fascé de huit pièces de l'un en l'autre accompagné de deux pals en chef et de deux girons l'un au canton dextre l'autre au canton sénestre; à l'écusson sur le tout;

penché, timbré d'un heaume couronné et cimé d'une touffe, supporté par deux chiens. — Légende détruite.

Ost de Loudun. — Quittance de gages. — Loudun, 3 août 1350. (Clair., r. 89, p. 7011.)

7430   PRESSOIR (JEAN DU),
Écuyer.

Sceau rond, de 24 mill. — Écu portant un pressoir.

I DV PRESSOIR

Poursuite des Anglais. — Quittance de gages. — 28 février 1419, n. st. (Clair., r. 89, p. 7021.)

7431   PRESTREL (JEAN LE),
Élu des aides au diocèse de Coutances.

Sceau rond, de 23 mill. — Écu au chevron chargé d'une coquille au sommet et accompagné de trois quintefeuilles, penché, suspendu à un arbre, supporté par deux lévriers.

tehan le prestrel

Information secrète au sujet des aides. — 15 février 1390, n. st. (Clair., r. 217, p. 9787.)

7432   PREUILLELLE? (JEAN DE),
Écuyer.

Sceau rond, de 20 mill. — Écu d'hermines à trois doloires accompagnées d'une étoile en chef à la bande brochant.

S . . . . LE

Guerres de Poitou, de Saintonge, etc. — Quittance de gages. — Paris, 20 mars 1357, n. st. (Clair., r. 89, p. 7021.)

7433   PREURES (JEAN DE),
Chevalier.

Sceau rond, de 22 mill. — Écu billeté au lion au lambel.

✠ S IOHAN . . . . . . VRE

Guerres de Picardie. — Quittance de gages. — Saint-Omer, 16 juillet 1369. (Clair., r. 89, p. 7029.)

7434   PREURES (JEAN DE),
Chevalier.

Sceau rond, de 18 mill. — Écu billeté au lion.

. IOHAN . . . . . RE CHL

Garde du château de l'Écluse. — Quittance de gages. — Bruges, 1ᵉʳ décembre 1386. (Clair., r. 84, p. 6613.)

7435   PRÉVÔT (BERNARD LE),
Écuyer, du bailliage de Vermandois.

Sceau rond, de 34 mill. — Écu tiercé en bande : une bande chargée d'une étoile en chef entre deux bandes de vair, sous un chef chargé d'une fleur de lys issant.

S BER . . . . RE . . .

Ost de Flandre. — Quittance de gages. — Arras, 30 septembre 1302. (Clair., r. 89, p. 7023.)

7436   PRÉVÔT (GUILLAUME),
Écuyer.

Sceau rond, de 18 mill. — Écu portant une fleur de lys.

✠ S GVILLAVM. PVOT

Guerres d'Orléanais, du Blaisois, etc. — Quittance de gages. — Beaugency-sur-Loire, 28 mai 1358. (Clair., r. 89, p. 7025.)

7437   PRÉVÔT (GUILLOT LE),
Du bailliage de Caen.

Sceau rond, de 19 mill. — Une tête d'homme à droite dans une rose gothique. — Légende fruste.

Ost de Flandre. — Quittance de gages. — 30 septembre 1302. (Clair., r. 89, p. 7023.)

7438   PRÉVÔT (HUGUET),
Écuyer.

Sceau rond, de 20 mill. — Écu au chevron accompagné de trois trèfles. — Légende détruite.

Guerres de Touraine, Saintonge, Poitou, Limousin. — Quittance de gages. — Saint-Maixent, 12? octobre 1347. (Clair., r. 89, p. 7025.)

7439 PRÉVÔT (JEAN),
Connétable.

Sceau hexagone, de 20 mill. — Un fer de cheval contenant un clou et surmonté d'un marteau.

✠ S ......ST

Quittance de garnisons de vin à Calais. — Calais, 23 avril 1305. (Clair., r. 89, p. 7023.)

7440 PRÉVÔT (JEAN LE),
Bourgeois de Caen, seigneur de la nef la Jeannette, de Caen.

Sceau rond, de 21 mill. — Un signe monogrammatique, dans un quadrilobe.

S' IAҺ.. ...RAVO.

Quittance d'approvisionnements. — Caen, 8 mai 1340. (Clair., r. 89, p. 7023.)

7441 PRÉVÔT (LOUIS),
Seigneur de Sansac, chevalier de l'ordre, conseiller du conseil privé, capitaine de 50 hommes d'armes.

Sceau ovale, de 41 mill. — Écu portant deux fasces accompagnées de six merlettes, 3, 2 et 1, timbré d'un heaume à lambrequins cimé d'une main tenant une épée, dans un cartouche, entouré du collier de Saint-Michel. — Sans légende.

Quittance de 5,000 livres données par le roi. — Paris, 20 mai 1568. (Clair., r. 89, p. 7029.)

7442 PRIEUR (THOMAS),
Écuyer.

Sceau rond, de 23 mill. — Écu portant deux couronnes en chef et une fleur de lys en pointe accompagnées d'une étoile en abîme.

..omas.....r

Guerres de Normandie. — Quittance de gages. — Rouen, 25 septembre 1415. (Clair., r. 89, p. 7043.)

7443 PRIEUR (THOMAS),
Écuyer.

Sceau rond, de 25 mill. — Écu portant deux couronnes en chef et une fleur de lys en pointe accompagnées d'une étoile en abîme, penché, timbré d'un heaume cimé d'un plumail, supporté par deux lions.

S thomas ... on.

Service de guerre contre les Anglais. — Quittance de gages. — Bourges, 28 juin 1418. (Clair., r. 89, p. 7043.)

7444 PRIN (GÉRARDIN DE).

Sceau rond, de 20 mill. — Écu à l'écusson en abîme accompagné de six losanges en orle à la bande brochant sur le tout. — Légende détruite.

Guerres de Vermandois. — Quittance de gages. — Saint-Quentin, 31 octobre 1339. (Clair., r. 84, p. 6649.)

7445 PRINGY (HERVÉ? DE),
Écuyer, du bailliage de Vitry.

Sceau rond, de 22 mill. — Écu au lion accompagné en chef de deux croissants affrontés.

.....IΘX......

Guerres de Vermandois. — Quittance de gages. — 28 décembre 1339. (Clair., r. 89, p. 7043.)

7446 PRINGY (JEAN DE),
Chevalier.

Sceau rond, de 20 mill. — Écu portant une aigle. — Légende détruite.

Guerres de Flandre et de Hainaut. — Quittance de gages. — Tournay, 25 octobre 1338. (Clair., r. 89, p. 7015.)

7447 PROISSY (AIMÉ DE),
Écuyer.

Sceau rond, de 19 mill. — Écu à la fasce chargée de trois sextefeuilles.

✠ AIME DE PROISSY

Poursuite des Anglais. — Quittance de gages. — Paris, 16 octobre 1380. (Clair., r. 21, p. 1511.)

DE LA COLLECTION CLAIRAMBAULT.

7448 PROUGNEN (FORTANIER DE),
Écuyer.

Sceau rond, de 23 mill. — Écu portant un château sommé d'une tour à sénestre.

✶ S FOᗰANI......ҺAN

Guerres de Gascogne; garde de Vic. — Quittance de gages. — 22 juillet 1356. (Clair., r. 84, p. 6639.)

7449 PROUVILLE (HENRI DE),
Chevalier.

Sceau rond, de 23 mill. — Écu portant trois aigles.

ҺƎNRI DƎ PROV....

Ost de Flandre. — Quittance de gages. — Arras, 9 septembre 1302. (Clair., r. 89, p. 7021.)

7450 PROVENCE (ANTOINE DE),
Écuyer.

Sceau rond, de 22 mill. — Écu portant une hure.

✶ antoine ⹁ prouvance

Service de guerre à Paris. — Quittance de gages. — 14 janvier 1416, n. st. (Clair., r. 90, p. 7047.)

7451 PROVERVILLE (HUGUES DE),
Maître et enquêteur des eaux et forêts.

Sceau rond, de 24 mill. — Écu semé d'étoiles au lion accompagné en chef et à dextre d'un écusson chargé d'une bande, penché, timbré d'un heaume cimé d'une tête d'homme, sur champ réticulé orné de têtes humaines.

S Һ DƎ PROUƎ...ILLƎ

Ordre au verdier de la forêt de Rouvray de délivrer quatorze hêtres pour fabriquer des fûts de vireton et vingt trembles pour fûts de pavois. — Rouen, 2 février 1366, n. st. (Clair., r. 36, p. 2675.)

7452 PROVILLE (JEAN DE),
Chevalier.

Sceau rond, de 23 mill. — Écu à la croix engrêlée, dans un trilobe. — Légende détruite.

Chevauchée de Bourbourg. — Quittance de gages. — 6 septembre 1383. (Clair., r. 90, p. 7047.)

7453 PROVINS
(Sœur Hugue de Cheu, abbesse des sœurs mineures de).

Sceau ogival, de 50 mill. — Fragment. — La Vierge en voile, portant l'enfant Jésus, dans une niche gothique. — Légende détruite.

Quittance d'une rente sur la recette de Champagne. — 1ᵉʳ février 1352, n. st. (Clair., r. 31, p. 2327.)

7454 PRUDHOMME DE VARAX
(Guillaume le).

Voyez Varax.

7455 PRUDHOMME (JEAN),
Patron de la galée la Gerberde.

Sceau rond, de 20 mill. — Un signe monogrammatique. — Légende détruite.

Quittance d'approvisionnements. — Leure, 3 mai 1340. (Clair., r. 90, p. 7049.)

7456 PRUILLÉ (ESCHEVART, SIRE DE).

Sceau rond, de 26 mill. — Écu portant six aiglettes, penché, timbré d'un heaume cimé d'une tête de héron dans un vol, supporté par deux hommes sauvages à cheval chacun sur un cerf. — Légende détruite.

Guerres d'Anjou et du Maine. — Quittance de gages. — 4 juin 1363. (Clair., r. 90, p. 7051.)

7457 PRULAY (RAOUL DE),
Écuyer.

Sceau rond, de 22 mill. — Écu portant deux lions passant l'un sur l'autre à la barre chargé de trois... brochant.

.ᎪOVL .. ...ᎪAI

Ost de Flandre. — Quittance de gages. — Arras, 4 septembre 1302. (Clair., r. 90, p. 7051.)

7458 PRUNELLE (JEAN),
Chevalier.

Sceau rond, de 27 mill. — Écu portant six annelets, penché, timbré d'un heaume, supporté par un lion et un griffon. — Légende détruite.

Guerres de Bretagne. — Quittance de gages. — Le Mans, 18 mai 1380. (Clair., r. 90, p. 7053.)

7459   PRUNOY (GUI DE),
Chevalier.

Sceau rond, de 19 mill. — Écu à la croix burelée, dans un quadrilobe. — Légende détruite.

Vente d'un millier de carpeaux pour les étangs de Moret. — 31 décembre 1331. (Clair., r. 89, p. 7043.)

7460   PRUNS (GUILLAUME DE),
Écuyer.

Sceau rond, de 24 mill. — Écu écartelé : au 1 et 4, un échiqueté; au 2 et 3, une aigle; penché, timbré d'un heaume cimé d'une tête de dragon, supporté à sénestre, le seul côté qui subsiste, par un dragon ailé, sur champ réticulé. — Légende détruite.

Guerres de Guienne. — Quittance de gages. — 4 décembre 1386. (Clair., r. 90, p. 7055.)

7461   PRUZILLY (PIERRE DE),
Écuyer.

Sceau rond, de 18 mill. — Écu au chef denché chargé d'une fleur de lys entre deux besants ou deux tourteaux à la barre brochant. — Légende détruite.

Service de guerre sous le comte de Savoie. — Quittance de gages. — Mâcon, 18 juillet 1355. (Clair., r. 90, p. 7053.)

7462   PRYE (AYMAR DE),
Chevalier, seigneur du lieu, conseiller et chambellan du roi, capitaine de 50 lances.

Sceau ovale, de 35 mill. — Écu à trois tiercefeuilles.

I · D · AYMARDI DE PRIA MILITIS

CONTRE-SCEAU : Écu écartelé : au 1 et 4, une aigle; au 2 et 3, une tiercefeuille. Autour de l'écu : A̅N̅ DE A̅R̅. — Sans légende.

Gages de l'office de capitaine. — 13 mars 1510, n. st. (Clair., r. 189, p. 7197.)

7463   PRYE (ESME DE),
Lieutenant de 40 lances sous le comte de Montreuil.

Signet rond, de 16 mill. — Écu à trois tiercefeuilles. — Sans légende.

Quittance de gages. — 17 avril 1547, n. st. (Clair., r. 189, p. 7203.)

7464   PRYE (JEAN, SEIGNEUR DE),
Chevalier.

Sceau rond, de 26 mill. — Écu portant trois tiercefeuilles, penché, timbré d'un heaume couronné et cimé d'un col de cygne dans un vol, supporté par un lion et un griffon.

S IEhA......IRG.....CGS

Chevauchée de Flandre. — Quittance de gages. — 25 août 1383. (Clair., r. 84, p. 6599.)

7465   PRYE (JEAN, SEIGNEUR DE),
Chevalier.

Sceau rond, de 29 mill. — Écu portant trois tiercefeuilles, penché, timbré d'un heaume couronné et cimé de..., supporté par un lion et un griffon.

.....DG..... Z DG.....

Guerres de Guienne. — Quittance de gages. — Poitiers. 4 septembre 1386. (Clair., r. 89, p. 7039.)

7466   PRYE (JEAN, SEIGNEUR DE),
Chevalier.

Sceau rond, de 28 mill. — Écu à trois tiercefeuilles, penché, timbré d'un heaume couronné et cimé d'un vol, supporté par un griffon et un lion. — Légende détruite.

Service de guerre contre les Anglais. — Quittance de gages. — 12 mars 1419, n. st. (Clair., r. 189, p. 7191.)

7467   PRYE (JEAN, SEIGNEUR DE),
Chevalier banneret.

Sceau rond, de 30 mill. — Écu portant trois tiercefeuilles, penché, timbré d'un heaume couronné et cimé d'un col de cygne dans un vol, supporté par un griffon et un lion.

..... an ☆ .....

Service de guerre contre les Anglais. — Quittance de gages. — 27 août 1420. (Clair., r. 89, p. 7041.)

7468 PRYE (PAONNET DE),
Chevalier, chambellan du roi.

Sceau rond, de 23 mill. — Écu portant trois tiercefeuilles à la bordure, soutenu par une dame assise et tenant un heaume cimé d'un col de cygne dans un vol.

. ᴀoᴎᴎꫀᴛ ꝺꫀ ᴘʀɪꫀ

Quittance de pension. — 1ᵉʳ juillet 1405. (Clair., r. 89, p. 7039.)

7469 PRYE (PHILIPPE LE BORGNE DE),
Chevalier.

Sceau rond, de 20 mill. — Écu portant trois tiercefeuilles à la bordure.

S Pҕ. D. ..Iꫀ

Don par le comte de Poitiers. — Quittance de 200 deniers d'or à l'écu. — Bourges, 25 juin 1356. (Clair., r. 189, p. 7187.)

7470 PRYE (RENÉ DE),
Cardinal de Bayeux.

Voyez BAYEUX.

7471 PRYE (RENÉ DE),
Seigneur de «Buzeville»,
lieutenant de 5o lances sous monseigneur de Prye.

Signet rond, de 18 mill. — Écu à trois tiercefeuilles. — Sans légende.

Quittance de gages. — 27 décembre 1569. (Clair., r. 189, p. 7204.)

7472 PUCHEVILLERS
(Jean Palamède de),
chevalier.

Sceau rond, de 26 mill. — Écu au lion accompagné à dextre d'un écusson chargé de..., penché, timbré d'un heaume cimé de..., sur champ réticulé.

. ꫀꫀL Iꫀҕᴀᴎ ꝺꫀ ....

Service de guerre. — Quittance de gages. — Au siège devant Évreux, 3 août 1364. (Clair., r. 83, p. 6533.)

7473 PUDRIS (JANVIER? DE),
Chevalier.

Sceau rond, de 20 mill. — Écu portant trois jumelles, dans un trilobe. — Légende détruite.

Guerres de Saintonge. — Quittance de gages. — Bouage?, 20 mai 1340. (Clair., r. 90, p. 7057.)

7474 PUIS (HUGUES DE),
Procureur du roi au bailliage d'Amiens.

Sceau rond, de 24 mill. — Écu au sautoir engrêlé cantonné de quatre pattes, penché, timbré d'un heaume cimé d'une tête de lion, supporté par deux griffons.

ҕᴜꫀ ꝺꫀ ᴘᴜɪs

Gages de son office. — 17 novembre 1414. (Clair., r. 90, p. 7079.)

7475 PUIS (JACQUES DU),
Écuyer.

Sceau rond, de 19 mill. — Écu au lion.

..... ꝺ ᴅV ᴘVIS

Guerres de Guienne et de Languedoc. — Quittance de gages. — Auxerre, 20 mai 1370. (Clair., r. 90, p. 7073.)

7476 PUIS (PIERRE DU),
Écuyer.

Sceau rond, de 27 mill. — Écu au croissant accompagné de deux étoiles en chef, penché, timbré d'un heaume cimé d'un col de cygne dans un vol. Dans le champ, deux rameaux.

S ᴘɪꫀʀ .. ꝺᴜ ᴘᴜɪ ..

Guerres de Normandie. — Quittance de gages. — Rouen, 12 octobre 1415. (Clair., r. 90, p. 7081.)

7477 PUIS (THIERRI DU),
Écuyer.

Sceau rond, de 18 mill. — Écu à la fasce bretessée contre-bretessée.

✱ TIGR.. .V PVIS

Service de guerre. — Quittance de gages. — Corneillan, 3 septembre 1379. (Clair., r. 90, p. 7079.)

7478 PUISEAUX (ADAM DE),
Écuyer.

Sceau rond, de 19 mill. — Écu à la fasce accompagnée de trois besants ou trois tourteaux, deux en chef et un en pointe, dans une rose gothique. — Légende détruite.

Guerres de Flandre et de Hainaut. — Quittance de gages. — Arras, 28 août 1342. (Clair., r. 90, p. 7057.)

7479 PUISIEUX (ARNOUL DE),
Chevalier et maître d'hôtel du roi.

Sceau rond, de 20 mill. — Écu à la fasce accompagnée en chef et à dextre d'un lion passant.

.... PISI...

Quittance de 40 francs d'or sur les arrérages de Senlis. — 19 mai 1383. (Clair., r. 90, p. 7081.)

7480 PUJOLS (HUGUES, SIRE DE),
Chevalier.

Sceau rond, de 25 mill. — Écu portant un chef, dans un quadrilobe.

. DG PVI.......

Garde de ses terres. — Quittance de gages. — Agen, 15 septembre 1346. (Clair., r. 87, p. 6829.)

7481 PUJOLS (HUGUES DE),
Chevalier, sire de Blanquefort, capitaine de Sauveterre.

Sceau rond, de 26 mill. — Écu portant un chef, penché, timbré d'un heaume à volet cimé de deux cornes, sur champ réticulé.

S ҺVG D. ..IOLS

Garde de Sauveterre. — Quittance de gages. — 9 janvier 1353, n. st. (Clair., r. 90, p. 7059.)

7482 PUJOLS (HUGUES DE),
Chevalier, sire de Blanquefort, capitaine de Sauveterre.

Sceau rond, de 27 mill. — Écu portant un chef, penché, timbré d'un heaume cimé de deux cornes, sur champ réticulé.

✱ S ҺVGONIS DE .... BLAN. .RT

Garde de Sauveterre. — Quittance de gages. — Moissac, 14 mai 1355. (Clair., r. 90, p. 7067.)

7483 PUJOLS (PONS DE),
Écuyer, capitaine de Villefranche en Périgord.

Sceau rond, de 21 mill. — Écu portant un chef au lambel, dans une rose gothique.

S PONS D' POIOLS

Garde de Villefranche. — Quittance de gages. — Toulouse, 2 mars 1354, n. st. (Clair., r. 90, p. 7063.)

7484 PUJOLS (PONS DE),
Écuyer, capitaine de Villefranche en Périgord.

Sceau rond, de 23 mill. — Écu portant un chef au lambel. Dans le champ, trois palmes.

✱ . PON..G POILS

Garde de Villefranche. — Quittance de gages. — 4 août 1356. (Clair., r. 90, p. 7069.)

7485 PUJOLS (RAYMOND DE),
Écuyer, capitaine de Villefranche en Périgord.

Sceau rond, de 22 mill. — Écu portant un chef, au franc canton sénestre semé de... au lion brochant, dans un trilobe.

.....VNDI D. ..IOLIIS

Garde de Villefranche. — Quittance de gages. — Toulouse, 1er mars 1353, n. st. (Clair., r. 90, p. 7061.)

7486 PUTEFIN (SIMON),
Écuyer.

Sceau rond, de 18 mill. — Écu écartelé : au 1 et 4, une bande engrêlée; au 2 et 3, un plain.

SIMON .VTG...

Guerres de Vermandois. — Quittance de gages. — 30 octobre 1339. (Clair., r. 90, p. 7083.)

7487   PUTOT (GUILLAUME DE),
Écuyer, seigneur de la nef la Chrétienne, de Leure.

Sceau rond, de 20 mill. — Écu d'hermines portant deux fasces à la bordure, dans un quadrilobe.

.....PVT.......

Quittance d'approvisionnements. — Leure, 2 mai 1340. (Clair., r. 90, p. 7083.)

7488   PUVINAGE (GILLES DE),
Écuyer, du Hainaut.

Sceau rond, de 22 mill. — Écu portant trois cœurs au lambel.

GIL.ES DE ....

Guerres de Flandre. — Quittance de gages. — Tournay, 24 mai 1338. (Clair., r. 90, p. 7069.)

7489   PUY (AUGEROT DU
Écuyer.

Sceau rond, de 23 mill. — Écu écartelé : au 1 et 4, un loup?; au 2 et 3, un fretté semé de...; penché, timbré d'un heaume cimé d'une tête de loup mordant le timbre, sur champ de rinceaux.

le se.....er du puɪ

Guerres de Languedoc et de Guienne. — Quittance de gages. — 10 février 1422, n. st. (Clair., r. 90, p. 7077.)

7490   PUY (BERTIN DU),
Écuyer.

Sceau rond, de 20 mill. — Écu portant un arbre planté sur un mont.

✠ bertin.. du puy

Service de guerre à Paris. — Quittance de gages. — 14 janvier 1416, n. st. (Clair., r. 90, p. 7075.)

7491   PUY (GÉRAUD DU),
Écuyer, sire de Saint-Amant, capitaine de Pech-Perdy.

Sceau rond, de 26 mill. — Type équestre. L'écu et la housse portant un parti : au 1, un arbre planté sur un mont et un demi-arbre planté sur un demi-mont, au 2, un lion. — Légende détruite.

Garde de Pech-Perdy. — Quittance de gages. — Toulouse, 29 mars 1348, n. st. (Clair., r. 90, p. 7071.)

7492   PUY (GÉRAUD DU),
Chevalier, capitaine de Pech-Perdy.

Sceau rond, de 20 mill. — Écu parti : au 1, un arbre planté sur un mont et un demi-arbre planté sur un demi-mont; au 2, un lion; penché, timbré d'un heaume cimé d'une touffe, supporté par deux lions.

S GOIRAV ..... PVY

Garde de Pech-Perdy. — Quittance de gages. — 15 février 1356, n. st. (Clair., r. 90, p. 7071.)

7493   PUY (JEAN DU),
Écuyer.

Sceau rond, de 23 mill. — Écu portant deux jumelles en bande, penché, timbré d'un heaume cimé d'une tête d'âne.

LE SEEL IEK DV PVY

Service de guerre à Paris. — Quittance de gages. — 14 janvier 1416, n. st. (Clair., r. 90, p. 7075.)

7494   PUY (JEAN DU),
Seigneur du Coudray et de Bellefaye, conseiller et chambellan du roi, bailli du Cotentin.

Sceau rond, de 37 mill. — Écu au lion, penché, timbré d'un heaume cimé d'une tête d'aigle, supporté par deux griffons.

jehan du puy

Gages de l'office de bailli. — 29 mars 1509, n. st. (Clair., r. 189, p. 7217.)

7495   PUY (PERRIN DU),
Écuyer.

Sceau rond, de 20 mill. — Écu portant un lion à la bande brochant, penché, timbré d'un heaume cimé d'une tête de chien.

PIERE DV PVY

Guerres de Berry et de Limousin. — Quittance de gages. — Blois, 10 octobre 1386. (Clair., r. 90, p. 7073.)

7496 PUY-DU-FOU (PIERRE DU),
Dit le Galois, maître d'hôtel du régent.

Sceau rond, de 31 mill. — Écu portant trois macles à la bordure engrêlée, penché, timbré d'un heaume cimé d'un vol aux armes, supporté par deux hommes sauvages.

.... du puy du fou

«Pour avoir été de Nîmes à Aix pour amener par devers le régent la grosse bombarde d'Aix.» — Quittance. — 26 mai 1420. (Clair., r. 90, p. 7079.)

7497 PUY-DU-FOU (RENÉ DU),
Guidon de la compagnie du maréchal de Brissac.

Signet rond, de 16 mill. — Écu portant trois macles. — Sans légende.

Quittance de gages. — 16 mars 1559, n. st. (Clair., r. 189, p. 7219.)

7498 PUYGROS (GUILLAUME DE),
Écuyer.

Sceau rond, de 22 mill. — Écu échiqueté, penché, timbré d'un heaume à lambrequins cimé d'une coquille.

S guille de puisgros

Service de guerre à Paris. — Quittance de gages. — 14 janvier 1416, n. st. (Clair., r. 90, p. 7059.)

7499 QUARDEPLUME (BAUDOUIN),
Capitaine du château de Thiembronne.

Sceau rond, de 19 mill. — Écu portant trois plumes d'autruche.

S BAVDIN QA...PLVME

Garde du château de Thiembronne. — Quittance de gages. — Saint-Omer, 6 mai 1389. (Clair., r. 91, p. 7089.)

7500 QUARRÉ (GUILLAUME),
Homme d'armes.

Sceau rond, de 30 mill. — Écu fruste où l'on ne distingue qu'un chef chargé de deux ou trois étoiles, penché, timbré d'un heaume cimé d'un vol, supporté par deux anges.

·G̃ni... quare

Garde de la ville et du château de Corbeil. — Quittance de gages. — 17 juin 1430. (Clair., r. 91, p. 7091.)

7501 QUARREY (GIRARD),
Écuyer, du bailliage de Troyes.

Sceau rond, de 19 mill. — Écu à la bande chargée de trois coquilles et accompagnée d'une merlette en chef et à sénestre, dans un trilobe. — Légende détruite.

Service de guerre sous Jean de Conflans, maréchal de Champagne. — Quittance de gages. — 16 novembre 1340. (Clair., r. 91, p. 7089.)

7502 QUATOT (SIMON),
Écuyer, capitaine du château de Fiennes.

Sceau rond, de 20 mill. — Écu portant trois lions à la bordure.

✠ S · SIMON QVATOD

Garde du château de Fiennes. — Quittance de gages. — Montreuil-sur-Mer, 2 avril 1376, n. st. (Clair., r. 91, p. 7093.)

7503 QUEBRIAC (JEAN DE),
Écuyer.

Sceau rond, de 22 mill. — Écu portant une fleur de lys accompagnée d'une étoile en chef et à dextre à la bordure, penché, timbré d'un heaume cimé d'un col de cygne dans un vol, supporté par deux cygnes.

LE SEEL IEHAN DE QVEBRIAC

Guerres de Limousin et de Périgord. — Quittance de gages. — Limoges, 10 juillet 1376. (Clair., r. 91, p. 7095.)

7504 QUELART (GUILLAUME),
Écuyer.

Sceau rond, de 24 mill. — Écu portant deux épées en sautoir la pointe en bas, au lambel.

S guille quelart

Service de guerre. — Quittance de gages. — 29 novembre 1418. (Clair., r. 56, p. 4239.)

7505 QUELEN (THOMAS DE),
Écuyer.

Sceau rond, de 22 mill. — Écu portant trois feuilles de houx (il n'en reste qu'une), penché, timbré d'un heaume couronné et cimé d'une tête d'aigle.

.ɦO.........

Service de guerre. — Quittance de gages. — Meung-sur-Loire, 28 mai 1380. (Clair., r. 91, p. 7097.)

7506 QUERRIEUX (ISAAC DE),
Écuyer.

Sceau rond, de 21 mill. — Écu au lion.

✻ S' Y...C DE ....RIEV

Poursuite des gens de compagnie. — Quittance de gages. — Troyes, 8 juin 1368. (Clair., r. 91, p. 7105.)

7507 QUERRIEUX (ISAAC, SIRE DE),
Chevalier.

Sceau rond, de 25 mill. — Écu au lion.

...AC DE.........

Guerres de Picardie et de Flandre. — Quittance de gages. — Béthune, 31 juillet 1383. (Clair., r. 91, p. 7107.)

7508 QUERRIEUX (JEAN, SIRE DE),
Chevalier.

Sceau rond, de 18 mill. — Écu au lion, dans un quadrilobe.

...AN DE .UERRI...

Service au sacre de Charles V. — Quittance de gages. — Amiens, 12 mai 1364. (Clair., r. 92, p. 7149.)

7509 QUERTIN (PIERRE DE),
Écuyer.

Sceau rond, de 20 mill. — Écu fruste, posé sur un quadrilobe contenant un lévrier courant devant un arbre.

S' PERRI. .....

Restor d'un cheval. — Agen, 23 septembre 1342. (Clair., r. 91, p. 7107.)

7510 QUESNAY.

Voyez CHASNAY.

7511 QUESNEL (RENAUD),
Écuyer.

Sceau rond, de 24 mill. — Un chêne.

...CIN GESNEL ARMI..

Ost de Flandre. — Quittance de gages. — Arras, 5 septembre 1302. (Clair., r. 91, p. 7107.)

7512 QUESNES (CARADOS DES),
Chevalier.

Sceau rond, de 28 mill. — Écu portant une croix frettée au lambel de cinq pendants, penché, timbré d'un heaume cimé d'une tête de chien, sur champ festonné. — Légende détruite.

Chevauchée de Domme. — Quittance de gages. — Orléans, 28 avril 1393. (Clair., r. 91, p. 7129.)

7513 QUESNES (HUGUES DES),
Dit Surien, chevalier.

Sceau rond, de 21 mill. — Écu à la croix frettée accompagnée d'un château en chef et à dextre, penché, timbré d'un heaume cimé d'une tête de roi, supporté par deux lions, dans un quadrilobe.

.... DES RESNES

Guerres de Picardie. — Quittance de gages. — 24 décembre 1380. (Clair., r. 91, p. 7111.)

7514 QUESNES (HUGUES DES),
Dit Surien, chevalier.

Sceau rond, de 25 mill. — Écu à la croix frettée accompagnée d'un château en chef et à dextre, penché, timbré d'un heaume cimé d'une tête de roi, supporté par deux lions.

SEEL ... D.......

Guerres des frontières de Picardie. — Quittance de gages. — Amiens, 26 avril 1387. (Clair., r. 91, p. 7117.)

INVENTAIRE DES SCEAUX

7515 QUESNES (NOËL DES),
Dit le Bâtard, écuyer.

Sceau rond, de 22 mill. — Écu semé de feuilles de chêne, au franc canton chargé d'une croix au bâton en bande brochant; dans un quadrilobe.

seel noel ... cannes

Guerres des frontières de Picardie. — Quittance de gages. — Saint-Omer, 4 décembre 1387. (Clair., r. 91, p. 7121.)

7516 QUESNOY (HERPIN DU),
Du bailliage d'Amiens.

Sceau rond, de 23 mill. — Écu portant un écusson en abîme au lambel sur le tout. — Légende détruite.

Guerres de Vermandois. — Quittance de gages. — Compiègne, 26 septembre 1339. (Clair., r. 91, p. 7131.)

7517 QUESNOY (ROBERT DU),
Chevalier.

Sceau rond, de 25 mill. — Écu portant une croix ancrée à la bande brochant, penché, timbré d'un heaume cimé d'une tête d'homme, supporté par deux lions.

.... QVESNOY CH̄LR͞

Poursuite des Anglais. — Quittance de gages. — 3 août 1380. (Clair., r. 91, p. 7131.)

7518 QUESTE (GUILLAUME),
Sergent à pied du guet de nuit de Paris.

Sceau rond, de 20 mill. — L'initiale G couronnée, dans une rose gothique.

. VG . . T ...

Gages de son office. — 1ᵉʳ septembre 1396. (Clair., r. 92, p. 7137.)

7519 QUEUE (SIMON DE LA),
Chevalier.

Sceau rond, de 26 mill. — Écu bandé de six pièces au lambel de cinq pendants. — Légende détruite.

Service de guerre. — Quittance de gages. — Arras, 2 septembre 1315. (Clair., r. 92, p. 7137.)

7520 QUEUE (SIMON DE LA),
Écuyer.

Sceau rond, de 20 mill. — Écu portant trois bandes au lambel, accompagnées en chef et à dextre d'un écusson fascé de six pièces au lambel.

. IMON ....

Guerres de Normandie. — Quittance de gages. — Rouen, 8 août 1346. (Clair., r. 92, p. 7139.)

7521 QUEUX (LANCELOT LE),
Écuyer.

Sceau rond, de 22 mill. — Écu à la fasce accompagnée en chef d'un lion passant.

LANCELOT LE Q....

Chevauchée du Mans. — Quittance de gages. — Le Mans, 6 août 1392. (Clair., r. 92, p. 7137.)

7522 QUEUX (PHILIPPE DE),
Bailli d'Abbeville.

Sceau rond, de 28 mill. — Écu portant deux lions adossés posés en sautoir, penché, timbré d'un heaume cimé d'une tête de griffon dans un vol, supporté par deux anges. — Légende détruite.

Gages du bâtard de Bergues pour service de guerre sur les frontières de Picardie. — 11 mars 1382, n. st. (Clair., r. 92, p. 7137.)

7523 QUEVISY (JEAN DE),
Sire de Muret, chevalier, lieutenant du maître des arbalétriers.

Sceau rond, de 22 mill. — Écu à la fasce, penché, timbré d'un heaume cimé d'une touffe, sur champ réticulé.

. IEHAN .....URE .C...

Montre de Jean Crespy, bailli de Sens. — 25 août 1346. (Clair., r. 37, p. 2787.)

7524 QUIEN (GUILLAUME LE),
Écuyer, châtelain de la Motte-lès-Marquise.

Sceau rond, de 20 mill. — Écu portant un chien

DE LA COLLECTION CLAIRAMBAULT.

rampant accompagné de... en chef, dans un trilobe.

...ILL.....G RIƏN

Garde du château de la Motte-lès-Marquise. — Ardres, 8 octobre 1355. (Clair., r. 92, p. 7141.)

7525 QUIÉRET (GUI),

Chanoine d'Amiens, conseiller du roi de Navarre.

Sceau rond, de 23 mill. — Écu d'hermines à trois fleurs de lys au pied nourri, timbré de deux lions couchés adossés, dans un encadrement gothique. — Légende détruite.

Quittance délivrée au vicomte de Valognes. — 4 mai 1362. (Clair., r. 92, p. 7143.)

7526 QUIÉRET (GUI),

Chanoine d'Amiens, conseiller du roi de Navarre.

Sceau rond, de 19 mill. — Écu d'hermines à trois fleurs de lys au pied nourri, dans un trilobe.

S G....IƏRƏT DNI D'.....

Quittance d'une pension sur la vicomté de Carentan. — Valognes, 17 août 1363. (Clair., r. 92, p. 7145.)

7527 QUIÉRET (GUI),

Dit le Bort, chevalier.

Sceau rond, de 32 mill. — Écu écartelé : au 1 et 4, trois fleurs de lys au pied nourri; au 2 et 3, un lion; penché, timbré d'un heaume cimé de..., supporté par deux lions, sur champ réticulé.

S gui quieret........

Service de guerre sous le duc de Bourgogne. — Quittance de gages. — 9 mai 1412. (Clair., r. 92, p. 7147.)

7528 QUIÉRET (HENRI),

Dit le Bort, chevalier.

Sceau rond, de 28 mill. — Écu portant trois fleurs de lys au pied nourri, penché, timbré d'un heaume cimé d'un fleuron dans un vol, supporté par deux aigles.

.....S ҺƏNRI QV....

Guerres de Picardie. — Quittance de gages. — Hesdin, 20 juillet 1380. (Clair., r. 91, p. 7103.)

7529 QUIÉRET (HUGUES),

Chevalier, amiral du roi.

Sceau rond, de 28 mill. — Écu d'hermines à trois fleurs de lys au pied nourri, penché, timbré d'un heaume cimé de... dans un vol. — Légende détruite.

Ordre de payement, donné au clerc des arbalétriers. — Leure, 20 novembre 1338. (Clair., r. 92, p. 7145.)

7530 QUIÉRET (JEAN),

Dit Rifflart, écuyer.

Sceau rond, de 30 mill. — Écu semé de trèfles à trois fleurs de lys au pied nourri, penché, timbré d'un heaume cimé d'une tête d'aigle dans un vol, supporté par deux griffons.

.ehan quieret d.....fla.....

Guerres du pays de Caux. — Quittance de gages. — 19 octobre 1415. (Clair., r. 92, p. 7147.)

7531 QUIÉRET (LIONNEL),

Chevalier.

Sceau rond, de 20 mill. — Écu portant trois fleurs de lys au pied nourri à la bordure engrêlée, dans un trilobe. — Légende détruite.

Guerres de Hainaut et de Flandre. — Quittance de gages. — Abbeville, 29 août 1341. (Clair., r. 91, p. 7101.)

7532 QUIÉRET (PIERRE),

Écuyer, capitaine du château d'Airaines.

Sceau rond, de 26 mill. — Écu portant trois fleurs de lys au pied nourri accompagnées de trois merlettes deux en chef et une en abime, penché, timbré d'un heaume cimé d'une tête de lévrier dans un vol, supporté par deux lions.

S pierre ...ret

Certificat du service de six arbalétriers au château d'Airaines. — 4 février 1417, n. st. (Clair., r. 91, p. 7149.)

7533 QUIERS (MICHEL DE),

Écuyer.

Sceau rond, de 23 mill. — Écu portant un

oiseau de face contourné, les ailes fermées, sous un chef.

✠ MIQVIEL DE QVIER

Défense de Montivilliers. — Quittance de gages. — 6 mai 1416. (Clair., r. 92, p. 7141.)

7534 QUIERZY (JEAN DE),
Écuyer.

Sceau rond, de 22 mill. — Écu à la croix cantonnée au 1, 3 et 4, d'une aigle; au 2, d'une étoile; penché, timbré d'un heaume cimé d'une main dans un vol, supporté par deux lions, sur champ réticulé.

Iehan de Rierzy

Guerres du pays de Caux; siège de Harfleur par les Anglais. — Quittance de gages. — Rouen, 6 octobre 1415. (Clair., r. 56, p. 4254.)

7535 QUIGNAC (ANTOINE DE),
Écuyer.

Sceau rond, de 21 mill. — Écu portant deux merlettes en chef et un mont à trois coupeaux en pointe.

anthoinne de quignac

Service de guerre à Paris. — Quittance de gages. — 19 janvier 1416, n. st. (Clair., r. 56, p. 4285.)

7536 QUINAILLE (ANTOINE),
Arbalétrier, du pays de Gênes.

Sceau rond, de 20 mill. — Écu au lion, timbré d'une sainte Catherine, supporté par deux anges.

..TONE QVINO...

Guerres de basse Normandie. — Quittance de gages. — 10 décembre 1380. (Clair., r. 92, p. 7151.)

7537 QUINAILLE (ANTOINE),
Connétable d'arbalétriers.

Sceau rond, de 21 mill. — Écu au lion, timbré d'une sainte Catherine, supporté par deux anges.

ANTHOINE QVINAILLE

Service de guerre à l'Écluse. — Quittance de gages. — 9 avril 1387. (Clair., r. 92, p. 7151.)

7538 QUINART (OUDART),
Écuyer.

Sceau rond, de 22 mill. — Écu portant l'initiale O couronnée et accostée de quatre fleurs, penché, timbré d'un heaume cimé d'une tête de More, supporté par deux chiens.

OVDART QVINAR.

Service de guerre contre le duc de Bourgogne. — Quittance de gages. — 22 juillet 1414. (Clair., r. 92, p. 7173.)

7539 QUINCEY (PIERRE DE),
Écuyer, du bailliage de Troyes.

Sceau rond, de 20 mill. — Écu portant une croix à trois croissants brochant, sur champ festonné.

...IERRE DE ......

Guerres de Vermandois. — Quittance de gages. — Compiègne, 25 septembre 1339. (Clair., r. 53, p. 4041.)

7540 QUINGEY (JEAN DE),
Chevalier du roi de Navarre.

Sceau rond, de 21 mill. — Écu à la croix chargée de cinq coquilles, dans un trilobe.

S IEHAN D. QVINGY

Quittance délivrée au trésorier du roi de Navarre. — Meulan, 26 septembre 1362. (Clair., r. 92, p. 7179.)

7541 QUINQUEMPOIX (JEAN DE),
Seigneur de Montebenu, guidon de 50 lances sous monseigneur de Boissy.

Signet rond, de 16 mill. — Écu écartelé : au 1 et 4, un bareté; au 2 et 3, d'hermines. — Sans légende.

Quittance de gages. — 17 août 1537. (Clair., r. 133, p. 1759.)

7542 RABAINE (GEOFFROI DE),
Chevalier.

Sceau rond, de 20 mill. — Écu bandé de vair et de... de six pièces, sous un chef chargé d'un lambel. — Légende détruite.

Establie de Saintes. — Quittance de gages. — Saintes, 30 mars 1332, n. st. (Clair., r. 93, p. 7185.)

DE LA COLLECTION CLAIRAMBAULT.

7543 RABASTENS.

Sceau rond, de 18 mill. — Écu portant trois raves.

.... ASTI...

Guerres de Gascogne. — Gages de Bertrand de Cazères. — Marmande, 1ᵉʳ septembre 1330. (Clair., r. 25, p. 1867.)

7544 RABASTENS (BERTRAND DE),

Écuyer, sergent d'armes du roi, châtelain de Nogent-en-Bassigny.

Sceau rond de 25 mill. — Écu détruit; il ne reste que le heaume cimé d'une tête de lion et les supports, deux hommes sauvages.

..... TRAM .... A..

Quittance de pension viagère et de gages. — 22 juin 1390. (Clair., r. 93, p. 7187.)

7545 RABASTENS-SUR-TARN

(Pierre-Raymond de).
seigneur de Campagnac, sénéchal d'Agen et de Gascogne, capitaine général en Languedoc,

Sceau rond, de 24 mill. — Écu au lion, penché, timbré d'un heaume cimé de deux cornes, supporté par deux griffons.

S PIERRE RAYMV DE RABASTA SIR..... CAPA...

Gages de Jean Le Meingre, dit Boucicaut, retenu avec ses gens d'armes pour la sécurité du pays toulousain désolé par les malfaiteurs et robeurs. — Toulouse, 4 septembre 1354. (Clair., r. 93, p. 7185.)

7546 RABAUT (GUILLAUME),

Chevalier.

Sceau rond, de 24 mill. — Écu portant trois épées en bande la pointe en bas, dans une rose gothique.

✠ S' GV..........

Guerres de Bretagne, d'Anjou, du Maine, etc. — Quittance de gages. — Rennes, 15 avril 1352. (Clair., r. 93, p. 7187.)

7547 RABODANGES (CLAUDE DE).

Sceau rond, de 40 mill. — Écu écartelé : au 1 et 4,
une croix ancrée; au 2 et 3, trois coquilles; penché, timbré d'un heaume à lambrequins cimé d'une tête de...

... lande de .... artin

Quittance de pension. — 18 mars 1500, n. st. (Clair., r. 93, p. 7191.)

7548 RABODANGES (MAHIEU, SIRE DE),

Chevalier.

Sceau rond, de 22 mill. — Écu parti : au 1, un sautoir engrêlé cantonné de quatre cygnes; au 2, une croix ancrée accompagnée d'une étoile à dextre et d'un personnage debout à sénestre ou d'un dextrochère. — Légende détruite.

Guerres de Picardie. — Quittance de gages. — Saint-Omer, 12 avril 1350. (Clair., r. 93, p. 7187.)

7549 RABODANGES (ROBERT DE),

Écuyer.

Sceau rond, de 23 mill. — Écu portant une croix ancrée, au lambel.

✠ S ..... DE RABODENGVES

Service de guerre. — Quittance de gages. — 18 août 1369. (Clair., r. 93, p. 7189.)

7550 RABODANGES (ROBERT DE),

Écuyer.

Sceau rond, de 23 mill. — Écu portant une croix ancrée, au lambel.

ROBERT DE RA..... VES

Guerres des frontières de Picardie. — Quittance de gages. — 1ᵉʳ décembre 1386. (Clair., r. 93, p. 7189.)

7551 RABOT (JEAN),

Écuyer.

Sceau rond, de 19 mill. — Écu portant un château, penché, timbré d'un heaume cimé d'un plumail entre deux cornes, sur champ festonné.

... EHAN .. BOT

Service de guerre au pays de Pont-Audemer. — Quittance de gages. — 15 octobre 1356. (Clair., r. 93, p. 7193.)

7552 RABUISSONS (GUILLAUME DES).

Sceau rond, de 25 mill. — Écu portant un arbre accosté de deux rats et accompagné de deux étoiles en chef, dans une rose gothique. — Légende détruite.

Quittance d'une rente sur la recette d'Amiens. — 24 mai 1365. (Clair., r. 43, p. 3193.)

7553 RABUTIN (ANTOINE),
Écuyer.

Sceau rond, de 25 mill. — Écu à cinq points équipollés, penché, timbré d'un heaume cimé de deux bras élevant un croissant, sur champ festonné.

S' ANThOINE RABU...

Chevauchée du Mans. — Quittance de gages. — Le Mans, 4 août 1392. (Clair., r. 93, p. 7195.)

7554 RACAILLE (JEAN),
Valet de chambre du duc d'Orléans.

Sceau rond, de 23 mill. — Écu semé d'étoiles sous un chef chargé d'un lion passant, penché, timbré d'un heaume cimé d'un lion assis, sur champ de rinceaux.

...ehan de e..at dit racaille

Quittance de pension. — 31 mai 1405. (Clair., r. 93, p. 7195.)

7555 RACAPPÉ (JEAN),
Écuyer.

Sceau rond, de 23 mill. — Écu à la fasce accompagnée de trois tours, deux en chef et une en pointe. — Légende détruite.

Service de guerre. — Quittance de gages. — Bourges, 24 juin 1418. (Clair., r. 93, p. 7195.)

7556 RACHES (ADAM DE),
Chevalier, seigneur de la Hargerie, capitaine de Pont-Sainte-Maxence.

Sceau rond, de 30 mill. — Écu portant trois chevrons, dans un encadrement gothique. — Légende détruite.

Quittance de gages. — 6 janvier 1486, n. st. (Clair., r. 93, p. 7265.)

7557 RACHES (COLART DE),
Chevalier.

Sceau rond, de 25 mill. — Écu portant trois chevrons, penché, timbré d'un heaume couronné et cimé de deux chiens assis affrontés, supporté par un griffon et un lion.

S...co... de raisse

Service de guerre sous le duc de Bourgogne. — Quittance de gages. — 14 septembre 1411. (Clair., r. 94, p. 7271.)

7558 RACHES (JEAN DE),
Écuyer.

Sceau rond, de 24 mill. — Écu portant trois chevrons, soutenu par un personnage, dans un ovale.

✠ IEhAN DE RAISSE

Garde du château de l'Écluse. — Quittance de gages. — L'Écluse, 3 juillet 1387. (Clair., r. 93, p. 7265.)

7559 RAFFEL (BONIFACE),
Dit Provençal, écuyer.

Sceau rond, de 19 mill. — Écu portant trois pals à la fasce brochant.

✠ BONIFAC.....GL

Service de guerre à Montivilliers. — Quittance de gages. — 6 mai 1416. (Clair., r. 93, p. 7197.)

7560 RAFFIN (ANTOINE),
Dit Poton, chevalier, sénéchal d'Agenais, gentilhomme de la chambre, capitaine et garde de la place et du château de Cherbourg.

Signet rond, de 18 mill. — Écu à la fasce accompagnée de trois étoiles en chef. — Sans légende.

Gages de l'office de capitaine. — 19 décembre 1527. (Clair., r. 93, p. 7197.)

7561 RAGUENEL (JEAN),
Écuyer.

Sceau rond, de 23 mill. — Écu écartelé : au 1 et 4, une bande ; au 2 et 3, un plain ; au lambel sur le

DE LA COLLECTION CLAIRAMBAULT.

tout; penché, timbré d'un heaume, supporté par deux lions.

...AR RA.......

Service de guerre. — Quittance de gages. — Louviers, 16 juin 1371. (Clair., r. 93, p. 7199.)

7562 RAGUIER (HÉMON),
Trésorier des guerres et argentier de la reine.

Sceau rond, de 25 mill. — Écu au sautoir cantonné de trois perdrix et d'une coquille, la coquille en pointe, à la bordure engrêlée; soutenu par une aigle à sénestre. En exergue :

S hemon raguier

Quittance de 3,500 francs d'or pour les réparations des maisons et châteaux de la reine. — 18 août 1401. (Clair., r. 93, p. 7205.)

7563 RAGUIER (HÉMON),
Trésorier général de la reine.

Sceau rond, de 24 mill. — Écu au sautoir cantonné de trois perdrix et d'une coquille, la coquille en pointe; supporté à sénestre par une aigle.

S .... raguier

Quittance d'avances faites par la reine à la duchesse de Bretagne. — 8 septembre 1414. (Clair., r. 189, p. 7233.)

7564 RAGUIER (RAYMOND),
Clerc du roi en la chambre aux deniers.

Sceau rond, de 19 mill. — Écu au sautoir cantonné de trois perdrix et d'une coquille, la coquille en pointe; soutenu par une aigle.

S ....AYMONDI R....GR

Quittance de 2,800 livres parisis pour la dépense de l'hôtel. — 15 avril 1401. (Clair., r. 93, p. 7203.)

7565 RAIET (JEAN),
Écuyer.

Sceau rond, de 26 mill. — Écu portant six losanges sous un chef chargé de trois lions, penché,
timbré d'un heaume cimé d'une licorne, supporté par deux anges.

seel iehan Raiet

Service de guerre à Paris. — Quittance de gages. — 19 janvier 1416, n. st. (Clair., r. 93, p. 7259.)

7566 RAILLART (GUILLAUME),
D'Escaufour, écuyer.

Sceau rond, de 23 mill. — Écu portant un croissant surmonté de... sous un chef chargé de deux roses, penché, timbré d'un heaume cimé d'une tête de bœuf, supporté par un griffon et un lion.

IOHA D.......

Service de guerre sous Guillaume de la Trémoille. — Quittance de gages. — 27 septembre 1387. (Clair., r. 93, p. 7209.)

7567 RAILLART (JEAN),
Chevalier, capitaine de Montlhéry.

Sceau rond, de 30 mill. — Écu portant trois chevrons accompagnés de deux étoiles en chef, penché, timbré d'un heaume cimé d'un faucon tenant un oiseau, supporté par deux damoiselles.

...au raillart

Garde du château de Montlhéry. — Quittance de gages. — 28 juin 1431. (Clair., r. 93, p. 7209.)

7568 RAINCHEVAL (HUGUES DE),
Écuyer, châtelain et capitaine du Crotoy.

Sceau rond, de 26 mill. — Écu burelé au lion couronné, soutenu par un homme sauvage. — Légende détruite.

Défense du Crotoy. — Quittance de gages. — 8 novembre 1369. (Clair., r. 93, p. 7219.)

7569 RAIX? (JEAN DE),
Prévôt de Notre-Dame de Cambrai.

Sceau rond, de 18 mill. — Écu à la bande chargée d'une étoile en chef, dans un trilobe.

IOHA.....CANO...

Guerres de Cambrésis et de Vermandois. — Quittance de gages. — Cambrai, 12 octobre 1339. (Clair., r. 93, p. 7207.)

7570 RAM (JEAN LE),
Dizenier.

Sceau rond, de 18 mill. — Écu à la croix ancrée de vair accompagnée de deux étoiles en chef, dans un quadrilobe.

S IOHAN LE RAM

Quittance de garnisons de vin. — Calais, 14 mai 1305. (Clair., r. 93, p. 7215.)

7571 RAMBAUT (PIERRE),
Prévôt des ouvriers de la monnaie d'Angers.

Voyez ANGERS.

7572 RAMBAUT (ROBINET),
Écuyer.

Sceau rond, de 17 mill. — Écu portant un loup rampant contourné accompagné de... à dextre.

...BIN RONBAVT

Poursuite des Anglais. — Quittance de gages. — Chartres, 7 septembre 1380. (Clair., r. 93, p. 7225.)

7573 RAMBURELLES (R. DE).

Sceau rond, de 26 mill. — Écu portant un écusson en abîme chargé d'une étoile à la bordure et au lambel, penché, timbré d'un heaume cimé d'une tête de lévrier, sur champ festonné.

R DE RAMBVRELLES

Service de guerre. — Gages de Robert de Bournonville, écuyer. — 25 mars 1412, n. st. (Clair., r. 116, p. 9035.)

7574 RAMBURES (ANDRIEU DE),
Écuyer.

Sceau rond, de 17 mill. — Écu portant trois fasces à la bande chargée de trois étoiles ou trois coquilles brochant.

...NDRIEV .. ....VR..

Guerres de Normandie. — Quittance de gages. — Pont-Audemer, 17 octobre 1357. (Clair., r. 93, p. 7227.)

7575 RAMBURES (ANDRIEU DE),
Chevalier.

Sceau rond, de 26 mill. — Écu portant trois fasces le premier canton chargé d'un écusson, penché, timbré d'un heaume cimé d'une tête de lévrier dans un vol, supporté par deux lions.

S ANDRIEV DE RANBVRES Ch...

Guerres de Picardie. — Gages de Perceval d'Esneval, chevalier. — 8 janvier 1383, n. st. (Clair., r. 40, p. 2997.)

7576 RAMBURES (ANDRIEU, SIRE DE),
Chevalier, capitaine du pays de West-Flandre.

Sceau rond, de 28 mill. — Écu portant trois fasces le premier canton chargé d'un écusson, penché, timbré d'un heaume cimé d'une tête de lévrier dans un vol, supporté par deux lions.

OND......IR.....BVLLES Ch...

Quittance de gages. — Amiens, 26 avril 1387. (Clair., r. 93, p. 7233, 7235.)

7577 RAMBURES (ANDRIEU DE),
Chevalier.

Sceau rond, de 24 mill. — Écu portant trois fasces le premier canton chargé d'un écusson (portant une demi-croix ancrée?, parti de deux fasces), penché, timbré d'un heaume cimé d'une tête de lévrier dans un vol. Dans le champ, deux rameaux.

andrieu de ranbures

Service de guerre. — Quittance de gages. — Abbeville, 1ᵉʳ décembre 1416. (Clair., r. 93, p. 7249.)

7578 RAMBURES (DAVID, SEIGNEUR DE),
Chevalier, conseiller et chambellan du roi, capitaine du château d'Airaines.

Sceau rond, de 30 mill. — Écu écartelé : au 1 et 4, trois fasces, le premier canton chargé d'un écusson ; au 2 et 3, une bande de vair ; penché, timbré d'un heaume cimé d'une tête de lévrier dans un vol. Dans le champ, deux feuilles chargées chacune de la lettre X.

.......rambur..

Gages de l'office de capitaine. — 11 décembre 1410. (Clair., r. 93, p. 7241.)

DE LA COLLECTION CLAIRAMBAULT.

7579 RAMBURES (DAVID, SEIGNEUR DE),
Chevalier, conseiller et chambellan du roi,
maître des arbalétriers de France.

Sceau rond, de 38 mill. — Écu écartelé : au 1 et 4, trois fasces et au premier canton un écusson; au 2 et 3, une bande de vair; timbré d'une arbalète entre deux feuilles chargées chacune de la lettre X, accosté des lettres ⊂ S et plus bas de deux palmes.

. . . . âce

Montre d'arbalétriers chargés de la garde du pont de cette ville, reçue à Saint-Cloud, le 1ᵉʳ août 1419. (Clair., r. 93, p. 7243.)

7580 RAMBURES (DAVID, SEIGNEUR DE),
Chevalier, conseiller et chambellan du roi,
maître des arbalétriers de France.

Sceau rond, de 40 mill. — Écu aux armes du type précédent, timbré d'une arbalète, accosté de deux palmes.

. . . . du . . . . bal . . . .

Montre d'arbalétriers reçue à la Charité-sur-Loire, le 20 juillet 1413. (Clair., r. 93, p. 7243.)

7581 RAMBURES (DAVID, SEIGNEUR DE),
Chevalier, conseiller et chambellan du roi,
maître des arbalétriers de France.

Sceau rond, de 45 mill. — Écu aux armes des types précédents, timbré d'une arbalète entre deux quinte-feuilles, accosté de deux feuilles chargées chacune de la lettre X, dans un trilobe.

. . . . . e du maistre des . . . . ance

Contre-sceau : L'écu de la face timbré et accosté comme lui, dans un trilobe.

9ts de loffice . . . . de france

Montre d'arbalétriers reçue à Saint-Quentin, le 10 août 1415. (Clair., r. 93, p. 7245.)

7582 RAMBURES (GUILLAUME DE),
Écuyer.

Sceau rond, de 20 mill. — Écu portant trois fasces au lambel, le premier canton chargé d'un écusson portant trois . . .

✠ S WILLAM . . . RANBVRG

Garde de Gravelines. — Quittance de gages. — Saint-Omer, 24 août 1387. (Clair., r. 93, p. 7235.)

7583 RAMBURES (GUILLAUME DE),
Écuyer.

Sceau rond, de 25 mill. — Écu portant trois fasces au lambel le premier canton chargé d'un écusson, penché, timbré d'un heaume cimé d'une tête de lévrier dans un vol.

GVILL . . . RANBVRGS

Service de guerre à Gravelines. — Quittance de gages. — Amiens, 20 juin 1398. (Clair., r. 189, p. 7243.)

7584 RAMBURES (THOMAS DE),
Écuyer.

Sceau rond, de 21 mill. — Écu portant trois fasces au lambel, dans un trilobe.

SG . . . . RGS

Service de guerre. — Quittance de gages. — Meung-sur-Loire, 28 mai 1380. (Clair., r. 93, p. 7227.)

7585 RAMISSE (JEAN DE LA),
Garde des garnisons du roi et payeur de ses œuvres à Ardres.

Sceau rond, de 24 mill. — Écu au chevron chargé d'un croissant au sommet et accompagné de trois trèfles, supporté par un homme sauvage. Dans le champ, à dextre, un arbre.

S iehan de . . . .

Gages de son office. — 18 mars 1413, n. st. (Clair., r. 93, p. 7253.)

7586 RAMON (PIERRE),
Seigneur de Brison, écuyer.

Sceau rond, de 20 mill. — Écu portant un ours

rampant, penché, timbré d'un heaume cimé d'une tête d'ours. Dans le champ, deux rameaux.

..... ou Ramon

Garde du château et de la ville de Carcassonne. — Quittance de gages. — 28 septembre 1421. (Clair., r. 22, p. 1557.)

7587 RAMONNERIE (TAILLEFER DE LA),
Écuyer, lieutenant d'André Ogard, capitaine de Touques.

Sceau rond, de 36 mill. — Écu à la bande, penché, timbré d'un heaume à lambrequins cimé d'un vol.

s tanfier de le ramonre

Gages de la garnison de Touques. — 26 avril 1435. (Clair., r. 189, p. 7255.)

7588 RANCE (NICOLAS DE),
Conseiller du roi.

Signet rond, de 17 mill. — Le mot RANCE dans un listel horizontal surmonté d'une aigle; au-dessous, un lion. — Sans légende.

Quittance de frais de voyage en Lombardie. — 21 septembre 1388. (Clair., r. 93, p. 7255.)

7589 RAOUL, COMTE D'EU.

Voyez Eu.

7590 RAOUL (GUILLEMIN),
Clerc de «l'escrivanerie» d'Aingoulaincourt.

Sceau rond, de 20 mill. — Une fleur de lys fleuronnée.

✱ S G' RAO.....

Quittance délivrée pour son frère au grènetier de Chaumont. — 17 septembre 1353. (Clair., r. 93, p. 7259.)

7591 RAOULET (PETIT),
Archer armé, écuyer.

Sceau rond, de 18 mill. — Écu portant trois barres chargées chacune à son milieu d'un besant ou d'un tourteau.

... SI ROLY.. GORIOR.

Guerres d'Orléanais, de Blésois, etc. — Quittance de gages. — 27 mai 1358. (Clair., r. 93, p. 7259.)

7592 RARAY (GUILLOT DE),
Écuyer, du bailliage de Senlis.

Sceau rond, de 18 mill. — Écu portant deux fasces chargées chacune de trois roses?, dans un quadrilobe.

SEL GIL... DE RAR..

Service de guerre. — Quittance de gages. — Saint-Quentin, 29 octobre 1339. (Clair., r. 93, p. 7263.)

7593 RASSENELLE (ROGER),
Écuyer.

Sceau rond, de 20 mill. — Écu à la croix, penché, timbré d'un heaume cimé d'une tête de bœuf, supporté par deux loups.

RVZGERI DE .....AVIN

Guerres d'Écosse. — Quittance de gages. — Édimbourg, 3 août 1385. (Clair., r. 94, p. 7271.)

7594 RASSILLY (PIERRE DE),
Écuyer.

Sceau rond, de 23 mill. — Écu à trois fleurs de lys accompagnées d'un croissant en abîme.

✱ S PIERRE ....IG

Guerres de Guienne. — Quittance de gages. — 25 juillet 1405. (Clair., r. 93, p. 7263.)

7595 RASSILLY (RAOUL DE),
Chevalier.

Sceau rond, de 20 mill. — Écu portant trois fleurs de lys, penché, timbré d'un heaume cimé d'une tête de cheval. Dans le champ, deux rameaux.

ROVL .. AZILIE

Guerres de Guienne. — Quittance de gages. — Poitiers, 4 septembre 1386. (Clair., r. 94, p. 7279.)

7596 RATEL (SIMON),
Chevalier.

Sceau rond, de 21 mill. — Écu portant trois râteaux sans manche, l'un sur l'autre.

✠ SYMON R.... ChR'

Guerres d'Angoumois. — Quittance de gages. — 30 juin 1354. (Clair., r. 94, p. 7273.)

7597 RAVEEZ (GUILLAUME),
Écuyer.

Sceau rond, de 15 mill. — Une rave.

S' G' RAVE..

Assemblée de Tournay. — Quittance de gages. — Paris, 14 août 1339. (Clair., r. 93, p. 7255.)

7598 RAVENEL (CLAUDE DE),
Lieutenant de 50 lances sous monseigneur de Montmorency.

Signet rond, de 19 mill. — Écu portant six croissants surmontés chacun d'une étoile et posés 2, 2 et 2. — Sans légende.

Quittance de gages. — 23 juin 1548. (Clair., r. 189, p. 7267.)

7599 RAVIN (JEAN),
Connétable des arbalétriers de la ville d'Amiens.

Sceau rond, de 20 mill. — Écu au sautoir cantonné de quatre roses sous un chef au lambel de quatre pendants, timbré d'une sorte de bannière.

S IEhAN RAVIN

Acte en blanc et sans date. XIVᵉ siècle. (Clair., r. 94, p. 7277.)

7600 RAY (GAUTIER, SIRE DE),
Chevalier.

Sceau rond, de 25 mill. — Écu au rais d'escarboucle fleuronné, penché, timbré d'un heaume cimé de la lettre R couronnée et surmontée d'un plumail, supporté par deux lions, dans un quadrilobe. — Légende détruite.

Quittance d'un prêt accordé par le roi, délivrée aux receveurs des aides au bailliage de Sens. — 11 décembre 1368. (Clair., r. 93, p. 7205.)

7601 RAY (GUILLAUME DE),
Chevalier.

Sceau rond, de 23 mill. — Écu au rais d'escarboucle fleuronné, penché, timbré d'un heaume cimé de la lettre R couronnée et surmontée d'un plumail, supporté par deux cygnes.

S G..........

Service de guerre. — Quittance de gages. — Troyes, 14 juin 1387. (Clair., r. 93, p. 7207.)

7602 RAY (JEAN DE),
Chevalier banneret.

Sceau rond, de 26 mill. — Écu au rais d'escarboucle fleuronné, penché, timbré d'un heaume cimé de la lettre R couronnée et surmontée d'un plumail, supporté par deux chiens.

IEh.. SAGN DE RAY ChR'

Chevauchée de Flandre. — Quittance de gages. — 25 août 1383. (Clair., r. 94, p. 7277.)

7603 RAYMOND (JEANNIN),
Le jeune, garde de la monnaie du roi à Paris.

Sceau rond, de 19 mill. — Écu portant une croix recercelée à la bordure, soutenu par un homme sauvage, supporté par deux lions.

S IEhAN ... OINE

Quittance de versements faits à la monnaie d'or de Paris. — Paris, 15 avril 1385. (Clair., r. 216, p. 9753.)

7604 RAYMOND MOREL,
Abbé de Clairac.

Voyez CLAIRAC.

7605 RAZINES (GODART DE),
Écuyer, du bailliage d'Anjou.

Sceau rond, de 19 mill. — Écu à la bande accompagnée de six merlettes en orle, dans une rose gothique. — Légende détruite.

Guerres de Vermandois. — Quittance de gages. — Saint-Quentin, 20 octobre 1339. (Clair., r. 93, p. 7263.)

INVENTAIRE DES SCEAUX

7606 RÉAULX (HUGUELIN DES),
Dit Menjart, premier queux du roi.

Signet rond, de 11 mill. — Intaille. Buste d'Isis avec le modius sur la tête. — Légende fruste.

Quittance de 1,000 francs à lui donnés par le roi. — 1ᵉʳ février 1391, n. st. (Clair., r. 94, p. 7279.)

7607 REBERGUES (GUILLAUME DE),
Écuyer.

Sceau rond, de 30 mill. — Écu portant deux fasces, penché, timbré d'un heaume cimé d'une tête de chèvre?, supporté par deux lions.

.... ROBERGVES

Poursuite des Anglais, en la compagnie de monseigneur de Coucy. — Quittance de gages. — Gallardon, 5 septembre 1380. (Clair., r. 94, p. 7281.)

7608 REBRÈCHIEN (GUILLAUME),
Bourgeois et maître des œuvres de Châteauneuf.

Sceau rond, de 21 mill. — Un chien courant à droite.

S' G'VIL. ...RAIG....

Quittance délivrée aux trésoriers du roi. — 9 juin 1299. — Même page : autre quittance au sujet d'une chaussée que le roi fait construire pour défendre son jardin contre les inondations de la Loire. (Clair., r. 94, p. 7283.)

7609 REBRETENGUES (JEAN DE),
Écuyer, châtelain du château de Belle.

Sceau rond, de 20 mill. — Écu portant un créquier à la bordure engrêlée.

.ƎHAN DE .....NG.E

Garde du château de Belle, sous le gouvernement du maréchal d'Audrehem. — Quittance de gages. — Bavelinghem, 12 juillet 1355. (Clair., r. 94, p. 7315.)

7610 REBRETENGUES (JEAN DE),
Chevalier.

Sceau rond, de 25 mill. — Écu au créquier à la bordure engrêlée.

SEEL IEHAN ....

Gages de Jean du Moulin, capitaine du fort de Belle, etc. — Thérouanne, 29 février 1373, n. st. (Clair., r. 99, p. 7703.)

7611 REBRETENGUES (JEAN DE),
Chevalier.

Sceau rond, de 22 mill. — Écu au créquier à la bordure engrêlée.

. IEHAN DE........

Gages de Jean du Moulin, capitaine du fort de Belle, etc. — Thérouanne, 24 avril 1378. (Clair., r. 99, p. 7705.)

7612 REBRETENGUES (JEAN DE),
Chevalier, gouverneur du fort de Belle.

Sceau rond, de 26 mill. — Écu portant un créquier à la bordure engrêlée, dans un trilobe.

✠ SEEL ..EHAN DE R.BERTENGHES CHER

Gages de Jean du Breuc, capitaine du fort de Belle, etc. — Thérouanne, 1ᵉʳ décembre 1376. (Clair., r. 99, p. 7707.)

7613 REBRETENGUES (PIERRE DE),
Écuyer, garde de la maison de Conteville.

Sceau rond, de 18 mill. — Écu portant un créquier accompagné d'une étoile en chef et à dextre, à la bordure engrêlée.

...........ELE

Garde de la maison de Conteville. — Quittance de gages. — Saint-Omer, 23 décembre 1355. (Clair., r. 93, p. 7253.)

7614 REBRETENGUES (ROBERT DE),
Écuyer.

Sceau rond, de 20 mill. — Écu portant un créquier à la bordure engrêlée.

.EEL ....EN.....

Garde du château de l'Écluse. — Quittance de gages. — 1ᵉʳ février 1390, n. st. (Clair., r. 94, p. 7279.)

7615 REBUFEL (JEAN),
Chevalier.

Sceau rond, de 24 mill. — Écu à la bande sous un chef chargé d'une rose, dans un quadrilobe.

S' IO.A........LLI. MILI.

Quittance délivrée au grènetier de la ville de Paris. — 30 juin 1373. (Clair., r. 94, p. 7283.)

DE LA COLLECTION CLAIRAMBAULT.

7616 RECHIGNEVOISIN (PERRIN DE),
Écuyer.

Sceau rond, de 19 mill. — Écu portant une fleur de lys au lambel de cinq pendants. — Légende détruite.

Guerres de Saintonge. — Quittance de gages. — Pons, 16 septembre 1340. (Clair., r. 94, p. 7287.)

7617 RECHIGNEVOISIN (RAIMBAUD DE),
Archidiacre d'Avallon dans l'église d'Autun, clerc du roi, ex-commissaire des impôts dans la province de Lyon.

Sceau rond, de 23 mill. — Écu portant trois chevrons au lambel, dans un quadrilobe.

S' R A...... N GC.....

Quittance de lettres qui lui sont livrées par son successeur. — 9 octobre 1321. (Clair., r. 94, p. 7285.)

7618 RÉCOURT (MICHEL DE),
Chevalier du roi et maître de son hôtel.

Sceau rond, de 22 mill. — Écu à la fasce accompagnée de six coquilles, trois en chef et trois en pointe. — Légende détruite.

Quittance de dépens. — Pierrefonds, 20 février 1330, n. st. (Clair., r. 94, p. 7287.)

7619 RECOUSSE? (PIERRE DE),
Écuyer.

Sceau rond, de 20 mill. — Écu à la bande de vair.

S' PIERRE DE R.....G

Service de guerre. — Quittance de gages. — Arras, 29 août 1342. (Clair., r. 94, p. 7289.)

7620 RÉCY (HUET DE),
Écuyer, du bailliage de Vitry.

Sceau rond, de 20 mill. — Écu portant un chevron au lambel, à la coquille brochant sur le tout en chef et à dextre.

✱ S hVG. G ....G

Guerres de Vermandois, etc. — Quittance de gages. — Compiègne, 25 septembre 1339. (Clair., r. 95, p. 7355.)

7621 REDFORD (HENRI),
Chevalier, naguère capitaine de Vernon.

Sceau rond, de 32 mill. — Écu portant un fretté sous un chef, penché, timbré d'un heaume à lambrequins cimé d'un bélier.

S henry redford chr

Contre-sceau : Une tête d'aigle arrachée. — Sans légende.

Gages de la garnison de Vernon. — 14 février 1437, n. st. (Clair., r. 190, p. 7275.)

7622 REDFORD (HENRI),
Chevalier, bailli d'Alençon.

Sceau rond, de 44 mill. — Écu portant un fretté sous un chef, penché, timbré d'un heaume cimé d'un bélier, supporté par deux sangliers cornus à corps de lion. Dans le champ, des fleurs.

sigillum henrici ..dford militis

Gages de gens de guerre. — Argentan, 27 février 1446, n. st. (Clair., r. 94, p. 7289.)

7623 REDFORD (HENRI),
Chevalier.

Sceau rond, de 30 mill. — Écu portant un fretté sous un chef, penché, timbré d'un heaume à lambrequins cimé d'un bélier. Dans le champ, deux rameaux.

sigillñ henrici Redford militis

Gages d'hommes de guerre logés à Essai. — 15 juin 1447. (Clair., r. 94, p. 7291.)

7624 REDHUGH (THOMAS),
Écuyer, capitaine de Lisieux.

Sceau rond, de 31 mill. — Écu portant trois têtes de coq arrachées, penché, timbré d'un heaume à lambrequins cimé d'une tête de More.

sigillum thome redhugh

Attestation de la prise de possession de l'office de contrôleur à Lisieux par Guillaume Bransyby, écuyer. — 20 juillet 1432. (Clair., r. 189, p. 7271.)

7625 REGNAULT (PIERRE),
Écuyer.

Sceau rond, de 26 mill. — Écu portant deux chevrons accompagnés de trois besants ou trois tourteaux. — Légende détruite.

Service de guerre contre les Anglais. — Quittance de gages. — Bourges, 24 juin 1418. (Clair., r. 94, p. 7293.)

7626 REGNAUVILLE (JEAN, SIRE DE),
Chevalier.

Sceau rond, de 26 mill. — Écu incomplet portant sans doute trois chevrons de vair (Amiens), accompagnés en chef et à sénestre d'un écusson chargé de...

✳ I D. . . . .

Guerres de Bretagne. — Quittance de gages. — 31 mai 1379. (Clair., r. 94, p. 7295.)

7627 REIMS
(Les commissaires des aides en la province de).

Sceau rond, de 20 mill. — Écu écartelé : au 1 et 4, une fasce; au 2 et 3, un vairé.

. . . . amvnd . . . . .

Taxation des gages des commis des aides au diocèse d'Amiens. — Noyon, 13 novembre 1384. (Clair., r. 216, p. 9739.)

7628 REIMS (GILLES DE),
Écuyer.

Sceau rond, de 22 mill. — Écu écartelé : au 1 et 4, un croissant; au 2 et 3, une croix ancrée cantonnée de quatre...

S Gill. . . . raius

Gages des gens d'armes envoyés en la ville et la forteresse de Corbeil par Pierre des Essarts, prévôt de Paris. — 4 juin 1412. (Clair., r. 94, p. 7311.)

7629 REIMS
(Les greneliers et contrôleurs du grenier à sel de).

Sceau rond, de 22 mill. — Écu au sautoir engrêlé accompagné d'une étoile en chef, timbré d'une aigle, supporté par deux hommes sauvages, dans un trilobe.

IЄҺAN DЄ . . . ⱭҺON

Récépissé de quatre charretées de sel. — 2 juillet 1384. (Clair., r. 216, p. 9735.)

7630 REIMS (JEAN DE),
Chevalier du roi et maître de son hôtel.

Sceau rond, de 23 mill. — Écu au chevron accompagné de trois dextrochères?

. . . . AN . . . . RAI . .

Quittance au sujet d'une queue de vin vieux de Gallardon, prise en son hôtel à Château-Thierry et vendue au maître des garnisons de vin du roi. — 7 novembre 1389. (Clair., r. 94, p. 7311.)

7631 REIMS
(Jean Jouvenel des Ursins, archevêque et duc de), premier pair de France, légat.

Sceau ogival, de 76 mill. — Dans une niche gothique, la Vierge debout, couronnée et nimbée, tenant l'enfant Jésus, accompagnée de saint Remi et de saint Denis. Au bas, l'archevêque priant, accosté à dextre d'un écu à la croix cantonnée de quatre fleurs de lys et à sénestre d'un écu bandé de six pièces sous un chef chargé d'une rose et soutenu d'un autre chef, les deux écus timbrés d'une croix.

S jobis archiepi et ducis remen primi paris . . . . . ic . . .

Charte d'indulgences. — Rome, 19 octobre 1456. (Clair., r. 170, p. 5467.)

7632 REIMS
(Renaud de Chartres, archevêque et duc de), conseiller du roi.

Sceau rond, de 30 mill. — Dans un niche gothique, la Vierge à mi-corps tenant l'enfant Jésus accompagnée de deux anges dans deux logettes latérales. Au bas, un écu écartelé détruit, où l'on ne voit plus qu'un fragment de croix cantonnée de fleurs de lys, deux fasces, deux bars sur un semé de trèfles.

R ⸱ de carnoto archep et ducis remes . . .

Gages de l'office de conseiller. — 24 septembre 1417. (Clair., r. 29, p. 2149.)

DE LA COLLECTION CLAIRAMBAULT. 109

7633   REIMS
(Renaud de Chartres, archevêque et duc de),
premier pair de France, conseiller du roi et du dauphin de Viennois.

Signet ovale, de 15 mill. — Écu écartelé : au 1 et 4, deux fasces; au 2 et 3, un semé de trèfles à deux bars adossés; timbré de la croix épiscopale.

S R archiepi remensis

Quittance de frais de voyage en Languedoc et en Dauphiné. — 25 août 1418. (Clair., r. 29, p. 2149.)

7634   REIMS
(Renaud de Chartres, archevêque et duc de),
premier pair de France,
lieutenant du roi et du dauphin en Languedoc et Dauphiné.

Sceau rond, de 50 mill. — Écu écartelé : au 1 et 4, une croix cantonnée de quatre fleurs de lys; au 2 et 3, contre-écartelé de deux fasces et d'un semé de trèfles à deux bars adossés; timbré de la croix épiscopale; sur champ festonné. — Légende détruite.

Montre d'Antoine de Lévis, écuyer banneret. — Beaucaire, 8 décembre 1418. (Clair., r. 29, p. 2153.)

7635   RÉLY (GUILLAUME DE),
Chevalier.

Sceau rond, de 22 mill. — Écu portant trois chevrons au lambel.

...WILLA..........

Quittance de garnisons de vin de Gascogne. — Calais, 1ᵉʳ juillet 1305. (Clair., r. 94, p. 7311.)

7636   RÉLY (GUILLAUME DE),
Dit Orengeois, chevalier.

Sceau rond, de 20 mill. — Écu portant trois chevrons au lambel.

✱ S W DE .... ChLR

Guerres de Picardie. — Quittance de gages. — Amiens, 1ᵉʳ février 1381, n. st. (Clair., r. 94, p. 7315.)

7637   RÉLY (GUILLAUME DE),
Dit Orengeois, chevalier.

Sceau rond, de 28 mill. — Un homme d'armes debout appuyé sur sa lance, tenant un écu portant trois chevrons au lambel.

.........EL....OREN.....

Guerres de Picardie. — Quittance de gages. — 20 mars 1381, n. st. (Clair., r. 95, p. 7395.)

7638   RÉLY (GUILLAUME DE),
Dit Orengeois, chevalier.

Sceau rond, de 21 mill. — Écu portant trois chevrons au lambel, dans une étoile gothique.

.....LERMVS DE RELY.....

Guerres de la frontière de Picardie. — Quittance de gages. — 18 février 1383, n. st. (Clair., r. 94, p. 7315.)

7639   RÉMÉCOURT (LAURENT DE),
Chevalier.

Sceau rond, de 32 mill. — Écu à la croix chargée de cinq fermaux.

.......CII D' REMECVRT MI.....

Ost de Flandre. — Quittance de gages. — Arras, 9 septembre 1302. (Clair., r. 97, p. 7557.)

7640   REMENEUIL (GUILLAUME DE),
Chevalier.

Sceau rond, de 22 mill. — Écu portant trois lions à la bande brochant, penché, timbré d'un heaume cimé d'une tête de coq. Dans le champ, deux rameaux. — Légende détruite.

Guerres de Périgord, Limousin, Saintonge et Angoumois. — Quittance de gages. — Bourges, 12 décembre 1376. (Clair., r. 93, p. 7251.)

7641   REMENEUIL (GUILLAUME DE),
Chevalier.

Sceau rond, de 25 mill. — Écu portant trois lions à la bande brochant, penché, timbré d'un heaume cimé d'une tête de coq. Dans le champ, deux rameaux.

GVILLE DE REMENEVL

Chevauchée de Bourbourg. — Quittance de gages. — 16 septembre 1383. (Clair., r. 93, p. 7251.)

7642 REMENEUIL (GUILLAUME DE),
Chevalier, seigneur de «Perriers», chambellan du roi, capitaine des châteaux de Chinon.

Sceau rond, de 25 mill. — Écu portant trois lions, penché, timbré d'un heaume cimé d'une tête de coq. Dans le champ, un rameau.

GVILLE D. REMENEVL

Gages de l'office de capitaine. — 14 mai 1412. (Clair., r. 94, p. 7315.)

7643 RÉMÉRANGLES (RENAUDIN DE),
Écuyer.

Sceau rond, de 20 mill. — Écu portant dix besants ou dix tourteaux, 4, 3, 2 et 1, dans une étoile gothique.

RE...... ME.....A

Guerres de Normandie. — Quittance de gages. — Rouen, 8 août 1346. (Clair., 94, p. 7293.)

7644 RÉMON (MÉRIGOT),
Écuyer.

Sceau rond, de 18 mill. — Écu au chef chargé d'un lion issant. — Légende fruste.

Poursuite des Anglais, en la compagnie de Louis de Poitiers. — Quittance de gages. — Montlhéry, 3 septembre 1380. (Clair., r. 94, p. 7319.)

7645 REMY (PIERRE),
Familier du roi, maître de ses comptes et de son hôtel.

Sceau rond, de 22 mill. — Écu losangé, supporté par..., dans un quadrilobe.

...L PIER........

Quittance d'une somme donnée par le roi, délivrée au maître de la monnaie de Montpellier. — Clermont en Auvergne, 26 décembre 1326. (Clair., r. 94, p. 7317.)

7646 RENART (JACQUES),
Général conseiller des aides.

Sceau rond, de 23 mill. — Écu portant trois renards courant l'un sur l'autre à la bordure engrêlée, dans un trilobe. — Légende détruite.

Frais d'un voyage à Chartres, à Orléans, à Tours, à Angers et au Mans. — Quittance. — 15 janvier 1372, n. st. (Clair., r. 94, p. 7321.)

7647 RENART (JACQUES),
Conseiller du roi, commis à recevoir des montres.

Sceau rond, de 20 mill. — Écu incomplet portant trois renards courant l'un sur l'autre à la bordure engrêlée, penché, timbré d'un heaume cimé d'une tête de renard, sur champ réticulé.

SEEL IAQV.. RENAR.

Montre de Jean de Bueil, chevalier, reçue à Cléry, le 5 septembre 1380. (Clair., r. 94, p. 7321.)

7648 RENART (RAOULET),
Bourgeois d'Orléans.

Sceau rond, de 16 mill. — Écu portant deux renards passant l'un sur l'autre à la bande brochant.

...AN ...ART

Frais de voyage pour aller à Montargis porter de l'argent au roi. — Orléans, 14 octobre 1379. (Clair., r. 94, p. 7323.)

7649 RENAUD DE BOURBON,
Archevêque de Narbonne.

Voyez NARBONNE.

7650 RENAUD DE CHARTRES,
Archevêque de Reims.

Voyez REIMS.

7651 RENAUD CHAUVEAU,
Évêque de Châlons-sur-Marne.

Voyez CHÂLONS.

7652 RENAUD DE THOUARS,
Évêque de Luçon.

Voyez LUÇON.

7653 RENÉ, DUC D'ALENÇON.

Voyez ALENÇON.

7654 RENÉ D'ILLIERS,
Évêque de Chartres.

Voyez CHARTRES.

7655 RENÉ DE PRYE,
Cardinal de Bayeux.

Voyez BAYEUX.

7656 RENIER (COLAS),
Trésorier des guerres en Auvergne, Berry et Limousin.

Sceau rond, de 21 mill. — Écu portant six besants ou six tourteaux, penché, timbré d'un heaume cimé de deux cornes, sur champ réticulé. — Légende détruite.

Quittance délivrée au receveur général du subside aux pays d'Auvergne. — 26 août 1358. (Clair., r. 94, p. 7303.)

7657 RENIER (JEAN),
Garde de la monnaie de Saint-Pourçain.

Sceau rond, de 20 mill. — Écu au sautoir engrêlé cantonné de quatre merlettes, timbré d'une tête d'homme de profil, supporté par deux damoiselles, dans un trilobe.

S IEhA... ...NIER

Récépissé d'un mandement sur la valeur de l'argent, etc. — 18 juin 1355. (Clair., r. 94, p. 7299.)

7658 RENIER (JEAN),
Écuyer génois.

Sceau rond, de 24 mill. — Écu au lion couronné, penché, timbré d'un heaume cimé d'un cœur entre deux têtes de... portant suspendues à leur cou les lettres R A surmontant chacune un point.

S IEhAN RE.....

Service de guerre. — Quittance de gages. — 30 juin 1390. (Clair., r. 94, p. 7307.)

7659 RENIER (PIERRE),
Écuyer, capitaine de cinquante arbalétriers génois.

Sceau rond, de 23 mill. — Écu au lion couronné, penché, timbré d'un heaume cimé d'une tête humaine de face, supporté par deux anges.

S PIERRE REGN...

Armée d'Écosse. — Quittance de gages. — Arras, 4 septembre 1385. (Clair., r. 94, p. 7303.)

7660 RENIER (PIERRE),
Écuyer, élu des aides à Auxerre.

Sceau rond, de 21 mill. — Écu à la croix engrêlée cantonnée de quatre étoiles, penché, timbré d'un heaume, supporté par deux lions. — Légende détruite.

Quittance de gages. — 23 avril 1401. (Clair., r. 94, p. 7307.)

7661 RENIER (PIERRE),
Trésorier général du duc d'Orléans.

Sceau rond, de 20 mill. — Écu au sautoir engrêlé cantonné de quatre merlettes, dans un quadrilobe.

Seel .. erre reuter

Gages de monseigneur de Gaucourt, capitaine de Coucy. — 21 juillet 1415. (Clair., r. 94, p. 7307.)

7662 RENIER (ROBERT),
Sergent du roi au bailliage d'Amiens.

Sceau rond, de 20 mill. — L'initiale R entre un lion assis et une aigle; et au-dessous un renard à gauche devant un arbre.

..BERT RE....

Quittance de frais d'ajournement. — 31 janvier 1383, n. st. (Clair., r. 94, p. 7327.)

7663 RENIER (.....),
Élu des aides à Noy

Voyez NOYON.

7664 RENIÈRES (GORY DE),
Écuyer.

Sceau rond, de 25 mill. — Écu portant une hure, penché, timbré d'un heaume cimé d'une tête de bœuf, supporté par deux hommes sauvages.

...RY.. RENIER..

Service de guerre contre le duc de Bourgogne. — Quittance de gages. — 24 mai 1414. (Clair., r. 94, p. 7327.)

7665 RENIERS (JEAN DE),
Écuyer.

Sceau rond, de 23 mill. — Écu portant six losanges, penché, timbré d'un heaume cimé d'une tête d'aigle. Dans le champ, des rameaux.

lehan de renier.

Guerres de basse Normandie. — Quittance de gages. — Caen, 21 septembre 1415. (Clair., r. 94, p. 7329.)

7666 RENIERS (ROBERT DE),
Du bailliage de Caen.

Sceau rond, de 25 mill. — Écu portant trois macles sous un chef chargé de trois losanges, dans une rose gothique.

✠ S' ROB.....NERS EC...

Ost de Flandre. — Quittance de gages. — Arras, 30 septembre 1302. (Clair., r. 94, p. 7329.)

7667 RENNEVAL (JEAN DE),
Écuyer.

Sceau rond, de 26 mill. — Écu à la croix chargée de cinq coquilles, penché, timbré d'un heaume couronné et cimé de... dans un vol, supporté par deux lions.

lehan de ranneval

Service de guerre contre les ennemis qui sont à Saint-Denis, etc. — Quittance de gages. — 28 octobre 1411. (Clair., r. 93, p. 7223.)

7668 RENNEVAL (RAOUL DE),
Chevalier, du Vermandois.

Sceau rond, de 25 mill. — Écu à la croix chargée de cinq coquilles, penché, timbré d'un heaume couronné et cimé d'une tête d'ours, sur champ réticulé.

SEEL .... NEVAL

Service de guerre. — Gages d'Antoine de Coudun, chevalier. — Hesdin, 27 octobre 1348. (Clair., r. 34, p. 2515.)

7669 RENNEVAL (RAOUL, SIRE DE),
Chevalier, conseiller du roi.

Sceau rond, de 30 mill. — Écu à la croix chargée de cinq coquilles, penché, timbré d'un heaume couronné et cimé d'une tête d'ours dans un vol, sur champ orné.

. RAOVL SEGR D. RAINE...
...ENETIER D FRA..

Quittance de gages ordinaires et des frais d'un voyage à Boulogne pour traiter de la paix avec le roi d'Angleterre. — 15 avril 1385. (Clair., r. 93, p. 7221.)

7670 RENNEVAL (WALERAN DE),
Chevalier banneret.

Sceau rond, de 30 mill. — Écu à la croix chargée de cinq coquilles, penché, timbré d'un heaume couronné et cimé d'une tête de loup?, dans un vol, sur champ de rinceaux.

.... NNE...

Guerres de Picardie. — Quittance de gages. — Corbie, 4 août 1380. (Clair., r. 93, p. 7219.)

7671 RENOUF (AIMERY),
Vicomte de Coutances,
receveur général des aides au diocèse de Lisieux, Bayeux, Coutances, Avranches.

Signet rond, de 12 mill. — Un lion assis, accosté des lettres A R. — Sans légende.

Quittance délivrée au receveur des aides du diocèse de Lisieux. — 20 octobre 1366. (Clair., r. 94, p. 7329.)

7672 RENTY (BAPTISTE DE),
Lieutenant de 30 lances
sous monseigneur de la Chapelle des Ursins.

Sceau rond, de 24 mill. — Écu portant trois doloires les deux en chef adossées, accompagnées d'une étoile en pointe. — Sans légende.

Quittance de gages. — 30 mai 1565. (Clair., r. 190, p. 7291.)

7673 RENTY (JACOTIN DE),
Écuyer d'écurie du duc d'Orléans.

Sceau rond, de 25 mill. — Écu portant trois doloires au bâton en bande brochant, penché, timbré d'un heaume, sur champ réticulé. — Légende détruite.

Quittance d'une pension sur les coffres du roi. — 1ᵉʳ mars 1406, n. st. (Clair., r. 95, p. 7351.)

7674 RENTY (JACQUES DE),
Écuyer.

Sceau rond, de 30 mill. — Écu portant trois doloires les deux en chef adossées et accompagnées de..., à la bordure; penché, timbré d'un heaume, accosté de deux feuilles. Dans le champ, en exergue :
⚜ s ce ⸱ne ? — Légende détruite.

Guerres du pays de Caux. — Quittance de gages. — Rouen, 19 octobre 1315. (Clair., r. 95, p. 7351.)

7675 RENTY (OUDART DE),
Châtelain de Tournehem et d'Audruicq.

Sceau rond, de 23 mill. — Écu portant trois doloires, les deux en chef adossées.

✠ S .... Ren ..

Garde des châteaux de Tournehem et d'Audruicq. — Quittance de gages. — Saint-Omer, 26 décembre 1355. (Clair., r. 94, p. 7333.)

7676 RENTY (OUDART DE),
Écuyer.

Sceau rond, de 23 mill. — Écu portant trois doloires les deux en chef adossées, au lambel de trois pendants chargés chacun de deux besants.

✠ OVDA ..... ƏRƏI

Guerres des frontières de Flandre. — Quittance de gages. — Thérouanne, 20 juillet 1386. (Clair., r. 94, p. 7339.)

7677 RENTY (OUDART DE),
Écuyer, échanson du roi et garde de son épargne.

Sceau rond, de 27 mill. — Écu portant trois doloires les deux en chef adossées à la bordure engrêlée, penché, timbré d'un heaume cimé d'une tête d'homme barbu, sur champ festonné.

S oudart .. .enti

Quittance de 50,000 francs sur la recette de Languedoc et de Guienne. — 15 mars 1401, n. st. (Clair., r. 94, p. 7345.)

7678 RENTY (RASSE DE),
Chevalier.

Sceau rond, de 20 mill. — Écu portant trois doloires les deux en chef adossées, au lambel.

..... se D ....

Guerres de Flandre. — Quittance de gages. — 22 mars 1383. (Clair., r. 94, p. 7337.)

7679 RENTY (SIMON DE),
Écuyer.

Sceau rond, de 21 mill. — Écu portant trois doloires les deux en chef adossées, accompagnées de... en abîme, au lambel.

✠ S SIMON DE RENTI

Guerres de Bretagne. — Quittance de gages. — Pontorson, 21 octobre 1379. (Clair., r. 94, p. 7337.)

7680 RENTY (TASSART DE),
Dit le Galois, chevalier.

Sceau rond, de 25 mill. — Écu portant trois doloires les deux en chef adossées, penché, timbré d'un heaume cimé d'une tête d'homme barbu. Dans le champ, six couronnes.

Le seel Wistas ....

Guerres de Picardie. — Quittance de gages. — Corbie, 4 août 1380. (Clair., r. 94, p. 7337.)

7681 RENTY (TASSART DE),
Dit le Galois, chevalier.

Sceau rond, de 30 mill. — Écu portant trois doloires les deux en chef adossées, à la barre brochant; penché, timbré d'un heaume cimé d'une tête d'homme barbu. Dans le champ, six couronnes. — Légende détruite.

Guerres des frontières de Picardie. — Quittance de gages. — 26 mars 1387, n. st. (Clair., r. 94, p. 7339.)

7682   RENTY (THOMAS DE),

Écuyer.

Sceau rond, de 23 mill. — Écu portant trois doloires les deux en chef adossées, accompagnées de deux étoiles en flanc; penché, timbré d'un heaume cimé d'une licorne issante. Dans le champ, deux rameaux.

S ᛏhOᛖАS DE RENᛏI

Service de guerre à Paris. — Quittance de gages. — 15 janvier 1416, n. st. (Clair., r. 95, p. 7353.)

7683   REQUINQUÉ (THIBAUD LE).

Sceau rond, de 18 mill. — Un lion assis.

✠ S T.....T LE REQVIᛖQVE

Gages de Geoffroi Devol, archer. — Saint-Jean-d'Angely, .. mai 1352. (Clair., r. 40, p. 3009.)

7684   RÈRE (GUICHART DE),

Écuyer, de la Franche-Comté.

Sceau hexagone, de 20 mill. — Écu portant trois arbres (trois chênes?) sous un chef chargé d'un lion issant.

✠ G...E RA.RE

Ost de Bouvines. — Quittance de gages. — Paris, 4 mai 1340. (Clair., r. 95, p. 7353.)

7685   RÉSIGNY (JEAN, SEIGNEUR DE),

Chevalier.

Sceau rond, de 27 mill. — Écu portant trois pals de macles à la fasce brochant, penché, timbré d'un heaume cimé de..., supporté par deux lions.

.....AN DE RE....

Guerres du pays de Caux. — Quittance de gages. — Rouen, 5 octobre 1415. (Clair., r. 93, p. 7325.)

7686   RÉSIGNY (ROBERT DE),

Écuyer.

Sceau rond, de 17 mill. — Écu portant trois pals de macles à la fasce chargée de trois... brochant.

✠ ROBER.....IGᛖIS

Service de guerre. — Quittance de gages. — Rouen, 5 août 1369. (Clair., r. 95, p. 7353.)

7687   RESSONS (GUI DE),

Chevalier.

Sceau rond, de 28 mill. — Écu portant un palé de six pièces sous un chef.

✠ S......DE RA.....

Guerres de Saintonge, Limousin, Angoumois. — Quittance de gages. — 15 juillet 1380. (Clair., r. 95, p. 7353.)

7688   RETEL (PERRET),

Écuyer, du bailliage de Troyes.

Sceau rond, de 20 mill. — Écu portant un râteau emmanché, au sautoir brochant. — Légende détruite.

Service de guerre. — Quittance de gages. — 22 mai 1340. (Clair., r. 95, p. 7355.)

7689   REUT, DIT LE BORGNE,

Écuyer, huissier d'armes du roi, châtelain de Ribemont.

Sceau rond, de 26 mill. — Écu portant trois roues, penché, timbré d'un heaume cimé d'une roue, supporté par deux griffons.

.........DE......

Gages de l'office de châtelain. — 25 septembre 1407. (Clair., r. 95, p. 7357.)

7690   REVEL (ITHIER),

Chevalier.

Sceau rond, de 20 mill. — Écu portant trois pals. — Légende détruite.

Establie de Saintes. — Quittance de gages. — Saintes, 21 mars 1331, n. st. (Clair., r. 94, p. 7323.)

7694 REVEL (NANDONNET),
Écuyer.

Sceau rond, de 26 mill. — Écu à la bande accompagnée de trois roses deux en chef et une en pointe, penché, timbré d'un heaume cimé d'une tête de bouc, supporté par deux lions.

.........REVEL

Guerres de Guienne. — Quittance de gages. — 4 septembre 1386. (Clair., r. 94, p. 7325.)

7692 REVIGNY (RICHARD DE),
Écuyer, du bailliage de Vitry.

Sceau rond, de 20 mill. — Écu losangé.

.........AVIGNA

Guerres de Vermandois. — Quittance de gages. — Saint-Quentin, 20 octobre 1339. (Clair., r. 94, p. 7329.)

7693 REYNIE (RAOUL DE LA),
Chevalier.

Sceau rond, de 22 mill. — Écu à la fasce fuselée de quatre pièces, dans une rose gothique.

.....VL DE ..RENEIE CHER

Garde du château de Ségur en Limousin. — Quittance de gages. — 10 janvier 1376, n. st. (Clair., r. 94, p. 7297.)

7694 REYNIE (RAOUL DE LA),
Chevalier.

Sceau rond, de 23 mill. — Écu à fasce fuselée de cinq pièces, penché, timbré d'un heaume cimé d'un vol, sur champ festonné.

S RAOVL .. .A RAYNIE

Guerres de Limousin. — Quittance de gages. — La Souterraine, 16 juillet 1379. (Clair., r. 93, p. 7215.)

7695 RIBEMONT (EUSTACHE DE),
Sire de Parpeville,
gouverneur et souverain bailli de Lille, Douai, etc.

Sceau rond, de 21 mill. — Écu fretté au franc canton chargé d'un lion passant.

.....D' RI........

Gages des Génois étant au château de Lille. — Lille, 20 mai 1341. (Clair., r. 95, p. 7359.)

7696 RIBEMONT (EUSTACHE DE),
Gouverneur de Lille.

Sceau rond, de 22 mill. — Écu fretté au franc canton chargé d'un lion passant, penché, timbré d'un heaume cimé d'une tête de lion, supporté par deux aigles, dans un trilobe.

✱ S' hV..... DE ....AVAL

Establie de Lille. — Gages de Jean de Saint-Pol, écuyer. — Lille, 19 septembre 1342. (Clair., r. 87, p. 6855.)

7697 RIBES (JEAN DE),
Capitaine d'arbalétriers.

Sceau rond, de 19 mill. — Écu portant six burelles engrêlées.

S IAh.........S

Service de guerre. — Quittance de gages. — 19 novembre 1419. (Clair., r. 95, p. 7361.)

7698 RIBIER (PIERRE),
Écuyer.

Sceau rond, de 25 mill. — Écu au lévrier rampant, penché, timbré d'un heaume. Dans le champ, deux rameaux.

..ERRE RIBIER

Recouvrement du Languedoc. — Quittance de gages. — 29 novembre 1418. (Clair., r. 95, p. 7361.)

7699 RIBLE (YVON DU),
Écuyer.

Sceau rond, de 28 mill. — Écu portant trois pals, dans un trilobe.

S yvon dn .ible

Recouvrement de places en Charolais et Mâconnais. — Quittance de gages. — 4 mai 1420. (Clair., r. 95, p. 7363.)

7700 RIBOUL (FOULQUES),
Seigneur d'Assé.

Sceau rond, de 28 mill. — Écu portant un émanché parti de huit pièces, penché, timbré d'un heaume cimé d'une tête de biche ou d'âne, supporté par un lion et un griffon.

........BOU.......

Guerres de Normandie. — Quittance de gages. — Gavray, 13 mai 1378. (Clair., r. 95, p. 7363.)

7701 RICART (PIERRE),
Dit Genouillac, écuyer.

Sceau rond, de 30 mill. — Écu incomplet parti : au 1, trois? étoiles l'une sur l'autre; au 2, trois? bandes au lambel; penché, timbré d'un heaume, supporté par deux damoiselles. — Légende détruite.

Guerres de Bazadais. — Quittance de gages. — 20 mars 1422, n. st. (Clair., r. 95, p. 7365.)

7702 RICARVILLE (GUILLAUME DE),
Écuyer.

Sceau rond, de 28 mill. — Écu à la bande engrêlée accompagnée de six annelets en orle, à la bordure engrêlée; penché, timbré d'un heaume, supporté par deux chiens.

.... de ric......

Recouvrement de la ville du Mans. — Quittance de gages. — 23 mai 1428. (Clair., r. 95, p. 7369.)

7703 RICARVILLE (JEAN DE),
Écuyer.

Sceau rond, de 23 mill. — Écu à la bande engrêlée accompagnée de six annelets en orle.

S' IOhAN DE RICARTVILE

Ost de Flandre. — Quittance de gages. — Arras, 13 septembre 1302. (Clair., r. 95, p. 7365.)

7704 RICARVILLE (ROBERT DE),
Écuyer.

Sceau rond, de 23 mill. — Écu à la bande engrêlée à six annelets en orle brochant sur le tout.

S robert de ricaruille

Guerres des frontières de Picardie. — Quittance de gages. — 12 juin 1386. (Clair., r. 95, p. 7365.)

7705 RICARVILLE (ROBERT DE),
Écuyer.

Sceau rond, de 22 mill. — Écu à la bande engrêlée accompagnée de six annelets en orle, dans un trilobe.

...ERT DE ...ARVILE

Guerres des frontières de Picardie. — Quittance de gages. — Amiens, 31 mai 1387. (Clair., r. 95, p. 7367.)

7706 RICARVILLE (ROBERT DE),
Écuyer.

Sceau rond, de 20 mill. — Écu à la bande engrêlée à six besants ou six tourteaux en orle brochant sur le tout.

✠ SEEL ROBERT DE RICARVILLE

Guerres des frontières de Picardie. — Quittance de gages. — 22 octobre 1387. (Clair., r. 95, p. 7367.)

7707 RICAUMES (GUILLAUME DE),
Écuyer.

Sceau rond, de 19 mill. — Écu portant trois coquilles à la bordure, penché, timbré d'un heaume cimé d'un plumail. Dans le champ, deux palmes.

GVILLE DE RYCAUMES

Poursuite des Anglais, sous le duc de Bourgogne. — Monthéry, 3 septembre 1380. (Clair., r. 95, p. 7357.)

7708 RICHAIGNON (PIERRE),
Écuyer.

Sceau rond, de 19 mill. — Écu au lion, dans un trilobe. — Légende fruste.

Establie de Tournay. — Quittance de gages. — Paris, 9 août 1339. (Clair., r. 95, p. 7373.)

7709 RICHARD (PIERRE),
Seigneur de Troussures, commissaire ordinaire des guerres.

Sceau rond, de 31 mill. — Écu parti : au 1, un plain; au 2, un échiqueté; sur le tout, un chevron, penché, timbré d'un heaume à lambrequins cimé d'un plumail.

✠ PETRVS RICHARDVS DNS DE TROVSSVRES

Gages de son office. — 27 novembre 1524. (Clair., r. 95, p. 7373.)

7710   RICHARD DE BEAUCHAMP,
Comte de Warwick.

Voyez Warwick.

7711   RICHARVILLE (PHILIPPE DE),
Chevalier, de l'Orléanais.

Sceau rond, de 24 mill. — Écu portant six annelets.

S' PҺƏL.........

Ost de Flandre. — Quittance de gages. — Vitry-en-Artois, 26 septembre 1302. (Clair., r. 84, p. 6605.)

7712   RICHAUME (GUIONNET),
Écuyer, de Viennois.

Sceau rond, de 21 mill. — Écu à la bande chargée de trois..., dans un quadrilobe.

S' ҺVGONIS.......

Service de guerre. — Quittance de gages. — Paris, 18 novembre 1339. (Clair., r. 95, p. 7375.)

7713   RICHE (ODIN LE),
Lieutenant et clerc de Pierre Surreau, receveur de Ponthieu.

Sceau rond, de 23 mill. — Écu incomplet portant des pampres chargés de raisins, penché, timbré d'un heaume cimé d'une dame à mi-corps, supporté par deux lions.

Seel odin.........erc

Payement de gens d'armes et de trait à l'encontre des pilleurs et gens de compagnies, etc. — Abbeville, 30 mars 1418, n. st. (Clair., r. 95, p. 7375.)

7714   RICHEBOURG (COLART DE),
Bourgeois d'Amiens, mari de Jeanne de Saulty.

Sceau rond, de 20 mill. — Écu à la bande, penché, timbré d'un heaume couronné et cimé d'un vol, dans un quadrilobe.

.......DƏ RIG.......

Quittance de rente. — Amiens, 12 novembre 1366. (Clair., r. 95, p. 7401.)

7715   RICHEBOURG (JEAN DE),
Chevalier.

Sceau rond, de 18 mill. — Écu portant cinq chevrons, dans un quadrilobe.

. IƏҺAN DƏ RI..BO...ƏSC

Guerres d'Angoumois. — Quittance de gages. — Angoulême, 12 juillet 1351. (Clair., r. 95, p. 7375.)

7716   RICHEBOURG (JEAN DE),
Chevalier.

Sceau rond, de 21 mill. — Écu chevronné de huit ou dix pièces et chargé d'une merlette en chef et à dextre, penché, timbré d'un heaume, sur champ réticulé.

.....D' RICҺƏBOVRG' CҺ...

Service de guerre entre la Loire et la Dordogne. — Quittance de gages. — Poitiers, 30 mars 1356, n. st. (Clair., r. 95, p. 7375.)

7717   RICHEBOURG (LOUIS DE),
Écuyer, seigneur des Barres et de Gravon, commis à recevoir les montres et revues en Normandie.

Sceau rond, de 38 mill. — Écu portant cinq chevrons, penché, timbré d'un heaume cimé d'une tête de lion, supporté par un lion et un griffon.

SEEL DE LOYS DE RICHEBOVRG

Montre de Philippe Chabot, amiral de France, capitaine du château de Dieppe. — Dieppe, 31 mars 1536, n. st. (Clair., r. 149, p. 3413.)

7718   RICHECOURT (WAUTIER DE),
Chevalier.

Sceau rond, de 27 mill. — Écu portant un écusson en abîme à la bande componée brochant sur le tout.

✠ S G.......CƬ

Ost de Flandre. — Quittance de gages. — Bruges, 21 janvier 1300, n. st. (Clair., r. 95, p. 7393.)

7719   RICHELIEU (DE).

Voyez PLESSIS (DU).

7720   RICHETE (JEAN),

Sergent d'armes du roi, payeur des œuvres de la ville de Paris.

Sceau rond, de 21 mill. — Écu portant trois roses accompagnées de... en chef, penché, timbré d'un heaume cimé d'une tête d'aigle dans un vol, supporté par une aigle et un lion.

S IEHAN RICHETE

Quittance de 300 livres tournois pour servir aux œuvres de la ville de Paris. — 1380. (Clair., r. 95, p. 7377.)

7721   RIENCOURT (JEAN, SEIGNEUR DE),

Chevalier.

Sceau rond, de 24 mill. — Écu portant trois fasces, penché, timbré d'un heaume, supporté par deux lions. — Légende détruite.

Service de guerre sous le duc de Bourgogne. — Quittance de gages. — 12 mai 1412. (Clair., r. 95, p. 7383.)

7722   RIEUX (CLAUDE, SIRE DE),

Comte d'Harcourt.

Voyez HARCOURT.

7723   RIEUX (GÉRARD DE),

Seigneur de «Camortaires» en Armagnac.
Lieutenant de 50 hommes d'armes sous Louis Pic de la Mirande.

Sceau ovale, de 30 mill. — Écu écartelé : au 1 et 4, deux lions affrontés ; au 2 et 3, une bande accompagnée de six quintefeuilles en orle, parti de deux fasces. — Sans légende.

Quittance de gages. — 27 août 1575. (Clair., r. 190, p. 7321.)

7724   RIEUX (JEAN DE),

Guidon de 50 lances sous le marquis d'Elbeuf.

Sceau rond, de 22 mill. — Écu écartelé : au 1 et 4, cinq besants posés en sautoir ; au 2 et 3, de vair ; sur le tout un écusson portant trois fasces ; timbré d'une couronne. — Sans légende.

Quittance de gages. — 23 juillet 1560. (Clair., r. 190, p. 7299.)

7725   RIEUX (JEAN DE).

Voyez MARÉCHAUX DE FRANCE.

7726   RIEUX (JEAN, SIRE DE),

Comte d'Harcourt.

Voyez HARCOURT.

7727   RIGAUT (JEAN),

Écuyer, de la vicomté de Paris.

Sceau rond, de 20 mill. — Écu portant une fasce au bâton en bande brochant, penché, timbré d'un heaume, dans un trilobe. — Légende détruite.

Guerres de Vermandois. — Quittance de gages. — Saint-Quentin, 21 octobre 1389. (Clair., r. 95, p. 7389.)

7728   RIGAUT (PIERRE),

Écuyer, capitaine du pont de Saint-Cloud.

Sceau rond, de 22 mill. — Écu portant une fasce au bâton en bande brochant accompagnée d'un besant ou d'un tourteau en chef ; penché, timbré d'un heaume cimé d'une tête de griffon, sur champ festonné.

pierre rigaut dit gallois

Garde du pont de Saint-Cloud. — Quittance de gages. — 6 janvier 1413, n. st. (Clair., r. 95, p. 7391.)

7729   RIM (SIMON),

Chevalier.

Sceau rond, de 26 mill. — Écu au lion, penché, timbré d'un heaume cimé de deux têtes d'homme adossées, dans un encadrement gothique.

S' SIMON .....

Acte en blanc. — Montre du 19 octobre 1387. (Clair., r. 95, p. 7395.)

7730 RIQUECHON (AMAURY),
Chevalier.

Sceau rond, de 22 mill. — Écu à la fasce accompagnée de six billettes en orle. — Légende détruite.

Ost de Flandre. — Quittance de gages. — Arras, 25 septembre 1302. (Clair., r. 95, p. 7393.)

7731 RIVERY (BERNARD DE),
Chevalier.

Sceau rond, de 26 mill. — Écu portant trois pals de vair au franc canton chargé d'une merlette. — Légende détruite.

Ost de Flandre. — Quittance de gages. — Arras, 10 septembre 1302. (Clair., r. 95, p. 7403.)

7732 RIVIÈRE (ADRIEN DE LA),
Seigneur de Chepy,
enseigne de 30 lances sous monseigneur de Montfort.

Sceau rond, de 25 mill. — Écu au lion, dans un cartouche.

NON TEMERE

Quittance de gages. — 6 juin 1569. (Clair., r. 191, p. 7391.)

7733 RIVIÈRE (BUREAU DE LA),
Chevalier et chambellan du duc de Normandie.

Sceau rond, de 24 mill. — Écu à la bande.

BVRIAV DE LA RIVIERE ChLR

Quittance de 1,000 francs d'or et 500 écus que le duc lui a donnés à l'occasion de son mariage. — 7 novembre 1361. (Clair., r. 190, p. 7341.)

7734 RIVIÈRE (BUREAU DE LA)
Et de Préaux, chevalier.
premier chambellan du roi, frère de Jean de la Rivière.

Sceau rond, de 24 mill. — Écu à la bande chargée d'une tête de lion, penché, timbré d'un heaume cimé de deux oreilles d'âne, sur champ réticulé.

BVRIAV DE LA RIVIERE

Service de guerre à Vernon par Jean de la Rivière. — Quittance de gages. — Paris, 19 novembre 1364. (Clair., r. 190, p. 7331.)

7735 RIVIÈRE (BUREAU DE LA),
Chambellan du roi.

Sceau rond, de 26 mill. — Écu à la bande, penché, timbré d'un heaume cimé de deux oreilles d'âne aux armes. Dans le champ, quatre S et quatre têtes d'aigle.

...VRIAV DE ....SIRE DAVNGEL

Quittance d'un faucon, délivrée au nom de Jean, son frère, à qui le roi avait donné en viager tous les oiseaux gentils pris en ses tenures de Normandie. — 12 avril 1366. (Clair., r. 190, p. 7347.)

7736 RIVIÈRE (BUREAU, SIRE DE LA),
Premier chambellan du roi.

Sceau rond, de 27 mill. — Écu à la bande, penché, timbré d'un heaume cimé de deux oreilles d'âne aux armes. Dans le champ, quatre S alternant avec quatre têtes d'aigle.

.....AV SIRE DE LA .....GEL

Quittance de gages. — 5 avril 1378, n. st. (Clair., r. 190, p. 7349.)

7737 RIVIÈRE (BUREAU, SIRE DE LA).

Sceau rond, de 30 mill. — Écu à la bande, penché, timbré d'un heaume cimé de deux oreilles d'âne aux armes, supporté par deux aigles.

BVRIAV SIRE DE LA RIVIERE
Z DAVNGEL

Guerres d'Allemagne. — Gages de Colart, dit l'Allemand, seigneur d'Auxy, chevalier. — 12 octobre 1388. (Clair., r. 191, p. 7357.)

7738 RIVIÈRE (CLAUDE DE LA),
Écuyer, seigneur de Giry, conseiller et chambellan du roi.

Signet rond, de 17 mill. — Écu à la bande accompagnée d'un trèfle en chef et à sénestre. — Sans légende.

Quittance de pension. — 1er août 1475. (Clair., r. 191, p. 7377.)

7739 RIVIÈRE (CLAUDE DE LA),
Écuyer, seigneur de Giry.

Sceau rond, de 33 mill. — Écu à la bande accompagnée d'un trèfle en chef et à sénestre, penché, timbré d'un heaume cimé d'une tête d'aigle dans un vol, supporté par deux anges.

S claude de la riuiere

Quittance de pension. — 18 juillet 1476. (Clair., r. 191, p. 7379.)

7740   RIVIÈRE
(Aurore de Saccorsy, femme de François de la), lieutenant de 40 lances sous monseigneur de Tavannes.

Signet rond, de 18 mill. — Écu parti : au 1, une bande; au 2, trois chevrons. — Sans légende.

Quittance de gages. — Hostun, 28 avril 1552, n. st. (Clair., r. 191, p. 7381.)

7741   RIVIÈRE (FRANÇOIS DE),
Seigneur de Rémusat, dit capitaine Sainte-Marie, guidon de 30 lances sous monseigneur de Maugiron.

Signet rond, de 20 mill. — Écu à la croix engrêlée, surmonté de la lettre I. — Sans légende.

Quittance de gages. — Vienne en Dauphiné. — 11 juin 1567. (Clair., r. 191, p. 7409.)

7742   RIVIÈRE (GILLES DE),
Chevalier.

Sceau rond, de 20 mill. — Écu semé de croisettes à l'orle, dans une rose gothique. — Légende détruite.

Establie de Tournay. — Quittance de gages. — Tournay, 15 mars 1339, n. st. (Clair., r. 95, p. 7415.)

7743   RIVIÈRE (GILLES DE),
Du bailliage d'Amiens.

Sceau ovale, de 21 mill. — Écu semé de croisettes, à l'orle.

... G'IL........

Guerres de Vermandois. — Quittance de gages. — 27 octobre 1339. (Clair., r. 95, p. 7415.)

7744   RIVIÈRE (GUILLAUME DE).

Sceau rond, de 27 mill. — Écu portant un oiseau accompagné d'une sextefeuille en chef et à sénestre.

✠ S ....RIA

Guerres de Gascogne. — Gages d'Arnaud de Montpezat. — Agen, 30 janvier 1341, n. st. (Clair., r. 78, p. 6087.)

7745   RIVIÈRE (HECTOR DE LA),
Guidon de 60 lances sous monseigneur de Brosses.

Signet rond, de 19 mill. — Écu en cartouche au chevron accompagné en pointe de trois annelets. — Sans légende.

Quittance de gages. — 28 janvier 1564, n. st. (Clair., r. 191, p. 7389.)

7746   RIVIÈRE (JEAN DE),
Écuyer.

Sceau rond, de 18 mill. — Écu fretté.

✠ ... D. RI....

Guerres de Vermandois. — Quittance de gages. — Saint-Quentin, 28 octobre 1339. (Clair., r. 95, p. 7415.)

7747   RIVIÈRE (JEAN DE LA),
Chevalier, chambellan du régent.

Sceau rond, de 24 mill. — Écu à la bande, dans un quadrilobe.

S IEHAN DE LA RIUIERE

Quittance de gages. — Melun, 5 mars 1360, n. st. (Clair., r. 190, p. 7325.)

7748   RIVIÈRE (JEAN, SIRE DE LA)
Et de Préaux, chambellan du roi, frère de Bureau de la Rivière.

Sceau rond, de 21 mill. — Écu à la bande.

S IEH SIRE DE LARIUIRE ET D PRAS

Guerres de Normandie. — Quittance de gages. — Paris, 5 avril 1365, n. st. (Clair., r. 190, p. 7335.)

7749   RIVIÈRE (JEAN DE LA).

Sceau rond, de 25 mill. — Écu portant cinq bandes

à la bordure engrêlée, penché, timbré d'un heaume cimé d'une aigle, supporté par deux lions.

S IEhAN DE LA ....

Quittance en blanc. — 29 janvier 1372, n. st. (Clair., r. 191, p. 7389.)

7750 RIVIÈRE (JEAN DE LA),
Maître des œuvres de charpenterie du roi au bailliage de Gisors.

Sceau rond, de 23 mill. — Écu portant une hache accompagnée d'une équerre en chef et d'un oiseau en pointe, timbré d'un arbre.

. . ȷan ᵭe la riviere .

Gages de son office. — 6 février 1420, n. st. (Clair., r. 191, p. 7399 et 7413.)

7751 RIVIÈRE (JEAN DE LA),
Prévôt du comte de Retz, maréchal de France.

Signet ovale, de 15 mill. — Écu portant deux fasces sous un chef chargé d'un émanché de cinq pièces, timbré d'un heaume. — Sans légende.

Quittance de gages. — 20 novembre 1573. (Clair., r. 191, p. 7393.)

7752 RIVIÈRE (JEAN DE LA),
Seigneur de Pouges, prévôt du comte de Retz, maréchal de France.

Sceau rond, de 30 mill. — Écu portant deux fasces sous un chef chargé d'un émanché de cinq pièces, timbré d'un heaume à lambrequins.

SEEL DV PVOST DE MONS.....
D. RAIZ

Quittance de gages. — Paris, 7 avril 1577, n. st. (Clair., r. 191, p. 7393.)

7753 RIVIÈRE (PERRETTE DE LA),
Dame d'Aunceel et de la Roche-Guyon.

Sceau rond, de 25 mill. — Écu écartelé : au 1 et 4, cinq bandes à la bordure; au 2 et 3, une bande; dans un trilobe. — Légende détruite.

Quittance d'une rente sur la recette de Meulan. — 12 février 1464, n. st. (Clair., r. 138, p. 2517.)

7754 RIVIÈRE (PHILIPPE DE LA),
Chevalier.

Sceau rond, de 20 mill. — Écu portant trois chevrons au lambel.

.hILIP. . . . LA RIUIERE

Service de guerre en Languedoc. — Quittance de gages. — 20 octobre 1353. (Clair., r. 191, p. 7387.)

7755 RIVIÈRE (PIERRE DE LA),
Écuyer.

Sceau rond, de 22 mill. — Écu fascé de six pièces au franc canton chargé d'une quintefeuille, au bâton en bande brochant sur le tout. — Légende fruste.

Armée d'Écosse. — Quittance de gages. — Arras, 27 avril 1385. (Clair., r. 95, p. 7409.)

7756 RIVIÈRE (THIBAUD DE LA),
Chevalier, de Bretagne.

Sceau rond, de 30 mill. — Écu au chef chargé à sénestre d'un écusson fretté à la bande engrêlée brochant sur le tout, penché, timbré d'un heaume cimé d'un col de cygne dans un vol, supporté par deux hommes sauvages.

S ThIBAVT DE LA RIVIERE

Contre-sceau : Un heaume cimé d'un col de cygne dans un vol, accosté des lettres Ƌ, G, sur champ de fleurons. — Sans légende.

Quittance d'une rente sur la vicomté de Bayeux. — 21 avril 1379. (Clair., r. 191, p. 7385.)

7757 RIVIÈRE (THOMAS DE LA),
Grènetier du grenier à sel de Senlis.

Sceau rond, de 23 mill. — Une aigle perchée essorant.

. . omas ᵭe la rivie . .

Quittance de sel reçu des habitants de Senlis. — 14 mai 1405. (Clair., r. 95, p. 7409.)

7758 RIVIÈRE-LABATUT (ANTOINE DE),
Vicomte de Labatut,
lieutenant de la compagnie de monseigneur de Gramont.

Cachet ovale, de 22 mill. — Écu portant trois

épées en pal la pointe en bas rangées en fasce. — Sans légende.

Quittance de gages. — 27 octobre 1575. (Clair., r. 191, p. 7403.)

7759 RIVIÈRE-LABATUT (BERNARD DE),
De la sénéchaussée de Bigorre.

Sceau rond, de 25 mill. — Écu portant trois épées en pal la pointe en bas rangées en fasce, penché, timbré d'un heaume cimé d'une tête de...

...GL DG BGRNA.. DG RI.....

Quittance en blanc. — Port-Sainte-Marie, 23 juillet 1372. (Clair., r. 191, p. 7413.)

7760 RIVIÈRE-LABATUT (BERNARD DE),
Seigneur de Labatut, conseiller et chambellan du roi, sénéchal de Toulouse.

Sceau rond, de 32 mill. — Écu portant trois épées en pal la pointe en bas rangées en fasce.

s bernart ꝛ̃ .... de la batut

Quittance au sujet des revenus de Buzet. — 20 juillet 1483. (Clair., r. 191, p. 7401.)

7761 RIVIÈRE-LABATUT (GAILLARD DE),
Damoiseau.

Sceau rond, de 24 mill. — Écu portant trois épées en pal la pointe en bas rangées en fasce. — Légende détruite.

Guerres de Gascogne. — Restor d'un cheval. — Villefranche, 26 décembre 1342. (Clair., r. 95, p. 7417.)

7762 RIVIÈRE-LABATUT (PONCET DE),
Chevalier, conseiller et chambellan du roi, bailli de Montferrand.

Sceau rond, de 35 mill. — Écu portant trois épées en pal la pointe en bas rangées en fasce, penché, timbré d'un heaume à lambrequins cimé d'une tête de cheval.

s poncet .... re

Gages de l'office de bailli. — 28 avril 1467. (Clair., r. 95, p. 7411.)

7763 RIZ (LUCQUIN),
Écuyer.

Sceau rond, de 24 mill. — Écu portant trois fleurs (trois marguerites?), penché, timbré d'un heaume à lambrequins cimé d'une tête de cheval bridé.

lucquin Riꝫ

Service de guerre à Paris. — Quittance de gages. — 1ᵉʳ janvier 1416, n. st. (Clair., r. 95, p. 7421.)

7764 ROBERSART (JEAN DE),
Chevalier, capitaine de Carentan.

Sceau rond, de 38 mill. — Écu portant un lion au lambel, penché, timbré d'un heaume à lambrequins cimé d'une roue. — Légende détruite.

Garde de Carentan. — 16 février 1441, n. st. (Clair., r. 95, p. 7429.)

7765 ROBERSART (JEAN DE),
Chevalier, maître enquêteur et général réformateur des eaux et forêts en Normandie.

Sceau rond, de 40 mill. — Écu portant un lion au lambel, penché, timbré d'un heaume à lambrequins cimé d'une roue.

le seel iehan ꝛ̃ robessart

Gages de son office. — 13 décembre 1441. (Clair., r. 191, p. 7443.)

7766 ROBERT,
Abbé du Mont-Saint-Michel.

Voyez Mont-Saint-Michel.

7767 ROBERT, COMTE D'AUVERGNE.

Voyez Auvergne.

7768 ROBERT, COMTE DE ROUCY.

Voyez Roucy.

7769 ROBERT, DUC DE BAR.

Voyez Bar.

7770 ROBERT, ÉVÊQUE DE CLERMONT.
Voyez CLERMONT.

7771 ROBERT (BAUDOUIN),
Écuyer, capitaine du château de Ruminghem.

Sceau rond, de 19 mill. — Un sanglier passant surmonté d'un huchet.

BOVDEN ROBERTS

Garde du château de Ruminghem. — Quittance de gages. — Thérouanne, 1ᵉʳ décembre 1376. (Clair., r. 95, p. 7425.)

7772 ROBERT (BERNARD),
Écuyer.

Sceau rond, de 19 mill. — Écu à la bande accompagnée de six étoiles en orle.

S BERNAR...BERT ESC

Guerres de Limousin. — Quittance de gages. — Limoges, 29 mai 1352. (Clair., r. 95, p. 7423.)

7773 ROBERT (JEAN),
Écuyer.

Sceau rond, de 22 mill. — Écu d'hermines portant deux fasces, dans un quadrilobe.

..... ROBERT

Garde de Gravelines. — Quittance de gages. — 9 avril 1387. (Clair., r. 95, p. 7427.)

7774 ROBERT D'ALENÇON,
Comte du Perche.

Voyez PERCHE.

7775 ROBERT DE BAR,
Comte de Marle et de Soissons.

Voyez MARLE.

7776 ROBERT DE BÉTHUNE,
Vicomte de Meaux.

Voyez MEAUX.

7777 ROBERT DE LA PORTE,
Évêque d'Avranches.

Voyez AVRANCHES.

7778 ROBINEAU (CLAUDE),
Seigneur de Lignerolles, commissaire ordinaire des guerres.

Sceau rond, de 28 mill. — Écu à la bande accompagnée de six sextefeuilles en orle, timbré d'un heaume, supporté par deux génies. — Sans légende.

Quittance de gages. — 15 janvier 1576, n. st. (Clair., r. 192, p. 7447.)

7779 ROBIOLLE (GARNOT),
Drapier à Paris.

Sceau rond, de 20 mill. — Écu portant une hure, soutenu par un ange, supporté par deux hommes sauvages, dans un trilobe.

S GARNAUT...BIOLLE

Fourniture de 15 aunes «de mabre broissequin long» de Bruxelles pour la nourrice du dauphin. — Quittance. — 19 juin 1370. (Clair., r. 95, p. 7429.)

7780 ROBOIS (JEAN DE),
Chevalier.

Sceau rond, de 26 mill. — Écu d'hermines au chef chargé d'une rose à dextre et d'une étoile à sénestre. — Légende détruite.

Guerre des frontières de Flandre. — Quittance de gages. — Lille, 26 août 1386. (Clair., r. 95, p. 7431.)

7781 ROCHE (DESRÉYÉ DE LA),
Chevalier et chambellan du régent.

Sceau rond, de 23 mill. — Écu au lion, penché, timbré d'un heaume cimé d'un arbre, supporté par deux hommes sauvages.

... reye de la roche ...

Quittance de 100 livres données par le régent. — 28 avril 1401. (Clair., r. 96, p. 7453.)

7782 ROCHE (GABRIEL DE LA),
Écuyer.

Sceau rond, de 19 mill. — Écu portant trois tours.

✠ Ga . . . . roche

Service de guerre à Paris. — Quittance de gages. — 14 janvier 1416, n. st. (Clair., r. 96, p. 7449.)

7783 ROCHE (GEOFFROI DE LA),
Chevalier.

Signet rond, de 17 mill. — Un lion assis, coiffé d'un heaume cimé de deux cornes, accosté de quatre pattes de lion. — Sans légende.

Guerres de Saintonge. — Gages de Pierre Augier, chevalier. — Benon, 29 octobre 1353. (Clair., r. 8, p. 413.)

7784 ROCHE (GUILLAUME DE LA),
Écuyer.

Sceau rond, de 30 mill. — Écu au lion accosté de deux palmes . . . — Légende détruite.

Recouvrement de places dans le Charolais et le Mâconnais. — Quittance de gages. — 31 mars 1420, n. st. (Clair., r. 96, p. 7453.)

7785 ROCHE (HUGUES DE LA),
Seigneur de Châteauneuf et de Tournelle, capitaine général au pays d'Auvergne.

Sceau rond, de 28 mill. — Écu fascé enté de huit pièces, penché, timbré d'un heaume couronné et cimé d'une tête de licorne, supporté par deux lions.

S hVGOnIS DE RVPE MILIT

Ordonnance de payement. — Clermont, 25 mai 1359. (Clair., r. 96, p. 7463.)

7786 ROCHE (JACQUES DE LA),
Seigneur de Daillon, guidon de 50 lances sous le seigneur de Lans.

Signet rond, de 21 mill. — Écu fascé enté de six pièces, entouré d'une couronne de feuillage. — Sans légende.

Quittance de gages. — 20 septembre 1575. (Clair., r. 192, p. 7451.)

7787 ROCHE (JEAN DE LA),
Écuyer.

Sceau rond, de 19 mill. — Écu à la croix pattée.

S I . . . . roche

Guerres de Normandie. — Quittance de gages. — Rouen, 25 septembre 1415. (Clair., r. 96, p. 7447.)

7788 ROCHE (MONDON DE LA),
Écuyer.

Sceau ovale, de 23 mill. — Écu à la fasce besantée? au lambel.

. . . ee . . . . . . a oche

Guerres de basse Normandie. — Quittance de gages. — Caen, 24 octobre 1415. (Clair., r. 96, p. 7449.)

7789 ROCHE (PHILIPPON DE LA),
Écuyer.

Sceau rond, de 19 mill. — Écu portant trois fers de flèche.

. S phelipo . . . a roche

Guerres de Normandie; siège de Harfleur par les Anglais. — Quittance de gages. — 29 septembre 1415. (Clair., r. 96, p. 7447.)

7790 ROCHE (RENAUD DE LA),
Chevalier.

Sceau rond, de 21 mill. — Écu portant deux flèches? en sautoir, penché, timbré d'un heaume cimé d'une tête de . . . , sur champ réticulé.

S . ɑnAVϮ DE . . . . . .

Chevauchée de Flandre. — Quittance de gages. — 25 août 1383. (Clair., r. 96, p. 7437.)

7791 ROCHE-AIMON (JEAN DE LA),
Écuyer.

Sceau rond, de 30 mill. — Écu semé d'étoiles au lion et au lambel, penché, timbré d'un heaume cimé d'une tête de lion.

iehan de . . . . . he . . . . .

Poursuite des Anglais sous Jean de Langeac, sénéchal d'Auvergne. — Quittance de gages. — 19 septembre 1424. (Clair., r. 96, p. 7459.)

DE LA COLLECTION CLAIRAMBAULT.

7792 ROCHE-ANDRY (EBLE DE LA),
Chevalier.

Sceau rond, de 20 mill. — Écu losangé à deux tierces brochant. — Légende détruite.

Quittance de 30 livres à lui données par Gui de Nesle, maréchal de France, capitaine en Saintonge. — Niort, 28 octobre 1349. (Clair., r. 96, p. 7435.)

7793 ROCHE-ANDRY (HUBLET DE LA),
Écuyer.

Sceau rond, de 22 mill. — Écu losangé dans un encadrement gothique. — Légende détruite.

Guerres de Guienne. — Quittance de gages. — Tours, 19 octobre 1386. (Clair., r. 96, p. 7439.)

7794 ROCHE-ANDRY (PHILIPPON DE LA),
Écuyer.

Sceau rond, de 25 mill. — Écu losangé au franc canton.

Seel phon ꝓ la roche

Poursuite des Anglais. — Quittance de gages. — Chinon, 30 octobre 1418. (Clair., r. 96, p. 7451.)

7795 ROCHECHOUART (AIMERY DE),
Seigneur de Mortemart,
capitaine souverain des évêchés de Limoges et de Tulle,
du comté de la Marche, vicomté de Limoges, etc.

Sceau rond, de 28 mill. — Écu fascé enté de six pièces chargé d'un chien courant en abîme, penché, timbré d'un heaume cimé d'une tête de licorne, supporté à dextre par un chien et à sénestre par un lion, un loup, deux cerfs, un griffon et un sanglier.

S AYMERI DE RO......

Quittance de gages. — Limoges, 30 novembre 1349. (Clair., r. 192, p. 7543.)

7796 ROCHECHOUART (AIMERY DE),
Seigneur de Mortemart, chevalier, capitaine général en Languedoc,
sénéchal de Toulouse et d'Alby.

Sceau rond, de 33 mill. — Écu fascé enté de six pièces chargé d'un chien courant en abîme, penché, timbré d'un heaume cimé d'une tête de licorne, sur champ à compartiments ornés de fleurettes.

S AYMERI D' ROCHECHOART.....
DE MORTEMAR

Office de capitaine de Montauban donné à Arnaud de Caraman, chevalier banneret. — Toulouse, 26 novembre 1352. (Clair., r. 192, p. 7545.)

7797 ROCHECHOUART (AIMERY DE),
Chevalier.

Sceau rond, de 33 mill. — Écu fascé enté de six pièces chargé d'un chien courant en abîme, suspendu à un arbre portant un heaume couronné et cimé de..., accosté à dextre d'un chien et à sénestre d'un cerf, d'un loup, d'un renard et d'un lion.

...MERI .. .OCHECHOUA..

Chevauchée de Bourbourg. — Quittance des gages de Hugues Tison, chevalier. — 25 août 1383. (Clair., r. 106, p. 8281.)

7798 ROCHECHOUART (AIMERY DE),
Sénéchal de Limousin.

Sceau rond, de 30 mill. — Écu fascé enté de six pièces chargé d'un chien courant en abîme, supporté par une aigle et par un chien coiffé d'un heaume couronné et cimé de...

...aim.......

Guerres de Guienne. — Gages de Galchant de Saint-Simon, chevalier. — Au siège devant Verteuil, 28 août 1385. (Clair., r. 103, p. 8041.)

7799 ROCHECHOUART (AIMERY DE),
Chevalier.

Sceau rond, de 22 mill. — Écu fascé enté de six pièces chargé d'un chien courant en abîme, penché, timbré d'un heaume couronné et cimé d'une tête de..., supporté par deux aigles.

...YMERI DE ROCHECHOV...

Guerres de Guienne. — Quittance de gages. — Tours, 2 juillet 1387. (Clair., r. 96, p. 7471.)

7800 ROCHECHOUART (ANTOINE DE),
Chevalier, seigneur de Saint-Amand, baron de Faudoas et de Montagut, conseiller et chambellan du roi, sénéchal de Toulouse, capitaine de Cintegabelle.

Signet rond, de 18 mill. — Écu fascé enté de six pièces. — Sans légende.

Gages de l'office de capitaine. — 1ᵉʳ juillet 1534. (Clair., r. 192, p. 7513.)

7801 ROCHECHOUART (ANTOINE DE),
Chevalier, sénéchal de Toulouse, capitaine de 5o lances.

Sceau rond, de 26 mill. — Écu fascé enté de six pièces à la bordure. — Sans légende.

Gages de l'office de capitaine. — 21 juin 1538. (Clair., r. 192, p. 7515.)

7802 ROCHECHOUART (CHARLES DE),
Chevalier, conseiller et chambellan du roi, bailli de Rouen.

Sceau rond, de 46 mill. — Écu fascé ondé de six pièces chargé d'un chien courant en abîme, dans une rose gothique.

seel au contract . . . . . chastellenie de . .

CONTRE-SCEAU : Écu aux armes de la face.

. . . . . de la . . . tellenie de . . . . . .

Gages de l'office de bailli. — 22 avril 1506. (Clair., r. 193, p. 7565.)

7803 ROCHECHOUART (CHARLES DE),
Chevalier, baron de Monpipeau et bailli de Rouen.

Sceau rond, de 34 mill. — Écu portant quatre fasces ondées accompagnées d'un chien courant en abîme.

charles . . . ochechouart

Quittance de ses gages de commissaire à l'assemblée des trois États de Normandie. — 6 mars 1508, n. st. (Clair., r. 193, p. 7567, 7571.)

7804 ROCHECHOUART (CHARLES DE),
Chevalier, seigneur de Saint-Amand, lieutenant de 40 lances sous le comte de la Rochefoucauld.

Signet rond, de 19 mill. — Écu écartelé : au 1 et 4, un fascé enté de six pièces; au 2 et 3, une croix; embrassé de palmes. — Sans légende.

Quittance de gages. — 4 juin 1558. (Clair., r. 192, p. 7527.)

7805 ROCHECHOUART (CLAUDE DE),
Enseigne de 4o lances sous le duc de Montpensier.

Sceau rond, de 28 mill. — Écu fascé enté de six pièces à la bordure. — Sans légende.

Quittance de gages. — 10 octobre 1548. (Clair., r. 192, p. 7497.)

7806 ROCHECHOUART (CLAUDE DE),
Chevalier, enseigne de 5o lances sous le duc de Montpensier.

Signet rond, de 18 mill. — Écu fascé enté de six pièces. — Sans légende.

Quittance de gages. — 28 octobre 1553. (Clair., r. 192, p. 7503.)

7807 ROCHECHOUART (FRANÇOIS DE),
Chevalier, conseiller, chambellan du roi et seigneur de Champdeniers.

Sceau rond, de 24 mill. — Écu fascé enté de six pièces. — Sans légende.

Quittance de 1,000 livres prêtées au roi en 1515. — 6 mai 1519. (Clair., r. 192, p. 7493.)

7808 ROCHECHOUART (FRANÇOIS DE).
Guidon de 5o lances sous le comte de Chaulnes.

Signet rond, de 20 mill. — Écu fascé enté de six pièces à la bordure. — Sans légende.

Quittance de gages. — 25 juin 1558. (Clair., r. 192, p. 7537.)

7809 ROCHECHOUART (FRANÇOIS DE).
Enseigne de 8o lances sous le comte de Chaulnes.

Signet rond, de 19 mill. — Écu fascé enté de six pièces. — Sans légende.

Quittance de gages. — 1ᵉʳ octobre 1568. (Clair., r. 192, p. 7541.)

7810 ROCHECHOUART (GEOFFROI DE),
Chevalier.

Sceau rond, de 25 mill. — Écu fascé de six pièces,

penché, timbré d'un heaume à lambrequins cimé d'une tête de licorne.

..... *de rochechoart*

Guerres de Guienne. — Quittance de gages. — 4 août 1405. (Clair., r. 96, p. 7475.)

7811 ROCHECHOUART
(Geoffroi, vicomte de),
chevalier banneret.

Sceau rond, de 38 mill. — L'écu est détruit, il ne reste plus que les supports : deux hommes d'armes.

.... *froy vicote de rochechoa* ..

Service de guerre contre les Anglais. — Quittance de gages. — La Rochefoucauld, 14 septembre 1418. (Clair., r. 96, p. 7475.)

7812 ROCHECHOUART (GUI DE),
Prieur séculier de Saint-Gilles de Surgères.

Signet octogone, de 14 mill. — Écu fascé enté de six pièces, au lambel.

G de rochechouart

Quittance d'une rente sur les aumônes du grand fief d'Aunis. — 20 décembre 1424. (Clair., r. 193, p. 7557.)

7813 ROCHECHOUART (JEAN DE),
Chevalier.

Sceau rond, de 25 mill. — Écu fascé enté de six pièces, penché, timbré d'un heaume couronné et cimé de..., supporté par deux hommes d'armes.

..... *n de Rochech* .....

Chevauchée de Bourbourg. — Quittance de gages. — 10 septembre 1383. (Clair., r. 96, p. 7465.)

7814 ROCHECHOUART (JEAN DE),
Chevalier, seigneur de Mortemart, chambellan du roi et du dauphin, lieutenant général du roi, capitaine et garde du château du Dorat.

Sceau rond, de 30 mill. — Écu fascé enté de six pièces, penché, timbré d'un heaume couronné et cimé d'une tête de..., supporté par deux griffons. — Légende détruite.

Gages de l'office de capitaine. — 26 septembre 1418. (Clair., r. 96, p. 7475.)

7815 ROCHECHOUART (JEAN DE),
Chevalier, seigneur de Mortemart, conseiller et chambellan du roi.

Sceau rond, de 36 mill. — Fragment d'écu fascé enté de six pièces, penché, timbré d'un heaume couronné et surmonté d'une tête de licorne, supporté par deux griffons.

.... *sire de mortemar*

Quittance d'une somme à lui accordée par les trois États de Saintonge. — 20 mars 1426, n. st. (Clair., r. 193, p. 7561.)

7816 ROCHECHOUART
(Jean, vicomte de),
et de Bruylois, seigneur de Tonnay-Charente, etc., conseiller et chambellan du roi, sénéchal de Saintonge.

Sceau rond, de 35 mill. — Écu fascé enté de six pièces, penché, timbré d'un heaume cimé de...., supporté par deux hommes sauvages. — Légende fruste.

Récépissé de lettres royaux autorisant Héliot Richard à acheter cent tonneaux de froment avec exemption de droits. — Amboise, 25 août 1489. (Clair., r. 192, p. 7485.)

7817 ROCHECHOUART
(Jean-Georges de),
seigneur du lieu, guidon de 40 lances sous le comte de Laval.

Signet rond, de 17 mill. — Écu portant trois fasces ondées. — Sans légende.

Quittance de gages. — 26 mai 1547. (Clair., r. 192, p. 7527.)

7818 ROCHECHOUART
(Jean-Georges de),
chevalier, seigneur de Plioux,
guidon de 40 lances sous monseigneur de Rohan.

Signet rond, de 16 mill. — Écu fascé enté de six pièces à la bordure. — Sans légende.

Quittance de gages. — 1ᵉʳ novembre 1551. (Clair., r. 192, p. 7531.)

7819 ROCHECHOUART (LOUIS DE),
Écuyer.

Sceau rond, de 20 mill. — Écu fascé enté de six

pièces, chargé de deux... en chef, penché, timbré d'un heaume couronné et cimé d'une tête de...

. LOYS .. . ᴄʜᴇᴄʜ...

Guerres de Limousin. — Quittance de gages. — Saint-Yrieix, 8 juillet 1355. (Clair., r. 96, p. 7463.)

7820 ROCHECHOUART
(Louis, vicomte de), chambellan du roi.

Sceau rond, de 25 mill. — Écu en palette fascé enté de six pièces, penché, timbré d'un heaume couronné et cimé d'une tête de licorne, supporté par deux aigles.

S LOYS VIᴄOnᴛᴇ Dᴇ ROᴄʜᴇᴄʜOᴀRᴛ

Quittance délivrée au receveur général des aides. — Paris, 31 mars 1375, n. st. (Clair., r. 96, p. 7465.)

7821 ROCHECHOUART (LOUIS DE),
Guidon de 50 lances sous monseigneur de Sansac.

Signet rond, de 14 mill. — Écu fascé enté de six pièces. — Sans légende.

Quittance de gages. — 8 octobre 1565. (Clair., r. 192, p. 7509.)

7822 ROCHECHOUART (RENÉ DE),
Chevalier de l'ordre, conseiller au conseil privé, capitaine de 50 hommes d'armes.

Sceau ovale, de 25 mill. — Écu fascé enté de six pièces chargé d'un chien courant en abîme, entouré du collier de Saint-Michel. — Sans légende.

Gages de l'office de capitaine. — Poitiers, 8 juin 1574. (Clair., r. 193, p. 7579.)

7823 ROCHECHOUART (SIMON DE),
Chevalier.

Sceau rond, de 24 mill. — Écu fascé enté d'hermines et de... de six pièces. — Légende détruite.

Ordre à maître Jean d'Arras, son cher ami, de payer à Bertrand, fils du seigneur de Vareze, 100 sous parisis. — Bruges, 13 février 1300, n. st. (Clair., r. 96, p. 7463.)

7824 ROCHEDRAGON (ANTOINE DE),
Seigneur de la Vanoye et la Villate, enseigne de la compagnie de monseigneur de Villequier.

Signet ovale, de 21 mill. — Écu au lion. — Sans légende.

Quittance de gages. — Saint-Pourçain, 1ᵉʳ janvier 1572, n. st. (Clair., r. 193, p. 7589.)

7825 ROCHEDRAGON (BERTHELOT DE),
Maréchal des logis de la compagnie du prince de la Roche-sur-Yon.

Signet rond, de 19 mill. — Écu au lion. — Sans légende.

Quittance de gages. — 3 août 1557. (Clair., r. 193, p. 7587.)

7826 ROCHEDRAGON (CHATART DE),
Écuyer.

Sceau rond, de 23 mill. — Écu au lion, penché, timbré d'un heaume cimé d'un dragon ailé issant. Dans le champ, G'O terminant la légende.

S ᴄʜᴀᴛᴀ.. .. ROᴄʜᴇDRᴀ

Guerres d'Auvergne et de Guienne. — Quittance de gages. — 12 décembre 1386. (Clair., r. 96, p. 7503.)

7827 ROCHEDRAGON (GUILLAUME DE),
Écuyer.

Sceau rond, de 33 mill. — Écu au lion, penché, timbré d'un heaume cimé d'un dragon ailé, supporté par deux griffons.

G'uill..... roᴄʜᴇdr....

Service de guerre contre le duc de Bourgogne. — Quittance de gages. — 31 mars 1414, n. st. (Clair., r. 96, p. 7479.)

7828 ROCHEDRAGON (RAYMOND DE),
Écuyer.

Sceau rond, de 38 mill. — Écu portant un lion au lambel et à la bordure, penché, timbré d'un heaume cimé d'un dragon ailé, supporté par deux griffons.

..el remont......... ag..

Service de guerre contre les Anglais. — Quittance de gages. — 15 octobre 1420. (Clair., r. 96, p. 7481.)

7829 ROCHEFORT (EBLE DE),
Chevalier, sire de Sers.

Sceau rond, de 23 mill. — Écu portant un burelé au lambel.

✠ SIGILLV SECRETI MEI

Service de guerre. — Quittance de gages. — 13 mars 1395, n. st. (Clair., r. 96, p. 7483.)

7830 ROCHEFORT (EBLON DE),
Chevalier, seigneur d'Aubigny et de la Faye.

Sceau rond, de 64 mill. — Écu burelé à l'émanché de trois pièces mouvant du chef brochant, surmonté d'une étoile, supporté par deux lions. — Légende détruite.

CONTRE-SCEAU : Une tour accostée de deux arbres.

✠ CONTRA SIGILLVM

Accord avec l'abbaye des Chasteliers au sujet de la justice. — 7 juillet 1294. (Clair., r. 210, p. 9171.)

7831 ROCHEFORT (GUI DE).

Sceau rond, de 25 mill. — Écu portant un vairé chargé d'une coquille en chef et à dextre, penché, timbré d'un heaume, supporté à dextre, le seul côté qui subsiste, par un griffon. — Légende détruite.

Guerres de Bretagne. — Gages de Gilles de Ploël, écuyer. — Vitré, 5 avril 1357, n. st. (Clair., r. 86, p. 6803.)

7832 ROCHEFORT (GUI DE),
Chevalier.

Signet rond, de 16 mill. — Écu à la bande chargée de trois étoiles, dans un quadrilobe.

GVIOT D ROChEFORT

Chevauchée de Flandre. — Quittance de gages. — 26 août 1383. (Clair., r. 96, p. 7489.)

7833 ROCHEFORT (GUI DE).
Chevalier.

Sceau rond, de 20 mill. — Écu portant quatre bandes.

. GVI... DE ...hEFORT

Chevauchée de Bourbourg. — Quittance de gages. — 8 septembre 1383. (Clair., r. 96, p. 7491.)

7834 ROCHEFORT (GUILLAUME DE),
Écuyer.

Sceau rond, de 21 mill. — Écu à la bande accompagnée de trois besants ou trois tourteaux. — Légende détruite.

Service de guerre à Saintes. — Quittance de gages. — Saintes, 22 février 1353, n. st. (Clair., r. 96, p. 7485.)

7835 ROCHEFORT (GUILLAUME DE),
Écuyer.

Sceau rond, de 19 mill. — Écu à la bande accompagnée de trois besants ou trois tourteaux. — Légende détruite.

Guerres de Poitou, Saintonge et Angoumois. — Quittance de gages. — Saint-Jean-d'Angely, 30 juillet 1354. (Clair., r. 96, p. 7485.)

7836 ROCHEFORT (GUILLAUME DE),
Écuyer.

Sceau rond, de 23 mill. — Écu portant trois fleurs de lys à la bande brochant, dans un trilobe.

.....DE .....FORT

Quittance délivrée au receveur de Coutances. — 12 décembre 1377. (Clair., r. 193, p. 7633.)

7837 ROCHEFORT (GUIOT DE),
De la vicomté de Paris.

Sceau rond, de 19 mill. — Écu portant trois fasces accompagnées d'une étoile en chef et à dextre. — Légende détruite.

Guerres de Vermandois. — Quittance de gages. — Saint-Quentin, 28 octobre 1339. (Clair., r. 96, p. 7483.)

7838 ROCHEFORT (IMBERT DE),
Écuyer.

Sceau rond, de 23 mill. — Écu portant trois poissons en pal, les deux adossés, accompagnés d'un croissant en chef; penché, timbré d'un heaume à lambrequins cimé de deux poissons.

ymbert ʀ Rochefort

Service de guerre à Paris. — Quittance de gages. — 8 mai 1416. (Clair., r. 193, p. 7635.)

7839 ROCHEFORT (IMBERT DE),
Écuyer.

Sceau rond, de 19 mill. — Écu portant trois poissons en pal, au lambel, les deux en chef adossés.

s imbert de rochefort

Service de guerre contre les Anglais. — Quittance de gages. — 13 novembre 1418. (Clair., r. 96, p. 7493.)

7840 ROCHEFORT (JEAN DE),
Chevalier.

Sceau rond, de 22 mill. — Écu vairé à la bande.

✱ S IEh DE ROChEFORT

Guerres de Normandie. — Gages de Robinet de Beauvoisin, écuyer. — Rouen, 13 février 1369, n. st. (Clair., r. 96, p. 7489.)

7841 ROCHEFORT (JEAN DE),
Sergent à cheval au Châtelet de Paris.

Sceau rond, de 20 mill. — Écu au chevron accompagné de trois croissants et d'une étoile en chef et à dextre, au lambel.

...hAN DE ..ChEF...

Frais d'un voyage en Normandie au sujet de la dépense de l'hôtel du roi. — Quittance. — 14 mai 1406. (Clair., r. 193, p. 7655.)

7842 ROCHEFORT (PERROT DE),
Écuyer, de la vicomté de Paris.

Sceau rond, de 22 mill. — Un tête d'homme barbu diadémé, à droite.

.........ISAR MAI...

Ost de Flandre. — Quittance de gages. — 9 septembre 1302. (Clair., r. 96, p. 7483.)

7843 ROCHEFORT (PIERRE DE),
Écuyer banneret.

Sceau rond, de 44 mill. — Écu vairé au lambel, penché, timbré d'un heaume cimé de... dans un vol, supporté par deux hermines. Dans le champ orné de fleurs, les quatre lettres b b et y e liées deux à deux.

............de chastelneuf.....

Service de guerre contre les Anglais. — Quittance de gages. — Bourges, 24 juin 1418. (Clair., r. 96, p. 7493.)

7844 ROCHEFORT (POURCELET DE).
Écuyer, valet tranchant du duc de Berry.

Sceau rond, de 27 mill. — Écu fruste paraissant porter des fasces, penché, timbré d'un heaume cimé de deux......, supporté par un personnage et un lion.

...VT..... ROCh.....

Quittance de 100 francs d'or à lui donnés par le roi. — 19 août 1387. (Clair., r. 96, p. 7491.)

7845 ROCHEFORT (RENÉ DE),
Chevalier, enseigne de 50 lances sous le duc d'Anjou.

Signet rond, de 21 mill. — Écu portant neuf billettes, 4, 3 et 2, sous un chef chargé d'un lion passant. — Sans légende.

Quittance de gages. — 24 mai 1566. (Clair., r. 193, p. 7643.)

7846 ROCHEFORT (THIBAUD, SIRE DE).
Chevalier.

Signet rond, de 17 mill. — Écu vairé. — Légende détruite.

Guerres de Bretagne, d'Anjou et du Maine. — Quittance de gages. — Bécherel, 7 août 1352. (Clair., r. 96, p. 7485.)

7847 ROCHEFORT (THIBAUD, SIRE DE).
Capitaine en Bretagne de gens d'armes et d'archers.

Sceau rond, de 27 mill. — Écu en palette vairé, penché, timbré d'un heaume couronné et cimé de..., supporté par deux lions. — Légende détruite.

Ordonnance de payement. — Vitré, 6 avril 1357, n. st. (Clair., r. 96, p. 7487.)

7848 ROCHEFOUCAULD
(Aimery, sire de la).
chevalier.

Sceau rond, de 30 mill. — Écu burelé à trois chevrons brochant, penché, timbré d'un heaume cimé de..., supporté par deux hommes sauvages. Dans le champ, deux tiges fleuries. — Légende détruite.

Prise de possession, au nom du roi, du château de la Roche-Beaucourt, en Angoumois. — Paris, 5 septembre 1349. (Clair., r. 95, p. 7495.)

7849 ROCHEFOUCAULD (ANTOINE DE LA),
Seigneur de Chaumont,
lieutenant de 30 lances sous le comte de la Rochefoucauld.

Signet rond, de 20 mill. — Écu écartelé : au 1 et 4, un burelé à trois chevrons brochant; au 2 et 3, un palé de six pièces; sur le tout, un écusson au dauphin. — Sans légende.

Quittance de gages. — 29 mai 1566. (Clair., r. 194, p. 7815.)

7850 ROCHEFOUCAULD (CHARLES DE LA),
Seigneur de Barbezieux, grand sénéchal de Guienne.

Sceau rond, de 40 mill. — Écu écartelé : au 1 et 4, trois fasces à trois chevrons brochant; au 2 et 3, un écusson en abîme; sur le tout un écusson chargé de deux vaches passant l'une sur l'autre.

.... DE LA ROCHEFO.....
.....BEZI...

Gages de l'office de grand sénéchal. — 13 décembre 1544. (Clair., r. 194, p. 7805.)

7851 ROCHEFOUCAULD (CHARLES DE LA),
Chevalier, sire de Randan, capitaine de 30 lances.

Sceau rond, de 22 mill. — Écu burelé à trois chevrons brochant, dans une couronne de feuillage. — Sans légende.

Quittance de gages. — 28 juillet 1560. (Clair., r. 194, p. 7675.)

7852 ROCHEFOUCAULD (CHARLES DE LA),
Sire de Randan, chevalier de l'ordre, capitaine de 30 lances.

Sceau ovale, de 40 mill. — Écu burelé au chevron brochant, entouré du collier de Saint-Michel. — Sans légende.

Gages de l'office de capitaine. — 14 août 1561. (Clair., r. 133, p. 1859.)

7853 ROCHEFOUCAULD (CHARLES DE LA),
Seigneur de Barbezieux, capitaine de 30 lances.

Sceau rond, de 22 mill. — Écu écartelé : au 1 et 4, trois fasces à trois chevrons brochant; au 2 et 3, un écusson en abîme; sur le tout, un écusson chargé de deux vaches passant l'une sur l'autre. — Sans légende.

Gages de l'office de capitaine. — 18 décembre 1564. (Clair., r. 194, p. 7813.)

7854 ROCHEFOUCAULD
(François, comte de la),
lieutenant de la compagnie du duc de Lorraine.

Signet rond, de 15 mill. — Écu burelé à trois chevrons brochant. — Sans légende.

Quittance de gages. — 27 janvier 1355, n. st. (Clair., r. 194, p. 7671.)

7855 ROCHEFOUCAULD
(François de la),
seigneur de Ranel,
guidon de 40 lances sous monseigneur de la Fayette.

Signet rond, de 19 mill. — Écu écartelé : au 1 et 4, trois fasces à trois chevrons brochant; au 2 et 3, un palé de six pièces; sur le tout, un écusson portant trois fasces. — Sans légende.

Quittance de gages. — Ussel en Limousin, 15 juillet 1558. (Clair., r. 194, p. 7817.)

7856 ROCHEFOUCAULD
(François, comte de la),
chevalier de l'ordre, capitaine de 30 lances.

Sceau ovale, de 35 mill. — Écu burelé, à trois chevrons brochant, timbré d'une couronne, entouré du collier de Saint-Michel. — Sans légende.

Quittance de gages. — 29 novembre 1564. (Clair., r. 194, p. 7841.)

7857 ROCHEFOUCAULD
(François de la),
lieutenant de 30 lances sous monseigneur de la Fayette.

Sceau rond, de 22 mill. — Écu écartelé : au 1 et 4, trois fasces à trois chevrons brochant; au 2 et 3, un palé de six pièces. — Sans légende.

Quittance de gages. — 26 février 1565, n. st. (Clair., r. 194, p. 7829.)

7858 ROCHEFOUCAULD
(Geoffroi de la),
chevalier.

Sceau rond, de 32 mill. — Écu burelé à trois chevrons brochant, penché, timbré d'un heaume cimé d'une tête de chèvre, supporté par deux lions, celui de sénestre à tête de femme, sur champ festonné.

..... GFFROY .. ... ROChG

Chevauchée de Bourbourg. — Quittance de gages. — 15 septembre 1383. (Clair., r. 96, p. 7497.)

7859 ROCHEFOUCAULD
(Geoffroi de la),
sire de Verteuil, chevalier.

Sceau rond, de 30 mill. — Écu burelé à trois chevrons brochant, penché, timbré d'un heaume cimé d'une tête de chèvre. Dans le champ, deux rameaux.

S ...FROY D L.........VTVGIL

Guerres de Guienne. — Quittance de gages. — 18 juin 1387. (Clair., r. 96, p. 7499.)

7860 ROCHEFOUCAULD
(Geoffroi de la),
sire de Verteuil.

Sceau rond, de 27 mill. — Écu burelé à trois chevrons brochant.

..... FFROY DG LA ROChG

Guerres de Guienne. — Quittance de gages. — Tours, 2 juillet 1387. (Clair., r. 194, p. 7669.)

7861 ROCHEFOUCAULD
(Gui, seigneur de la),
chevalier, chambellan du roi.

Sceau rond, de 35 mill. — Écu burelé à trois chevrons brochant, suspendu à un arbre portant à sénestre un heaume cimé d'une touffe de plumes de paon et dont le tronc est supporté par deux hommes sauvages.

.... GNGUR D .... OUGAUT

Garde de ses châteaux et forteresses du pays de Guienne. — Quittance de gages. — 12 décembre 1383. (Clair., r. 194, p. 7685.)

7862 ROCHEFOUCAULD (JEAN DE LA).
Seigneur de Barbezieux,
écuyer d'écurie du roi et sénéchal de Poitou.

Sceau rond, de 42 mill. — Écu burelé à trois chevrons brochant, penché, timbré d'un heaume, supporté par deux hommes sauvages. — Légende fruste.

Quittance de 1,000 livres, délivrée au receveur de l'aide en Saintonge. — 24 février 1438, n. st. (Clair., r. 194, p. 7669.)

7863 ROCHEFOUCAULD
(Jean-Louis de),
comte de Randan, etc., conseiller au conseil privé,
capitaine de 50 hommes d'armes,
gouverneur et lieutenant général au pays d'Auvergne.

Sceau ovale, de 22 mill. — Écu burelé à trois chevrons brochant, timbré d'une couronne. — Sans légende.

Quittance d'une somme allouée par les États de la basse Auvergne. — Randan, 28 décembre 1580. (Clair., r. 194, p. 7807.)

7864 ROCHE-GUYON
(Gui, seigneur de la),
chevalier banneret.

Sceau rond, de 28 mill. — Écu portant cinq bandes à la bordure, penché, timbré d'un heaume cimé d'une tête de chien dans un vol, supporté par deux lions. — Légende détruite.

Guerres de Picardie et de Flandre. — Quittance de gages. — Béthune, 29 août 1383. (Clair., r. 96, p. 7503.)

7865 ROCHELLE (THOMAS DE LA),
Écuyer.

Sceau rond, de 24 mill. — Écu à la bande, penché, timbré d'un heaume cimé d'un vol aux armes, supporté par deux lions.

.......LA ROCҺ.....

Service de guerre sous le duc de Bourgogne. — Quittance de gages. - 18 mai 1412. (Clair., r. 96, p. 7505.)

7866   ROCHER (THOMAS DU),
Écuyer.

Sceau rond, de 20 mill. — Écu au chevron accompagné de trois trèfles, soutenu par un personnage, supporté par deux dragons, dans un trilobe.

S THOM.....OCҺIER

Guerres de Normandie. — Quittance de gages. — Saint-Lô, 18 mai 1388. (Clair., r. 97, p. 7519.)

7867   ROCHEROUSSE
(Guillaume de la), écuyer.

Sceau rond, de 19 mill. — Écu portant trois fleurs de lys au bâton en bande brochant.

.....LA ROCҺEROVSSE

Guerres de Bretagne en la compagnie de Pierre de la Rocherousse. — Quittance de gages. — 29 février 1381, n. st. (Clair., r. 96, p. 7509.)

7868   ROCHEROUSSE (PIERRE DE LA),
Écuyer.

Sceau rond, de 26 mill. — Un homme d'armes à mi-corps, tenant un écu portant trois fleurs de lys au lambel de cinq pendants. — Légende détruite.

Guerres de Bretagne. — Quittance délivrée au trésorier des guerres. — 29 février 1381, n. st. (Clair., r. 96, p. 7509.)

7869   ROCHEROUSSE (PIERRE DE LA),
Écuyer du corps de roi, chambellan du duc de Bourgogne, commis à recevoir les montres de l'armée pour descendre en Angleterre.

Sceau rond, de 23 mill. — Écu portant trois fleurs de lys accompagnées d'une étoile en abîme, penché,

timbré d'un heaume cimé d'une tête de griffon, supporté par un griffon et un lion.

PIERRE DE LA ....

Montre de Jean le Sénéchal d'Eu, chevalier, reçue à Lille, le 14 octobre 1386. (Clair., r. 45, p. 3403.)

7870   ROCHEROUSSE (PIERRE DE LA).
Écuyer de corps du roi, chambellan du duc de Bourgogne.

Signet rond, de 20 mill. — Écu portant trois fleurs de lys accompagnées d'une étoile en abîme.

...G.....LA ROCҺER.....

Montre de Jean de Chifrevast, écuyer, reçue à Guise, le 28 septembre 1387. (Clair., r. 96, p. 7509.)

7871   ROCHES (BAUDOUIN DES).

Sceau rond, de 18 mill. — Écu portant une bande fuselée à la bordure, dans un quadrilobe. — Légende détruite.

Quittance de deux queues de vin du Saint-Pourçain, des garnisons de Baugé. — 19 juin 1333. (Clair., r. 96, p. 7513.)

7872   ROCHES (GEOFFROI DES).
Chevalier.

Sceau rond, de 25 mill. — Écu portant une bande engrêlée à la bordure, penché, timbré d'un heaume cimé de..., supporté par deux hommes sauvages.

...GEFRAI D.. ROCҺES

Guerres d'Anjou et du Maine. — Quittance de gages. — Saumur, 7 juin 1363. (Clair., r. 96, p. 7513.)

7873   ROCHES (GUILLAUME DES),
Écuyer.

Sceau rond, de 19 mill. — Écu parti : au 1, un lion; au 2, d'hermines.

...VIL... ... ROCҺES

Service de guerre à Caen. — Quittance de gages. — Paris, 29 juillet 1355. (Clair., r. 96, p. 7513.)

7874 ROCHES (JEAN DE),
Écuyer, de la Franche-Comté.

Sceau rond, de 21 mill. — Écu au sautoir chargé de... en cœur et cantonné d'une hure en chef et d'une quintefeuille en pointe, dans un trilobe.

ıeɦan.......

Service de guerre. — Quittance de gages. — Arras, 8 juillet 1340. (Clair., r. 96, p. 7513.)

7875 ROCHE-SAINT-PAULIEN
(François de la),
enseigne de la compagnie de monseigneur de la Barge.

Signet ovale, de 20 mill. — Écu au chevron sous un chef, entouré d'une couronne de feuillage. — Sans légende.

Quittance de solde. — 20 novembre 1577. (Clair., r. 192, p. 7449.)

7876 ROCHETTE (JEAN),
Écuyer.

Sceau rond, de 20 mill. — Écu au lion.

ıeɦan Rocɦete

Service de guerre contre le duc de Bourgogne. — Quittance de gages. — 24 avril 1414. (Clair., r. 97, p. 7519.)

7877 ROCHETTE
(Louis de Benent, dit de la),
chevalier du guet de nuit de la ville de Paris, capitaine du Louvre.

Sceau rond, de 30 mill. — Écu palé de six pièces à la bordure, penché, timbré d'un heaume à lambrequins cimé d'un plumail.

Seel louɣs ɗe ..cɦe.....

Quittance de gages. — 17 janvier 1444, n. st. (Clair., r. 17, p. 1165.)

7878 ROCQUEMONT (CHALES DE),
Échanson de la reine.

Sceau rond, de 24 mill. — Écu portant trois doloires, dans une étoile gothique.

S CHALES ....IER

Quittance de deux queues de vin de Beaune données à sa femme par la reine. — 18 janvier 1339, n. st. (Clair., r. 97, p. 7579.)

7879 ROCQUEMONT (CHALOT DE).

Sceau hexagone, de 19 mill. — Écu portant trois doloires.

..AL.T DE RORGMON

Ost de Flandre. — Quittance des gages d'Érard de Montmorency. — Donai, 15 septembre 1314. (Clair., r. 97, p. 7579.)

7880 ROCQUEMONT (MAHIET DE),
Sergent d'armes du roi.

Sceau rond, de 18 mill. — Écu au chef chargé d'un lion passant. — Légende détruite.

Guerres de Vermandois. — Quittance de gages. — Compiègne, 27 septembre 1339. (Clair., r. 97, p. 7579.)

7881 ROCQUEMONT (RENAUD DE).
Écuyer, du bailliage de Senlis.

Sceau rond, de 22 mill. — Écu portant trois doloires accompagnées en chef d'une fleur de lys.

.....V. G ROQVEMONT

Service de guerre. — Quittance de gages. — Paris, 16 novembre 1339. (Clair., r. 98, p. 7627.)

7882 RODEMACHEREN (GILLES DE).
Chevalier, seigneur de «Chespers.

Sceau rond, de 24 mill. — Écu fascé de six pièces, penché, timbré d'un heaume cimé d'un vol.

.....DII DG ......RGRGGR..

Quittance d'une rente sur la recette de Champagne. — 28 janvier 1349, n. st. (Clair., r. 97, p. 7520.)

7883 RODEMACHEREN
(Gilles, seigneur de),
chevalier.

Sceau rond, de 26 mill. — Écu fascé de six pièces, penché, timbré d'un heaume cimé d'un vol, sur champ festonné.

...GGIDII D...NI DG RO......

Quittance d'une rente sur la recette de Troyes. — 14 février 1371, n. st. (Clair., r. 97, p. 7520.)

7884 ROGENT (JEAN DE),
Écuyer.

Sceau rond, de 23 mill. — Écu portant trois bandes, penché, timbré d'un heaume cimé d'un col de cygne, dans un vol.

S tehan d' ro...

Service de guerre à Paris. — Quittance de gages. — 30 janvier 1416, n. st. (Clair., r. 97, p. 7523.)

7885 ROGER (GUILLAUME),
Écuyer.

Sceau rond, de 24 mill. — Écu portant trois rocs d'échiquier à la bordure engrêlée, dans un quadrilobe.

SEEL ....G RO..

Guerres de Bretagne. — Quittance de gages. — Pontorson, 25 octobre 1379. (Clair., r. 97, p. 7523.)

7886 ROGER (GUILLAUME),
Chevalier.

Sceau rond, de 28 mill. — Écu écartelé : au 1 et 4, une bande accompagnée de six quintefeuilles en orle; au 2 et 3, un bandé de huit pièces; penché, timbré d'un heaume cimé d'une tête de licorne, supporté par deux sirènes.

A G'VILLE ROGIER ..LR

Chevauchée de Bourbourg. — Quittance de gages. — 8 septembre 1383. (Clair., r. 105, p. 8221.)

7887 ROGER (MATHURIN),
Général élu des aides à Paris.

Sceau rond, de 26 mill. — Écu portant un arbre, timbré d'une aigle, soutenu en pointe par un homme sauvage, supporté par deux lions, dans un quadrilobe.

S' MATVRINI ROGERI CLICI

Taxation de frais de voyage. — Paris, 20 juin 1368. (Clair., r. 214, p. 9575.)

7888 ROGER DE COMMINGES,
Vicomte de Bruniquel.

Voyez BRUNIQUEL.

7889 ROGER-BERNARD,
Comte de Foix.

Voyez FOIX.

7890 ROGER-BERNARD,
Comte de Périgord.

Voyez PÉRIGORD.

7891 ROGER-BERNARD DE FOIX,
Vicomte de Castelbon.

Voyez CASTELBON.

7892 ROGERVILLE (JEAN DE),
Chevalier.

Sceau rond, de 22 mill. — Écu portant un léopard et une quintefeuille en chef et une quintefeuille en pointe, au lambel de quatre pendants.

S IEh D' ROGIER.......

Ost de Flandre. — Quittance de gages. — Arras, 8 septembre 1302. (Clair., r. 113, p. 8843.)

7893 ROGERVILLE (JEAN DE),
Écuyer.

Sceau rond, de 20 mill. — Écu portant un léopard et une quintefeuille en chef et une quintefeuille en pointe, au lambel de quatre pendants; penché, timbré d'un heaume... — Légende détruite.

Guerres de Normandie. — Quittance de gages. — Saint-Lô, 15 mars 1369, n. st. (Clair., r. 97, p. 7525.)

7894 ROGRES (LANCELOT),
Écuyer d'écurie du roi.

Sceau rond, de 30 mill. — Écu gironné de douze pièces, penché, timbré d'un heaume...

...celot.......

Quittance délivrée au receveur général de l'aide. — 8 juillet 1493. (Clair., r. 97, p. 7527.)

7895 ROGRES (PHILIPPE),
Chevalier.

Sceau rond, de 20 mill. — Écu gironné de douze

pièces au lambel, dans un trilobe. — Légende détruite.

Guerres de Saintonge. — Quittance de gages. — Bouage?, 5 juin 1340. (Clair., r. 97, p. 7525.)

7896 ROHAN (ALAIN DE).
Sire de Léon.

Sceau rond, de 35 mill. — Écu fretté, penché, timbré d'un heaume cimé d'une tête de paon dans un vol, supporté par deux lions.

S ALAIN DE ROHAN SIRE DE LEON

Quittance d'une rente sur la vicomté de Rouen. — 28 octobre 1385. (Clair., r. 195, p. 7853.)

7897 ROHAN (ALAIN DE).
Sire de Léon.

Sceau rond de 28 mill. — Écu portant sept macles, 3, 3 et 1, penché, timbré d'un heaume cimé d'une tête de paon dans un vol, supporté par deux lions.

..... ROHAN ..RG.......

Quittance d'une rente sur la vicomté de Rouen. — 26 octobre 1386. (Clair., r. 195, p. 7853.)

7898 ROHAN (ALAIN DE).
Sire de Léon.

Sceau rond, de 45 mill. — Un homme d'armes debout, tenant une épée et un écu portant sept macles, 3, 3 et 1, accosté au bas de deux lions. — Légende détruite.

Quittance d'une rente sur la vicomté de Rouen. — 31 août 1389. (Clair., r. 195, p. 7855.)

7899 ROHAN (ALAIN, VICOMTE DE).
Sire de Léon.

Sceau rond, de 48 mill. — Un homme d'armes debout, tête nue, tenant sa lance et un écu portant sept macles, 3, 3 et 1, timbré d'un heaume cimé d'une tête de paon dans un vol. Dans le champ à dextre, un cheval de guerre.

.....VICONTE DE .... DE LEON

Pouvoirs donnés à des procureurs spéciaux au sujet d'une rente sur la vicomté de Rouen. — 28 février 1403, n. st. (Clair., r. 195, p. 7861.)

7900 ROHAN (JEAN, VICOMTE DE).

Sceau rond, de 29 mill. — Écu portant sept macles, 3, 3 et 1, penché, timbré d'un heaume cimé d'une tête de paon dans un vol, dans un encadrement gothique. — Légende détruite.

Lettres de non-préjudice au profit de son cousin et féal Gui de Molac. — 7 mai 1368. (Clair., r. 97, p. 7527.)

7901 ROHAN (JEAN, VICOMTE DE),
Comte de Porhoët, sire de Léon et de la Ganache.

Sceau rond, de 62 mill. — Écu portant sept macles, 3, 3 et 1, penché, timbré d'un heaume cimé d'une tête d'aigle dans un vol, supporté par deux lions.

...chan vicoute de Roh..... de leon
et conte de Porh..t

Quittance de pension. — 10 décembre 1476. (Clair., r. 195, p. 7909.)

7902 ROHAN (JEAN, VICOMTE DE)
Et de Léon, comte de Porhoët,
seigneur de la Ganache et de Beaumont-sur-Mer,
capitaine de 50 lances.

Sceau rond, de 24 mill. — Écu portant sept macles, 3, 3 et 1.

le petit seel vicoute de Rohan

Gages de l'office de capitaine. — 22 février 1496, n. st. (Clair., r. 195, p. 7915.)

7903 ROHAN (MARGUERITE DE),
Comtesse d'Angoulême.

Voyez ANGOULÊME.

7904 ROHAN (PIERRE DE),
Chevalier, seigneur de Pont-Château, conseiller et chambellan du roi.

Sceau rond, de 28 mill. — Écu portant sept macles, 3, 3 et 1. — Légende fruste.

Quittance de pension. — 29 août 1483. (Clair., r. 195, p. 7919.)

7905 ROHAN (PIERRE DE).

Voyez MARÉCHAUX DE FRANCE.

7906 ROHAN (RENÉ DE),

Chevalier de l'ordre du roi, capitaine de 40 lances.

Signet rond, de 18 mill. — Écu portant neuf macles, 3, 3 et 3, entouré du collier de Saint-Michel. — Sans légende.

Quittance de pension. — 20 juillet 1552. (Clair., r. 97, p. 7537.)

7907 ROI (ROBERT),

Roi des hérauts de France.

Sceau rond, de 20 mill. — Écu portant trois couronnes.

..... DES ḫER.....

Gages des ménestrels qui étaient aux noces de la fille du roi. — 21 juin 1318. (Clair., r. 95, p. 7423.)

7908 ROI.

Voyez Roy.

7909 ROIGNY (JEAN LE),

Écuyer.

Sceau rond, de 21 mill. — Écu portant un oiseau marchant, penché, timbré d'un heaume cimé d'une tête de lion, supporté par deux griffons.

.... LE ROIGNY

Guerres des frontières de Normandie. — Quittance de gages. — Caen, 6 janvier 1391, n. st. (Clair., r. 97, p. 7549.)

7910 ROISSY (JEANNOT DE),

Écuyer, du bailliage de Senlis.

Sceau rond, de 21 mill. — Écu fascé ondé de dix pièces.

✶ S IG...... ROY...

Guerres de Vermandois. — Quittance de gages. — Compiègne, 26 septembre 1339. (Clair., r. 97, p. 7551.)

7911 ROLAND (ALAIN),

Écuyer.

Sceau rond, de 26 mill. — Écu au chevron accompagné de trois molettes, penché, timbré d'un heaume cimé d'une tête d'aigle. Dans le champ, des rameaux. — Légende détruite.

Poursuite des Anglais. — Quittance de gages. — 22 novembre 1418. (Clair., r. 97, p. 7555.)

7912 ROLAND (GUILLAUME),

Chevalier, sénéchal de Rodez.

Sceau rond, de 21 mill. — Écu à la bande chargée de trois annelets et accompagnée d'une étoile en chef et à sénestre, dans un trilobe.

.... D' ꟽILIT

Quittance des frais d'un voyage de Gascogne en France où le sénéchal va consulter le roi sur la guerre. — Villefranche, 18 mai 1339. (Clair., r. 94, p. 7287.)

7913 ROLAND (GUILLAUME),

Chevalier, sénéchal de Rouergue.

Sceau rond, de 25 mill. — Écu à la bande chargée de trois annelets, timbré d'un lion, dans un quadrilobe orné de dragons.

GꝐILLE ROLLAꟽT CꟈER

Quittance de 600 livres à lui données par Agout des Baux, sénéchal de Toulouse, etc. — Castelsarrasin, 26 février 1343, n. st. (Clair., r. 97, p. 7553.)

7914 ROLAND (GUILLAUME),

Chevalier, sénéchal de Rouergue.

Sceau rond, de 22 mill. — Écu à la bande chargée de trois annelets, dans un quadrilobe. — Légende détruite.

Restor de chevaux. — Agen, 13 août 1343. (Clair., r. 98, p. 7633.)

7915 ROLAND (LAUDE),

Écuyer, capitaine de Moissac.

Sceau rond, de 25 mill. — Écu à la bande chargée de trois annelets et accompagnée d'une merlette en chef et à sénestre, penché, timbré d'un heaume de face à volet cimé de deux têtes de dragon.

L..DOT ROLAꟽD

Garde de Moissac. — Quittance de gages. — 1ᵉʳ décembre 1355. (Clair., r. 97, p. 7553.)

7916 ROLIÈRE (ROLAND DE LA),
Écuyer.

Sceau rond, de 20 mill. — Écu portant trois objets (trois fruits?) au lambel, dans un trilobe. — Légende détruite.

Guerres de Périgord et de Limousin. — Quittance de gages. — 14 janvier 1377, n. st. (Clair., r. 97, p. 7555.)

7917 ROMILLY (GEOFFROI DE),
Écuyer, capitaine de Saint-James-de-Beuvron.

Sceau rond, de 20 mill. — Écu portant deux lions passant l'un sur l'autre, dans un quadrilobe.

IGFROY........

Garde de Saint-James-de-Beuvron. — Quittance de gages. — Pontorson, 6 novembre 1353. (Clair., r. 97, p. 7563.)

7918 ROMILLY (GEOFFROI DE),
Écuyer.

Sceau rond, de 24 mill. — Écu portant deux lions couronnés passant l'un sur l'autre, soutenu par un ange, supporté par deux lions, dans un trilobe.

S IGFFROY DG RONMILG

Chevauchée de Flandre. — Quittance de gages. — 31 août 1383. (Clair., r. 97, p. 7563.)

7919 ROMILLY (HUET DE),
Écuyer non monté, du bailliage de Chaumont.

Sceau rond, de 20 mill. — Écu au lion passant.

...NGRG.......

Guerres de Vermandois. — Quittance de gages. — 30 octobre 1339. (Clair., r. 97, p. 7563.)

7920 ROMILLY (JEAN DE),
Écuyer.

Sceau rond, de 24 mill. — Écu portant deux lions passant l'un sur l'autre, penché, timbré d'un heaume cimé d'un lion, supporté à dextre, le seul côté qui subsiste, par un lion.

........MILLG

Armée d'Angleterre. — Quittance de gages. — Lille, 12 octobre 1386. (Clair., r. 97, p. 7565.)

7921 ROMILLY (OLIVIER DE),
Écuyer.

Sceau rond, de 23 mill. — Écu portant deux lions passant l'un sur l'autre. — Légende détruite.

Guerres de Bretagne. — Quittance de gages. — Fougères, 15 mai 1352. (Clair., r. 99, p. 7709.)

7922 ROMMECOURT (MARTIN DE),
Maréchal des logis de 30 lances sous le marquis d'Elbeuf.

Signet rond, de 20 mill. — Écu à l'ours passant. — Sans légende.

Quittance de gages. — 25 mai 1562. (Clair., r. 196, p. 7997.)

7923 RONCEVAUX (HUART DE),
Écuyer.

Sceau rond, de 19 mill. — Écu burelé au lion couronné brochant, dans un quadrilobe.

bV..T D........L

Restor d'un cheval. — Château-Gontier, 31 juillet 1363. (Clair., r. 97, p. 7549.)

7924 RONCHAUT (HECTOR DE),
Prévôt de la justice des connétables et maréchaux de France.

Signet rond, de 21 mill. — Écu portant trois croissants contenant chacun une étoile, le croissant en pointe versé. — Sans légende.

Quittance de gages. — 25 juillet 1551. (Clair., r. 197, p. 8069.)

7925 RONCHEROLLES OU RONQUEROLLES
(Anseau de).
chevalier.

Signet rond, de 13 mill. — Intaille représentant le combat des Géants. Un personnage debout, nu, armé d'un bouclier, terrasse un géant. — Légende détruite.

Ost de Flandre. — Quittance de gages. — Arras, 7 septembre 1302. (Clair., r. 97, p. 7569.)

7926 RONCHEROLLES (GUILLAUME DE),
Du bailliage de Gisors.

Sceau rond, de 24 mill. — Écu fascé de six pièces au lambel de cinq pendants.

S' ...RGTI •

Ost de Flandre. — Quittance de gages. — Vitry-en-Artois, 28 septembre 1302. (Clair., r. 97, p. 7569.)

7927 RONCHEROLLES (GUILLAUME DE),
Chevalier, du bailliage de Gisors.

Sceau rond, de 24 mill. — Écu fascé de six pièces au lambel. — Légende détruite.

Service de guerre. — Quittance de gages. — Douai, 4 juillet 1340. (Clair., r. 97, p. 7571.)

7928 RONCQ (BOULET, SIRE DE),
Chevalier.

Sceau rond, de 19 mill. — Écu portant deux bandes au franc canton, dans un trilobe. — Légende détruite.

Guerres de Picardie. — Quittance de gages. — Thérouanne, 25 septembre 1374. (Clair., r. 97, p. 7573.)

7929 RONDEL (JEAN DE),
Chevalier, du bailliage d'Amiens.

Sceau rond, de 28 mill. — Écu portant trois fasces accompagnées de deux étoiles en chef.

✱ S' IOҺAN DG ......L CҺR

Ost de Flandre. — Quittance de gages. — Arras, 30 septembre 1302. (Clair., r. 97, p. 7571.)

7930 RONSOY (GUIOT DE),
Écuyer.

Sceau rond, de 23 mill. — Écu portant quatre merlettes en orle au franc canton chargé de cinq... posés en sautoir, penché, timbré d'un heaume cimé d'un vol, supporté par deux lions.

S ...ot ....ay

Don sur la vicomté de Caen. — Quittance. — 2 décembre 1393. (Clair., r. 97, p. 7573.)

7931 ROOS (ROBERT),
Chevalier, conseiller du roi,
l'un des commis ordonnés au gouvernement de France et Normandie.

Sceau rond, de 38 mill. — Écu écartelé : au 1 et 4, trois bouses; au 2 et 3, une fasce entre deux jumelles; penché, timbré d'un heaume cimé d'un paon rouant. Dans le champ, des plumes.

sigilla roberti roos filii......

Contre-sceau : Un paon rouant. — Sans légende.

Gages de 4 hommes d'armes, lui compris, et 18 archers composant sa suite. — 26 avril 1446. (Clair., r. 97, p. 7575.)

7932 ROQUE (AIMERY DE LA),
Chevalier.

Sceau rond, de 29 mill. — Écu portant trois rocs d'échiquier, penché, timbré d'un heaume cimé d'une tête de licorne, supporté par deux personnages.

...GVOT ....

Guerres de Guienne. — Quittance de gages. — Montignac, 26 janvier 1408, n. st. (Clair., r. 96, p. 7445.)

7933 ROQUE (ANDRIEU DE LA),
Écuyer.

Sceau rond, de 20 mill. — Écu portant deux chevrons accompagnés en chef de deux besants ou deux tourteaux. — Légende détruite.

Restor de chevaux. — Guerres de Gascogne. — 27 septembre 1352. (Clair., r. 97, p. 7577.)

7934 ROQUE (FRANÇOIS DE LA),
Enseigne en la compagnie du maréchal de la Marck.

Signet rond, de 15 mill. — Écu portant trois rocs d'échiquier. — Sans légende.

Quittance de gages. — 5 octobre 1535. (Clair., r. 134, p. 1891.)

7935 ROQUE

(Oger Henri, seigneur de la).
chevalier.

Sceau rond, de 32 mill. — Écu portant une aigle à la bordure, penché, timbré d'un heaume cimé d'une tête d'aigle, sur champ de fleurettes.

Ogier ђen . . signe . . . . . Ro . . .

Défense de la ville de Montivilliers. — Quittance de gages. — 6 mai 1416. (Clair., r. 97, p. 7577.)

7936 ROQUE (PIERRE DE),

Écuyer.

Sceau rond, de 18 mill. — Écu portant un château à deux tours, la plus petite à sénestre surmontée d'une étoile.

. . . PE DE ROQVE I . .

Establie d'Aire. — Quittance de gages. — Aire, 14 août 1342. (Clair., r. 96, p. 7435.)

7937 ROQUE (PIERRE DE LA),

Élu des aides au diocèse de Coutances.

Sceau rond, de 22 mill. — Écu à la bande sous un chef chargé de trois rocs d'échiquier, dans un quadrilobe.

S PIERRES DE LA ROQVE

Information secrète au sujet des aides. — 15 février 1390, n. st. (Clair., r. 217, p. 9787.)

7938 ROQUEFEUIL (ARNAUD DE),

Chevalier.

Sceau rond, de 31 mill. — Écu portant un échiqueté chaque case chargée d'une cordelière, penché, timbré d'un heaume couronné cimé d'un vol, sur champ réticulé.

S Æ . . . DI DE RV . . . .

Frais d'un voyage en Gascogne. — 6 novembre 1345. (Clair., r. 76, p. 5987.)

7939 ROQUEFORT (ADAM DE).

Sceau rond, de 20 mill. — Écu au chevron chargé de trois coquilles et accompagné de deux têtes de léopard en chef et de la lettre R sénestrée d'une croix en pointe, supporté par deux lions, dans un trilobe.

. . . GL ADAM ROQVEFO . .

Quittance de 300 francs d'or destinés à Baudrain de la Heuse, amiral de la mer. — Rouen, 21 novembre 1363. (Clair., r. 193, p. 7595.)

7940 ROQUEFORT (AIMERY DE),

Chevalier.

Sceau rond, de 22 mill. — Écu portant trois fasces accompagnées de deux rocs d'échiquier en chef, dans un quadrilobe renfermant quatre écussons aux armes.

SAVD ADON AD'BE LPVEG

Frais d'un message porté au comte de Foix. — Toulouse, 15 janvier 1360, n. st. (Clair., r. 193, p. 7635.)

7941 ROQUEFORT (AIMERY DE).

Sceau rond, de 24 mill. — Écu portant trois fasces accompagnées de trois rocs d'échiquier en chef.

S AYMERIC D . . . .

Quittance en blanc. — 13 mars 1370, n. st. (Clair., r. 193, p. 7627.)

7942 ROQUEFORT (AMIGO DE).

Sceau rond, de 25 mill. — Écu écartelé : au 1 et 4, deux rocs d'échiquier ; au 2 et 3, contre-écartelé de plains et de quatre besants ou quatre tourteaux, 2 et 2 ; penché, timbré d'un heaume cimé d'une tête humaine, sur champ de grènetis.

. . . MIGVO DE ROQUA . . . .

Quittance en blanc. — . . . . 1368. (Clair., r. 193, p. 7627.)

7943 ROQUEFORT (FORTANIER DE),

Damoiseau.

Sceau rond, de 19 mill. — Un roc d'échiquier.

S FORTANERII DE ROCAFORT

Service de guerre en Gascogne. — Transport de ses gages au profit d'Arnaud-Bernard du Mas-Saintes-Puelles. — Toulouse, 29 avril 1368. (Clair., r. 193, p. 7591.)

7944 ROQUEFORT (FRANÇOIS DE),
Écuyer, seigneur de Venais,
guidon de 40 lances sous le seigneur de Pontevez.

Signet rond, de 20 mill. — Écu portant trois rocs d'échiquier sous un chef. — Sans légende.

Quittance de gages. — 29 mars 1542, n. st. (Clair., r. 193, p. 7629.)

7945 ROQUELIN (JACQUEMART),
Écuyer.

Sceau rond, de 23 mill. — Écu portant une ancre, la trabe en bas, accostée de deux croisettes.

S⊕L.....⊕..R⊕LIN

Défense de la ville de Boulogne, des tours d'Ardres et de Saint-Nicolas. — Quittance de gages. — Saint-Omer, 7 mai 1389. (Clair., r. 97, p. 7579.)

7946 ROQUEMAURE (PIERRE DE),
Écuyer.

Sceau rond, de 22 mill. — Écu à la fasce accompagnée de trois étoiles, deux en chef et une en pointe.

......⊕MAVR.

Guerres de Poitou et de Limousin. — Quittance de gages. — Saint-Yrieix, 11 octobre 1355. (Clair., r. 97, p. 7581.)

7947 ROQUEMAUREL (BETON DE),
Chevalier.

Sceau rond, de 26 mill. — Écu au roc d'échiquier sous un chef chargé d'un lévrier courant, penché, timbré d'un heaume cimé d'une tête de lévrier, sur champ festonné.

✠ S B⊕TO D ROQVAM AVR⊕L

Service de guerre en la compagnie de Bernard d'Armagnac. — Quittance de gages. — 14 mars 1420, n. st. (Clair., r. 97, p. 7581.)

7948 ROQUENEGADE (BERTRAND DE),
Chevalier, sénéchal de Saintonge.

Sceau rond, de 21 mill. — Écu à la fasce chargée de trois rocs d'échiquier, dans un trilobe. — Légende détruite.

Récépissé de deux lettres du roi, l'une interdisant de porter des armes et l'autre défendant les duels. — 1er Février 1313, n. st. (Clair., r. 96, p. 7505.)

7949 ROQUES (GUILLAUME DE),
Écuyer.

Sceau rond, de 23 mill. — Écu portant trois rocs d'échiquier à la bande engrêlée, penché, timbré d'un heaume cimé d'un vol, supporté par deux sirènes.

S G VI.....A.G.....

Quittance de 150 écus d'or donnés par le comte de Poitiers à Barast de Thémines, écuyer. — Montpellier, 6 mai 1369. — Le même don avait été fait à tous les autres nobles du Quercy. (Clair., r. 105, p. 8197.)

7950 ROSAY (GUILLAUME DE),
Chevalier.

Sceau rond, de 21 mill. — Écu portant une fasce frettée accompagnée d'une étoile en chef et à dextre, penché, timbré d'un heaume cimé d'une tête d'aigle dans un vol, sur champ réticulé.

S .....⊕ D.....y

Chevauchée de Flandre. — Quittance de gages. — 23 août 1383. (Clair., r. 97, p. 7585.)

7951 ROSAY (JEAN DE),
Chevalier.

Sceau rond, de 25 mill. — Écu burelé au lion à queue fourchée brochant, penché, timbré d'un heaume cimé d'une tête d'homme barbu couronné, supporté par deux hommes sauvages. — Légende détruite.

Poursuite des Anglais. — Quittance de gages. — Gallardon, 5 septembre 1380. (Clair., r. 97, p. 7585.)

7952 ROSAY (JEAN DE),
Chevalier, seigneur de Mesnuin.

Sceau rond, de 29 mill. — Écu au lion accompagné de..., penché, timbré d'un heaume cimé d'une tête d'homme barbu et couronné, supporté par deux hommes sauvages.

S IEhAN D ROSAY ChLR

Quittance d'une rente sur la châtellenie de Neufchâtel-sur-Aisne. — 16 juillet 1406. (Clair., r. 97, p. 7593.)

7953   ROSAY (THIBAUD DE),
Écuyer, du bailliage de Vitry.

Sceau rond, de 17 mill. — Écu à la fasce accompagnée d'une rose en chef et à sénestre.

✠ **S .... DE ROSAI**

Guerres de Vermandois. — Quittance de gages. — 4 janvier 1340, n. st. (Clair., r. 97, p. 7583.)

7954   ROSE (RAOUL),
Seigneur de la nef la Madeleine et de la nef Saint-Jean, de Leure.

Sceau rond, de 22 mill. — Écu portant trois roses accompagnées de croisettes, dans un trilobe. — Légende détruite.

Quittance d'approvisionnement. — Leure, 9 mai 1340. (Clair., r. 97, p. 7581, 7583.)

7955 ROSEMONT (GUILLAUME DE),
Chevalier.

Sceau rond, de 20 mill. — Écu portant trois trèfles.

S G. V......

Guerres de Vermandois et de Cambrésis. — Quittance de gages. — Saint-Quentin, 15 septembre 1339. (Clair., r. 97, p. 7587.)

7956   ROSET (PONS DE),
Chevalier, seigneur de la Tour en Languedoc.

Sceau rond, de 24 mill. — Écu au lion, penché, timbré d'un heaume cimé d'un lion issant, sur champ réticulé.

..........CIUALE

Garde dudit lieu de la Tour. — Quittance de gages. — 10 mai 1353. (Clair., r. 97, p. 7587.)

7957   ROSIÈRE (HUGUES DE LA),
Chevalier.

Sceau rond, de 28 mill. — Écu portant trois roses? Dans le champ du sceau, **LE** complétant la légende.

✠ **S .... N DE ROSIRE**

Ost de Flandre. — Quittance de gages. — 15 septembre 1302. (Clair., r. 97, p. 7589.)

7958 ROSIÈRES (TABELLIONAGE DE).

Sceau rond, de 56 mill. — Écu à la bande chargée de trois alérions.

✠ **SIGILLVM CVRI.......Th.RINGIE**

Assignation de la dot de Jeanne de Lenoncourt à l'occasion de son mariage avec Jean de Marly. — 15 mars 1409, n. st. (Clair., r. 218, p. 9857.)

7959   ROSNEL (HUGUES DE),
Chevalier.

Sceau rond, de 20 mill. — Écu portant un sautoir au lambel. — Légende détruite.

Service de guerre à Paris. — Quittance de gages. — Paris, 24 septembre 1356. (Clair., r. 97, p. 7571.)

7960 ROSNIVINEN (GUILLAUME DE),
Écuyer, capitaine de 80 lances logées en Normandie.

Sceau rond, de 31 mill. — Écu portant une hure au lambel, penché, timbré d'un heaume à lambrequins cimé d'une tête de taureau bouclé.

S gn ...... rosue vinen

Gages de l'office de capitaine. — 16 janvier 1452, n. st. (Clair., r. 196, p. 7999.)

7961 ROSNIVINEN (GUILLAUME DE),
Écuyer, premier échanson du roi, capitaine de 80 lances.

Sceau rond, de 38 mill. — Écu portant une hure au lambel, penché, timbré d'un heaume cimé d'une tête de taureau bouclé, supporté par un lion et un griffon.

S guille .... nen

CONTRE-SCEAU : Écu aux armes de la face. — Sans légende.

Gages de l'office de capitaine. — 24 janvier 1458, n. st. (Clair., r. 196, p. 8001.)

7962 ROSOY (JEAN DE),
Écuyer, capitaine d'«Aunemours».

Sceau rond, de 20 mill. — Écu à la fasce accompagnée d'une étoile en chef et à dextre, penché, timbré d'un heaume cimé d'une tête de loup dans un vol, sur champ réticulé.

SEEL IEHA DE ROSOY

Quittance de cinq arbalètes à hausse-pieds. — 15 juin 1370. (Clair., r. 97, p. 7585.)

7963 ROSOY.
Voyez Rozoy.

7964 ROSSELET (GUILLAUME),
Écuyer.

Sceau rond, de 34 mill. — Écu à la bande chargée de... en chef, soutenu par un personnage, supporté par deux autres et plus bas par deux lions.

...UILL.........

Chevauchée de Flandre. — Quittance de gages. — 28 août 1383. (Clair., r. 97, p. 7593.)

7965 ROSTAING (TRISTAN DE),
Capitaine de 40 lances.

Signet rond, de 20 mill. — Écu en cartouche portant une roue et une fasce haussée. — Sans légende.

Gages de l'office de capitaine. — 8 février 1564, n. st. (Clair., r. 196, p. 8011.)

7966 ROSTAING (TRISTAN DE),
Chevalier de l'ordre, baron de Thieux et de Brou, capitaine de 50 lances.

Sceau ovale, de 27 mill. — Écu en cartouche portant une roue et une fasce haussée, entouré du collier de Saint-Michel. — Sans légende.

Gages de l'office de capitaine. — Au camp de Posanges en Bourgogne, 8 mai 1569. (Clair., r. 196, p. 8015.)

7967 ROSTRENEN (BERTRAND DE),
Écuyer.

Sceau rond, de 27 mill. — Écu d'hermines à trois fasces.

b....an de r......en

Recouvrement de places dans le Charolais et le Mâconnais. — Quittance de gages. — Lyon, 4 février 1420, n. st. (Clair., r. 98, p. 7601.)

7968 ROTHELANE (GUILLAUME),
Écuyer, capitaine de Pont-Douve.

Sceau rond, de 28 mill. — Écu au lion passant sous un chef, penché, timbré d'un heaume à lambrequins cimé d'une tête de griffon.

williame r. thelane

Gages de la garnison de Pont-Douve. — 22 octobre 1446. (Clair., r. 196, p. 8019.)

7969 ROTHELIN
(François d'Orléans, marquis de), comte de Neufchâtel, capitaine de 50 lances.

Sceau rond, de 25 mill. — Écu écartelé : au 1 et 4, trois fleurs de lys au lambel à la bande brochant; au 2 et 3, contre-écartelé d'une bande et d'un pal chargé de trois chevrons. — Sans légende.

Gages de l'office de capitaine. — 6 mai 1546. (Clair., r. 132, p. 1637.)

7970 ROTOURS (JEAN DES),
Écuyer, du bailliage de Caen.

Signet rond, de 11 mill. — Écu parti chargé de trois besants ou trois tourteaux à la bordure, dans un quadrilobe. — Légende détruite.

Guerres de Vermandois. — Quittance de gages. — Compiègne, 25 septembre 1339. (Clair., r. 98, p. 7601.)

7971 ROUAUT (GILLES),
Chevalier.

Sceau rond, de 25 mill. — Écu portant deux lions passant l'un sur l'autre à la bordure engrêlée. — Légende détruite.

Guerres de Guienne. — Gages de Jean Foucaut, écuyer. — Au siège devant le château de «Puynaudon», 24 mai 1387. (Clair., r. 49, p. 3663.)

7972 ROUAUT (JACQUES),
Chevalier, seigneur du Pressoir,
conseiller et chambellan du roi, bailli de Caux et capitaine d'Arques.

Sceau rond, de 34 mill. — Écu portant deux léopards l'un sur l'autre au lambel, penché, timbré d'un heaume à lambrequins cimé d'une tête de léopard dans un vol. — Légende détruite.

Gages de l'office de capitaine. — 22 juin 1463. (Clair., r. 196, p. 8043.)

7973 ROUAUT (JACQUES),
Chevalier, seigneur du Pressoir,
conseiller et chambellan du roi, bailli de Caux.

Signet rond, de 21 mill. — Écu portant deux léopards l'un sur l'autre au lambel, sur champ festonné. — Sans légende.

Taxation de frais au sujet d'un voyage à Rouen. — Arques, 10 novembre 1463. (Clair., r. 196, p. 8043.)

7974 ROUAUT (JACQUES),
Chevalier, seigneur du Pressoir,
conseiller et chambellan du roi, bailli de Caux et capitaine d'Arques.

Sceau rond, de 40 mill. — Écu portant deux léopards l'un sur l'autre au lambel, penché, timbré d'un heaume à lambrequins cimé d'un léopard dans un vol.

. . . . . . s ronant bailly de caux

Gages de l'office de capitaine. — 15 mai 1464. (Clair., r. 196, p. 8021.)

7975 ROUAUT (JACQUES),
Chevalier, seigneur du Pressoir,
conseiller et chambellan du roi, bailli de Caux.

Sceau rond, de 40 mill. — Écu portant deux léopards l'un sur l'autre, penché, timbré d'un heaume à lambrequins cimé d'un léopard dans un vol.

. . . . . . ronault

Gages de l'office de bailli. — 3 octobre 1465. (Clair., r. 197, p. 8055.)

7976 ROUAUT (JOACHIM),
Premier écuyer de corps et maître de l'écurie du dauphin de Viennois.

Sceau rond, de 34 mill. — Écu portant deux léopards l'un sur l'autre, penché, timbré d'un heaume à lambrequins cimé d'une tête de léopard dans un vol.

S Ioachim roua . . .

Divers achats pour l'écurie du Dauphin. — 12 mars 1436. (Clair., r. 196, p. 8029.)

7977 ROUAUT (JOACHIM),
Écuyer, capitaine de 40 lances.

Sceau rond, de 42 mill. — Écu portant deux léopards l'un sur l'autre, penché, timbré d'un heaume à lambrequins cimé d'une tête de léopard dans un vol.

Seel de ioachim . . . . .

Gages du capitaine et des hommes d'armes. — 13 décembre 1450. (Clair., r. 196, p. 8037.)

7978 ROUAUT (JOACHIM),
Chevalier, seigneur de Gamaches, de Boisménard et de Châtillon, maréchal de France.

Sceau rond, de 42 mill. — Écu portant deux léopards l'un sur l'autre, penché, timbré d'un heaume à lambrequins.

. . . . . de . . . . . . ronaut

Délégation pour recevoir la montre de la garnison d'Arques. — Neufchâtel, 5 juin 1474. (Clair., r. 203, p. 8591.)

7979 ROUAUT (MILON),
Chevalier.

Sceau rond, de 28 mill. — Écu portant deux léopards l'un sur l'autre à la bordure engrêlée, penché, timbré d'un heaume cimé d'une tête d'homme barbu, supporté par deux griffons. — Légende détruite.

Chevauchée de Guienne contre Archambaud de Périgord. — Quittance de gages. — Devant le château de Montignac, 27 juillet 1398. (Clair., r. 98, p. 7603.)

7980 ROUAUT (NICOLAS),
Lieutenant de 30 lances sous monseigneur de Morvilliers.

Signet rond, de 20 mill. — Écu portant deux léopards l'un sur l'autre. — Sans légende.

Quittance de gages. — 3 juillet 1563. (Clair., r. 197, p. 8063.)

7981 ROUAUT (THIBAUD),
Chevalier, seigneur de Riou,
enseigne de la compagnie de monseigneur de Montmorency.

Sceau rond, de 48 mill. — Écu portant deux léopards l'un sur l'autre au lambel, penché, timbré d'un heaume à lambrequins cimé d'une tête humaine dans un vol.

Seel Thibault Rouault

Quittance de gages. — 14 avril 1536, n. st. (Clair., r. 196, p. 8045.)

7982 ROUBAIX (JEAN, SEIGNEUR DE),
Chevalier, chambellan du roi.

Sceau rond, de 31 mill. — Écu d'hermines au chef chargé de trois étoiles, penché, timbré d'un heaume couronné et cimé de deux oreilles d'âne, supporté par deux hommes sauvages.

S....... iehan seig... de roubais ch.....

Quittance de 400 francs à lui donnés pour se monter, s'armer et s'habiller. — 28 octobre 1410. (Clair., r. 197, p. 8065.)

7983 ROUCY
(Antoine de Luxembourg, chevalier, comte de) et de Brienne.

Sceau rond, de 60 mill. — Écu au lion couronné à queue fourchée passée en sautoir au lambel, penché, timbré d'un heaume à lambrequins cimé d'un dragon ailé, supporté par deux griffons.

anthoine de lu..mbourg conte...

CONTRE-SCEAU : Écu aux armes de la face.

........conte de ronssy

Quittance de pension. — 31 août 1493. (Clair., r. 174, p. 5821.)

7984 ROUCY
(Charles de Luxembourg, comte de Brienne et de), chevalier de l'ordre, capitaine de 36 lances.

Sceau rond, de 32 mill. — Écu au lion à queue fourchée passée en sautoir, surmonté d'une couronne, entouré du collier de Saint-Michel. — Sans légende.

Gages de l'office de capitaine. — 20 septembre 1527. (Clair., r. 130, p. 1349.)

7985 ROUCY (HUGUES DE),
Chevalier.

Sceau rond, de 30 mill. — Écu au lion chargé d'un écusson effacé à l'épaule, penché, timbré d'un heaume cimé de deux cornes, sur champ réticulé semé d'étoiles.

LE SEEL HUG DE ROUCY FIL D......E BRAINNE

Guerres de Picardie. — Quittance de gages. — Hesdin, 20 juillet 1380. (Clair., r. 98, p. 7613.)

7986 ROUCY
(Isabeau, comtesse de).

Sceau rond, de 32 mill. — Écu rond semé de croisettes au lion.

.....LLE YSABELL.......A D.....

Quittance délivrée à Louis, duc d'Anjou. — 8 mai 1384. (Clair., r. 98, p. 7615.)

7987 ROUCY (JEAN, COMTE DE),
Sire de Pierrefonds, chevalier banneret.

Sceau rond, de 26 mill. — Écu au lion. — Légende détruite.

Guerres des frontières de Flandre. — Quittance de gages. — Paris, 5 juin 1318. (Clair., r. 98, p. 7607.)

7988 ROUCY (JEAN DE),
Comte de Braine.

Voyez BRAINE.

7989 ROUCY (JEAN DE),
Évêque de Laon.

Voyez LAON.

7990 ROUCY (ROBERT, COMTE DE),
Gouverneur du duché de Bourgogne.

Sceau rond, de 26 mill. — Écu au lion, penché, timbré d'un heaume cimé de deux cornes, sur champ réticulé.

.....COSE.......

Montre de Jean de Vienne, chevalier banneret, reçue à Dijon, le 11 mai 1351. (Clair., r. 98, p. 7609.)

7991 ROUCY (ROBERT, COMTE DE).

Signet rond, de 11 mill. — Un lion accompagné à dextre de la lettre R. — Sans légende.

Quittance délivrée au receveur général des aides. — 22 avril 1363. (Clair., r. 98, p. 7611.)

7992 ROUCY (SIMON DE),
Comte de Braine.

Voyez BRAINE.

7993 ROUDUN (ALAIN DE),
Écuyer.

Sceau rond, de 19 mill. — Écu à la croix pattée chargée en cœur de... et cantonnée de quatre lions.

alain .. roudun

Recouvrement de places dans le Charolais et le Mâconnais. — Quittance de gages. — 4 mai 1420. (Clair., r. 98, p. 7621.)

7994 ROUE (GUIOT, SIRE DE LA),
Écuyer.

Sceau rond, de 25 mill. — Écu fascé de six pièces, penché, timbré d'un heaume cimé d'une tête de... dans un vol, supporté à sénestre, le seul côté qui subsiste, par un ange.

...yet......

Chevauchée de Bourbourg. — Quittance de gages. — 10 décembre 1383. (Clair., r. 98, p. 7623.)

7995 ROUEN (BAILLIAGE DE).

Contre-sceau rond, de 21 mill. — Quatre fleurs de lys aboutées et posées en croix, accompagnées d'un orle de huit annelets, dans un quadrilobe.

✳ 9TRA S BAILL......
ROThOMAGESIS

Montre de Girard de Tournebu, chevalier, reçue à Breteuil, le 17 avril 1377. (Clair., r. 203, p. 8669.)

7996 ROUEN
(Les élus des aides au diocèse de).

Sceau rond, de 24 mill. — Écu burelé au lion brochant à la bande sur le tout, penché, timbré d'un heaume de face cimé d'une tête de lion couronné, supporté par deux bars sur un semé de trèfles. Dans le champ, les lettres R A O L. — Sans légende.

Gages de rameurs et d'arbalétriers montant quatre bateaux destinés à défendre la rivière entre Pont-de-l'Arche et Caudebec. — Rouen, 13 septembre 1364. (Clair., r. 214, p. 9541.)

7997 ROUEN
(Les élus des aides au diocèse de).

Sceau rond, de 19 mill. — Écu portant deux dragons passant l'un sur l'autre accompagnés de trois maillets en chef, à la bande brochant sur le tout, dans un quadrilobe.

.....VIΠS DE POΠ.....

Attestation de gages payés. — 4 janvier 1369, n. st. (Clair., r. 215, p. 9577.)

7998 ROUEN
(Les gens du conseil du duc de Normandie à).

Signet ovale, de 20 mill. — Intaille. Un buste d'homme barbu à droite. — Sans légende.

Quittance des frais d'un voyage à Arques et à Dieppe. — Rouen, 30 décembre 1363. (Clair., r. 214, p. 9587.)

7999 ROUEN
(Guillotte du Crocq, abbesse de Saint-Amand de).

Sceau ogival, de 58 mill. — Dans une niche gothique, l'abbesse debout, en voile, tenant sa crosse et un livre.

............S aman...

Quittance d'une rente sur la vicomté d'Arques. — 20 octobre 1464. (Clair., r. 119, p. 75.)

8000 ROUEN
(Jean, abbé de Sainte-Catherine-au-Mont près).

Sceau ogival, de 40 mill. — Dans une niche gothique, sainte Catherine couronnée, tenant une roue et une épée, ayant à ses pieds un priant.

S IOhANN...........

Quittance d'une rente sur la coutume du marché neuf à Vernon. — 17 décembre 1383. (Clair., r. 124, p. 601.)

8001 ROUEN
(Thomas, prieur de Notre-Dame-du-Carme de)

Sceau ogival, de 47 mill. — Dans une niche gothique, la Vierge assise tenant l'enfant Jésus; au-dessous, un priant.

S' PRIOR' ..... ORD' DG .... O

Quittance d'une aumône du roi. — 1ᵉʳ septembre 1355. (Clair., r. 124, p. 595.)

8002 ROUEN (VILLE DE).
Signet aux causes.

Contre-sceau rond, de 20 mill. — Un Agnus Dei.

..... R ROTɧ AD CAVSAS

Quittance délivrée au nom de la ville par Guillaume Alorge, maire de Rouen. — 21 octobre 1376. (Clair., r. 4, p. 165.)

8003 ROUEN
(Sceau du 13ᵉ du vin à).

Sceau rond, de 22 mill. — Sur deux lignes, entre six fleurs de lys, trois au-dessus trois au-dessous :

le treisieme
du vin a rouen

Quittance délivrée au connétable de France par les fermiers du 13ᵉ du vin en la ville et banlieue de Rouen. — 13 avril 1377. (Clair., r. 13, p. 863.)

8004 ROUGÉ (BONNABES, SIRE DE)
Et de Derval.

Sceau rond, de 22 mill. — Écu écartelé : au 1 et 4, une croix pattée; au 2 et 3, deux fasces; dans un encadrement gothique. — Légende détruite.

Quittance. — 28 février 1352, n. st. (Clair., r. 98, p. 7609.)

8005 ROUGÉ (BONNABES, SIRE DE)
Et de Derval, chevalier banneret.

Sceau rond, de 23 mill. — Écu écartelé : au 1 et 4, une croix pattée; au 2 et 3, deux fasces; soutenu par un homme d'armes tenant sa lance. — Légende détruite.

Guerres de Bretagne. — Quittance de gages. — Paris, 30 juillet 1354. (Clair., r. 98, p. 7625.)

8006 ROUGE (THOMAS LE),
Écuyer.

Sceau rond, de 28 mill. — Écu portant trois châteaux.

.... le rou ..

Recouvrement de places dans le Charolais et le Mâconnais. — Quittance de gages. — 4 février 1420, n. st. (Clair., r. 98, p. 7627.)

8007 ROUGE-AGUE (MERMET DE),
Écuyer.

Sceau rond, de 20 mill. — Écu à la fasce accompagnée d'une étoile en chef et à sénestre, le seul canton qui subsiste.

✠ S' .... G

Establie de Saint-Jean-d'Angely. — Quittance de gages. — Saint-Jean-d'Angely, 21 avril 1352. (Clair., r. 98, p. 7625.)

8008 ROUGEMONT (GUILLAUME DE),
Chevalier.

Sceau rond, de 26 mill. — Écu semé de fleurs de lys au lion au lambel. — Légende détruite.

Quittance de gages pour avoir conduit Robert de Béthune à Pontoise. — Tours, 16 novembre 1304. (Clair., r. 98, p. 7627.)

8009 ROUGEMONT (GUILLAUME DE),
Écuyer.

Sceau rond, de 15 mill. — Écu au lion.

S' G' DE ROGIMONS

Guerres de l'Orléanais et du Blésois. — Quittance de gages. — 15 mai 1358. (Clair., r. 98, p. 7631.)

8010 ROUGEMONT (IMBERT, SIRE DE),
Chevalier.

Sceau rond, de 22 mill. — Écu portant une aigle à la bande brochant, penché, timbré d'un heaume de face cimé d'un plumail, sur champ réticulé.

S ɧV..... ROIEꝶONT

Quittance délivrée au receveur du roi de Navarre. — Évreux, 6 juin 1363. (Clair., r. 98, p. 7631.)

19.

8011 ROUGEMONT (JEAN DE),
Écuyer.

Sceau rond, de 20 mill. — Écu au lion, penché, timbré d'un heaume cimé d'une tête de lion, sur champ festonné.

S' ROVGEMONT · IEHAN

Guerres de Gascogne. — Quittance de gages. — Castelsarrasin, 23 février 1343, n. st. (Clair., r. 98, p. 7629.)

8012 ROUGEMONT (PIERRE DE),
Écuyer.

Sceau rond, de 22 mill. — Écu au lion. — Légende détruite.

Service de guerre sous le comte de Savoie. — Quittance de gages. — Mâcon, 18 juillet 1355. (Clair., r. 98, p. 7629.)

8013 ROUGEOLLES (MANGO DE),
Écuyer.

Sceau rond, de 21 mill. — Écu d'hermines à trois pals, penché, timbré d'un heaume cimé d'un coq, sur champ festonné.

mauco d' rou.....

Poursuite des Anglais, en la compagnie de Jean de Torsay. — Quittance de gages. — 28 décembre 1419. (Clair., r. 97, p. 7547.)

8014 ROURE (ANTOINE DU),
Écuyer.

Sceau rond, de 22 mill. — Écu portant un chêne accosté de deux... sous un chef chargé d'un loup passant, penché, timbré d'un heaume à lambrequins cimé d'une tête d'homme barbu.

anthoinne du rore

Service de guerre à Paris. — Quittance de gages. — 24 janvier 1416, n. st. (Clair., r. 97, p. 7581.)

8015 ROUSSAY (JEAN, SEIGNEUR DE),
Chevalier, souverain maître de l'hôtel de la reine, capitaine du château de Melun.

Sceau rond, de 30 mill. — Écu portant trois merlettes en orle au franc canton chargé de cinq feuilles posées en sautoir, penché, timbré d'un heaume cimé d'un vol, supporté par deux aigles. — Légende détruite.

Gages de l'office de capitaine. — 26 juillet 1411. (Clair., r. 98, p. 7635.)

8016 ROUSSEL (GAUCHER),
Écuyer.

Sceau rond, de 23 mill. — Écu au chevron accompagné de..., soutenu par un personnage.

GAU........

Service de guerre. — Quittance de gages. — Bourges. 24 juin 1418. (Clair., r. 98, p. 7641.)

8017 ROUSSEL (JEAN),
Dit Tartarin, maître de la nef *Notre-Dame*, de Leure.

Sceau rond, de 20 mill. — Un signe monogrammatique.

.........EL D........

Quittance d'approvisionnements pour deux mois. — Harfleur, 12 mai 1340. (Clair., r. 98, p. 7639.)

8018 ROUSSEL (PIERRE),
Huissier de la chambre des comptes.

Sceau rond, de 22 mill. — Écu à la fasce accompagnée de deux étoiles en chef et d'un besant ou d'un tourteau en pointe, soutenu par un saint Pierre, dans un ovale.

pierre roucel

Gages de son office. — Quittance. — 18 décembre 1402. (Clair., r. 98, p. 7637.)

8019 ROUSSEL-MÉDAVY (DENIS),
Seigneur de Crocq, enseigne de la compagnie de monseigneur de Fervaques.

Sceau ovale, de 24 mill. — Écu portant trois coqs, embrassé par deux palmes. — Sans légende.

Quittance de gages. — Au village de Vauchassis, près Troyes, 8 novembre 1575. (Clair., r. 197, p. 8129.)

8020 ROUSSEL-MÉDAVY (JACQUES),
Seigneur de Médavy,
lieutenant de la compagnie de monseigneur de Fervaques.

Sceau ovale, de 24 mill. — Écu portant trois coqs, embrassé par deux palmes. — Sans légende.

Quittance de gages. — Lusigny, 26 novembre 1574. (Clair., r. 197, p. 8127.)

8021 ROUSSELET (JEAN),
Écuyer, du bailliage d'Orléans.

Sceau rond, de 19 mill. — Écu portant un massacre de cerf au lambel à la bordure engrêlée, dans un quadrilobe.

S IЄҺΑП ROVGЄLЄT.......

Guerres de Vermandois. — Quittance de gages. — Saint-Quentin, 22 octobre 1339. (Clair., r. 67, p. 5175.)

8022 ROUSSIÈRE (GUIGART DE LA),
Écuyer.

Sceau rond, de 25 mill. — Écu parti : au 1, une feuille tigée? sous un chef; au 2, un lion; penché, timbré d'un heaume à lambrequins cimé d'un oiseau.

... D. .A ROSSIЄRЄ

Service de guerre à Paris. — Quittance de gages. — Paris, 23 décembre 1415. (Clair., r. 97, p. 7595.)

8023 ROUSSILLON (AIMONET DE),
Écuyer.

Sceau rond, de 18 mill. — Écu au chef chargé d'un lion couronné issant. — Légende détruite.

Ost d'Aiguillon. — Quittance de gages. — Paris, 12 novembre 1346. (Clair., r. 98, p. 7643.)

8024 ROUSSILLON (GIRARD DE),
Lieutenant de Gérard de Mortagne,
sire de Roussillon et capitaine de Cognac.

Sceau rond, de 21 mill. — Écu portant une bande à la bordure engrêlée, dans un trilobe.

...ART D......

Gages de la garnison de Cognac. — Pons, 11 septembre 1340. (Clair., r. 98, p. 7643.)

8025 ROUSSILLON (GIRARD DE),
Chevalier, sénéchal de Carcassonne.

Sceau rond, de 23 mill. — Écu portant une bande à la bordure engrêlée, dans un quadrilobe.

✠ .... .LON

Guerres de Poitou et de Saintonge. — Quittance de gages. — Date déchirée, vers 1347. (Clair., r. 6, p. 299.)

8026 ROUSSILLON (GUILLAUME DE),
Chevalier, seigneur du Bouchage, conseiller et chambellan du roi, maréchal du Dauphiné.

Sceau rond, de 30 mill. — Écu à l'aigle le cou passé dans une couronne.

s guillanme ꝛ rossilhof

Montre de Humbert de Groslée. — Crémieu, 14 octobre 1413. (Clair., r. 165, p. 4971.)

8027 ROUSSILLON (GUILLAUME DE),
Seigneur du Bouchage, chevalier banneret.

Sceau rond, de 28 mill. — Écu portant une aigle.

s guillanme ꝛ ro.........

Service de guerre. — Quittance de gages. — 2 septembre 1420. (Clair., r. 97, p. 7595.)

8028 ROUSSILLON (HUMBERT DE).
Écuyer.

Sceau rond, de 23 mill. — Écu à l'aigle, penché, timbré d'un heaume cimé d'une tête de cerf dans un vol.

ombert ꝛ roussillon

Service de guerre à Paris. — Quittance de gages. — 9 janvier 1416, n. st. (Clair., r. 98, p. 7645.)

8029 ROUSSILLON (JACQUES DE),
Sire de «Tholins», chevalier banneret.

Sceau rond, de 28 mill. — Écu écartelé : au 1 et 4, une aigle à la bande brochant; au 2 et 3, un émanché de deux pièces mouvant de la pointe; penché, timbré d'un heaume cimé d'une tête de cerf dans un vol. supporté par deux hommes sauvages.

iaqu........ sire......

Poursuite des Anglais. — Quittance des gages d'Évart Revoire, écuyer. — 17 octobre 1380. (Clair., r. 95, p. 7355.)

8030   ROUTEAU (JEAN),
Écuyer,
controleur de la garnison de Dreux et de la tour de Dannemark.

Sceau rond, de 26 mill. — Écu portant trois pals, penché, timbré d'un heaume cimé d'une tête d'aigle, supporté par deux aigles.

iehan routeau

Gages de la garnison de Dreux et de la tour de Dannemark. — 1ᵉʳ avril 1438, n. st. (Clair., r. 197, p. 8081.)

8031   ROUTI (ÉTIENNE),
Lieutenant de Jean le Mercier, trésorier des guerres.

Sceau rond, de 22 mill. — Écu parti : au 1, une fasce ; au 2, un chef chargé d'un lion issant ; supporté par deux lions.

...TIERE......

Quittance de 120 livres « pour bailler à Jean de Meudon, capitaine du château de Saint-Germain ». — Paris, 15 mai 1370. (Clair., r. 97, p. 7573.)

8032   ROUTI (ÉTIENNE),
Lieutenant de Jean le Mercier, trésorier des guerres.

Sceau rond, de 22 mill. — Écu parti : au 1, une fasce ; au 2, un chef chargé d'un lion issant ; timbré de..... et supporté par deux lions, dans un trilobe.

...ESTI......

Quittance de 1,200 livres pour la garde de la ville de Rochechouart. — Paris, 16 avril 1371. (Clair., r. 97, p. 7575.)

8033   ROUVILLE (GUILLAUME DE),
Chevalier, seigneur de Moulineaux.

Sceau rond, de 31 mill. — Écu semé de billettes à deux poissons adossés brochant et accompagnés d'une étoile en chef, penché, timbré d'un heaume cimé d'un personnage en buste, supporté par deux chiens.

s guill........

Quittance de pension. — 13 mars 1474, n. st. (Clair., r. 197. p. 8083.)

8034   ROUVILLE (MORADAS, SIRE DE),
Chevalier,
lieutenant des maréchaux de France en basse Normandie.

Sceau rond, de 22 mill. — Écu portant trois poissons en fasce l'un sur l'autre à la bordure, penché, timbré d'un heaume couronné et cimé d'une jambe le pied dans un étrier, supporté à sénestre par un ange. Dans le champ, à dextre, les lettres ⅏ y liées.

moradas .. rouville

Quittance de gages. — 31 octobre 1383. (Clair., r. 98, p. 7653.)

8035   ROUVILLE (MORADAS SIRE DE),
Chevalier, lieutenant des maréchaux de France.

Sceau rond, de 22 mill. — Écu portant trois poissons en fasce l'un sur l'autre, timbré, supporté et accompagné comme le précédent.

moradas .. rouville

Quittance de gages. — .. novembre 1383. (Clair., r. 98. p. 7653.)

8036   ROUVILLE (MORADAS DE),
Chevalier, lieutenant des maréchaux de France.

Sceau rond, de 25 mill. — Écu semé de billettes à deux poissons adossés, penché, timbré d'un heaume couronné et cimé d'une jambe le pied dans l'étrier, supporté à sénestre par un ange. Dans le champ, à dextre, les lettres ⅏ y liées.

s' morad.. sire de rovvill

Service de guerre. — Quittance de gages. — 30 septembre 1387. (Clair., r. 98, p. 7655.)

8037   ROUVRAY (GILLET DE),
Écuyer.

Sceau rond, de 20 mill. — Écu à la bande fuselée ou engrêlée. — Légende détruite.

Service de guerre en Anjou. — Quittance de gages. — Craon, 28 décembre 1355. (Clair., r. 99, p. 7665.)

8038 ROUVRAY (HUET),
Écuyer.

Sceau rond, de 19 mill. — Une fleur de lys.

⊕ hVET ROVVRAI ES.IER

Ost de Flandre. — Gages de Robert des Gués, chevalier. — Paris, 23 octobre 1302. (Clair., r. 56, p. 4265.)

8039 ROUVRAY (JEAN DE),
Doyen de Jargeau et clerc du roi,
receveur des subventions au bailliage d'Orléans, etc.

Sceau rond, de 22 mill. — Écu burelé au lion à la bande brochant sur le tout, dans une rose gothique.

⊕ S' IO..........S

Quittance délivrée à Pierre de Senonches, pour ses subventions et dixième, etc. — 4 avril 1364, n. st. (Clair., r. 98, p. 7661.)

8040 ROUVRAY (JEAN DE),
Chevalier.

Sceau rond, de 22 mill. — Écu burelé au lion brochant, penché, timbré d'un heaume cimé de...., sur champ réticulé. — Légende détruite.

Guerres de Poitou, Limousin, Angoumois, Saintonge, Périgord. — Quittance de gages. — Fayolle, 23 janvier 1351, n. st. (Clair., r. 99, p. 7665.)

8041 ROUVRAY (JEAN, SEIGNEUR DE),
Chevalier.

Sceau rond, de 25 mill. — Écu burelé au lion brochant, timbré d'un heaume de face cimé d'un plumail, sur champ réticulé.

S IEhAR......

Service de guerre. — Quittance de gages. — Rouen, 15 juin 1355. (Clair., r. 197, p. 8109.)

8042 ROUVRAY (JEAN DE), LE JEUNE,
Chevalier.

Sceau rond, de 26 mill. — Écu burelé au lion brochant, penché, timbré d'un heaume, sur champ réticulé.

......ROVVERAY.....

Service de guerre en Normandie. — Quittance de gages. — 11 juillet 1355. (Clair., r. 197, p. 8109.)

8043 ROUVRAY (JEAN, SEIGNEUR DE).

Sceau rond, de 28 mill. — Écu burelé au lion brochant, timbré d'un heaume de face cimé d'un plumail, sur champ réticulé.

SEEL.....N DE ROUVRAY

Service de guerre en Normandie. — Quittance de gages. — 15 août 1355. (Clair., r. 197, p. 8109.)

8044 ROUVRAY (JEAN DE),
Chevalier.

Sceau rond, de 21 mill. — Écu burelé au lion brochant, penché, ... sur champ réticulé. — Légende détruite.

Guerres d'Anjou et du Maine. — Quittance de gages. — Le Mans, 23 décembre 1355. (Clair., r. 99, p. 7665.)

8045 ROUVRAY (JEAN DE),
Chevalier.

Sceau rond, de 24 mill. — Écu portant six annelets, penché, timbré d'un heaume cimé d'une tête d'aigle, supporté par un griffon et un lion.

..........RO.

Guerres de Bourbonnais. — Quittance de gages. — Saint-Pourçain, 20 janvier 1370, n. st. (Clair., r. 99, p. 7671.)

8046 ROUVRAY (JEAN, SEIGNEUR DE).
Chevalier.

Sceau rond, de 25 mill. — Écu burelé au lion brochant.

⊕ IO.....E RO.....

Chevauchée du Mans. — Quittance de gages. — Le Mans, 5 août 1392. (Clair., r. 99, p. 7673.)

8047 ROUVRAY (JEAN, SEIGNEUR DE).
Chevalier.

Sceau rond, de 25 mill. — Écu burelé au lion brochant, penché, timbré d'un heaume cimé de deux oreilles d'âne, supporté par deux lions.

Iehan de rouvroy

Service de guerre. — Quittance de gages. — Paris, 8 septembre 1408. (Clair., r. 197, p. 8113.)

8048 ROUVRAY (JEAN DE),

Seigneur d'Autry,
lieutenant de 50 hommes d'armes sous monseigneur d'Espaux.

Signet rond, de 17 mill. — Écu en cartouche portant une fasce abaissée au lambel de cinq pendants. — Sans légende.

Quittance de gages. — 7 janvier 1569, n. st. (Clair., r. 197. p. 8117.)

8049 ROUVRAY (MICHEL DE).

Sceau rond, de 18 mill. — Écu fretté? sous un chef au lambel. — Légende détruite.

Guerres des frontières de Flandre. — Quittance de gages. — Lille, 1er avril 1326. (Clair., r. 99, p. 7667.)

8050 ROUVRAY-SAINT-SIMON

(Alphonse de),
gouverneur de Navarre.

Sceau rond, de 25 mill. — Écu à la croix chargée de cinq coquilles.

S ALPHO..... DE ROVRA.

Frais d'un voyage à Toulouse où était le roi, au sujet du serment des Navarrais, etc. — 1er mars 1344, n. st. (Clair., r. 99, p. 7667.)

8051 ROUVRAY-SAINT-SIMON

(Le Borgne de),
chevalier, commis à recevoir les montres de gens d'armes et de pied.

Sceau rond, de 18 mill. — Écu à la croix chargée de cinq coquilles, dans un quadrilobe.

.... DE RIO ...

Montre de Guiot des Prés, reçue à Dreux, le 21 juin 1356. (Clair., r. 89, p. 7037.)

8052 ROUVRAY-SAINT-SIMON

(Jean de),
écuyer, seigneur de Saint-Simon, conseiller et chambellan du roi.

Sceau rond, de 40 mill. — Écu à la croix chargée de cinq coquilles, penché, timbré d'un heaume cimé d'une touffe, supporté par deux hommes sauvages tenant l'un une bannière aux armes de l'écu, l'autre une bannière au lion.

Iehan de rouv..y s de saint simon ....

Contre-sceau : Écu à la croix chargée de cinq coquilles. — Sans légende.

Quittance de pension. — 22 juin 1482. (Clair., r. 197. p. 8099.)

8053 ROUVRAY-SAINT-SIMON

(Jeanne de la Trémoille, dame de).

Sceau rond, de 35 mill. — Écu parti : au 1, une croix chargée de cinq coquilles; au 2, un chevron accompagné de trois aiglettes.

...han......... dame de saint.....

Quittance de pension. — 8 février 1480, n. st. (Clair., r. 197. p. 8097.)

8054 ROUVRAY-SAINT-SIMON

(Louis de),
chevalier, seigneur de Rasses,
guidon de la compagnie du maréchal de Montmorency.

Sceau rond, de 33 mill. — Écu écartelé : au 1 et 4, une croix chargée de cinq coquilles; au 2 et 3, une fasce; sur le tout, un écusson chargé de quatre losanges, 3 et 1, sous un chef; penché, timbré d'un heaume cimé de plumes, supporté par deux griffons.

....DE S SYMOM Sʳ DE RASSE

Quittance de gages. — 22 avril 1537. (Clair., r. 197. p. 8103.)

8055 ROUVROU (GUILLAUME DE),

Chevalier.

Sceau rond, de 20 mill. — Écu d'hermines au chevron chargé de trois quintefeuilles.

... GVILLAV.. DE ROVVER..

Service de guerre en Normandie. — Quittance de gages. — 16 août 1365. (Clair., r. 197, p. 8119.)

8056 ROUVROU (GUILLAUME DE),

Chevalier.

Sceau rond, de 23 mill. — Écu d'hermines au che-

DE LA COLLECTION CLAIRAMBAULT.

...ron, penché, timbré d'un heaume cimé d'un plumail dans un vol accosté des lettres liées M et G, dans un quadrilobe.

S G'VIL .... DG .....

Chevauchée de Flandre. — Quittance de gages. — 28 août 1383. (Clair., r. 98, p. 7659.)

8057 ROUVROY (MILON DE),
Examinateur au Châtelet.

Sceau rond, de 24 mill. — Fragment. Dans le champ, un signe monogrammatique suivi de :

e
rouroy ·

au-dessus, une couronne.

Frais d'un voyage au pays de Beauce et de Chartres pour exploiter contre plusieurs faux-sauniers. — 9 mars, 1388, n. st. (Clair., r. 99, p. 7671.)

8058 ROUX (BERTHELOT LE),
Chevalier.

Sceau rond, de 22 mill. — Écu portant trois coquilles.

· BGRTGL.......

Guerres de Normandie. — Quittance de gages. — Gavray, 13 mai 1378. (Clair., r. 99, p. 7675.)

8059 ROUX (COLIN LE),
Procureur de la reine Blanche en la vicomté de Gisors.

Signet rond, de 15 mill. — Une tête à deux visages, couronnée.

✠ C............S

Quittance de gages. — 26 septembre 1374. (Clair., r. 99, p. 7675.)

8060 ROUX (JEAN LE),
Écuyer, de la vicomté de Paris.

Sceau rond, de 20 mill. — Écu portant une croix échiquetée, dans une étoile gothique. — Légende fruste.

Guerres de Vermandois. — Quittance de gages. — Saint-Quentin, 29 octobre 1339. (Clair., r. 99, p. 7675.)

8061 ROUX (LOUIS LE),
Lieutenant de 50 lances sous monseigneur de la Trémoïlle.

Sceau ovale, de 22 mill. — Écu gironné de huit pièces, dans un cartouche. — Sans légende.

Quittance de gages. — 18 janvier 1560, n. st. (Clair., r. 197, p. 8125.)

8062 ROUX (PIERRE LE),
Chevalier, du bailliage d'Orléans.

Sceau rond, de 23 mill. — Écu à la bande.

✠ S PIGRRG ....

Ost de Flandre. — Quittance de gages. — 28 septembre 1302. (Clair., r. 99, p. 7675.)

8063 ROUX (ROBIN LE),
Écuyer.

Sceau rond, de 19 mill. — Écu à l'écusson en abîme accompagné de trois merlettes, dans un trilobe.

S ROBGRT LG RO..

Guerres de Flandre. — Quittance de gages. — 24 juillet 1385. (Clair., r. 99, p. 7677.)

8064 ROUY (JACQUES DE),
Écuyer.

Sceau rond, de 20 mill. — Écu au chevron accompagné de deux besants ou deux tourteaux en chef et d'une quintefeuille en pointe.

.....GS DG RO...

Guerres de Guienne. — Quittance de gages. — 12 octobre 1387. (Clair., r. 99, p. 7679.)

8065 ROVENCESTRE (RAOUL DE),
Chevalier.

Sceau rond, de 23 mill. — Écu portant deux aigles adossées.

.......ROW.......

Ost de Flandre. — Quittance de gages. — Vitry, 27 septembre 1302. (Clair., r. 94, p. 7323.)

8066 ROY (BERTAUT, FILS DE),
Écuyer, du bailliage d'Orléans.

Sceau rond, de 20 mill. — Écu portant trois couronnes à la bande brochant, dans un quadrilobe.

.ᗺRTAV. FI3 Dᗺ RO.

Guerres de Vermandois. — Quittance de gages. — Saint-Quentin, 10 octobre 1339. (Clair., r. 47, p. 3541.)

8067 ROY (GAUTIER LE),
Bourgeois de Bourges, commis à recevoir les montres au pays de Berry.

Sceau rond, de 20 mill. — Écu portant dix tiercefeuilles, 4, 3, 2 et 1, à la bordure, dans un trilobe. — Légende détruite.

Montre de Robert de Billy, chevalier. — Bourges, 17 janvier 1358, n. st. (Clair., r. 14, p. 951.)

8068 ROY (GUILLAUME LE),
Écuyer, capitaine de Montlhéry.

Sceau rond, de 33 mill. — Écu écartelé : au 1 et 4, une bande; au 2 et 3, un treillissé à la bordure; penché, timbré d'un heaume, supporté par...

Guille..........

Garde de Montlhéry. — Quittance de gages. — 19 janvier 1450, n. st. (Clair., r. 99, p. 7689.)

8069 ROY (GUION LE),
Chevalier, seigneur de Chillou, vice-amiral de France.

Sceau rond, de 50 mill. — Écu écartelé : au 1 et 4, une bande; au 2 et 3, un treillissé à la bordure; timbré d'un heaume à lambrequins cimé d'une tête de cerf, supporté par deux lions.

.......ON LE ROY SEIGNEVR DE CHILLO.

Service de guerre au Havre. — Quittance de gages. — 15 septembre 1522. (Clair., r. 134, p. 1915.)

8070 ROY (JEAN LE),
Fossier.

Sceau rond, de 19 mill. — Une bêche accostée d'une étoile et d'un croissant.

IᗺHAN Lᗺ ROI

Gages de fossiers. — Péronne, 14 octobre 1339. (Clair., r. 99, p. 7681.)

8071 ROY (JEAN LE),
Écuyer.

Sceau rond, de 21 mill. — Écu détruit. Il ne reste plus que le heaume cimé d'une tête d'aigle dans un vol.

IᗺH.. Lᗺ ROI

Guerres de Normandie. — Quittance de gages. — Rouen, 13 octobre 1415. (Clair., r. 99, p. 7689.)

8072 ROY (PIERRE),
Chevalier, lieutenant du château de Talmont pour Louis d'Espagne, comte de Talmont.

Sceau rond, de 22 mill. — Écu fascé enté de six pièces, dans un trilobe.

...PᗺTRI ..GIS ᛖILIT..

Garde du château de Talmont. — Quittance de gages. — Talmont, 10 mai 1340. (Clair., r. 97, p. 7549.)

8073 ROY (PIERRE LE),
Écuyer, du comté de Savoie.

Sceau rond, de 18 mill. — Écu à la fasce accompagnée en chef d'un huchet.

S PI..........

Service de guerre sous le comte de Savoie. — Quittance de gages. — Paris, 19 août 1355. (Clair., r. 99, p. 7683.)

8074 ROY (PIERRE LE),
Abbé du Mont-Saint-Michel.

Voyez MONT-SAINT-MICHEL.

8075 ROYE (DREUX DE).
Chevalier.

Sceau rond, de 24 mill. — Écu portant une bande au lambel, penché, timbré d'un heaume couronné et cimé d'une hure, sur champ orné.

S' DRI.......Yᗺ CbᗺR

Chevauchée de Flandre. — Quittance de gages. — 31 août 1383. (Clair., r. 97, p. 7547.)

8076 ROYE (FLAMENT DE),
Seigneur de Guivry, chevalier.

Sceau rond, de 18 mill. — Écu portant une bande au lambel, accompagnée à sénestre d'un écusson chargé d'une fasce accompagnée de...

.... ꝺ ..... Iꝺ

Service de guerre. — Quittance de gages. — Hesdin, 31 octobre 1348. (Clair., r. 97, p. 7543.)

8077 ROYE (GILLES DE),
Fils de feu maître Gilles de Roye.

Sceau rond, de 22 mill. — Écu portant une bande fuselée au lambel, soutenu par une dame, dans un ovale.

.... ꝺ ROY.

Service de guerre en Vermandois contre les malfaiteurs, larrons, etc. — Quittance de gages. — 31 mai 1352. (Clair., r. 97, p. 7543.)

8078 ROYE (JEAN DE),
Chevalier.

Sceau rond, de 23 mill. — Écu portant une bande au lambel accompagnée à sénestre d'un écusson, penché, timbré d'un heaume couronné et cimé d'une hure, sur champ festonné.

.ꝺhAN Dꝺ ROYꝺ

Guerres de Champagne contre les routiers. — Quittance de gages. — 1ᵉʳ mars 1376, n. st. (Clair., r. 97, p. 7543.)

8079 ROYE (JEAN DE),
Chevalier.

Sceau rond, de 24 mill. — Écu portant une bande au lambel, penché, timbré d'un heaume couronné et cimé d'une hure, dans un quadrilobe allongé.

S Iꝺ... Dꝺ ROIꝺ ChLR

Guerres de Picardie. — Quittance de gages. — Hesdin, 30 juillet 1380. (Clair., r. 97, p. 7545.)

8080 ROYE (JEAN DE),
Chevalier, seigneur d'Aunoy.

Sceau rond, de 25 mill. — Écu à la bande, penché, timbré d'un heaume couronné et cimé d'une hure, sur champ festonné.

IꝺhAN D.......

Guerres de Picardie. — Quittance de gages. — Thérouanne, 23 juillet 1381. (Clair., r. 97, p. 7545.)

8081 ROYE (JEAN DE),
Chevalier banneret.

Signet rond, de 18 mill. — Écu à la bande. — Légende détruite.

Guerres de Picardie et de Flandre. — Quittance de gages. — Hesdin, 10 juin 1383. (Clair., r. 97, p. 7545.)

8082 ROYE (MAHIEU DE),
Chevalier du roi, maître des arbalétriers.

Sceau rond, de 27 mill. — Écu portant une bande au lambel.

..... Ʋ Dꝺ ROIꝺ.......

Ordre de payement. — Amiens, 16 avril 1346. (Clair., r. 99, p. 7683.)

8083 ROYE (MAHIEU DE),
Chevalier et conseiller du roi, maître des arbalétriers.

Sceau rond, de 30 mill. — Écu portant une bande au lambel.

... Ahı..........

Ordre au garde du clos des galées, à Rouen, de délivrer six caisses de menue artillerie pour la garnison du château de Tancarville, etc. — 25 avril 1347. (Clair., r. 97, p. 7539.)

8084 ROYE (MAHIEU DE),
Chevalier, maître des arbalétriers.

Sceau rond, de 22 mill. — Écu portant une bande au lambel, penché, timbré d'un heaume cimé d'une hure, sur champ réticulé.

S' ᛖ....... OYꝺ CꝜR

Ordre de réparer certaines arbalètes qui sont au château de Rouen. — Montdidier, 2 mai 1367. (Clair., r. 97, p. 7539.)

8085 ROYE (MAHIEU DE),
Chevalier, maître des arbalétriers.

Sceau rond, de 26 mill. — Écu portant une bande au lambel.

S' maḥi. . . . .o . . . .
DES AR. . . . .S

Ordre au maître de l'artillerie de délivrer des armes et des munitions pour la garnison des forteresses du comté d'Eu. — Arras, 23 mai 1347. (Clair., r. 97, p. 7541.)

8086 ROZIÈRES (HUGUES DE),
Écuyer, du bailliage de Chaumont.

Sceau rond, de 20 mill. — Écu losangé.

. . . . . . .vm., DE ROSIE . . .

Guerres de Vermandois. — Quittance de gages. — Compiègne, 25 septembre 1339. (Clair., r. 97, p. 7591.)

8087 ROZIÈRES (LIÉBAUT DE),
Chevalier.

Sceau rond, de 20 mill. — Écu losangé. — Légende détruite.

Quittance au roi de Navarre pour les dépens faits par le duc de Lorraine au sujet de l'ost de Flandre. — 8 septembre 1314. (Clair., r. 98, p. 7641.)

8088 ROZOY (PIERRE DE),
Écuyer.

Sceau rond, de 20 mill. — Écu portant trois roses, dans un trilobe.

S G' D ROSEIO . . . . .

Guerres de Vermandois et de Cambrésis. — Quittance de gages. — Saint-Quentin, 15 septembre 1339. (Clair., r. 97, p. 7583.)

8089 ROZOY (PIERRE DE),
Chevalier.

Sceau rond, de 20 mill. — Écu portant trois quintefeuilles (il faut lire trois roses) au lambel, penché, timbré d'un heaume cimé d'une tête d'aigle, dans un vol, sur champ réticulé.

. . . . . DE ROSOY SEGN D CH.SINS?

Guerres de Champagne contre les routiers. — Quittance de gages. — Reims, 1ᵉʳ mars 1376, n. st. (Clair., r. 97. p. 7585.)

8090 RUBELLES (OUDET DE),
Écuyer.

Sceau hexagone, de 22 mill. — Écu d'hermines au lion. — Légende détruite.

Quittance d'un cens. — 1ᵉʳ juillet 1308. (Clair., r. 155, p. 4093.)

8091 RUBEMPRÉ (ARTHUR DE),
Maréchal des logis en la compagnie du dauphin.

Signet rond, de 21 mill. — Écu portant trois jumelles. — Sans légende.

Quittance de gages. — 13 octobre 1545. (Clair., r. 134, p. 1901.)

8092 RUBEMPRÉ (BAUDOUIN DE),
Dit Courbet, chevalier, seigneur d'Authies.

Sceau rond, de 24 mill. — Écu portant trois jumelles accompagnées de. . . en chef et à dextre, dans un quadrilobe. — Légende détruite.

Service de guerre au sacre du roi. — Quittance de gages. — 12 mai 1364. (Clair., r. 99, p. 7693.)

8093 RUBEMPRÉ (GUILLAUME DE),
Écuyer.

Sceau rond, de 20 mill. — Écu portant deux fasces. — Légende détruite.

Guerres de Bourbonnais. — Quittance de gages. — Saint-Pourçain, 25 janvier 1370, n. st. (Clair., r. 99, p. 7695.)

8094 RUBEMPRÉ (HUGUES DE),
Écuyer.

Sceau rond, de 17 mill. — Écu portant trois

jumelles accompagnées d'un écusson en chef et à dextre.

...Ꮐ........ᎬᎷᏢᏐᎬ

Guerres de Poitou et de Saintonge. — Quittance de gages. — Poitiers, 15 janvier 1357, n. st. (Clair., r. 99, p. 7693.)

8095 RUE (JEAN DE LA),
Écuyer.

Sceau rond, de 21 mill. — Écu à la fasce accompagnée en chef de deux molettes.

.ᎬᎻᎪᏁ .Ꭼ ᏒᏙᎳ.

Guerres des frontières de Flandre. — Quittance de gages. — 22 octobre 1386. (Clair., r. 99, p. 7695.)

8096 RUEIL (JEAN DE),
Général conseiller des aides.

Sceau rond, de 18 mill. — Écu à la fasce accompagnée de six hermines en orle, dans une rose gothique.

S ıcһaп ꝺr rueıl

Mandement au profit des exécuteurs testamentaires de Jean de Craon, archevêque de Reims. — Paris, 16 mai 1374. (Clair., r. 34, p. 2569.)

8097 RUEIL (JEAN DE),
Grenetier et contrôleur du grenier à sel de Beauvais.

Sceau rond, de 20 mill. — Écu au château accompagné de trois besants ou trois tourteaux.

.....ᏁᎠᎬ ᏒᏙᎬᏞ

Récépissé de sel venant du Tréport. — 23 août 1397. (Clair., r. 217, p. 9837.)

8098 RUELLE (JEAN),
Écuyer, du bailliage d'Amiens.

Sceau rond, de 20 mill. — Écu portant un chef au lion issant.

✠ LO... ᎡᎬᏙᎬ.....

Guerres de Vermandois. — Quittance de gages. — Compiègne, 26 septembre 1339. (Clair., r. 99, p. 7697.)

8099 RUELLE (ROBERT DE LA),
d'Origny,
demeurant à Renansart, au bailliage de Vermandois, écuyer.

Sceau rond, de 21 mill. — Écu fretté au franc canton chargé de...

✠ Sʳ ᎡOBᎬᎡT ᎠᎬ LA ᎡᏙᎬᏞᎬ

Ost de Flandre. — Quittance de gages. — Arras, 10 septembre 1302. (Clair., r. 99, p. 7697.)

8100 RUES (PIERRE DES),
Écuyer.

Sceau rond, de 22 mill. — Écu à la bande.

S pıere ... rues

Garde de Montivilliers. — Quittance de gages. — 6 mai 1416. (Clair., r. 99, p. 7697.)

8101 RUFFEC (GUILLAUME, SIRE DE).
Écuyer.

Sceau rond, de 22 mill. — Écu burelé, supporté par un homme d'armes coiffé du grand bacinet. — Légende détruite.

Guerres de Poitou et de Saintonge. — Quittance de gages. — Devant Montendre, 17 juillet 1338. (Clair., r. 97, p. 7521.)

8102 RUFFEC (IRVOIS, SIRE DE).
Chevalier.

Sceau rond, de 30 mill. — Écu burelé, penché, timbré d'un heaume cimé d'un col de cygne, sur champ réticulé. — Légende détruite.

Guerres de Poitou, Saintonge, Angoumois. — Quittance de gages. — Angoulême, 22 juin 1351. (Clair., r. 97, p. 7520.)

8103 RUFFLET (GUILLAUME DU),
Écuyer.

Sceau rond, de 19 mill. — Écu au chevron accompagné de trois étoiles.

... ᏀᐧᏙᏆᏞᏞ..........

Service de guerre contre les Anglais. — Quittance de gages. — Bourges, 24 juin 1418. (Clair., r. 99, p. 7699.)

8104 RUFFLET (JEAN DU),
Écuyer.

Sceau rond, de 18 mill. — Écu au chevron accompagné de trois étoiles et surmonté d'un croissant.

..... DV R........

Service de guerre contre les Anglais. — Quittance de gages. — Bourges, 24 juin 1418. (Clair., r. 99, p. 7699.)

8105 RUIS (MARTINCO),
D'Ayvart.

Sceau rond, de 25 mill. — Écu à la fasce accompagnée en chef de trois merlettes, dans une rose gothique.

.......RT .....RVI.

Quittance délivrée au receveur des aides de Cotentin, au sujet d'une assignation de Louis de Navarre. — 16 décembre 1365. (Clair., r. 99, p. 7701.)

8106 RUISSEAUVILLE (MAHIEU DE).

Sceau rond, de 20 mill. — Écu d'hermines à trois fasces.

ORATh SIRE .E RVI.....VILLE

Guerres de Bretagne. — Gages d'Aubert de la Penne, chevalier. — Château-Josselin, 13 juin 1352. (Clair., r. 84, p. 6613.)

8107 RUISSEAUVILLE (MAHIEU DE),
Chevalier.

Sceau rond, de 30 mill. — Écu d'hermines à trois fasces, penché, timbré d'un heaume... — Légende détruite.

Guerres des frontières de Picardie. — Quittance de gages. — 11 novembre 1381. (Clair., r. 98, p. 7639.)

8108 RUIT (GUILLAUME, BÂTARD DU),
Écuyer.

Sceau rond, de 20 mill. — Écu portant trois fasces ondées, vivrées ou bretessées?, penché, timbré d'un heaume cimé d'une tête de loup.

G'VILE DE RVIT

Garde de Montivilliers. — Quittance de gages. — 6 mai 1416. (Clair., r. 99, p. 7701.)

8109 RULLY (HENRI DE),
Lieutenant général du bailli de Senlis.

Sceau rond, de 20 mill. — Écu portant six coquilles, penché, timbré d'un heaume cimé de... dans un vol, sur champ festonné.

S hENRI DE RU....

Quittance de deux francs d'or pour deux journées passées à entendre des témoins, etc. — 9 mars 1386, n. st. (Clair., r. 99, p. 7703.)

8110 RUMIGNY (FRANÇOIS DE),
Écuyer.

Sceau rond, de 18 mill. — Écu coupé au lion sur le tout.

.......DE R......

Guerres de Vermandois. — Quittance de gages. — Saint-Quentin, 2 novembre 1339. (Clair., r. 99, p. 7715.)

8111 RUNGEGREZ (GUILLAUME DE),
Dit Orgeval, concierge de l'hôtel des Loges en la forêt de Laye.

Sceau rond, de 20 mill. — Écu portant trois écussons chargés de..., dans un trilobe. — Légende détruite.

Gages de son office. — 28 juin 1396. (Clair., r. 99, p. 7711.)

8112 RUQUERIE (GILLES DE LA),
Écuyer.

Sceau rond, de 19 mill. — Écu parti : au 1, une fasce chargée de trois chicots ou trois hermines? et accompagnée d'un lion passant en chef; au 2, trois fasces de vair.

.ILLE DE LE RVQVER..

Guerres de Bourg et d'Auvergne. — Quittance de gages. — Bourges, 13 décembre 1367. (Clair., r. 99, p. 7713.)

8113 RUSSIN (OTHON),
Écuyer.

Sceau rond, de 17 mill. — Écu à la bordure engrêlée, à la bande brochant sur le tout. — Légende détruite.

Quittance de garnisons de vin. — Calais, 25 avril 1305. (Clair., r. 99, p. 7713.)

DE LA COLLECTION CLAIRAMBAULT.

8114 RUT (RENAUD LE),
Écuyer, du bailliage de Senlis.

Sceau rond, de 19 mill. — Écu portant une fasce au bâton en bande brochant.

........SG..........

Guerres de Vermandois. — Quittance de gages. — Compiègne, 25 septembre 1339. (Clair., r. 99, p. 7713.)

8115 RYE (JEAN DE),
Chevalier.

Sceau rond, de 20 mill. — Écu à l'aigle, penché, timbré d'un heaume cimé d'un vol, sur champ réticulé. — Légende détruite.

Service de guerre. — Quittance de gages. — Amiens, 11 novembre 1355. (Clair., r. 95, p. 7377.)

8116 RYE (JEAN DE),
Écuyer.

Sceau rond, de 22 mill. — Écu portant une aigle accompagnée de deux trèfles en chef à la bordure, penché, timbré d'un heaume cimé de deux bras tenant un plumail, supporté par deux lions.

........S IG..........

Poursuite des routiers. — Quittance de gages. — Autun, 16 mars 1376, n. st. (Clair., r. 95, p. 7379.)

8117 RYE (JEAN DE),
Chevalier, conseiller du roi.

Sceau rond, de 29 mill. — Écu portant une aigle, penché, timbré d'un heaume cimé d'un vol, supporté par deux aigles.

.......BLANS..... DG BALGNSON

Frais d'un voyage en Espagne. — Quittance. — 12 novembre 1380. (Clair., r. 95, p. 7381.)

8118 RYES (ROBERT DE),
Écuyer, du bailliage de Caen.

Sceau rond, de 20 mill. — Un oiseau de vol liant un connin.

S ROB DG RIGSG..

Ost de Flandre. — Quittance de gages. — Arras, 10 septembre 1302. (Clair., r. 12, p. 717.)

8119 RYGMAYDEN (GEORGES),
Écuyer.

Sceau rond, de 40 mill. — Écu écartelé : au 1 et 4, trois rencontres de cerf; au 2 et 3, un chevron accompagné de trois molettes; supporté à dextre par une dame accostée d'un heaume cimé d'une tête de cheval et d'une palissade.

........rygmayden

Recouvrement de Laigle, Bonmoulins, etc. — Quittance de gages. — 15 septembre 1433. (Clair., r. 190, p. 7323.)

8120 SAANE (ROBERT, SEIGNEUR DE).
Chevalier.

Sceau rond, de 25 mill. — Écu gironné de douze pièces, penché, timbré d'un heaume cimé de... dans un vol, sur champ festonné.

ROBGRT S.... CHLR

Défense de la ville de Dieppe. — Quittance de gages. — Harfleur, 26 mai 1407. (Clair., r. 101, p. 7805.)

8121 SABLONIER (JEAN DU),
Écuyer.

Sceau rond, de 21 mill. — Écu portant cinq croisettes recroisetées au pied fiché, 3 et 2, sous un chef chargé d'un lion issant.

...AN DV........

Guerres de Touraine. — Quittance de gages. — Tours, 6 novembre 1369. (Clair., r. 100, p. 7721.)

8122 SABRA (GUILLAUME DE),
Écuyer.

Sceau rond, de 21 mill. — Écu portant trois montagnes à trois coupeaux.

✶ GVILLAVMG DG SABRA

Guerres contre les Anglais assiégeant Harfleur. — Quittance de gages. — 30 septembre 1415. (Clair., r. 100, p. 7721.)

8123 SABRAN (CHABOT).

Voyez Chabot.

8124 SABRAN (CHABOT),
Évêque de Limoges.

Voyez Limoges.

8125 SABREVOIS (GILLES DE),
Conseiller de la reine Blanche.

Sceau rond, de 19 mill. — Écu portant un lion à la bande brochant.

✠ GILL........S

Quittance de pension. — Vicomté de Gisors. — 27 novembre 1392. (Clair., r. 100, p. 7719.)

8126 SABREVOIS (ROBERT DE),
Écuyer.

Sceau rond, de 22 mill. — Écu à la fasce accompagnée de six roses trois en chef et trois en pointe, penché, timbré d'un heaume cimé d'une tête d'homme barbu, supporté par deux oiseaux à tête humaine. — Légende détruite.

Service de guerre sous Jean l'Estendart. — Quittance de gages. — Nevers, 13 février 1368, n. st. (Clair., r. 100, p. 7719.)

8127 SABREVOIS (ROBINET DE),
Écuyer.

Sceau rond, de 20 mill. — Écu à la fasce accompagnée de six roses trois en chef et trois en pointe, penché, timbré d'un heaume. Dans le champ, deux rameaux.

...ROB.......ABƏV...

Guerres de Touraine. — Quittance de gages. — Tours, 6 novembre 1369. (Clair., r. 100, p. 7719.)

8128 SAC (RAYMOND),
Capitaine de Maubourguet.

Sceau rond, de 20 mill. — Écu portant deux bœufs passant, l'un sur l'autre.

✠ SAG........

Garde de Maubourguet. — Quittance de gages. — 22 juillet 1356. (Clair., r. 101, p. 7811.)

8129 SACÉ (JEAN DE),
Chevalier.

Sceau rond, de 21 mill. — Écu portant trois chevrons accompagnés de... en chef, dans un quadrilobe.

.ƏҺ.. D. .A...

Guerres de Poitou, Saintonge, Limousin. — Quittance de gages. — Goux, 28 juin 1351. (Clair., r. 100. p. 7723.)

8130 SACHIN (HENRI DE),
Écuyer.

Signet ovale, de 15 mill. — Écu à la bande chargée d'une étoile en chef, dans un quadrilobe. — Légende détruite.

Establie de Tournay. — Quittance de gages. — Paris, 9 août 1339. (Clair., r. 100, p. 7723.)

8131 SACHIN (HENRI DE),
Écuyer.

Sceau rond, de 18 mill. — Écu à la bande chargée d'une étoile en chef. — Légende détruite.

Guerres de Vermandois. — Quittance de gages. — Saint-Quentin, 20 octobre 1339. (Clair., r. 100, p. 7725.)

8132 SACHIN (HENRI DE),
Sergent d'armes du roi, garde du château de la Roche-Solutré.

Sceau rond, de 23 mill. — Écu incomplet à la bande, penché, timbré d'un heaume couronné et cimé de..., sur champ festonné.

S ҺRI DꝐ SAChInS

Garde du château de la Roche-Solutré. — Quittance de gages délivrée au receveur de Mâcon. — 15 décembre 1377. (Clair., r. 100, p. 7727.)

8133 SACHIN (LE MOINE DE),
Écuyer.

Sceau rond, de 19 mill. — Écu à la bande, dans un quadrilobe.

S' Һ.RT D........

Service de guerre. — Quittance de gages. — Paris, 19 novembre 1339. (Clair., r. 100, p. 7727.)

8434 SACQUENVILLE (GUILLAUME DE),
Chevalier, sire de Blaru, capitaine de la ville de Mantes.

Sceau rond, de 25 mill. — Écu d'hermines à l'aigle, penché, timbré d'un heaume couronné et cimé de..., sur champ orné.

...GVI....·......NVI......

Garde de la ville de Mantes. — Quittance de gages. — Paris, 4 janvier 1372, n. st. (Clair., r. 101, p. 7811.)

8435 SACQUENVILLE (MARGUERITE DE),
Dame de Percy.

Sceau rond, de 22 mill. — Écu parti : au 1, un chef; au 2, d'hermines à une demi-aigle; dans un trilobe.

M DE SAQVE.....AME DE PER..

Quittance d'une pension faite par la reine de Navarre. — Évreux, 20 septembre 1367. (Clair., r. 101, p. 7809.)

8436 SACQUENVILLE (ROBERT DE),
Chevalier.

Sceau rond, de 23 mill. — Écu d'hermines à l'aigle.

✠ S. ROB' D' SAQVE...ILLE

Ost de Flandre. — Quittance de gages. — Arras, 11 septembre 1302. (Clair., r. 100, p. 7735.)

8437 SACQUENVILLE (SAQUET DE),
Sire de Blaru, chevalier.

Sceau rond, de 25 mill. — Écu d'hermines à l'aigle, penché, timbré d'un heaume..., supporté par deux lions.

..............SA...

Service de guerre. — Quittance de gages. — Pontoise, 6 juin 1382. (Clair., r. 101, p. 7811.)

8438 SACQUESPÉE (THOMAS),
Seigneur de la nef la Jeannette, du Gué-de-Caux.

Sceau en écu, de 20 mill. — Une épée en pal la pointe en bas, accostée des lettres T, O.

S' THOM.....S.EE

Quittance d'approvisionnements. — Harfleur, 5 mai 1340. (Clair., r. 102, p. 7939.)

8439 SADAHAM (ALEXANDRE),
Écuyer, du pays d'Angleterre.

Sceau rond, de 22 mill. — Écu portant trois roses.

.....endre .. Sadaham

Service de guerre. — Quittance de gages. — 24 novembre 1412. (Clair., r. 100, p. 7729.)

8440 SAFFRES (PHILIBERT DE),
Chevalier.

Sceau rond, de 22 mill. — Écu portant cinq merlettes en orle au chevron brochant, tenu par un homme d'armes à mi-corps, dans un trilobe.

PhILIB' DE SAFFRES

Service de guerre. — Quittance de gages. — Meaux, 7 août 1380. (Clair., r. 100, p. 7729.)

8441 SAGE (RAOUL LE),
Seigneur de Saint-Pierre, vicomte de Boncheville, maréchal héréditaire de Ponthieu, conseiller du roi.

Sceau rond, de 32 mill. — Écu portant une aigle à la bande brochant, posé sur des flammes ou sur un soleil, supporté par deux chiens.

S ....ie .....petro

Gages de l'office de conseiller. — 1ᵉʳ mars 1427. (Clair., r. 219, p. 9937.)

8442 SAGNE (PIERRE DE LA),
Chevalier.

Sceau rond, de 20 mill. — Écu au lion, penché, timbré d'un heaume cimé d'une tête de lion, supporté par deux hommes sauvages.

. IERRE DE .....VE...

Quittance délivrée au trésorier du roi de Navarre. — Évreux, 20 avril 1366. (Clair., r. 100, p. 7735.)

8443 SAGUENIE (HENRI),
Du bailliage de Caen.

Sceau ogival, de 24 mill. — Une fleur tigée sommée d'un oiseau perché, accompagnée à droite du mot : OCIO...?

.....S' ҺƏ........ICI

Ost de Flandre. — Quittance de gages. — Arras, 10 septembre 1302. (Clair., r. 100, p. 7735.)

8144 SAIGES? (JEAN DU),
Chevalier.

Sceau rond, de 22 mill. — Écu à la fasce.

.....S IƏҺAꟼ DV.......

Service de guerre. — Quittance de gages. — 20 janvier 1381, n. st. (Clair., r. 46, p. 3397.)

8145 SAILLY (DREUX DE),
Écuyer, du bailliage de Vermandois.

Sceau rond, de 25 mill. — Écu à la bande accompagnée de six? croisettes en orle.

.......SALI.....

Ost de Flandre. — Quittance de gages. — Arras, 1ᵉʳ octobre 1302. (Clair., r. 100, p. 7739.)

8146 SAILLY (JEAN DE),
Chevalier.

Sceau rond, de 19 mill. — Écu fretté chargé d'un écusson en chef.

.....IƏҺA.......

Guerres de Picardie et des frontières d'Artois et de Boulonnais. — Quittance de gages. — Hesdin, 22 avril 1351. (Clair., r. 100, p. 7739.)

8147 SAILLY (RENAUD, SEIGNEUR DE),
Chevalier.

Sceau rond, de 22 mill. — Écu fretté, penché, timbré d'un heaume, supporté par deux lions.

.....Vꜱ DƏ.....

Guerres des frontières de Picardie. — Quittance de gages. — 24 mai 1383. (Clair., r. 100, p. 7739.)

8148 SAINET,
Maître des mineurs, écuyer.

Sceau rond, de 25 mill. — Un arbre.

.......IS ҺAꟼAVƏ..

Guerres de Gascogne. — Quittance de gages. — 10 décembre 1355. (Clair., r. 100, p. 7741.)

8149 SAINS (L'AIGLE DE),
Chevalier.

Sceau rond, de 24 mill. — Écu au chef échiqueté de deux tires à la bande brochant, penché, timbré d'un heaume, supporté par deux aigles. — Légende détruite.

Guerres de Picardie. — Quittance de gages. — Corbie, 4 août 1380. (Clair., r. 100, p. 7743.)

8150 SAINS (LE BON DE).
Écuyer.

Sceau rond, de 24 mill. — Écu au chef échiqueté de deux tires et accompagné d'une étoile en pointe.

S le bon ⅾ saius

Service de guerre contre les Anglais. — Quittance de gages. — Amiens, 22 août 1415. (Clair., r. 102, p. 7943.)

8151 SAINS (JEAN DE).
Dit Morel, écuyer.

Sceau rond, de 21 mill. — Écu d'hermines au créquier à la bordure engrêlée, dans un trilobe.

S IƏҺ DƏ .AIꟼ. D.......

Guerres de Poitou et de Saintonge. — Quittance de gages. — Poitiers, 15 janvier 1357, n. st. (Clair., r. 100, p. 7741.)

8152 SAINS (JEAN DE),
Écuyer.

Sceau rond, de 24 mill. — Écu au chef échiqueté de deux tires et accompagné d'une sextefeuille en pointe.

S ıeban ⅾ saius

Service de guerre contre les Anglais. — Quittance de gages. — Amiens, 22 août 1415. (Clair., r. 102, p. 7943.)

DE LA COLLECTION CLAIRAMBAULT.

8153 SAINT-AIGNAN (MORICE DE),
Écuyer, en la compagnie de Jean de Monteclair, chevalier.

Sceau rond, de 19 mill. — Écu portant trois têtes de loup. — Légende détruite.

Service de guerre. — Quittance de gages. — 12 juin 1400. (Clair., r. 3, p. 37.)

8154 SAINT-ASTIER (HÉLIE DE),
Du baillinge de Périgord.

Sceau rond de 24 mill. — Écu à l'aigle accompagnée de deux étoiles en chef.

✠ S ҺGL D' SGO GASTRO VAL

Ost de Flandre. — Quittance de gages. — 27 septembre 1302. (Clair., r. 30, p. 2235.)

8155 SAINT-ASTIER (HÉLIE DE),
Écuyer.

Sceau rond, de 20 mill. — Type équestre. L'écu et la housse portant trois aigles.

S' ƎLIƎ DƎ SGO ASTƎRIO

Ost de Flandre. — Quittance de gages. — Paris, 12 octobre 1302. (Clair., r. 7, p. 331.)

8156 SAINT-ASTIER (HÉLIE DE),
Chevalier, capitaine royal de Montravel.

Sceau rond, de 20 mill. — Écu à la fasce, dans un trilobe orné de trois coquilles.

S ҺƎLIƎS DƎ .... STI ......

Quittance de gages délivrée au trésorier de la sénéchaussée de Périgord et de Querçy. — 1ᵉʳ septembre 1398. (Clair., r. 7, p. 331.)

8157 SAINT-ASTIER (RENAUD DE),
Écuyer.

Sceau rond, de 25 mill. — Écu à la fasce accompagnée d'une étoile en chef et à dextre, penché, timbré d'un heaume cimé d'une tête de héron, sur champ festonné.

ARNAVT DƎ S CҺASTIƎR

Guerres de Guienne. — Quittance de gages. — Périgueux, 15 février 1408, n. st. (Clair., r. 30, p. 2203.)

8158 SAINT-AUBIN (GOSSUIN DE),
Chevalier.

Sceau rond, de 17 mill. — Écu portant un chef.

.... BIN

Service de guerre en Flandre. — Quittance de gages. — Arras, 4 septembre 1302. (Clair., r. 7, p. 381.)

8159 SAINT-AUBIN (GUILLAUME DE),
Sire de Chalaux.

Sceau rond, de 45 mill. — Type équestre. L'écu et la housse portant un sautoir. — Légende détruite.

Donation. — 7 juillet 1326. (Clair., r. 212, p. 9333.)

8160 SAINT-AUBIN (JEAN DE).

Sceau rond, de 21 mill. — Écu au sautoir, penché, timbré d'un heaume cimé d'une tête de griffon, sur champ festonné.

✠ S I..... DƎ S........

Guerres de Périgord, Limousin, Saintonge et Angoumois. — Quittance de gages. — 12 août 1376. (Clair., r. 7, p. 381.)

8161 SAINT-AVIT (GEOFFROI DE),
Clerc de la reine Blanche.

Sceau rond, de 23 mill. — Écu à la croix ancrée, soutenu par un homme sauvage, supporté par deux lions, dans un quadrilobe.

... MR ... DƎ SAI .....

Quittance de frais et dépens faits par le roi de Navarre. — 17 décembre 1362. (Clair., r. 8, p. 475.)

8162 SAINT-BELIN (JACQUES DE),
Clerc du roi, de «l'escripvenerie» de Bar-sur-Aube.

Sceau rond, de 22 mill. — Écu portant un lion à la fasce chargée de trois molettes brochant, dans une losange.

I DƎ . BƎL ..

Quittance d'une rente à cause de ladite «escripvenerie». — 15 janvier 1353, n. st. (Clair., r. 12, p. 775.)

21.

8463 SAINT-BELIN (NICOLAS DE),
Seigneur du lieu, premier échanson de la reine mère.

Signet rond, de 18 mill. — Écu portant trois têtes de bélier accompagnées d'un croissant en chef et à dextre. — Sans légende.

Gages de l'office d'échanson. — 27 juillet 1566. (Clair., r. 12, p. 775.)

8464 SAINT-BRIEUC (GUILLAUME DE),
Écuyer.

Sceau rond, de 27 mill. — Écu portant trois huchets enguichés, soutenu par une dame, supporté par deux dragons, dans une rose gothique.

... DE ...RI.. G

Guerres de Bretagne. — Quittance de gages. — Pontorson, 27 juillet 1379. (Clair., r. 22, p. 1581.)

8465 SAINT-CASSIEN (HUGUES DE),
Chevalier.

Sceau rond, de 18 mill. — Écu fascé de six pièces, penché, timbré d'un heaume cimé d'un plumail, sur champ réticulé.

S hVeS D S GAS...n

Guerres de Poitou et de Saintonge. — Quittance de gages. — En la bastide Saint-Gilles de Surgères, 7 octobre 1346. (Clair., r. 25, p. 1867.)

8466 SAINT-CASTIN? (RAYMOND DE),
Écuyer.

Sceau rond, de 28 mill. — Écu portant une cloche.

✠ S' R........ I6

Ost de Flandre. — Quittance de gages. — Paris, 20 octobre 1302. (Clair., r. 26, p. 1871.)

8467 SAINT-CHAMOND (ANTOINE DE),
Guidon de 40 lances sous monseigneur d'Épinac.

Signet rond, de 19 mill. — Écu écartelé : au 1 et 4, une fasce, parti d'un plain; au 2 et 3, une tour senestrée d'une tour plus petite. — Sans légende.

Quittance de gages. — Nuits, 21 juillet 1551. (Clair., r. 125, p. 697.)

8468 SAINT-CHAMOND (ANTOINE DE),
Chevalier, seigneur de Montchas, guidon de 50 lances.

Signet rond, de 17 mill. — Écu écartelé : au 1 et 4, une fasce, parti d'un plain; au 2 et 3, une tour senestrée d'une tour plus petite. — Sans légende.

Quittance de pension. — 28 avril 1553. (Clair., r. 30, p. 2265.)

8469 SAINT-CLAIR (HENRI DE),
Chevalier.

Sceau rond, de 20 mill. — Écu portant trois lions au lambel de trois pendants chargés chacun de trois besants. — Légende détruite.

Ost de Flandre. — Quittance de gages. — Devant Vitry, 28 septembre 1302. (Clair., r. 32, p. 2407.)

8470 SAINT-CLAIR (JEAN DE),
Dit Bruneau, chevalier, capitaine de Mantes.

Sceau rond, de 24 mill. — Écu portant une bande au lambel, penché, timbré d'un heaume. Dans le champ, deux rameaux.

... e S .LeR DI ...VneA.

Quittance de pension. — 10 juin 1385. (Clair., r. 32, p. 2409.)

8471 SAINT-CLAIR (JEAN DE),
Dit Bruneau, maître d'hôtel du roi.

Sceau rond, de 27 mill. — Écu portant une bande au lambel, penché, timbré d'un heaume, sur champ festonné.

...dit brunea......

Quittance de pension. — 30 septembre 1405. (Clair., r. 32, p. 2411.)

8472 SAINT-CLAIR
(Pierre, seigneur de),
chevalier, chambellan du roi.

Sceau rond, de 23 mill. — Écu à la bande, penché, timbré d'un heaume cimé d'une tête de griffon, sur champ festonné.

P De SAInT .LeR CK

Quittance de pension. — 23 juillet 1405. (Clair., r. 32, p. 2409.)

8173 SAINT-CLAIR (ROBERT DE),
Chevalier.

Sceau rond, de 20 mill. — Écu portant une bande au lambel.

✱ ROBERT DE S.......ҌR

Garde et défense de la ville et du marché de Meaux. — Quittance de gages. — Paris, 12 septembre 1370. (Clair., r. 32, p. 2407.)

8174 SAINT-CLOUD (GUILLAUME DE).
Chevalier.

Sceau rond, de 19 mill. — Écu portant trois quintefeuilles.

. L . . . S C . . . .

Guerres de Normandie. — Quittance de gages. — Rouen, 19 juin 1369. (Clair., r. 33, p. 2441.)

8175 SAINT-CRÉPIN (FORTANIER DE).
Chevalier.

Sceau rond, de 24 mill. — Écu parti : au 1, un lion; au 2, cinq pommes de pin, 2. 2 et 1; le tout à la bordure besantée; dans une rose gothique.

✱ S' FOR........D' SCO OSPIno
MIL

Guerres de Périgord. — Quittance de gages. — Toulouse, 7 octobre 1349. (Clair., r. 37, p. 2793.)

8176 SAINT-CRÉPIN (GONNON DE),
Écuyer.

Sceau rond, de 28 mill. — Écu parti : au 1, un lion contourné; au 2, trois pommes de pin; penché, timbré d'un heaume cimé d'une tête d'homme, supporté par deux griffons.

Guon de ..... crespin

Service de guerre à Paris. — Quittance de gages. — 1er janvier 1416, n. st. (Clair., r. 37, p. 2793.)

8177 SAINT-CYR
(Isabeau de Montbourcher, abbesse de).

Sceau rond, de 21 mill. — Écu portant trois pots à trois pieds et à une anse, timbré d'une crosse.

S Ysabean abbesse de s cir

Quittance d'une rente sur la recette de Paris. — .. février 1462, n. st. (Clair., r. 76, p. 5949.)

8178 SAINT-CYR
(Jeanne de Garencières, abbesse de).

Sceau ogival, de 50 mill. — Écu chevronné de six pièces. — Légende détruite.

Quittance d'une rente sur la recette de Paris. — 5 février 1415, n. st. (Clair., r. 51, p. 3889.)

8179 SAINT-DENIS (HENRI DE).
Écuyer.

Sceau rond, de 19 mill. — Écu portant deux jumelles accompagnées d'un lion passant en chef, dans un quadrilobe.

S' ҌEnRI DE SAI..........

Service de guerre. — Quittance de gages. — Saint-Lô, 18 juillet 1371. (Clair., r. 40, p. 2975.)

8180 SAINT-DENIS (HENRI DE),
Chevalier.

Sceau rond, de 23 mill. — Écu portant deux jumelles accompagnées d'un lion passant en chef, penché, timbré d'un heaume cimé d'un lion assis, supporté par deux anges.

S' ҌAnRY DE ....

Service de guerre. — Quittance de gages. — En l'ost du roi près Cassel, 3 septembre 1383. (Clair., r. 40, p. 2977.)

8181 SAINT-DIZIER
(Édouard, seigneur de), chevalier banneret.

Sceau rond, de 35 mill. — Dans une niche gothique, un homme d'armes, assis sur un trône à têtes d'aigle, tenant un écu portant un lion au lambel; accosté dans quatre logettes latérales de quatre hommes sauvages, portant chacun un écu. On ne distingue des armoiries que sur deux de ces écus : à droite trois losanges, à gauche un créquier.

..... ART DE S........

Chevauchée de Flandre. — Quittance de gages. — 25 août 1383. (Clair., r. 40, p. 3027.)

8482 SAINT-ÉLOI DE PARIS.

Voyez Paris.

8483 SAINT-FAGON (JEAN DE).

Écuyer.

Sceau rond, de 22 mill. — Écu échiqueté, au franc canton chargé d'un lion.

IGhAn ... AG'on

Service de guerre à Paris. — Quittance de gages. — 14 janvier 1416, n. st. (Clair., r. 46, p. 3395.)

8484 SAINT-FRONT (LES CONSULS DE).

Sceau rond, de 40 mill. — Une tête d'homme de face, surmontée d'un lion? passant, sur champ réticulé. — Légende détruite.

Garde de la ville de Saint-Front. — Quittance de gages. — Montauban, 21 juin 1353. (Clair., r. 101, p. 7823.)

8485 SAINT-GELAIS (BAUDE DE).

Chevalier, capitaine de Tombelaine.

Sceau rond, de 34 mill. — Écu à la croix chargée d'un croissant en cœur.

baude de sain ... lays

Gages de l'office de capitaine. — 16 mars 1501, n. st. (Clair., r. 224, p. 407.)

8486 SAINT-GELAIS (CHARLES DE).

Chevalier.

Sceau rond, de 20 mill. — Écu à la croix, dans un trilobe.

.......€ S G'€LA..

Guerres de Poitou et de Saintonge. — Quittance de gages. — 17 août 1353. (Clair., r. 52, p. 3927.)

8487 SAINT-GELAIS (CHARLES DE).

Écuyer, enseigne de 40 lances.

Sceau rond, de 30 mill. — Écu à la croix, entouré de rinceaux. — Sans légende.

Quittance de pension. — 8 juillet 1539. (Clair., r. 52, p. 3927.)

8488 SAINT-GELAIS (FRANÇOIS DE).

Chevalier, seigneur de Saint-Seurin, enseigne de la compagnie de monseigneur de Jarnac.

Sceau ovale, de 21 mill. — Écu écartelé : au 1 et 4, une croix ; au 2 et 3, un lion ; timbré d'un fleuron. — Sans légende.

Quittance de gages. — 5 septembre 1564. (Clair., r. 162, p. 4733.)

8489 SAINT-GELAIS (GUI DE).

Seigneur de Lansac, capitaine de 50 lances.

Sceau ovale, de 22 mill. — Écu écartelé : au 1 et 4, une croix ; au 2 et 3, un lion ; timbré d'un fleuron. — Sans légende.

Quittance de gages. — 14 mars 1571, n. st. (Clair., r. 162, p. 4735.)

8490 SAINT-GENIÉS (BERNARD DE).

Guidon de 100 lances sous le prince de Navarre.

Sceau ovale, de 22 mill. — Écu écartelé : au 1 et 4, un contre-écartelé de plains à la bordure engrêlée ; au 2 et 3, cinq bandes ; timbré d'un fleuron. — Sans légende.

Quittance de gages. — 6 octobre 1565. (Clair., r. 162, p. 4741.)

8491 SAINT-GENIEZ (ARNAUD DE).

Sergent d'armes du roi, châtelain de Montcuq.

Sceau rond, de 26 mill. — Écu écartelé : au 1 et 4, un lion ; au 2 et 3, trois bandes ; penché, timbré d'un homme de face cimé d'une tête de roi entre deux têtes de héron, sur champ réticulé.

S' ... An ..... €n€S

Garde du château de Montcuq. — Quittance de gages. — Agen, 1ᵉʳ juillet 1354. (Clair., r. 52, p. 3949.)

8492 SAINT-GENIEZ (ARNAUD DE),
Écuyer, châtelain de Montcuq.

Sceau rond, de 22 mill. — Écu écartelé : au 1 et 4, un lion contourné; au 2 et 3, trois barres.

✠ S' ARNAVT DE S ....ES

Garde du château de Montcuq. — Quittance de gages. — Agen, 15 juillet 1355. (Clair., r. 52, p. 3953.)

8493 SAINT-GENIEZ (ARNAUD DE),
Écuyer, sergent d'armes du roi, châtelain de Montcuq.

Sceau rond, de 19 mill. — Écu écartelé : au 1 et 4, un lion; au 2 et 3, trois barres.

✠ ..... DE S' GENIES

Garde du château de Montcuq. — Quittance de gages. — Agen, 1ᵉʳ octobre 1355. (Clair., r. 52, p. 3953.)

8494 SAINT-GEORGES (ÉTIENNE DE),
Écuyer.

Sceau rond, de 22 mill. — Écu portant une aigle à la bande brochant, penché, timbré d'un heaume cimé d'une tête d'aigle.

.....ENNE ... GE....

Service de guerre. — Quittance de gages. — 18 mai 1412. (Clair., r. 52, p. 3969.)

8495 SAINT-GERMAIN (ARTAUD DE),
Chevalier, sire d'Uxelles.

Sceau rond, de 18 mill. — Écu à la fasce accompagnée de six merlettes, trois en chef et trois en pointe.

S' A..... D' S.....N

Guerres de Vermandois et de Cambrésis. — Quittance de gages. — Cambrai, 12 octobre 1339. (Clair., r. 52, p. 3975.)

8496 SAINT-GERMAIN (ARTAUD DE),
Chevalier.

Sceau rond, de 20 mill. — Écu à la fasce accompagnée de six merlettes, trois en chef et trois en pointe.

...RT.VT DE S GIRMA..

Service de guerre devant Domme. — Quittance de gages. — Bourg-Dieu, 2 mai 1398. (Clair., r. 53, p. 3989.)

8497 SAINT-GERMAIN (BERTIN DE).
Écuyer.

Sceau rond, de 20 mill. — Écu écartelé : au 1, 2, 3 et 4, plain.

...ETIN DE S.......

Guerres de Saintonge. — Quittance de gages. — 15 juillet 1376. (Clair., r. 53, p. 3983.)

8498 SAINT-GERMAIN (JACQUES DE),
Avocat fiscal et procureur général du Dauphiné.

Sceau rond, de 25 mill. — Écu à la bande chargée de trois colombes tenant chacune à son bec une étoile, penché, timbré d'un heaume cimé d'un vol aux armes, supporté par deux lions. — Légende détruite.

Quittance de gages. — 25 juin 1389. (Clair., r. 53, p. 3983.)

8499 SAINT-GERMAIN
(Jean, seigneur de), écuyer.

Sceau rond, de 22 mill. — Écu portant une fleur de lys à la bande brochant, penché, timbré d'un heaume cimé d'une tête de lévrier, supporté par deux lions.

IEHAN D' SAINT G'MAIN

Guerres de Flandre. — Quittance de gages. — 25 août 1385. (Clair., r. 53, p. 3985.)

8200 SAINT-GERMAIN (MICHEL DE).
Maître général des monnaies du roi.

Sceau rond, de 21 mill. — Écu au chevron accompagné de trois têtes de léopard, penché, timbré d'un

.... DE SAINT GERMAIN

Quittance délivrée au maitre particulier de la monnaie de Limoges. — 3 mars 1354, n. st. (Clair., r. 52, p. 3977.)

heaume cimé d'une tête de léopard, supporté par deux hommes sauvages, dans un quadrilobe.

8201 SAINT-GERMAIN (MIGON DE),
Chevalier.

Sceau rond, de 20 mill. — Écu portant un chef.

✠ MIGO . E S' GERMAIN

Chevauchée de Bourbourg. — Quittance de gages. — 6 septembre 1383. (Clair., r. 53, p. 3983.)

8202 SAINT-GERMAIN (PIERRE DE),
Écuyer.

Sceau rond, de 15 mill. — Écu à la fasce accompagnée d'une étoile en chef et à sénestre.

.... AIN

Guerres d'Orléanais, Blaisois, Touraine et Vendômois. — Quittance de gages. — Beaugency-sur-Loire, 3 avril 1358. (Clair., r. 53, p. 3981.)

8203 SAINT-GERMAIN (PIERRE DE),
Écuyer.

Sceau rond, de 18 mill. — Écu à la fasce accompagnée d'une étoile en chef et à dextre, dans un trilobe.

..... M .... M ...

Guerres d'Orléanais et de Blaisois. — Quittance de gages. — Orléans, 5 septembre 1358. (Clair., r. 53, p. 3981.)

8204 SAINT-GERMAIN (ROBERT DE),
Garde de la monnaie de Saint-Pourçain.

Sceau rond, de 20 mill. — Écu au chevron accompagné de trois têtes de léopard à la bordure, penché, timbré d'un heaume cimé d'un renard tenant un coq à la gueule, supporté par deux hommes sauvages, sur champ réticulé.

ROBERT DE S GERMAIN

Envoi de 13,400 livres au trésor à Paris. — 21 septembre 1355. (Clair., r. 52, p. 3977.)

8205 SAINT-GERMAIN (SAMSON DE),
Écuyer.

Sceau rond, de 35 mill. — Écu au chevron accompagné de trois besants, penché, timbré d'un heaume cimé d'un col de cygne dans un vol, supporté par deux lions.

. . . anson ⸱ saint ger . . . .

Guerres de Normandie. — Quittance de gages. — Rouen, 13 octobre 1415. (Clair., r. 53, p. 3989.)

8206 SAINT-GOBERT (GEOFFROI DE),
Chevalier.

Sceau rond, de 24 mill. — Écu à la croix fleuronnée. — Légende détruite.

Chevauchée de Flandre. — Quittance de gages. — Courtray, 10 septembre 1382. (Clair., r. 54, p. 4093.)

8207 SAINT-GOBERT (JEAN DE),
Chevalier, commis à recevoir les montres des gens de guerre.

Sceau rond, de 22 mill. — Écu à la croix fleuronnée, penché, timbré d'un heaume cimé d'une tête de chien; dans le champ, les lettres I M. — Légende détruite.

Montre d'Anseau de Hez, chevalier, reçue à Paris, le 6 juillet 1360. (Clair., r. 27, p. 1949.)

8208 SAINT-GOBERT? (RAYMOND DE),
Chevalier.

Sceau rond, de 23 mill. — Écu portant trois doloires les deux en chef adossées au lambel, penché, timbré d'un heaume cimé d'un vol, sur champ réticulé. — Légende détruite.

Chevauchée de Flandre. — Quittance de gages. — 31 août 1383. (Clair., r. 53, p. 4053.)

8209 SAINT-HAOND (ALPHONSE DE),
Chevalier.

Sceau rond, de 21 mill. — Écu fascé de six pièces, penché, timbré d'un heaume cimé d'une tête humaine dans un vol, supporté par deux lévriers. Dans le champ à dextre, la lettre A.

S .... SAINT ANT

Service de guerre. — Quittance de gages. — Paris, 20 juillet 1369. (Clair., r. 100, p. 7743.)

8240 SAINT-HAOND (ALPHONSE DE),
Chevalier.

Sceau rond, de 26 mill. — Écu fascé de six pièces, penché, timbré d'un heaume cimé d'une tête humaine, dans un vol aux armes, supporté par deux lévriers.

S' ANFO.. D' SAINT AN SIR .... TPP'

Défense des pays de Lyonnais, Beaujolais et Forez. — Quittance de gages. — Belleville-en-Beaujolais, 12 septembre 1410. (Clair., r. 100, p. 7745.)

8241 SAINT-HILAIRE (HANIN DE),
Écuyer.

Sceau rond, de 20 mill. — Écu à l'énanché de deux pièces et deux demi-pièces mouvant de la pointe.

S hA.....S hYLAIRE

Guerres de Berry et d'Auvergne. — Quittance de gages. — Gien-sur-Loire, 12 novembre 1367. (Clair., r. 59, p. 4565.)

8242 SAINT-HILAIRE (JEAN DE),
Écuyer.

Sceau rond, de 28 mill. — Écu d'hermines à l'énanché de trois pièces mouvant du chef à la bordure besantée, penché, timbré d'un heaume cimé d'un col de cygne tenant au bec... dans un vol, sur champ festonné.

.hAN DE SANT hILAIRE

Service de guerre en la compagnie de monseigneur de Coucy. — Quittance de gages. — Soissons, 12 août 1380. (Clair., r. 59, p. 4565.)

8243 SAINT-JEAN (MATHIN DE).

Sceau rond, de 20 mill. — Écu portant une tête d'ours le museau en bas, sur champ de rinceaux.

MAThIN DE SA....

Vente d'un cheval. — Quittance délivrée au receveur de la vicomté de Valognes, pour le roi de Navarre. — Valognes, 25 décembre 1365. (Clair., r. 61, p. 4699.)

8244 SAINT-JEAN-D'ANGELY.

Fragment de sceau rond, de 60 mill. — Débris de deux personnages dont l'un semble tenir une épée. — Légende détruite.

Gages du guet de nuit de Saint-Jean-d'Angely. — Quittance délivrée par le maire Ambroise de Matha. — Saint-Jean-d'Angely, 22 octobre 1356. (Clair., r. 71, p. 5553.)

8245 SAINT-JEAN-D'ANGELY
(Sénéchaussée de).

Sceau rond, de 23 mill. — Écu portant une couronne accompagnée de trois fleurs de lys, dans un trilobe. — Légende détruite.

Garde du château de Barbezieux. — Gages de Henri, sire de Barbezieux. — Saint-Jean-d'Angely, 14 mars 1352, n. st. (Clair., r. 10, p. 565.)

8246 SAINT-JEAN-AU-BOIS
(Constance Marcoulle, abbesse de),
en la forêt de Cuise, diocèse de Soissons.

Fragment de sceau ogival, de 50 mill. — Écu semé de besants sous un chef au lion passant. — Légende détruite.

Quittance d'une rente sur la recette de Senlis. — 1ᵉʳ août 1414. (Clair., r. 70, p. 5445.)

8247 SAINT-JEAN-PIED-DE-PORT
(Michelet de).

Sceau rond, de 18 mill. — Écu à l'aigle, timbré d'un lion assis, supporté par deux oiseaux, dans un trilobe. — Légende détruite.

Quittance délivrée au vicomte d'Avranches pour le roi de Navarre. — Avranches, 19 décembre 1365. (Clair., r. 61, p. 4637.)

8248 SAINT-JOIRE (ROBERT DE).
Écuyer.

Sceau rond, de 19 mill. — Écu au sautoir, dans un quadrilobe.

..BE.......OR..

Service de guerre. — Quittance de gages. — 2 novembre 1339. (Clair., r. 61, p. 4672.)

8219 SAINT-JULIEN (CLAUDE DE),

Maréchal des logis de 40 lances sous le seigneur de Boutières.

Signet rond, de 13 mill. — Écu en cartouche burelé. — Sans légende.

Quittance de gages. — 21 décembre 1539. (Clair., r. 226, p. 563.)

8220 SAINT-JULIEN (GUI DE),

Seigneur de Balieure, maréchal des logis de 50 lances sous monseigneur de Ventoux.

Signet rond, de 14 mill. — Écu portant trois jumelles. — Sans légende.

Quittance de gages. — 3 décembre 1568. (Clair., r. 170, p. 5461.)

8221 SAINT-JULIEN (GUILLAUME DE),

Chevalier.

Sceau rond, de 26 mill. — Écu billeté au lion brochant. — Légende détruite.

Ost de Flandre. — Quittance de gages. — Bruges, 18 janvier 1300, n. st. (Clair. r. 62, p. 4801.)

8222 SAINT-JULIEN (LOUIS DE)

ET

MAGNAC (TROUILLART DE),

Chevaliers.

Sceau commun, rond, de 27 mill. — Écu écartelé : au 1 et 4, un billeté au lion brochant; au 2 et 3, deux pals de vair sous un chef au lambel de cinq pendants.

✠ S' LOYS D S IVLI.....ROVLL...
.AIGNA

Quittance délivrée au receveur des aides, sceellée de nostre seel commun ouquel sont les noms et l'empreinte des armes esquartelées de nous deux ensemble». — 20 février 1369, n. st. (Clair., r. 62, p. 4799.)

8223 SAINT-JULIEN (PERRETON DE),

Écuyer.

Sceau rond, de 30 mill. — Écu billeté au lion brochant au lambel de cinq pendants, penché, timbré d'un heaume cimé d'un col de cygne dans un vol, supporté par deux chiens.

.....encle ꝛ......

Service de guerre en la compagnie de Guichard Dauphin. — Quittance de gages. — 20 février 1412, n. st. (Clair., r. 62, p. 4801.)

8224 SAINT-JUST (GUILLAUME DE).

Sceau rond, de 16 mill. — Écu portant une tête de lévrier.

✠ GILM DE SN GOT

Guerres de Languedoc. — Gages d'Auffroi de Coaibrient, capitaine de 50 hommes d'armes. — Montpellier, 19 juin 1374. (Clair., r. 215, p. 9619.)

8225 SAINT-LARY.

Voyez BELLEGARDE.

8226 SAINT-LAURENT (JEAN DE).

Écuyer, de la Franche-Comté.

Sceau rond, de 17 mill. — Écu à la croix ancrée. — Légende détruite.

Ost de Bouvines. — Quittance de gages. — Paris, 14 février 1341, n. st. (Clair., r. 67, p. 5157.)

8227 SAINT-LÉGER (JEAN DE).

Chevalier.

Sceau rond, de 22 mill. — Écu fretté, penché, timbré d'un heaume de face cimé de deux cornets, supporté par deux hommes sauvages à bonnet pointu orné d'une aigrette.

S IEḣAN DE SAINT LIGIER

Guerres de Flandre. — Quittance de gages. — Lille. 20 juin 1385. (Clair., r. 40, p. 3015.)

8228 SAINT-LÉGER (JEAN DE).

Écuyer.

Sceau rond, de 24 mill. — Écu écartelé : au 1 et 4, un fretté; au 2 et 3, trois mouchetures d'hermine;

penché, timbré d'un heaume cimé d'une tête de griffon, sur champ festonné.

✠ G·····DE S········

Guerres de Normandie. — Quittance de gages. — Rouen, 13 octobre 1415. (Clair., r. 65, p. 5041.)

8229 SAINT-LEU (JEAN DE),

Écuyer, de la vicomté de Paris.

Sceau rond, de 20 mill. — Écu incomplet à la croix chargée de cinq fermaux? et accompagnée d'une étoile en chef et à dextre, le seul canton qui subsiste.

✠ ····DE S LEV ESC···

Guerres de Vermandois. — Quittance de gages. — Saint-Quentin, 29 octobre 1339. (Clair., r. 66, p. 5099.)

8230 SAINT-MARC (GUILLAUME DE),

Chevalier.

Sceau rond, de 27 mill. — Écu à l'écusson en abime.

✠ GVILLE DE S MARC

Guerres de Guienne. — Quittance de gages. — Tours, 2 juillet 1387. (Clair., r. 69, p. 5407.)

8231 SAINT-MARC (GUILLAUME DE),

Chevalier.

Sceau rond, de 27 mill. — Variété du type précédent.

✠ S GVILLAVME DE SA·······L

Guerres de Guienne. — Quittance de gages. — La Rochelle, 12 octobre 1387. (Clair., r. 69, p. 5407.)

8232 SAINT-MARTIN (GUILLAUME DE),

Chevalier.

Sceau rond, de 24 mill. — Écu à la croix, dans une rose gothique.

✠ ·······DE S M········R

Ost de Flandre. — Quittance de gages. — 27 septembre 1302. (Clair., r. 71, p. 5523.)

8233 SAINT-MARTIN (GUILLAUME DE),

Chevalier.

Sceau rond, de 23 mill. — Écu au lion, penché, timbré d'un heaume, sur champ réticulé. — Légende détruite.

Guerres du Bourbonnais. — Quittance de gages. — Saint-Pourçain, 20 janvier 1370, n. st. (Clair., r. 71, p. 5525.)

8234 SAINT-MARTIN (GUILLAUME DE),

Écuyer.

Sceau rond, de 22 mill. — Écu à la fasce accompagnée d'une merlette en chef et à dextre.

····S·······fin

Poursuite des Anglais sous le duc de Bourgogne. — Quittance de gages. — Chartres, 5 septembre 1380. (Clair., r. 71, p. 5525.)

8235 SAINT-MARTIN (JEAN DE),

Commissaire des monnaies du roi en Poitou et Saintonge.

Sceau rond, de 20 mill. — Écu portant trois limaçons, dans un quadrilobe.

✠ S IEH········

Quittance de gages, délivrée au maître de la monnaie de Poitiers. — Poitiers, 18 juillet 1354. (Clair., r. 71, p. 5523.)

8236 SAINT-MARTIN (PERRINET DE).

Sceau rond, de 20 mill. — Écu losangé au franc canton.

✠ PRINET DE ····RTIN

Guerres de Vermandois. — Quittance de gages. — Saint-Quentin, 28 octobre 1339. (Clair., r. 20, p. 1417.)

8237 SAINT-MARTIN (ROBERT DE),

Du bailliage de Vermandois.

Sceau rond, de 19 mill. — Écu portant une croix ancrée à la bande brochant.

········MAR···

Guerres de Vermandois. — Quittance de gages. — Saint-Quentin, 20 octobre 1339. (Clair., r. 71, p. 5523.)

8238 SAINT-MAUR (ANDRÉ DE).
Écuyer.

Sceau rond, de 25 mill. — Écu portant deux cygnes passant l'un sur l'autre, penché, timbré d'un heaume. Dans le champ, deux rameaux.

... andre de s ....

Service de guerre contre le duc de Bourgogne. — Quittance de gages. — 24 mai 1414. (Clair., r. 78, p. 6103.)

8239 SAINT-MESMIN (ERNOLET DE),
Écuyer.

Sceau rond, de 24 mill. — Écu au sautoir cantonné de quatre merlettes, dans un quadrilobe. — Légende détruite.

Guerres d'Orléanais et de Blaisois. — Quittance de gages. — Beaugency, 2 avril 1358. (Clair., r. 74, p. 5759.)

8240 SAINT-NECTAIRE (ERAILH DE).
Chevalier.

Sceau rond, de 15 mill. — Écu à la fasce fuselée de cinq pièces, penché, timbré d'un heaume cimé de la lettre I couronnée dans un vol.

e D S n

Quittance délivrée au receveur général des subsides en Auvergne. — Clermont, 3 février 1359, n. st. (Clair., r. 80, p. 6297.)

8241 SAINT-NECTAIRE (ERAILH DE).
Chevalier.

Sceau rond, de 27 mill. — Écu à la fasce fuselée de cinq pièces, penché, timbré d'un heaume cimé de la lettre I couronnée dans un vol, sur champ orné.

S eRACLeI De SARTO neCTeRIO

Frais d'un voyage vers la reine par ordre du comte de Poitiers. — Quittance. — 20 avril 1360, n. st. (Clair., r. 80, p. 6295.)

8242 SAINT-NECTAIRE (FRANÇOIS DE),
Lieutenant de la compagnie de monseigneur de Vieilleville.

Sceau ovale, de 27 mill. — Écu à la fasce fuselée de cinq pièces, dans un cartouche. — Sans légende.

Quittance de gages. — 25 mai 1562. (Clair., r. 185, p. 6849.)

8243 SAINT-NECTAIRE
(Georges, bâtard de),
écuyer.

Sceau rond, de 23 mill. — Écu portant une fasce fuselée de cinq pièces à la bande brochant, penché, timbré d'un heaume cimé d'une gerbe. Dans le champ, deux rameaux.

S GORGe De SeReTTeR..

Service de guerre. Quittance de gages. — 16 février 1416, n. st. (Clair., r. 103, p. 7973.)

8244 SAINT-NECTAIRE
(Georges, bâtard de),
capitaine de 71 écuyers en la garnison de Melun.

Sceau rond, de 33 mill. — Écu portant une fasce fuselée de cinq pièces à la bande brochant, penché, timbré d'un heaume cimé d'une gerbe, supporté par deux griffons. — Légende fruste.

Quittance de gages. — Melun, 12 juillet 1418. (Clair., r. 103, p. 7973.)

8245 SAINT-NECTAIRE
(Georges, bâtard de),
capitaine de 71 écuyers en la garnison de Melun.

Sceau rond, de 25 mill. — Écu portant une fasce fuselée de cinq pièces à la bande brochant.

...orge de s .....

Quittance de gages. — Melun, 15 juillet 1418. (Clair., r. 103, p. 7973.)

8246 SAINT-NECTAIRE (JEAN DE),
Baron de Clavelle et Fontanilles,
conseiller du roi, gentilhomme ordinaire de la chambre, sénéchal de Beaucaire et de Nîmes, capitaine du château de Nîmes.

Sceau rond, de 34 mill. — Écu à la fasce fuselée de cinq pièces.

...V.SIVI ET INV.......

Gages de l'office de capitaine. — Nîmes, 25 janvier 1563, n. st. (Clair., r. 185, p. 6847.)

8247 SAINT-NICOLAS (MICHEL DE),
Écuyer.

Sceau rond, de 23 mill. — Écu à la croix chargée

de cinq coquilles et accompagnée d'une merlette en chef et à dextre.

S MICHI · DE .....COLAS

Guerres de basse Normandie. — Quittance de gages. — 20 juillet 1383. (Clair., r. 81, p. 6361.)

8248   SAINT-OUEN (JEAN DE),
Chevalier.

Sceau rond, de 20 mill. — Écu au sautoir cantonné de quatre aiglettes.

· IGHAN DE ...NT OV..

Guerres de Normandie. — Quittance de gages. — Saint-Lô, 6 février 1370, n. st. (Clair., r. 82, p. 6481.)

8249   SAINT-PALAIS
(Jean, seigneur de).
chevalier.

Sceau rond, de 32 mill. — Écu chevronné de six pièces sous un chef, penché, timbré d'un heaume cimé d'une crête en éventail, supporté par deux lions.

...eĥa ĩr ..ut pales

Guerres de Berry. — Quittance de gages. — 18 novembre 1386. (Clair., r. 83, p. 6531.)

8250   SAINT-PERAY? (GUI DE),
Chevalier.

Sceau rond, de 21 mill. — Écu à la croix ajourée en cœur à la bordure, dans un trilobe.

S..... DE ..... SEI..C.

Chevauchée de Bourbourg. — Quittance de gages. — 8 septembre 1383. (Clair., r. 84, p. 6633.)

8251   SAINT-PÈRE (JEAN DE).
Écuyer.

Sceau rond, de 24 mill. — Écu à la croix fleuronnée? accompagnée d'une gerbe en chef et à dextre, penché, timbré d'un heaume cimé d'une tête de loup.

s t..an ĩr sei..pe..ĩr .....

Service de guerre. — Quittance de gages. — 10 mars 1422, n. st. (Clair., r. 84, p. 6635.)

8252   SAINT-PERN (GUION DE),
Écuyer.

Sceau rond, de 25 mill. — Écu portant dix billettes vidées, 4, 3, 2 et 1, à la bande brochant, sur champ réticulé.

✠ S GVION DE SAINT PER

Guerres de Bretagne. — Quittance de gages. — Pontorson, 16 juin 1380. (Clair., r. 85. p. 6685.)

8253   SAINT-PERN (GUION DE),
Écuyer.

Sceau rond, de 26 mill. — Écu portant dix billettes vidées, 4, 3, 2 et 1, à la bande brochant, penché, timbré d'un heaume cimé d'un col de cygne dans un vol, supporté par une dame et un lion.

GVION DE SAINT PERN

Guerres de Bretagne; défense de Dol. — Quittance de gages. — 20 janvier 1381, n. st. (Clair., r. 84, p. 6633.)

8254   SAINT-PHAL (JEAN DE),
Écuyer, du bailliage de Troyes.

Sceau rond, de 22 mill. — Écu en losange à la croix ancrée, dans un quadrilobe. — Légende détruite.

Guerres de Vermandois. — Quittance de gages. — Compiègne, 15 septembre 1339. (Clair., r. 46, p. 3399.)

8255   SAINT-PHAL (JEAN DE),
Écuyer.

Sceau hexagone, de 20 mill. — Écu à la croix ancrée vidée.

IEH DE ST PHA.

Poursuite des Anglais. — Quittance de gages. — Gallardon, 5 septembre 1380. (Clair., r. 46, p. 3399.)

8256   SAINT-PHAL (PHILIPPE DE),
Écuyer, du bailliage de Sens.

Sceau rond, de 24 mill. — Écu portant une croix ancrée au lambel, dans un trilobe.

.........FA.ĨE

Guerres de Vermandois. — Quittance de gages. — Saint-Quentin, 28 octobre 1339. (Clair., r. 46, p. 3399.)

8257 SAINT-PHAL (PHILIPPE DE),

Écuyer.

Sceau rond, de 22 mill. — Écu portant une croix ancrée au lambel, penché, timbré d'un heaume cimé d'une rose. Dans le champ, deux rameaux.

IOҺAN DE ....LLE

Service de guerre à Paris. — Quittance de gages. — 20 août 1410. (Clair., r. 46, p. 3401.)

8258 SAINT-PIERRE (PHILIPPE DE),

Trésorier de France.

Sceau rond, de 23 mill. — Écu à la croix cantonnée de quatre griffons à la bordure, timbré de la Vierge à l'enfant, accosté de saint Pierre et de saint Paul, accompagné d'un ange en pointe, dans un quadrilobe.

SEEL PҺ .. SAI.. .ERE

Quittance d'une robe d'écarlate fourrée de menu vair, donnée par le duc d'Anjou. — Carcassonne, 4 juin 1375. (Clair., r. 144, p. 3057.)

8259 SAINT-POINT (JACQUOT DE),

Écuyer.

Sceau rond, de 25 mill. — Écu portant une aigle au lambel, soutenu par un homme sauvage, supporté par deux lions, dans un trilobe.

S..AVT LE ....

Chevauchée de Flandre. — Quittance de gages. — 31 août 1383. (Clair., r. 102, p. 7887.)

8260 SAINT-POL (BAUDET DE),

Chevalier.

Sceau rond, de 25 mill. — Écu portant dix billettes, 4, 3, 2 et 1, penché, timbré d'un heaume cimé de deux cornes aux armes, sur champ orné.

...albnmi de sco panlo militis

Quittance d'une pension sur la vicomté de Carentan. — 27 mai 1363. (Clair., r. 87, p. 6855.)

8261 SAINT-POL

(Gui de Châtillon, comte de), bouteiller de France, chevalier.

Sceau rond, de 20 mill. — Écu à trois pals de vair sous un chef au lambel de cinq pendants.

✠ **S' GVI DE S' POL CҺEVAL...**

Service de guerre en Lorraine contre les gens du roi d'Allemagne. — Quittance de gages. — .. .. 1299. (Clair., r. 30, p. 2305.)

8262 SAINT-POL (JEAN DE),

Écuyer.

Sceau rond, de 18 mill. — Une masse d'armes?

✠ **S.....D.......V...**

Establie de Lille. — Quittance de gages. — Lille, 6 septembre 1342. (Clair., r. 87, p. 6855.)

8263 SAINT-POL (MAHAUT DE),

Comtesse de Valois.

Voyez VALOIS.

8264 SAINT-POL-EN-LYONS

(Le prieuré de).

Sceau ogival, de 40 mill. — Sous un dais d'architecture, saint Paul debout, tenant une épée et un livre. Dans le champ, des rinceaux.

....ORIBVS

Quittance des dîmes dues à l'abbé de Cerisy sur la vicomté de Gisors. — 16 décembre 136.. (Clair., r. 73, p. 5669.)

8265 SAINT-PRIEST (JEAN DE),

Écuyer.

Sceau rond, de 20 mill. — Écu portant un lion au lambel, penché, timbré d'un heaume cimé d'un cygne.

...IOҺAN D S PRIET.

Guerres de Gascogne. — Quittance de gages. — Brives, 29 novembre 1346. (Clair., r. 89, p. 7041.)

8266 SAINT-PRIEST (JEAN DE),
Écuyer.

Sceau rond, de 19 mill. — Écu au lion, penché, timbré d'un heaume cimé d'un cygne, sur champ festonné.

S I D........

Guerres de Poitou et de Limousin. — Quittance de gages. — Limoges, 11 octobre 1355. (Clair., r. 89, p. 7041.)

8267 SAINT-PRIEST (JEAN DE),
Chevalier, conseiller et chambellan du roi.

Sceau rond, de 26 mill. — Écu écartelé : au 1 et 4, un contre-écartelé d'une bande engrêlée et d'un plain; au 2 et 3, un lion à la bordure besantée.

S .... de sam .... ch ....

Gages de son office. — 18 août 1423. (Clair., r. 89, p. 7041.)

8268 SAINT-PRIVAT (PONS DE),
Écuyer.

Sceau rond, de 19 mill. — Écu fascé de six pièces, penché, timbré d'un heaume cimé d'une tête de lion.

...SAINT ...VAT

Guerres de Languedoc et de Guienne. — Quittance de gages. — 20 mai 1421. (Clair., r. 90, p. 7047.)

8269 SAINT-QUENTIN
(Les grèneliers et contrôleurs du grenier à sel de).

Sceau rond, de 23 mill. — Écu portant un léopard à deux corps, l'un rampant, l'autre passant, à la bordure; penché, timbré d'un heaume cimé d'un lion assis, accosté des lettres liées s d.

Robert........

Récépissé de quatre chars de sel. — 3 novembre 1385. (Clair., r. 216, p. 9747.)

8270 SAINT-REMY (BAUDONNET DE),
Écuyer.

Sceau rond, de 19 mill. — Écu au double trécheur fleuronné à la bande chargée de trois... brochant, penché, timbré d'un heaume cimé d'un oiseau. Dans le champ, un cercle de fleurettes.

S BAVDEN DE SAINT REMI

Guerres du pays de Caux. — Quittance de gages. — Rouen, 3 octobre 1415. (Clair., r. 94, p. 7319.)

8271 SAINT-REMY (MAHIEU DE),
Écuyer, du bailliage de Caux.

Sceau rond, de 19 mill. — Un faucon liant un oiseau.

S MAHIEV DE S REM.

Ost de Flandre. — Quittance de gages. — Arras, 11 septembre 1302. (Clair., r. 94, p. 7317.)

8272 SAINT-REMY (RAOUL DE),
Chambellan du duc d'Orléans.

Sceau rond, de 26 mill. — Écu portant un lion au bâton en bande brochant, penché, timbré d'un heaume cimé d'une tête de lion. Dans le champ, deux palmes.

rao .. de sa ... remy

Quittance de pension. — 4 juin 1405. (Clair., r. 94, p. 7317.)

8273 SAINT-RIEUL (JEAN DE),
Écuyer.

Sceau rond, de 25 mill. — Écu au chef échiqueté de deux tires, penché, timbré d'un heaume de face cimé d'un ange, supporté par deux hommes sauvages.

LE SEEL IEHAN DE SAINT RIOV

Guerres de Bretagne. — Quittance de gages. — Septembre 1379. (Clair., r. 95, p. 7397.)

8274 SAINT-ROMAIN (BERTAUD DE).

Voyez LANDE (JOCERANT DE LA).

8275 SAINT-ROMAIN (HUGUES DE),
Chevalier.

Sceau rond, de 22 mill. — Écu en palette portan

une bande à la bordure engrêlée, penché, timbré d'un heaume cimé d'une tête de lion dans un vol, supporté par deux lions, sur champ réticulé.

S' hVGVB DB S ROMAIN CHR

Quittance délivrée au receveur des subsides en Auvergne. — Saint-Pourçain, 6 février 1359, n. st. (Clair., r. 80, p. 6297.)

8276 SAINT-SAMSON (JACQUES DE),
Chevalier.

Sceau rond, de 27 mill. — Une molette.

✶ S' IAQ.. DE SAINT SANSON

Ost de Flandre. — Quittance de gages. — Arras, 7 septembre 1302. (Clair., r. 101, p. 7807.)

8277 SAINT-SAUFLIEU (HERPIN DE),
Chevalier.

Sceau rond, de 24 mill. — Écu à la croix cantonnée de quatorze croisettes, 4, 4, 3 et 3, penché, timbré d'un heaume cimé d'une crête en forme de roue, supporté par deux lions, dans un quadrilobe.

S hARPIN DE S' SAVFLIEV Ch...

Quittance d'une donation royale. — Amiens, 23 octobre 1351. (Clair., r. 101, p. 7851.)

8278 SAINT-SAUFLIEU (JACQUES DE).
Chevalier.

Sceau rond, de 18 mill. — Écu à la croix cantonnée de quatre croisettes.

S IARG........

Ost de Flandre. — Quittance de gages et restor de deux chevaux. — 23 septembre 1299. (Clair., r. 101, p. 7851.)

8279 SAINT-SAUFLIEU (JEAN DE).
Écuyer.

Sceau rond, de 20 mill. — Écu à la croix cantonnée de quatorze croisettes, 4, 4, 3 et 3, penché, timbré d'un heaume cimé d'une crête en forme de roue, supporté par deux lions. — Légende détruite.

Quittance des frais d'un voyage à Paris. — Paris, 25 février 1362, n. st. (Clair., r. 101, p. 7851.)

8280 SAINT-SAUVEUR
(Jean Chandos, vicomte de).

Voyez CHANDOS.

8281 SAINT-SAVIN (JACQUES DE),
Seigneur de la Perrière, chevalier de l'ordre, lieutenant de 30 lances.

Sceau ovale, de 32 mill. — Écu semé de fleurs de lys, entouré du collier de Saint-Michel. — Sans légende.

Gages de sa lieutenance. — Le Dorat, 9 mars 1571, n. st. (Clair., r. 101, p. 7857.)

8282 SAINT-SEVERIN (GALÉAS DE),
Conseiller du roi, chevalier de l'ordre, grand écuyer de France, capitaine de 90 lances.

Sceau rond, de 45 mill. — Écu écartelé : au 1 et 4, un palé de huit pièces; au 2 et 3, la guivre engoulant l'enfant, parti d'une fasce à la bordure chargée de six étoiles; entouré du collier de Saint-Michel.

GA.M SF.....D AR..ONA.....RO AR' CAP GIENERALIS

Gages de l'office de capitaine. — 12 juillet 1520. (Clair., r. 134, p. 2029.)

8283 SAINT-SEVERIN
(Jules César de),
marquis de Valence, chevalier de l'ordre, capitaine de 30 lances.

Sceau rond, de 37 mill. — Écu parti : au 1, un palé de six pièces; au 2, une fasce à la bordure; timbré d'un tortil, entouré du collier de Saint-Michel.

.....VER MAR....... VALENCE

Quittance de pension. — 2 mai 1525. (Clair., r. 103, p. 8009.)

8284 SAINT-SILVESTRE (GUILLAUME DE).
Écuyer.

Sceau rond, de 20 mill. — Écu à la croix ancrée accompagnée de trois merlettes deux en chef et une en pointe, penché, timbré d'un heaume, sur champ festonné.

...GVILLG .. S.... S.....

Service de guerre à Harfleur assiégé par les Anglais. — Quittance de gages. — Rouen, 17 octobre 1415. (Clair., r. 103, p. 8009.)

8285 SAINT-SIMON (GALEHAUT DE),
Chevalier.

Sceau rond, de 21 mill. — Écu à l'émanché de trois pièces et deux demi-pièces mouvant du chef, au bâton en bande brochant.

✠ GALOT DE SAINT SIMON

Service de guerre en la compagnie du duc de Bourbonnais. — Quittance de gages. — Avranches, 11 septembre 1379. (Clair., r. 103, p. 8039.)

8286 SAINT-SIMON (GEOFFROI DE),
Chevalier.

Sceau rond, de 25 mill. — Écu à l'émanché de trois pièces et deux demi-pièces mouvant du chef, penché, timbré d'un heaume cimé d'une tête de lévrier dans un vol, supporté par deux hommes sauvages et deux lions, dans un encadrement gothique.

S G̃OF........INT SIMO.

Chevauchée de Flandre. — Quittance de gages. — 28 octobre 1383. (Clair., r. 103, p. 8041.)

8287 SAINT-SIMON (JEAN DE),
Chevalier.

Sceau rond, de 32 mill. — Écu à l'émanché de trois pièces mouvant du chef. — Légende détruite.

Ost de Flandre. — Quittance de gages. — Au siège de Vitry, 28 septembre 1302. (Clair., r. 103, p. 8033.)

8288 SAINT-SIMON (RENAUD DE),
Procureur de Jean de Saint-Simon, chevalier.

Sceau rond, de 26 mill. — Écu à l'émanché de trois pièces mouvant du chef, à la bande brochant.

.......AD........

Ost de Flandre. — Gages de Jean de Saint-Simon, chevalier. — Paris, 23 octobre 1302. (Clair., r. 103, p. 8033.)

8289 SAINT-SIMON.

Voyez ROUVRAY.

8290 SAINT-TRIVIER (GUI DE),
Chevalier.

Sceau rond, de 16 mill. — Écu à la bande.

...OŨ DE S ŦRIV..

Guerres de Languedoc et de Guienne. — Quittance de gages. — Lyon, 26 octobre 1391. (Clair., r. 108, p. 8425.)

8291 SAINT-TRIVIER (GUILLAUME DE),
Écuyer.

Sceau rond, de 18 mill. — Écu portant un vivré à la fasce brochant. — Légende détruite.

Guerres de Gascogne. — Quittance de gages. — Paris, 24 août 1339. (Clair., r. 108, p. 8425.)

8292 SAINT-VALERY-SUR-MER.
Sceau aux causes.

Sceau rond, de 38 mill. — Écu parti : au 1, un semé de fleurs de lys au lambel de trois pendants chargés chacun de trois châteaux; au 2, cinq besants, 2, 2 et 1, sous un chef. — Légende détruite.

CONTRE-SCEAU : Un échiqueté.

Contr seel de sait Ŵaleri

Attestation de sceau. — 1ᵉʳ mars 1386, n. st. (Clair., r. 216, p. 9751.)

8293 SAINT-VENANT (ROBERT DE),
Écuyer.

Sceau rond, de 23 mill. — Écu à l'écusson en abîme au lambel de cinq pendants sur le tout, dans un quadrilobe. — Légende détruite.

Guerres des frontières de Flandre. — Quittance de gages. — Lille, 12 avril 1326. (Clair., r. 111, p. 8647.)

8294 SAINT-VIDAL (HUGUES, SIRE DE),
Écuyer.

Sceau rond, de 30 mill. — Écu à la tour, penché, timbré d'un heaume cimé d'une aigle, sur champ réticulé.

ꟼUGUE SIRE DE SAI.. UIDAL

Chevauchée de Bourbourg. — Quittance de gages. — 6 septembre 1383. (Clair., r. 112, p. 8759.)

8295 SAINT-VIDAL (HUGUES DE),
Écuyer.

Sceau rond, de 22 mill. — Écu à la tour, penché, timbré d'un heaume cimé d'une tête d'aigle dans un vol, supporté par un lion et une aigle.

ҺVGVES S' DE ... VIDAL

Chevauchée de Flandre. — Quittance de gages. — 30 novembre 1385. (Clair., r. 112, p. 8719.)

8296 SAINT-VRAIN (JEAN DE),
Écuyer, du bailliage de Sens.

Sceau rond, de 19 mill. — Écu portant un chef au lambel de cinq pendants, dans une rose gothique. — Légende détruite.

Guerres de Vermandois. — Quittance de gages. — Saint-Quentin, 11 octobre 1339. (Clair., r. 109, p. 8531.)

8297 SAINT-VRAIN (JEAN DE),
Écuyer.

Sceau rond, de 22 mill. — Écu portant un chef au lambel de cinq pendants, dans un quadrilobe. — Légende détruite.

Service de guerre. — Quittance de gages. — Bray-sur-Seine, 24 août 1380. (Clair., r. 115, p. 8987.)

8298 SAINT-VRAIN (JEAN DE),
Écuyer.

Sceau rond, de 22 mill. — Écu portant un chef au lambel de cinq pendants.

..ҺAN DE S VERAI.

Chevauchée de Domme. — Quittance de gages. — Bourg-Dieu, 2 mai 1393. (Clair., r. 115, p. 8985.)

8299 SAINT-YON (ANTOINE DE),
Maréchal des logis de 40 lances sous le comte de Nanteuil.

Signet rond, de 17 mill. — Écu à la croix losangée, cantonnée au 1 et 4 d'une cloche; au 2 et 3, de trois jumelles. — Sans légende.

Quittance de pension. — 25 octobre 1551. (Clair., r. 170, p. 5449.)

8300 SAINTE-ALDEGONDE
(Guillebert de)
ET
VIEUVILLE (JEAN DE LA),
Chevaliers, établis sur le fait de la maréchaussée.

Sceau commun, rond, de 26 mill. — Écu parti : au 1, d'hermines à la demi-croix chargée de cinq quintefeuilles; au 2, un fascé de huit pièces à deux annelets brochant sur les deux premières pièces. — Légende détruite.

Montre de Gualais de Bussy, écuyer, reçue à Paris, le 10 octobre 1356. (Clair., r. 112, p. 8785.)

8301 SAINTE-ALDEGONDE
(Guillebert, sire de),
chevalier.

Sceau rond, de 20 mill. — Écu d'hermines à la croix chargée de cinq quintefeuilles.

.....DE S' AVDEG....

Service de guerre. — Quittance de gages. — Thérouanne, 25 janvier 1370, n. st. (Clair., r. 4, p. 139.)

8302 SAINTE-ALDEGONDE (JEAN DE).
Châtelain d'Éperlecques.

Sceau rond, de 21 mill. — Écu à la croix chargée de cinq quintefeuilles à la bande brochant, dans un trilobe.

.......G SAINT AVDEGONDE

Quittance de vins, délivrée au maître de l'hôtel du roi. — Calais, 4 juillet 1305. (Clair., r. 7, p. 391.)

8303 SAINTE-ALDEGONDE
(Jean, sire de),
chevalier.

Sceau rond, de 24 mill. — Écu d'hermines à la croix chargée de cinq quintefeuilles, penché, timbré d'un heaume cimé d'un vol, supporté par deux lions.

..һan de s andegonde

Garde de la ville de Gravelines. — Quittance de gages. — Amiens, 31 mai 1387. (Clair., r. 4, p. 139.)

8304 SAINTE-BEUVE (COLARD DE),
Chevalier.

Sceau rond, de 20 mill. — Écu portant trois annelets accompagnés d'une quintefeuille en abime. — Légende détruite.

Service de guerre; projet de descente en Angleterre. — Quittance de gages. — Lille, 16 octobre 1386. (Clair., r. 13, p. 821.)

8305 SAINTE-BEUVE (ENGUEMER DE),
Chevalier.

Sceau rond, de 23 mill. — Écu portant trois annelets, penché, timbré d'un heaume cimé aux armes. Dans le champ, des rinceaux.

ENGVEMER .... BOW. ....

Guerres de Normandie. — Quittance de gages. — Rouen, 6 août 1346. (Clair., r. 13, p. 819.)

8306 SAINTE-BEUVE
(Enguemer, seigneur de), chevalier banneret.

Sceau rond, de 20 mill. — Écu portant trois annelets.

...EG'VER D S....E BEWE .....

Service de guerre. — Quittance de gages. — Saint-Omer, 16 novembre 1355. (Clair., r. 13, p. 819.)

8307 SAINTE-BEUVE (LAURENT DE),
Chevalier.

Sceau rond, de 22 mill. — Écu portant trois annelets, dans un trilobe.

L DE SA.... WE Ch

Service de guerre; voyage de Languedoc. — Quittance de gages. — 4 ..... 1389. (Clair., r. 18, p. 821.)

8308 SAINTE-BEUVE (NICOLE DE),
Chevalier.

Sceau rond, de 18 mill. — Écu portant trois annelets, penché, timbré d'un heaume. — Légende détruite.

Service de guerre. — Quittance de gages. — 9 avril 1319. (Clair., r. 23; p. 1669.)

8309 SAINTE-BEUVE (ROBERT DE),
Seigneur de «Trubevilles», chevalier.

Sceau rond, de 18 mill. — Écu écartelé : au 1 et 4, trois annelets; au 2 et 3, un lion passant et une étoile en chef et une étoile en pointe; penché, timbré d'un heaume cimé d'un plumail, sur champ réticulé.

ROBT DE TRIB .....

Service de guerre. — Quittance de gages. — Rouen, 5 août 1369. (Clair., r. 13, p. 817.)

8310 SAINTE-BEUVE (TIERCELET DE),
Chevalier.

Sceau rond, de 18 mill. — Écu portant trois annelets, au lambel.

..... ET DE SAI ....

Guerres de basse Normandie. — Quittance de gages. — Saint-Lô, 24 février 1370, n. st. (Clair., r. 13, p. 821.)

8311 SAINTE-CATHERINE-AU-MONT
Sur Rouen
(Jean, abbé de).

Voyez ROUEN.

8312 SAINTE-COLOMBE (PHILIPPOT DE),
Écuyer.

Sceau rond, de 24 mill. — Écu portant deux bandes accompagnées d'une colombe en abime, la première bande brochant sur une étoile.

Ph....... S' COVLOMB.

Service de guerre à Tournay. — Quittance de gages. — Tournay, 12 mars 1339, n. st. (Clair., r. 35, p. 2655.)

8313 SAINTE-CROIX (JEAN DE),
Sire de Savigny, chevalier.

Sceau rond, de 29 mill. — Écu à l'aigle, penché, timbré d'un heaume cimé d'une tête d'homme entre deux cornes, supporté par deux lions.

.EK DE SAINTE CROIS SIRE D .....

Armée d'Écosse. — Quittance de gages. — Saint John's Town, en Écosse, 28 octobre 1385. (Clair., r. 37, p. 2823.)

8314 SAINTE-HERMINE (ARNAUD DE),
Écuyer, capitaine de Châteauneuf.

Sceau rond, de 21 mill. — Écu d'hermines à six merlettes, dans un trilobe. — Légende détruite.

Garde de Châteauneuf. — Quittance de gages. — Angoulême, 2 juillet 1354. (Clair., r. 59, p. 4525.)

8315 SAINTE-HERMINE (HÉLIOT DE),
Écuyer.

Sceau rond, de 21 mill. — Écu d'hermines à six merlettes.

✠ ELIO........ⱧE

Service de guerre. — Quittance de gages. — Angoulême, 21 janvier 1357, n. st. (Clair., r. 43, p. 3189.)

8316 SAINTE-LIVIÈRE (AUBERT DE),
Chevalier.

Sceau rond, de 28 mill. — Dans un ovale, un homme d'armes debout tenant un écu vairé à la bande, entouré de six cygnes et de quatre petits listels sur chacun desquels est écrit : BON.

AVBERT DE SAINTE LIVIERE
CHEVAL

Chevauchée de Flandre. — Quittance de gages. — 15 août 1383. (Clair., r. 65, p. 5003.)

8317 SAINTE-LIVIÈRE (AUBERT DE),
Chevalier.

Signet rond, de 15 mill. — Écu vairé à la bande, penché, timbré d'un heaume cimé de deux cols de cygne, supporté par deux cygnes. Dans le champ, deux banderoles portant une inscription fruste. — Sans légende.

Guerres d'Écosse. — Quittance de gages. — Saint John's Town en Écosse, 28 octobre 1385. (Clair., r. 65, p. 5065.)

8318 SAINTE-MARIE (FOULQUES DE),
Écuyer, du bailliage de Caen.

Sceau rond, de 22 mill. — Écu portant une bande au lambel, sous un chef.

S ..VQVE DE SE MARI

Guerres de Vermandois. — Quittance de gages. — Compiègne, 25 septembre 1339. (Clair., r 70, p. 5473.)

8319 SAINTE-MARIE (PIERRE DE),
Demeurant à Paris.

Sceau rond, de 18 mill. — La Vierge debout, couronnée, portant l'enfant Jésus.

S ... DE S........E

Service de guerre. — Gages de Jean de Chazeaux, écuyer. — Paris, 12 novembre 1339. (Clair., r. 70, p. 5473.)

8320 SAINTE-MARTHE
(Guillaume-Raymond de),
chevalier, capitaine de Saint-Puy.

Sceau rond, de 21 mill. — Écu portant trois oiseaux passant l'un sur l'autre à la bordure besantée, dans un quadrilobe.

S G' R DE SANTA MARSA

Garde de Saint-Puy. — Quittance de gages. — Agen, 2 août 1355. (Clair., r. 70, p. 5497.)

8321 SAINTE-MARTHE
(Guillaume-Raymond de),
chevalier, châtelain de Saint-Puy.

Sceau rond, de 19 mill. — Écu portant trois oiseaux passant l'un sur l'autre à la bordure besantée.

S G'VILEM RAMO D SA MARTA

Garde du château de Saint-Puy. — Quittance de gages. — .... 1356. (Clair., r. 70, p. 5497.)

8322 SAINTE-MARTHE
(Guillaume-Raymond de),
châtelain de Saint-Puy.

Sceau rond, de 21 mill. — Écu portant trois oiseaux passant l'un sur l'autre accompagnés de neuf besants en orle, dans un quadrilobe.

S' G' R' D' S' MARSA

Guerres de Gascogne; garde du château de Saint-Puy. — Quittance de gages. — 22 juillet 1356. (Clair., r. 69, p. 5409.)

8323 SAINTE-MAURE (DURMOIS DE),
Chevalier.

Sceau rond, de 24 mill. — Écu à la fasce, penché,

timbré d'un heaume cimé d'une tête de femme couronnée, dans un quadrilobe allongé.

... D ....

Chevauchée de Bourbourg. — Quittance de gages. — 6 septembre 1383. (Clair., r. 72, p. 5631.)

8324 SAINTE-MAURE (GUI DE),
Chevalier, seigneur de Montausier.

Sceau rond, de 20 mill. — Écu à la fasce chargée de trois molettes, penché, timbré d'un heaume cimé d'un ange tenant deux pennons, supporté par deux oiseaux, dans un quadrilobe.

.GGL .... G MORG

Guerres de Saintonge. — Quittance de gages. — Pons, 26 novembre 1337. (Clair., r. 78, p. 6117.)

8325 SAINTE-MAURE (JEAN DE),
Chevalier.

Sceau rond, de 16 mill. — Écu à la fasce accompagnée d'un croissant en chef et à dextre.

.G SAIRTT. ...RG

Chevauchée du Mans. — Quittance de gages. — Le Mans, 31 juillet 1392. (Clair., r. 78, p. 6117.)

8326 SAINTE-MENEHOULD (JEAN DE),
Écuyer.

Sceau rond, de 20 mill. — Écu à la bande chargée d'un vivré et accompagnée de deux têtes de léopard, une en chef et l'autre en pointe.

.... MIN .....

Guerres de Picardie. — Quittance de gages. — 2 octobre 1882. (Clair., r. 74, p. 5815.)

8327 SAINTE-MÈRE-ÉGLISE
(Godefroi de),
écuyer.

Sceau rond, de 20 mill. — Écu au chevron accompagné de trois aiglettes.

✠ GODEFROY DE ST...REGL...

Guerres de basse Normandie. — Quittance de gages. — 30 janvier 1384, n. st. (Clair., r. 73, p. 5725.)

8328 SAINTE-MÈRE-ÉGLISE
(Pierre de),
écuyer.

Sceau rond, de 22 mill. — Écu portant six aiglettes, penché, timbré d'un heaume cimé d'une tête d'aigle dans un vol, sur champ festonné et orné de rinceaux.

..GRRG DE SAINTG MERIGLISE

Guerres de basse Normandie. — Quittance de gages. — 24 novembre 1383. (Clair., r. 73, p. 5723.)

8329 SAINTE-SÉVÈRE (HUGUET DE).

Sceau rond, de 23 mill. — Écu portant deux fasces.

✠ SGGL ..GAT DE SG FAVIRG

Guerres de Saintonge et d'Angoumois. — Quittance de gages. — 4 novembre 1380. (Clair., r. 102, p. 7961.)

8330 SAINTONGE (SÉNÉCHAUSSÉE DE).

Sceau rond, de 45 mill. — Dans une enceinte défendue par des tours, un donjon flanqué de deux tours garnies chacune d'une bannière semée de fleurs de lys; à droite, dans ce qui reste du champ, la lettre A.

..... M REGIU. SGNG ....

Guillaume Gouffier, sénéchal de Saintonge, atteste qu'il n'a été fait en Saintonge et à la Rochelle aucune recette de ventes ou honneurs. — 14 juillet 1445. (Clair., r. 163, p. 4817.)

8331 SAINTRÉ (JEAN DE),
Chevalier, sénéchal d'Anjou et du Maine.

Sceau rond, de 22 mill. — Écu incomplet portant une bande? au lambel, penché, timbré d'un heaume cimé d'un plumail. — Légende détruite.

Quittance de gages. — Craon, 28 décembre 1355. (Clair., r. 100, p. 7749.)

8332 SAINTRÉ.

Voyez CINTRAY.

8333 SAINTREVAL (ANTOINE DE),
Capitaine d'arbalétriers.

Sceau rond, de 27 mill. — Écu portant deux lions passant l'un sur l'autre, penché, timbré d'un heaume cimé de...., supporté par un griffon et un lion. — Légende détruite.

Armée d'Écosse. — Quittance de gages. — Arras, 4 mai 1385. (Clair., r. 100, p. 7749.)

8334 SAISSAC (BERNARD DE),
Écuyer, capitaine de Manciet.

Sceau rond, de 24 mill. — Écu portant trois fasces accompagnées d'un lion passant en chef, sur champ festonné.

✠ S BERNARDI DE SAISSAAIL

Garde de Manciet. — Quittance de gages. — 1ᵉʳ juin 1355. (Clair., r. 103, p. 8001.)

8335 SAISSAC (LAMBERT DE),
Chevalier, de la sénéchaussée de Beaucaire.

Sceau rond, de 22 mill. — Écu fascé de six pièces, timbré de l'initiale L.

LAB'T D SAYSSAC

Guerres de Flandre et de Hainaut. — Quittance de gages. — Paris, 30 août 1341. (Clair., r. 100, p. 7751.)

8336 SAISSEVAL (GILLES DE),
Du bailliage d'Amiens.

Sceau rond, de 21 mill. — Écu portant deux bars adossés accompagnés d'une étoile en chef et d'un orle d'hermines, à la bande brochant.

GI.... DE S. *......

Service de guerre. — Quittance de gages. — Amiens, 19 septembre 1338. (Clair., r. 100, p. 7751.)

8337   SAIX.

Voyez SEZ.

8338 SALAZAR (TRISTAN DE),
Archevêque de Sens.

Voyez SENS.

8339 SALEMART (CLAUDE DE),
Dit de Ressis, maréchal des logis de 100 lances sous le dauphin.

Signet rond, de 20 mill. — Écu portant un coupé à la bande engrêlée de l'un en l'autre. — Sans légende.

Quittance de gages. — 29 juillet 1559. (Clair., r. 198, p. 8143.)

8340 SALEMART (HUMBERT DE),
Chevalier.

Sceau rond, de 21 mill. — Écu portant un coupé à la bande engrêlée de l'un en l'autre.

✠ S HVNBERT DE SALEMARE

Chevauchée de Bourbourg. — Quittance de gages. — 28 octobre 1383. (Clair., r. 100, p. 7755.)

8341 SALIÈRES (JEAN DE),
Écuyer.

Sceau rond, de 20 mill. — Écu à la fasce accompagnée de trois têtes de léopard en chef.

S IEhAN DE SALIERES ESC

Guerres de Vermandois. — Quittance de gages. — Saint-Quentin, 20 octobre 1339. (Clair., r. 100, p. 7747.)

8342 SALIGNY (ÉTIENNE DE),
Écuyer, du bailliage de Sens.

Sceau rond, de 21 mill. — Écu fascé de six pièces à la bordure, dans un quadrilobe. — Légende détruite.

Guerres de Vermandois. — Quittance de gages. — Saint-Quentin, 29 octobre 1339. (Clair., r. 100, p. 7737.)

8343 SALIGNY (GAUCHER DE),
Écuyer, du bailliage de Sens.

Sceau rond, de 20 mill. — Écu fascé de six pièces chargé de... en chef à la bordure, dans un quadrilobe.

S' G D........

Guerres de Vermandois. — Quittance de gages. — Saint-Quentin, 28 octobre 1339. (Clair., r. 100, p. 7737.)

8344 SALIGNY (JEAN DE),
Écuyer.

Sceau rond, de 22 mill. — Écu fascé de six pièces à la bordure, dans un trilobe.

         S I DG .....nG

Service de guerre. — Quittance de gages. — Boulogne-sur-Mer, 16 juillet 1339. (Clair., r. 69, p. 5373.)

8345 SALIGNY (LOURDIN DE),
Chevalier.

Signet rond, de 19 mill. — Écu portant trois châteaux, supporté par un lion assis coiffé d'un heaume couronné, sur champ orné. — Légende détruite.

Service de guerre sous le duc de Bourbon. — Quittance de gages. — Hesdin, 17 août 1369. (Clair., r. 100, p. 7757.)

8346 SALIGNY (LOURDIN DE),
Chevalier, chambellan du roi et du duc de Bourgogne.

Sceau rond, de 34 mill. — Écu portant trois châteaux, penché, timbré d'un heaume cimé d'une touffe, supporté par deux chevaux.

         S lourdin ....

Quittance délivrée au receveur des aides. — 9 décembre 1409. (Clair., r. 204, p. 8761.)

8347 SALINS (GUILLAUME DE),
Écuyer, de la Franche-Comté.

Sceau rond, de 20 mill. — Écu portant un chevron au lambel de cinq pendants.

         ...G'VILE DG S.....

Ost de Bouvines. — Quittance de gages. — Paris, 17 octobre 1340. (Clair., r. 100, p. 7757.)

8348 SALINS (HENRI DE),
Chevalier.

Sceau rond, de 27 mill. — Écu à la tour, penché, timbré d'un heaume cimé de deux..., supporté par deux lions.

         .... SALINS SIRG .....

Quittance en blanc. — 14 juin 1387. (Clair., r. 100, p. 7759.)

8349 SALINS (JEAN DE),
Dit le Paon, écuyer.

Sceau rond, de 24 mill. — Écu portant un paon marchant, penché, timbré d'un heaume supporté par un personnage.

         ....PAAN

Guerres de Normandie. — Quittance de gages. — Saint-Lô, 18 mai 1308. (Clair., r. 100, p. 7775.)

8350 SALISBURY
(Thomas de Montagu, comte de)
et du Perche, seigneur de Montchevrier,
gouverneur de Champagne et de Brie, etc.

Sceau rond, de 54 mill. — Écu écartelé: au 1 et 4, une fasce fuselée de trois pièces; au 2 et 3, une aigle; penché, timbré d'un heaume cimé d'un griffon, accosté de deux arbres portant chacun un écusson en losange chargés celui de dextre d'un lion, celui de sénestre d'hermines?

         .... onte acuto com.........
              de motherm.....

Garde desdits pays. — Quittance de gages. — 28 juin 1424. (Clair., r. 76, p. 5921.)

8351 SALISBURY
(Thomas de Montagu, comte de)
et du Perche,
seigneur de Montchevrier, naguère lieutenant du roi en Normandie
et gouverneur du duché d'Alençon.

Sceau rond, de 50 mill. — Écu écartelé: au 1 et 4, une fasce fuselée de trois pièces; au 2 et 3, une aigle; penché, timbré d'un heaume couronné et cimé d'un lion assis; accosté de deux losanges encastrées de losanges plus petites portant au centre un lion et suspendues chacune à un arbre.

         .....e de monte acuto comit.. saru.
              dui moche.....

Gages d'hommes d'armes, d'archers, etc. — 4 octobre 1424. (Clair., r. 180, p. 6421.)

8352 SALISBURY
(Thomas de Montagu, comte de)
et du Perche, seigneur de Montchevrier,
lieutenant général du duc de Bedford.

Sceau rond, de 64 mill. — Fragment. Écu écartelé : au 1 et 4, une fasce fuselée de trois pièces; au 2 et 3, une aigle; penché, timbré d'un heaume couronné et cimé d'un lion assis. Il reste, dans le champ, deux écus : celui de dextre écartelé : au 1 et 4, de la fasce fuselée; au 2 et 3, de six... 3 et 3; celui de sénestre écartelé : au 1 et 4, de la fasce fuselée; au 2 et 3, de trois chevrons. — Légende détruite.

Commission pour recevoir des montres. — Beaugency, 15 septembre 1428. (Clair., r. 180, p. 6421.)

8353 SALLE (BERNARD DE LA),
Sergent d'armes du roi.

Sceau rond, de 20 mill. — Écu portant trois chevrons accompagnés en chef de deux oiseaux affrontés, dans un quadrilobe.

S' B..... E LA SALA

Quittance de frais. — Cahors, 23 août 1341. (Clair., r. 212, p. 9417.)

8354 SALLE (GUILLAUME DE LA),
Dit Marmier, lieutenant du comte de Vendôme, grand maître d'hôtel de France et capitaine de Senlis.

Sceau rond, de 34 mill. — Écu écartelé : au 1 et 4, une fasce accompagnée de trois besants ou trois tourteaux, deux en chef et un en pointe, à la bordure engrêlée; au 2 et 3, trois marmites à la bordure; penché, timbré d'un heaume cimé d'une tête de loup, supporté par deux loups. Dans le champ, quatre fleurs.

.... e d la sall..... marmier

Gages de la garnison de Senlis. — 13 mai 1445. (Clair., r. 100, p. 7769.)

8355 SALLE
(Pierre-Raymond de la).
chevalier.

Sceau rond, de 23 mill. — Écu chevronné de huit pièces à la bordure engrêlée, penché, timbré d'un heaume aux armes et cimé d'un chevron, supporté par deux griffons.

S P RAMON .. A S....

Guerres de Gascogne; visite de la sénéchaussée de Toulouse. — Quittance de gages. — Toulouse, 8 mai 1355. (Clair., r. 100, p. 7765.)

8356 SALLE (THOMAS DE LA),
Écuyer.

Sceau rond, de 28 mill. — Écu à la croix vidée, cantonnée de quatre étoiles, penché, timbré d'un heaume cimé d'un édifice à deux tours, sur champ festonné.

THOMAS DE LA SALE

Guerres de Normandie. — Quittance de gages. — Rouen, 25 septembre 1415. (Clair., r. 100, p. 7769.)

8357 SALLENELLES (ROBERT DE),
Écuyer, du bailliage de Caen.

Sceau rond, de 20 mill. — Écu à l'aigle contournée accompagnée d'une fleur de lys en chef et à dextre.

..... DE SAL.......

Guerres de Vermandois. — Quittance de gages. — Saint-Quentin, 10 octobre 1339. (Clair., r. 100, p. 7737.)

8358 SALLENEUVE
(Guigue, sire de),
écuyer.

Sceau rond, de 28 mill. — Écu palé de six pièces à la bande brochant, penché, timbré d'un heaume cimé d'une tête de lévrier dans un vol, sur champ orné.

...........NOUA

Service de guerre en la compagnie de Guichard Dauphin. — Quittance de gages. — 13 juin 1412. (Clair., r. 100, p. 7757.)

8359 SALLENEUVE (HENRI DE),
Chevalier.

Sceau rond, de 21 mill. — Écu palé de six pièces à la bande brochant, dans un quadrilobe.

.........SAL.......

Guerres de Poitou et de Saintonge. — Quittance de gages. — Paris, 23 novembre 1347. (Clair., r. 100, p. 7757.)

8360 SALLES (DYEGO DE),
Écuyer.

Sceau rond, de 22 mill. — Écu coupé : au 1, une

croix aléséc, parti de trois bandes; au 2, un pélican en sa piété.

S ɒι.ɢo ɒɾ . . . .

Service de guerre sous Jean de Torsay. — Quittance de gages. — Beaugency, 12 septembre 1420. (Clair., r. 100, p. 7773.)

8361   SALLES (FRANÇOIS),

Élu des aides en la ville, diocèse et vicomté de Paris.

Sceau rond, de 20 mill. — Écu portant trois merlettes, supporté par une dame à sénestre. La légende écrite en dehors.

S FRANÇOIS SALLE.

Donation du roi. — Quittance. — 28 novembre 1387. (Clair., r. 100, p. 7773.)

8362   SALLES

(Guillaume-Bernard, sire de).

Sceau rond, de 17 mill. — Écu portant une maison à pignon.

. . . . D SA . . . .

Guerres de Gascogne. — Quittance de gages. — Devant Vianne, 7 juillet 1342. (Clair., r. 100, p. 7769.)

8363   SALLES (RAYMOND DE).

Chevalier, viguier de Figeac.

Sceau rond, de 23 mill. — L'écu est détruit, mais on peut voir sur le cimier du heaume un écartelé : au 1 et 4, un château; au 2 et 3, trois fasces ondées; le champ réticulé. — Légende détruite.

Quittance de sa rançon. — Toulouse, 1ᵉʳ avril 1356, n. st. (Clair., r. 100, p. 7771.)

8364   SALMON (JEAN),

Écuyer.

Sceau rond, de 22 mill. — Écu au sautoir cantonné de quatre molettes.

. . . AN SALMON

Service de guerre contre les Anglais. — Quittance de gages. — 22 novembre 1418. (Clair., r. 100, p. 7775.)

8365   SALOT (MARTIN),

Écuyer.

Sceau rond, de 22 mill. — Écu portant trois tours, dans un trilobe.

S ᛘARTIN . . . .

Garde de la ville de Gravelines. — Quittance de gages. — Saint-Omer, 7 mai 1389. (Clair., r. 100, p. 7777.)

8366   SALUCES (FRANÇOIS, MARQUIS DE).

Chevalier de l'ordre, capitaine de 40 lances.

Sceau rond, de 27 mill. — Écu au chef, surmonté d'une couronne, entouré du collier de Saint-Michel. — Sans légende.

Gages de l'office de capitaine. — 23 mai 1535. (Clair., r. 134, p. 1927.)

8367   SALUCES (LOUIS, MARQUIS DE).

Sceau rond, de 28 mill. — Écu au chef, penché, timbré d'un heaume cimé d'une tête d'aigle dans un vol; dans le champ, à dextre, deux annelets maillés traversés par une lance.

S Inɒoʋιcι marcɦισn ɒɾ salncιa mιlιᴛ

Quittance de pension et de dons. — 2 mars 1488, n. st. (Clair., r. 223, p. 297.)

8368   SALUCES

(Michel-Antoine, marquis de),
capitaine de 100 lances.

Sceau rond, de 23 mill. — Écu au chef, penché, timbré d'un heaume à lambrequins cimé d'une aigle issant.

S M ANTO MARCH SALVCIARVM

Gages de l'office de capitaine. — 31 octobre 1528. (Clair., r. 134, p. 1929.)

8369   SALUCES

(Michel-Antoine, marquis de),
comte de Castres, gouverneur de Paris et de l'Île-de-France, lieutenant général du roi en Italie, capitaine de 60 lances.

Sceau rond, de 40 mill. — Écu au chef, timbré

d'une couronne, entouré du collier de Saint-Michel. — Sans légende.

Gages de l'office de capitaine. — 17 avril 1527, n. st. (Clair., r. 100, p. 7781.)

8370 SALVAIN (JEAN),
Bailli de Rouen.

Sceau rond, de 34 mill. — Écu au chef chargé de deux molettes séparées par une fleur de lys, penché, timbré d'un heaume cimé d'une touffe, supporté par deux molosses.

le seel iehan salvain

Gages de l'office de bailli. — 11 novembre 1435. (Clair., r. 198, p. 8159.)

8371 SALZEDO (JEAN DE),
écuyer.

Sceau rond, de 25 mill. — Écu portant cinq feuilles posées en sautoir, penché, timbré d'un heaume à lambrequins cimé d'une tête de lévrier.

... au de salzedo

Service de guerre à Paris. — Quittance de gages. — Paris, 10 janvier 1416, n. st. (Clair., r. 100, p. 7781.)

8372 SAMER-AU-BOIS (L'ABBÉ DE).

Sceau ogival, de 40 mill. — L'abbé debout, tête nue, en chasuble, crossé, caressant un cerf à sa gauche.

S ABBIS SCI WRMARI IN NEMORE AD OAS

Gages de Guillaume du Rieu, écuyer, capitaine de l'abbaye de Samer-au-Bois. — Amiens, 27 avril 1387. (Clair., r. 95, p. 7383.)

8373 SAMUEL (PIERRE),
Arbalétrier.

Sceau rond, de 20 mill. — Écu portant un cœur percé d'une flèche.

S p..... sam....

Garde du château de Gamaches. — Quittance de gages. — 3 décembre 1416. (Clair., r. 100, p. 7781.)

8374 SANCERRE
(Charles de Bueil, chevalier, comte de).

Sceau rond, de 60 mill. — Écu écartelé : au 1 et 4, six croix recroisetées au pied fiché au croissant en abîme ; au 2 et 3, une croix ancrée ; sur le tout, un écusson au dauphin écartelé d'une bande ; penché, timbré d'un heaume cimé de deux cols de cygne entre deux cornes, supporté par deux dames.

S charles seigneur......

Quittance au sujet du mariage de sa grand'mère. — 12 mai 1515. (Clair., r. 124, p. 569.)

8375 SANCERRE (JEAN III, COMTE DE).

Signet ovale, de 10 mill. — Intaille. — Un masque d'Hercule ? — Sans légende.

Quittance de gages desservis en la réformation ordonnée par le roi dans la province de Reims. — Tournay, 18 mai 1383. (Clair., r. 100, p. 7785.)

8376 SANCERRE
(Jean, sire de Bueil, comte de),
chevalier, conseiller et chambellan du roi, amiral de France.

Sceau rond, de 50 mill. — Écu écartelé : au 1 et 4, six croix recroisetées au pied fiché au croissant en abîme ; au 2 et 3, une croix ancrée ; penché, timbré d'un heaume à lambrequins cimé de deux cols de cygne, supporté par deux anges.

S iehan s' de bueil

Quittance d'une rente sur la recette de la vicomté de Carentan. — 1er mai 1458. (Clair., r. 144, p. 3073.)

8377 SANCERRE (LOUIS DE).

Sceau rond, de 25 mill. — Un homme sauvage coiffé d'un heaume, tenant un écu à la bande côtoyée de deux cotices potencées contre-potencées au lambel, et supporté par deux lions.

...el louys de sanc....

Guerres de Berry et d'Auvergne. — Gages de Guillaume de Fougerolles, écuyer. — Bourges, 15 décembre 1367. (Clair., r. 49, p. 3685.)

8378 SANCERRE (LOUIS DE),
Maréchal de France, chevalier banneret.

Sceau rond, de 30 mill. — Un homme sauvage coiffé d'un heaume, tenant un écu à la bande côtoyée de deux cotices potencées contre-potencées au lambel. Dans le champ, quatre cygnes et quatre soleils. — Légende détruite.

Poursuite des routiers. — Quittance de gages. — Reims, 1ᵉʳ mars 1376, n. st. (Clair., r. 100, p. 7783.)

8379 SANCERRE (LOUIS DE),
Maréchal de France, chevalier banneret.

Sceau rond, de 33 mill. — Un homme sauvage assis, appuyé sur sa massue, coiffé d'un heaume couronné et cimé d'une tête de roi, tenant un écu à la bande côtoyée de deux cotices potencées contre-potencées au lambel. Dans le champ, deux arbres.

.... DE SANCERRE

Guerres de Guienne. — Quittance de gages. — 31 juillet 1387. (Clair., r. 100, p. 7791.)

8380 SANCERRE (LOUIS DE),
Connétable de France.

Sceau rond, de 31 mill. — Écu à la bande côtoyée de deux cotices potencées contre-potencées au lambel, surmonté d'une branche, supporté par deux colonnes torses.

..... de sancerre ....

Quittance de pension. — 18 janvier 1401, n. st. (Clair., r. 100, p. 7795.)

8381 SANCERRE (LOUIS DE).

Voyez MARÉCHAUSSÉE DE FRANCE (PRÉVÔTÉ DE LA).

8382 SANCERRE
(Martine Turpin, dame de Bueil, comtesse de).

Sceau rond, de 48 mill. — Écu parti : au 1, un croissant accompagné de six croix recroisetées au pied fiché, coupé d'une croix ancrée; au 2, un losangé; soutenu par un ange.

Seel de martine .... buei.

Quittance de pension. — 24 janvier 1477, n. st. (Clair., r. 144, p. 3077.)

8383 SANCERRE (ROBERT DE).

Sceau rond, de 20 mill. — Écu à la bande chargée d'un écusson au lion en chef et côtoyée de deux cotices potencées contre-potencées, supporté par deux lions, dans un quadrilobe. — Légende détruite.

Guerres de Berry, d'Auvergne et de Nivernais. — Gages de Jean de Villembon, écuyer. — Nevers, 15 février 1368, n. st. (Clair., r. 113, p. 8855.)

8384 SANCHE,
Fils du roi de Majorque.

Voyez MAJORQUE.

8385 SANCHE (ALFONSE),
Chevalier.

Sceau carré, de 17 mill. — Écu portant quatre croissants affrontés, posés en rose.

...ONSO SANC..

Service de guerre entre les rivières de Loire et de Dordogne. — Quittance de gages. — Devant Saint-Jean-d'Angely, 29 juillet 1351. (Clair., r. 100, p. 7741.)

8386 SANDOUVILLE (JEAN DE),
Écuyer,
conseiller et maître d'hôtel ordinaire du roi, seigneur de la Heuse.

Sceau rond, de 26 mill. — Écu portant trois fermaux à la bordure engrêlée, penché, timbré d'un heaume. — Légende détruite.

Remise de la place de Falaise aux mains de monseigneur du Lau. — Quittance de gages. — 30 avril 1484. (Clair., r. 101, p. 7799.)

8387 SANGHEN (HUGUES DE),
Écuyer.

Sceau rond, de 19 mill. — Écu à la croix chargée de... en cœur.

✶ S LYON DE SAN...GO?

Guerres de Poitou, Saintonge, etc. — Quittance de gages. — Poitiers, 9 janvier 1357, n. st. (Clair., r. 101, p. 7853.)

24.

8388 SANGUIN (GUILLAUME),
Écuyer.

Sceau rond, de 24 mill. — Écu à la croix engrêlée cantonnée de quatre merlettes, penché, timbré d'un heaume à lambrequins cimé d'une tête de femme.

seel guille sanguin

Service de guerre. — Quittance de gages. — 29 juin 1412. (Clair., r. 101, p. 7803.)

8389 SANGUIN (JEAN),
Écuyer, du bailliage de Bourges.

Sceau rond, de 22 mill. — Écu à la croix ancrée, la branche d'en haut remplacée par un lion issant.

...hAN......

Guerres de Vermandois. — Quittance de gages. — Saint-Quentin, 29 octobre 1339. (Clair., r. 101, p. 7801.)

8390 SANNAT (ALRIAS DE),
Chevalier.

Sceau rond, de 32 mill. — Écu portant un lion au lambel à la bordure componée, penché, timbré d'un heaume, sur champ de fleurs.

.eeL ALRIAS......

Service de guerre contre le duc de Bourgogne. — Quittance de gages. — 28 avril 1414. (Clair., r. 101, p. 7865.)

8391 SANSAC (..... DE),
Chevalier de l'ordre, capitaine de 50 hommes d'armes.

Sceau rond, de 22 mill. — Écu portant deux fasces accompagnées de six merlettes, 3, 2 et 1, entouré du collier de Saint-Michel. — Sans légende.

Quittance d'une donation royale. — 27 août 1555. (Clair., r. 102, p. 7887.)

8392 SANSAC (LOUIS DE),
Chevalier de l'ordre du roi, conseiller en son conseil privé, capitaine de 50 hommes d'armes, gouverneur et lieutenant du pays et duché d'Angoulême.

Sceau ovale, de 42 mill. — Écu portant deux fasces accompagnées de six merlettes, 3, 2 et 1, timbré d'un heaume à lambrequins cimé d'une main tenant une épée, dans un cartouche, entouré du collier de Saint-Michel. — Sans légende.

Quittance de gages. — Angoulême, 4 juillet 1566. (Clair., r. 102, p. 7889.)

8393 SANS AVOIR (GAUTIER).

Sceau rond, de 21 mill. — Écu à la bande accompagnée de six coquilles en orle, dans une rose gothique.

S GAVTIER SANS AVOIR

Quittance d'un tonneau de vin de Saint-Jean, donné par la reine à Jeanne, femme dudit Gautier, berceresse de monseigneur Charles. — 27 août 1339. (Clair., r. 101, p. 7805.)

8394 SANS AVOIR (GUILLAUME),
Chevalier.

Sceau rond, de 21 mill. — Écu à la bande accompagnée de six coquilles en orle, penché, timbré d'un heaume cimé d'un plumail, sur champ réticulé. — Légende détruite.

Guerres de Bretagne. — Quittance de gages. — Pontorson, 20 août 1380. (Clair., r. 101, p. 7805.)

8395 SANS AVOIR (ROBERT),
Écuyer.

Sceau rond, de 22 mill. — Écu à la bande accompagnée de six coquilles en orle. — Légende détruite.

Service de guerre. — Rouen, 20 juin 1355. (Clair., r. 213, p. 9469.)

8396 SANS DENT (P.),
Lieutenant de Robin de Saint-Germain, garde de la monnaie de Saint-Pourçain.

Sceau rond, de 19 mill. — Les initiales P S liées, dans un quadrilobe.

.....ChIN S..eN.....

Récépissé d'un mandement sur la valeur de l'argent, etc. — 19 juillet 1355. (Clair., r. 94, p. 7299.)

8397 SAPIGNIES (HUGUES DE),
Chevalier, sire des Planques.

Sceau rond, de 26 mill. — Écu portant une croix engrêlée au lambel.

. . . . IES ᘏIL . . . .

Quittance de 100 livres pour monseigneur Charles, fils du roi de France. — Compiègne, 22 février 1314, n. st. (Clair., r. 101, p. 7807.)

8398 SAPIGNIES (HUGUES, SIRE DE),
Chevalier.

Sceau rond, de 24 mill. — Écu à la croix engrêlée.

✠ S' ᘏƎSIRE ҺVƎ .. SAPIGИIE

Poursuite des routiers. — Quittance de gages. — Reims, 1ᵉʳ mars 1376, n. st. (Clair., r. 101, p. 7807.)

8399 SAPIGNIES (HUGUES, SIRE DE).

Sceau rond, de 31 mill. — Écu à la croix engrêlée, dans un quadrilobe.

. . . . . M . . . . ҺIG . . . . .

Quittance en blanc. — XIVᵉ siècle. (Clair., r. 101, p. 7807.)

8400 SARASSA (LUPÉ GILLES DE),
Écuyer.

Sceau rond, de 25 mill. — Écu portant un croissant versé accompagné d'une étoile en pointe, à la champagne.

. . . . . ARCIA . . . .

Défense de la bastide d'Écherri contre les Espagnols. — Quittance de gages. — 11 juin 1324. (Clair., r. 115, p. 9015.)

8401 SARCUS (HUGUES DE),
Écuyer.

Sceau rond, de 17 mill. — Écu à la croix ancrée.

✠ ҺVGƎ .Ǝ SERCVS

Guerres de Poitou, Saintonge, Limousin. — Quittance de gages. — Pons, 22 août 1345. (Clair., r. 101, p. 7813.)

8402 SARCUS (FRÈRE JEAN DE),
Religieux, grand prévôt et commis de par le roi au gouvernement de Saint-Lucien de Beauvais.

Sceau rond, de 30 mill. — Écu au sautoir cantonné de quatre merlettes. — Légende détruite.

Quittance d'une rente sur la ville d'Amiens. — 20 avril 1426. (Clair., r. 101, p. 7813.)

8403 SARMEAUX (GUILLAUME DE),
Chevalier.

Sceau rond, de 21 mill. — Écu semé de trèfles au léopard couronné, dans un trilobe.

SƎ . . . .

Service de guerre. — Quittance de gages. — « Bousgge ? ». 29 avril 1340. (Clair., r. 101, p. 7821.)

8404 SARPE (JEAN),
Licencié en droit, conseiller du dauphin.

Sceau rond, de 19 mill. — Sous un dais d'architecture, la Vierge à l'enfant accostée d'un priant à dextre et d'un arbre à sénestre, ayant devant elle un écu au chevron accompagné de trois croissants.

S IOҺAППIS .. RPƎ

Quittance de gages. — 1ᵉʳ octobre 1388. (Clair., r. 101, p. 7823.)

8405 SARRASIN (HUGONNET),
Écuyer.

Sceau rond, de 23 mill. — Écu à la fasce accompagnée de quatre épis, trois en chef et un en pointe.

. . . OПƎT SARAZIП

Guerres de Vermandois. — Quittance de gages. — Saint-Quentin, 15 septembre 1339. (Clair., r. 101, p. 7825.)

8406 SARRÉ (ÉTIENNE DE),
Chevalier.

Sceau rond, de 25 mill. — Écu à la fasce accompagnée de trois annelets, deux en chef et un en pointe. — Légende détruite.

Garde des pays de Languedoc et de Guienne. — Quittance de gages. — 15 juin 1421. (Clair., r. 101, p. 7827.)

8407 SARRÉ (OUDART DE),
Écuyer.

Sceau rond, de 24 mill. — Écu portant une croix engrêlée au bâton en bande brochant.

✻ .... T DE .... ᴇ

Ost de Flandre. — Quittance de gages. — Arras, 5 septembre 1302. (Clair., r. 101, p. 7827.)

8408 SARREBRUCK (JEAN, COMTE DE).

Sceau rond, de 20 mill. — Écu au lion couronné, penché, timbré d'un heaume cimé d'un vol, sur champ réticulé.

..... ᴀTI IOᴚIS ᴄOITIS SA ....

Frais d'un message vers l'empereur. — 8 février 1356, n. st. (Clair., r. 101, p. 7817.)

8409 SARREBRUCK (JEAN, COMTE DE),
Général conseiller des aides.

Sceau rond, de 20 mill. — Écu semé de croix recroisetées au pied fiché au lion couronné brochant, penché, timbré d'un heaume cimé d'un vol, sur champ réticulé semé de croisettes.

S IOᴚIS ᴄOITIS DE SARAPONTE

Mandement au receveur de Lyon, Mâcon et Châlon au sujet de 12,000 francs à payer au duc de Berry. — Paris, 26 août 1372. (Clair., r. 215, p. 9609.)

8410 SARS (JACQUES DE),
Chevalier, seigneur de Bessuy et de Saulsoy, conseiller du roi, bailli de Vitry.

Sceau rond, de 34 mill. — Écu à la bande chargée de trois chiens, penché, timbré d'un heaume cimé de deux serres, supporté par un lion et un griffon.

S ɪacqnes ꝛ̃ sars S' ꝺn . . . .
ꝺ̃ ʀᴇsᴀɴ

Quittance de gages. — 29 février 1465, n. st. (Clair., r. 101, p. 7829.)

8411 SARS (LÉON DE),
Écuyer.

Sceau rond, de 22 mill. — Écu à la bande chargée de trois chiens et accompagnée d'un écusson en chef et à sénestre.

S LION DE SARS

Guerres du pays de Caux. — Quittance de gages. — Rouen, 26 septembre 1415. (Clair., r. 101, p. 7829.)

8412 SART (CASIN DU),
Écuyer.

Sceau rond, de 25 mill. — Écu fascé de six pièces à deux vivrés en pal entre-croisés brochant, penché, timbré d'un heaume cimé d'une tête de griffon. Dans le champ, deux rameaux.

Seel casin ꝺu Sart

Service de guerre à Paris. — Quittance de gages. — 24 janvier 1416, n. st. (Clair., r. 101, p. 7831.)

8413 SART (JEAN, SEIGNEUR DU),
Chevalier.

Sceau rond, de 21 mill. — Écu portant dix losanges, 3, 3, 3 et 1, au lambel de quatre pendants.

✻ S .. ᏂAN DE F . ᴇVIL ...

Guerres de Picardie. — Quittance de gages. — Abbeville, 30 avril 1383. (Clair., r. 101, p. 7831.)

8414 SART (RAOUL DU),
Chevalier.

Sceau rond, de 17 mill. — Écu portant un écusson en abîme à la bande componée brochant, dans un quadrilobe.

S' RAVL DV SART

Guerres de Flandre et de Hainaut. — Quittance de gages. — Paris, 3 février 1341, n. st. (Clair., r. 40, p. 2957.)

8415 SASSAC (NAUDON DE),
Écuyer.

Sceau rond, de 21 mill. — Écu portant un lion au lambel.

ɴᴀu . . . . asac

Service de guerre; Harfleur assiégé par les Anglais. — Quittance de gages. — 29 septembre 1415. (Clair., r. 101, p. 7831.)

8416 SASSENAGE
(Aubert, seigneur de),
chevalier, conseiller du roi, souverain capitaine en Saintonge.

Sceau rond, de 22 mill. — Écu burelé au lion couronné brochant, dans un trilobe.

AVB.......

Ordre de payement au profit de Guillaume de Pressac. — Pons, 9 novembre 1338. (Clair., r. 101, p. 7833.)

8417 SASSENAGE (CLAUDE DE),
Chevalier, seigneur de Montrigaud.

Sceau rond, de 30 mill. — Écu portant une aigle à la bande brochant, penché, timbré d'un heaume cimé de deux mains tenant un badelaire. Dans le champ, des rameaux.

Glaude de chassen...

Défense du Dauphiné. — Quittance de gages. — Romans, 2 mai 1418. (Clair., r. 101, p. 7835.)

8418 SASSENAGE
(François, seigneur de),
chambellan du roi et de monseigneur de Touraine, gouverneur d'Apt?

Sceau rond, de 36 mill. — Écu burelé au lion couronné brochant, penché, timbré d'un heaume cimé d'une tête de lion couronné dans un vol, supporté par deux hommes sauvages. Dans le champ, des trèfles.

SEEL FRANCOIS SIRE D.......

Quittance d'une donation royale. — Grenoble, 25 juin 1388. (Clair., r. 101, p. 7835.)

8419 SAUBERTIER (GUILLAUME DE),
Chevalier.

Sceau rond, de 24 mill. — Écu au lion, penché, timbré d'un heaume cimé d'une tête de lion.

......DE SAVBERTIER

Armée d'Écosse. — Quittance de gages. — Saint Johns' Town, 28 octobre 1385. (Clair., r. 101, p. 7837.)

8420 SAUBIEZ (HUMBERT DE),
Écuyer.

Sceau rond, de 25 mill. — Écu portant une fleur de lys, penché, timbré d'un heaume cimé d'un bras tenant..., supporté par deux aigles.

humbert de saubiez

Service de guerre sous le duc de Bourgogne. — Quittance de gages. — 18 mai 1412. (Clair., r. 101, p. 7839.)

8421 SAULCHOY (JEAN DU),
Écuyer.

Sceau rond, de 18 mill. — Écu portant un arbre. — Légende détruite.

Guerres du Poitou, Saintonge, Limousin, etc. — Quittance de gages. — Saint-Junien-du-Vigean, 7 mars 1352. n. st. (Clair., r. 101, p. 7839.)

8422 SAULCHOY (RAOUL DE),
Écuyer.

Sceau rond, de 18 mill. — Écu portant trois maillets au lambel.

✠ S ...VL.......ESC

Ost de Flandre. — Quittance de gages. — 8 novembre 1311. (Clair., r. 101, p. 7839.)

8423 SAULES (ALABRE DES),
Huissier de la chambre du roi, commis à recevoir des montres.

Signet rond, de 17 mill. — Écu au chevron surmonté de l'initiale A et accompagné de trois dés ou de trois briques échiquetés? — Sans légende.

Montre de monseigneur de Beaumont de Polignac, reçue à Mouzon, le 12 avril 1499. (Clair., r. 132, p. 1691.)

8424 SAULES? (ALABRE DES),
Écuyer, conseiller du roi, prévôt des maréchaux de France, contrôleur de l'imposition foraine de Paris.

Sceau rond, de 38 mill. — Écu fascé ondé au franc canton chargé de cinq billettes posées en croix. — Légende fruste.

Quittance de gages. — 15 novembre 1522. (Clair., r. 101, p. 7859.)

8425 SAULEY (JEANNE DU),
Femme de Robert de la Marche.

Sceau rond, de 32 mill. — Écu parti : au 1, une

fasce échiquetée de trois tires surmontée d'un lion issant; au 2, un lion; soutenu par un ange.

S ſeþenne ðu saley

Rançon des habitants de Jametz, prisonniers du seigneur de Craon. — 7 août 1475. (Clair., r. 221, p. 171.)

8426 SAULT (GUILLAUME-ARNAUD DE),
Dit Huchusto, châtelain d'Évreux.

Sceau rond, de 24 mill. — Écu parti : au 1, trois coquilles l'une sur l'autre; au 2, un fascé de six pièces, la troisième pièce chargée d'une merlette; penché, timbré d'un heaume cimé de deux bras tenant une coquille, sur champ réticulé.

S GUILL ARNAUT DE SAUT

Quittance délivrée au receveur d'Orbec. — 8 avril 1369. (Clair., r. 198, p. 8175.)

8427 SAULT (JEAN DE),
Dit le Bascon de Mareuil, sergent d'armes du roi de Navarre.

Sceau rond, de 24 mill. — Écu parti : au 1, deux vaches passant; au 2, trois fasces; penché, timbré d'un heaume cimé d'une tête de More, sur champ réticulé.

.....n de sa...

Quittance d'une rente viagère sur la vicomté de Coutances. — 11 mai 1363. (Clair., r. 111, p. 7859.)

8428 SAULX (BERRUIER DE LA),
Écuyer.

Signet rond, de 12 mill. — Un buste d'homme accosté des lettres D R; serait-ce le Christ en *ecce homo?* — Sans légende.

Chevauchée de Flandre. — Quittance de gages. — 25 août 1383. (Clair., r. 102, p. 7905.)

8429 SAULX (BERRUIER DE LA),
Écuyer.

Sceau rond, de 18 mill. — Écu à l'écusson en abîme accompagné de neuf losanges en orle, penché, timbré d'un heaume.

.......VIG. DE LA.......

Chevauchée de Bourbourg. — Quittance de gages. — 8 septembre 1383. (Clair., r. 102, p. 7903.)

8430 SAULX (COLART DE),
Chevalier, bailli de Vitry, seigneur de Cernon.

Sceau rond, de 23 mill. — Écu fretté, timbré d'une aigle déchirant une proie... — Légende détruite.

Quittance d'une rente sur la halle de Sainte-Menehould. — 10 octobre 1354. (Clair., r. 102, p. 7905.)

8431 SAULX (GUILLAUME DES),
Écuyer.

Sceau rond, de 21 mill. — Écu à la fasce chargée de... et accompagnée de trois étoiles, deux en chef et une en pointe.

✠ S VILLAV.......VS

Guerres de Poitou et de Saintonge. — Poitiers, 2 janvier 1357, n. st. (Clair., r. 102, p. 7913.)

8432 SAULX (HUGUES DE),
Chevalier.

Sceau rond, de 24 mill. — Écu écartelé : au 1 et 4, un fretté; au 2 et 3, un lion; penché, timbré d'un heaume cimé de..., supporté par deux hommes sauvages.

.....hVE DE ....

Armée d'Écosse. — Quittance de gages. — 31 octobre 1385. (Clair., r. 102, p. 7909.)

8433 SAULX (JEAN DE),
Sire de Cernon, chevalier, châtelain et capitaine de Sainte-Menehould.

Sceau rond, de 23 mill. — Écu fretté, penché, timbré d'un heaume cimé d'une tête de cerf, supporté par deux griffons.

D C S ·

Garde de Sainte-Menehould. — Quittance de gages. — 21 juin 1368. (Clair., r. 102, p. 7907.)

8434 SAULX (JEAN DE),
Chevalier.

Sceau rond, de 19 mill. — Écu fretté à la bordure besantée.

✠ IOhAN DE SAVX

Guerres de Picardie. — Quittance de gages. — Amiens, 28 juillet 1380. (Clair., r. 102, p. 7907.)

8435 SAULX (JEAN DE),
Chevalier.

Sceau rond, de 18 mill. — Écu fretté à la bordure besantée, accosté des lettres P, L, dans un quadrilobe.

IOhAN DE SAVZ

Guerres de Picardie. — Quittance de gages. — Corbie, 3 août 1380. (Clair., r. 102, p. 7907.)

8436 SAULX (JEAN DE),
Écuyer, seigneur de Despense.

Sceau rond, de 27 mill. — Écu fretté, penché, timbré d'un heaume, supporté par deux lévriers. — Légende détruite.

Service de guerre sous le duc de Bar. — Quittance de gages. — 19 mai 1412. (Clair., r. 102, p. 7909.)

8437 SAULX-TAVANNES (CLAUDE DE),
Seigneur de Vantoux,
guidon de 50 lances sous monseigneur de Tavannes.

Signet rond, de 29 mill. — Écu au lion, timbré d'un heaume cimé d'une tête de lion, supporté par deux griffons. — Sans légende.

Quittance de gages. — Dijon, 18 janvier 1560, n. st. (Clair., r. 198, p. 8179.)

8438 SAULX-TAVANNES (CLAUDE DE),
Écuyer, seigneur de Vantoux,
lieutenant de la compagnie de monseigneur de Tavannes.

Signet rond, de 18 mill. — Écu au lion. — Sans légende.

Quittance de gages. — Dijon, 8 juin 1567. (Clair., r. 198, p. 8181.)

8439 SAULX-TAVANNES (GASPARD DE),
Chevalier, seigneur de Tavannes,
lieutenant de 100 lances sous feu le duc d'Orléans et son successeur.

Signet rond, de 20 mill. — Écu écartelé : au 1 et 4, un lion; au 2 et 3, un vairé. — Sans légende.

Quittance de gages. — 10 mars 1546, n. st. (Clair., r. 198, p. 8189.)

8440 SAULX-TAVANNES (GASPARD DE),
Chevalier de l'ordre, seigneur de Tavannes,
capitaine de 50 lances, gouverneur de Vermandois.

Signet rond, de 23 mill. — Écu au lion, entouré du collier de Saint-Michel. — Sans légende.

Gages de l'office de capitaine. — Verdun, 25 avril 1556. (Clair., r. 134, p. 2011.)

8441 SAULX-TAVANNES (GUILLAUME DE),
Seigneur de Tavannes, capitaine de 50 lances.

Signet rond, de 19 mill. — Écu au lion. — Sans légende.

Gages de l'office de capitaine. — Hostun, 26 décembre 1570. (Clair., r. 198, p. 8171.)

8442 SAULX-TAVANNES (GUILLAUME DE),
Seigneur de Tavannes, capitaine de 50 lances.

Signet rond, de 19 mill. — Écu au lion. — Sans légende.

Quittance de gages. — 9 mars 1571, n. st. (Clair., r. 198, p. 8197.)

8443 SAULX-TAVANNES (GUILLAUME DE),
Seigneur de Tavannes, capitaine de 50 lances.

Signet ovale, de 22 mill. — Un lion, entouré de palmes. — Sans légende.

Gages de l'office de capitaine. — 17 mars 1577, n. st. (Clair., r. 198, p. 8185.)

8444 SAULX-TAVANNES (JEAN DE),
Seigneur de Tavannes, vicomte de Ligny, capitaine de 50 lances.

Signet rond, de 18 mill. — Écu en cartouche au lion. — Sans légende.

Gages de l'office de capitaine. — Nuits, 22 décembre 1570. (Clair., r. 198, p. 8183.)

8445 SAULY (PHILIPPON DE),
Écuyer, du bailliage de Bourges.

Sceau rond, de 22 mill. — Écu d'hermines? au chevron, au lambel. — Légende détruite.

Guerres de Vermandois. — Quittance de gages. — Compiègne, 25 septembre 1339. (Clair., r. 101, p. 7859.)

8446 SAUMUREAU (JEAN),
Écuyer.

Sceau rond, de 28 mill. — Écu d'hermines à trois croissants, penché, timbré d'un heaume cimé d'un vol.

S ioban saumureau

Recouvrement de places dans le Charolais et le Mâconnais. — Quittance de gages. — 31 mars 1420, n. st. (Clair., r. 101, p. 7863.)

8447 SAUQUEUSE (MAHIET DE),
Écuyer.

Sceau rond, de 23 mill. — Écu au chevron accompagné de sept merlettes quatre en chef et trois en pointe, penché, timbré d'un heaume cimé d'une tête de chat, sur champ festonné.

MAHIET........SE

Service de guerre contre le duc de Bourgogne. — Quittance de gages. — 27 juin 1414. (Clair., r. 102, p. 7885.)

8448 SAURS (PIERRE DE).

Sceau rond, de 19 mill. — Une tête de femme à gauche, dans une rose gothique.

✱ S'........ S

Ost de Buironfosse. — Quittance des gages de son cousin Baudouin de Fontaines, écuyer, du Vermandois. — 2 janvier 1340, n. st. (Clair., r. 48, p. 3611.)

8449 SAUSIN (JACQUES),
Écuyer.

Sceau rond, de 20 mill. — Écu au chevron chargé de trois besants et accompagné d'un buste en pointe.

✱ IAQVET SAVSIN

Service de guerre contre le duc de Bourgogne. — Quittance de gages. — 24 juin 1414. (Clair., r. 102, p. 7889.)

8450 SAUSSAY (DANIEL DU).
Écuyer.

Sceau rond, de 22 mill. — Écu portant trois arbres. — Légende détruite.

Guerres de Gascogne. — Quittance de gages. — Toulouse, 25 septembre 1352. (Clair., r. 102, p. 7889.)

8451 SAUSSÉ (GUILLAUME),
Écuyer.

Sceau rond, de 21 mill. — Écu à la fasce frettée accompagnée de trois étoiles deux en chef et une en pointe, au lambel, dans un quadrilobe. — Légende détruite.

Guerres de Gascogne. — Restor d'un cheval. — Toulouse, 24 novembre 1352. (Clair., r. 102, p. 7891.)

8452 SAUSSE BERNARD (ESSART DE).
Écuyer.

Sceau rond, de 23 mill. — Écu à la fasce fuselée de trois pièces accompagnée d'une étoile en chef et à dextre. — Légende détruite.

Guerres de Saintonge. — Quittance de gages. — 10 février 1376, n. st. (Clair., r. 102, p. 7891.)

8453 SAUSSE BERNARD (ESSART DE),
Écuyer.

Sceau rond, de 23 mill. — Écu à la fasce fuselée de trois pièces accompagnée d'une étoile en chef et à dextre, dans un trilobe.

hESSAR... SAVS... ERNART

Service de guerre en la compagnie de Montaigu. — Quittance de gages. — 11 août 1392. (Clair., r. 102, p. 7893.)

8454 SAUSSE BERNARD (ESSART DE).
Écuyer, échanson du roi.

Sceau rond, de 23 mill. — Écu à la fasce fuselée de trois pièces accompagnée d'une étoile en chef et à dextre, penché, timbré d'un heaume cimé d'une tête d'homme barbu, supporté par deux lions.

S... art saussebenart

Quittance de pension. — 8 mars 1406, n. st. (Clair., r. 102, p. 7895.)

8455 SAUSSE BERNARD (GALOIS DE),
Chevalier d'honneur du roi.

Sceau rond, de 25 mill. — Écu à la fasce fuselée de trois pièces, penché, timbré d'un heaume cimé d'une tête d'homme barbu, supporté par deux lions.

S G'alops sanssebenarí

Quittance délivrée au receveur des aides. — 28 février 1399, n. st. (Clair., r. 102, p. 7897.)

8456 SAUSSOY (ENGUERRAN DU),
Écuyer, gruyer de la forêt de Rouvroy-lès-Saint-Cloud.

Sceau rond, de 12 mill. — Écu portant trois étoiles, dans un trilobe.

. . . . ԱՐ DV S.VS . .

Quittance de gages. — 12 décembre 1406. (Clair., r. 102, p. 7895.)

8457 SAUSSY (BAUDOUIN DE),
Chevalier,
commis sur le fait des nouveaux acquêts au duché de Bourgogne.

Sceau rond, de 25 mill. — Écu à la fasce, dans un quadrilobe.

B DE SAVCI . . . .

Accord au sujet de l'acquêt de la terre d'Athée. — Autun, 21 novembre 1318. (Clair., r. 212, p. 9323.)

8458 SAUTEREL (GUILLAUME LE),
Chevalier.

Sceau rond, de 26 mill. — Écu portant trois aiglettes.

✶ Guillea . . . . . . sauterel

Guerres de Normandie. — Quittance de gages. — Rouen, 12 octobre 1415. (Clair., r. 104, p. 8091.)

8459 SAUVAGE (ÉTIENNE LE),
Écuyer, du pays de Gênes, capitaine d'arbalétriers.

Sceau rond, de 22 mill. — Écu portant un lion à la bande brochant, dans un quadrilobe.

ƏSTI . . . . SAVUAG .

Guerres de Guienne. — Quittance de gages. — Poitiers, 4 septembre 1386. (Clair., r. 102, p. 7897.)

8460 SAUVAGE (ÉTIENNE LE),
Écuyer, du pays de Gênes, capitaine d'arbalétriers.

Sceau rond, de 22 mill. — Écu portant un lion à la bande brochant.

✶ ƏSTƏV LƏ SAWAGVƏ

Guerres de Guienne. — Quittance de gages. — 26 janvier 1388, n. st. (Clair., r. 102, p. 7899.)

8461 SAUVAGE (JEAN),
Écuyer, du pays d'Angleterre.

Sceau rectangulaire, de 16 mill. — Une tête de lion.

. . . . Ilu ıoɧannıs · ɧ . . . .

Service de guerre. — Quittance de gages. — 24 novembre 1412. (Clair., r. 102, p. 7899.)

8462 SAUVAGNAC (ANTOINE DE),
Maréchal des logis de 80 lances sous le roi de Navarre.

Signet rond, de 22 mill. — Écu à la croix. — Sans légende.

Quittance de gages. — 27 octobre 1554. (Clair., r. 124, p. 1939.)

8463 SAUVILLE (ÉRARD DE),
Chevalier.

Sceau rond, de 22 mill. — Écu à deux fasces accompagnées de quatre merlettes en chef, dans un trilobe.

. . . . . DE IAVV . . . .

Défense de la forteresse du marché de Meaux. — Quittance de gages. — Audit marché, 6 octobre 1359. (Clair., r. 102, p. 7903.)

8464 SAVARY (CLAUDE),
Seigneur de Lancôme,
chevalier de l'ordre, gentilhomme ordinaire de la chambre, lieutenant de 60 lances sous monseigneur de Villequier.

Signet ovale, de 22 mill. — Écu écartelé : au 1, 2, 3 et 4, plain; entouré du collier de Saint-Michel. — Sans légende.

Quittance des gages de lieutenant. — 15 avril 1581. (Clair., r. 198, p. 8165.)

8465 SAVARY (JEAN),
Écuyer.

Sceau rond, de 20 mill. — Écu au lion couronné contourné. — Légende détruite.

Service de guerre au pays de la Rochelle. — Quittance de gages. — 15 décembre 1345. (Clair., r. 101, p. 7837.)

8466 SAVARY (PHILIPPON),
Écuyer, du bailliage de Tours.

Sceau rond, de 22 mill. — Écu écartelé : au 1, 2, 3 et 4, plain; penché, timbré d'un heaume. — Légende détruite.

Guerres de Vermandois. — Quittance de gages. — Saint-Quentin, 28 octobre 1339. (Clair., r. 101, p. 7837.)

8467 SAVEUSE (GUILLAUME DE),
Dit Morel, chevalier.

Sceau rond, de 21 mill. — Écu à la bande accompagnée de six billettes, 3 et 3, dans un quadrilobe. — Légende détruite.

Guerres de Poitou et de Saintonge. — Quittance de gages. — Tours, 29 septembre 1356. (Clair., r. 101, p. 7799.)

8468 SAVEUSE (GUILLAUME, SIRE DE),
Chevalier.

Sceau rond, de 27 mill. — Écu à la bande accompagnée de six billettes, 3 et 3, dans un quadrilobe.

GVILLAME ...E DE SAVOV..

Service de guerre contre les gens des compagnies. — Quittance de gages. — Troyes, 8 juin 1368. (Clair., r. 101, p. 7847.)

8469 SAVEUSE (GUILLAUME, SIRE DE),
Chevalier.

Sceau rond, de 32 mill. — Écu à la bande accompagnée de six billettes, 3 et 3, penché, timbré d'un heaume cimé d'une tête d'homme barbu, supporté par deux lions.

S GVILLE SIRE DE SAVEVSES ChLR

Guerres de Picardie. — Quittance de gages. — Corbie, 4 août 1380. (Clair., r. 101, p. 7847.)

8470 SAVEUSE (MORELET DE).
Chevalier.

Sceau rond, de 22 mill. — Écu à la bande chargée en chef d'un écusson portant trois croisettes et accompagnée de six losanges, 3 et 3.

.... DE SAVEN ...

Guerres des frontières de Picardie. — Quittance de gages. — Saint-Omer, 30 juillet 1387. (Clair., r. 101, p. 7849.)

8471 SAVEUSE (SIMON DE),
Sire d'Ailly, chevalier.

Sceau rond, de 22 mill. — Écu à la bande accompagnée de douze? billettes, 6 et 6. — Légende détruite.

Ost de Flandre. — Quittance de gages. — Bruges, 2 janvier 1300, n. st. (Clair., r. 101, p. 7845.)

8472 SAVIGNAC (AUSSANT DE),
Écuyer.

Sceau rond, de 24 mill. — Écu au lion, dans un quadrilobe.

.......DE S....hAC

Guerres de Gascogne et de Languedoc. — Quittance de gages. — 11 février 1343, n. st. (Clair., r. 101, p. 7855.)

8473 SAVIGNY (GEORGES DE).
Seigneur du lieu, chevalier de l'ordre,
lieutenant de 60 lances sous le marquis de Pont-à-Mousson.

Sceau ovale, de 23 mill. — Écu portant trois lions, entouré du collier de Saint-Michel. — Sans légende.

Quittance de gages. — Au camp devant la Rochelle, 8 avril 1573. (Clair., r. 198, p. 8167.)

8474 SAVIGNY (JEAN DE).
Chevalier.

Sceau rond, de 22 mill. — Écu gironné de douze pièces, dans un quadrilobe. — Légende détruite.

Quittance d'un prêt, délivrée au receveur du trésor du roi. — 27 octobre 1322. Clair., r. 101, p. 7855.

8475 SAVIGNY (RICHARD DE),
Écuyer.

Sceau rond, de 18 mill. — Écu portant une patte de lion en bande, à la bordure engrêlée.

...ChAR... .AVIGH.

Guerres de Flandre et de Hainaut. — Quittance de gages. — Arras, 13 septembre 1342. (Clair., r. 101, p. 7845.)

8476 SAVOIE (AMÉDÉE, COMTE DE).

Sceau rond, de 55 mill. — Fragment. Il ne reste plus qu'une bannière à la croix, un vol cimant le heaume et quelques nœuds de cordelière. — Légende détruite.

Quittance de la dépense faite en la compagnie du roi au dernier voyage de Flandre. — Paris, 31 janvier 1387, n. st. (Clair., r. 101, p. 7871.)

8477 SAVOIE (FRANÇOIS DE),

Duc d'Olomoux, chevalier de l'ordre, capitaine de 80 lances.

Sceau ovale, de 32 mill. — Écu écartelé : au 1 et 4, un chapé chargé à dextre d'un cheval gai contourné, à sénestre d'un fascé de huit pièces au crancelin brochant, en pointe de trois croissants; au 2, un billeté au lion brochant; au 3, un lion; sur le tout, un écusson chargé d'une croix à la bordure engrêlée; l'écu surmonté d'une couronne et entouré du collier de Saint-Michel. — Sans légende.

Gages de l'office de capitaine. — 3 août 1560. (Clair., r. 134, p. 1951.)

8478 SAVOIE (HUMBERT, BÂTARD DE),
Chevalier.

Sceau rond, de 32 mill. — Écu à la croix chargée de quatre croissants un à l'extrémité de chaque branche, penché, timbré d'un heaume cimé d'une tête de femme dans un vol aux armes. Dans le champ, les lettres ḣ, a, c.

ḣunbert baſtart de savoye

Service de guerre sous le duc de Bourgogne. — Quittance de gages. — 15 décembre 1411. (Clair., r. 101, p. 7873.)

8479 SAVOIE (LOUIS DE),
Chevalier, sire de Vaud.

Sceau rond, de 28 mill. — Écu portant une croix au bâton en bande brochant, posé sur une aigle, dans un encadrement gothique. — Légende détruite.

Guerres de Limousin et d'Angoumois. — Quittance de gages. — Poitiers, 13 novembre 1345. (Clair., r. 101, p. 7867.)

8480 SAVOIE (RENÉ, BÂTARD DE).

Sceau rond, de 46 mill. — Écu portant une croix au bâton en barre brochant, penché, timbré d'un heaume cimé d'une tête de lion dans un vol, supporté par deux lions.

Regne baſtart de sa...

Quittance de pension. — 20 mai 1508. (Clair., r. 134, p. 1943.)

8481 SAVOIE (THOMAS DE),
Écuyer.

Sceau rond, de 20 mill. — Écu au loup ravissant, dans une rose gothique. — Légende détruite.

Service de guerre. — Quittance de gages. — Paris, 12 octobre 1355. (Clair., r. 101, p. 7875.)

8482 SAVOISY (CATHERINE DE),
Dame d'Ivry.

Sceau rond, de 26 mill. — Écu parti : au 1, trois chevrons à la bordure; au 2, trois bandes ou trois chevrons; dans un losange.

CATℏERIne DE SAVOISY

Gages de son mari, grand maître des eaux et forêts. — 25 octobre 1416. (Clair., r. 198, p. 8209.)

8483 SAVOISY (EUDES, SIRE DE),
Chevalier, bailli de Troyes.

Sceau rond, de 21 mill. — Écu bandé de six pièces.

✱ ḣEVDE DE SAVOISY

Chevauchée de Bourbourg. — Quittance de gages. — 28 octobre 1383. (Clair., r. 198, p. 8207.)

8484 SAVOISY (GAUCHER DE),

Chevalier.

Sceau rond, de 20 mill. — Écu portant trois chevrons au lambel à la bordure, penché, timbré d'un heaume.

... .AUOIS.

Service de guerre en Écosse. — Quittance de gages. — 26 juillet 1386. (Clair., r. 101, p. 7877.)

8485 SAVOISY (JEAN DE),

Écuyer.

Sceau rond, de 22 mill. — Écu portant trois chevrons à la bordure engrêlée, penché, timbré d'un heaume cimé d'une tête d'homme barbu, supporté par deux lions.

.... DE SAV...I

Quittance de deux coffres de quarreaux. — 23 mai 1358. (Clair., r. 101, p. 7867.)

8486 SAVOISY (MARIE DE),

Dame de Seignelay.

Sceau rond, de 25 mill. — Écu parti : au 1, trois chevrons; au 2, une bande; dans un quadrilobe.

SEEL MARIE DE SAVOISY

Quittance de 400 francs sur les aides de Picardie. — 2 juillet 1390. (Clair., r. 200, p. 8315.)

8487 SAVOISY (OUDARD DE),

Seigneur du Plessis-aux-Chats,
lieutenant de 50 lances sous le marquis de Mayenne.

Signet rond, de 18 mill. — Écu portant trois chevrons. — Sans légende.

Quittance de gages. — Villenauxe, 25 août 1572. (Clair., r. 198, p. 8209.)

8488 SAVOISY (PHILIPPE DE),

Chevalier, chambellan du roi,
châtelain, capitaine et concierge du château de Melun.

Sceau rond, de 28 mill. — Écu portant trois chevrons à la bordure, penché, timbré d'un heaume cimé d'une tête d'homme barbu, supporté par deux griffons.

S' PHE DE SA..... CHER

Garde du château de Melun. — Quittance de gages. — 11 juin 1381. (Clair., r. 101, p. 7877.)

8489 SAVONE

(Nicolas du Carret, marquis de).

Sceau rond, de 40 mill. — Écu écartelé : au 1 et 4, cinq bandes; au 2 et 3, un écartelé de..., coupé d'un plain; penché, timbré d'un heaume cimé d'un col de cygne dans un vol et tenant en son bec un petit quadrupède, supporté par un ange à dextre.

.... de carelo :

Service de guerre à Melun. — Quittance de gages. — 15 juillet 1418. (Clair., r. 25, p. 1853.)

8490 SAVONNIÈRES (JEAN DE),

Guidon de 40 lances sous le comte du Lude.

Sceau rond, de 32 mill. — Écu à la croix pattée, penché, timbré d'un heaume cimé d'une tête humaine dans un vol, supporté par deux aigles.

S iehan de savon.....

Quittance de gages. — 26 octobre 1548. (Clair., r. 198, p. 8207.)

8491 SAVONNIÈRES (JEAN DE),

Seigneur de la Bretèche, guidon de 40 lances sous le comte du Lude.

Cachet ovale, de 14 mill. — Écu à la croix pattée. — Sans légende.

Quittance de gages. — 1ᵉʳ mai 1553. (Clair., r. 198, p. 8211.)

8492 SAYER (YVONNET),

Écuyer.

Sceau rond, de 25 mill. — Écu portant trois fasces

au lambel, penché, timbré d'un heaume cimé d'une tête de bœuf. Dans le champ, deux rameaux.

.. . vouef saier

Service de guerre à Paris. — Quittance de gages. — 1ᵉʳ janvier 1416, n. st. (Clair., r. 100, p. 7735.)

8493 SAZILLY (JEAN DE),
Écuyer, du bailliage de Bourges.

Sceau rond, de 22 mill. — Écu portant une croix à la bande brochant à la bordure engrêlée, dans une rose gothique. — Légende détruite.

Guerres de Vermandois. — Quittance de gages. — Saint-Quentin, 29 octobre 1339. (Clair., r. 103, r. 8001.)

8494 SAZILLY (PIERRE DE),
Écuyer.

Sceau rond, de 21 mill. — Écu portant deux léopards l'un sur l'autre accompagnés d'une étoile en chef et à dextre, penché, timbré d'un heaume cimé d'une tête de lévrier.

P . . . . saz . . e

Service de guerre contre les Anglais. — Quittance de gages. — 27 août 1420. (Clair., r. 100, p. 7751.)

8495 SCALES (THOMAS, SEIGNEUR DE),
Capitaine de Domfront.

Sceau rond, de 50 mill. — Écu portant six coquilles, penché, timbré d'un heaume à lambrequins couronné et cimé d'une touffe de plumes.

S thomas sire de scalles et de nucelles

Gages de la garnison de Domfront. — 17 juin 1432. (Clair., r. 199, p. 8259.)

8496 SCALES (THOMAS, SEIGNEUR DE)
Et de Nucelles, sénéchal de Normandie.

Sceau rond, de 48 mill. — Écu portant six coquilles, penché, timbré d'un heaume à lambrequins couronné et cimé d'une touffe de plumes.

S tho . . . de scalles et de nucelles

Quittance de pension. — Rouen, 28 juillet 1439. (Clair., r. 199, p. 8269.)

8497 SCALES (THOMAS, SEIGNEUR DE),
Sénéchal de Normandie.

Sceau rond, de 45 mill. — Variété du numéro précédent.

. . . . . gillñ thome sere de . . . . . et de ne . . . . .

Quittance délivrée au receveur des bailliages de Caen et de Cotentin. — 29 novembre 1441. (Clair., r. 199, p. 8291.)

8498 SCALES (THOMAS, SEIGNEUR DE).
Sénéchal de Normandie, capitaine de Domfront.

Sceau rond, de 50 mill. — Variété des types précédents.

S thomas sire de scalles et de nucelles

Gages de la garnison de Domfront. — 29 mai 1445. (Clair., r. 199, p. 8295.)

8499 SCALES (THOMAS, SEIGNEUR DE).
Sénéchal de Normandie.

Sceau rond, de 46 mill. — Écu portant six coquilles, penché, timbré d'un heaume à lambrequins.

. . . . . . de scalis et de . . . . .
raescaus . . . .

Quittance de pension. — 12 septembre 1446. (Clair., r. 36, p. 2731.)

8500 SCARPHY (ANTOINE-FRANÇOIS),
Maître des ports et passages en la sénéchaussée de Beaucaire et de Nîmes.

Sceau rond, de 30 mill. — Écu en cartouche à la bande accompagnée de deux roues sous un chef chargé d'un écusson en bannière portant une croix cantonnée de quatre croisettes et accosté de deux croisettes.

ANTON FRANCISHO SCHARFI

Quittance au sujet de visites et chevauchées dans tous les ports et passages de la sénéchaussée. — A la tour du bout du pont de Villeneuve-lès-Avignon, 18 juillet 1554. (Clair., r. 158, p. 4409.)

8501 SCATISSE (PIERRE),

Trésorier du roi à Paris et du duc de Normandie, lieutenant du roi.

Sceau rond, de 21 mill. — Écu portant trois chevrons, timbré d'un griffon assis, supporté par deux lions, dans un trilobe.

S PIERRE . . ATISSE

Ordre au maître de la monnaie de Saint-Pourçain de payer les gages de Pierre de Campnac, capitaine de Périgueux. — Paris, 2 avril 1357, n. st. (Clair., r. 24, p. 1759.)

8502 SCEPEAUX (FRANÇOIS DE),

Chevalier, seigneur de Vieilleville, lieutenant d'une compagnie de 100 lances.

Signet rond, de 21 mill. — Écu écartelé : au 1, une croix engrêlée; au 2, un cerf passant; au 3, un sanglier passant au lambel; au 4, dix besants, 4, 3, 2 et 1; sur le tout, un écusson écartelé de plains. — Sans légende.

Quittance de pension. — 22 juillet 1552. (Clair., r. 44, p. 3261.)

8503 SCHARNATHAL (NICOLAS DE),

Chevalier, conseiller et chambellan du roi.

Sceau rond, de 21 mill. — Écu à la tour crénelée, timbré d'un heaume de face à lambrequins cimé d'une tour. — Légende détruite.

Quittance de pension. — 18 mars 1475, n. st. (Clair., r. 29, p. 2129.)

8504 SCHMIDT, "CHEMY" (JEAN),

Chevalier allemand, du pays de Bohême.

Sceau rond, de 23 mill. — Écu à trois pals.

✠ · S · IOHA . . . .

Guerres de Flandre. — Quittance de gages. — Lille, 20 juin 1385. (Clair., r. 31, p. 2297.)

8505 SCHROSBURY (COMTE DE).

Voyez Talbot, comte de Shrewsbury.

8506 SCOHIER (JACQUEMART LE),

Écuyer, capitaine du fort de Souverain-Moulin.

Sceau rond, de 22 mill. — Écu portant une bande au lambel.

S IAKEMART LECHOIER

Garde du fort de Souverain-Moulin. — Thérouanne, 4 janvier 1377, n. st. (Clair., r. 64, p. 4977.)

8507 SCOHIER (JACQUES LE),

Écuyer.

Sceau rond, de 19 mill. — Un lion. — Légende détruite.

Guerres de Bretagne, d'Anjou, du Maine, etc. — Quittance de gages. — Devers Fougères, 22 mai 1352. (Clair., r. 64, p. 4977.)

8508 SEAUME (JEAN),

Écuyer, seigneur de Châteauneuf.

Sceau rond, de 30 mill. — Écu burelé au chevron brochant, penché, timbré d'un heaume cimé d'une tête de lévrier, sur champ festonné.

.EHAN SEAVME S' DE CHATNEVF

Recouvrement du Languedoc. — Quittance de gages. — 31 octobre 1418. (Clair., r. 102, p. 7917.)

8509 SEAUME (JEAN),

Écuyer, seigneur de Châteauneuf.

Sceau rond, de 26 mill. — Écu fascé de quatre pièces au chevron chargé d'une étoile au sommet brochant. — Légende fruste.

Recouvrement du pays de Languedoc. — Quittance de gages. — 18 janvier 1429, n. st. (Clair., r. 104, p. 8123.)

8510 SEAUME (JEAN),

Écuyer, maître des ports de la sénéchaussée de Beaucaire, châtelain et viguier du château de Saint-André et de la tour du bout du pont de Villeneuve-lès-Avignon.

Sceau rond, de 31 mill. — Écu fascé de six pièces, au chevron chargé d'une étoile au sommet brochant, penché, timbré d'un heaume cimé d'une tête humaine, supporté par deux chiens.

S ıɕҺ . . . .

Garde desdits château et tour. — Quittance de gages. — 30 avril 1422. (Clair., r. 102, p. 7921.)

8511   SEBILLE (GUILLAUME),
Écuyer.

Sceau rond, de 20 mill. — Écu portant trois besants ou trois tourteaux, penché, timbré d'un heaume cimé d'une tête de femme, supporté à dextre, le seul côté qui subsiste, par un griffon.

. . . . LƏ

Chevauchée du Mans. — Quittance de gages. — Le Mans, 31 juillet 1392. (Clair., r. 102, p. 7927.)

8512   SÉCHAUT (IMBERT),
Chevalier, capitaine de Chartres.

Sceau rond, de 23 mill. — Écu fascé de vair et de... de six pièces, penché, timbré d'un heaume cimé d'un col de cygne dans un vol, supporté par un lion et un griffon. — Légende détruite.

Gages de l'office de capitaine. — Chartres, 12 juillet 1374. (Clair., r. 102, p. 7927.)

8513   SÉCHELLES (MAHIEU DE),
Chevalier, du Vermandois.

Sceau rond, de 18 mill. — Écu fretté au lambel. — Légende détruite.

Service de guerre. — Quittance de gages. — Saint-Omer, 12 novembre 1348. (Clair., r. 102, p. 7929.)

8514   SÉCHELLES (MAHIEU DE),
Chevalier.

Sceau rond, de 28 mill. — Écu fretté chargé d'une étoile en chef, penché, timbré d'un heaume cimé d'un dragon dans un vol, supporté par deux licornes.

mAҺ . . . .

Service de guerre. — Quittance de gages. — 14 décembre 1364. (Clair., r. 102, p. 7929.)

8515   SÉCHELLES (PIERRE, SIRE DE),
Gouverneur du comté d'Artois, chevalier.

Sceau rond, de 28 mill. — Écu fretté, penché, timbré d'un heaume cimé d'un dragon dans un vol, sur champ réticulé.

SƏƏL PIƏ.RƏ SIRƏS . . . .

Quittance de poissons provenant du vivier d'Hesdin. — Arras, 17 juillet 1349. (Clair., r. 102, p. 7929.)

8516   SEDEILHAC (RAYMOND DE),
Écuyer, capitaine de la Sauvetat-de-Gauré.

Sceau rond, de 19 mill. — Écu au lion à queue fourchée, penché, timbré d'un heaume cimé de deux cornes.

S R DƏ SƏDƏLҺAC

Guerres de Gascogne. — Garde de la Sauvetat. — 12 décembre 1354. (Clair., r. 102, p. 7931.)

8517   SÉEZ
(Les élus des aides au diocèse de).

Sceau rond, de 20 mill. — Écu portant trois roues, suspendu au cou d'un lion assis.

. . . . DƏ . . . Ə

Gages pour copie des papiers d'impositions. — 28 janvier 1380, n. st. (Clair., r. 216, p. 9705.)

8518   SÉEZ
(Les élus des aides au diocèse de).

Sceau rond, de 20 mill. — Écu à deux jumelles sous un chef chargé d'un lion passant, soutenu par une aigle.

S . . . . . ƏS . . . . . .

Mandement au sujet des fermes des impositions. — Falaise, 4 mars 1383, n. st. (Clair., r. 216, p. 9717.)

8519   SEGNY (JEAN DE),
Écuyer, du bailliage de Troyes.

Sceau rond, de 29 mill. — Écu portant un gironné de douze pièces, au lambel?

. . . . . IƏҺ . . . .

Service de guerre sous le maréchal de Conflans. — Quittance de gages. — 30 octobre 1339. (Clair., r. 102, p. 7937.)

8520 SEGRIGES? (RAOUL DE),
Écuyer.

Sceau rond, de 18 mill. — Un oiseau passant à droite. — Légende détruite.

Ost de Flandre. — Quittance de gages. — Arras, 9 septembre 1302. (Clair., r. 102, p. 7935.)

8521 SEGUIN (GUILLAUME),
Sergent à pied du guet de nuit de Paris.

Sceau rond, de 13 mill. — La Vierge debout, portant l'enfant Jésus.

G'VIL........

Gages de son office. — 21 novembre 1402. (Clair., r. 102, p. 7935.)

8522 SEGUIN (THOMAS),
Écuyer.

Sceau rond, de 20 mill. — Écu à la fasce componée? accompagnée de trois coquilles deux en chef et une en pointe.

S' THOMAS SEGVIN

Guerres de Normandie. — Quittance de gages. — Caen, 25 août 1385. (Clair., r. 102, p. 7935.)

8523 SEGUR (BÉRENGER DE),
Chevalier.

Sceau rond, de 22 mill. — Écu écartelé : au 1 et 4, un lévrier rampant; au 2 et 3, trois fasces; dans un quadrilobe. — Légende fruste.

Guerres de Gascogne. — Quittance de gages. — 31 décembre 1346. (Clair., r. 102, p. 7937.)

8524 SEIGNEURET (PIERRE),
De Besançon, écuyer.

Sceau rond, de 18 mill. — Écu au chevron accompagné de trois croisettes recroisetées.

S' P S DE BESENSON

Ost de Buironfosse. — Quittance de gages. — Paris, 4 mai 1341. (Clair., r. 102, p. 7941.)

8525 SEILDOY? (OLIVIER LE),
Écuyer.

Sceau rond, de 28 mill. — Écu portant trois besants ou trois tourteaux accompagnés d'un croissant en abîme.

Seel........er le.....

Service de guerre contre les Anglais. — Quittance de gages. — Bourges, 24 juin 1418. (Clair., r. 103, p. 8025.)

8526 SEINEPORT (GUILLAUME DE),
Écuyer, du bailliage de Sens.

Sceau rond, de 20 mill. — Écu fascé d'hermines et de... de six pièces au chevron brochant, penché, timbré d'un heaume... — Légende détruite.

Guerres de Vermandois. — Quittance de gages. — Saint-Quentin, 20 octobre 1339. (Clair., r. 88, p. 6935.)

8527 SEIX (HUGUENIN DE),
Écuyer.

Sceau rond, de 28 mill. — Écu semé de croisettes au lion, penché, timbré d'un heaume, supporté à sénestre par un lion (la partie dextre manque). — Légende détruite.

Service de guerre. — Quittance de gages. — 18 mai 1412. (Clair., r. 26, p. 1925.)

8528 SELEBRESCHE (GUI),
Chevalier.

Sceau rond, de 18 mill. — Écu à l'émanché de trois pièces mouvant du flanc dextre.

........ache

Guerres d'Angoumois. — Quittance de gages. — Angoulême, 19 avril 1354. (Clair., r. 102, p. 7945.)

8529 SELLE (SAUVAGE DE LA).

Sceau rond, de 22 mill. — Écu à l'aigle, penché, timbré d'un heaume cimé d'une aigle, supporté par une dame et une aigle.

SA....E DE LA SEL..

Guerres de Flandre. — Quittance de gages. — 26 août 1385. (Clair., r. 102, p. 7947.)

8530 SELLES (PÉPIN DE),
Chevalier.

Sceau rond, de 25 mill. — Écu au chef d'hermines chargé d'une merlette à dextre.

. . . . LES CHL.

Garde de la ville de Boulogne. — Quittance de gages. — Thérouanne, 24 septembre 1381. (Clair., r. 26, p. 1927.)

8531 SELLES (PÉPIN DE),
Chevalier.

Sceau rond, de 22 mill. — Écu au chef d'hermines.

. . . . DES . . . . .

Guerres des frontières de Picardie. — Quittance de gages. — 23 mai 1383. (Clair., r. 102, p. 7949.)

8532 SELUET (JEAN),
Sergent de la douzaine de la ville de Paris.

Signet rond, de 19 mill. — La lettre S liée avec un V, surmontée d'une fleur de lys. — Sans légende.

Gages de son office. — 22 juin 1396. (Clair., r. 102, p. 7949.)

8533 SEMART (ROBERT),
Écuyer, commis à la garde de la Roche-Guyon.

Sceau rond, de 32 mill. — Écu écartelé : au 1 et 4, trois oiseaux (trois hérons?); au 2 et 3, trois besants ou trois tourteaux; penché, timbré d'un heaume à lambrequins cimé d'un oiseau.

Sigillum robert siemard

Contre-sceau : Une gerbe accostée des initiales R. S, dans un octogone. — Sans légende.

Quittance de gages. — Rouen, 20 décembre 1438. (Clair., r. 200, p. 8375.)

8534 SEMART (ROBERT),
Écuyer, capitaine de Lillebonne.

Sceau rond, de 34 mill. — Écu écartelé : au 1 et 4, trois oiseaux (trois hérons?); au 2 et 3, trois besants ou trois tourteaux; penché, timbré d'un heaume à lambrequins cimé d'un oiseau.

Sigillum rober. siesmart

Contre-sceau : Écu aux armes de la face.

rober . . . . mart

Gages de l'office de capitaine. — 19 octobre 1443. (Clair., r. 200, p. 8373.)

8535 SEMILLY (JEAN DE),
Écuyer.

Sceau rond, de 18 mill. — Écu à l'écusson en abîme accompagné de six roses en orle.

S' IE.AN DE SEMILLI

Guerres de Normandie. — Quittance de gages. — Carentan, 17 novembre 1385. (Clair., r. 102, p. 7949.)

8536 SEMOINE (FRÈRE ÉTIENNE DE),
Prieur du Val-Dieu-lès-Lachy.

Voyez VAL-DIEU-LÈS-LACHY.

8537 SEMPY (JEAN, SEIGNEUR DE),
Chevalier, capitaine et garde de la ville de Boulogne-sur-Mer.

Sceau rond, de 19 mill. — Écu au lion à queue fourchée.

. . . . SE . . . . .

Garde de la ville de Boulogne. — Quittance de gages. — 7 septembre 1369. (Clair., r. 102, p. 7951.)

8538 SEMPY (JEAN, SEIGNEUR DE),
Chevalier, capitaine du pays de Picardie deçà la rivière de Somme.

Sceau rond, de 26 mill. — Écu au lion à queue fourchée chargé d'un écusson à l'épaule, penché, timbré d'un heaume. — Légende détruite.

Quittance de gages. — Thérouanne, 25 janvier 1370, n. st. (Clair., r. 102, p. 7951.)

8539 SEMPY (JEAN, SEIGNEUR DE),
Chevalier, capitaine général du pays de Picardie.

Sceau rond, de 24 mill. — Écu au lion à queue

fourchée, penché, timbré d'un heaume couronné et cimé d'une tête de chien, supporté par deux cygnes.

.........SEMPI.....

Ordre de payement au profit d'un homme d'armes et de deux arbalétriers placés au fort de Souverain-Moulin. — Thérouanne, 24 septembre 1376. (Clair., r. 102, p. 7953.)

8540 SEMPY (JEAN, SEIGNEUR DE),

Chevalier, capitaine général du pays de Picardie.

Sceau rond, de 30 mill. — Variété du type précédent; le lion chargé d'un écusson à l'épaule? — Légende détruite.

Quittance de gages. — Amiens, 17 février 1383, n. st. (Clair., r. 102, p. 7957.)

8541 SEMPY (JEAN DE),

Écuyer.

Sceau rond, de 23 mill. — Écu au lion chargé d'un écusson à l'épaule, penché, timbré d'un heaume couronné et cimé d'une tête de chien, supporté par deux cygnes.

S' I DE SAIEPY

Guerres de Flandre sous le gouvernement de son père, capitaine général dudit pays. — Gravelines, 2 juillet 1386. (Clair., r. 102, p. 7957.)

8542 SEMPY (JEAN, SEIGNEUR DE),

Sceau rond, de 27 mill. — Écu au lion à queue fourchée, penché, timbré d'un heaume couronné et cimé d'une tête de chien, accosté de deux quintefeuilles.

S IEhM SIR. .E SEMPI

Guerres des frontières de Picardie. — Gages d'Étienne de Matringhem, chevalier. — Saint-Omer, 27 mai 1388. (Clair., r. 71, p. 5567.)

8543 SEMPY (ROBERT, SEIGNEUR DE),

Chambellan du roi.

Sceau rond, de 26 mill. — Écu au lion à queue fourchée chargé d'un écusson à l'épaule, penché, timbré d'un heaume...

...ROBG.. .. SE.....

Quittance de pension. — 30 septembre 1405. (Clair., r. 102, p. 7959.)

8544 SEMUR (GIRAUD DE),

Chevalier.

Sceau rond, de 24 mill. — Écu portant trois bandes au lambel de cinq pendants, dans un quadrilobe. — Légende détruite.

Service de guerre. — Quittance de gages. — 15 août 1340. (Clair., r. 102, p. 7939.)

8545 SEMUR (PIERRE DE),

Chevalier, chambellan du comte de Poitiers.

Sceau rond, de 28 mill. — Écu portant trois bandes au lambel, penché, timbré d'un heaume couronné et cimé d'une touffe, sur champ réticulé.

S .IERRE ....

Quittance de pension. — 31 octobre 1359. (Clair., r. 102, p. 7959.)

8546 SEMUR (PIERRE DE),

Chevalier.

Sceau rond, de 32 mill. — Écu portant trois bandes, penché, timbré d'un heaume couronné et cimé d'une touffe, supporté par deux lions.

PIERR.........ET DE L.....

Chevauchée de Flandre. — Quittance de gages. — 25 août 1383. (Clair., r. 102, p. 7959.)

8547 SENARCLAIN (JEAN),

Écuyer.

Sceau rond, de 22 mill. — Écu à la bande chargée de trois étoiles, dans une rose gothique.

....A' D SI...CLE

Guerres de Poitou et de Limousin. — Quittance de gages. — Poitiers, 30 mars 1356, n. st. (Clair., r. 103, p. 7965.)

8548 SENCES (LOUPPES DE),

Capitaine d'arbalétriers génois.

Sceau rond, de 18 mill. — Un cœur percé d'une flèche, couronné.

S ..... FORTVNE

Armée d'Écosse. — Quittance de gages. — L'Écluse, 10 mai 1385. (Clair., r. 103, p. 7967.)

8549 SÉNÉCHAL D'EU (JEAN LE),

Chevalier, lieutenant des maréchaux en basse Normandie.

Sceau rond, de 20 mill. — Écu à la bande côtoyée de deux cotices, penché, timbré d'un heaume couronné et cimé de..., supporté par deux personnages. — Légende détruite.

Guerres de basse Normandie. — Quittance de gages. — Bayeux, 22 décembre 1374. (Clair., r. 103, p. 7969.)

8550 SÉNÉCHAL D'EU (JEAN LE),

Chevalier.

Sceau rond, de 19 mill. — Écu à la bande côtoyée de deux cotices.

...Le sene......

Guerres de Normandie. — Quittance de gages. — Bayeux, 28 mars 1386, n. st. (Clair., r. 45, p. 3399.)

8551 SÉNÉCHAL D'EU (JEAN LE),

Chevalier et chambellan du roi, capitaine de Vire.

Sceau rond, de 30 mill. — Écu à la bande côtoyée de deux cotices, penché, timbré d'un heaume coiffé d'une tiare et cimé d'une touffe, supporté par deux lévriers.

S iehan le seneschal den

Gages de l'office de capitaine. — 15 octobre 1391. (Clair., r. 200, p. 8317.)

8552 SÉNÉCHAL D'EU (ROBERT LE),

Écuyer.

Sceau rond, de 23 mill. — Écu à la bande côtoyée de deux cotices et accompagnée d'un sanglier passant en chef et à sénestre, penché, timbré d'un heaume couronné et cimé d'une tiare, supporté par deux griffons.

.......Le sen.....

Guerres de basse Normandie. — Quittance de gages. — 24 novembre 1383. (Clair., r. 103, p. 7969.)

8553 SENHERO (PEYRE).

Sceau rond, de 20 mill. — Écu écartelé : au 1, 2, 3 et 4, plain; surmonté d'une tête de lion, supporté par deux lions, dans un trilobe.

S Peyre Senhero

Gages d'Héliot Renouard, châtelain de Verdun. — 21 mai 1369. (Clair., r. 200, p. 8317.)

8554 SENLIS (BAILLIAGE DE).

Petit sceau.

Sceau rond, de 30 mill. — Écu semé de fleurs de lys, dans un quadrilobe. — Légende détruite.

CONTRE-SCEAU : Écu portant un **P** couronné accompagné d'étoiles en orle, dans une rose gothique. — Sans légende.

Gages de Philippe de Trappes, sergent d'armes du roi, 2 mai 1387. (Clair., r. 107, p. 8371.)

8555 SENLIS (JEAN DE),

Écuyer.

Sceau rond, de 21 mill. — Un lion assis, coiffé d'un heaume cimé d'un vol aux armes indistinctes, sur champ réticulé.

Seel Iehan .. Senlis

Restor d'un cheval. — Toulouse, 24 septembre 1352. (Clair., r. 103, p. 7977.)

8556 SENLIS (NICOLAS DE),

Chevalier.

Sceau rond, de 21 mill. — Écu portant trois maillets au lambel.

✱ S ...art de Senlis

Ost de Flandre. — Quittance de gages. — Arras, 7 septembre 1302. (Clair., r. 103, p. 7977.)

8557 SENNECEY (JEAN DE),
Chevalier.

Sceau rond, de 19 mill. — Écu à trois fasces ondées.

S I DE SE....... ONILITIS

Guerres de Bourgogne et de Lyonnais. — Quittance de gages. — Lyon sur le Rhône, 1ᵉʳ avril 1361. (Clair., r. 103, p. 7965.)

8558 SENNETERRE.
Voyez Saint-Nectaire.

8559 SENNHERT (ANNE, DAME DE),
Dame pour le corps de la reine.

Sceau rond, de 22 mill. — Écu parti : au 1, un émanché de deux pièces et demie mouvant du flanc dextre; au 2, un chef ou un coupé de plains. — Légende détruite.

Quittance de pension. — 5 novembre 1403. (Clair., r. 102, p. 7941.)

8560 SENS (ADAM DE),
Conseiller du roi,
commissaire sur le fait des nouvelles ordonnances en la ville,
faubourg et banlieue de Paris.

Sceau rond, de 21 mill. — Écu portant un sautoir au lambel, dans un double quadrilobe contenant les lettres initiales :

S · A · D · S ·

Quittance de gages. — 29 décembre 1354. (Clair., r. 103, p. 7979.)

8561 SENS (GUILLAUME DE),
Chevalier,
conseiller du roi, premier président au parlement de Paris.

Signet rond, de 10 mill. — Un heaume cimé d'une tête de cerf. — Sans légende.

Quittance de gages. — Paris, 10 avril 1372. (Clair., r. 103, p. 7979.)

8562 SENS
(Guillaume de Dormans, archevêque de),
conseiller du roi.

Sceau rond, de 40 mill. — Dans une niche gothique, trois bourreaux lapident saint Étienne; au-dessous, l'archevêque mitré, tenant une croix, priant, accosté de deux écus : à dextre, une croix cantonnée de quatre crosses (armes de son église); à sénestre, un écu à trois têtes de léopard (ses armes propres).

........ARCHIEPI S......

Quittance de gages desservis en la chambre des aides pour la guerre. — Paris, 4 janvier 1399, n. st. (Clair., r. 41, p. 3077.)

8563 SENS
(Guillaume de Dormans, archevêque de),
conseiller du roi,
général sur le fait des aides pour la guerre.

Signet rond, de 13 mill. — Écu à trois têtes de léopard.

G Dormans

Quittance de sa pension de conseiller. — 12 novembre 1400. (Clair., r. 41, p. 3079.)

8564 SENS
(Guillaume de Melun, archevêque de).

Sceau rond, de 27 mill. — Écu écartelé : au 1, neuf besants, 3, 3 et 3, sous un chef à la crosse en pal brochant sur le tout; au 2 et 3, une croix cantonnée de quatre crosses adossées; au 4, sept besants, 3, 3 et 3, sous un chef à la crosse en pal brochant sur le tout; dans un quadrilobe orné d'animaux et d'oiseaux.

. GVILLERM. ENONE. ARCHIEPI...

Service de guerre. — Quittance de gages (l'archevêque est compté pour deux bannerets). — Mantes, 27 juin 1356. (Clair., r. 73, p. 5685.)

8565 SENS
(Guillaume de Melun, archevêque de),
membre du grand conseil.

Sceau rond, de 33 mill. — Écu écartelé : au 1 et 4, une croix cantonnée de quatre crosses; au 2 et 3, neuf et sept besants sous un chef à la croix archiépiscopale brochant; penché, timbré d'un heaume cimé d'une tête de bœuf, supporté par deux lions.

.....LLE DE MELVN ARCEVESQVE DE SE...

Quittance de pension. — Paris, 24 février 1361, n. st. (Clair., r. 178, p. 6263.)

8566 SENS
(Guillaume de Melun, archevêque de).

Sceau rond, de 27 mill. — La lapidation de saint Étienne. Au-dessous, un écu portant sept besants, 3, 3 et 1, sous un chef.

..... ISCO.. SENONEN...

Quittance des frais d'un voyage en Flandre. — 20 juillet 1362. (Clair., r. 73, p. 5687.)

8567 SENS
(Jean de Montaigu, archevêque de).

Sceau rond, de 35 mill. — Écu à la croix cantonnée de quatre aiglettes, soutenu par un personnage incomplet, supporté par deux anges.

... Iohann ....

Quittance de la provision de sel de son hôtel délivrée au grènetier du grenier à sel de Paris. — 30 septembre 1409. (Clair., r. 76, p. 5917.)

8568 SENS
(Jean de Norry, archevêque de), conseiller du roi et du régent.

Signet octogone, de 11 mill. — Un vase cerclé, garni de fleurs. — Sans légende.

Quittance de pension. — 15 juin 1420. (Clair., r. 81, p. 6397.)

8569 SENS (LOUIS DE),
Écuyer.

Sceau rond, de 19 mill. — Écu à l'aigle.

✠ SEEL LOVIS LE SENS

Guerres des frontières de Picardie. — Quittance de gages. — Saint-Omer, 27 mai 1388. (Clair., r. 103, p. 7979.)

8570 SENS (LOUIS DE),
Écuyer.

Sceau rond, de 25 mill. — Écu écartelé : au 1 et 4, une croix ; au 2 et 3, une aigle.

✠ S LAV..I DE SENS

Garde de la ville d'Ardres. — Quittance de gages. — Saint-Omer, 7 mai 1389. (Clair., r. 103, p. 7981.)

8571 SENS (OFFICIALITÉ DE).

Sceau rond, de 20 mill. — Écu à la croix cantonnée de quatre crosses.

.... AD ...

Quittance d'une dîme, délivrée au prieur de Villechavau par Simon de Jouy, «sigillifer» de l'archevêque de Sens. — 10 mai 1323. (Clair., r. 170, p. 5415.)

8572 SENS (PIERRE DE),
Changeur du Trésor et commis à la recette du domaine royal.

Sceau rond, de 22 mill. — Écu au chevron accompagné de trois aiglettes, soutenu par un ange, supporté par deux lions, dans un trilobe.

LE SEEL PIERRE DE SENS

Quittance délivrée au vicomte d'Auge. — 18 juin 1387. (Clair., r. 103, p. 7979.)

8573 SENS
(Tristan de Salazar, archevêque de).
Sceau de la chambrerie.

Sceau rond, de 40 mill. — Écu écartelé : au 1 et 4, cinq étoiles posées en sautoir ; au 2 et 3, cinq feuilles également en sautoir ; devant une croix ; supporté par deux aigles.

..... tristan ....

Lettres d'ordination. — 23 septembre 1514. (Clair., r. 198, p. 8141.)

8574 SENTOL, COMTE D'ASTARAC.

Voyez ASTARAC.

8575 SEPAUX (JEAN DE),
Écuyer.

Sceau rond, de 21 mill. — Écu portant trois lions couronnés au bâton en bande brochant. — Légende détruite.

Guerres de Vermandois. — Quittance de gages — 30 octobre 1339. (Clair., r. 103, p. 7983.)

8576 SERAIN (GILLOT DE),
Écuyer, du bailliage de Sens.

Sceau rond, de 20 mill. — Écu à la croix vidée accompagnée d'une étoile en chef et à dextre.

.....GI. S.......

Guerres de Vermandois. — Quittance de gages. — Saint-Quentin, 28 octobre 1339. (Clair., r. 103, p. 7993.)

8577 SERANIS (FERRANDO DE),
Capitaine d'arbalétriers.

Sceau rond, de 32 mill. — Écu vairé à la champagne ondée, penché, timbré d'un heaume cimé d'une tête de griffon, supporté par deux lions.

fernendo .. seranis

Garde de Montivilliers. — Quittance de gages. — 4 avril 1416, n. st. (Clair., r. 103, p. 7985.)

8578 SERANVILLERS (RENAUD DE),
Écuyer.

Sceau rond, de 20 mill. — Écu portant une croix engrêlée à la bande componée brochant, dans un trilobe.

S RENAVT DE SERA....LER

Garde de la ville de Cambrai. — Quittance de gages. — Cambrai, 14 octobre 1339. (Clair., r. 84, p. 6619.)

8579 SERCY (GUILLAUME DE),
Chevalier.

Sceau rond, de 18 mill. — Écu portant trois fasces ondées, penché, timbré d'un heaume cimé d'une touffe, supporté par deux oiseaux.

S GVILLE D' SERCEY

Poursuite des Anglais, sous le duc de Bourgogne. — Quittance de gages. — Paris, 18 octobre 1380. (Clair., r. 103, p. 7987.)

8580 SÉRESVILLE (GILLET DE),
Écuyer.

Sceau rond, de 15 mill. — Écu incomplet à la bande accompagnée de six annelets, 3 et 3, dans un trilobe.

GLLE D' SERE.....

Service de guerre à Chartres. — Quittance de gages. — Chartres, 25 octobre 1356. (Clair., r. 103, p. 7989.)

8581 SÉRIS (LE BORGNE DE),
Chambellan du roi.

Sceau rond, de 22 mill. — Écu portant sept losanges, 3, 3 et 1, au lambel de quatre pendants; penché, timbré d'un heaume...

.......ee......

Service de guerre aux frontières de Flandre. — Béthune, 12 juillet 1318. (Clair., r. 104, p. 8079.)

8582 SERMAISE (GUI DE),
Écuyer.

Sceau rond, de 20 mill. — Écu portant dix losanges, 1, 3, 3 et 3, celui du chef accosté de deux merlettes; penché, timbré d'un heaume cimé d'une tête d'aigle, supporté par deux aigles.

G' DE SAR...SSE

Guerres du pays de Caux. — Quittance de gages. — Rouen, 3 octobre 1415. (Clair., r. 26, p. 1937.)

8583 SERMAISE (PIERRE DE),
Chevalier.

Sceau rond, de 19 mill. — Écu portant dix losanges, 3, 3, 3 et 1, au lambel de quatre pendants.

...DE CE.MAISSES Ch

Guerres du Perche. — Quittance de gages. — Dreux, 27 octobre 1357. (Clair., r. 103, p. 7993.)

8584 SERMAISE (PIERRE DE),
Chevalier.

Sceau rond, de 22 mill. — Écu portant dix losanges, 3, 3, 3 et 1, au lambel de quatre pendants; penché, timbré d'un heaume cimé d'une tête d'âne, accosté des lettres S, S, sur champ festonné.

S' PIERRE DE SERMAISE ChL.

Guerres de Picardie. — Quittance de gages. — Amiens, 18 juillet 1380. (Clair., r. 101, p. 7821.)

DE LA COLLECTION CLAIRAMBAULT.

8585 SERMES (HENRI DE),
Écuyer, du bailliage d'Anjou.

Sceau rond, de 20 mill. — Écu chevronné de six pièces.

S ҺANRI DE SA.....

Guerres de Vermandois. — Quittance de gages. — Saint-Quentin, 20 octobre 1339. (Clair., r. 103, p. 7993.)

8586 SERPILLON (JEAN),
Chevalier.

Sceau rond, de 22 mill. — Écu gironné de douze pièces, penché, timbré d'un heaume cimé d'un lion issant, sur champ festonné.

S' I SER...LOM

Chevauchée du Mans. — Quittance de gages. — Le Mans, 31 juillet 1392. (Clair., r. 103, p. 7995.)

8587 SERQUE? (JEAN DE LA),
Écuyer.

Sceau rond, de 29 mill. — Écu portant sept étoiles, 3, 3 et 1.

IEҺAN DE LA.....

Recouvrement de places dans le Charolais et le Mâconnais. — Quittance de gages. — 4 août 1420. (Clair., r. 103, p. 7995.)

8588 SERREVAL (ANTOINE DE),
Connétable d'arbalétriers.

Sceau rond, de 22 mill. — Écu portant deux lions passant l'un sur l'autre, penché, timbré d'un heaume cimé d'un lévrier?, supporté par un griffon et un lion.

...IO.....arc.art

Garde de la ville de Bréviliers. — Quittance de gages. — L'Écluse, 3 juillet 1387. (Clair., r. 103, p. 7995, 7997.)

8589 SERRIS (JEAN DE),
Chevalier.

Sceau rond, de 28 mill. — Écu billeté à la fasce brochant.

.... DE SARRIS CҺ.....

Ost de Flandre. — Quittance de gages. — Arras, 11 septembre 1302. (Clair., r. 83, p. 6555.)

8590 SERVAIN (MACÉ),
Écuyer.

Sceau rond, de 25 mill. — Écu au cerf saillant, penché, timbré d'un heaume, accompagné de fleurons, sur champ festonné. — Légende détruite.

Service de guerre. — Quittance de gages. — Au siège devant Sully, 24 novembre 1418. (Clair., r. 103, p. 7999.)

8591 SERVAIN (ROBERT),
Chevalier.

Sceau rond, de 27 mill. — Écu à la bande accompagnée de six coquilles en orle, penché, timbré d'un heaume cimé d'une hure, dans un quadrilobe.

.....ROBERT .....IN CҺ..

Guerres de Bretagne. — Quittance de gages. — Pontorson, 8 septembre 1379. (Clair., r. 103, p. 7997.)

8592 SERVELLE (SILVESTRE DE LA),
Aumônier du duc de Normandie, dauphin de Viennois.

Sceau rond, de 19 mill. — Écu portant un pot à une anse et à trois pieds, à la bande brochant.

...LVESTRE .... SERVE...

Quittance de l'aumône du roi et du duc de Normandie. — 12 mars 1357, n. st. (Clair., r. 104, p. 8133.)

8593 SERVELLE,

Voyez CERVELLE.

8594 SERVILLE (RENAUD DE),
Écuyer.

Sceau rond, de 20 mill. — Écu portant trois molettes à la bordure, penché, timbré d'un heaume cimé d'une tête de..., sur champ festonné.

.........ҺE.....

Armée d'Écosse. — Quittance de gages. — Arras, 27 avril 1385. (Clair., r. 103, p. 7999.)

8595 SERVOLLE,

Voyez CERVOLLE.

8596 SESCHAUT (GUI),
Chevalier.

Sceau rond, de 25 mill. — Écu fascé de... et de vair de six pièces, penché, timbré d'un heaume cimé d'une tête de chien. Dans le champ, des rameaux.

S GVY SESCH..T

Chevauchée de Flandre. — Quittance de gages. — 28 octobre 1383. (Clair., r. 103, p. 7987.)

8597 SESNE (SIMON LE),
Du bailliage de Chartres.

Sceau rond, de 21 mill. — Écu fruste portant six? annelets.

SI.ON LE.....

Guerres de Vermandois. — Quittance de gages. — Saint-Quentin, 11 octobre 1339. (Clair., r. 103, p. 8001.)

8598 SEURE OU SEURRE? (JEAN DE),
Panetier du roi.

Sceau rond, de 22 mill. — Écu losangé au lambel au chevron brochant, penché, timbré d'un heaume cimé d'un plumail accompagné de deux huchets, sur champ de rinceaux.

S IEHAN ......E

Quittance de pension. — Mai 1385. (Clair., r. 103, p. 8015.)

8599 SÉVÉRAC (AMAURY DE).

Voyez MARÉCHAUX DE FRANCE.

8600 SÉVÉRAC (DÉORDE, SIRE DE),
Écuyer.

Sceau rond, de 20 mill. — Écu à trois pals, dans un quadrilobe. — Légende détruite.

Guerres de Gascogne. — Quittance de gages. — Agen, 14 octobre 1326. (Clair., r. 102, p. 7961.)

8601 SEVERDES (JEAN DE),
Écuyer.

Sceau rond, de 26 mill. — Écu portant un chef à la bande engrêlée ou fuselée brochant.

IEHAN DE SEVERDES

Garde du château de l'Écluse. — Quittance de gages. — Bruges, 19 janvier 1388, n. st. (Clair., r. 103, p. 7967.)

8602 SEVILLE (FERRANDON DE),
Capitaine d'arbalétriers.

Sceau rond, de 26 mill. — Écu au croissant accompagné de trois étoiles.

FERANDON DE SEVILLA

Service de guerre contre les Anglais. — Quittance de gages. — 15 juillet 1418. (Clair., r. 103, p. 8011.)

8603 SEVILLE (JEAN DE),
Capitaine d'arbalétriers.

Sceau rond, de 23 mill. — Un léopard rampant.

IOHAN DE SEVILLA

Service de guerre contre les Anglais. — Quittance de gages. — 9 septembre 1415. (Clair., r. 103, p. 8011.)

8604 SEVILLE (JEAN DE),
Capitaine d'arbalétriers.

Sceau rond, de 21 mill. — Écu au lion passant accompagné d'une billette en chef et à dextre.

...H DE SEVILLA

Guerres du pays de Caux. — Quittance de gages. — Rouen, 25 septembre 1415. (Clair., r. 103, p. 8011.)

8605 SEYCHES (RUDEL, SIRE DE).
Chevalier.

Sceau rond, de 21 mill. — Écu parti : au 1, trois serres l'une sur l'autre; au 2, trois besants ou trois tourteaux l'un sur l'autre; penché, timbré d'un heaume de face cimé de..., sur champ réticulé.

. RVDEL ...SEOHES CH...

Frais d'un voyage vers le duc de Brabant et l'évêque de Liège. — Chantecoq, 12 février 1349, n. st. (Clair., r. 104, p. 8047.)

8606 SEYSSEL (AIMAR DE).
Seigneur de Bordeaux,
enseigne de 50 lances, sous monseigneur de Tavannes.

Signet rond, de 18 mill. — Écu en cartouche, gironné de huit pièces. — Sans légende.

Quittance de gages. — 11 juin 1558. (Clair., r. 200, p. 8327.)

8607 SEZ (BERNARD DU),
Guidon de 4o lances.

Signet rond, de 17 mill. — Écu écartelé : au 1, 2, 3 et 4, plain. — Sans légende.

Quittance de gages. — 2 mai 1552. (Clair., r. 102, p. 7937.)

8608 SEZ (BERTRAND DU),
Écuyer.

Sceau rond, de 16 mill. — Écu écartelé : au 1, 2, 3 et 4, plain; penché, timbré d'un heaume cimé d'un plumail.

.... S' B'TRAND DV SES

Guerres de Vermandois et de Cambrésis. — Quittance de gages. — Saint-Quentin, 15 septembre 1339. (Clair., r. 100, p. 7749.)

8609 SÉZANNE (LÉONIN DE),
Écuyer, du bailliage de Troyes.

Sceau rond, de 19 mill. — Écu portant deux râteaux sans manche, l'un sur l'autre, dans un trilobe.

..ORIN DE SEZANNE

Guerres de Vermandois. — Quittance de gages. — Saint-Quentin, 29 octobre 1339. (Clair., r. 103, p. 7983.)

8610 SFORCE (MAXIMILIEN).

Sceau rond, de 4o mill. — Écu en cartouche écartelé : au 1 et 4, une aigle; au 2 et 3, la guivre engoulant l'enfant.

MAXIMILIANVS SFORCIA VICECOMES

Quittance de pension. — 12 mars 1518, n. st. (Clair., r. 200, p. 8327.)

8611 SGAKANE (ROBERT),
Écuyer, châtelain de Saint-Omer.

Sceau rond, de 19 mill. — Écu vairé en chef et chargé d'un coq en pointe.

...OBERT SGAKAN

Garde du château de Saint-Omer. — Quittance de gages. — Saint-Omer, 23 janvier 1356, n. st. (Clair., r. 102, p. 7913.)

8612 SIBOULLE (JEAN).
Voyez CIBOULLE.

8613 SICARD (PIERRE),
Écuyer.

Sceau rond, de 17 mill. — Écu incomplet, portant des fasces vivrées au lion brochant.

...R.. ...VA...

Service de guerre. — Quittance de gages. — Paris, 18 octobre 1356. (Clair., r. 22, p. 2383.)

8614 SIERCK (ERNOUL DE),
Chevalier.

Sceau rond, de 24 mill. — Écu à la bande chargée de trois coquilles. — Légende détruite.

Ost de Flandre. — Quittance de gages. — Arras, 23 septembre 1315. (Clair., r. 31, p. 2345.)

8615 SIGNY (JEAN DE),
Écuyer, du bailliage de Troyes.

Sceau rond, de 24 mill. — Écu gironné de douze pièces au lambel de trois pendants chargés chacun de trois besants. — Légende détruite.

Service de guerre. — Quittance de gages. — Compiègne, 25 septembre 1339. (Clair., r. 103, p. 8023.)

8616 SIGOGNE (JEAN DE),
Chevalier.

Sceau rond, de 19 mill. — Écu à l'aigle.

..HAN DE S......

Garde de la ville et du château d'Angoulême. — Quittance de gages. — 2 juillet 1376. (Clair., r. 103, p. 8023.)

8617 SILLANS (ANTOINE DE),
Chevalier de l'ordre, enseigne en la compagnie de monseigneur de Méru.

Sceau ovale, de 27 mill. — Écu au sautoir engrêlé chargé de cinq annelets, entouré du collier de Saint-Michel. — Sans légende.

Quittance de gages. — 25 janvier 1571, n. st. (Clair., r. 134, p. 2031.)

8618 SILLANS (JEAN DE),
Écuyer.

Sceau rond, de 20 mill. — Écu au sautoir accompagné de... en chef, penché, timbré d'un heaume cimé de..., sur champ réticulé.

.... DE SILLAVS

Guerres de Gascogne. — Quittance de gages et de dédommagements. — Castelsarrasin, 23 février 1343, n. st. (Clair., r. 104, p. 8137.)

8619 SILLANS (JEAN DE),
Écuyer.

Sceau rond, de 20 mill. — Écu écartelé : au 1 et 4, un sautoir engrêlé; au 2 et 3, deux fasces au lambel; penché, timbré d'un heaume cimé d'une tête de lévrier dans un vol, supporté par deux lions.

Iehan.......

Guerres de Normandie. — Quittance de gages. — Rouen, 13 octobre 1415. (Clair., r. 103, p. 8025.)

8620 SILLARS
(Guillaume ou Jean de),
frères.

Sceau rond, de 20 mill. — Écu gironné de douze pièces. — Légende détruite.

Ost de Flandre. — Quittance de gages. — Arras, 11 septembre 1302. (Clair., r. 103, p. 8025.)

8621 SILLART (OLIVIER),
Écuyer.

Sceau rond, de 23 mill. — Écu d'hermines à trois chevrons, penché, timbré d'un heaume cimé de..., sur champ festonné.

S OLIVIER SILLER.

Poursuite des Anglais. — Quittance de gages. — Chartres, 10 septembre 1380. (Clair., r. 103, p. 8025.)

8622 SILLÉ (GUILLAUME, SIRE DE),
Chevalier.

Sceau rond, de 28 mill. — Écu portant six lionceaux, penché, timbré d'un heaume cimé d'une tête d'homme barbu dans un vol, supporté par deux oiseaux à tête humaine.

...GVILEG DE SILLA

Chevauchée de Flandre. — Quittance de gages. — 25 août 1383. (Clair., r. 103, p. 8027.)

8623 SILLERON (JEAN DE),
Maître d'hôtel du roi.

Sceau rond, de 27 mill. — Écu portant une bande au lambel, penché, timbré d'un heaume cimé d'une tête de griffon, sur champ festonné.

iehan de sileron.....

Réintégration du nom de Jean d'Entre-Deux-Ponts, fauconnier du roi, omis par inadvertance sur le rôle des officiers de l'hôtel. — 23 avril 1405. (Clair., r. 218, p. 9847.)

8624 SILLY (HENRI DE),
Comte de la Roche-Guyon, capitaine de 30 lances.

Signet ovale, de 13 mill. — Écu écartelé : au 1 et 4, d'hermines à la fasce vivrée; au 2 et 3, quatre barres à la bordure; timbré d'une couronne. — Sans légende.

Gages de l'office de capitaine. — Saint-Just-de-Marennes, 6 juillet 1577. (Clair., r. 200, p. 8367.)

8625 SILLY (JACQUES DE),
Seigneur de Longray,
conseiller et chambellan du roi, capitaine et bailli de Caen,
capitaine de 40 lances.

Sceau rond, de 36 mill. — Écu d'hermines à la fasce vivrée accompagnée en chef de trois tourteaux, penché, timbré d'un heaume cimé d'une tête de lévrier, supporté par deux oiseaux.

le seel iacques de silly

Gages de l'office de bailli. — 4 avril 1499. (Clair., r. 200, p. 8343.)

8626 SILLY (JACQUES DE),
Écuyer, seigneur de Dompierre.

Sceau rond, de 34 mill. — Écu d'hermines à la

fasce vivrée accompagnée en chef de trois tourteaux, penché, timbré d'un heaume cimé d'une tête de..., supporté par deux oiseaux.

IAQVE. DE SILLY EC

Quittance de pension. — 10 mars 1503, n. st. (Clair., r. 200, p. 8353.)

8627 SILLY (OLIVIER DE),
Écuyer,
seigneur de «Vauxtourneux», frère du capitaine Jacques de Silly.

Sceau rond, de 36 mill. — Écu d'hermines à la fasce vivrée accompagnée en chef de trois tourteaux, penché, timbré d'un heaume cimé de..., supporté par deux oiseaux. — Légende détruite.

Quittance de pension. — 6 juin 1517. (Clair., r. 200, p. 8349.)

8628 SILLY (RICHARD DE),
Chevalier.

Sceau rond, de 25 mill. — Écu d'hermines à la fasce vivrée accompagnée en chef de trois tourteaux.

S RICHART DE SILLE

Guerres des frontières de Carentan et de Cherbourg. — Quittance de gages. — 30 septembre 1388. (Clair., r. 200, p. 8335.)

8629 SIMANDRES (PIERRE DE),
Écuyer.

Sceau rond, de 19 mill. — Écu au lambel surmonté d'un croissant et d'une étoile.

✠ P DE SIM'DRE

Guerres de Poitou, Saintonge, Limousin, etc. — Quittance de gages. — Saint-Junien-du-Vigeau, 10 février 1352, n. st. (Clair., r. 32, p. 2385.)

8630 SIMIANE (BÉRENGER DE),
Chevalier,
sire de Châteauneuf.

Sceau rond, de 34 mill. — Écu semé de tours et de fleurs de lys, penché, timbré d'un heaume à lambrequins cimé d'un grelot.

S berauger de simiane

Service de guerre à Paris. — Quittance de gages. — Paris, 24 décembre 1415. (Clair., r. 103, p. 8033.)

8631 SIMIANE (BERTRAND DE),
Écuyer banneret.

Sceau rond, de 22 mill. — Écu semé de tours et de fleurs de lys.

bertrat de simiane

Service de guerre à Paris. — Quittance de gages. — Paris, 24 décembre 1415. (Clair., r. 103, p. 8031.)

8632 SIMIANE (BERTRAND DE),
Chevalier,
seigneur de Gordes, enseigne de 100 lances sous le connétable de France.

Sceau rond, de 42 mill. — Écu semé de tours et de fleurs de lys, penché, timbré d'un heaume cimé de plumes, supporté par deux chiens.

BERTRAND DE SIMIENNE, C^R S^R ET BARON DE GORDES

Quittance de gages. — 8 juin 1544. (Clair., r. 200, p. 8369.)

8633 SIMIANE (GIRAUD DE),
Chevalier,
sire de Châteauneuf.

Sceau rond, de 23 mill. — Écu semé de tours et de fleurs de lys, dans un trilobe.

.,.A.D........

Guerres de Gascogne. — Rester d'un cheval. — Toulouse, 12 novembre 1353. (Clair., r. 103, p. 8031.)

8634 SIMON (MATHELIN),
Écuyer.

Sceau rond, de 21 mill. — Écu portant trois hermines? accompagnées d'une molette en chef.

mathelin simon

Service de guerre à Paris. — Quittance de gages. — 14 janvier 1416, n. st. (Clair., r. 103, p. 8033.)

8635 SIMON DE LA BROSSE,
Abbé de Cluny.

Voyez CLUNY.

8636 SIMON DE CRAMAUX,
Évêque de Béziers, de Poitiers.

Voyez BÉZIERS, POITIERS.

8637 SIMON DE ROUCY,
Comte de Braine.

Voyez BRAINE.

8638 SINCENY (MAHIEU DE).

Sceau rond, de 21 mill. — Écu à la fasce accompagnée d'une merlette en chef et à dextre.

✠ S' MAhIV DE S..... I

Ost de Flandre. — Quittance de gages. — Arras, 12 septembre 1302. (Clair., r. 31, p. 2341.)

8639 SISSY (JEAN DE),
Chevalier, en la compagnie de monseigneur de Coucy.

Sceau rond, de 22 mill. — Écu fretté au franc canton, penché, timbré d'un heaume cimé d'un plumail, sur champ festonné.

S IEh SIRE DE SISI

Poursuite des Anglais. — Quittance de gages. — Chartres, 7 septembre 1380. (Clair., r. 31, p. 2341.)

8640 SIVERGUES (AURIAS DE).
Écuyer.

Sceau rond, de 22 mill. — Écu portant un héron au lambel.

aurias ꝺe severgnes

Service de guerre à Harfleur assiégé par les Anglais. — Quittance de gages. — 29 septembre 1415. (Clair., r. 103, p. 7967.)

8641 SMIHER (ÉTIENNE, SEIGNEUR DE),
Chambellan du roi.

Sceau rond, de 22 mill. — Écu portant un chef, penché, timbré d'un heaume cimé d'un plumail dont la tige est passée dans une couronne. Dans le champ les lettres S, S.

S estheffan van s.....

Quittance de gages. — 23 mars 1406, n. st. (Clair., 103, p. 8031.)

8642 "SOCII (PETRUS)" D'ESCOUTET,
Jurisconsulte.

Sceau rond, de 22 mill. — Écu portant trois oiseaux, dans une rose gothique.

P..... DI......

Quittance des frais d'un voyage à la Réole. — La Réole, 17 juin 1344. (Clair., r. 212, p. 9427.)

8643 SOILLELHADE (GUIRAUD DE LA).

Sceau rond, de 20 mill. — Un soleil. — Légende détruite.

Guerres de Gascogne. — Service d'une nef au pont de Marmande. — Gages de Bernard Badefol, nautonnier. — Agen, 20 octobre 1341. (Clair., r. 9, p. 489.)

8644 SOISSONS
(Enguerran, sire de Coucy, comte de Bedford et de),
chevalier banneret.

Sceau rond, de 40 mill. — Homme d'armes debout en pourpoint, coiffé d'un heaume ovoïde cimé d'une touffe, l'épée suspendue à la ceinture de chevalerie, tenant une lance et un écu écartelé : au 1 et 4, un fascé de vair et de... de six pièces; au 2 et 3, une fasce. Dans le champ, la devise : **san plus**. — Légende concentrique.

✠ S inguerrau.......

✠ Comitis suescionen........

Guerres de Champagne. — Quittance de gages. — Reims, 3 mars 1376, n. st. (Clair., r. 35, p. 2619.)

8645 SOISSONS
(Enguerran, sire de Coucy, comte de).

Sceau rond, de 38 mill. — Homme d'armes debout, coiffé d'un heaume ovoïde cimé d'une touffe, en pourpoint, le poignard suspendu à droite, tenant la lance et un écu écartelé : au 1 et 4, un fascé de vair et de... de six pièces; au 2 et 3, une fasce; sur champ quadrillé semé de couronnes.

✱ SıgıII : ıngerram : ᵭ coucıa . . : . . . .

Quittance de pension. — 2 juillet 1379. (Clair., r. 35, p. 2621.)

8646 SOISSONS
(Enguerran, sire de Coucy, comte de).
capitaine général de Guienne.

Sceau rond, de 50 mill. — Écu en large écartelé : au 1 et 4, un fascé de vair et de... de six pièces; au 2 et 3, une fasce; sur champ quadrillé semé de couronnes. — Légende détruite.

Quittance de gages. — Tours, 8 mars 1397, n. st. (Clair., r. 35, p. 2633.)

8647 SOISSONS (JEAN DE),
Écuyer.

Sceau rond, de 22 mill. — Écu portant une bande à la bordure engrêlée, soutenu par un ange, supporté par un lion et une aigle.

S' ı℮ℎAn . . . . ons

Défense du pont de Charenton. — Quittance de gages. — 4 juin 1412. (Clair., r. 104, p. 8059.)

8648 SOISSONS (JEAN DE),
Chevalier,
seigneur de Moreuil, conseiller et chambellan du roi, bailli de Troyes.

Sceau rond, de 45 mill. — Écu incomplet au lion naissant accompagné de fleurs de lys en orle, penché, timbré d'un heaume à lambrequins, cimé d'une tête de lion dans un vol, supporté par un lion et un lévrier.

. . . . sıre . . morenl

Quittance de pension. — 14 mars 1476, n. st. (Clair., r. 104, p. 8059.)

8649 SOISSONS
(Robert de Bar, comte de).

Voyez BAR.

8650 SOISSONS (ROGUE DE),
Seigneur de Moreuil, chevalier banneret.

Sceau rond, de 30 mill. — Écu semé de fleurs de lys au lion naissant en abîme, tenu par un homme sauvage coiffé d'un heaume et assis sur un lévrier, sur champ de fleurs. — Légende détruite.

Poursuite des Anglais. — Quittance de gages. — Gallardon, 5 septembre 1380. (Clair., r. 104, p. 8055.)

8651 SOISSONS (ROGUE DE),
Seigneur de Moreuil, chevalier banneret.

Sceau rond, de 28 mill. — Écu semé de fleurs de lys au lion naissant en abîme, supporté à senestre par un lion coiffé d'un heaume cimé d'une tête de lion dans un vol aux armes.

. . . . svessıona . . ıs dns d ℳorolıo

Armée d'Écosse. — Quittance de gages. — Arras, 27 avril 1385. (Clair., r. 104, p. 8055.)

8652 SOISSONS.

Voyez MOREUIL.

8653 SOISY (RENAUD DE),
Chevalier, du pays de Vermandois.

Sceau rond, de 20 mill. — Écu à l'écusson en abîme, au lambel de cinq pendants. — Légende détruite.

Service de guerre. — Quittance de gages. — Saint-Omer, 12 novembre 1348. (Clair., r. 32, p. 2369.)

8654 SOISY (RENAUD DE),
Chevalier.

Sceau rond, de 19 mill. — Écu portant un écusson en abîme, au lambel.

✱ S . ℮ℊant de soası

Guerres de Poitou et de Saintonge. — Quittance de gages. — Saintes, 31 mars 1352, n. st. (Clair., r. 104, p. 8051.)

8655 SOISY (RENAUD DE),
Chevalier.

Sceau rond, de 22 mill. — Écu portant un écusson en abîme au lambel de cinq pendants sur le tout, dans un trilobe.

.... SOISY CҺGV.....

Défense de la ville du Mans. — Quittance de gages. — Paris, 24 septembre 1356. (Clair., r. 104, p. 8053.)

8656 SOIZE (GÉRARD, SIRE DE).
Chevalier.

Sceau rond, de 22 mill. — Écu fascé de six pièces.

...ARҌ.......

Chevauchée de Flandre. — Quittance de gages. — 31 août 1383. (Clair., r. 104, p. 8061.)

8657 SOLIER (FOUQUET),
Écuyer, capitaine d'arbalétriers.

Sceau rond, de 25 mill. — Écu parti chargé de quatre fasces de l'un en l'autre accompagnées de quatre croisettes deux en chef et deux en pointe.

Seel f.. qet solies

Service de guerre contre les Anglais. — Quittance de gages. — 28 février 1420, n. st. (Clair., r. 104, p. 8065.)

8658 SOLIER (FOUQUET),
Écuyer, capitaine d'arbalétriers.

Sceau rond, de 25 mill. — Variété du type précédent.

Fouquet soulier

Service de guerre. — Quittance de gages. — 2 mai 1420. (Clair., r. 104, p. 8065.)

8659 SOLIGNAC (BÉRAUD, SIRE DE),
Chevalier, sénéchal de Toulouse.

Sceau rond, de 23 mill. — Écu portant un chef, penché, timbré d'un heaume de face cimé d'un griffon, dans une rose gothique. — Légende détruite.

Guerres de Gascogne. — Quittance de gages. — Agen, 16 octobre 1327. (Clair., r. 104, p. 8061.)

8660 SOLLE (BERNARD DE),
Écuyer.

Sceau rond, de 20 mill. — Écu portant deux poissons en fasce l'un sur l'autre.

. bernar. de solle

Service de guerre contre les Anglais. — Quittance de gages. — Bourges, 28 juin 1418. (Clair., r. 104, p. 8067.)

8661 SOMBERNON (JEAN DE),
Écuyer, frère de Perrin de Sombernon.

Sceau rond, de 19 mill. — Écu portant deux bandes au lambel, au franc canton d'hermines. — Légende détruite.

Guerres de Normandie. — Quittance de gages. — Paris, 4 octobre 1352. (Clair., r. 104, p. 8095.)

8662 SOMBERNON (PERRIN DE),
Écuyer, frère de Jean de Sombernon.

Sceau rond, de 20 mill. — Écu portant trois bandes au lambel au franc canton d'hermines, dans un trilobe. — Légende détruite.

Guerres de Normandie. — Quittance de gages. — Paris, 4 octobre 1352. (Clair., r. 104, p. 8095.)

8663 SOMBREFFE (GODEFROI DE),
Chevalier.

Sceau rond, de 21 mill. — Écu à la fasce accompagnée de trois merlettes en chef, dans un trilobe.

S GODEFROI.....BR...

Garde de Cambrai. — Quittance de gages. — Cambrai, 12 octobre 1339. (Clair., r. 104, p. 8069.)

8664 SOMMIÈRES (BRÉMOND DE),
Seigneur du Caylar, chevalier banneret.

Sceau rond, de 29 mill. — Écu à l'ours rampant,

penché, timbré d'un heaume cimé d'un ours issant tenant une épée, supporté par deux damoiselles.

BREMON DV CAYLAR

Recouvrement du château de Sommières. — Quittance de gages. — 31 janvier 1422, n. st. (Clair., r. 104, p. 8073.)

8665 SOMMIÈVRE (PIERRE DE),

Guidon de la compagnie du vicomte d'Auchy.

Signet rond, de 15 mill. — Écu portant deux rencontres de cerf l'un sur l'autre. — Sans légende.

Quittance de gages. — Rozoy, 23 mai 1566. (Clair., r. 200, p. 8383.)

8666 SORAYE (PIERRE DE LA),

Écuyer.

Sceau rond, de 27 mill. — Écu d'hermines à deux haches adossées au lambel, penché, timbré d'un heaume cimé d'une tête d'oiseau dans un vol. Dans le champ, des fleurs.

pierre. de l. soraye

Guerres de Normandie. — Quittance de gages. — Rouen, 23 décembre 1415. (Clair., r. 104, p. 8077.)

8667 SORCY? (HENRI DE),

Écuyer.

Sceau rond, de 21 mill. — Écu au gironné de douze pièces chargé d'un écusson en cœur.

henri de ... sic es...

Guerres de Picardie. — Quittance de gages. — Corbie, 3 août 1380. (Clair., r. 104, p. 8081.)

8668 SORCY (OUDART DE),

Sergent d'armes du roi.

Sceau rond, de 27 mill. — Écu à l'écusson en abîme, penché, timbré d'un heaume, sur champ de fleurs. — Légende détruite.

Guerres de Flandre. — Quittance de gages. — Tournay, 23 mai 1338. (Clair., r. 104, p. 8079.)

8669 SOREL (JEAN DE),

Écuyer.

Sceau rond, de 24 mill. — Écu portant deux léopards l'un sur l'autre au lambel.

...ehan de sor..

Ost de Flandre. — Quittance de gages. — Arras, 30 septembre 1302. (Clair., r. 104, p. 8081.)

8670 SOREL (JEAN DE),

Écuyer.

Sceau rond, de 27 mill. — Écu écartelé : au 1 et 4, deux fasces au lambel; au 2 et 3, deux léopards l'un sur l'autre.

s' I......n'....

Guerres de Vermandois et de Cambrésis. — Quittance de gages. — Cambrai, 13 octobre 1339. (Clair., r. 104, p. 8081.)

8671 SOREL (PIERRE DE),

Écuyer.

Sceau rond, de 20 mill. — Écu à la fasce chargée de trois besants ou trois tourteaux et accompagnée d'une étoile en chef et à dextre.

...ere d. .orel

Ost de Flandre. — Quittance de gages. — Arras, 30 septembre 1302. (Clair., r. 104, p. 8081.)

8672 SORVILLER (JEAN DE).

Sceau rond, de 23 mill. — Écu à la croix cantonnée de quatre fleurs de lys au bâton en bande brochant.

.....l g ....il...

Quittance de gages desservis en la ville de Lille. — Arras, 21 octobre 1316. (Clair., r. 104, p. 8085.)

8673 SORVILLER (JEAN DE),

Maître fauconnier du roi.

Sceau rond, de 23 mill. — Écu au sanglier passant, penché, timbré d'un heaume cimé d'un chien assis.

IOḺAN D SOVIL.ꟼR

Quittance de gages. — 10 octobre 1402. (Clair., r. 104, p. 8089.)

8674 SOSTENDAL (GAUTIER, ABBÉ DE).

Sceau ogival, de 40 mill. — Dans une niche gothique, l'abbé debout, tête nue, crossé, en chasuble, sur champ d'étoiles. — Légende détruite.

Quittance de rente sur les «eschiefs» de Coifly-la-Ville. — 13 mai 1353. (Clair., r. 41, p. 3095.)

8675 SOTE (GONSSALE DE).
Écuyer.

Sceau rond, de 23 mill. — Écu portant cinq volutes de crosse? posées en croix, penché, timbré d'un heaume cimé d'une volute, supporté par deux dames.

GONSALE DE SOTE

Guerres de la basse Normandie et de Bretagne. — Quittance de gages. — Pontorson, 27 décembre 1379. (Clair., r. 104, p. 8091.)

8676 SOUASTRE (BAUDOUIN, SIRE DE),
Chevalier.

Sceau rond, de 24 mill. — Écu fretté, dans un trilobe.

.....IR D. ⳙO.....

Garde du château de l'Écluse. — Quittance de gages. — Bruges, 28 juillet 1388. (Clair., r. 104, p. 8093.)

8677 SOUASTRE (BAUDOUIN, SIRE DE),
Chevalier.

Sceau rond, de 26 mill. — Écu fretté, penché, timbré d'un heaume cimé d'une tête de chèvre, sur champ festonné.

S B....... SOVASTRE

Garde du château de l'Écluse. — Quittance de gages. — 1ᵉʳ janvier 1390. n. st. (Clair., r. 104, p. 8095.)

8678 SOUASTRE (JEAN DE),
Chevalier.

Sceau rond, de 25 mill. — Écu fretté.

.....Dꟼ SOƱAS...

Frais du voyage au sacre du roi. — 12 mai 1364. (Clair., r. 104, p. 8093.)

8679 SOUDOY (GUILLAUME DE),
Maître de l'écurie de monseigneur de Valois.

Sceau rond, de 18 mill. — Écu portant un parti chargé de trois annelets à la bordure besantée.

.... Dꟼ SOVD..

Frais pour amener au Mans les grands chevaux du roi. — Sans date; fin du xiv° siècle. (Clair., r. 104, p. 8095.)

8680 SOUÈS (LALLEMANT DE),
Chevalier.

Sceau rond, de 24 mill. — Écu fretté au franc canton chargé d'une croix ancrée.

.........QS

Chevauchée de Vervins. — Quittance de gages. — Amiens, 2 décembre 1340. (Clair., r. 104, p. 8075.)

8681 SOUILLÉ ? (JEAN DE),
Écuyer.

Sceau rond, de 20 mill. — Écu portant une croix ancrée accompagnée d'une merlette? en chef et à dextre, dans un quadrilobe.

S....Lꟼ ....QS

Poursuite des Anglais. — Quittance de gages. — Gallardon, 5 septembre 1380. (Clair., r. 104, p. 8097.)

8682 SOULAIRE (LOUIS DE),
Écuyer.

Sceau rond, de 27 mill. — Écu portant sept besants ou sept tourteaux, 3, 3 et 1, sous un chef. penché, timbré d'un heaume, sur champ de fleurs. — Légende détruite.

Guerres du pays de Caux; siège de Harfleur par les Anglais. — Quittance de gages. — Rouen, 5 octobre 1415. (Clair., r. 104, p. 8097.)

8683 SOULBY (JEAN),
Contrôleur de la garnison de Gisors.

Sceau rond, de 23 mill. — Écu d'hermines sous un chef chargé de deux hures, penché, timbré de...

.... son..

Gages de la garnison de Gisors. — 16 février 1439, n. st. (Clair., r. 200, p. 8383.)

8684 SOULES (JEAN DE),
Chevalier.

Sceau rond, de 28 mill. — Type équestre. L'écu et la housse fascés de six pièces à la bande brochant. — Légende détruite.

Quittance de 100 livres à lui données par le roi. — Paris, 10 février 1299, n. st. (Clair., r. 104, p. 8061.)

8685 SOULIGNÉ (RENAUD DE),
Écuyer.

Signet rond, de 18 mill. — Écu à la fasce accompagnée d'un vivré en chef. — Sans légende.

Guerres d'Anjou, du Maine et de Touraine. — Quittance de gages. — 10 juillet 1363. (Clair., r. 104, p. 8097.)

8686 SOUPLAINVILLE (GUILLAUME DE),
Écuyer, conseiller et chambellan du roi.

Sceau rond, de 29 mill. — Écu à la fasce engrêlée, soutenu par un ange.

S Guille ꝑ soplai.....

Quittance de pension. — 17 janvier 1475, n. st. (Clair., r. 104, p. 8099.)

8687 SOURDEVAL (ANDRÉ DE),
Seigneur de Beauchesne,
chevalier de l'ordre, gouverneur de Belle-Isle.

Sceau ovale, de 25 mill. — Écu fretté au franc canton, entouré du collier de Saint-Michel. — Sans légende.

Quittance de 300 livres à lui données par le roi. — 15 mars 1569, n. st. (Clair., r. 104, p. 8099.)

DE LA COLLECTION CLAIRAMBAULT. 219

8688 SOUSA (JEAN DE),
Dit de Portugal, écuyer d'écurie du roi.

Sceau rond, de 28 mill. — Écu écartelé : au 1 et 4....., au 2 et 3, une quartefeuille ou un quadrilobe; penché, timbré d'un heaume à lambrequins cimé d'un personnage l'épée au côté et appuyé sur un bâton.

S iohanne........

Quittance de pension viagère. — 30 septembre 1477. (Clair., r. 104, p. 8101.)

8689 SOUSA (VAAST DE),
Chevalier, seigneur de Laversine, capitaine de Creil.

Sceau rond, de 33 mill. — Écu écartelé : au 1 et 4....., au 2 et 3, une quartefeuille ou un quadrilobe; penché, timbré d'un heaume à lambrequins cimé d'un personnage l'épée au côté et appuyé sur un bâton recourbé.

..... us ꝑ sousa

Gages de l'office de capitaine. — 7 novembre 1481. (Clair., r. 104, p. 8077.)

8690 SOUS-LE-FOUR (GILLES DE),
Chirurgien du roi pour visiter les malades de l'Hôtel-Dieu, conseiller au Châtelet.

Sceau rond, de 22 mill. — Un Agnus Dei, dans un trilobe.

S gilet .. soubs le fou.

Quittance de pension. — 28 novembre 1402. (Clair., r. 104, p. 8101.)

8691 SOUS-LE-FOUR (JEAN DE),
Chirurgien du roi pour visiter les malades de l'Hôtel-Dieu, conseiller au Châtelet.

Sceau rond, de 18 mill. — Saint Jean-Baptiste debout, montrant l'Agnus.

DE SOVS LE FOVR

Quittance de pension. — 24 août 1424. (Clair., r. 104, p. 8101.)

8692 SOUTENAI.

Voyez ZOUTENAI.

8693 SOYECOURT (CHARLES DE),
Sire de Moy, chambellan du roi.

Sceau rond, de 26 mill. — Écu fretté, penché, timbré d'un heaume couronné et cimé d'une mitre, supporté par deux lions.

Charles . . . oycourt

Quittance de pension. — 30 septembre 1405. (Clair., r. 101, p. 7843.)

8694 SOYECOURT (CHARLES DE),
Chevalier, chambellan du roi,
capitaine et garde de la ville et du château de Creil.

Sceau rond, de 26 mill. — Écu fretté, penché, timbré d'un heaume cimé d'une tête de dragon, supporté par deux lions.

Charles de soy . . . . .

Gages de l'office de capitaine. — 12 février 1412, n. st. (Clair., r. 104, p. 8049.)

8695 SOYECOURT (FRESNEAU DE),
Écuyer.

Sceau rond, de 20 mill. — Écu fretté au franc canton, dans une rose gothique.

S Ieh Fresnel . . . . .

Establie du château de Landal. — Quittance de gages. — Pontorson, XIVᵉ siècle. (Clair., r. 101, p. 7843.)

8696 SOYECOURT (GILLES DE),
Sous-doyen de Bayeux.

Signet rond, de 16 mill. — Écu fretté au lambel, supporté par deux oiseaux. — Sans légende.

Quittance délivrée aux trésoriers du roi. — 9 juin 1349. (Clair., r. 104, p. 8047.)

8697 SOYECOURT (GILLES DE),
Trésorier de Tours.

Sceau rond, de 25 mill. — Écu fretté au lambel, penché, timbré d'un heaume couronné et cimé d'une sorte de mitre, sur champ réticulé. — Légende détruite.

Quittance au sujet du quint denier d'un fief relevant du château de Pierrefonds. — 12 août 1353. (Clair., r. 104, p. 8049.)

8698 SOYECOURT
(Hugues, seigneur de),
chevalier.

Sceau rond, de 30 mill. — Écu fretté, penché, timbré d'un heaume cimé d'une tête d'homme barbu, supporté à sénestre, le seul côté qui subsiste, par un lion.

. . . va . . . .

Guerres de Picardie. — Quittance de gages. — Corbie, 4 août 1380. (Clair., r. 101, p. 7843.)

8699 SOYERS (THOMAS DE),
Sergent fieffé du château de Coiffy.

Sceau rond, de 20 mill. — Écu portant une marmite?, dans un trilobe.

S' Thoma . . . .

Quittance de gages. — 23 juillet 1353. (Clair., r. 104, p. 8051.)

8700 SPENCER (HUGUES),
Écuyer, bailli de Caux.

Sceau rond, de 35 mill. — Écu au chevron accompagné de trois têtes de léopard, penché, timbré d'un heaume à lambrequins cimé d'un porc-épic issant.

le seel hue spencier

Gages de l'office de bailli. — Rouen, 9 septembre 1429. (Clair., r. 200, p. 8385.)

8701 SPENCER (HUGUES),
Écuyer, bailli de Cotentin.

Signet rond, de 15 mill. — Un heaume cimé d'un berceau.

pour ung

Gages de l'office de bailli. — 29 avril 1444. (Clair., r. 200, p. 8391.)

8702 SPIFAME (BARTHÉLEMY),
Marchand et bourgeois de Paris.

Sceau rond, de 18 mill. — Un signe monogrammatique, dans un trilobe. — Légende fruste.

Quittance, délivrée aux trésoriers des aides, de 1,540 fr. d'or que Simon Bouceil, son gendre, facteur en Angleterre, a délivrés à différents personnages. — 16 février 1369, n. st. (Clair., r. 104, p. 8103.)

8703 SPINART (GRÉGOIRE),
Connétable d'arbalétriers.

Sceau rond, de 25 mill. — Écu à la fleur de lys accostée de deux épines sous un chef denché, penché, timbré d'un heaume cimé d'une tête de lévrier, supporté par deux lions.

Gregore espinar.

Garde du château de l'Écluse. — Quittance de gages. — 26 mars 1387, n. st. (Clair., r. 104, p. 8105, 8109.)

8704 SPINART (HONOFRE),
Capitaine d'arbalétriers génois.

Sceau rond, de 23 mill. — Écu portant deux épines accompagnées d'un vivré en chef et d'une fleur de lys en pointe, dans un trilobe.

.....HONOFRI.......

Guerres de Picardie. — Quittance de gages. — Thérouanne, 9 janvier 1373, n. st. (Clair., r. 104, p. 8105.)

8705 SPINART (HONOFRE),
Écuyer, capitaine d'arbalétriers.

Sceau rond, de 26 mill. — Écu à la fleur de lys accostée de deux épines sous un chef denché, penché, timbré d'un heaume cimé d'une tête de lévrier, supporté par deux lions.

S HONOFRI SPINART

Défense de la ville de Gravelines. — Quittance de gages. — Amiens, 9 juin 1388. (Clair., r. 104, p. 8111.)

8706 SPINELLE (JAMES),
Patron de la galée génoise *Saint-Antoine*.

Sceau rond, de 21 mill. — Le bœuf ailé et nimbé, symbole de saint Luc, tenant une banderole avec le mot LVCA et portant un écu à la fasce échiquetée de trois tires surmontée d'une épine.

✱ .....IANQ .PINELLE

Service de guerre sous l'amiral Hugues Quiéret. — Quittance de gages. — Touques, 24 janvier 1339, n. st. (Clair., r. 104, p. 8117.)

8707 SPINOLA (AUBERT),
Capitaine d'arbalétriers.

Sceau rond, de 25 mill. — Écu à la fasce échiquetée de deux tires et surmontée d'une épine, penché, timbré d'un heaume cimé d'une tête d'aigle couronnée, supporté par un lion et un dragon.

.....ERTVS .....L..

Service de guerre. — Quittance de gages. — Rouen, 16 juillet 1387. (Clair., r. 104, p. 8115.)

8708 SPINOLA (AUBERT),
Écuyer, du pays de Gênes, capitaine d'arbalétriers.

Sceau rond, de 20 mill. — Écu à la fasce échiquetée de deux tires et surmontée d'une épine.

✱ ORB... ..IVOLA

Service de guerre. — Quittance de gages. — 30 juin 1390. (Clair., r. 44, p. 3269.)

8709 SPINOLA (AUBERT),
Écuyer, capitaine d'arbalétriers.

Sceau rond, de 28 mill. — Écu à la fasce échiquetée de trois tires, penché, timbré d'un heaume cimé d'une tête d'aigle, supporté par une dame et un lion.

.... spinola

Chevauchée du Mans. — Quittance de gages. — Le Mans, 31 août 1392. (Clair., r. 44, p. 3271.)

8710 SPORQUIN (JEAN),
Chevalier.

Sceau rond, de 28 mill. — Écu portant six étoiles ou six quintefeuilles, penché, timbré d'un heaume ciné d'une tête d'âne, dans un encadrement gothique...

Sigillum iohannis sp...nin

Guerres de Picardie. — Quittance de gages. — Hesdin, 20 juillet 1380. (Clair., r. 103, p. 7983.)

8711 STAFFORD (HUNFREY, COMTE DE),

Capitaine de Vernon.

Sceau rond, de 45 mill. — Écu au chevron, penché, timbré d'un heaume ciné d'une tête de héron dans un vol, supporté par deux lions ou deux chiens. — Légende détruite.

Gages de la garnison de Vernon. — Rouen, 5 novembre 1431. (Clair., r. 200, p. 8395.)

8712 STAISE (GUILLAUME),

Bailli de Vermandois.

Sceau rond, de 26 mill. — Écu portant un quadrupède indistinct (une licorne ou un cheval?), surmonté d'un *ecce homo* dans un ovale, supporté par deux licornes, dans un quadrilobe. — Légende détruite.

Ordre d'emprisonner les deux frères Jean et Ferri de Hem, chevaliers. — Paris, 19 septembre 1351. (Clair., r. 104, p. 8119.)

8713 STALIN (GAUTIER),

Écuyer.

Sceau rond, de 20 mill. — Écu d'hermines à la bande chargée d'un dragon et de deux coquilles. — Légende détruite.

Establie de Thérouanne. — Quittance de gages. — Thérouanne, 18 août 1342. (Clair., r. 104, p. 8119.)

8714 STAMPLE (GAUTIER),

Écuyer.

Sceau rond, de 20 mill. — Écu au sautoir chargé de cinq annelets?, dans deux trilobes entrelacés.

...ace.....e reb..

Défense des villes et des châteaux de Châtillon-sur-Loing, de Saint-Maurice-sur-Aveyron, etc. — Quittance de gages. — 8 mai 1412. (Clair., r. 104, p. 8121.)

8715 STANCON (JEAN),

Receveur général des aides en la province de Rouen.

Sceau rond, de 23 mill. — Écu à la bande, penché, timbré d'un heaume ciné de..., supporté par deux lions.

...nson stanco.

Quittance délivrée au receveur des aides de l'exemption de Fécamp. — Rouen, 18 novembre 1377. (Clair.; r. 104, p. 8121.)

8716 STANCON (NICOLAS),

Écuyer.

Sceau rond, de 23 mill. — Écu portant une bande à la bordure engrêlée, penché, timbré d'un heaume ciné d'une touffe, supporté par deux griffons.

. nicolas ....

Guerres de Normandie. — Quittance de gages. — 16 mars 1386. n. st. (Clair., r. 104, p. 8121.)

8717 STANDISH (HENRI),

Écuyer, capitaine de Conches.

Sceau rond, de 34 mill. — Écu portant un sautoir à la bordure engrêlée, penché, timbré d'un heaume ciné d'une tête de chèvre, supporté par deux sangliers.

hanry .... dysch

Gages de la garnison de Conches. — 10 novembre 1435. (Clair., r. 200, p. 8403.)

8718 STANDISH (HENRI),

Écuyer, capitaine de Pontoise.

Sceau rond, de 32 mill. — Variété du numéro précédent.

Seel hanry staudysch

Gages de la garnison de Pontoise. — 6 janvier 1438, n. st. (Clair., r. 201, p. 8405.)

8719 STANDISH (HENRI),

Écuyer.

Sceau rond, de 38 mill. — Variété des numéros précédents.

Seel henry standisch

Service de guerre à Pontoise. — Quittance de gages. — 22 mars 1441, n. st. (Clair., r. 201, p. 8409.)

DE LA COLLECTION CLAIRAMBAULT.

8720 STANDISH (HENRI),
Écuyer.

Sceau rond, de 30 mill. — Variété des numéros précédents.

.... anдısсҕ

Gages de la garnison de Benneville. — 8 mars 1449, n. st. (Clair., r. 201, p. 8411.)

8721 STANDISH (ROULAND),
Chevalier, capitaine d'Évreux.

Sceau rond, de 37 mill. — Écu portant trois annelets contenant chacun un point ou un besant, penché, timbré d'un heaume à lambrequins cimé d'une grille.

Seel .... standı ...

Quittance de gages. — 14 décembre 1434. (Clair., r. 200, p. 8399.)

8722 STANLAWE (JEAN),
Écuyer,
trésorier et général gouverneur des finances en France et Normandie.

Signet rond, de 15 mill. — Un porc-épic.

... au trent ?

Commission pour recevoir les montres. — Rouen, 1ᵉʳ juillet 1437. (Clair., r. 157, p. 4293.)

8723 STAPEL (JEAN),
Écuyer, d'Angleterre.

Sceau rond, de 23 mill. — Écu portant six croisettes recroisetées, 3, 2 et 1, accompagnées d'un croissant en abîme; penché, timbré d'un heaume cimé d'un chien assis, supporté par deux griffons.

.... bomford

Service de guerre. — Quittance de gages et congé. — 22 novembre 1412. (Clair., r. 104, p. 8123.)

8724 STEENBECQUE (JEAN DE).

Sceau rond, de 24 mill. — Écu vairé au sautoir, dans un trilobe.

S' .... n de senbeire

Guerres de Picardie. — Gages de Tassart, bâtard de Brêmes, écuyer. — Amiens, 26 avril 1387. (Clair., r. 21, p. 1509.)

8725 STEENBECQUE (JEAN DE),
Écuyer.

Sceau rond, de 22 mill. — Écu vairé au sautoir.

... еҕа ..... bе ....

Chevauchée du Mans. — Quittance de gages. — Le Mans, 4 août 1392. (Clair., r. 105, p. 8163.)

8726 STENAY (JACQUES DE),
Écuyer, du comté de Bar.

Sceau rond, de 20 mill. — Écu portant trois têtes de léopard à la bordure engrêlée. — Légende détruite.

Service de guerre. — Quittance de gages. — Paris, 18 août 1346. (Clair., r. 103, p. 8003.)

8727 STENDALE (RICHARD DE),
Écuyer.

Sceau rond, de 20 mill. — Écu à la fasce accompagnée de six croisettes recroisetées, trois en chef et trois en pointe.

✵ S ..... є stєnDalє

Ost de Flandre. — Quittance de gages. — Arras, 12 septembre 1302. (Clair., r. 105, p. 8163.)

8728 STOKE (HUGUES),
Chevalier anglais.

Sceau rond, de 32 mill. — Écu à la fasce, penché, timbré d'un heaume couronné et cimé de ..., dans un encadrement gothique. — Légende détruite.

Quittance d'un terme de la pension à lui assignée sur la vicomté d'Arranches par le captal de Buch. — 18 avril 1367. (Clair., r. 104, p. 8125.)

8729 STOKE (JEAN),
Capitaine et lieutenant à Saint-Sauveur-le-Vicomte,
pour Jean Chandos, seigneur du lieu.

Sceau rond, de 26 mill. — Écu à la fasce, suspendu à un arbre et accosté de deux heaumes couronnés et cimés d'une tête d'âne.

..... n stob .

Quittance de pension. — Saint-Sauveur-le-Vicomte, 29 octobre 1361. (Clair., r. 104, p. 8125.)

8730. STONE (THOMAS DE),
Écuyer, du pays d'Écosse.

Sceau rond, de 33 mill. — Écu portant trois croissants accompagnés d'un besant ou d'un tourteau en abîme dans un double trêcheur fleuronné, penché, timbré d'un heaume cimé d'une tête de bouc, supporté par deux lions.

Thomas de seton

Service de guerre. — Quittance de gages. — 10 mai 1419. (Clair., r. 40, p. 3003.)

8731. STONE (THOMAS DE),
Écuyer, du pays d'Écosse.

Sceau rond, de 25 mill. — Écu portant trois croissants accompagnés d'une quintefeuille en abîme, à la bordure.

...omas de setuns

Service de guerre. — Quittance de gages «tant pour accompagner le régent pour la sureté de sa personne comme pour servir le roi,» etc. — 8 juin 1419. (Clair., r. 40, p. 3003.)

8732. STRAZEELE (JEAN DE),
Chevalier.

Sceau rond, de 20 mill. — Écu portant un écusson en abîme au lambel sur le tout, penché, timbré d'un heaume cimé d'un lion assis, dans un quadrilobe.

S Ie.......A.eeL.

Chevauchée de Calais. — Quittance de gages. — Calais, 30 juillet 1342. (Clair., r. 45, p. 3393.)

8733. STUART (BÉRAUD),
Seigneur d'Aubigny, conseiller et chambellan du roi, bailli et gouverneur de Berry, capitaine de 92 lances.

Sceau rond, de 35 mill. — Écu écartelé : au 1 et 4, trois fleurs de lys; au 2 et 3, un échiqueté à la bordure.

berault stua..... sire daubign.

Gages de l'office de capitaine. — 26 août 1488. (Clair., r. 104, p. 8129.)

8734. STUART (ROBERT),
Seigneur d'Aubigny.

Sceau rond, de 36 mill. — Écu écartelé : au 1 et 4, trois fleurs de lys; au 2 et 3, une fasce échiquetée de deux tires à la bordure; sur le tout, un écusson au sautoir cantonné de quatre... — Légende détruite.

Quittance de pension. — 25 août 1515. (Clair., r. 225, p. 461.)

8735. STUART (ROBERT),
Chevalier de l'ordre, conseiller et chambellan du roi, seigneur d'Aubigny, capitaine de 60 lances.

Sceau rond, de 49 mill. — Écu écartelé : au 1 et 4, trois fleurs de lys à la bordure chargée de huit fermaux; au 2 et 3, une fasce échiquetée de trois tires à la bordure chargée de huit fermaux; sur le tout, un écusson au sautoir cantonné de quatre...; penché, timbré d'un heaume cimé d'un lion issant armé d'une épée, supporté par deux licornes, sur champ festonné. — Légende fruste.

Gages de l'office de capitaine. — 10 octobre 1528. (Clair., r. 134, p. 2049.)

8736. SUEIL (HUGUES),
Chevalier.

Sceau rond, de 24 mill. — Écu à la fasce accompagnée de... en chef.

.a seeL h.........

Poursuite des Anglais. — Quittance de gages. — Montlhéry, 3 septembre 1380. (Clair., r. 104, p. 8133.)

8737. SUEUR (GAUTIER LE),
Seigneur de la nef Saint-Pol, de Dieppe.

Sceau rond, de 22 mill. — Un arbuste?, dans une rose gothique. — Légende détruite.

Quittance d'approvisionnements. — 6 mai 1340. (Clair., r. 104, p. 8133.)

8738. SUGNY (PHILIBERT DE),
Chevalier, guidon de 40 lances.

Signet rond, de 14 mill. — Écu portant un écusson en abîme au bâton écoté en bande brochant, timbré d'un fleuron, embrassé par deux palmes. — Sans légende.

Quittance de pension. — 28 janvier 1553, n. st. (Clair., r. 104, p. 8137.)

8739   SUHART (ROGER),
Écuyer.

Sceau rond, de 24 mill. — Écu à la croix fleuronnée, penché, timbré d'un heaume cimé d'une tête d'aigle, supporté par deux lévriers. — Légende fruste.

Guerres de Normandie. — Quittance de gages. — 10 février 1389, n. st. (Clair., r. 104, p. 8135.)

8740   SULLY (GUILLAUME DE),
Chevalier.

Sceau rond, de 22 mill. — Écu semé de croisettes recroisetées au lion chargé en cœur d'un écusson portant...

✠ SEEL G'VIL... SVLY

Guerres de Nivernais et de Bourgogne. — Quittance de gages. — Nevers, 16 février 1368, n. st. (Clair., r. 103, p. 8015.)

8741   SULLY (JEAN DE),
Écuyer.

Sceau rond, de 19 mill. — Écu écartelé : au 1 et 4,...; au 2 et 3, un rais.

..... DE S....I G....

Poursuite des Anglais, sous le duc de Bourgogne. — Quittance de gages. — 17 octobre 1380. (Clair., r. 104, p. 8139.)

8742   SUREL (JEAN),
Écuyer.

Sceau rond, de 27 mill. — Écu portant un arbre (un sureau) accompagné de trois quintefeuilles en chef, penché, timbré d'un heaume à lambrequins cimé d'une tête de lévrier. Dans le champ, un rameau fleuri. — Légende détruite.

Guerres de Languedoc et de Guienne. — Quittance de gages. — 10 mai 1422. (Clair., r. 104, p. 8141.)

8743   SURGÈRES (GUI DE),
Seigneur de la «Bourguerangue».

Sceau rond, de 24 mill. — Écu fretté de vair, penché, timbré d'un heaume cimé de..., dans un trilobe. — Légende détruite.

Service de guerre. — Quittance de gages. — Pons, 8 août 1338. (Clair., r. 104, p. 8143.)

8744   SURGÈRES (GUILLAUME DE),
Chevalier.

Sceau rond, de 20 mill. — Écu fretté de vair à la bordure, dans un trilobe. — Légende détruite.

Guerres de Saintonge. — Quittance de gages. — La Rochelle, 22 octobre 1340. (Clair., r. 104, p. 8143.)

8745   SURGÈRES (HUGUES, SIRE DE),
Chevalier.

Sceau rond, de 30 mill. — Écu fretté de vair.

.....VGOnI...I DE SVRGIER..
..LI...

Contre-sceau : Écu fretté de vair, entouré de palmes. — Sans légende.

Quittance de gages desservis à La Rochelle. — Saint-Jean-d'Angely, 8 mars 1295, n. st. (Clair., r. 104, p. 8141.)

8746   SURIENNE (FRANÇOIS DE),
Dit l'Aragonnais,
chevalier, capitaine et gouverneur de Montargis.

Sceau rond, de 40 mill. — Écu portant trois bandes, penché, timbré d'un heaume à lambrequins cimé de plumes, supporté par deux écots.

Seel de franssois de surienne

Contre-sceau : Écu aux trois bandes de la face.

franssois de surienne

Gages de la garnison de Montargis. — 16 septembre 1438. (Clair., r. 201, p. 8425.)

8747 SURIENNE (FRANÇOIS DE),
Dit l'Aragonnais, chevalier, capitaine de Saint-Germain-en-Laye.

Sceau rond, de 38 mill. — Variété du numéro précédent.

Seel de franssois.......

Gages de la garnison de Saint-Germain-en-Laye. — 28 mai 1439. (Clair., r. 201, p. 8425.)

8748 SURIENNE (FRANÇOIS DE),
Dit l'Aragonnais, chevalier, capitaine de Saint-Germain-en-Laye.

Sceau rond, de 38 mill. — Variété des numéros précédents.

Seel de franssois.......

Gages de l'office de capitaine. — 30 juin 1440. (Clair., r. 201, p. 8429.)

8749 SURIENNE (FRANÇOIS DE),
Dit l'Aragonnais, chevalier, capitaine de Gallardon.

Sceau rond, de 39 mill. — Variété des numéros précédents.

Seel de franssois de surienn.

CONTRE-SCEAU : Écu à trois fasces.

franssois de surienne

Gages de la garnison de Gallardon. — 27 août 1442. (Clair., r. 201, p. 8433.)

8750 SURIENNE (FRANÇOIS DE),
Dit l'Aragonnais, chevalier.

Sceau rond, de 35 mill. — Écu portant trois bandes, penché, timbré d'un heaume, supporté par deux écus.

Seel fran.......

Gages de la garnison de Conches. — 9 mars 1444, n. st. (Clair., r. 189, p. 7215.)

8751 SURIENNE (FRANÇOIS DE),
Dit l'Aragonnais, chevalier, capitaine de Verneuil et de Longni.

Sceau rond, de 38 mill. — Variété des numéros précédents.

Seel franssois de surienne

Gages des garnisons de Verneuil et de Longni. — 11 mai 1445. (Clair., r. 201, p. 8435.)

8752 SURIENNE (FRANÇOIS DE),
Dit l'Aragonnais, chevalier, capitaine de Verneuil et de Longni.

Sceau rond, de 36 mill. — Variété des numéros précédents.

Seel.........rienne

Gages de la garnison de Verneuil. — 1ᵉʳ février 1449, n. st. (Clair., r. 201, p. 8437.)

8753 SURREAU (PIERRE),
Receveur de Ponthieu.

Sceau rond, de 20 mill. — Écu au sautoir engrêlé cantonné de quatre têtes d'homme de profil, à la bordure; penché, timbré d'un heaume cimé d'une tête d'homme.

Pierre surreau L..el

Quittance au nom de Jean Busoir, trésorier général du dauphin. — 5 novembre 1416. (Clair., r. 104, p. 8139.)

8754 SURVIE (NICOLAS, SEIGNEUR DE),
Chevalier.

Sceau rond, de 24 mill. — Une aigle.

S' COLIN DE SORVIA ...

Ost de Flandre. — Quittance de gages. — Arras, 29 septembre 1302. (Clair., r. 104, p. 8083.)

8755 SURVIE (ROBERT DE),
Chevalier.

Sceau rond, de 20 mill. — Écu écartelé : au 1 et 4, un burelé; au 2, une étoile; au 3, un plain; dans un quadrilobe.

✠ S' .ER........

Estaldie de Douai. — Gages de Gautier de la Vaquerie, chevalier. — 14 septembre 1314. (Clair., r. 109, p. 8527.)

8756 SURVILLIERS (COLIN DE),
Écuyer.

Sceau rond, de 20 mill. — Écu à la fasce, penché, timbré d'un heaume cimé d'une tête de lévrier, supporté par un lion et un griffon.

COLIN BOVRINS

Guerres de Flandre. — Quittance de gages. — Lille, 19 septembre 1387. (Clair., r. 104, p. 8085.)

8757   SUTTON (JEAN),

Contrôleur des gens d'armes et de trait de la garnison de Caen.

Sceau rond, de 33 mill. — Écu au chevron engrêlé accompagné de trois annelets, penché, timbré d'un heaume à lambrequins cimé d'une tête de chèvre. — Légende détruite.

Gages de la garnison de Caen. — 15 novembre 1447. (Clair., r. 201, p. 8421.)

8758   SUZANNE (JEAN DE),

Seigneur de Cerny, de Hamencourt et gouverneur de Mouzon.

Sceau rond, de 28 mill. — Écu portant trois annelets, timbré d'un heaume à lambrequins.

. . . . **susame**

Ordre de faire rentrer les cens, rentes et «saulvemens» dus au roi à cause de la seigneurie de Mouzon. — 26 juin 1468. (Clair., r. 104, p. 8145.)

8759   SUZOY (JEAN DE),

Prêtre.

Sceau rond, de 20 mill. — Dans un quadrilobe, un lion assis, accompagné de la lettre M couronnée.

IEhĀ DE SVSOY PREST

Quittance d'une pension du roi de Navarre. — Évreux, 15 avril 1363. (Clair., r. 65, p. 5057.)

8760   SYSSEELE (JEAN DE),

Chevalier.

Sceau rond, de 24 mill. — Écu au sautoir cantonné de quatre quintefeuilles, sur champ réticulé.

. . . O KI . . . .

Service de guerre en Flandre. — Quittance de gages. — Bruges, 3 janvier 1300, n. st. (Clair., r. 115, p. 9017.)

8761   TACHAUT (JEAN),

Écuyer.

Sceau rond, de 21 mill. — Écu portant trois bandes engrêlées.

. . . . . **au tachau** .

Service de guerre contre les Anglais. — Quittance de gages. — Chinon, 30 octobre 1418. (Clair., r. 105, p. 8149.)

8762   TADELIN (ÉDOUARD),

De Lucques, bourgeois de Paris, commis à recevoir le dixième octroyé au roi par le Saint-Siège, dans les provinces de Lyon, etc.

Sceau rond, de 24 mill. — Écu échiqueté, penché, timbré d'un heaume, supporté par deux lions.

ED . . . . . TADELIN DE LV . . .

Quittance délivrée au collecteur de l'évêché de Séez. — 30 janvier 1349, n. st. (Clair., r. 105, p. 8149.)

8763   TADELIN (ÉDOUARD),

Trésorier du roi à Paris.

Sceau rond, de 22 mill. — Écu échiqueté, penché, timbré d'un heaume cimé d'une crête marquée d'une croix, supporté par deux lions.

S ED.ART TADELIN DE LVQVE .

Mandement aux maître et gardes de la monnaie de Rouen. — 20 décembre 1370. (Clair., r. 215, p. 9601.)

8764   TAILLEBOIS (WAUTIER),

Chevalier, capitaine de gens d'armes et de trait pour la garde de la ville de Mantes.

Fragment de sceau rond, de 50 mill. — Écu au sautoir sous un chef chargé de trois coquilles, penché, timbré de . . . , supporté par deux loups. — Légende détruite.

Gages de la garnison de Mantes. — Rouen, 22 avril 1430. (Clair., r. 201, p. 8441.)

8765   TAILLECOL (ALAIN DE),

Dit l'Abbé de Male-Paie, écuyer.

Sceau rond, de 22 mill. — Écu à la fleur de lys

accompagnée de six étoiles en orle, penché, timbré d'un heaume. Dans le champ, deux rameaux.

...L ALAIN DE TAILLEC..

Guerres de basse Normandie et de Cotentin. — Quittance de gages. — Valognes, 20 novembre 1378. (Clair., r. 105, p. 8149.)

8766 TAILLECOL (ALAIN DE),
Dit l'Abbé de Male-Paie, écuyer.

Sceau rond, de 23 mill. — Écu à la fleur de lys accompagnée de six étoiles en orle.

✠ S' ALLAIN DE TAILLECOVL

Guerres de Bretagne. — Quittance de gages. — Pontorson, 22 octobre 1379. (Clair., r. 105, p. 8151.)

8767 TAILLEFER (BELOT),
Écuyer.

Sceau rond, de 20 mill. — Écu portant trois coquilles renversées.

✠ S GILLE TALEFER

Ost de Flandre. — Quittance de gages. — Arras, 11 septembre 1302. (Clair., r. 105, p. 8151.)

8768 TAILLEVENT (GUILLAUME),
Écuyer.

Sceau rond, de 19 mill. — Écu portant un lièvre courant accompagné de trois roses, deux en chef et une en pointe, dans un trilobe.

........PUIS

Service de guerre. — Quittance de gages. — Hesdin, 17 novembre 1355. (Clair., r. 105, p. 8151.)

8769 TAILLIER (BERTRAND DU),
Écuyer.

Sceau rond, de 23 mill. — Écu au chevron chargé de... au sommet et accompagné de trois coquilles, penché, timbré d'un heaume cimé d'un vol. Dans le champ, deux rameaux.

B....N D. TALhIER

Guerres d'Auvergne. — Quittance de gages. — 4 septembre 1386. (Clair., r. 105, p. 8151.)

8770 TAISSON (RAOUL),
Chevalier.

Sceau rond, de 19 mill. — Écu fascé d'hermines et de... de quatre pièces au bâton en bande brochant.

ROVL TAI.ON...

Guerres de Normandie. — Quittance de gages. — Rouen, 13 février 1369, n. st. (Clair., r. 105, p. 8189.)

8771 TAISSON (ROBERT),
Écuyer.

Sceau rond, de 22 mill. — Écu fascé d'un diapré et d'hermines de six pièces au bâton en bande brochant.

........ASVN

Guerres de basse Normandie. — Quittance de gages. — Carentan, 10 août 1378. (Clair., r. 105, p. 8189.)

8772 TAISSON (ROBERT),
Écuyer.

Sceau rond, de 24 mill. — Écu fascé de... et d'hermines de six pièces au bâton en bande brochant, dans un trilobe.

S ROBER. ...SSON

Guerres de basse Normandie. — Quittance de gages. — 24 octobre 1380. (Clair., r. 105, p. 8189.)

8773 TAIX (PIERRE DE),
Chevalier.

Sceau rond, de 22 mill. — Écu portant deux fasces, penché, timbré d'un heaume cimé d'un quadrupède assis, sur champ réticulé.

....RT D.RSR...

Chevauchée de Bourbourg. — Quittance de gages. — 25 août 1383. (Clair., r. 105, p. 8153.)

8774 TALAIRAN (PIERRE DE),
Écuyer.

Sceau rond, de 19 mill. — Écu portant trois coquilles, dans un trilobe.

.IERRE D TA.ERE..

Guerres de Gascogne. — Quittance de gages. — 10 août 1352. (Clair., r. 105, p. 8155.)

8775 TALARU (JEAN DE),

Doyen de Lyon, élu des aides dans ce diocèse.

Sceau rond, de 24 mill. — Écu parti de plains à la bande brochant, dans un quadrilobe.

.O.AN........

Quittance de gages. — Lyon, 18 mars 1365, n. st. (Clair., r. 105, p. 8161.)

8776 TALARU (PHILIPPE DE),

Clerc et conseiller du roi.

Sceau rond, de 21 mill. — Écu parti de plains à la bande chargée d'une croisette en chef brochant, soutenu par un ange, supporté par deux hommes sauvages, dans un quadrilobe.

S PHILIPI DE ..LARV

Frais d'un voyage à Avignon. — Chalon-sur-Saône, 6 octobre 1346. (Clair., r. 105, p. 8161.)

8777 TALAY (GUIOT DE).

Écuyer.

Sceau rond, de 23 mill. — Écu à la croix ancrée ajourée en cœur.

✠ OGGL DE .....DE TALAY

Poursuite des Anglais. — Quittance de gages. — Gallardon, 5 septembre 1380. (Clair., r. 105, p. 8153.)

8778 TALAY (HÉLIOT DE),

Du bailliage de Bourges.

Sceau rond, de 20 mill. — Écu à la croix ancrée chargée d'un écusson en cœur, dans un trilobe.

S..........AY

Guerres de Vermandois. — Quittance de gages. — Saint-Quentin, 28 octobre 1339. (Clair., r. 105, p. 8153.)

8779 TALBOT (JEAN, SEIGNEUR DE)

Et de Fournival, capitaine de Coutances.

Sceau rond, de 54 mill. — Écu écartelé : au 1 et 4, un lion à la bordure engrêlée ; au 2 et 3, une bande accompagnée de six merlettes en orle ; penché, timbré d'un heaume à lambrequins cimé d'un lion, supporté par deux lions.

Sigillum iohannis dñi talbot z dr ffurno ....

Gages de la garnison de Coutances. — 10 novembre 1435. (Clair., r. 201, p. 8465.)

8780 TALBOT (JEAN, SEIGNEUR DE)

Et de Fournival, lieutenant du roi et capitaine de Rouen.

Sceau rond, de 50 mill. — Écu écartelé : au 1 et 4, un lion à la bordure engrêlée : au 2 et 3, une bande accompagnée de six merlettes en orle ; penché, timbré d'un heaume à lambrequins cimé d'un lion, supporté par deux lions.

Sig...um iehan....albot z dr ffur....ale

Réparations aux boulevards de bois du pont de Rouen par devers Saint-Sever. — 23 mai 1436. (Clair., r. 201, p. 8443.)

8781 TALBOT (JEAN, SEIGNEUR DE)

Et de Fournival, maréchal de France.

Sceau rond, de 54 mill. — Variété des types précédents.

Sigillum ...ann......nrni...

CONTRE-SCEAU : Un chien. — Sans légende.

Gages d'hommes d'armes. — 21 juillet 1438. (Clair., r. 202, p. 8477.)

8782 TALBOT (JEAN, SEIGNEUR DE)

Et de Fournival, maréchal de France, naguère capitaine de Gisors, Caudebec, Neufchâtel, et lieutenant du duc d'York à Rouen.

Sceau rond, de 58 mill. — Variété des types précédents.

Sigillñ iohis dñi ...bot z dr ffurnuvale

Gages de ses capitaineries. — 20 août 1438. (Clair., r. 202, p. 8483.)

8783 TALBOT (JEAN, SEIGNEUR DE)
Et de Fournival.

Sceau rond, de 54 mill. — Variété des types précédents.

............ðni talbot ⁊ ðr
ffurnp...

Gages d'hommes d'armes. — 2 décembre 1439. (Clair., r. 201, p. 8467.)

8784 TALBOT (JEAN, SEIGNEUR DE)
Et de Fournival,
maréchal de France, capitaine du château de Rouen.

Sceau rond, de 55 mill. — Variété des types précédents.

Sigillum iohannis ðni talb.......
.....valle

Gages de la garnison du château de Rouen. — 3 février 1442, n. st. (Clair., r. 202, p. 8479.)

8785 TALBOT (JEAN, SEIGNEUR DE)
Et de Fournival, comte de Shrewsbury, maréchal de France, capitaine de Rouen.

Sceau rond, de 54 mill. — Variété des types précédents.

Seel jehan sire ðr talbot et ......nival
mares..... fran..

Gages de la garnison du château de Rouen. — 7 juillet 1442. (Clair., r. 201, p. 8447.)

8786 TALBOT (JEAN, SEIGNEUR DE)
Et de Fournival, comte de Shrewsbury, maréchal de France.

Sceau rond, de 65 mill. — Variété des types précédents.

.....iohis comitis ...opiet.......
fourupvalle maresca........

Gages d'hommes d'armes et d'archers. — 19 août 1442. (Clair., r. 201, p. 8447.)

8787 TALBOT (JEAN, SEIGNEUR DE)
Et de Fournival, comte de Shrewsbury, maréchal de France.

Sceau rond, de 65 mill. — Variété des types précédents.

...jeh coffes ðr scherosbery.......
.......val po.........

Gages d'hommes d'armes. — 13 septembre 1442. (Clair., r. 201, p. 8449.)

8788 TALLEYRAND (HÉLIE),
Chevalier, seigneur de Grignols.

Sceau rond, de 30 mill. — Écu écartelé : au 1 et 4, un contre-écartelé de plains ; au 2 et 3, quatre fasces; penché, timbré d'un heaume cimé d'une tête de.... supporté par deux oiseaux à tête humaine.

........taleyra..... ðr granþo..

Guerres de Guienne. — Quittance de gages. — 13 décembre 1384. (Clair., r. 105, p. 8157.)

8789 TALLEYRAND (HÉLIE),
Seigneur de Grignols.

Sceau rond, de 25 mill. — Écu écartelé : au 1 et 4, un contre-écartelé de plains; au 2 et 3, quatre fasces; penché, timbré d'un heaume cimé d'une tête de lion, supporté par deux oiseaux à tête humaine, sur champ festonné.

............Gnþ..S

Défense des forteresses de Guienne. — Quittance de gages. — 1ᵉʳ avril 1386, n. st. (Clair., r. 105, p. 8157.)

8790 TALLEYRAND (RAYMOND),
Sire de Grignols et de Chalais.

Sceau rond, de 19 mill. — Écu écartelé : au 1 et 4, un plain; au 2 et 3, deux fasces.

.......ALGR.....

Establie de Montlieu et de Montguyon. — Quittance de gages. — Pons, 26 novembre 1337. (Clair., r. 105, p. 8155.)

8794 TALMAS (PIERRE DE).
Receveur des aides au diocèse d'Amiens.

Sceau rond, de 20 mill. — Écu au chevron accompagné de trois trèfles, soutenu par un homme sauvage, supporté par deux lions, dans un quadrilobe.

.....RG DG ....MAR.

Quittance de 30 francs d'or prêtés au roi par Jean le Sénéchal, avocat à Amiens. — Amiens, 7 mai 1372. (Clair., r. 105, p. 8195.)

8792 TALMONT
(Louis d'Espagne, chevalier, comte de).

Sceau rond, de 28 mill. — Écu parti : au 1, un semé de fleurs de lys ; au 2, un château, coupé d'un lion ; sur champ réticulé, dans un quadrilobe.

...OMITIS TA.........

Défense du château de Talmont. — Quittance de gages. — Saintes, 2 juillet 1340. (Clair., r. 43, p. 3235.)

8793 TALORESSE (ESTEVENOT DE),
l'ecuyer, capitaine de la tour du Crest-Arnaud, bailli de Montferrand.

Sceau rond, de 33 mill. — Écu portant un housseau éperonné, penché, timbré d'un heaume cimé d'un vol, supporté par deux lions.

S estevenot de talouresse

Gages de l'office de capitaine. — 14 mars 1458, n. st. (Clair., r. 105, p. 8161.)

8794 TAMPASTURE (MARC DE),
Du bailliage d'Amiens.

Sceau rond de 18 mill. — Écu portant trois molettes, dans un trilobe.

✠ S'.....G BIAVCARNG

Guerres de Vermandois. — Quittance de gages. — Saint-Quentin, 29 octobre 1389. (Clair., r. 105, p. 8163.)

8795 TANAT (DAVID),
Écuyer.

Sceau rond, de 32 mill. — Écu au chevron accompagné de trois fers de flèche la pointe en bas,

penché, timbré d'un heaume cimé d'une tête de cerf, supporté à sénestre par une damoiselle.

Seel david tanat

Service de guerre à Paris. — Quittance de gages. — 10 janvier 1416, n. st. (Clair., r. 105, p. 8165.)

8796 TANCARVILLE
(Guillaume d'Harcourt, chevalier, comte de), conseiller et chambellan du roi.

Sceau rond, de 48 mill. — Écu écartelé : au 1 et 4, deux fasces ; au 2, un semé de fleurs de lys au lambel ; au 3, trois bandes à la bordure ; sur le tout, un écusson chargé de... à la bordure ; penché, timbré d'un heaume cimé d'une touffe, supporté par deux lions.

..... de harcort cote de tacaruile de mogomeri vicote de.....

Quittance de pension. — 3 mai 1453. (Clair., r. 167, p. 5152.)

8797 TANCARVILLE
(Guillaume d'Harcourt, chevalier, comte de).

Sceau rond, de 60 mill. — Écu à deux fasces, penché, timbré d'un heaume à lambrequins cimé d'une touffe, supporté par un lion et un griffon tenant chacun une bannière ; celle de dextre écartelée : au 1 et 4, de trois bandes à la bordure ; au 2 et 3, d'un semé de fleurs de lys au lambel ; celle de sénestre écartelée : au 1 et 4, d'un écusson en abîme à l'orle d'angemmes ; au 2, de neuf besants, 3, 3 et 3, sous un chef ; au 3, de trois fasces à la barre brochant.

S de guille cote de Tancaruille z de mogomeri.......

Contre-sceau : Un écu à l'écusson en abîme accompagné d'angemmes en orle. — Sans légende.

Quittance de pension. — 10 juillet 1476. (Clair., r. 167, p. 5163.)

8798 TANCARVILLE
(Guillaume, comte de), vicomte de Melun, connétable et chambellan héréditaire de Normandie, maître et général réformateur des eaux et forêts du royaume.

Sceau rond, de 37 mill. — Écu écartelé : au 1 et 4, neuf besants sous un chef ; au 2 et 3, un écusson en abîme accompagné de huit étoiles en orle; penché, timbré d'un heaume cimé d'une tête de bœuf, supporté par deux chiens, sur champ de rinceaux. — Légende détruite.

Gages de l'office de général réformateur. — 2 août 1400. (Clair., r. 178, p. 6199.)

8799 TANCARVILLE

(Guillaume, comte de),
vicomte de Melun, conseiller du roi,
connétable et chambellan héréditaire de Normandie,
capitaine du château de Rouen.

Sceau rond, de 40 mill. — Variété du numéro précédent.

s guille cote de tacarville vicote
de mellenn

Gages de la garnison du château de Rouen. — Quittance. — 24 mars 1416, n. st. (Clair., r. 178, p. 6221.)

8800 TANCARVILLE

(Guillaume de Melun, comte de).

Sceau rond, de 60 mill. — Écu à deux fasces, penché, timbré d'un heaume à lambrequins cimé d'une touffe, supporté par un lion et un griffon : le premier tenant une bannière écartelée : au 1 et 4, de trois bandes à la bordure; au 2 et 3, d'un semé de fleurs de lys au lambel; le second tenant une bannière écartelée : au 1 et 4, d'un écusson en abîme accompagné de huit quintefeuilles en orle; au 2, de sept besants, 3, 3 et 1, sous un chef; au 3, de trois fasces à la barre brochant.

s de guille cote de la . . . . . . vicot.
. . . . elle . . . . .

CONTRE-SCEAU : Écu à l'écusson en abîme accompagné de huit quintefeuilles en orle. — Sans légende.

Quittance de pension. — 22 juin 1477. (Clair., r. 178, p. 6245.)

8801 TANCARVILLE

(Henri Gray, comte de).

Sceau rond, de 48 mill. — Écu écartelé : au 1 et 4, un lion à la bordure engrêlée; au 2 et 3, un lion; sur le tout un écusson à la bordure besantée; penché, timbré d'un heaume cimé d'une tête de bélier, supporté par deux griffons, sur champ réticulé.

. . . el henry gray . . . .

Gages de la garnison de Tancarville. — Quittance. — 12 octobre 1440. (Clair., r. 165, p. 4943.)

8802 TANCARVILLE

(Henri Gray, comte et capitaine de).

Sceau rond, de 56 mill. — Écu écartelé : au 1 et 4, un lion à la bordure engrêlée; au 2 et 3, un lion; sur le tout, un écusson plain; penché, timbré d'un heaume à lambrequins cimé d'une tête de . . .

. . . enry g . . . . . . te de . . . . .

Gages de la garnison de Tancarville. — Quittance. — 26 décembre 1440. (Clair., r. 165, p. 4943.)

8803 TANCARVILLE

(Ide de Marigny, comtesse de),
dame de Manneville.

Sceau rond, de 23 mill. — Écu parti : au 1, six besants, 3, 3, sous un chef, coupé d'un écusson accompagné de huit étoiles en orle; au 2, deux fasces; dans un quadrilobe orné d'oiseaux et de griffons. — Légende détruite.

Quittance d'une rente sur la recette de Gisors. — 23 octobre 1382. (Clair., r. 177, p. 6171.)

8804 TANCARVILLE

(Ide de Marigny, comtesse de),
dame de Manneville.

Sceau rond, de 32 mill. — Écu en losange parti : au 1, neuf besants, 3, 3 et 3, sous un chef, coupé d'un écusson accompagné de huit étoiles en orle; au 2, deux fasces; accompagné des figures symboliques des quatre évangélistes, dans un quadrilobe.

✠ ide de marregny cotesse de tacarville
da . . . . . manneville

Quittance d'une rente sur la vicomté de Gisors. — 10 octobre 1383. (Clair., r. 177, p. 6173.)

8805 TANCARVILLE (JEAN, COMTE DE),
vicomte de Melun, chambellan de France.

Sceau rond, de 29 mill. — Écu écartelé: au 1 et 4, sept besants, 3, 3 et 1, sous un chef; au 2 et 3, un écusson accompagné de huit étoiles en orle; penché, timbré d'un heaume cimé d'une tête de bœuf, supporté par deux lions, dans un quadrilobe.

S IEhA D MALEVN SEGN.......
..NQVERVILLE CHR

Quittance délivrée au receveur général des aides. — Paris, 31 mai 1364. (Clair., r. 177, p. 6149.)

8806 TANCARVILLE (VICOMTÉ DE).

Contre-sceau rond, de 25 mill. — Écu parti: au 1, un écusson accompagné d'étoiles en orle; au 2, un fascé de six pièces.

✠ 9T... DE LA VICO.......ILE

Quittance d'une somme due par le duc de Normandie. — 26 mars 1362, n. st. (Clair., r. 179, p. 6291.)

8807 TANGRY (GUILLAUME DE),
Écuyer, châtelain de Souverain-Moulin.

Sceau rond, de 19 mill. — Écu portant trois chevrons.

...ILL........

Garde du château de Souverain-Moulin. — Quittance de gages. — Bavelinghem, 12 juillet 1355. (Clair., r. 106, p. 8285.)

8808 TANGRY (JEAN DE),
Écuyer.

Sceau rond, de 20 mill. — Écu portant trois chevrons, penché, timbré d'un heaume figurant une tête humaine coiffée d'un chapeau cimé de deux bois de cerf.

...L IEhA .. TONGR.

Guerres de Poitou et de Saintonge. — Quittance de gages. — Poitiers, 2 janvier 1357, n. st. (Clair., r. 106, p. 8285.)

8809 TANLAY (PIERRE DE),
Chevalier.

Sceau rond, de 26 mill. — Écu portant trois tourteaux au lambel, penché, timbré d'un heaume cimé de..., supporté par deux griffons.

.....RE ....LA....

Chevauchée de Flandre. — Quittance de gages. — 25 août 1383. (Clair., r. 105, p. 8167.)

8810 TANNAY (GUILLAUME DE),
Écuyer.

Sceau rond, de 22 mill. — Écu à la bande chargée d'une croisette en chef, penché, timbré d'un heaume cimé d'un croissant, supporté par deux lions.

S' .....LE DE TANEY

Poursuite des Anglais, sous le duc de Bourgogne. — Quittance de gages. — Paris, 17 octobre 1380. (Clair., r. 105, p. 8167.)

8811 TANQUES (JEAN DE),
Écuyer.

Sceau rond, de 20 mill. — Écu portant trois aiglettes, dans un trilobe.

.......NQVES

Garde de la ville de Gravelines. — Quittance de gages. — 1er décembre 1386. (Clair., r. 105, p. 8193.)

8812 TARGNY (JEAN),
Lieutenant et commis. à Chauny, des élus du diocèse de Noyon.

Sceau rond, de 22 mill. — Écu portant une rose accompagnée d'une étoile en chef et à dextre, soutenu par un ange?, supporté par deux lions.

IEh.. ...gny

Quittance de gages. — 12 octobre 1327. (Clair., r. 105, p. 8171.)

8813 TAVERNE (RENAUD),
Sergent fieffé de Coifly.

Sceau rond, de 16 mill. — Écu à la fasce.

S .ENRE TAVN.

Quittance de gages. — 30 septembre 1352. (Clair., r. 105, p. 8171.)

8814 TELLES ? (ARNAUD DES),
Écuyer.

Sceau rond, de 15 mill. — Écu fascé de six pièces, la première pièce chargée à dextre d'une croisette.

✶ S A.navt de .ellis

Service de guerre. — Quittance de gages. — Arras, 13 septembre 1301. (Clair., r. 45, p. 3345.)

8815 TELLIER (GUILLAUME LE),
Élu des aides au diocèse de Coutances.

Sceau rond, de 16 mill. — Écu au sautoir cantonné de quatre lions, penché, timbré d'un heaume cimé d'une tête de chèvre.

Guillanme le tellier

Quittance de gages. — 6 septembre 1414. (Clair., r. 202, p. 8487.)

8816 TELLIER (JEAN LE),
Sergent à cheval au Châtelet de Paris.

Sceau rond, de 21 mill. — Écu portant trois pélicans en leur piété, supporté par deux lions.

Ieh Le Telier

Quittance des frais d'un voyage en Normandie. — 24 septembre 1403. (Clair., r. 202, p. 8491.)

8817 TELLIER (MICHEL LE),
Écuyer.

Sceau rond, de 23 mill. — Écu portant trois gerbes?, penché, timbré d'un heaume.

✶ S Michiel le Tillier

Poursuite des Anglais. — Quittance de gages. — 31 mai 1419. (Clair., r. 106, p. 8259.)

8818 TEMPLE (GUILLAUME DU),
Écuyer.

Sceau rond, de 23 mill. — Écu au chevron accompagné de trois merlettes, penché, timbré d'un heaume cimé d'une tête de griffon, supporté par deux lions.

Gvilem dv Teple

Guerres de Guienne. — Quittance de gages. — Montignac, 26 janvier 1408, n. st. (Clair., r. 105, p. 8179.)

8819 TENEU (COLART DE),
Écuyer.

Sceau rond, de 20 mill. — Écu fascé de six pièces, la première pièce chargée de trois étoiles.

✶ Colar . . . .nev

Guerres de Poitou et de Saintonge. — Quittance de gages. — Poitiers, 2 janvier 1357, n. st. (Clair., r. 105, p. 8179.)

8820 TENROY (ROGER DE).

Sceau rond, de 22 mill. — Un faucon liant un oiseau.

✶ S' Rogier de Te...i asc'

Ost de Flandre. — Quittance de gages. — Arras, 11 septembre 1302. (Clair., r. 26, p. 1943.)

8821 TERNANT (HUGUES, SEIGNEUR DE).
Chevalier banneret.

Sceau rond, de 28 mill. — Écu échiqueté, penché, timbré d'un heaume cimé de . . . Dans le champ, deux rameaux.

Seel hve de .ernent

Service de guerre contre les ennemis du royaume qui sont à Saint-Denis. — Quittance de gages. — 28 octobre 1411. (Clair., r. 105, p. 8181.)

8822 TERNANT (PHILIPPE DE),
Chevalier.

Sceau rond, de 35 mill. — Écu échiqueté, penché, timbré d'un heaume cimé d'un personnage à mi-corps, supporté par deux dames.

. . . . . hilippe . . . .

Défense de Corbeil. — Quittance de gages. — 12 août 1430. (Clair., r. 105, p. 8183.)

8823 TERNIER (ÉDOUARD DE),
Écuyer.

Sceau rond, de 19 mill. — Écu portant trois pals à la bande brochant, dans un trilobe.

EDVAR. ...NIE.

Guerres de Vermandois. — Quittance de gages. — Saint-Quentin, 25 octobre 1339. (Clair., r. 31, p. 2317.)

8824 TERRIDE (BERTRAND DE),
Sénéchal de Bigorre.

Sceau rond, de 26 mill. — Écu portant un treillissé. — Légende détruite.

Guerres de Gascogne. — Quittance de gages. — «Mongarot» d'Armagnac, 2 septembre 1355. (Clair., r. 105, p. 8169.)

8825 TERRIDE (BERTRAND DE),
Vicomte des Gimois.

Sceau rond, de 27 mill. — Écu parti : au 1, un treillissé; au 2, un semé de besants; dans un trilobe. — Légende détruite.

Guerres de Gascogne. — Quittance des gages d'Arnaud Beral, sire et capitaine de Sarsac. — 23 septembre 1355. (Clair., r. 13, p. 827.)

8826 TERRIDE (BERTRAND DE),
Chevalier, sénéchal et capitaine de Bigorre.

Sceau rond, de 30 mill. — Écu parti : au 1, un treillissé; au 2, un semé de besants; penché, timbré d'un heaume cimé de deux cornes aux armes, supporté par deux lions. — Légende détruite.

Garde du pays de Bigorre. — Quittance de gages. — 20 mars 1356, n. st. (Clair., r. 105, p. 8185.)

8827 TERRIDE (BERTRAND DE),
Chevalier, sénéchal et capitaine de Bigorre.

Sceau rond, de 27 mill. — Écu parti : au 1, un treillissé; au 2, un semé de besants; dans une rose gothique. — Légende détruite.

Garde de la sénéchaussée de Bigorre. — Quittance de gages. — 28 juillet 1356. (Clair., r. 105, p. 8169.)

8828 TERRIDE (BERTRAND DE),
Sénéchal de Bigorre.

Sceau rond, de 27 mill. — Écu parti : au 1, un treillissé; au 2, un semé de besants; penché, timbré d'un heaume cimé de deux cornes aux armes, supporté par deux lions.

.....E TERIDA

Guerres de Gascogne.— Gages de Jean, comte de l'Isle-en-Jourdain. — 10 octobre 1356. (Clair., r. 62, p. 4755.)

8829 TERRIDE (RAYMOND-JOURDAIN DE),
Chevalier, sénéchal et régent de la sénéchaussée d'Agenais, capitaine de Marmande.

Sceau rond, de 31 mill. — Écu treillissé, dans une rose gothique.

........OR........

Quittance de 200 livres à lui données par Agout des Baux, capitaine en Languedoc. — Agen, 16 janvier 1342, n. st. (Clair., r. 105, p. 8183.)

8830 TERTRE (PIERRE DU),
Secrétaire du roi de Navarre.

Sceau rond, de 22 mill. — Écu portant trois besants ou trois tourteaux sous un chef, suspendu à un arbre, supporté par...

SIGILLVM ...RI .D 6E... E

Quittance de pension. — 4 juillet 1363. (Clair., r. 105, p. 8187.)

8831 TERTRE (PIERRE DU),
Secrétaire du roi de Navarre.

Sceau ovale, de 20 mill. — Intaille représentant Bachus jeune. — Légende détruite.

Quittance de pension. — 23 octobre 1366. (Clair., r. 105, p. 8187.)

8832 TERTRY (GUÉRARD, SIRE DE),
Chevalier.

Sceau rond, de 24 mill. — Écu portant dix losanges, 3, 3, 3 et 1, au bâton en bande brochant, penché, timbré d'un heaume cimé d'une tête de femme couronnée, supporté par deux griffons.

S GERA.....EGNEUR DE TRE.....

Poursuite des Anglais, sous le duc de Bourgogne. — Quittance de gages. — Chartres, 5 septembre 1380. (Clair., r. 105, p. 8187.)

8833 TESSON.

Voyez Taisson.

8834 TESTE (NICOLAS),

Capitaine d'arbalétriers.

Sceau rond, de 23 mill. — Une tête de profil, fruste.

✠ S nicholas testa

Garde du Lyonnais, du Beaujolais, etc. — Quittance de gages. — 8 février 1421, n. st. (Clair., r. 105, p. 8193.)

8835 THELD (JENNEQUIN),

Dit Baker, capitaine d'Exmes, écuyer.

Sceau rond, de 38 mill. — Fragment. Écu écartelé : au 1 et 4, un lion; au 2 et 3, un chevron accompagné de trois sextefeuilles; penché, timbré d'un heaume à volet.

.......nequin.........

Gages de la garnison d'Exmes. — 25 septembre 1445. (Clair., r. 202, p. 8495.)

8836 THÉLIS (VINCENT DE),

Écuyer.

Sceau rond, de 25 mill. — Il ne reste que deux hommes sauvages supportant un heaume timbré de...

...ncent.......

Défense du Lyonnais, du Beaujolais, etc. — Quittance de gages. — 8 février 1421, n. st. (Clair., r. 105, p. 8197.)

8837 THÉMÉRICOURT (BERNARD DE),

Écuyer.

Sceau rond, de 23 mill. — Écu portant trois chevrons, penché, timbré d'un heaume cimé d'un buste de femme, sur champ réticulé.

BENARD DE TEME......

Chevauchée du Mans. — Quittance de gages. — Le Mans, 31 juillet 1392. (Clair., r. 105, p. 8197.)

8838 THÉMÉRICOURT (GUILLAUME DE),

Écuyer.

Sceau rond, de 22 mill. — Écu portant trois chevrons au lambel, penché, timbré d'un heaume, supporté par deux lions.

.......merico...

Service de guerre contre le duc de Bourgogne. — Quittance de gages. — 26 juin 1414. (Clair., r. 105, p. 8177.)

8839 THÉMINES (GILBERT DE),

Écuyer banneret.

Sceau rond, de 21 mill. — Écu portant deux béliers passant l'un sur l'autre, dans un quadrilobe.

GI.... THEMINES

Guerres de Périgord et de Quercy. — Quittance de gages. — Toulouse, 12 août 1348. (Clair., r. 105, p. 8163.)

8840 THÉROUANNE

(Eustache de Conflans, chevalier, avoué de).

Sceau rond, de 17 mill. — Écu billeté au lion au bâton en bande brochant, penché, timbré d'un heaume couronné cimé d'une tête de lion, sur champ réticulé.

SIGILLU. E.......

Quittance de gages, délivrée au receveur général du subside. — Paris, 12 juillet 1357. (Clair., r. 34, p. 2521.)

8841 THÉVALLES (JEAN DE),

Enseigne de 50 lances sous monseigneur de Vieilleville.

Signet rond, de 21 mill. — Écu portant trois annelets, surmonté d'une croix, accosté des lettres **I** et **D**, chacune entre deux croix ancrées. — Sans légende.

Quittance de gages. — 4 août 1559. (Clair., r. 202, p. 8493.)

8842 THÉVALLES (JEAN DE),

Lieutenant de 60 lances sous monseigneur de Vieilleville.

Signet rond, de 19 mill. — Écu portant trois annelets, timbré d'un heaume, accosté des lettres **I** et **D**. — Sans légende.

Quittance de gages. — 26 janvier 1564, n. st. (Clair., r. 202, p. 8493.)

8843 THIANT (JEAN DE),
Chevalier, bailli et capitaine de Senlis.

Sceau rond, de 38 mill. — Écu d'hermines, penché, timbré d'un heaume cimé d'une tête de... dans un vol, supporté par deux aigles. — Légende détruite.

Quittance de 25 livres pour avoir conduit un prisonnier à Paris. — 9 mars 1427, n. st. (Clair., r. 31, p. 2343.)

8844 THIBAUD (HENRI),
Chevalier.

Sceau rond, de 31 mill. — Écu portant trois châteaux.

✠ S GNR....... CHEVAL

Constitution de la dot de sa fille. — mai 1281. (Clair., r. 210, p. 9167.)

8845 THIBAUD (HENRI),
D'eAlzonayn, écuyer banneret.

Sceau rond, de 24 mill. — Écu à la bande, penché, timbré d'un heaume cimé de deux rais à six branches pommetées, supporté par deux lions.

..... I THIOBALDI DE ASEB.RC

Guerres de Vermandois et de Cambrésis. — Quittance de gages. — Saint-Quentin, 15 septembre 1339. (Clair., r. 105, p. 8201.)

8846 THIBAUD (HENRI),
Chevalier.

Signet rond, de 18 mill. — Écu portant trois châteaux, dans une rose gothique. — Sans légende.

Guerres de Saintonge. — Restor d'un cheval. — Paris, 20 septembre 1340. (Clair., r. 105, p. 8201.)

8847 THIBAUD (JACQUES),
Écuyer.

Sceau rond, de 21 mill. — Écu parti : au 1, une fasce accompagnée d'une rose ou d'une marguerite en chef; au 2, une barre accompagnée d'une étoile en chef; supporté par deux dragons, dans un trilobe.

IACOB THI.AVT

Guerres de Berry, d'Auvergne et de Nivernais. — Gages de Jean de Chamberet, écuyer. — Nevers, 12 février 1368, n. st. (Clair., r. 31, p. 2295.)

8848 THIBAUD (PIERRE),
Capitaine d'arbalétriers.

Sceau rond, de 23 mill. — Écu à la croix cantonnée au 1 d'une étoile; au 2 et 3, d'un croissant; au 4, d'une rose.

...RRG........

Garde du Crotoy. — Quittance de gages. — 14 septembre 1416. (Clair., r. 105, p. 8203.)

8849 THIBOUVILLE (GUILLAUME DE).
Chevalier.

Sceau rond, de 20 mill. — Écu d'hermines à la fasce, timbré d'un rameau.

✠ G DE TIBOVVILLE

Guerres de Normandie. — Quittance de gages. — Bayeux, 3 novembre 1387. (Clair., r. 105, p. 8203.)

8850 THIBOUVILLE (GUILLAUME DE),
Chevalier.

Sceau rond, de 21 mill. — Écu d'hermines à fasce chargée d'un écusson à dextre.

2 G.......OV....G

Guerres de Normandie. — Quittance de gages. — Bayeux, 20 septembre 1388. (Clair., r. 105, p. 8205.)

8851 THIBOUVILLE (GUILLAUME DE).
Chevalier.

Sceau rond, de 25 mill. — Écu d'hermines à la fasce chargée d'un écusson à dextre, penché, timbré d'un heaume cimé d'une tête de coq, supporté par un homme sauvage et un lion.

GVILL DE THIBOVVILE

Guerres de Guienne. — Quittance de gages — Bourges, 3 novembre 1406. (Clair., r. 105, p. 8203.)

8852 THIBOUVILLE (ROBERT DE),
Chevalier, commis à recevoir des montres.

Sceau rond, de 24 mill. — Écu d'hermines à la fasce au bâton en bande brochant, dans un trilobe. — Légende détruite.

Montre de Robert de Neufbourg et de Guillaume de Mainbeville. — 3 juillet 1347. (Clair., r. 106, p. 8237.)

8853 THIERRY (PIERRE),

Commis des aides au doyenné rural de Curchy.

Sceau rond, de 20 mill. — Écu à la fasce accompagnée d'une étoile entre deux annelets en chef et d'une étoile en pointe, dans une rose gothique. — Légende détruite.

Quittance de frais et de gages, délivrée au receveur de Noyon. — 28 mars 1377, n. st. (Clair., r. 105, p. 8207.)

8854 THIERRY (ROBERT),

Écuyer.

Sceau rond, de 19 mill. — Écu portant trois chevrons accompagnés d'une étoile en chef et à dextre. Dans le champ, trois palmes.

S ROBERT GIERRI

Guerres de l'Orléanais et du Blésois. — Quittance de gages. — Orléans, 19 juin 1358. (Clair., r. 105, p. 8187.)

8855 THIEULOYE (GILLES, SIRE DE LA),

Chevalier.

Sceau rond, de 19 mill. — Écu au lion.

S GI.LE DE LE ....IE CHR

Guerres de Picardie. — Quittance de gages. — Juillet 1371. (Clair., r. 37, p. 2805.)

8856 THIEULOYE (GILLES, SIRE DE LA),

Chevalier.

Sceau rond, de 25 mill. — Écu au lion, penché, timbré d'un heaume cimé d'une tête de lion dans un vol, sur champ de rinceaux.

.....S SIRE DE LA TILOYE

Guerres de Picardie. — Quittance de gages. — Corbie, 4 août 1380. (Clair., r. 106, p. 8245.)

8857 THIÉVILLE (HENRI DE),

Chevalier.

Sceau rond, de 25 mill. — Écu portant deux bandes cotoyées de sept coquilles, 1, 3 et 3, penché, timbré d'un heaume cimé d'un vol, supporté par deux lions.

S HENRI ..RE DE TH.......

Service de guerre. — Quittance de gages. — Pontorson. 18 mai 1371. (Clair., r. 105, p. 8209.)

8858 THIÉVILLE (HENRI, SIRE DE),

Lieutenant des maréchaux de France.

Sceau rond, de 26 mill. — Écu portant deux bandes cotoyées de sept coquilles, 1, 3 et 3, penché, timbré d'un heaume cimé d'un vol, supporté par une dame et un griffon.

...ENR........

Montre du Bègue de Fayel, chevalier, reçue à Saint-Lô, le 1er mai 1372. (Clair., r. 106, p. 8245.)

8859 THIÉVILLE (HENRI DE).

ET

MASUIER (ROGER LE),

Chevaliers, commis à recevoir les montres en basse Normandie.

Sceau commun rond, de 28 mill. — Écu parti : au 1, deux bandes cotoyées de cinq coquilles, 1, 2 et 2; au 2, un chevron à l'orle.

S HENRI ....

Montre de Raoul Tuisson, chevalier, reçue à Saint-Lô, le 1er mai 1373. (Clair., r. 105, p. 8209.)

8860 THIL (JEAN, SEIGNEUR DE),

Chevalier banneret.

Sceau rond, de 34 mill. — Écu écartelé : au 1 et 4, trois lions; au 2 et 3, un billeté au lion; suspendu au cou d'un lion, supporté par deux aigles, dans un quadrilobe. — Légende détruite.

Charte en blanc préparée pour une quittance devant être donnée à Troyes, 24 juin 1387. (Clair., r. 105, p. 8213.)

8861 THIL (PIERRE DE).

Sire de Saint-Deury.

Sceau rond, de 21 mill. — Écu portant trois lions,

penché, timbré d'un heaume à volet cimé de deux cornes, sur champ réticulé.

...IERRE ...IL..

Service de guerre sous le duc de Bourgogne. — Quittance de gages. — Compiègne, 20 juillet 1369. (Clair., r. 44, p. 3263.)

8862 THIL (PIERRE DE),
Chevalier, sire de Saint-Beury.

Sceau rond, de 29 mill. — Écu portant trois lions, penché, timbré d'un heaume cimé de deux cornes, supporté par deux lions.

S PIERRE .... DE S B..RI

Guerres de Flandre. — Quittance de gages. — 25 août 1383. (Clair., r. 105, p. 8211.)

8863 THIL (JEAN DU),
Écuyer, du bailliage de Rouen.

Sceau rond, de 23 mill. — Écu à l'aigle chargée d'une étoile à l'aile dextre et accompagnée de deux fleurs de lys en chef. — Légende détruite.

Guerres de Vermandois. — Quittance de gages. — 25 septembre 1339. (Clair., r. 106, p. 8253.)

8864 THOMAS, COMTE D'ARUNDEL.

Voyez Arundel.

8865 THOMAS,
Prieur de Notre-Dame-du-Carme à Rouen.

Voyez Rouen.

8866 THOMAS (LOUISET),
Fils de Galeran Thomas, huissier de la chambre des comptes.

Sceau rond, de 17 mill. — Écu portant deux dextrochères l'un à dextre l'autre à sénestre tenant une verge accompagnée en pointe d'une fleur de lys et d'une rose?

S LOY....hOV...

Quittance de dépens faits pour la chambre des comptes. — 1ᵉʳ février 1356, n. st. (Clair., r. 105, p. 8221.)

8867 THOMAS DE BEAUFORT,
Comte du Perche.

Voyez Perche.

8868 THOMAS DE MONTAGU,
Comte de Salisbury.

Voyez Salisbury.

8869 THONNANCE (JEAN DE),
Écuyer, huissier d'armes du roi.

Sceau rond, de 24 mill. — Écu au sautoir sous un chef chargé de trois annelets, penché, timbré d'un heaume cimé de...

I ☆ ...nan...

Quittance délivrée au receveur d'Orléans. — 15 novembre 1384. (Clair., r. 105, p. 8179.)

8870 THORANNE (RAOULIN DE),
Écuyer.

Sceau rond, de 22 mill. — Écu portant trois fleurs de lys accompagnées d'une étoile en abîme, penché, timbré d'un heaume cimé d'une tête humaine, supporté par deux lions.

RAVLIN DE ThORANNE

Service de guerre contre le duc de Bourgogne. — Quittance de gages. — 24 juillet 1414. (Clair., r. 105, p. 8171.)

8871 THORNES (RICHARD),
Écuyer, lieutenant au château de Rouen du comte de Dorset, capitaine.

Sceau rond, de 32 mill. — Écu à la fasce accompagnée de trois têtes de lévrier deux en chef et une en pointe, penché, timbré d'un heaume à lambrequins cimé d'un arbre.

S Richart thornes

Gages de la garnison du château de Rouen. — 9 avril 1440. (Clair., r. 202, p. 8545.)

8872 THORS (RENAUD DE),
Chevalier banneret.

Sceau rond, de 32 mill. — Écu d'hermines sous

un chef, penché, timbré d'un heaume cimé d'un col de cygne dans un vol, supporté par une femme et un homme sauvages, dans une rose gothique. — Légende détruite.

Guerres de Guienne. — Quittance de gages. — Poitiers, 9 août 1387. (Clair., r. 105, p. 8225.)

8873 THOUARS (JEAN DE),
Chevalier banneret, seigneur de Chizé.

Sceau rond, de 21 mill. — Écu semé de fleurs de lys au franc canton chargé d'un écusson, penché, timbré d'un heaume de face couronné et cimé d'un vol.

IOhA. ᴛOAR

Guerres de Saintonge. — Quittance de gages. — Pons, 9 août 1345. (Clair., r. 106, p. 8297.)

8874 THOUARS (LOUIS, VICOMTE DE),
Chevalier.

Sceau rond, de 28 mill. — Écu semé de fleurs de lys au franc canton, penché, timbré d'un heaume de face couronné et cimé d'un vol, sur champ réticulé.

S' LOV.......Tᴇ Dᴇ TOVARS ᴀhR

Service de guerre. — Quittance de gages. — Angoulême, 28 octobre 1345. (Clair., r. 105, p. 8225.)

8875 THOUARS (MILON DE),
Seigneur de Pouzauges, chevalier.

Sceau rond, de 36 mill. — Écu semé de fleurs de lys au franc canton, penché, timbré d'un heaume cimé de deux cornes, supporté par deux griffons. — Légende détruite.

Poursuite des Anglais. — Quittance de gages. — La Rochefoucauld, 16 septembre 1418. (Clair., r. 105, p. 8227.)

8876 THOUARS (RENAUD DE),
Évêque de Luçon.

Voyez Luçon.

8877 THOUARS (TRISTAN, VICOMTE DE),
Chevalier banneret.

Sceau rond, de 37 mill. — Écu semé de fleurs de lys au franc canton, soutenu par un homme d'armes coiffé d'un heaume couronné et cimé d'un vol, tenant une lance, accosté de deux bustes de femme, supporté par deux lions.

Seel tristan vicoute de thouars z co...

Chevauchée de Flandre. — Quittance de gages. — 20 août 1383. (Clair., r. 98, p. 7603.)

8878 THOUROTTE (JEAN DE),
Chevalier.

Sceau rond, de 23 mill. — Écu au lion, penché, timbré d'un heaume cimé d'une tête de cerf.

S Iᴇhᴀn S......

Poursuite des routiers. — Quittance de gages. — Autun, 16 mars 1376, n. st. (Clair., r. 105, p. 8225.)

8879 THOUROUDE (JEAN),
Chevalier, conseiller du roi.

Sceau rond, de 19 mill. — Écu au chevron sous un chef. — Légende détruite.

Quittance de vacations dans un procès entre le procureur du roi et l'évêque d'Amiens. — .. septembre 1338. (Clair., r. 105, p. 8229.)

8880 THUBEAUVILLE (HENRI DE),
Dit Amieux, écuyer.

Sceau rond, de 21 mill. — Écu portant un lion au lambel.

S' hᴇnRY Dᴇ ᴛVBIAV...Lᴇ

Service de guerre sous le duc de Bourgogne. — 10 mai 1412. (Clair., r. 105, p. 8205.)

8881 THUBEAUVILLE (THIBAUD DE),
Maître veneur du roi,
garde et châtelain de la forêt de Crécy en Ponthieu.

Sceau rond, de 20 mill. — Écu au lion, dans un trilobe.

.....T Dᴇ TVBIᴀSVILL.

Quittance de gages. — 18 novembre 1372. (Clair., r. 105, p. 8231.)

8882 THUMERY (GOBERT),

Clerc et secrétaire du roi.

Sceau rond, de 23 mill. — Écu à la croix cantonnée de quatre boutons de rose, supporté par une dame.

S Goberti fnmeri

Frais d'un voyage à Mantes. — Quittance. — 8 août 1396. (Clair., r. 108, p. 8465.)

8883 THUREY (GÉRARD DE),

Chevalier, maréchal de Bourgogne.

Sceau rond, de 21 mill. — Écu au sautoir, penché, timbré d'un heaume de face cimé d'une tête de lion dans un vol, sur champ réticulé.

S' GIRART DG ...Y CHR

Quittance de 120 livres à lui données par Jean de Boulogne, comte de Montfort. — Saint-Omer, 30 août 1351. (Clair., r. 105, p. 8199.)

8884 THUREY (GIRARD DE),

Chevalier.

Sceau rond, de 22 mill. — Écu au sautoir.

G D ℃...

Service de guerre. — Quittance de gages. — Lyon, 19 avril 1362. (Clair., r. 106, p. 8265.)

8885 THUREY (THOMAS DE),

Écuyer.

Sceau rond, de 22 mill. — Écu au sautoir, penché, timbré d'un heaume cimé d'un buste de femme, supporté par deux lions.

..OVMAS .. ..

Garde du château et de la ville de Barbezieux. — Quittance de gages. — 31 mai 1375. (Clair., r. 105, p. 8231.)

8886 THUSY (COLART DE),

Dit Langlois, écuyer.

Sceau rond, de 24 mill. — Écu à la croix engrêlée cantonnée de quatre étoiles au lambel, penché, timbré d'un heaume cimé d'une tête de femme, sur champ de fleurettes.

S..... DG THVSY DIT LANGLOIS

Guerres du pays de Caux. — Quittance de gages. — Rouen, 15 octobre 1415. (Clair., r. 66, p. 5105.)

8887 TIERCELIN (ADRIEN),

Guidon de 50 lances sous monseigneur de Montmorency.

Signet ovale, de 22 mill. — Écu portant deux tierces en sautoir cantonnées de quatre merlettes, timbré d'un fleuron. — Sans légende.

Quittance de gages. — 24 septembre 1555. (Clair., r. 202, p. 8505.)

8888 TIERCELIN (CHARLES),

Chevalier, seigneur de la Roche-du-Maine, capitaine de 32 lances.

Sceau rond, de 34 mill. — Écu écartelé : au 1 et 4, deux tierces en sautoir cantonnées de quatre merlettes; au 2 et 3, une croix; penché, timbré d'un heaume cimé d'une tête de loup, supporté par deux lévriers.

S CHARLES TIERCELIN

Gages de l'office de capitaine. — 4 février 1526, n. st. (Clair., r. 202, p. 8511.)

8889 TIERCELIN (CHARLES),

Chevalier, seigneur de la Roche-du-Maine, etc., capitaine de 50 hommes d'armes, lieutenant en la ville de Mouzon, capitaine de Beaumont-en-Argonne.

Sceau rond, de 37 mill. — Écu portant deux tierces en sautoir cantonnées de quatre merlettes, penché, timbré d'un heaume cimé d'une tête de loup dans un vol, supporté par deux lévriers.

MESIRE CHARLES TIERCELIN CHEVALIER

Gages de l'office de capitaine. — Au camp à Crèvecœur près Cambrai, 29 juillet 1554. (Clair., r. 202, p. 8519.)

8890 TIERCELIN (CHARLES),

Chevalier, seigneur de la Roche-du-Maine, capitaine de 40 lances.

Sceau rond, de 43 mill. — Écu écartelé : au 1 et 4,

une croix; au 2 et 3, deux tierces en sautoir cantonnées de quatre merlettes; penché, timbré d'un heaume cimé d'une tête de loup dans un vol.

CHARLES TIERCELIN CHLR

Gages de l'office de capitaine. — 6 août 1531. (Clair. r. 202, p. 8519.)

8891 TIERCELIN (JACQUES),
Lieutenant de la compagnie de monseigneur de Brosse.

Signet rond, de 21 mill. — Écu écartelé : au 1 et 4, deux tierces en sautoir cantonnées de quatre merlettes; au 2 et 3, une croix ancrée. — Sans légende.

Quittance de gages. — 1ᵉʳ février 1564, n. st. (Clair. r. 202, p. 8507.)

8892 TIERCENT (ALAIN DU),
Écuyer.

Sceau rond, de 24 mill. — Écu portant une fasce fuselée de quatre pièces au lambel, dans une rose gothique.

S ALAIN DV TIERCENT

Guerres de Bretagne. — Quittance de gages. — Pontorson, 8 septembre 1379. (Clair., r. 106, p. 8241.)

8893 TIERCENT (JEAN DU),
Seigneur du lieu, conseiller et chambellan du roi, capitaine de la Cité.

Sceau rond, de 39 mill. — Écu à la fasce fuselée de quatre pièces.

✳ **Seel iehan . . . . er**

Quittance délivrée au grènetier de la Cité. — 9 mai 1482. (Clair., r. 106, p. 8243.)

8894 TIGIER (JEAN),
Sergent à pied du guet de nuit de Paris.

Signet rond, de 15 mill. — La Vierge à mi-corps tenant l'enfant Jésus et un sceptre fleuronné. — Légende détruite.

Gages de son office. — 1ᵉʳ septembre 1396. (Clair., r. 106, p. 8245.)

8895 TIGNÉ (JEAN DE),
Écuyer, capitaine de Châtillon.

Sceau rond, de 26 mill. — Écu portant une croix pattée, penché, timbré d'un heaume cimé d'une tête de griffon dans un vol, supporté par deux griffons.

. . hAN DE TIGNE

Garde de Châtillon. — Quittance de gages. — 28 avril 1420. (Clair., r. 106, p. 8249.)

8896 TIGNÉ (NICOLAS DE),
Chevalier.

Sceau rond, de 25 mill. — Écu à la croix pattée, penché, timbré d'un heaume cimé d'une tête de griffon dans un vol, entouré d'un cercle orné de fleurettes.

S NICOLAS DE THIGNE

Projet de descente en Angleterre. — Quittance de gages. — Lille, 20 octobre 1386. (Clair., r. 106, p. 8249.)

8897 TIGNONVILLE
(Guillaume, seigneur de), chevalier, conseiller et chambellan du roi, prévôt de Paris.

Sceau rond, de 25 mill. — Écu portant six macles, penché, timbré d'un heaume de face cimé d'une touffe, accosté de deux fleurs de chardon?

S GVILLE DE TH. GNON. ILLE

Déclaration au sujet de quatre setiers de sel reçus pour la dépense de son hôtel. — 3 février 1403, n. st. (Clair. r. 105, p. 8211.)

8898 TIGNONVILLE (LOUIS DE),
Chevalier.

Sceau rond, de 20 mill. — Écu portant six macles.

✳ **LOIS . . . . VIL**

Service de guerre sous Louis de Sancerre, maréchal de France. — Quittance de gages. — 31 mai 1389. (Clair., r. 106, p. 8251.)

8899 TIGNY (PHILIPPOT DE),
Écuyer, du bailliage d'Orléans.

Sceau rond, de 17 mill. — Écu portant une bande

engrêlée au lambel à la bordure, dans une rose gothique. — Légende détruite.

Service de guerre. — Quittance de gages. — Paris, 15 novembre 1339. (Clair., r. 106, p. 8247.)

8900 TILLAY (ANTOINE DE),

Écuyer, conseiller et chambellan du roi, seigneur d'Asnières, commis à recevoir les montres.

Sceau rond, de 33 mill. — Écu à la bande chargée de cinq losanges, penché, timbré d'un heaume cimé d'une tête de loup dans un vol, supporté par deux griffons.

seel antboine .... dangeres

Montre de Joachim Rouault, seigneur de Boismémard et de Gamaches, maréchal de France, reçue à Dieppe, le 5 novembre 1474. (Clair., r. 202, p. 8525.)

8901 TILLAY (JAMET DE),

Conseiller du roi, bailli de Vermandois, commis à recevoir les montres en Normandie.

Sceau rond, de 36 mill. — Écu à la bande chargée de cinq losanges, penché, timbré d'un heaume cimé d'une tête de loup dans un vol, supporté par deux lions.

S tame . . . tilla .

Montre de M. d'Orval, capitaine de Bayeux, reçue le 8 juillet 1452. (Clair., r. 187, p. 6997.)

8902 TILLAY (JEAN DE),

Chevalier.

Sceau rond, de 25 mill. — Écu portant une aigle au bâton en bande brochant, penché, timbré d'un heaume cimé d'une tête d'aigle dans un vol, supporté par deux lions.

S IOHAN DE TILLAY

Guerres du pays de Caux. — Quittance de gages. — Harfleur, 13 août 1378. (Clair., r. 106, p. 8257.)

8903 TILLAY (JEAN DE),

Chevalier.

Sceau rond, de 27 mill. — Écu portant une aigle au bâton en bande brochant, penché, timbré d'un heaume cimé d'une tête d'aigle dans un vol, supporté par deux lions.

IOHAN DE .ILLAY

Chevauchée de Bourbourg. — Quittance de gages. — 6 septembre 1383. (Clair., r. 106, p. 8259.)

8904 TILLÉE (LANCELOT DE LA),

Écuyer.

Sceau rond, de 18 mill. — Écu portant deux fasces accompagnées de trois besants ou trois tourteaux en chef.

lancelot de la tillaye

Service de guerre contre les Anglais. — Quittance de gages. — 12 juin 1420. (Clair., r. 105, p. 8175.)

8905 TILLET (OUDET DE),

Écuyer, capitaine de Campagne.

Sceau rond, de 19 mill. — Écu à la fasce, dans un trilobe.

S hODET DE TILhET

Garde de Campagne sous le gouvernement de Jean, comte d'Armagnac. — Quittance de gages. — 18 février 1355, n. st. (Clair., r. 106, p. 8255.)

8906 TILLEUL (JEAN DU),

Clerc de la chambre aux deniers de la reine de Navarre.

Sceau rond, de 21 mill. — La Vierge debout, tenant l'enfant Jésus, accostée de deux rameaux.

SIGILLVM IO..IS DE TILLIACO

Dépens de la reine allant en Navarre. — 1ᵉʳ juin 1366. (Clair., r. 106, p. 8257.)

8907 TILLIÈRES (JEAN DE),

Écuyer.

Sceau rond, de 22 mill. — Écu billeté au lion.

..... DE ThILLIERES

Guerres de Normandie. — Quittance de gages. — Rouen, 25 septembre 1415. (Clair., r. 106, p. 8261.)

8908 TILLON (OLIVIER),

Avocat et conseiller du roi de Sicile.

Sceau rond, de 22 mill. — Écu portant deux épées en sautoir, la pointe en bas, à la bordure; penché, timbré d'un heaume cimé d'une tête de griffon, supporté par deux lions.

..IVIGR TIL...

Quittance de pension. — 13 juillet 1402. (Clair., r. 106, p. 8261.)

8909 TILLOY (MATHIEU DE),

Archidiacre de la Rivière en l'église de Soissons, élu de ce diocèse.

Sceau rond, de 22 mill. — Écu à la bande engrêlée accompagnée d'un écusson en chef et à sénestre, au lambel, dans un quadrilobe.

...ҺGI........

Quittance de gages. — 26 janvier 1365, n. st. (Clair., r. 106, p. 8261.)

8910 TILLOY (PIERRE DE),

Écuyer.

Sceau rond, de 22 mill. — Écu écartelé : au 1 et 4, trois...; au 2 et 3, un burelé; penché, timbré d'un heaume cimé d'une tête d'aigle, supporté par une dame et un lion.

S PIGR.........

Guerres de la frontière de Picardie. — Quittance de gages. — Avril 1382. (Clair., r. 106, p. 8261.)

8911 TILLY (AUBERT DE),

Écuyer.

Sceau rond, de 23 mill. — Écu au lion contourné sous un chef chargé de trois feuilles ou trois fruits.

S aubert de tiley

Garde de la ville de Montivilliers. — Quittance de gages. — 12 juin 1416. (Clair., r. 106, p. 8259.)

8912 TILLY-GARNETOT (JEAN DE),

Chevalier, seigneur de Garnetot.

Sceau rond, de 26 mill. — Écu portant une fleur de lys au lambel, penché, timbré d'un heaume cimé d'une tête de biche? dans un vol, supporté par un lévrier et un griffon.

...L IGҺAN DG TILLG

Quittance de pension, délivrée au receveur de Carentan. — 30 mai 1367. (Clair., r. 106, p. 8263.)

8913 TILLY-GARNETOT (JEAN DE).

Chevalier.

Sceau rond, de 25 mill. — Écu à la fleur de lys, timbré d'un heaume de face, supporté par deux griffons. — Légende détruite.

Chevauchée de Flandre. — Quittance de gages. — 31 août 1383. (Clair., r. 106, p. 8263.)

8914 TILLY-GARNETOT (JEAN DE),

Chevalier.

Sceau rond, de 22 mill. — Écu à la fleur de lys accompagnée d'une étoile en chef et à dextre.

✱ IGҺAN........

Guerres de Normandie. — Quittance de gages. — Bayeux, 3 novembre 1387. (Clair., r. 106, p. 8265.)

8915 TILLY-GARNETOT (PIERRE DE).

Écuyer,
contrôleur des gens d'armes et de trait de la garnison d'Exmes.

Sceau rond, de 25 mill. — Écu à la fleur de lys, penché, timbré d'un heaume cimé d'une tête de lion. — Légende détruite.

Quittance de gages. — 18 août 1446. (Clair., r. 106, p. 8265.)

8916 TINIÈRES (JEAN DE),

Chevalier.

Sceau rond, de 30 mill. — Écu à la fasce fuselée de sept pièces, penché, timbré d'un heaume à lambrequins cimé d'un oiseau. — Légende détruite.

Poursuite des Anglais. — Quittance de gages. — 31 mai 1419. (Clair., r. 106, p. 8267.)

8917 TINIÈRES (PIERRE DE),
Écuyer.

Sceau rond, de 24 mill. — Écu portant une croix ancrée au lambel, penché, timbré d'un heaume cimé de..., sur champ festonné.

S PEIRE .. TINEIRA

Guerres de Normandie; siège de Harfleur par les Anglais. — Quittance de gages. — Rouen, 30 septembre 1415. (Clair., r. 106, p. 8267.)

8918 TINORY? (SIMON DE),
Chevalier.

Sceau rond, de 25 mill. — Écu à la fasce denchée, penché, timbré d'un heaume couronné et cimé d'un col de cygne, sur champ réticulé.

SEE........ hLR

Frais d'un voyage à Lyon où il est allé chercher des gens d'armes pour le comte de Poitiers. — Toulouse, 6 mars 1358, n. st. (Clair., r. 106, p. 8267.)

8919 TINTRY (JEAN DE),
Chevalier.

Sceau rond, de 20 mill. — Écu à la croix engrêlée, penché, timbré d'un heaume cimé d'un vol, supporté par deux oiseaux, sur champ de rinceaux.

...EhAN DE TI...

Guerres de Poitou, Saintonge, Périgord. — Quittance de gages. — Saint-Junien-de-Vigean, 6 mars 1352, n. st. (Clair., r. 106, p. 8269.)

8920 TINTRY (JEAN, SIRE DE),
Chevalier, bailli de Chaumont.

Sceau rond, de 27 mill. — Écu à la croix engrêlée, penché, timbré d'un heaume cimé d'un vol, supporté par deux oiseaux. — Légende détruite.

Payement des gens d'armes devant le fort de Deuilly. — 23 juillet 1365. (Clair., r. 32, p. 2387.)

8921 TINTRY (JEAN, SIRE DE),
Chevalier, bailli de Chaumont.

Sceau rond, de 26 mill. — Écu à la croix engrêlée,

penché, timbré d'un heaume cimé d'un vol, supporté par deux oiseaux.

S' I..AN SIRE ....RE ChLR

Gages de gens d'armes. — 28 septembre 1365. (Clair., r. 106, p. 8269.)

8922 TIRANC (GILBERT),
Chevalier.

Sceau rond, de 23 mill. — Écu portant un écusson en abîme chargé de trois pals et accosté de deux haches adossées.

S G.......AN ....R

Guerres de Flandre et de Hainaut. — Quittance de gages. — Tournay, 8 mars 1339, n. st. (Clair., r. 108, p. 8459.)

8923 TIRANT (ROBIN LE),
Écuyer, premier valet tranchant du roi.

Sceau rond, de 25 mill. — Écu portant un lion à la bande brochant, penché, timbré d'un heaume cimé d'une tête de chèvre, sur champ festonné.

S robin le tirant

Quittance de pension. — 3 septembre 1405. (Clair., r. 106, p. 8275.)

8924 TIRECOQ (BERTRAND).
Écuyer.

Sceau rond, de 23 mill. — Écu portant trois coqs, penché, timbré d'un heaume cimé d'un coq, supporté par deux lions.

..RTRAN TIRECOO

Guerres de Bretagne. — Quittance de gages. — 8 septembre 1379. (Clair., r. 106, p. 8275.)

8925 TIREL (GUILLAUME),
Dit Taillevent, premier écuyer de cuisine du roi.

Sceau rond, de 23 mill. — Écu à la fasce portant trois marmites et accompagnée de six roses ou six quintefeuilles trois en chef et trois en pointe, dans un quadrilobe.

✱ S ..ILLAUME TIREL

Vente de barils de vin. — Quittance. — 26 novembre 1388. (Clair., r. 106, p. 8279.)

8926 TIREL (JEAN),
Écuyer, du bailliage de Caen.

Sceau rond, de 23 mill. — Écu portant une fasce au bâton en bande brochant à la bordure engrêlée.

✱ S ..ҺΛΠ T...L

Ost de Flandre. — Quittance de gages. — Arras, 30 septembre 1302. (Clair., r. 106, p. 8277.)

8927 TIREL (RICHARD),
Écuyer, du bailliage de Caen.

Sceau rond, de 20 mill. — Écu à la fasce au bâton en bande brochant et accompagnée d'une étoile en chef et à sénestre à la bordure engrêlée, dans un trilobe.

.......DI TYRΘL

Guerres de Vermandois. — Quittance de gages. — Compiègne, 25 septembre 1339. (Clair., r. 106, p. 8279.)

8928 TISON (ARNAUD).

Sceau rond, de 23 mill. — Écu portant deux lions passant l'un sur l'autre au lambel et accompagnés de la lettre A en pointe, dans un quadrilobe.

...ΠΛLDI TI...

Service de guerre entre la Loire, la Dordogne et l'Auvergne. — Quittance de gages. — Angoulême, 24 juin 1355. (Clair., r. 106, p. 8279.)

8929 TISON (HUGUES),
Chevalier.

Sceau rond, de 17 mill. — Écu billeté, au chevron.

S Һ..O.......

Guerres de Limousin, Périgord et Quercy. — Quittance de gages. — Limoges, 1ᵉʳ août 1353. (Clair., r. 106, p. 8279.)

8930 TISON (ROGER),
Chevalier.

Sceau rond, de 19 mill. — Écu à l'émanché de deux pièces et demie mouvant du flanc sénestre.

S ....R

Service de guerre. — Quittance de gages. — Amiens, 31 août 1346. (Clair., r. 106, p. 8281.)

8931 TISSERAND (JEAN LE),
Sergent de la douzaine de la ville de Paris.

Sceau rond, de 18 mill. — Écu portant une fasce au lambel? surmontant un chevron accompagné de trois étoiles en pointe, supporté par deux lions. — Légende détruite.

Gages de son office. — 22 novembre 1402. (Clair., r. 106, p. 8283.)

8932 TOANART (ROBERT),
Écuyer.

Sceau rond, de 18 mill. — Écu portant deux fasces accompagnées de deux merlettes en chef. — Légende détruite.

Guerres de l'Orléanais. — Quittance de gages. — Orléans, 6 juin 1358. (Clair., r. 106, p. 8283.)

8933 TOFLET (JACQUES),
Chevalier, du bailliage d'Amiens.

Sceau rond, de 30 mill. — Écu fretté à la fasce brochant. — Légende détruite.

Ost de Flandre. — Quittance de gages. — Arras, 10 septembre 1302. (Clair., r. 106, p. 8283.)

8934 TOLIGNY (ACARIE DE),
Écuyer.

Sceau rond, de 21 mill. — Écu parti à la bande brochant, penché, timbré d'un heaume cimé d'une touffe, dans un quadrilobe.

S ....ΠҺΘ

Assemblée de Tournay, de Saint-Quentin, etc. — Quittance de gages. — Paris, 6 septembre 1339. (Clair., r. 105, p. 8217.)

8935 TOLIGNY (GUILLAUME DE),
Chevalier.

Sceau rond, de 22 mill. — Écu parti à la bande brochant, penché, timbré d'un heaume cimé d'une tête d'ours emmuselé, sur champ réticulé.

𝔊uillaume de toulogny

Service de guerre à Paris. — Quittance de gages. — 10 janvier 1416, n. st. (Clair., r. 105, p. 8215.)

8936 TOLIGNY (GUILLAUME DE),
Chevalier, commis à recevoir les montres.

Sceau rond, de 32 mill. — Écu parti à la bande brochant, penché, timbré d'un heaume cimé d'une tête d'ours emmuselé, sur champ de rinceaux.

Guillaume de tbologny

Montre de Guillaume Prugnant, connétable d'arbalétriers, reçue à Saint-Denis, le 15 janvier 1416, n. st. (Clair., r. 105, p. 8217.)

8937 TOLLEVAST (JEAN DE),
Écuyer, capitaine d'arbalétriers.

Sceau rond, de 25 mill. — Écu portant six losanges, penché, timbré d'un heaume cimé d'un col de cygne dans un vol.

iehan de to......

Poursuite des Anglais. — Gages d'un connétable et de 16 arbalétriers. — 28 avril 1420. (Clair., r. 106, p. 8285.)

8938 TOMBES (JEAN DE),
Écuyer, du bailliage de Vermandois.

Sceau rond, de 27 mill. — Écu à la bande chargée de trois fruits.

S' IEHAN DE TOM...

Guerres de Vermandois. — Quittance de gages. — Paris, 16 novembre 1339. (Clair., r. 106, p. 8285.)

8939 TONNEINS (PIERRE DE),
Écuyer, capitaine de «Serrefront».

Sceau rond, de 20 mill. — Trois arbres.

✠ S PEIRE DE 5...ES

Guerres de Gascogne. — Garde du château de «Serrefront». — Quittance de gages. — 7 novembre 1356. (Clair., r. 34, p. 2527.)

8940 TONNEVILLE (JEAN DE),
Écuyer, du bailliage de Caen.

Sceau rond, de 22 mill. — Écu au lion à la bande chargée en chef d'une molette brochant.

✠ S' IOh DE TONEVILE ESC'

Ost de Flandre. — Quittance de gages. — 13 septembre 1302. (Clair., r. 106, p. 8287.)

8941 TONNEVILLE (JEAN DE),
Chevalier, châtelain de Rouen.

Sceau rond, de 24 mill. — Écu portant un lion au bâton en bande brochant. — Légende détruite.

Quittance délivrée au garde du clos des Galées, de deux arbalètes d'if à un pied et de deux baudres. — Rouen, 7 septembre 1347. (Clair., r. 106, p. 8287.)

8942 TONNIÈRE (PIERRE DE LA),
Écuyer d'écurie du dauphin.

Sceau rond, de 23 mill. — Écu portant un griffon.

Pierre de la t.unyere

Quittance de pension. — 22 juin 1458. (Clair., r. 107, p. 8367.)

8943 TORCENAY (HUGUENIN DE),
Écuyer.

Sceau rond, de 21 mill. — Écu à la fasce accompagnée de deux quintefeuilles en chef, penché, timbré d'un heaume cimé d'un vol.

S h D TOV..ena.

Quittance d'une rente sur la recette de Chaumont, payable au terme de la foire de Bar-sur-Aube. — 10 janvier 1393, n. st. (Clair., r. 107, p. 8327.)

8944 TORCENAY (JEAN DE),
Écuyer.

Sceau rond, de 22 mill. — Écu au chef chargé de deux roses, à la bordure. — Légende détruite.

Quittance délivrée au receveur de Champagne pour le fief d'Apremont. — 31 mai 1353. (Clair., r. 36, p. 2677.)

8945 TORCHAPEL (HENRI).

Sceau rond, de 22 mill. — Écu écartelé: au 1 et 4, un lion; au 2 et 3, un parti de plains; penché, timbré d'un heaume cimé d'une fleur?, supporté par deux aigles.

SEEL HENRY TORCHAPOL

Chevauchée du Mans. — Quittance de gages. — Le Mans, 10 août 1392. (Clair., r. 34, p. 2523.)

8946 TORCY (COLARD, SIRE DE),
Chevalier,
chambellan du roi, capitaine du château et de la ville d'Arques.

Sceau rond, de 28 mill. — Écu écartelé : au 1 et 4, un burelé au lion; au 2 et 3, une croix cantonnée de vingt croisettes 5 par 5 posées en sautoir; penché; timbré d'un heaume cimé de..., supporté par deux lions.

.......C..... SIRE DE TORCI

Gages de l'office de capitaine. — 5 juin 1389. (Clair., r. 202, p. 8539.)

8947   TOREAU (JEAN),
Élu des aides à Loudun.

Sceau rond, de 25 mill. — Écu portant un rencontre de taureau, supporté par deux lions. — Légende détruite.

Quittance de journées et chevauchées. — 8 mars 1395, n. st. (Clair., r. 106, p. 8289.)

8948   TOREL (RAOUL).

Sceau rond, de 19 mill. — Un rencontre de taureau surmonté de fleurs de lys entre les cornes.

✱ S' RAAL TOREL

Ost de Flandre. — Quittance de gages. — Arras, 15 septembre 1302. (Clair., r. 106, p. 8289.)

8949 TORSAY (ALEXANDRE, BÂTARD DE),
Écuyer.

Sceau rond, de 26 mill. — Écu portant un écusson en abîme au bâton en bande brochant, penché, timbré d'un heaume cimé d'un vol, supporté par deux lions.

ALISS..........

Service de guerre contre les Anglais. — Quittance de gages. — Au siège devant Tours, 14 décembre 1418. (Clair., r. 106, p. 8291.)

8950   TORSAY (GUILLAUME DE),
Chevalier.

Sceau rond, de 26 mill. — Écu portant un écusson en abîme, au lambel, penché, timbré d'un heaume cimé d'un vol. Dans le champ, deux rameaux.

guillame de torssay

Service de guerre contre les Anglais. — Quittance de gages. — Ruffec, 14 septembre 1418. (Clair., r. 106, p. 8293.)

8951   TORSAY (JEAN DE),
Chevalier banneret,
sénéchal de Poitou, conseiller et chambellan du roi.

Sceau rond, de 34 mill. — Écu en palette à l'écusson en abîme, penché, timbré d'un heaume cimé d'un vol, supporté par deux aigles.

seel iehan.......

Service de guerre à Paris. — Quittance de gages. — 10 décembre 1415. (Clair., r. 106, p. 8293.)

8952 TORSAY (JEAN, SEIGNEUR DE),
Chevalier, conseiller et chambellan du roi,
maître des arbalétriers de France.

Sceau rond, de 38 mill. — Écu à l'écusson en abîme, timbré d'une arbalète, accosté de deux rameaux.

.......ofice du.......arba.....

Montre d'Antoine Armentier, capitaine d'arbalétriers. — Montivilliers, 24 mars 1416, n. st. (Clair., r. 6, p. 269.)

8953   TOT (THOMAS DU),
Écuyer.

Sceau rond, de 18 mill. — Écu portant trois merlettes sous un chef.

✱ ᚦHOMAS .V ᚦOᚦ

Guerres des frontières de Normandie. — Quittance de gages. — 24 avril 1392. (Clair., r. 106, p. 8295.)

8954 TOUJOUZE (ROGER, SIRE DE),
Chevalier.

Sceau rond, de 21 mill. — Écu portant un lion couronné à queue fourchée à la bordure?, dans un encadrement gothique. — Légende détruite.

Guerres de Gascogne. — Quittance de gages. — 22 octobre 1353. (Clair., r. 106, p. 8287.)

8955 TOULONGEON (FRÉMIN, SIRE DE),
Chevalier.

Sceau rond, de 21 mill. — Écu portant trois jumelles, sur champ réticulé.

S D.....ODI DRI DG GO.....

Guerres de Vermandois et de Cambrésis. — Quittance de gages. — Cambrai, 12 octobre 1339. (Clair., r. 105, p. 8219.)

8956 TOULONGEON (GÉRARD DE),
Capitaine de la ville et du château de Corbeil.

Sceau rond, de 28 mill. — Écu portant trois jumelles accompagnées de trois coquilles en chef, penché, timbré d'un heaume cimé d'une coquille entre deux cornes, supporté par deux renards?

Girart de thoulouton

Quittance de gages. — 11 décembre 1430. (Clair., r. 105, p. 8229.)

8957 TOULOUSAIN (ANTOINE),
Juge de Viennois et de la terre de la Tour.

Sceau rond, de 21 mill. — Écu portant une sirène.

S A..... TOLOSARI ...ene

Quittance délivrée au receveur général de Dauphiné. — Grenoble, 4 janvier 1390, n. st. (Clair., r. 105, p. 8221.)

8958 TOULOUSE
(Maison commune de).

Sceau rond, de 45 mill. — Un Agnus portant la croix de Toulouse, accosté du Château narbonnais et de Saint-Sernin, sur champ réticulé.

S SEGRETUM G....... URBIS THOLOS.

Réparation des murailles et fortifications de Toulouse. — 31 mai 1438. (Clair., r. 220, p. 5.)

8959 TOUR (ANTOINE DE LA),
Dit Turquet, prévôt de l'hôtel du roi.

Sceau rond, de 37 mill. — Écu parti : au 1, une tour; au 2, un échiqueté.

✱ S ANThO..... LA TOVR CHA....... ...ERVAVLV ?

Quittance de pension. — 15 juin 1498. (Clair., r. 203, p. 8605.)

8960 TOUR (BERNARD DE LA).

Sceau rond, de 18 mill. — Un personnage debout accosté de deux écus, celui de dextre portant un oiseau, celui de sénestre fruste; dans un quadrilobe.

SA. .ERNAR.

Guerres de Gascogne. — Gages d'Arnaud de la Tour, écuyer, son frère. — Le Mas-d'Agenais, 22 septembre 1339. (Clair., r. 106, p. 8301.)

8961 TOUR (GUILLAUME DE LA),
Chevalier, sire de la Tour en partie.

Sceau rond, de 21 mill. — Écu portant un château au lambel de cinq pendants, penché, timbré d'un heaume cimé de deux cornes.

.......me .. ... .OR

Guerres d'Angoumois et de Périgord. — Quittance de gages. — Verteillac, 15 février 1352, n. st. (Clair., r. 106, p. 8303.)

8962 TOUR (GUIOT DE LA).

Sceau rond, de 24 mill. — Écu portant trois pals au sautoir brochant. — Légende détruite.

Ost de Flandre. — Quittance des gages de Guitard de Brenay. — Paris, 21 octobre 1302. (Clair., r. 21, p. 1503.)

8963 TOUR (HENRI DE LA),
Seigneur de Pierrefort.

Sceau rond, de 26 mill. — Écu à la croix chargée d'une tour en cœur et cantonnée de quatre fleurs de lys, penché, timbré d'un heaume cimé d'un vol, sur champ de rinceaux.

..... de la tour

Lise de Lenoncourt abandonne à ses deux filles Jeanne et Marguerite de Lenoncourt, la ville, seigneurie et forteresse de Florange. — 30 janvier 1431, n. st. (Clair., r. 219, p. 9975.)

8964 TOUR (JEAN DE LA),
De la vicomté de Paris.

Sceau rond, de 20 mill. — Écu à la bande côtoyée

de deux cotices au lambel, dans un trilobe. — Légende détruite.

Guerres de Vermandois. — Quittance de gages. — Saint-Quentin, 20 octobre 1339. (Clair,, r. 106, p. 8301.)

8965 TOUR (JEAN DE LA),
Chevalier.

Sceau rond, de 19 mill. — Écu à la tour.

✷ IEHAN DE LA .OVR

Guerres de Guienne. — Quittance de gages. — Périgueux, 4 avril 1407. (Clair., r. 106, p. 8311.)

8966 TOUR
(Jeanne de Lenoncourt, femme de Henri de la).

Sceau rond, de 24 mill. — Écu parti : au 1, un contre-écartelé d'une croix engrêlée et d'un lion; au 2, une croix chargée d'une tour en cœur et cantonnée de quatre fleurs de lys. — Légende détruite.

Lise de Lenoncourt abandonne à Jeanne et à Marguerite de Lenoncourt, ses filles, la ville, forteresse et seigneurie de Florange. — 30 janvier 1431, n. st. (Clair., r. 219, p. 9975.)

8967 TOUR (LOUIS DE LA),
Chevalier, chambellan du régent, dauphin de Viennois.

Sceau rond, de 31 mill. — Écu au lion, penché, timbré d'un heaume cimé d'une tête de chien, supporté par deux lions.

S .... ma d la tour

Quittance délivrée au receveur général de Languedoc. — 25 mars 1420, n. st. (Clair., r. 203, p. 8629.)

8968 TOUR (PHILIPPE DE LA),
Seigneur de Vatilliou,
lieutenant de 80 lances sous monseigneur l'amiral.

Sceau rond, de 28 mill. — Écu écartelé : au 1 et 4, un fascé de six pièces au lion brochant; au 2 et 3, une tour adextrée d'un avant-mur. — Sans légende.

Quittance de gages. — 31 juillet 1539. (Clair., r. 203, p. 8563.)

8969 TOUR (PIERRE DE LA).
Chevalier.

Sceau rond, de 22 mill. — Écu portant un château, penché, timbré d'un heaume de face couronné et cimé d'un château entre deux cols de cygne. — Légende détruite.

Service de guerre. — Quittance de gages délivrée au receveur de Saintonge. — 15 mai 1340. (Clair., r. 106. p. 8303.)

8970 TOUR (PIERRE DE LA),
Écuyer.

Sceau rond, de 16 mill. — Écu au lambel.

...IERE D. .A TO..

Service de guerre. — Quittance de gages. — Arras, 29 août 1342. (Clair., r. 106, p. 8303.)

8971 TOUR (PIERRE DE LA),
Chevalier.

Sceau rond, de 19 mill. — Écu portant une aigle éployée accompagnée en chef d'un point, à la bordure besantée.

✷ ∞ ....TOR

Guerres de Saintonge. — Quittance de gages. — Pons. 19 août 1345. (Clair., r. 106, p. 8303.)

8972 TOUR (PIERRE DE LA).
Chevalier.

Sceau rond, de 22 mill. — Écu à la tour, penché, timbré d'un heaume de face à volet cimé d'un vol aux armes, sur champ réticulé.

........RE .. LES.....

Quittance de 300 florins d'or à lui donnés par le duc de Normandie. — Port-Sainte-Marie près Aiguillon, 11 août 1346. (Clair., r. 202, p. 8549.)

8973 TOUR (PIERRE, SIRE DE LA).
Chevalier.

Sceau rond, de 24 mill. — Écu à la tour, penché,

DE LA COLLECTION CLAIRAMBAULT. 251

timbré d'un heaume cimé d'une tête de lion dans un vol, supporté par deux aigles.

..ierre de la tovr ch̃r

Guerres de Limousin. — Quittance de gages. — Limoges, 22 août 1354. (Clair., r. 202, p. 8551.)

8974 TOUR (SEGUIN DE LA),
Écuyer, de la sénéchaussée de Poitou.

Sceau rond, de 22 mill. — Écu portant trois tours, dans un trilobe. — Légende détruite.

Guerres de Vermandois. — Quittance de gages. — Saint-Quentin, 28 octobre 1339. (Clair., r. 106, p. 8301.)

8975 TOUR-D'AUVERGNE (ANET DE LA),
Chevalier.

Sceau rond, de 23 mill. — Écu semé de fleurs de lys à la tour brochant, penché, timbré d'un heaume, sur champ de fleurettes.

..... sire ....

Guerres de Gascogne. — Quittance de gages. — 15 août 1353. (Clair., r. 106, p. 8305.)

8976 TOUR-D'AUVERGNE
(Bernard de la).
évêque de Langres.

Voyez LANGRES.

8977 TOUR-D'AUVERGNE
(Bertrand, sire de la),
chevalier banneret.

Sceau rond, de 29 mill. — Écu semé de fleurs de lys à la tour brochant, penché, timbré d'un heaume cimé d'une tour sommée d'une touffe entre deux cornes, supporté par deux lions.

s bertran .... tovr

Chevauchée de Bourbourg. — Quittance de gages. — Devant Bourbourg, 10 septembre 1383. (Clair., r. 106, p. 8307.)

8978 TOUR-D'AUVERGNE (JEAN DE LA),
Vicomte de Turenne.

Voyez TURENNE.

8979 TOUR-D'AUVERGNE
(Jean-Godefroi de la),
seigneur de Montgascon.

Sceau rond, de 30 mill. — Écu écartelé : au 1 et 4, un semé de fleurs de lys à la tour brochant; au 2 et 3, un gonfanon; le tout à la bordure.

se .... gascon

Quittance de pension. — 13 mars 1488, n. st. (Clair., r. 203, p. 8635.)

8980 TOUR-BLANCHE (LA).
Sceau aux contrats.

Sceau rond, de 24 mill. — Écu écartelé : au 1, un semé de fleurs de lys; au 2 et 3, un château; au 4, un lion. — Légende détruite.

Guerres d'Angoumois et de Périgord. — Gages de Breton de Giry, chevalier. — «Soubz le seel dont l'en use es contraux de la Tour Blanche pour le connétable de France.» — 15 février 1352, n. st. (Clair., r. 53, p. 4041.)

8981 TOUR-LANDRY (CHARLES DE LA),
Chevalier banneret.

Sceau rond, de 35 mill. — Écu à la fasce bretessée, penché, timbré d'un heaume cimé d'un griffon assis, supporté par deux hommes sauvages.

charles de la to..

Service de guerre contre les Anglais. — Quittance de gages. — 9 septembre 1415. (Clair., r. 107, p. 8313.)

8982 TOUR-LANDRY (GEOFFROI DE LA),
Chevalier.

Sceau rond, de 23 mill. — Écu écartelé : au 1 et 4, une fasce bretessée; au 2 et 3, un fretté; timbré d'un lion assis, dans un quadrilobe. — Légende détruite.

Guerres de Bretagne. — Quittance de gages. — Vitré, 4 avril 1357, n. st. (Clair., r. 106, p. 8305.)

8983 TOUR-LANDRY
(Geoffroi, sire de la).
chevalier banneret.

Sceau rond, de 24 mill. — Écu à la fasce bretessée,

penché, timbré d'un heaume de face à volet cimé d'une enceinte crénelée d'où s'élève une tour.

S ...FROY DG .. .OVR

Guerres de Bretagne. — Quittance de gages. — 20 janvier 1381, n. st. (Clair., r. 106, p. 8305.)

8984 TOUR-DU-PIN (AUBERT DE LA),
Chevalier banneret.

Sceau rond, de 24 mill. — Écu à la tour sénestrée d'un avant-mur, penché, timbré d'un heaume cimé d'une touffe entre deux cornes.

....rt de la tour.....

Service de guerre à Paris. — 31 octobre 1410. (Clair., r. 203, p. 8561.)

8985 TOUR-DU-PIN (AYNART DE LA),
Sire de Vinay.

Sceau rond, de 24 mill. — Écu à la tour sénestrée d'un avant-mur, penché, timbré d'un heaume cimé d'une tour sommée d'une touffe entre deux cornes, sur champ de fleurettes.

S' AYNART D' LA TOVR SIRG D VIRGNAY

Dépens faits à Chartres au sujet du traité passé devant cette ville avec le roi d'Angleterre. — Quittance. — Chartres, 3 mai 1360. (Clair., r. 106, p. 8305.)

8986 TOUR (ESPAIN DE),
Damoiseau.

Sceau rond, de 24 mill. — Écu portant trois épées en pal, la pointe en bas. — Légende détruite.

Guerres de Gascogne; restor d'un cheval. — Quittance délivrée au receveur de Rodez. — Villefranche, 10 décembre 1342. (Clair., r. 108, p. 8467.)

8987 TOURETTE (GUILLAUME DE LA),
Écuyer.

Sceau rond, de 26 mill. — Écu à la tour, penché, timbré d'un heaume cimé d'un huchet enguiché, supporté par deux griffons.

S ....a fou.....

Service de guerre contre les Anglais. — Quittance de gages. — 24 janvier 1421, n. st. (Clair., r. 106, p. 8295.)

8988 TOURIER (JACQUEMART LE),
Connétable des arbalétriers de la ville de Marle.

Sceau rond, de 20 mill. — Écu à la tour.

. IAQVGMART LG TOR...

Quittance en blanc. — Sans date. XIV° siècle. (Clair.. r. 107, p. 8331.)

8989 TOURNAY (GUILLAUME DE),
Clerc et conseiller du roi.

Sceau rond, de 20 mill. — Écu au chevron accompagné d'une rose en chef et à dextre.

✻ S ....ACO

Quittance des frais d'un voyage en Poitou au sujet du débat entre le roi de France et le roi d'Angleterre, pour la terre de Belleville. — Paris, 13 juin 1368. (Clair., r. 107, p. 8331.)

8990 TOURNAY (RAOUL DE),
Chevalier, du bailliage de Caen.

Sceau rond, de 24 mill. — Écu portant trois molettes au lambel? de cinq pendants.

RA.......RN. CHGVALIGR

Ost de Flandre. — Quittance de gages. — Vitry-en-Artois, 28 septembre 1302. (Clair., r. 107, p. 8331.)

8991 TOURNEBOEUF (LÉON DE),
Écuyer.

Sceau rond, de 28 mill. — Écu portant trois rencontres de bœuf accompagnés d'une étoile en abime et d'un annelet en chef et à dextre, penché, timbré d'un heaume supporté par deux damoiselles.

...GOVRNG......

Guerres contre les Anglais. — Quittance de gages. — 28 avril 1420. (Clair., r. 107, p. 8333.)

8992 TOURNEBU (GILLET DE),
Écuyer.

Sceau rond, de 20 mill. — Écu à la bande accompagnée d'une molette en chef et à sénestre, dans un quadrilobe.

G........ ƏSC'

Guerres de Saintonge. — Quittance de gages. — Niort, 17 février 1353, n. st. (Clair., r. 107, p. 8335.)

8993 TOURNEBU (GIRARD DE),
Chevalier, sire d'Auvillars.

Sceau rond, de 25 mill. — Écu à la bande chargée en chef d'une coquille?, penché, timbré d'un heaume cimé d'une tête d'homme barbu coiffé d'un bonnet à bords retroussés. Dans le champ, les lettres a ℓ liées, répétées six fois.

SƏƏL .... TOVRNƏBV

Guerres de Normandie. — Quittance de gages. — Caen, 27 février 1369, n. st. (Clair., r. 107, p. 8339.)

8994 TOURNEBU (GIRARD DE),
Sire d'Auvillars, commis à recevoir les montres en Normandie.

Sceau rond, de 19 mill. — Écu à la bande chargée d'une étoile en chef, accosté des lettres m, aℓ.

seel.........

Montre de Jean de Merlemont, chevalier, reçue devant Pont-Audemer, le 19 mai 1378. (Clair., r. 203, p. 8651.)

8995 TOURNEBU (GUI DE),
Chevalier.

Sceau rond, de 28 mill. — Écu à la bande accompagnée d'une molette en chef et à sénestre.

✠ S' DNI G'VID' Ə T....... MILTIS

Quittance de frais dans une enquête au sujet d'un différend entre le roi et l'évêque d'Amiens. — 29 mai 1283. (Clair., r. 107, p. 8333.)

8996 TOURNEBU (JEAN DE),
Seigneur de Beaumesnil, de Marbœuf et de Villequier.

Sceau rond, de 37 mill. — Écu à la bande accompagnée de six losanges en orle à la bordure engrêlée, timbré d'un heaume cimé d'une touffe de feuilles, supporté par deux aigles.

s ιoḣannıs ∂omını ∂e bello .....

Exemption de droits de relief à lui accordée par le roi. — Au château de Beaumesnil, 20 décembre 1469. (Clair., r. 203, p. 8663.)

8997 TOURNEBU (PIERRE, SIRE DE).

Sceau rond, de 29 mill. — Écu à la bande, penché, timbré d'un heaume couronné et cimé d'une tête de lévrier, sur champ réticulé.

SƏƏL PIƏRRƏ SIRƏ .. TOURNƏBUO

Service de guerre dans les bailliages de Caen et de Cotentin. — 9 décembre 1364. (Clair., r. 203, p. 8637.)

8998 TOURNEBU (PIERRE DE),
Chevalier, seigneur de Montrenil.

Sceau rond, de 24 mill. — Écu à la bande chargée d'un chevron entre deux quintefeuilles et accompagnée de six billettes en orle, penché, timbré d'un heaume cimé d'une ramure de cerf, supporté par deux lions.

PIƏRRƏ DƏ TOURNƏBU

Service de guerre dans les bailliages de Caen et de Cotentin. — Caen, 29 avril 1365. (Clair., r. 203, p. 8659.)

8999 TOURNEBU (PIERRE DE),
Chevalier.

Sceau rond, de 23 mill. — Écu à la bande chargée d'un écusson en chef et accompagnée de six billettes en orle, penché, timbré d'un heaume cimé d'une ramure de cerf, supporté par deux lions.

PIƏRRƏ DƏ ....

Service de guerre dans les bailliages de Caen et de Cotentin. — Bayeux, 2 juillet 1365. (Clair., r. 203, p. 8659.)

9000 TOURNEBU (PIERRE, SIRE DE),
Chevalier banneret.

Sceau rond, de 31 mill. — Écu à la bande, penché, timbré d'un heaume couronné et cimé d'une tête de lévrier, accosté des lettres P S liées.

SEEL PIERRE SIRE DE TOURNEBUE

Service de guerre dans les bailliages de Caen et de Cotentin. — 28 mai 1366. (Clair., r. 203, p. 8637.)

9001 TOURNEBU (PIERRE DE),
Chevalier.

Sceau rond, de 37 mill. — Écu à la bande, dans une rose gothique.

...L PIERES SIRE D' TOVRNEBV

Quittance de 200 francs d'or à lui prêtés pour sa rançon. — Caen, 27 mai 1371. (Clair., r. 203, p. 8639.)

9002 TOURNEBU (PIERRE DE),
Chevalier.

Sceau rond, de 23 mill. — Écu à la bande chargée de... en chef et accompagnée de six billettes en orle, penché, timbré d'un heaume cimé d'une ramure de cerf, supporté par deux lions.

...ER........

Guerres de basse Normandie. — Quittance de gages. — Saint-Lô, 17 novembre 1374. (Clair., r. 107, p. 8341.)

9003 TOURNEBU (RICHARD DE),
Écuyer.

Sceau rond, de 20 mill. — Écu à la bande chargée d'une molette en chef. — Légende détruite.

Guerres de Normandie. — Quittance de gages. — Rouen, 14 février 1369, n. st. (Clair., r. 107, p. 8339.)

9004 TOURNEBU (ROBERT DE),
Chevalier.

Sceau rond, de 30 mill. — Écu portant une bande au lambel, penché, timbré d'un heaume couronné et cimé d'une tête de lévrier, sur champ réticulé.

.....TOVRNE.. DE LAVAC.....

Service de guerre dans les bailliages de Caen et de Cotentin. — 4 novembre 1364. (Clair., r. 203, p. 8643.)

9005 TOURNELLE (GUI DE LA),
Enseigne de 30 lances sous monseigneur de Bourdillon.

Signet rond, de 17 mill. — Écu portant trois tournelles. — Sans légende.

Quittance de gages. — 28 novembre 1560. (Clair., r. 204, p. 8673.)

9006 TOURNELLE (JEAN DE LA),
Chevalier.

Sceau rond, de 22 mill. — Écu portant cinq tournelles, 2, 2 et 1.

........E TOVR....

Service de guerre en Flandre. — Quittance de gages. — Lille, 16 février 1299, n. st. (Clair., r. 107, p. 8347.)

9007 TOURNELLE (JEANNE DE LA).
Dame d'Estouteville.

Sceau rond, de 28 mill. — Écu portant cinq tournelles posées en sautoir cantonnées de quatre écussons, le 1 et le 4, chargés d'un burelé au lion brochant; le 2 et le 3, d'hermines à la croix cantonnée d'une molette en chef et à dextre; dans un quadrilobe.

S IAHE DAME DE LA TOURNELLE

Quittance d'une rente sur la terre de Varangeville. — 10 juillet 1350. (Clair., r. 204, p. 8675.)

9008 TOURNELLE (RAOUL DE LA).

Sceau rond, de 29 mill. — Écu portant trois tournelles au lambel, surmonté de VLLE terminant la légende.

... RAOVL DE LE TOVRNELE DE IOIE.

Ost de Flandre. — Quittance de gages. — Arras, 8 septembre 1302. (Clair., r. 107, p. 8347.)

9009 TOURNEMINE (JEAN DE).
Écuyer.

Sceau rond, de 28 mill. — Écu écartelé : au 1 et 4, un plain; au 2, une roue; au 3, un plain.

Seel .ehan de f........c

Poursuite des Anglais. — Quittance de gages. — Bourges, 24 juin 1418. (Clair., r. 107, p. 8349.)

9010 TOURNEMIRE
(Tandou, bâtard de),
écuyer.

Sceau rond, de 23 mill. — Écu portant trois bandes ou bâton en barre brochant, à la bordure besantée, au franc canton d'hermines.

✠ TANDOV BASTART DE TOVRNEMIRE

Service de guerre à Paris. — Quittance de gages. — 14 janvier 1416, n. st. (Clair., r. 107, p. 8347.)

9011 TOURNEVILLE (BERTIN),
Maître de la nef *Sainte-Marie* de Leure.

Sceau rond, de 21 mill. — Écu à la fasce accompagnée de trois molettes, deux en chef et une en pointe.

S........OVRNEVILLE

Quittance d'approvisionnements. — Harfleur, 13 mai 1340. (Clair., r. 107, p. 8351.)

9012 TOURNEVILLE (MARTIN),
Maître de la nef *Saint-Anton* de Leure.

Sceau rond, de 20 mill. — Une signe monogrammatique, dans un quadrilobe.

..EL MARTIN TOVRN.....

Quittance d'approvisionnements. — Harfleur, 13 mai 1340. (Clair., r. 107, p. 8351.)

9013 TOURNON
(Antoine, seigneur de),
chevalier, capitaine de 80 lances.

Sceau rond, de 29 mill. — Écu parti : au 1, un semé de fleurs de lys; au 2, un lion. — Sans légende.

Gages de l'office de capitaine. — 27 février 1528, n. st. (Clair., r. 204, p. 8711.)

9014 TOURNON (LES CONSULS DE).

Sceau rond, de 40 mill. — Fragment. Dans le champ un demi-château parti d'une demi-croix vidée, cléchée et pommetée. — Légende détruite.

Réparation de la forteresse de Tournon. — 1ᵉʳ juin 1355. (Clair., r. 213, p. 9469.)

9015 TOURNON
(Guillaume, seigneur de),
chevalier banneret.

Sceau rond, de 22 mill. — Écu parti : au 1, un semé de fleurs de lys; au 2, un lion; penché, timbré d'un heaume cimé d'une tête de chien entre deux cornes, supporté par deux hommes sauvages.

GUILLE S..........

Service de guerre. — Quittance de gages. — Franconville, 1ᵉʳ octobre 1369. (Clair., r. 107, p. 8353.)

9016 TOURNON (JUST DE),
Seigneur du lieu, conseiller et chambellan ordinaire du roi.

Sceau rond, de 29 mill. — Écu parti : au 1, un semé de fleurs de lys; au 2, un lion.

✠ LE SEEL OV SEIGNEVR DE TOVRNON

Quittance de pension. — 5 juin 1515. (Clair., r. 204, p. 8693.)

9017 TOURNON (JUST, SEIGNEUR DE).

Signet rond, de 19 mill. — Écu parti : au 1, un semé de fleurs de lys; au 2, un lion. — Sans légende.

Quittance d'une rente sur la seigneurie de Beaucaire. — 12 janvier 1536, n. st. (Clair., r. 204, p. 8709.)

9018 TOURNON (JUST DE),
Comte de Roussillon, capitaine de 30 lances.

Signet rond, de 19 mill. — Écu écartelé : au 1 et 4, un lion, parti d'un semé de fleurs de lys; au 2 et 3, un échiqueté à la bordure; timbré d'une couronne. — Sans légende.

Gages de l'office de capitaine. — 29 mars 1561, n. st. (Clair., r. 204, p. 8699.)

9019 TOURNON (JUST DE),
Comte de Roussillon, capitaine de 30 lances.

Sceau ovale, de 26 mill. — Écu écartelé : au 1 et 4, un semé de fleurs de lys, parti d'un lion; au 2 et 3, un échiqueté à la bordure; timbré d'une couronne. — Sans légende.

Gages de l'office de capitaine. — 28 juin 1562. (Clair., r. 204, p. 8699.)

9020 TOURNON (ODON DE),
Chevalier, seigneur de Belcastel.

Sceau rond, de 30 mill. — Écu parti : au 1, un semé de fleurs de lys; au 2, un lion; penché, timbré d'un heaume cimé d'une tête de chien entre deux cornes, supporté par deux lions.

. DON ..... nO .... Ch LR

Défense des pays de Lyonnais, Forez et Beaujolais, etc. — Quittance de gages. — 14 octobre 1420. (Clair., r. 107, p. 8353.)

9021 TOURNY (GUILLAUME DE),
Chevalier, du bailliage de Gisors.

Sceau rond, de 26 mill. — Écu portant trois tours.

✠ S' G'VILLI DE TOVR .. MILITIS

Ost de Flandre. — Quittance de gages. — Devant Vitry, 28 septembre 1302. (Clair., r. 107, p. 8351.)

9022 TOURS (BAILLIAGE DE).
Sceau aux causes.

Sceau rond, de 22 mill. — Écu fascé de fleurs de lys et de... de six pièces au chevron brochant, dans un quadrilobe. — Légende détruite.

Gages de Jean de Lorraine, clerc, ayant travaillé aux écritures du receveur dudit bailliage. — 2 novembre 1327. (Clair., r. 94, p. 7289.)

9023 TOURS (GIRARD DE),
Chevalier.

Sceau rond, de 18 mill. — Écu à la tour accostée de deux...

✠ S G ..... G ... RS

Guerres de Gascogne. — Quittance de gages. — Villeneuve-d'Agen, 23 janvier 1343, n. st. (Clair., r. 107, p. 8355.)

9024 TOURS
(Jacques Gelu, archevêque de).

Sceau rond, de 32 mill. — Dans une niche gothique, saint Jean-Baptiste à mi-corps montrant l'Agnus, accosté de deux saints personnages dans deux logettes latérales.

. . . . nen

Quittance des frais d'un voyage en Espagne. — 20 janvier 1420, n. st. (Clair., r. 52, p. 3933.)

9025 TOURS (SEGUIN LAS),
Chevalier.

Sceau rond, de 18 mill. — Écu portant trois tours.

. . BGVI. . . . . . .

Guerres d'Angoulême et de Limousin. — Quittance de gages. — Paris, 3 février 1350, n. st. (Clair., r. 107, p. 8357.)

9026 TOURVILLE (ROBERT DE),
Écuyer.

Sceau rond, de 19 mill. — Écu à la fasce.

... ROBERT DE TOVRVIL..

Guerres d'Écosse. — Quittance de gages. — Saint-John's Town, 28 octobre 1385. (Clair., r. 107, p. 8359.)

9027 TOURZEL (ASSAILLY DE),
Chevalier.

Sceau rond, de 27 mill. — Écu portant une tour au lambel, penché, timbré d'un heaume cimé d'une tour entre deux cornes, supporté par deux griffons.

. . . . R3GL

Guerres de Guienne et d'Auvergne. — Quittance de gages. — 12 janvier 1387, n. st. (Clair., r. 107, p. 8359.)

9028 TOURZEL (ASSAILLY DE),
Chevalier.

Sceau rond, de 30 mill. — Écu détruit (à la tour), penché, timbré d'un heaume cimé d'une tour entre deux cornes, sur champ festonné. — Légende détruite.

Guerres de Guienne et d'Auvergne. — Quittance de gages. — 10 septembre 1387. (Clair., r. 107, p. 8365.)

9029 TOURZEL (MORINOT DE),
Sire d'Allègre, chambellan du duc de Berry et d'Auvergne.

Sceau rond, de 28 mill. — Écu portant une tour au lambel, penché, timbré d'un heaume cimé d'une tour entre deux têtes de dragon, supporté par deux griffons.

MORIN DE TORZEL

Quittance de 3,000 francs d'or à lui donnés par le roi. — Paris, 21 décembre 1386. (Clair., r. 204, p. 8721.)

9030 TOUTAIN (RICHARDIN),
Écuyer.

Sceau rond, de 20 mill. — Écu au lion contourné à queue fourchée.

...ChARD.. ...TA..

Restor d'un cheval mort devant Pont-Audemer. — Pont-Audemer, 1ᵉʳ septembre 1356. (Clair., r. 107, p. 8367.)

9031 TOYS? (JEAN DE),
Écuyer, du bailliage de Tours.

Sceau rond, de 18 mill. — Écu portant deux fasces.

Ieh..........

Guerres de Vermandois. — Quittance de gages. — Saint-Quentin, 28 octobre 1339. (Clair., r. 106, p. 8283.)

9032 TRAINEL (GARNIER DE),
Seigneur de Marigny.

Sceau rond, de 65 mill. — Type équestre. Épée, cotte d'armes, haubert, écu vairé.

..........NG.......

CONTRE-SCEAU : Écu vairé.

. GARNIER ....RIGGNEL

Garnier de Trainel et Hélissende sa femme s'obligent à payer une aumône due à l'abbaye de Vauluisant par Herbert de Regny. — 1228. (Clair., r. 209, p. 9135.)

9033 TRAINEL
(Hélissende, femme de Garnier de).

Sceau ogival, de 70 mill. — Dame debout de trois quarts à gauche, les cheveux en tresses, le manteau doublé d'hermine, tenant un rameau. Derrière la dame, un arbuste.

SIGILL hGL...... PERTICENSI.

CONTRE-SCEAU : Écu à trois chevrons.

✠ SECRETVM MEVO?

Garnier de Trainel et Hélissende sa femme prennent à leur charge une aumône due à l'abbaye de Vauluisant par Herbert de Regny. — 1228. (Clair., r. 209, p. 9135.)

9034 TRAINEL (JEAN, SIRE DE),
Chevalier.

Sceau rond, de 23 mill. — Écu vairé, penché, timbré d'un heaume à volet cimé d'un dragon et accompagné de l'ailette, dans une rose gothique.

S Ieh. ...R DE TRAI.. G...

Quittance délivrée au receveur de Champagne. — 6 août 1337. (Clair., r. 107, p. 8369.)

9035 TRAINEL (OLIVIER DE),
Écuyer, du bailliage de Senlis.

Sceau rond, de 18 mill. — Écu à la bande accompagnée de six merlettes en orle. — Légende détruite.

Guerres de Vermandois. — Quittance de gages. — Saint Quentin, 11 octobre 1339. (Clair., r. 107, p. 8369.)

9036 TRANCHEVILLIERS
(Guillaume de),
chevalier, du bailliage de Gisors.

Sceau rond, de 18 mill. — Écu portant une bande coticée au lambel de cinq pendants, dans un trilobe. — Légende détruite.

Guerres de Vermandois. — Quittance de gages. — Saint-Quentin, 20 octobre 1339. (Clair., r. 108, p. 8433.)

9037 TRASETES (RAOUL DE),
Chevalier.

Sceau rond, de 21 mill. — Écu fascé de six pièces

au chevron brochant, penché, timbré d'un heaume cimé d'un vol.

S' ROLLET D' TRASETES

Chevauchée de Bourbourg. — Quittance de gages. — 6 septembre 1383. (Clair., r. 108, p. 8401.)

9038 TRAVERNAY (JEAN DE),
Écuyer.

Sceau rond, de 18 mill. — Écu à cinq points équipollés au bâton en bande brochant.

✱ S I DE TRESVERNES

Défense de Moissac. — Quittance de gages. — Toulouse, 2 mars 1354, n. st. (Clair., r. 107, p. 8373.)

9039 TRAVES-CHOISEUL (ANTOINE DE),
Seigneur de «Saint-Luges».
enseigne de 5o lances sous monseigneur de Beaumont-Brizay.

Signet rond, de 13 mill. — Écu à la croix cantonnée de dix-huit billettes, dix en chef 5 par 5 posées en sautoir, et huit en pointe, à la bordure componée. — Sans légende.

Quittance de gages. — 6 juillet 1546. (Clair., r. 204, p. 8731.)

9040 TRÉFILLIER (LAURENT LE),
Receveur de la ville de Rouen.

Sceau rond, de 18 mill. — Écu portant des cisailles à la bordure, timbré d'une bannière débordant sur l'écu ; dans une rose gothique.

S' LORENS LE TREFILLIER

Quittance délivrée au nom de la ville de Rouen. — 15 décembre 1361. (Clair., r. 204, p. 8731.)

9041 TRÉFOREST (CONRAD DE),
De Piémont, chevalier.

Sceau rond, de 22 mill. — Écu bandé de six pièces la seconde pièce chargée d'une fleur de lys en bande, penché, timbré d'un heaume couronné et cimé de... dans un vol, sur champ réticulé.

S' CON........

Promesse d'aller aux guerres de Bretagne. — Quittance de gages avancés. — Paris, 28 août 1352. (Clair., r. 107, p. 8373.)

9042 TRÉFOREST (CONRAD DE),
Chevalier.

Sceau rond, de 19 mill. — Écu portant trois bandes accompagnées en chef et à dextre d'une fleur de lys en bande.

CONRAR..........

Guerres de Poitou et de Saintonge. — Quittance de gages. — Poitiers, 4 novembre 1356. (Clair., r. 107, p. 8375.)

9043 TRÉGONAN (GUILLAUME),
Écuyer, capitaine de la Roche-Guyon.

Sceau rond, de 33 mill. — Écu au chevron engrêlé accompagné de trois oiseaux, penché, timbré d'un heaume à lambrequins cimé de plumes.

S guille Tregonan

Gages de la garnison de la Roche-Guyon. — 7 avril 1439. (Clair., r. 204, p. 8733.)

9044 TREIGNAC (HUGUES DE),
Écuyer, de la sénéchaussée de Beaucaire.

Sceau rond, de 20 mill. — Écu à la fasce accompagnée de trois étoiles en chef. — Légende détruite.

Guerres de Vermandois. — Quittance de gages. — Saint-Quentin, 30 octobre 1339. (Clair., r. 108, p. 8421.)

9045 TREIGNAC (HUGUES DE).
Écuyer.

Sceau rond, de 20 mill. — Écu à la fasce accompagnée de trois étoiles en chef, penché, timbré d'un heaume, sur champ réticulé.

....E DE TR.....

Service de guerre. — Quittance de gages. — Paris, 5 décembre 1339. (Clair., r. 108, p. 8421.)

9046 TREILLIÈRES (GUILLAUME DE).

Signet octogone, de 11 mill. — Un heaume cimé d'une tête de lévrier, accosté des initiales g t. — Sans légende.

Frais de voyage. — Quittance délivrée à l'argentier du duc de Bretagne. — 16 décembre 1402. (Clair., r. 107, p. 8375.)

9047 TRÉLON (JEAN DE),
Écuyer.

Sceau rond, de 24 mill. — Écu portant un lévrier rampant à la bordure besantée, penché, timbré d'un heaume cimé d'une tête de lévrier. Dans le champ, deux rameaux.

.....G TRG.ON

Service de guerre à Chartres sous Gui de Beaumont, capitaine de la ville. — Quittance de gages. — Paris, 7 octobre 1356. (Clair., r. 107, p. 8375.)

9048 TRÉMAGON (YVON DE),
Chevalier.

Sceau rond, de 19 mill. — Écu à l'écusson en abîme accompagné de six macles en orle, penché, timbré d'un heaume cimé d'une tête de chien, sur champ réticulé.

✳ S ....RGMAVGON

Guerres de Normandie. — Quittance de gages. — Caen, 14 décembre 1370. (Clair., r. 107, p. 8375.)

9049 TREMBLAY (JEAN POIGNET DU),
Chevalier.

Sceau rond, de 27 mill. — Écu à la fasce d'hermines, penché, timbré d'un heaume cimé d'un vol, sur champ de rinceaux.

I.......T DV T........

Chevauchée de Flandre. — Quittance de gages. — 25 août 1383. (Clair., r. 107, p. 8377.)

9050 TREMEREUC (ROLAND DE),
Écuyer.

Sceau rond, de 27 mill. — Écu écartelé : au 1 et 4, un plain ; au 2 et 3, un échiqueté ; le tout au lambel ; penché, timbré d'un heaume, supporté par deux lions.

S r............mereuc

Recouvrement de places dans le Charolais et le Mâconnais. — Quittance de gages. — 4 mai 1420. (Clair., r. 107, p. 8377.)

9051 TRÉMOÏLLE
(Catherine de l'Isle-Bouchard, dame de la),
de Sully, de Craon, etc.

Fragment de sceau rond, de 40 mill. — Écu parti : au 1, un chevron accompagné de trois aiglettes ; au 2, deux lions passant l'un sur l'autre. — Légende détruite.

Quittance d'une assignation sur les revenus de Luçon et de Talmondois. — 5 août 1456. (Clair., r. 205, p. 8795.)

9052 TRÉMOÏLLE
(François, seigneur de la).
comte de Guines.

Voyez GUINES.

9053 TRÉMOÏLLE (FRANÇOIS DE LA),
Guidon de 50 lances sous monseigneur de la Trémoille, comte de Thouars.

Sceau rond, de 23 mill. — Écu à la bande accompagnée de trois aiglettes, deux en chef et une en pointe, dans un cartouche. — Sans légende.

Quittance de gages. — Vitry près Paris, 10 décembre 1567. (Clair., r. 205, p. 8845.)

9054 TRÉMOÏLLE (GEORGES, SIRE DE LA),
Chevalier, chambellan du roi et du duc de Bourgogne.

Sceau rond, de 30 mill. — Écu écartelé : au 1 et 4, un chevron accompagné de trois aiglettes ; au 2 et 3, une aigle ; penché, timbré d'un heaume cimé d'une tête d'aigle. Dans le champ, deux nœuds de cordelière ?

georges ᵭ la tremoille

Quittance délivrée au receveur des aides. — 9 décembre 1409. (Clair., r. 204, p. 8761.)

9055 TRÉMOÏLLE (GEORGES, SIRE DE LA),
Seigneur de Craon, conseiller et premier chambellan du roi.

Sceau rond, de 60 mill. — Écu écartelé : au 1 et 4, un chevron accompagné de trois aiglettes ; au 2 et 3, un losangé ; sur le tout, un écusson à deux léopards l'un sur l'autre ; penché, timbré d'un heaume à lambrequins couronné et cimé de..., supporté par deux lions.

.......A T........

CONTRE-SCEAU : Écu aux armes de la face.

contre seel

Rémunération accordée par le roi, etc. — Quittance délivrée au receveur général des finances. — 8 février 1475, n. st. (Clair., r. 107, p. 8385.)

9056 TRÉMOÏLLE (GUI DE LA).

Sceau rond, de 22 mill. — Écu au chevron accompagné de deux aiglettes au franc canton chargé d'une aigle éployée, penché, timbré d'un heaume couronné et cimé de..., supporté par deux griffons. — Légende détruite.

Quittance de 8 caisses de traits et de 8 arbalètes à un pied, délivrée à Jean Lyons, sergent d'armes du roi. — 9 mai 1369. (Clair., r. 107, p. 8379.)

9057 TRÉMOÏLLE (GUI, SIRE DE LA),

Chevalier, chambellan du roi et du duc de Bourgogne.

Sceau rond, de 27 mill. — Écu écartelé : au 1 et 4, un chevron accompagné de trois aiglettes; au 2 et 3, une aigle éployée; penché, timbré d'un heaume couronné et cimé d'une tête d'aigle.

GVI DE LA TRIMOVLE

Quittance de 4,000 livres prêtées au roi. — 25 octobre 1385. (Clair., r. 204, p. 8737.)

9058 TRÉMOÏLLE (GUI, SIRE DE LA)

Et de Sully, chambellan du roi.

Sceau rond, de 28 mill. — Écu écartelé : au 1 et 4, un chevron accompagné de trois aiglettes; au 2 et 3, une aigle éployée; penché, timbré d'un heaume couronné et cimé d'une tête d'aigle. Dans le champ...

..... GVI

Défense de ses châteaux situés sur la frontière : Chalusset, Maumont, etc. — Quittance. — 24 avril 1391. (Clair., r. 107, p. 8381.)

9059 TRÉMOÏLLE (GUI, SIRE DE LA)

Et de Sully, chambellan du roi et du duc de Bourgogne.

Sceau rond, de 30 mill. — Écu écartelé : au 1 et 4, un chevron accompagné de trois aiglettes; au 2 et 3, une aigle éployée; penché, timbré d'un heaume couronné et cimé d'une tête d'aigle. Dans le champ, deux nœuds de cordelière ?

SEEL GVI DE ..... OVLLE

Quittance au sujet d'un droit du tiers et danger dans les bois de Baugré en la terre de Planquerie. — 8 février 1392, n. st. (Clair., r. 204, p. 8749.)

9060 TRÉMOÏLLE (GUILLAUME DE LA),

Chambellan du roi et du duc de Bourgogne,
capitaine de gens d'armes envoyés au service de la duchesse de Brabant.

Sceau rond, de 25 mill. — Écu au chevron accompagné de trois aiglettes, penché, timbré d'un heaume cimé d'une tête d'aigle, sur champ réticulé.

GVILLE DE LA TREMOULLE

Quittance de 1,600 traits. — Suppes, 28 septembre 1387. (Clair., r. 107, p. 8379.)

9061 TRÉMOÏLLE (GUILLAUME DE LA).

Chambellan du roi et du duc de Bourgogne.

Sceau rond, de 26 mill. — Écu au chevron accompagné de trois aiglettes, penché, timbré d'un heaume cimé d'une tête d'aigle, sur champ de rinceaux.

GVLLE DE LA TREMOILLE

Défense de l'Écluse. — Gages de mariniers et d'arbalétriers. — Paris, 17 juillet 1388. (Clair., p. 107, p. 8379.)

9062 TRÉMOÏLLE (GUILLAUME DE LA),

Écuyer, échanson du roi.

Sceau rond, de 24 mill. — Écu au chevron chargé de... au sommet et accompagné de trois aiglettes.

...LLE ....

Quittance délivrée au receveur général des aides. — 13 juillet 1394. (Clair., r. 107, p. 8383.)

9063 TRÉMOÏLLE (JACQUES DE LA),

Chevalier, seigneur de Bommiers, conseiller et chambellan du roi.

Fragment de sceau rond, de 40 mill. — Écu au

chevron accompagné de trois aiglettes, penché, timbré d'un heaume à lambrequins cimé de...

.... la tremoille

Contre-sceau : L'écu de la face. — Sans légende.

Quittance de pension. — 25 février 1499, n. st. (Clair., r. 205, p. 8851.)

9064 TRÉMOÏLLE (LOUIS, SIRE DE LA),
Chevalier, conseiller et premier chambellan du roi, capitaine de 80 lances.

Sceau rond, de 24 mill. — Écu écartelé ; au 1 et 4, un chevron accompagné de trois aiglettes ; au 2 et 3, un losangé. — Sans légende.

Gages de l'office de capitaine. — 1ᵉʳ avril 1506, n. st. (Clair., r. 205, p. 8827.)

9065 TRÉMOÏLLE (LOUIS DE LA),
Comte de Guines.

Voyez Guines.

9066 TRÉMOÏLLE (LOUIS, SIRE DE LA),
Chevalier, capitaine de 50 lances.

Sceau ovale, de 25 mill. — Variété du type précédent. — Sans légende.

Gages de l'office de capitaine. — 31 octobre 1557. (Clair., r. 205, p. 8843.)

9067 TRÉMOÏLLE (PIERRE DE LA),
Écuyer, valet tranchant du roi, chambellan du duc de Bourgogne.

Sceau rond, de 23 mill. — Écu au chevron accompagné de trois aiglettes, penché, timbré d'un heaume cimé d'une tête d'aigle.

. PIERRE .. A TR....LLE

Quittance de 1,000 francs à lui donnés par le roi pour acheter son château de Dours. — 31 mai 1394. (Clair., r. 204, p. 8757.)

9068 TREMOLET ? (CAYLAR DU).

Sceau rond, de 17 mill. — Un arbre au tronc accosté de deux oiseaux ?, dans un quadrilobe.

✠ Sʳ R..A.....LANOVA

Guerres de Gascogne. — Quittance de gages. — Marmande, 7 août 1339. (Clair., r. 36, p. 2747.)

9069 TRENQUIE (JEAN DE LA),
Procureur du roi au bailliage d'Amiens.

Sceau rond, de 22 mill. — Écu portant trois trèfles, penché, timbré d'un heaume cimé de..., supporté par deux lions.

s iehan de le trenqui.

Quittance des frais d'un voyage au sujet de la ferme des aides. — 31 octobre 1424. (Clair., r. 128, p. 8397.)

9070 TRENQUIS (ROBERT DU),
Écuyer.

Sceau rond, de 22 mill. — Écu portant trois molettes.

....Rt DV tRANQVIS

Guerres des frontières de Picardie. — Quittance de gages. — Thérouanne, 30 septembre 1387. (Clair., r. 107. p. 8391.)

9071 TRENQUIS (ROBERT DU),
Écuyer.

Sceau rond, de 25 mill. — Écu portant trois molettes, penché, timbré d'un heaume cimé d'une tête de More, supporté par deux lions.

s robert du trenquis

Guerres des frontières de Picardie. — Quittance de gages. — Saint-Omer, 22 octobre 1387. (Clair., r. 107. p. 8391.)

9072 TREOURGAT (LOUIS),
Écuyer.

Sceau rond, de 20 mill. — Écu fretté. — Légende fruste.

Guerres contre les Anglais. — Quittance de gages. — Bourges, 25 juin 1418. (Clair., r. 108, p. 8397.)

9073 TRÉPEREL (ROGER DE).

Sceau rond, de 19 mill. — Un faucon liant un oiseau.

. ROGER .. ..GREL

Ost de Flandre. — Quittance de gages. — Arras, 11 septembre 1302. (Clair., r. 108, p. 8399.)

9074 TRESIGUIDY (MORICE DE),

Chevalier, capitaine de la ville de Paris.

Sceau rond, de 27 mill. — Un homme d'armes à mi-corps, coiffé d'un heaume couronné et cimé de deux oreilles d'âne, tenant une épée et un écu portant trois pommes de pin. — Légende détruite.

Quittance de gages. — 9 août 1381. (Clair., r. 108, p. 8399.)

9075 TRESIGUIDY (MORICE DE),

Chevalier.

Signet rond, de 16 mill. — Une pomme de pin, dans un ovale.

morice de . . . .

Chevauchée de Flandre. — Quittance de gages. — 31 août 1383. (Clair., r. 107, p. 8371.)

9076 TRESIGUIDY (MORICE DE),

Chevalier, commis à recevoir les montres.

Sceau rond, de 29 mill. — Un homme d'armes à mi-corps, coiffé d'un heaume couronné et cimé de deux oreilles d'âne, tenant une épée et un écu portant trois pommes de pin.

✠ SEEL MORICE DE TREZIGVIDI ChLR

Montre de Gilbert Harcty, chevalier, du pays d'Écosse. — 20 juillet 1387. (Clair., r. 114, p. 8905.)

9077 TRÉSOR-NOTRE-DAME

(Jeanne de Montigny, abbesse du).

Sceau ogival, de 45 mill. — L'abbesse debout, en voile, crossée, tenant devant elle le crucifix. — Légende détruite.

Quittance d'une rente sur la prévôté de Vernon. — 28 octobre 1374. (Clair., r. 76, p. 5955.)

9078 TRÉSORIERS DU ROI À PARIS.

Sceau rond, de 23 mill. — Dans une niche gothique, un personnage accosté de deux autres dans deux logettes latérales et tenant un écu semé de trèfles au lion brochant.

S . . . . . G . . . . . nn

Ordre de payement en faveur de Guiot de Croisilles, écuyer. — Paris, 6 juin 1341. (Clair., r. 37, p. 2813.)

9079 TRÉSORIERS DU ROI À PARIS.

Sceau rond, de 23 mill. — Écu au chevron de vair accompagné de trois lions à la bordure, dans une rose gothique.

. . GILLUM . . . .

Ordre de délivrer au trésorier des guerres 1,000 livres tournois destinées à l'armée du maréchal de Clermont, entre la Loire et la Dordogne. — Paris, 8 septembre 1355. (Clair., r. 31, p. 2275.)

9080 TRÉSORIERS DU ROI À PARIS.

Sceau rond, de 27 mill. — Écu au chevron, accompagné de trois dragons, timbré d'un griffon couché, supporté par deux lions, dans un trilobe.

IOh . . D . . . RISI

Mandement au vicomte de Falaise au sujet de 100 livres payables à Jean le Breton, clerc et notaire du roi. — Paris. 7 avril 1366. (Clair., r. 214, p. 9569.)

9081 TRIE (JACQUES DE),

Seigneur de Dollebuise, chambellan du roi.

Sceau rond, de 27 mill. — Écu à la bande chargée de trois annelets au lambel, penché, timbré d'un heaume cimé d'une tête d'homme barbu, supporté par deux griffons.

. . AOVG . . . .

Quittance de gages. — 24 juin 1485. (Clair., r. 108, p. 8417.)

9082 TRIE (JEAN DE).

Chevalier.

Sceau rond, de 21 mill. — Écu à la bande chargée de trois annelets et accompagnée d'une molette en chef et à sénestre, surmonté de deux touffes, dans un encadrement gothique.

S I DE .RIE

Guerres de Périgord, Limousin, Saintonge, Angoumois. — Quittance de gages. — Bourges, 14 janvier 1377, n. st. (Clair., r. 108, p. 8405.)

9083 TRIE (JEANNE DE),

Dame de Livry-en-Launois.

Sceau rond, de 23 mill. — Écu à la bande componée à la coquille brochant en chef et à dextre, soutenu par une dame et supporté par deux hommes sauvages, dans un quadrilobe.

S IOḣAN........

Quittance délivrée au receveur de Paris en son nom et au nom de Charles de Chambly, son fils. — Paris, 18 novembre 1354. (Clair., r. 108, p. 8403.)

9084 TRIE (MAHIEU DE),

Maréchal de France.

Sceau rond, de 22 mill. — Écu à la bande chargée d'une étoile en chef, dans un quadrilobe.

✠ S ....IƏR

Guerres de Flandre. — Quittance de gages. — Paris, 26 janvier 1326, n. st. (Clair., r. 108, p. 8401.)

9085 TRIE (MAHIEU DE),

Maréchal de France.

Sceau rond, de 25 mill. — Écu à la bande chargée d'une étoile en chef, dans un quadrilobe.

S .... MA.......

Guerres de Flandre. — Quittance de gages. — Paris, 18 mai 1326. (Clair., r. 108, p. 8401.)

9086 TRIE (PATROUILLART DE),

Chevalier.

Sceau rond, de 22 mill. — Écu à la bande componée accompagnée d'une merlette en chef et à sénestre, tenu par un homme d'armes à mi-corps. — Légende fruste.

Service de guerre à Paris sous Renaud de Gouillons, capitaine de cette ville. — Quittance de gages. — Paris, 5 août 1359. (Clair., r. 108, p. 8405.)

9087 TRIE (PATROUILLART DE),

Chevalier, chambellan du roi.

Sceau rond, de 26 mill. — Écu à la bande componée coticée et accompagnée d'une merlette en chef et à sénestre, penché, timbré d'un heaume cimé d'une tête de chien, supporté par deux aigles. — Légende détruite.

Quittance de gages. — 24 juin 1405. (Clair., r. 108, p. 8417.)

9088 TRIE (PHILIPPE DE),

Dit Mareuil, chevalier.

Sceau rond, de 22 mill. — Écu à la bande componée coticée, penché, timbré d'un heaume couronné et cimé d'une touffe, supporté par un lion et un griffon.

.........D. .RIE

Guerres de Picardie. — Quittance de gages. — Corbie, 3 août 1380. (Clair., r. 108, p. 8411.)

9089 TRIE (PHILIPPE DE),

Sire de Mareuil, chevalier.

Sceau rond, de 25 mill. — Écu à la bande componée coticée, penché, timbré d'un heaume couronné et cimé d'une touffe, supporté par un griffon et un lion.

PḣE DE TRIE S' DE MAREIVL

Chevauchée de Flandre. — Quittance de gages. — 25 août 1383. (Clair., r. 108, p. 8413.)

9090 TRIE (PIERRE DE),

Chevalier, seigneur de Monchy, capitaine du bois de Vincennes.

Sceau rond, de 33 mill. — Écu à la bande componée accompagnée d'une merlette en chef et à sénestre, penché, timbré d'un heaume cimé d'une tête de chien, supporté par deux aigles. — Légende détruite.

Quittance de sel pour l'approvisionnement du château de Vincennes. — 29 mars 1429. (Clair., r. 108, p. 8419.)

9091   TRIE (RENAUD DE),

Chevalier.

Sceau rond, de 23 mill. — Écu à la bande componée, penché, timbré d'un heaume, supporté à sénestre, le seul côté qui subsiste, par un lion. — Légende détruite.

Quittance délivrée au receveur de Champagne au sujet d'un fief provenant de «Jaque de Conflans, ma femme». — 15 mai 1353. (Clair., r. 108, p. 8403.)

9092   TRIE (RENAUD DE),

Le jeune, chevalier.

Sceau rond, de 20 mill. — Écu à la bande componée accompagnée d'une merlette en chef et à sénestre.

RENAVT DE .... DE ....

Service de guerre à Paris. — Quittance de gages. — Paris, 16 août 1359. (Clair., r. 108, p. 8405.)

9093   TRIE (RENAUD DE),

Chevalier.

Sceau rond, de 27 mill. — Écu écartelé : au 1 et 4, une bande componée accompagnée d'une merlette en chef et à sénestre; au 2 et 3, une bande chargée de trois coquilles; penché, timbré d'un heaume cimé d'une tête de chien, supporté par deux aigles.

S REGNAVT DE TR.. .AGN DE MOLAY

Guerres de Normandie. — Quittance de gages. — Pont-Audemer, 14 juin 1378. (Clair., r. 108, p. 8407.)

9094   TRIE (RENAUD DE),

Conseiller et chambellan du roi, amiral de France, capitaine du château de Rouen.

Sceau rond, de 33 mill. — Écu à la bande chargée de trois annelets et accompagnée d'une merlette en chef et à sénestre, penché, timbré d'un heaume cimé d'une tête d'homme barbu, supporté par deux lions.

reguant de type amiral de . . . . .

Gages de l'office de capitaine. — 13 octobre 1398. (Clair., r. 108, p. 8413.)

9095   TRISTAN, VICOMTE DE THOUARS.

Voyez THOUARS.

9096   TRISTAN (GENCIEN),

Huissier d'armes du roi.

Sceau rond, de 22 mill. — Écu au lion couronné, dans un quadrilobe.

..AL GENCIEN ......

Gages des charpentiers et fossiers du roi. — En l'ost près Halluin, 9 septembre 1315. (Clair., r. 108, p. 8423.)

9097   TRISTAN DE SALAZAR.

Archevêque de Sens.

Voyez SENS.

9098   TRIVULCE (JEAN-JACQUES),

Marquis de Vigève, chevalier de l'ordre et maréchal de France.

Sceau rond, de 30 mill. — Écu palé de six pièces, entouré du collier de Saint-Michel. — Sans légende.

Montre de monseigneur de Maugiron, capitaine d'hommes d'armes au château et au pont de Lech. — 27 mai 1511. (Clair., r. 72, p. 5586.)

9099   TROIS-MONTS (RAOUL DE).

Sceau rond, de 23 mill. — Écu parti de plains à la fasce vivrée brochant, dans un trilobe. — Légende détruite.

Ost de Flandre. — Quittance de gages. — Arras, 9 septembre 1302. (Clair., r. 108, p. 8431.)

9100 TROSSY (JEAN DE),
Écuyer, du bailliage de Senlis.

Sceau rond, de 20 mill. — Écu au sautoir cantonné de quatre fleurs de lys, dans un trilobe.

..... DE TRO.......

Guerres de Vermandois. — Quittance de gages. — Saint-Quentin, 20 octobre 1339. (Clair., r. 108, p. 8431.)

9101 TROSSY (JEAN DE),
Écuyer, gruyer de la forêt de Pommeroye.

Sceau rond, de 25 mill. — Écu au sautoir cantonné de quatre fleurs de lys, penché, timbré d'un heaume cimé d'un oiseau, sur champ réticulé.

S Iɑh.. .. ...OCI

Quittance délivrée au receveur de Senlis; gages de son office. — 14 juin 1412. (Clair., r. 108, p. 8429.)

9102 TROU (AMAURY DE),
Capitaine du Château-du-Loir.

Sceau rond, de 23 mill. — Écu à la croix ancrée, penché, supporté à sénestre, le seul côté qui subsiste, par un griffon. — Légende détruite.

Service de guerre dans l'Anjou et le Maine. — Quittance de gages. — Château-Gontier, 25 juin 1363. (Clair., r. 108, p. 8433.)

9103 TROU (LOUIS DE),
Écuyer.

Sceau rond, de 26 mill. — Écu portant une croix ancrée au lambel, penché, timbré d'un heaume cimé d'un oiseau, supporté par deux aigles.

.....ps d̶e̶ tro.

Guerres du pays de Caux. — Quittance de gages. — Rouen, 23 septembre 1415. (Clair., r. 108, p. 8433.)

9104 TROUMEAUX (GUI DE),
Chevalier.

Sceau rond, de 24 mill. — Écu portant trois fasces au chevron brochant.

✠ S' · G'VIDONIS D' TROMIAS

Ost de Flandre; restor d'un cheval. — Saint-Omer, 23 mai 1303. (Clair., r. 108, p. 8433.)

9105 TROUSSEAU (JACQUELIN),
Chevalier, élu des aides au diocèse de Bourges.

Sceau rond, de 27 mill. — Écu à la fasce chargée de trois fleurs de lys et accompagnée de trois bourses deux en chef et une en pointe, penché, timbré d'un heaume cimé d'une tête humaine, supporté à dextre, le seul côté qui subsiste, par une aigle.

S IA........AV

Quittance de gages. — 15 mars 1385, n. st. (Clair., r. 108, p. 8441.)

9106 TROUSSEAU (JACQUELIN),
Écuyer, échanson du roi.

Sceau rond, de 23 mill. — Variété du type précédent, brisé d'une étoile en chef.

...vɑlin .....

Quittance de pension. — 25 octobre 1405. (Clair., r. 108, p. 8437.)

9107 TROUSSEAU (JACQUES),
Chevalier, maître d'hôtel du duc de Berry et d'Auvergne.

Sceau rond, de 27 mill. — Écu à la fasce chargée de trois fleurs de lys et accompagnée de trois bourses deux en chef et une en pointe, penché, timbré d'un heaume cimé d'une tête de femme, supporté par deux aigles.

ɑ.......ssɑl

Ordre de fournir un muid de sel pour la dépense de l'hôtel du duc de Berry à Paris. — 13 décembre 1397. (Clair., r. 108, p. 8435.)

9108 TROUSSEAU (PIERRE),
Seigneur de «Chastiaux» en Anjou.

Sceau rond, de 23 mill. — Écu à la bande de vair, supporté par deux lions, dans un quadrilobe.

.........sɑiᴄn d.....

Quittance d'une pipe de vin d'Anjou à lui donnée par le roi. — 22 juin 1337. (Clair., r. 108, p. 8435.)

9109 TROUSSEBOIS (PHILIPPON DE),
Écuyer.

Sceau rond, de 24 mill. — Écu portant un lion au

lambel de cinq pendants, penché, timbré d'un heaume cimé de... Dans le champ, deux rameaux fleuris. — Légende fruste.

Défense des pays de Languedoc et de Guienne. — Quittance de gages. — 20 octobre 1421. (Clair., r. 108, p. 8439.)

9440 TROUSSEBOIS (PIERRE DE),

Écuyer,
seigneur de Chamaigre, commissaire ordinaire des guerres.

Sceau rond, de 24 mill. — Écu portant un lion au lambel, accompagné de trois fleurons. — Sans légende.

Quittance de gages. — 6 octobre 1524. (Clair., r. 108, p. 8439.)

9441 TROUSSECHIEN? (JEAN),

Écuyer.

Sceau rond, de 20 mill. — Écu portant sept carreaux?, 3, 3 et 1, à la bordure.

SIGI..........

Chevauchée de Bourbourg. — Quittance de gages. — 6 septembre 1383. (Clair., r. 108, p. 8441.)

9442 TROUSSECHIEN (LOUIS).

Écuyer.

Sceau rond, de 19 mill. — Écu portant deux lévriers courant l'un sur l'autre accompagnés de trois annelets l'un en chef l'autre en abîme et le troisième en pointe.

.........VSS......

Guerres de Poitou et de Limousin. — Quittance de gages. — Limoges, 13 octobre 1355. (Clair., r. 108, p. 8439.)

9443 TROYES (JEAN DE),

Chirurgien juré du roi pour visiter les malades de l'Hôtel-Dieu de Paris, conseiller au Châtelet.

Sceau rond, de 21 mill. — Écu au griffon, soutenu par un personnage, supporté par deux lions, dans un quadrilobe.

..ҺAN DE TROIES

Gages de son office. — 13 mai 1397. (Clair., r. 108, p. 8445.)

9444 TRUANT (GUILLAUME LE),

Écuyer, de la vicomté de Paris.

Sceau rond, de 21 mill. — Écu portant deux fasces à la bande brochant, dans une rose gothique. — Légende détruite.

Guerres de Vermandois, etc. — Quittance de gages. — Compiègne, 25 septembre 1339. (Clair., r. 108, p. 8449.)

9445 TRUANT (JEAN LE),

Écuyer.

Sceau rond, de 20 mill. — Écu portant deux fasces à la bande brochant.

✠ IE ...LE TRVA..

Guerres de Guienne. — Quittance de gages. — Blois, 21 ..... 1380. (Clair., r. 108, p. 8449.)

9446 TRUC (GUILLAUME).

Capitaine d'arbalétriers.

Sceau rond, de 23 mill. — Écu coupé: au 1, trois arcades; au 2, une bande; penché, timbré d'un heaume cimé d'une tête d'aigle dans un vol, sur champ de rinceaux.

........truc

Guerres de Harfleur. — Quittance de gages. — Harfleur, 1ᵉʳ juin 1407. (Clair., r. 108, p. 8453.)

9447 TRUC (SÉRAPHIN),

Connétable d'arbalétriers génois.

Sceau rond, de 23 mill. — Écu coupé: au 1, trois arcades; au 2, un plain; dans un quadrilobe.

S SΘRAFIΠVS TRVCO

Garde de la ville de Dieppe. — Quittance de gages. — Harfleur, 25 juillet 1380. (Clair., r. 108, p. 8451.)

9448 TRUELLE (ÉTIENNE DE LA).

Écuyer, élu des aides au diocèse d'Avranches.

Sceau rond, de 23 mill. — Écu portant trois losanges, timbré d'une aigle éployée, soutenu en pointe par un homme sauvage, supporté par deux lions, dans un quadrilobe.

ESTIENE DE . . .RUELE

Imposition du sel au diocèse d'Avranches. — 1ᵉʳ août 1371. (Clair., r. 215, p. 9605.)

9419 TRUFFAUT (JEAN),
Écuyer.

Sceau rond, de 18 mill. — Une étoile à six rais ou une sextefeuille.

S' IEHAN TRVFAVT

Ost de Flandre. — Quittance de gages. — .. septembre 1302. (Clair., r. 108, p. 8457.)

9420 TRUMELET (JEAN),
Écuyer.

Sceau rond, de 20 mill. — Écu portant trois têtes de cheval ou d'âne de face, penché, timbré d'un heaume cimé d'un vol.

S IOHAN TVRMELLET

Service de guerre à Paris. — Quittance de gages. — 19 janvier 1416, n. st. (Clair., r. 108, p. 8457.)

9421 TRUN (HERVÉ DU),
Écuyer.

Sceau rond, de 23 mill. — Écu au pélican en sa piété, dans un trilobe.

. . . . . vrl . . . .

Service de guerre. — Quittance de gages. — 20 novembre 1418. (Clair., r. 108, p. 8419.)

9422 TUART (ROBERT),
Du bailliage de Caen.

Sceau rond, de 20 mill. — Un oiseau marchant à droite.

. OBERT T . . . .

Ost de Flandre. — Quittance de gages. — Arras, 8 septembre 1302. (Clair., r. 108, p. 8459.)

9423 TUILE (JEAN DE LA),
Bailli des ressorts et exemptions de Touraine, d'Anjou, du Maine, de Poitou, général réformateur des aides en Picardie.

Sceau rond, de 23 mill. — Écu à la croix ancrée, penché, timbré d'un heaume cimé d'un chien assis, supporté par une dame et un lion.

LE SEEL IEHAN DE LA TVILLE

Quittance délivrée au receveur du Vermandois. — Soissons, 1ᵉʳ août 1374. (Clair., r. 108, p. 8463.)

9424 TUPIGNY (JEAN DE),
Chevalier, sire d'Iron et de Saint-Martin-Rivière.

Sceau rond, de 17 mill. — Écu écartelé : au 1 et 4, un écusson accompagné de huit coquilles en orle ; au 2 et 3, un fascé de six pièces.

S' I . . . . R'

Quittance de 6 livres sur la ferme de l'impôt à Iron et à la Vacqueresse. — Janvier 1347, n. st. (Clair., r. 32, p. 2377.)

9425 TURC (GUILLAUME LE),
Avocat en parlement, conseiller du roi au Châtelet.

Sceau rond, de 21 mill. — Écu portant un buste d'homme de face accosté d'une étoile et d'un point ?, surmonté d'un oiseau, supporté par deux lions, dans un trilobe.

S . m . . . . tur

Gages de son office. — 12 mai 1396. (Clair., r. 108, p. 8465.)

9426 TURENNE
(Jean de la Tour d'Auvergne, vicomte de), capitaine de 40 lances.

Signet rond, de 19 mill. — Écu écartelé : au 1 et 4, un semé de fleurs de lys à la tour brochant ; au 2 et 3, trois bandes. — Sans légende.

Gages de l'office de capitaine. — 30 avril 1553. (Clair., r. 107, p. 8327.)

9427 TURGOVILLE (JEAN DE),
Écuyer, du bailliage de Rouen.

Sceau rond, de 18 mill. — Écu palé de six pièces

sous un chef chargé de trois fermaux, dans une rose gothique.

S' IGh........GO.....

Guerres de Vermandois. — Quittance de gages. — Saint-Quentin, 21 octobre 1339. (Clair., r. 108, p. 8465.)

9428 TURGOVILLE (JEAN DE),
Chevalier.

Sceau rond, de 24 mill. — Écu palé de six pièces sous un chef chargé de trois fermaux, penché, timbré d'un heaume couronné et cimé aux armes.

.........G......

Ost de Buironfosse. — Gages de Jean de Turgoville, écuyer. — Paris, 30 juin 1341. (Clair., r. 108, p. 8467.)

9429 TURGOVILLE (JEAN, SIRE DE),
Chevalier, garde de Leure.

Sceau rond, de 22 mill. — Écu palé de six pièces sous un chef chargé de trois fermaux, penché, timbré d'un heaume. — Légende détruite.

Quittance de 68 plates, 68 bacinets, 25 pavois, 25 lances, un 1,000 de viretons, un 1,000 de carreaux, délivrée au garde du clos des galées. — Harfleur, 26 juin 1346. (Clair., r. 107, p. 8329.)

9430 TURGOVILLE (PHILIPPE DE),
Écuyer, du bailliage de Rouen.

Sceau rond, de 20 mill. — Écu palé de six pièces sous un chef chargé de trois fermaux, dans un quadrilobe.

S Ph.....D. .VRGOVILLG

Guerres de Vermandois. — Quittance de gages. — Saint-Quentin, 11 octobre 1339. (Clair., r. 107, p. 8327.)

9431 TURPIN (JEAN),
Chevalier, maître d'hôtel et conseiller du duc du Maine.

Sceau rond, de 29 mill. — Écu portant trois étoiles sous un chef, penché, timbré d'un heaume cimé d'une sirène dans un vol, supporté par deux oiseaux à tête de femme. — Légende détruite.

Ordre au receveur du comté du Maine. — Le Mans, 3 octobre 1370. (Clair., r. 108, p. 8467.)

9432 TURPIN (MARTINE),
Dame de Bueil, comtesse de Sancerre.

Voyez SANCERRE.

9133 TUSCULUM
(Guillaume de la Fontaine, cardinal évêque de), camérier du sacré collège.

Sceau ogival, de 68 mill. — Dans une niche gothique, la Vierge assise tenant l'enfant Jésus et une tige de lis. En haut, un personnage incomplet. Au bas, le cardinal priant accosté de deux écus partis : au 1, un plain à la bordure; au 2, trois coquilles.

.....MI DGI GRA GPI TU.......
.....ALIS

Quittance délivrée à l'abbé de Saint-Pierre-en-Vallée. — Avignon, 29 septembre 1351. (Clair., r. 213, p. 9451.)

9434 TUSSÉ (GUILLAUME DE),
Chevalier.

Sceau rond, de 24 mill. — Écu portant trois jumelles.

✱ S' G...LAV.....CG

Guerres de Bretagne. — Quittance de gages. — 20 janvier 1381, n. st. (Clair., r. 108, p. 8461.)

9435 TUSSÉ (JEAN DE),
Chevalier.

Sceau rond, de 28 mill. — Écu écartelé : au 1 et 4, trois jumelles; au 2 et 3, une barre accompagnée de six merlettes en orle; penché, timbré d'un heaume cimé de..., sur champ réticulé.

S IGhAN DG TVSSG

Service de guerre. — Quittance de gages. — Le Mans, 23 août 1380. (Clair., r. 108, p. 8459.)

9436 TUSSÉ (JEAN DE),
Chevalier.

Sceau rond, de 24 mill. — Écu aux armes du type précédent, dans un trilobe.

.....IGhA. G.....

Chevauchée de Flandre. — Quittance de gages. — 31 août 1383. (Clair., r. 108, p. 8461.)

9437 TUSSÉ (PIERRE DE),
Chevalier.

Sceau rond, de 23 mill. — Écu portant trois jumelles. — Légende fruste.

Guerres de Saintonge. — Quittance de gages. — 17 juin 1351. (Clair., r. 108, p. 8459.)

9438 UNSSOS? (FORTANIER D'),
Écuyer.

Sceau rond, de 20 mill. — Écu parti : au 1, trois fasces; au 2, un lion à la bordure componée? ou plutôt un fretté au lion.

...MART........

Guerres de Gascogne. — Quittance de gages. — Agen, 12 avril 1342, n. st. (Clair., r. 42, p. 3137.)

9439 URFÉ (ARNOUL D'),
Chevalier.

Sceau rond, de 28 mill. — Écu vairé à un chef, penché, timbré d'un heaume cimé d'une tête de lévrier, supporté par deux chiens.

...ƏL ARΠOV. DVRPҺ.

Guerres de Guienne. — Quittance de gages. — Saint-Jean-d'Angely, 12 juillet 1385. (Clair., r. 115, p. 8991.)

9440 URFÉ (CLAUDE, SEIGNEUR D'),
Chevalier, gouverneur du dauphin, lieutenant de 80 lances.

Sceau rond, de 28 mill. — Écu vairé à un chef, entouré du collier de Saint-Michel. — Sans légende.

Gages de sa lieutenance. — 23 juillet 1552. (Clair., r. 115, p. 8995.)

9441 URFÉ (GUICHART D'),
Chevalier.

Sceau rond, de 24 mill. — Écu vairé à un chef.

✠ S G..CҺ.....PҺ. CҺԐ

Guerres de Bourbonnais. — Quittance de gages. — Saint-Pourçain, 16 janvier 1381, n. st. (Clair., r. 115, p. 8991.)

9442 URFÉ (PIERRE, SEIGNEUR D'),
Chevalier, grand écuyer de France.

Sceau rond, de 21 mill. — Écu vairé à un chef.

pierre seigneur durfe graſ escuier

Quittance de pension. — 10 août 1490. (Clair., r. 208, p. 9079.)

9443 URRE (JEAN D'),
Écuyer, bailli de Grésivaudan.

Sceau rond, de 25 mill. — Écu à la bande chargée de..., penché, timbré d'un heaume cimé d'un plumail.

S Iebau dur..

Service de guerre en Dauphiné. — Quittance de gages. — Grenoble, 26 mai 1418. (Clair., r. 42, p. 3155.)

9444 URRO (ROSTAING D').

Sceau rond, de 25 mill. — Écu parti : au 1, une croix; au 2, deux marmites à trois pieds l'une sur l'autre; dans un quadrilobe orné de fleurs.

S ROSTAΠGΠI DΘ VRRO

Quittance en blanc. — Toulouse, 23 février 1376, n. st. (Clair., r. 215, p. 9637.)

9445 URSINS (JEAN JOUVENEL DES),
Archevêque de Reims, évêque de Laon.

Voyez Reims et Laon.

9446 URVOY (BERTRAND),
Écuyer.

Sceau rond, de 25 mill. — Écu au chevron accompagné d'un arbuste en pointe à la barre brochant sur le tout.

S' BƏRT........

Service de guerre contre les Anglais. — Quittance de gages. — Bourges, 28 juin 1418. (Clair., r. 115, p. 8999.)

9447 URVOY (THOMAS),
Écuyer.

Sceau rond, de 23 mill. — Écu au chevron accompagné d'un arbuste en pointe et d'un croissant en chef et à dextre.

SƏƏL ᛏҺOMAS VRVOY

Recouvrement de Harfleur. — Quittance de gages. — 28 juillet 1416. (Clair., r. 115, p. 9007.)

9148 USIE (CLAUDE D'),
Écuyer.

Sceau rond, de 26 mill. — Écu portant trois fasces à la bande brochant accompagnées d'un croissant en chef et à dextre, penché, timbré d'un heaume, supporté par deux lions. — Légende détruite.

Service de guerre à Saint-Denis, etc. — Quittance de gages. — 29 octobre 1411. (Clair., r. 42, p. 3155.)

9149 USURIER (ROBERT L'),
Capitaine du château de Hardinthun.

Sceau rond, de 19 mill. — Écu portant une bande au lambel.

...BƏR. ...ƏLIGR

Garde du château de Hardinthun. — Quittance de gages. — Amiens, 3 mars 1377, n. st. (Clair., r. 67, p. 5241.)

9150 UZERCHE (PIERRE D'),
Écuyer.

Sceau rond, de 19 mill. — Écu au griffon sous un chef chargé de trois étoiles.

✱ S' P........

Guerres de Poitou et de Limousin. — Quittance de gages. — Limoges, 11 octobre 1355. (Clair., r. 67, p. 5229.)

9151 UZÈS (ARTAUT D'),
Chevalier.

Sceau rond, de 21 mill. — Écu écartelé : au 1 et 4, une bande; au 2 et 3, un plain; penché, timbré d'un heaume armorié d'une bande et cimé d'un vol aux armes de l'écu, sur champ réticulé.

S' ARTA.. DUSƏYS CҺLR

Guerres de Gascogne. — Quittance de gages — Agen, 29 octobre 1353. (Clair., r. 115, p. 9009.)

9152 UZÈS
(Charles, seigneur de Crussol, vicomte d'),
sénéchal de Beaucaire et de Nîmes.

Sceau rond, de 22 mill. — Écu parti de deux : au 1, un fascé de six pièces; au 2, trois chevrons au lambel; au 3, trois bandes. — Sans légende.

Quittance d'une rente sur les péages de Beaucaire et de Nîmes, etc. — 15 septembre 1540. (Clair., r. 156, p. 4157.)

9153 UZÈS
(Charles, seigneur de Crussol, vicomte d'),
sénéchal de Beaucaire et de Nîmes.

Sceau rond, de 25 mill. — Écu parti : au 1, un fascé de six pièces; au 2, trois chevrons au lambel. — Légende fruste.

Gages de l'office de sénéchal. — 9 avril 1545, n. st. (Clair., r. 156, p. 4159.)

9154 UZÈS (ELZÉAR, VICOMTE D').
Chevalier.

Sceau rond, de 29 mill. — Écu portant trois bandes, penché, timbré d'un heaume cimé de.... sur champ réticulé.

S' AL..........

Poursuite des Anglais, sous le duc de Bourgogne. — Quittance de gages. — Chartres, 5 septembre 1380. (Clair., r. 115, p. 9011.)

9155 UZÈS (ELZÉAR, VICOMTE D').

Sceau rond, de 35 mill. — Écu portant trois bandes, penché, timbré d'un heaume couronné et cimé de... Dans le champ, deux tiges de lis.

........ZIARD UIG..........

Chevauchée de Bourbourg. — Quittance de gages. — 10 septembre 1383. (Clair., r. 115, p. 9013.)

9156 UZÈS
(Jacques de Crussol, chevalier, conseiller et chambellan du roi, vicomte d'),
sénéchal de Beaucaire et de Nîmes,
capitaine des archers de la garde du roi.

Sceau rond, de 34 mill. — Écu parti : au 1, un

fascé de six pièces; au 2, trois chevrons au lambel de trois pendants chargés chacun de trois besants. Dans le champ, des rinceaux.

S IACVPI D D CRVSOL MIL SENESCAL BELICAD'

Quittance de pension. — 1er mai 1509. (Clair., r. 156, p. 4153.)

9457 UZÈS
(Jacques de Crussol, duc d').
pair de France, chevalier des ordres du roi, capitaine de 60 lances.

Sceau ovale, de 24 mill. — Écu écartelé : au 1 et 4, un fascé de six pièces, parti de trois chevrons sous un chef; au 2 et 3, trois... l'un sur l'autre, écartelé de trois bandes; sur le tout un écusson chargé de trois bandes; timbré d'une couronne, entouré des colliers des ordres. — Sans légende.

Gages de l'office de capitaine. — 12 septembre 1581. (Clair., r. 156, p. 4155.)

9458 UZY (GUIOT D'),
Du bailliage de Courtenai, près le bailliage de Sens.

Sceau rond, de 23 mill. — Écu parti à la bande et au lambel, dans une rose gothique. — Légende détruite.

Guerres de Vermandois. — Quittance de gages. — Saint-Quentin, 21 octobre 1339. (Clair., r. 42, p. 3133.)

9459 UZY (PHILIPPOT D'),
Écuyer.

Sceau rond, de 24 mill. — Écu à la bande. Dans le champ, trois rameaux.

S' Ph.LIPG DVISY

Guerres de Picardie. — Quittance de gages. — Corbie, 4 août 1380. (Clair., r. 42, p. 3135.)

9460 VABRE (GAUBERT DE),
Damoiseau.

Sceau rond, de 21 mill. — Un oiseau marchant à gauche.

........B'R WA......

Guerres de Gascogne; restor d'un cheval. — Villefranche, 16 janvier 1343, n. st. (Clair., r. 109, p. 8475.)

9461 VACONGNE (HENRI DE),
Chevalier, du bailliage d'Amiens.

Sceau rond, de 24 mill. — Une molette ou une quintefeuille.

✶ S ..NRI DG WASCOINNG

Ost de Flandre. — Quittance de gages. — Arras, 11 septembre 1302. (Clair., r. 110, p. 8573.)

9462 VACONGNE (WATIER DE),
Chevalier, du bailliage d'Amiens.

Sceau rond, de 25 mill. — Écu à la bande frettée et coticée accompagnée de... — Légende détruite.

Ost de Flandre. — Quittance de gages. — Arras, 30 septembre 1302. (Clair., r. 110, p. 8573.)

9463 VACQUÉ (GEORGES),
Connétable d'arbalétriers génois.

Sceau rond, de 22 mill. — Écu bandé de six pièces, timbré d'un heaume cimé d'une tête de lévrier dans un vol, supporté par deux dragons.

.........VAIChGR

Garde de la ville de Harfleur. — Quittance de gages. — Harfleur, 12 juin 1380. (Clair., r. 109, p. 8477.)

9464 VAILLAC (GUILLEMON DE).
Écuyer.

Sceau rond, de 20 mill. — Écu fretté, sur champ réticulé. — Légende détruite.

Guerres de Poitou et de Saintonge. — Quittance de gages. — En la bastide Saint-Gilles de Surgères, 29 août 1353. (Clair., r. 109, p. 8481.)

9465 VAILLANT (JEAN),
Sergent à pied du guet de nuit de Paris.

Sceau rond, de 18 mill. — L'initiale I couronnée, entre deux étoiles.

VALANG

Gages de son office. — 29 juillet 1396. (Clair., r. 109, p. 8481.)

9466 VAILLY

(Les grénetiers et contrôleurs du grenier à sel de).

Sceau rond, de 21 mill. — Écu portant une fasce au lambel, penché, timbré d'un heaume cimé de..., supporté par deux hommes sauvages.

S GODEFROY POVL...

Récépissé de sel. — Vailly, 11 mai 1384. (Clair., r. 126, p. 9733.)

9467 VAIRES (JEAN DE),
Écuyer, du bailliage d'Orléans.

Sceau rond, de 18 mill. — Écu burelé au chevron chargé de... brochant, dans un quadrilobe.

S I DE VERES

Guerres de Vermandois. — Quittance de gages. — Saint-Quentin, 20 octobre 1339. (Clair., r. 109, p. 8487.)

9468 VAISSY (ROLAND DE),
Chevalier, capitaine de Tournon.

Sceau rond, de 20 mill. — Écu au chef chargé d'un sautoir, dans un trilobe.

.... V.ICHIL

Guerres de Gascogne. — Restor de chevaux. — Toulouse, 24 novembre 1352. (Clair., r. 109, p. 8489.)

9469 VAISSY (ROLAND DE),
Chevalier.

Sceau rond, de 17 mill. — Écu au chef chargé d'un sautoir, penché, timbré d'un heaume cimé d'un croissant, supporté par deux aigles.

S ROLLANT DE VAYSSY CHLR

Service de guerre. — Quittance de gages. — Paris, 13 avril 1360. (Clair., r. 109, p. 8489.)

9470 VAL (RICHARD DU),
Clerc.

Sceau hexagone, de 19 mill. — Une tige fleurdelysée et accostée de deux oiseaux adossés.

S RICARDI DE VALLE CLI

Ost de Flandre. — Quittance de gages. — Arras, 10 septembre 1302. (Clair., r. 89, p. 7015.)

9471 VAL (ROBERT DU),
Vicomte de Heugueville, conseiller de la reine Blanche.

Sceau rond, de 18 mill. — Écu à la croix accompagnée de... en chef et à sénestre, dans un quadrilobe. — Légende détruite.

Quittance de pension. — 8 décembre 1374. (Clair., r. 109, p. 8491.)

9472 VAL (THOMAS DU),
Écuyer.

Sceau rond, de 19 mill. — Écu burelé de dix pièces.

.... VAL

Guerres de Normandie. — Quittance de gages. — Carentan, 17 novembre 1385. (Clair., r. 109, p. 8491.)

9473 VAL (THOMAS DU),
Écuyer.

Sceau rond, de 21 mill. — Écu burelé de dix pièces.

...L THOMAS DV ...

Guerres de Normandie. — Quittance de gages. — 16 mars 1386, n. st. (Clair., r. 109, p. 8493.)

9474 VALAINE (GEOFFROI DE),
Écuyer.

Sceau rond, de 19 mill. — Écu écartelé : au 1, 2, 3 et 4, plain.

✠ GIE.... DE VAL....

Chevauchée de Flandre. — Quittance de gages. — 25 août 1383. (Clair., r. 109, p. 8493.)

9475 VALAINE (GEOFFROI DE),
Écuyer.

Signet rond, de 13 mill. — Écu écartelé : au 1, 2, 3 et 4, plain; supporté par une colombe tenant le rameau d'olivier. — Légende détruite.

Chevauchée de Bourbourg. — Quittance de gages. — 10 septembre 1383. (Clair., r. 109, p. 8495.)

9176 VALAT (VIDAL DE),
Écuyer, capitaine de Layrole.

Sceau rond, de 20 mill. — Écu écartelé : au 1 et 4, un pot à deux anses; au 2 et 3, trois pals.

✠ S' VITALIS DE VALATIS ✠

Garde de Layrole. — Quittance de gages. — Toulouse, 30 avril 1348. (Clair., r. 109, p. 8495.)

9177 VALCOURT (VÉRY DE),
Chevalier.

Sceau rond, de 22 mill. — Écu à l'aigle contournée.

S VERICI DE ....

Chevauchée de Bourbourg. — Quittance de gages. — 25 août 1383. (Clair., r. 109, p. 8495.)

9178 VAL-DE-GRACE
(Denise la Nivole, abbesse du).
ou Notre-Dame-de-Val-Profond.

Sceau ogival, de 35 mill. — Dans une niche gothique, l'abbesse debout, crossée, tenant un livre, accostée de deux écus portant chacun cinq annelets, 3, 2 et 1, au franc canton chargé de deux macles.

...IONISIE DE NIVOV.. ....SSE DE VALLE.......

Quittance d'une rente sur la vicomté de Paris. — 30 novembre 1383. (Clair., r. 81, p. 6363.)

9179 VAL-DE-LA-HAYE (FRÉMIN DU),
Chevalier.

Sceau rond, de 23 mill. — Écu au sautoir cantonné de quatre aiglettes. — Légende détruite.

Establie de Calais. — Quittance de gages. — Calais, 15 juin 1342. (Clair., r. 24, p. 1717.)

9180 VAL-DES-VIGNES
Sous Bar-sur-Aube
(Jeanne de Charsainnes, abbesse du).

Sceau ogival, de 40 mill. — Dans une niche gothique, l'abbesse debout, crossée, tenant un livre. Au-dessous, un écu au chef chargé de trois pals.

........LIS VINEARVM

Quittance d'une aumône annuelle. — 16 mai 1353. (Clair., r. 29, p. 2139.)

9181 VAL-DIEU-LÈS-LACHY
(Frère Étienne Simoine, prieur du).

Sceau ogival, de 42 mill. — Dans une niche gothique, saint Jean-Baptiste debout montrant l'Agnus, accosté de fleurs de lys et, au-dessous, un priant accosté de deux fleurs de lys.

........bI PRIO........

Quittance d'une rente sur la recette de Champagne. — 12 octobre 1351. (Clair., r. 102, p. 7951.)

9182 VALÉE (GUILLAUME),
Écuyer, huissier d'armes du roi.

Sceau rond, de 23 mill. — Écu écartelé : au 1 et 4, une bande chargée de trois étoiles; au 2 et 3, un lion; penché, timbré d'un heaume cimé d'une tête d'homme, supporté par deux griffons.

G'VIL........LEE

Quittance de pension. — 16 juillet 1405. (Clair., r. 109, p. 8497.)

9183 VALÉE (GUILLAUME),
Huissier d'armes du roi.

Sceau rond, de 24 mill. — Écu à la bande denchée chargée de trois étoiles et accompagnée d'un lion en chef et à sénestre, penché, timbré d'un heaume, supporté à sénestre, le seul côté qui subsiste, par une aigle. — Légende détruite.

Gages de son office. — 31 août 1418. (Clair., r. 109, p. 8497.)

9184 VALENCE (JACQUES DE),
Capitaine d'arbalétriers génois.

Sceau rond, de 23 mill. — Écu fascé de six pièces à la bordure besantée, penché, timbré d'un heaume cimé d'une tête de lion.

S' IACḣOBI DE VALENCIA

Garde de la ville d'Ardres. — Quittance de gages. — Saint-Omer, 24 avril 1380. (Clair., r. 109, p. 8499.)

9185 VALENCIENNES (JEAN DE),
Bourgeois de Soissons, élu des aides au diocèse de Soissons.

Sceau rond, de 21 mill. — Écu à la bande coticée

chargée d'un lion au lambel, dans un trilobe. — Légende détruite.

Quittance de gages. — 26 janvier 1365. (Clair., r. 109. p. 8501.)

9486 VALENTINOIS
(César Borgia, duc de),
comte de Diois, seigneur d'Issoudun, capitaine de 100 lances.

Sceau rond, de 23 mill. — Écu parti : au 1, un bœuf paissant à la bordure; au 2, un fascé de six pièces.

CESAR BORGIA DVX VALEN

Gages de l'office de capitaine. — 16 mai 1499. (Clair., r. 141, p. 2801.)

9487 VALENTINOIS
(César Borgia, duc de),
comte de Diois, seigneur d'Issoudun, capitaine de 100 lances.

Sceau rond, de 29 mill. — Écu écartelé : au 1 et 4, trois fleurs de lys; au 2, un bœuf paissant; au 3, un fascé de six pièces; l'écu timbré d'une couronne radiée.

CESAR BORGIA DE FRANCIA DVX VALEN?

Gages de l'office de capitaine. — 25 octobre 1499. (Clair., r. 141, p. 2799.)

9488 VALENTINOIS
(César Borgia, duc de)
et de Diois.

Sceau rond, de 34 mill. — Écu écartelé : au 1 et 4, trois fleurs de lys; au 2, un bœuf paissant à la bordure; au 3, un fascé de six pièces; sur le tout, un pal chargé de deux clefs en sautoir surmontées d'une tiare; l'écu timbré de deux heaumes à lambrequins, l'un couronné et cimé d'une tête de cheval ailé, l'autre cimé de flammes; entre les deux heaumes, un fleuron. — Sans légende.

Quittance d'une rente. — 15 juillet 1502. (Clair., r. 141, p. 2801.)

9489 VALENTINOIS
(Louis de Poitiers, comte de).

Sceau rond, de 32 mill. — Écu portant six besants sous un chef, penché, timbré d'un heaume, sur champ réticulé garni de fleurettes. — Légende détruite.

Guerres de Saintonge. — Quittance de gages. — 26 juin 1355. (Clair., r. 87, p. 6845.)

9490 VALENTINOIS
(Louis de Poitiers, évêque et comte de)
et de Diois.

Sceau rond, de 37 mill. — Dans une niche gothique, un saint personnage à mi-corps, nimbé, mitré, crossé, bénissant, accosté de deux anges. Au-dessous, un écu portant deux fasces à l'écusson en abîme brochant sur la seconde.

S ludovici de pictavia epi et comit valentinen et . . . . .

Quittance de pension. — 26 novembre 1457. (Clair., r. 87, p. 6851.)

9491 VALETTE (FORTON).
Écuyer.

Sceau rond, de 28 mill. — Écu au lion couronné.

. . el f . . . on va . . . .

Service de guerre contre les Anglais, sous le vicomte de Narbonne. — Quittance de gages. — 26 janvier 1420, n. st. (Clair., r. 109, p. 8507.)

9492 VALETTE (FORTON),
Écuyer.

Sceau rond, de 30 mill. — Écu au lion couronné contourné.

. . . . . . ton v . . . . . .

Service de guerre contre les Anglais. — Quittance de gages. — 15 octobre 1420. (Clair., r. 109, p. 8509.)

9493 VALETTE (GUILLONNET).
Écuyer.

Sceau rond, de 29 mill. — Écu au lion à queue fourchée passée en sautoir. Dans le champ, trois palmes.

S Guillonet . allete

Service de guerre contre les Anglais. — Quittance de gages. — 10 juillet 1421. (Clair., r. 109, p. 8509.)

9194 VALETTE (HÉMAR DE),
Écuyer.

Sceau rond, de 20 mill. — Écu portant un croissant au lambel.

✠ S'... DE VALETE

Service de guerre. — Quittance de gages. — Bruges, 20 octobre 1299. (Clair., r. 109, p. 8503.)

9195 VALETTE (PONS DE LA),
Chevalier, capitaine de Sompuis.

Sceau rond, de 20 mill. — Écu au lion accompagné d'une étoile en chef et à dextre.

...ONS D......

Guerres de Gascogne. — Quittance de gages. — 12 mai 1353. (Clair., r. 109, p. 8503.)

9196 VALETTE (PONS DE LA),
Chevalier, capitaine de Montauban.

Sceau rond, de 24 mill. — Écu au lion accompagné d'une étoile en chef et à dextre.

✠ S PON... LA VALETA

Garde de la ville de Montauban. — Quittance de gages. — 1ᵉʳ octobre 1355. (Clair., r. 109, p. 8503.)

9197 VALHUON (COLART DU),
Écuyer.

Sceau rond, de 21 mill. — Écu fretté au franc canton chargé d'un marteau.

S CO..RT DV VALHVON

Guerres de Berry, d'Auvergne et de Nivernais. — Quittance de gages. — Nevers, 13 février 1368, n. st. (Clair., r. 109, p. 8511.)

9198 VALLANGOUJARD (ANSEL DE),
Écuyer, du bailliage de Senlis.

Sceau rond, de 19 mill. — Écu à la croix accompagnée d'une étoile en chef et à dextre, dans un trilobe.

..... DE ......

Guerres de Vermandois. — Quittance de gages. — Saint-Quentin, 21 octobre 1339. (Clair., r. 109, p. 8501.)

9199 VALLANGOUJARD (JEAN DE),
Chevalier.

Sceau rond, de 20 mill. — Écu à la croix, dans un quadrilobe. — Légende détruite.

Défense de la ville du Mans. — Quittance de gages. — Paris, 24 septembre 1356. (Clair., r. 109, p. 8501.)

9200 VALLÉE (RICHARD DE LA),
Écuyer.

Sceau rond, de 19 mill. — Écu au lion.

✠ S' RICHA.. DE LA VALE

Guerres de Saintonge. — Quittance de gages. — 15 juin 1353. (Clair., r. 109, p. 8495.)

9201 VALLÉE (YVONNET DE LA),
Écuyer.

Sceau rond, de 24 mill. — Écu au chevron accompagné de deux fermaux au franc canton chargé d'une merlette, penché, timbré d'un heaume cimé d'un col de cygne, supporté par deux lions.

IVONNET DE LA VALLEE

Garde de Montivilliers. — Quittance de gages. — 6 mai 1416. (Clair., r. 109, p. 8505.)

9202 VALLERY (GIRARDET DE),
Du bailliage de Chaumont.

Sceau hexagone, de 18 mill. — Une fleur à cinq pétales.

✠ S GERART DE V.....

Ost de Flandre. — Quittance de gages. — Arras, 7 septembre 1302. (Clair., r. 109, p. 8501.)

9203 VALLIÈRE (FOUQUET DE LA),
Écuyer.

Sceau rond, de 20 mill. — Écu fretté sous un chef chargé de deux molettes, penché, timbré d'un heaume cimé d'une tête d'homme barbu, supporté par deux lions. — Légende détruite.

Chevauchée de Flandre. — Quittance de gages. — 25 août 1383. (Clair., r. 109, p. 8513.)

9204 VALLIEU (PIERRE DE),
Du bailliage de Vermandois.

Sceau rond, de 22 mill. — Écu portant trois lions au bâton en bande brochant.

.... ᚼLLV

Guerres de Vermandois. — Quittance de gages. — Saint-Quentin, 27 octobre 1339. (Clair., r. 109, p. 851?.)

9205 VALLIN (JEAN),
Conseiller du dauphin.

Sceau rond, de 20 mill. — Écu à la fasce accompagnée de..., dans un trilobe.

.... LI .....

Quittance de gages. — Grenoble, 9 juillet 1339. (Clair., r. 109, p. 8515.)

9206 VALOGNES (VICOMTÉ DE),
Pour le roi de Navarre.

Contre-sceau rond, de 22 mill. — Écu écartelé : au 1 et 4, les chaînes de Navarre; au 2 et 3, trois fleurs de lys à la bande brochant; timbré d'une couronne, supporté par deux lévriers, dans un quadrilobe.

✠ 9TR..... CG.......

Restor du cheval de Jean de Crespon l'aîné, pris sur lui au siège de Valognes. — 16 mars 1365, n. st. (Clair., r. 37, p. 2751.)

9207 VALOIS (CHARLES DE),
Comte d'Alençon.

Voyez ALENÇON.

9208 VALOIS (FRANÇOIS, DUC DE),
Comte d'Angoulême, capitaine de 100 lances.

Sceau rond, de 28 mill. — Écu portant trois fleurs de lys au lambel, surmonté d'une couronne, sur champ festonné. — Sans légende.

Gages de l'office de capitaine. — 4 juillet 1512. (Clair., r. 135, p. 2135.)

9209 VALOIS
(Mahaut de Saint-Pol, comtesse de).

Sceau rond, de 29 mill. — Écu parti : au 1, un semé de fleurs de lys à la bordure; au 2, deux pals de vair sous un chef au lambel de deux pendants; au centre d'une rose gothique contenant quatre écussons échiquetés. — Légende détruite.

Allocation de 8 ᴸ parisis pour un livre de la vie des pères écrit par Jean de Chartres; et de 16 sols parisis «que ledit livre et l'essamplaire d'icelui ont costé à relier». — Notre-Dame-des-Champs, 6 décembre 1324. (Clair., r. 109, p. 8515.)

9210 VALOIS (PIERRE LE),
Maître de la barge Notre-Dame qui est au roi.

Sceau rond, de 20 mill. — Un signe monogrammatique.

.... LG VAL...

Quittance d'approvisionnements. — .. mai 1340. (Clair., r. 109, p. 8503.)

9211 VALORY (GUI DE),
Chevalier.

Sceau rond, de 20 mill. — Écu à la croix, penché, timbré d'un heaume cimé d'un vol aux armes, sur champ réticulé.

SGGL .... UALL.. Y

Service de guerre sous le duc de Bourgogne. — Quittance de gages. — Hesdin, 17 août 1369. (Clair., r. 109, p. 8521.)

9212 VALPROFOND
(Marguerite des Prés, abbesse de).

Sceau rond, de 20 mill. — Écu à la croix ancrée, timbré d'une crosse. — Légende détruite.

Quittance d'une rente sur la recette de Paris. — 4 avril 1447, n. st. (Clair., r. 89, p. 7037.)

9213 VALRICHER (VINCENT DU),
Général député sur le fait du subside octroyé à monseigneur le duc au pays de Normandie.

Sceau rond, de 20 mill. — Écu à l'émanché de

quatre pièces et demie mouvant du flanc sénestre à la bande chargée de trois quintefeuilles brochant, dans un trilobe.

.......T D' V.........

Mandement pour le payement des gages de certains hommes de guerre. — Rouen, 6 juillet 1356. (Clair., r. 213, p. 9485.)

9214 VANCY (GUI DE),
Chevalier, du bailliage de Caen.

Sceau rond, de 22 mill. — Écu portant trois besants ou trois tourteaux, dans un trilobe, sur champ réticulé.

S' SECRETI

Ost de Flandre. — Quittance de gages. — Arras, 30 septembre 1302. (Clair., r. 110, p. 8591.)

9215 VANDELLE (JEAN DE LA),
Écuyer.

Sceau rond, de 24 mill. — Écu vairé. — Légende fruste.

Guerres de Picardie. — Quittance de gages. — 18 novembre 1388. (Clair., r. 109, p. 8523.)

9216 VANDIÈRES (BAUDOUIN, SIRE DE),
Chevalier.

Sceau rond, de 20 mill. — Écu à trois manches mal taillées, dans un trilobe. — Légende détruite.

Service de guerre sous Jean de Conflans. — Quittance de gages. — 20 décembre 1339. (Clair., r. 110, p. 8599.)

9217 VANDIÈRES (OUDINET DE),
Écuyer.

Sceau hexagone, de 16 mill. — Écu portant deux fasces au franc canton.

...B..OV......?

Service de guerre sous Jean de Conflans. — Quittance de gages. — 16 décembre 1339. (Clair., r. 110, p. 8599.)

9218 VANDONNE (FLORIDAS DE),
Écuyer.

Sceau rond, de 25 mill. — Écu portant un cré-

quier au bâton en bande brochant, penché, timbré d'un heaume cimé de..., supporté par deux hommes sauvages. — Légende fruste.

Service de guerre sous le duc de Bourgogne. — Quittance de gages. — 16 mai 1412. (Clair., r. 110, p. 8599.)

9219 VANNES (GAUCHER DE),
Général maître des monnaies du roi.

Sceau rond, de 22 mill. — Un homme d'armes coiffé d'un chapeau de Montauban, assis sur un lion et tenant un écu portant une croix ancrée au bâton en bande brochant, dans un ovale.

S' GAUCHER DE UANNES

Remboursement d'une somme prêtée par des bourgeois de la Rochelle au connétable de France. — 26 août 1351. (Clair., r. 109, p. 8525.)

9220 VANNES (GAUCHER DE),
Argentier du roi.

Signet rond, de 17 mill. — Un lion couché, dans un ovale. — Légende détruite.

Quittance délivrée aux trésoriers du roi. — 23 décembre 1355. (Clair., r. 109, p. 8525.)

9221 VAN ZIEBERG (JEAN).

Voyez ZIEBERG (JEAN VAN).

9222 VAQUERIE (RASSET DE LA),
Écuyer.

Sceau rond, de 22 mill. — Écu échiqueté.

...........VA......

Service de guerre à Chartres. — Quittance de gages. — Chartres, 25 décembre 1356. (Clair., r. 109, p. 8527.)

9223 VAQUERIE (S..G.MONT DE LA),
Écuyer.

Sceau rond, de 20 mill. — Écu échiqueté. — Légende détruite.

Guerres de Normandie et de Bretagne. — Quittance de gages. — Pontorson, 19 janvier 1356, n. st. (Clair., r. 109, p. 8527.)

9224 VAQUERIE (TASSART DE LA),
Arbalétrier de la ville d'Abbeville.

Sceau rond, de 18 mill. — Une roue.

WITASE DE VAQVERE

Quittance scellée, en blanc. — xiv⁰ siècle. (Clair., r. 109, p. 8529.)

9225 VAQUIER (ARNAUD),
Chevalier, capitaine de Montauban.

Sceau rond, de 24 mill. — Écu écartelé : au 1 et 4, une croix vidée, cléchée et pommetée; au 2 et 3, deux vaches passant l'une sur l'autre; penché, timbré d'un heaume de face à volet cimé d'une tête de vache, sur champ réticulé.

S ARNAV. VAQVIER

Guerres de Gascogne. — Quittance de gages. — Montauban, 26 juin 1353. (Clair., r. 109, p. 8529.)

9226 VAQUIER (GUILLAUME),
Chevalier, «miles stipendiarius presentis guerre Vasconie.»

Sceau rond, de 24 mill. — Écu écartelé : au 1 et 4, une croix vidée, cléchée et pommetée; au 2 et 3, deux vaches passant l'une sur l'autre; penché, timbré d'un heaume, supporté à dextre, le seul côté qui subsiste, par une vache, dans un quadrilobe.

.... Q ...... I .....

Quittance de gages. — Toulouse, 30 juin 1338. (Clair., r. 109, p. 8527.)

9227 VARAIZE (ANDRÉE DE),
Dame de Malicorne.

Sceau rond, de 30 mill. — Écu en losange parti : au 1, cinq fasces; au 2, un écartelé de plains; soutenu par un ange.

S andrye ....

Quittance d'une rente sur la recette de la Rochelle. — 23 novembre 1474. (Clair., r. 135, p. 2139.)

9228 VARAIZE (JEAN DE),
Écuyer.

Sceau rond, de 28 mill. — Écu écartelé : au 1, 2,
3 et 4, un plain; penché, timbré d'un heaume cimé d'une tête d'âne ou de cheval, supporté par deux hommes sauvages.

... I rehan de vareze

Service de guerre pour réduire à l'obéissance le seigneur de Parthenay. — Quittance de gages. — .. juin 1415. (Clair., r. 109, p. 8549.)

9229 VARAIZE (JEAN DE),
Chevalier.

Sceau rond, de 27 mill. — Variété du type précédent.

seel rehan de ....

Recouvrement de places dans le Charolais et le Mâconnais. — Quittance de gages. — Lyon, 4 février 1420, n. st. (Clair., r. 109, p. 8551.)

9230 VARAMBON (FRANÇOIS DE),
Chevalier.

Sceau rond, de 23 mill. — Écu à la croix d'hermines accompagnée d'un soleil en chef et à dextre, dans un trilobe.

S F D VARENBON

Service de guerre. — Quittance de gages. — Meaux, 7 août 1380. (Clair., r. 109, p. 8533.)

9231 VARANGIÈRE
(Jean, seigneur de la).
chevalier.

Sceau rond, de 25 mill. — Écu fascé de besants de six pièces, penché, timbré d'un heaume cimé d'une tête d'oiseau dans un vol, supporté par deux chiens. — Légende détruite.

Guerres de Normandie. — Quittance de gages. — Bayeux, 3 novembre 1387. (Clair., r. 109, p. 8535.)

9232 VARDELAURE (GAUTIER DE),
Chanoine de Glasgow en Écosse.

Sceau rond, de 24 mill. — Dans une niche gothique géminée, à gauche la Vierge debout tenant l'enfant Jésus, à droite un personnage mitré crossé bénissant, accostés de deux anges dans deux logettes latérales. Au bas, un écu à la fasce chargée de trois... et accompagnée de trois macles deux en chef et une en pointe, supporté par deux lions. — Légende détruite.

Quittance délivrée au nom des seigneurs et barons d'Écosse, à Nicolas Fournier, receveur du roi. — Bruges, 15 septembre 1355. (Clair., r. 109, p. 8533.)

9233 VARENNE (ARNAUD DE),
Écuyer.

Sceau rond, de 23 mill. — Écu portant six merlettes à la bande brochant, penché, timbré d'un heaume cimé d'une tête d'aigle.

la varenne

Guerres de Normandie; Harfleur assiégé par les Anglais. — Quittance de gages. — 29 septembre 1415. — (Clair., r. 109, p. 8535.)

9234 VARENNES (ACHILLE DE),
Chevalier.

Sceau rond, de 27 mill. — Écu à la croix, penché, timbré d'un heaume couronné et cimé d'une tête de chèvre, supporté par deux singes.

...hILLE ...... eS Ch...

Guerres de Picardie. — Quittance de gages. — Saint-Omer, 16 juillet 1369. (Clair., r. 109, p. 8539.)

9235 VARENNES (FLORENT DE),
Chevalier, fils de Mahieu de Varennes.

Sceau rond, de 17 mill. — Une croix.

✠ Se...TV.......

Guerres des frontières de Flandre. — Quittance de gages. — Paris, 27 juin 1318. (Clair., r. 109, p. 8537.)

9236 VARENNES (GUILLAUME DE),
Chevalier.

Sceau rond, de 20 mill. — Écu à la croix chargée de cinq coquilles.

S ..... VARENN.....TIS

Ost de Flandre. — Quittance de gages. — Paris, 8 octobre 1302. (Clair., r. 109, p. 8535.)

9237 VARENNES (GUILLAUME DE),
Écuyer.

Sceau rond, de 20 mill. — Écu portant trois pals sous un chef chargé d'un lion passant.

...G' De VARA....

Guerres de l'Orléanais. — Quittance de gages. — Orléans, 24 février 1358, n. st. (Clair., r. 109, p. 8537.)

9238 VARENNES (GUILLAUME DE).
Chevalier.

Sceau rond, de 23 mill. — Écu palé de six pièces, la troisième pièce chargée d'une étoile en chef, penché, timbré d'un heaume cimé d'un oiseau, sur champ réticulé.

CeeL · GVILLeMe De GARNES

Chevauchée de Flandre. — Quittance de gages. — 25 août 1383. (Clair., r. 109, p. 8541.)

9239 VARENNES (HUET DE),
Écuyer.

Sceau rond, de 23 mill. — Écu au sautoir chargé de cinq fleurs de lys, penché, timbré d'un heaume cimé d'un griffon, supporté par deux lions.

hVeT De VARennes

Guerres de Berry et de Limousin. — Quittance de gages. — Blois, 10 octobre 1386. (Clair., r. 109, p. 8539.)

9240 VARENNES (JEAN DE),
Écuyer, du bailliage de Meaux.

Sceau rond, de 20 mill. — Écu à la croix ancrée chargée de cinq coquilles.

S I · VARAneS eSCVIeR

Service de guerre sous le maréchal de Champagne. — Quittance de gages. — 5 avril 1339. (Clair., r. 109, p. 8531.)

9241 VARENNES (JEAN DE),
Chevalier.

Sceau rond, de 20 mill. — Écu à la croix chargée

de cinq coquilles et accompagnée d'une merlette en chef et à dextre, dans un quadrilobe.

S' IΘh.. .Θ V.R...Θ

Service de guerre. — Quittance de gages. — Arras, 17 juillet 1340. (Clair., r. 109, p. 8537.)

9242   VARENNES (JEAN DE),

Écuyer, panetier du roi.

Sceau rond, de 18 mill. — Écu fascé d'hermines et de... de six pièces.

. eel ie . . . ir varane .

Quittance de pension. — 4 octobre 1405. (Clair., r. 109, p. 8543.)

9243   VARENNES (JEAN DE),

Écuyer.

Sceau rond, de 20 mill. — Sous un dais gothique l'initiale V chargée de deux étoiles et renfermant entre ses branches un soleil et une étoile, soutenue par un ange et supportée par une aigle et un lion.

S ıϵh . . . . nne .

Service de guerre. — Quittance de gages. — 28 décembre 1419. (Clair., r. 109, p. 8543.)

9244   VARENNES (JEAN DE),

Écuyer.

Sceau rond, de 24 mill. — Écu à la croix, penché, timbré d'un heaume cimé d'un lion issant.

S IOhAN DE UARENhA

Guerres de Languedoc et de Guienne. — Quittance de gages. — 18 juin 1422. (Clair., r. 109, p. 8547.)

9245   VARENNES (MAHIEU DE),

Chevalier.

Sceau rond, de 27 mill. — Écu à la croix accompagnée d'un lion en chef et à dextre, dans un quadrilobe.

✵ S MAh... .. .RENS ChEVALIER

Guerres de Flandre. — Quittance de gages délivrée au maître de l'hôtel du roi de Navarre. — Douai, 20 septembre 1314. (Clair., r. 109, p. 8537.)

9246   VARENNES (PARCEVAL DE),

Chevalier, lieutenant des maréchaux de France en Bretagne.

Sceau rond, de 19 mill. — Écu portant deux haches adossées, penché, timbré d'un heaume cimé d'une tête de coq, sur champ réticulé.

. . . . REN . . . . .

Montre de Guiot de Goussainville, écuyer, reçue le 12 juin 1351. (Clair., r. 109, p. 8539.)

9247   VAROIS (LE PRUDHOMME DE),

Chevalier.

Sceau rond, de 20 mill. — Écu écartelé : au 1 et 4, un vairé; au 2 et 3, une barre.

. . . . . VARA . . . . .

Guerres de Vermandois. — Quittance de gages. — Saint-Quentin, 2 novembre 1339. (Clair., r. 90, p. 7049.)

9248   VAROIS (LE PRUDHOMME DE),

Chevalier.

Sceau rond, de 17 mill. — Écu écartelé : au 1 et 4, une bande; au 2 et 3, un vairé.

. . . . ARA . . . .

Ost de Buironfosse. — Gages de Bornu de Villars, écuyer. — 4 mai 1341. (Clair., r. 113, p. 8833.)

9249   VARROC (RICHARD),

Clerc, général élu des aides.

Sceau rond, de 21 mill. — Écu portant six rocs d'échiquier à la bordure engrêlée, surmonté d'un lion assis, dans une rose gothique ornée d'oiseaux.

S' RICARDI VARROC CLI

Ordre aux élus de Clermont en Auvergne de lever le subside par bailliages. — Paris, 17 mai 1357. (Clair., r. 213, p. 9495.)

9250   VASADEL (ALZIAS),

Écuyer.

Sceau rond, de 26 mill. — Écu fascé de six pièces

à la bordure besantée, penché, timbré d'un heaume cimé d'une tête de lévrier, supporté par deux lions.

S . . . . as vasadel s d sertamanas

Service de guerre à Paris. — Quittance de gages. — Paris, 24 décembre 1415. (Clair., r. 110, p. 8575.)

9251 VASSÉ (ANTOINE DE),
Seigneur de Saint-Georges,
enseigne de 50 lances sous monseigneur de Vassé.

Signet ovale, de 21 mill. — Écu portant trois fasces au lambel, timbré d'un fleuron. — Sans légende.

Quittance de gages. — 29 décembre 1569. (Clair., r. 206, p. 8899.)

9252 VASSÉ (FRANÇOIS DE),
Lieutenant de la compagnie de monseigneur de Vassé.

Signet rond, de 20 mill. — Écu portant trois fasces. — Sans légende.

Quittance de gages. — 9 août 1554. (Clair., r. 206, p. 8913.)

9253 VASSÉ (GROIGNET DE),
Lieutenant de 100 lances sous monseigneur de Montejean.

Sceau rond, de 34 mill. — Écu en cartouche portant trois fasces.

✠ GROIGNET DE VASSE GOVERNEVR

Quittance de gages. — 20 juin 1538. (Clair., r. 206, p. 8909.)

9254 VASSÉ (GROIGNET DE),
Chevalier de l'ordre, capitaine de 40 lances.

Sceau rond, de 24 mill. — Écu fascé de six pièces, entouré du collier de Saint-Michel. — Sans légende.

Gages de l'office de capitaine. — 16 juin 1558. (Clair., r. 206, p. 8901.)

9255 VASSÉ (JEAN DE),
Capitaine de 30 lances.

Cachet rond, de 20 mill. — Écu portant trois fasces. — Sans légende.

Quittance de gages. — 21 mai 1564. (Clair., r. 110, p. 8583.)

9256 VASSELIN (THOMAS),
Seigneur de Beauchesne, commissaire ordinaire des guerres.

Signet ovale, de 21 mill. — Écu portant trois têtes de licorne, dans un cartouche. — Sans légende.

Quittance de gages. — 5 juillet 1569. (Clair., r. 206, p. 8927.)

9257 VASSEUR (COLART LE).

Sceau rond, de 20 mill. — Écu portant trois chevrons au franc canton d'hermines à la bordure.

. . . LART LE VASEVR

Guerres de Picardie. — Gages d'Arnoul du Wez, chevalier. — 28 novembre 1388. (Clair., r. 112, p. 8745.)

9258 VATONNE (PIERRE DE),
Écuyer.

Sceau rond, de 20 mill. — Écu au sautoir cantonné d'une macle en chef et aux flancs, et d'une molette en pointe, penché, timbré d'un heaume cimé d'une tête de . . . dans un vol.

p d̄ vatonne

Guerres de basse Normandie. — Quittance de gages. — Caen, 21 septembre 1415. (Clair., r. 110, p. 8585.)

9259 VAUCHELLES (RAOUL DE),
Chevalier, du bailliage d'Amiens.

Sceau rond, de 19 mill. — Écu fascé d'hermines et de . . . de six pièces.

. . . . DE .AVCh. . . .

Guerres de Vermandois. — Quittance de gages. — Saint-Quentin, 20 octobre 1339. (Clair., r. 110, p. 8589.)

9260 VAUCLER (GUILLAUME DE),
Écuyer.

Sceau rond, de 22 mill. — Écu portant trois oiseaux (selon les auteurs trois chouettes) à la bordure, penché, timbré d'un heaume cimé d'un oiseau, supporté par deux lions. Dans le champ, nye terminant la légende.

S G . . . .

Guerres de basse Normandie et de Cotentin. — Quittance de gages. — Valognes, 20 novembre 1378. (Clair., r. 110, p. 8591.)

9261 VAUCLER (HERVY DE),

Écuyer.

Sceau rond, de 27 mill. — Écu portant trois oiseaux (trois chouettes?) contournés, accompagnés d'un croissant en abîme.

...VI ..VCLΘR

Service de guerre contre les Anglais. — Quittance de gages. — Bourges, 28 juin 1418. (Clair., r. 110, p. 8591.)

9262 VAUCOULEURS (JEAN DE),

Sergent de la douzaine de la ville de Paris.

Signet rond, de 18 mill. — La lettre I couronnée, supportée par une aigle. — Légende détruite.

Gages de son office. — 22 novembre 1402. (Clair. r. 110, p. 8593.)

9263 VAUCOURT (JEAN DE).

Écuyer.

Sceau rond, de 20 mill. — Écu au lion couronné.

✱ .....AR .. VAVCOVRS

Service de guerre en Normandie. — Quittance de gages. — 25 septembre 1415. (Clair., r. 110, p. 8593.)

9264 VAUDEMONT (LOUIS DE),

Chevalier.

Sceau rond, de 25 mill. — Écu portant six merlettes.

✱ S¹ lou. . . . vaudemon

Service de guerre contre les Anglais. — Quittance de gages. — 30 août 1420. (Clair., r. 110, p. 8595.)

9265 VAUDEMONT

(Louis de Lorraine, comte de).
capitaine de 56 lances.

Sceau rond, de 52 mill. — Écu en cartouche écartelé : au 1, un fascé de huit pièces, parti d'un semé de fleurs de lys au lambel; au 2, une croix potencée cantonnée de quatre croisettes, parti de trois pals;

au 3, un semé de fleurs de lys à la bordure; au 4, un semé de croix recroisetées au pied fiché à deux bars adossés; sur le tout, un écusson à la bande chargée de trois alérions à la bordure.

S LVDOVICI DE LOTHORINGIA CO... .. VANDEMON.IS

Gages de l'office de capitaine. — 16 août 1526. (Clair., r. 129, p. 1251.)

9266 VAUDETAR (JEAN DE),

Valet de chambre du roi.

Sceau rond, de 22 mill. — Écu fascé de six pièces, penché, timbré d'un heaume cimé d'une tête de femme dans un vol, supporté par deux dames.

· ƏHAN DE UAUDET..

Quittance de gages et de frais de voyage. — 18 juillet 1377. (Clair., r. 206, p. 8859.)

9267 VAUDETAR (JEAN DE),

Conseiller du roi et maître de ses comptes. général, conseiller sur le fait des aides.

Signet ovale, de 15 mill. — Intaille : un buste de face, Mercure?, dans un encadrement rectangulaire.

S I DE VAUDΘ.......

Frais d'un voyage de Paris à Pontoise. — Quittance. — Paris, 12 décembre 1388. (Clair., r. 110, p. 8597.)

9268 VAUDREY (PHILIBERT DE),

Gouverneur du Tonnerrois, écuyer.

Sceau rond, de 27 mill. — Écu émanché d'une pièce et deux demi-pièces mouvant du chef, penché, timbré d'un heaume à lambrequins cimé d'un vol.

pħilebert ðe vandrei

Défense de la ville d'Eu. — Quittance de gages. — 26 septembre 1432. (Clair., r. 138, p. 9485.)

9269 VAUDRINGHEM (BERTRAND DE),

Écuyer.

Sceau rond, de 22 mill. — Écu portant une quintefeuille accompagnée d'une merlette à sénestre, au lambel.

✠ BERTRAN DE WAVD....EM

Défense de la ville de Boulogne. — Quittance de gages. — Amiens, 26 avril 1387. (Clair., r. 110, p. 8601.)

9270 VAUDRINGHEM (ÉTIENNE DE),
Chevalier.

Sceau rond, de 23 mill. — Écu portant une quintefeuille au lambel.

S MES ESTENE DE VADRING

Guerres de Picardie. — Quittance de gages. — Amiens, 24 décembre 1380. (Clair., r. 110, p. 8601.)

9271 VAUDRINGHEM (ÉTIENNE DE),
Chevalier.

Sceau rond, de 24 mill. — Écu portant une quintefeuille au lambel, dans un trilobe.

✠ S' ESTEVENE DE WAVDRINGHEM

Garde de la ville de Gravelines. — Quittance de gages. — Amiens, 31 mai 1387. (Clair., r. 10, p. 635.)

9272 VAUDRINGHEM
(Guillaume, seigneur de), chevalier.

Sceau rond, de 28 mill. — Écu portant une quintefeuille au lambel, penché, timbré d'un heaume cimé d'une tête humaine et d'un lion assis dans un vol, supporté par deux lions. — Légende détruite.

Service de guerre sous le duc de Bourgogne. — Quittance de gages. — 10 mai 1412. (Clair., r. 110, p. 8607.)

9273 VAUGRIGNEUSE (GUIOT DE),
Écuyer.

Sceau rond, de 20 mill. — Écu à la croix cantonnée de deux croissants en chef.

.......ALGRINHOSA

Guerres de Vermandois et de Cambrésis. — Quittance de gages. — Cambrai, 12 octobre 1339. (Clair., r. 110, p. 8609.)

9274 VAUGRIGNEUSE (JEAN DE),
Écuyer.

Sceau rond, de 21 mill. — Écu à la croix chargée en cœur d'une étoile.

... DE VAGRINO..

Establie d'Aire. — Quittance de gages. — Aire, 14 août 1342. (Clair., r. 109, p. 8511.)

9275 VAUVILLE (PIERRE DE),
Écuyer.

Sceau rond, de 24 mill. — Écu au pal aiguisé accosté de six merlettes, penché, timbré d'un heaume cimé d'une tête de lévrier, supporté par deux hommes sauvages.

... DE VAVVILLE

Guerres de basse Normandie. — Quittance de gages. — Caen, 24 octobre 1415. (Clair., r. 110, p. 8619.)

9276 VAUX (ANIEUX DE),
Écuyer.

Sceau rond, de 24 mill. — Écu portant trois lions au bâton en bande brochant, penché, timbré d'un heaume cimé d'une tête d'aigle, supporté par un griffon et un lion.

anieux ...ans

Service de guerre contre les Anglais, en la compagnie du vicomte de Narbonne. — Quittance de gages. — 9 mars 1421, n. st. (Clair., r. 110, p. 8627.)

9277 VAUX (GÉRARDIN DE),
Écuyer.

Sceau rond, de 16 mill. — Écu fretté. — Légende détruite.

Guerres de Gascogne. — Restor d'un cheval. — Agen, 23 août 1352. (Clair., r. 110, p. 8621.)

9278 VAUX (GUILLAUME DE),
Écuyer.

Sceau hexagone, de 19 mill. — Écu portant un fretté chargé d'une étoile en chef et à sénestre.

S ..ILA..E DE ....

Guerres de Flandre. — Quittance de gages. — Tournay, 20 mai 1338. (Clair., r. 110, p. 8621.)

9279 VAUX (GUIOT DE),
Écuyer.

Sceau rond, de 26 mill. — Écu à la fasce fuselée de quatre pièces accompagnée de trois coquilles en chef, penché, timbré d'un heaume cimé d'un cygne, sur champ de rinceaux.

LE SEEL GUY .. .AVS

Chevauchée du Mans. — Quittance de gages. — Le Mans, 28 juillet 1392. (Clair., r. 110, p. 8623.)

9280 VAUX (HUGUENIN DE),
Écuyer.

Sceau rond, de 22 mill. — Fragment d'écu où l'on ne voit plus qu'une bande sous un chef, penché, timbré d'un heaume. — Légende détruite.

Guerres de Guienne. — Quittance de gages. — Périgueux, 15 février 1408, n. st. (Clair., r. 110, p. 8625.)

9281 VAUX (JEAN DE),
Écuyer.

Sceau rond, de 21 mill. — Écu portant trois sangliers passant, dans un trilobe.

LE .... IEhA. DE V...

Guerres de Poitou et de Saintonge. — Quittance de gages. — Saint-Jean-d'Angely, 2 mai 1353. (Clair., r. 110, p. 8623.)

9282 VAUX (JEAN DES),
Écuyer, capitaine du château de Pontmain.

Sceau rond, de 20 mill. — Écu portant un lion au lambel, dans une rose gothique.

..OhAN .ES VA..

Garde du château de Pontmain. — Quittance de gages. — Le Mans, 17 septembre 1372. (Clair., r. 110, p. 8623.)

9283 VAUX (PIERRE DE),
Écuyer.

Sceau hexagone, de 21 mill. — Écu portant trois merlettes.

S PET DE VALLE DOMI..

Ost de Flandre. — Quittance de gages. — Arras, 11 septembre 1302. (Clair., r. 110, p. 8631.)

9284 VAUX (ROGUE DE),
Écuyer.

Sceau rond, de 24 mill. — Écu portant trois lions accompagnés d'un besant ou d'un tourteau en abîme.

✠ Seel rangne de vaulx

Service de guerre à Paris. — Quittance de gages. — 10 janvier 1416, n. st. (Clair., r. 110, p. 8625.)

9285 VAYROLS (GAUZELM DE),
Chevalier, capitaine de Cahors.

Sceau rond, de 26 mill. — Écu à trois bandes de vair, penché, timbré d'un heaume cimé d'un vol, sur champ festonné.

S GAUSELM DE UA...L

Garde de Cahors. — Quittance de gages. — 12 janvier 1356, n. st. (Clair., r. 109, p. 8489.)

9286 VÉ (JEAN, SIRE DE),
Chevalier, commis à recevoir les montres en Flandre.

Sceau rond, de 30 mill. — Une rose accostée de deux tiges de lis. Dans le champ, les trois lettres R. V. G.

Montre de Guillebert Gamel, écuyer, reçue au château de l'Écluse, le 1ᵉʳ décembre 1386. (Clair., r. 110, p. 8629.)

9287 VÉ (JEAN, SIRE DE),
Chevalier, commis à recevoir les montres aux frontières de Flandre.

Sceau rond, de 27 mill. — Écu portant une quintefeuille accompagnée de neuf merlettes en orle, penché, timbré d'un heaume cimé de deux bras ou de deux pattes, supporté par deux oiseaux à tête humaine.

IEhAN SIRE DE VE

Quittance de gages. — Bruges, 6 mai 1388. (Clair., r. 110, p. 8631.)

9288 VÉ (PIERRE DE),
Avocat en parlement, conseiller au Châtelet.

Sceau rond, de 20 mill. — Écu portant trois chevrons sous un chef, supporté par un oiseau à tête humaine. — Légende détruite.

Gages de l'office de conseiller. — 6 juin 1399. (Clair., r. 110, p. 8635.)

9289   VEAU (ROBIN),
Écuyer.

Sceau rond, de 17 mill. — Écu à la fasce accompagnée de trois rencontres de veau, deux en chef un en pointe. — Légende détruite.

Recouvrement de places dans le Charolais et le Mâconnais. — Quittance de gages. — Lyon, 4 février 1420, n. st. (Clair., r. 111, p. 8639.)

9290   VEAUCÉ (LE BORGNE DE),
Écuyer, chambellan du comte de Poitiers.

Sceau rond, de 19 mill. — Écu portant un semé de fleurs de lys, penché, timbré d'un heaume cimé d'une tête humaine dans un vol, sur champ réticulé.

LE BO .... CHATELIERS

Quittance au sujet d'une ceinture et d'un coursier vendus au comte de Poitiers : le coursier, 120 moutons d'or; la ceinture, 60 moutons d'or. — Riom, 7 janvier 1359, n. st. (Clair., r. 111, p. 8639.)

9291   VEDEL (ARNAUD),
Écuyer.

Sceau rond, de 20 mill. — Écu à la bande accompagnée en chef d'un bœuf passant contourné, en pointe d'un croissant surmonté d'une étoile, au lambel.

...NAVT VI...

Guerres de Poitou et de Saintonge. — Quittance de gages. — Paris, 31 décembre 1347. (Clair., r. 111, p. 8641.)

9292   VEHIÈRES (GÉRARD DE),
Seigneur du Roumoy, chevalier.

Sceau rond, de 25 mill. — Écu fretté au lambel, penché, timbré d'un heaume cimé d'un vol, dans un ovale.

S' GERART DE VEHIRE CHLR

Chevauchée de Flandre en la compagnie du comte de Blois. — Quittance de gages. — 25 août 1383. (Clair., r. 111, p. 8643.)

9293   VEILHAN (ANTOINE DE),
Chevalier, lieutenant de 80 lances sous le duc de Nivernais.

Sceau rond, de 28 mill. — Écu écartelé : au 1 et 4, un rais d'escarboucle fleuronné; au 2 et 3, une bande; entouré d'une couronne de feuillage. — Sans légende.

Quittance de gages. — 28 avril 1554. (Clair., r. 206, p. 8933.)

9294   VELAUX (JEAN DE),
Écuyer.

Sceau rond, de 26 mill. — Écu à la bande, penché, timbré d'un heaume cimé d'un bras tenant une masse d'armes, sur champ réticulé.

S Iohan de velanz

Service de guerre à Paris. — Quittance de gages. — 19 janvier 1416, n. st. (Clair., r. 111, p. 8645.)

9295   VELLART (COLIN),
Écuyer.

Sceau rond, de 19 mill. — Écu portant une tête de lion.

.. LIN VELART

Guerres de Bretagne. — Quittance de gages. — Paris, 16 décembre 1380. (Clair., r. 111, p. 8645.)

9296   VELLEFAUX (JACQUES DE),
Écuyer, de la Franche-Comté.

Sceau rond, de 18 mill. — Écu à la fasce chargée d'une étoile et accompagnée de trois têtes de léopard en chef.

IAC...........

Service de guerre. — Quittance de gages. — Douai, 23 août 1340. (Clair., r. 113, p. 8851.)

9297   VÉLU (JEAN DE),
Chevalier.

Sceau rond, de 23 mill. — Écu portant trois aigles au lambel.

✶ S' ..... DE VELL. SC'

Service de guerre. — Quittance de gages. — Paris, 17 juin 1341. (Clair., r. 111, p. 8647.)

9298 VENASQUE (GEOFFROI DE),

Écuyer.

Sceau rond, de 22 mill. — Écu à la croix vidée et pommettée, penché, timbré d'un heaume cimé d'une tête de cheval. Dans le champ, deux rameaux.

IOFFROY DE VENASCA

Service de guerre à Paris. — Quittance de gages. — 24 janvier 1416, n. st. (Clair., r. 111, p. 8663.)

9299 VENDEGIES (GUÉRARD DE),

Chevalier.

Sceau rond, de 22 mill. — Écu portant une roue, dans un trilobe. — Légende détruite.

Guerres de Picardie. — Quittance de gages. — Saint-Omer, 29 octobre 1355. (Clair., r. 111, p. 8659.)

9300 VENDELLES (JEAN DE),

Écuyer.

Sceau rond, de 21 mill. — Écu portant trois chevrons à la fasce chargée de trois coquilles brochant.

S' IEhAN DE VEND....

Défense de Gravelines. — Quittance de gages. — Saint-Omer, 7 mai 1389. (Clair., r. 111, p. 8701.)

9301 VENDIN (BAUDOUIN DE),

Chevalier.

Sceau rond, de 22 mill. — Écu portant un écusson en abîme, au lambel de cinq pendants. — Légende détruite.

Establie de Douai. — Quittance de gages. — 13 septembre 1314. (Clair., r. 111, p. 8659.)

9302 VENDÔME (BOUCHARD DE),

Chevalier.

Sceau rond, de 21 mill. — Écu d'hermines sous un chef au lion brochant, penché, timbré d'un heaume cimé de..., sur champ réticulé. — Légende détruite.

Service de guerre devant Saint-Jean-d'Angely. — 4 mai 1353. (Clair., r. 111, p. 8649.)

9303 VENDÔME (CHÂTELLENIE DE).

Petit sceau aux contrats.

Sceau rond, de 20 mill. — Écu au lion. — Légende détruite.

Guerres de Bretagne. — Quittance des gages de Jean le Vendômois, chevalier. — 8 septembre 1380. (Clair., r. 111, p. 8661.)

9304 VENDÔME (FRANÇOIS DE),

Vidame de Chartres.

Voyez CHARTRES.

9305 VENDÔME (JEAN DE),

Chevalier, sire de Feillet.

Sceau rond, de 24 mill. — Écu portant un chef au lion brochant, penché, timbré d'un heaume cimé d'un lion, sur champ festonné.

...AN DE V...OME

Guerres de Bretagne. — Quittance de gages. — Pontorson, 27 juillet 1379. (Clair., r. 111, p. 8649.)

9306 VENDÔME (JEAN DE),

Écuyer.

Sceau rond, de 25 mill. — Écu portant un chef au lion au lambel brochant, penché, timbré d'un heaume cimé d'un lion, sur champ réticulé.

SEEL IEhAN DE VAN.....

Chevauchée de Flandre. — Quittance de gages. — 25 août 1383. (Clair., r. 111, p. 8649.)

9307 VENDÔME (JEAN, BÂTARD DE),

Écuyer,
capitaine des francs archers des élections de Sens et du Langres.

Contre-sceau rond, de 28 mill. — Écu semé de fleurs de lys à la bande chargée de trois lionceaux brochant, au bâton en barre sur le tout.

contre seel jehan bastart de vendosm.

Gages de l'office de capitaine. — 31 janvier 1465, n. st. (Clair., r. 18, p. 6.)

9308 VENDÔME (JEAN DE),
Seigneur de Chabanais,
conseiller et chambellan du roi, gouverneur et bailli de Berry.

Sceau rond, de 28 mill. — Écu écartelé : au 1 et 4, un lion ; au 2 et 3, un semé de fleurs de lys ; penché, timbré d'un heaume à lambrequins cimé d'une tête de lion.

S jehan de vendosme

Quittance des gages de bailli. — 12 avril 1470, n. st. (Clair., r. 111, p. 8653.)

9309 VENDÔME (JEAN DE),
Vidame de Chartres.

Voyez CHARTRES.

9310 VENDÔME (LOUIS DE),
Vidame de Chartres.

Voyez CHARTRES.

9311 VENDÔME
(Louis de Bourbon, comte de).

Sceau rond, de 40 mill. — Écu écartelé : au 1 et 4, un semé de fleurs de lys ; au 2 et 3, un lion ; penché, timbré d'un heaume couronné et cimé de..., supporté par deux lions.

. . . . endo . .

Guerres de Guienne. — Quittance des gages de Guillaume de la Tour, écuyer. — Ruffec, 9 octobre 1406. (Clair., r. 106, p. 8309.)

9312 VENDÔME
(Louis de Bourbon, comte de),
chevalier, grand maître d'hôtel du roi.

Sceau rond, de 36 mill. — Écu écartelé : au 1 et 4, un semé de fleurs de lys à la bande chargée de trois lionceaux ; au 2 et 3, un lion ; penché, timbré d'un heaume couronné et cimé d'une touffe, supporté par deux lions.

S louis de bourb . . . . lne

Service de guerre. — Quittance de gages. — 9 septembre 1415. (Clair., r. 18, p. 5.)

9313 VENDÔME (PIERRE DE),
Seigneur de Charroux, chevalier banneret.

Sceau rond, de 28 mill. — Écu portant un chef au lion brochant, penché, timbré d'un heaume cimé d'un lion issant. Dans le champ, deux rameaux.

S pierre de vendosme

Service de guerre contre les Anglais. — Quittance de gages. — 14 septembre 1415. (Clair., r. 111, p. 8651.)

9314 VENDÔME (ROBERT DE),
Chevalier.

Sceau rond, de 20 mill. — Écu portant un chef au lion brochant à la bordure, penché, timbré d'un heaume cimé d'un lion, sur champ festonné.

.OBERT DE VANDOME

Service de guerre. — Quittance de gages. — Chartres. 20 août 1380. (Clair., r. 111, p. 8649.)

9315 VENDÔMOIS (CHARLES, DUC DE),
Pair de France, etc., lieutenant général en Picardie,
capitaine de 62 lances.

Sceau rond, de 42 mill. — Écu portant trois fleurs de lys au bâton en bande brochant, surmonté d'une couronne, entouré du collier de Saint-Michel. — Sans légende.

Gages de l'office de capitaine. — 7 janvier 1529, n. st. (Clair., r. 122, p. 417.)

9316 VENDÔMOIS (COUR DE).
Sceau aux causes.

Sceau rond, de 28 mill. — Écu au lion.

Le . . . . dosmois

Service de guerre contre les Anglais. — Gages de Thibaud de Rochefort, écuyer. — 12 septembre 1421. (Clair., r. 96, p. 7495.)

9317 VENDÔMOIS (JEAN LE),
Chevalier.

Sceau rond, de 19 mill. — Écu coupé : au 1, un

fascé de six pièces; au 2, d'hermines; dans une rose gothique.

S IЄҺAꞂ VЄꞂD..ꟽOIS

Guerres de Bretagne. — Quittance de gages. — 20 décembre 1380. (Clair., r. 111, p. 8661.)

9318   VENDÔMOIS (ROBERT LE),
Chevalier.

Sceau rond, de 20 mill. — Écu coupé : au 1, trois fasces; au 2, d'hermines; dans un trilobe. — Légende détruite.

Guerres de Bretagne. — Quittance de gages. — Rennes, 6 septembre 1352. (Clair., r. 111, p. 8663.)

9319   VENDRESSE (JEAN DE),
Écuyer, bailli de Senlis.

Sceau rond, de 25 mill. — Écu échiqueté sous un chef, penché, timbré d'un heaume, supporté par deux lions. — Légende détruite.

Taxation d'écritures. — 6 février 1389, n. st. (Clair., r. 111, p. 8647.)

9320   VENDRESSE (JEAN DE),
Chevalier.

Sceau rond, de 25 mill. — Écu échiqueté sous un chef, penché, timbré d'un heaume cimé d'un vol, supporté par deux lions.

S ıєҺ.. ɒ̇ ....

Chevauchée de Bourbourg. — Quittance de gages. — 10 septembre 1383. (Clair., r. 110, p. 8599.)

9321   VENEUR (JEAN LE),
Seigneur et baron de Tillières, capitaine d'Avranches.

Sceau rond, de 35 mill. — Écu portant une bande frettée au lambel penché, timbré d'un heaume cimé d'une tête de..., supporté par deux lions.

ıєҺan le veneur baron ɒ̇ tıll....

Gages de l'office de capitaine. — 19 avril 1515. (Clair., r. 207, p. 8943.)

9322   VENEUR (PIERRE LE),
Chevalier, seigneur du Homme et de Saint-Ellier.

Sceau rond, de 25 mill. — Écu à la bande frettée, penché, timbré d'un heaume cimé d'un vol, sur champ réticulé.

S PIЄꞂꞂЄ LЄ VЄꞂЄVꞂ

Quittance d'une rente sur le Neuf-Moulin. — 7 octobre 1410. (Clair., r. 207, p. 8939.)

9323   VENEUR (ROBERT LE),
Chevalier, maître et enquêteur des eaux et forêts.

Sceau rond, de 24 mill. — Une croix chargée de quatre... et cantonnée de quatre lions, dans un quadrilobe.

.....T L. VЄꞂЄVꞂ .....

Réduction de l'amende infligée à Guillaume de Bois-Gont. — Honfleur, 11 avril 1326. (Clair., r. 111, p. 8665.)

9324   VENEUR (TANNEGUY LE),
Seigneur de Carrouges, chevalier de l'ordre, capitaine de 30 lances.

Sceau ovale, de 27 mill. — Écu en cartouche à la bande frettée, entouré du collier de Saint-Michel. — Sans légende.

Gages de l'office de capitaine. — 18 juin 1564. (Clair., r. 135, p. 2151.)

9325   VENISIN (JOSSELIN DE).

Sceau rond, de 21 mill. — Écu portant trois chevrons.

...OSЄL.. DЄ V.......

Ost de Flandre. — Gages de Robert de Clacy. — Paris, 23 octobre 1302. (Clair., r. 112, p. 8719.)

9326   VENOIX (GUILLAUME DE),
Écuyer.

Sceau rond, de 21 mill. — Écu portant une aigle.

...IL....Є DЄ ꟽЄS

Guerres de Flandre. — Quittance de gages. — Saint-Omer, 23 juin 1384. (Clair., r. 111, p. 8667.)

9327 VENOIX (HENRI DE),
Écuyer.

Sceau rond, de 24 mill. — Un faucon prenant sa curée sur un poing.

S' ҺЄNRICI DЄ VЄN........GЄR'

Ost de Flandre. — Quittance de gages. — Arras, 11 septembre 1302. (Clair., r. 111, p. 8667.)

9328 VENOIX (ROBIN DE),
Écuyer.

Sceau rond, de 17 mill. — Écu à la fasce accompagnée de trois fleurs de lys, deux en chef et une en pointe. — Légende détruite.

Ost de Flandre. — Quittance de gages. — Arras, 3[?] août 1315. (Clair., r. 111, p. 8667.)

9329 VENSAC (ÉLIE DE),
Chevalier.

Sceau rond, de 22 mill. — Écu à la tierce en bande accompagnée de six trèfles en orle, penché, timbré d'un heaume cimé d'un vol aux armes, supporté par deux lions à tête de magicien.

S ЄLIЄS .. ...NƷAC

Défense de Barbezieux. — Quittance de gages. — 12 décembre 1376. (Clair., r. 111, p. 8679.)

9330 VENTADOUR
(Bernard, vicomte de),
chevalier.

Sceau rond, de 22 mill. — Écu échiqueté. — Légende détruite.

Guerres de Poitou et de Saintonge. — Quittance de gages. — Pons, 25 novembre 1337. (Clair., r. 111, p. 8667.)

9331 VENTADOUR
(Bernard, comte de).

Sceau rond, de 24 mill. — Écu échiqueté, penché, timbré d'un heaume, dans un encadrement gothique.

.....RDI..........

Quittance de frais de guerre. — Saint-Jean-d'Angely, 4 septembre 1351. (Clair., r. 111, p. 8669.)

9332 VENTADOUR
(Bernard, comte de)
et de Montpensier.

Sceau rond, de 25 mill. — Écu écartelé : au 1 et 4, un lion; au 2 et 3, un échiqueté; penché, timbré d'un heaume cimé de deux cornes, supporté par deux lions, dans un quadrilobe.

SЄCRЄTU BЄRNARDI COITIS UЄNTADORЄN..

Service de guerre. — Quittance de gages. — Paris, 31 octobre 1355. — Guerres de Languedoc et d'Auvergne. — Toulouse, 3 juin 1359. (Clair., r. 111, p. 8669.)

9333 VENTADOUR (GÉRARD DE),
Chevalier, sire et capitaine de Donzenac.

Sceau rond, de 24 mill. — Écu écartelé : au 1 et 4, un échiqueté; au 2 et 3, un fascé de six pièces.

✠ S GIRART D. ...TADOR CIVA

Garde de Donzenac. — Quittance de gages. — Toulouse, 8 août 1348. (Clair., r. 111, p. 8669.)

9334 VENTADOUR (GÉRARD DE),
Chevalier, sire de Donzenac.

Sceau rond, de 65 mill. — Type équestre. L'écu et la housse écartelés : au 1 et 4, un échiqueté; au 2 et 3, un fascé de six pièces; sur un champ de fleurs.

LЄ SЄЄL GЄRART UЄNTADOUR CҺЄUAL.....RA DЄ DONZЄNAC

CONTRE-SCEAU : Écu aux armes de la face, dans une rose gothique. — Sans légende.

Confirmation de la vente d'une maison. — 7 décembre 1371. (Clair., r. 207, p. 8951.)

9335 VENTADOUR
(Gilbert de Lévis, comte de),
chevalier de l'ordre, capitaine de 50 lances.

Sceau rond, de 64 mill. — Écu écartelé : au 1, trois bandes; au 2, trois chevrons; au 3, trois étoiles; au 4, un lion; sur le tout, un écusson échiqueté; timbré d'une couronne, entouré du collier de Saint-Michel. — Sans légende.

Certificat de service donné à François de Lignerac. — Paris, 7 avril 1569, n. st. (Clair., r. 129, p. 1931.)

9336 VENTADOUR
(Jacques, comte de).
Chevalier.

Sceau rond, de 25 mill. — Écu échiqueté, penché, timbré d'un heaume cimé de deux cornes, sur champ festonné.

S IAQVES DE VENTADOVR

Recouvrement de places dans le Charolais et le Mâconnais. — Quittance de gages. — 4 mai 1430. (Clair., r. 111, p. 8677.)

9337 VENTADOUR (LOUIS DE),
Chevalier, seigneur des Granges, conseiller et chambellan du roi.

Sceau rond, de 24 mill. — Écu échiqueté.

.......entadon.

Quittance de pension. — 24 février 1475, n. st. (Clair., r. 111, p. 8677.)

9338 VENTIGLE (HENNEQUIN DE),
Sergent à pied du guet de nuit de Paris.

Sceau rond, de 18 mill. — Écu au sautoir cantonné de quatre merlettes. — Légende détruite.

Gages de son office. — 21 novembre 1402. (Clair., r. 111, p. 8679.)

9339 VER (ADAM DE),
Chevalier, maître de l'hôtel du roi.

Sceau rond, de 25 mill. — Écu à la croix chargée d'une fleur de lys en cœur et cantonnée de quatre lions.

✠ **S' ADAN DE VERE C....R**

Restor de chevaux. — 14 mars 1325, n. st. (Clair., r. 111, p. 8679.)

9340 VER (BAUDOUIN LE),
Écuyer.

Sceau rond, de 23 mill. — Écu écartelé : au 1 et 4, trois sangliers passant; au 2 et 3, un bandé de six pièces à la bordure engrêlée.

....UIN.......

Guerres de Picardie. — Quittance de gages. — 15 décembre 1380. (Clair., r. 111, p. 8681.)

9341 VER (DOIT LE),
Écuyer.

Sceau rond, de 25 mill. — Écu écartelé : au 1 et 4, trois...; au 2 et 3, un bandé de six pièces à la bordure engrêlée.

.....LE VE. ...

Guerres de Picardie. — Quittance de gages. — 24 février 1383, n. st. (Clair., r. 111, p. 8685.)

9342 VER (JEAN DE),
Écuyer.

Sceau rond, de 20 mill. — Écu à la croix chargée de cinq coquilles et cantonnée de douze croisettes.

✠ **S IEh DIT hANN.....**

Service de guerre en Flandre et en Hainaut. — Quittance de gages. — Tournay, 16 mars 1339, n. st. (Clair., r. 111, p. 8679.)

9343 VER (JEAN DE),
Chevalier.

Sceau rond, de 25 mill. — Écu échiqueté, penché, timbré d'un heaume cimé d'une tête humaine, supporté par deux lions. — Légende détruite.

Guerres de Languedoc et de Guienne. — Quittance de gages. — Poitiers, 28 juillet 1377. (Clair., r. 111, p. 8681.)

9344 VER (ROBERT DE),
Écuyer.

Sceau rond, de 18 mill. — Écu au chef chargé de... à sénestre.

✠ **S ROBER. E VER**

Guerres de basse Normandie. — Quittance de gages. — Caen, 25 août 1385. (Clair., r. 111, p. 8683.)

9345 VER (ROBERT DE),
Chevalier.

Sceau rond, de 41 mill. — Écu écartelé : au 1 et 4, une quintefeuille; au 2 et 3, un plain; penché, timbré d'un heaume à lambrequins cimé d'un sanglier.

Sigillu roberti ver militis

Gages de gens d'armes et d'archers. — Quittance délivrée au receveur général de Normandie. — 1ᵉʳ février 1449, n. st. (Clair., r. 206, p. 8931.)

9346 VERCHIN (HUGUES DE),
Écuyer, châtelain de Beauquesne.

Sceau rond, de 20 mill. — Écu à la bande fuselée de cinq pièces, accompagnée d'une merlette en chef et à sénestre.

✠ ҺVG DV V....ın

Garde du château de Beauquesne. — Quittance de gages. — 4 juillet 1369. (Clair., r. 111, p. 8687.)

9347 VERCHIN (JACQUES DE),
Chevalier banneret, sénéchal de Hainaut.

Sceau rond, de 42 mill. — Écu billeté au lion brochant, penché, timbré d'un heaume couronné et cimé d'une touffe, supporté par deux hommes sauvages, dans un quadrilobe.

.... chın .... aınan

Service de guerre. — Quittance de gages. — Vernon-sur-Seine, 29 août 1379. (Clair., r. 111, p. 8687.)

9348 VERCHIN (JEAN DE),
Écuyer.

Sceau rond, de 23 mill. — Écu au lion.

✠ S I...n DG VGRCIN

Guerres de Picardie. — Quittance de gages. — Hesdin, 20 juillet 1380. (Clair., r. 111, p. 8687.)

9349 VERCHIN (JEAN DE),
Chevalier banneret, sénéchal de Hainaut et ber de Flandre.

Sceau rond, de 39 mill. — Écu billeté au lion brochant, penché, timbré d'un heaume couronné et cimé d'une touffe, supporté par deux aigles.

✠ seel ıeban sıgneur ꝺe verchın ..nescal ꝺe baynau

Service de guerre sous le duc de Bourgogne. — Quittance de gages. — 29 novembre 1411. (Clair., r. 111, p. 8689.)

9350 VERCHOCQ (ARNOUL DE),
Chevalier.

Sceau rond, de 22 mill. — Écu portant trois doloires, les deux en chef adossées, au lambel; penché, timbré d'un heaume cimé d'un vol, sur champ réticulé.

GRNOVL SIRG DG VGRCOT

Guerres de Picardie. — Quittance de gages. — Amiens, 20 octobre 1380. (Clair., r. 21, p. 1493.)

9351 VERCHOCQ (ARNOUL DE),
Chevalier.

Sceau rond, de 24 mill. — Variété du type précédent.

GRNOVL SIRG DG VGRChOT

Guerres de Picardie. — Quittance de gages. — Amiens, 1ᵉʳ février 1381, n. st. (Clair., r. 112, p. 8761.)

9352 VERDEREL (GEOFFROI),
Clerc.

Sceau rond, de 17 mill. — Un bœuf passant à droite. — Légende détruite.

Ost de Flandre. — Quittance des gages de Colin Fouquet. — Paris, 21 octobre 1302. (Clair., r. 47, p. 3541.)

9353 VERDILLE (JEAN DE),
Dit Robert, chevalier.

Sceau rond, de 23 mill. — Écu portant un léopard couronné à la bordure chargée de huit besants.

S' I..........TIS

Ost de Flandre. — Quittance de gages. — 21 juillet 1304. (Clair., r. 111, p. 8703.)

9354 VERDUN (COLIN DE),
Écuyer.

Sceau rond, de 23 mill. — Écu portant deux fasces accompagnées de cinq merlettes contournées, 1, 3, 1, au franc canton chargé de trois coquilles. — Légende détruite.

Guerres de Flandre. — Quittance de gages. — 12 juillet 1385. (Clair., r. 111, p. 8703.)

9355 VERDUN (HUGUES DE),

De l'ordre des frères prêcheurs, inquisiteur en Gascogne.

Sceau ogival, de 33 mill. — Dans une niche gothique, un religieux assis tenant une croix, ayant devant lui quatre personnages agenouillés.

S' IQSITO..... ORD' PDIC

Quittance de gages délivrée au trésorier de Toulouse. — 31 mars 1391. (Clair., r. 217, p. 9817.)

9356 VERDUZAN (JEAN DE).

Chevalier, capitaine de Casteron de Bivès.

Sceau rond, de 23 mill. — Écu portant deux besants en pal au lambel, penché, timbré d'un heaume à volet de face cimé de deux cornes accompagnées de six besants, sur champ réticulé.

... AR DE . ƏRDUZEIRT

Garde du château de Casteron. — Quittance de gages. — 21 juin 1356. (Clair., r. 13, p. 835.)

9357 VERDUZAN (JEAN DE),

Chevalier, capitaine de Casteron de Bivès.

Sceau rond, de 22 mill. — Variété du type précédent.

S ... AR D ...... A

Garde du château de Casteron. — Quittance de gages. — 22 juillet 1356. (Clair., r. 111, p. 8705.)

9358 VERDUZAN (OTH DE),

Chevalier.

Sceau rond, de 25 mill. — Variété des types précédents.

S .. DƏ UƏRDUSAN CҺLR

Guerres de Gascogne. — Quittance de gages. — Agen, 22 juillet 1354. (Clair., r. 13, p. 835.)

9359 VERFAY (HUGUES, SIRE DE),

Chevalier.

Sceau rond, de 21 mill. — Écu parti : au 1, un fascé de huit pièces; au 2, un plain; dans un trilobe.

... G'VƏ D' VƏRFƏ .....

Guerres de Vermandois et de Cambrésis. — Quittance de gages. — Cambrai, 12 octobre 1339. (Clair., r. 111, p. 8709.)

9360 VERFAY (HUGUES DE),

Chevalier.

Sceau rond, de 18 mill. — Écu parti : au 1, un fascé de huit pièces; au 2, un plain; penché, timbré d'un heaume. — Légende détruite.

Guerres de Vermandois. — Quittance de gages. Paris, 19 novembre 1339. (Clair., r. 111, p. 8709.)

9361 VERGAIRE (JEAN DE),

Capitaine d'arbalétriers.

Sceau rond, de 23 mill. — Écu portant six vergettes, penché, timbré d'un heaume cimé d'une tête de... dans un vol, supporté par un griffon et un lion.

.... VƏ .....

Guerres de Guienne. — Quittance de gages. — 16 février 1405, n. st. (Clair., r. 111, p. 8709.)

9362 VERGER (JEAN DU),

Chevalier.

Sceau rond, de 25 mill. — Écu portant une barre à la bordure. — Légende détruite.

Guerres de Flandre. — Quittance de gages. — Devant le Damm, 20 août 1385. (Clair., r. 111, p. 8711.)

9363 VERGHEAS (HUGUES DE),

Chevalier.

Sceau rond, de 29 mill. — Écu portant quatre fasces ou un fascé de dix pièces.

S VGO DƏ VƏR.GAT MILƏS

Ost de Flandre. — Quittance de gages. — Arras, 30 septembre 1302. (Clair., r. 115, p. 8975.)

9364 VERGNE (LIGON DE LA),
Écuyer,
lieutenant de Guillaume le Bouteiller, sénéchal d'Angoulême.

Sceau rond, de 24 mill. — Écu à la bande accompagnée de...

.....LIGON........GNE

Guerres de Guienne. — Quittance de gages. — 4 décembre 1386. (Clair., r. 111, p. 8715.)

9365 VERGY (GUILLAUME DE),
Chevalier, sire de Mirebel.

Sceau rond, de 24 mill. — Écu portant trois quintefeuilles à la bordure, penché, timbré d'un heaume de face cimé d'un vol, supporté par deux... — Légende détruite.

Quittance d'une rente sur la recette de Champagne. — 19 septembre 1353. (Clair., r. 111, p. 8713.)

9366 VERGY (GUILLAUME DE),
Chevalier.

Sceau rond, de 24 mill. — Écu portant trois quintefeuilles au lambel et à la bordure, penché, timbré d'un heaume cimé d'une tête de griffon dans un vol, supporté par deux lions.

S' DE VERGY SEG.......

Armée d'Écosse. — Quittance de gages. — Arras, 27 avril 1385. (Clair., r. 111, p. 8713.)

9367 VERGY (JEAN DE),
Chevalier.

Sceau rond, de 32 mill. — Écu portant trois quintefeuilles, penché, timbré d'un heaume cimé d'une tête de griffon dans un vol, supporté par deux griffons.

...hA.....GeY...DE FONVANS

Chevauchée de Bourbourg. — Quittance de gages. — 10 septembre 1383. (Clair., r. 111, p. 8713.)

9368 VERGY (JEAN DE),
Seigneur de Fouvent, maréchal du duc de Bourgogne.

Sceau rond, de 29 mill. — Variété du type précédent.

S' Ieh.......aY SeGN DE FONVEN.

Montre de Claude d'Uziez, écuyer. — Paris, 7 octobre 1411. (Clair., r. 111, p. 8709.)

9369 VÉRIE (JEAN DE LA),
Bâtard de Brabant, écuyer.

Sceau rond, de 22 mill. — Écu portant un lion à la bande brochant, dans une rose gothique.

S' IOhA....e VER..

Chevauchée de Flandre. — Quittance de gages. — 25 août 1383. (Clair., r. 21, p. 1489.)

9370 VERNADE (GUILLAUME DE LA),
Chevalier, seigneur du lieu, enseigne de 40 lances sous le comte d'Enghien.

Signet rond, de 19 mill. — Écu écartelé : au 1 et 4, un arbre accosté de deux étoiles ; au 2 et 3, un loup ? — Sans légende.

Quittance de gages. — 25 octobre 1551. (Clair., r. 207, p. 8955.)

9371 VERNAY (GEOFFROI DE),
Écuyer, du comté de Savoie.

Sceau rond, de 17 mill. — Écu au sautoir.

G.........au

Service de guerre. — Quittance de gages. — Amiens, 9 novembre 1355. (Clair., r. 112, p. 8723.)

9372 VERNAY OU VERNEL (GILLES),
Écuyer, du bailliage de Caen.

Sceau rond, de 20 mill. — Une aigle au lambel.

✠ S' GI........

Ost de Flandre. — Quittance de gages. — Arras, 15 septembre 1302. (Clair., r. 112, p. 8721.)

9373 VERNAY (JEAN DE),
Dit le Bâtard, écuyer.

Sceau rond, de 17 mill. — Écu portant un chef au cerf saillant brochant.

✠ IehAN D.....

Service de guerre. — Quittance de gages. — Paris, 19 octobre 1369. (Clair., r. 112, p. 8723.)

9374   VERNAY (JEAN DU),
Écuyer.

Sceau rond, de 30 mill. — Écu fruste sur lequel on n'aperçoit plus que deux barres, penché, timbré d'un heaume. Dans le champ, deux rameaux.

... DV VER.PAI

Garde et sûreté de la personne du régent. — Quittance de gages. — 8 juin 1421. (Clair., r. 112, p. 8723.)

9375   VERNET (JEAN DU).
Écuyer.

Sceau rond, de 23 mill. — Écu à la bande accompagnée de six étoiles en orle, dans un trilobe.

...IEh.......G....

Service de guerre sous le sénéchal d'Auvergne. — Quittance de gages. — 15 juillet 1421. (Clair., r. 112, p. 8723.)

9376   VERNON (ADRIEN),
Lieutenant de 50 lances.

Sceau rond, de 31 mill. — Écu portant trois têtes d'ours emmuselées. Dans le champ, des rinceaux. — Sans légende.

Quittance d'appointements. — 24 juin 1535. (Clair., r. 112, p. 8727.)

9377   VERNON (JEAN DE),
Clerc, secrétaire du roi et du duc d'Anjou.

Sceau rond, de 25 mill. — Écu au sautoir engrêlé cantonné de quatre têtes d'homme, supporté par un lion et un homme sauvage.

...IOhIS DE UER.ONE G....

Quittance d'une rente sur le comté du Maine. — Paris, 15 novembre 1370. (Clair., r. 13, p. 867.)

9378   VERNOT (GÉRARD DE),
Chevalier.

Sceau rond, de 21 mill. — Écu à la croix chargée d'une étoile en cœur. — Légende détruite.

Ost de Flandre. — Quittance de gages. — Arras, 10 septembre 1302. (Clair., r. 112, p. 8725.)

9379   VERNOU (JEAN DE),
Écuyer.

Sceau rond, de 20 mill. — Écu burelé à trois bandes brochant.

.........D' VERNO

Guerres d'Orléanais, Blaisois, Touraine, Vendômois. — Quittance de gages. — 1er juin 1358. (Clair., r. 112, p. 8727.)

9380   VEROCH (GÉRARD DE),
Écuyer.

Sceau rond, de 20 mill. — Écu au chevron accompagné de deux besants ou deux tourteaux en chef.

S Gerart ᴅ ꞵerocꜧ

Service de guerre contre les Anglais. — Quittance de gages. — Montdidier, 17 août 1415. (Clair., r. 112, p. 8729.)

9381   VEROU (GUILLAUME DE),
Chevalier.

Sceau rond, de 21 mill. — Écu échiqueté.

...VILL...GROV ChLR

Ost de Vitry. — Quittance de gages. — Paris, 3 janvier 1304, n. st. (Clair., r. 112, p. 8729.)

9382   VEROU (P. DE),
Écuyer.

Sceau rond, de 16 mill. — Un chêne chargé de deux glands.

✠ S' P DE VEROV

Guerres de Gascogne. — Quittance de gages. — Agen, 27 août 1341. (Clair., r. 39, p. 2925.)

9383   VERPILLIÈRES (JEAN DE),
Chevalier.

Sceau rond, de 20 mill. — Fragment. — Est-ce un écu au sautoir accompagné d'un croissant en pointe, ou bien à la croix accompagnée en chef et à dextre d'un croissant versé? — Légende détruite.

Guerres de Poitou et de Saintonge. — Quittance de gages. — Paris, 20 mars 1357, n. st. (Clair., r. 112, p. 8731.)

DE LA COLLECTION CLAIRAMBAULT.

9384 VERQUIGNEUL (JEAN DE),
Chevalier.

Sceau rond, de 18 mill. — Écu d'hermines au croissant. — Légende détruite.

Establie de Douai. — Quittance de gages. — 13 septembre 1314. (Clair., r. 112, p. 8731.)

9385 VERRAT (PIERRE LE),
Écuyer, seigneur de Crosne, commis à recevoir les montres.

Sceau rond, de 29 mill. — Écu échiqueté, penché, timbré d'un heaume cimé de deux cornes, supporté par deux lions.

s pierre le verrat

Montre de Jean Villiers, seigneur de l'Isle-Adam, capitaine de Paris, reçue le 18 mai 1430. (Clair., r. 112, p. 8735.)

9386 VERRIER (JEAN LE),
Écuyer.

Sceau rond, de 24 mill. — Écu échiqueté au chef chargé d'un lion issant, penché, timbré d'un heaume cimé d'un vol, supporté par deux lions.

S Iehan Le Verrier

Guerres de Bretagne sous le sire de Landivy. — Quittance de gages. — Pontorson, 20 juillet mil ccc... (Clair., r. 112, p. 8735.)

9387 VERRIÈRES (JEAN DE),
Écuyer, du bailliage de Bourges.

Sceau rond, de 19 mill. — Écu portant trois lions, dans un quadrilobe. — Légende détruite.

Guerres de Vermandois. — Quittance de gages. — Compiègne, 25 septembre 1339. (Clair., r. 112, p. 8737.)

9388 VERRIOU (PEYROT DU),
Écuyer.

Sceau rond, de 25 mill. — Écu au dextrochère tenant une fleur de lys, penché, timbré d'un heaume. Dans le champ, deux palmes.

....oꞇ Dv Verrivo

Service de guerre à Paris en la compagnie de Jean de Broquières. — Quittance de gages. — 4 janvier 1416, n. st. (Clair., r. 112, p. 8739.)

9389 VERRUE (JEAN DE),
Chevalier.

Sceau rond, de 19 mill. — Écu gironné de douze pièces.

✠ ...ns Ioan De Verve

Guerres de Saintonge. — Quittance de gages. — Pons, 3 août 1345. (Clair., r. 112, p. 8739.)

9390 VERSAILLES (ROBERT DE),
Écuyer, échanson du roi.

Sceau rond, de 20 mill. — Écu portant sept besants, 3, 3 et 1, sous un chef chargé à dextre d'un lion issant, penché, timbré d'un heaume cimé d'un lion issant, supporté par deux lions.

r ꝺe versailles

Quittance de pension. — 15 mai 1405. (Clair., r. 112, p. 8739.)

9391 VERSAL (PIERRE),
Dit du Cygne, écuyer.

Sceau rond, de 24 mill. — Écu d'hermines?, supporté par un cygne.

pie..e vars....

Garde de la ville de Montivilliers. — Quittance de gages. — 12 juin 1416. (Clair., r. 112, p. 8741.)

9392 VERT (JEAN LE),
Chevalier, seigneur de Herlin.

Sceau rond, de 25 mill. — Écu au chevron, penché, timbré d'un heaume cimé d'un vol. Dans le champ, deux rameaux.

s iehan .. vert

Service de guerre sous le duc de Bourgogne. — Quittance de gages. — 9 mai 1412. (Clair., r. 111, p. 8685.)

9393 VERVINS.

Voyez Coucy.

9394 VERY (GILLET),
Écuyer.

Sceau rond, de 22 mill. — Écu à trois cygnes passant, penché, timbré d'un heaume cimé d'un col de cygne dans un vol.

S gui... very

Recouvrement de places dans le Mâconnais et le Beaujolais, etc. — Quittance de gages. — 12 septembre 1420. (Clair., r. 112, p. 8743.)

9395 VEUXHAULES (SIMON DE),
Écuyer.

Sceau rond, de 20 mill. — Un rais.

✶ ....n de veusale

Ost de Flandre. — Quittance de gages. — Arras, 7 septembre 1302. (Clair., r. 111, p. 8667.)

9396 VEYRAC (PIERRE DE),
Écuyer.

Sceau rond, de 19 mill. — Écu parti : au 1, une demi-croix ancrée ; au 2, un semé de petits sautoirs au demi-lion brochant ; penché, timbré d'un heaume à lambrequins cimé de deux cornes.

p..rre de veirat

Service de guerre en la compagnie du vicomte de Narbonne. — Quittance de gages. — 31 juillet 1420. (Clair., r. 112, p. 8731.)

9397 VEZ (GUIART DE).

Sceau rond, de 18 mill. — Une ancre.

S Guiart de Vez

Service d'une nef au Mas-d'Agenais. — Gages de Bernard del Bosc, nautonnier. — Le Mas-d'Agenais, 8 juin 1340. (Clair., r. 19, p. 1295.)

9398 VEZINS (JEAN DE),
Seigneur du lieu, chevalier de l'ordre, lieutenant de 60 lances sous le marquis de Villars.

Sceau ovale, de 25 mill. — Écu écartelé : au 1 et 4, un lion ; au 2 et 3, trois clefs ; entouré du collier de Saint-Michel. — Sans légende.

Quittance de gages. — 24 mai 1574. (Clair., r. 135, p. 2157.)

9399 VIALARS (HUGUES DE),
Chevalier.

Sceau rond, de 20 mill. — Écu bandé d'hermines et de... de six pièces sous un chef chargé de..., penché, timbré d'un heaume. — Légende détruite.

Guerres d'Auvergne. — Quittance de gages. — Clermont, 11 février 1359, n. st. (Clair., r. 112, p. 8749.)

9400 VIANE
(Madeleine de France, fille de Charles VII, princesse de). femme de Gaston, fils aîné de Gaston IV, comte de Foix.

Sceau rond, de 35 mill. — Écu parti : au 1, un coupé d'un palé et de... à l'écusson sur le tout ; au 2, une fleur de lys et demie.

Signum magdelene ......

Quittance de pension. — 18 janvier 1486, n. st. (Clair., r. 50, p. 3741.)

9401 VIANNE (GUILLAUME DE),
Écuyer.

Sceau rond, de 21 mill. — Écu au chevron.

✶ S Gville de Vianne

Ost de Flandre. — Quittance de gages. — Vitry, 28 septembre 1302. (Clair., r. 112, p. 8749.)

9402 VIANS ? (MAÎTRE JEAN DE),
Écuyer.

Sceau rond, de 19 mill. — Dans une niche gothique, l'Annonciation ; au bas, un écu écartelé au 1 et 4 d'une croix ; au 2 et 3...

S' magri ...is qvrser..
de aqviano

Guerres de Vermandois. — Quittance de gages. — Saint-Quentin, 25 octobre 1339. (Clair., r. 112, p. 8751.)

9403 VIC (JEAN DE),
Écuyer.

Sceau rond, de 21 mill. — Écu portant trois fleurs de lys à la bordure, penché, timbré d'un heaume cimé d'une tête de loup, supporté par deux lions.

IEҺAΠ . . . .

Chevauchée de Flandre. — Quittance de gages. — 25 août 1383. (Clair., r. 112, p. 8753.)

9404 VICHY (CAMUS DE),
Écuyer, panetier du roi.

Sceau rond, de 22 mill. — Écu vairé à la bande chargée de trois lionceaux. — Légende détruite.

Service de guerre. — Il s'engage à rester au service du roi pendant un mois de plus. — Paris, 6 octobre 1355. (Clair., 112, p. 8755.)

9405 VICOGNE (JEAN DE LA),
Seigneur du lieu et de Villeroy.

Sceau rond, de 22 mill. — Écu au sautoir chargé de cinq besants ou de cinq tourteaux et accompagné d'un lion en chef. — Légende détruite.

Montre des habitants de quatre paroisses d'Amiens. — Quittance de vacations. — Amiens, 6 août 1338. (Clair., r. 114, p. 8935.)

9406 VICOMTE (GASSIN LE),
Écuyer, de la vicomté de Paris.

Sceau rond, de 18 mill. — Écu portant trois chevrons, dans un quadrilobe. — Légende détruite.

Ost de Buironfosse. — Quittance de gages. — Buironfosse, 23 octobre 1339. (Clair., r. 112, p. 8755.)

9407 VICOMTE (GUILLAUME LE),
Chevalier, seigneur de Tramblay.

Sceau rond, de 33 mill. — Écu à la bande accompagnée de six merlettes en orle, penché, timbré d'un heaume cimé d'une tête de lion.

. . . Һ . . . Ө VI . . . TӨ

Chevauchée du Mans. — Quittance de gages. — Le Mans, 31 juillet 1392. (Clair., r. 112, p. 8757.)

9408 VICOMTE (GUIOT LE).

Sceau rond, de 19 mill. — Écu fruste. On distingue un chef et une bordure componée.

. . . . . LӨ V . . . Π . Ө

Restitution d'une somme empruntée à Jean le Vicomte, chevalier, par l'abandon de ses gages desservis en l'ost du roi à Notre-Dame-d'Esquerchin près Douai. — 2 décembre 1340. (Clair., r. 112, p. 8755.)

9409 VICOMTE (RENAUD LE),
Chevalier.

Sceau rond, de 24 mill. — Écu portant six annelets au lambel, penché, timbré d'un heaume cimé d'une tête d'aigle, supporté par deux lions.

S . . L RӨΠ . . Ƭ LӨ . . . . . ӨӨ

Poursuite des routiers. — Quittance de gages. — Reims, 1ᵉʳ mars 1376; n. st. (Clair., r. 112, p. 8755, 8757.)

9410 VICOMTE (RENAUD LE),
Chevalier.

Sceau rond, de 24 mill. — Écu portant six annelets au lambel de quatre pendants, penché, timbré d'un heaume cimé d'une tête d'aigle, supporté par deux griffons.

. . . ӨΠ . VT LӨ VIϾOƬӨ ϾҺ . . .

Projet de descente en Angleterre. — Quittance de gages. — L'Écluse, 18 novembre 1386. (Clair., r. 112, p. 8757.)

9411 VIDAL (LOUIS),
Écuyer.

Sceau rond, de 19 mill. — Écu portant trois arbres sous un chef, dans une rose gothique.

S' LO . S VI . . . . .

Service de guerre entre les rivières de Loire et de Dordogne. — Quittance de gages. — Poitiers, 28 mars 1356, n. st. (Clair., r. 112, p. 8759.)

9412 VIE (GÉRIN DE LA),
Chevalier.

Sceau rond, de 20 mill. — Écu à la fasce ondée, dans un trilobe.

. . . Ө L . . . . Ө VA . . . . .

Service de guerre en Flandre. — Quittance de gages. — Bruges, 18 janvier 1300, n. st. (Clair., r. 112, p. 8763.)

38

9443 VIEL (JEAN),
Changeur pour le roi en la monnaie de Paris.

Sceau rond, de 22 mill. — Écu à la croix chargée d'un château en cœur et cantonnée de quatre oiseaux, penché, timbré d'un heaume cimé d'un oiseau, supporté par deux hommes sauvages.

LE SEEL IEHAN VIEL

Quittance délivrée à Nicolas Fournier, changeur et bourgeois de Paris, commis à recevoir les profits du roi au fait de ses monnaies. — 11 octobre 1355. (Clair., r. 112, p. 8763.)

9414 VIELLE (JEAN).
Écuyer.

Sceau rond, de 30 mill. — Écu à la bande chargée d'un croissant entre deux étoiles et accompagnée en chef et à sénestre d'un oiseau perché sur une branche.

✱ S .... vielle

Service de guerre contre les Anglais, en la compagnie du vicomte de Narbonne. — Quittance de gages. — 15 octobre 1420. (Clair., r. 112, p. 8765.)

9415 VIELLE (JEAN),
Écuyer.

Sceau rond, de 22 mill. — Écu à la barre.

..... vielle ....

Service de guerre en la compagnie de Guillaume, vicomte de Narbonne. — Quittance de gages. — 10 juillet 1421. (Clair., r. 112, p. 8765.)

9416 VIENNE (ANTOINE DE),
*Seigneur de Beaufremont,
chevalier de l'ordre, lieutenant de 80 lances sous le dauphin.*

Sceau ovale, de 29 mill. — Écu écartelé : au 1 et 4, une aigle; au 2 et 3, un vairé; sur le tout, un écusson chargé de trois...; entouré du collier de Saint-Michel. — Sans légende.

Quittance de gages. — 1ᵉʳ juin 1565. (Clair., 135, p. 2157.)

9417 VIENNE (GUILLAUME DE),
Seigneur de Sainte-Croix, chevalier banneret.

Sceau rond, de 31 mill. — Écu à l'aigle, penché, timbré d'un heaume cimé de..., supporté par deux lévriers, sur champ de fleurs.

S GVILLE D' VIENNE....

Chevauchée de Bourbourg. — Quittance de gages. — 31 août 1383. (Clair., r. 112, p. 8769.)

9418 VIENNE (GUILLAUME DE).
Seigneur de Saint-Georges, chevalier.

Sceau rond, de 32 mill. — Écu à l'aigle, penché, timbré d'un heaume cimé de..., supporté par deux lions.

..... illame de ... nne

Armée d'Écosse. — Quittance de gages. — En Écosse, 28 octobre 1385. (Clair., r. 112, p. 8773.)

9419 VIENNE (JACQUES DE),
Seigneur de Longwy, chevalier banneret.

Sceau rond, de 22 mill. — Écu à l'aigle, penché, timbré d'un heaume cimé d'une tête d'homme coiffé d'un chapeau à bords retroussés, supporté par deux lions.

S Iaques de vienne s..... long.. y

Armée d'Écosse. — Quittance de gages. — Arras, 27 avril 1385. (Clair., r. 112, p. 8771.)

9420 VIENNE (JEAN DE),
Seigneur de «Bouchelenges», capitaine de Mortagne.

Sceau rond, de 24 mill. — Écu à l'aigle, penché, timbré d'un heaume cimé d'un buste de femme, supporté par deux dragons ailés.

S' DOMINI..........

Quittance de trois tonneaux de vin, achetés pour le 8 mai, jour de l'assaut de la Porte-à-Moulin. — Mortagne, 4 octobre 1340. (Clair., r. 112, p. 8751.)

9421 VIENNE (JEAN DE),
*Seigneur de Roulans, amiral de France,
un des commissaires sur le fait de Saint-Sauveur-le-Vicomte.*

Sceau rond, de 31 mill. — Écu à l'aigle, penché,

S IEHAN DE VIENNE SIRE DE ROVLLANS

Payement du fer et de l'acier employés au siège de Saint-Sauveur-le-Vicomte. — 10 mai 1375. (Clair., r. 215, p. 9629.)

9422   VIENNE (JEAN DE),
Seigneur de Pagny, chevalier banneret.

Sceau rond, de 27 mill. — Écu à l'aigle éployée, penché, timbré d'un heaume cimé d'une touffe, supporté par deux lions, sur champ festonné. — Légende fruste.

Armée d'Écosse. — Quittance de gages. — Arras, 27 avril 1385. (Clair., r. 112, p. 8771.)

9423   VIENNE (JEAN DE),
Seigneur de Pagny, chevalier banneret.

Sceau rond, de 38 mill. — Écu à l'aigle éployée, penché, timbré d'un heaume couronné et cimé d'une touffe, supporté par deux anges l'un soufflant dans une cornemuse l'autre jouant du psalterium, sur un champ orné de deux roses, dans un quadrilobe.

...HAN DE ....PAIGNY

Service de guerre à Paris et à Saint-Denis. — Quittance de gages. — 27 octobre 1411. (Clair., r. 112, p. 8775.)

9424   VIENNE
(Jean de Norry, archevêque et comte de), conseiller du roi, commissaire sur le fait des aides.

Signet ovale, de 14 mill. — Écu à la fasce, timbré d'une croix archiépiscopale.

ɪehan de norry

Quittance de gages. — 30 juin 1493. (Clair., r. 81, p. 6397.)

9425   VIENNE (WAUTIER DE),
Chevalier banneret.

Sceau rond, de 32 mill. — Écu à l'aigle au lambel, soutenu par un homme sauvage, supporté par deux lions, dans un trilobe.

S ..... DE ..ENNE SI.....REB...

Chevauchée de Bourbourg. — Quittance de gages. — 6 septembre 1383. (Clair., r. 112, p. 8769.)

9426   VIENNOIS
(Charles, fils et lieutenant du roi de France, dauphin de), comte de Poitiers.

Sceau rond, de 38 mill. — Écu écartelé : au 1 et 4, un semé de fleurs de lys; au 2 et 3, un dauphin; penché, timbré d'un heaume à volet cimé d'une fleur de lys, sur champ de fleurs, dans une rose gothique.

SECRETV RAROLI ....CIA DALPHINI V.....

Ordre de payement au profit d'Adam de Melun, son chambellan. — Derville-lès-Rouen, 7 juillet 1355. (Clair., r. 178, p. 6237.)

9427   VIENNOIS
(Charles, fils aîné et lieutenant du roi de France, dauphin de), comte de Poitiers.

Sceau rond, de 33 mill. — Écu écartelé : au 1 et 4, un semé de fleur de lys; au 2 et 3, un dauphin; penché, timbré d'un heaume à volet cimé d'une fleur de lys, dans une rose ornée de rinceaux.

.....RAROLI ....PHINI VI.....

Ordre de payement. — Gages de Pierre d'Aumont, son chambellan. — Rouen, 17 août 1355. (Clair., r. 138, p. 2463.)

9428   VIENNOIS
(Charles, fils et lieutenant du roi de France, dauphin de), duc de Berry, de Touraine, etc.

Sceau rond, de 120 mill. — Fragment. Deux personnages debout : l'un à droite en appareil de guerre, revêtu d'une cotte d'armes armoriée, tenant une épée, le poignard au côté et portant à son cou un écu écartelé : au 1 et 4, trois fleurs de lys; au 2 et 3, un dauphin. Le personnage de gauche, une femme, n'offre plus qu'un surcot armorié de même.

.... ɪnronɪe comɪ........

CONTRE-SCEAU : Un dauphin supportant l'écu de la face. Dans le champ, la lettre **K**.

Ordre de payement au profit de Pierre... — Saint-Maixent, 11 octobre 13... (Clair., r. 50, p. 3737.)

9429 VIENNOIS

(Charles, fils du roi de France, régent le royaume, dauphin de), duc de Berry, de Touraine, etc.

Sceau rond, de 33 mill. — Écu écartelé : au 1 et 4, trois fleurs de lys; au 2 et 3, un dauphin; timbré d'un heaume de face cimé d'une fleur de lys, supporté par deux griffons.

.... delphini vienn ducis intronie

Ordre de payement en faveur d'Étienne Louvet, écuyer. — Château de Sancerre, 23 février 1419, n. st. (Clair., r. 50, p. 3739.)

9430 VIENS (FRANÇOIS DE),

Seigneur de Manègre, chevalier de l'ordre, lieutenant en la ville de Verdun.

Cachet ovale, de 20 mill. — Écu portant un arbre accosté de deux sangliers passant, entouré du collier de Saint-Michel. — Sans légende.

Gages de 20 arquebusiers. — 5 septembre 1568. (Clair., r. 112, p. 8777.)

9431 VIERVILLE (GUILLAUME DE),

Chevalier.

Sceau rond, de 25 mill. — Écu fascé de six pièces au bâton en bande brochant, penché, timbré d'un heaume, cimé d'une tête de chien, sur champ réticulé.

G'VILL... VIERVILLE

Guerres de Normandie. — Quittance de gages. — 16 janvier 1388, n. st. (Clair., r. 112, p. 8781.)

9432 VIERVILLE (GUILLAUME DE),

Chevalier.

Sceau rond, de 22 mill. — Écu fascé de six pièces au bâton en bande brochant.

S GV..........

Guerres de Normandie. — Quittance de gages. — Bayeux, 20 septembre 1388. (Clair., r. 112, p. 8791.)

9433 VIERVILLE (MARIE DE),

Veuve de Jean de Fricamps, chevalier et chambellan du roi.

Sceau rond, de 20 mill. — Écu parti : au 1, un fascé de six pièces au bâton en bande brochant; au 2, une bande accompagnée de six croisettes en orle.

.......VIRVILLE

Quittance d'une rente sur la vicomté de Montivilliers. — 8 janvier 1384, n. st. (Clair., r. 112, p. 8781.)

9434 VIERVILLE (PHILIPPE DE),

Chevalier.

Sceau rond, de 24 mill. — Écu portant trois fasces au bâton en bande brochant.

..... DE VI......E

Guerres de Normandie. — Quittance de gages. — Rouen, 13 octobre 1415. (Clair., r. 112, p. 8783.)

9435 VIEULAINES (JACQUES DE).

Lieutenant du bailli de Vermandois.

Sceau rond, de 21 mill. — Une aigle portant en cœur un écu au sautoir cantonné de trois besants ou trois tourteaux en chef et aux flancs et d'une coquille en pointe.

.........ulat...

Gages d'Étienne du Puis, chevaucheur du roi. — 13 septembre 1387. (Clair., r. 112, p. 8783.)

9436 VIEUVILLE (JEAN DE LA),

Chevalier.

Sceau rond, de 21 mill. — Écu fascé de huit pièces à trois annelets brochant sur les deux premières.

S IOHAN DE LA VIEVILA

Service de guerre en la compagnie de monseigneur de Coucy. — Quittance de gages. — Gallardon, 5 septembre 1380. (Clair., r. 112, p. 8787.)

9437 VIEUVILLE (JEAN DE LA),

Chevalier.

Sceau rond, de 27 mill. — Écu fascé de huit

pièces à trois annelets brochant sur les deux premières, penché, timbré d'un heaume cimé d'une tête de... dans un vol, supporté par deux lions.

..........ville

Service de guerre sous le duc de Bourgogne. — Gages de Pierre de la Rue, écuyer. — 12 mai 1412. (Clair., r. 99, p. 7695.)

9438 VIEUVILLE (JEAN DE LA).

Voyez Sainte-Aldegonde (Guillebert de).

9439 VIEUVILLE (PIERRE, SIRE DE LA),
Chevalier.

Sceau rond, de 23 mill. — Écu fascé de huit pièces à trois annelets brochant sur les deux premières. — Légende détruite.

Service de guerre. — Quittance de gages. — Saint-Omer, 8 avril 1350. (Clair., r. 112, p. 8785.)

9440 VIEUVILLE (PIERRE DE LA),
Dit le Maigre, chevalier.

Sceau rond, de 23 mill. — Écu burelé à trois annelets brochant sur les deux premières pièces, chargé en abîme d'un écusson au lion. — Légende détruite.

Guerres de Picardie. — Quittance de gages. — Amiens, 1ᵉʳ février 1381, n. st. (Clair., r. 112, p. 8789.)

9441 VIEUVILLE (PIERRE DE LA),
Chevalier.

Sceau rond, de 22 mill. — Écu fascé de huit pièces à trois annelets brochant sur les deux premières.

..ERRE DE LA VI.L......

Voyage de Brabant contre le duc de Gueldre. — Quittance de gages. — Guise en Thiérache, 28 septembre 1387. (Clair., r. 112, p. 8789.)

9442 VIEUVILLE
(Pierre, seigneur de la), chevalier.

Sceau rond, de 24 mill. — Écu fascé de huit pièces à trois annelets brochant sur les deux premières, penché, timbré d'un heaume cimé d'une tête de chien, sur champ festonné.

S PIERE DE LA VIESVILE

Chevauchée de Domme. — Quittance de gages. — Orléans, 29 avril 1393. (Clair., r. 112, p. 8793.)

9443 VIEUVILLE
(Pierre, seigneur de la), chevalier banneret, lieutenant des maréchaux de France en Picardie.

Sceau rond, de 30 mill. — Variété du type précédent, sur champ réticulé.

s' pierre s de la vieuile

Garde de la ville d'Ardres. — Quittance de gages. — 24 décembre 1413. (Clair., r. 112, p. 8795.)

9444 VIEUVILLE (SOHIER DE LA),
Chevalier.

Sceau rond, de 26 mill. — Variété des types précédents, dans un encadrement oblong.

S SOHIER .. LA VIESVILA

Guerres de Picardie. — Quittance de gages. — Amiens, 20 octobre 1380. (Clair., r. 112, p. 8787.)

9445 VIEUVILLE-RUGLES
(Pierre de la), guidon de 100 lances sous le roi de Navarre.

Signet rond, de 15 mill. — Écu portant cinq feuilles de houx, 3 et 2. — Sans légende.

Quittance de gages. — 26 janvier 1556, n. st. (Clair., r. 207, p. 8961.)

9446 VIEUX? (MERMET DE),
Écuyer.

Sceau rond, de 15 mill. — Écu au lion, peut-être l'écu est-il parti et, dans ce cas, le 2 est fruste. — Légende détruite.

Establie de Tournay. — Quittance de gages. — Paris, 9 août 1339. (Clair., r. 112, p. 8785.)

9447 VIEUX-MOULINS (PHILIPPE DE),
Chevalier.

Sceau rond, de 24 mill. — Écu gironné de douze pièces.

✻ S' Ph.........hR

Ost de Flandre. — Quittance de gages. — Vitry-en-Artois, 25 septembre 1302. (Clair., r. 112, p. 8765.)

9448 VIEUX-PONT (ADAM DE),
Chevalier.

Sceau rond, de 20 mill. — Écu portant dix annelets, 3, 3, 3 et 1, au lambel, penché, timbré d'un heaume cimé d'une tête d'homme, supporté à sénestre, le seul coté qui subsiste, par un lion. — Légende détruite.

Guerres de Normandie. — Quittance de gages. — Rouen, 20 janvier 1369, n. st. (Clair., r. 113, p. 8801.)

9449 VIEUX-PONT (JEAN DE),
Chevalier.

Sceau rond, de 17 mill. — Écu portant dix annelets, 3, 3, 3 et 1, au lambel, penché, timbré d'un heaume de face à volet.

IEh DE .IE.....

Guerres de Saintonge. — Quittance de gages. — Pons, 26 novembre 1337. (Clair., r. 207, p. 8971.)

9450 VIEUX-PONT
(Laurent, seigneur de).

Sceau rond, de 25 mill. — Écu portant dix annelets, 3, 3, 3 et 1. — Légende détruite.

Dédommagement au sujet de l'occupation anglaise de ses terres. — Quittance. — 31 août 1449. (Clair., r. 113, p. 8801.)

9451 VIEUX-PONT
(Laurent, seigneur de)
et baron du Neubourg, conseiller et chambellan du roi.

Sceau rond, de 34 mill. — Écu portant dix annelets, 3, 3, 3 et 1, penché, timbré d'un heaume cimé d'une tête d'homme barbu, supporté par deux lévriers.

S ꝑ lorant ꝑ viexpont

Contre-sceau : Écu aux armes de la face.

S lorant ꝑ vienx pont

Quittance de pension. — 17 mai 1481. (Clair., r. 207, p. 8979.)

9452 VIEUX-PONT (ROBINET DE),
Chevalier.

Sceau rond, de 24 mill. — Écu portant dix annelets, 3, 3, 3 et 1, à la bande brochant, penché, timbré d'un heaume cimé d'une touffe, sur champ réticulé.

A ROBINET VIES PONT

Guerres de Normandie. — Gages de Morinet de « Arues », écuyer. — Pontorson, 24 mars 1353. (Clair., r. 207, p. 8971.)

9453 VIEUX-PONT (YVES DE),
Chevalier, chambellan du duc de Touraine.

Sceau rond, de 24 mill. — Écu portant dix annelets, 3, 3, 3 et 1, penché, timbré d'un heaume cimé d'une tête d'homme barbu, sur champ festonné.

SEEL YVES DE VIEPONT

Quittance délivrée au receveur général des aides. — 17 juin 1391. (Clair., r. 207, p. 8973.)

9454 VIEUX-PONT
(Yves, seigneur de)
et de Courville, chevalier, chambellan du roi, capitaine du château de Bayeux.

Sceau rond, de 27 mill. — Écu portant dix annelets, 3, 3, 3 et 1, penché, timbré d'un heaume cimé d'une tête d'homme barbu, supporté par deux lévriers.

S Yves ꝑ viepont

Gages de l'office de capitaine. — 28 novembre 1408. (Clair., r. 207, p. 8975.)

9455 VIÉVY (GUILLAUME DE),
Écuyer, du bailliage d'Orléans.

Sceau rond, de 21 mill. — Écu semé de fleurs de lys? au lion brochant.

S GVILL DE VIEVY

Service de guerre. — Quittance de gages. — Amiens, 20 septembre 1338. (Clair., r. 112, p. 8785.)

9456 VIGIER (AIMERY).
Écuyer, sire de Reys.

Sceau rond, de 22 mill. — Écu palé de douze pièces à la bande brochant. — Légende détruite.

Guerres de Poitou et de Saintonge. — Quittance de gages. — 26 septembre 1338. (Clair., r. 113, p. 8803.)

9457 VIGIER (AIMERY),
Écuyer, sire de Duzillac, capitaine de la bastide Saint-Louis.

Sceau rond, de 24 mill. — Écu portant trois lions? à la bande brochant. — Légende détruite.

Gages de la garnison de la bastide Saint-Louis. — Pons, 10 septembre 1345. (Clair., r. 113, p. 8805.)

9458 VIGIER (ARNAUD),
Chevalier.

Sceau rond, de 22 mill. — Écu à la croix engrêlée, dans une rose gothique.

..... AR ... VIGIER

Guerres de Poitou et de Saintonge. — Saint-Jean-d'Angely, 8 octobre 1353. (Clair., r. 207, p. 8985.)

9459 VIGIER (AYRAUT),
Écuyer.

Sceau rond, de 21 mill. — Écu palé de six pièces à la bande brochant, dans un quadrilobe.

S .... ER

Guerres de Gascogne. — Quittance de gages. — Toulouse, 16 mars 1343, n. st. (Clair., r. 113, p. 8805.)

9460 VIGIER (BOS),
Chevalier.

Sceau rond, de 21 mill. — Écu portant trois fasces, dans un quadrilobe. — Légende détruite.

Guerres de Saintonge. — Quittance de gages. — Pons, 5 juin 1338. (Clair., r. 113, p. 8803.)

9461 VIGIER (FOULQUES),
Chevalier.

Sceau rond, de 24 mill. — Écu à la fasce fuselée de cinq pièces, penché, timbré d'un heaume cimé d'un plumail.

S FOVQVET VIGI. .

Guerres de Guienne. — Quittance de gages. — Février 1405, n. st. (Clair., r. 113, p. 8807.)

9462 VIGIER (JEAN),
Écuyer.

Sceau rond, de 21 mill. — Écu portant trois fasces à la bordure, penché, timbré d'un heaume couronné et cimé d'une tête de coq, supporté par deux griffons.

IOHAN VIGIER

Garde de la ville de Saint-Pierre-le-Moûtier. — Quittance de gages. — 1ᵉʳ juin 1420. (Clair., r. 113, p. 8809.)

9463 VIGIER (PONS),
Seigneur de Faye, chevalier.

Sceau rond, de 24 mill. — Écu portant trois chevrons de vair, dans un quadrilobe.

.... FAYA

Guerres de Saintonge. — Quittance de gages. — Pons, 28 novembre 1345. (Clair., r. 113, p. 8805.)

9464 VIGNE (ALAIN DE LA),
Écuyer.

Sceau rond, de 22 mill. — Écu au cep de vigne accompagné d'un croissant en chef et à dextre.

S ALAIN DE LA VIGNE

Service de guerre à Paris. — Quittance de gages. — Saint-Arnoult-en-Yvelines, 12 décembre 1415. (Clair., r. 113, p. 8809.)

9465 VIGNEMONT (FLAMENT, SIRE DE),
Chevalier.

Sceau rond, de 20 mill. — Écu portant trois raisins? au bâton en bande brochant, à la bordure.

.... IM ...

Service de guerre. — Quittance de gages. — Tournehem, 4 septembre 1367? (Clair., r. 113, p. 8811.)

9466 VIGNES (PIERRE DES),
Écuyer.

Sceau rond, de 22 mill. — Écu au chevron accompagné de trois raisins, penché, timbré d'un heaume cimé d'une tête de lévrier, supporté par deux chiens.

pierre des vignes

Service de guerre contre les Anglais. — Quittance de gages. — 6 octobre 1415. (Clair., r. 113, p. 8811.)

9467 VIGNOLLES (BERTRAND DE),
Écuyer.

Sceau rond, de 24 mill. — Écu portant trois grappes de raisin, penché, timbré d'un heaume cimé d'un vol, supporté par deux lions.

bertran de vign...

Service de guerre contre les Anglais. — Quittance de gages. — 12 octobre 1418. (Clair., r. 113, p. 8813.)

9468 VIGNOLLES (ÉTIENNE DE),
Dit la Hire, écuyer d'écurie du roi, bailli de Vermandois.

Sceau rond, de 45 mill. — Écu portant trois grappes de raisin, penché, timbré d'un heaume cimé d'un vol, supporté par deux lions.

.....enne..........

Quittance de 200 livres, délivrée au receveur de l'aide à Soissons. — 30 juin 1440. (Clair., r. 113, p. 8813.)

9469 VIGUIER (GUILLAUME),
Clerc.

Sceau rond, de 21 mill. — Une fleur à cinq divisions.

✱ S' G........

Quittance au nom de Jeannin de Vaubrecey, délivrée au collecteur des arrérages au diocèse de Reims. — 19 novembre 1356. (Clair., r. 113, p. 8815.)

9470 VILLADO (PIERRE DE),
Écuyer.

Sceau rond, de 26 mill. — Écu au chevron accompagné en chef d'un croissant et d'une étoile, et en pointe d'une sextefeuille.

s pietre de villa..

Service de guerre contre les Anglais, en la compagnie du vicomte de Narbonne. — Quittance de gages. — 24 mai 1420. (Clair., r. 113, p. 8817.)

9471 VILLAFANS (ANTOINE DE),
Chevalier.

Sceau rond, de 24 mill. — Écu à la bande chargée de trois coquilles et cotoyée de deux cotices, penché, timbré d'un heaume cimé d'une tête d'aigle, sur champ festonné. — Légende détruite.

Service de guerre sous le duc de Bourgogne. — Quittance de gages. — 18 mai 1412. (Clair., r. 113, p. 8863.)

9472 VILLAIN (JEAN LE),
Receveur général de l'aide à Rouen.

Sceau rond, de 20 mill. — Écu portant trois têtes d'homme, supporté par deux griffons. En exergue :

iehan le villain

Quittance délivrée au receveur de la vicomté de Caudebec. — 19 mai 1357. (Clair., r. 213, p. 9493.)

9473 VILLAIN (PIERRE),
Sergent à cheval du guet de nuit de Paris.

Sceau rond, de 18 mill. — Écu à la fasce chargée de trois étoiles et accompagnée de deux oiseaux la tête contournée, l'un en chef et l'autre en pointe.

...RIN ...LAIN

Gages de son office. — 30 août 1396. (Clair., r. 113, p. 8819.)

9474 VILLAIN (RICHELET),
Écuyer.

Sceau rond, de 18 mill. — Écu portant une hure accompagnée d'une étoile en pointe, dans un quadrilobe. — Légende détruite.

Guerres de Picardie. — Quittance de gages. — Thérouanne, 11 novembre 1387. (Clair., r. 113, p. 8817.)

9475 VILLAINE (JEAN DE),
Chevalier.

Sceau rond, de 24 mill. — Écu gironné de huit pièces, penché, timbré d'un heaume, sur champ de rinceaux.

...ҺAN .. VILL....

Guerres de Normandie. — Quittance de gages. — Rouen, 12 octobre 1415. (Clair., r. 113, p. 8829.)

9476 VILLAINES (BARTHÉLEMY DE),
Écuyer.

Sceau rond, de 23 mill. — Écu au lion passant, penché..., supporté par deux lions.

..........LAINES

Guerres de Guienne. — Quittance de gages. — Tours, 19 octobre 1386. (Clair., r. 113, p. 8819.)

9477 VILLAINES (CHARLES DE),
Chevalier.

Sceau rond, de 30 mill. — Écu portant trois lions au franc canton écartelé : au 1 et 4, d'un château; au 2 et 3, d'un lion; penché, timbré d'un heaume cimé d'un lion assis. Dans le champ, les lettres C ƀ.

S charles de villaunes

Guerres du pays de Caux; siège de Harfleur par les Anglais. — Quittance de gages. - - Rouen, 23 septembre 1415. (Clair., r. 113, p. 8829.)

9478 VILLAINES (PIERRE, SIRE DE),
Écuyer, du bailliage de Sens.

Sceau rond, de 20 mill. — Écu portant trois béliers accompagnés d'une merlette en chef, dans un trilobe.

.... DE VILL.....

Guerres de Vermandois. — Quittance de gages. — Compiègne, 25 septembre 1339. (Clair., r. 113, p. 8819.)

9479 VILLAINES (PIERRE DE),
Dit le Bègue, chevalier, comte de Ribadeo et chambellan du roi.

Sceau rond, de 30 mill. — Écu détruit. Il ne reste qu'un heaume cimé d'une tête humaine, accosté d'un lévrier et des lettres liées S R.

S Pei..........ei

Quittance d'une rente sur la recette d'Orléans. — 15 mars 1387, n. st. (Clair., r. 113, p 8821.)

9480 VILLAINES (PIERRE DE),
Dit le Bègue, chevalier, conseiller et chambellan du roi.

Sceau rond, de 30 mill. — Écu portant trois lions au franc canton écartelé : au 1 et 4, d'un lion; au 2 et 3, d'un château; penché, timbré d'un heaume cimé d'un lion assis, supporté par deux aigles.

.........LAINNES COTE D......

Quittance de 2,000 francs d'or à lui donnés par le roi. — 28 février 1391, n. st.(Clair., r. 113, p. 8821.)

9481 VILLAINES (PIERRE DE),
Seigneur de Malicorne, gouverneur de la Rochelle.

Sceau rond, de 30 mill. — Écu portant trois lions au franc canton chargé d'un château; penché, timbré d'un heaume cimé d'une tête d'homme chevelue, sur champ festonné.

S PIERR.........

Guerres de Guienne. — Quittance de gages. — Paris, 4 août 1394. (Clair., r. 113, p. 8823.)

9482 VILLAINES (PIERRE DE),
Chevalier, gouverneur de la Rochelle.

Sceau rond, de 25 mill. — Écu portant trois lions au franc canton chargé d'un château, dans un trilobe. — Légende détruite.

Guerres de Guienne. — Quittance de gages. — Paris, 28 décembre 1396. (Clair., r. 113, p. 8827.)

9483 VILLAR (ARNAUD DU),
Seigneur de Salles, chevalier.

Sceau rond, de 22 mill. — Type équestre. L'écu portant trois pals? — Légende détruite.

Guerres de Languedoc. — Quittance de gages. — Castelsarrasin, 15 février 1343, n. st. (Clair., r. 113, p. 8829.)

9484 VILLARS (ARCHAMBAUD DE),
Écuyer, maître d'hôtel du duc d'Orléans.

Sceau rond, de 25 mill. — Écu d'hermines sous un chef au lambel, penché.....

.........vi.lar.

Quittance de pension. — 11 mai 1405. (Clair., r. 113, p. 8835.)

9485 VILLARS (BORNU DE),
Écuyer.

Sceau rond, de 20 mill. — Un coq passant devant un arbre.

S · I · B....D VI.....

Guerres de Vermandois. — Quittance de gages. — Saint-Quentin, 19 octobre 1339. (Clair., r. 113, p. 8833.)

9486 VILLARS (IMBERT DE),
Sire de Roussillon, écuyer.

Sceau rond, de 27 mill. — Écu bandé de six pièces la deuxième pièce chargée d'une étoile, penché, timbré d'un heaume, sur champ réticulé.

.......DE ROSSILL..

Quittance délivrée au trésorier des guerres. — Paris, 19 octobre 1369. (Clair., r. 113, p. 8835.)

9487 VILLARS (JEAN DE),
Chevalier banneret.

Sceau rond, de 23 mill. — Écu bandé de six pièces la deuxième pièce chargée d'un lion, penché, timbré d'un heaume cimé d'une tête de bœuf dans un vol, supporté par deux lions.

S Ieh͡A' DE VI.....

Service de guerre. — Quittance de gages. — Mâcon, 22 juin 1351. (Clair., r. 113, p. 8835.)

9488 VILLE (HUGART DE),
Écuyer.

Sceau rond, de 22 mill. — Une tour accostée de deux étoiles.

.....T DE VIL..

Guerres de Vermandois. — Quittance de gages. — Saint-Quentin, 25 octobre 1339. (Clair., r. 113, p. 8833.)

9489 VILLE (PIERRE LA),
Écuyer.

Sceau rond, de 20 mill. — Écu portant trois fasces ondées. — Légende détruite.

Guerres de Poitou et de Limousin. — Quittance de gages. — Limoges, 5 octobre 1355. (Clair., r. 113, p. 8843.)

9490 VILLEAUDRAN (CHARLES DE LA).
Écuyer.

Sceau rond, de 22 mill. — Écu portant sept macles, 3, 3 et 1, accompagnées d'un croissant en chef et à sénestre.

S ch........ran

Service de guerre contre les Anglais. — Quittance de gages. — Bourges, 28 juin 1418. (Clair., r. 113, p. 8845.)

9491 VILLEAUDRAN (JEAN DE LA).
Écuyer.

Sceau rond, de 24 mill. — Écu portant sept macles, 3, 3 et 1, contenant chacune un point. — Légende détruite.

Service de guerre contre les Anglais. — Quittance de gages. — Bourges, 28 juin 1418. (Clair., r. 113, p. 8845.)

9492 VILLEBÉON (JEAN DE),
Chevalier.

Sceau rond, de 28 mill. — Écu portant trois jumelles, penché, timbré d'un heaume cimé d'un col de cygne dans un vol, supporté par deux aigles.

S I de villebeon s de treston et de faverolet

Service de guerre contre les Anglais. — Quittance de gages. — Mantes, 6 octobre 1415. (Clair., r. 113, p. 8847.)

9493 VILLEBÉON (PIERRE DE),
Chevalier.

Sceau rond, de 20 mill. — Écu portant trois jumelles à la bordure engrêlée. — Légende détruite.

Guerres de Vermandois et de Cambrésis. — Quittance de gages. — Cambrai, 12 octobre 1339. (Clair., r. 113, p. 8847.)

9494 VILLEBLANCHE (MATHIEU DE LA),
Écuyer.

Sceau rond, de 23 mill. — Écu à la fasce accompagnée de trois...

S mat... ꝺe la ville .....be

Recouvrement de places dans le Charolais et le Mâconnais. — Quittance de gages. — 4 mai 1420. (Clair., r. 113, p. 8849.)

9495 VILLEBLEVIN (PIERRE DE),
Chevalier, sénéchal de Limousin.

Sceau rond, de 19 mill. — Écu à la croix. — Légende détruite.

Récépissé de lettres du roi au sujet de prises. — 29 octobre 1312. (Clair., r. 113, p. 8849.)

9496 VILLEBON (GUI DE),
Chevalier.

Sceau rond, de 19 mill. — Écu portant une fasce losangée de trois pièces au lambel. — Légende détruite.

Guerres de Normandie. — Quittance de gages. — 6 août 1346. (Clair., r. 113, p. 8849.)

9497 VILLEDIEU (BAILLIAGE DE).
Grand sceau.

Sceau rond, de 35 mill. — Champ coupé : en haut un écu à la croix, accosté de deux têtes de chèvre; en bas trois ondes.

✶ S........PITAL VILLE .....TV CAP

Remise d'une somme faite à Guillaume Gourney par la reine de Navarre. — 6 mars 1367, n. st. (Clair., r. 54, p. 4193.)

9498 VILLEFALOT (RENAUD DE),
Écuyer, du bailliage de Meaux.

Sceau rond, de 20 mill. — Écu au sautoir. — Légende détruite.

Service de guerre. — Quittance de gages délivrée au maréchal de Champagne. — 20 avril 1341. (Clair., r. 113, p. 8841.)

9499 VILLEFORT (B. DE),
L'un des grenetiers et contrôleurs du grenier à sel de Vailly.

Sceau rond, de 20 mill. — Écu au chevron accompagné d'une tour et d'une coquille en chef et d'une tour en pointe, dans un trilobe.

B DE UILLEFORT

Récépissé de sel. — Vailly, 11 mai 1384. (Clair., r. 216, p. 9733.)

9500 VILLEMAHEU (RENIER DE).
Écuyer.

Sceau rond, de 21 mill. — Écu portant trois lions, penché, timbré d'un heaume à volet. — Légende détruite.

Guerres de Flandre et de Hainaut. — Quittance de gages. — Tournay, 11 mars 1339, n. st. (Clair., r. 113, p. 8855.).

9501 VILLEMONTÉE (ANTOINE DE),
Commissaire ordinaire des guerres.

Sceau rond, de 34 mill. — Écu coupé : au 1, un lion issant; au 2, un fretté; timbré d'un heaume à lambrequins. — Sans légende.

Gages de son office. — 29 avril 1550. (Clair., r. 113, p. 8853.)

9502 VILLEMUR (ARNAUD, VICOMTE DE),
Chevalier, seigneur de Calvinet.

Sceau rond, de 28 mill. — Type équestre. L'écu et la housse portant un écartelé fruste.

S ARNALDI VICECOMIT WILLEM.... DRI CALVINETI

Quittance délivrée au trésorier du seigneur de Mercœur. — 2 septembre 1348. (Clair., r. 213, p. 9441.)

9503 VILLEMUR (ARNAUD, VICOMTE DE).

Sceau rond, de 24 mill. — Un homme d'armes coiffé d'un heaume cimé de deux cols de cygne tenant un écu écartelé : au 1 et 4, un lion; au 2 et 3, deux fasces ou deux murs crénelés; sur champ réticulé.

S ARNALDI VICECOMIT VILEMV.

Service de guerre en Languedoc. — Don du comte de Poitiers. — 2 janvier 1360, n. st. (Clair., r. 113, p. 8855.)

9504 VILLEMUR (JACQUES DE),
Chevalier.

Sceau rond, de 35 mill. — Écu portant un mur sommé de trois tours, penché, timbré d'un heaume à lambrequins couronné et cimé d'une tête de lévrier.

seel iaqnes de villemur

Service de guerre à Paris. — Quittance de gages. — 24 janvier 1416, n. st. (Clair., r. 113, p. 8857.)

9505 VILLENEUVE (BERNARD DE),
Écuyer ordinaire du roi,
maitres des ports de la sénéchaussée de Beaucaire.

Sceau rond, de 30 mill. — Écu portant quatre pals, penché, timbré d'un heaume à lambrequins cimé d'une hure.

benard de villeneufue

Quittance de pension. — 20 juillet 1512. (Clair., r. 135, p. 9171.)

9506 VILLENEUVE (FRANÇOIS DE),
Chevalier.

Sceau rond, de 23 mill. — Écu fruste, penché, timbré d'un heaume à lambrequins cimé d'une tête de bœuf. Dans le champ, des rinceaux.

francois de villeneuve

Service de guerre contre les Anglais. — Quittance de gages. — Bourges, 24 juin 1418. (Clair., r. 113, p. 8861.)

9507 VILLENEUVE (GASPARD DE),
Baron des Arcs,
chevalier de l'ordre, enseigne de la compagnie de monseigneur de Darres.

Sceau ovale, de 27 mill. — Écu fretté semé d'écussons, entouré du collier de Saint-Michel. — Sans légende.

Quittance de gages. — 30 avril 1570. (Clair., r. 135, p. 9173.)

9508 VILLENEUVE (GUILLAUME DE LA).
Seigneur de Bailly et Noisy, lieutenant du grand veneur de France, capitaine de Saint-Germain-en-Laye, etc.

Sceau rond, de 32 mill. — Écu au lion à queue fourchée passée en sautoir.

✠ **Seel de la Prevoste de . . . . y**

Attestation de service des gardes de la gruerie de Saint-Germain. — 21 août 1505. (Clair., r. 113, p. 8863.)

9509 VILLENEUVE (PIERRE DE),
Écuyer.

Sceau rond, de 25 mill. — Écu à la croix chargée de cinq coquilles au lambel, dans un quadrilobe. — Légende détruite.

Service de guerre. — Quittance de gages. — Péronne, 15 octobre 1339. (Clair., r. 113, p. 8859.)

9510 VILLENEUVE (PIERRE DE),
Écuyer.

Sceau rond, de 18 mill. — Écu à l'aigle.

✠ **S' . . . . SI**

Guerres de Vermandois. — Quittance de gages. — Saint-Quentin, 2 novembre 1339. (Clair., r. 113, p. 8861.)

9511 VILLENTROIS (FOULQUES DE),
Chevalier.

Sceau rond, de 20 mill. — Écu fretté sous un chef chargé d'un lion passant. — Légende détruite.

Service de guerre sous le capitaine de la Rochelle et de Rochefort. — Quittance de gages. — La Rochelle, 24 février 1346, n. st. (Clair., r. 113, p. 8863.)

9512 VILLEPION (GEOFFROI DE),
Chevalier.

Sceau rond, de 27 mill. — Écu portant deux fasces accompagnées de huit coquilles en orle.

✠ **S IEFROI DE VILL.EPIO ESCVIER**

Ost de Flandre. — Quittance de gages. — Arras, 11 septembre 1302. (Clair., r. 113, p. 8873.)

9513 VILLEQUIER (ANDRÉ DE),
Vicomte de la Guerche.
Voyez Guerche (La).

9514 VILLEQUIER (CLAUDE DE),
Vicomte de la Guerche.
Voyez Guerche (La).

9515 VILLEQUIER (COLART DE),
Chevalier.
Sceau rond, de 23 mill. — Écu à la croix fleuronnée cantonnée de douze billettes, penché, timbré d'un heaume cimé d'une tête de chien dans un vol, supporté par deux lions. Dans le champ, deux Y. — Légende détruite.
Garde du pays de Caux. — Quittance de gages. — Harfleur, 5 octobre 1372. (Clair., r. 113, p. 8865.)

9516 VILLEQUIER (COLART DE),
Chevalier.
Sceau rond, de 28 mill. — Variété du type précédent. Dans le champ, des fleurettes au lieu des Y.

S COLART DE VILLEQVIER

Garde de la ville de Montivilliers. — Quittance de gages. — Paris, 30 juin 1407. (Clair., r. 113, p. 8865.)

9517 VILLEQUIER (COLART DE),
Chevalier, capitaine de Montivilliers.
Sceau rond, de 30 mill. — Variété des types précédents.

s colart segn... de villequier

Défense de Montivilliers. — Quittance de gages. — Rouen, 13 octobre 1415. (Clair., r. 113, p. 8867.)

9518 VILLEREAU (PIERRE DE),
Chevalier.
Sceau rond, de 22 mill. — Écu semé de fleurs de lys au lion brochant, penché, timbré d'un heaume. Dans le champ, deux rameaux.

...PI.... DE VILLE....

Chevauchée de Flandre. — Quittance de gages. — 31 août 1383. (Clair., r. 113, p. 8869.)

9519 VILLEREAU (PIERRE DE),
Écuyer.
Sceau rond, de 23 mill. — Écu semé de fleurs de lys au lion brochant.

S..... DE VI..ER...

Guerres de Normandie. — Quittance de gages. — Rouen, 25 septembre 1415. (Clair., r. 113, p. 8871.)

9520 VILLERET (GUILLAUME DU),
Chevalier.
Sceau rond, de 30 mill. — Écu à l'émanché de trois pièces mouvant de la pointe accompagné de trois merlettes en chef. — Légende détruite.
Chevauchée de Bourbourg. — Quittance de gages. — 10 septembre 1383. (Clair., r. 113, p. 8871.)

9521 VILLERET (GUILLAUME DU),
Chevalier.
Sceau rond, de 20 mill. — Écu à l'émanché de trois pièces mouvant de la pointe accompagné de trois merlettes en chef.

✠ S ....T

Chevauchée de Bourbourg. — Quittance de gages. — 28 octobre 1383. (Clair., r. 113, p. 8873.)

9522 VILLE-ROBERT (OLIVIER DE LA),
Chevalier du guet de nuit de Paris.
Sceau rond, de 30 mill. — Écu portant une bande au lambel, penché, timbré d'un heaume à lambrequins cimé d'un lion issant.

olyvi.. de la ville rober.

Gages de son office. — 2 avril 1455, n. st. (Clair., r. 113, p. 8873.)

9523 VILLERS (FOULQUES ? DE),
Écuyer, du bailliage de Senlis.

Sceau rond, de 20 mill. — Écu au sautoir chargé de cinq besants ou cinq tourteaux et cantonné de quatre étoiles.

.... ℰL DE VILERS

Guerres de Vermandois. — Quittance de gages. — Compiègne, 26 septembre 1339. (Clair., r. 113, p. 8885.)

9524 VILLERS (FRISON DE),
Écuyer, du bailliage de Vermandois.

Sceau rond, de 20 mill. — Écu fascé de besants et de vair de six pièces. — Légende détruite.

Ost de Flandre. — Quittance de gages. — Arras, 15 septembre 1302. (Clair., r. 113, p. 8883.)

9525 VILLERS (GUILLAUME DE),
Chevalier, vicomte de Breteuil.

Sceau rond, de 20 mill. — Écu à la croix.

.... ℰ DE BRℰ ....

Service de guerre. — Quittance de gages. — Provins, 10 septembre 1370. (Clair., r. 114, p. 8891.)

9526 VILLERS (GUILLAUME DE),
Chevalier.

Sceau rond, de 30 mill. — Écu semé de croisettes recroisetées à deux lances brochant, penché, timbré d'un heaume cimé d'une tête de chien. Dans le champ, deux rameaux. — Légende détruite.

Service de guerre sous le duc de Bourgogne. — 10 mai 1412. (Clair., r. 114, p. 8909.)

9527 VILLERS (JACQUES DE),
Écuyer.

Sceau rond, de 20 mill. — Écu au sautoir chargé de cinq besants ou cinq tourteaux et accompagné d'une étoile en chef, penché, timbré d'un heaume, supporté par deux lions. — Légende détruite.

Guerres de Picardie. — Quittance de gages. — 26 juin 1383. (Clair., r. 114, p. 8899.)

9528 VILLERS (JEAN DE),
Chevalier, du Vermandois.

Sceau rond, de 18 mill. — Écu à la croix, dans un quadrilobe. — Légende détruite.

Service de guerre. — Quittance de gages. — Saint-Omer, 6 novembre 1348. (Clair., r. 114, p. 8889.)

9529 VILLERS (JEAN DE),
Chevalier.

Sceau rond, de 24 mill. — Écu au sautoir.

S IG... DE .ILℰR. ..LR'

Guerres de Champagne contre les compagnies. — Quittance de gages. — Reims, 3 mars 1376, n. st. (Clair., r. 114, p. 8893.)

9530 VILLERS (ROBERT DE),
Chevalier.

Sceau rond, de 20 mill. — Écu portant un échiqueté à la bordure besantée, dans une rose gothique.

S' R..........

Establie de Calais. — Quittance de gages. — Calais, 29 mars 1315. (Clair., r. 113, p. 8883.)

9531 VILLERS (SIMON DE),
Sergent d'armes du roi.

Sceau rond, de 18 mill. — Écu portant trois pals à la bande brochant.

✱ S' S.... DE VIL...

Chevauchée de Calais. — Quittance de gages. — Calais, 30 juillet 1342. (Clair., r. 113, p. 8885.)

9532 VILLERS (THIBAUD DE),
Écuyer, du bailliage de Senlis.

Sceau rond, de 20 mill. — Écu à l'écusson en abime accompagné d'une merlette en chef et à dextre.

.... DE VILLℰ.. ℰSC

Guerres de Vermandois. — Quittance de gages. — Compiègne, 26 septembre 1339. (Clair., r. 113, p. 8885.)

9533 VILLERS-LA-RIVIÈRE
(Guillaume de),
écuyer.

Sceau rond, de 19 mill. — Écu à la croix cantonnée de trois quintefeuilles au franc canton sénestre chargé de deux fleurs de lys rangées en fasce.

✠ GVILLE .. DE VILLI...

Chevauchée de Flandre. — Quittance de gages. — 15 août 1383. (Clair., r. 114, p. 8901.)

9534 VILLERS-LA-RIVIÈRE (JEAN DE),
Chevalier.

Sceau rond, de 20 mill. — Écu à la croix cantonnée au 1 et 4 d'une quintefeuille, au 2 et 3 d'une fleur de lys; penché, timbré d'un heaume cimé d'une tête d'aigle dans un vol.

S IEHAN .. VI...S

Guerres de Bretagne. — Quittance de gages. — Pontorson, 1ᵉʳ avril 1380. (Clair., r. 114, p. 8899.)

9535 VILLERS-LA-RIVIÈRE (JEAN DE),
Chevalier.

Sceau rond, de 17 mill. — Écu à la croix cantonnée au 1 et 4 d'une fleur de lys, au 2 et 3 d'une quintefeuille.

..hA. .. VILLERS

Guerres de Bretagne. — Quittance de gages. — Pontorson, 20 août 1380. (Clair., r. 114, p. 8897.)

9536 VILLERS-SAINT-POL (ADAM DE),
Écuyer, lieutenant du duc de Brabant, gruyer de la forêt de Halatte.

Sceau rond, de 20 mill. — Écu à la bande chargée de trois fleurs de lys et accompagnée d'une merlette en chef et d'une étoile en pointe. — Légende détruite.

Gages de son office. — 12 juillet 1412. (Clair., r. 114, p. 8909.)

9537 VILLES (GUILLAUME DE),
Châtelain du château de ....tes (Saintes?), écuyer.

Sceau rond, de 21 mill. — Écu portant trois molettes.

S' GVILL DE VILLES ESCVI..

Quittance des gages des sergents dudit château, délivrée à son seigneur le prince Charles. — 23 février 1295, n. st. (Clair., r. 113, p. 8881.)

9538 VILLESAVOIR (HUGUES DE),
Chevalier, capitaine de Plassac en Saintonge.

Sceau rond, de 19 mill. — Écu portant trois fleurs de lys, dans un quadrilobe. — Légende détruite.

Gages de la garnison de Plassac. — Paris, 8 janvier 1349, n. st. (Clair., r. 114, p. 8917.)

9539 VILLE-SUR-ARCE
(Jean, seigneur de),
chevalier.

Sceau rond, de 30 mill. — Écu burelé de quatorze pièces, penché, timbré d'un heaume cimé de deux cornes, supporté par deux hommes sauvages.

.......VILLE S.....

Chevauchée de Flandre. — Quittance de gages. — 31 août 1383. (Clair., r. 114, p. 8917.)

9540 VILLETTE (JEAN DE),
Chevalier, du bailliage de Gisors.

Sceau rond, de 20 mill. — Écu au chef chargé à dextre d'un lion passant.

✠ IEHAN DE VILLETE CHEVALIER

Ost de Flandre. — Quittance de gages. — Vitry-en-Artois, 28 septembre 1302. (Clair., r. 113, p. 8879.)

9541 VILLETTE (JEAN DE),
Écuyer.

Sceau rond, de 20 mill. — Écu au chef chargé à dextre d'un lion passant.

✠ IEHAN DE VILLE.....

Service de guerre contre le duc de Bourgogne. — Quittance de gages. — 24 avril 1414. (Clair., r. 113, p. 8879.)

9542 VILLIERS (GUILLAUME DE),

Sire du Hommet.

Sceau rond, de 28 mill. — Écu fascé de six pièces la première pièce chargée de trois merlettes, supporté par un griffon. — Légende détruite.

Guerres de basse Normandie. — Quittance de gages. — Bayeux, 21 décembre 1374. (Clair., r. 114, p. 8891.)

9543 VILLIERS (JEAN DE),

Sire de Coulonces, chevalier.

Sceau rond, de 27 mill. — Écu fascé de six pièces, penché, timbré d'un heaume cimé d'une écrevisse, supporté par deux lions.

..... ᏞᏀ .. .ILLIᏀ..

Guerres de basse Normandie. — Quittance de gages. — 24 juillet 1383. (Clair., r. 114, p. 8899.)

9544 VILLIERS (MAHIET DE),

Écuyer.

Sceau rond, de 19 mill. — Écu à la bande accompagnée d'un croissant en chef et à sénestre, penché, timbré d'un heaume cimé d'une tête de chien, sur champ de rinceaux.

S maɧɩet . . . .

Guerres de Saintonge et d'Angoumois. — Quittance de gages. — 31 mars 1376, n. st. (Clair., r. 114, p. 8893.)

9545 VILLIERS (SAUVAGE DE),

Écuyer.

Sceau rond, de 20 mill. — Écu fascé de six pièces au lambel.

. . . . Ꮛ . . . . ᏀRS ᏀSᏀ

Guerres de Normandie. — Quittance de gages. — 20 février 1386, n. st. (Clair., r. 114, p. 8903.)

9546 VILLIERS (SAUVAGE DE),

Chevalier.

Sceau rond, de 25 mill. — Écu fascé de six pièces au lambel, penché, timbré d'un heaume couronné et cimé d'une tête de coq, sur champ festonné.

SAV .AGᏀ DᏀ . . . . . .

Armée d'Écosse. — Quittance de gages. — 26 juillet 1386. (Clair., r. 114, p. 8905.)

9547 VILLIERS DE SAULX (GILLES DE),

Chevalier.

Sceau rond, de 22 mill. — Écu portant dix losanges, 3. 3, 3 et 1, au lambel.

SᏀᏟRᎬᎢOᏁ

Guerres de Flandre. — Quittance de gages. — Bruges, 3 janvier 1300, n. st. (Clair., r. 113, p. 8881.)

9548 VILLIERS DE SAULX

(Hugues, sire de), chevalier banneret.

Sceau rond, de 20 mill. — Un heaume cimé d'une roue et accosté de deux écus portant chacun dix losanges, 3, 3, 3 et 1.

ɧVᏀ S . . . . . . .ILᏀRS

Chevauchée de Flandre. — Quittance de gages. — 27 août 1383. (Clair., r. 114, p. 8901.)

9549 VILLIERS-DE-SAULX (JEAN DE),

Chevalier.

Sceau rond, de 25 mill. — Écu portant dix losanges, 3, 3, 3 et 1.

. DᏀ IOɧAՈ . . . . . .

Service de guerre en Flandre. — Quittance de gages. — Bruges, 2 janvier 1300, n. st. (Clair., r. 113, p. 8881.)

9550 VILLIERS-LE-BEL (JEAN DE),

Seigneur châtelain de l'Isle-Adam, conseiller et chambellan du duc de Bourgogne, capitaine de Paris, chevalier banneret.

Sceau rond, de 40 mill. — Écu portant un chef au dextrochère revêtu d'hermines brochant, penché, timbré d'un heaume couronné et cimé d'une tête de coq, supporté par une dame et un lion.

S ɪȼɦαn . . . .

Garde de Paris. — Quittance de gages. — Paris, 14 mars 1430, n. st. (Clair., r. 114, p. 8907.)

9351 VILLIERS-LE-BEL (PHILIPPE DE),
Chevalier, maréchal commis à recevoir les montres.

Sceau rond, de 23 mill. — Écu portant un chef au dextrochère revêtu d'hermines brochant et accompagné à dextre d'une cornière, penché, timbré d'un heaume, supporté par deux lions. — Légende détruite.

Montre du Bègue de Villaines, reçue à Chartres, le 19 février 1363, n. st. (Clair., r. 114, p. 8889.)

9352 VILLIERS-LE-BEL (PHILIPPE DE),
Chevalier, garde du guet de nuit de Paris.

Sceau rond, de 22 mill. — Variété du type précédent. Le heaume cimé d'une tête de chien.

Ƥɦɪƥɢ . . . . **LLɢʀs Ƈɦ**. . .

Gages de son office. — 21 décembre 1379. (Clair., r. 114, p. 8897.)

9353 VILLIERS-LE-BEL (PHILIPPE DE),
Chevalier, commis à recevoir les montres.

Sceau rond, de 22 mill. — Écu portant un chef au dextrochère brochant à la bande sur le tout, penché, timbré d'un heaume cimé d'une tête d'aigle, supporté par un lion et un griffon.

. . . . . **Dɢ VILLɢʀs**

Montre de Gilbert Hareig, chevalier, du pays d'Écosse. — 30 juillet 1387. (Clair., r. 114, p. 8905.)

9354 VILLIERS-LE-BEL (PHILIPPE DE),
Chevalier, seigneur de Lassy.

Sceau rond, de 26 mill. — Écu portant un chef au dextrochère revêtu d'hermines brochant, au lambel, penché, timbré d'un heaume cimé d'une tête de coq, sur champ de fleurs.

. . . . **IPɢ** . . **UI** . . . . .

Quittance de trois setiers de sel, délivrée au grénetier de Senlis. — 11 juin 1407. (Clair., r. 114, p. 8907.)

9355 VILLIERS-LE-BEL (PIERRE DE),
Chevalier du guet de Paris.

Sceau rond, de 21 mill. — Écu portant un chef au dextrochère revêtu d'hermines brochant, penché, timbré d'un heaume cimé d'une tête d'aigle, sur champ réticulé.

. . . . **Ƈʀ**

Quittance de gages. — 30 mai 1348. (Clair., r. 114, p. 8889.)

9356 VILLIERS-LE-BEL (PIERRE DE),
Chevalier, grand maître d'hôtel du roi.

Sceau rond, de 23 mill. — Écu portant un chef au dextrochère revêtu d'hermines brochant, penché, timbré d'un heaume couronné et cimé de . . . , sur champ réticulé.

. . . **ɢʀʀɢ Dɢ**

Guerres de Bretagne. — Quittance de gages. — Pontorson, 22 octobre 1379. (Clair., r. 114, p. 8895.)

9357 VILLIERS-LE-BEL (PIERRE DE),
Chevalier, grand maître d'hôtel du roi,
commis à recevoir les montres.

Sceau rond, de 23 mill. — Variété du type précédent. Le heaume cimé d'une tête de coq.

. . . **ɢL** . . . . **LLɢs Ƈʀ**

Montre de Gaucher de Passac, capitaine d'une troupe destinée à la garde du corps du roi, reçue à Paris, le 1er avril 1386, n. st. (Clair., r. 83, p. 6567.)

9358 VILLIERS-MOURIER
(Gui, sire de),
bailli de Vermandois.

Sceau rond, de 24 mill. — Écu au chef chargé de deux mûres? — Légende détruite.

Récépissé de lettres du roi pour faire crier par le bailliage que chacun soit appareillé à Arras pour la fête de la Madeleine, en armes et chevaux. — Saint-Quentin, sans date. Un autre acte est daté de 1315. (Clair., r. 113, p. 8883.)

9559 VIMONT (GUILLAUME),
Écuyer.

Sceau rond, de 21 mill. — Écu portant trois bandes sous un chef chargé d'un léopard, à la barre brochant sur le tout.

GVILLAMME VIMONT

Guerres de Normandie. — Quittance de gages. — Rouen, 13 octobre 1415. (Clair., r. 114, p. 8919.)

9560 VINCHES (JEAN DE),
Écuyer, du bailliage de Paris.

Sceau rond, de 17 mill. — Écu à la bande chargée d'une étoile et de deux merlettes. — Légende détruite.

Service de guerre. — Quittance de gages. — Paris, 21 novembre 1339. (Clair., r. 114, p. 8927.)

9561 VINCY (JEAN DE),
Écuyer, panetier du roi.

Sceau rond, de 22 mill. — Écu gironné de douze pièces chargé d'un écusson en abîme, penché, timbré d'un heaume couronné et cimé d'une tête de chien, sur champ festonné.

IЄhAN DE.....

Quittance de pension. — 9 mars 1405, n. st. (Clair., r. 114, p. 8927.)

9562 VINTIMILLE (VINCHEGUERRE DE),
Capitaine d'arbalétriers.

Sceau rond, de 19 mill. — Écu portant un chef, dans une rose gothique.

VINChЄ......TIMI...

Garde de la ville d'Ardres. — Quittance de gages. — Paris, 5 janvier 1357. (Clair., r. 114, p. 8931.)

9563 VIOLE (PIERRE),
Seigneur du Chemin, commissaire ordinaire des guerres.

Sceau ovale, de 18 mill. — Écu écartelé : au 1 et 4, trois chevrons ; au 2 et 3, une tour. — Sans légende.

Quittance de gages. — 30 juin 1576. (Clair., r. 208, p. 9037.)

9564 VIOLEUR (ROBIN LE),
Garde de la monnaie de Saint-Pourçoin.

Signet rond, de 17 mill. — Écu portant trois oiseaux à la bordure, dans un trilobe.

SAEL ROBERT LE UIOLEVR

Récépissé d'un mandement concernant la valeur de l'argent blanc et de l'argent noir, etc. — 27 janvier 1355, n. st. (Clair., r. 94, p. 7297.)

9565 VION (MERMET DE),
Écuyer.

Sceau rond, de 18 mill. — Écu au lion.

S..........ƎT

Guerres du Cambrésis. — Quittance de gages. — Saint-Quentin, 15 septembre 1339. (Clair., r. 114, p. 8931.)

9566 VIPART (GUILLAUME).
Chevalier, lieutenant particulier du bailli de Rouen en la vicomté d'Auge.

Sceau rond, de 24 mill. — Écu au lion, penché, timbré d'un heaume à lambrequins. — Légende détruite.

Mandement au sujet d'une adjudication de travaux à exécuter à Pont-l'Évêque. — 18 janvier 1460, n. st. (Clair., r. 208, p. 9043.)

9567 VIPART (GUILLAUME).
Chevalier, lieutenant particulier du bailli de Rouen en la vicomté d'Auge.

Sceau rond, de 16 mill. — Écu au lion, penché, timbré d'un heaume.

guille vipart

Frais d'exécution d'une sentence. — 31 août 1467. (Clair., r. 208, p. 9045.)

9568 VIRE (VICOMTÉ DE).

Sceau rond, de 35 mill. — Un château sommé de trois tours, celle du milieu dominant les deux autres de la fenêtre desquelles sort une bannière semée de fleurs de lys, posé sur des rochers et accosté de deux dauphins.

.........CONTE DE .....

Guerres de Normandie. — Quittance des gages de Girard de Tournebu, chevalier. — 24 janvier 1371, n. st. (Clair., r. 107, p. 8337.)

9569 VIRE (VICOMTÉ DE).

Petit sceau aux causes.

Sceau rond, de 21 mill. — Un château accosté de deux dauphins et portant devant sa baye un écu chargé de trois fleurs de lys.

LE PETIT SEEL DE LA VICONTE DE ....

Quittance d'une amende destinée aux réparations du château de Vire. — 31 octobre 1393. (Clair., r. 20, p. 1394.)

9570 VIRIEUX (AMÉ DE),

Écuyer.

Sceau rond, de 18 mill. — Écu portant l'initiale A surmontée de vires. — Légende détruite.

Service de guerre. — Quittance de gages. — Paris, 31 août 1339. (Clair., r. 111, p. 8715.)

9571 VIRIS (JEAN DE),

Écuyer.

Sceau rond, de 20 mill. — Un bélier ou un chamois.

S' I.....E VI...

Service de guerre. — Quittance de gages. — Paris, 16 octobre 1340. (Clair., r. 114, p. 8933.)

9572 VIRRE? (JEAN DE),

Chevalier.

Sceau rond, de 19 mill. — Écu à la fasce accompagnée en chef d'un bandé de six pièces, dans un trilobe.

S IEhAN .... Ch...

Poursuite des Anglais. — Quittance de gages. — Paris, 17 octobre 1380. (Clair., r. 115, p. 9013.)

9573 VIS (GUILLEMIN DE),

Écuyer.

Sceau rond, de 20 mill. — Écu bandé de six pièces, dans un trilobe.

S' G.ILLAVME D.....

Dépenses pour le «bâtiment de Cambrain». — Quittance. — Cambrai, 12 octobre 1337. (Clair., r. 114, p. 8953.)

9574 VISCONTI (GALEAS),

Conseiller et chambellan du roi, chevalier de l'ordre, capitaine de 100 lances.

Sceau rond, de 25 mill. — Écu à la guivre engoulant l'enfant, entouré du collier de Saint-Michel. Dans le champ, les lettres GS, CO, VI. — Sans légende.

Gages de l'office de capitaine. — 13 juillet 1525. (Clair., r. 114, p. 8937.)

9575 VISSENCOURT (PHILIPPOT DE),

Écuyer.

Sceau rond, de 18 mill. — Écu portant un oiseau sous un chef palé.

.......NCONS

Guerres de Vermandois. — Quittance de gages. — Saint-Quentin, 20 octobre 1339. (Clair., r. 114, p. 8943.)

9576 VISSIEU (JACQUES DE),

Chevalier.

Sceau rond, de 22 mill. — Écu à la bande chargée de trois..., penché, timbré d'un heaume cimé d'une tête humaine barbue et chevelue. — Légende détruite.

Guerres de Picardie. — Quittance de gages. — Abbeville, 5 juillet 1380. (Clair., r. 114, p. 8941.)

9577 VITALOING (ENGUERRAN),

Maître de la nef Saint-Nicolas d'Étaples.

Sceau rond, de 24 mill. — Un signe monogrammatique.

✠ S' ENGERRAN ...AROIE

Quittance d'approvisionnements. — 8 mai 1340. (Clair., r. 114, p. 8943.)

9578 VITRY (MICHELLE DE),
Dame de Trainel.

Sceau rond, de 31 mill. — Écu parti : au 1, un bandé de six pièces, au chef chargé d'une rose et soutenu d'un autre chef; au 2, un vairé; supporté par un personnage à dextre.

s michielle . . . .

Quittance des gages de son fils maître Jacques Jouvenel, conseiller et avocat en la cour de parlement. — 24 février 1439, n. st. (Clair., r. 208, p. 2047.)

9579 VITTEFLEUR (PIERRE DE).

Sceau rond, de 18 mill. — Une fleur à huit pétales.

✠ S' PETR DE VITEFLE

Ost de Flandre. — Quittance de gages. — Arras, 11 septembre 1302. (Clair., r. 114, p. 8943.)

9580 VIVAIN (JEAN DE),
Écuyer.

Sceau rond, de 22 mill. — Écu à trois bandes.

Iehan de vivain

Guerres de Normandie. — Quittance de gages. — Rouen, 25 septembre 1415. (Clair., r. 114, p. 8945.)

9581 VIVAT (JACQUES),
Clerc et juge de Rivière du roi.

Sceau rond, de 23 mill. — Écu portant un arbuste chargé de cinq fleurs, dans une rose gothique.

. . . . . BI V . . . .

Quittance de 100 livres à lui données par le roi. — Toulouse, 20 mars 1343, n. st. (Clair., r. 114, p. 8945.)

9582 VIVIER
(Bernard-Guillaume, sire du),
chevalier.

Sceau rond, de 19 mill. — Écu plain, dans un quadrilobe.

S BERART GVILL SIRE DV VIVIER

Guerres de Gascogne. — Quittance de gages. — Agen, 1er octobre 1355. (Clair., r. 114, p. 8947.)

9583 VIVONNE (AIMERY DE).

Sceau rond, de 20 mill. — Écu d'hermines au chef chargé d'une fleur de lys issant. — Légende détruite.

Guerres de Saintonge. — Quittance de gages. — Paris, 17 décembre 1345. (Clair., r. 144, p. 8949.)

9584 VIVONNE (FRANÇOIS DE).
Chevalier, seigneur de la Châtaigneraie,
guidon de 100 lances sous le dauphin.

Signet rond, de 21 mill. — Écu d'hermines au chef. — Sans légende.

Quittance de gages. — 25 mai 1547. (Clair., r. 208, p. 9059.)

9585 VIVONNE (RENAUD DE).
Sire de Tois, sénéchal de Poitou, chevalier banneret.

Sceau rond, de 30 mill. — Écu d'hermines au chef, penché, timbré d'un heaume cimé d'un col de cygne dans un vol aux armes, supporté par deux hommes sauvages, dans une rose gothique.

. . . . L REGNAVT DE UIUO . . . . . TORS

Guerres de Poitou et de Guienne. — Quittance de gages. — 4 décembre 1386. (Clair., r. 114, p. 8953.)

9586 VIVONNE (SAVARY DE).
Chevalier, conseiller du roi,
capitaine souverain en Poitou et Saintonge.

Sceau rond, de 24 mill. — Fragment : il ne reste que deux écus à sénestre : l'un d'hermines au chef, l'autre portant un émanché de trois pièces mouvant du chef et brochant sur un fascé de dix pièces. — Légende détruite.

Ordre de payer le restor d'un cheval. — Paris, 7 août 1338. (Clair., r. 114, p. 8947.)

9587 VIVONNE (SAVARY DE),
Sire de Tois, chevalier banneret.

Sceau rond, de 25 mill. — Écu d'hermines au chef, accompagné de trois écussons, celui de sénestre, le seul qui subsiste, porte un fascé de dix pièces à l'éman-

DE LA COLLECTION CLAIRAMBAULT.   347

ché de trois pièces mouvant du chef, le tout dans un trilobe.

.... nɢ

Guerres de Saintonge. — Quittance de gages. — Paris, 21 janvier 1347, n. st. (Clair., r. 114, p. 8951.)

9388   VIVONNE (YÈBLES DE),
Chevalier.

Sceau rond, de 20 mill. — Écu d'hermines au chef à la bande brochant sur le tout, penché, timbré d'un heaume, dans un trilobe. — Légende détruite.

Guerres de Languedoc, Poitou, Saintonge, etc. — Quittance de gages. — Pons, 25 septembre 1345. (Clair., r. 114, p. 8949.)

9389   VOGUÉ (PIERRE DE),
Écuyer.

Sceau rond, de 26 mill. — Écu portant un coq hardi.

pierre de voguer

Service de guerre à Paris. — Quittance de gages. — 24 janvier 1416, n. st. (Clair., r. 114, p. 8955.)

9390   VOGUÉ (PIERRE DE),
Seigneur de Rochecolombe,
inguï re du des aides aux diocèses de Viviers, Valence et Vienne.

Sceau rond, de 25 mill. — Écu au coq hardi.

pierre de vogue

Gages de son office. — 24 mai 1439. (Clair., r. 208, p. 9065.)

9391   VOIN (GEOFFROI LE),
Chevalier.

Sceau rond, de 20 mill. — Écu au sautoir cantonné de quatre lions, dans un trilobe.

IOF..........

Guerres de l'Orléanais et du Blésois. — Quittance de gages. — Beaugency, 2 avril 1358. (Clair., r. 115, p. 8969.)

9392   VOISE (GUIOT DE),
Écuyer, du bailliage de Gisors.

Sceau rond, de 18 mill. — Écu portant cinq bandes au lambel de cinq pendants, dans un trilobe.

.VIOT DE .OYSE

Guerres de Vermandois. — Quittance de gages. — Saint-Quentin, 20 octobre 1339. (Clair., r. 115, p. 8969.)

9393   VOISE (JEAN DE),
Chevalier,
commis à la garde de Guillaume, fils de Gui de Dampierre, comte de Flandre.

Sceau rond, de 25 mill. — Écu portant cinq bandes, dans un trilobe. — Légende détruite.

Quittance de gages. — 21 janvier 1305, n. st. (Clair., r. 111, p. 8643.)

9394   VOISE (JEAN DE),
Écuyer, de la vicomté de Paris.

Sceau rond, de 19 mill. — Écu portant cinq bandes.

IɑhAn DE .OISES

Service de guerre. — Quittance de gages. — Paris, 15 août 1346. (Clair., r. 115, p. 8971.)

9395   VOISINS (JEAN DE),
Écuyer, de la vicomté de Paris.

Sceau rond, de 25 mill. — Écu fascé de six pièces, dans un quadrilobe.

...ɑh DE VOISInS ESɑ

Service de guerre. — Quittance de gages. — Compiègne, 25 septembre 1339. (Clair., r. 115, p. 8971.)

9396   VOISINS (JEAN DE),
Chevalier.

Sceau rond, de 20 mill. — Écu portant un orle de six merlettes au franc canton d'hermines?

...hAn .. .OISIn.

Chevauchée de Flandre. — Quittance de gages. — 31 août 1383. (Clair., r. 115, p. 8971.)

9597 VOISINS (JEAN DE),
Écuyer.

Sceau rond, de 20 mill. — Écu à la fasce fuselée de cinq pièces.

✠ S tehan de voi....

Service de guerre contre les Anglais. — Quittance de gages. — 24 novembre 1418. (Clair., r. 115, p. 8971.)

9598 VOISINS (JEAN DE),
Seigneur d'Ambres, enseigne de la compagnie de monseigneur de Crussol.

Signet rond, de 20 mill. — Écu portant trois fusées en pal rangées en fasce. — Sans légende.

Quittance de gages. — 24 mai 1566. (Clair., r. 208, p. 9069.)

9599 VOISINS (LOUIS DE),
Seigneur et baron d'Ambres, guidon de la compagnie du duc d'Uzès.

Signet ovale, de 20 mill. — Écu écartelé : au 1 et 4, une croix vidée cléchée et pommetée; au 2 et 3, un lion; sur le tout, un écusson portant trois fusées en pal rangées en fasce. — Sans légende.

Quittance de gages. — 26 mai 1578. (Clair., r. 208, p. 9069.)

9600 VOISINS (SOHIER DE),
Chevalier.

Sceau rond, de 20 mill. — Écu portant six merlettes en orle au franc canton d'hermines, dans un trilobe.

....de voisins chr

Guerres de Normandie. — Quittance de gages. — Caen, 4 août 1356. (Clair., r. 208, p. 9067.)

9601 VOLPILLIÈRE (PIERRE),
Écuyer, commis à recevoir les montres d'arbalétriers, échanson de monseigneur de Berry.

Sceau rond, de 22 mill. — Écu échiqueté, penché, timbré d'un heaume cimé d'une touffe, sur champ festonné.

S Piere Volpilheira

Montre de Jean Ciboulle, capitaine d'arbalétriers, reçue à Allègre, le 1er août 1386. (Clair., r. 32, p. 2379.)

9602 VOLPILLIÈRE (PIERRE),
Écuyer, commis à recevoir les montres.

Sceau rond, de 22 mill. — Variété du type précédent.

......e VOLPI.....

Montre de monseigneur Assailly de Tourzel, chevalier, reçue à Allègre, le 15 août 1387. (Clair., r. 115, p. 8975.)

9603 VOORHOUT (HECTOR DE),
Chevalier, capitaine et châtelain de Saeftingue.

Sceau rond, de 25 mill. — Écu portant une fasce au sautoir engrêlé brochant, penché, timbré d'un heaume cimé de..., supporté par deux griffons.

...OR VM...G'....

Défense de la forteresse de Saeftingue. — Quittance de gages. — Amiens, 23 juin 1385. (Clair., r. 115, p. 8985.)

9604 VOSSEMIN (GALOIS DE),
Écuyer, panetier du roi.

Sceau rond, de 32 mill. — Écu à la croix engrêlée, penché, timbré d'un heaume cimé d'un vol, supporté par deux hommes sauvages.

........de .an........

Quittance de pension. — 12 décembre 1476. (Clair., r. 110, p. 8617.)

9605 VOSSEMIN (MARIE, DAME DE).

Sceau rond, de 20 mill. — Écu portant trois macles accompagnées d'une fleur de lys en chef, dans un quadrilobe. — Légende détruite.

Quittance délivrée aux « régaleurs de Charles. — 21 janvier 1316, n. st. (Clair., r. 110, p. 8617.)

9606 VOUDENAY
(Eustache, seigneur de),
chevalier.

Sceau rond, de 28 mill. — Écu portant trois besants ou trois tourteaux, penché, timbré d'un heaume cimé d'une tête d'homme barbu et chevelu, sur champ réticulé.

SEEL PVSTACE ..... ERAY

Service de guerre sous Guillaume de la Trémoille. — Quittance de gages. — 27 septembre 1387. (Clair., r. 115, p. 8979.)

9607 VOUDENAY (GUILLAUME DE),
Écuyer.

Sceau rond, de 23 mill. — Écu portant trois châteaux, penché, timbré d'un heaume cimé de deux oreilles d'âne. Dans le champ, deux rameaux.

...LLE DE VOVDENA.

Défense du pays de Limousin. — Quittance de gages. — Tours, 10 juillet 1396. (Clair., r. 110, p. 8595.)

9608 VOUDENAY (THOMAS DE),
Chevalier, commis à recevoir les montres.

Sceau rond, de 21 mill. — Un homme sauvage assis, coiffé d'un heaume cimé de deux oreilles d'âne et tenant un écu portant trois besants ou trois tourteaux.

......IRE DE VOVDENAY

Montre d'Eudes de Grancey, reçue à Paris, le 27 juillet 1352. (Clair., r. 54, p. 4137.)

9609 VOUHET (GUILLAUME DE),
Chevalier.

Sceau rond, de 20 mill. — Écu au chevron accompagné de trois fleurs de lys.

S G...LE DE ......

Service de guerre sous P. de Busançay, capitaine de la Rochelle et de Rochefort. — Quittance de gages. — La Rochelle, 24 février 1346, n. st. (Clair., r. 114, p. 8955.)

9610 VOUILLERS (AUDRY DE),
Écuyer, du bailliage de Chaumont.

Sceau rond, de 20 mill. — Écu portant un échiqueté sous un chef. — Légende détruite.

Guerres de Vermandois. — Quittance de gages. — Compiègne, 25 septembre 1339. (Clair., r. 115, p. 8985.)

9611 VOVE (FRANÇOIS DE LA),
Chevalier.

Sceau rond, de 23 mill. — Écu à la croix, penché, timbré d'un heaume, supporté par deux lions.

FRANCOYS D LE VOVE

Chevauchée de Flandre. — Quittance de gages. — 28 octobre 1380. (Clair., r. 115, p. 8983.)

9612 VOVE (JEAN DE LA),
Écuyer.

Sceau rond, de 19 mill. — L'initiale I couronnée, supportée par deux lions.

DE LA VOVE

Guerres de Normandie. — Quittance de gages. — Paris, 7 octobre 1356. (Clair., r. 115, p. 8983.)

9613 VOVE (ROBERT DE LA),
Écuyer.

Sceau rond, de 22 mill. — Écu à la croix, dans un trilobe.

ROB........VE

Guerres de Bourbonnais. — Quittance de gages. — 20 janvier 1370, n. st. (Clair., r. 115, p. 8981.)

9614 VOYENNE (THOMAS DE),
Médecin du comte de Nevers.

Sceau rond, de 17 mill. — Les lettres T F, surmontées d'une couronne et supportées par deux lions, dans un trilobe.

.......VOYENNA

Pour avoir visité le roi au Mans. — Quittance de gages. — Paris, 23 octobre 1392. (Clair., r. 114, p. 8959.)

9615 VOYER (AUFFROY LE),
Chevalier, baron de la Haye et de Trégomar,
guidon de la compagnie de monseigneur d'Annebault.

Signet rond, de 20 mill. — Écu portant trois haches d'armes, les deux en chef adossées. — Sans légende.

Quittance de gages. — 15 septembre 1557. (Clair., r. 208, p. 9075.)

9646 VOYER (GUILLAUME LE),
Chevalier.

Sceau rond, de 22 mill. — Écu portant une fasce au bâton en bande brochant, au lambel.

........DARS...

Ost de Flandre. — Quittance de gages. — Arras, 30 septembre 1302. (Clair., r. 45, p. 3361.)

9647 VOYER (GUILLAUME LE),
Chevalier.

Sceau rond, de 25 mill. — Écu portant trois haches d'armes, les deux en chef adossées, penché, timbré d'un heaume, sur champ festonné.

.....AMG L.....

Service de guerre. — Quittance de gages. — 12 décembre 1380. (Clair., r. 114, p. 8961.)

9618 VOYER (HUGUES LE),
Écuyer, du bailliage d'Orléans.

Sceau rond, de 20 mill. — Écu portant neuf besants, 3, 3, 2 et 1, dans un trilobe.

✠ .... DG ...... SG

Guerres de Vermandois. — Quittance de gages. — Saint-Quentin, 10 octobre 1339. (Clair., r. 114, p. 8959.)

9619 VOYER (JACQUES LE),
Sieur du Bois-Travers en Bretagne, enseigne de la compagnie du duc de Longueville.

Sceau ovale, de 24 mill. — Écu portant trois haches d'armes au lambel. — Sans légende.

Quittance de gages. — 1ᵉʳ novembre 1571. (Clair., r. 135, p. 2213.)

9620 VOYER (PIERRE LE),
Écuyer.

Sceau rond, de 27 mill. — Écu portant quatre losanges au franc canton sénestre chargé d'un besant

ou d'un tourteau, penché, timbré d'un heaume cimé d'un oiseau, supporté par deux lions, sur champ festonné et orné de rameaux.

...erre .e voi..

Guerres de Guienne. — Quittance de gages. — 26 mars 1413, n. st. (Clair., r. 114, p. 8965.)

9621 VOYER (SIMON LE),
Chevalier, du bailliage de Caen.

Sceau rond, de 30 mill. — Écu burelé de douze pièces.

...IMON LE V.... GɦƎV.....

Ost de Flandre. — Quittance de gages. — Arras, 10 septembre 1302. (Clair., r. 114, p. 8959.)

9622 VRETET (PIERRE).
Écuyer, prévôt de Lille.

Sceau rond, de 18 mill. — Écu losangé au chef chargé de trois roses, dans un trilobe.

LƎ S... .Ǝ.. ....Gᴛ

Establie de Lille. — Quittance de gages. — Lille, 1ᵉʳ septembre 1342. (Clair., r. 115, p. 8987.)

9623 VREY (THIÉBAUD),
Écuyer, du bailliage de Troyes.

Sceau rond, de 21 mill. — Écu à la fasce bretessée, dans un trilobe. — Légende détruite.

Guerres de Vervins. — Quittance de gages. — 11 août 1340. (Clair., r. 115, p. 8989.)

9624 VRIERMONT (BRIQUET DE),
Écuyer, du bailliage de Vermandois.

Sceau rond, de 32 mill. — Écu au chef chargé d'un lion issant. — Légende détruite.

Ost de Flandre. — Quittance de gages. — 1ᵉʳ octobre 1302. (Clair., r. 115, p. 8999.)

9625 VRIGNY (JEAN DE),
Écuyer.

Sceau rond, de 19 mill. — Écu à la croix ancrée.

✶ S ιєhan δe υrιgny

Guerres de Normandie. — Quittance de gages. — Rouen, 12 octobre 1415. (Clair., r. 115, p. 8999.)

9626 VRINE (ROBINET DE),
Écuyer.

Sceau rond, de 21 mill. — Écu portant trois oiseaux au lambel.

.......RY...

Guerres de Normandie. — Quittance de gages. — Rouen, 8 août 1346. (Clair., r. 115, p. 8999.)

9627 VROLANDE (ANSEL DE),
Écuyer, capitaine du fort de Vrolande.

Sceau rond, de 22 mill. — Écu à la croix ancrée, penché, timbré d'un heaume cimé d'un poisson, sur champ réticulé, dans un trilobe.

SΘΘL ΛNCΘL DΘ VROLΛ...

Garde du fort de Vrolande. — Quittance de gages. — Amiens, 26 janvier 1377, n. st. (Clair., r. 115, p. 9005.)

9628 VULPILLÈRE (HUGUES DE),
Chevalier.

Sceau rond, de 23 mill. — Écu à l'écusson en abîme accompagné d'une étoile en chef et à dextre, penché, timbré d'un heaume. — Légende détruite.

Guerres de Hainaut et de Flandre. — Gages de Guillaume de Gaye, écuyer, du bailliage de Troyes. — 28 juin 1340. (Clair., r. 51, p. 3823.)

9629 VY (JEAN DE),
Écuyer.

Sceau rond, de 25 mill. — Écu portant deux lions adossés accompagnés d'une étoile en pointe. — Légende détruite.

Guerres de Normandie. — Quittance de gages. — Rouen, 8 août 1346. (Clair., r. 115, p. 9013.)

9630 VY (SIMON DE),
Écuyer, du bailliage de Senlis.

Sceau rond, de 14 mill. — Écu d'hermines à la croix chargée de cinq..., dans un trilobe. — Légende détruite.

Guerres de Vermandois. — Quittance de gages. — Compiègne, 25 septembre 1339. (Clair., r. 115, p. 9013.)

9631 WAGNARS (JEAN),
Écuyer.

Sceau rond, de 19 mill. — Écu portant trois étriers au lambel.

✶ S' IΘhΛN D......R

Ost de Flandre. — Quittance de gages. — Arras, 10 septembre 1302. (Clair., r. 109, p. 8481.)

9632 WAILLY (GUILLAUME DE),
Écuyer, capitaine du château d'Éperlecques.

Sceau rond, de 23 mill. — Écu portant trois bandes au franc canton d'hermines.

...IL...Θ DΘ WAIL..

Garde du château d'Éperlecques. — Quittance de gages. — Thérouanne, 16 août 1376. (Clair., r. 109, p. 8483.)

9633 WAILLY (JEAN, SIRE DE),
En partie, chevalier.

Sceau rond, de 29 mill. — Écu portant trois bandes au franc canton d'hermines.

✶ S' IΘhΛN LI

Quittance d'une rente sur le comté de Ponthieu. — 16 mars 1382, n. st. (Clair., r. 109, p 8485.)

9634 WAILLY (NICOLAS DE),
Conseiller du roi, commissaire sur le fait des monnaies au bailliage de Bourges.

Sceau rond, de 22 mill. — Écu portant une église, dans une rose gothique.

.......LΘ.........

Quittance de gages. — 28 novembre 1354. (Clair., r. 109, p. 8483.)

9635 WAILLY (PIERRE DE),
Chevalier.

Sceau rond, de 24 mill. — Écu portant trois bandes au franc canton d'hermines.

✠ S P.....G WAILLI .....

Ost de Flandre. — Quittance de gages. — Arras, 30 septembre 1302. (Clair., r. 109, p. 8483.)

9636 WAILLY (ROBERT DE),
Chevalier.

Sceau rond, de 22 mill. — Écu portant trois bandes au franc canton d'hermines, accompagnées d'une merlette en chef et à sénestre.

✠ S' R...R.......

Service de guerre. — Quittance de gages. — 18 août 1369. (Clair., r. 109, p. 8483.)

9637 WAITIN (HENRI),
Sergent d'armes du roi.

Sceau rond, de 21 mill. — Écu portant trois fermaux accompagnés de six trèfles en orle. — Légende détruite.

Service de guerre en Flandre. — Quittance de gages. — Tournay, 26 mai 1338. (Clair., r. 109, p. 8491.)

9638 WAKE (JEAN),
Écuyer, naguère lieutenant à Neufchâtel.

Sceau rond, de 40 mill. — Écu portant trois fasces accompagnées de quatre besants ou quatre tourteaux, trois en chef et un en pointe; penché, timbré d'un heaume cimé d'un lion issant, supporté par deux dames.

S iohais Wake

CONTRE-SCEAU : Un buste de dame. — Légende fruste.

Service de guerre à Rouen. — 29 octobre 1439. (Clair., r. 206, p. 8859.)

9639 WALERAN DE LUXEMBOURG,
Comte de Ligny.

Voyez LIGNY.

9640 WALINCOURT (MAHIEU DE).
Chevalier.

Sceau rond, de 19 mill. — Écu au lion. — Légende fruste.

Service de guerre. — Quittance de gages. — Cambrai, ... 1340. (Clair., r. 110, p. 8611.)

9641 WALLIER (RICHARD),
Écuyer, bailli et capitaine d'Évreux.

Sceau rond, de 24 mill. — Écu au chevron fretté accompagné de trois croix recercelées, penché, timbré d'un heaume cimé d'une rose, supporté par deux hommes sauvages.

S Rychard Walier

Gages de l'office de bailli et de capitaine. — 2 décembre 1427. (Clair., r. 109, p. 8487.)

9642 WALS (MARTIN),
Connétable d'arbalétriers.

Sceau rond, de 18 mill. — Écu à la fasce accompagnée de deux croissants en chef et de trois étoiles en pointe.

.....TIN WALS

Garde de la ville d'Ardres. — Quittance de gages. — Ardres, 27 août 1355. (Clair., r. 109, p. 8513.)

9643 WAMBEZ (AIMÉ DE),
Lieutenant de 50 lances sous monseigneur de Cossé.

Sceau ovale, de 28 mill. — Écu à trois merlettes, timbré d'un heaume à lambrequins. — Sans légende.

Quittance de gages. — 3 octobre 1565. (Clair., r. 139, p. 2597.)

9644 WANCHY (ROBERT DE),
Écuyer.

Sceau rond, de 20 mill. — Écu portant trois gants accompagnés d'une croix ancrée en chef.

✠ S ROBERT .. .ANCHI

Service de guerre. — Quittance de gages. — Arras, 13 septembre 1342. (Clair., r. 40, p. 2969.)

9645 WANCOURT (JEAN, SIRE DE),
Chevalier.

Sceau rond, de 22 mill. — Écu fretté.

S IEAN DE ..ANCORT

Poursuite des Anglais. — Quittance de gages. — Chartres, 7 septembre 1380. (Clair., r. 110, p. 8593.)

9646 WANCOURT (JEAN DE),
Chevalier.

Sceau rond, de 25 mill. — Écu fretté.

.......WANCOVRE

Guerres de Picardie. — Quittance de gages. — 27 décembre 1382. (Clair., r. 109, p. 8479.)

9647 WANCOURT (JEAN DE),
Chevalier.

Sceau rond, de 30 mill. — Fragment. (Écu fretté), penché, timbré d'un heaume cimé d'un vol, supporté par deux lions.

.........aen.....

Guerres de Normandie. — Quittance de gages. — Rouen, 19 octobre 1415. (Clair., r. 109, p. 8479.)

9648 WANDONELLE (COLART DE),
Écuyer.

Sceau rond, de 21 mill. — Écu portant trois fleurs de lys au pied coupé au bâton en bande brochant.

✠ COL........

Garde du château de l'Écluse. — Quittance de gages. — Bruges, 6 juin 1387. (Clair., r. 109, p. 8525.)

9649 WARBRETON (RICHARD),
Écuyer, capitaine de Gamaches.

Sceau rond, de 38 mill. — Écu au chevron chargé d'un besant ou d'un tourteau au sommet et accompagné de trois oiseaux, penché, timbré d'un heaume cimé d'une tête de..., supporté par deux hommes sauvages.

Richart.........

Gages de la garnison de Gamaches. — 20 janvier 1430, n. st. (Clair., r. 206, p. 8867.)

9650 WARBRETON (THOMAS),
Écuyer.

Sceau rond, de 43 mill. — Écu au chevron chargé d'une molette au sommet et accompagné de trois oiseaux, penché, timbré d'un heaume cimé d'une tête d'aigle dans un vol, supporté par deux lévriers.

Sigillum thomas Werbireton armigi

Service de guerre à Mantes. — Quittance de gages. — Rouen, 26 mai 1432. (Clair., r. 206, p. 8869.)

9651 WARDE (THOMAS),
Contrôleur des gens d'armes et de trait de la garnison de Vire.

Sceau rond, de 30 mill. — Écu portant un chevron au sommet denché ou à trois sommets et accompagné de trois merlettes, à la bordure besantée; penché, timbré d'un heaume cimé d'une tête d'aigle dans un vol, supporté par deux hommes sauvages.

Thomas Warde

Gages de la garnison de Vire. — 16 février 1440, n. st. (Clair., r. 206, p. 8871.)

9652 WARGNIES (LE GALOIS DE),
Écuyer.

Sceau rond, de 22 mill. — Écu portant trois chevrons, le premier chargé en chef et à dextre d'un écusson à la bande losangée de quatre pièces, supporté par deux oiseaux.

S GALOIS DE ...GNIES

Service de guerre en Normandie. — Caen, 21 novembre 1366. (Clair., r. 206, p. 8885.)

9653 WARGNIES (GILLES, SIRE DE),
Chevalier,
capitaine de 200 piquenaires ordonnés en la ville de Gravelines.

Sceau rond, de 22 mill. — Écu portant trois chevrons, penché, timbré d'un heaume cimé d'une hure, supporté par deux lions.

GILLES DE ..RGNIES

Garde de la ville de Gravelines. — Quittance de gages. — Thérouanne, 3 juin 1388. (Clair., r. 110, p. 8561.)

9654 WARGNIES (JACQUES DE),
Chevalier,
seigneur de Blainville, enseigne de 60 lances sous monseigneur de Carouges.

Signet rond, de 16 mill. — Écu en cartouche, à trois chevrons. — Sans légende.

Quittance de gages. — 3 août 1581. (Clair., r. 206, p. 8889.)

9655 WARGNIES (JEAN DE),
Chevalier.

Sceau rond, de 25 mill. — Écu portant trois chevrons, penché, timbré d'un heaume, supporté par deux lions. — Légende détruite.

Service de guerre à Paris. — 15 septembre 1410. (Clair., r. 206, p. 8889.)

9656 WARGNIES (ROBERT DE),
Chevalier.

Sceau rond, de 20 mill. — Écu portant trois chevrons au lambel, chaque pendant chargé de trois besants.

✠ S ROBERT WARGNIES

Gages d'un archer de Saint-James-de-Beuvron. — 15 février 1354, n. st. (Clair., r. 206, p. 8877.)

9657 WARGNIES (ROBERT DE),
Chevalier, capitaine de Saint-James-de-Beuvron et de Saint-Malo.

Sceau rond, de 23 mill. — Écu portant trois chevrons au lambel, penché, timbré d'un heaume cimé d'une hure, sur champ réticulé.

.... GNIES CHER

Guerres de Normandie. — Quittance de gages. — Pontorson, 29 septembre 1354. (Clair., r. 109, p. 8553.)

9658 WARGNIES (ROBERT DE),
Chevalier, châtelain de Caen.

Sceau rond, de 23 mill. — Écu portant trois chevrons au lambel, penché, timbré d'un heaume cimé de..., dans un encadrement gothique.

...RT ...GNI..

Gages de la garnison du château de Caen. — 31 décembre 1374. (Clair., r. 206, p. 8883.)

9659 WARGNIES (ROBERT DE)
ET
MASUIER (ROGER LE),
Chevaliers, commis à recevoir les montres en Normandie.

Sceau rond, de 25 mill. — Écu écartelé : au 1 et 4, trois chevrons au lambel; au 2 et 3, un chevron à la bordure; dans un trilobe.

✠ ROBERT DE WARGNI.. ...OG'
LE MASVE

Service de guerre en Normandie. — Gages de Jean le Bidon, écuyer. — 3 novembre 1364. (Clair., r. 314, p. 9543.)

9660 WARGNIES (ROBERT DE)
ET
MASUIER (ROGER LE),
Chevaliers, commis à recevoir les montres en Normandie.

Sceau rond, de 27 mill. — Écu écartelé : au 1 et 4, trois chevrons à la bordure; au 2 et 3, un chevron à la bordure; dans un trilobe.

S ROBERT DE WARGNIES.....
MASVIER

Montre de Jean Martel, chevalier, reçue à Caen, le 18 novembre 1366. (Clair., r. 176, p. 6021.)

9661 WARGNIES (ROBERT DE)
ET
MASUIER (ROGER LE),
Chevaliers,
commis à recevoir les montres aux bailliages de Caen et de Cotentin.

Sceau rond, de 27 mill. — Écu parti : au 1,

trois chevrons au lambel; au 2, un écusson au chevron.

S R DE WARGN ET R LE MASVI..

Montre de Jean Martel, chevalier, reçue à Caen, le 3 septembre 1368. (Clair., r. 176, p. 6023.)

9662 WARGNIES (ROBERT DE)
ET
MASUIER (ROGER LE),
Commis à recevoir les montres en Normandie.

Sceau rond, de 27 mill. — Écu écartelé : au 1 et 4, trois chevrons au lambel; au 2 et 3, un chevron. — Légende détruite.

Montre de Guillaume de Saint-Cloud, chevalier, reçue à Vire le 15 juin 1369. (Clair., r. 109, p. 8553.)

9663 WARGNIES (ROBERT DE)
ET
MASUIER (ROGER LE),
Chevaliers, commis à recevoir les montres en basse Normandie.

Sceau rond, de 26 mill. — Écu parti : au 1, trois chevrons au lambel; au 2, un chevron à la bordure.

........LE M.SVI

Montre de Guillaume aux Épaules, chevalier, reçue à Saint-Lô, le 1er septembre 1372. (Clair., r. 71, p. 5543.)

9664 WARGNIES (ROBERT DE),
MASUIER (ROGER LE)
ET
BOURGEOISE (PIERRE),
Panetier du roi,
chevaliers, commis à recevoir les montres en Normandie.

Sceau rond, de 35 mill. — Écu coupé : au 1, parti de trois chevrons au lambel et d'un chevron à la bordure; au 2, une aigle à la bordure. — Légende détruite.

Montre de Jean Martel, chevalier, reçue à Caen, le 1er octobre 1370. (Clair., r. 176, p. 6027.)

9665 WARHEM (JEAN DE),
Dizenier.

Sceau rond, de 20 mill. — Écu échiqueté à la bordure.

.........RI.

Quittance de garnisons de vins, délivrée au maître de l'hôtel du roi. — Calais, 18 juin 1305. (Clair., r. 110, p. 8571.)

9666 WARLUZEL (MORELET DE),
Écuyer.

Sceau rond, de 22 mill. — Écu portant une fasce à la bande engrêlée brochant.

✱ S.......VAL.....

Service de guerre sous le duc de Bourgogne. — Quittance de gages. — 10 mai 1412. (Clair., r. 110, p. 8565.)

9667 WARNAUDIE (PIETRE),
Écuyer.

Sceau rond, de 19 mill. — Écu portant un écusson en abîme chargé d'un arbre? et accompagné de six fleurs de lys en orle.

...WARN.. VDI.

Recouvrement de places dans le Charolais et le Mâconnais. — Quittance de gages. — Lyon, 4 février 1420, n. st. (Clair., r. 110, p. 8567.)

9668 WARNICAMP (ROBERT DE),
Dit Fournier, écuyer.

Sceau rond, de 23 mill. — Écu à la bande accompagnée d'un lion à sénestre et de deux étoiles à dextre.

✱ S ROBERT ...ARNICAMP

Garde de la ville et du château de l'Écluse. — Bruges, 4 avril 1387, n. st. (Clair., r. 110, p. 8565.)

9669 WARNIER (COLART),
De Dury.

Sceau rond, de 20 mill. — Écu portant deux pattes en sautoir, dans un quadrilobe.

... LA.......RN...

Quittance délivrée au nom de Mathieu de Roye, chevalier. — 14 février 1356, n. st. (Clair., r. 110, p. 8567.)

9670 WARSIES (ADAM DE),
Chevalier.

Sceau rond, de 21 mill. — Écu portant cinq châteaux, 2, 2 et 1, au lambel, dans un trilobe. — Légende détruite.

Guerres de Poitou et de Saintonge. — Quittance de gages. — Poitiers, 2 janvier 1357, n. st. (Clair., r. 110, p. 8571.)

9671 WARTY (FRANÇOISE DE),
Dame de Picquigny.

Cachet ovale, de 22 mill. — Écu parti : au 1, un chef échiqueté; au 2, une bande losangée; timbré d'un fleuron. — Sans légende.

Acte scellé en blanc. — Au dos : «Quittance de 33 écus 1/3 pour notre droit d'habillement, compté en l'argenterie de la reine de Navarre; quartier de juillet, août et septembre 1579.» (Clair., r. 110, p. 8571.)

9672 WARU (PIERRE DE),
Écuyer, du bailliage de Senlis.

Sceau rond, de 20 mill. — Écu à la croix fleuronnée accompagnée de deux merlettes en chef, dans un trilobe.

. PIER......

Guerres de Vermandois. — Quittance de gages. — Compiègne, 25 septembre 1339. (Clair., r. 110, p. 8565.)

9673 WARWICK
(Richard de Beauchamp, comte de)
et d'Aumale, seigneur le Despensier et de Lisle,
capitaine et lieutenant général du roi et du régent en Normandie,
Anjou, etc.

Sceau rond, de 68 mill. — Fragment d'écu écartelé : au 1 et 4, une fasce accompagnée de six croix fleuronnées; au 2 et 3 un échiqueté au chevron d'hermines; sur le tout un écusson écartelé de trois chevrons et d'un écartelé plain au bâton brochant; penché, timbré d'un heaume à lambrequins couronné et cimé, supporté par un chien heaumé et un griffon.

......o : capo : comes : W......ons :
d....ter.........

Ordre de payement donné au receveur général de Normandie. — Siège de Pontorson, 1ᵉʳ avril 1427, n. st. (Clair., r. 11, p. 685.)

9674 WATTEN (JEAN, SIRE DE),
Chevalier.

Sceau rond, de 23 mill. — Une aigle éployée portant en cœur un écu à la fasce au lambel de cinq pendants. — Légende détruite.

Guerres de Flandre. — Quittance de dommages. — Paris, 8 novembre 1314. (Clair., r. 110, p. 8585.)

9675 WATTEN (JEAN, SIRE DE),
Chevalier.

Sceau rond, de 26 mill. — Écu portant une fasce au lambel, penché, timbré d'un heaume couronné et cimé d'un lévrier? supporté par deux lions. — Légende détruite.

Guerres de Picardie. — Quittance de gages. — Saint-Omer, le 16 juillet 1369. (Clair., r. 110, p. 8585.)

9676 WAVRANS (BRITAUT DE),
Chevalier, du bailliage d'Amiens.

Sceau rond, de 25 mill. — Écu portant trois maillets au lambel.

S'.....RINAYS DE WAVRAN..

Establie de Béthune. — Quittance de gages. — Arras, 19 août 1302. (Clair., r. 110, p. 8611.)

9677 WAVRIN (GUILLAUME DE),
Chevalier banneret.

Sceau rond, de 22 mill. — Écu à l'écusson en abîme accompagné d'une aiglette en chef et à sénestre, sur champ réticulé.

S' V........VAVRIN

Service de guerre. — Quittance de gages. — Au siège devant «Émeuzes», 3 août 1364. (Clair., r. 110, p. 8613.)

9678 WAVRIN (ROBERT DE),
Sire de Saint-Venant.

Sceau rond, de 22 mill. — Écu portant un écusson en abîme, au lambel; penché, timbré d'un heaume à volet, cimé de..., sur champ réticulé.

.........G SAINT VENAN.

Quittance d'une rente sur la recette de Champagne. — 14 janvier 1356, n. st. (Clair., r. 110, p. 8615.)

9679 WAVRIN (ROBERT DE),
Chevalier banneret.

Sceau rond, de 33 mill. — Écu à l'écusson en abîme, penché, timbré d'un heaume cimé d'une tête de cheval bridé, supporté par deux hommes sauvages à cheval, l'un sur un lion, l'autre sur un griffon.

...OBERT SEG...R DE WAVRIN

Poursuite des Anglais. — Quittance de gages. — Gallardon, 5 septembre 1380. (Clair., r. 109, p. 8525.)

9680 WAVRIN (ROBERT DE).

Voyez Maréchaussée de France (Prévôté de la).

9681 WENCESLAS DE BOHÈME,
Duc de Luxembourg.

Voyez Luxembourg.

9682 WERTEL (PERDUCHE),
Capitaine de brigands.

Sceau rond, de 21 mill. — Écu au léopard rampant, supporté par deux lions, dans un quadrilobe.

.....O.......DE

Establie d'Ardres. — Quittance de gages. — Saint-Omer, 10 novembre 1355. (Clair., r. 86, p. 6771.)

9683 WEZ (ARNOUL DU),
Chevalier.

Sceau rond, de 24 mill. — Écu vairé au franc canton, penché, timbré d'un heaume cimé d'une tête de lévrier, sur champ réticulé.

S ARNOVL DV VE

Garde de la ville de Gravelines. — Quittance de gages. — Amiens, 22 janvier 1389, n. st. (Clair., r. 112, p. 8745.)

9684 WIDEVILLE (RICHARD DE),
Écuyer, sénéchal de Normandie, chambellan du duc de Bedford, commis à recevoir les montres en Normandie.

Sceau rond, de 32 mill. — Écu portant une fasce au franc canton, penché, timbré d'un heaume cimé d'une touffe, supporté par deux ours.

S ricardi wydevill

Délégation pour recevoir des montres, donnée à Jean Brows, écuyer. — Paris, 20 juin 1423. (Clair., r. 207, p. 8961.)

9685 WIDEVILLE (RICHARD DE),
Chevalier, capitaine d'Alençon et de Fresnay-le-Vicomte.

Sceau rond, de 46 mill. — Écu écartelé : au 1 et 4, une fasce au franc canton; au 2 et 3, une aigle; penché, timbré d'un heaume à lambrequins cimé d'un homme sauvage, supporté par deux béliers.

S de richart de widevyll pour baillier qui......

Pour les guets de la châtellenie d'Alençon. — Quittance. — 1er mai 1445. (Clair., r. 207, p. 8959.)

9686 WILLENCOURT (DENISOT DE),
Garde des garnisons du roi à Valognes?

Sceau rond, de 19 mill. — Écu à la bande accompagnée de six étoiles en orle.

.....S D VIL...OR

Acquisition d'un tonneau de vin. — 3 juin 1361. (Clair., r. 114, p. 8891.)

9687 WILLERVAL (JEAN DE).
Chevalier.

Sceau rond, de 15 mill. — Écu vairé. — Légende détruite.

Ost de Flandre. — Quittance de gages. — Arras, 6 septembre 1302. (Clair., r. 113, p. 8875.)

9688 WILLERVAL (JEAN, SIRE DE),
Chevalier banneret.

Sceau rond, de 21 mill. — Écu vairé.

.........RVA.....

Guerres de Picardie. — Quittance de gages. — Arras, 10 avril 1350. (Clair., r. 113, p. 8875.)

9689 WILLERVAL (LOUIS, SIRE DE),
Écuyer.

Sceau rond, de 28 mill. — Écu vairé.

S LOGI S DE WILLERVAL

Extérieurement à la légende, un cercle est orné de quatre écussons de vair, supportés chacun par un griffon et un lion.

Service de guerre contre les Anglais. — Quittance de gages. — Chartres, 6 septembre 1380. (Clair., r. 113, p. 8875.)

9690 WILLERVAL (THIBAUD DE),
Écuyer, chambellan du duc d'Orléans.

Sceau rond, de 22 mill. — Écu vairé à la bande brochant, penché, timbré d'un heaume cimé d'un lion issant, sur champ orné. — Légende détruite.

Quittance de gages. — 28 janvier 1353, n. st. (Clair., r. 113, p. 8875.)

9691 WILLOUGHBY
(Robert, baron et seigneur de), naguère capitaine de Rouen.

Sceau rond, de 44 mill. — Écu écartelé : au 1 et 4, une croix engrêlée ; au 2 et 3, une croix recercelée ; penché, timbré d'un heaume cimé d'une tête de roi barbu, supporté par deux hommes sauvages. Dans le champ, deux banderoles avec les mots : en bon espoir.

. . . . roberti ꝺe . . . ꝺūi ꝺe eres . . .

Gages de la garnison de Rouen. — Rouen, 25 novembre 1427. (Clair., r. 207, p. 9003.)

9692 WILLOUGHBY
(Robert, seigneur de),
comte de Vendôme et de Beaumont,
lieutenant du duc de Bedford aux bailliages de Caen, Cotentin et Alençon.

Sceau rond, de 54 mill. — Variété du numéro précédent.

. . . . m Rober . . . . wyluǵby ꝺūi ꝺe . . . . .

Service de guerre au siège devant Lagny. — 30 juillet 1432. (Clair., r. 207, p. 9007.)

9693 WILLOUGHBY
(Robert, baron et seigneur de), capitaine de Pont-de-l'Arche.

Sceau rond, de 55 mill. — Variété des numéros précédents.

Sigillum Roberti ꝺe wyluǵby ꝺūi ꝺe eresby

Gages de la garnison de Pont-de-l'Arche. — 28 septembre 1436. (Clair., r. 208, p. 9033.)

9694 WIN (JEAN),
Dit Poursuivant d'Amours, écuyer.

Sceau rond, de 26 mill. — Écu écartelé : au 1 et 4, un lion à la bande brochant; au 2 et 3, un lion; penché, timbré d'un heaume couronné et cimé d'une tête de loup, supporté par un lion et par un loup.

SEEL IOHAN WIN

Guerres du Bordelais. — Quittance des gages d'Yvain de Gales, écuyer. — Paris, 24 avril 1373. (Clair., r. 114, p. 8921.)

9695 WINCHELSEA.

Sceau rond, de 47 mill. — Écu portant trois léopards dont le corps se termine en une sorte de nef, l'un sur l'autre.

SIGIL. . . .AIORATVS DE . . . . . .LSE

Pouvoirs donnés par Guillaume Alington au sujet de biens situés en Normandie. — 2 août 1450. (Clair., r. 136, p. 2291.)

9696 WISSOUS (PIERRE DE),
Écuyer.

Sceau rond, de 22 mill. — Écu portant un arbre accompagné d'une fasce ondée en pointe, dans un trilobe. — Légende détruite.

Défense de Montivilliers. — Quittance de gages. — 6 mai 1416. (Clair., r. 114, p. 8943.)

9697 WOLSTON (GUILLAUME),
Écuyer, procureur de Walter de Hungerford, capitaine de Cherbourg et de Régneville.

Sceau rond, de 25 mill. — Écu portant trois objets en forme de marteau, penché, timbré d'un heaume cimé d'une tête humaine.

S Willermi Wolston

Gages de l'office de capitaine. — 17 février 1426, n. st. (Clair., r. 208, p. 9061.)

9698 WYNSTRYNGHAM (THOMAS),
Écuyer.

Sceau rond, de 37 mill. — Écu portant six macles accompagnées de trois lions en chef, penché, timbré d'un heaume cimé d'une tête d'homme à longues oreilles, supporté par deux hommes sauvages.

thomas Wynstryngham

Garde des chemins et rivière de Seine entre Paris et Rouen. — Rouen, 15 septembre 1428. (Clair., r. 208, p. 9033.)

9699 WYSFILD (JEAN),
Écuyer, capitaine de Beaumont-le-Roger.

Sceau rond, de 28 mill. — Écu à la bande côtoyée de deux cotices engrêlées.

Jehan Wyffil

Gages de la garnison de Beaumont-le-Roger. — 24 avril 1448, n. st. (Clair., r. 208, p. 9037.)

9700 XIMENÉS (MARTIN),
Capitaine de Mortain pour le roi de Navarre.

Sceau rond, de 23 mill. — Écu incomplet portant trois quadrupèdes passant, penché, timbré d'un heaume cimé d'une tête de loup, sur champ réticulé.

S MARTIN .'. GORAS

Quittance délivrée au vicomte de Mortain. — Mortain, 11 mai 1365. (Clair., r. 32, p. 2351.)

9701 YANIS (GILLES GARSIA DE),
Chevalier.

Sceau rond, de 23 mill. — Écu portant un fer de cheval à la fasce brochant.

..... GGI ....

Défense de la bastide d'Etcharry contre les Espagnols. — Quittance de gages. — 11 juin 1324. (Clair., r. 115, p. 9015.)

9702 YAUCOURT (JEAN, SEIGNEUR D'),
Conseiller et chambellan du roi.

Sceau rond, de 36 mill. — Écu écartelé : au 1 et 4, trois pals de vair sous un chef chargé à sénestre d'un écusson portant un lion à la bordure; au 2 et 3, un sautoir; sur le tout un écusson portant trois jumelles; penché, timbré d'un heaume à lambrequins cimé d'une tête de bouc, supporté par une femme sauvage et un lion.

S Jehan seig' Yaucourt

Quittance de pension. — 24 février 1477, n. st. (Clair., r. 61, p. 4689.)

9703 YAUCOURT (JEUFFROI D').

Sceau rond, de 20 mill. — Écu portant un sautoir au lambel. — Légende détruite.

Ost de Flandre. — Quittance de gages. — Arras, 10 septembre 1302. (Clair., r. 61, p. 4687.)

9704 YOLANDE DE FLANDRE,
Comtesse de Bar.

Voyez Bar.

9705 YREUX (PIERRE D'),
Écuyer.

Sceau rond, de 18 mill. — Écu portant une fasce losangée de cinq pièces au franc canton sénestre chargé d'un lion. — Légende détruite.

Guerres de Poitou, Saintonge, Limousin, etc. — Quittance de gages. — Tours, 1er décembre 1350. (Clair., r. 40, p. 3025.)

9706 YSORÉ (PIERRE),
Seigneur d'Hervault,
lieutenant de la compagnie de monseigneur de Villequier.

Signet ovale, de 21 mill. — Écu en bannière, portant deux fasces. — Sans légende.

Quittance de gages. — 20 février 1572, n. st. (Clair., r. 208, p. 9093.)

9707 ZIEBERG (JEAN VAN),
Chevalier, capitaine du Pont-d'Ouve.

Sceau rond, de 36 mill. — Écu parti : au 1, un

lion couronné à queue fourchée passée en sautoir; au 2, un échiqueté; soutenu par un ange.

Sigillū tehan van zeberg

Gages de la garnison du Pont-d'Ouve. — 6 octobre 1437. (Clair., r. 306, p. 8917.)

9708 ZOUTENAI (SIMON DE),
Écuyer, capitaine d'Éperlecques.

Sceau rond, de 18 mill. — Écu portant deux losanges au franc canton, au lambel sur le tout.

...MON DE ZOVTENAI

Défense de la forteresse d'Éperlecques. — Quittance de gages. — Thérouanne, 30 septembre 1387. (Clair., r. 115, p. 9017.)

9709 ZOUTENAI (SIMON DE),
Bailli de la châtellenie d'Éperlecques.

Sceau rond, de 22 mill. — Écu portant deux losanges au franc canton, au lambel sur le tout.

SIMON DE ZOVTENAI

Quittance délivrée par-devant le bailli à Pierre du Tilloy, payeur des œuvres du roi. — Éperlecques, 1ᵉʳ septembre 1395. (Clair., r. 4, p. 151.)

EXPOSÉ CHRONOLOGIQUE SOMMAIRE.

Comme nous l'avons dit en tête du premier volume, les Titres scellés de Clairambault sont composés de documents contemporains de la guerre de Cent ans, d'actes qui se rapportent spécialement à l'occupation de la Normandie par les Anglais, aux compagnies d'ordonnance, à leurs capitaines, lieutenants, enseignes, guidons et maréchaux des logis.

Cette énonciation n'est pas absolument exacte. D'abord la guerre de Cent ans commence en 1337, tandis que nos premiers actes datent de 1280. Ensuite, indépendamment des quittances d'hommes de guerre, on rencontre des pièces concernant les approvisionnements : aliments, vins, armes, armures, munitions qu'on nommait alors artilleries. Certaines ont trait aux officiers de la maison du roi et des princes, aux dépenses de l'hôtel : orfèvrerie, habillement, tentures, achat de chevaux. D'autres signalent les dons, les prêts, les subsides, les constructions et réparations des maisons royales. Les monnaies, la justice, les voyages et les missions diplomatiques, etc., y tiennent également une place.

Nous nous garderons bien de négliger des chapitres si divers, mais nous nous occuperons en premier lieu de la partie la plus considérable de notre travail, c'est-à-dire de la guerre. Et comme les faits qui s'y rattachent se trouvent disséminés un peu partout, au hasard de l'ordre alphabétique des noms; de plus, comme elle sévissait à la fois sur plusieurs points du territoire, nous l'étudierons, pour plus de clarté, séparément, dans chaque province.

Nous n'avons pas la prétention de faire œuvre d'historien. Aussi bien un volume ne suffirait pas pour raconter ces nombreuses guerres. Nous désirons simplement indiquer aux érudits, par quelques notes sommaires, les renseignements qu'ils trouveront dans notre livre et à plus forte raison dans la collection dont il est tiré.

Avant d'entrer en matière, nous croyons devoir prévenir le lecteur que les dates des pièces ne correspondent pas toujours à l'époque précise de l'action elle-même. Les quittances peuvent avoir été délivrées pendant, avant ou après la guerre : avant, elles reconnaissent des avances ou des prêts sur des gages non encore desservis; après, elles constatent la réception de gages acquis; on rencontre même des arriérés de solde de quelques années. Ainsi, des gens de l'expédition de Buironfosse sont payés à Paris, au mois d'avril 1339, tandis que l'armée ne fut réunie devant la ville qu'en octobre; de plus des services de guerre se rapportant à

ANGOUMOIS.

L'inventaire des sceaux mentionne dans ses analyses les gages de la garnison de Cognac payés à Pons, au mois de septembre 1340 (8024)[1]; un service de guerre daté d'Angoulême, octobre 1345 (3439, 3714); des combats en 1346, 1347, 1348, les quittances de ces deux dernières années datées de Paris (1067, 3241, 6525).

En septembre 1349, Aimery de la Rochefoucauld prend, au nom du roi, possession du château de la Roche-Beaucourt (7848). Des récépissés donnés à Angoulême (8102), à Fayolle (8040), à Bouteville (6310) signalent des guerres en 1351, 1352 (2046, 3383, 6310, 8215), et ces guerres continuent pendant les années 1353, 1354 (863, 2311, 8528, etc.). A la première de ces dernières dates, la montre de Perrot de Villeman, écuyer, est reçue au chef-lieu, le premier jour d'avril (3693). En 1354, Arnaud de Châtillon est chargé de la défense d'Aubeterre (2322), Pierre de Lavergne, chevalier, garde le Petit Châtelet d'Angoulême (5141), Guillaume d'Épinac commande au Grand Château (3227); Châteauneuf-sur-Charente a pour capitaine Arnaud de Sainte-Hermine (8314).

Les hommes du détachement ou de «l'establie» d'Angoulême touchent leurs gages en avril et en juin 1355 (2410, 2526); la garde de la ville est payée le 31 mars 1356 à Poitiers (1224). C'est dans la même ville et au mois d'octobre de la même année qu'est soldée la chevauchée de Brillac (6702). Le 17 janvier 1357, est reçue à Angoulême la montre d'un écuyer, nommé Huguet Bouchart (922).

Des actes, de 1375 à 1380, continuent de mentionner l'état de guerre en Angoumois. Quelques-uns sont datés de Tours (39, 645), d'autres de Bourges (20, 1330) ou de Limoges (6196). On garde Barbezieux (3454), le château de Villebois (5724), Angoulême (820, 8616), Cognac (1618, 4596). Le service, à la journée de Cognac, se paye à Saumur, le 27 mai 1375 (1701). Guiot de Bez, écuyer, présente sa montre à Cognac, le 1ᵉʳ octobre 1379 (5693).

Les Français assiègent Verteuil, au mois d'août 1385 (7798). Ils se battent contre les Anglais en 1401, 1418, et reçoivent leurs gages à Ruffec et à la Rochefoucauld (5427, 6837, 7811).

---

[1] Les numéros entre parenthèses correspondent aux numéros des sceaux.

EXPOSÉ CHRONOLOGIQUE.

ANJOU.

Notons d'abord un service de guerre à Angers en décembre 1346 (4564). Des combats dans l'Anjou, de 1352 à 1356, sont indiqués par des quittances datées de Paris (5812), de Rennes (7546), d'Angers (3684), de Château-Gontier (2538, 4169), de Craon (539), de Pouancé (880).

Le chevalier Gui d'Azay prend part au siège de Brigné, en Saumurois, au mois d'avril 1361 (540).

Pendant toute l'année 1363 (643, 7456, 9102), la guerre se poursuit; elle sévit de nouveau en 1368 et 1369 (3196, 3425, 3503).

Au mois d'août 1420, Guillaume de Bures et Louis d'Estouteville, banneret, sous les ordres du duc d'Alençon et de Jean d'Harcourt, comte d'Aumale, touchent leurs gages à Durtal (1727, 3438).

ARTOIS.

Les guerres d'Artois figurent pour la première fois dans notre inventaire en août 1302, date de l'establie de Béthune (9676); en septembre et octobre, l'armée de Flandre fait le siège de Vitry-en-Artois (1, 5, 7, 18, etc., etc.). Viennent ensuite l'establie d'Aire, en mars 1305 (3731), l'establie de Saint-Omer en 1314 (4587); l'ordre d'envoyer à Arras deux cents gentilshommes en 1315 (1825); l'establie de Calais, la même année (1578) et la suivante (4640, 5608). L'ost des frontières d'Artois et de Flandre est payé à Saint-Omer, au mois de mai 1319 (2343); à la même époque, sont publiées à Chauny des lettres du roi ordonnant une assemblée d'hommes d'armes à Arras pour faire la guerre à Robert, comte de Flandre (6988).

En mars 1329, on fortifie le château de Riboult (3375).

En juillet 1342, a lieu la chevauchée de Calais (3234); au mois d'août de la même année, on a l'establie d'Aire (7060) et celle de Thérouanne (661).

L'ost d'Arras, d'Hesdin et de Calais reçoit ses gages vers le mois d'août 1347 (2810, 6119). Les Français sont devant Calais, le 1er février 1348 (493). Dans la même année, on approvisionne les châteaux de Bavelinghem (729, 4048), Hames (4412), la Montoire (5231), et des services de guerre se font à Saint-Omer (2440, 6834). Le maréchal de France Gui de Nesle compte sous ses ordres deux cents hommes d'armes du Vermandois (6697).

En 1351, on a les montres des châtelains de Beaulo (775), de Montreuil (1434), de Chocques (398). Le 13 mars 1352, la montre de Christophe de Richebourg est reçue à Saint Omer (6698). Des quittances de juin et d'août de la même année signalent l'establie de la bastide de l'abbaye de Guines (1123, 1126).

En 1355, douze compagnies défendent Boulogne sous le commandement du capitaine Pierre Joly (4941). On garde en même temps Bavelinghem (731), Ardres (8, 4699, 9642), les châteaux de Fiennes (900), de Souverain-Moulin (8807), de Hardinthun (4505), d'Audrehem (1308), de Hardelot (1970), de Licques (5232), de Belle (7609), d'Étaples (6912), de la Motte-lès-Marquise (7524), d'Aire (2652), de Tournehem et Audruicq (7675), de la Montoire (5233), de la Haye-lès-Ardres (3608), de la Tour de Campagne (2632).

Des services de guerre ont lieu au château de Saint-Omer (8611), à Ardres (7201), au commencement de 1356.

L'ost d'Hesdin et de Calais touche sa paye au mois d'août 1357 (6690).

Le capitaine Jean de Sempy garde Boulogne, en 1369 (8537). Jean d'Audenfort est chargé de défendre la forteresse d'Audrehem, en 1373 (2334). Jean de Cloy commande au fort de Brunembert, en 1374 (2633). Comme en 1355, nous retrouvons pendant les années 1376 et 1377 les mêmes villes et les mêmes châteaux gardés (1144, 3000, 3492, 5229, 7502, 7612, 8540, 9149), auxquels il convient d'ajouter Éperlecques dont est capitaine Guillaume de Wailly (9632).

Jean Bontemps, capitaine du fort de l'abbaye de Licques, figure avec vingt arbalétriers dans une quittance datée de décembre 1378 (5235). Des montres d'arbalétriers se font à Boulogne (2335) et à Thérouanne (2337), en 1380; des Génois gardent la ville d'Ardres (9184) et le service de guerre continue dans la première de ces villes en 1381 et 1382 (1071, 5338). Au mois d'août 1383, on reçoit à Arras la montre de Jean des Armoises (7315).

Des actes de 1385 mentionnent la garde de l'église et forteresse de Saint-Josse-sur-Mer (3527), du fort de Neufchâtel en Boulonnais (339). D'autres pièces de 1387 indiquent la défense des forteresses d'Éperlecques (9708), de la Montoire (1145), de Tournehem (1255), de Hardinthun (5195), des villes de Boulogne (1207, 3677), de Thérouanne (1197), d'Ardres (4605), de Brévillers (8588), d'Audruicq (7264). Au mois de septembre de ladite année, Henri, seigneur des Isles, présente sa montre à Ardres (5695). Les actes des années suivantes, 1388 et 1389, mentionnent encore la garde de Brévillers (1055), d'Ardres (445, 559, etc.) de Thérouanne (1198), des châteaux de Licques (7313), de Fiennes (1711), de Thiembronne (7499).

Les articles de l'inventaire concernant l'Artois passent ensuite à 1406. Au mois de janvier, on reçoit la montre de quatre «piquards» établis au château de Licques (4434) que l'on retrouve gardé en mars, avril et juin 1410 (588, 1768, 1769). A cette date, des montres sont reçues à Éperlecques (5698), et Jean de Hangest, capitaine de Boulogne, donne quittance des gages de ses hommes (4440).

Pierre de la Vieuville, lieutenant des maréchaux en Picardie, garde la ville d'Ardres, au mois de décembre 1413 (9443).

En 1416, la défense de l'abbaye de Samer est confiée à un écuyer nommé Louis du Crocq (3018).

Un lieutenant anglais, Gervais Cliston, commande à Arques au mois de février 1430 (2628); et, en 1443, un autre Anglais, Jean Norbery, reçoit la solde de la garnison de cette ville (6784). C'est encore un capitaine anglais, Gautier Devereux (3477), qui tient la même ville en 1446.

Antoine d'Aubusson, chevalier, conseiller et chambellan du roi, acquitte en juin 1481 les dépens pour la garde d'Olivier de Croy, fait prisonnier à Thérouanne (385).

AUVERGNE.

Au mois d'août 1354, les hommes chargés de garder l'Auvergne sont payés de leurs gages à Herment (2081, 2083, 2182). En mai 1357, les élus de Clermont reçoivent l'ordre de lever le subside par bailliage (2321, 9249).

Des actes de 1358, 1359, constatent un service de guerre à Clermont (3130, 5143, 6222, etc.). Par une quittance datée de Mâcon, le 10 mars 1359, le duc de Berry se fait délivrer par le receveur général des aides d'Auvergne 2,500 deniers d'or qui lui sont dus pour tenir son état (945).

De 1367 à 1370, les guerres continuent sans interruption (342, 2426, 6289, 7000), et les mentions de faits militaires relatifs à l'Auvergne reparaissent en 1376, 1381, 1386. 1387 (1200, 1674, 5048, 5085, etc.).

Les gages des assiégeants de Roq-le-Vendois sont payés à Bourges, au mois d'août 1390 (7124).

On constate encore un service de guerre en Auvergne en juillet 1421 (9475) et en juillet 1444 (2899).

BERRY.

La première pièce concernant les guerres de Berry est du mois de janvier 1358 (3845). A cette date, Robert de Billy fait montre de ses hommes à Bourges (8067); le 2 mars de la même année, Jean le Bâcle de Meudon garde la grosse tour de la ville (6058), où la montre de Hanin de Saint-Hylaire est vue le 5 novembre 1367 (2102).

Des quittances données à Bourges constatent l'état de guerre en 1367, 1368, 1369 (368, 2426, 3603), et signalent le commandement du duc de Berry en septembre 1369 (5771).

La garnison de Pierre-Buffière reçoit sa solde à Bourges, le 25 octobre 1371 (6507). Toute l'année 1386 paraît se passer en faits militaires (1047, 5251, 5997, etc.).

En 1410, on relève un service de guerre à Bourges (5718); la montre d'Enguerran de Bournonville a lieu en l'ost devant le chef-lieu, le 23 juin 1412 (5669).

Des hommes de guerre sont payés de leurs gages dans ladite ville, aux mois de juin et de juillet de cette même année (96, 634, 783, etc.).

BOURBONNAIS.

La province de Bourbonnais ne tiendra pas ici une grande place. D'après les quittances délivrées à Saint-Pourçain, les guerres dont elle fut le théâtre datent de 1369, 1370 (1141, 1268, 8045). On retrouve ensuite la guerre en juin 1386 (3967); enfin on rencontre la mention d'une garnison à Saint-Pourçain en 1398 et 1418 (4224, 4818, 5644).

BOURGOGNE.

Un service de guerre est daté de Mâcon, le 22 juin 1351 (9487). Un autre service sous le comte de Savoie est daté de la même ville, juillet 1355 (5734, 7395). Des guerres ont lieu en Bourgogne en 1361, 1362, 1368, et la solde se fait à Lyon (8557), à Cluny (4023), à Paris (7162), à Semur-en-Auxois (1288, 1523).

En 1414 et 1415, on poursuit en armes le duc de Bourgogne et ses complices (1100, 1332, 1404, etc.).

Les années 1416, 1418, 1419 et 1420 sont employées à recouvrer des places dans le Charolais et le Mâconnais (833, 1963, 4945, 7238, etc.).

BRABANT.

On sait qu'à la sollicitation de Philippe le Hardi, Charles VI envoya des troupes à la duchesse de Brabant pour l'aider contre le duc de Gueldre. Cette armée fut payée à Guise en Thiérache (2481), le 28 septembre 1387, et à Paris (2480), le 17 février 1388. C'est également en septembre 1387, que fut reçue, à Guise, la montre de Jean de Chifrevast (7870). Le 28 du même mois, à Sappes, Guillaume de la Trémoïlle, capitaine de gens d'armes au service de la duchesse de Brabant, donne quittance de 1,600 traits (9060); un récépissé des frais de transport de l'argent destiné à l'armée de Brabant est daté de Guise, le 25 septembre 1387 (6076).

BRETAGNE.

Il s'agit d'abord ici de cette longue guerre de succession qui commença à la mort de Jean, duc de Bretagne, en 1341, et qui dura vingt-trois ans.

En 1348, 1351, des gages d'hommes d'armes sont distribués à Rennes (2509), à Paris (2621), à Lehon (1516). On assiège Ploërmel aux mois de juillet et août de cette dernière année (2574, 5990).

En février et mars 1352, des combattants sont payés à Paris (3867, 5812). Rabache de

EXPOSÉ CHRONOLOGIQUE.

Hangest, capitaine du Château-Josselin et de la Chaussée devant Ploërmel reçoit ses gages en avril, à Rennes (6699). Des ouvrages de défense sont exécutés, en mai, à la bastide de Fougères (6261), gardée en août par Desramet de Beaumont (785). En juin, juillet et août, des quittances sont données au Château-Josselin (8106), à Dinan (6650), à Malestroit (2235), à Rennes (7228), à Redon (2883), à Bécherel (7846) et à Paris (9041).

Un service de guerre est payé à Paris, en 1354 (7218, 8005). La montre de Jean de Beaumanoir a lieu à Dinan, le 17 janvier 1357 (2236). On assiège Bécherel en septembre 1371 (642), Brest en juin 1373 (2681).

La guerre continue en 1375, 1376, 1379, et les actes qui la concernent sont datés de Tours (4851), de Laval (3330), de Lavauguyon (5655). Jean du Bois, chevalier, présente sa montre à Saint-Malo, le 1er septembre 1379 (5838).

Les actes constatant l'état de guerre pendant l'année 1380 sont datés de Pontorson (7357, 8252, 8394), du Mans (654, 4244), de Caen (5590), de Paris (2184, 5496). En 1381, Guion de Saint-Pern figure parmi les défenseurs de Dol (8253). Le capitaine Robert de Guitté garde Saint-Malo en 1392 (4381); en septembre 1415, les gardiens de cette ville touchent leurs gages à Caen (641, 4263, etc.).

CHAMPAGNE.

Les documents sur cette province mentionnent des guerres en octobre 1359 (2400), en février et avril 1365 (1472, 5933).

Jean d'Orge, bailli de Vitry, fait avec ses hommes un service de guerre à Troyes, le 28 juillet 1366 (6879). Remi, sire de Folet, chevalier, prend part à la garde de Châlons, en juin 1368 (3670); Jean de Saulx, châtelain et capitaine, défend Sainte-Menehould; à la même date (8433), on poursuit les Compagnies (2217, 2281, 2687, etc.); on les poursuit encore en mars, avril et mai 1376 (54, 769, 1225, etc.).

Des services de guerre sont datés de Troyes, 1381, 1382, 1387 (3115, 3555, 7601). Le 24 septembre de cette dernière année est reçue, à Suippes, la montre de Guiot de Bricon, écuyer d'écurie du roi et bailli de Vitry (1571).

Une attestation de service est délivrée aux quatorze guettes jurées du château de Montéclère par Jean de Houdelaincourt, lieutenant du châtelain, le 3 décembre 1416 (9734).

DAUPHINÉ.

Le 14 octobre 1413, la montre de Humbert de Groslée est reçue à Crémieu (8026). Les gages des défenseurs du Dauphiné sont payés en mai 1418 (8417) et janvier 1419 (3192); dans le nombre on remarque Jean d'Urre, bailli de Grésivaudan (9143). Un acte du 1er juin 1458 énumère les onze hommes d'armes de la compagnie de Louis de Laval, gouverneur de la province (5134).

ÉCOSSE.

Nous croyons devoir insérer ici quelques notes sur la part que la France prit ou eut l'intention de prendre aux guerres d'Écosse.

A Bruges, le 15 septembre 1355, Gautier de Vardelaure, chanoine de Glasgow, donne quittance, au nom des seigneurs et barons d'Écosse, à Nicolas Fournier, receveur du roi (9232).

Sous les titres de projet de descente en Angleterre, de passage en Écosse, des quittances sont délivrées en mars, avril et mai 1385 pour des hommes de guerre assemblés à Arras (47, 137. 767, etc.), à l'Écluse (517, 1042, 1399, etc.), à Lille (1094); des arbalétriers sont réunis à Pont-Saint-Esprit (646, 658). A cette même fin, de septembre à novembre 1386, des gens d'armes sont convoqués à Mantes (1019), à l'Écluse (1277), à Arras (2497), à Lille (1350, 2838), à Bruges (3394), à Troyes (4277). La quittance de Jean de Blaru porte le sceau de son capitaine, Milon de Dormans, évêque de Beauvais (814).

En août, septembre et octobre 1385, des récépissés de gages sont délivrés à Saint-John's Town, aujourd'hui Perth (334, 1284, 1570, etc.), et à Édimbourg (497, 2612, 4693, etc.). La montre d'un écuyer nommé Breton de Neelle est reçue à Saint-John's Town, le 28 octobre.

D'autres quittances données en Écosse sont datées de mars et juillet 1386 (1601, 2171. 4259, etc.).

FLANDRE ET HAINAUT.

L'ost de Flandre touche des gages à Lille (9006), à Bruges (5527, 9194), à Courtrai (6585) en février et octobre 1299; les dépens de Simon de Melun, maréchal de France, sont payés à Bruges, le 16 décembre (5987). Le 30 du même mois, Gautier d'Autrêches et Renaud de Lor donnent quittance de l'arriéré de leur solde de deux ans pour le service fait au roi aux establies de Flandre (455, 5352). Une autre solde de gens de guerre est payée à Bruges, aux mois de janvier, février et mars 1300 (504, 505, 835, etc.). Le 28 avril, les hommes du château de Lille reçoivent leurs gages (454). En juin, à Arras, Baudouin de la Motte délivre quittance de ses appointements arriérés (6537).

Des pièces de l'année 1302 mentionnent des establies de Flandre (7047).

En 1303 et 1304, des restants de gages sont payés à Paris (3326), à Laon (436), à Saint-Quentin (7217) et même à Toulouse (3274). Arnaud de Martignac, de l'ost de Tournay, touche seulement les siens à Paris, le 5 mars 1304 (6108).

Le 1er juin 1305, François de l'Hôpital reçoit 10,000 livres destinées aux soudoyers de l'establie de Lille (4716). Un ost de Flandre figure encore aux dates de 1310 et de 1311 (909, 8422).

EXPOSÉ CHRONOLOGIQUE. 339

Un acte de septembre 1314 offre les dépens faits par le duc de Lorraine audit ost (8087); un autre acte signale l'establie de Douai (948, 1050, etc.). En octobre, Guillaume d'Etrechy servait dans la compagnie du roi de Navarre (3465); des ouvrages étaient exécutés au château de Courtrai (4127). En novembre, des indemnités pour dommages éprouvés dans la guerre sont accordées à Wautier de Ghistelles (4050), à Gauthier de Hondschoote (4706), à François de Haverskerque (4547).

Un service de guerre aux frontières de Flandre est daté de Lille, septembre 1315 (2082, 3835, 3976). Les charpentiers et fossiers du roi, en l'ost près Halluin, touchent leurs gages, le 9 de ce mois (9096).

Au mois de janvier 1316, Jean d'Avion garde la Bassée (518); un service de guerre se fait à Lille (124).

Les combats sur les frontières de Flandre et d'Artois continuent en 1316, 1317, 1318, 1319 (1991, 4689, 7987, 8581); Raoul, comte d'Eu, y prend part en qualité de chevalier banneret (3469).

On fortifie Espierres, en avril 1326 (6519). Nous avons du 26 janvier et du 18 mai la quittance des gages de Mahieu de Trie, maréchal de France (9084, 9085).

De 1338 à 1342 a lieu la chevauchée de Flandre et de Hainaut (38, 370, 1348, 2732, 3567, 6559, etc., etc.). L'establie de Tournay est payée à Paris, aux mois d'août et de septembre 1339 (462, 585, 872, etc.). L'armée se trouve devant l'Écluse, près Douai, les 2 et 3 juillet 1340 (426, 4353). Un abandon de gages desservis en l'ost du roi à Esquerchin est daté du 2 décembre de la même année (9408). A la même date, on reçoit à Lille une montre d'arbalétriers (713), et les gages des Génois qui en défendent le château sont réglés au mois de mai 1341 (7695).

L'ost de Bouvines figure sur des actes depuis décembre 1339 jusqu'en mars 1343 (232, 1490, 2000, 5420, 6213, etc., etc.).

Trois tonneaux de vin sont achetés pour le jour de l'assaut de la Porte à Moulin, 8 mai 1340 (9420).

Nos documents passent ensuite brusquement à l'année 1380 et mentionnent une chevauchée de Flandre du 28 octobre (9611). En 1381, l'on fortifie Gravelines (3528). De septembre à décembre 1382, une chevauchée est datée de Courtrai (3441, 8206). En 1383, ont lieu les guerres de Flandre et de Picardie et particulièrement la chevauchée de Bourbourg (12, 27, 119, etc., etc.), dans laquelle on rencontre les représentants des plus nobles familles : des Rochechouart (7797), des vicomtes de Thouars (8877), des la Tour d'Auvergne (8977), le comte de Blois (9292); nous possédons les noms d'un grand nombre de personnages qui ont pris part à cette guerre; il en était venu des points de la France les plus éloignés.

En juin 1385, des arbalétriers défendent la forteresse de Courtrai (1878); Rasse Mulart de Gavre commande à Bierwliet (4006); on garde l'Écluse (211, 3211, etc.), le fort de Termonde (4926), le château de Rupelmonde (2784); Tristan de Lambres est capitaine de

43.

Peteghem (5023). Au mois d'août, l'ost du roi campe devant le Damm (2369, 2945). Une seconde chevauchée de Flandre est datée d'octobre, novembre et décembre (6643, 8295).

Le 23 mai 1386, Jean de Hingettes était préposé à la garde de Dunkerque (4685); un autre capitaine, Hector de Gouzeaucourt, défendait au mois d'août la forteresse de cette ville (4181). La montre de Guillebert Gamel est reçue au château de l'Écluse, le 1er décembre (9286). L'année se passe en guerres ou en préparatifs. On possède la quittance du canonnier et artilleur de Gravelines, il se nommait Jean des Gardins (3954). Les montres de Jean le Sénéchal d'Eu (7869) et de Jean de Blaru (2229) sont reçues à Lille, le 10 octobre; des hommes d'armes sont établis à l'Écluse (1923); des arbalétriers occupent le château d'Audenarde (3965).

Pendant l'année 1387, les actes continuent à signaler les guerres de Flandre et de ses frontières (2752, 4609) et particulièrement du pays de West-Flandre (372). Une quittance du mois de janvier fait connaître la dépense d'Amédée, comte de Savoie, en la compagnie du roi (8476). Jean de Hesdigneul est châtelain de l'Écluse (4653); on expédie de Paris de l'argent au trésorier des guerres à Bruges (6076); des montres d'arbalétriers ont lieu à Gravelines (469); on garde l'église de Saint-Georges (1966).

En 1388, 1389, 1390, on défend les mêmes pays, les mêmes villes, les mêmes châteaux mentionnés déjà l'année précédente : le West-Flandre (1106, 1971); l'Écluse (578, 1318, 1806, etc.), Gravelines (1056, 2745, etc.), l'église de Saint-Georges (1967). Au mois de septembre 1388, Jean de Morchies garde le château de l'Écluse (6472).

De 1394 à 1419, le service de guerre comprend seulement l'Écluse en 1394, 1395 (5071, 6079), Gravelines, de 1398 à 1419 (3730, 7583). Anieux de Rambures présente sa montre dans cette ville, au mois de février 1398; d'autres montres y sont reçues en mars et novembre 1410 (5698).

GASCOGNE ET GUIENNE.

Pour éviter de fréquentes répétitions, nous dirons tout d'abord que les guerres se succèdent d'une manière à peu près continue de la fin du xiiie siècle jusques et y compris le premier quart du xve.

Les gages en sont généralement payés dans les différentes villes de la province : Agen, Port-Sainte-Marie, Tonneins, Marmande, la Réole, le Mas, Aymet, la Sauvetat-de-Savères, Condom, Villefranche, Nogaro, Moissac, Castelsarrasin, etc. Quelquefois la solde se fait au dehors, à Toulouse, Mende, Bourges, Orléans, Limoges, Avignon, Carcassonne, Montpellier, et surtout à Paris. Lorsqu'il s'agit particulièrement des guerres de Guienne, les quittances sont datées d'ordinaire de Périgueux, Domme, Bourg-Dieu, Charroux, Poitiers, la Rochelle, Tours, Blois, Paris. Pour le Quercy, Toulouse, Figeac, Limoges figurent le plus souvent au bas des actes.

EXPOSÉ CHRONOLOGIQUE.

Nos documents débutent par le siège de Saint-Sever, aux mois de mai et juin 1295 (6022, 6904). En janvier 1303, Henri de Hans est sénéchal d'Agenais (679, 3262). Une establie de Duras porte la date de juin 1328 (4118). Les gages concernant les guerres des frontières sont délivrés à la Réole en juin 1329 (406); une ordonnance de payement en faveur des troupes qui avaient servi en Gascogne est donnée à Paris, le 11 septembre de la même année (78).

Dans un acte du 30 juin 1338, un chevalier nommé Guillaume Vaquier se qualifie *miles stipendiarius presentis guerre Vasconie* (9226). En octobre de la même année, Bernard du Bos, damoiseau, est admis sous le gouvernement du capitaine de Damazan (5755).

Au mois de mai 1339, sont acquittés les frais de voyage de Guillaume Roland, sénéchal de Rodez, qui était venu en France consulter le roi sur la guerre (7912). Le 5 juin, le prix des vivres fournis aux gens d'armes par les habitants de Langon est remboursé à Agen (6315).

Le service d'une nef au Mas-d'Agenais par Bernard del Bosc, nautonnier, est payé le 8 juin 1340 (9397). En décembre, on a les establies d'Aiguillon (5422), de Sos (5264). Amanieu de Cantiran est capitaine de Calonges (6381).

La montre de Jean de Chamblain est reçue à Agen, le 18 mai 1341 (2114). On paye en septembre et octobre un service de nefs au pont de Marmande (831, 992, 8643, etc.).

Un acte de janvier 1342 qualifie Raymond Jourdain de Terride sénéchal d'Agenais et de Gascogne et capitaine de Marmande (722). Vianne est assiégée au mois de juillet (8362). Du mois d'août au mois de novembre, les troupes sont devant Sainte-Bazeille (1907, 2164, 2297, etc.); Robert de Marigny, maréchal du roi en Languedoc, est avec elles (5744). Le siège de Cuzorn a lieu en décembre (1793).

Des indemnités dites «restors» de chevaux perdus à Villeneuve-d'Agen, à Casseneuil et à Saint-Bazeille sont payées à Agen et à Castelsarrazin, en janvier et février 1343 (723, 726, 3983). Le 6 de ce dernier mois, Agout des Baux acquitte la rançon de Léon de Chambly, pris à Casseneuil (2107), et Armandon d'Aspais paye la rançon de son frère Aimery, fait prisonnier à la même affaire (336). En avril, on garde les châteaux de Penne, Gaillard, Puy-Saint-Michel (714), et en juillet, le château de Puicelcy (1946).

Un mandement convoquant la noblesse du Quercy porte la date de Figeac, 9 juin 1345 (5817).

Au mois de janvier 1346, Hélie, seigneur de Bourdeilles et de Brantôme, est indemnisé des pertes éprouvées à la prise de Bergerac (1367). L'establie de Villeréal touche des gages au Port-Sainte-Marie, en juin (2346). Par une quittance datée de Port-Sainte-Marie, au mois d'août, le duc de Normandie fait don de 300 florins d'or à Pierre de la Tour, chevalier (8972). En septembre, Hugues de Pujols (7480), en octobre, le sire de Gavaudun (4003) sont chargés de défendre leurs terres.

En octobre et novembre 1346, en mars 1347, l'ost d'Aiguillon reçoit ses gages à Paris (717, 3688, 4727, etc.).

En avril et mai 1347, Guillaume, dit le Bour de la Barthe, le jeune, commande à Sainte-Foy (682, 2084); Guillaume, dit le Bour de la Barthe, le vieux, est capitaine de Villeneuve-d'Agen (680); Raymond-Aymeri de Montesquiou garde Montréal (6316). Les gages arriérés du siège d'Aiguillon sont délivrés à Paris, en juillet et octobre (6379, 6769). La montre de Hugues de Rovignan est reçue à Marmande, le 25 septembre (2115). Ce même mois, Raymond Bernard de Durfort sert en Gascogne sous Robert d'Houdetot, sénéchal d'Agenais (3270).

Les gens de guerre qui gardent Sainte-Foy reçoivent leur solde à Agen, en janvier 1348 (1673, 7093). Au mois de mars, Pech-Perdy a pour capitaine Géraud du Puy (7491). Au mois d'avril, Vidal de Valat est capitaine de Layrole (9176).

Guiraud et Roger de la Barthe se trouvent, en octobre 1350, sous le commandement du sénéchal d'Agenais (684, 685).

La montre de Philippe du Val est reçue à Moissac, le 26 juin 1352 (537). En novembre, est payé le restor d'un cheval appartenant à Jean de l'Isle-en-Jourdain, capitaine de ladite ville (3819).

En janvier 1353, Mathieu de Madirac est capitaine de Francescas (5471); Hugues de Pujols, de Sauveterre (7481); Aimery Boniface garde la bastide de la Française (1190). Le 25 mars, à Caussade, le comte d'Armagnac scelle la quittance des gages d'Oudet du Tillet, capitaine de Campagne (273). En avril, Gilbert de Domme garde le château de ce nom (3202). En mai et décembre, Viguier de Galard défend la salle de Balarin (3910, 3911); Bertrand du Pessan, Astaffort (7128); Raymond Morel, Clairac, dont il est abbé et seigneur (2535); Gaubert de Fumel, Lauzerte (3882). Le 31 juillet, Pierre de Mâcon, capitaine de Vaour, assiste au siège de Saint-Antonin (5460). En août, parmi les défenseurs de Carrendier, figure Raymond de Cardaillac, écuyer banneret (1860); le 6 de ce mois, on est devant Feneyrols (6235). En octobre, Guillaume de Monlezun commande à Fleurance (6189); des sergents à pied, sous le comte d'Armagnac, sont installés à Barcelonne (653). On constate, en novembre, une establie de Sauveterre dont Hugues de Pujols est capitaine (3564); on constate également la défense de Caussade par Arnaud de Carmaing (1871). De septembre à novembre, parmi les hommes de guerre servant en Gascogne, les quittances nomment Bertrand, vicomte de Monclar (6175), Giraud de Simiane (8633), etc.

En janvier 1354, Guillaume du Fort est capitaine de Castelnau-d'Auzan (3759); en mai, Pons de Pujols est capitaine de Villefranche (7483). Le 10 février, Bertrand d'Espagne donne quittance de ses gages pour la garde et visite du Quercy (3379). La solde des gens d'armes qui défendent Moissac se fait à Toulouse, le 2 mars (9038). Le 14 juin, sont payés, à Agen, les dépens faits par les consuls de Lectoure pour le service du roi devant Aiguillon (5147); le même jour, à Lusignan, le comte d'Armagnac remet à Aissieu de Montesquiou 107 livres 10 sols pour service de guerre sous Aiguillon et Prayssas (6313). En juin, Bernard de Monlezun est capitaine de Fleurance (6187); en juillet, Pélegrin de Beaumont garde Layrole (791) et le 4 août, les consuls de Montréal reçoivent une indemnité pour les pertes éprouvées par leur ville (6448). La garde de la terre de Lomagne par son seigneur est datée d'octobre (5311). En décembre, Raymond de Sedeillac défend la Sauvetat (8516).

Au mois d'avril 1355, on clôture le Mas-d'Agenais (5823); en mai, on fortifie Clairac (3565) et Condom (2726); en août, on répare la forteresse de Monclar (6176), on met la ville en état de défense, en mars 1356 (6177). Nous pouvons citer un grand nombre d'hommes de guerre investis des fonctions de capitaine dans ces deux années : en 1355, Bernard de Saissac commande à Manciet (2943, 8334); Bernard de Lavardac, à Lias (5135); Manaut de Lasseran, à Valence (5093); Oudin de Montaut, à Mérens (6251); Hugues de Pujols, à Sauveterre (7482); Pierre de Béo, à Castelnau-Rivière (889, 890); Raymond de Pierrelatte, à Puy-la-Roque (7179); Guillaume Raymond de Sainte-Marthe, au château de Saint-Puy (8320, 8321); Bernard de Cugnac, à Saint-Avit-le-Vieil (3062); Manaut de Berglus, à Barcelonne (911); Pierre de Goutz, à Tonneins (4174); Laude Roland, à Moissac (7915); Pons de la Valette, à Montauban (9196).

En 1356, Boucicaut remplace le capitaine Roland à Moissac (5550); Géraud du Puy commande, à Pech-Perdy (7492); Gauzelm de Vayrols, à Cahors, (9285); Guichard de Loras, à Gimont (5353); Jean de la Baume, à Lauzerte (718); Aissieu de Francs, à Fleurance (3808); Jean, comte de l'Isle-en-Jourdain, à Moissac (4809); Pierre Garnot, au château de Roquefixade (3982); Jean de Verduzan, au château de Casteron (9356); Pons de Pujols, à Villefranche (7484); Augier de Crabensière, à Manciet (2944); Bertrand de l'Isle-en-Jourdain, à Castelsarrasin (4802); Pierre d'Agen, à Najac (22).

Le maître de la monnaie de Saint-Pourçain solde les gages de Pierre de Campnac, capitaine de Périgueux, le 2 avril 1357 (8501).

La quittance du don fait aux nobles du Quercy par le comte de Poitiers porte la date de Montpellier, 6 mai 1359 (1772, 7949).

En mai 1360, Guillaume Ferréol, sire de Tonneins, est chargé de la défense de la ville (3566).

Le 6 mars 1369, la montre de Manaut, bâtard de Barbazan, est reçue à Moissac (5710); la montre d'Arnaud de Junhac, capitaine de cette ville, le 6 novembre 1370 (5711).

On garde le fort de Saint-Savin en juin 1371 (6632); un service de guerre est fait à Cahors par Bertrand de Fumel, sire de Montségur, en décembre 1372 (6974).

Une quittance délivrée à Paris, le 24 avril 1373, concernant les guerres du Bordelais, donne le nom d'un écuyer gallois, Jean Win, dit le Poursuivant d'Amours (9694).

Une distribution de gages aux arbalétriers a lieu à La Réole, le 4 septembre 1374 (3213, 3431).

Parmi les défenseurs du château de Castillon figure, en novembre 1380, Jean de la Boissière (1166); Hélie Talleyrand, parmi les gardiens des forteresses de Guienne, en avril 1386 (8789).

On assiège le château de Puynaudon, en mai 1387 (7971), et le château de Ventadour, en juillet 1389 (5897).

Le trésorier des guerres donne quittance, à Paris, le 1ᵉʳ août 1393, d'une somme destinée au payement des gens d'armes en Guienne (1296). En avril et mai de cette année, avait lieu la chevauchée de Domme sous le maréchal Boucicaut (492, 1416, 2941, etc.).

Pierre de Villaines, gouverneur de la Rochelle, qui a pris part aux guerres de Guienne, est payé à Paris, le 4 août 1374 et le 28 décembre 1396 (9481, 9482).

Une autre chevauchée contre Archambaud de Périgord s'exécute devant le château de Montignac, en juillet 1398 (7979).

En octobre et novembre 1406, on assiège Bourg, sans doute Bourg-sur-Gironde (4250, 5281). Au nombre des hommes de guerre qui concourent au recouvrement de Frespech, on remarque, à la date du 10 décembre 1420, Hugues de Bosredon, chevalier (1275). Ote de Montaut, gouverneur de la sénéchaussée d'Agenais, prend part aux guerres de ce pays en mai 1421 (6250); au mois d'août de la même année, Thibaud d'Espagne est capitaine de Marmande (3386).

La montre de Jean Roge de Comminges est reçue à Montauban, le 1ᵉʳ août 1437 (5708); la montre d'Hélie de Mangou est présentée à Périgueux, le 3 octobre 1581 (5768).

ÎLE DE FRANCE.

En premier lieu figure, au mois d'octobre 1339, l'expédition projetée de Buironfosse où les armées en présence se tournèrent le dos et se mirent en retraite chacune de leur côté. Une assemblée avait été au préalable payée à Paris (1328, 2909) et à Compiègne (183, 549, 774, etc.). Ces faits militaires sont désignés dans les titres sous le nom de guerres de Vermandois, et les gages en ont été soldés à Saint-Quentin, à Cambrai, à Buironfosse (138, 168, 206, etc.); pour inscrire les numéros des types qui s'y rapportent, il faudrait des pages entières.

D'après un acte du mois de mai 1340, Jean du Louvre est maître de l'artillerie du roi près l'ost de Buironfosse (5410). En décembre, la chevauchée de Vervins touche ses gages à Amiens (8680). Il est encore question de l'ost de Buironfosse en 1341 (8524, 9248) et en 1342, au mois d'avril, où les comptes en sont réglés définitivement (3233).

Un service de guerre en Vermandois contre les larrons et les malfaiteurs a lieu en mai 1352 (8077). Le 27 juillet de la même année, on reçoit à Paris la montre d'Eudes de Grancey (9608).

En juin 1356, un service de guerre est daté de Mantes (8564); Guillaume de Melun. archevêque de Sens, y compte pour deux bannerets. Un autre service de guerre à Paris porte la date de septembre (7959); la montre de Gualais de Bussy est reçue dans cette dernière ville en octobre (8300); la revue de Renaud de Villebaudry se passe à Mantes, le 9 novembre (5691).

Le 18 avril 1358, Étienne Marcel fait enfermer à l'hôtel de ville les armes et les munitions que l'on dirigeait sur Meaux (6987).

EXPOSÉ CHRONOLOGIQUE.

Un service de guerre a lieu à Paris, au mois d'août 1359, sous Renaud de Gouillons, capitaine de la ville (9086, 9092). On garde la forteresse du marché de Meaux, en octobre (8463), et l'on y reçoit la montre de Jacques des Essarts, le 22 décembre (4977).

Seize glaives, sous Guillaume de Martainville, défendent le pont de Saint-Cloud, en avril 1360 (5776).

La montre d'Anseau de Hez est reçue à Paris, au mois de juillet (8207). De septembre, date l'évacuation de la Ferté-sous-Jouarre (393).

Des gages de gens d'armes sont payés à Corbeil, en novembre et décembre 1363 (197, 486). Un service de guerre a lieu à Paris, en janvier 1364 (1649, 3421). Un service semblable est payé à Bray-sur-Seine, en mars 1365 (148). On garde le château de Montlhéry (1329), le pays de Mantes, en mars et avril (1652, 6091). Guillaume Martel, sire de Bacqueville, touche sa solde de la chevauchée de Meulan, le 16 mai (5779). Des hommes d'armes de Meaux donnent quittance de leurs gages, le 31 décembre (440).

En juin 1366, Simon de Jouy est capitaine de Provins (4957).

Le 10 mars 1367, le roi de Navarre contribue pour 500 francs d'or au payement de la rançon de Gaillard de Fourdrinoy, fait prisonnier à Meulan (3766); le 18 du même mois, Guillaume de Livry reçoit ses gages de capitaine du Pont-de-Sannois (5297).

Au mois de février 1368, on combat les malfaiteurs et voleurs qui détenaient les forts de Marolles, de Saint-Aubin, etc. (4711). Les guerres de Brie et de Valois sont datées de Laon, avril 1368 (4575).

Certains actes de 1369, 1370, constatent des services de guerre payés à Paris (3202, 8210), à Beauvais (6930), à Provins (1650, 3430), et mentionnent la garde de la ville et du marché de Meaux (8173).

Des gens d'armes, conduits d'Avignon à Melun, reçoivent leur solde à Paris, le 6 décembre 1371 (6002).

En janvier 1372, Guillaume de Sacquenville commande à Mantes (8134); en août, Jean de Compiègne garde le fort du pont de Poissy (2705); en septembre, Moreau de Dicy est capitaine de Corbeil (3173).

La garnison de Mantes touche sa paye en novembre 1376 (5780). Deux capitaines d'arbalétriers font leur montre à Paris, le 26 juillet 1380 (1205); la montre de Guichard Dauphin est reçue à Meaux, le 14 août (1481); des quittances de services de guerre sont données à Montereau-faut-Yonne (6573), à Bray-sur-Seine (8297), à Mantes (3423), à Montlhéry (1355, 6730, etc.), à Paris (719, 737, 2262, etc.).

Au mois d'août 1381, Morice de Trésiguidy est capitaine de Paris (9074).

D'autres services de guerre sont payés à Pontoise, en 1382 (8137).

Jean la Personne exerce les fonctions de capitaine de la Bastille, en mai 1386 (7115).

La montre de Guillaume le Blond, capitaine d'arbalétriers, est reçue à Paris, le 1ᵉʳ mars 1387 (5586).

Le 7 septembre 1393, la garde du pont de Charenton était confiée à Anseau le Bouteiller (1407).

On possède plusieurs actes des hommes du guet de nuit de Paris (10, 56, 864, etc.), d'un de leurs lieutenants (4758), des sergents de la douzaine (1005, 3101, 3872, etc.) pendant la seconde moitié de 1396. La table méthodique offrira les noms de trois chevaliers du guet en 1348, 1379, 1455.

Le 8 novembre 1398, Jacqueline de Chambly touche les gages de son mari, Pierre de Lihus, capitaine de Corbeil (2101).

Les gardiens de la forteresse du pont de Poissy reçoivent leur solde, en mai 1402 (7191). Cette année offre une deuxième série d'hommes du guet de nuit de Paris (2196, 2532, 2896, etc.) et de sergents de la douzaine (3205, 3919, 4273).

Jean de Montaigu, vidame de Laonnois et souverain maître de l'hôtel, est capitaine de la Bastille, en avril 1406 (5082). Une montre d'arbalétriers, sous les ordres d'Antoine Conte, est reçue à Paris, le 28 septembre 1408 (4439).

Deux cents hommes d'armes, commandés par le duc de Bourgogne contre les ennemis qui sont à Saint-Denis, reçoivent leurs gages au mois d'octobre 1411 (332, 544, 1135, etc.); aux mois de novembre et décembre, un service de guerre, sous le même duc, a lieu à Paris (7263, 8478); Jean de Verchin, sénéchal de Hainaut, est avec lui (9349).

En mai 1412, Pierre Burel fait sa montre à Pont-Sainte-Maxence (1396) : on paye les gens d'armes envoyés à Corbeil par Pierre des Essarts, prévôt de Paris (7628).

Des pièces de 1412 à 1415 nous ont laissé les noms des officiers chargés de garder la forteresse du pont de Saint-Cloud (3563, 7728), Melun (5984), le pont de Charenton (8647), le château de Coucy (4624), Paris, la bastille Saint-Antoine (742), et la conciergerie du palais royal (1588). Le 2 juillet 1415, Bertrand d'Enfernet touche ses gages de chevalier du guet (3313); au mois d'août, une montre d'arbalétriers est reçue à Saint-Quentin (7581); en octobre, des services de guerre sont rétribués à Mantes (6931), à Paris (5530); en décembre, Barbazan accompagne le roi et le duc de Guienne à Paris, avec trois cents hommes d'armes et trois cents de trait (633). La montre d'Alfonse de Caumont est reçue à Paris, le 20 décembre (5700).

De janvier à mai 1416, les Armagnacs occupent Paris (14, 229, 255, etc.); un des leurs est le prévôt de la ville, Tanneguy du Châtel (2301).

Le 15 janvier 1416, on reçoit à Saint-Denis la montre de Guillaume Prugnant, connétable d'arbalétriers (8936). Au mois de juillet, Louis de Culant se trouve à Melun à la tête de cent huit hommes d'armes et cent deux de trait (3081); Jean Gaut commande quarante-cinq écuyers de cette garnison (3997), Georges, bâtard de Saint-Nectaire, en commande soixante et onze (8244). Parmi les capitaines employés à Melun, figure Giron de Fourchades (3765).

Une montre d'arbalétriers, destinés à la garde de Melun, est reçue à Paris, le 1ᵉʳ mars 1430

(3756). En avril, on paye la garnison de Mantes (8764); la montre de Jean Villiers de l'Isle-Adam, capitaine de Paris, est reçue le 8 mai (9385); en juin, Huot de Corbie est capitaine de la forteresse du pont de Charenton en l'absence de Robinet de Rebretengues (2777); un Anglais, Guillaume Burton, reçoit ses gages de capitaine de Mantes (1677); on défend Corbeil (7500, 8822); Thomas de Beaufort, comte du Perche, garde Paris (7074).

Au mois de juin 1431, Jean Raillart est capitaine du château de Montlhéry (7567); le 6 mai 1432, la garnison anglaise de Mantes touche sa solde; elle a pour capitaine Jean Hanfort (4418).

En novembre 1434, Louis d'Espoy commande à Saint-Germain-en-Laye (3397).

De 1435 à 1445, les Anglais tiennent les places au nord de Paris: Richard Guethin est à Mantes (4317), puis Raoul Grey (4233), puis Thomas Hoo (4713); Henri Standish, à Pontoise (8718); François de Surienne, dit l'Aragonnais, à Saint-Germain (8747); Guillaume Peyto, à Creil (7138); Thomas Drouyn, à l'Isle-Adam (3246).

En janvier 1438, Jean Nanfan, capitaine de Meaux, reçoit les gages de ses gens d'armes (6647). Le 7 avril 1439, Guillaume Trégonan, capitaine de la Roche-Guyon, touche la solde de ses hommes (9043). Au mois de mars 1440, Jean de Villiers-le-Bel est capitaine de Paris (9550). En janvier 1444, le chevalier du guet de nuit et capitaine du Louvre se nomme Louis de Boucent, dit la Rochette (7877). En octobre 1445, la garde de Compiègne est confiée à Guillaume de Flavy (3641).

Le 28 janvier 1450, a lieu la paye de la garnison de Meulan (3650); le même mois, Guillaume le Roy est capitaine de Montlhéry (8068).

En mars 1465, Charles de Melun, lieutenant du roi à Paris et aux marches de France, fortifie Mantes et la munit d'artillerie (5973).

LANGUEDOC.

Nos analyses commencent par l'approvisionnement de Toulouse, en mars 1324 (6731). Elles constatent ensuite l'état de guerre de 1341 à 1345 (224, 2582, 8472, etc.). En avril 1348, la garde de Villenouvette est confiée à Arnaud de Baulet (705). On paye les gens d'armes de Languedoc, au mois d'avril 1351 (7092). La montre de Robert de Saint-Sever est reçue à Toulouse, le 25 septembre 1352 (4806). La défense de la Tour est confiée, en mai 1353, à Pons de Roset, seigneur du lieu (7956).

Bouciçaut et ses gens d'armes poursuivent les malfaiteurs qui désolent le pays; ils touchent leur solde à Toulouse, au mois de septembre 1354 (7545). On répare la forteresse de Tournon, en juin 1355 (9014). La montre d'Aimery de la Rochefoucauld, capitaine général du Languedoc, est reçue à Toulouse, le 3 février 1359 (5692).

En août 1360, Bernard de Miremont garde Caussidières (6129). Un acte du 2 janvier de la même année signale un don fait au vicomte de Villemur par le comte de Poitiers, au sujet des guerres de Languedoc (9503). Le 6 octobre 1369, Jacques Mandol, bourgeois de Nîmes, reçoit la montre du seigneur de Crussol (5618).

Des quittances datées de Nîmes, de Montpellier, en 1370 et 1374, constatent de nouvelles guerres (3050, 8224).

Un service en la sénéchaussée de Carcassonne est payé à Senegas, le 1ᵉʳ mai 1383 (5121). La montre de Jean Cibouïle, capitaine d'arbalétriers, est reçue à Allègre, le 1ᵉʳ août 1386 (9601), et celle d'Assailly de Tourzel est reçue dans la même ville, le 15 août 1387 (9602). Des gens de l'armée de Languedoc reçoivent leur solde à Lyon, en octobre 1391 (8290).

Les gages pour le recouvrement du Languedoc sont acquittés en octobre 1418 (2294, 7698, etc.) et en janvier 1419 (3192). La montre d'Antoine de Lévis, écuyer banneret, est présentée à Beaucaire, en décembre 1418 (7634); celle de Galard d'Acret, à Carcassonne, le 10 mars 1420 (5703). Au mois d'avril de cette dernière année, Hugues d'Arpajon, conseiller et chambellan du régent, garde Toulouse (297); Thierry le Comte, gouverneur de Montpellier, prend part au recouvrement d'Aigues-Mortes et reçoit ses gages le 10 décembre (2716).

En 1421, Baudet de Montigny garde Lavaur (6355); Bec d'Estaing, Pezenas (3414); Alain le Bart, Carcassonne (677); Guillaume de Meuillon, sénéchal de Beaucaire, Pont-Saint-Esprit (6062). Des pièces d'octobre et de décembre font connaître le recouvrement de Sommières (90, 141, 1745, etc.).

Guillaume d'Arlende, sénéchal de Carcassonne, touche des gages pour la défense de la ville, en janvier 1422 (267). La garde du château de Saint-André et de la tour du pont de Villeneuve-lès-Avignon était confiée, en avril, à Jean Seaume, seigneur de Châteauneuf (8510). Thomas Aubert présente sa montre à Pont-Saint-Esprit, le 8 juin (5705).

Un service de guerre contre les Anglais de la garnison de Lautrec porte la date du 8 mars 1427 (5886). Le 3 avril de la même année, la montre de Jean de Mauléon est reçue à Villemur (5707). On répare les murailles et fortifications de Toulouse, au mois de mai 1438 (8958).

En septembre 1467, Yvon du Fou garde le château de Lésignan (3743). En janvier 1554, a lieu la visite dans tous les ports et passages de la sénéchaussée de Beaucaire et de Nîmes (8500).

La garnison de Pezenas donne quittance de ses gages, le 25 janvier 1563, sous le sceau de Guillaume, vicomte de Joyeuse, gouverneur de Languedoc (4961).

LIMOUSIN.

Les hommes d'armes du château de Courbefy reçoivent leur solde en avril 1317 (6512). Des quittances signalent des guerres dans le Limousin, en 1345, 1347, 1348, 1351; elles sont datées de Limoges (1906, 2678), d'Angoulême (3439, 3714), de Poitiers (693, 8479),

EXPOSÉ CHRONOLOGIQUE. 349

de Paris (1067, 6525). La quittance des gages de Gérard de Ventadour, capitaine de Donzenac, porte la date de Toulouse, 8 août 1348 (9333). En février 1352, on est devant Saint-Auvent (5581). D'après des pièces données à Limoges (7772), à Saint-Yrieix (7819), à Saint-Yves (2462), à Poitiers (8547), les guerres continuent de 1352 à 1358. La montre de Jean Rivaut est reçue à Limoges, le 3 janvier 1357 (6726).

En avril 1371, Jean, sire de Pierre-Buffière, délivre une quittance de douze arbalètes, destinées aux forteresses du roi en Limousin (7174). A la même date, 1200^{lt} sont envoyées pour la garde de Rochechouart (8032).

Guillaume de Légné commande au château de Ségur, en avril 1376 et en février 1377 (5152, 5153). Pendant les années 1373, 1376, 1377, 1379, 1380, 1385, on relève des quittances délivrées à Limoges (906), à Bourges (20, 1330, etc.), à Paris (2141), à la Souterraine (7694), à Périgueux (6950). La montre de Jean de Saint-Germain est reçue à Loudun, le 3 août 1385 (7316).

Puis viennent encore des guerres, en 1386, 1387, 1396, 1401 (3745, 5453, 5997, 9607), jusqu'au siège du château de Courbefy pour lequel des charpentiers, maçons, perriers et manouvriers sont payés, devant cette ville, le 6 septembre 1404 (614).

LORRAINE.

Nous ne pouvons indiquer qu'un seul acte daté de 1299 et concernant le service fait en Lorraine contre les gens du roi d'Allemagne, par Gui de Châtillon, comte de Saint-Pol et bouteiller de France (8261).

LYONNAIS.

Les premières quittances de guerre sont datées de Lyon, mars 1358 (563); on passe ensuite en avril 1361, 1362, puis en décembre 1418 (7238, 8557, 8884). Les hommes d'armes chargés de la garde de Lyon touchent leur solde le 4 mai 1419 (2676, 6454). Un recouvrement de places dans le Lyonnais a lieu en 1420 et 1421 (833, 1740, 1964, 8834, etc.).

René Chabot reçoit la montre de Johan Jacomo Gonasco, à la Guillotière, près de Lyon, le 28 mai 1525 (2051).

MAINE.

Les défenseurs de la ville du Mans sont payés à Paris, le 24 septembre 1356 (173, 1669, 3076, etc.) La garde du château de Pontmain était confiée à Jean des Vaux, en septembre 1392 (9282). Des chartes relatant la poursuite des Anglais portent la date du Mans, 12 septembre

1380 (9135). Au mois de mars de la même année, une montre d'arbalétriers avait été reçue à Château-Gontier.

La chevauchée si connue par la folie du roi se fait en juillet 1392 (16, 126, 246, etc.). Le maréchal Boucicaut (5552) et Mathieu de Montmorency (6429) y prennent part. Nous avons, le 30 de ce mois, la montre de Jean de Bazoches, reçue au Mans (5697); au mois d'août, la chevauchée du Mans au Château-Josselin (5926). Les gages de plusieurs médecins qui visitèrent le roi, parmi lesquels Thomas de Voyenne, médecin du comte de Nevers (9614), sont payés les 20 et 23 octobre (3251); Renaud Fréron, premier médecin du roi, reçoit 100 francs d'or (3832).

Un acte mentionnant une chevauchée dirigée contre la ville du Mans est daté de janvier 1393 (5081).

Des quittances de février et mai 1419 signalent des guerres dans le Maine (622, 760, etc.). La montre de Jean de Saint-Aubin est reçue au Mans, le 24 avril 1420 (5704). Un service de guerre à Sablé porte la date des mois d'avril et de mai de ladite année (3549, 3595, 4753).

Guillaume d'Albret (72) et Baudouin de Champagne (2119), bailli de Touraine, assistent, en 1428, au recouvrement de la ville du Mans.

Le 2 mai 1434, Thomas Evryngham, maréchal d'Alençon, donne l'attestation d'un service fait par des charretiers à Sillé-le-Guillaume (3479). La garnison anglaise de Fresnay-le-Vicomte touche ses gages en avril 1435 et mai 1447 (1464, 3498).

Au mois de juillet 1449, Thugdual de Kermoisan, dit le Bourgeois, garde la place de Montéclère en qualité de capitaine (4995).

LA MARCHE.

Deux pièces seules concernent les guerres dans cette province. Elles émanent, l'une de Guillaume Foucaut, chevalier, du 31 mars 1387 (3745); l'autre de Jean Griveau, chevalier, du 24 avril de la même année (4272).

NIVERNAIS.

En 1367 et 1368, des services de guerre sont payés à Nevers (1066, 1236, 7000, etc.). Une montre d'arbalétriers est reçue à la Charité-sur-Loire, le 20 juillet 1413 (7580). La garnison de Saint-Pierre-le-Moûtier touche sa solde en mai et juin 1420 (790, 3015-4085). Une quittance de gages et de frais pour la délivrance de la Charité, de Cosne, etc., est donnée le 6 décembre 1429 (317). Les gens d'armes du sire d'Albret et de Jean de Bonnay, sénéchal de Toulouse, reçoivent leur paye au sujet de la prise de la Charité et de Saint-Pierre-le-Moûtier, le 6 février 1430 (1193, 3904).

EXPOSÉ CHRONOLOGIQUE.

NORMANDIE.

D'après des quittances délivrées à Saint-Lô et à Rouen, nous relevons des guerres dans la basse Normandie en 1308, dans le pays de Caux en 1315, dans tout le duché en 1316 (8349, 7674, 6464).

Jean de Chaponval, bailli de Caux et lieutenant de l'amiral de la mer, garde Harfleur, en août 1346 (2198). On a, de la même date, la liste des gens d'armes de la compagnie de Guillaume de Fleury devant servir en Normandie (3647); la montre de Jean de Chaumont est reçue à Pont-de-l'Arche (5689) et celle de Simon de Poligny, à Rouen (4827). Un service de guerre à Honfleur a lieu en juillet 1347 (803, 3300). En mai 1348, on répare les fortifications de Rouen (6787).

Cent hommes d'armes sous les ordres de Pierre de Préaux, capitaine aux bailliages de Caen et de Cotentin, sont payés le 1er octobre 1352 (7406). Les quittances concernant la garde de Saint-James-de-Beuvron en 1353 (7917) et 1354 (9657), les guerres de Normandie en 1354 (1773, 1795, 6876, etc.) et en 1355 (2252, 3022, 6163, etc.), ont été délivrées à Pontorson, à Rouen, à Paris, à Caen. Pierre d'Aumont, chambellan du dauphin, présente sa montre à Rouen, le 22 juin 1355 (3602). Un récépissé de sommes à distribuer aux gens de guerre est donné à Paris, le 19 juillet (2390). Un ordre de payement au sujet de la montre de Guillaume le Drouais porte la date de Rouen, 5 juillet (3476). En septembre, Jean de Bachivillers garde les châteaux de Breteuil, Conches et Orbec (550).

De 1356, nous avons un service de guerre à Caen et en Cotentin (5789, 5790), la solde de la garnison de Moulineaux (4492), un mandement pour la solde des gens d'armes donné à Rouen (9213), le siège de Pont-Audemer, en août (547), et les guerres du pays de Pont-Audemer, qui durent pendant toute l'année 1357 (4665, 6065, 7574).

Un service de guerre est daté d'Alençon, janvier 1359 (1445). En octobre 1360, a lieu la chevauchée de Cherbourg (371); en juin 1361, la délivrance des forts de Saint-Vaast et de Lingèvres (4846).

Le 5 février 1362, est donné à Rouen un mandement au sujet de 15,000 royaux d'or payables à James Pipe, chevalier anglais, qui détient en Normandie certains châteaux pouvant porter dommage au pays (3605, 5948).

En mai 1363, Guillaume de la Haye, capitaine de Valognes pour le roi de Navarre, garde le château de Néhou; il reçoit des gages en vin et en froment (4556, 4557). Le seigneur de Magneville garde le fort de ce nom (5484).

Au mois d'août 1364, les troupes assiègent Évreux (7472). Des rameurs et des arbalétriers, montant quatre bateaux destinés à défendre la rivière entre Pont-de-l'Arche et Caudebec, touchent leurs gages en septembre (7996). La rançon de Martin Paulet, capitaine de

Cherbourg, est également payée le même mois (7011). Des gens d'armes, sous la conduite de Mouton de Blainville, reçoivent leur solde à Rouen (3368, 6424).

Les guerres se succèdent sans interruption de 1365 à 1370, et les gages sont délivrés à Caen, à Alençon, à Rouen, à Saint-Lô (441, 1012, 4254, 5791, 5835, 8998, 8055, 6192, 8055, 8998, etc.). Le restor d'un cheval pris au siège de Valognes, est payé le 16 mars 1365 (9206); Martin Ximenès commande à Mortain, en mai 1365 (9700); Jean Martel fait sa montre à Caen, en 1366, 1368, 1370 (9660, 9661, 9663); la montre de Guillaume de Saint-Cloud a lieu à Vire, le 15 juin 1369 (9662); celle de Jean, seigneur de la Ferté-Fresnel, est reçue au Neubourg, le 1er avril 1370 (3543).

Un service de guerre sous Bertrand du Guesclin, par Crespin, seigneur de Mauny, porte la date de Louviers, le 17 juin 1371 (2994). En juin et en juillet, on est aux bastides devant Conches et Breteuil (2934, 3500, etc.). En juillet, le Baudrain de la Heuze garde la ville de Honfleur (4666).

Le Bègue de Fayel présente sa montre à Saint-Lô, le 1er mai 1372 (8858); la montre de Guillaume aux Épaules a lieu à Saint-Lô, le 1er septembre (9664), et la montre de Raoul Taisson est reçue dans la même ville, le 1er mai de l'année suivante (8859).

En juillet 1374, Andalot Grimaldi, capitaine d'arbalétriers génois, défend Caudebec (4255) et Georges Grimaldi défend, en la même qualité, Pont-l'Abbé, près Saint-Sauveur-le-Vicomte, en octobre (4261); Robert de Wargnies, châtelain de Caen, paye ses hommes le 31 décembre (9658).

Le 1er juillet 1375, un ordre est donné à Raoul Campion, receveur général des finances, au sujet des sommes à payer aux Anglais pour l'abandon de Saint-Sauveur-le-Vicomte (351).

Jean d'Estouteville garde le château de Vernon, au mois de septembre 1376 (3437); Guillaume aux Épaules occupe, en octobre, le château de Moulineaux (477). Une montre d'arbalétriers a lieu au siège devant Breteuil, le 17 avril 1377 (2528), et la montre de Gérard de Tournebu est reçue dans cette ville, le même jour (7995). En juin, Pierre, comte de Mortain, fils du roi de Navarre, donne des ordres pour la fortification d'Avranches et l'abolition de certaines aides (6522).

Les gages de la garnison de Charenton sont payés le 4 mai 1378 (535). Le château de Pont-Audemer est assiégé le 26 du même mois (3923); la montre de Jean de Merlemont est reçue devant la ville, le 19 mai (8994). Le 5 août suivant, Guillaume de Melun, capitaine de Breteuil, touche ses gages (5977); on assiège Gavray (3360).

Des arbalétriers génois, préposés à la garde de Saint-Sauveur-le-Vicomte et commandés par Georges Grimaldi, reçoivent leur solde le 1er mai 1379 (4262). Aux mois de juillet et d'août, un service de guerre a lieu à Vernon, sous le seigneur de Coucy (2611, 7327, etc.) et sous Jacques de Verchin, sénéchal de Hainaut (9347); Geoffroi Février présente sa montre à Avranches, le 18 septembre (967); une compagnie commandée par le duc de Bourbonnais est établie dans cette ville (8285). Bertrand du Guesclin donne quittance à Pontorson, le 25 octobre (4311), et Alain de Mauny, le 22 (5900).

EXPOSÉ CHRONOLOGIQUE.

En 1380, on reçoit des montres d'arbalétriers à Harfleur (6568), à Dieppe (7109), à Bayeux (156). Des quittances pour services de guerre sont données à Carentan (1884, 6610), à Caen (734), à Pontorson (5782). Il en est de même pour les années 1381, 1382 (551, 1568, 6068, etc.).

Les défenseurs du château de Rouen reçoivent leur solde le 15 juillet 1383 (512), les hommes d'armes de la forteresse de Honfleur, le 1er novembre (3184). Les guerres se succèdent sur divers points de la province de 1384 à 1393. Nous citerons pendant ces années : une montre d'arbalétriers reçue au clos des galées à Rouen, le 15 juillet 1387 (470); des impositions à lever en la ville de Louviers pour des fortifications, en février 1388 (5048); la montre de Guillaume Carbonnel, reçue à Carentan, le 26 septembre (5696); un service de guerre, le même mois, à la frontière de Carentan et de Cherbourg (1832, 8628); la quittance d'une somme destinée aux gens d'armes de Normandie, donnée le 1er août 1393 (1296); la garde du château de Valognes par Jean Carbonnel-Canisy, en octobre 1393 (1884); la garde du château de Rouen par Renaud de Trie, amiral de France, en octobre 1398 (9094).

Des commissaires chargés de prendre possession de Cherbourg pour le roi touchent leurs gages le 22 juin 1404 (2524). En décembre, des arbalétriers gardent Valognes (6742).

En 1405, Daniel Cappon, capitaine d'arbalétriers, est établi à Dieppe (1814); Fouquet de Creully défend le Pont d'Ouve (3005), et Jean de Cambout remplace le sire de Mauny à Régnéville (1779).

Le 20 février 1406, Jean le Moine, lieutenant de Jean Piquet, est à Valognes (6139). La montre de Briquet du Carret, capitaine d'arbalétriers, est reçue dans cette ville, le 19 avril 1407 (4437). Une autre montre d'arbalétriers est reçue à Eu, le 8 mai (4438). En mai et juin, on défend Tancarville (5296), Dieppe (1815), Harfleur (48, 88, 1469), Montivilliers (3364, 3371). En novembre 1408, Yves de Vieux-Pont est capitaine de Bayeux (9454).

Les guerres de l'année 1415 ont donné lieu à des quittances datées de Valognes (1427, 1845), Carentan (3509), Caen (3958), Rouen (8270, 8907), Dieppe (865). Elles ont eu surtout pour théâtre le pays de Caux. Les Anglais assiègent Harfleur en septembre et octobre (254, 261, 529, etc.). On reçoit à Rouen, le 22 septembre, la montre de Jean des Pins (5701). Des arbalétriers sont établis à Honfleur (5735), à Dieppe (1051). On garde le château de Touques (3890). Colart de Villequier défend Montivilliers (9517).

Le 3 janvier 1416, une montre d'arbalétriers est reçue à Cherbourg (2951). La garnison du château de Rouen, dont Guillaume de Melun est capitaine, touche ses gages en mars (8799). Les efforts se portent vers le pays de Caux, vers Montivilliers (98, 281, 312, 6957, 8911, 8952, etc.), où se fait la montre d'Alain Eschalle, le 1er mai (5702). Des quittances concernant le recouvrement de Harfleur sont délivrées dans les derniers jours de juin (4236, 6008, 9147).

Vers la fin de septembre 1417, Jean d'Harcourt, capitaine de Rouen, paye les gages de la garnison et les travaux de fortification (4485, 4486).

Nous voici dans la triste période de l'occupation anglaise. Thomas Burgh occupe le château de Valognes, en décembre 1419 (1733). En janvier 1424, Jean Burgh est bailli de Gisors et capitaine de Vernon (1590); en avril, Saint-Valery possède une garnison anglaise (3552). Des gages d'hommes de guerre sont payés en juin par Thomas de Montagu, comte de Salisbury (8350, 8351). De notre côté, Guillotin de Lansac défend Louviers (5073).

En 1425, Guillaume Fitz-Harry fortifie Honfleur (3623); au mois de février 1426, Guillaume Wolston occupe Cherbourg (9687); au mois de mai, Caen a pour capitaine Jean Brinkeley (1591). En juin, une garnison anglaise est établie à Alençon, à Fresnay-le-Vicomte, au Pont-d'Ouve (3496, 6924).

Du 17 février 1427, Jean Harbotel, maître de l'artillerie du roi et du régent, acquitte les gages des canonniers, maçons, charpentiers, etc., employés au siège de Pontorson (4459). dirigé par le comte de Warwick; Robert de Willoughby, capitaine de Rouen, solde les gages de la garnison, le 25 novembre 1427 (9691). Dans une note du mois de décembre, Guillaume Mineurs, capitaine de Harfleur, donne les noms de prisonniers mis à finance et déclare qu'il n'a prélevé sur le pays nuls vivres ni provisions sans les avoir payés (6117); Richard Wallier remplit l'office de bailli et capitaine d'Évreux (9641).

Nous avons les gages des garnisons anglaises de Vire (6829), d'Essai (6846), de Caen (1592), en juin, novembre et décembre 1428; la garde des chemins et rivière de Seine entre Paris et Rouen par Thomas Wynstryngham (9698).

En 1430 on assiège Château-Gaillard (796, 5273), les Anglais sont maîtres de Touques (5805).

En 1431, Jean de Montgommery est bailli de Caux (6343); un lieutenant de Willoughby garde Pont-de-l'Arche (2090); Hunfroy, comte de Stafford, est à Vernon (8711).

Pour les années 1432 et 1435, on a les gages des gens d'armes anglais établis à Dieppe (4008), à Sainte-Catherine-sur-Rouen (6052), à Pont-de-l'Arche (5280), à Château-Gaillard (797), à Domfront (8495), à Honfleur (2453), à Caen (3247). En novembre 1432, nous recouvrons Saint-Ernoul, Bonmoulins, Laigle (6217).

De 1434 à 1440, l'occupation comprend : Essai (4516), Château-Gaillard (798), Touques (7587), Rouen (2563), Sainte-Catherine (3466), Pont-de-l'Arche (2456) où commande Robert de Willoughby (9693), Évreux (686), Conches (8717), la tour de Vernonnet (6919), Argentan (4523), Honfleur (2455), Avranches (5026), Vernon (7621), Coutances (2486, 8779), Falaise (4998), Caen (4524), Gournay (4999), Carentan (3207), Harfleur (4510), Gisors (8683), Neufchâtel (3208), le Pont-d'Ouve (9707), Vire (9651), Cherbourg (6782), Bayeux (6944), Honfleur (6945), Saint-Lô (4529), Tancarville (8801), presque toute la Normandie. En 1440, 1442, Makyn of Longworth solde les gages de la garnison anglaise de Tombelaine (5343, 5344).

Des pièces de 1441 à 1445 ajoutent : Caudebec (3481), Neubourg (6599), Longni (8751), Clinchamp (5518), Bernay (3277), Lisieux (3001), Exmes (4697). Une quittance concernant les guets de la châtellenie d'Alençon porte la date du 1er mai 1445 (9685).

EXPOSÉ CHRONOLOGIQUE.

En 1446, on solde les gages des Anglais installés à Argentan (4133, 7622), des hommes d'armes et des archers composant la suite de Robert Roos (7931) et de Thomas Hoo (4714), commis au gouvernement de France et Normandie, des gens de guerre logés à la Ferté-Fresnay, à Bernay, à Exmes (581), des hommes qui poursuivent les malfaiteurs « repairés » aux environs de Bourgachard, de la Bouille, des Moulineaux (6995), des troupes qui firent un service à Rugles et à Chambray (4340).

De 1447 à 1449, des capitaines anglais commandent encore à Caudebec (3482), Honfleur (3091), Tancarville (6601), Rouen (4125), Essai (7623), Beaumont-le-Royer (9699), Caen, Renneville (8720), Thibouville (4739).

Notre suite chronologique offre ici une lacune, juste au moment de la délivrance. Elle passe à l'année 1452 où la montre du seigneur d'Orval, capitaine de Bayeux, est reçue au mois de juillet (8901), puis au mois d'août 1469, où un service de guerre a lieu à Rouen (6818); ensuite au mois de novembre 1474, date de la montre de Joachim Rouault, maréchal de France, reçue à Dieppe (8900).

Pourquoi ne parlerions-nous pas de la rente ordonnée par le roi, le 1ᵉʳ mai 1475, pour la nourriture des grands chiens destinés à garder de nuit le Mont-Saint-Michel (527)?

Enfin la ville de Falaise est remise aux mains de monseigneur du Lau, en avril 1484 (8386).

ORLÉANAIS.

Nos premières guerres de l'Orléanais datent du mois de mai 1350 et les gages en sont payés à Beaugency (2313).

Elles reparaissent en 1356 dans le pays chartrain (787, 1786, 3284, etc.), alors que Guy de Beaumont était capitaine de Chartres, et en 1357 dans la région de Dreux (5307, 5676, 8583). On a du mois de septembre de cette dernière année la montre du vidame de Chartres (5765).

Un acte de mai 1360 concerne les dépens faits à Chartres à l'occasion du traité passé devant cette ville avec le roi d'Angleterre (8985).

En avril 1362, des services de guerre ont lieu à Vendôme et dans le Vendômois (5683). La montre du Bègue de Villaines est reçue à Chartres, le 19 février 1363 (1204). La compagnie des gens d'armes du duché d'Orléans, commandée par Renaud de Douy, reçoit ses gages à Janville, au mois de juin 1364 (7332). Des hommes de guerre sous les ordres du duc de Bourgogne touchent leur solde à Oussoy, en Gâtinais, au mois de septembre (2175).

Des services de guerre en 1368 et 1380 sont payés à Orléans (1150, 1537), à Meung-sur-Loire (2576, 7505, 7584), à Chartres (36, 333, 468, etc.), à Gallardon (490, 1170, 1187, etc.). Dans cette poursuite des Anglais, on remarque : Elzéar, vicomte d'Uzès (9154); Jean, châtelain de Bergues (5952); le seigneur de Coucy (7371); Rogue de Soissons (8650); Guy le Baveux, dont la montre est reçue à Dreux, le 17 avril 1371 (3236).

En 1412, on garde les villes de Châtillon-sur-Loing, de Saint-Maurice-sur-Aveyron (8714); de Montargis, en 1419 (1993).

La montre de Louis de Bracquemont est reçue à Beaugency, le 8 septembre 1420 (3535). Au mois d'avril 1422, Robert de Laire est capitaine de Montargis (5011). Le 28 août 1428, l'armée amenée d'Angleterre par le comte de Salisbury se trouve devant Janville (5270).

Un acte du 15 janvier 1429 fait connaître la présence au siège d'Orléans, de Mondot de Lansac, capitaine de 10 lances et de 30 archers à cheval (5074).

La garnison de Montargis est ravitaillée au mois de janvier 1438 (6744). En mars et avril, les gens d'armes établis à la tour de Dannemarcke, à Dreux, reçoivent leur solde (3993. 8030). En septembre, François de Surienne, dit l'Aragonnais, est capitaine de Montargis (8746), et nous le rencontrons à la tête de la garnison de Gallardon, en août 1442 (8749).

PICARDIE.

Une compagnie d'arbalétriers défend la ville de Rue, en 1280 (1760). Un acte du 6 août 1338 offre la montre des habitants de quatre paroisses d'Amiens (9405). Renaud de Haucourt garde le château de ce nom, en septembre 1338 (4533). Des fossiers touchent leurs gages à Péronne, au mois d'octobre 1339 (8070). De 1340 à 1346, des services de guerre sont payés à Amiens (1641, 7318, 8930). La montre de Jean de Marville est reçue dans cette ville, le 7 septembre 1346 (6483).

Des gens d'armes donnent quittance de leur solde à Amiens (425, 2707, 6489, etc.), à Arras (6075), à Saint-Omer (4178, 4548, 7548. etc.), à Hesdin (447, 2971, etc.), à Péronne (7051), de 1348 à 1355.

En mai 1359, on approvisionne le château de Presles-l'Évêque, dans le Laonnois (195). Le 17 juillet 1364, une quittance pour service de guerre est délivrée à Chrétien du Gange, receveur à Amiens (3810).

La montre de Guillaume Châtelain, chevalier banneret, est reçue à Saint-Riquier, le 25 avril 1369 (2333). En mai, a lieu le siège de Noyelles-sur-Mer (811); en juillet, Hugues de Verchin garde le château de Beauquesne (9346); en novembre, Hugues de Raincheval garde le Crotoy en qualité de capitaine (7568).

De 1370 à 1381, des services de guerre sont payés à Abbeville (7260), à Thérouanne (744, 3856, 8301, etc.), à Amiens (506, 1146, 7341, etc.), à Saint-Omer (118, 4371, etc.), à Hesdin (813, 868, etc.), à Corbie (158, 481, etc.). Des arbalétriers génois sont établis au Crotoy, en septembre et décembre 1380 (2865, 3727). On garde le fort de Belle, en 1381 (4613). L'état de guerre continue pendant les années suivantes; les documents qui le constatent sont délivrés à Abbeville (2842, 8413), à Amiens (745, 1294), à Noyon (307, 699, etc.), à Hesdin (8081), à Béthune (1788, 2751), à Saint-Omer (2980,

EXPOSÉ CHRONOLOGIQUE.

3868, etc.), à Thérouanne (2987, 3529, etc.), à Montdidier (7065). Des arbalétriers génois défendent le Crotoy, en avril 1387 (3728), Thérouanne, en juin (1197), le château d'Alquines, en août (1036), la ville de Rue, en mai 1388 (1989).

Mahieu d'Ailly commande à Clermont en Beauvoisis, au mois de mai 1412 (43).

En 1416, on garde le Crotoy (7189, 8848), Gamaches (3761, 7110, etc.); une montre pour la défense de Gamaches est reçue à Hélicourt, le 3 décembre (5327); le seigneur de Bouberch présente sa montre à Abbeville, le 1er de ce même mois (7362).

Jacques d'Harcourt est capitaine du Crotoy, en février 1417 (4477), et six arbalétriers gardent le château d'Airaines (7532). En 1418, des hommes de guerre poursuivent les pillards et gens de Compagnie (7713).

Une quittance de Jean l'Enfant, lieutenant du pays de Caux, datée de Montivilliers, 10 mai 1423, fait connaître sa participation au siège du Crotoy (3310).

Les Anglais occupent le Crotoy, en août 1429 (1418), Gamaches, en 1430 (9649). Gournay, en novembre 1437 (4999), Gerberoy, en juin 1443 (2091).

Guillaume de la Salle, lieutenant du comte de Vendôme, solde les gages de la garnison de Senlis, le 13 mai 1445 (8354).

POITOU.

Les notes sur les guerres du Poitou embrassent l'espace de temps compris entre les années 1338 et 1526.

Les quittances sont délivrées à Poitiers (2088, 2805, 4988, etc.), à Angoulême (5846). à Tours (2855), à Saint-Junien-du-Vigean (5188, 5818, etc.), à Niort (7399), à Saint-Yves (2462), à Paris (5722, 6122, etc.). Dans le nombre des hommes d'armes on remarque : Jean de Tréforest, dont les gages sont payés à Poitiers, le 4 novembre 1356 (9042); Jean de Kerlouet, huissier d'armes du roi, capitaine de la Roche-Posay, en octobre 1371 (4992); Renaud de Vivonne, sénéchal de Poitou, en décembre 1386 (9585); Arnaud-Guilhem de Barbazan qui donne, le 29 octobre 1418, une quittance de 200 livres destinées à la construction d'un boulevard à l'entrée du château de Lusignan (635); Pierre Frotier, premier écuyer d'écurie du régent, capitaine du château de Gençay (3876); Jacques Galiot, grand écuyer de France. capitaine de 50 lances, dont la montre est reçue à Montmorillon, le 22 avril 1526 (897).

On doit mentionner encore un service de guerre pour réduire à l'obéissance le seigneur de Parthenay et dont les comptes furent réglés en juin 1415 (97, 664, 1270, etc.).

SAINTONGE. — AUNIS.

Nos documents débutent par des gages desservis à la Rochelle (8745) et par la garde du château de Talmont, en mars 1295 (1567). Les guerres continuent en 1315 (1139), puis en 1327, où Guy Chevrier, chevalier du roi, ordonne le payement de Hugues de Lezay (5221), capitaine de la Rochelle et de ses hommes d'armes (2475). Les soudoyers du roi reçoivent leur solde à Taillebourg, le 13 juin 1328 (6518).

Un service de guerre a lieu à Saintes, en 1330 (663, 4167, 6861). Des quittances sont datées de Tonnay-Boutonne, mars 1331 (879), de Paris (7297) et de Saintes (7542, 7690), mars 1332.

Au mois de mars 1337, Bernard de Comborn garde le château de Jonzac (2677); en juin, Arnaud de Marmande garde le château de Paracol (5752). Les gens de l'establie de Montlieu et de Montguyon reçoivent leurs gages à Pons, en novembre (8790). Dans les premiers jours de juillet 1338, l'armée est devant Montendre (2428, 4166, 7298, etc.). Geoffroi de Beaumont, châtelain de Mortagne, est payé d'un service de guerre, le 26 septembre (786).

On se bat sur les frontières de Saintonge, en novembre 1339 (7299). Bertrand Marcoux, capitaine de la Rochelle, reçoit ses gages à Pons, le 4 janvier 1340 (5678). Des indemnités sont allouées, le 25 de ce mois, au propriétaire d'une nef espagnole effondrée devant Tonnay-Charente par ordre du capitaine souverain de Saintonge (4171). La garnison de Surgères touche sa solde à Chizé, le 15 janvier (4445). En mars, on garde le château de Mortagne (1506); en mai et en juillet, Louis d'Espagne occupe son château de Talmont (8072, 8792), un service de guerre se fait à Paracol (5595). Les gens d'armes de Pierre Chaffrois, capitaine d'Aubeterre, touchent leurs gages à Pons, le 20 septembre 1340 (2056). Le 24 de ce même mois, la garnison de Jonzac, ayant pour capitaine Bernard de la Marche, est également payée à Pons (5649).

En octobre 1343, des troupes sont établies en la bastide de Saint-Gilles de Surgères (8165)

Le 14 septembre 1345, à Pons, Jean Bouchard donne quittance d'un prêt sur les gages de la garnison de Sourzac (1292). La solde de la garnison de la bastide Saint-Louis, dont Aimery Vigier est capitaine, se fait à Pons, le 10 de ce mois (6478). A la Rochelle, en décembre, un capitaine génois, Damian Palavicini, délivre un récépissé d'armures (6951).

Au mois de février 1346, un service de guerre se fait à la Rochelle, qui a pour capitaine P. de Busançay (9609). En octobre, on paye les gens d'armes de Jean de Nanteuil, nouveau capitaine de la Rochelle (6650).

Des quittances pour faits de guerre sont données, en 1347, 1348, à Saint-Maixent (7438) et à Paris (5772, 6122, 8359).

Le 8 janvier 1349, à Paris, Hugues de Villesavoir, capitaine de Plassac, donne quittance

EXPOSÉ CHRONOLOGIQUE. 359

des gages de ses gens (9538). Les Espagnols, qui avaient miné et percé les murs de Tonnay-Charente, reçoivent leur solde le 4 octobre (4458). Le 30 du même mois, on augmente les gages des défenseurs de Saintes, à cause de la cherté des vivres (3520, 6940). Une quittance concernant la forteresse de Genouillé porte également la date d'octobre (829).

Une autre nef espagnole est effondrée devant Tonnay-Charente par ordre du maréchal Guy de Nesle; le possesseur perçoit son indemnité à Niort, le 26 janvier 1350 (3168). La montre de Jean de Clermont est reçue à Chizé, le 10 avril (1223).

Galois de Jumel garde la bastide de Varaize, en juillet 1351 (4981). En août, les troupes sont devant Saint-Jean-d'Angely (350, 1290, 1651, etc.); Renaud de Thouars, évêque de Luçon (5414), Bouchard de Vendôme (9302) se trouvent parmi les assiégeants. Le 26 du même mois, le général maître des monnaies rembourse une somme prêtée par des bourgeois de la Rochelle au connétable de France (9219).

Notons en 1352 et 1353, les establies de Saint-Jean-d'Angely (171, 5843, 8007), de Saintes (1070, 7135, 5000), de Brisambourg (3553); un service de guerre à la bastide de Saint-Gilles devant Surgères (5076, 7394); des quittances de gens d'armes données à Niort, (2146, 2196, etc.), à Paris (1636), à Benon (7783).

Au mois de mai 1354, on a les quittances du capitaine du pont de Saintes et de sa compagnie (5193); au mois de juillet, un service de guerre à la bastide Saint-Severin près Taillebourg (667, 3265).

Maillot de Mairé garde la bastide de Saint-Jacques devant Taillebourg, en mai 1355 (5560). Des maîtres mineurs de Bohême, employés en Saintonge, sont payés à Paris, le 26 juin (4450, 4451). Louis, comte de Poitiers, qui a pris part à cette guerre, touche ses gages à la même date (9189).

L'establie de Saintes reçoit ses gages à Niort, en novembre (4933), à Poitiers, en décembre de la même année (1364).

Au mois d'octobre 1356, on paye les hommes du guet de nuit de Saint-Jean-d'Angely (8214).

Des quittances de guerre de 1357 sont délivrées à Poitiers (319, 942, 1184, etc.) et à Paris (1979, 3345, etc.). De 1369 à 1376, les récépissés portent la date de Bourges (968, 1194), de Poitiers (5939), de Saumur (4263), de Tours (39, 645, etc.), de Buzançais (1558), de Pons (5721). En mai 1376, Hervé le Coq, sénéchal de Saintonge, garde Saint-Jean-d'Angely (2757); Jacques de Montbron, le château de Mareuil, en août (6266); André Barte, le château de Montguyon, au 1er février 1377 (678).

Les guerres de 1379, 1380 sont attestées par des actes donnés à Périgueux (6950), à Limoges (696), à Saintes (6681).

En 1387, on garde Rochefort-sur-Charente (5462).

Une montre de 19 arbalétriers et de leur connétable est reçue à Talmont, le 1er juin 1395 (472).

Au mois de février 1413, le château de Talmont a pour capitaine Jacques d'Heilly, maréchal de Guienne (4586); en avril 1419, il est défendu par Henri de Plusquellec (7229).

En février 1574, les troupes du roi campent devant la Rochelle (3875, 3877) et c'est de la Rochelle que, le 1ᵉʳ mars suivant, le duc d'Anjou, lieutenant-général du royaume, adresse une demande d'argent au receveur général de Guienne (186).

TOURAINE.

Nos plus anciennes pièces sur les guerres de Touraine ne remontent pas au delà de 1363. Nous avons des quittances de cette année délivrées à Tours, en mai, juillet et août (643, 3002, 8685). Viennent ensuite des récépissés donnés, en 1368, 1369, à Bourges (3523), à Vendôme (3196) et à Tours (3425, 3503, 8121, etc.); les actes datés de Vendôme concernent la poursuite des compagnies. Un service de guerre, sous Mouton de Blainville, porte également la date de Tours, 7 septembre 1371 (1312).

En octobre 1418, les gens d'armes qui pourchassent les Anglais reçoivent leur solde à Chinon (8761), et nos troupes assiègent Tours, en décembre de la même année (776, 926, 2636, etc.).

ARMÉE DE LA MER.

Un service de guerre, sous l'amiral Hugues Quiéret, est daté de Touques, 24 janvier 1339 (8706). En juin, on paye à Calais les patrons et les gens des douze galées de la compagnie de Charles Grimaldi (4256). A Boulogne, en juillet, Ayton Doria, capitaine des galées de Gênes, répartit les gages des pilotes de Flandre, Hollande et Zélande (3212). En août, encore à Boulogne, Pierre Barbara atteste le payement de Jean Brisepot, pilote de l'armée du roi (632). La solde d'un service en l'armée de la mer se fait à Paris, le 29 décembre (3658).

En mai et juin 1340, on approvisionne les nefs qui doivent prendre part à la funeste bataille de l'Écluse. Nous avons relevé plusieurs de leurs noms : Les barges du roi *Notre-Dame* (9210), *Saint-Andrieu* (4695), *Saint-Christophe* (5084), *Saint-Georges* (6126); — la *Blide* (1810), de Boulogne; — *l'Amoureuse* (3629), la *Nef-Dieu* (5647), *Dieu-la-Gart* (5647), la *Jeannette* (7440), *Notre-Dame-la-Marchande* (5647), *Saint-James* (4845), *Saint-Pierre* (3629), *Sainte-Anne* (3629), de Caen; — la barge *Sainte-Catherine* (3034), de Cayeux; — les nefs *Notre-Dame-de-l'Assomption* (1758), la *Nativité* (7273), *Saint-Jean* (2421), *Saint-Pol* (8737), de Dieppe; — la nef *Saint-Nicolas* (9577), d'Étaples; — *Notre-Dame* (5716), d'Étretat; — la *Jeannette* (8138), du Gué-de-Caux; — *Notre-Dame-Gaignepain* (3630), de Harfleur; — la *Mère-Dieu* (7127), *Saint-Eustache* (519), de Honfleur; — la *Chrétienne* (7487), la *Madeleine* (7954), *Notre-Dame* (3887), *Saint-Anton* (9012), *Saint-*

EXPOSÉ CHRONOLOGIQUE.

Etienne (6569), *Saint-Georges* (4500), *Saint-Jean* (7954), *Saint-Louis* (3034), *Saint-Martin*, appelée *le Crucifix* (3034), *Sainte-Marie* (9011), de Leure.

Le 20 janvier 1341, à Rouen, on livre à Nicolas Hélie, sergent d'armes du roi et vice-amiral : 100 plates, 100 bassinets garnis, 100 lances, 200 dards, 100 écus et pavois garnis, 30 arbalètes, 30 baudres, 4 caisses de viretons (4592).

En août 1346, la garde de Honfleur est confiée à Jean de Chaponval, bailli de Caux et lieutenant de l'amiral de la mer (2198).

A Dieppe, le 14 juillet 1347, Philippe le Despenser donne quittance d'armes destinées à plusieurs vaisseaux chargés de vivres pour Calais (3163).

Les équipages des galées envoyées en France par le roi d'Aragon reçoivent leurs gages à Paris, le 27 mars 1356 (4722); François de Perellos, leur amiral, touche sa pension en octobre (7088).

Un service de guerre en l'armée de la mer est payé à Honfleur, en décembre 1369 (7325) et en juillet 1370 (422). En août, dix galées sont envoyées au port de Corneto pour ramener le pape (3544).

Les frais d'un voyage en Normandie, où Jean Le Mercier, conseiller du roi et châtelain de Creil, est allé recevoir des galées d'Espagne, sont payés à Paris, le 18 août 1380 (6004).

Une quittance de 1,200 francs d'or à convertir en approvisionnements est délivrée à Rouen, le 13 juin 1387, par Jean Champenois, maître des garnisons de l'armée de la mer (2135).

En mars 1416, Nicolas Grimaldi, capitaine des galées de Rouen, reçoit cinq mines de sel (4264).

Antoine de Conflans, capitaine de la barque *Dauphine*, appartenant au roi, donne quittance de sa pension, le 26 décembre 1524 (2727).

ARTILLERIE, ARMURES.

Le 16 mai 1299, Gilbert du Louvre, sergent d'armes du roi, donne quittance de 200 ℔ destinées à faire fabriquer des carreaux (5409). En janvier 1338, on répare l'artillerie du château de Coiffy (3165). Un document de 1340 nous apprend que le maître de l'artillerie du roi pour l'ost de Buironfosse se nommait Jean du Louvre (5410).

Nous avons déjà vu que, le 20 janvier 1341, à Rouen, 100 plates, 100 bassinets garnis, 100 lances, 200 dards, 100 écus et pavois garnis, 30 arbalètes, 30 baudres, 4 caisses de viretons, sont livrés à Nicole Hélie, sergent d'armes du roi et vice-amiral (4592).

Par une quittance datée de Verneuil, 27 décembre 1343, Charles de Valois, comte d'Alençon, reçoit de Thomas Foulques, garde du clos des galées de Rouen, 10,000 carreaux d'arbalète à deux pieds (79).

En juillet 1344, à Rouen, Richard Brumen, châtelain de Moulineaux, donne un récépissé de 6 plates, 6 bassinets, 3 écus, 3 pavois, 6 gorgerets, 6 lances et 6 paires de gantelets (1648).

Le 15 juillet 1345, Robert Bertrand de Bricquebec, capitaine des frontières de la mer en Normandie, ordonne au garde du clos des galées d'envoyer sans délai à Valognes 60 arbalètes avec les baudres et 6 milliers d'artillerie (1573). Au mois de décembre, un capitaine génois, Damian Pallavicini, en service à la Rochelle, reçoit 12 plates, 12 bassinets et 12 gorgerets (6951).

Au mois de juin 1346, deux quittances, l'une de Renaud de Pierreville, garde d'Étretat, l'autre de Jean de Turgoville, garde de Leure, données à Harfleur, mentionnent des plates, des bassinets, des pavois, des lances, viretons et carreaux (7183, 9129). En juillet, on délivre à Henri d'Ourville, sergent d'armes du roi et châtelain de Caen, des arbalètes de corne à tour et à tour sur main, des arbalètes d'if à deux pieds, 4 tours, 4 haussepieds, 2,000 carreaux empennés d'airain pour les arbalètes à tour (6921). Le 20 août, Charles Grimaldi, capitaine des galées de Monaco, reçoit du garde du clos des galées 30 plates de Gênes et 4,000 viretons (4257).

En avril 1347, le château de Belle-sur-Mer est approvisionné d'arbalètes à tour, de tours pour les tendre, de haussepieds, carreaux, viretons, etc. (3816). Au mois de mai, Mahieu de Roye, maître des arbalétriers, ordonne de réparer certaines arbalètes du château de Rouen (8084), de délivrer des armes et des munitions pour les forteresses du comté d'Eu (8085). Le 25 juin, Richard du Mesnil munit le château de Pont-de-l'Arche d'arbalètes et de baudres (6035). Au mois de juillet, Pierre de Préaux, capitaine des frontières de Caux, reçoit 200 pavois peints aux armes de France, 200 lances ferrées, 10 arbalètes de corne à tour, 10 tours, 800 carreaux empennés de laiton (7405). En août, 10,000 viretons sont transportés de Rouen à Honfleur (6017). En septembre, le garde du clos des galées délivre à Jean de Tourneville, châtelain de Rouen, 2 arbalètes d'if à un pied et 2 baudres (8941).

Le 18 avril 1358, Étienne Marcel fait enfermer à l'hôtel de ville des armes et des munitions que l'on dirigeait sur Meaux (6987).

Au commencement d'août 1359, Pierre d'Aumont reçoit à Rouen des arbalètes et des viretons pour le château de Neauphle (420).

Le 2 mars 1360, le maître de l'artillerie du régent livre au seigneur de Garencières 8 arbalètes à haussepied (3962). Ordre est donné, en novembre 1361, d'envoyer 50 pavois devant Brezolles.

A la date du 2 février 1366, le verdier de la forêt de Rouvray doit délivrer 14 hêtres pour fûts de vireton et 20 trembles pour fûts de pavois (2874, 7451). Le 1ᵉʳ août, Jacques de Hangest, huissier d'armes du roi et garde du château de Corbeil, reçoit 8 arbalètes à haussepied, 2 haussepieds, 8 pavois, 2 caisses de carreaux, 1 tonnelet de viretons (4428).

Mahieu des Chesnes, capitaine de Creil, donne quittance à Paris, le 29 mars 1368, d'un millier d'artillerie, moitié viretons, moitié carreaux (2460), et Jean de Machault, capitaine du château de Choisy, scelle un récépissé de 2,000 viretons (5456). En avril, 2 arbalètes à haussepied toutes garnies, un millier de viretons et un millier de carreaux sont expédiés à Jacques des Essarts, capitaine du pont de Saint-Cloud (3404).

D'après un acte du 9 mai 1369, 8 caisses de traits et 8 arbalètes à un pied sont livrées à Jean de la Trémoïlle par Jean de Lion, sergent d'armes du roi (9056).

Le 31 janvier 1371, Imbert le Damoisel, armurier et valet de chambre du roi, est payé d'ouvrages d'armure, de couture et de batture exécutés pour les obsèques de feu monseigneur d'Audrehem et de Geoffroi de Charny (3124). Au mois d'avril, quittance de 8 arbalètes à deux pieds et de 4 à un pied, pour les forteresses du roi en Limousin, est donnée par Jean, sire de Pierre-Buffière (7174).

A Paris, le 18 mars 1372, Jean de Lion, sergent d'armes du roi et maître de son artillerie, acquitte les dépens d'un emballage de viretons (5285).

Le 19 août 1373, le roi donne, pour la défense de la ville de Meaux, 6,000 traits d'arbalète et 4 arbalètes à tour (3888).

Par une quittance datée de Paris, mai 1374, Guillaume, bâtard de Poitiers, offre 4 caisses d'artillerie (7249). Le 4 juillet, Pierre de Kerrimel, capitaine de Saint-Mathieu de Fine-Poterne, reçoit 2,000 viretons et 2 arbalètes à tour (4996). Une autre quittance de 2,000 traits et de 6 arbalètes à pied, est délivrée le 2 septembre 1379, par Pierre de Fay, dit Oiselet, capitaine de Chaumont-en-Vexin (3516).

Le 15 novembre 1393, Guillaume le Mière, maître de l'artillerie du château de Caen, achète du fil de chanvre, de la cire et de la gomme pour fabriquer des cordes d'arbalète (6096).

Six arbalètes, de la façon du pays de Gênes, sont livrées au connétable du château d'Arques, le 10 mai 1400, par Robert Bilourde, artilleur dudit château (5788).

En février 1403, Jean de Choisy, maître des artilleries du roi au Louvre, reçoit les gages de son office (2507).

Le 26 mai 1420, Pierre du Puy-du-Fou, maître d'hôtel du régent, paie les dépens pour avoir amené de Nîmes à Aix la grosse bombarde d'Aix (7496).

Guillaume d'Appleby, maître des ordonnances et artilleries du roi d'Angleterre en Normandie, est payé de ses gages le 1er août 1428 (226). En septembre 1433, Jean Banaster, investi des mêmes fonctions, donne quittance de dépens faits en son office (608). En novembre 1435, Guillaume Glocestre, maître des mêmes ordonnances, délivre une quittance analogue (4100).

Le 15 novembre 1460, Tanneguy du Châtel, maître de l'écurie du roi, acquiert 70 corsets garnis, des salades, des garde-bras et des petits gantelets (2303).

Le 12 janvier 1484, le châtelain de Péronne reçoit 12 trousses, dont 6 à arc et 6 à arbalète (1034).

MISSIONS, VOYAGES, NÉGOCIATIONS, ETC.

Le 27 juin 1290, Jean, évêque de Carcassonne, donne quittance des frais d'une mission en Angleterre où il est envoyé par le roi (1859). Le 23 décembre 1294, Jean de la Bretonnière, chevalier du roi, reçoit par les mains du bailli de Caen le coût d'un autre voyage ordonné par le souverain (1535).

Au mois d'avril 1298, Pierre Flote, chancelier du roi (3657) est envoyé en Allemagne.

Un acte daté de Londres, 19 juillet 1313, mentionne un voyage en Angleterre par Guillaume Flote, sire de Revel (3653).

En mars 1324, Alphonse de Rouvray-Saint-Simon, gouverneur de Navarre, se transporte à Toulouse, où était le roi, au sujet du serment des Navarrais (8050). D'après un document du mois de mai 1339, Guillaume Roland, sénéchal de Rodez, vient en France consulter le roi sur la guerre (7912). Une quittance donnée à Rabastens, en octobre 1340, concerne un voyage, dans la sénéchaussée de Bigorre, de Vital de Nogaret, clerc du roi et procureur général de la sénéchaussée de Toulouse (6772).

Le 10 février 1345, Jean de Crépy, trésorier du roi, ordonne au receveur de Toulouse de compter 300 livres à l'abbé de Coulombs chargé d'une mission en Espagne (2969). Philippe de Talaru, conseiller du roi, reçoit à Chalon, en octobre 1346, l'indemnité de ses frais d'un voyage à Avignon (8776).

En février 1349, Rudel, sire de Seyches, perçoit à Chantecoq, les dépens d'un voyage vers le duc de Brabant et l'évêque de Liège (8605). A Saint-Pourçain, le 15 mars, Guillaume Flote, sire de Revel, délivre une quittance au sujet d'une mission à Vienne (3655).

Un service de guerre est payé à Agen, le 12 août 1354, à Jean de Casals, écuyer lombard, qui était allé en Provence chercher des arbalétriers de son pays (1891).

D'après une pièce de février 1356, Jean, comte de Sarrebruck, porte un message à l'Empereur (8408).

En mars 1358, Simon de Tinory va à Lyon chercher des gens d'armes pour le comte de Poitiers (8918).

Un message est porté au comte de Foix, en janvier 1360 (7940). Au mois d'avril, par ordre du comte de Poitiers, Érailh de Saint-Nectaire est envoyé vers la reine (8241). Le 26 du même mois, à Paris, Charles de Montmorency délivre une quittance des frais d'un voyage au sujet d'un traité avec le roi d'Angleterre (6408).

Guillaume de Melun, archevêque de Sens, est chargé d'une mission en Flandre, en juillet 1362 (8566).

À Paris, en juillet 1368, Simon de la Brosse, abbé de Cluny (2634), et Robert de Lorris, conseiller du roi (5368), sont remboursés des frais d'un voyage vers le duc d'Anjou et le pape. Dans la même ville et le même mois, Thibaut Hocié, secrétaire du roi et chanoine de

Paris, est dédommagé de ses dépens pour être allé en Aragon et en Espagne (4691). D'après un document du 29 septembre, Jean d'Erquery, doyen de Noyon et conseiller du roi, accompagne le souverain à Tournay (3337). Philippe de Moulins, chancelier du duc de Berry (6560) et Vesien de Lomagne, chambellan de ce duc (5315), se transportent en Angleterre pour y traiter de la paix et de la délivrance du roi ; leur quittance est datée de Paris, 14 octobre 1368.

Les frais d'un voyage en Angleterre sont payés à Paris, le 3 janvier 1369, à Nicolas du Bosc, clerc et conseiller du roi (1265). D'autres frais d'un voyage en Flandre sont remboursés, le 23 février de ladite année, à Arnaud de Corbie, également clerc et conseiller du roi (2774).

D'après une quittance datée de Paris, 18 juillet 1370, Jean le Haze de Chambly, maître de l'hôtel du roi, est commis avec l'abbé de Fécamp pour aller vers le pape (2103).

Le 13 avril 1374, à Paris, Charles V donne un ordre de payement au profit d'Aleaume Boistel, maître des requêtes, pour ses frais d'un voyage à Tournay (3780). Du 20 mai de la même année, Raoul, sire de Louppy, conseiller du roi, délivre quittance au sujet d'une mission en Bohême et Hongrie (5402).

Un acte du 4 juin 1376 mentionne le voyage en Sicile de Gui de Morges, conseiller du roi (6493).

En octobre 1379, Raoulet Renard, bourgeois d'Orléans, porte de l'argent au roi à Montargis (7648).

Jean le Mercier, conseiller du roi et châtelain de Creil, visite les forteresses de Normandie, reçoit les galées espagnoles, va à Nantes pour y traiter de la paix, puis en Picardie vers le duc de Bourgogne ; il donne quittance de ses frais à Paris, le 18 août 1380 (6004).

Le 19 août 1383, on solde les frais de voyage et de séjour à Lyon, de Pierre de Chevreuse, conseiller du roi (2471).

En avril 1385, Raoul de Renneval, envoyé à Boulogne pour traiter de la paix avec le roi d'Angleterre, fournit une quittance de ses dépens (7669).

Thierri Martine, sergent d'armes du roi, fait un voyage de Paris en Espagne vers le roi de Castille et le duc de Bourbon ; ses frais lui sont remboursés à Paris, le 20 juillet 1387 (5807).

Des quittances, concernant un voyage en Lombardie, sont données par Nicolas de Rance, conseiller du roi (7588) et Jean Munier, clerc des comptes (6605), le 21 septembre 1388. Le 23 de ce mois, Hugues de Bonsolas, clerc et secrétaire du roi, reçoit ses gages d'un voyage à Châlons (1219). Les dépens d'un autre voyage à Châlons sont payés à Pierre de Giac, chancelier de France, le 27 novembre (4053) ; le 8, à Nicaise Bougis, secrétaire du roi (1309). Philippe de Moulins, évêque d'Évreux, qui était allé à Reims vers le roi, délivre quittance de ses frais, le 16 (3478). Pierre Frenel, conseiller et maître des requêtes de l'hôtel, envoyé en Aragon, donne son récépissé le 12 décembre (3831).

Pour une mission en Picardie, Yvon Derrien, secrétaire du roi, est payé à Paris, le 18 janvier 1389 (3158). Bernard de la Tour d'Auvergne acquitte dans la même ville, le 19 février, les frais d'un voyage vers les ducs de Berry et de Bourgogne (5052).

Charles Boistel, échanson du roi (1173), et Jean le Boutier, secrétaire du roi (1424), reçoivent, le 31 janvier 1392, leurs gages d'un voyage en Allemagne.

Les dépens d'un voyage en Languedoc et en Dauphiné sont payés à Renaud de Chartres, conseiller du roi et du dauphin, en août 1418 (7633). Robin de Bracquemont, amiral de France, venu en ambassade à Paris pour traiter de la paix, délivre quittance le 6 août de la même année (1463).

En mars 1419, Tanneguy du Châtel se rend en Anjou (2302).

Le 20 janvier 1420, Jacques Gelu, archevêque de Tours, donne son récépissé au sujet d'un voyage en Espagne (9024); Laurent de Heredia, chambellan du régent, envoyé vers le roi d'Aragon, est remboursé de ses dépens, le 16 de ce mois (4629). Le 26 mars, Guillaume, abbé de Saint-Corneille de Compiègne, et Tanneguy du Châtel revenaient d'Écosse où ils étaient allés chercher des hommes de guerre pour défendre la Picardie (2702).

D'après un document du 28 mars 1429, Bérard de Mont-Ferrand, conseiller du roi, avait été envoyé en Bretagne voir le duc et son conseil (6325).

Un acte du 4 août 1436 signale la présence à Arras de Christophe d'Harcourt, chargé de négocier avec le duc de Bourgogne (4466). Un autre acte de décembre 1438 mentionne un voyage de Renaud Girard, maître de l'hôtel du roi, vers le même duc (4083).

Guillaume Cousinot, bailli de Rouen, recouvre ses dépens d'un voyage en Écosse, le 22 juin 1451 (2915).

Les frais d'une mission en Roussillon et Sardaigne sont délivrés à Jean d'Estuer, bailli de Lyon, le 8 décembre 1485 (3453).

DONS, PRÊTS, ETC.

Le 10 février 1299, le roi gratifie de 100^{lt} un chevalier nommé Jean de Soules (8684). D'après une quittance délivrée à Lens, le 24 septembre 1315, le roi fait un don à Guillaume, sire de Caumont, pour le décider à rester aux frontières de Flandre (1941).

Au mois de mars 1344, le roi accorde 60 livrées de bois pour la réparation de l'hôtel de Robert de Nantouillet, son écuyer (6657).

Le roi de Bohême, Jean, comte de Luxembourg, emprunte au roi de France 10,000^{lt} reçues à Paris, le 17 août 1346 (5435). Le même mois, par un acte daté de Port-Sainte-Marie, près Aiguillon, le duc de Normandie donne 300 florins d'or à Pierre de la Tour (8972). Le 20 juillet 1347, Yolande, comtesse de Bar, fournit une assurance à ses pleiges envers Bertrand le Hongre, citoyen de Metz, prêteur de 300^{lt} (630).

Un ordre de payement au sujet d'une somme à délivrer à Gaillard de Durfort, à ses frères

EXPOSÉ CHRONOLOGIQUE.

et autres nobles, pour qu'ils retournent en l'obéissance du roi, porte la date du 6 septembre 1350 (961).

Le 28 décembre 1354, le roi fait distribuer aux enfants de sa chapelle, par Jean des Murs, leur maître, 20 ᴴ à l'occasion de leur fête et des jeux des Innocents (6612). Au mois de mai 1355, le roi paye la rançon de Jean, sire de Pierre-Buffière (7173).

En novembre 1358, le régent délivre quittance d'un prêt consenti par Pierre Payen, son conseiller (7027). Un document daté de Montpellier, 6 mai 1359, mentionne un don fait aux nobles du Quercy par le comte de Poitiers (1772, 7949).

En juin 1360, des subsides sont accordés à la reine pour la garde de ses châteaux (7103).

Le 7 novembre 1361, Bureau de la Rivière, chambellan du duc de Normandie, reçoit, à l'occasion de son mariage, 1,000 francs d'or et 500 écus (7733). Au mois de juin 1364, provision est faite par le roi de Navarre aux enfants de feu Jean de Picquigny « pour euls gouverner à l'escolle » (7155).

Le 10 octobre 1365, don du roi à Philippe d'Orléans, son oncle, pour édifier son hôtel de la Porte du Chaume (6903). Au 12 mars 1366, à Paris, Marguerite de France, comtesse d'Artois, délivre aux trésoriers généraux des aides quittance de 1,000 francs d'or que lui accorde le roi (329).

Un acte du mois de mai 1371 concerne 200 francs d'or prêtés à Pierre de Tournebu pour sa rançon (9001). Un mandement des généraux conseillers des aides au sujet de 12,000 francs payables au duc de Berry, est daté de Paris, 26 août 1372 (28, 8409). En décembre 1373, Sance Réville de Nogent prête 200 francs d'or au roi pour ses guerres (6774).

D'après une quittance du 26 octobre 1380, de Guillaume Brunel, trésorier et argentier du roi, 13,000 francs furent ordonnés pour le sacre (1656).

4,000 ᴴ sont prêtées au roi par Gui de la Trémoïlle, son chambellan, le 25 octobre 1385 (9057).

Morinot de Tourzel, chambellan du duc de Berry, reçoit du roi 3,000 francs d'or, le 21 décembre 1386 (9029).

Le dernier jour de février 1391, le roi donne 2,000 francs d'or au Bègue de Villaines, son conseiller et chambellan (9480).

Le 6 septembre, à l'occasion de son mariage avec Jeanne d'Harcourt, Guillaume, fils aîné du comte de Namur, reçoit 10,000 francs du roi (6644); et le 8 du même mois, le roi donne à Gérard de Montaigu, son conseiller, 500 ᴴ pour l'aider à réparer sa maison (6209).

A la fin de mai 1394, le roi fait don à son valet tranchant, Pierre de la Trémoïlle, de 1,000 francs d'or pour l'achèvement du château de Dours (9067).

Le 12 avril 1401, Jean Hermant, secrétaire et maître de la chambre aux deniers du duc de Berry, délivre quittance de la pension de son maître (4632).

En octobre 1410, le roi donne à Jean de Roubaix, son chambellan, 400 francs d'or pour se monter, s'armer et s'habiller (7982).

On possède du 8 septembre 1414, une quittance d'avances faites par la reine à la duchesse de Bretagne (7563).

A Vannes, le 27 mai 1420, Jeanne de France, duchesse de Bretagne, abandonne les biens trouvés au château de Broon, en faveur de son cousin Charles de Montfort (1517).

Le 12 février 1482, Marguerite, reine d'Angleterre, fournit quittance de sa pension (172).

Du 8 avril 1505, sous le sceau du cardinal-légat Georges d'Amboise, un acte offre le rôle des sommes d'argent et de la vaisselle distribuées à la cour du roi des Romains par Louis XII, à l'occasion de l'investiture du duché de Milan (116).

Alfonse, infant d'Aragon, reçoit sa pension le 29 novembre 1514 (227). En mai 1519, François de Rochechouart est remboursé de 1,000 ᴴ prêtées au roi en 1515 (7807).

Le 15 mars 1569, le roi donne 300 ᴴ à André de Sourdeval, gouverneur de Belle-Isle.

JUSTICE.

Une quittance de frais dans une enquête au sujet d'un différend entre le roi et l'évêque d'Amiens porte la date du 29 mai 1283 (8995).

En juillet 1304, Philippe de la Porte, écuyer, avait conduit de Toulouse au Châtelet de Paris, maître Herbert de Tiffauges (7350). Gages reçus par Guillaume de Rougemont, chevalier, pour avoir amené Robert de Béthune, comte de Flandre, à Pontoise, le 16 novembre de la même année (8008). Du 9 octobre 1315 date le récépissé du jugement prononcé par les pairs de France contre Robert de Béthune, avec son excommunication et interdit (959).

En janvier 1338, Macé Galien est transféré des prisons de Tours au Châtelet (1018). Au mois de septembre, Jean Thouroude, conseiller du roi, donne quittance de vacations dans un procès entre le procureur du roi et l'évêque d'Amiens (8879).

Par des lettres datées de Saint-Quentin, 1ᵉʳ mai 1342, le gouverneur du bailliage de Vermandois ordonne au prévôt de Saint-Quentin de faire transporter à Laon un Lombard qui avait pillé une église (3513).

Un ordre d'emprisonner les deux frères Jean et Ferri de Hem, chevaliers, est daté de Paris, septembre 1351 (8712).

Le 26 janvier 1420, Giraud de Cros, écuyer, touche des gages pour avoir conduit des prisonniers à Bourges (3037).

En mars 1427, Jean de Thiant, capitaine et bailli de Senlis, reçoit 25 ᴴ pour avoir amené un prisonnier à Paris (8843).

Au mois de mars 1429, Jean le Paumier, soupçonné d'un homicide, est conduit aux prisons de Rouen (7274).

La quittance des gages de maître Jacques Jouvenel, conseiller et avocat en la cour de parlement, porte la date du 24 février 1439 (9578).

EXPOSÉ CHRONOLOGIQUE. 369

Une quittance du lieutenant du bailli de Rouen en la vicomté d'Auge, donnée le 31 août 1467, concerne les frais d'exécution d'une sentence (9567).

On a, du 14 avril 1516, la quittance au sujet d'un procès soutenu pendant seize ans par Jean d'Arpajon, seigneur de Severac (299). Le 24 mars 1550, a lieu l'adjudication au moins offrant pour mener à Rouen un condamné à mort appelant de la sentence du bailli d'Évreux (2820).

MONNAIES.

Des récépissés de deux lettres du roi sur le cours des monnaies sont datés de Vatan en Berry, 8 octobre 1313 (908).

Du 10 et 13 décembre 1315, autre récépissé de semblables lettres, donné par le sénéchal de Lyon (5447) et par Jean de Blainville, sénéchal de Toulouse et d'Alby (1038).

Le 29 mai 1316, autre récépissé de lettres du roi concernant les monnaies d'or et d'argent, donné par Pierre du Breuc, bailli de Senlis (1541).

Au mois de février 1348, Guillaume de Monlezun, comte de Pardiac, délivre une quittance aux maîtres de la monnaie d'Agen (6972).

L'attestation d'un versement fait à la monnaie de Saint-Pourçain porte la date du 31 mars 1353 (2892). Une quittance est délivrée au maître particulier de la monnaie de Limoges par Michel de Saint-Germain, maître général des monnaies, le 3 mars 1354 (8200). Le 22 mai, le lieutenant du trésorier des guerres lève 94 marcs d'argent sur les maîtres de la monnaie d'Angers (845). Le 12 décembre, Adam des Hayes, clerc et notaire du roi, est remboursé des frais d'un voyage au bailliage de Sens pour le fait des monnaies (4567).

Du 27 janvier 1355, un mandement sur la valeur de l'argent blanc et de l'argent noir est reçu par Robin le Violeur, garde de la monnaie de Saint-Pourçain (9564).

Du 18 juin, récépissé d'un mandement sur la valeur de l'argent, par Jean Renier, garde de la monnaie de Saint-Pourçain (7657). Le 17 juillet, des sergents à cheval du Châtelet donnent quittance de leurs gages pour avoir porté de l'argent en grenaille à la monnaie d'Angers (4574, 7359). Un acte du même mois concerne le billon blanc à ouvrer par la monnaie de Dijon (7234) et le récépissé d'un mandement sur la valeur de l'argent, par P. Sans-Dent, lieutenant du garde de la monnaie de Saint-Pourçain (8396). Le 9 août, le maître général des monnaies donne ordre au maître de la monnaie de Saint-Pourçain de délivrer les deniers dus au roi (5021); en conséquence, le 22 du mois, Jeannet Glenac, changeur pour le roi, déclare avoir reçu 1,000ᴛᴛ (4096) et, le 21 septembre, 13,400ᴛᴛ sont envoyées au Trésor à Paris (8204). Le 2 décembre 1340, une quittance de même nature, relative aux profits du roi, est délivrée par Jean Viel, changeur pour le roi en la monnaie de Paris (9408).

En octobre 1356, Pierre Puget est maître de la monnaie de l'or à Toulouse (2386).

Le 26 juin 1359, Étienne de Cormeilles, huissier d'armes du roi et du régent, visite la monnaie d'Angers (2790).

II. 47

Déclaration du comte d'Anjou, du 14 janvier 1360 : le comte s'est rendu à la monnaie d'Angers et s'est emparé par force de 2,025 ᵗᵗ dues par l'ex-maître de la monnaie (189). Le 26 dudit mois, Adam de Dammartin, commis à visiter la monnaie de Poitiers, délivre une quittance au maître particulier (3118). Le 6 juillet, les gardes de la monnaie de Rouen certifient la valeur du marc d'argent en billon (3622, 4103). Le 7 novembre, Pierre Bataillé, maître général des monnaies, acquitte les frais d'un voyage pour aller visiter la monnaie de Toulouse (689).

Les prévôts des monnayeurs et des ouvriers de la monnaie d'Angers délivrent une quittance au maître de ladite monnaie, le 6 janvier 1361 (166).

Au mois de janvier 1362, Jean de Caux était essayeur de la monnaie de Toulouse (1968).

Un document du 20 mars 1364 mentionne un transport d'argent à Verdun (308). Un mandement aux maître et gardes de la monnaie de Rouen est daté du 20 décembre 1370 (8763).

En juin 1373, Estiennot le Chahuent (2057), garde de la monnaie de Dijon, et un tailleur de coins (4791) donnent quittance de leurs gages. Paris, 13 mai 1377, Oudin Lévrier, d'Orléans, amène à Orléans, du pays d'Auvergne, 40,000 ᵗᵗ reçues des receveurs dudit pays (5218).

Des versements sont faits à la monnaie d'or de Paris, le 15 avril 1385 (1476). Un acte du 8 avril 1387 concerne l'argent transporté de Paris à Bruges par le trésorier des guerres (6076). Le 25 septembre, autre transport à Guise de l'argent destiné à l'armée de Brabant (4377). Au 21 septembre, on paye un voiturier qui avait apporté à Laon 5.000 ᵗᵗ en menue monnaie (6591).

HÔTEL DU ROI, DES PRINCES ET DES GRANDS FEUDATAIRES.

Le 14 février 1299, Eudes Calain, orfèvre de Paris, reçoit 750ᵗᵗ, prix d'une couronne d'or enrichie de pierreries livrée à Philippe le Bel (1756). En mars, Geoffroi Coquatrix, échanson du roi, donne quittance de 400ᵗᵗ pour les garnisons des vins du roi (2761). En juin, 400ᵗᵗ montant de travaux exécutés pour la reine sont comptées à Adam d'Aire, orfèvre (53).

A Calais, le 26 mars 1305, les gages d'Eustache de Framezelle, pour service de guerre en Flandre, sont payés en vin par le maître de l'hôtel du roi (3778).

En janvier 1317, on achète deux roncins espagnols pour le roi (7199). Au mois de juin 1318, les ménestrels qui étaient aux noces de la fille du roi touchent leurs gages (7907).

D'après une quittance donnée à Notre-Dame-des-Champs, le 6 décembre 1324, Mahaut de Saint-Pol, comtesse de Valois, achète un Livre des Pères, écrit par Jean de Chartres; le livre coûte 80ᵗᵗ et la reliure est payée 16 sols (9209). Le 22 juin, une pipe de vin d'Anjou est donnée par le roi à Pierre Trousseau (9108).

Une quittance délivrée au bois de Vincennes, le 4 mars 1338, par Robert de Boutervilliers, échanson du roi, mentionne un achat de vin de Beaune (1423).

Deux queues de vin de Beaune sont données par la reine en janvier 1339 (7878). Au mois d'août, un tonneau de vin de Saint-Jean est offert à la berceresse de Charles de France (8393).

Du 13 juillet 1346, on a les gages des veneurs du roi et les dépens des chiens à Villeneuve-le-Comte (4093).

Jean de Besançon, médecin du duc de Normandie, donne quittance de ses gages à Hesdin, le 14 juillet 1347 (964).

Au 25 juillet 1350, une quittance de trois queues de vin de Beaune est délivrée au maître des garnisons du duc de Normandie (327).

Le 8 février 1351, 40 écus d'or sont délivrés par Jeannot Hautemer, ménétrier du roi, à 16 ménétriers de Lyon (4541). Le 26 août, Robert de Lorris achète deux chevaux pour le roi (5367). Guillaume Maillart, maître archer du roi, reçoit 350 ₶ pour les dépens de ses hommes, le 13 décembre (5501).

En octobre 1352, une queue de vin vieux est acquise pour le roi, de Jean des Marès, avocat au parlement (5713).

Du 1er mars 1356, une quittance concerne l'achat de chevaux pour le duc de Normandie, par André de Matefélon, son écuyer (5837). Un autre achat de chevaux pour le roi figure sur une quittance datée de Paris, 12 mai de ladite année (5682).

Au mois de janvier 1361, un palefroi est vendu 100 royaux au duc de Normandie (5640).

Le 16 juillet 1362, Marie, fille du roi de France, paye 130 ₶ un bréviaire que son frère le duc de Normandie lui a fait acheter (3782). Une quittance du 27 octobre règle la dépense de l'hôtel de Jeanne d'Armagnac, duchesse de Berry, à Mâcon (946). Le 6 novembre, le receveur d'Évreux rembourse le prix de vêtements sacerdotaux acquis pour le compte de la reine de Navarre (5946).

On a, de juin 1366, les dépens de la reine allant en Navarre (8906). Le même mois, un cheval est acheté 20 francs à Dent-de-Rat pour Jeanne de France, reine de Navarre et comtesse d'Évreux (6676).

En avril 1368, Marie de Barbençon (646) et Marguerite de Croisilles (3023) achètent pour l'atour de la reine « couvrechiefs, gorgions, mantelets, coiffes, épingles, soie, boursettes de broderie, escouffées à perles », etc.

Le 24 mars 1369, on acquiert pour le roi, de Jean Barthélemy, le tapis de la queste de Saint-Graal (950).

Un acte de juin 1370 concerne la fourniture de 15 aunes de « mabre broissequin long » de Bruxelles données à la nourrice du dauphin (7779).

Au mois d'août, Andri Giffart, changeur de Paris, reçoit 2,100 francs d'or pour un fermoir d'or à balais, diamants, saphirs et perles que le roi offre au duc de Brabant et 800 francs d'or pour un autre fermail que la reine donne au même duc (4058). Le 14 décembre, Bernardo Bellenati, marchand de Paris, livre pour le roi divers draps d'or et de soie (858), et le 30 dudit mois, Pierre Chappelu, changeur de Paris, donne quittance au sujet de certains joyaux achetés pour la reine (2200).

Le 14 janvier 1371, Jean Mandole, pelletier de Paris, fournit à la reine pour 100 francs d'or de pelleteries (5619). Le même mois, on paye 300 francs d'or la cire pour les obsèques du pape, que le roi fit célébrer à Notre-Dame (6762).

Une quittance de Gabriel Fatinant, valet de chambre du roi, délivrée le 23 avril 1372, mentionne l'achat d'un gobelet et d'une aiguière d'or pour la somme de 500 francs d'or (3499).

On acquitte la dépense des chiens et des lévriers du roi au séjour de Melun, le 18 décembre 1374 (4724).

A Carcassonne, le 4 juin 1375, le duc d'Anjou donne une robe d'écarlate à Laurent de Faye, son conseiller (3522), et à Philippe de Saint-Pierre, trésorier de France (8258). Le règlement des dépens de l'hôtel de ce duc se fait à Angers, le 16 juin 1376 (6073).

Au mois de septembre 1377, Charles, roi de Navarre et comte d'Évreux, reçoit à Pampelune avec des pièces d'habillement, «un tablel d'argent pourtrait à pluseurs ymages, une douzaine d'escriptoires garnies, un signet à un ruby balai entaillé» (6667).

Le 15 janvier 1378, Jean de Meaux, pelletier de Paris, donne quittance au sujet de fourrures livrées à Pierre de Navarre (5947).

Les dépens des oiseaux de la grande cage de l'hôtel Saint-Paul sont payés en juin 1380 (6571). Le 11 octobre, l'orfèvre Jean de Maucreux, qui avait livré au feu roi un grand pot d'or avec son étui, reçoit $1,257^{lt}$ 6 sols 3 deniers tournois (5870). En novembre, une queue de vin vieux de Gallardon est vendue au maître des garnisons des vins du roi (7630).

On solde les gens d'armes du corps du roi, le 12 février 1384 (1024). La montre de Gaucher de Passac, capitaine desdits gens d'armes, est reçue à Paris, le 1er avril, le 1er juin et le 1er août 1386 (2173, 9557).

Par une lettre datée de Vannes, 17 mars 1388, Jean, duc de Bretagne ordonne de payer à Thomas Maidon, son orfèvre : un pot, une cuiller et une fourchette d'argent pour son gingembre vert (1512).

Une pièce du 16 décembre 1389 concerne les gages des demoiselles de la reine (1414). En août 1391, des vêtements pour le roi sont mentionnés dans un acte de son argentier, Charles Poupart (7387).

Le 20 octobre 1392, sous la quittance de Charles Durant, médecin du duc de Bourgogne, on a les honoraires payés à plusieurs médecins qui ont visité le roi au Mans (3251). Renaud Fréron, son premier médecin, reçoit 100 francs d'or (3832).

Au mois d'octobre 1393, on acquitte les dépens de l'hôtel de la reine (7083). En juin 1396, Guillaume de Rungegrez, dit Orgeval, était concierge de l'hôtel des Loges, en la forêt de Saint-Germain (8111). En octobre de cette année, on paye les archers de la garde du roi (5880).

Philippe de Corquilleroy, maître veneur du roi, donne quittance de sa pension et de frais de vénerie, le 1er décembre 1398 (2812).

EXPOSÉ CHRONOLOGIQUE.

En mars 1401, Cordelier de Giresme, maître de l'écurie, achète des chevaux pour le corps du roi et pour le sommage et charroi de l'hôtel (4088). En avril, on règle la dépense de l'hôtel du roi (7564).

Le nom de Jean-d'Entre-deux-Ponts, fauconnier du roi, est réintégré, en avril 1405, sur le rôle des officiers où il avait été omis (7564).

Le 17 mars 1407, Martin Gazel, premier médecin du roi, donne quittance de sa pension (4009).

Le 12 janvier 1409, la duchesse de Bretagne fait remettre à Robert de Beaumanoir 40^{tt} pour l'achat d'un cheval (778).

Guillaume de Gamaches, maître de la vénerie du roi, délivre, le 14 mai 1411, une quittance de sel à saler les venaisons (3924).

En décembre 1417, le grand fauconnier achète des oiseaux pour le « déduit et esbattement » du roi (1657).

En août 1418, deux cents queues de vin sont vendues au dauphin pour le prix de 800^{tt}. En septembre, Jean Cadart, médecin du dauphin, acquiert pour son maître certains livres de médecine (1746). Thomas de Stone, écuyer écossais, est garde du régent et du roi, en mai 1419 (8730, 8731). Le 24 décembre, l'argentier du régent achète un cent et demi de martres pour fourrer une robe (2457).

Le 29 août 1420, le dauphin donne à Jean de Langeac, son chambellan, 500^{tt} pour l'achat d'un cheval (5046).

Un acte du 8 juin 1421 concerne la garde et sûreté de la personne du régent (9374).

Au mois de juin 1425, Jean, vicomte de Comborn, délivre une quittance de gages au sujet de la garde et sûreté de la personne du roi (2679).

Le premier valet tranchant du roi est remboursé de tranchoirs et des couteaux de Pâques, le 18 mai 1428 (6039). Christin de la Chambre, capitaine de la garde écossaise, reçoit sa solde le 26 du même mois (2111).

A la date du 29 mars 1429, une quittance de sel, pour l'approvisionnement du château de Vincennes, est délivrée par Pierre de Trie, capitaine du bois de Vincennes (9090).

En octobre 1435, 120^{tt} pour l'achat d'un bon cheval sont données à Jean Havart, valet tranchant du roi (4546). Jean de Bueil, chambellan du roi, reçoit, le 14 avril 1437, pour un cheval cédé au souverain, 157^{tt} 10 sous (1696). Le 31 août 1449, le roi accorde 96^{tt} à Raoul de Gaucourt, pour acheter une mule (3991).

Une quittance de sel pour la provision de l'hôtel du roi est délivrée le 14 novembre 1451 (376).

Le 16 avril 1456, Robert d'Esneval, verdier de la forêt de Bretonne, touche des gages extraordinaires pour « tresnuiter et garder le rut des bêtes » (3373).

D'après une quittance du 30 avril 1468, Jean, duc de Lorraine, acquiert un cheval de son gouverneur de Pezenas (5363).

Au mois de février 1526, Louis de Vendôme, vidame de Chartres, commande cent gentilshommes de la maison du roi (2249).

ŒUVRES.

L'année 1299 offre plusieurs quittances concernant divers ouvrages exécutés au compte de la maison du roi. En janvier, 400 ᴴ sont consacrées aux œuvres du bois de Vincennes (7236). Le 5 mars, Jean de la Chapelle, chanoine de la chapelle du roi à Paris, reçoit 400 ᴴ destinées aux travaux des maisons de Paris et de Vincennes (2190). Le 29 mai, Jacques de Corbeil, valet du roi, donne quittance de 200 ᴴ pour l'œuvre que le roi fait exécuter à Melun (2772). Le 28 juin, Jacques Luce, bourgeois de Paris, distribue 1,500 ᴴ aux ouvriers chargés des ouvrages du palais du roi à Paris (5413). Un acte du même mois signale les œuvres du château de Neufmarché (6362), de Poissy (944), de Châteauneuf (7608).

Une quittance au sujet de travaux exécutés au château de Courtrai est datée de Lille, 5 octobre 1314 (4127).

Une autre quittance indiquant le bois vendu aux foires de Valognes et de Cherbourg, par ordre du feu roi Philippe, au profit des œuvres de Poissy, est délivrée à Paris, le 26 octobre 1315 (2754).

Une ordonnance de payement au profit de Pierre de Longe-Combe, maître des engins du roi, est donnée à Sainte-Colombe, le 6 mai 1335 par Ansel de Joinville, sénéchal de Champagne (4936); il s'agit de réparations à la forteresse de ce nom, et des charpentiers et maçons qui y sont employés (711, 2476).

Au 30 avril 1339, Jean Gigot (4066), examinateur au Châtelet et Gilles Plaisance (7207) délivrent quittance de leurs dépens pour avoir visité des œuvres aux châteaux du roi en Poitou et Saintonge.

Nous possédons du mois d'octobre les quittances des travailleurs qui ont creusé les fossés, mis en état les forteresses et construit une bretèque sous les murs de Cambrai (6321, 6488, 6805).

Des ouvrages sont commencés pour la «croisance» d'une maison de la Chambre des comptes, en septembre 1351 (7369).

Jean de l'Hôpital, clerc des arbalétriers, donne quittance au sujet des ouvrages de la ville de Guines, à Paris, le 25 janvier 1352 (4721). Des gages pour travaux à la bastide de Fougères sont distribués, le 21 mai 1352 (6261).

En avril 1353, on répare le château de Montcuq (6290). Une attestation de travaux exécutés à la grande arche du pont de Mantrible, par Perrot Chiquet, maçon, est datée du 6 septembre 1354 (170).

Le 23 juillet 1365, Jeannin Amyot, payeur des œuvres du roi, reçoit 400 francs d'or pour des travaux aux hôtels de Nesle et de Saint-Pol (136). Au 14 août, Jacquemon de la Court,

EXPOSÉ CHRONOLOGIQUE.   375

maître appareilleur des œuvres de maçonnerie du château de Lille, délivre quittance de ses gages (3934). Au mois de novembre 1371, mille francs d'or sont employés aux réparations de l'hôtel de Nesle (4044).

En août 1380, on répare l'hôtel du Moncel près Pont-Sainte-Maxence (7310). Le 12 septembre, le payeur des œuvres du château de Montereau-faut-Yonne reçoit 500ᵗᵗ pour travaux à exécuter audit château (2180). Un acte de la même année mentionne 300ᵗᵗ pour servir aux œuvres de la ville de Paris (7720).

Jean Bonto, payeur des œuvres de Nonette au diocèse de Clermont, délivre une quittance de dépens, le 31 juillet 1387 (1221).

Une amende payée le 31 octobre 1393 est destinée aux travaux du château de Vire (9569).

On répare la barre du port de Harfleur, en août 1394 (6029), et l'on construit un nouveau mur près la porte du «Cay-Hellard», en juin de l'année suivante (1297).

Un ordre de payement au sujet de la clôture du bois de Vincennes est donné à Paris, le 14 août 1397, par Guillaume, vicomte de Melun, souverain maître des eaux et forêts (5978).

Une quittance du payeur des œuvres de Pierrefonds et de la Ferté-Milon porte la date du 19 août 1401 (2304). Ce même mois, 3,500 francs d'or sont alloués pour réparer les maisons et châteaux de la reine (7562).

Nous avons enfin, du 18 janvier 1462, un mandement au sujet d'une adjudication de travaux à exécuter à Pont-l'Évêque (9566).

COMPAGNIES D'ORDONNANCE.

Notre publication fait mention dès 1450 des Compagnies d'ordonnance créées comme on sait en 1439. Nous sommes pourtant déjà loin de leur organisation primitive, où l'on comptait, dit-on, 100 lances par compagnie. Nous remarquons, en effet, tout d'abord des capitaines de 40 lances, de 30, de 20, de 26, de 95, de 92 1/2, de 20, de 50, etc. Les compagnies de 100 lances appartiennent aux plus grands noms de France, aux princes, aux grands dignitaires de la couronne. La table méthodique où l'on trouvera réunis tous les officiers des compagnies nous dispense de nous étendre plus longuement sur ce sujet, dont notre inventaire parle jusqu'en 1585.

Dans l'exposé qui précède, nous nous sommes surtout attaché à présenter les faits historiques susceptibles d'être groupés par chapitres, négligeant des actes isolés qui ne manquent pourtant pas d'intérêt.

Nous aurions pu citer des lettres royaux concernant les vivres et les marchandises, donnés à Lyon, le 12 octobre 1312 (2474); la défense faite par Philippe le Bel, en février 1313, de porter des armes et de se battre en duel (7948); des pièces, de janvier et de septembre

1353, concernant les « escrivaineries » de Bar-sur-Aube (8162), de Bourdons (4079), d'Aingoulaincourt (7590); l'achat de carpeaux et de brémeaux pour empoissonner l'étang de Moret, en mai 1355 (5458); le service de guerre au sacre du roi, soldé le 12 mars 1364 (6501, 7508, 8092, 8678); la pension payée au roi d'Arménie à Paris, le 25 mars 1389 (280); les gages d'un espion entretenu à la cour d'Espagne « où il s'est tenu en habit dissimulé par l'espace de demy an et plus pour nous advertir », gages payés à Moulins, le 21 octobre 1595, par Pierre de Bourbonnais, lieutenant général du roi (1362); la quittance de Jean de Troyes, chirurgien juré du roi pour visiter les malades de l'Hôtel-Dieu de Paris (9113); les gages de Hugues de Verdun, inquisiteur en Gascogne (9355).

Nous aurions pu citer encore les approvisionnements en vin du château d'Éperlecques (8302), de la garnison de Saint-Quentin (3651), des forteresses du roi de Navarre en Cotentin (6094).

Nous n'irons pas plus loin, laissant d'autres trouvailles au lecteur patient qui voudra bien prendre la peine de feuilleter notre inventaire.

TABLEAU SYSTÉMATIQUE

DES

SCEAUX DE CLAIRAMBAULT.

SOUVERAINS.

ANGLETERRE.
Marguerite, reine d'Angleterre.................. 172

ARMÉNIE.
Léon, roi d'Arménie.................... 280

BOHÊME.
Jean, comte de Luxembourg, roi de Bohême et de Pologne......................... 5434, 5435

ÉCOSSE.
David, roi d'Écosse........................ 3286
Jean, duc d'Albany, régent d'Écosse............ 58

ESPAGNE.
Alfonse, infant d'Aragon..................... 227
Jacques, fils aîné de Jacques, roi d'Aragon...... 228

FRANCE.
Charles V, roi de France..................... 3780
Charles, dauphin de Viennois, régent du royaume.. 9429
Isabeau de Bavière, reine de France........... 3781

Marie d'Anjou, reine de France............... 3783
Marie, fille du roi de France................. 3782

MAJORQUE.
Jacques, comte de Roussillon, roi de Majorque.... 5569
Sanche, fils du roi de Majorque............... 5570

NAVARRE.
Antoine, roi de Navarre...................... 6664
Catherine, reine de Navarre.................. 6665
Charles, comte d'Évreux, roi de Navarre... 6666, 6667
Henri, comte de Foix et de Bigorre, roi de Navarre....................... 6668, 6669
Henri de Bourbon, roi de Navarre........ 6672, 6673
Jean, roi de Navarre....................... 6674
Jeanne de France, reine de Navarre....... 6675-6677

ORIENT.
Catherine, impératrice de Constantinople........ 2744

POLOGNE.
Henri de France, duc d'Anjou, roi de Pologne.... 187

GRANDS DIGNITAIRES.

CONNÉTABLES DE FRANCE.
Albret (Charles d')......................... 70
Armagnac (Bernard, comte d')................ 270

Clisson (Olivier, duc de), chevalier banneret...... 2627
Guesclin (Bertrand du)....................... 4311
Montmorency (Anne de)................ 6401-6405
Sancerre (Louis de)......................... 8380

MARÉCHAUX DE FRANCE.

Albon (Jacques d'), seigneur de Saint-André..... 65
Amboise (Charles d'), seigneur de Chaumont..... 115
Annebault (Claude d'), chevalier de l'ordre....... 192
Audrehem (Arnoul, d')............ 394, 5691, 5692
Beaujeu (Édouard de,)....................... 5690
Bellegarde (Roger de)....................... 856
Biez (Oudart du), chevalier.................. 1016
Blainville (Jean de)................ 5687, 5693-5696
—— (Mouton de).......................... 1040
Bricquebec (Robert-Bertrand de)............... 1572
Brosse (Jean de la)......................... 5707
Clermont-Nesle (Jean de).................... 2609
Coligny (Gaspard de), chevalier de l'ordre, seigneur
    de Châtillon........................... 2660
Cossé (Artus de), comte de Secondigny......... 2835
—— (Charles de), chevalier de l'ordre. 2827, 2828, 2830
Crèvecœur (.... de)......................... 5699
Galant (Philippe de), chevalier............... 3082
Fayette (Gilbert de la)..... 3535, 3536, 5705-5708
Gontaud (Armand de), seigneur de Biron, chevalier
    de l'ordre............................. 4116
Laval (André de), seigneur de Lohéac........... 5125
Maingre (Jean le) I, dit *Boucicaut*.... 5551-5553, 5692
—— (Jean le) II, dit *Boucicaut*.......... 5697-5703
Marck (Robert de la), chevalier de l'ordre... 5665-5667
Melun (Simon de).......................... 5987
Merle (Foucaut du)......................... 6010
Montmorency (Anne de), chevalier de l'ordre. 6399, 6400
—— (Charles de)........................... 5689
—— (Henri de), chevalier de l'ordre......... 6418
Moreuil (Bernard de)............. 5686, 5689, 6483
Nesle (Gui de)................. 5690, 6697-6699
Neuville (Jean de).......................... 5691
Noyers (Milon de).......................... 6807
Rieux (Jean de)................. 5698, 5700-5702
—— (Pierre de)................. 5703, 5704, 5708
Rohan (Pierre de).......................... 5709
Rouaut (Joachim), chevalier.................. 7978
Sancerre (Louis de).... 5687, 5693-5697, 8378, 8379
Severac (Amaury, seigneur de).......... 5705, 5706
Talbot (Jean, seigneur de)... 8781, 8782, 8784-8787
Trie (Mahieu de).................... 9084, 9085
Trivulce (Jean-Jacques), chevalier de l'ordre...... 9098
Wavrin (Robert de)......................... 5686

AMIRAUX DE FRANCE.

Amboise (Charles d'), seigneur de Chaumont..... 115
Annebault (Claude d'), chevalier de l'ordre....... 193
Bracquemont (Robin de), chevalier............. 1463
Bueil (Jean de), comte de Sancerre............. 8376
Chabot (Philippe), chevalier de l'ordre......... 2050
Coëtivy (Prigent, seigneur de), chevalier........ 2648
Coligny (Gaspard de), chevalier de l'ordre, seigneur
    de Châtillon........................... 2661
Gouffier (Guillaume), seigneur de Bonnivet, chevalier
    de l'ordre............................. 4141
Graville (Louis, seigneur de).................. 4227
Montauban (Jean de), chevalier......... 6236-6238
Quiéret (Hugues), chevalier.................. 7529
Trie (Renaud de)........................... 9094
Vienne (Jean de)........................... 9421

CHANCELIERS DE FRANCE.

Corbie (Arnaud de).......................... 2775
Giac (Pierre de), chevalier.................... 4053
Hoo (Thomas), chevalier..................... 4714
Oriolles (Pierre d'), chevalier.................. 6891

CHANCELIER DU ROI.

Fiote (Pierre), chevalier...................... 3657

CHANCELIER DE CHYPRE.

Maizières (Philippe de), chevalier.............. 5567

MAÎTRES DES ARBALÉTRIERS DE FRANCE.

Annequin (Baudouin d')................. 195, 196
Auvergne (Guichard, dauphin d'), chevalier... 469-472
Baume (Galois de la), chevalier............ 712-714
Châtillon (Hugues de), chevalier.......... 2333-2339
Chepoix (Thibaud de)....................... 2442
Hangest (Jean de)..................... 4433-4440
Houdetot (Robert d'), chevalier................ 4737
Rambures (David, seigneur de), chevalier.. 7579-7581
Roye (Mahieu de)..................... 8082-8085
Torsay (Jean de), chevalier.................... 8952

GRANDS MAÎTRES DE L'ARTILLERIE.

Estrées (Jean d'), chevalier de l'ordre..... 3447, 3448
Gontaud (Armand de), seigneur de Biron, chevalier
    de l'ordre............................. 4116

GRANDS MAÎTRES DE FRANCE.

Amboise (Charles d'), seigneur de Chaumont..... 115
Dammartin (Antoine de Chabannes, comte de).... 3121
Montaigu (Jean de)......................... 5082
Montmorency (Anne de), chevalier............. 6400

DES SCEAUX DE CLAIRAMBAULT. 379

Salle (Guillaume de la), dit *Marmier*............ 8354
Vendôme (Louis de Bourbon, comte de)......... 9312
Villiers-le-Bel (Pierre de), chevalier...... 9556, 9557

CHAMBELLANS DE FRANCE.

Montmorency (Mathieu de).................. 6428
Mortain (Jean, bâtard d'Orléans, comte de)...... 6521
Tancarville (Jean, comte de)................ 8805

CHAMBELLANS DU ROI.

Albon (Guichard d'), seigneur de Saint-André.... 64
Alègre (Bertrand d'), seigneur de Busset......... 75
—— (Gabriel, baron et seigneur d'), garde de la
    prévôté de Paris....................... 76
Allonville (Charles d'), capitaine de 50 lances..... 101
Amboise (Charles d'), seigneur de Chaumont, gouverneur de Champagne et de Langres......... 114
Andresel (Jean d'), chevalier.................. 150
Angennes (Jean d'), chevalier................. 160
—— (Renaud d'), chevalier............... 162-164
Annebault (Claude d'), chevalier de l'ordre....... 192
Annequin (Baudouin d'), maître des arbalétriers de
    France............................... 195
Arbouville (Guillaume d'), chevalier............ 233
Arpajon (Gui d'), chevalier.................. 292
Ars (Louis d'), duc de Termes................ 313
Aubusson (Antoine d'), chevalier, seigneur du Monteil................................ 380-385
Augeran (Hugues d'), chevalier............... 400
Aumont (Pierre d'), chevalier........ 421, 424, 425
Aunoy (Robert d'), dit *le Galois*, chevalier....... 442
Auvergne (Béraud, dauphin d'), chevalier........ 466
—— (Guichard, dauphin d'), chevalier........ 469
Auxy (Philippe d'), chevalier, seigneur de Dompierre................................ 495
Avoir (Pierre d')......................... 521-523
Balsac (Rauffet, seigneur de), chevalier...... 599, 600
—— (Robert de)..................... 602, 603
Barre (Jean de la), comte d'Étampes........... 3458
Bellay (Jean du), chevalier................... 843
Béthencourt (Morelet de)................... 976
Bisches (Guillaume de), chevalier, seigneur de
    Clary.............................. 1034
Blosset (Guillaume), dit *le Borgne*, chevalier...... 1086
—— (Jean), chevalier............... 1087-1090
—— (Pierre), dit *le Moine*........... 1095, 1096
Boissay (Robert de), chevalier................ 1163
Bonneval (Antoine de), chevalier·............. 1210
—— (Jean de), chevalier.................... 1215

Bordes (Guillaume des), chevalier........ 1235-1241
Boves (Guillaume des)..................... 1439
Braine (Jean de Roucy, comte de)............. 1469
Brebant (Pierre de), dit *Cluignet*.............. 1501
Breuilly (Raoul, seigneur de), chevalier.... 1547, 1548
Brimeu (David de), chevalier................. 1588
Brun (Jacques le), seigneur de Nainville et de Palaiseau............................... 1653
—— (Jean le), chevalier.................... 1654
Bueil (Jean de), chevalier......... 1688, 1693, 1696
—— (Jean de), comte de Sancerre............. 8376
Calleville (Colart de), chevalier.......... 1761, 1762
Carbonnel-Sourdeval (Jean), chevalier........... 1856
Ceris (Gui de), dit *le Borgne*................. 1991
Chabannes (Jacques de), chevalier........ 2014, 2015
Chailly (Guillebaut, seigneur de), chevalier....... 2060
Chalançon (Guillaume, seigneur de), vicomte de Polignac, chevalier......................... 2070
Chambly (Charles de)...................... 2095
Chambrillac (Jean de), chevalier............... 2116
Chantemerle (Thibaud de), chevalier...... 2176-2178
Châteaumorant (Jean de), chevalier............. 2288
Châteauneuf (Antoine de), chevalier............ 2289
Châtelet (Renaud du)...................... 2307
Châtillon (Charles, seigneur de)................ 2324
—— (Robert de)......................... 2355
Chauvigny de Brosse (François de)............. 2402
Chennevières (Raoul de), chevalier............. 2438
Chermont (Guillemin de), chevalier du roi....... 2450
Clayette (Marc de la), chevalier............... 2566
Clermont en Dauphiné (Aimar, vicomte de)....... 2591
—— (Bernardin de), chevalier............... 2594
Clermont-Lodève (Guilhem, seigneur de), chevalier............................... 2603
Coëtivy (Charles de), écuyer.................. 2647
—— (Prigent, seigneur de), chevalier.......... 2648
Comminet (Constantin)..................... 2688
Comminges (Odet d'Aydie, comte de)........... 2697
Coningham (Jean de), chevalier................ 2738
—— (Philippe de), chevalier................ 2740
Cousinot (Guillaume), chevalier................ 2917
Cramesnil (Guillaume de), chevalier....... 2950, 2951
Craon (Guillaume de), chevalier............... 2957
Créquy (Antoine de), chevalier................ 2972
Croix (Nicolas de la), chevalier................ 3033
Crussol (Jacques de)....................... 3051
—— (Jacques de), vicomte d'Uzès, chevalier..... 9156
—— (Louis, seigneur de)................... 3053
Cugnac (Antoine de), chevalier................ 3059

48.

Daguerre (Gratien), chevalier.	3102
Daillon (Jean de).	3107
Douy (Renaud de).	3230
Dreux (Jean de), chevalier, baron et vidame d'Esneval.	3365, 3366
Dunois (François, comte de).	3249
Enfernet (Bertrand d'), chevalier.	3313
Esneval (Robert d').	3370
Essarts (Pierre des), chevalier.	3408
Estouteville (Colart d').	3433
—— (Jacques d'), chevalier.	3434
Estuer (Jean d'), chevalier.	3452, 3453
Etelan (Guillaume, seigneur d'), dit *le Poulain*, chevalier.	3462
Ferrières (Guillaume de), baron de Thury et de Dangu.	3573
Ferté-Fresnel (Jean, seigneur de la).	3592
Flandre (Raoul de), chevalier.	3636
Folleville (Renaud de).	3673
Fou (Yvon du).	3743
Guillonnel (Adam de).	3898
Gamaches (Guillaume de), chevalier.	3924
Gaucourt (Raoul, seigneur de), premier chambellan.	3991
Ghistelles (Louis de), chevalier.	4049
Gouffier (Guillaume), premier chambellan.	4140
Gracay (Gilbert de).	4187
Gramont (Roger, seigneur de).	4194
Graville (Louis de).	4226, 4227
Grimaldi (Renier), chevalier.	4266
Halluin (Louis de), chevalier.	4403
Hames (Robert, seigneur de), chevalier.	4413
Hangest (Jean de), chevalier.	4432, 4434-4441
Harcourt (Christophe d'), chevalier.	4466
—— (Guillaume d'), comte de Tancarville, chevalier.	8796
Heilly (Jacques, seigneur de).	4584
Herbigny (Jean, seigneur de), chevalier.	4626
Hôpital (François de l'), chevalier.	4718, 4719
Humières (Jean, seigneur d').	4764
Ivry (Jean d'), chevalier.	4821
Ivry (Charles d'), chevalier.	4825
Joyeuse (Tannegny, vicomte de).	4965
Juch (Henri du), chevalier.	4968
Kergadavarn (Jean, seigneur de), comte de Chaumont, chevalier.	2378
Laire (Guillaume de), chevalier.	5007-5010
Landivy (Jean de), chevalier.	5039
Launay (Mahieu de), chevalier.	5107
Launay (Jean, seigneur de), chevalier.	5111
Licques (Mahieu, seigneur de).	5237
Ligne (Jean, seigneur de).	5243
Longroy (Jacques, seigneur de), chevalier banneret.	5326
Loré (Ambrois, seigneur de).	5355
Lorris (Guérin de).	5366
—— (Robert de), chevalier.	5367
Louvet (Jean), chevalier.	5407
Luxembourg (Jacques de).	5433
Luzerne (Jean de la), chevalier.	5443
Maillé (Hardouin de), chevalier.	5511
Mailly (Ferri de).	5525
Maingre (Geoffroi le), dit *Boucicaut*.	5549
Maintenon (Jean de).	5556
Marchand (Andry), chevalier.	5646
Marle (Arnoul de), chevalier.	5749
Martel (Guillaume), chevalier.	5783, 5784
—— (Louis), chevalier.	5798
Mas (Jean du).	5820
Matefélon (Thibaud de), chevalier.	5843
Mauvinet (Guillaume de), chevalier.	5923
—— (Morice de), chevalier.	5926
Melun (Adam de).	5970
—— (Charles de), chevalier.	5973
—— (Guillaume de), chevalier.	5977
—— (Guillaume, vicomte de).	5978
Miolans (Louis, seigneur de).	6121
Montauban (Jean, seigneur de).	6236
Montbron (Jacques de).	6270
Montcnay (Guillaume de).	6303
—— (Jean de), chevalier.	6308
Montferrand (Gaston, seigneur de), chevalier.	6328
Montmaur (Jacques de), chevalier banneret.	6393
Montmorency (François de), chevalier.	6412
—— (Jacques, seigneur de).	6421
—— (Jean, seigneur de), chevalier.	6426
Moy (Jacques de), chevalier.	6586-6588
Norry (Pierre, seigneur de), chevalier.	6791
Orgemont (Pierre d'), chevalier.	6884
Paynel (Guillaume).	7036
Perellos (Pons de).	7089
Pérusse (Gautier de), chevalier.	7119
Picart (Guillaume).	7150
Polignac (Jean de), chevalier.	7270
Pot (René), chevalier.	7364, 7365
Prye (Aimar de), chevalier.	7462
—— (Paonnet de), chevalier.	7468
Puy (Jean du).	7494
Rambures (David, seigneur de), chevalier.	7578-7581
Remeneuil (Guillaume de), chevalier.	7642

Rivière (Bureau de la), premier chambellan. 7734-7736
—— (Claude de la), écuyer.................. 7738
—— (Jean, sire de la)...................... 7748
Rivière-Labatut (Bernard de)................ 7760
—— (Poncet de), chevalier.................. 7762
Rochechouart (Antoine de), chevalier......... 7800
—— (Charles de), chevalier................. 7802
—— (François de), chevalier................ 7807
—— (Jean de), chevalier............ 7814, 7815
—— (Jean, vicomte de)..................... 7816
—— (Louis, vicomte de).................... 7820
Rochefoucauld (Gui, seigneur de la), chevalier.... 7861
Rohan (Pierre de), chevalier................. 7904
Rouaut (Jacques), chevalier............ 7972-7975
Roubaix (Jean, seigneur de), chevalier........ 7982
Roussillon (Guillaume de), chevalier.......... 8026
Rouvray-Saint-Simon (Jean de), écuyer........ 8052
Saint-Clair (Pierre, seigneur de), chevalier...... 8172
Saint-Priest (Jean de), chevalier.............. 8267
Saligny (Lourdin de), chevalier............... 8346
Sassenage (François, seigneur de)............ 8418
Savoisy (Philippe de), chevalier.............. 8488
Scharnathal (Nicolas de), chevalier........... 8503
Sempy (Robert, seigneur de)................. 8543
Sénéchal d'Eu (Jean le)..................... 8551
Séris (Le Borgne de)....................... 8581
Silly (Jacques de).......................... 8625
Smiher (Étienne, seigneur de)................ 8641
Soissons (Jean de), chevalier................. 8648
Souplainville (Guillaume de), écuyer.......... 8686
Soyecourt (Charles de), chevalier....... 8693, 8694
Stuart (Béraud)............................ 8733
—— (Robert), chevalier de l'ordre............ 8735
Tiercent (Jean du).......................... 8893
Tignonville (Guillaume, seigneur de), chevalier... 8897
Tillay (Antoine de), écuyer.................. 8900
Torcy (Colard de), chevalier................. 8946
Torsay (Jean de), chevalier............ 8951, 8952
Tournon (Just, seigneur de).................. 9016
Trémoille (Georges de la), chevalier, premier chambellan........................... 9054, 9055
—— (Gui de la), chevalier............ 9057-9059
—— (Guillaume de la).................. 9060, 9061
—— (Jacques de la).................... 9063
—— (Louis de la), chevalier, premier chambellan............................. 9064
Trie (Jacques de).......................... 9081
—— (Patrouillart de), chevalier.............. 9087
—— (Renaud de)........................... 9094

Vendôme (Jean de), vidame de Chartres......... 2248
—— (Jean de)............................. 9308
—— (Louis de), vidame de Chartres........... 2249
Ventadour (Louis de), chevalier............... 9337
Vieux-Pont (Laurent, seigneur de)............. 9451
—— (Yves de), chevalier.................... 9454
Villaines (Pierre de), dit le Bègue, chevalier. 9479, 9480
Visconti (Galeas), chevalier de l'ordre.......... 9574
Vaucourt (Jean, seigneur d')................. 9700

CHAMBELLANS DU RÉGENT.

Arpajon (Hugues, seigneur d'), chevalier........ 297
Bermont, seigneur de Caylar, chevalier......... 921
Bez (Guillaume du), chevalier................ 993
Châteauneuf (Guillaume de).................. 2293
Châtel (Tanneguy du), chevalier.............. 2302
Escorailles (Louis d'), chevalier............... 3351
Feschal (Olivier de), chevalier................ 3594
Graville (Jean de), chevalier.................. 4325
Groslée (Jean de), chevalier.................. 4481
Heredia (Laurent de), chevalier............... 4629
Joyeuse (Randon de), chevalier............... 4963
Langeac (Jean, seigneur de), chevalier......... 5046
Montmorin (Pierre de)...................... 6434
Montpezat (Amanieu, seigneur de), chevalier.... 6440
Rivière (Jean de la), chevalier................ 7747
Roche (Desréyé de la), chevalier.............. 7781
Tour (Louis de la), chevalier................. 8967

CHAMBELLAN DU ROI DE NAVARRE.

Précy (Mahiet de), écuyer................... 7413

GRANDS ÉCUYERS DE FRANCE.

Galiot (Jacques), chevalier de l'ordre.......... 3918
Saint-Severin (Galéas de), chevalier de l'ordre.... 8282
Urfé (Pierre, seigneur d'), chevalier............ 9142

GRANDS BOUTEILLERS DE FRANCE.

Châtillon (Gui de), comte de Saint-Pol, chevalier.. 8261
Essarts (Pierre des), chevalier................ 3407

QUEUX DE FRANCE.

Nesle (Jean de), chevalier................... 6701

ÉCHANSON DE FRANCE.

Montjean (Briant, sire de)................... 6373

GRAND PANETIER DE FRANCE.

Crussol (Louis, seigneur de)................. 3053

LIEUTENANT DU GRAND VENEUR DE FRANCE.

Villeneuve (Guillaume de la).................. 9508

GRANDS LOUVETIERS DE FRANCE.

Boissière (François de la), écuyer.............. 1164
—— (Jean de la), seigneur de Chailly.......... 1168

CONSEIL DES ROIS DE FRANCE, D'ANGLETERRE, DE NAVARRE ET DE PIÉMONT.

CONSEILLERS AU GRAND CONSEIL.

Melun (Guillaume de), archevêque de Sens....... 8565
Nicolaï (Jean)............................... 6746

CONSEILLERS AU CONSEIL PRIVÉ.

Gontaud (Armand de), seigneur de Biron, chevalier de l'ordre........................... 4116
Humières (Jean, seigneur d'), chevalier de l'ordre. 4765
Montmorency (Guillaume de).................. 6416
Prévôt (Louis), seigneur de Sansac, chevalier de l'ordre................................ 7441, 8392
Rochechouart (René de), chevalier de l'ordre.... 7822
Rochefoucauld (Jean-Louis de la)............. 7863

CONSEILLERS DU ROI.

Annequin (Baudouin d')...................... 196
Armagnac (Jean d'), archevêque d'Auch........ 389
Babou (Philibert), chevalier, seigneur de la Bourdaisière............................... 546
Beaumont (Gui de), chevalier................. 2102
Bertrand, prieur de Saint-Martin-des-Champs... 961
Birague (René de)...................... 1029, 1030
Blanchet (Pierre)........................... 1061
Blondel (Guillaume)......................... 1082
Boissay (Jean de)........................... 1160
Boistel (Alcaume)........................... 1172
Bos (Tristan du), chevalier................... 1259
Bosc (Nicolas du)........................... 1265
Boubers (Mailli de).......................... 1286
Bouent (Louis de), dit de la Rochette, chevalier.. 1303
Bournaseau (Pierre de), chevalier............. 1383
Boursier (Alexandre le)...................... 1402
Braque (Amaury)............................ 1475
—— (Étienne)............................... 1481
—— (Nicolas), chevalier..................... 1484
Camus (Antoine)............................ 1792
Cardonne (François de)...................... 1861
Cervolle (Arnaud de), chevalier............... 1999
Chamaillart (Maurice), doyen de Saint-Martin de Tours................................. 2089
Chambly (Jean de), dit le Haze, chevalier...... 2102
Chamborant (Guillaume de), écuyer du corps... 2109
Chaponay (Laurent de)....................... 2197
Charny (Geoffroi de), chevalier............... 2227
Charretier (Gilles)........................... 2232
Chartres (Renaud de), archevêque de Reims. 7632, 7633
Châtelet (Jean du), chevalier................. 2305
Châtillon (Dymenche de)..................... 2326
Chauveron (Jean)............................ 2393
Chevenon (Jean de), écuyer................... 2463
Chevreuse (Pierre, seigneur de), chevalier..... 2471
Choquart (Anseau).......................... 2516
Cléret (Pierre), maître d'hôtel du roi.......... 2579
Coningham (Jacques de)...................... 2737
—— (Joachim de)............................ 2739
Coq (Oudart le)............................. 2760
Corbie (Arnaud de).......................... 2774
Cramaux (Simon de), évêque de Béziers....... 996
Dammartin (Adam de)....................... 3118
Dicy (Jean de).............................. 3172
Dormans (Guillaume de), archevêque de Sens. 8562, 8563
Émeville (Pierre d')......................... 3304
Espinasse (Philibert de l'), chevalier.......... 3395
Esquery (Jean d')........................... 3337
Eudin (Enguerran d'), chevalier............... 3471
Faye (Laurent de)........................... 3522
Fèvre (Olivier le)............................ 3605
Folleville (Jean, seigneur de), chevalier... 3671, 3672
Gouffier (Guillaume)......................... 4140
Grange (Jean de la), abbé de Fécamp.......... 3544
Grimaldi (Charles), chevalier................. 4157
Guérin (Jean), conseiller du roi en la vicomté d'Auge................................ 4302
Guy (Renaud de), chevalier................... 4385
—— (Robert), chevalier...................... 4386
Herbert (Geoffroi), évêque de Coutances...... 2925
Jambes (Jean de), chevalier............. 4840-4842

DES SCEAUX DE CLAIRAMBAULT. 383

Lesclat (Pierre de)	5174
Louppy (Raoul de), chevalier	5401, 5402
Lucé (Guillaume de), évêque élu de Maillezais	5520
Lupé (Carbon de), écuyer	5425
Mailly (Jean de), évêque de Noyon	6811
Maingre (Jean le), dit *Boucicaut*, maréchal de France	5552
Moizières (Philippe de), chevalier	5567
Marcenat (Berthon de)	5642
Marcognet (Enguerran de), chevalier	5669
Marquessac (Pierre de), écuyer	5768
Martel (Isambart)	5787
Meaux (Jean, évêque de)	5948
Mercier (Jean le)	6004
Mez (Ferri de)	6078
Montaigu (Gérard, seigneur de), chevalier	6209
—— (Jean de), évêque de Chartres	2247
Montferrand (Bérard de), chevalier	6324, 6325
Montgommery (Jean de), chevalier	6341, 6345
Morges (Gui de), chevalier	6493
Moulins (Philippe de), évêque d'Évreux	3478
Moy (Quentin de)	6594
Norry (Jean de), archevêque de Sens	8568
—— (Jean de), archevêque de Vienne	9424
Orfèvre (Alexandre l')	6875
—— (Pierre l')	6878
Orléans (Jean d')	6899
Palud (Pierre de la)	6955
Paris (Jean de), clerc	6986
Paté (Louis)	7002
Payen (Pierre), chevalier	7027
Percellos (François de), chevalier	7088
Plancy (Nicolas de)	7209, 7210
Poillevillain (Jean)	7234
Rance (Nicolas de)	7588
Renart (Jacques)	7647
Renneval (Raoul de), chevalier	7669
Roy (Pierre le), abbé du Mont-Saint-Michel	6455
Roye (Mahieu de)	8083
Rye (Jean de), chevalier	8117
Sage (Raoul le)	8141
Saint-Nectaire (Jean de)	8240
Saint-Severin (Galéas de), chevalier de l'ordre	8282
Sandouville (Jean de), écuyer	8386
Sars (Jacques de), chevalier	8410
Sassenage (Aubert, seigneur de), chevalier	8416
Saules (Alabre des), écuyer	8424
Sens (Adam de)	8560
—— (Guillaume de), chevalier	8561
Talaru (Philippe de), clerc	8776
Tancarville (Guillaume, comte de), vicomte de Melun	8790
Thouroude (Jean), chevalier	8879
Tillay (Jamet de)	8901
Tournay (Guillaume de)	8989
Vaudetar (Jean de)	9267
Vivonne (Savary de), chevalier	9586
Wailly (Nicolas de)	9634

CONSEILLERS DU RÉGENT.

Boursier (Alexandre le)	1402
Cervolle (Arnaud de), chevalier	1999
Dammartin (Adam de)	3118
Norry (Jean de), archevêque de Sens	8568
Payen (Pierre), chevalier	7027

CONSEILLERS DU ROI D'ANGLETERRE.

Fastolf (Jean), chevalier	3495
Hobes (Roger de)	4688
Jolivet (Robert), abbé du Mont-Saint-Michel	6456
Ogard (André), chevalier	6831–6833
Oldhalle (Guillaume), chevalier	6848
Roos (Robert), chevalier	7931

CONSEILLERS DU ROI DE NAVARRE.

Cherbourg (Guillaume, abbé de)	2445
Couillarville (Robert de), chevalier	2859
Durant (Michel)	3252
Heudebouville (Étienne de)	4659
Quiéret (Gui), chanoine d'Amiens	7525, 7526

CONSEILLER DE PIÉMONT.

Birague (René de), premier président du souverain conseil de Piémont	1030

GRANDS FEUDATAIRES.

Acy (Jean la Personne, vicomte d')	7115
Albany (Jean, duc d'), régent d'Écosse	58
Alençon (Charles de Valois, frère du roi, comte d')	79

Alençon (François, duc d'), frère du roi, capitaine
de 100 lances............................ 80
—— (Marie d'Espagne, comtesse d'), du Perche et
d'Étampes............................... 81
—— (René, duc d'), comte du Perche et vicomte
de Beaumont............................ 83
Angoulême (Diane de France, douairière de Mont-
morency, duchesse d')................... 6411
—— (François, duc de Valois, comte d')....... 9208
—— (Marguerite de Rohan, comtesse d'), dame
d'Épernay et de Romorantin............. 180
Anjou (François de France, duc d')............ 185
—— (Henri de France, duc d') et de Bourbonnais,
lieutenant-général du royaume......... 186, 187
—— (Hercule, duc d'), chevalier de l'ordre...... 188
—— (Louis de France, comte d') et du Maine.... 189
—— (Louis de France, duc d') et comte du Maine. 190
Armagnac (Bernard, comte d')................ 270
—— (Jean, comte d')......................... 273
—— (Jean, comte d') et de Comminges........ 275
Arran (James Hamilton, chevalier, comte d')..... 4415
Artois (Marguerite de France, comtesse d')...... 329
Arundel (Jean, comte d'), seigneur de Maltravers.. 331
—— (Thomas, comte d')..................... 332
Astarac (Centule, comte d').................... 348
—— (Jean, comte d')......................... 349
Athènes (Gautier, duc d')..................... 350
Aulnay (Pons de Mortagne, vicomte d')..... 6516-6518
Aumale (Blanche de Ponthieu, comtesse d').. 409, 4463
—— (Jean d'Harcourt, comte d'), chevalier banne-
ret.................................. 410
—— (Jean, comte d'Harcourt et d')...... 4480-4484
—— (Richard de Beauchamp, comte de Warwick
et d')................................ 9673
Aunay (Jean de Clermont, vicomte d')......... 2611
—— (Jean la Personne, vicomte d'), chevalier... 7114
Auvergne (Béraud, dauphin d')........ 461-466, 898
—— (Floridas, dauphin d').................. 467
—— (Guichard, dauphin d'), chevalier...... 468-472
—— (Jean, fils du comte de Boulogne et d')..... 473
—— (Robert, comte d')...................... 474
Auxerre (Alix de Nevers, femme de Jean de Chalon,
comte d')............................. 483
—— (Jean de Chalon, comte d')......... 482, 485
—— (Jean de Chalon, chevalier banneret, fils aîné
du comte d').......................... 484
Bar (Antoine, duc de Lorraine et de).......... 5359
—— (Édouard, duc de), marquis de Pont...... 624
—— (Robert, duc de), chevalier banneret...... 628

Bar (Yolande de Flandre, comtesse de), dame de
Cassel............................... 630
Beaumont (Anne de Montmorency, chevalier, comte
de)................................. 6400
—— (René, duc d'Alençon, comte du Perche et
vicomte de).......................... 83
—— (Robert, seigneur de Willoughby, comte de). 9692
Beaumont-le-Roger (Louis de Navarre, comte de).. 800
Bedford (Le duc de)........................ 832
—— (Enguerran de Coucy, comte de)......... 8644
Berry (Charles, dauphin de Viennois, duc de). 9428, 9429
—— (Jean, duc de).......................... 945
—— (Jeanne d'Armagnac, duchesse de)....... 946
Bouillon (Françoise de Brezé, duchesse de)..... 1314
—— (Henri-Robert de la Marck, duc de), cheva-
lier................................. 1315
Bourbonnais (Charles, duc de)............... 1361
—— (Henri de France, duc d'Anjou et de), lieu-
tenant général du royaume............. 186
—— (Pierre, duc de)....................... 1362
Bourgogne (Marguerite de France, comtesse de)... 329
—— (Philippe le Hardi, duc de).............. 1377
Brabant (Françoise, duchesse de)............. 1452
—— (Jean, duc de)......................... 1453
—— (Wenceslas de Bohême, duc de)......... 5441
Braine (G., comte de)...................... 1468
—— (Jean de Roucy, comte de), chevalier...... 1469
—— (Simon de Roucy, comte de)............. 1470
Bretagne (Jean, duc de), comte de Montfort et de
Richemond................... 1512, 1513
—— (Jeanne, duchesse de), vicomtesse de Limoges. 1516
—— (Jeanne de France, duchesse de), comtesse
de Montfort et de Richemond...... 1517, 1518
Breteuil (Marguerite de Porcien, vicomtesse de)... 1524
Brienne (Antoine de Luxembourg, comte de Roucy
et de)............................... 7983
—— (Charles de Luxembourg, comte de), chevalier
de l'ordre............................ 7984
—— (Gautier, duc d'Athènes, comte de)...... 350
Brosse (François de Chauvigny, vicomte de)..... 2102
Bruniquel (Guillaume, vicomte de), chevalier..... 1659
—— (Roger de Comminges, vicomte de)...... 1661
Brunswick (Othon, duc de).................. 1663
—— (Le duc de)........................... 1664
Bruylais (Jean de Rochechouart, vicomte de)..... 7816
Caillade (Renaud de Pons, vicomte de)......... 7297
Calabre (Antoine, duc de Lorraine et de)....... 5359
—— (Jean, duc de Lorraine et de)............ 5363
Calvignac (Dorde, vicomte de), écuyer........ 1772

DES SCEAUX DE CLAIRAMBAULT.

Canilhac (Jean de Beaufort, vicomte de)......... 765
Carmaing (Arnaud, vicomte de)............... 1872
Carpi (Albert Pie, comte de), chevalier.......... 1877
Castelbon (Roger-Bernard de Foix, vicomte de), chevalier banneret........................ 1906
Castres (Boufille de Juge, comte de)............. 1916
—— (Michel-Antoine, marquis de Saluces et comte de)... 8369
Charny (Léonor Chabot, comte de)............. 2045
Châteaudun (Guillaume de Craon, vicomte de). 2382, 2383
Châtellerault (Jean, comte d'Harcourt, vicomte de). 4480 à 4484.
—— (Louis d'Harcourt, vicomte de)........... 4493
Chaumont (Jean de Kergadavarn, comte de), chevalier... 2378
Clamecy (Guiot d'Arthel, vicomte de).......... 320
Clermont (Béraud, dauphin d'Auvergne, comte de)... 463, 465
Clermont en Dauphiné (...., comte de)........ 2588
—— (Aimar, vicomte de)............... 2589, 2591
—— (Antoine, comte de), chevalier........... 2593
—— (Antoine, vicomte de)................... 2592
Comborn (Jean, vicomte de), écuyer........... 2679
Comminges (Bernard, comte de)............... 2690
—— (Jean, comte d'Armagnac et de).......... 275
—— (Mathieu, comte de).................... 2695
—— (Odet d'Aydie, comte de)................ 2697
—— (Odet, comte de Foix et de).............. 3667
—— (Pierre-Raymond, comte de)............. 2698
Condé (Louis de Bourbon, prince de)...... 2722-2724
Conty (Henri de Bourbon, marquis de).... 2749, 2750
Dammartin (Antoine de Chabannes, comte de). 3119-3121
—— (Charles, comte de).................... 3122
—— (Philippe de Boulainvilliers, comte de), chevalier... 3123
Dauphin (François de Bourbon, prince)......... 1347
Diois (César Borgia, comte de)......... 9186, 9187
—— (César Borgia, duc de)................. 9188
—— (Louis de Poitiers, comte de)............ 9190
Domart (Le vicomte de), chevalier............. 3199
Donges (Jean, comte d'Harcourt, vicomte de). 4487, 4488
Dorset (Edmond, comte de).................. 3216
Dreux (Marie d'Albret, duchesse de Nivernais, comtesse de)..................................... 6756
Dunois (François, comte de).................. 3249
—— (Jean, comte de)....................... 3250
Enghien (Jean de Bourbon, duc d'), chevalier.... 3316
Étampes (Jean de la Barre, comte d')........... 3458
—— (Jean de Bretagne, duc d'), chevalier de l'ordre. 3459

Étampes (Louis, comte d'Eu et d')............. 3460
—— (Marie d'Espagne, comtesse d'Alençon, du Perche et d')................................. 81
Eu (Henri, seigneur de Bourgchier, comte d').... 3467
—— (Jean d'Artois, comte d')................ 3468
—— (Louis, comte d'Étampes et d')........... 3460
—— (Raoul, comte d'), chevalier banneret...... 3469
Évreux (Charles, roi de Navarre, comte d'). 6666, 6667
—— (Jeanne de France, reine de Navarre, comtesse d')................................... 6676
Flandre (Marguerite de France, comtesse de).... 329
Foix (Agnès de Navarre, comtesse de).......... 3664
—— (Odet, seigneur de Lautrec, comte de).... 3667
Foix et de Bigorre (Henri, roi de Navarre, comte de)... 6668
Fronsac (Odet d'Aydie, comte de Comminges, vicomte de)................................... 2697
Genève (Pierre, comte de).................... 4025
Gimois (Bertrand de Terride, vicomte des)...... 8825
Grand-Pré (Édouard, comte de), chevalier banneret.. 4205, 4206
Gueldre (Charles, duc de Juliers et de)......... 4296
Guerche (André, vicomte de la)............... 4300
—— (Claude, vicomte de la), chevalier de l'ordre. 4301
Guienne (Jean, fils aîné du roi de France, duc de). 6786
Guines (François, seigneur de la Trémoille, comte de).. 4368, 4369
—— (Louis, seigneur de la Trémoille, comte de). 4370
Guise (Louis d'Armagnac, comte de).......... 4378
Harcourt (Blanche de Ponthieu, comtesse d'Aumale et d')....................................... 409, 4463
—— (Claude de Rieux, comte d')............. 4467
—— (Edmond, comte de Dorset et d')......... 3216
—— (Jean, vicomte de Châtellerault, comte d')....................................... 4480-4484
—— (Jean de Rieux, comte d').......... 4487-4489
Hollande et de Hainaut (Guillaume de Bavière, comte de).................................. 4391
Isle-en-Jourdain (Bertrand, comte de l')....... 4804
—— (Jean, comte de l')........... 4806, 4808, 4809
Joyeuse (Guillaume, vicomte de).............. 4961
—— (Tanneguy, vicomte de)................. 4965
—— (Le vicomte de), chevalier de l'ordre...... 4966
Labatut (Antoine de Rivière, vicomte de)...... 7758
Lautrec (Guigon de Lévis, vicomte de)......... 5119
—— (Jean d'Arpajon, vicomte de), chevalier.... 5120
—— (Philippe de Lévis, vicomte de)........... 5122
Lauzun (Gabriel de Caumont, vicomte de), chevalier de l'ordre................................. 1938

Laval et de Montfort (François, comte de).. 5127, 5128
—— (Gui, comte de)....................... 5131
Lecce (Gautier, duc d'Athènes, comte de Brienne et
  de).. 350
Ligny (Jean de Saulx-Tavannes, vicomte de)...... 8444
—— (Louis de Luxembourg, comte de)..... 5258-5260
—— (Waleran de Luxembourg, comte de). 5261-5263
Limbourg (Wenceslas de Bohême, duc de)........ 5441
Limoges (Jeanne, duchesse de Bretagne, vicomtesse
  de)... 1516
Longueville (François, comte de Dunois, duc de).. 3249
—— (Jean, comte de Dunois et de).......... 3250
—— (Olivier du Guesclin, comte de), chevalier
  banneret..................................... 5336
Lorraine (Antoine, duc de Calabre et de)........ 5359
—— (Jean, duc de), chevalier banneret........ 5361
—— (Jean, duc de Calabre et de)............. 6363
—— (Marie de Blois, duchesse de)............ 5365
Lothier (Wenceslas de Bohême, duc de Luxembourg
  et de).. 5441
Lude (Gui de Daillon, comte du), chevalier....... 5415
Luxembourg (Jean, roi de Bohême, comte de). 5434, 5435
—— (Wenceslas de Bohême, duc de)......... 5441
Maine (Louis de France, comte d'Anjou et du).... 189
—— (Louis de France, duc d'Anjou et comte du). 190
Mantoue (François de Gonzague, marquis de)..... 5631
Marche (Jean, duc d'Albany et de la), régent
  d'Écosse...................................... 58
Marle (Robert de Bar, comte de)............... 5751
Maulévrier (Louis de Brézé, comte de), chevalier
  de l'ordre.................................... 5888
Meaux (Robert de Béthune, vicomte de), chevalier
  banneret............................... 5950-5953
Melun (Guillaume, vicomte de)................. 5978
—— (Guillaume, comte de Tancarville, vicomte
  de)................................... 8798, 8799
—— (Jean, comte de Tancarville, vicomte de)... 8805
Monclar-d'Agenais (Bertrand, vicomte de)........ 6175
Monmayeur (Louis de Miolans, comte de)........ 6121
Mont-de-Marsan (Constance, héritière de feu Gaston,
  vicomte de Béarn, vicomtesse de).............. 6293
Montferrat (Guillaume, marquis de)............. 6331
Montfort (Jean de Boulogne, comte de).......... 6336
—— (Jean, duc de Bretagne, comte de)... 1512, 1513
—— (Jeanne de France, duchesse de Bretagne,
  comtesse de)......................... 1517, 1518
Montmorency (Anne de Montmorency, pair et conné-
  table de France, duc de)............... 6401-6405
—— (Diane de France, duchesse de).... 6410, 6411

Montmorency (Madeleine de Savoie, femme d'Anne
  de Montmorency, duchesse de).............. 6427
Montpensier (Bernard, comte de)............... 9332
Mortain (Edmond, comte de Dorset et de)....... 3216
—— (Jean, bâtard d'Orléans, comte de)....... 6521
—— (Pierre de Navarre, comte de)...... 6522, 6679
Namur (Guillaume de Flandre, comte de)........ 6641
—— (Guillaume, fils aîné du comte de).... 6642-6644
Narbonne (Aimery, vicomte de)................. 6659
—— (Guillaume, vicomte de), chevalier banneret. 6660
—— (Jean de Foix, vicomte de)............... 6661
Navarre (Henri de Bourbon, prince de)... 6670, 6671
Nebouzon (Guilhem de Clermont, vicomte de)... 2603
—— (Pierre de Clermont, vicomte de)......... 2605
—— (Pons de Clermont, vicomte de).......... 2606
Neufchâtel (François d'Orléans, comte de)....... 7969
Nevers (Anne de Bourbon, douairière de)........ 6737
—— (Françoise, duchesse de Brabant, comtesse
  d'Eu, de Rethel et de)...................... 1452
—— (Jean, duc de Brabant, comte d'Eu, de Re-
  thel et de).................................. 1453
—— (Philippe, comte de Rethel et de), chevalier
  banneret................................... 6739
Nivernais (Marie d'Albret, comtesse de Dreux, du-
  chesse de).................................. 6756
Normandie (Jean, fils aîné du roi de France, duc
  de)... 6786
Orange (Jean de Chalon, prince d')............. 2076
—— (Raymond des Baux, prince d')............ 728
Orléans (Alexandre, frère du roi, duc d')........ 6893
—— (Jeanne de France, fille et sœur de roi, du-
  chesse d').................................. 6901
—— (Philippe, fils du roi, duc d')....... 6902, 6903
Ouchy (Eustache de Conflans, vicomte d')....... 2730
Pardiac (Armand-Guillaume de Monlezun, comte
  de)................................... 6972-6974
Perche (Marie d'Espagne, comtesse d'Alençon et du). 81
—— (René, duc d'Alençon, comte du) et vicomte
  de Beaumont................................ 83
—— (Robert d'Alençon, comte du)............ 7073
—— (Thomas de Beaufort, comte du).... 766, 7074
—— (Thomas de Montagu, comte de Salisbury et
  du).................................. 8350-8352
Périgord (Hélie, comte de).................... 7094
—— (Roger-Bernard, comte de)............... 7095
Pezenas (Charles d'Artois, comte de)........... 7141
—— (Jeanne de Bançay, comtesse de).......... 7142
Poitiers (Charles, dauphin de Viennois, comte
  de).................................. 9426, 9427

DES SCEAUX DE CLAIRAMBAULT. 387

Poitiers (Jean, fils du roi, comte de)............ 7253
Polignac (Guillaume, seigneur de Chalançon, vicomte de)................................. 2070
Pont (Antoine, duc de Lorraine, marquis du)..... 5359
—— (Édouard, duc de Bar, marquis du)....... 624
Ponthieu (Diane de France, douairière de Montmorency, comtesse de)...................... 6411
Porcien (Antoine, seigneur de Croy, comte de)..... 7339
—— (Jean de Châtillon, comte de)............ 7341
Porhoët (Jean, vicomte de Rohan, comte de). 7901, 7902
Provence (Antoine, duc de Lorraine, comte de)... 5359
Rennes (Gui, comte de Laval, vicomte de)........ 5131
Rethel (Françoise, duchesse de Brabant, comtesse de)..................................... 1452
—— (Jean, duc de Brabant, comte de)........ 1453
—— (Philippe, comte de Nevers et de)....... 6739
Ribadeo (Pierre de Villaines, dit le Bègue, comte de), chevalier........................... 9479
Richemont (Jean, duc de Bretagne, comte de Montfort et de).......................... 1512, 1513
—— (Jeanne de France, duchesse de Bretagne, comtesse de Montfort et de)........... 1517, 1518
Roche (François de la Palud, comte de la)...... 6954
Rochechouart (Geoffroi, vicomte de)........... 7811
—— (Jean, vicomte de)..................... 7816
—— (Louis, vicomte de).................... 7820
Rochefoucauld (François, comte de la).... 7854, 7856
Roche-Guyon (Henri de Sully, comte de la)...... 8624
Rohan (Alain, vicomte de)..................... 7899
—— (Jean, vicomte de)................. 7900-7902
Rothelin (François d'Orléans, marquis de) 7969
Roucy (Antoine de Luxembourg, comte de)...... 7983
—— (Charles de Luxembourg, comte de)...... 7984
—— (Isabeau, comtesse de).................. 7986
—— (Jean, comte de), chevalier banneret..... 7987
—— (Robert, comte de)................ 7990, 7991
Roussillon (Boufille de Juge, vice-roi de)....... 1916
—— (Just de Tournon, comte de)....... 9018, 9019
Roussillon et de Cerdagne (Jacques, roi de Majorque, comte de).......................... 5569
Saint-Empire (Wenceslas de Bohême, marquis du).. 5441
Saint-Pol (Gui de Châtillon, comte de), chevalier... 8261
—— (Louis de Luxembourg, comte de)......... 5258
—— (Waleran de Luxembourg, comte de). 5261-5263
Saint-Sauveur (Jean Chandos, vicomte de)....... 2155
Salisbury (Thomas de Montagu, comte de)... 8350-8352
Saluces (François, marquis de), chevalier de l'ordre. 8366
—— (Louis, marquis de).................... 8367
—— (Michel-Antoine, marquis de)....... 8368-8369

Sancerre (Antoine de Bueil, comte de).......... 1685
—— (Béraud, dauphin d'Auvergne, comte de Clermont et de).............................. 465
—— (Charles de Bueil, comte de)............. 8374
—— (Jean III, comte de).................... 8375
—— (Jean de Bueil, comte de), chevalier...... 8376
—— (Martine Turpin, dame de Bueil, comtesse de)..................................... 8382
Sarrebruck (Jean, comte de)............. 8408, 8409
Savoie (Amédée, comte de)................... 8476
Savone (Nicolas du Carret, marquis de)......... 8489
Shrewsbury (Jean, seigneur de Talbot, comte de)................................. 8785-8787
Soissons (Enguerran de Coucy, comte de)... 8644-8646
—— (Robert de Bar, comte de)............... 5751
Stafford (Hunfroy, capitaine de Vernon, comte de). 8711
Surrey (Thomas, comte d'Arundel et de)......... 332
Taillebourg (François, comte de Guines et de)..... 4369
Tallard (Antoine, comte de Clermont, vicomte de).. 2593
—— (Bernardin de Clermont, vicomte de)...... 2594
Talmont (Louis d'Espagne, comte de), chevalier... 8792
Tancarville (Guillaume d'Harcourt, comte de), chevalier................................. 8796, 8797
—— (Guillaume de Melun, comte de).... 8798-8800
—— (Henri Gray, comte de)........... 8801, 8802
—— (Ide de Marigny, dame de Manneville, comtesse de).................................. 8803, 8804
—— (Jean, vicomte de Melun, comte de)...... 8805
Thouars (François, seigneur de la Trémoille, vicomte de)................................. 4368, 4369
—— (Louis, vicomte de).................... 8874
—— (Louis, seigneur de la Trémoille, vicomte de). 4370
—— (Tristan, vicomte de), chevalier banneret... 8877
Tonnerre (Jean de Chalon, fils aîné du comte d'Auxerre et de)......................... 486
Touraine (Charles, dauphin de Viennois, comte de)..................................... 9428, 9429
Uzès (Charles de Crussol, vicomte d').... 9152, 9153
—— (Elzéar, vicomte d')............... 9154-9155
—— (Jacques de Crussol, vicomte d'), chevalier.. 9156 et 9157.
Valentinois (César Borgia, duc de)....... 9186-9188
—— (Louis de Poitiers, comte de)...... 9189, 9190
Valois (François, comte d'Angoulême, duc de).... 9208
—— (Mahaut de Saint-Pol, comtesse de)....... 9209
—— (Philippe, duc d'Orléans, comte de) et de Beaumont............................... 6902, 6903
Vaudemont (Antoine duc de Lorraine, comte de)... 5359
—— (Louis de Lorraine, comte de)........... 9265

49.

TABLEAU SYSTÉMATIQUE

Vaudemont (Pierre, comte de Genève et de)...... 4025
Vendôme (Louis de Bourbon, comte de).... 9311, 9312
—— (Robert, seigneur de Willoughby, comte de). 9692
Vendômois (Charles, duc de)................. 9315
—— (Henri de Bourbon, roi de Navarre, duc de)....................................... 6672
—— (Bernard, comte de)............. 9331, 9332
Ventadour (Bernard, vicomte de), chevalier....... 9330

Ventadour (Gilbert de Lévis, chevalier de l'ordre, comte de)................................ 9335
—— (Jacques, comte de), chevalier........... 9336
Viane (Madeleine de France, femme de Gaston de Foix, princesse de)....................... 9400
Viennois (Charles de France, dauphin de)... 9426-9429
Villemur (Arnaud, vicomte de), chevalier... 9502, 9503
Warwick (Richard de Beauchamp, comte de)...... 9673

AVOUÉS ET VIDAMES.

Amiens (Beaugeois d'Ailly, vidame d'), chevalier banneret................................. 41
Châlons (Jean de Châtillon, vidame de), chevalier................................. 2078, 2079
Chartres (François de Vendôme, vidame de)...... 2239
—— (Guillaume, vidame de), chevalier banneret. 2241 et 2242.
—— (Jean de Vendôme, prince de Chabanais, vidame de)................................. 2248

Chartres (Louis de Vendôme, prince de Chabanais, vidame de)............................. 2249
Esneval (Jean de Dreux, vidame d'), chevalier. 3365, 3366
Laonnois (Jean de Montaigu, vidame de)... 5081, 5082
Thérouanne (Eustache de Conflans, avoué de), chevalier................................... 8840
Tournay (Ansel d'Aigremont, avoué de), chevalier....................................... 37

DIGNITAIRES DES GRANDS FEUDATAIRES.

ALENÇON.
Évryngham (Thomas), écuyer, maréchal d'Alençon.. 3479

ANJOU.
Azai (Gui d'), maréchal du duc d'Anjou......... 5710
Barbazan (Menavit de), maréchal du duc d'Anjou... 5711
Bueil (Jean de), chevalier, maréchal du duc d'Anjou................................... 1691
Champagne (Jean de), chevalier maréchal du duc d'Anjou................................... 2122
Espagne (Arnaud d'), maréchal du duc d'Anjou.... 5710 et 5711.
Daillon (Gui de), comte du Lude, chevalier, sénéchal d'Anjou.......................... 5415, 5416
—— (Jacques de), chevalier, sénéchal d'Anjou.... 3105
—— (Jean de), chevalier, sénéchal d'Anjou..... 3108
Saintré (Jean de), chevalier, sénéchal d'Anjou et du Maine..................................... 8331
Arquenay (Pierre d'), chevalier, chambellan du duc d'Anjou................................... 304
Avoir (Pierre d'), chambellan du duc d'Anjou.. 521-523
Bueil (Jean de), chevalier, chambellan du duc d'Anjou................................... 1688

Bueil (Pierre de), chevalier, chambellan du duc d'Anjou................................... 1702
Faye (Laurent de), conseiller du duc d'Anjou et de Touraine................................. 3522

BEDFORD.
Arundel (Jean, comte d'), seigneur de Maltravers, lieutenant du duc de Bedford............. 331
Montagu (Thomas de), comte de Salisbury, lieutenant général du duc de Bedford............ 8352
Wideville (Richard de), écuyer, chambellan du duc de Bedford................................. 9684

BERRY.
Bonnebaut (Jean de), écuyer, maréchal du duc de Berry...................................... 1200
Escorailles (Louis d'), chevalier, sénéchal de Berry.. 3351
Moulins (Philippe de), chancelier du duc de Berry. 6560
Lode (Guillaume de), chambellan du duc de Berry. 5377
Lomagne (Vesien de), chevalier, chambellan du duc de Berry.................................. 5315
Peschin (Ymbaut du), écuyer, chambellan du duc de Berry.................................. 7125
Tourzel (Morinot de), chambellan du duc de Berry. 9029

BOURBONNAIS.

Cars (François des), baron de Saint-Germain, sénéchal de Bourbonnais.................... 1885

BOURGOGNE.

Hochberg (Philippe de), maréchal de Bourgogne.................................. 4690
Pontailler (Gui de), chevalier, maréchal de Bourgogne.................................. 7315
—— (Hugues de), chevalier, maréchal de Bourgogne.................................. 7316
Thurey (Gérard de), chevalier, maréchal de Bourgogne.................................. 8883
Vergy (Jean de), maréchal de Bourgogne........ 9368
Bours (Guillaume, seigneur de), chevalier, chambellan du duc de Bourgogne............... 1396
Boves (Guillaume des), chambellan du duc de Bourgogne.................................. 1439
Chartres (Philippe de), chevalier, chambellan du duc de Bourgogne.......................... 2251
Chazeron (Robert de), écuyer, chambellan du duc de Bourgogne.............................. 2419
Manchecourt (Guillaume de), chevalier, chambellan du duc de Bourgogne.................... 5612
Nantouillet (Renaud de), chevalier, chambellan du duc de Bourgogne........................ 6656
Perellos (Pons de), chambellan du duc de Bourgogne.................................. 7089
Rocherousse (Pierre de la), chambellan du duc de Bourgogne.......................... 7869, 7870
Saligny (Lourdin de), chevalier, chambellan du duc de Bourgogne............................ 8046
Trémoille (Georges de la), chevalier, chambellan du duc de Bourgogne................... 9054
—— (Gui de la), chevalier, chambellan du duc de Bourgogne.................... 9057, 9059
—— (Guillaume de la), chambellan du duc de Bourgogne................... 9060, 9061
—— (Pierre de la), écuyer, chambellan du duc de Bourgogne............................. 9067
Villiers-le-Bel (Jean de), banneret, chambellan du duc de Bourgogne........................ 9550
Pouques (Jean de), chevalier, conseiller du duc de Bourgogne.............................. 7390

BRABANT.

Villers-Saint-Pol (Adam de), écuyer, lieutenant du duc de Brabant........................ 9536

BRETAGNE.

Gui, comte de Laval, amiral de Bretagne......... 5131
Hangest (Louis de), chevalier, grand écuyer de Bretagne.................................. 4442
Harcourt (Jean, comte d'), maréchal de Bretagne... 4487 et 4488.

CHAMPAGNE.

Conflans (Jean de), chevalier, maréchal de Champagne.................................. 2733
Joinville (Ansel de), sénéchal de Champagne...... 4936 et 4937.

DAUPHINÉ.

Châtelet (Renaud du), maréchal du Dauphiné..... 2307
Roussillon (Guillaume de), chevalier, maréchal du Dauphiné.................................. 8020
Orgemont (Pierre d'), chancelier du Dauphiné.... 6883
Nicolet (Jean), secrétaire du Dauphiné.......... 6749

FOREZ.

Lande (Josserand de la), maréchal du comte de Forez.................................... 5035
Saint-Romain (Artaud de), maréchal du comte de Forez.................................... 5035

GUIENNE.

Châtel (Tanneguy du), chevalier, maréchal de Guienne.................................. 2301
Heilly (Jacques, seigneur de), chevalier, maréchal de Guienne........................ 4585, 4586
Foix (Odet, comte de), amiral et lieutenant général au pays de Guienne...................... 3667
Balsac (Robert de), chambellan du duc de Guienne. 601
Brimeu (David de), chevalier, chambellan du duc de Guienne.............................. 1588
Rochefoucauld (Charles de la), grand sénéchal de Guienne.................................. 7850
Girard (François de), écuyer, vice-sénéchal de Guienne, Bordeaux, Saintonge et Bazadais..... 4078

HAINAUT.

Verchin (Jacques de), banneret, sénéchal de Hainaut.................................... 9347
—— (Jean de), banneret, sénéchal de Hainaut... 9349

LIMOUSIN.

Bonneau (Ithier), chevalier, lieutenant du sénéchal de Limousin............................ 1199

Estuer (Jean d'), chevalier, sénéchal de Limousin.. 3452
Passac (Gaucher de), chevalier, sénéchal de Limousin.. 7001
Rochechouart (Aimery de), sénéchal de Limousin.. 7798
Villeblevin (Pierre de), chevalier, sénéchal de Limousin.. 9495

LUXEMBOURG.

Holenexeil (Jean de), justicier du comté de Luxembourg.. 4698

MAINE.

Turpin (Jean), chevalier, conseiller du duc du Maine. 9131

NORMANDIE.

Guillaume, comte de Tancarville, vicomte de Melun, connétable de Normandie............ 8798, 8799
Blosset (Jean), chevalier, grand sénéchal de Normandie............................... 1087-1089
Brézé (Louis de), chevalier de l'ordre, grand sénéchal de Normandie....................... 5888
Oldhalle (Guillaume), chevalier, grand sénéchal de Normandie.............................. 6845
Scales (Thomas, seigneur de), sénéchal de Normandie.................................. 8496-8499
Wideville (Richard de), écuyer, sénéchal de Normandie................................... 9684
Aumont (Philippe d'), chevalier, chambellan du duc de Normandie........................... 417
—— (Pierre d'), chevalier, chambellan du duc de Normandie............................ 420, 423
Martel (Jean), chevalier, chambellan du duc de Normandie............................ 5789, 5790
Melun (Guillaume, comte de Tancarville, vicomte de), chambellan héréditaire de Normandie... 8798, 8799
Rivière (Bureau de la), chambellan du duc de Normandie................................... 7733
Chardogne (Ferri de), chevalier, maréchal de Normandie...................................... 2201
Ferté-Fresnel (Jean, de la), chevalier banneret, maréchal de Normandie.................. 3590
Hellenvillers (Claudin de), chevalier, maréchal de Normandie.............................. 4600
Henze (Jean de la), dit Baudrain, chevalier, maréchal de Normandie...................... 4665
Braque (Nicolas), chevalier, conseiller du duc de Normandie............................... 1484
Fèvre (Olivier le), conseiller du duc de Normandie.. 3605

Mail (Héron de), chevalier, conseiller du duc de Normandie.............................. 5500
Meaux (Jean, évêque de), conseiller du duc de Normandie................................ 5948
Les gens du conseil du duc de Normandie à Rouen... 7998

ORLÉANAIS.

Orfèvre (Pierre l'), chancelier du duc d'Orléans... 6878
Asnières (Drouet d'), chambellan du duc d'Orléans... 335
Bracquemont (Lionnel de), chambellan du duc d'Orléans.. 1457
Brabant (Pierre de), dit Cluignet, chambellan du duc d'Orléans............................ 1501
Courcelles (Jean de), chambellan du duc d'Orléans. 2871
Laire (Guillaume de), chevalier, chambellan du duc d'Orléans................................ 5007
Saint-Remy (Raoul de), chambellan du duc d'Orléans... 8272
Willerval (Thibaud de), écuyer, chambellan du duc d'Orléans............................... 9690

POITOU.

Crussol (Louis, seigneur de), sénéchal de Poitou.. 3053
Guillon (Renaud de), chevalier, sénéchal de Poitou. 4364
Goullons (Renaud de), chevalier, sénéchal de Poitou et de Limousin.......................... 4149
Rochefoucauld (Jean de la), sénéchal de Poitou.... 7802
Torsay (Jean de), banneret, sénéchal de Poitou... 8951
Vivonne (Renaud de), banneret, sénéchal de Poitou. 9585
Châtre (Guillaume de la), écuyer, chambellan du comte de Poitiers................... 2363, 2364
Semur (Pierre de), chevalier, chambellan du comte de Poitiers................................. 8545
Veaucé (Le Borgne de), écuyer, chambellan du comte de Poitiers.............................. 9290

PONTHIEU.

Longroy (Jean de), écuyer, lieutenant du maréchal héréditaire de Ponthieu................... 5327
Sage (Raoul le), maréchal héréditaire de Ponthieu. 8141

ROUSSILLON.

Marie (Cole), écuyer, lieutenant du vice-roi de Roussillon.. 5736

COMTÉ DE SAINT-POL.

Moy (Colard, seigneur de), lieutenant général du comte de Saint-Pol............................. 6583

TOURAINE.

Ail-en-Bourse (Pierre), bailli de Touraine, d'Anjou, du Maine et de Poitou.................. 40
Aubusson (Antoine d'), chevalier, seigneur du Monteil, bailli de Touraine.................. 380
Champagne (Baudouin de), chevalier, bailli de Touraine.................. 2119
Tuile (Jean de la), bailli de Touraine, d'Anjou, du Maine et de Poitou.................. 9123
Cholet (Gilles), chevalier, chambellan du duc de Touraine.................. 2510
Sassenage (François, seigneur de), chambellan du duc de Touraine.................. 8418
Vieux-Pont (Yves de), chevalier, chambellan du duc de Touraine.................. 9453

VENDÔMOIS.

Salle (Guillaume de la), dit *Marmier*, lieutenant du comte de Vendôme.................. 8354

VIENNOIS.

Barbazan (Arnaud-Guilhem, seigneur de), chambellan du dauphin de Viennois.................. 635
Beauvau (Pierre, seigneur de), chambellan du dauphin de Viennois.................. 819
Doillon (Jean de), chambellan du dauphin de Viennois.................. 3106
Laval (Louis de), chambellan du dauphin de Viennois.................. 5134
Melun (Adam de), chevalier, chambellan du dauphin de Viennois.................. 5969
Montenay (Guillaume de), chambellan du dauphin de Viennois.................. 6303
Cadart (Jean), conseiller du dauphin de Viennois.. 1746
Gelinon (Guillaume), conseiller du dauphin de Viennois.................. 4013
Sarpe (Jean), licencié en droit, conseiller du dauphin de Viennois.................. 8404
Vallin (Jean), conseiller du dauphin de Viennois... 9205

LIEUTENANTS DU ROI.

Anjou (Henri de France, duc d'), lieutenant général du royaume.................. 186, 187
Bourbonnais (Pierre, duc de), lieutenant général du roi.................. 1362
Normandie (Jean, duc de), lieutenant du roi...... 6786
Rochechouart (Jean de), chevalier, lieutenant général du roi.................. 7814
Viennois (Charles, dauphin de), lieutenant du roi.................. 9426-9428
Avoir (Pierre d'), lieutenant général et sénéchal en Anjou, Touraine et Maine.................. 523
Boulogne (Jean de), comte de Montfort, lieutenant du roi et du duc de Normandie au bailliage d'Auvergne.................. 6336
Corvolle (Arnaud de), lieutenant du roi et du régent en Berry, Nivernais, etc.................. 1999
Baudricourt (Jean, seigneur de), lieutenant du roi en Bourgogne, Mâconnais, Charolais, Auxerrois, etc.................. 704
Bourbonnais (Charles, duc de), lieutenant général en Bourgogne.................. 1361
Lyons (Adolphe de), chevalier de l'ordre, lieutenant général et gouverneur de Champagne et Brie.... 5449
Clay (Jean de), lieutenant général et gouverneur de France et Normandie.................. 2564
Navarre (Louis de), comte de Beaumont-le-Roger, lieutenant en France, Normandie et Bourgogne.. 800
Armagnac (Jean, comte d'), lieutenant du roi en Gascogne.................. 273
Dunois (François, comte de), gouverneur et lieutenant général en Guienne.................. 3249
Navarre (Henri, roi de), lieutenant général en Guienne.................. 6669
Saluces (Michel-Antoine, marquis de), lieutenant général du roi en Italie.................. 8369
Anjou (Louis de France, duc d'), lieutenant en Languedoc.................. 190
Berry (Jean, duc de), lieutenant du roi en Languedoc, Auvergne et Poitou.................. 945
Craon (Amaury de), lieutenant du roi en Languedoc.................. 2955
Dureux (Michel du), lieutenant du roi en Languedoc.................. 3261
Joyeuse (Le vicomte de), chevalier de l'ordre, lieutenant général en Languedoc.................. 4966
Marigny (Robert de), chevalier, maréchal du roi en Languedoc et Saintonge.................. 5744
Poitiers (Jean, comte de), lieutenant en Languedoc et en Auvergne.................. 7253
Chartres (Renaud de), archevêque de Reims, lieu-

tenant du roi et du dauphin en Languedoc et Dauphiné.................................... 7634
Audrehem (Arnoul d'), maréchal de France, lieutenant du roi entre la Loire et la Dordogne..... 394
Clermont-Nesle (Jean de), lieutenant du roi entre la Loire et la Dordogne.................... 2609
Bouillon (Henri-Robert de la Marck, duc de), chevalier, lieutenant général en Normandie....... 1315
Fastolf (Jean), chevalier, lieutenant du roi d'Angleterre en Normandie......................... 3496
Harcourt (Louis d'), lieutenant du roi en Normandie.. 4493
Talbot (Jean, seigneur de), lieutenant du roi...... 8780
Warwick (Richard de Beauchamp, comte de), capitaine et lieutenant général du roi et du régent en Normandie, Anjou, etc..................... 9673
Melun (Charles de), chevalier, lieutenant du roi à Paris et aux marches de France............. 5973

Moreuil (Bernard de), maréchal de France, lieutenant du roi en Picardie................... 6483
Vendômois (Charles, duc de), lieutenant général en Picardie.................................. 9315
Cossé (Charles de), chevalier de l'ordre, lieutenant général en Piémont.................... 2827-2830
Archevêque (Guillaume l'), seigneur de Parthenay, lieutenant en Poitou, Touraine et Saintonge.... 287
Maingre (Jean le), dit *Boucicaut*, maréchal de France, lieutenant en Poitou et Saintonge...... 5551
Vivonne (Savary de), chevalier, capitaine souverain en Poitou............................... 9586
Anjou (Louis de France, comte d'), lieutenant du roi en Touraine............................ 189
Captal de Buch (Le), lieutenant du roi de Navarre..................................... 1817
Navarre (Pierre de), comte de Mortain, lieutenant en France du roi de Navarre............... 6522

CHEVALIERS DU ROI.

Angle (Guichard d')............................ 170
Archimaut (Pierre), bailli de Mâcon............ 247
Aunoy (Philippe d'), maître de l'hôtel.......... 438
Bonnin (Hugues).............................. 1216
Borlande (Philippe de)........................ 1246
Braque (Jean)................................ 1482
Bretonnière (Jean de la)...................... 1535
Breuc (Pierre du)........................ 1540, 1541
Chennevières (Pierre Choisel, seigneur de)..... 2436
Chermont (Guillemin de)...................... 2450
Chevrier (Gui)........................... 2475, 2476
Dicy (Pierre de).............................. 3174
Étaules (Ondart d')........................... 3461
Flavacourt (Guillaume de)..................... 3639
Gand (Sohier de)............................. 3934
Giry (Renaud de)............................. 4093
Guyencourt (Simon de)........................ 4389

Helleville (Gobert de), bailli d'Agen........... 4603
Laye (Olivier de)............................. 5144
Magnac (Itier, seigneur de).................... 5479
Mametz (Enguerran de)........................ 5608
Marcilly (Guillaume de)....................... 5637
Marzé (Guichard de).......................... 5813
Maubuisson (Ondart de).................. 5861, 5862
Meudon (Jean de)............................. 6057
Montigny (Yvon de)........................... 6370
Mortagne (Pons de), vicomte d'Aulnay......... 6518
Mouscheti Guidi (Johannes).................... 6565
Récourt (Michel de).......................... 7618
Reims (Jean de).............................. 7630
Roye (Mahieu de)....................... 8082, 8083
Sausse Bernard (Galois de).................... 8455
Sénéchal d'Eu (Jean le)....................... 8551

CHEVALIERS DU RÉGENT.

Châteauneuf (Guillaume de)................ 2293 | Montmorin (Pierre de)........................ 6434

BANNERETS.

CHEVALIERS BANNERETS.

Ailly (Beaujois d'), vidame d'Amiens	61
Alençon (Pierre, bâtard d')	82
Amboise (Hugues d'), seigneur de Chaumont	119
Amboise (Jean d')	121
Anglure (Ogier d')	174
Annequin (Baudouin, seigneur d')	197
Apchier (Guérin, seigneur d')	219
Armagnac (Jean d')	274
Arpajon (Hugues, seigneur d')	296
Aumale (Jean d'Harcourt, comte d')	410
Auvergne (Bérand, dauphin d')	463, 464
—— (Guichard, dauphin d')	468
Auxerre (Jean de Chalon, fils aîné du comte d')	484, 486
Bar (Robert, duc de)	628
—— (Thibaud de)	629
Barbazan (Arnaud-Guilhem, seigneur de)	633, 634
Barbezieux (Henri, seigneur de)	649
Barthe (Guiraud de la)	684
Bataillé (Guillaume), sénéchal d'Angoulême	688
Baucay (Hugues, seigneur de)	693
Bazillac (Raymond Aimery, seigneur de)	746
Beaufort (Jean de)	763
Beaumont (Thomas de)	796
Beausault (Hugues de)	808
Beauvais (Guillaume-Châtelain de)	811-813
Béthune (Robert de), vicomte de Meaux	5950-5953
Biron (Aimery de), seigneur de Montferrand	1031
Bourbon (Jacques de)	1355, 1356
Bouville (Charles, seigneur de)	1431
Brimeux (Louis, seigneur de)	1589
Brion (Guérin, seigneur de)	1594
—— (Morin de)	1597
Brucourt (Robert de)	1638, 1639
Burgand (Arnaud de)	1731
Castelbon (Roger-Bernard de Foix, vicomte de)	1906
Caumont (Guillaume-Raymond, seigneur de)	1942-1944
Cé (Olivier, seigneur du)	1981
Chalon (Hugues de)	2073
—— (Jean de), prince d'Orange	2076
Chamaillart (Guillaume), seigneur d'Anthenaise	2088
Chartres (Guillaume, vidame de)	2241, 2242
Châtillon (Hugues de), maître des arbalétriers de France	2338
Châtillon (Thibaud de)	2356
Chauvigny-Blot (Jean de)	2401
Chevreuse (Jean, seigneur de)	2468
Chin (Gilles de)	2485
Cholet (Gilles), capitaine de Bonneval	2512
Clères (Georges, seigneur de)	2575, 2577
Clermont-Surgères (Joachim de)	2616
Clisson (Olivier de), connétable de France	2627
Comminges (Gui de)	2694
Coucy (Enguerran de)	8644
—— (Renaud de)	2845
Craon (Jean de)	2959
Croy (Jean, seigneur de)	3040
Culant (Louis de)	3081
Derval (Guillaume, seigneur de)	3161
Durfort (Bertrand de)	3264
—— (Raymond-Bernard de)	3271
Elsto (Hoste, seigneur d')	3302
Esneval (Robert, seigneur d'), dit *Perceval*	3371
Estouteville (Louis d')	3438
—— (Robert de)	3441
Eu (Raoul, comte d')	3469
Fastolf (Jean), grand maître de l'hôtel du duc de Bedford	3496
Ferté-Fresnel (Jean, seigneur de la)	3590, 3591
Flandre (Rifflard, bâtard de)	3635
Fransures (Jean, sire de)	3811
Gosseaume (Raymond), châtelain de Courtrai	4127
Guesclin (Olivier du), comte de Longueville	5336
Hangest (Jean, seigneur de)	4440
Harcourt (Jacques d')	4476
Haverskerque (Pierre de)	4552
Heilly (Jean, seigneur de), double banneret	4587
Heuze (Jean de la), dit *Baudrain*	4666
Isle (Jean de l')	4793
Isle-en-Jourdain (Bertrand de l')	4802, 4803
Ivry (Charles d')	4824
Johen (Philippe)	4932
Joinville (Hugues de)	4939
Lannes (Amanieu de)	5063
Lévis (Gaston de)	5208
Ligne (Jean, seigneur de)	5243, 5244
Lignières (Philippe, seigneur de)	5251, 5252
Litenois (Louis de)	5293
Lomagne (Jean de)	5312

Longroy (Jacques, seigneur de)	5326
Longvillers (Jean de)	5337
—— (Lancelot de)	5340
Loques (Jean de)	5348
Lorraine (Jean, duc de)	5361
Luxembourg (Waleran de), comte de Ligny	5261
Malestroit (Jean de)	5582
Malet (Gui)	5587
—— (Jean)	5589
Matefelon (Pierre, seigneur de)	5840
Maulévrier (Renaud, seigneur de)	5889
Mauny (Hervé de)	5904, 5905
—— (Olivier de)	5908-5910
Mauvoisin (Jean)	5931
Merbes (Jean de)	5998
Meuillon (Guillaume de)	6061-6063
Meulan (Amaury de)	6064, 6065
—— (Raoul de)	6071
Monlezun (Arnaud-Guillaume de), comte de Pardiac	6973
Montaigu (Jean de), vidame de Laonnois	5082
Montbéliard (Henri de)	6255
Montenay (Jacques de)	6304
—— (Jean, seigneur de)	6307
Montesquiou (Raymond-Aimery de)	6316
Montjean (Jean, seigneur de)	6376
Montlieu (Guillaume, seigneur de)	6385
Montmaur (Jacques de)	6393
Montmorency (Hugues de)	6420
—— (Jean de)	6424
Montpezat (Amanieu, seigneur de)	6441
Moreuil (Rogue de)	6487
Mortagne (Jean de)	6515
—— (Pons de), vicomte d'Aulnay	6516, 6517
Nuast (Godefroi de)	6620
Namur (Guillaume, fils aîné du comte de)	6642
Narbonne (Guillaume, vicomte de)	6660
Nesle (Jean de)	6703
—— (Robert de)	6705
Neufchâtel (Thibaud de)	6710
Nevers (Philippe, comte de)	6739
Noyers (Jean de)	6806
Paynel (Guillaume)	7035, 7037
—— (Nicole)	7044
Pins (Anissant de)	7192
—— (Barthélemy de)	7193
Plessier (Gui du)	7217
Poitiers (Charles de)	7246
Prye (Jean, seigneur de)	7467
Ray (Jean de)	7602
Renneval (Waleran de)	7670
Rochechouart (Geoffroi, vicomte de)	7811
Roche-Guyon (Gui, seigneur de la)	7864
Roucy (Jean, comte de)	7987
Roussillon (Guillaume de)	8027
—— (Jacques de)	8029
Royé (Jean de)	8081
Saint-Dizier (Édouard, seigneur de)	8181
Sainte-Beuve (Enguemer, seigneur de)	8306
Sancerre (Louis de), maréchal de France	8378, 8379
Soissons (Rogue de)	8650, 8651
Sommières (Brémond de)	8664
Ternant (Hugues, seigneur de)	8821
Thil (Jean, seigneur de)	8860
Thors (Renaud de)	8872
Thouars (Jean de)	8873
—— (Tristan, vicomte de)	8877
Torsay (Jean de)	8951
Tour-d'Auvergne (Bertrand de la)	8977
Tour-du-Pin (Aubert de la)	8984
Tour-Landry (Charles de la)	8981
—— (Geoffroi, seigneur de la)	8983
Tournebu (Pierre, seigneur de)	9000
Tournon (Guillaume, seigneur de)	9015
Vendôme (Pierre de)	9313
Verchin (Jacques de)	9347
—— (Jean de)	9349
Vienne (Guillaume de)	9417
—— (Jacques de)	9419
—— (Jean de)	9422, 9423
—— (Wautier de)	9425
Vieuville (Pierre de la)	9443
Villars (Jean de)	9487
Villiers de Saulx (Hugues, seigneur de)	9548
Villiers-le-Bel (Jean de)	9550
Vivonne (Renaud de)	9585
—— (Savary de)	9587
Wavrin (Guillaume de)	9677
—— (Robert de)	9679
Willerval (Jean, seigneur de)	9688

ÉCUYERS BANNERETS.

Baume (Antoine de la)	706
—— (Jean de la)	718
Baux (Aîné des)	724
—— (Bertrand des)	726
Bracquemont (Louis de)	1458
Cardaillac (Raymond de)	1860
Châteauneuf (François, seigneur de)	2292

Châteauneuf (Guinot, seigneur de)............ 2294
—— (Mainfroi de)........................ 2295
Chesne (Guillaume du)....................... 2458
Clermont en Dauphiné (Aimar, vicomte de)....... 2589
Durfort (Raymond-Bernard de)................ 3272
Gioslée (Humbert de)........................ 4279
Laval (Gui de)............................. 5130

Montesquiou (Raymond-Aimery de)............ 6315
Orgessin (Pierre d')......................... 6889
Pelet (Raymond)............................ 7050
Rochefort (Pierre de)........................ 7843
Simiane (Bertrand de), chevalier.............. 8632
Thémines (Gilbert de)....................... 8839
Thibaud (Henri), d'Aizenay................... 8845

SEIGNEURS.

Abbé de Male-Paie (Alain Taillecol, dit l').. 8765, 8766
Abancourt (Jean d'), chevalier................ 1
Abbaye (Robert de l')....................... 2
Abbé (Charles l'), écuyer................. 3, 4
—— (Geoffroi l'), chevalier................. 5
—— (Tassart l'), de Vermandois 7
Acquigny (Bérard de Montferrand, seigneur d').... 6325
Acy (Jean d')............................. 11
—— (Jean le Galois d')..................... 12
Adhémar (Roland), bâtard de Grignan, écuyer.... 14
Aemstein (Jehan van), écuyer................. 15
Afagart (Guillaume), écuyer.................. 16
Affroy (Imbert), écuyer...................... 17
Agace (Bertrand), chevalier................... 18
—— (Olivier), écuyer....................... 19
Age (Guillaume de l'), écuyer................. 20
—— (Meilhot de l'), écuyer.................. 21
Ages (Guillaume des), chevalier................ 23
Agorne (Nicolas d'), chevalier, d'Angleterre...... 25
Agrulet (Pierre d'), damoiseau................. 26
Agu (Jean d'), écuyer....................... 27
Aigneaux (Guillaume d'), écuyer............... 32
—— (Jacquemart li), écuyer.................. 33
—— (Jacques li), écuyer..................... 34
Aigneville (Guillaume d'), écuyer............... 35
Aignon (Jacques d'), écuyer................... 36
Aigremont (Guillaume d'), chevalier............ 38
—— (Ote de Montaut, seigneur d')............ 6249
Aigret (Guillaume d'), écuyer................. 39
Ailly (Simon de Saveuse, seigneur d')........... 8471
Aimery (Robin), écuyer..................... 48
Airaines (Jean, seigneur d'), dit *le Roy*, chevalier... 49
—— (Lionnel d'), chevalier................... 50
—— (Lionnet d'), chevalier............... 51, 52
Aizanville (Pierre d'), écuyer.................. 54
Alba (Janvier), écuyer....................... 57
Albaron (Louis Ganteloù, seigneur d').......... 3937
Albert (Philippe), écuyer..................... 61

Albon (Guichard d'), seigneur de Saint-André, chevalier............................. 64, 65
Albourne (Girard d'), de Fontaine Sains, chevalier allemand............................... 67
Albret (Bérard d'), écuyer.................... 68
—— (Bernadeit d'), chevalier................. 69
—— (Gabriel d'), seigneur de Lesparre......... 71
—— (Guillaume d'), chevalier, seigneur d'Orval.. 72
—— (Henri, roi de Navarre, seigneur d')....... 6668
Alègre (Agnès d'), dame de Saint-Marcel........ 74
Alençon (Pierre, bâtard d'), chevalier banneret.... 82
Alerant (Raymond), seigneur de Chalais, chevalier.................................. 85
Alet (Raymond Pelet, seigneur d')............. 7050
Aline (Jean)............................... 89
Alinieu (Claude), écuyer..................... 90
Allègre (Morinot de Tourzel, seigneur d')....... 9029
Alles (Renaud), écuyer....................... 96
Allesolle (Loppé d'), écuyer............... 97, 98
Alligny (Claude de Breschard, seigneur d')...... 1508
Allogny (Pierre d'), écuyer.................... 99
Allounes (Goulart d'), chevalier............... 100
Allot (Bermond d'), chevalier................. 103
Ally (Guigues d'), chevalier................... 104
Aloust (Davy).............................. 105
Alvart (Nicolas), écuyer..................... 108
Alzon (Pierre d')........................... 110
Amancé (Jean, seigneur d'), écuyer............ 111
Amboise (Hugues d'), chevalier................ 118
—— (Hugues d'), seigneur de Chaumont, chevalier banneret........................... 119
—— (Jean d'), seigneur de Chaumont et de Saint-Vrain, chevalier......................... 120
—— (Jean d'), chevalier banneret.............. 121
—— (Pierre, seigneur d'), chevalier............ 122
Ambres (Louis de Voisins, seigneur d')......... 9599
Ambrières (Aubry d'), écuyer d'Érart de Nanteuil. 124
Aménard (Jean), chevalier.................... 126

50.

TABLEAU SYSTÉMATIQUE

Amenon (Foucher), chevalier.................. 127
Amiens (Gniot d')........................... 132
—— (Pierre d'), seigneur de Régnauville, chevalier............................ 134
Amy (Giraud), chevalier, seigneur de Rochefort.... 135
Ancelle (Richard d'), chevalier................ 137
Ancenis (Claude, comte d'Harcourt, seigneur d')... 4467
—— (Jean, comte d'Harcourt, seigneur d'). 4487-4489
Ancerville (Jean d'), écuyer................... 138
Ancézune (Raymond d'), écuyer............ 141, 142
Ancourt (Renaud d'), écuyer.................. 143
Ancre (Florent d')............................ 144
Ancloville (Raoul d'), chevalier................ 145
Andorre (Raymond d'), écuyer génois.......... 146
Andresel (Geoffroi d'), chevalier............... 148
—— (Jean d'), chevalier................ 149, 150
Andrest (Arnaud de Lavedan, seigneur d')....... 5139
Andrieu (Robert), chevalier.................... 151
Anduze (Louis d'), écuyer, seigneur de la Voulte. 152, 153
Anet (Jean de Cherisy, seigneur d')............ 2449
Angeliers (Guillaume d'), écuyer............... 155
Angennes (Jean d'), dit *Sappin*, écuyer........ 158
Angerville (Robert d'), chevalier............... 167
Angiens (Mahiet d'), écuyer.................... 168
Angle (Payen d'), chevalier.................... 171
Anglure (Ansel d'), chevalier.................. 173
—— (Ogier d'), chevalier banneret............ 174
—— (Robert d'), chevalier............ 175, 176
—— (Simon, seigneur d'), chevalier........... 177
Anieux (Henri de Thubeauville, dit)........... 8880
Anisy (Huguenin d'), écuyer.............. 183, 184
Annequin (Baudouin d'), chevalier banneret...... 197
—— (Jean d').............................. 198
—— (Pierre d'), écuyer....................... 199
Anneville (Guillaume d'), écuyer.......... 200-202
Anneville de Montagu (Guillaume d'), écuyer.... 203
Ansauvillers (Girard d'), chevalier.............. 204
Anneville (Mahieu d'), chevalier................ 205
Ante (Robert d'), chevalier................ 206, 207
Antheaume (Guillaume), écuyer................ 210
Anthenaise (Guillaume Chamaillart, seigneur d')... 2088
—— Henri d'), écuyer........................ 209
Antinel (Guillaume), écuyer.................... 211
Antoine...................................... 212
Anvin (Jean d').............................. 217
Apchier (Guérin, seigneur d'), chevalier banneret. 219
Apchon (Louis d'), écuyer..................... 221
Appelvoisin (Guichard d'), chevalier............ 223
—— (Jean d'), chevalier...................... 224

Appelvoisin (Pierre d'), chevalier............... 225
Apremont (Philippe Chabot, baron d')..... 2047, 2048
Aragon (Pierre de Lantillon, dit d').......... 5076
Aragonnais (François de Surienne, dit l')... 8746-8752
Arb (Benoît), dit *Valence*, écuyer............. 229
Arban (Jacquemin d'), écuyer.................. 230
Arc-en-Barrois (Philippe de Hochberg, seigneur d'). 4690
Archevêque (Guillaume l'), chevalier........ 236-238
—— (Jean l'), chevalier...................... 240
—— (Jean l'), seigneur de Parthenay et de Matefelon................................... 241
—— (Jean l'), chevalier, seigneur de Surgères.... 239
Archiac (Aimar,), chevalier.............. 242, 244
—— (Aimar d'), seigneur de Saint-Seurin, chevalier.. 243
—— (Meynart d'), chevalier.................. 245
—— (René de Montbron, seigneur d')......... 6275
Archiprêtre de Vélines (Arnaud de Cervolle, dit)... 1998
Arcs (Gaspard de Villeneuve, baron des)......... 9507
Arcy (Guillaume d'), seigneur de Chassenay, chevalier.. 248
Ardelles (Dreux d'), chevalier.................. 252
—— (Jean d'), écuyer........................ 253
Ardenay (Alain d'), chevalier................... 254
Aregnaut (Colas), écuyer...................... 255
Argences (Robert d')......................... 257
Argenon (Guillaume d')....................... 258
Argenton (Gui, seigneur d'), chevalier.......... 259
Argenvilliers (Gillet d')....................... 260
Argies (Jean d'), chevalier..................... 261
Argouges (Guillaume d'), chevalier........ 262, 263
Arguel (Guillaume d')......................... 264
—— (Henri de Chalon, seigneur d')........... 2072
Argy (René de Brillac, seigneur d')............ 1585
Arize (Fernando d'), écuyer.................... 266
Arlay (Hugues de Chalon, seigneur d')......... 2073
—— (Jean de Chalon, seigneur d')............ 2076
Armagnac (Amanieu d'), écuyer................ 269
—— (Girard d'), chevalier.................... 271
—— (Guirand d'), chevalier................... 272
—— (Jean d'), chevalier banneret............. 274
Armentier (Jean), écuyer...................... 282
Armes (Girard d'), écuyer..................... 284
Aroicl (Bernard d'), écuyer.................... 290
Arondel (Mahieu de Launay, seigneur d')....... 5107
Aroust (Pierre), chevalier..................... 291
Arpajou (Hugues d'), chevalier........... 295, 296
—— (Jean, vicomte de Lautrec, seigneur d').... 5120
—— (Raimond d'), damoiseau................ 300

Arquen (Galehaut d'), chevalier............ 301, 302
Arquenay (Hugues d'), chevalier................ 303
Arquens (Berenger d'), écuyer................. 305
Arras (Guillaume d'), chevalier............... 307
Arreval (Guillot d'), écuyer................... 311
Ars (Gonsalve d'), écuyer..................... 312
Arse (Ferrand d'), écuyer..................... 314
—— (Hugues d'), écuyer..................... 315
—— (Hugues d'), chevalier, seigneur de Derna-
  cueillette................................. 316
Artensol (Raymond d').......................... 318
Arthel (Gaucher d'), écuyer.................... 319
—— (Jean d'), écuyer.................... 321-323
Artois (Charles d')............................. 325
—— (Jean d')................................. 327
—— (Philippe d'), écuyer..................... 330
Arzillières (Gautier d'), chevalier......... 333, 334
Asnières (Antoine de Tillay, seigneur d')........ 8900
Aspais (Armandon)............................. 336
Asse (Constantin), chevalier.................... 337
Assé (Foulques Riboul, seigneur d')............. 7700
Assigny (Guillaume d'), écuyer.................. 340
—— (Jean d'), écuyer..................... 341, 342
—— (Pierre d')............................... 343
Assonval (Guillaume d'), chevalier.............. 345
Ast (Jean de Boymer, dit d')................... 1450
Astaffort (Vesian de Lomagne, seigneur d')...... 5313
Astarac (Beaumont d'), écuyer................... 347
Aubert (Jean), écuyer.......................... 356
—— (Thomas), écuyer.......................... 358
Aubertel (Perduche)............................ 359
Aubespin (Hugues de l'), chevalier.............. 360
Aubeterre (Jean-Raymond, seigneur d'), chevalier. 363
—— (Pierre-Raymond, seigneur d'), chevalier... 364
Aubigny (Béraud Stuart, seigneur d')............ 8733
—— (Bernard d'), écuyer...................... 368
—— (Éblon de Rochefort, seigneur d')......... 7830
—— (François d'), chevalier.................. 369
—— (Jean d'), écuyer......................... 370
—— (Renaud, seigneur d'), chevalier.......... 371
—— (Robert Stuart, seigneur d')......... 8734, 8735
Aubin (Étienne), chevalier................. 373, 374
Aubusson (Guillaume d'), chevalier, seigneur de la
  Feuillade................................. 387
Auchy (Gobert d'), chevalier................... 390
Aucolleto (Guillaume de Laudun, seigneur de).... 5099
Aulignicourt (Hugues d'), chevalier............. 391
Audley (James d'), chevalier.................... 393
Auffay (Jean d'), chevalier..................... 397

Augeac (Hugues de Montchande, seigneur d')..... 6286
Augeran (Huguenin d'), écuyer.................. 399
—— (Hugues d'), chevalier................ 400, 401
—— (Robert d'), chevalier.................... 403
Augère (Jacques d'), écuyer.................... 404
Augoust (Foulques de Matha, seigneur d').. 5844, 5846
Auleux (Picart d'), écuyer..................... 405
Aulin (Raimond-Bernard d'), chevalier.......... 406
Aulon (Jehan d'), écuyer.................. 407, 408
Aumont (Challes d'), écuyer.................... 412
—— (Gérard Balene, seigneur d')............. 584
—— (Philippe d'), chevalier............. 417, 418
—— (Pierre d'), écuyer....................... 419
—— (Pierre d'), dit Hutin, chevalier, seigneur de
  Cramoisy................................. 422
Aunay (Massot d')............................. 429
Auneel (Perrette de la Rivière, dame d')....... 7753
Auneux (Philippe d'), écuyer................... 430
Aunou (Robert d'), seigneur de Chaumont........ 432
Aunoy (Jean d'), écuyer........................ 436
—— (Jean de Roye, seigneur d')............. 8080
—— (Philippot d'), écuyer.................... 439
—— (Robert d'), dit le Galois, chevalier..... 441
Aurachier (Jean, seigneur d'), chevalier........ 443
Aure (Savary d'), baron de Larboust............ 444
Auricher (Jean, seigneur d'), chevalier........ 445
Aurigny (Jacques d'), chevalier................ 447
Aurillac (Astorg, seigneur d'), écuyer......... 448
Ausirgues (Rauffet de Balsac, seigneur d')..... 599
Ausseville (Guillaume, seigneur d'), chevalier.. 450
Aussy (Simon d'), écuyer....................... 451
Autels (Jean des), chevalier................... 452
Auteuil (Amaury d'), chevalier................. 453
Authies (Baudouin de Rubempré, seigneur d').... 8092
Autrèches (Andrieu d'), chevalier.............. 454
—— (Gautier d'), chevalier................... 455
Autreuille (René d'), chevalier................ 456
Autricourt (Valérian d'Anglure, seigneur d').... 178
Autry (Gui d'), chevalier...................... 457
—— (Jean d'), chevalier...................... 458
—— (Jean de Rouvray, seigneur d')........... 8048
Auvillars (Girard de Tournebu, seigneur d'). 8993, 8994
Auviller (Gilles d'), écuyer................... 475
Auxances (Jacques de Montbron, seigneur d').... 6273
Aux Epaules (Guillaume), chevalier......... 476-480
—— (Jean), écuyer............................ 481
Auxonne (Fier-à-bras d'), écuyer............... 487
—— (Henri d'), écuyer........................ 488
—— (Jean d'), écuyer......................... 489

TABLEAU SYSTÉMATIQUE

Auxy (Colard d'), écuyer.................. 490, 491
—— (Guérard d'), écuyer................... 492
—— (Hugues d'), chevalier, seigneur de Muchedent. 493
—— (Pierre d'), chevalier.................. 496
Auzebosc (Colard d'Estouteville, seigneur d'), 3430, 3432
Auzelay (Aimé d'), chevalier................... 497
Auzon (Étienne d'), damoiseau................. 498
—— (Étienne d'), chevalier................. 499
—— (Hugues d'), chevalier................. 500
Availles (Guiot d'), écuyer..................... 501
Avaugour (Jean d'), écuyer.................... 502
Avay (Jean d'), chevalier..................... 503
Avelny (Baudouin d'), chevalier......... 504, 505
—— (Jean d'), chevalier................... 506
Avenières (Philippe d'), chevalier............. 509
Aveny (Jean le Brun, seigneur d')............ 1554
Averton (Geoffroi d'), écuyer................. 510
Avesnes (Grignart d'), écuyer................ 511
—— (Robert d'), écuyer................... 512
Aveules (Jacques des), chevalier.............. 514
Avila (Jean d'), chevalier de Rhodes........... 515
Avin (Anseau d'), chevalier................... 516
—— (Renaud d'), écuyer................... 517
Avirey (Sance-Réville de Nogent, seigneur d').... 6774
Avocourt (Baudouin d'), écuyer............... 520
Avranches (Guillaume d').................... 524
Ay (Sausset d'), écuyer....................... 529
Ayen (Évrard d'), écuyer..................... 531
—— (Ferrande d'), lieutenant du Captal..... 532
Aynac (Dorde, seigneur d'), chevalier......... 533
Aynon (Guérard d'), écuyer................. 3144
Azannes (Lionnet d')......................... 536
Azay (Gui d'), chevalier................. 538-540
—— (Jean d'), chevalier.................... 542
Azincourt (Jean d'), chevalier................. 544

Bachivilliers (L'Ermite de), chevalier............ 547
—— (Jean de), écuyer..................... 549
Bâcle de Meudon (Jean le)................... 6058
Bacon (Gilbert), écuyer....................... 551
—— (Gilbert), chevalier.................... 552
—— (Jean), écuyer........................ 553
—— (Jean), chevalier...................... 554
Bacouel (Blanchardin de), chevalier............ 555
—— (Jean de), chevalier................... 556
Bacquelerot (Guérard du), écuyer.............. 557
—— (Jean du), écuyer..................... 558
—— (May du), écuyer..................... 559
Bacqueville (Guillaume Martel, seigneur de). 5779-5784

Badefol (Seguin de Gontaud, seigneur de)... 4118-4120
Bagneux (Aubert de), écuyer.................. 560
Baigneaux (Guillaume, seigneur de), chevalier. 561, 562
—— (Jean de), chevalier.................... 563
—— (Jean-Hilaire, seigneur de)............. 4679
—— (Robert de Dreux, seigneur de)..... 3240, 3241
Bailleul (Guillaume de Namur, seigneur de)...... 6644
Bailleul en Artois (Gauvain de), chevalier.... 569, 570
—— en Artois (Gauvenet de), chevalier....... 571
Bailleul en Normandie (Henri de), écuyer..... 572
—— en Normandie (Macé de), dit le Galois de Prulay, écuyer........................ 576
Bailleul-Neuville (Hugues de), seigneur de Grand-Court, chevalier................. 577, 578
Bailleul (Jean de Ligne, seigneur de)......... 5245
Bailly (Guillaume de la Villeneuve, seigneur de)... 9508
Baissey (Guiot de), écuyer................... 579
Bait (Jacques Bois, dit)..................... 1128
Bajaumont (Arnaud de Durfort, seigneur de).... 3263
Baker (Jennequin), écuyer.................... 581
Balaguier (Tardon Boure de), écuyer.......... 582
Balanzac (Gouffaut de), chevalier............. 583
Balene (Gérard), seigneur d'Aumont........... 584
Baleyson (Jean de), écuyer................... 585
Ballée (Guion de), écuyer.................... 586
Balleure (Gui de Saint-Julien, seigneur de)..... 8220
Balode (Aimar de), écuyer................... 587
Balsac (Geoffroi de), chevalier........... 592, 593
—— (Pierre de), écuyer................. 596, 598
Bandeville (Philippe de Hochberg, seigneur de)... 4690
Baneutin (André), écuyer, d'Écosse............ 612
Banier (Jean le), écuyer...................... 613
Bans (Jean des), chevalier.................... 615
Banson (Louis d'Aubusson, seigneur de)....... 388
Bantheln (Jean de), écuyer.............. 616, 617
—— (Pierre de)........................... 618
—— (Richard de), écuyer.................. 619
Bapaume (Robert de), chevalier.............. 621
Baptistan (Pierre), écuyer.................... 622
Bar (Morinot de), écuyer..................... 626
—— (Thibaud de), chevalier banneret........ 629
Barbaste (Gilbert du Peschin, seigneur de)...... 7122
Barbastre (Jean), écuyer...................... 631
Barbavara (Pierre).......................... 632
Barbazan (Arnaud-Guilhem, seigneur de)...... 634
—— (Thibaud de), chevalier................ 638
Barbe (Aimery), chevalier.................... 640
—— (Guillaume), écuyer................... 641
—— (Perrin), écuyer....................... 642

DES SCEAUX DE CLAIRAMBAULT.

Barbençon (Girard de), chevalier.............. 644
—— (Happart de)........................ 645
—— (Marie de), dame de Trainel............ 646
—— (Waleran de), chevalier................ 647
Barbezieux (Charles de la Rochefoucauld, seigneur de)............................... 7850, 7853
—— (Henri, seigneur de), chevalier banneret.... 649
—— (Jean de la Rochefoucauld, seigneur de).... 7862
Barboillé (Guillaume le), écuyer.............. 650
Barbotan (Amalvin de), écuyer............... 651
Barde (Jean d'Estuer, seigneur de la).......... 3452
Barlon (Michel), écuyer..................... 657
Barge (Faydit, seigneur de la), chevalier....... 658
—— (Faydit de la), écuyer................. 659
Barges (Alphonse de), chevalier.............. 660
Barmont (Jeanne de Courraudon, dame de)..... 2895
Barn (Jean), écuyer........................ 661
Barnezay (Renaud de), chevalier.............. 663
Baron (Guillaume), écuyer................... 664
Barrant (Henri), écuyer..................... 667
Barrère (Bernard), chevalier................. 670
Barres (Jean des), chevalier.................. 671
—— (Louis de Richebourg, seigneur des)...... 7717
—— (Thévenon des), écuyer............... 672
Barrière (Guillaume), chevalier............... 673
—— (Thibaud), procureur de l'évêque de Senlis. 674
Barsinelle (Henri de), écuyer................. 675
Bart (Alain le), écuyer, seigneur de Capendu..... 677
Barte (André), écuyer....................... 678
Barthe (Arnaud-Guillaume de la), baron........ 679
—— (Guiraud de la), chevalier banneret.... 683, 684
—— (Roger de la), écuyer, seigneur de Montesquieu en Quercy................................ 685
Barville (Jean de), écuyer.................... 687
Bascon de Mareuil (Jean de Sault, dit le)...... 8427
Bastide (François d'Orbessan, seigneur de la).... 6871
Bâtard (Jean de Chalon, dit le)............... 2075
—— (Jean de Fiennes, dit le)............... 3612
—— (Jean de Fragnes, dit le)............... 3777
—— (Jean de Hourret, dit le)............... 4741
—— (Jean de Vernay, dit le)................ 9373
—— (Noël des Quesnes, dit le).............. 7515
Bâtard de Bauchan (Renaud, dit le), écuyer..... 699
Batisse (Pierre de), écuyer................... 690
Baube (Guillaume le), écuyer................. 691
Baucay (Charles d'Artois, seigneur de).......... 7141
—— (Gui de), chevalier.................... 692
—— (Hugues, seigneur de), banneret.... 693, 694
Bauchan (Jean de), chevalier................. 697

Bauchan (Renaud, dit le Bâtard de), écuyer...... 699
Bauche (Pierre de), chevalier................. 700
Bauchier (Gilles), écuyer.................... 701
Baudrain (Jean de la Heuze, dit le)........ 4665-4667
Baudribose (Jourdain de), écuyer.............. 703
Baume (Antoine de la), écuyer banneret........ 706
—— (Antoine d'Hostun, seigneur de la)........ 4731
—— (Arnoul de la), écuyer.................. 707
—— (Barthélemy de la), écuyer.............. 708
—— (François de la), écuyer............ 709, 710
—— (Galois de la), chevalier............ 711-714
—— (Guillaume de la), écuyer.............. 715
—— (Henri de la), écuyer.................. 716
—— (Jacquemin de la), écuyer.............. 717
—— (Jean de la), chevalier................. 719
Bausen (Jean de), écuyer.................... 720
Baussans (Antoine), écuyer.................. 721
Baux (Agout des), chevalier............. 722, 723
—— (Amé des), écuyer banneret.......... 724, 725
—— (Bertrand des), écuyer banneret......... 726
Bavelinghem (Baudouin, seigneur de), chevalier. 729-732
Baveux (Gui le), chevalier................... 734
Baveux (Guillaume de Pontville, dit le).... 7330, 7331
Baveux (Jean le), écuyer..................... 735
—— (Pierre le), chevalier.................. 736
—— (Renaud le), chevalier................. 737
—— (Robert le), chevalier.................. 738
Bayer (Conrad), de Boppart, chevalier.......... 742
Bazentin (Renaud de), chevalier........... 744, 745
Bazillac (Raymond-Aimery, seigneur de), chevalier banneret................................. 746
Bazoches (Hector Écuyer, seigneur de)......... 3292
—— (Jean de), chevalier................... 747
—— (Jean de Châtillon, seigneur de)......... 2078
—— (Renaud de), écuyer.............. 748, 749
—— (Thomas Écuyer, baron de)............. 3293
Béarn (Henri, roi de Navarre, seigneur de)...... 6668
Beaucaire (Jean d'Arpajon, seigneur de)........ 299
Beauchamp (Bertaut de), chevalier............ 752
—— (Fouquet de), écuyer............... 753, 754
—— (Guillaume de), chevalier.............. 755
—— (Raoul de), chevalier.................. 756
Beauchesne (André de Sourdeval, seigneur de).. 8687
—— (Thomas Vasselin, seigneur de)......... 9256
Beaucour (Geoffroi de), chevalier.............. 758
Beaudeniers (Alain le Félon, dit de)............ 3547
Beaudisner (Antoine de Crussol, seigneur de).... 3049
—— (François de Crussol, seigneur de)....... 3048
Beaufay (Guillaume de), écuyer............... 759

TABLEAU SYSTÉMATIQUE

Beaufils (Jean), écuyer..................... 760
Beaufort (Étienne de), écuyer.............. 761
—— (Jean de), chevalier.................... 762
Beaufour (Jacques d'Harcourt, baron de)........ 4478
Beaufremont (Antoine de Vienne, seigneur de).... 9416
—— (Hugues de), chevalier.................. 767
—— (Liébaut de)............................ 768
—— (Philibert, seigneur de), chevalier........ 769
Beaujeu (Édouard, seigneur de)................ 770
Beaulieux (Jeannet de), écuyer................ 774
Beaulon (Guillaume de), écuyer................ 776
Beaumanoir (Jean, seigneur de)................ 777
—— (Robert de)............................ 778
Beaumarchais (Enjoirant de Chambly, fils de Marie de).. 2096
Beaumesnil (Jean de Tournebu, seigneur de)..... 8996
—— (Robert d'Harcourt, seigneur de).......... 4497
Beaumetz (Geoffroi de), chevalier.............. 779
Beaumont (Alain de), chevalier................ 780
Beaumont (Brangonnet Michel, dit *de*), chevalier. 782-784
Beaumont (Desramet de)....................... 785
—— (Hugues de), chevalier.................. 789
—— (Jean de Campniac, seigneur de)......... 1785
—— (Jean de Polignac, seigneur de)........... 7270
—— (Louis de), écuyer...................... 790
—— (Raoulet de), écuyer.................... 794
—— (Robert de Clermont, seigneur de)........ 2613
Beaumontel (Guillaume de), chevalier........... 803
Beaumont-sur-Mer (Jean, vicomte de Rohan, seigneur de).. 7902
Beaumortariot (Geoffroi de), chevalier........... 773
Beaune (Guiot de), écuyer..................... 804
—— (Jean de), écuyer...................... 805
Beaupigné (Jean), dit *de Compiègne*...... 806, 2703
Beaussart (Jean de Dreux, seigneur de)......... 3365
—— (Henri le Masier, seigneur de)........... 5825
Beaussault (Jean de Montmorency, seigneur de).... 6423 et 6424.
Beauvais (Colart-Chastelain de).................. 809
—— (Jean de Brichanteau, seigneur de)....... 1563
—— (Nicolas de Brichanteau, seigneur de). 1564-1566
—— (Philippe de), chevalier................. 815
Beauval (Jean de), écuyer..................... 816
Beauveau (Bertrand de), chevalier, seigneur de Précigné.. 817
Beauvilliers (Adenet de), écuyer................ 820
—— (Guillaume de), chevalier............... 821
—— (Jean de), chevalier.................... 822
—— (Jean de), dit *le Camus*, écuyer....... 823

Beauvoir (Jean de), écuyer.................... 824
Beauvoisin (Guillaume le), écuyer.............. 825
Bec (Robert du), écuyer....................... 827
Béchart (Étienne), écuyer..................... 828
Béchel (Gaspard), écuyer, sire de Landes en Saintonge.. 829
Bedechan (Bernard de), écuyer................. 831
Bégaignon (Yvon), écuyer..................... 833
Bègue (Enguerran de Créquy, dit *le*).......... 2976
—— (Guillaume de Fayel, dit *le*)......,... 3523-3525
—— (Jean de Cayeux, dit *le*)............... 1976
—— (Pierre de Villaines, dit *le*)....... 9479, 9480
Behencourt (Warin de), chevalier............... 835
Belautel (Thomas de).......................... 838
Belcastel (Odon de Tournon, seigneur de)....... 9030
Bellancourt (Guillaume de), écuyer............. 839
—— (Jean de), écuyer...................... 840
—— (Pierre de Cugnac, seigneur de).... 3068, 3069
Bellay (Hugues du), chevalier.................. 842
Belle (Pierre de), chevalier.................... 846
Bellebrune (Robert de), chevalier............... 847
Bellefaye (Jean du Puy, seigneur de)............ 7494
Bellegarde (César de)......................... 848
Bellemère (Wale), écuyer..................... 857
Bellencombre (Colard de Moy, seigneur de)..... 6583
Bellenguel (Jean), chevalier.................... 859
Bellengues (Jean de), chevalier................ 860
Belleperche (Jean de), chevalier................ 861
—— (Mahieu de), écuyer.................... 862
—— (Robert, seigneur de), chevalier........ 863
Belleroche (Guichard de Marzé, seigneur de).... 5814
Belleville (Guillaume de), chevalier............. 865
—— (Jean de Mailly, seigneur de)............ 5534
—— (Jeanne de Clisson, dame de)............ 2625
—— (Olivier de Clisson, seigneur de)........ 2627
Bellingues (Guillaume, sire de), chevalier....... 866
Bellot (Gilles de), écuyer..................... 867
Belloy (Jean de), chevalier.............. 868, 869
—— (Philippot de), écuyer.................. 870
Belmont (Étienne de), écuyer................. 871
—— (François de), écuyer.................. 873
—— (Guillaume de), écuyer................. 874
—— (Jacquemin de), écuyer................ 875
—— (Jean de), écuyer, seigneur de Floyon..... 876
Belodes (Aimar de), valet..................... 877
Belon (Huguet).............................. 878
—— (Jean), chevalier.................. 879, 880
Beloteau (Audouin), écuyer.................... 882
Belvezer (Jean de), écuyer.................... 884

DES SCEAUX DE CLAIRAMBAULT.   401

Beneray (Jean de), chevalier................. 886
Benoît (Jean), écuyer...................... 887
Béo (Guionnet de), écuyer................. 888
Béquet (Aimery), chevalier................. 891
Bérange (Guillaume, seigneur de), chevalier..... 893
Berchem (Jean de), chevalier.............. 899
Bercis (Geoffroi de), chevalier............ 901, 902
—— (Jean de), chevalier................. 903
Bère (Mennet de), écuyer................. 904
Bérenger (Guillaume), écuyer.............. 906, 907
Bérengeville (Hélie de), chevalier............. 909
—— (Jean de)......................... 910
—— (Jean de Fricamps, seigneur de)........ 3860
Berguettes (Brognart de), écuyer........... 914
—— (Jean de), chevalier................. 915
—— (Robert de), chevalier.............. 917, 918
Berlette (Gilles de), chevalier............ 919, 920
Bernard (Fouliques), écuyer............... 926
—— (Guillaume), écuyer................. 928
—— (Pierre), damoiseau................. 929
Bernay (Colinet de)...................... 931
—— (Guitard de)....................... 932
Bernesq (Simon de), chevalier............. 934
Bernenil (Renaud de), écuyer.............. 935
Bernier (Jean), écuyer................... 937
Bernières (Guillaume de), chevalier......... 938
Bernieulles (Claude de Créquy, seigneur de).... 2973
—— (Philippe de Créquy, seigneur de)...... 2985
Bernieux (Jean de), écuyer................ 939
Bernon (Jean de), écuyer................. 940
Beron (Pierre de), écuyer................. 941
Berque (Guillaume de la), écuyer........... 942
Berry (Perrinet de), fils de l'échanson du roi Huguenin de Berry..................... 947
Bersée (Jacques de), chevalier............. 948
Bertangles (Wautier de), écuyer........... 949
Berthelène (Raymond-Bérenger, seigneur de), chevalier............................. 952
Bertigny (Jean de), chevalier.............. 953
Bertrand (.....), chevalier................ 957
—— (Guillaume), chevalier.............. 958
Bertrimont (Geoffroi de), écuyer........... 962
Berville (Audry de), chevalier............. 963
Besançon (Jean de), écuyer............... 965
—— (Pierre Seigneurat de), écuyer......... 966
Besille (Renaud), chevalier............... 968, 969
Besson (Jean), écuyer.................... 972
Besson (Olivier du), écuyer............... 973
Béthencourt (Jean de), chevalier........... 974, 975

Béthisy (Jean de), chevalier............... 977, 978
Béthune (Guillaume de Namur, seigneur de).... 6644
Betz (Guion de), écuyer................... 980
Beu (Robert de Dreux, seigneur de)......... 3239
Beusemenchel (Guillaume de), chevalier..... 1704
Beuville (Jean de), chevalier.............. 981
—— (Nicole de), chevalier............... 982
Beuvron (Jacques d'Harcourt, baron de)..... 4478
Beuzeville (Jean de), écuyer.............. 983
Beveren (Henri de), seigneur de Dixmude..... 984
Beynac (Aimar de), écuyer............... 985, 986
—— (Pons de), chevalier, seigneur de Comarque. 987
à 991.
Bézancourt (Perceval de Boulainvilliers, seigneur de)................................. 1324
Bezannes (Renaud de), écuyer............. 994
Bezaudun (Guitard de), écuyer............. 995
Bezolles (Bernardon de), dit *Ferrebouc*, écuyer.. 997
Bezors (Bertrand de), chevalier............ 998
Bézu (Égret de), chevalier............... 999, 1000
Biche (Guillaume de), chevalier............ 1004
Bicon (Jean de Marillac, seigneur de)...... 5746
—— (Julien de Marillac, seigneur de)....... 5747
Bien (Bissonnel de), écuyer............... 1006
Bienfaite (Étienne de), chevalier.......... 1009
Bicquennes (Michel de), dit *le Camus*, écuyer.. 1010
Bières (Lancelot de), chevalier............ 1012
—— (Robert de), chevalier............... 1013
Biest (Gillequin du)..................... 1014
Bigny (Jean de), écuyer.................. 1017
Bigot (Jean le), chevalier................ 1019, 1020
Bilbao (Pierre de), écuyer................ 1021
Billart (Michel), écuyer.................. 1022
Billy (Jean de), écuyer................... 1025
—— (Jean de), chevalier................. 1026
Birac (Grimard de), chevalier............. 1028
Biron (Armand de Gontaud, seigneur de).... 4114-4116
Bitot (Jean de)......................... 1036
Blacy (Thibaud de), écuyer............... 1037
Blainville (Jacques de Wargnies, seigneur de).. 9654
Blaisier (Baudouin de), chevalier.......... 1041
Blaisy (Jean de), chevalier............... 1042
Blanc (Hélie)........................... 1044
—— (Jean le), écuyer.................... 1045
—— (Philippe), écuyer................... 1046
Blancafort (Guiot de), écuyer............. 1048
—— (Pierre de), écuyer.................. 1049
Blancart (Jean), écuyer.................. 1050
Blanchart (Briant), écuyer............... 1053

TABLEAU SYSTÉMATIQUE

Blanchart (Jean), écuyer.............. 1054, 1056
Blanchefort (Antoine de Bonneval, seigneur de)... 1210 et 1211.
—— (Jean de Bonneval, seigneur de).......... 1215
Blancvillain (Colinet de), écuyer................ 1062
Blangy (Jean de)................................. 1063
Blanquefort (Hugues de Pujols, seigneur de)..... 7481 et 7482.
Blanzey (Jean de), écuyer....................... 1064
Blaru (Coquart de), écuyer...................... 1065
—— (Guillaume de Sacquenville, seigneur de)... 8134
—— (Jean de), chevalier....................... 1066
—— (Saquet de Sacquenville, seigneur de)..... 8137
Blé (Humbert de), chevalier..................... 1067
Blehedan (Pierre de), chevalier................. 1068
Blémur (Adam de), écuyer........................ 1069
Blémy (Aymon de), chevalier..................... 1070
Bléquin (Guillaume de), chevalier....... 1071, 1072
Blésy (Jacques de), écuyer...................... 1073
Bléty (Guillaume de), écuyer.................... 1075
Blond (Jean de Melun, dit le)................. 5983
Blondel (Robert), écuyer........................ 1083
Blosset (Claude de), dame de Fontaines.......... 1084
—— (Roger), écuyer............................ 1097
Blot (Guillaume de), écuyer..................... 1100
—— (Jean de Chauvigny, seigneur de).......... 2401
—— (Roger de), chevalier, d'Auvergne......... 1101
Blouyn (Jean), écuyer........................... 1103
Bloville (Robert), écuyer....................... 1104
Bobin (Geoffroi), écuyer........................ 1105
Boc (Gosselin du), chevalier.................... 1106
Bochet (Geoffroi, seigneur de), chevalier....... 1268
Bochier (Geoffroi), écuyer...................... 1108
Bocquiaux (Gilles de), chevalier................ 1225
—— (Raoul, seigneur de), chevalier........... 1226
Bodegat (Alain de), écuyer...................... 1109
Bodin (Jean), écuyer............................ 1110
Bœuf (Aubert le).................................... 1111
—— (Mathieu), écuyer.......................... 1112
Bofliaus (Geoffroi), chevalier.................. 1113
Boffles (Jean de), écuyer....................... 1114
Bohan (Perceval de), chevalier.................. 1115
Bohier (Aubert de Chalus, dit *le*)........... 2082
Boinville (Ansel de), écuyer.................... 1119
Bois (Barthélemy du), écuyer............. 1120-1122
—— (Boissardin du), écuyer.................... 1123
—— (Gascoing du), écuyer...................... 1124
—— (Gillet, bâtard du), écuyer................ 1125
—— (Guillaume du), écuyer..................... 1126

Bois (Huguenin du), écuyer...................... 1127
—— (Jacques), dit *Bai*, écuyer............... 1128
—— (Jean du), écuyer.................... 1129, 1130
—— (Jean du), chevalier................. 1132-1135
—— (Jean le), écuyer.......................... 1136
—— (Marquès du), écuyer....................... 1137
—— (Perrin de).................................. 1138
—— (Raymond de), chevalier.................... 1139
—— (Thomas du), écuyer........................ 1140
Bois-de-Fréteval (Jean Mauvoisin, seigneur du)... 5931
Boisdinghem (Tristan de), écuyer........ 1146, 1147
Boiset (Guillaume du), écuyer................... 1149
Boisgarnier (Jean du), chevalier........ 1150, 1151
Bois-Gencelin (Pierre du), écuyer............... 1152
Bois-Gilout (Jean du)........................... 1153
Bois-Hardi (Jean du), écuyer.................... 1154
Boismesnard (Joachim Bouaut, seigneur de)...... 7978
Bois-Morel (Adam de)............................ 1155
Bois-Rouvray (Philippot du)..................... 1157
Boissaie (Jean de la), chevalier................ 1158
Boissay (Robert de), chevalier.................. 1161
Boissière (Christophe de Lannoy, seigneur de la)... 5065
—— (Guillaume de la), dit *Parrigny*.......... 1165
—— (Guillaume de Lannoy, seigneur de la)..... 5066
—— (Jean de la), dit *Parrigny*, écuyer...... 1166
—— (Jean de la), écuyer....................... 1167
—— (Robin de la), écuyer...................... 1169
—— (Thibaud de la), chevalier................. 1170
Boisson (Pierre du), chevalier.................. 1171
Bois-Travers (Jacques le Voyer, seigneur du)... 9619
Boisy (Arthur Gouffier, seigneur de)............ 4138
—— (Gilbert Gouffier, marquis de)............. 4139
Bois-Yvon (Jean du), écuyer..................... 1177
—— (Jean du), chevalier....................... 1178
Boivin (Robin), écuyer.......................... 1179
Bommiers (Jacques de la Trémoïlle, seigneur de).. 9063
Bon (Guillaume le), écuyer...................... 1180
Bonagayte (Philippe de), écuyer................. 1182
Bouconpains (Philippe), écuyer.................. 1183
Boncourt (Guillaume), écuyer.................... 1184
Bondentin (Conte), écuyer....................... 1185
Bondues (Baudouin de), chevalier........ 1186, 1187
—— (Marie de Hingettes, dame de)............. 4686
Bon Enfant (Houry).............................. 1189
Bonnaire (Nicolas de), écuyer................... 1191
Bonnay (Louis d'Auxy, seigneur de).............. 494
—— (Renoul de), chevalier..................... 1194
—— (Robert de), chevalier............... 1195, 1196
Bonnefoy (Jean), écuyer......................... 1202

DES SCEAUX DE CLAIRAMBAULT. 403

Bonnelles (Guillaume de), écuyer............ 1203
Bonnet (Durand)......................... 1206
Bonnelot (Jean d'Ochancourt, seigneur de)...... 6821
Bonneval (Jean de), chevalier.......... 1212-1215
Bonnivet (Guillaume Gouffier, seigneur de)...... 4141
Bonon (Jean de), écuyer................... 1217
Bonpar (Huguenot), écuyer................ 1218
Bonvilliers (Job de), écuyer............... 1223
—— (Pierre de), chevalier............... 1224
Boqueaux (Gilles de), chevalier............ 1225
—— (Raoul, seigneur de), chevalier........ 1226
Bor (Raymond de), chevalier......... 1227, 1228
Boran (Pierre de Précy, seigneur de).......... 7416
—— (Thomas de), écuyer............... 1229
Borde (Jean de la), écuyer............... 1230
Bordu (Samsonnet de Caumont, dit de la)....... 1957
Bordeaux (Aimar de Seyssel, seigneur de)...... 8606
Bordes (Arnaulon de), écuyer.......... 1232-1234
—— (Guillaume des).................. 1236
—— (Olivier de), damoiseau............ 1242
Borgne (Eustache de Neuville, le)........... 6721
Borgne (Gui de Céris, dit le)............... 1991
—— (Guillaume Blosset, dit le)....... 1085, 1086
—— (Jean de Mortagne, dit le)........... 6514
—— (Philippe de Fosseux, dit le).......... 3734
Borgne (Philippe de Prye, le).............. 7469
—— (Pierre le), écuyer................ 1244
Borgne (Robert de la Heuze, dit le)..... 4668, 4669
Borgne (Tanin le)....................... 1245
Borgne de la Queue (Yon de Maintenon, dit le)... 5557
Born (Bertrand de), chevalier, seigneur d'Hautefort.......................... 1247-1249
Bornes (Jean de), écuyer................. 1251
Borre (Jean, seigneur de), chevalier......... 1252
Bort (Henri Quiéret, dit le).............. 7528
Bort (Jean de), dit Rochette, écuyer........ 1253
Bos (Gasselin du), chevalier.............. 1254
—— (Jean, seigneur du), chevalier......... 1257
Boscherville (Jean de), chevalier........... 1267
Boschet (Geoffroi, seigneur de), chevalier..... 1268
—— (Jean), écuyer................... 1269
Boschier (Pierre), écuyer............... 1270
—— (Raoul), écuyer................. 1271
Bosquié (Jean de), écuyer, de Bohême....... 1274
Bosredon (Hugues de), chevalier............ 1275
—— (Louis de), écuyer............... 1276
Bossut (Wautier de), chevalier, de Hainaut..... 1277
Boterel (Jean), écuyer.............. 1278, 1279
Botier (Guillaume), écuyer................ 1280

Boubers (Jacques de), chevalier............ 1282
—— (Jean de), chevalier............... 1283
—— (Louis de), chevalier......... 1284, 1285
—— (Martin de), chevalier............. 1287
—— (Robert de), chevalier............. 1288
Bouchage (Guillaume de Roussillon, seigneur du).. 8026 et 8027.
Bouchard (Gui), chevalier............... 1290
—— (Hélie), chevalier................ 1291
Bouchavesnes (Hugues de), chevalier........ 1294
—— (Louis de), chevalier............. 1295
Bouchelenges (Jean de Vienne, seigneur de).... 9420
Boucher (Jean le), écuyer............... 1298
Bouchon (Godemart du Fay, seigneur de)...... 3513
Boucicaut (Geoffroi le Maingre, dit)......... 5549
—— (Jean le Maingre, dit)......... 5550-5553
Boucly (Jean de), écuyer................ 1300
Boucy (Jean de), chevalier............... 1302
Bouer (Roulant), écuyer................. 1304
Bouetard (Thibaud), écuyer............... 1305
Bouffre (Pons de Gourdon, seigneur de la)..... 4160
Bouglainval (Hugues de), chevalier.......... 1310
Bouhet (Bertrand de), chevalier............ 1311
Bouillé (Charles, seigneur de), chevalier...... 1312
—— (Guillaume), écuyer.............. 1313
Boulainvilliers (Jean de), écuyer........... 1318
—— (Jean de), dit l'Escot, écuyer......... 1319
—— (Philippe de), écuyer............. 1323
—— (Thibaud de), écuyer............. 1327
Boulart (Étienne), chevalier.............. 1328
Boulay (Jean du), chevalier.......... 1330, 1331
Bouleiges (Éliot de), écuyer.............. 1332
Boulenois (Jean), écuyer................ 1333
Bouleuse (Jean de), dit le Moine, chevalier..... 1334
Bouliers (Bonnaventure de Beaucaire, seigneur de).. 750
Boullande (Georges de), chevalier.......... 1335
Boullié (Henri de), écuyer............... 1336
Bouquery (Jean de Bézu, dit)............. 1001
Bouquetot (Martin de), chevalier........... 1340
Bourages (Julien de Condé, seigneur de)...... 2731
Bourbon (Geoffroi le Maingre, seigneur de).... 5549
—— (Gérard de), écuyer.............. 1348
—— (Gérard de), chevalier............ 1349
—— (Girard de), chevalier, seigneur de Montpeyroux............................. 1350
—— (Jacques de), chevalier............ 1351
—— (Jacques de), chevalier, seigneur de Leuse... 1354
Bourbourg (Gillequin de), écuyer.......... 1363
Boure (Jean de Breteuil, dit le)............ 1523

51.

/ 04 TABLEAU SYSTÉMATIQUE

Boure (Jean de Montlieu, dit le).. 6387
Bourdeilles (Arnaud, seigneur de), écuyer....... 1366
—— (Hélie, seigneur de) et de Brantôme...... 1367
—— (Pierre de), seigneur de Brantôme........ 1368
Bourdaizière (Philibert Babou, seigneur de la).... 546
Bourgebier (Henri, comte d'Eu, seigneur de)..... 3467
Bourgeois (Jacques de Corbeny, dit)............ 2773
Bourgeois (Louis), chevalier.................. 1374
Bourgeois (Thugdual de Kermoisan, dit le).. 1375, 4995
Bourgogne (Jean de), seigneur de Montaigu et de
Joinville................................. 1376
Bourguignan (Giraud de), chevalier............ 1378
Bourguignon (Acharie le), écuyer.............. 1379
Bourin (Guichard de), écuyer................. 1381
Bourlemont (Henri, seigneur de), chevalier...... 1382
Bournel (Hugues), chevalier............ 1384, 1385
—— (Jean), écuyer......................... 1386
—— (Louis), chevalier...................... 1387
Bournonville (Enguerran de), écuyer........... 1388
—— (Galiot de), écuyer..................... 1389
—— (Jean de), chevalier................ 1390, 1391
—— (Jean, bâtard de), écuyer............... 1392
Bourron (Philippe de), écuyer................ 1394
Bours (Gabriel de Montmorency, seigneur de). 6414, 6415
—— (Guillaume de), dit Wicart, écuyer........ 1395
—— (Hortry de), écuyer..................... 1397
—— (Jacques de), écuyer.................... 1398
—— (Jean de), chevalier.................... 1399
Bourse (Robert Palonquet, seigneur de la)....... 7058
Bousse (Guillaume, seigneur de), chevalier..... 1404
Boutavent (Jean de Chalon, seigneur de)....... 484
Bouteiller (Adam le)....................... 1406
—— (Gui le), chevalier..................... 1408
—— (Guillaume le), chevalier................ 1409
—— (Guillaume le), chevalier................ 1411
—— (Guillot le), écuyer.................... 1412
—— (Jean le), écuyer.................. 1413-1415
—— (Jean le), chevalier.................... 1416
Boutevilliers (Guillaume de), chevalier..... 1420-1422
Boutières (Guigue Guiffrey, seigneur de)... 4337, 4338
Boutilher (Antoine), écuyer.................. 1425
Bouttemont (Jean de), écuyer................ 1427
Bouvier (Étienne le), écuyer................. 1429
Bouville (Anseau de), écuyer................ 1430
—— (Guillaume de), écuyer.................. 1433
Bouzié (Bernard du Gout, seigneur du)........ 4173
Bove (Gobert de la), chevalier............... 1435
—— (Jean Barat, seigneur de la), chevalier..... 1436
Boves (Pierre de), écuyer................... 1443

Bovinu (Thénot), écuyer.................... 1444
Boyau (Jean), chevalier..................... 1445
—— (Jean), écuyer.................... 1446, 1447
Boyelles (Colard de), écuyer................. 1448
—— (Tassin de), écuyer..................... 1449
Bracquemont (Guillaume de), dit Braquet, chevalier.................................. 1455, 1456
—— (Olivier de), chevalier.................. 1459
—— (Renaud de), chevalier............. 1460, 1461
—— (Robin de), écuyer..................... 1462
Bradimont (Hugues de Monchaux, dit)........ 6163
Brailsford (Henri de), chevalier.............. 1467
Brandon (Girard), écuyer................... 1472
Brannay (Guillaume de), écuyer.............. 1473
Brantes (Agout des Baux, seigneur de)......... 723
—— (Bertrand des Baux, seigneur de)......... 727
Brantôme (Hélie de Bourdeilles, seigneur de).... 1367
—— (Pierre de Bourdeilles, seigneur de)....... 1368
Braque (Blanchet), chevalier................. 1478
Braquet (Guillaume de Bracquemont, dit)...... 1456
Brassart (Jean), écuyer..................... 1488
Bray (Jean de), chevalier................ 1490, 1491
—— (Renaud de)........................... 1493
Brayer (Jean), écuyer...................... 1495
Bréauté (Roger, seigneur de), chevalier..... 1496-1498
Brebant (Pierre de), dit Clignet, chevalier. 1499, 1500
Brebières (Baudouin de Leuves, seigneur de)... 5199
Brée (Guillaume de), chevalier............... 1504
Bréhaigne (Fournel de Maujaser, seigneur de)... 5880
Brèmes (Tassart, bâtard de), écuyer........... 1505
Brémont de Saint-Aulaye (Pierre), chevalier.... 1506
Brenyan (Jean de Chourses, seigneur de)....... 2521
Bréon (Olivier de), écuyer................... 1507
Bresolles (Jean, seigneur de), chevalier........ 1509
Bressac (Jean de Langeac, seigneur de)........ 5047
Bressieu (Humbert de Groslée, seigneur de).... 4279
Bressuire (Jeanne de Bretagne, damoiselle de)... 1519
Bret (Guillaume), de Villeneuve, chevalier...... 1510
Bretagne (Gui de), seigneur de Ponthièvre..... 1511
—— (Jean de), écuyer...................... 1514
Bretèche (Jean de Savonnières, seigneur de la)... 8491
Breteuil (Jean de), dit le Boure.............. 1523
—— (Pierre Blossel, seigneur de)............. 1095
Brétigny (Jean de Chaule, seigneur de)........ 2160
—— (Thomas de), chevalier.................. 1526
Breton (Jean de la Bretonnière, dit le)......... 1536
—— (Jean de Nielles, dit le)................. 6752
Breton (Louis le), écuyer.................... 1532
—— (Pierre le), écuyer..................... 1533

DES SCEAUX DE CLAIRAMBAULT. 405

Breton (Pierre Griet, dit le)................. 4249
Bretonnière (Aimar de Chate, seigneur de la)..... 2275
—— (Guillaume de la)................... 1534
—— (Philippe de la), écuyer................. 1537
Bretteville (Guillaume de), écuyer............. 1538
Breuilly (Guillaume de), chevalier......... 1542-1544
—— (Raoul de), chevalier.................. 1545
—— (Thomas de), chevalier............ 1550-1552
Brévands (Guillaume Carbonnel, seigneur de). 1825-1827 et 1831.
Brézé (Arthur de Maillé, seigneur de)..... 5506, 5507
—— (Claude de Maillé, seigneur de).......... 5508
—— (Jean de), chevalier.................. 1555
Briançon (Jean de), chevalier................ 1557
—— (Renaud du Douy, seigneur de).......... 3230
Briant (Alain), écuyer...................... 1558
—— (Guillaume), écuyer................... 1559
—— (Pierre de Cluys, seigneur de).......... 2635
Briart (Ferri), chevalier................ 1560, 1561
Brices (Geoffroi de), chevalier................ 1562
Brichart (Pierre), chevalier................. 1567
Bricon (Gaucher de), écuyer................. 1568
—— (Guiot de), écuyer.................... 1569
Bridaut (Pierre), dit Rochebrune, écuyer........ 1575
Bridoul (Jean de Hiermont, dit)............. 4678
Brie (Artus de), chevalier................... 1576
—— (Briet de), écuyer.................... 1577
—— (Jean de), chevalier................... 1578
Brien (Amalvin de)........................ 1580
Brifaut (Jean), écuyer..................... 1582
Briguceil (Guillaume de).................... 1583
Brillac (Gui de), chevalier................... 1584
Brimeu (David de Poix, seigneur de), chevalier. 1586-1588 et 7257.
Briole (Olivier), écuyer.................... 1593
Brion (François Chabot, seigneur de).......... 2035
—— (Guillaume de), écuyer................ 1595
—— (Ithier, seigneur de), chevalier........... 1596
—— (Philippe Chabot, seigneur de)..... 2047-2049
Briqueville (Guillaume de), chevalier, sire de Laulne. 1599 et 1600.
—— (Nicolas de), chevalier................. 1601
—— (Roger de), chevalier............. 1602, 1603
Brisay (Jean de), chevalier................. 1604
Brisegaut (Jean, de Mons), écuyer............ 6199
Brisoles (Robert de), écuyer................. 1605
Brison (Pierre Ramon, seigneur de).......... 7586
Brissac (Charles de Cossé, seigneur de)..... 2826-2831
—— (Thimoléon de Cossé, comte de).......... 2834

Brives (Gérand de Malemort, seigneur de)........ 5580
Brocheron (Jean de)........................ 1608
Broiefort (Jean), du Vermandois.............. 1609
Brolans (Robin de), écuyer.................. 1612
Bromelay (Richard), écuyer.................. 1613
Broons (Bertrand du Guesclin, seigneur de)...... 4310
—— (Olivier de), écuyer................... 1614
Broquart (Grégoire des Bruyères, dit).......... 1670
Broquiers (Jean de), écuyer................. 1615
Broquiès (Jean de Combret, dit de)........... 2685
Brosse (Étienne de la), écuyer............... 1617
—— (Hervé Le Coq, seigneur de la)......... 2756
—— (Jacques de la), chevalier............. 1618
—— (Jean de la), chevalier, seigneur de Saint-Sever................................ 1619
—— (Louis de la), chevalier........... 1621, 1623
Brosses (François de Monceaux, seigneur de)..... 6160
Brou (Tristan de Rostaing, baron de).......... 7966
Bronart (Gui), chevalier.................... 1624
—— (Jean), chevalier..................... 1625
Brouas (Jean de), écuyer.................... 1626
Brousse (Bidant de la), écuyer............... 1632
Brousseval (Geoffroi de), écuyer.............. 1633
Broutin (Robert).......................... 1634
Broyes (Gui de), chevalier.................. 1635
—— (Guillaume de), écuyer................ 1636
Bruchart (Pierre), écuyer................... 1637
Bruel (Aimery du), écuyer.................. 1640
—— (Élie du), chevalier................... 1641
—— (Pierre du), écuyer................... 1642
—— (Quinart du), chevalier................ 1643
Brugdam (Simon de), chevalier......... 1644, 1645
Brugny (René de Daillon, seigneur de)......... 3109
Brullart (Gaucher de), chevalier............. 1646
Brun (Adam le), chevalier, sire de Nainville, et de Palaiseau...................... 1649, 1650
—— (Gui), chevalier..................... 1651
—— (Guillaume le), chevalier.............. 1652
—— (Jean), écuyer....................... 1653
Bruneau (Jean de Saint-Clair, dit)........ 8170-8171
Bruneval (Guillaume), écuyer............... 1658
Bruniquel (Jean de), dit de Lange, écuyer...... 1660
—— (Sansot de), écuyer................... 1662
Brusons (Guigan), écuyer................... 1665
Bruxelles (Pierre de), chevalier.............. 1667
Bruyère (Guillaume, seigneur de la), chevalier.... 1668
Bruyères (Bruiant de), écuyer............... 1669
—— (Grégoire des), dit Broquart, écuyer...... 1670
—— (Guillaume de)...................... 1671

TABLEAU SYSTÉMATIQUE

Buas (Colin des), écuyer.................... 1672
Buc (Fort du), écuyer...................... 1673
Bucaille (Guillaume de), écuyer............. 1674
Buch (Gaston de Foix, captal de)............ 3665
—— (Jean de Grailly, captal de)............ 1817
Bucy (Jean de).............................. 1678
—— (Renaud de), chevalier................. 1679
Budes (Jean), écuyer........................ 1681
Budos (Andrieu de), écuyer.................. 1684
Bueil (Guillaume de), chevalier............. 1687
—— (Jean de)....................... 1689, 1692
—— (Pierre de), chevalier........... 1701-1703
Buesemonchel (Guillaume de), chevalier...... 1704
Bugarach (Pierre de), écuyer................ 1705
Buicourt (Hugues de), écuyer................ 1706
Buines (Guillaume de), écuyer............... 1707
Buirel (Pierre), le Bâtard, écuyer.......... 1708
—— (Pierre), écuyer........................ 1709
Buires (Guillaume de), chevalier............ 1710
Buisson (Guiot du)......................... 1712
—— (Philippon du), écuyer.................. 1713
—— (Robert), chevalier..................... 1714
—— (Robert du), écuyer............... 1715, 1716
Bulgnéville (Humbert de), chevalier......... 1718
Bulleux (Aleaume, seigneur de), chevalier.. 1719, 1720
—— (Eustache de), chevalier................ 1721
Bulleys (Eustache de), chevalier............ 1722
Burbuson (Gaillart de), écuyer.............. 1723
Bureau (Jean), chevalier.................... 1724
Burelles (Henri de), écuyer................. 1725
Bures (Guillaume de), chevalier............. 1726
—— (Guillaume de), écuyer.................. 1727
—— (Hugues de), écuyer..................... 1728
Buret (Jean du), écuyer..................... 1729
—— (Pierre du), écuyer..................... 1730
Burs (Arnauton du), écuyer............ 1736, 1737
Burye (Charles de Coucys, seigneur de)...... 2846
Bus (Crespinet du), écuyer.................. 1738
—— (Philippot du), écuyer.................. 1739
Busset (Bertrand d'Alègre, seigneur de)..... 75
—— (Claude de Bourbon, seigneur de)........ 1346
Bussière (Renaud de la), chevalier.......... 1740
Bussières (Philippe de), chevalier.......... 1741
—— (Raymond-Bernard de Durfort, seigneur de).................... 3272, 3273
Bussy (Roland de), écuyer................... 1742
Buzeville (René de Prye, seigneur de)....... 7471

Cabestaing (Andrieu de), écuyer............. 1743
Cabot (Jean), écuyer........................ 1744
Cabrières (Bérenger de), chevalier, seigneur de Caussiniojouls........................ 1745
Cademont (Jean), écuyer..................... 1747
Cadot (Jean), écuyer........................ 1748
Cailleux (Roger des), écuyer................ 1752
Caisans (Bertrand de), écuyer............... 1754
Caize (Jean de), chevalier.................. 1755
Calabrière (Guillaume le Breton, seigneur de la).. 1530
Caletot (Jean), chevalier................... 1759
Calignac (Barthélemy de Pins, seigneur de).. 7193
Calleville (Guillaume, seigneur de), chevalier.... 1763
Calmejane (Jean de), damoiseau.............. 1764
Calonne (Boit), écuyer...................... 1765
—— (Jean de Noyelle, seigneur de).......... 6800
—— (Rifflard de), chevalier................ 1771
Calvinet (Arnaud, vicomte de Villemur, seigneur de).................................... 9502
Cambernard (Hugues de), écuyer....... 1773-1775
—— (Jean de), dit Hanart, écuyer........... 1776
Cambes (Huguenin de), écuyer................ 1777
Cambrésien (Jean de Licques, dit)........... 5232
Cambronne (Perrinet de), écuyer............. 1782
Campagne (Pierre de Lavardac, seigneur de).. 5137
Campion (Guillaume), chevalier.............. 1783
Campremy (Eustache de), chevalier..... 1786, 1787
—— (Jean de), dit Morelet, chevalier.. 1788, 1789
—— (Pierre de), écuyer..................... 1790
Camps (Jean des).......................... 1791
Canus (Jean de Beauvilliers, dit le)........ 823
—— (Michel de Bicquennes, dit le).......... 1010
Canac (Bertrand de), chevalier.............. 1793
Canart (Jean), écuyer....................... 1794
Cancon (Amanieu de Madaillan, seigneur de).. 5464
Candalle (Gaston de Foix, comte de)......... 3665
Candavaine (Philippot), écuyer.............. 1795
Candie (Estevenot), écuyer.................. 1796
Candel (Roland de), écuyer.................. 1797
Candorre (Guillaume de), écuyer............. 1798
Canerel (Robert), écuyer.................... 1799
Caniel (Robert d'Alençon, seigneur de)...... 7073
Cannessières (Hugues de), chevalier......... 1800
Canny (Baudouin de), chevalier.............. 1801
—— (Jean de), écuyer....................... 1802
—— (Raoul Flament, seigneur de)...... 3631, 3632
—— (Wautier de), écuyer.............. 1803, 1804
Cantelou (Colin de), écuyer................. 1805
Cantereine (Trignart de), écuyer............ 1806
Cantiran (Amanieu de), écuyer............... 1807

Caources (Jean de), chevalier. 1809
Capelle (Bertrand de Durfort, seigneur de la). 3266, 3267
Capendu (Alain le Bart, seigneur de). 677
Capestang (Coulant de). 1811
Capitaine Sainte-Marie (François de la Rivière, dit). 7741
Capitre (Raymond), écuyer. 1812
Cappe (Richard de la), écuyer. 1813
Cappon (Jeannin), écuyer. 1816
Captal de Buch (Gaston de Foix). 3665
—— (Jean de Grailly). 1817
Caibet (Yvon de), écuyer. 1819
Carbonnel (Antoine), écuyer. 1820
—— (Guillaume), écuyer. 1821
—— (Thomas), écuyer. 1823
Carbonnel-Canisy (Guillaume), écuyer. 1828, 1829, 1832 et 1835.
—— (Guillaume), chevalier, seigneur de Brévands... 1825-1827, 1830, 1831, 1833, 1834, 1836
—— (Hacoul), écuyer. 1837
—— (Henri), écuyer. 1838
—— (Jean), écuyer. 1839-1845
—— (Marin), écuyer. 1846
—— (Richard), chevalier. 1847-1850
Carbonnel-Sourdeval (Jean), chevalier. . . . 1852, 1853 1855, 1856.
Cordueil (Colard de), écuyer. 1862
Carembus (Simon de), écuyer. 1863
Carency (François des Cars, seigneur de). 1885
Carestot (Guillaume de), écuyer. 1865
Caridon (Olivier de), écuyer. 1868
Carlat (Gérard de), chevalier. 1869
—— (Jean de). 1870
Carmaing (Jean de), écuyer. 1874, 1875
Carrières (Jeannot de), écuyer. 1881
Carrion (Jean), écuyer. 1882
—— (Jean), chevalier. 1883
Carrouges (Jean de), écuyer. 1884
—— (Jean Blosset, seigneur de). 1087-1089
—— (Tanneguy le Veneur, seigneur de). 9824
Cars (François des), seigneur de Carency. 1885
—— (Gautier de Pérusse, seigneur des). 7119
Casals (Jean de), écuyer lombard. 1891
Caselin (Renard de), écuyer. 1892
Casines (Jean des), écuyer. 1895
Cassaigne (Arnaud de la), chevalier. 1897
Cassel (Édouard, duc de Bar, seigneur de). 634
—— (Yolande de Flandre, dame de). 630
Casselis (Bertrand de), écuyer. 1899
Cassinel (Guillaume), chevalier. 1900

Cassinel (Jean), chevalier. 1901
Castelbajac (Arnaud-Raymond, seigneur de), écuyer. 1903 et 1904.
—— (Bernard, seigneur de), chevalier. 1905
Castelnoeron (Jourdain de). 1907
Castelnau (Aissieu de France, seigneur de). 3808
Castelneuf (Jean de). 1909, 1910
Castelpers (Bérenger de), chevalier. 1911
—— (Bertrand de), écuyer. 1912
Castillon (Hugues de), chevalier. 1913
—— (Jacques de). 1914
—— (Odet, comte de Comminges, seigneur de). 2697
—— (Rauffet de Balsac, seigneur de). 599
Cat (Jean le), chevalier. 1917
Cauchie (Baudouin de la), écuyer. 1921
—— (Jean de la), chevalier. 1922
—— (Robert de la), écuyer. 1923
Caudebronne (Lancelot), écuyer. 1927
Caudroi (Guillaume du). 1928
Cauffry (Philippe de), écuyer. 1929
Caumont (Alexandre de). 1930, 1931
—— (Alfon de), écuyer. 1932
—— (Anissant de), chevalier. 1933, 1934
—— (Arnaud de). 1935, 1936
—— (Baudouin de), chevalier. 1937
—— (Gascon de), écuyer. 1939, 1940
—— (Guillaume, seigneur de), écuyer. 1941
—— (Jean de), écuyer. 1947-1949
—— (Lore de), chevalier. 1950, 1951
—— (Pierre de), écuyer. 1953
Cauroy (Flament de), chevalier. 1959
—— (Gilles de), chevalier. 1960
—— (Guillaume de), chevalier. 1961
—— (Guillaume de), écuyer. 1962
Causat (Jean), écuyer. 1963
—— (Pierre), écuyer. 1964
Caussade (François d'Estuer, dit). 3451
Caussade (Perroton de), écuyer. 1965
Caussidières (Bernard de Miremont, seigneur de). . 6129
Caussiniojouls (Bérenger de Cabrières, seigneur de). 1745
Caverel (Robert), écuyer. 1971
Cavron (Robert de Monchy, seigneur de). 6174
Cayeux (Jean de), seigneur de Vismes, chevalier. . . 1973
—— (Jean de), chevalier. 1975
—— (Jean de), dit *le Bègue*, chevalier. 1976
—— (Mahieu de), chevalier. 1977
Caylar (Brémond de Sommières, seigneur du). . . . 8664
Cays (Jean de), écuyer. 1978
Cazatz (Bernard de), écuyer. 1979

Cédérich (Pierre de), chevalier, d'Allemagne	1982
Celle (Geoffroi de la), chevalier	1984, 1985
—— (Roques de la)	1986
Cerisay (Robert de), chevalier	1992
Cernes (Martin), écuyer	1993
Cernon (Colart de Saulx, seigneur de)	8430
—— (Jean de Saulx, seigneur de)	8433
—— (Jeanne de Chambly, dame de)	2106
Cerny (Jean de Suzanne, seigneur de)	8758
Cervet (Mernnel de), écuyer	1997
Cervolle (Arnaud de), Archiprêtre de Vélines, chevalier	1998
Cervon (Aimonnet de), écuyer	2000
Cesserat (Vincent de), écuyer	2002
Cesy (Jacques de Harlay, seigneur de)	4512
Ceusano? (Barthélemy de), damoiseau	2003
Chabanais (Jean de), écuyer	2004
—— (Jean de Vendôme, seigneur de)	9308
—— (Jean de Vendôme, prince de)	2248, 2249
Chabannes (Aimery de), chevalier	2006, 2007
—— (Gui de), écuyer	2012
—— (Jean de), chevalier	2017-2019
Chabans (Peyre de), écuyer	2028
Chabas (Antoine), écuyer	2030
Chabenée (Bertrand de), chevalier	2031
Chabot (Hélie), chevalier	2040
—— (Jean), écuyer	2041
—— (Jeanne), dame de Montsoreau	2044
—— (Louis), chevalier	2046
—— (Simon), chevalier	2053
Chabreville (Maynart de), chevalier	2054
Chaffrois (Pierre), chevalier	2055
Chailly (Denis de), écuyer	2059
—— (Jean de), écuyer	2061
—— (Jean de), chevalier	2062
—— (Jean de la Boissière, seigneur de)	1168
Chalais (Raymond Aleraut, seigneur de)	85
—— (Raymond Talleyrand, seigneur de)	8790
Chalamont (Étienne de), chevalier	2065
Chalançon (Gui de)	2068
—— (Guillaume, seigneur de), chevalier	2069, 2070
Chalaux (Guillaume de Saint-Aubin, seigneur de)	8159
Chalon (Guillaume de), chevalier	2071
—— (Henri de), chevalier	2072
—— (Jean de), dit le Bâtard	2075
Chalus (Amblart de), chevalier	2081
—— (Aubert de), dit le Bohier, chevalier	2082
—— (Aubert de), chevalier	2083
—— (Jacques de), chevalier	2085
Chalus (Robert de), chevalier	2086, 2087
Chamaigre (Pierre de Trousschois, seigneur de)	9110
Chambéry (Christophe de Carbonnières, seigneur de)	1858
Chambes (Guillaume de), écuyer	2092
Chamblain (Jean de), écuyer	2093
Chambley (Ferri de), écuyer	2094
Chambly (Enjoirant de), écuyer	2096
—— (Filles de), écuyer	2097
—— (Guillaume de), chevalier	2098
—— (Guillaume de), dit Hideux, écuyer	2099, 2100
—— (Jacqueline de), dame de Jagny	2101
—— (Jean de), écuyer	2105
—— (Jeanne de), dame de Cernon	2106
—— (Lion de), écuyer	2107
Chambon (Guillaume de), écuyer	2108
Chambre (Guiart de), chevalier	2112
Chamerolles (Lancelot du Lac, seigneur de)	5062
Chamigny (Gaucher de), chevalier	2117
Chamousseau (Pierre Frotier, seigneur de)	3877
Champagne (Baudouin de), chevalier	2118, 2119
—— (Guillaume de la), chevalier	2121
—— (Jean de), chevalier	2122, 2123
Champervon (Édouard de), écuyer	2126
—— (Guillaume de), écuyer	2127
Champcey ou Chançay (Jean de), écuyer	2128
Champeueil (Enguerran de Marcognet, seigneur de)	5668
Champeaux (Colin de), écuyer	2129
—— (Robert de), écuyer	2130, 2131
Champelin (Guillaume), chevalier	2132
—— (Philippe), chevalier	2133, 2134
Champenois (Odet), chevalier	2136
Champéroux (Gilbert de Graçay, seigneur de)	4187
Champ-Gerbaux (Jean de), écuyer	2137
Champigneulles (Guillaume de), chevalier	2138
Champignolles (Jean de), écuyer	2139
Champlemy (Louis de), écuyer	2140, 2141
Champs (Jean de), écuyer	2144
—— (Jean des), écuyer	2145, 2146
—— (Robert des), chevalier	2147
Champtocé (Prigent de Coétivy, seigneur de)	2648
Chanac (Bertrand de), chevalier	2148
Chance (Renaud), écuyer	2149
Chandée (Guillaume de), écuyer	2150
Chandieu (Hugonet de), écuyer	2151
—— (Pierre de), écuyer	2152
Chandio (Hugues de), chevalier	2153, 2154
Changeur (Jean le)	2156
Changy (Jean de), chevalier	2157

Chanlay (Jean de), écuyer	2158
Chanle (Carbonnel de), chevalier	2159
—— (Jean de), chevalier, seigneur de Bréligny	2160
Channay (Guillaume de), chevalier	2161
Chanoy (Raoul de Breuilly, seigneur de)	1547
Chaurapy (Perrin de), écuyer	2162
Chanteau (Fouquet de), écuyer	2163
Chanteloup (Pierre de), écuyer	2164
Chantemerle (Colinet de)	2167
—— (Guillaume de), écuyer	2168
—— (Hugues de), chevalier	2170
—— (Moreau de), chevalier	2171
—— (Oudart d'Illiers, seigneur de)	4783
—— (Pierre de), seigneur de la Concie et de Flavacourt	2172
—— (Thibaud de), chevalier	2175-2178
Chantemerlière (Ponson de), écuyer	2179
Chanterelle (Hugues de), chevalier	2182
Chantilly (Jean de Clermont, seigneur de)	2609
—— (Pierre d'Orgemont, seigneur de)	6884
Chaoursin (Jean), écuyer	2184
Chapanes (Robinet de), chevalier	2185
Chapeau (Perrin), écuyer	2186
Chapelle (Guillaume de la), écuyer	2188
—— (Pierre de la), écuyer	2191
—— (Robert de la), chevalier	2193
—— (Robert de la), écuyer	2194
Chaperon (Guillaume), écuyer	2195
Chaponval (Jean de), chevalier	2199
Charchières (Pierre de), écuyer	2202
Charité (Jean), chevalier	2204
Charles (Claude de Lévis, baron de)	5203, 5207
—— (Jacques de Chabanais, seigneur de)	2014
—— (Jean de Lévis, seigneur de)	5212
Charmesseaux (Jean de), dit le Galois, chevalier	2217
Charmont (Beaudouin de), chevalier, seigneur de Hodent	2218
—— (Guillaume de), écuyer	2219
Charnay (Pierre de), chevalier	2220
Charnier (Renard), chevalier	2221, 2222
Charnizay (Roger de)	2223
Charnousy (Godefroi de), chevalier	2224
Charnoux (Humbert de), écuyer	2225
Charny (Geoffroi de), chevalier	2226-2229
—— (Robert de), chevalier	2230
Charroux (Pierre de Vendôme, seigneur de)	9313
Charrud (Evenn), chevalier	2235, 2236
Chartres (Aubelet de), écuyer	2238
—— (Gui, bâtard de), écuyer	2240
Chartres (Hector de), chevalier	2243, 2244
—— (Philippot), écuyer	2252
—— (Robert de), chevalier	2255
Chasnay (Guiot du), écuyer	2256
—— (Jean du), écuyer	2257
Chasnes (Jean des), chevalier	2258
Chassagne (Simon de la), chevalier	2259
Chassenay (Antoine de), écuyer	2262
—— (Guillaume d'Arcy, seigneur de)	248
—— (Guiot de), écuyer	2263
Chastelet (Jean), écuyer	2266
Chastenay ou Châtenay (Jean de), chevalier	2273
Chastiaux (Pierre Trousseau, seigneur de)	9108
Chat (Jean le), écuyer	2274
Châtaigneraie (François de Vivonne, seigneur de la)	9584
Châteaubriant (Jean de), écuyer	2279
Château-Chalon (Étienne de), chevalier	2281
Châteaufromont (Pierre d'Avoir, seigneur de)	522, 523
Châteaugiron (Jean de), chevalier	2284
—— (Patry de), chevalier	2285
Châteaumorant (Guichard de), écuyer	2287
Châteauneuf (Arnoul de), chevalier	2290
—— (Bérenger de Simiane, seigneur de)	8630
—— (Dinet de), chevalier	2291
—— (Giraud de Simiane, seigneur de)	8633
—— (Hugues de la Roche, seigneur de)	7785
—— (Jean Seaume, seigneur de)	8509
—— (René Pot, seigneur de)	7365
Châteauneuf-sur-Charente (Arnaud de Cervolle, seigneur de)	1998
Châteauneuf-de-Tursan (Pierre de), écuyer	2297
Châteauroux (Jean d'Aumont, seigneur de)	415
Châteauvillain (Charles de Groslée, seigneur de)	4278
—— (Enguerran d'Eudin, seigneur de)	3471
Châtel (Guillaume du), procureur du roi de Navarre	2298
—— (Mahieu du), chevalier	2300
Châtelain (Guillaume de Cassain, dit)	1898
Châtellier (Jean du), chevalier	2310
Châtelliers (Jean des), chevalier	2312
—— (Philippot des), écuyer	2313
Châtelus (Pierre de), dit Plotard, chevalier	2314
Châtenée (François de), écuyer	2319
Chatet (Robert), écuyer	2320
Chatière (Anne de Château-Chalon, seigneur de la)	2280
Châtillon (Barchelet de), écuyer	2323
—— (Charles de), écuyer	2325
—— (Gaspard de Coligny, seigneur de)	2660, 2661
—— (Gaucher de), chevalier	2327, 2328

Châtillon (Girard de), chevalier............... 2330
—— (Jacques de), chevalier........... 2340, 2341
—— (Jean de), de Marigny et de la Ferté...... 2343
—— (Jean de), écuyer................. 2344-2346
—— (Jean de), chevalier.................... 2345
—— (Jean du Chastelet, seigneur de)......... 2368
—— (Jeanne de), femme de Pierre de Craon.... 2352
—— (Joachim Rouaut, seigneur de).......... 7978
—— (Louis de Laval, seigneur de)............ 5134
—— (Oudard, bâtard de), chevalier........... 2353
—— (Renaud de), chevalier................. 2354
Chaudejoute (Guillot de), écuyer............... 2365
—— (Simon de), chevalier.................. 2366
Chauderon (Jean), écuyer...................... 2367
Chauffecire (Jean Marescot, dit)............... 5715
Chauffour (Guillaume de), dit *Raillart*..... 2368, 2369
—— (Jean de), écuyer..................... 2370
Chaulnes (Louis d'Oignies, seigneur de)... 6838, 6839
Chaumart (Thibaud), écuyer................... 2371
Chaume (Jean de la), écuyer.................. 2372
Chaumeil (François de), chevalier de l'ordre..... 2373
Chaumont (Antoine de la Rochefoucauld, seigneur
  de)....................................... 7849
—— (Charles d'Amboise, seigneur de)...... 114, 115
—— (Guillaume de), chevalier............... 2374
—— (Guillemin de)......................... 2375
—— (Hugues d'Amboise, seigneur de)........ 119
—— (Jean de), écuyer..................... 2377
—— (Jean d'Amboise, seigneur de).......... 120
—— (Pierre de), chevalier.................. 2379
—— (Robert d'Aunon, seigneur de).......... 432
Chaumontel (Jeannot de), écuyer............... 2380
—— (Robin de), écuyer..................... 2381
Chausse (Ambroise de), chevalier............... 2382
Chaussée (Jean de la), écuyer................. 2383
Chausse-Roye (Payen de), chevalier............. 2385
Chauveau (Étienne), écuyer.................... 2387
—— (Pierre), le jeune, écuyer.............. 2388
Chauveau (Pierre de Lisbonne, dit)............ 5224
Chauveron (Jean), chevalier.................... 2392
Chauvigny (Godefroi de)....................... 2397
—— (Guillaume de), écuyer................. 2398
—— (Henri de), écuyer..................... 2399
—— (Oudard de), chevalier................. 2400
Chauvigny de Brosse (Gui, seigneur de), chevalier. 2403
—— (Guillaume de), chevalier............... 2404
—— (Jean de), chevalier................... 2405
Chauvin (Aimery), écuyer...................... 2406
—— (Oudet), écuyer........................ 2407

Chaux (Graciot de)........................... 2409
Chaveroche (Jean de), écuyer.................. 2410
Chavisy (Jean de)............................ 2411
Chay (Renaud de), écuyer..................... 2412
Chazé (Jean de), écuyer....................... 2413
Chazerat (Guiot de), écuyer................... 2414
Chazeron (Jean de), chevalier.................. 2418
Chelles (Tiercelet de), écuyer................. 2422
Chément (Jean Odart, seigneur de).......... 6823
Chemilly (Sedille de Garencières, dame de)..... 3959
Chemin (Pierre Viole, seigneur du)............. 9563
Chenart (Guillemin), écuyer................... 2423
—— (Jean), chevalier...................... 2424
—— (Mathelin), écuyer..................... 2425
Chenay (Jacques de), chevalier.......... 2426, 2427
Chenin (Gauvain), le jeune, chevalier.......... 2428
—— (Gauvain), chevalier.............. 2429, 2430
—— (Hélie), chevalier................ 2431, 2432
—— (Henri), écuyer........................ 2433
Chennevières (Adam de), écuyer................ 2434
—— (Philippe de), chevalier................ 2435
—— (Raoul de), chevalier............. 2437, 2438
Chepoix (Guillemette, dame de)................ 2439
—— (Jean de), écuyer..................... 2440
—— (Jean de), chevalier................... 2441
Chepy (Adrien de la Rivière, seigneur de)....... 7732
Cherbonnières (Guillaume), chevalier........... 2444
Cherchemont (Pierre de), chevalier............. 2446
Chéret (Jean), écuyer......................... 2447
Cherisy (Hubert de), écuyer................... 2448
Cherpin (Étienne), écuyer..................... 2451
Cherveux (Jacques de Coningham, seigneur de)... 2737
Cherville (Geoffroi de), écuyer................ 2452
Chesper (Gilles de Rodemacheren, seigneur de)... 7882
Chevenon (Giraud de), écuyer.................. 2462
Chevillon (Jean de), écuyer................... 2464
Chèvre (Andrieu la), écuyer................... 2465
Chevresis (Jean de), écuyer................... 2466
Chevreuse (Ansel de), écuyer.................. 2467
Chevreville (Jean de), écuyer................. 2472
Chevrières (Louis Mitte, seigneur de).......... 6133
—— (Robert de Breuilly, seigneur de)........ 1631
Chevron (Pierre de), écuyer................... 2477
Chevry (Guiot de), écuyer..................... 2478
Chézeaux (Jean Chabot, seigneur de)...... 2042, 2043
Chezelles (Jean de), écuyer................... 2479
Chifrevast (Jean de), écuyer............. 2480, 2481
—— (Nicolas, seigneur de), chevalier........ 2482
—— (Richard, seigneur de)................. 2483

DES SCEAUX DE CLAIRAMBAULT.

Chillou (Guion le Roy, seigneur de).............. 8069
Chimay (Jean de Croy, seigneur de)............. 3042
Chin (Colard de Moy, seigneur de)............. 6583
—— (Gilles de), chevalier................... 2484
—— (Jacques de Moy, seigneur de)..... 6586, 6587
—— (Nicolas de Moy, seigneur de)............. 6593
Chissé (Guichard de), écuyer.................. 2487
—— (Pierre de), écuyer.............. 2488, 2489
—— (Imbert de), chevalier................... 2490
Chivres (Becquet de), chevalier................ 2491
—— (Gilles de), chevalier................... 2492
—— (Jean de)............................. 2493
Chizé (Jean de Thouars, seigneur de)........... 8873
Choiseau (Simon de), écuyer.................. 2494
Choisel (Gautier de), écuyer........... 2495, 2496
—— (Gui de), chevalier..................... 2497
—— (Guillaume)........................... 2498
Choiselle (Jeanne), dame du Plessier-Choisel..... 2499
Choiseul (Renaud de), chevalier......... 2504, 2505
Choisy (Roger de), écuyer.................... 2508
Cholet (Bon), chevalier...................... 2509
—— (Gilles), chevalier............... 2510-2512
—— (Hugues), chevalier..................... 2513
—— (Simon), chevalier..................... 2514
Choletière (Gilles Cholet, seigneur de la)... 2510, 2512
Chomart (Thibaud), écuyer................... 2515
Choqueuse (Jean de Paillard, seigneur de)...... 6939
Chou (Laurent le), chevalier.................. 2518
Chouart (Jean), écuyer...................... 2519
Chourses (Gui de), chevalier, seigneur de Malicorne. 2520
—— (Patri de), seigneur de Malicorne......... 2523
Cicogné (Bertrand de), chevalier............... 2526
Cinais (Pierre de), écuyer.................... 2527
Cintrey (Jean de), écuyer.................... 2531
Circy (Pierre du Châtelet, de)................. 2306
Citry (Henri de), écuyer..................... 2533
Clairac (Raymond Morel, abbé et seigneur de)..... 2535
Clairefeuille (Geoffroi de), écuyer............. 2536
Clairembault (Jean), écuyer................... 2537
—— (Jean), chevalier....................... 2538
—— (Macé), chevalier...................... 2539
Clairvaux (Jean de Maillé, seigneur de).......... 5513
Clamecy (Jean de), chevalier.................. 2540
Clamoison (Geoffroi, seigneur de), écuyer....... 2541
Clamorgan (Thomas de), écuyer............... 2545
Clareis (Raoul de), écuyer................... 2546
Clarel (Colin), écuyer....................... 2547
Clares (Pierre), chevalier.................... 2548
Clarey (Guillotin de), écuyer................. 2549

Clarut (Renaud de), écuyer................... 2550
Clary (Eudes, seigneur de), chevalier........... 2551
—— (Geoffroi de)......................... 2552
—— (Gilles de), chevalier.................. 2553
—— (Griffon de), chevalier................. 2554
—— (Guillaume de Bisches, seigneur de)....... 1034
—— (Hugues, seigneur de), chevalier......... 2555
—— (Jean de)............................ 2556
—— (Jean de), dit *Lancelot*, chevalier....... 2557
—— (Robert, seigneur de), chevalier.......... 2558
Claufou (Guillaume), écuyer.................. 2561
Clavelle (Jean de Saint-Nectaire, baron de)...... 8246
Claye (Oudart de), chevalier.................. 2565
Clef (Arnoul de la), écuyer................... 2567
—— (Nicaise à la)......................... 2568
Clermont (Antoine de Choiseul, seigneur de)..... 2500
Clément (Guillaume), chevalier, d'Angleterre..... 2569
Cléon (Pierre de), écuyer.................... 2570
Clérannoy (Jean de), chevalier................ 2571
Clerc (Jean le), écuyer...................... 2572
Clercy (Robert de)......................... 2573
Clèves (Georges, seigneur de), chevalier.... 2574-2578
Clermont (Guion de Castelnau, seigneur de)..... 1908
—— (Jean de l'Isle-en-Jourdain, seigneur de).... 4807
—— (Pierre de Balsac, seigneur de).......... 597
Clermont d'Agout (Claremont de)............. 2582
Clermont d'Anjou (Louis de), chevalier......... 2585
—— (René de), écuyer..................... 2586
Clermont en Dauphiné (Alix de Seyssel, troisième
    femme de Claude de)..................... 2587
—— (Aimar de), chevalier................... 2590
—— (Philibert de)......................... 2609
Clermont-Lodève (Pons, seigneur de).......... 2606
—— (Tristan de), chevalier.................. 2607
Clermont-Mulemort (Pierre de), chevalier....... 2608
Clermont-Nesle (Jean de), chevalier...... 2610, 2611
—— (Jean de), écuyer..................... 2612
—— (Robert de), chevalier................. 2613
Clermont-Surgères (Antoine de), chevalier...... 2614
—— (Joachim de), chevalier......... 2615, 2616
Clèves (Gilles de), écuyer................... 2617
Cliste (Philibert de l'Espinasse, seigneur de la).... 3395
Clinchamps (Alain de), chevalier....... 2620, 2621
—— (Geoffroi de), chevalier................. 2622
Clisson (Jean de)........................... 2624
—— (Jeanne, dame de)..................... 2625
—— (Olivier, seigneur de).................. 2626
Clo (François du), écuyer................... 2629
Cloistre (Guillaume), écuyer.................. 2630

Cloussy (Robert de), chevalier................. 2631
Cluignet (Pierre de Brebant, dit)......... 1499-1501
Cluys (Plotard de), écuyer................... 2636
Cons (Jean de Germain, dit *de*).............. 4040
Cobrique (Jean de), écuyer................... 2638
Cochet (Huguenet), écuyer................... 2640
Cocurès (Girard, bâtard de), écuyer........... 2643
Codere (Pouchon de), écuyer................. 2644
Codelet (Jean d'Ancezune, seigneur de)......... 140
Coësmes (Brisegant de), chevalier....... 2645, 2646
Coëtmenech (Tannoguy de), écuyer........... 2649
Coëtquen (Raoul de), chevalier............... 2651
Cognac (Pierre de), écuyer.................... 2653
Coilla (Alfonse de), écuyer.................... 2654
Colembert (Jean, seigneur de), chevalier......... 2657
Colignac (Guillaume de), écuyer............... 2659
Colombier (Jean de), écuyer.................. 2664
Colombières (Briant de), chevalier............. 2665
—— (Henri de), chevalier................. 2666
—— (Jean de), chevalier........... 2667-2669
—— (Martin de), écuyer................ 2670
—— (Olivier de), écuyer................. 2671
Comarque (Pons de Beynac, seigneur de)..... 989-991
Comart (Jean), chevalier...................... 2674
Combertin (Guiot de)......................... 2675
Combes (Jean de), écuyer.................... 2676
Comborn (Bernard de), écuyer................. 2677
—— (Guichard de), chevalier............. 2678
Combourg (Jean de Malestroit, seigneur de)..... 5582
Combray (Frulin de), chevalier............... 2680
—— (Gilbert de), chevalier.......... 2681, 2682
—— (Roger de), écuyer................. 2683
Combret (Bérenger de), chevalier.............. 2684
—— (Jean de), dit *de Broquiès*, écuyer..... 2685
Comme (Guillaume de la), écuyer.............. 2686
Commenchon (Jean de), écuyer............... 2687
Comminges (Aimerigot de)................... 2689
—— (Bernard de), écuyer................ 2691
—— (Bernard, bâtard de)........... 2692, 2693
—— (Raymond de), chevalier............ 2699
Compagnon (Pierre de Jeucourt, dit)............ 4923
Compaincourt (Henri de), écuyer.............. 2701
Compiègne (Jean de), chevalier......... 2704, 2705
—— (Jean de), dit *Beaupreguié*, écuyer.... 806, 2703
Compois (François), écuyer................... 2706
Composte (Gimonnet de la), écuyer........... 2707
Comte (Henri le), écuyer..................... 2715
Conches (Pierre Blosset, seigneur de).......... 1095
Concie (Pierre de Chantemerle, seigneur de la).... 2172

Concie (Thibaud de Chantemerle, seigneur de la).. 2176 et 2177, 2178.
Condamine (Guillaume de la), écuyer........... 2718
Condé (Jean de), écuyer..................... 2720
Conflans (Eustache de), écuyer................ 2728
—— (Eustache de), chevalier.............. 2729
—— (Jean de), chevalier........... 2732, 2734, 2735
Conflans-Sainte-Honorine (Jean de Montmorency, seigneur de)...................... 6425, 6426
Coningham (Guillaume de), chevalier........... 2736
Contes (..... de Créquy, seigneur de).......... 2988
—— (Jean de Créquy, seigneur de)......... 2978
Conty (Ferri de Mailly, seigneur de)............ 5525
—— (Jean, seigneur de) et de Hamel, chevalier.. 2751
—— (Jean, seigneur de), dit *Maillard*, chevalier. 2752
—— (Manessier de), chevalier............. 2753
Coq (Hervé le), chevalier................ 2755-2758
Coque (Jacques de la)....................... 2764
Coquelles (Jean de), écuyer.................. 2766
Coquier (Jean), écuyer...................... 2768
Corbail (Raoulin), écuyer.................... 2770
Corbel (Pierre), chevalier.................... 2771
Corbeny (Jacques de), dit *Bourgeois*.......... 2773
Corbie (Gautier de), chevalier................ 2776
Corbellet (Derien de), chevalier............... 2779
Cordouan (Geoffroi de), écuyer............... 2782
—— (Guillaume de), écuyer............. 2783
Corent (Étienne de), chevalier.......... 2786, 2787
Cormainville (Guillaume de), écuyer............ 2788
Corneille (Aubert de), écuyer................. 2789
Cormières (Pierre de), écuyer................. 2791
Cornay (Adam de), écuyer................... 2792
—— (Milon de)........................ 2793
—— (Thibaud de), chevalier.............. 2794
Corneillan (Raymond de), écuyer.............. 2795
Corneuil (Jean de), chevalier........... 2796, 2797
Cornillan (Jean), écuyer............... 2798, 2799
—— (Raoul), écuyer.................... 2800
Cornillon (François de), écuyer................ 2801
—— (Guillaume de Laire, seigneur de).... 5008-5010
—— (Jean de), écuyer.................. 2802
—— (Jean, bâtard de), écuyer............ 2803
Cornu (Jean le), écuyer..................... 2805
—— (Simon de), écuyer................. 2806
Corpsdoine (Jean), écuyer................... 2807
Corquilleroy (Guiot de)...................... 2808
—— (Jean de)................... 2809, 2810
—— (Robert de), écuyer................ 2813
Corrée (Goussale), écuyer................... 2814

DES SCEAUX DE CLAIRAMBAULT. 413

Cossart (Gillebert)........................ 2819
Costels (Bonet de), écuyer................. 2835
Cothenau (Charles des Boves, seigneur de)...... 1438
Coublesy (Jeannin de)..................... 2837
Coucy (Enguerran de), chevalier............... 2838
—— (Enguerran, comte de Soissons, seigneur de). 8644 et 8645, 8646.
—— (Jean de), chevalier................... 2840
—— (Raoul, bâtard de), écuyer........ 2841, 2842
—— (Renaud de), chevalier........... 2843, 2844
Couleville (Jean de), écuyer................... 2847
Coudray (Étienne de), écuyer................ 2848
—— (Henri du), écuyer.................... 2849
—— (Jean du), dit le Galois, chevalier......... 2850
—— (Jean du), écuyer..................... 2851
—— (Jean du Puy, seigneur du)............... 7494
—— (Robert du), écuyer.................... 2852
Coudre (Oudin de la), écuyer.......... 2853, 2854
Coudun (Antoine de), chevalier................ 2855
Couellan (Guillaume de), écuyer........ 2856, 2857
Couillart (Henri le), écuyer................... 2858
Coulange-la-Vineuse (Catherine de Couzan, dame de)............................... 2940
Coulans (Brandelis de Champagne, seigneur de)... 2120
Coulogne (Bernard, bâtard de), écuyer........... 2860
—— (Geoffroi de), chevalier........... 2861, 2862
—— (Perceval de), chevalier................. 2863
—— (Roger de), chevalier................... 2864
Coulon (Jean de Gascenove, dit).............. 1894
Coulonces (Guillaume de la Haye, seigneur de).... 4559
—— (Jean de Villiers, seigneur de)............ 9544
Coulonvilliers (Thibaud de Moreuil, seigneur de)... 6488
Couperel (Jean le), écuyer................... 2866
—— (Odet le), de Dammartin, écuyer........... 2867
Coupes (Jean de), écuyer.................... 2868
Coupéville (Milet de), écuyer.................. 2869
Courbarien (Bos de), chevalier................. 2870
Courbéfy (Galéas de Balsac, seigneur de)....... 591
Courbet (Baudouin de Rubempré, dit).......... 8092
Courcelles (Philippot de), écuyer.............. 2872
—— (Pierre de), écuyer..................... 2875
—— (Richard de), écuyer................... 2876
Courceriers (Guillaume de), chevalier.......... 2877
Courchy (Richard de), chevalier............... 2878
—— (Richard de), chevalier........... 2879-2882
Courcy (Henri de), écuyer.................... 2883
—— (Huguet de), écuyer.................... 2884
Courdemanche (Drouet de), écuyer...... 2885, 2886
Courdillon (François de).................... 2887

Courel (Nicole), dit Maudine................. 2888
Courlandon (Guion de), écuyer............... 2890
Courneuve (Adam de la), écuyer.............. 2891
Courpalay (Jean de), chevalier................ 2893
—— (Robert de), chevalier................... 2894
Courraudon (Jeanne de), dame de Barmont...... 2895
Cours (Guiart de), écuyer.................... 2897
Courseulles (Raoul de Moulan, seigneur de).. 6068-6070
Coursillon (Guillaume de), chevalier........... 2899
Court (Pierre de), écuyer.................... 2900
—— (Louis de Monchy, seigneur de la)......... 6173
Courtalin (Jean de), écuyer.................. 2901
Courtaronel (Fouquet de), écuyer.............. 2902
Courtebonne (Philippe de Calonne, baron de).... 1770
Courteheuse (Ansel de), écuyer................ 2903
Courteille (Gnion de), écuyer................. 2904
—— (Jean de), écuyer..................... 2905
Courtenay (Philippe de Boulainvilliers, seigneur de). 3123
—— (Pierre de), écuyer.................... 2908
Courtier (Guiot de), écuyer.................. 2909
Courtils (Girardin des), écuyer............... 2910
—— (Guillaume des)...................... 2911
—— (Philippe de)......................... 2912
Courville (Yves de Vieux-Pont, seigneur de)..... 9454
Coussin (Jean), écuyer..................... 2920
Courtenes (Jean de), écuyer.................. 2927
Coutes (Guillaume de), chevalier.............. 2928
—— (Simon de), chevalier................... 2929
Couture (Jean de la), écuyer.................. 2930
—— (Jean de), chevalier.................... 2931
Couvert (Raoul de), écuyer.................. 2932
Couvet (Sohier), chevalier................... 2933
Couvran (Jean de), écuyer............. 2934-2936
—— (Robert de), écuyer.................... 2937
Couvrechef (Macé de), écuyer................. 2938
Coux (Guillaume de), écuyer................. 2939
Couzan (Catherine de), veuve de Jean de Sainte-Croix.................................... 2940
—— (Claude de Lévis, baron de)............. 5206
—— (Huguenin de), écuyer................. 2941
Cozo (Jean), écuyer........................ 2942
Crainhem-Heyde (Gérard de), chevalier........ 2945
Cramailles (Guiot de), écuyer................. 2946
—— (Pierre de), chevalier................... 2947
Cramaux (Jean de), chevalier................. 2948
Cramoisy (Pierre d'Aumont, seigneur de).... 422, 423
Crane (Antoine), écuyer..................... 2952
Crangière (Pierre de), chevalier............... 2953
Craon (Amaury de), chevalier................. 2954

414 TABLEAU SYSTÉMATIQUE

Craon (Catherine de l'Isle-Bouchard, dame de).... 9051
—— (François, comte de Guines, baron de)..... 4368
—— (Georges de la Trémoïlle, seigneur de).... 9055
—— (Guillaume de), chevalier............... 2956
—— (Jeanne de Châtillon, femme de Pierre de).. 2352
—— (Louis, comte de Guines, baron de)....... 4370
—— (Mahaut, dame de)..................... 2960
—— (Pierre de), chevalier............ 2961-2963
Crapeaumesnil (Gilles de), chevalier............ 2965
Crécy (Berthelot de), écuyer.................. 2966
Crenay (Bertrand de Foissy, seigneur de)........ 3663
Crenon (Baudouin de), chevalier............... 2968
Crépy (Pierre de), écuyer..................... 2970
Créquy (Anseau de), écuyer................... 2971
—— (Enguerran, le bâtard de)............... 2974
—— (Enguerran de), dit le Bègue, chevalier.... 2975 et 2976.
—— (Jean de), chevalier............. 2978-2981
—— (Jean de), écuyer...................... 2979
—— (Philippe de), chevalier................. 2984
—— (Pierre de), chevalier................... 2986
—— (Renaud de), chevalier.................. 2987
—— (..... de), chevalier, seigneur de Contes... 2988
Creron (Jean de), écuyer...................... 2989
Cresèques (Jean de), chevalier................. 2990
—— (Robert, seigneur de), chevalier.......... 2991
Crespin (Guillaume), écuyer.................. 2993
—— (Guillaume), chevalier.................. 2994
—— (Jean), chevalier....................... 2995
—— (Jean), écuyer................... 2996, 2997
Cressac (Arnaud de)......................... 2998
Cressonnière (Guillaume de la), écuyer......... 2999
Cressy (Constance, veuve de Jean de).......... 3001
—— (Jean de), chevalier.................... 3002
Creullet (Thomas de), écuyer.................. 3004
Creully (Louis, seigneur de), chevalier.......... 3006
—— (Richard de), chevalier................. 3007
Creux (Simon du), écuyer.................... 3008
Crevant (Guillaume de), chevalier.............. 3011
Crèvecœur (Flament de), chevalier............. 3013
Crézancy (Jean de), chevalier.................. 3014
—— (Raoulin de), écuyer................... 3015
Criquebeuf (Colibeau de), écuyer.............. 3016
Crocy (Denis Roussel-Médavy, seigneur de)..... 8019
Crocy (Jean Martel, seigneur de)............... 5793
Croisille (Guillaume de la), écuyer.............. 3020
Croisilles (Guiot de), écuyer................... 3021
—— (Jean de), écuyer...................... 3022
—— (Marguerite de), dame de Saint-Étienne... 3023

Croisy (Jean de), chevalier.................... 3024
—— (Louis de), écuyer..................... 3025
Croix (Guiffroi de la), écuyer.................. 3026
—— (Jean de la)..................... 3028-3030
—— (Jean des), écuyer..................... 3031
—— (Maurien de la), écuyer................. 3032
Cronon (Jean de).......................... 3036
Cros (Giraud de), écuyer..................... 3037
Crosne (Pierre le Verrat, seigneur de).......... 9385
Croustes (Jean de).......................... 3038
Croy (Antoine, comte de Porcien, seigneur de)... 7339
—— (Jean de), chevalier............. 3041, 3042
Cruphove (Guillaume de)..................... 3044
Cruquet (Thomas du)........................ 3045
Crussol (Guillaume, seigneur de), chevalier...... 3050
Crux (Érard, seigneur de), chevalier............ 3054
Cuchet (Huguet de), écuyer................... 3056
—— (Pierre de), écuyer.................... 3057
Cugnac (Bernard de), écuyer............ 3064, 3065
Cuignières (Jean de), chevalier................. 3070
Cuis (Champenois de), écuyer................. 3071
Cuise (Henri, seigneur de), chevalier........... 3072
—— (Jean de)............................. 3073
—— (Jean de), écuyer, de Savoie............. 3075
—— (Jean de), chevalier...... 3074, 3076-3079
Culant (Guichard de), chevalier................ 3080
Cully (Henri de), écuyer...................... 3084
—— (Jean de), écuyer...................... 3085
Cumont (Giraud de), écuyer................... 3086
—— (Hugues de), chevalier.................. 3087
Curton (François de Chabannes, baron de)...... 2011
—— (Jean de Chabannes, baron de).......... 2021
—— (Joachim de Chabannes, baron de)... 2024-2027
Curzay (Jean de), chevalier.................... 3092
Cuto (Geffrin), écuyer........................ 3094
Cuveret (Colin), écuyer....................... 3095
Cuves (Robert de), écuyer.................... 3096
Cuvray (Jean de), écuyer...................... 3098
Cygne (Pierre Versal, dit du).................. 9391

Dailla (Martinet), écuyer, de Lombardie......... 3103
Daillon (Jacques de la Roche, seigneur de)...... 7786
Dallez (Guiot de), écuyer..................... 3113
Dalmas (Hugues)............................ 3114
Damas (Le bâtard de Marcilly)................ 3115
—— (Philibert), chevalier.................... 3116
—— (Robert), chevalier..................... 3117
Dameraucourt (Jean de Launoy, seigneur de)..... 5112 et 5113.

Dampierre (Claude de Clermont, seigneur de).... 2595 et 2596.
—— (François de Cugnac, seigneur de).......... 3066
—— (Hugues de Châtillon, seigneur de)........ 2333 2335-2337, 2339.
—— (Jacques de Châtillon, seigneur de).. 2340, 2341
—— (Jacques de Clermont, seigneur de)........ 2601
—— (Jean de Conflans, seigneur de)........... 2733
—— (Louis de Cugnac, seigneur de)........... 3067
—— (Oudin de), écuyer..................... 3126
—— (Thibaud de), écuyer................... 3127
Damville (Henri de Montmorency, seigneur de)... 6417 et 6418.
—— (Jean de Montmorency, seigneur de). 6425, 6426
Dangu (Guillaume de Ferrières, baron de)....... 3573
—— (Marguerite de Préaux, dame de).......... 7404
Daniel (Hugues)............................ 3130
Danjeau (Gilles Cholet, seigneur de)........... 2510
Danne (Jean), écuyer........................ 3131
Danneel (Jean), écuyer...................... 3132
Daouet (Alain), écuyer...................... 3133
Dargnies (Jean de), chevalier................ 3135
Daubeuf (Pierre de), chevalier................ 3136
Daugart (Jean), dit Goust, écuyer....... 3137, 3138
Daumas (Juhel), écuyer..................... 3139
Dauphiné (Antoine, comte de Clermont, premier baron du)................................. 2593
David (Guillaume), écuyer................... 3141
—— (Yvain), écuyer........................ 3142
—— (Yvon), écuyer......................... 3143
Daynen (Guérard), écuyer.................... 3144
Déluge (Jean du), écuyer..................... 3146
Demans (Hugues de), chevalier................ 3147
Denisière (Thibaud de la), écuyer.............. 3152
Denizy (Ferri de), chevalier.................. 3153
Denlo (Guillaume), écuyer.................... 3154
—— (Jean), écuyer......................... 3155
Dercé (Jean de), écuyer..................... 3156
Derian (Jean), écuyer....................... 3157
Dernacucillette (Hugues d'Arse, seigneur de)..... 316
Derrien (Yvon), écuyer...................... 3159
Darues (Aimery de), écuyer................... 3160
Derval (Bonabes de Rougé, seigneur de).. 8004, 8005
Desmer (Jourdain), chevalier................. 3162
Despense (Jean de Saulx, seigneur de)......... 8436
Despenser (Richard de Beauchamp, seigneur le)... 9673
—— (Philippe le), chevalier................. 3163
Desramet (Jean Choque, dit).................. 2517
Desréé (Jean d'Isques, dit)............. 4816, 4817

Dessus-Saint-Léger (Hue), chevalier............ 3164
Deuilly (Ory du Châtelet, seigneur de)......... 2270
—— (Pierre du Châtelet de)................. 2306
—— (Simon de), écuyer..................... 3166
Diagodie, dit Testevache, écuyer.............. 3167
Didonne (Soudan de Préchac, seigneur de)....... 7411
Dieupentale (Jean de), chevalier.............. 3176
—— (Raymond de), chevalier................ 3177
Digoine (Huguenin de), écuyer................ 3179
—— (Louis de), écuyer..................... 3180
—— (Philibert de), chevalier......... 3181, 3182
Dinteville (Érard de), chevalier............... 3184
Divette (Raoul de)......................... 3185
Division (Hugues de), chevalier............... 3186
Dixmude (Jean de), écuyer................... 3187
—— (Henri de Beveren, seigneur de)......... 984
—— (Jean de), chevalier.................... 3188
—— (Thierri de), chevalier................. 3189
Dizane (Pierre de Bérard, comte de)........... 897
Dognon (Pierre du), chevalier................. 3190
Doignies (Guiot de), écuyer.................. 3191
Doignon (Louis de), chevalier................. 3192
Doineau (Jean), écuyer...................... 3193
Doing (Jean de), chevalier................... 3194
Dolo (Jean), écuyer......................... 3195
Domart (Renaud de), chevalier.......... 3196-3198
Domecy (Archambaud de), chevalier............ 3200
Domme (Michel de Montrognon, seigneur de).... 6454
Dompierre (Hector de), écuyer................ 3206
—— (Jacques de Silly, seigneur de)........... 8626
—— (Philippe d'Auxy, seigneur de).......... 495
Donqueur (Hugues de), chevalier.............. 3209
Donstiennes (Alard de Barbençon, seigneur de).... 643
Donzenac (Gérard de Ventadour, seigneur de).... 9333 et 9334.
—— (Géraud de Malemort, seigneur de)....... 5580
Donzy (Philippe, comte de Nevers, baron de).... 6739
Doria (Antoine), écuyer..................... 3211
—— (Louis), écuyer....................... 3213
Dossainville (Thibaud de)................... 3217
Douai (Colart de), écuyer.................... 3218
—— (Hugues de), chevalier........... 3219, 3220
Douarel (Raymond), écuyer................... 3221
Dougne (Renaud le)......................... 3223
Dougnon (Giraud du), chevalier............... 3224
Dours (Guiot de), écuyer.................... 3225
Douy (Jean de), écuyer...................... 3228
—— (Renaud de), chevalier................. 3229
Doyen (Florent)............................ 3232

Dreux (Robert de), chevalier........... 3240, 3241
Drosis (Guillaume le), chevalier............... 3243
Drouet (Jean), de Chaumont................ 3244
Drocourt (Colin de)....................... 3245
Duc (Jean le), écuyer....................... 3248
Durant (Pierre), écuyer.................... 3253
Durantel (Perron), écuyer.................. 3254
Duras (Robert de), chevalier................ 3255
Durat (Franconnet de), écuyer.............. 3256
—— (Franque de), chevalier............... 3257
Dureil (Guillaume de), chevalier............ 3258
Duremort (Alardin de), écuyer.............. 3260
Durfort (Arnaud de), baron de Frespech...... 3262
—— (Arnaud de), seigneur de Bajaumont..... 3263
—— (Bernard de)................. 3266, 3267
—— (Jean de)............................ 3268
—— (Raymond-Bernard de)................ 3270
—— (Raymond-Bernard de), écuyer......... 3273
—— (Roger de), damoiseau................ 3274
Dury (Jacquemon de)...................... 3275
—— (Jean de Châtillon, seigneur de)......... 2345
Duzillac (Aimery Vigier, seigneur de).......... 9457

Eaubonne (Thomas d'), écuyer............... 3276
Écajeul (Roger d'), écuyer................... 3278
Échelle (Rogue de l')....................... 3279
Échelles (Bauzanet des), écuyer.............. 3280
Échevin (Jean l'), écuyer.................... 3281
Écluse (Guillaume de Namur. seigneur de l').... 6643
Écos (Jean d'), chevalier.................... 3283
—— (Jean d'), écuyer...................... 3284
Écot (Huguelin d'), écuyer.................. 3287
Écramneville (Jean d'), écuyer............... 3288
Écrosnes (Adam d'), chevalier.......... 3289, 3290
—— (Adam d'), écuyer.................... 3291
Écuyer (Hector), seigneur de Bazoches........ 3292
Ègres (Mahieu), chevalier................... 3297
Ègrin (Jean), chevalier..................... 3298
Éguillemont (Guillaume d'), écuyer........... 3299
Elbœuf (Jean d'), écuyer.................... 3300
Ellecourt (Jean d'), chevalier................ 3301
Enfant (Bretinet l'), écuyer.................. 3306
—— (Geoffroi l'), écuyer................... 3307
—— (Guillaume l'), chevalier............... 3308
—— (Marin l'), écuyer..................... 3311
—— (Michel l'), écuyer.................... 3312
Enfernet (Jean d'), chevalier................ 3315
Englebelmer (Ferri d'), écuyer............... 3317
Engoudsen (Jean de Longvillers, seigneur d').... 5337

Engoulevent (Olivier d'), écuyer.............. 3318
Entragues (Guillaume de Balsac, seigneur d')... 594
—— (Pierre de Balsac, seigneur d')....... 597, 598
—— (Robert de Balsac, seigneur d')......... 602
Épaguy (Baudouin, seigneur d'), chevalier..... 3320
—— (Peirus d'), chevalier.................. 3324
Épernay (Marguerite de Rohan, dame d')..... 180
Épernon (Jean-Louis de Nogaret, duc d')..... 6768
Épinay (Arnoul d'), écuyer.................. 3329
—— (Madelon des Hayes, seigneur d')....... 4571
Épineuse (Jean d'), chevalier.......... 3330, 3331
Ercnis (Roger d'), écuyer................... 3332
Erden (Widick de), écuyer, d'Allemagne....... 3333
Ermenonville (Robert de Lorris, seigneur d')... 5368
Ernho (Robert d'), chevalier................ 3335
Erquery (Herpin d'), écuyer................ 3336
—— (Philippot d'), écuyer................. 3338
Eryngton (Guillaume), écuyer.............. 3340
Escames (Jean d'), écuyer............. 3341-3343
Escamps (Gaillard de Préchac, seigneur d')... 7409
Escarbouville (Richard d'), écuyer........... 3344
Escarmain (Gautier d'), écuyer.............. 3345
Eschaile (Alain), écuyer................ 3347, 3348
Escorailles (Louis d'), chevalier......... 3349, 3350
Escot (Jean de Boulainvilliers, dit l')......... 1319
Escuier (Guérart l')........................ 3354
Esguessin (Girard d'), écuyer................ 3356
Esneval (Godefroi d'), écuyer............... 3358
—— (Jean, dit *Perceval* d'), chevalier.... 3359-3363
—— (Jean d'), chevalier.................... 3364
—— (Marie d'), fille de Jean d'Esneval....... 3367
—— (Robert d'), chevalier............ 3368, 3369
Esnons (Étienne de l'Espinasse, seigneur d').... 3391
Espague (Alfonse d'), seigneur de Lunel....... 3375
—— (Bertrand d'), chevalier................ 3379
—— (Jean, bâtard d'), écuyer............... 3380
—— (Louis d'), écuyer................ 3381, 3382
—— (Louis d'), chevalier................... 3383
Esparce (Eniago d'), écuyer................. 3387
Esparros (D. d').......................... 3388
Espasier (Durand l'), écuyer................ 3389
Espayrac (Jean d'Arpajon, seigneur d')........ 299
Espierres (Roger de Mortagne, seigneur d').... 6519
Espinart (Roland l'), écuyer................ 3390
Espinasse (Étienne de l'), seigneur d'Esnoms.... 3391
—— (Hugues de l'), chevalier............... 3392
—— (Humbert de l'), chevalier.............. 3393
—— (Jean, seigneur de l'), chevalier......... 3394
Espinchal (Giraud d'), écuyer............... 3396

Esquay (Girard d'), écuyer............ 3399, 3400
Esquerdes (Jean d'), écuyer.................. 3401
Essarts (Guion des), écuyer.................. 3403
—— (Jean des), écuyer...................... 3405
—— (Renaud des), écuyer.................. 3409
—— (Renaudin des), écuyer................ 3410
Essé (André de Montalembert, seigneur d'). 6228, 6229
Essigny (Pierre d')........................ 343
Estaignon (Becq d'Estaing, dit)............ 3414
Estaing (Gallard de Préchac, seigneur d')...... 7410
—— (Guillot d'), écuyer.................. 3415
Estendart (Guillot l'), écuyer.............. 3417
—— (Jean l'), chevalier...... 3418, 3420-3423
—— (Pierre l'), écuyer.................... 3424
—— (Simon l'), chevalier.................. 3425
Estissac (Morigon d'), chevalier.............. 3427
Estouier (Jean d'), écuyer.................. 3428
Estourmel (Mahieu, seigneur d'), chevalier... 3429
Estouteville (Colart d'), chevalier..... 3430-3432
—— (Jeanne de la Tournelle, dame d')...... 9007
—— (Robert d'), écuyer.................... 3439
—— (Robert d'), chevalier...... 3440, 3442, 3443
Estrées (Pierre d'), écuyer.................. 3449
Estuer (Thomas d'), écuyer.................. 3454
Étableau (Fleurie de Lignières, dame d')...... 5246
Étalon (Guillaume d'), écuyer......... 3455, 3456
Ételan (Guillaume Picart, seigneur d')...... 7150
Étoré (Jean), écuyer........................ 3463
Étrabonne (Guillaume, seigneur d'), chevalier... 3464
Étréchy (Guillaume d'), écuyer.............. 3465
Eux (Bayquin d'), écuyer.................... 3473
Évoillechien (Antoine), écuyer.............. 3474
Évrard (Aquin), chevalier.................... 3475
Eybens (Laurent de Chaponay, seigneur d')... 2197

Fagnières (Perrinet de), écuyer.............. 3483
Falais (Jean de), chevalier.................. 3485
Falatier (Hugues).......................... 3486
Famechon (Tristan du Bos, seigneur de)...... 1259
Faquelon (Jean de), écuyer.................. 3487
Fare (Guillaume de la), chevalier............ 3488
Farivilliers (Eustache de).................. 3489
Farpont (Jean de), écuyer.................. 3490
Farsy (Perrinet), écuyer.................... 3491
Faryndoyn (William), écuyer, d'Angleterre.... 3493
Faucille (Guion de la), écuyer........ 3500, 3501
Fauconnier (Mathelas le), écuyer............ 3502
Fauconnière (Jean de la), chevalier..... 3503, 3504
Faudoas (Antoine de Rochechouart, baron de).. 7800

Fauga (Guillaume du)...................... 3505
Faugère (Taillefer de), chevalier............ 3506
Fauillet (Raymond-Bernard de Durfort, seigneur de)................................ 3271
Fauq (Jean), chevalier.............. 3507-3509
—— (Raoul), chevalier.............. 3510, 3511
Fauquembergue (Guillaume Nevill, seigneur de).. 6744 et 6745.
Faurie (Séguinon de la), écuyer.............. 3512
Fay (Hélie du), chevalier.................... 3514
—— (Hugues de), chevalier.................. 3515
Fay d'Athis (Jean, seigneur de), chevalier. 3520, 3521
Faye (Éblon de Rochefort, seigneur de la)........ 7830
—— (Pons Vigier, seigneur de)............ 9463
Fayel (Guillaume de), dit le Bègue, chevalier.... 3523, 3524, 3525.
—— (Jean du), écuyer................ 3526, 3527
—— (Jean du), le jeune, écuyer.............. 3529
—— (Renaud du), écuyer.................. 3530
Fayencourt (Pierre de), écuyer.............. 3531
Fayolle (Louis de la), chevalier.............. 3538
Fécamp (Marie de), dame de Gamaches........ 3926
Fédeau (Jean), écuyer...................... 3547
—— (Louis), chevalier...................... 3548
Félon (Alain le), dit de Beaudeniers, écuyer...... 3549
Fénélon (Pierre de), écuyer.................. 3550
Fercourt (Philippe de), chevalier...... 3554, 3555
Fère (Gaucher de Châtillon, seigneur de la)...... 2397
Fère-en-Tardenois (Anne de Montmorency, baron de)................................ 6400
Ferlay (Guion), écuyer...................... 3556
Ferrand (Bernard), écuyer.................. 3560
—— (Jacob), écuyer........................ 3561
Ferrebouc (Bernardon de Bezolles, dit)........ 997
Ferréol (Guillaume), chevalier........ 3564-3566
Ferreux (Jean de), écuyer.................. 3567
Ferrier (Jean), écuyer...................... 3568
Ferrière (Guillaume de la), écuyer............ 3569
—— (Robert de la), écuyer.................. 3570
—— (Robert de la), chevalier........ 3571, 3572
Ferrières (Jean de), chevalier........ 3575, 3577
—— (Jean de), écuyer...................... 3756
—— (Renaud de), écuyer.................... 3579
Ferron (Alain), écuyer................ 3580, 3581
—— (Jean), écuyer.......................... 3582
—— (Olivier), écuyer...................... 3583
Ferté (Jean de la), chevalier................ 3585
—— (Jean de la), écuyer.................... 3586
—— (Jean de Châtillon, seigneur de la)...... 2343

Ferté (Jean de Choiseul, seigneur de la)........ 2502
—— (Mauclerc de la), écuyer............... 3587
—— (Pierre de la), chevalier.......... 3588, 3589
Ferté-Fresnel (Jean, seigneur de la)............ 3593
Ferté-du-Mont (Claude d'Étampes, seigneur de la). 3457
Ferté en Ponthieu (Gaucher de Châtillon, seigneur de la).......................... 2328, 2329
Fervaques (Jean de Hautemer, seigneur de)...... 4540
Feschal (Renaud de), écuyer.................. 3595
Fet (Henri), écuyer......................... 3596
Feugerons (Robert de), écuyer............... 3598
Fouguerolles (Jean de), chevalier.............. 3599
Feuillade (Guillaume d'Aubusson, seigneur de la). 387
Foulardé (Pierre de), écuyer.................. 3601
Feuquières (Jacques de Pas, seigneur de)........ 6996
Feux (Perrinet de), écuyer................... 3603
Féverolz (Jean de), écuyer.................... 3604
Fèvre (Robert le), écuyer..................... 3606
Février (Geoffroi), chevalier.................. 3607
Fiennes (Colart de), chevalier................. 3608
—— (Jean, dit *Lionnel* de), chevalier..... 3612-3614
—— (Robert, seigneur de).................. 3615
—— (Robert de), chevalier................. 3616
—— (Waleran de Luxembourg, seigneur de).. 5263
Fiesque (Scipion de).......................... 3617
—— (Sinibaldo de)......................... 3618
Fillièvres (Robert de), chevalier............... 3621
Fimarcon (Jean de Lomagne, seigneur de).. 5311, 5312
Fitte (Jacques de Cossé, seigneur de la)......... 2832
Fitz-Hugues (Geoffroi), chevalier.............. 3625
Flaissières (Jean de), écuyer.................. 3626
Flament (Raoul), chevalier, seigneur de Canny.... 3631 et 3132.
Flandre (Louis, bâtard de), dit *Lettaze*, chevalier.. 3634
Flanjac (Guillaume de), chevalier.............. 3638
Flavacourt (Pierre de Chantemerle, seigneur de).. 2172
—— (Thibaud de Chantemerle, seigneur de)..... 2177 et 2178.
Flavigny (Étienne de), chevalier............... 3640
Flavy (Raoul, seigneur de), chevalier........... 3642
Fléchin (Boules de), chevalier................. 3643
—— (Rifflard de), écuyer................... 3644
Flesques (Richard des), écuyer................ 3646
Fleury (Guillaume de), écuyer................. 3647
—— (Louis de Blosset, seigneur de)........... 1093
Fley (Huet de), écuyer....................... 3648
Florange (Robert de la Marck, seigneur de)..... 5665
Florensac (Louis de Crussol, seigneur de)....... 3053
Florent (Colart), écuyer..................... 3651

Flote (Guillaume), chevalier............. 3653-3656
—— (Pierre), chevalier.................... 3658
Flotte (Jean du Bellay, seigneur de).......... 843
Flouringesele (Sacase de), chevalier........... 3659
Floyon (Jean de Belmont, seigneur de)......... 876
Fluy (Jeanne de Milly, dame de)........ 3660, 6113
Focauldière (Pierre de Bérard, seigneur de).... 897
Foinon (Henri), écuyer..................... 3661
—— (Jean), chevalier...................... 3662
Foix (Gaston de), captal de Buch............. 3665
Folet (Remi, seigneur de), chevalier........... 3670
Follet (Jean de Vendôme, seigneur de)........ 9305
Folligny (Jacques de), chevalier............... 3674
Folot (Jean), écuyer........................ 3675
Fonboucher (Oudinet du), écuyer............. 3676
Fonsomme (Quentin de), chevalier............ 3679
Fontaine (Baudouin de)...................... 3680
—— (Étienne de la), écuyer................ 3681
—— (Girardin de la), écuyer............... 3684
—— (Jacques de la)....................... 3687
—— (Jean de la), chevalier................. 3688
—— (Simon de la)......................... 3689
Fontaines (Adam de), écuyer................. 3690
—— (Claude de Blosset, dame de)........... 1084
—— (Guillaume de), chevalier.............. 3691
—— (Jean de), chevalier............. 3692-3697
—— (Jean de Bueil, seigneur de)............ 1697
—— (Jean de Daillon, seigneur de).......... 3106
—— (Jean de Haverskerque, seigneur de)..... 4549
—— (Louis de Monthron, seigneur de)....... 6274
—— (Philippin de), écuyer................. 3698
Fontanilles (Jean de Saint-Nectaire, baron de)... 8246
Fontenay (Colin de), écuyer.................. 3699
—— (Guillaume de), chevalier.............. 3700
—— (Pierre de), chevalier.................. 3701
Fontoy (Simon de), chevalier................. 3705
Forest (Jean de)........................... 3707
Forestel (Geoffroi du), chevalier.............. 3708
Forestier (Guillaume le), écuyer.............. 3709
Forêt (Geoffroi de la), écuyer................ 3710
—— (Gilles de la), chevalier................ 3711
—— (Guillaume de la), chevalier............ 3712
—— (Jean de la).......................... 3713
—— (Jocelin de la), chevalier............... 3714
Forges (G. de), chevalier.................... 3716
—— (Huet de), écuyer..................... 3717
—— (Octavian de Monestay, seigneur de).... 6182
Forillon (Bernard de), chevalier.............. 3720
Fortescu (Jean), écuyer................ 3722, 3723

Fortin (Thomas), écuyer............ 3725, 3726
Fossé (Robert de la), chevalier................ 3729
Fossense (Pierre de Montmorency, seigneur de)... 6430
Fosseux (Gilbert, seigneur de), chevalier........ 3731
—— (Jean, seigneur de), chevalier...... 3732, 3733
—— (Philippe de), dit *le Borgne*, écuyer....... 3734
Fou (Guérin du), écuyer..................... 3735
—— (Guillaume du), écuyer................. 3736
—— (Jacob du), écuyer..................... 3737
—— (Jean, seigneur du), chevalier........... 3739
—— (Jean), écuyer........................ 3740
Foucaut (Gui), chevalier.................... 3744
—— (Guillaume), chevalier.................. 3745
—— (Jean), écuyer........................ 3747
Foucoys (Érart de), chevalier................. 3750
Fougère (Jean de la), écuyer.................. 3751
Fougères (Taillefer de), chevalier.............. 3752
Fouilloy (Simon de), chevalier................ 3754
Foulques (Thomas)......................... 3755
Fouquesolles (Jean de Bournonville, seigneur de).. 1391
Fouquet (Colin), écuyer..................... 3757
Four (Bertrand du)......................... 3759
—— (Nicolas du), écuyer................... 3762
—— (Perreau du), écuyer................... 3763
—— (Pierre du), écuyer.................... 3764
Fourdrinoy (Gaillard de)..................... 3766
Fourghoux (Jean), écuyer.................... 3767
Fournet (Pierre du), écuyer................... 3769
Fournier (Louis), écuyer..................... 3770
—— (Robert), écuyer...................... 3773
Fournier (Robert de Warnicamp, dit)............ 9668
Fournival (Jean de Talbot, seigneur de).... 8779-8786
Fourtanier (Jean de), écuyer.................. 3774
Fouvent (Jean de Vergy, seigneur de)............ 9368
Fox (Saucet de), écuyer..................... 3775
—— (Thomas), écuyer anglais............... 3776
Fragnes (Jean de), dit *le Bâtard*, écuyer........ 3777
Framezelle (Eustache de), écuyer.............. 3778
Framicourt (Mahieu de), écuyer................ 3779
Francheleins (Guichart de), chevalier........... 3785
—— (Jean de), écuyer..................... 3786
—— (R. de), écuyer....................... 3787
Franchezay (Ontrequin), écuyer............... 3788
François (Guillaume), écuyer.................. 3796
Franconville (Jean de), chevalier............... 3804
Francourville (Gautier de), écuyer.............. 3807
Franqueville (Hugues de), écuyer.............. 3809
—— (Jean de)............................ 3810
Franville (Philippot de), écuyer................ 3813

Frasnay (Pierre de), écuyer............ 3814, 3815
Fréauville (Robert, seigneur de), chevalier....... 3816
Fréchencourt (Baudouin de), chevalier.......... 3817
—— (Jean de), chevalier................... 3818
Fromessant (Jean, seigneur de), chevalier........ 3823
Fremiet (Jean), écuyer...................... 3824
Fremontiers (Jean de), écuyer................. 3825
Frenadour (Louis de Laval, seigneur de)......... 5134
Frêne (Gui du), chevalier.................... 3826
—— (Renaud du), écuyer................... 3827
Frenel (Colibeau), chevalier.................. 3829
—— (Gilles de), chevalier.................. 3830
Fresne (David de Bauchan, seigneur du)......... 696
—— (Henri Carbonnel, seigneur du).......... 1851
Fresnes (Jean de), chevalier.................. 3834
—— (Nicolas de), chevalier................. 3835
Fresnoy (Arthur de Moreuil, seigneur du)........ 6482
—— (Colart de).......................... 3836
—— (Jean du), écuyer..................... 3838
—— (Philippe du), chevalier................ 3840
—— (Pierre de).......................... 3841
Fresnoye (Bertrand de la), écuyer.............. 3842
—— (Simon de la), écuyer.................. 3843
Frespech (Arnaud de Durfort, baron de)......... 3462
Fressancourt (Jean de), dit *Malarbé*, écuyer..... 3844
Fresselines (Jean de), chevalier............... 3845
Fretel (Fretelot de), écuyer................... 3847
—— (Guillaume), écuyer................... 3848
—— (Robert), écuyer...................... 3849
—— (Simon), chevalier.................... 3850
Fréville (Colin de)......................... 3851
—— (Crespin de)......................... 3852
—— (Robert de), écuyer................... 3853
Frezeau (Lancelot), écuyer................... 3854
Friaucourt (Colaye de Moreuil, dame de)........ 6485
—— (Jean de), écuyer..................... 3855
—— (Jean, seigneur de), chevalier........... 3856
Fribois (Pierre de)......................... 3857
Fricamps (Guillaume de), chevalier............. 3858
—— (Jacques de)......................... 3859
—— (Jean de), chevalier................... 3860
—— (Jean de), écuyer..................... 3861
—— (Marie de Vierville, veuve de Jean de)..... 9433
—— (Raoulin de), écuyer.................. 3862
Frigat (Pierre de).......................... 3863
Froberville (Giraud de), écuyer................ 3864
Froissy (Guillaume de), chevalier.............. 3866
Frolois (Robert de), écuyer................... 3867
Fromenté (Estevenin de), écuyer............... 3869

420 TABLEAU SYSTÉMATIQUE

Fromentières (Jean de), écuyer................ 3870
—— (Jean de), chevalier................ 3871
Fromont (Guillaume), écuyer................ 3873
Frontenat (Gilbert de Monestay, seigneur de)..... 6181
Fruges (Jean de), écuyer................ 3879
Fumeçon (Perrinot de), écuyer................ 3881
Fumel (Tangon de), écuyer................ 3883
Fuynons (Jean), chevalier................ 3885

Gagny (Fremin de), chevalier................ 3889
Gaillarbois (Jacques de), écuyer................ 3890
—— (Jean de), écuyer................ 3891
Gaillarderie (Jean de la), écuyer................ 3892
Gaillon (Jean de), chevalier................ 3893
Gaillonnel (Adam de), chevalier........ 3895, 3897
Galard (Charles de)................ 3903
—— (Giraud de), chevalier................ 3904
—— (Guillaume de), écuyer.......... 3905, 3906
—— (Pierre de), chevalier................ 3909
Galatas (Marguerite de Machault, dame de)...... 5458
Galehaut (Jean de Morchies, dit)......... 6468-6472
Gales (Yvain de), écuyer................ 3914-3916
Galinan (Jean), écuyer................ 3917
Gallois (Jean), chevalier................ 3920
Galois (Guillaume de la Planque, dit le)........ 7212
—— (Jean de Charmesseaux, dit le)............ 2217
—— (Jean du Coudray, dit le)................ 2850
—— (Jean de Pierrecourt, dit le)...... 7177, 7178
—— (Pierre de Guiry, dit le).......... 4375, 4376
—— (Pierre du Puy-du-Fou, dit le).......... 7996
—— (Robert d'Aunoy, dit le)............ 441, 442
—— (Tassart de Renty, dit le).......... 7680, 7681
Galois de Prulay (Macé de Bailleul, dit le)...... 576
Galoppe (Jean), de Bray................ 3921
Gamaches (Guillaume de), écuyer........ 3922, 3923
—— (Joachim Rouault, seigneur de)............ 7978
—— (Marie de Fécamp, dame de)............ 3926
Gamel (Aleaume), écuyer........ 3928, 3929
—— (Guillebert), écuyer................ 3930
Gamache (Jean, vicomte de Rohan, seigneur de la). 7901 et 7902.
Gand (Guillaume de), écuyer................ 3931
—— (Jean de), écuyer................ 3932
—— (Sohier de), écuyer................ 3935
Gantelau (Louis), seigneur d'Albaron......... 3937
Gapennes (Aleaume de), écuyer................ 3938
Garce (Jean de la Ferté-Fresnel, seigneur de).... 3593
Garches (Jean de), chevalier................ 3939
Garchy (Arnaud de), écuyer................ 3940

Garchy (Jean de), écuyer................ 3941
—— (Philippe de), chevalier................ 3942
Garde (Jean de la), chevalier................ 3946
—— (Jean de la), écuyer........ 3947, 3952
—— (Pierre de Lange, seigneur de la)........ 5044
Gardera (Renaud), chevalier................ 3953
Gardran (Pierre), chevalier................ 3956
Garencière (Jean de la Ferté-Fresnel, seigneur de). 3593
Garencières (Jean de Montenay, seigneur de)...... 6308
—— (Jeannet de), chevalier................ 3958
—— (Sedille de), dame de Chamilly......... 3959
—— (Yon, seigneur de), chevalier...... 3961, 3962
Garennes (Raoul de), écuyer................ 3963
—— (Robert de), chevalier................ 3964
Garet (Aubert de), écuyer................ 3966
—— (Guillaume de), écuyer................ 3967
—— (Pierre de), écuyer................ 3868
Gargadeo (Hémon de), écuyer................ 3969
Garges (Gillet de), écuyer................ 3970
Garimes (Thomas de), écuyer................ 3973
Garin (Jean), chevalier................ 3974
Garlande (Jean de), chevalier................ 3976
Garlasque (Jean-Gérome de Castillon, seigneur de). 1915
Garnetot (Jean de Tilly, seigneur de)......... 8912
Garnier (Aimery), écuyer........ 3977, 3978
—— (Denis), écuyer................ 3979
Garsie (Pierre), écuyer................ 3983
Gassot (Bérard de Montferrand, seigneur de)..... 6345
Gassias (Bernard de)................ 3984
Gast (Henri), écuyer................ 3985
Gatelet (Michelet de), écuyer................ 3987
Gatelinière (Jean d'Oison, seigneur de la)...... 6844
Gaucher (Gilbert), écuyer................ 3989
Gauchy (Jean de), écuyer................ 3990
Gaudonvillier (Jean de), écuyer................ 3993
Gaulart (Jean), chevalier................ 3995
Gaubet (Pierre de Mornay, dit)............ 6511
Gault (Ogerin du), écuyer................ 3996
Gauville (Jean de)................ 4001
—— (Perrinet de), écuyer................ 4002
Gavaudon (Raymond-Bernard, seigneur de), chevalier............ 4003
Gavray (Pierre de), écuyer................ 4004
—— (Yon du), chevalier................ 4005
Gavre (Gui de Laval, seigneur du)......... 5130
Gaye (Guillaume de), écuyer................ 4007
Gazeran (Bouchart, seigneur de)............ 4010
Geais (Pierre des), chevalier................ 4011
Gellans (Robert de), chevalier................ 4014

… DES SCEAUX DE CLAIRAMBAULT. 421

Gelles (Perrot de), écuyer................ 4015
Gémages (Macé de), écuyer.............. 4018
——— (Macé de), chevalier................ 4019
Genébrières (Jean de).................... 4021
Genève (Arné de), chevalier............. 4023
——— (Pierre de), écuyer................. 4024
Genlis (Aubert de Hangest, dit de)....... 4422
Genlis (Jean de Hangest, seigneur de)... 4441
——— (Mahieu de Hangest, seigneur de)... 4443
Genos (Guillaume de), écuyer............ 4026
——— (Pierre de), écuyer................. 4027
——— (Pierre de), chevalier.............. 4028
Genouillac (Pierre Ricart, dit).......... 7701
Gentil (Barthelémy de), écuyer.......... 4030
Geoffroi (Guillaume), écuyer............ 4032
——— (Guillemin), écuyer................ 4033
Georget (Jean), écuyer.................. 4035
Germain (Jean de), dit de Coas.......... 4040
Germolles (Guichart de), chevalier...... 4848
Germonville (Isabeau de)................ 4041
——— (Jean de), écuyer.................. 4042
Gerpière (Oudart de la), écuyer......... 4045
Gerponville (Robert de), chevalier...... 4046
Geste (Gilles de), écuyer d'Aubert de Thourète.... 4047
Gex (Hugues de Joinville, seigneur de)... 4939
Geyssans (Jacques de Chate, seigneur de)... 2276
——— (Jean de Chate, seigneur de)....... 2278
Ghistelles (Wautier de), chevalier...... 4050
Giac (Louis de), chevalier.......... 4051, 4052
Gibert (Thomas), écuyer................ 4054
Gibon (Jean), écuyer................... 4055
——— (Simon), écuyer.................... 4056
Giffart (Guillaume), écuyer............. 4060
——— (Jean), écuyer................ 4061, 4062
——— (Macé), écuyer..................... 4063
Gigny (Pierre de)....................... 4065
Gilerout (Jean), écuyer................. 4068
Gillart (Guillaume), écuyer............. 4070
Gilles (Ortise de), écuyer............... 4073
Gilly (Girart de), chevalier.............. 4074
Gilocourt (Mahieu de)................... 4075
Gimet (Arnaud de Lomagne, seigneur de). 5309, 5310
——— (Vesien de Lomagne, seigneur de)... 5314
Girant (Guillaume), écuyer armé à pied.. 4084
Giresme (Cordelier de), écuyer.......... 4087
——— (Jean de), chevalier................ 4089
Girolle (Louis d'Ars, comte de la)....... 313
Girolles (Jean de), chevalier............ 4091
Giron (Alain), écuyer................... 4092

Giry (Claude de la Rivière, seigneur de)... 7738, 7739
Givenchy (Guillaume de), chevalier....... 4094
Glennes (Eudes de), chevalier............ 4097
Glenon (Gui de), chevalier............... 4098
Gletteins (Huguenin de), écuyer.......... 4099
Gobert (Jean de), écuyer................. 4102
Gogue (Jean la), écuyer.................. 4106
Gohery (Jean), écuyer.................... 4107
Golainville (Jean de), écuyer........ 4108, 4109
Gondrecourt (Philippe de Lenoncourt, seigneur de).................................... 5162
Gondrin (Hector de Pardaillan, baron de).. 6968, 6969
Gonne (Thomas de la), écuyer............ 4112
Gonneville (Raoul de Breuilly, seigneur de)... 1547
Gonnord (Artus de Cossé, seigneur de).... 2822, 2823
Gontaud (Séguin de), seigneur de Badefol, chevalier. 4118 à 4120.
Gorde (Jean), écuyer..................... 4124
Gordes (Bertrand de Simiane, seigneur de)... 8632
Gorron (Jean du Merle, seigneur de)...... 6013
Gorso (Pierre, bâtard de), écuyer........ 4126
Goth (Édouard), écuyer.................. 4128
Gottignies (Gilles de), écuyer............ 4135
Gouel (Wautier), du bailliage de Caen.... 4137
Gouffier (Arthur), seigneur de Boisy...... 4138
——— (Jean), écuyer..................... 4142
——— (Jean), chevalier................... 4143
Gougeul (Jean)......................... 4144
Goulle (Jean), chevalier............. 4146, 4147
Gourdon (Aimery de), écuyer........ 4152, 4153
——— (Fort..... de), chevalier............ 4155
——— (Giraud de), écuyer................. 4156
——— (Jean de)........................... 4157
——— (Pierre de), écuyer................. 4158
——— (Pierre de), chevalier............... 4159
——— (Pons de), chevalier............ 4160, 4161
——— (Raymond de), écuyer............... 4162
Gournay (Guillaume de), écuyer.......... 4163
——— (Guillaume de), chevalier........... 4164
——— (Jean, seigneur de), écuyer......... 4165
Gours (Bertrand du), écuyer............. 4166
Gourville (Hélie, seigneur de), chevalier.. 4167
Goussaincourt (Renaud de), écuyer...... 4169
Goussainville (Renaud de), chevalier..... 4170
Goust (Jean Daugart, dit)............ 3137, 3138
Goux (Jean le).......................... 4176
Gouy (Jean de), chevalier............... 4177
——— (Jean de), écuyer................... 4178
——— (Pierre, seigneur de), chevalier..... 4179

TABLEAU SYSTÉMATIQUE

Gouzangrez (Guillaume de).................. 4180
Goyon (Jean), écuyer...................... 4186
Grafardière (César Forget, seigneur de la)....... 3718
Grailly (Jean de), captal de Buch............. 1817
Grainville (Robert de), écuyer................. 4188
Gramont (Claire de), dame du lieu............. 4192
—— (Jean de)........................... 4193
Gran (Huet de), écuyer............. 4195, 4196
Grancey (Billart de), chevalier................ 4197
—— (Guillaume de)..................... 4198
Grand (Guillaume le), écuyer................. 4200
Grandcourt (Hugues, seigneur de), chevalier...... 4203
Grand-Court (Hugues de Bailleul, seigneur de). 577. 578
Grand-Houx (Robert de), écuyer............... 4204
Grange (Jeannin de la), écuyer................ 4208
Granges (Louis de Ventadour, seigneur des)...... 9337
—— (Thibaud des), chevalier................ 4216
—— (Thibaud des), écuyer................. 4217
Granzay (Jeanne Hélie, dame de).............. 4591
Graseuil (Jean de), écuyer................... 4219
Gravel (Jacques), écuyer.................... 4220
Gravelle (Jean de la), écuyer................. 4221
Gravières (Jean de), écuyer 4224
Graville (Gui Malet, seigneur de).............. 5587
—— (Jean Malet, seigneur de).............. 5589
Gravon (Louis de Richebourg, seigneur de)...... 7717
Gray (Jean), écuyer anglais.................. 4229
Gredin (Pierre), écuyer..................... 4234
Grélart (Jean), écuyer...................... 4236
Gremont (Jean de), écuyer................... 4237
Grenouillé (Jean), écuyer.................... 4238
Grès (Guillaume de), écuyer.................. 4239
Greuni (Jean de), écuyer.................... 4241
Grève (Jean), écuyer....................... 4242
Grèze (Jean la), chevalier.................... 4243
Grézille (Geoffroi de la), chevalier....... 4244-4246
Gribloie (Guillaume de la), écuyer............. 4247
Griel (Pierre), dit le Breton, chevalier........... 4249
Grignan (Adhémar Roland, bâtard de), écuyer..... 14
Grignols (François de), chevalier.............. 4250
—— (Hélie Talleyrand, seigneur de)..... 8788, 8789
—— (Raymond Talleyrand, seigneur de)..... 8790
Grignon (Jean de), écuyer.............. 4251, 4252
Grigny (Jean de), écuyer.................... 4254
Grimaldi (Charles), chevalier................. 4256
—— (Cosme)............................ 4259
—— (Georges), écuyer génois............... 4262
—— (Renier), chevalier.................... 4265
Grimel (Galehaut de), écuyer................. 4267

Grimouart (Audouin), écuyer................. 4268
Grimouville (Guillaume de), écuyer............ 4270
Griveau (Jean), chevalier.................... 4272
Grosbois (Robert de), chevalier................ 4275
Grosbreuil (Robert de), écuyer................ 4276
Groslay (Jean de Guillon, seigneur de)......... 3893
Groslée (André de), écuyer................... 4277
—— (Charles de), chevalier................ 4278
Grosménil (Robin de), écuyer................ 4282
Grossetête (Philippe), chevalier............... 4284
Grouchet (Estout de), chevalier................ 4285
Gruuthuse (Jean de la), chevalier.............. 4288
Guarsin (Jametou), écuyer................... 4290
Gué (Guillaume du), écuyer.................. 4291
Guefaut (Jean), écuyer...................... 4293
Guéhébert (Jean de), écuyer.................. 4294
Guelonnet (Olivier), écuyer................... 4295
Guenroc (Guillaume de), écuyer........ 4298, 4299
Guerre (Guillaume de), écuyer................ 4306
—— (Ramonet de), écuyer................. 4307
Gués (Perrinet des), écuyer................... 4308
—— (Robert des), chevalier................ 4309
Guesclin (Guillaume du), chevalier....... 4312, 4313
Guessin (Gotto), écuyer..................... 4315
Gueux (Baudon de), chevalier................ 4318
—— (Jean de), écuyer.................... 4319
—— (Mermet de), écuyer.................. 4320
—— (Raoul de), chevalier.................. 4321
Guibefay (Alcaume de), chevalier.............. 4324
—— (Ysoré, seigneur de), chevalier.......... 4325
Guiberville (Raoul de), chevalier............... 4326
Guichainville (Jean de), chevalier.............. 4327
Guichardot (Humbert), écuyer................. 4329
Guidasse (François), chevalier................ 4335
Guiffrey (Guigue)......................... 4337
Guignart (Jean), écuyer..................... 4339
Guillaume (Renaud), écuyer.................. 4353
Guillois (Pierre), écuyer..................... 4354
Guillon (Olivier), écuyer..................... 4366
Guimar (Jean), écuyer...................... 4367
Guines (Tassart de), écuyer............ 4371, 4372
Guiry (Pierre de), dit le Galois, écuyer.......... 4375
Guise (Jeanne, duchesse de Bretagne, dame de)... 1516
Guitté (Bertrand de), chevalier................ 4380
Guivry (Flament de Roye, seigneur de).......... 8076
Guizancourt (Jean de), écuyer................. 4382
Gumpers (Pierre de), écuyer.................. 4383
Guy (Jean), écuyer......................... 4384
Guyencourt (Jean de), chevalier............... 4387

Haguenonville (Hagan de), chevalier............ 4390
Haillan (François de Girard, seigneur du)........ 4078
Hais (Pierre des).......................... 4392
Halaire (Pierre de), chevalier.................. 4393
Halebout (Jean), écuyer...................... 4394
Halette (Pierre de la), écuyer.................. 4395
Halgouet (Jean du)......................... 4396
Hallay (Harnouet du), chevalier................ 4397
—— (Jean du)........................... 4398
Halot (Charlot du), écuyer.................... 4400
Ham (Baudouin de), écuyer................... 4405
Hamars (Thomas de), écuyer.................. 4408
—— (Robert de), écuyer..................... 4409
Hambye (Guillaume Paynel, seigneur de)... 7035-7037
Hamecourt (Pierre le Jumel, seigneur de)....... 4982
Hamel (Aubert du), écuyer.................... 4410
—— (Gilles du), chevalier.................... 4411
—— (Jean de Conty, seigneur de)............. 2751
—— (Jean Maillart, seigneur de)............. 5504
Hames (Robert, seigneur de), chevalier......... 4412
Hamon (Yvon), écuyer...................... 4415
Hamart (Jean de Cambernard, dit)............. 1776
Haneffe (Huet de), homme de la châtellenie d'Orchimont............................ 4416
Hanencourt (Gui de Giffart, seigneur de)........ 4059
Hanford (Jean), chevalier..................... 4419
Hangard (Robert de), chevalier................ 4420
Hangest (Aubert de), chevalier................. 4421
—— (Aubert de), dit *de Genlis*, écuyer... 4422, 4423
—— (Charles de), chevalier.................. 4424
—— (Ferri de), écuyer...................... 4425
—— (Hoste Havet de), chevalier.............. 4427
—— (Jean de), chevalier............. 4430, 4431
—— (Mahieu de)........................... 4443
—— (Pierre de), chevalier................... 4444
—— (Rabache de), chevalier.................. 4445
Hannoucourt (Jean de), chevalier............... 4446
—— (Jean de Suzanne, seigneur de)........... 8758
—— (Le Moine de)......................... 4447
—— (Robert de), écuyer..................... 4448
Hannier (Jean le), écuyer..................... 4449
Haplincourt (Perrot de), écuyer................ 4452
—— (Philippe de), chevalier................. 4453
Haquet (Alain), écuyer...................... 4454
Haravesnes (Jean de), écuyer.................. 4456
Haravilliers (Bernard de), écuyer............... 4457
Harcanville (Arnaud de), écuyer................ 4460
Harcelaines (Jean, seigneur de), chevalier....... 4461
Harcourt (Godefroi d'), chevalier.............. 4470

Harcourt (Guillaume d'), chevalier............. 4471
—— (Jacques d'), chevalier...... 4473-4475, 4478
—— (Jean d'), chevalier............... 4479-4490
—— (Robert d'), chevalier................... 4497
Hardecourt (Mahieu, seigneur de), chevalier..... 4498
Hardi (Gillet), écuyer....................... 4499
Hardinthun (Jean de), dit *Morelet*, chevalier...... 4504
—— (Robert de), écuyer..................... 4506
Harenc (Guillaume), écuyer.................. 4507
—— (Jean), écuyer.......................... 4508
Hargerie (Adam de Raches, seigneur de la)...... 7556
Harlay (Pierre de).......................... 4513
Harly (Perrot de).......................... 4514
Harponville (Robinet de), écuyer.............. 4520
Hartennes (Wermond de)..................... 4521
Hastelou (Foulques), chevalier................ 4526
Hastes (Gilles), de Tanvoie, écuyer............ 4527
—— (Jean), écuyer.......................... 4528
Haton (Gadifer), chevalier................... 4530
—— (Pierre), écuyer........................ 4531
Haucourt (Gui de), chevalier.................. 4532
—— (Renand de), chevalier.................. 4534
Haudainville (Ansel de), chevalier............. 4535
Haute-Avesne (Guillaume de)................. 4537
Hautefort (Bertrand de Born, seigneur d').. 1247, 1249
—— (Gilbert de Born, seigneur d')........... 1250
Hautemer (Olivier de), écuyer................ 4542
Hauterive (Jean d'Arpajon, seigneur de)........ 299
—— (Olivier d'), chevalier................... 4543
Hauteville (Pierre d'), écuyer................. 4544
Hautot (Nicole, seigneur de), chevalier......... 4545
Havelu (Robert Pela, seigneur de)............. 7059
Haverskerque (François de), chevalier..... 4547, 4548
—— (Philippe de), chevalier................. 4550
Haye (Aubert de la), écuyer.................. 4553
—— (Auffroy le Voyer, baron de la).......... 9615
—— (Colin de la), écuyer............. 4554, 4555
—— (Guillaume de la).............. 4557, 4558
—— (Jean de la), écuyer............. 4560-4562
—— (Philippe de la), chevalier............... 4563
—— (Pierre de la), chevalier................. 4564
Haye-lès-Ardres (Colart de Fiennes, seigneur de la). 3608
Haye-du-Puits (Olivier de Colombières, seigneur de la)................................ 3671
Hayes (Henri des), écuyer.................... 4568
—— (Jean des), écuyer...................... 4569
—— (Pierre des)........................... 4572
Hazay (Jean du), écuyer..................... 4575
Haze (Jean de Chambly, dit *le*).......... 2102, 2103

Hébert (Jean), écuyer..................... 4576
Hébuterne (Le Borgne d')................. 4578
—— (Raoul d'), écuyer.................. 4579
Héda (Guillaume), écuyer................. 4580
Hédout (Oudart), écuyer.................. 4581
Hègues (Griffon de), écuyer............... 4582
Heilly (Jacques de), chevalier............. 4583
—— (Renaud de), chevalier............. 4589
Heis (Jean de), chevalier.................. 4590
Hélie (Jeanne), veuve de Jean de Montalembert... 4591
Hélies (Guillaume), écuyer................ 4596
Hollande (Jean, seigneur de), chevalier...... 4597
—— (Robert de), chevalier.............. 4598
Helleby (Jean), écuyer.................... 4599
Hellenvilliers (Claudin de), chevalier........ 4601
—— (Roger de), chevalier............... 4602
Hem (Jean de Longueval, seigneur de)....... 5332
—— (Warin de), écuyer................. 4604
Hémernont (Renaud de), écuyer........... 4605
Hémery (Jean de), écuyer................. 4606
Hémon (Yvon), écuyer.................... 4607
Hémont (Jean de), écuyer........... 4608, 4609
Henaps (Jean des), autrement dit de Meaux, écuyer. 4610
Hénin (Adam de)......................... 4611
Honnoveux (Enguerran de), écuyer......... 4613
Héraut (Geoffroi), écuyer................. 4622
—— (Olivier), écuyer.................... 4623
Herbouillet (Martin), écuyer............... 4627
Hérisson (Thibaud), chevalier.............. 4630
Herleville (Pierre de), écuyer............... 4631
Herlin (Jean le Vert, seigneur de)........... 9392
Hermanville (Jean Maquerel, seigneur de).... 5632
Hermier (Guillaume), écuyer............... 4635
Hermite (Itier l').......................... 4636
—— (Jean l'), écuyer.................... 4637
Héronval (Guillaume de), chevalier......... 4640
—— (Mauterrier de), écuyer............. 4641
Hérouart (Robert), écuyer................. 4642
Hersart (Guillaume), écuyer............... 4644
Hersée (Guillaume de), chevalier........... 4647
Hersin (Jacques de), chevalier.............. 4648
Héruppe (Jean de la), écuyer............... 4649
—— (Pierre de la), écuyer................ 4651
Hesdigneul (Coppin de), écuyer............ 4652
Hétray (Colin du), écuyer........... 4655, 4656
Heuchin (Robert de), chevalier............. 4657
Heucourt (Hugues de), chevalier............ 4658
Heugueville (Baudouin de)................. 4660
—— (Guillaume de), écuyer.............. 4661

Heuqueville (Jean de Hangest, seigneur de). 4433, 4434
4437, 4438.
Heureux (Jean l'), écuyer.................. 4662
Heurteloup (Thibaud), écuyer.............. 4663
Heuze (Jacques de la).................... 4664
—— (Jean de la), dit Baudrain, chevalier.... 4667
—— (Robert de la), dit le Borgne, chevalier... 4668
et 4669.
Hez (Jean de), écuyer..................... 4671
Hezecques (Gautier de), chevalier.......... 4672
—— (Gilbert de), chevalier........... 4673, 4674
—— (Hector de), écuyer................. 4675
Hideux (Guillaume de Chambly, dit)...... 2099, 2100
Hidoux (Guillaume), écuyer................ 4677
Hiermont (Jean de), dit Bridoul, chevalier..... 4678
Hingand (Robert), écuyer.................. 4683
Hingettes (Jean de), seigneur des Obeaux..... 4684
—— (Marie de), veuve de Baudouin de Hames.. 4686
Hire (Étienne de Vignolles, dit la).......... 9468
Hobestier (Gilles)......................... 4689
Hodenc (Jean de), chevalier................ 4692
—— (Perceval de), chevalier............. 4693
Hodent (Baudouin de Charmont, seigneur de).... 2218
Homme (Pierre le Veneur, seigneur du)...... 9392
Hommet (Guillaume de Villiers, seigneur du)... 9542
—— (Jean du), chevalier............ 4700-4702
—— (Renaud du), chevalier.............. 4703
Hondschoote (François de), chevalier... 4704, 4705
—— (Gautier, seigneur de), chevalier...... 4706
—— (Jean, seigneur de), chevalier..... 4708, 4709
—— (Thierry, seigneur de), chevalier...... 4710
Hongre (Oudart le), chevalier.............. 4711
—— (Philippe le)........................ 4712
Hôpital (Jean de l'), écuyer...... 4720, 4723, 4725
—— (Pierre de l'), écuyer................ 4727
Horst (Guillaume de la), chevalier...... 4729, 4730
Hostun (Antoine d'), seigneur de la Baume... 4731
Hotot (Henri de), écuyer.................. 4732
Houdan (Payen de), écuyer................. 4733
Houdetot (Porquet d'), chevalier............ 4735
—— (Robert d'), chevalier................ 4736
—— (Robillart d'), chevalier.............. 4738
Houguart (Jean), écuyer................... 4739
Houlefort (Perrot de), écuyer............... 4740
Hourrot (Jean de), dit le Bâtard............ 4741
Houssaye (Alain de la), chevalier........... 4743
—— (Gillet de la), écuyer................ 4744
—— (Guillaume de la), écuyer........... 4745
—— (Olivier de la), écuyer............... 4746

DES SCEAUX DE CLAIRAMBAULT.

Houssoy (Mahieu de), chevalier.............. 4747
Houvin (Adam de)......................... 4748
—— (Othon de), chevalier................. 4749
Houx (Guiot du), écuyer................... 4750
—— (Jean du)............................ 4751
Hover (Gautier de), écuyer................. 4752
Hubant (Pierre), écuyer.................... 4753
Huchusto (Guillaume-Arnaud de Sault, dit)....... 8426
Huelay (William), écuyer................... 4754
Humbauville (Aubertin de), écuyer........... 4759
Humières (Dreux d'), chevalier.............. 4762
—— (Mahieu d'), chevalier................ 4767
Hunaudaye (Jean d'Annebault, seigneur de la).... 194
Hunolstein (Jean, seigneur de).............. 4768
Huon (Grimart), écuyer.................... 4769
—— (Prégent), écuyer.................... 4770
Huré (Jean le), écuyer..................... 4772
—— (Thibaud), écuyer.................... 4773
Husmon (David), écuyer.................... 4775
Husson (Geoffroi de), écuyer................ 4776
Hutin (Pierre d'Aumont, dit).............. 422-425
Huval (Robert de), écuyer.................. 4778
—— (Robert de), chevalier................ 4779

Igny (Jean d'), chevalier.................... 4781
Inchy (Jean d'), chevalier................... 4786
Iron (Jean de Tupigny, seigneur d')........... 9124
Isaac (Jean), écuyer....................... 4787
Isle (Bos de l'), chevalier................... 4792
—— (Jean du Mas, seigneur de)............ 5820
Isle-Adam (Anne de Montmorency, seigneur de l').. 6400
—— (Diane de France, douairière de Montmorency, dame de l')....................... 6411
—— (Jean de l')......................... 4797
Isle-Bouchard (Catherine de l'), dame de la Trémoille................................ 9051
—— (Jean de l'), écuyer.................. 4798
—— (Louis, comte de Guines, baron de l').... 6370
Isle-en-Jourdain (Arnaud Boure de l'), écuyer..... 4799
—— (Bertrand de l'), chevalier............. 4801
—— (Jean de l'), écuyer.................. 4805
Isles (Henri, seigneur des), chevalier..... 4810, 4811
Isoré (Geoffroi), écuyer.................... 4812
Isques (Colart d'), chevalier................ 4813
—— (Jean d'), dit *Desréé*, écuyer...... 4816, 4817
Issards (Pierre d'), écuyer.................. 4818
Issoudun (César Borgia, seigneur d').... 9186, 9187
Ivay (Jean d'), écuyer..................... 4819
—— (Jean d'), chevalier.................. 4820

Ivors (Jean d'), écuyer..................... 4822
Ivry (Ambrois de Loré, baron d')............. 5355
—— (Catherine de Savoisy, dame d')......... 8482
—— (Pierre d'Orgessin, seigneur d')......... 6889

Jagny (Jacqueline de Chambly, dame de)......... 2101
Jaille (Jean de la), chevalier................ 4837
—— (Tristan de la), chevalier............. 4838
—— (Tristan de la), écuyer............... 4839
Joligny (Guichard, dauphin d'Auvergne, seigneur de)................................ 469-472
Jalognes (Philippe de Culant, seigneur de)....... 3082
Jameton (Pierre), écuyer................... 4843
Jametz (Jean de la Marck, seigneur de).... 5663, 5664
Jardin (Antoine du), écuyer................. 4844
Jarnac (Gui Chabot, seigneur de)........ 2036-2039
Jarrie (Gauvain Chenin, seigneur de la)........ 2439
Jaune (Jacques), écuyer.................... 4850
Jazon (Louis de), chevalier................. 4854
Jean (Benoît), chevalier.................... 4886
Jeucourt (Geoffroi de), écuyer.............. 4921
Jeumont (Eustache de), chevalier............. 4924
—— (Guérard de), chevalier............... 4925
Jeune (Philippe le), l'aîné, chevalier.......... 4926
Jobert (Denis), écuyer..................... 4927
Jobetz (Hervier).......................... 4929
Johan (Feru), écuyer...................... 4930
Johanin (Jean), écuyer..................... 4931
Johannie (Philippe Johen, seigneur de la)....... 4932
Joie (Nicolas de), écuyer................... 4933
Joigny (Jean de), écuyer.................... 4934
Joinville (Amé de), chevalier................ 4935
—— (Jean de Bourgogne, seigneur de)....... 1376
—— (Pierre, comte de Genève, seigneur de).... 4025
Jollain (Hellin), écuyer.................... 4940
Jonzac (Bernard de Comborn, seigneur de)....... 2677
Jossigny (Jean de), écuyer.................. 4943
—— (Robinet de), écuyer................. 4944
Josson (Roland), écuyer.................... 4945
Jouan (Baudon), écuyer.................... 4446
Joubert (Gauffier), écuyer.................. 4947
Jourdain (Arnaud), écuyer.................. 4948
—— (Guillaume), chevalier................ 4949
—— (Pierre)............................ 4950
Jours-en-Vaux (Nicolas de), chevalier......... 4951
Joux (Louis de), écuyer.................... 4956
Joyeuse (Louis, seigneur de), chevalier........ 4962
Judert (Pierre), écuyer, de Savoie............ 4969
Jully (Philippe de), écuyer.................. 4980

Jumel (Pierre le).......................... 4982
Jumellière (Liépart de la), écuyer............ 4983
Jussan (Arnaud de), chevalier................ 4984
Justice (Michel), écuyer..................... 4985
Juvigny (Jean de), écuyer................... 4986
Juyse (Guillaume), valet.................... 4988
Juzennecourt (Colard d'Épagny, seigneur de)....... 3322

Kergadavarn (Jean, comte de Chaumont, seigneur de).. 2378
Kergorlay (Ravel de Montfort, seigneur de)..... 6338
Kerken (Jean de), écuyer, d'Angleterre......... 4991
Kermoisan (Bernard de), écuyer............... 4994

Labarde (Bernard de Lesparre, seigneur de)..... 5181
Labatut (Bernard de la Rivière, seigneur de)..... 7760
Laborel (Claude Gruel, seigneur de)........... 4486
Labregemont (Guillaume de), écuyer........... 5000
Lac (Lancelot du), seigneur de Chamerolles..... 5002
Laffrené (Jean), écuyer...................... 5003
Laigneville (Huet de), écuyer................. 5004
—— (Jean de), écuyer....................... 5005
Lalaigne (Aimar de), chevalier................ 5015
Lalaing (Nicolas de), chevalier.......... 5016, 5017
Lalley (Guiot de), écuyer.................... 5019
Lambersart (Guillaume de), chevalier.......... 5020
Lambour (Guelle de), chevalier............... 5022
Lance (Francequin), écuyer.................. 5031
Lancelot (Jean de Clary, dit)................. 2557
Lancôme (Claude Savary, seigneur de)......... 8464
Landas (Henriet de), écuyer.................. 5032
Lande (Colart de), écuyer.................... 5034
Landes (Charles de Melun, baron de).......... 5973
—— (Gaspard Béchet, seigneur de)........... 829
—— (Jean de Mortagne, seigneur de)......... 6515
—— (Jeanne de), dame de Sacquenville...... 5036
Landiras (Pierre de), chevalier, lieutenant du captal de Buch................................... 5037
Landivy (Jean de), chevalier.................. 5038
Landore (Arnaud de), écuyer................. 5040
—— (Arnaud de), chevalier.................. 5041
Landreville (Simonin de), écuyer.............. 5042
Lanfort (Thomas), écuyer.................... 5043
Langes (Jean de Bruniquel, dit de)............ 1660
Langeac (Armond, seigneur de), chevalier..... 5045
—— (Poncet de), écuyer............... 5048, 5049
Langes (Humbert de), chevalier............... 5050
—— (Thomas de), chevalier.................. 5051
Langey (Martin du Bellay, seigneur de)........ 844

Langlois (Colart de Thusy, dit)............... 8886
Langue-d'Oc (Jean), chevalier.......... 5056, 5057
Lanne (Jean de), écuyer..................... 5060
—— (Osle de), écuyer....................... 5061
Lannerie (Pierre de), écuyer.................. 5062
Lannion (Bruyant de), chevalier............... 5064
Lannoy (Hugues de), chevalier................ 5067
—— (Jacques de), écuyer.................... 5068
—— (Jean de), écuyer....................... 5069
—— (Mahieu de), écuyer............... 5070, 5071
Lansac (Gui de Saint-Gelais, seigneur de)..... 8189
Lantillon (Pierre de), dit d'Aragon, écuyer..... 5076
Laon (Jean de), écuyer...................... 5077
Larboust (Savary d'Aure, baron de)........... 444
Larchamp (Geoffroi de Grimouville, seigneur de)... 4269
—— (Jean de), écuyer....................... 5083
—— (Nicolas de Grimouville, seigneur de).... 4271
Laredo (Jean de), écuyer............... 5086, 5087
Largouet (Jean, comte d'Harcourt, seigneur de)... 4487 et 4488.
Larsay (Guiot de), écuyer.................... 5089
—— (Pierre de), écuyer...................... 5090
Lartigue (Grimaud de), écuyer................ 5091
Las (Guiraud de), chevalier................... 5092
Lussigny (Michelet de), écuyer................ 5094
Lassy (Philippe de Villiers-le-Bel, seigneur de)... 9554
Lastic (Bayard de), chevalier.................. 5095
—— (Draguinet, seigneur de), chevalier....... 5096
Lathay (Charles Bernier, seigneur du)......... 936
Latte (Jean de la), écuyer.................... 5097
Lau (Antoine de Châteauneuf, seigneur du).... 2289
Laucourt (Simonet de), écuyer............... 5098
Laudon (Guillaume de), damoiseau............ 5099
—— (Huguenin de), écuyer................... 5100
—— (Jean de), chevalier..................... 5101
Laugnac (François de Montpezat, seigneur de)... 6444
Laulne (Guillaume de Briqueville, seigneur de)... 1599 et 1600.
—— (Roger de Briqueville, seigneur de)....... 1603
Laumond (Galin de), écuyer.................. 5102
Launac (Bertrand de l'Isle-en-Jourdain, seigneur de).................................... 4801, 4802
—— (Jourdain de), écuyer.................... 5103
Launay (Guillaume de), écuyer............... 5104
—— (Guillaume de), chevalier................ 5105
—— (Russel de), écuyer..................... 5108
Launoy (Guillaume de), chevalier............. 5109
—— (Guillaume de), écuyer.................. 5110
—— (Mahieu de), chevalier................... 5115

Launoy (Raoul de)............................ 5116
Lauredon (Perrot), écuyer................... 5117
Lautrec (Odet, comte de Foix, seigneur de)...... 3667
——— (Pé de)................................. 5121
Lauzières (Arnaud de), écuyer................. 5124
Lauzun (Arnaud de Caumont, seigneur de)....... 1936
Laval (Bertrand de), écuyer................... 5126
——— (Gui de), chevalier..................... 5129
——— (Huguenin de)........................... 5132
——— (Jean de), écuyer....................... 5133
Lavardac (Bernard de), chevalier.............. 5136
——— (Pierre de)............................. 5137
Lavauguyon (François des Cars, seigneur de)..... 1885
Lavedan (Arnaud de), chevalier................ 5139
Lavergne (Pierre de), chevalier................ 5141
Laversine (Waast de Sousa, seigneur de)........ 8689
Lavialle (Jean de), écuyer.................... 5143
Lechau (Raymond de), écuyer................... 5145
Leeuwerghem (Guillebert, seigneur de), chevalier.. 5150
Léger (Jean), écuyer......................... 5151
Légué (Guillaume de), écuyer........... 5152-5154
Leiguen (Alain de), écuyer.................... 5155
Loire (Gilles de), chevalier.................. 5156
Lenoncourt (Henri de), écuyer................. 5159
——— (Jean de).............................. 5161
——— (Jeanne de), femme de Henri de la Tour... 8966
——— (Thierry de)..................... 5164, 5165
Lens (Baudouin de), chevalier................. 5166
Léon (Alain de Rohan, seigneur de)...... 7896-7899
——— (Guillaume), écuyer...................... 5168
——— (Jean de), écuyer....................... 5169
——— (Jean, vicomte de Rohan, seigneur de).... 7901
et 7902.
Léoville (Guillaume de), chevalier............. 5171
Lera (Gaston de Lévis, seigneur de)............ 5208
Leron (Roger de), écuyer..................... 5172
Leronne (Jean de Mornay, seigneur de)......... 6503
Leroux (Jean de Chauvigny, seigneur de)........ 2405
Lerrain (Guérin de), chevalier................ 5173
Lescu (Fortanier, seigneur de), chevalier....... 5177
Lescun (Odet, comte de Comminges, seigneur de).. 2697
Leslain (Michel de), écuyer................... 5178
Lesjart (Guillaume), écuyer................... 5179
Lesongar (Thibaud de), écuyer................ 5180
Lesparre (Bernard de), damoiseau.............. 5181
——— (Gabriel d'Albret, seigneur de).......... 71
Lessaux (T., bâtard de), écuyer............... 5183
Lestrade (Hélie de), chevalier................ 5188
Lestrange (Raoul de), écuyer................. 5189

Lestrange (Raoul de), chevalier............... 5190
Lestre (Draguinet de), écuyer................. 5191
——— (Mahiet de), écuyer..................... 5192
Lettaze (Louis, bâtard de Flandre, dit)...... 3634
Leu (Baudouin le)............................ 5194
Leurant (Jean), écuyer....................... 5196
Leuse (Gui de), chevalier..................... 5197
——— (Jacques de Bourbon, seigneur de)....... 1354
——— (Jean de), écuyer...................... 5198
Leuves (Baudouin, seigneur de), chevalier...... 5199
Lévis (Antoine de), seigneur de Vauvert........ 5200
——— (Jean de), chevalier.............. 5211-5214
——— (Philippe de)........................... 5215
——— (Thibaud de), écuyer.................... 5217
Lévrier (Oudin).............................. 5218
Levroux (Jean de), écuyer.................... 5219
Lezay (Emayl du), chevalier................... 5220
——— (Simon de), écuyer..................... 5222
Libermont (Jean de), chevalier................ 5223
Libonne (Pierre de), dit *Chauveau*, écuyer.... 5224
Licourt (Jean de), écuyer.................... 5226
Licques (Baudouin de), chevalier.............. 5227
——— (Enguerran de), écuyer.................. 5228
——— (Griffon de), chevalier................. 5230
——— (Jean de), dit *Cambrésien*, chevalier... 5232
——— (Jean de), chevalier.................... 5234
——— (Mahieu de), chevalier.................. 5236
Lieltres (Jean, seigneur de), chevalier........ 5240
Lieu-Dieu (Geoffroi de Ligne, seigneur du)..... 5242
Lieurey (Henri de), écuyer................... 5241
Lignerolles (Claude Robineau, seigneur de)..... 7778
Lignières (Ansel de), écuyer................. 5245
——— (Fleurie de), dame d'Étableau........... 5246
——— (Godemart de), écuyer.................. 5247
——— (Jean de)............................. 5248
——— (Louis de), chevalier.................. 5249
——— (Philippe de), écuyer.................. 5250
——— (Raoul de), écuyer..................... 5253
——— (Robert de), chevalier................. 5254
Ligny (Jean de), écuyer...................... 5255
——— (Jean, seigneur de), chevalier...... 5256, 5257
Ligua ou *Liga* (Maître Vincent de)......... 5264
Libus (Henri de), chevalier............. 5266, 5267
——— (Jacqueline de Chambly, femme de Pierre de).. 2101
——— (Pierre de), chevalier................. 5268
Lille (Hugues de)............................ 5269
——— (Lancelot de), chevalier................ 5270
——— (Simon de), écuyer..................... 5272
Limeuil (Jean de Beaufort, seigneur de)....... 763

54.

Limoges (Jean de), écuyer.................. 5275
—— (Renaud de), chevalier................ 5277
Lindeboeuf (Jean Martel, seigneur de)......... 5794
Liniers (Amaury de), chevalier.............. 5281
Lintot (Nicolas de), chevalier............... 5282
—— (Richard de), écuyer.................. 5283
Lion (Philippe de), écuyer.................. 5284
Lionnel (Jean de Fiennes, dit)............ 3612-3614
Lioux (Jean de Montluc, seigneur de)........... 6390
Liovart (Jean de), écuyer................... 5287
—— (Renaud de), chevalier................ 5288
Lisle (Richard de Bauchamp, seigneur de)....... 9673
Littré (Renaud de), écuyer................. 5294
Lives (Amanieu de), écuyer................. 5295
Livet (Jean de), écuyer.................... 5296
Livry-en-Launois (Jeanne de Trie, dame de)..... 9083
Lo (Hanequin du), écuyer.................. 5298
Lobe (Jean de), écuyer.................... 5300
Locu (Colin le), écuyer.................... 5301
Lode (Guillaume de), écuyer................ 5378
Lœuilly (Enguerran de), chevalier........... 5420
Logé (Jean de), écuyer.................... 5302
—— (Jean de), chevalier.................. 5303
Lognes (Jean de), chevalier................. 5304
Lohéac (André de Laval, seigneur de)......... 5125
Loigny (Nicolas de), seigneur de), chevalier... 5305, 5306
Loinville (Jean de), chevalier............... 5307
Loiré (Pierre d'Oriolles, seigneur de).......... 6891
Loivre (Gillet de), écuyer.................. 5308
Lomagne (Arnaud de), chevalier........ 5309, 5310
—— (Jean de), écuyer.................... 5311
—— (Vesien de), chevalier........... 5313, 5314
Lombard (Tadée le)...................... 5316
Lombois (Jean), écuyer.................... 5317
Londe (Guillaume de la), chevalier........... 5318
—— (Jean de Caseneuve, seigneur de la)...... 1894
Longavesnes (Mahieu de).................. 5319
Longchamps (Brunet de), chevalier........... 5321
—— (Guillaume de), écuyer............... 5322
—— (Isembart de), chevalier.............. 5323
Longcombe (François de), écuyer........... 5324
Longeville (Jacquin de)................... 5325
Longperrier (Marie de Beaumarchais, dame de)... 2096
Longray (Jacques de Silly, seigneur de)........ 8625
Longroy (Robert de), chevalier.............. 5328
Longuelot (Alard), écuyer................. 5329
Longuet (Jean), écuyer................... 5330
Longueval (Charles de), chevalier............ 5331
—— (Jean de), chevalier............. 5332-5334

Longvilliers (Lancelot de), chevalier...... 5338, 5339
Longwy (Henri de), chevalier........... 5345, 5346
—— (Jacques de Vienne, seigneur de)......... 9419
Lont (Robert de Cresèques, seigneur de)........ 2991
Loques (Jean de), chevalier................. 5347
Loquet (Jean du), écuyer.................. 5349
Lor (Jean, seigneur de), chevalier...... 5350, 5351
—— (Renaud de), chevalier................ 5352
Loras (Guionnet de)...................... 5354
Loron (Jacques), écuyer................... 5358
Lorseignol (Colard d'Épagny, seigneur de)..... 3321
Lothey (Guillaume de), écuyer.............. 5371
Loubens (Gaillart de)..................... 5373
Loubertes (Guillaume de), écuyer............ 5374
Loubet (Hugon), écuyer................... 5375
Loucelles (Jean de), écuyer................ 5376
Loudières (Pierre de), écuyer.......... 5379, 5380
Loup (Blain), chevalier.................... 5397
—— (Blainel), chevalier................... 5398
Louppe (René d'Angennes, seigneur de la)....... 165
Lourqis (Gilles).......................... 5403
Louvel (Simon), écuyer.................... 5404
Louvel (Guillaume), écuyer............ 5405, 5406
Louville-la-Chenart (Jean d'Allonville, seigneur de)... 102
Loye (Jean de Moy, seigneur de)............. 6692
Lude (Jacques de Daillon, seigneur du)........ 3105
—— (Jean de Daillon, seigneur du)...... 3107, 3108
Ludres (Ferri de), chevalier................ 5417
Lugny (Jean de), chevalier................. 5418
Luisnier (Geoffroi de), écuyer.............. 5419
Lunel (Jean de), écuyer................... 5421
Lunac (Guillaume de), écuyer.......... 5422, 5423
Lunel (Alfonse d'Espagne, seigneur de)........ 3375
Lupé (Bernardon de), écuyer............... 5424
—— (Carbonnien de), écuyer.............. 5426
Luques (Jacques de), écuyer................ 5427
Lussan (Jean de), écuyer.................. 5428
Lustrac (Bertrand de), de la Bastide, écuyer.... 5429
Lux (Joachim de Mulain, baron de)........... 5572
Luxembourg (Jean de), écuyer......... 5436, 5437
—— (Jeanne de).......................... 5438
Luzarches (Philippe de), chevalier........... 5442
Luzerne (Nicolas de la), écuyer.............. 5444
—— (Thomas de la), chevalier......... 5445, 5446
Ly-Fontaine (Jean de Lognes, seigneur de)..... 5304

Macé (Jean), écuyer...................... 5452
Machault (Guillaume de), écuyer....... 5453, 5454
—— (Marguerite de)...................... 5458

Macqueville (Colin de), écuyer... 5462
Macy (Simon), écuyer... 5463
Madaillan (Amanieu de), seigneur de Cancon... 5464
—— (Raymond de), écuyer... 5468
Madic (Joachim de Chabannes, seigneur de)... 2023
Madilhac (Amanieu de Montpezat, seigneur de)... 6440
Madray (Guillaume), écuyer... 5476
Madrigal (Diégo de), écuyer... 5477
Magalas (Hotus de), damoiseau... 5478
Magnac (Raymond de), écuyer... 5480
—— (Trouillart de), écuyer... 5481
—— (Trouillart de), chevalier... 8222
Magnéville (Guillaume de), chevalier... 5483
—— (Jean, seigneur de), chevalier... 5484-5486
Magny (Guillaume de), écuyer... 5489
Mahiaus (Richard), chevalier... 5491
Maibac (Guillaume de), écuyer... 5492
Maignelay (Tristan de), chevalier... 5493
Maignon (Robert le), écuyer... 5495
Maigny (Pierre), écuyer... 5496, 5497
Maigre (Pierre de la Vieuville, dit le)... 9440
Maigremont (Charles de Longueval, seigneur de)... 5331
Mail (Héron de), chevalier... 5499
Maillart (Jean), chevalier... 5503, 5504
Maillart (Jean de Conty, dit)... 2752
Maillart (Robert), chevalier... 5505
Maillé (Hardouin de), chevalier... 5509, 5510
—— (Jean de), chevalier... 5512-5514
—— (Payen de), chevalier... 5517
Maillebois (Jean d'O, seigneur de)... 6814
Mailleraye (Charles de Moy, seigneur de la)... 6579-6582
Mailloc (Jean de), écuyer... 5521
Mailloche (Adam), chevalier... 5522
Mailly (Colart, seigneur de), chevalier... 5524
—— (Gilles de), chevalier... 5527-5529
—— (Jacques de), écuyer... 5530
—— (Jean de), chevalier... 5531, 5532
—— (Jean de), dit Maillet, chevalier... 5533
—— (Maillart de), chevalier... 5537
—— (Nicolas de), chevalier... 5538
—— (Payen de), chevalier... 5539
Maimbeville (Guillaume de), chevalier... 5541, 5542
—— (Mahieu d'Aridel, seigneur de)... 265
—— (Michelet de), écuyer... 5543
—— (Philippe de), écuyer... 5544
Main-à-Bourse (Pohier), écuyer... 5545
Maincy (Jeanne de), veuve de Jean de Ver-le-Grand. 5546
Maingot (Jean), écuyer... 5548
Maingueville (Jean d'Arrentières, seigneur de)... 309

Maintenon (Amaury de), chevalier... 5555
Maire (Bernard de Paillard, dit le)... 6934
Maire (Guillaume le), écuyer... 5558
Maisons (Ottonin de), écuyer... 5563
Maisselière (François Frotier, seigneur de la)... 3875
Maisy (Milon de), chevalier... 5564
Maizières (Jean de)... 5566
Malain (Pierre de Montaigu, seigneur de)... 6227
Malarbé (Jean de Fressancourt, dit)... 3844
Malaunay (Guillaume de), écuyer... 5574
—— (Jean de), écuyer... 5575
Malcamps ou Maltamps (Pierre), écuyer... 5576
Malefaye (Bertrand de), chevalier... 5578
Malefiance (Guillaume de), écuyer... 5579
Malemort (Géraud de)... 5580
—— (Jobert de), chevalier... 5581
—— (Pierre de Clermont, seigneur de)... 2608
Malestroit (Jean de Châteaugiron, seigneur de)... 2284
—— (Le seigneur de)... 5584
Malet (Charles), chevalier... 5585
—— (Jean), chevalier... 5588
Maleterre (Jean), écuyer... 5590
Malevaut (Dauphin de), chevalier... 5591
—— (Louis de), chevalier... 5592
Malherbe (Jean), écuyer... 5596
—— (Pierre), écuyer... 5597
Malicorne (Andrée de Varaize, dame de)... 9227
—— (Gaucher Aubin, seigneur de)... 375, 376
—— (Guide Chourses, seigneur de)... 2520
—— (Jean de Chourses, seigneur de)... 2522
—— (Patri de Chourses, seigneur de)... 2523
—— (Pierre de Villaines, seigneur de)... 9481
Malignicourt (Pierre de), écuyer... 5600
Mallerot (Jean de), chevalier... 5601
—— (Philibert de), chevalier... 5602
Malleval (Louis de), chevalier... 5603
Malleville (Jean de), écuyer... 5604
—— (Pierre de), écuyer... 5605
Maltravers (Jean, comte d'Arundel, seigneur de)... 331
Mamelz (Pierre, seigneur de), chevalier... 5609
Manchecourt (Guillaume de)... 5611
—— (Guiot de), écuyer... 5610
Mandegault (Raymond de), chevalier... 5614
Mandelot (Renaud de), écuyer... 5617
Manègre (François de Viens, seigneur de)... 9430
Maneval (Roger de Bréauté, seigneur de)... 1498
Mangé (Étienne de), chevalier... 5622
Maniel (Alix du), veuve de Jean le Pelle... 5623
Manneville (Jean de Melun, seigneur de)... 5982

Manneville (Ide de Marigny, dame de).......... 8804
Manoir-Tison (Olivier de Haute-Mer, seigneur du).. 4542
Mans (Jeannin du), écuyer................... 5625
Mansencôme (Menaut de), écuyer............ 5626
Mansigny (Jean de), écuyer................. 5627
Maquerel (Jean), chevalier.................. 5632
Marais (Colart des)......................... 5633
Marange (Philippe de), écuyer............... 5634
Marault (Renaud de Pressigny, seigneur de)...... 7429
Marbeuf (Jean de Tournebu, seigneur de)........ 8996
Marhoz (Jean de), écuyer................... 5635
Marcaussaire (Jean), écuyer................. 5637
Marcelet (Mahieu Égres, seigneur de).......... 3297
Marcelle (Guillaume), écuyer................ 5641
Marcenat (Georges de), écuyer............... 5643
Marchadier (Pierre), chevalier............... 5644
Marchais (Guillaume du), écuyer............. 5645
Marchand (Thomas le), écuyer............... 5648
Marche (Guillaume de la), chevalier........... 5650
—— (Guillemin de la), écuyer............... 5651
—— (Morel de la), chevalier................ 5652
Marchéville (Enguerran de), écuyer........... 5653
Marcilly (Foulques de), chevalier............. 5655
—— (Pierre de), écuyer.................... 5660
Marcon (Thibaud de), écuyer................ 5670
Marconnay (Estèle de), écuyer............... 5671
—— (Guillaume de), valet.................. 5672
Marcoussis (Jean de Montaigu, seigneur de)...... 5681
—— (Louis de Graville, seigneur de).......... 4227
Marcouville (Perrot de), écuyer.............. 5674
—— (Pierre de), chevalier.......... 5675, 5676
—— (Robert de), écuyer................... 5677
Marc (Guillaume de la)..................... 5679
Maréchal (Guillaume le), chevalier............ 5680
—— (Robert le), chevalier.................. 5683
—— (Thomas le), écuyer................... 5685
Marès (Alacre de), chevalier................. 5712
—— (Richard des), écuyer.................. 5714
Marescot (Jean), dit *Chauffecire*, écuyer....... 5715
Maresin (Jean de), écuyer................... 5718
Mareuil (Geoffroy de)...................... 5720
—— (Guillaume), seigneur de).............. 5721
—— (Jean de Créquy, seigneur de)........... 2982
Mareuil (Philippe de Trie, dit).......... 9088, 9089
Marouil (Raymond de), chevalier........ 5723-5725
Mariboure (Mathieu de), écuyer.............. 5733
Maricourt (Jean de), chevalier................ 5734
Marigny (Flory de)......................... 5741
—— (Garnier de Trainel, seigneur de)......... 9032

Marigny (Jean de Châtillon, seigneur de)......... 2343
—— (Philippot de), écuyer................. 5743
—— (Robert de), écuyer................... 5745
Marle (Béraud de), écuyer................... 5750
Marmande (Arnaud de), écuyer.............. 5752
—— (Geoffroi, seigneur de), chevalier... 5753, 5754
Marmeaux (Pierre de), écuyer............... 5756
Marmier (Guillaume de la Salle, dit)........... 8354
Marmiesse (Berthon de Marcenat, seigneur de).... 5642
Marmont (Jean de), écuyer.................. 5757
Marnay (Pierre de), écuyer.................. 5758
Marne (Guillaume de), écuyer............... 5759
—— (Philippe de), écuyer.................. 5760
Marolles (Benoît de), écuyer................. 5762
—— (Jean de), écuyer.............. 5763, 5764
Marquise (Pierre de), écuyer................. 5769
Marsangis (Marc de la Clayette, seigneur de)..... 2566
Marseille (Louis de), écuyer................. 5772
Marsillac (Guillaume de Craon, seigneur de)..... 2282
Marson (Coloson de), écuyer................. 5773
Martainville (Guillaume de), chevalier.......... 5775
Martel (Guillaume), chevalier. 5779, 5781, 5782, 5786
—— (Guillaume de), écuyer................ 5785
—— (Jean), chevalier............... 5791, 5793
—— (Jean), écuyer................. 5796, 5797
—— (Michelle Viel, veuve de Jean), chevalier... 5799
Martin (Aimon), chevalier................... 5801
—— (Guillemin), écuyer................... 5804
—— (Raoulet), écuyer..................... 5806
Martinière (Guillaume de la), écuyer........... 5809
Martre (Poncet de la), écuyer................ 5810
Marville (Jean de)......................... 5811
Marvilliers (Louis de), écuyer................ 5812
Marzé (Guichard de), chevalier.......... 5814-5816
Mas (Aimés du), chevalier................... 5818
—— (Humbert du), écuyer................. 5819
—— (Philippon du), écuyer................ 5821
—— (Renaud du)......................... 5822
Masier (Henri le), chevalier.................. 5825
Masnière (Renaude la), fille de Geoffroi le Masnier. 5826
Massac (Barthélemy de).................... 5827
Masseron (Robin), écuyer................... 5828
Massugas (Pierre de)....................... 5831
Mastas (Jean de la Motte, dit)................ 6546
Matefélon (Jean l'Archevêque, seigneur de)....... 241
—— (Juhel de), chevalier................... 5839
—— (Thibaud, seigneur de), chevalier......... 5841
Matha (Ambroise de), écuyer................ 5843
—— (Foulques de), écuyer................. 5844

Matha (Foulques de), chevalier........... 5845-5847
—— (Robert, seigneur de)............ 5848, 5849
Mathan (Jacquet de), écuyer................. 5850
—— (Olivier de), écuyer.................. 5851
—— (Richard de), écuyer.................. 5852
Maton (Renaud), de Roye, écuyer............ 5855
Matringhem (Eustache de Neuville, seigneur de)... 6721
—— (Jean de Neuville, seigneur de).......... 6727
—— (Robinet de Neuville, seigneur de)........ 6730
Moubert (Hugues), valet.................. 5857
Maubuisson (Henri de), écuyer.............. 5860
—— (Pierre de), chevalier................. 5863
Mauchevalier (Jacques), chevalier............. 5864
—— (Jean)........................ 5865
Mauchion (Jean de), écuyer................ 5866
Maucourt (Pierre de), écuyer............... 5868
Maucreux (Jean de), chevalier.............. 5869
—— (Pierre de), dit Trouillart, écuyer......... 5871
Maudine (Nicole Courel, dit)............... 2888
Maugis (Gillon)...................... 5878
Maugivray (Philippe de Châteauneuf, seigneur de). 2296
Monguinart (Jean), chevalier................ 5879
Maujaser (Fournel), chevalier............... 5880
Maulay (Geoffroi de), chevalier.............. 5881
Mauléon (Bernard de), damoiseau............ 5882
—— (Guion de), écuyer................. 5884
—— (Jean, seigneur de), chevalier............ 5886
—— (Robin de), écuyer................. 5887
Maumont (Aimar de), chevalier......... 5891-5893
—— (Guérard de), chevalier........... 5894-5896
—— (Jean, seigneur de), chevalier............ 5897
Mauny (Alain de), écuyer............. 5900, 5901
—— (Charles de), chevalier................ 5902
—— (Eustache de), chevalier............... 5903
—— (Guillaume Crespin, seigneur de)........ 2994
—— (Jean de)...................... 5906
—— (Louis de Brézé, baron de)............. 5888
—— (Olivier de), chevalier................ 5907
Maureillan (Raymond de Montbrun, seigneur de).. 6279
Maurepas (Colart de), écuyer............... 5912
—— (Mahieu de), écuyer................. 5913
—— (Pierre de), écuyer.................. 5914
Mauris (Raymond de Mandegault, seigneur de).... 5614
Mauroy (Jean)....................... 5917
Mautrempé (Philippe), écuyer............... 5920
Mauvens (Jean de Polastron, seigneur de)........ 7266
Mauville (Girart de), écuyer................ 5921
Mauvinet (Guillaume de), chevalier............ 5922
—— (Morice de), chevalier............ 5924, 5925

Mauvoisin (Girart), chevalier................ 5927
—— (Guiot), écuyer................ 5928-5930
—— (Jean), écuyer.................... 5932
—— (Philippe), chevalier................. 5933
—— (Pierre), chevalier................... 5934
May (Guillemin), écuyer.................. 5935
—— (Raymondin de), écuyer.............. 5936
Mayenne (Jeanne, duchesse de Bretagne, dame de). 1516
Maymont (Agne de).................... 5938
Maynart (Étienne), écuyer................. 5939
Mazens (Jean de), écuyer................. 5940
Mazinghem (Andrieu de).................. 5941
Meaucé (Colin de), écuyer................. 5942
Meauce (Guillaume de), écuyer.............. 5943
Méaulis (Jean de), chevalier................ 5944
Meaux (Jean des Hanaps, dit de), écuyer........ 4610
Méchin (Jean), écuyer.................... 5954
Médavi (Colin de)...................... 5955
—— (Jacques Roussel, seigneur de)........... 8020
Méheudin (Guillaume de), chevalier............ 5956
Melanfroy (Simon de), écuyer............... 5957
Melle (Gui de), chevalier.................. 5958
—— (Jean le), écuyer................... 5959
Molles (Andrieu de), écuyer................ 5960
Mellet (Guillon de), écuyer............ 5961, 5962
Melleville (Guillaume de).................. 5963
—— (Pierre de)...................... 5964
Mello (Dreux de), chevalier............ 5965, 5966
—— (Gui de Nesle, seigneur de)........ 6697-6699
—— (Guillaume de), chevalier.............. 5967
Melun (Gautier de)..................... 5974
—— (Gilles de), chevalier................. 5975
—— (Jean de), chevalier........... 5980-5982, 5984
—— (Jean de), dit le Blond, chevalier......... 5983
Menilles (Jean de), écuyer................. 5988
Menjart (Huguelin des Réaulx, dit)........... 7606
Menon (Colart de), chevalier............... 5990
—— (Jean de), chevalier............. 5991-5994
—— (Pierre de), chevalier................. 5995
Menton (Renier Grimaldi, seigneur de)......... 4266
Mépin (Étienne), écuyer.................. 5996
—— (Jean), écuyer.................... 5997
Méricourt (Jean de), chevalier............... 6007
Mérié (Jean), écuyer..................... 6008
Méritein (Jean de), écuyer................. 6009
Merle (Guillaume du), chevalier.............. 6011
—— (Jean), écuyer.................... 6012
—— (Jean du), chevalier.................. 6013
—— (Pierre du), chevalier............ 6014, 6015

Merlemont (Guillaume de), écuyer	6016
—— (Lucas de), chevalier	6017
Merpont (Renier de), écuyer	6018
Merques (Maillet de), écuyer	6019
Merquine (Pierre de), écuyer	6020
Méry-sur-Seine (Aimé de Joinville, seigneur de)	4935
Merwède (Daniel, seigneur de)	6021
Mesontes (Thibaud de), écuyer	6023
Mescoval (Jean de), écuyer	6024
Mesires (Perrin de), écuyer	6025
Mesmin (Jean de Rosay, seigneur de)	7952
Mesnil (Étienne du), écuyer	6027
—— (Guillaume du), chevalier	6028
—— (Hugues du), chevalier	6031
—— (Jean du), écuyer	6032, 6033
—— (Robert du), dit *Taupin*, chevalier	6036
—— (Simon du), écuyer	6037
Mesnil-Jourdain (Jean du)	6038
Mesnil-Mauger (Pierre Blosset, seigneur du)	1096
Mesnil-Réaume (Boquet du)	6040
Mesnil-Renard (Philippe du), écuyer	6041, 6042
Messac (Rogon de), écuyer	6043
Messei (Guillaume du Merle, seigneur de)	6011
Messelan (Guillaume de), chevalier	6044-6046
—— (Guillaume de), écuyer	6047
—— (Robert de), chevalier	6048
—— (Simon de), chevalier	6049
Messos (Othonin de), écuyer	6050
Messy (Jean de), chevalier	6051
Metz (Guillaume de)	6054
Meulan (Amaury de), chevalier	6065
—— (Louis de), chevalier	6066
—— (Raoul de), chevalier	6067-6070
Meurchin (Sauwale, seigneur de)	6075
Meyze (Louis de), écuyer	6077
Mez (Florent du), écuyer	6079
—— (Guiot du), écuyer	6080
—— (Jean du), écuyer	6081
—— (Philippot de), écuyer	6082
—— (Pierre du), chevalier	6083
—— (Raoulet de), écuyer	6084
Mézerets (Raoul des)	6085
Mézières (Guillaume de), écuyer	6086
—— (Simon de), chevalier	6087
Mézilles (Jean de), chevalier	6089
Mézy (Louis de), écuyer	6090
—— (Perrinet de), écuyer	6091
Miart (Raoul), écuyer	6092
Michau (Bérangonnet), chevalier	6093
Michel (Bérangonnet), dit *de Beaumont*, chevalier	782, 783, 784
Mier (Philippot le), écuyer	6095
Migé (Raguenau de)	6097
Mignaux (Jean de), écuyer	6098
Milan (Étienne de), écuyer	6099
Milet (Baudouin)	6100
Millencourt (Bastardet de)	6102
Milleton (Jean de), écuyer	6103
Millie (Aimon de), écuyer	6104
Millon (Jean de), chevalier	6105
—— (Pierre de), chevalier	6106
Milly (Arthur de Maillé, seigneur de)	5506, 5507
—— (Bourgoing de), écuyer	6107
—— (Guillaume Chantre de)	6108
—— (Guillaume de), chevalier	6109
—— (Jacques de), écuyer	6110, 6111
—— (Jean de), bachelier	6112
—— (Jeanne de Fluy, dame de)	3660, 6113
—— (Pierre de), écuyer	6114
—— (Pierre de), chevalier	6115
Minières (Guillaume de), chevalier	6119
Minsart (Philippa), chevalier	6120
Mir (Tassau), écuyer	6122
Miraumont (Mahieu, seigneur de), chevalier	6123
Mire (Jean le)	6125
—— (Perrinet le)	6127
Mirebel (Guillaume de Vergy, seigneur de)	9365
—— (Pierre de), écuyer	6128
Miremont (Bernard de), chevalier	6129
Mirepoix (Jean de Lévis, seigneur de)	5211, 5213 et 5214
—— (Philippe de Lévis, seigneur de)	5215
Miry (Jean de), écuyer	6131
Missery (Moreau de Dicy, seigneur de)	3173
Mitry (Milon de), chevalier	6132
Mitte (Louis), chevalier	6133
Moerkerque (Lionnet de), chevalier	6134
Moine (Guiart le), écuyer	6135
—— (Guillaume le), d'Auneux	6136
—— (Jean le), d'Auneux	6137
—— (Jean le)	6138
Moine (Jean de Bouleuse, dit *le*)	1334
Moine (Louis le), écuyer	6140
—— (Philippe le), écuyer	6141
—— (Pierre le), écuyer	6142
Moine (Pierre Blosset, dit *le*)	1095, 1096
Moine (Préjent le), écuyer	6143
—— (Raoul le), chevalier	6144, 6145

Moine (Richard le), chevalier.................. 6146
—— (Robert le), chevalier..................... 6147
—— (Thévenin le), écuyer..................... 6148
Moiré (Jean de)............................... 6149
Moisy (Guillaume), écuyer..................... 6151
Molignies (Girardin de), écuyer................ 6152
Molinel (Antoine du), écuyer.................. 6153
Molinghem (Jean de), chevalier................ 6154
Moncadre (Sansonnet de), écuyer.............. 6156
Moncalieri (Louis de), écuyer.................. 6157
Monceau (Stevenin de), écuyer................ 6159
Monchant (Jean de), chevalier................. 6161
Monchaux (Gui, seigneur de), chevalier........ 6162
Monchaux ou Monceaux (Hugues de), dit *Bradimont*, écuyer........................... 6163
—— (Raoul de), écuyer...................... 6164
Monchy (Edmond de), chevalier............... 6168
—— (Pierre de Trie, seigneur de)............. 9090
Mondreville (Gui de), chevalier................ 6179
Monestier (Arnaud du), chevalier.............. 6183
Mongiole (Renaud de), écuyer................. 6184
Monjou (Odille de), chevalier.................. 6185
Monlezun (Bernard de)....................... 6188
—— (Jean de), écuyer....................... 6190
—— (Mathieu de), écuyer.................... 6191
Monnai (Jean de), chevalier................... 6192
Monnet (Guionnet de), écuyer................. 6193
Monnoier (Fréminet le)....................... 6194
Monpipeau (Charles de Rochechouart, baron de)... 7803
Mons (Guillaume de), écuyer.................. 6195
—— (Guillaume de), chevalier................ 6196
—— (Huguenin de), écuyer................... 6197
—— (Jean de), chevalier..................... 6198
—— (Jean Brisegaut de), écuyer.............. 6199
—— (Oudet de), écuyer...................... 6200
—— (Raoul de), écuyer...................... 6201
Monsures (Enguerran de), écuyer.............. 6203
—— (Hugues de), écuyer..................... 6204
Mont (Mailin du), écuyer..................... 6205
Montacher (Vauvrignon de), écuyer............ 6207
Montagne (Gilles de Maubuisson, seigneur de la)... 5859
Montagu (Thomas de Balsac, seigneur de)... 604, 605
Montagut (Antoine de Rochechouart, baron de).... 7800
Montaigu (Henri de), écuyer.................. 6210
—— (Jean de)........................... 6211, 6212
—— (Jean de), écuyer................... 6213, 6216
—— (Jean, le bâtard de), écuyer.............. 6215
—— (Jean de Bourgogne, seigneur de)......... 1376
—— (Pierre de), chevalier.................... 6221

Montaigu (Robillart de), écuyer............... 6222
—— (Roger de), chevalier.................... 6223
Montaigu-le-Blin (Roger, seigneur de), écuyer.... 6224
Montaigu-Bourgogne (Jean de), chevalier....... 6225
—— (Philibert de), chevalier................. 6226
—— (Pierre de), chevalier.................... 6227
Montalembert (Jean de), chevalier....... 6230, 6231
Montancoix (Arnaud de), écuyer............... 6232
Montardit (Pierre de)......................... 6233
Montastruc (Jean de Bellegarde, seigneur de)..... 850
Montataire (Guillaume de Madaillan, seigneur de).. 5465
Montauban (Robert de), chevalier.............. 6239
Montauquier (Sicart de), écuyer................ 6240
Montausier (Gui de Sainte-Maure, seigneur de)... 8394
—— (Taillefer de), chevalier.................. 6241
Montaut (Anger de), écuyer................... 6242
—— (Guillebert de), chevalier................ 6245
—— (Guiot de), écuyer....................... 6246
—— (Hélie de), écuyer....................... 6247
—— (Ote de), chevalier....................... 6249
—— (Ramonat de).......................... 6252
—— (Roger de), écuyer....................... 6254
Montboissier (Jean, seigneur de), chevalier...... 6258
—— (Louis, seigneur de), chevalier............ 6259
Montbourcher (Jean de), chevalier............. 6261
—— (Jean de), écuyer........................ 6262
—— (Raoul de), écuyer....................... 6263
Montbron (Anne de Montmorency, baron de)..... 6400
—— (Jacques de), chevalier....... 6266-6268, 6272
—— (Robert, seigneur de), chevalier........... 6276
Montbrun (Germond de), écuyer............... 6278
—— (Raymond de), écuyer.................... 6279
Montcaup (Pierre de Rovignan, seigneur de), écuyer................................. 6280
Montcavrel (François de Monchy, seigneur de)... 6169
—— (Jean, seigneur de), chevalier....... 6282-6285
Montchas (Antoine de Saint-Chamond, seigneur de).................................... 8168
Montchaude (Hugues de), chevalier............ 6286
Montchenu (Jean de Quinquempoix, seigneur de).. 7541
Montchevrier (Thomas de Montagu, seigneur de)... 8350 à 8352.
Montcony (Renaud de), chevalier.............. 6288
Montcuel (Jean de), écuyer.................... 6289
Mont-de-Jeux (Jean de), chevalier......... 6291, 6292
Monteau (Vivien du), écuyer.................. 6294
Montecler (Guillaume de), chevalier............ 6295
—— (Jean de), chevalier...................... 6296
Montégidon (Antoine de), écuyer.............. 6297

Monteil (Antoine d'Aubusson, seigneur de)..... 380-385
Monteilles (Girard de), écuyer................ 6498
Montel-de-Gelat (François de la Fayette, seigneur de).. 3534
Montenay (Enguerran de), chevalier........... 6300
—— (Gillot de), écuyer...................... 6301
—— (Guillaume, seigneur de), chevalier...... 6302
—— (Jean, seigneur de), chevalier...... 6305, 6306
Montendre (Alain de), chevalier......... 6309, 6310
Montenel (Jean de), écuyer.................... 6311
Montes (Bernard des)......................... 6312
Montespan (Arnaud d'Espagne, seigneur de)... 3376
Montesquieu (Roger de la Barthe, seigneur de).... 685
Montesquieu-Lauraguais (Jean de Castelneuf, seigneur de)................................... 1909
Montesquiou (Aissieu de), chevalier........... 6313
Montfaucon (Georges de), écuyer.............. 6317
—— (Girard de), chevalier................... 6320
—— (Guillaume de), chevalier................ 6321
Montfélix (Henri de), écuyer.................. 6323
Montferrand (Aimery de Biron, seigneur de)...... 1031
—— (Hugues, seigneur de).................... 6327
—— (Jean de), fils de feu Bertrand de Montferrand..................................... 6329
—— (Jean de), écuyer....................... 6330
Montferrat (Philippe de), écuyer............... 6332
Montfort (Ravel de), chevalier................. 6338
Montgascon (Jean-Godefroi de la Tour-d'Auvergne, seigneur de)................................. 8979
Montgermont (Jean de), écuyer................ 6339
Montgiroux (Guillaume de), chevalier.......... 6340
Montgommery (Jacques d'Harcourt, seigneur de)... 4474 et 4477.
Montgriffon (Évrard de Fretari, seigneur de)...... 3846
Montguyon (Guillaume, seigneur de), chevalier.... 6346
—— (Sicard, seigneur de), écuyer............ 6347
Monthibaut (Foulques de), chevalier........... 6348
Monthion (Jacques de), écuyer................ 6349
—— (Jean de), écuyer....................... 6350
—— (Philippe de), écuyer............... 6351, 6352
Montignac (Ramou de), chevalier.............. 6353
Montigny (Barthélemy, bâtard de), écuyer...... 6354
—— (Charles de la Grange, seigneur de)....... 4211
—— (Henri, seigneur de), chevalier........... 6356
—— (Jean de)............................... 6357
—— (Jean de), chevalier................ 6358-6360
—— (Pierre de), l'aîné....................... 6362
—— (Raoul de), chevalier.................... 6363
—— (Tiercelet de), chevalier........... 6365-6368

Montigny (Walon de), chevalier................ 6369
Montizambert (Jean de), chevalier.............. 6371
—— (Pierre de), écuyer...................... 6372
Montjay (Pierre d'Orgemont, seigneur de)...... 6884
Montjean (Briant, seigneur de), chevalier....... 6374
—— (Briant de), écuyer...................... 6375
Montjommal (Guillaume de), chevalier......... 6377
Montjustin (Guillaume de), chevalier........... 6378
Montlaur (Bertrand, seigneur de), écuyer....... 6379
—— (Germain de Maurice, seigneur de)....... 5915
—— (Girard de), écuyer..................... 6380
—— (P. de)................................. 6381
Montlicon (Guillaume de), chevalier............ 6382
Montlieu (Bertrand de), chevalier.............. 6383
—— (Gui Chabot, seigneur de)......... 2036. 2038
—— (Guillaume de), chevalier................ 6384
—— (Guiot de), écuyer...................... 6386
—— (Jean, dit le Bourc de).................. 6387
—— (Jean de), chevalier..................... 6388
Montluc (Jean Albert, seigneur de)............... 60
Montmaur (Jacques de), écuyer............... 6392
—— (Morelet de), chevalier.................. 6394
Montmorency (Charles, de), chevalier..... 6407, 6408
—— (Hugues de), écuyer..................... 6419
—— (Jean de), écuyer....................... 6422
—— (Jean de), chevalier................ 6423, 6425
—— (Mathieu de), chevalier.................. 6429
Montmoret (Jean de), chevalier................ 6432
Montmorin (Jacques de), écuyer............... 6433
Montmort (Louis de Hangest, seigneur de)..... 4424
Montoison (Claude de Clermont, seigneur de)..... 3587
—— (Philibert de Clermont, seigneur de)...... 2693
Montorgueil (Simon de), chevalier.............. 6435
Montot (Eudes de), chevalier............. 6436-6438
Montpalin (Guillaume de), chevalier............ 6439
Montpellier (Jacques, roi de Majorque, seigneur de). 5569
—— (Louis, comte d'Anjou, seigneur de)....... 189
Montpeyroux (Girard de Bourbon, seigneur de)... 1350
Montpezat (Arnaud de), d'Aiguillon............. 6443
—— (François de)........................... 6444
—— (Raymond-Bernard de), chevalier......... 6446
—— (Rostain de), écuyer.................... 6447
Mont-Renard (Guillaume de)................... 6449
Montrésor (Pierre de Palluau, seigneur de)..... 6952
Montreuil (Henri de), écuyer................... 6450
—— (Jean de), chevalier..................... 6451
—— (Pierre de Tournebu, seigneur de)........ 8998
Montreuil-sous-Bois (Guillaume Cousinot, seigneur de)..................................... 2915, 2916

Montrevel (Pons de), chevalier.................. 6453
Montrigaud (Claude de Sassenage, seigneur de)... 8417
Montroynon (Michel de), chevalier............... 6454
Montrouveau (Esmé de Clermont, seigneur de)... 2583
Montsalvy (Jean de), écuyer..................... 6457
Montsoreau (Geoffroi de), chevalier............. 6458
—— (Jean de), valet............................ 6459
—— (Jean de Jambes, seigneur de)............. 4842
—— (Jeanne Chabot, dame de).................. 2044
—— (Pierre de), chevalier..................... 6460
Morainvilliers (Gassot de), écuyer....... 6462, 6463
Morancy-la-Ville (Philippot de), écuyer......... 6464
Morant (Colas), écuyer.......................... 6465
—— (Raymonnet), écuyer........................ 6466
Morchies (Jean de), dit Galchaut, chevalier. 6468-6470
Moreau (Robin), écuyer.......................... 6473
Moret (Étienne), écuyer......................... 6474
—— (Guillaume), de Nouvion..................... 6475
Morel (Guillaume de Saveuse, dit)............... 8467
Morel (Huguenin), écuyer........................ 6477
—— (Jean), écuyer..................... 6479, 6480
Morel (Jean de Sains, dit)...................... 8151
—— (Laurent de Parfondru, dit)................ 6977
Morelet (Jean de Campremy, dit)........ 1788, 1789
—— (Jean de Hardinthun, dit).................. 4504
Morelet (Jean de Grouslée, seigneur de)......... 4281
Moreuil (Colaye de), dame de Friaucourt......... 6485
—— (Jean de), chevalier....................... 6486
—— (Jean de Créquy, seigneur de).............. 2982
—— (Jean de Soissons, seigneur de)............ 8648
—— (Rogue de Soissons, seigneur de).... 8650, 8651
—— (Thibaud de), chevalier............. 6488-6490
Morfouace (Guillaume), écuyer................... 6492
Morges (Guillaume de), écuyer................... 6494
Morialmé (Guillaume de), écuyer bachelier....... 6495
Morire (Acariot), écuyer................ 6496, 6497
Morigny (Richard de), écuyer.................... 6499
Morlac (Gui de), chevalier...................... 6500
Morlancourt (Jean de), chevalier................ 6501
Mornar (Robert de Matha, seigneur de).......... 5848
Mornay (Pierre de), chevalier.......... 6507-6510
—— (Pierre de), dit Gauluet................... 6511
Mortagne (Geoffroi de), chevalier............... 6512
—— (Girard de), chevalier..................... 6513
—— (Jean de), dit le Borgne, écuyer........... 6514
—— (Roger de), chevalier...................... 6519
Mortagne-sur-Gironde (Charles de Coëtivy, prince de)... 2647
Morteau (Antoine de), écuyer.................... 6524

Mortemart (Aimery de Rochechouart, seigneur de). 7795 et 7796.
—— (Jean de Rochechouart, seigneur de). 7814, 7815
Mortery (Jean de), écuyer....................... 6526
—— (Perrinet de)............................... 6527
Mortier (Guichard), écuyer...................... 6528
Mortiez (Jean de), écuyer....................... 6529
Morton (Édouard), écuyer........................ 6530
Morville (Pierre de), chevalier................. 6531
Morvilliers (Jean de), écuyer................... 6532
Morvilliers (Louis de Launoy, seigneur de).. 5113-5114
Motte (Aubert de la), chevalier.......... 6534, 6535
—— (Baudichon de la), écuyer.................. 6536
—— (Baudouin de la), chevalier................ 6537
—— (Charles d'Harcourt, baron de la).......... 4465
—— (Florent, seigneur de la), chevalier....... 6538
—— (François de la), chevalier................ 6539
—— (Gaillard de la), écuyer................... 6540
—— (Godefroi de la), écuyer................... 6541
—— (Guillaume de la), écuyer.......... 6542-6544
—— (Hugues de la), écuyer..................... 6545
—— (Jean de la), dit Mastas................... 6546
—— (Jean de la), écuyer............... 6547, 6548
—— (Louis de la), chevalier................... 6549
—— (Pierre de la), écuyer..................... 6550
—— (Robert de la), chevalier.................. 6551
—— (Thibaud de la), chevalier................. 6552
Motte-de-Tilly (Pierre des Essarts, seigneur de la). 3408
Motte-Gondrin (Blaise de Pardaillan, seigneur de la)... 6965-6967
Motte-Mesnin (François le Pouhebre, seigneur de la)... 7384
Moulin (Gui du), écuyer......................... 6554
Moulineaux (Guillaume de Rouville, seigneur de).. 8033
Moulins (Guillaume des), écuyer.......... 6557, 6558
—— (Jean des), chevalier...................... 6559
—— (Pierre de), écuyer........................ 6562
—— (Raoul des), chevalier..................... 6563
Mounet (Guillaume), écuyer...................... 6564
Mousson (Guillaume de), écuyer.................. 6566
Moustier (Hugues du), écuyer.................... 6570
Moustiers (Jean des), écuyer............ 6573, 6574
—— (Philippot des), écuyer.................... 6575
—— (Pierre des), écuyer................. 6576, 6577
Moy (Charles de Soyecourt, seigneur de)........ 8693
—— (Goulard de), chevalier.................... 6585
—— (Nicolas de), chevalier.................... 6593
Moyencourt (Jean de), écuyer............ 6595, 6596
Muchedent (Hugues d'Amy, seigneur de).......... 493

55.

436 TABLEAU SYSTÉMATIQUE

Mule (Jacques de)............................ 6597
Mulet (Gui), écuyer........................... 6598
Mulso (Edmond), écuyer....................... 6599
Murasson (Jean, seigneur de), écuyer.......... 6606
Murat (Jean de), écuyer................. 6607, 6608
—— (Maugiron de), écuyer.................... 6609
Murdrac (Jean), écuyer................. 6610, 6611
Muret (Jean de Quevisy, seigneur de).......... 7523
Murs (Maillard des), chevalier................ 6613
—— (Robert des)............................. 6614
Musy (Guillaume), écuyer..................... 6617
Mutry (Milon de), chevalier................... 6618

Naast (Godefroi de), chevalier................ 6621
Nacelles (Berthier de), écuyer................. 6622
—— (Jean de), écuyer........................ 6623
—— (Pierrot de), écuyer..................... 6624
—— (Robin de), écuyer...................... 6625
Naillac (Élie de), chevalier.................... 6629
—— (Élion de)......................... 6630, 6631
—— (Guillaume de), chevalier.... 6632, 6634, 6635
—— (Philibert de)........................... 6636
Nailly (Étienne de), écuyer................... 6637
—— (Raoul de), écuyer...................... 6638
Nain (Pierre le), de Bellancourt............... 6639
Nainville (Adam le Brun, seigneur de)......... 1650
—— (Jacques le Brun, seigneur de).......... 1653
Nançay (Gaspard de la Châtre, seigneur de)... 2362
Nanteuil (Gautier de), chevalier............... 6649
Nantouillet (Jean, seigneur de), chevalier...... 6651
—— (Renaud de), chevalier.................. 6654
Nay (Marc de la Chayette, seigneur de)........ 2566
Neauphle (Denis de), écuyer.................. 6681
—— (Jean de).............................. 6682
Nédonchel (Anieux de), écuyer................ 6684
—— (Jean de), chevalier.................... 6685
Nègrepelisse (Arnaud de Carmaing, seigneur de).. 1873
Négron (Pierre de), chevalier.................. 6688
Négu (Jean de Montesquiou, seigneur de)..... 6314
Néhou (Guillaume de la Haye, seigneur de).... 4557
Nemours (Jean de), chevalier.................. 6690
Nerville (Guillaume de), écuyer................ 6692
—— (Guillot de), écuyer..................... 6693
Néry (Guiot de), écuyer...................... 6694
—— (Pierre de), écuyer..................... 6695
Nesle (Jean de), écuyer....................... 6702
—— (Jean de), chevalier.................... 6704
—— (Pierre de Cugnac, seigneur de).... 3068, 3069
Neuchèse (Pierre de), écuyer.................. 6708

Neubourg (Amaury de Meulan, seigneur du). 6064, 6065
—— (Laurent de Vieux-Pont, baron du)....... 9451
Neufchâtel (Jean de), chevalier, de Suisse....... 6709
—— (Thibaud de), chevalier................. 6711
Neuve-Rue (Eustache de la), chevalier..... 6713-6715
Neuvesalle (Jean de), écuyer.................. 6716
Neuville (Antoine de), chevalier............... 6717
—— (Bernard de), écuyer.................... 6719
—— (Brunet de Longchamps, seigneur de).... 5321
—— (Desrée de), écuyer..................... 6720
—— (Eustache de).......................... 6722
—— (Eustache de), le Borgne, chevalier...... 6721
—— (Gui de), chevalier..................... 6723
—— (Guillaume de), écuyer.................. 6724
—— (Guillaume de Fontaines, seigneur de la).. 3691
—— (Guillaume de la), chevalier............. 6732
—— (Jean, seigneur de), chevalier, lieutenant et
    neveu du maréchal d'Audrehem........ 6725, 6726
—— (Jean de), chevalier..................... 6727
—— (Raoul de), chevalier................... 6729
—— (Robert de la), écuyer.................. 6733
—— (Robinet de), écuyer.................... 6730
Neuvillette (Guillaume de), écuyer............. 6734
—— (Hennoc de), écuyer.................... 6735
Neveu (Guillaume le), écuyer.................. 6741
—— (Yvonnet le), écuyer.................... 6743
Nevill (Guillaume), seigneur de Fauquembergue... 6744
    et 6745.
Néville (Roger de Bréauté, seigneur de)........ 1498
Nielles (Jean de), dit le Breton, écuyer......... 6752
—— (Jean de), chevalier..................... 6753
—— (Sohier de), écuyer..................... 6755
Nize (Louis de), écuyer....................... 6758
Noaillan (Bertrand de)........................ 6759
Noailles (Garsias-Arnaud, seigneur de), chevalier.. 6760
Noblet (Thibaud).............................. 6763
Nogaret (Mondaie de), chevalier............... 6769
—— (Paulon de)............................ 6770
—— (Raymond de), damoiseau............... 6771
Nogent (Sance Réville de), chevalier........... 6774
Nogentel (Pierre de), chevalier................. 6776
Noilhan (Antoine d'Armentieux, seigneur de)... 283
Noir (Gillet le), écuyer........................ 6777
Noir-Bourg (Jean de la Ferté-Fresnel, seigneur du). 3593
Noireau (Guillaume de), écuyer................ 6778
Noirepel (Michel), écuyer..................... 6779
Noisy (Guillaume de la Villeneuve, seigneur de).. 9508
Nolette (Jacquemart de), écuyer............... 6781
Normanville (Hugues de), chevalier............ 6788

Norrois (Jean de), écuyer.................... 6789
Norikelmes (Jean, seigneur de), chevalier........ 6792
Noue (Guillaume de la), chevalier............. 6794
—— (Jean, seigneur de la), chevalier.......... 6793
—— (Jean de), chevalier.................... 6795
—— (Perrin de la), écuyer................... 6796
—— (Philippe de la), écuyer................ 6797
Nouvion (Jean de), chevalier.................. 6798
Nouzerines (Geoffroi d'Oradour, seigneur de)..... 6862
Noyelle (Godefroi de), écuyer................. 6799
—— (Jean, seigneur de), chevalier........... 6800
Noyelle-sur-Mer (Jacques d'Harcourt, seigneur de). 4474 et 4477.
Noyen (Guillaume de), chevalier.............. 6801
—— (Jean de), chevalier................... 6802
Noyers (Gaucher de), chevalier................ 6804
—— (Jean de)............................ 6805
—— (Johannes de Palacia, seigneur de)........ 6946
—— (Pierre de)........................... 6808
—— (Robert de), écuyer.................... 6809
Noyon-sur-Andelle (Jean de Casenove, seigneur de)....................................... 1894
—— (Robert d'Alençon, seigneur de)......... 7073
Nucelles (Thomas Scales, seigneur de).......... 8496

O (Robert d'), chevalier...................... 6815
Obeaux (Jean de Hingettes, seigneur des).. 4684, 4685
Occagnes (Gervaise d'), chevalier.............. 6816
Occoches (Jean, seigneur d'), écuyer............ 6817
—— (Martelot d'), écuyer................... 6818
Ochagavia (Ourdicho d'), de Navarre........... 6819
Ochancourt (Isabeau d'), dame de Petetot....... 6820
—— (Jean d'), écuyer...................... 6821
Odart (Aimery), chevalier..................... 6822
—— (Jean), chevalier...................... 6823
Oëstres (Guillaume d'), chevalier.............. 6826
—— (Vibert d')........................... 6827
Offémont (Jean de Nesle, seigneur d').... 6701, 6703
Offignies (Pierre d')......................... 6828
Ognolles (Simon, seigneur d'), chevalier........ 6834
Ohis (Ferrant d'), écuyer..................... 6835
—— (Goulardin d'), écuyer.................. 6836
Oigneaux (Jean d'), écuyer................... 6837
Oinbert (Naudin d'), écuyer.................. 6840
Oiselet (Pierre de Fay, dit).............. 3516, 3517
Oiselters (Étienne d'), chevalier............... 6842
—— (Gautier, seigneur de), chevalier......... 6843
Oisy (Robert de Bar, seigneur d')............. 5751
Olehain (Guillaume d'), écuyer............... 6849

Olemoux (François de Savoie, duc d')........... 8477
Olivier (Dalmas), écuyer..................... 6851
—— (Esgret), chevalier..................... 6852
—— (Jean), écuyer........................ 6855
Ollon (Guillaume d'), chevalier................ 6857
Oncle (Jean), écuyer......................... 6858
Ons (Guiot d')............................. 6860
Oradour (Geoffroi d'), chevalier.......... 6861-6863
Orainville (Le Moine d'), écuyer............... 6864
Oranger (Pierre d'), chevalier................. 6867
Orbec (Jean d'), chevalier.................... 6868
Orbessan (Arnaud d'), damoiseau............. 6870
Orchimont (Jacquemont d'), chevalier......... 6872
Orengeois (Guillaume de Bély, dit)........ 7636-7638
Orfèvre (Gillot l'), écuyer 6876
Orgenois (Guillaume d').................... 6885
Orgessin (Louis d'), chevalier................. 6886
—— (Pierre d'), écuyer................ 6887, 6888
Orgeval (Guillaume de Rongegrez, dit)........ 8111
Origny (Nicaise d')......................... 6890
Orlandin (Forestain), écuyer................. 6892
Orléans (Gérard d'), écuyer................. 6893
—— (Girard d'), écuyer................... 6896
Ormanville (Jean de Mornay, seigneur d')....... 6504
Ormes (Guillaume des), chevalier............. 6905
Ornaisons (Jean d'), écuyer.................. 6906
Orrières (Jean d'), écuyer................... 6908
Orsignol (Jean de Mailly, seigneur de l')....... 5531
Orsonviller (Girard d'), chevalier.............. 6909
Orval (Guillaume d'Albret, seigneur d')........ 72
Osouf (Guillaume), écuyer................... 6910
Ostouant (Grias), écuyer.................... 6911
Ostove (Pierre d'), écuyer................... 6913
Otache (Sosil d')........................... 6914
Ouche (Jean d')........................... 6916
Oudart (Jean), écuyer...................... 6917
Oulchy (Étienne d'), écuyer................. 6918
Outreleau (Ricard d'), écuyer................ 6922
Ovin (Étienne), écuyer...................... 6923
Oye (Francequin d'), écuyer.................. 6927
—— (Jean d'), écuyer..................... 6928
Ozouer-le-Voulgis (Jean de l'Hôpital, seigneur d'). 4723

Pacy (Jacques de), écuyer.................... 6929
—— (Jean de), chevalier................... 6930
—— (Renaud de), chevalier................. 6931
Pagnat (Guillaume de), chevalier.............. 6932
Pagny (Jean de Vienne, seigneur de)..... 9422, 9423
Paillard (Bernard, dit *le Maire de*), chevalier..... 6934

TABLEAU SYSTÉMATIQUE

Paillard (Le Borgne de), chevalier............ 6935
—— (Jacques), écuyer.................... 6936
—— (Jean), écuyer..................... 6938
Paillencourt (Manessier de), chevalier.......... 6941
Pain (Augé), écuyer..................... 6942
Palacia (Johannes de), chevalier.............. 6946
Palais (Pariset du), écuyer.................. 6947
Palaiseau (Adam le Brun, seigneur de)......... 1650
—— (Jacques le Brun, seigneur de)........... 1653
Palamède (Jean de Pucheviliers, dit).......... 7472
Pali (Jean), écuyer...................... 6948
Palisse (Jacques de Chabannes, seigneur de la).... 2015
et 2016.
—— (Philibert de la), chevalier............. 6950
Palluau (Pierre de), chevalier................ 6952
Panne (Gautier de), chevalier................ 6956
Paon (Jean de Salins, dit le)................. 8349
Papa (Guillaume de Nielle, dit le)....... 6750, 6751
Papot (Jean), écuyer..................... 6957
Paquin (Aimart), écuyer................... 6959
Paray (Guillaume de), écuyer................ 6961
Parc (Jean Martel, seigneur du).............. 5797
Parc (Raoulin Fumeray, dit du).............. 3884
Pardaillan (Bernard de), écuyer............... 6964
—— (Jean de), chevalier................. 6970
Parfondeval (Jean de), écuyer................ 6976
Parfondru (Laurent de), dit Morel, chevalier..... 6977
Paris (Pierre de), écuyer................... 6989
Parpeville (Eustache de Ribemont, seigneur de)... 7695
Parrigny (Guillaume de la Boissière, dit)........ 1165
—— (Jean de la Boissière, dit).............. 1166
Parthenay (Guillaume l'Archevêque, seigneur de).. 237
et 238.
—— (Jean l'Archevêque, seigneur de)......... 241
Parthenay-de-Maillé (Jacques de), écuyer....... 6994
Parys (Robert), écuyer.................... 6995
Pas (Liouwel du), écuyer................... 6998
Paseret (Vibert), écuyer................... 6999
Pasquières (André Allemand, seigneur de).... 92, 93
Passac (Goucher de), chevalier............... 7000
Passy (Gui de Laval, seigneur de)............. 5129
Paté (Louis), chevalier.................... 7003
Patry (Jean), écuyer..................... 7005
—— (Raoul), chevalier................... 7006
—— (Robert), écuyer............... 7007, 7008
—— (Thomas), chevalier................. 7009
Paturange (Billebaut de), écuyer.............. 7010
Paume (Georges de la), écuyer......... 7012-7015
Paumier (Nicolas le), chevalier............... 7016

Paute (Gui), chevalier..................... 7017
—— (Raymond), écuyer.................. 7018
Pavillon (Jean du), écuyer.................. 7021
Payeloé (Jean), chevalier................... 7022
Payen (Geoffroi), chevalier.................. 7023
—— (Jean), chevalier.............. 7024-7026
—— (Pierre), chevalier................... 7028
—— (Simon), écuyer.................... 7029
Paynel (Bertrand), chevalier............ 7030-7032
—— (Colin), chevalier................... 7033
—— (Foulques), chevalier................ 7034
—— (Henri), écuyer.................... 7038
—— (Henri), chevalier................... 7039
—— (Jean), chevalier............... 7040, 7041
—— (Nicole), chevalier............. 7042-7044
—— (Nicole), écuyer.................... 7045
—— (Thomas), chevalier................. 7046
Péage (Jacques du), chevalier................ 7047
Pèle (Henri)........................... 7049
Peletant (Jean)......................... 7051
Pellegrue (Arnaud de)..................... 7053
Pelletot (Colart de), chevalier................ 7054
Pelloie (Jean), chevalier.................... 7056
—— (Jean), écuyer..................... 7057
Pelouquet (Robert), chevalier................ 7058
Peln (Robert), chevalier.................... 7059
Penars (Jean), écuyer..................... 7060
Penart (Pierre)......................... 7061
Pendoze (Petre de), écuyer.................. 7062
Penin (Maillot de)....................... 7063
Penne (Olivier de)....................... 7064
Pennon (Jean), écuyer.................... 7066
Penthièvre (Gui de Bretagne, seigneur de)...... 1511
Pérailles (Philippe de), chevalier.............. 7068
Perrejour (Ricardet), écuyer................. 7069
Perceval (Jean), écuyer.................... 7070
Percecal (Jean d'Esneval, dit)........... 3359-3363
—— (Robert d'Esneval, dit)................ 3371
Percevaux (Perrot), écuyer.................. 7071
Perchay (Girard du)...................... 7072
Percy (Guillaume de), chevalier............... 7075
—— (Jean de), écuyer................... 7076
—— (Pierre de), écuyer.................. 7077
—— (Richard de), chevalier........... 7078, 7079
—— (Robert de), écuyer................. 7080
—— (Robert de), chevalier................ 7081
Perdrix (Mathon), écuyer................... 7086
Pere (Guillaume), chevalier................. 7087
Percy (Marguerite de Sacqueville, dame de)..... 8135

Péri (Guillaume), écuyer.................... 7090
Périac (Raymond de)....................... 7091
Périer (Jean du), écuyer................... 7093
Pérille (Pons de Gourdon, seigneur de)........ 4161
Pernes (Ansel de), écuyer.................. 7097
—— (Guichard de), écuyer................. 7098
—— (Guillaume de), écuyer................ 7099
—— (Jean de), écuyer..................... 7100
—— (Lambert de), chevalier................ 7101
Péronne (Guillaume), écuyer................ 7102
Perray (Bernard du), écuyer................ 7104
Perrecy (Jean, seigneur de)................. 7105
Perrière (Jacques de Saint-Savin, seigneur de la).. 8281
Perriers (Guillaume de Remenenil, seigneur de).. 7642
—— (Jean de), écuyer..................... 7106
Porrigny (Jean de), écuyer.................. 7107
Perrin (Henri), écuyer..................... 7108
Perseigne (Jean de), écuyer................. 7111
—— (Pierre de), écuyer.................... 7112
Personne (Jean la), chevalier................ 7116
—— (Lancelot la), chevalier................ 7117
Perluis (Gilles du), écuyer.................. 7118
Pervillière (François Dorel, seigneur de la)..... 3259
Peschin (Châtard du), écuyer............... 7121
—— (Jacques du), écuyer.................. 7123
—— (Louis de), chevalier.................. 7124
Peseril (Robert)........................... 7126
Postel (Guinot de), écuyer.................. 7132
Poteghem (Guillaume de Namur, seigneur de).... 6644
Petetot (Isabeau d'Ochancourt, dame de)....... 6820
Petit-Cellier (Étienne du), chevalier............ 7134
Peyrusse (Jamet de), écuyer................ 7137
Poytowe (Nicole), chevalier, d'Angleterre....... 7140
Philippe (Hervé), écuyer................... 7145
Picot (Jean), écuyer....................... 7152
Picquigny (Françoise de Warly, dame de)....... 9671
—— (Marguerite de)...................... 7157
Picquant (Pierre).......................... 7161
Piennes (Gilbert, seigneur de), chevalier....... 7162
—— (Jacques de Halluin, seigneur de)........ 4402
—— (Louis de Halluin, seigneur de)......... 4403
Pierre (Astor, seigneur de la), chevalier........ 7165
—— (Louis de Montenard, seigneur de la).... 6299
Pierrebonne (Ferrand de), dit de Séville, écuyer, de Castille............................... 7172
Pierre-Buffière (Jean de), chevalier...... 7173-7175
—— (Louis de), chevalier................... 7176
Pierrecourt (Jean de), dit le Galois, chevalier.... 7177
Pierrefonds (Jean, comte de Roucy, seigneur de).. 7987

Pierrefort (Henri de la Tour, seigneur de)....... 8963
Pierre-Pertuse (Guillaume de), chevalier....... 7180
Pierrepont (Thibaud de Bar, seigneur de)....... 629
Pierres (Jean de la Grunthuse, seigneur des)..... 4288
Piffonds (Jean de), écuyer................... 7184
Pigace (Guillaume), écuyer.................. 7185
Pinart (Pierre), écuyer..................... 7187
Pincebaste (Adam), chevalier................ 7188
Pinchefalise (Jean de), écuyer............... 7189
Pinchon (Thomas), chevalier................ 7190
Pinel (Jean), écuyer....................... 7191
Pinon de Riscle (Bernard d'Audirac, dit)........ 392
Pins (Jean des), écuyer.................... 7194
Pirou (Robert de), chevalier................. 7198
—— (Robert de Fréville, seigneur de)......... 3853
Pisseleu (Jean de)......................... 7202
—— (Michelet de)......................... 7203
Place (Jean de la), écuyer................... 7204
Plagne (Jean de la), écuyer.................. 7206
Plain-Martin (Guichard d'Angle, seigneur de)..... 170
Plaisance (Guido de), écuyer................ 7208
Plaisians (Agout des Baux, seigneur de)........ 723
—— (Bertrand des Baux, seigneur de) 727
Plancy (Milon de Dampierre, seigneur de)..... 3125
Planes (Jean Malet, seigneur de)............. 5588
Planque (Baudouin de la), chevalier........... 7211
—— (Guillaume de la), dit le Galois, écuyer... 7212
Planques (Hugues de Sapignies, seigneur des)... 8397
—— (Jean des), écuyer.................... 7213
Platel (Mahieu), écuyer.................... 7214
Pledran (Guillaume de), écuyer.............. 7215
Plessac (Fouquet de), écuyer................ 7216
Plessier (Guillaume du), chevalier............ 7218
Plessier-Choysel (Jacques de Pacy, seigneur du)... 6929
—— (Jeanne Choiselle, dame du)............ 2499
Plessis (Guillaume du), chevalier............. 7221
—— (Jean Coussin, seigneur du)............ 2921
—— (Pierre du)........................... 7223
—— (Thomas du), écuyer.................. 7224
Plessis-aux-Chats (Oudard de Savoisy, seigneur du). 8487
Plessis-Paté (Jean Blosset, seigneur du)....... 1090
—— (Louis Paté, seigneur du).............. 7003
Pleuville (Guillaume de), écuyer............. 7226
Plioux (Jean-Georges de Rochechouart, seigneur de) 7818
Plotard (Pierre de Châtelus, dit).............. 2314
Plouy (Fremin, bâtard de), écuyer........... 7227
—— (Hurtaut de), écuyer................... 7228
Plusquadlec (Morice de), chevalier........... 7230
Poccart (Guillaume), chevalier............... 7231

Pocé (Hugues de), chevalier.................. 7232
Podensac (Guilhem de), écuyer.............. 7233
Poilley ou Poilly (Jean de), écuyer.......... 7235
Poipe (Anteaume de la), écuyer............. 7237
—— (Jean de la), écuyer.................. 7238
Poisson (Richard), écuyer............. 7239, 7240
Poissy (Gilles de), chevalier................. 7241
—— (Jean de), chevalier................. 7242
Poitiers (Aimery de)....................... 7244
—— (Antoine de), écuyer................. 7245
—— (Guillaume, bâtard de), chevalier.... 7249-7251
—— (Jacques, bâtard de), chevalier........ 7252
Poix (David de), chevalier................... 7257
—— (David de), seigneur de Brimeux....... 1586
—— (Guillaume de), chevalier............. 7258
—— (Jean de), écuyer.................... 7259
—— (Jean, seigneur de), chevalier..... 7260, 7261
—— (Jean de Créquy, prince de)........... 2982
—— (Rogue de), chevalier............ 7262, 7263
Pothay (Jean de), écuyer.................... 7267
—— (Rifflard de)....................... 7268
Polignac (Richard de), écuyer............... 7271
Poligny (Jean de), écuyer................... 7272
Pollent (Jean de), écuyer................... 7276
Pomay (Bernard de), chevalier............... 7277
Pommereuil (Louis de), chevalier............ 7279
Pommereux (Robert de), écuyer.............. 7281
Pompadour (Arnoul de), chevalier............ 7282
—— (Pierre Hélie, seigneur de)............ 7283
—— (Renoul Hélie, seigneur de), chevalier. 7284, 7285
—— (Seguin Hélie, seigneur de), chevalier... 7286
Pompignac (Palamède de), écuyer............ 7288
Poncé (Robert de), écuyer................... 7290
Pons (Bertrand de), chevalier............... 7292
—— (Geoffroi de)....................... 7293
—— (Philippe de), chevalier.............. 7294
—— (Pierre de), chevalier............... 7295
—— (Renaud de), chevalier........... 7297-7300
Pont (Bernard da), écuyer................... 7302
—— (Ithier du), écuyer.................. 7305
—— (Jean du), écuyer.............. 7306-7309
—— (Olivier du), écuyer................. 7311
—— (Pierre du), écuyer.................. 7312
—— (Thibaud du), écuyer................. 7314
Pont-Audemer (Jean de), chevalier........... 7318
Pont-Bellenger (Guillaume du), écuyer........ 7319
Pont-Château (Pierre de Rohan, seigneur de)... 7904
Pont-Chevron (Nicolas le Paumier, seigneur de)... 7016
Pont-Farcy (Louis du), écuyer............... 7320

Pontgibaud (François de la Fayette, seigneur de).. 3533
Ponthieu (Renaud de), écuyer............... 7323
Pont-Molin (Jean de), chevalier.............. 7324
—— (Mahieu de), écuyer................. 7325
Pont-Remi (Antoine de Créquy, seigneur de).... 2972
—— (Fauvel de), écuyer................. 7327
Pontville (Gilles de), chevalier.............. 7329
—— (Guillaume de), dit *Baveux*, chevalier..... 7330 et 7331.
—— (Le frère de Renaud de), écuyer....... 7332
Pontvoire (Aimonnet de), écuyer............ 7333
—— (Hubon de), chevalier............... 7334
Porc (Jean du), écuyer..................... 7335
—— (Pierre le), chevalier................ 7336
Porcian (Philippe), chevalier................ 7338
Porcien (Hugues de), chevalier.............. 7340
Port (Daniel du), écuyer................... 7344
Porte (Hardouin de la), chevalier............ 7348
—— (Philippe de la), écuyer............. 7350
—— (Pierre de la), écuyer............... 7351
Portebœuf (Aimar), chevalier............... 7354
—— (Pierre), chevalier................. 7355
Portes (Guillaume des), écuyer.............. 7357
—— (Jean des), écuyer................. 7358
Portugal (Jean de Sousa, dit *de*)............ 8688
Pot (Guillaume), chevalier.................. 7363
—— (Robert), chevalier................. 7366
Potage (Philippe), écuyer.................. 7367
Potel (Thomas), écuyer................... 7368
Potin (Moreau), chevalier.................. 7370
Poton (Antoine Raflin, dit)................. 7560
Potte (Henri de), écuyer.............. 7371, 7372
Pouchin (Robinet), écuyer................. 7373
Poucin (Pierre), écuyer............... 7374, 7375
Poudenas (Montuzin de), chevalier........... 7376
Pouez (Odonet de), écuyer................. 7377
—— (Pierre de), écuyer................. 7378
Pouges (Jean de la Rivière, seigneur de)....... 7752
Poujol (Poncet, seigneur de), écuyer.......... 7383
Poulain (Colin), écuyer.................... 7379
Poulain (Guillaume d'Étehau, dit *le*)......... 3462
—— (Jean Keuret, dit)................. 4997
Pouligny (Jean de), écuyer, de Savoie......... 7385
Pouplincourt (Adrien de Mancourt, seigneur de)... 5613
Pouquart (Simonnet), écuyer............... 7388
Pouques (Évrart de), écuyer............... 7389
Pourcel (Huet), écuyer............... 7391, 7392
Poursuivant d'Amours (Jean Win, dit)........ 9694
Poussac (Jean de), écuyer................. 7394

DES SCEAUX DE CLAIRAMBAULT.

Poussin (Pierre), écuyer.	7395
Pouys (Jean de Cuise, seigneur de).	3079
Pouzauges (Milon de Thouars, seigneur de).	8875
Pradines (Antoine, bâtard de), écuyer.	7396
—— (Colin de), écuyer.	7397
Praslin (Fervi de Choiseul, seigneur de).	2501
Prauthoy (Guillaume de), écuyer.	7399
Pray (Philippot du), écuyer.	7400
Pré (Gui de), chevalier.	7401
—— (Gilles de Neuville, seigneur du).	6722
Préauvé (Robert du), écuyer.	7402
Préaux (Bureau de la Rivière, seigneur de).	7734
—— (Guillaume de).	7403
—— (Jean de la Rivière, seigneur de).	7748
Préchac (Aimar de), chevalier.	7407
—— (Gallard de), chevalier.	7409, 7410
—— (Soudan de).	7411
Précigné (Bertrand de Beauveau, seigneur de).	817
Précy (Jean, seigneur de), chevalier.	7412
—— (Pierre de), chevalier.	7415
Prenot (Adam), écuyer.	7417
Prés (Jean des), écuyer.	7418, 7421
—— (Jean des), chevalier.	7420
—— (Melchior des), seigneur de Montpezat.	6445
Presles (Guichard de), écuyer.	7424
—— (Philippe de), chevalier.	7425
—— (Robert de), chevalier.	7427
Pressac (Raymond-Arnaud de), chevalier.	7428
Pressigny (Renaud de), chevalier.	7429
Pressoir (Jacques Rouaut, seigneur du).	7972–7975
—— (Jean du), chevalier.	7430
Preuillelle (Jean de), écuyer.	7432
Preures (Jean de), chevalier.	7433, 7434
Prévôt (Bernard le), écuyer.	7435
—— (Guillaume), écuyer.	7436
—— (Guillot le), écuyer.	7437
—— (Huguet), écuyer.	7438
Prieur (Thomas), écuyer.	7442, 7443
Prin (Gérardin de).	7444
Pringy (Hervé de), écuyer.	7445
—— (Jean de), chevalier.	7446
Proissy (Aimé de), écuyer.	7447
Prougnen (Fortanier de), écuyer.	7448
Proaville (Henri de), chevalier.	7449
Provençal (Boniface Raffel, dit), écuyer.	7559
Provence (Antoine de), écuyer.	7450
Proville (Jean de), chevalier.	7452
Pruillé (Eschevart, seigneur de).	7456
Prulay (Raoul de), écuyer.	7457
Prunelle (Jean), chevalier.	7458
Prunoy (Gui de), chevalier.	7459
Pruns (Guillaume de), écuyer.	7460
Pruzilly (Pierre de), écuyer.	7461
Prye (Jean, seigneur de), chevalier.	7464–7466
—— (Philippe le Borgne de), chevalier.	7469
Puchevilers (Jean Palamède de), chevalier.	7472
Pudris (Janvier de), chevalier.	7473
Puis (Jacques du), écuyer.	7475
—— (Pierre du), écuyer.	7476
—— (Thierri du), écuyer.	7477
Puiseaux (Adam de), écuyer.	7478
Pujols (Hugues, seigneur de), chevalier.	7480
Putefin (Simon), écuyer.	7486
Puvinage (Gilles de), écuyer, du Hainaut.	7488
Puy (Augerot du), écuyer.	7489
—— (Bertin du), écuyer.	7490
—— (Jean du), écuyer.	7493
—— (Perrin du), écuyer.	7495
Puygros (Guillaume de), écuyer.	7498
Puy-Saint-Gulmier (Aubert de Chalus, seigneur du).	2083
Quarrey (Girard), écuyer.	7501
Quebriac (Jean de), écuyer.	7503
Quelart (Guillaume), écuyer.	7504
Quelen (Thomas de), chevalier.	7505
Querrieux (Isaac de), écuyer.	7506
—— (Isaac, seigneur de), chevalier.	7507
—— (Jean, seigneur de), chevalier.	7508
Quertin (Pierre de), chevalier.	7509
Quesnel (Renaud), écuyer.	7511
Quesnes (Carndos des), chevalier.	7512
—— (Hugues des), dit *Surien*, chevalier.	7513, 7514
—— (Noël des), dit *le Bâtard*, écuyer.	7515
Quesnoy (Herpin du).	7516
—— (Mahieu d'Ailly, seigneur du).	43
—— (Robert du), chevalier.	7517
Queue (Simon de la), chevalier.	7519
—— (Simon de la), écuyer.	7520
Queux (Lancelot le), écuyer.	7521
Quiéret (Gui), dit *le Bort*, chevalier.	7527
—— (Henri), dit *le Bort*, chevalier.	7528
—— (Jean), dit *Bifflard*, écuyer.	7530
—— (Lionnel), chevalier.	7531
Quiers (Michel de), écuyer.	7533
Quierzy (Jean de), écuyer.	7534
Quignac (Antoine de), écuyer.	7535
Quinart (Oudart), écuyer.	7538

Quincey (Pierre de), écuyer.................. 7539
Quindray (Gilles Herpin, seigneur de).......... 4646
Quintin (Gui, comte de Laval et de)............ 5131
Quivières (Jean de Moy, seigneur de).......... 6591

Rabaine (Geoffroi de), chevalier............... 7542
Rabaut (Guillaume), chevalier................. 7546
Rabodanges (Claude de).................... 7547
—— (Mahieu, seigneur de), chevalier......... 7548
—— (Robert de), écuyer............. 7549, 7550
Rabot (Jean), écuyer....................... 7551
Rabuissons (Guillaume des).................. 7552
Rabutin (Antoine), écuyer................... 7553
Racappé (Jean), écuyer..................... 7555
Raches (Colart de), chevalier................. 7557
—— (Jean de), écuyer..................... 7558
—— (Pierre de Haverskerque, seigneur de)..... 4552
Raffel (Boniface), dit *Provençal*, écuyer........ 7559
Raguenel (Jean), écuyer.................... 7561
Raiet (Jean), écuyer....................... 7565
Raillart (Guillaume), d'Escaufour, écuyer.. 2368, 2369
et 7566.
Rainbant (Robinet), écuyer.................. 7572
Raincheval (Tristan du Bos, seigneur de)....... 1259
Rainfreville (Pierre le Cordier, seigneur de)..... 2781
Rais (Prigent de Coëtivy, seigneur de).......... 2648
Rambouillet (Jacques d'Angennes, seigneur de).... 157
Ramburelles (R. de)....................... 7573
Rambures (Andrieu de), écuyer............... 7574
—— (Andrieu de), chevalier........... 7575, 7577
—— (Guillaume de), écuyer........... 7582, 7583
—— (Thomas de), écuyer.................. 7584
Rames (Jean Martel, seigneur de)............. 5796
Ramon (Pierre), écuyer..................... 7586
Randan (Charles de la Rochefoucauld, seigneur de). 7851
et 7852.
—— (Jean-Louis de la Rochefoucauld, comte de)................................. 7863
Ranel (François de la Rochefoucauld, seigneur de). 7855
Raon (Henri de Longwy, seigneur de).......... 5346
Raray (Guillot de), écuyer................... 7592
Rassenelle (Roger), écuyer................... 7593
Rasses (Louis de Rouvray-Saint-Simon, seigneur de)................................. 8054
Rassilly (Pierre de), écuyer................... 7594
—— (Raoul de), chevalier................. 7595
Ratel (Simon), chevalier.................... 7596
Ravecz (Guillaume), écuyer.................. 7597
Ray (Gautier, seigneur de), chevalier.......... 7600

Ray (Guillaume de), chevalier................ 7601
Razines (Godard de), écuyer................. 7605
Rebergues (Guillaume de), écuyer............. 7607
Rebretengues (Jean de), chevalier....... 7610, 7611
—— (Robert de), écuyer.................. 7614
Rebufel (Jean), chevalier.................... 7615
Rechignevoisin (Perrin de), écuyer............ 7616
Recousse (Pierre de), écuyer................. 7619
Récy (Huet de), écuyer..................... 7620
Redford (Henri), chevalier................... 7623
Regnault (Pierre), écuyer.................... 7625
Regnauville (Jean, seigneur de), chevalier....... 7626
—— (Pierre d'Amiens, seigneur de).......... 134
Reims (Gilles de), écuyer.................... 7628
Rély (Guillaume de), chevalier................ 7635
—— (Guillaume de), dit *Orengeois*, chevalier. 7636-7638
Rémécourt (Laurent de), chevalier............ 7639
Remeneuil (Guillaume de), chevalier..... 7640, 7641
Rémérangles (Renaudin de), écuyer........... 7643
Rémon (Mérigot), écuyer................... 7644
Rémusat (François de la Rivière, seigneur de).... 7741
Renay (Louis de Lavardin, seigneur de)........ 5138
Renier (Jean), écuyer génois................. 7658
Renières (Gory de), écuyer.................. 7664
Reniers (Jean de), écuyer................... 7665
—— (Robert de)........................ 7666
Renneval (Jean de), écuyer.................. 7667
—— (Raoul de), chevalier................. 7668
Renouard (Jean de Bailleul, seigneur du).... 573-575
Renty (Jacques de), écuyer.................. 7674
—— (Jean de Croy, seigneur de)............ 3040
—— (Oudart de), écuyer.................. 7676
—— (Rasse de), chevalier................. 7678
—— (Simon de), écuyer................... 7679
—— (Tassart de), dit *le Galois*, chevalier. 7680, 7681
—— (Thomas de), écuyer.................. 7682
Requinqué (Thibaud le).................... 7683
Rère (Guichart de), écuyer.................. 7684
Résigny (Jean, seigneur de), chevalier.......... 7685
—— (Robert de), chevalier................. 7686
Ressay (Jacques de Sars, seigneur de)......... 8410
Ressis (Claude de Sallemart, dit de)........... 8339
Ressons (Gui de), chevalier.................. 7687
Retel (Perret), écuyer...................... 7688
Revel (Guillaume Flote, seigneur de)...... 3653-3656
—— (Ithier), chevalier.................... 7690
—— (Jacques de Châtillon, seigneur de).. 2340, 2341
—— (Nandonnel), écuyer.................. 7691
Revigny (Richard de), écuyer................. 7192

Reynie (Raoul de la), chevalier.......... 7693, 7694
Reys (Aimery Vigier, seigneur de).............. 9456
Ribemont (Jacques de Coningham, seigneur de)... 2737
Ribérac (Renaud de Pons, seigneur de).......... 7299
Ribier (Pierre), écuyer.................... 7698
Rible (Yvon du), écuyer.................... 7699
Riboul (Foulques), seigneur d'Assé............ 7700
Ricart (Pierre), dit *Genouillac*, écuyer.......... 7701
Ricarville (Guillaume de), écuyer............ 7702
—— (Jean de), écuyer.................... 7703
—— (Robert de), écuyer.............. 7704-7706
Ricaumes (Guillaume de), écuyer............ 7707
Richaignon (Pierre), écuyer................ 7708
Richarville (Philippe de), chevalier............ 7711
Richaume (Guionnet), écuyer................ 7712
Richebourg (Jacques de Luxembourg, seigneur de). 5433
—— (Jean de), chevalier.............. 7715, 7716
Richecourt (Wautier de), chevalier............ 7718
Riencourt (Jean, seigneur de), chevalier........ 7721
Rieu-Martin (Robert de Balsac, seigneur de)..... 601
Rieux (Claude, comte d'Harcourt, seigneur de).... 4467
—— (François de la Jugie, baron de).......... 4975
—— (Jean, comte d'Harcourt, seigneur de). 4487-4489
Rifflard (Jean Quiéret, dit).................. 7530
Rigaudière (René Chabot, seigneur de la)........ 2051
Rigaut (Jean), écuyer...................... 7727
Rim (Simon), chevalier.................... 7729
Rimaucourt (Jean de Noyers, seigneur de)....... 6806
Riou (Thibaud Rouaul, seigneur de)............ 7981
Riquechon (Amaury), chevalier............... 7730
Riverie (Antoine Camus, baron et seigneur de).... 1792
Rivery (Bernard de), chevalier................ 7731
Rivière (Bureau, seigneur de la)................ 7737
—— (Claude de la), écuyer.................. 7739
—— (Gilles de la), chevalier.......... 7742, 7743
—— (Guillaume de).................... 7744
—— (Jean de), écuyer.................. 7746
—— (Jean de la)...................... 7749
—— (Perrette de la), dame d'Auneel.......... 7753
—— (Philippe de la), chevalier.............. 7754
—— (Pierre de la), écuyer................ 7755
—— (Thibaud de la), chevalier.............. 7756
Rivière-Labatut (Bernard de)................ 7759
—— (Gaillard de), damoiseau................ 7761
Riz (Lucquin), écuyer...................... 7763
Robert (Bernard), écuyer.................... 7772
—— (Jean), écuyer...................... 7773
Robert (Jean de Verdille, dit).................. 9353
Robois (Jean de), chevalier.................. 7780

Roche (Gabriel de la), écuyer................ 7782
—— (Geoffroi de la), chevalier.............. 7783
—— (Guillaume de la), écuyer.............. 7784
—— (Jean de la), écuyer.................. 7787
—— (Joachim de Coningham, seigneur de la)... 2739
—— (Louis-Artaud, seigneur de la).......... 317
—— (Mondon de la), écuyer................ 7788
—— (Philippe de Lévis, seigneur de).......... 5122
—— (Philippon de la), écuyer.............. 7789
—— (Renaud de la), chevalier.............. 7790
—— (René Pot, seigneur de la).............. 7365
Roche-Aimon (Jean de la), chevalier............ 7791
Roche-Andry (Eble de la), chevalier............ 7792
—— (Hublet de la), écuyer................ 7793
—— (Philippon de la), écuyer.............. 7794
Rochebaron (Claude de Chalançon, seigneur de).. 2066
—— (Guillaume de Chalançon, seigneur de).. 2070
Rochechouart (Aimery de), chevalier....... 7797-7799
—— (Geoffroi de), chevalier................ 7810
—— (Jean de), chevalier.................. 7813
—— (Louis de), écuyer.................... 7819
—— (Simon de), chevalier.................. 7823
Rochecolombe (Pierre de Vogüé, seigneur de)..... 9590
Rochecorbon (Hardouin de Maillé, seigneur de)... 5511
Rochedragon (Chatart de), écuyer............ 7826
—— (Guillaume de), écuyer................ 7827
—— (Raymond de), écuyer................ 7828
Roche-du-Maine (Charles Tiercelin, seigneur de la).............. 8888-8890
Rochefort (Claude, comte d'Harcourt, seigneur de). 4467
—— (Eble de), chevalier.................. 7829
—— (Eblon de), chevalier.................. 7830
—— (Giraud Amy, seigneur de).............. 135
—— (Gui de), chevalier.............. 7831-7833
—— (Guillaume de), écuyer.......... 7834-7836
—— (Guiot de)........................ 7837
—— (Imbert de), écuyer............ 7838, 7839
—— (Jean de), chevalier.................. 7840
—— (Jean, comte d'Harcourt, seigneur de). 4487-4489
—— (Joachim de Chabannes, seigneur de)..... 2023
—— (Perrot de), écuyer.................. 7842
—— (Thibaud, seigneur de), chevalier.......... 7846
Rochefoucauld (Aimery, seigneur de la), chevalier.. 7848
—— (Geoffroi de la), chevalier.......... 7858-7860
Roche-Guyon (Perrette de la Rivière, dame de la). 7753
Rochelle (Thomas de la), écuyer.............. 7865
Rochepot (Anne de Montmorency, seigneur de la).. 6398
—— (François de Montmorency, seigneur de la). 6412
Rochequin (Alexandre de Halluin, seigneur de)... 4401

56.

444 TABLEAU SYSTÉMATIQUE

Rocher (Thomas du), écuyer.................. 7866
Rocherousse (Guillaume de la), écuyer.......... 7867
—— (Pierre de la), écuyer................... 7868
Roches (Baudouin des)....................... 7871
—— (Geoffroi des), chevalier................. 7872
—— (Guillaume des), écuyer................. 7873
—— (Jean de), écuyer...................... 7874
Roches en Loudunois (Antoine de Crevant, seigneur des).. 3009
Rochetesson (Bertrand du Guesclin, seigneur de la). 4810
Rochette (Jean), écuyer...................... 7876
Rochette (Jean de Bort, dit).................. 1253
—— (Louis de Bonent, dit *de la*)............. 1303
Rocquemont (Charlot de)..................... 7879
—— (Renaud de), écuyer.................... 7881
Rodemacheren (Gilles de), chevalier...... 7882, 7883
Rogent (Jean de), écuyer.................... 7884
Roger (Guillaume), écuyer................... 7885
—— (Guillaume), chevalier.................. 7886
Rogerville (Jean de), chevalier................ 7892
—— (Jean de), écuyer...................... 7893
Rogny (Mahieu d'Harcourt, seigneur de)........ 4494
Rogres (Philippe), chevalier.................. 7895
Rohan (Alain de)....................... 7896-7898
Roigny (Jean le), écuyer..................... 7909
Roissy (Jeannot de), écuyer.................. 7910
Roland (Alain), écuyer...................... 7911
Roland (Thierri de la Porte, dit).............. 7353
Rolière (Roland de la), écuyer................ 7916
Rolleboise (Jacques de Trie, seigneur de)....... 9081
Rollencourt (Hugues de Châtillon, seigneur de).... 2333 2335-2337, 2339.
Romigny (Gratien Daguerre, baron de)......... 3102
Romilly (Geoffroi de), écuyer................. 7918
—— (Huet de), écuyer non monté............ 7919
—— (Jean de), écuyer...................... 7920
—— (Olivier de), écuyer.................... 7921
Romorantin (Marguerite de Rohan, dame de).... 186
Roncevaux (Huart de), écuyer................ 7923
Roncherolles ou Rouquerolles (Anseau de), chevalier.. 7925
—— (Guillaume de), chevalier........ 7926, 7927
Roncq (Boulet, seigneur de), chevalier.......... 7928
Rondel (Jean de), chevalier................... 7929
Ronsoy (Guiot de), écuyer.................... 7930
Roque (Aimery de la), chevalier............... 7932
—— (Andrieu de la), écuyer................. 7933
—— (Oger-Henri, seigneur de la), chevalier..... 7935
—— (Pierre de), écuyer..................... 7936

Roquefeuil (Arnaud de), chevalier.............. 7938
Roquefort (Adam de)........................ 7939
—— (Aimery de), chevalier............ 7940, 7941
—— (Amigo de)............................ 7942
—— (Fortanier de), damoiseau............... 7943
Roquelin (Jacquemart), écuyer................ 7945
Roquemaure (Pierre de), écuyer............... 7946
Roquemaurel (Beton de), chevalier............ 7947
Roques (Guillaume de), écuyer................ 7949
Rosans (Gui de Morges, seigneur de).......... 6493
Rosay (Guillaume de), chevalier............... 7950
—— (Jean de), chevalier................ 7951, 7952
—— (Thibaud de), écuyer................... 7953
Rosemont (Guillaume de), chevalier............ 7955
Roset (Pons de), chevalier.................... 7956
Rosière (Hugues de la), chevalier.............. 7957
Rosnel (Hugues de), chevalier................. 7959
Rosselet (Guillaume), écuyer.................. 7964
Rostrenen (Bertrand de), chevalier............. 7967
Rotours (Jean des), écuyer.................... 7970
Rouaut (Gilles), chevalier..................... 7971
—— (Milon), chevalier...................... 7979
Roucy (Hugues de), chevalier................. 7985
Roudan (Alain de), écuyer.................... 7993
Roue (Guiot, seigneur de la), écuyer........... 7994
Rougé (Bonnabes, seigneur de).......... 8004, 8005
Rougé (Thomas le), écuyer................... 8006
Rouge-Agne (Mermet de), écuyer.............. 8007
Rougemont (Guillaume de), chevalier.......... 8008
—— (Guillaume de)........................ 8009
—— (Imbert, seigneur de), chevalier.......... 8010
—— (Jean de), écuyer...................... 8011
—— (Pierre de), écuyer..................... 8012
Rougeolies (Mango de), écuyer................ 8013
Roulans (Jean de Vienne, seigneur de)......... 9421
Roumoy (Gérard de Vehières, seigneur du)..... 9293
Roure (Antoine du), écuyer................... 8014
Rousseau (Louis de la Grange, seigneur du)..... 4210
Roussel (Gaucher), écuyer.................... 8016
Rousselet (Jean), écuyer..................... 8021
Roussière (Guigart de la), écuyer.............. 8022
Roussillon (Aimonnet de), écuyer.............. 8023
—— (Geoffroi de Mortagne, seigneur de). 6512, 6513
—— (Humbert de), écuyer................... 8028
—— (Imbert de Villars, seigneur de).......... 9486
Roussy (Philippe de Blosset, seigneur de)...... 1094
Rouville (Guillaume de), chevalier............. 8033
Rouvray (Gillet de), écuyer................... 8037
—— (Huet), écuyer......................... 8038

DES SCEAUX DE CLAIRAMBAULT. 445

Rouvray (Jean de), chevalier.. 8040, 8041, 8043-8047
—— (Jean de), le Jeune, chevalier............ 8042
—— (Michel de)......................... 8049
Rouvray-Saint-Simon (Jeanne de la Trémoille, dame de).................................... 8053
Rouvrou (Guillaume de), chevalier....... 8055, 8056
Roux (Berthelot le), chevalier................. 8058
—— (Jean le), écuyer..................... 8060
—— (Pierre le), chevalier.................. 8062
—— (Robin le), écuyer.................... 8063
Roux de Satillon (Antoine Moux, dit *le*)........ 6578
Rony (Jacques de), écuyer................... 8064
Rovencestre (Raoul de), chevalier............. 8065
Roy (Bertaut), écuyer...................... 8066
—— (Jean le), écuyer...................... 8071
Roy (Jean d'Airaines, dit *le*)................ · 49
Roy (Pierre le), écuyer, de Savoie............. 8073
Royan (Foulques de Matha, seigneur de).. 5845, 5847
Roye (Dreux de), chevalier................... 8075
—— (Flament de), chevalier............... 8076
—— (Gilles de)......................... 8077
—— (Jean de), chevalier............... 8078-8080
Rozières (Hugues de), écuyer................. 8086
—— (Liébaut de), chevalier............... 8087
Rozoy (Pierre de), écuyer.................... 8088
—— (Pierre de), chevalier................. 8089
Rubelles (Oudet de), écuyer.................. 8090
Rubempré (Baudoin de), dit *Courbet*, chevalier... 8092
—— (Guillaume de), écuyer............... 8093
—— (Hugues de), écuyer.................. 8094
Rucourt (Guillaume de Fayel, seigneur de)....... 3524
Rue (Jean de la), écuyer..................... 8095
Ruelle (Jean), écuyer....................... 8098
—— (Robert de la), d'Origny, écuyer........ 8099
Rues (Pierre des), écuyer.................... 8100
Ruffec (Guillaume, seigneur de), écuyer........ 8101
—— (Irvois, seigneur de), chevalier......... 8102
Rufflet (Guillaume du), écuyer................ 8103
—— (Jean du), écuyer................... 8104
Ruis (Martineo), d'Ayvart................... 8105
Ruisseauville (Mahieu de), chevalier...... 8106, 8107
Ruit (Guillaume, bâtard du), écuyer........... 8108
Rumesnil (Louis de Mailly, seigneur de)........ 5536
Rumigny (François de), écuyer............... 8110
—— (Richard de Courcly, seigneur de)...... 2880
Ruquerie (Gilles de la), écuyer................ 8112
Russin (Othon), écuyer..................... 8113
Rut (Renout le), écuyer..................... 8114
Rye (Jean de), chevalier..................... 8115

Rye (Jean de), écuyer....................... 8116
Ryes (Robert de), écuyer.................... 8118
Rygmayden (Georges), écuyer................ 8119

Saané (Robert, seigneur de), chevalier......... 8120
Sablonier (Jean du), écuyer.................. 8121
Sabra (Guillaume de), écuyer................ 8122
Sabrevois (Robert de), écuyer................ 8126
—— (Robinet de), écuyer................. 8127
Sacé (Jean de), chevalier.................... 8129
Saccorsy (Aurore de), femme de François de la Rivière.. 7740
Sachin (Henri de), écuyer............... 8130, 8131
—— (Le Moine de), écuyer................ 8133
Sacquenville (Jeanne de Landes, dame de)...... 5036
—— (Marguerite de), dame de Percy....... 8135
—— (Robert de), chevalier................ 8136
—— (Saquet de), chevalier................ 8137
Sadaham (Alexandre), écuyer anglais.......... 8139
Saffres (Philibert de), chevalier............... 8140
Sagne (Pierre de la), chevalier................ 8142
Saguenie (Henri)........................... 8143
Saiges (Jean du), chevalier................... 8144
Sailly (Dreux de), écuyer.................... 8145
—— (Jean de), chevalier.................. 8146
—— (Renaud, seigneur de), chevalier....... 8147
Sains (L'Aigle de), chevalier.................. 8149
—— (Jean de), écuyer.................... 8151
—— (Jean le Bon de), écuyer.............. 8150
—— (Jean de), dit *Morel*, écuyer.......... 8152
Saint-Aignan (Mahieu des Chesnes, seigneur de).. 2460
—— (Morice de), écuyer.................. 8153
Saint-Amand (Antoine de Rochechouart, seigneur de).. 7800
—— (Charles de Rochechouart, seigneur de).... 7804
Saint-Amant (Géraud du Puy, seigneur de)..... 7491
Saint-André (Charles d'Albon, seigneur de)..... 65
—— (Guichard d'Albon, seigneur de)......... 64
—— (Jean d'Albon, seigneur de)............ 66
Saint-Astier (Hélie de), écuyer.......... 8154, 8155
—— (Renaud de), écuyer................. 8157
Saint-Aubin (Gossuin de), chevalier........... 8158
—— (Guillaume de)...................... 8159
—— (Jean de).......................... 8160
Saint-Avit (Bernard de Cugnac, seigneur de)..... 3064
Saint-Beury (Pierre de Thil, seigneur de)....... 8862
Saint-Brieuc (Guillaume de), écuyer........... 8164
Saint-Cassien (Hugues de), chevalier.......... 8165
Saint-Castin (Raymond de), écuyer............ 8166

TABLEAU SYSTÉMATIQUE

Saint-Clair (Henri de), chevalier............. 8169
—— (Robert de), chevalier.................. 8173
Saint-Cloud (Guillaume de), chevalier......... 8174
Saint-Crépin (Fortanier de), chevalier........ 8175
—— (Gonnon de), écuyer.................. 8176
Saint-Cyr (Philippe de Culant, seigneur de)...... 3083
Saint-Denis (Henri de), écuyer............... 8179
—— (Henri de), chevalier................. 8180
—— (Jacques Hurault, seigneur de).......... 4771
Saint-Ellier (Pierre le Veneur, seigneur de)...... 9322
Saint-Étienne (Marguerite de Croisilles, dame de). 3023
Saint-Fagon (Jean de), écuyer............... 8183
Saint-Front (Auger de Montaut, seigneur de).... 6242
Saint-Gelais (Charles de), chevalier........... 8186
Saint-Georges (Antoine de Vassé, seigneur de)... 9251
—— (Étienne de), écuyer.................. 8194
—— (Guillaume de Vienne, seigneur de)...... 9418
Saint-Germain (Artaud de), chevalier..... 8195, 8196
—— (Bertin de), écuyer................... 8197
—— (François des Cars, baron de)........... 1885
—— (Jean, seigneur de), écuyer............ 8199
—— (Migon de), chevalier................. 8201
—— (Pierre de), écuyer............. 8202, 8203
—— (Samson de), écuyer.................. 8205
Saint-Gilles (Philippe Chabot, baron de)... 2047, 2048
Saint-Gobert (Geoffroi de), chevalier........... 8206
—— (Raymond de), chevalier.............. 8208
Saint-Haond (Alphonse de), chevalier..... 8209, 8210
Saint-Hilaire (Hanin de), écuyer.............. 8211
—— (Jean de), écuyer.................... 8212
Saint-Jean (Mathin de), écuyer............... 8213
Saint-Jean-Pied-de-Port (Michelet de)......... 8217
Saint-Joire (Robert de), écuyer............... 8218
Saint-Julien (Guillaume de), chevalier......... 8221
—— (Louis de), chevalier.................. 8222
—— (Perreton de), écuyer................. 8223
Saint-Just (Guillaume de).................... 8224
Saint-Laurent (Jean de), écuyer............... 8226
Saint-Léger (Jean de), chevalier.............. 8227
—— (Jean de), écuyer.................... 8228
Saint-Leu (Jean de), écuyer.................. 8229
Saint-Luce (Antoine de Traves-Choiseul, seigneur
de)...................................... 9039
Saint-Maigrin (François d'Estuer, seigneur de).... 3451
Saint-Marc (Guillaume de), chevalier..... 8230, 8231
Saint-Marcel (Agnès d'Alègre, dame de)....... 74
Saint-Mars (Jean de l'Isle, seigneur de)........ 4793
Saint-Martin (Guillaume de), chevalier.... 8232, 8233
—— (Guillaume de), écuyer................ 8234

Saint-Martin (Jean d'Aubeterre, seigneur de)..... 362
—— (Joseph de Cochefilet, seigneur de)........ 2639
—— (Perrinet de)......................... 8236
—— (Robert de)........................... 8237
Saint-Martin-Rivière (Jean de Tupigny, seigneur
de)...................................... 9124
Saint-Maur (André de), écuyer................ 8238
Saint-Mesmin (Ernolet de), écuyer............. 8239
Saint-Nectaire (Eraith de), chevalier...... 8240, 8241
—— (Georges, bâtard de), écuyer............. 8243
Saint-Nicolas (Michel de), écuyer............. 8247
Saint-Orans (François de Cassagnet, seigneur de).. 1896
Saint-Ouen (Jean de), chevalier............... 8248
Saint-Palais (Jean, seigneur de), chevalier....... 8249
Saint-Peray (Gui de), chevalier................ 8250
Saint-Père (Jean de), écuyer.................. 8251
Saint-Pern (Guion de), écuyer........... 8252, 8253
Saint-Phal (Jean de), écuyer............ 8254, 8255
—— (Philippe de), écuyer.............. 8256, 8257
Saint-Pierre (Claude d'Annebault, seigneur de).... 192
—— (Jean Blosset, seigneur de)........ 1087-1089
—— (Raoul le Sage, seigneur de)............. 8141
Saint-Point (Jacquot de), écuyer............... 8259
Saint-Pol (Baudet de), chevalier............... 8260
—— (Jean de), écuyer..................... 8262
Saint-Priest (Jean de), écuyer........... 8265, 8266
Saint-Privat (Pons de), écuyer................. 8268
Saint-Remèze (Guillaume de Châteauneuf, seigneur
de)...................................... 2293
Saint-Remi (Baudonnet de), écuyer............. 8270
—— (Mahieu de), écuyer................... 8271
Saint-Rieul (Jean de), écuyer.................. 8273
Saint-Romain (Hugues de), chevalier........... 8275
—— (Louis de la Fayette, seigneur de)......... 3538
Saint-Samson (Jacques de), écuyer............. 8276
Saint-Saulieu (Herpin de), chevalier............ 8277
—— (Jacques de), chevalier................. 8278
—— (Jean de), écuyer..................... 8279
Saint-Sauveur (Claude de Joyeuse, seigneur de)... 4959
Saint-Sauveur-le-Vicomte (André, vicomte de la
Guerche, seigneur de)..................... 4300
—— (Godefroi, seigneur de)................. 4470
Saint-Senrin (François de Saint-Gelais, seigneur
de)...................................... 8188
Saint-Sever (Jean de la Brosse, seigneur de)..... 1619
Saint-Silvestre (Guillaume de), écuyer.......... 8284
Saint-Simon (Galehant de), chevalier........... 8285
—— (Geoffroi de), chevalier................. 8286
—— (Jean de), chevalier.................... 8287

DES SCEAUX DE CLAIRAMBAULT.

Saint-Simon (Renaud de)	8288
Saint-Trivier (Gui de), chevalier	8290
—— (Guillaume de), écuyer	8291
Saint-Vallier (Charles de Poitiers, seigneur de)	7246
Saint-Venant (Robert de), écuyer	8293
—— (Robert de Wavrin, seigneur de)	9678
Saint-Vidal (Hugues, seigneur de), écuyer	8294, 8295
Saint-Vigor (Guillaume Martel, seigneur de)	5778
Saint-Vrain (Jean de), écuyer	8296-8298
—— (Jean d'Amboise, seigneur de)	120
Sainte-Aldegonde (Guillebert, seigneur de), chevalier	8301
—— (Jean, seigneur de), chevalier	8303
Sainte-Bazeille (Alexandre de Caumont, seigneur de)	1930
Sainte-Beuve (Colart de), chevalier	8304
—— (Enguerran de), chevalier	8305
—— (Laurent de), chevalier	8307
—— (Nicole de), chevalier	8308
—— (Robert de), chevalier	8309
—— (Tiercelet de), chevalier	8310
Sainte-Colombe (Philippot de), écuyer	8312
Sainte Croix (Guillaume de Vienne, seigneur de)	9417
—— (Jean de), chevalier	8313
Sainte-Foy (Charles Chabot, seigneur de)	2033
Sainte-Hermine (Héliot de), écuyer	8315
Sainte-Livière (Aubert de), chevalier	8316, 8317
Sainte-Livrade (Bertrand de Noaillan, seigneur de)	6759
Sainte-Marie (Foulques de), écuyer	8318
Sainte-Marie (François de la Rivière, dit *Capitaine*)	7741
Sainte-Maure (Dumois de), chevalier	8323
—— (Gui de), chevalier	8324
—— (Jean de), chevalier	8325
Sainte-Menehould (Jean de), écuyer	8326
Sainte-Mère-Église (Godefroi de), chevalier	8327
—— (Pierre de), écuyer	8328
Sainte-Sévère (Huguet de)	8329
Soissac (Lambert de), chevalier	8335
Saisseval (Jean de)	8336
Salemart (Humbert de), chevalier	8340
Salières (Jean de), écuyer	8341
Saligny (Étienne de), écuyer	8342
—— (Gaucher de), écuyer	8343
—— (Jean de), écuyer	8344
—— (Lourdin de), chevalier	8345
Salins (Guillaume de), écuyer	8347
—— (Henri de), chevalier	8348
—— (Jean de), dit *le Paon*, écuyer	8349
Salle (Pierre-Raymond de la), chevalier	8355
Salle (Thomas de la), écuyer	8356
Sallenelles (Robert de), écuyer	8357
Salleneuve (Guigue, seigneur de), écuyer	8358
—— (Henri de), chevalier	8359
Salles (Arnaud du Villar, seigneur de)	9483
—— (Dyégo de), écuyer	8360
—— (Guillaume-Bernard, seigneur de)	8362
Salmon (Jean), écuyer	8364
Salot (Martin), écuyer	8365
Saluces (Louis, marquis de)	8367
Salviac (Philippe Johen, seigneur de)	4932
Salzedo (Jean de), chevalier	8371
Sancerre (Louis de)	8377
—— (Robert de)	8383
Sanche (Alfonse), chevalier	8385
Sangatte (Robert de Hames, seigneur de)	4413
Sanghen (Hugues de), écuyer	8387
Sanguin (Guillaume), écuyer	8388
—— (Jean), écuyer	8389
Sannat (Alrias de), chevalier	8390
Sansac (Louis Prévôt, seigneur de)	7441, 8392
Sans-Avoir (Gautier)	8393
—— (Guillaume), chevalier	8394
—— (Robert), écuyer	8395
Sapignies (Hugues de), chevalier	8397-8399
Sappin (Jean d'Angennes, dit)	158, 159
Saragosse (Jean du Moustier, seigneur de)	6574
Sarassa (Lupé Gilles de), écuyer	8400
Sarcus (Hugues de), écuyer	8401
Sarmeaux (Guillaume de), écuyer	8403
Sarrasin (Hugonnet), écuyer	8405
Sarrasin (Mahieu d'Ailly, dit)	43
Sarré (Étienne de), chevalier	8406
—— (Oudard de), écuyer	8407
Sars (Léon de), écuyer	8411
Sart (Casin du), écuyer	8412
—— (Jean, seigneur du), chevalier	8413
—— (Raoul du), chevalier	8414
Sassac (Naudon de), écuyer	8415
Sassenage (Claude de), chevalier	8417
Saubertier (Guillaume de), chevalier	8419
Saubiez (Humbert de), écuyer	8420
Saudron (Amé de Joinville, seigneur de)	4935
Saulchoy (Jean du), écuyer	8421
—— (Raoul de), écuyer	8422
Sauley (Jeanne du), femme de Robert de la Marche	8425
Saulsoy (Jacques de Sars, seigneur du)	8410
Saulx (Berruier de la), écuyer	8428, 8429
—— (Guillaume des), écuyer	8431

TABLEAU SYSTÉMATIQUE

Saulx (Hugues de), chevalier.................. 8432
—— (Jean de), chevalier............ 8434, 8435
—— (Jean de), écuyer..................... 8436
Sauly (Philippon de), écuyer................. 8445
Saumureau (Jean), écuyer................... 8446
Sauqueuse (Mahiet de), écuyer............... 8447
Saurs (Pierre de)........................... 8448
Sausin (Jacques), écuyer..................... 8449
Soussay (Daniel du), écuyer.................. 8450
Soussé (Guillaume), écuyer.................. 8451
Sausse Bernard (Essart de), écuyer....... 8452, 8453
Santerel (Guillaume le), chevalier............. 8458
Sautour (Gaucher de Chamigny, seigneur de)..... 2117
Sauvage (Guillaume de Jeucourt, dit).......... 6922
Sauvage (Jean), écuyer anglais................ 8461
Sauville (Érard de), chevalier................. 8463
Savary (Jean), écuyer....................... 8465
—— (Philippon), écuyer..................... 8466
Saveuse (Guillaume de), dit *Morel*, chevalier..... 8467
—— (Guillaume, seigneur de), chevalier.. 8468, 8469
—— (Morelet de), chevalier................. 8470
—— (Simon de), seigneur d'Ailly, chevalier..... 8471
Savignac (Aussant de), écuyer................ 8472
Savigny (Jean de), chevalier.................. 8474
—— (Jean de Sainte-Croix, seigneur de)........ 8313
—— (Richard de), écuyer.................... 8475
Savoie (Humbert, bâtard de), chevalier......... 8478
—— (Louis de), chevalier.................... 8479
—— (Madeleine de), femme d'Anne de Montmo-
  rency................................. 6427
—— (René, bâtard de)....................... 8480
—— (Thomas de), écuyer.................... 8481
Savoisy (Catherine de), dame d'Ivry........... 8482
—— (Gaucher de), chevalier.................. 8484
—— (Geoffroi de Charny, seigneur de)......... 2226
—— (Jean de), écuyer....................... 8485
—— (Marie de), dame de Seignelay............ 8486
Sayer (Yvonnet), écuyer..................... 8492
Sazilly (Jean de), écuyer..................... 8493
—— (Pierre de), écuyer...................... 8494
Schmidt (Jean), chevalier allemand............ 8504
Scohier (Jacques le), écuyer................... 8507
Seaume (Jean), écuyer.................. 8508, 8509
Sebille (Guillaume), écuyer................... 8511
Séchelles (Mahieu de), chevalier......... 8513, 8514
Secondigny (Artus de Cossé, comte de)......... 2825
Sedan (Henri-Robert de la Marck, seigneur de)... 5662
—— (Robert de la Marck, seigneur de).... 5666, 5667
Segny (Jean de), écuyer...................... 8519

Segriges (Raoul de), écuyer................... 8520
Seguin (Thomas), écuyer..................... 8522
Segur (Bérenger de), chevalier................ 8523
Seignelay (Marie de Savoisy, dame de)......... 8486
Seigneuret (Pierre), de Besançon, écuyer....... 8524
Seildoy (Olivier le), écuyer................... 8525
Seineport (Guillaume de), écuyer.............. 8526
Seissel (Alix de), troisième femme de Claude de
  Clermont en Dauphiné................... 2587
Seix (Huguenin de), écuyer................... 8527
Salebrosche (Gui), chevalier................... 8528
Selle (Sauvage de la)......................... 8529
Selles (Pépin de), chevalier.............. 8530, 8531
Semilly (Jean de), écuyer..................... 8535
Sempy (Jean le), écuyer...................... 8541
—— (Jean, seigneur de)...................... 8542
Semur (Giraud de), chevalier................. 8544
—— (Pierre de), chevalier.................... 8546
Senarclain (Jean), écuyer..................... 8547
Senarpont (Jean de Monchy, seigneur de)... 6171, 6172
Sénéchal d'Eu (Jean le), chevalier.............. 8550
—— (Robert le), écuyer...................... 8552
Senhero (Peyre)............................. 8553
Senlis (Jean de), écuyer...................... 8555
—— (Nicolas de), chevalier................... 8556
Sennecey (Jean de), chevalier................. 8557
Senneval (Antoine Blanchart, dit *de*)......... 1052
Sens (Louis de), écuyer.................. 8569, 8570
Sepaux (Jean de), écuyer..................... 8575
Serain (Gillot de), écuyer..................... 8576
Seranvillers (Renaud de), écuyer.............. 8578
Sercy (Guillaume de), chevalier............... 8579
Seresville (Gillet de), écuyer.................. 8580
Sermaise (Gui de), écuyer..................... 8582
—— (Pierre de), chevalier.............. 8583, 8584
Sermes (Henri de), écuyer.................... 8585
Serpillon (Jean), chevalier.................... 8586
Serque (Jean de la), écuyer.................... 8587
Serris (Jean de), chevalier.................... 8589
Servain (Macé), écuyer....................... 8590
—— (Robert), chevalier...................... 8591
Serville (Renaud de), écuyer.................. 8594
Seschaut (Gui), chevalier..................... 8596
Sesne (Simon le)............................. 8597
Sessac (François de Cazillac, seigneur de)...... 1980
Severac (Déorde, seigneur de), écuyer......... 8600
—— (Jean d'Arpajon, seigneur de)............. 299
Severdes (Jean de), écuyer.................... 8601
Sévillé (Ferrand de Pierrebonne, dit *de*)...... 7172

DES SCEAUX DE CLAIRAMBAULT. 449

Seyches (Rudel, seigneur de), chevalier.	8605
Seysell (Alix de), femme de Claude de Clermont.	2587
Sez (Bertrand du), écuyer.	8608
Sézanne (Léonin de), écuyer.	8609
Sforce (Maximilien).	8610
Shrewsbury (Jean de Talbot, comte de).	8785–8787
Sicard (Pierre), écuyer.	8613
Sierck (Ernoul de), chevalier.	8614
Sieu (Bernard de Lavardac, seigneur du).	5135
Signy (Jean de), écuyer.	8615
Sigogne (Jean de), chevalier.	8616
Sigy (Jean de l'Aubespin, seigneur de).	361
Sillans (Jean de), écuyer.	8618, 8619
Sillars (Guillaume ou Jean de).	8620
Sillart (Olivier), écuyer.	8621
Sillé (Guillaume, seigneur de), chevalier.	8622
Silly (Jacques de), écuyer.	8626
—— (Olivier de), écuyer.	8627
—— (Richard de), chevalier.	8628
Simandres (Pierre de), écuyer.	8629
Simiane (Bérenger de), chevalier.	8630
—— (Giraud de), chevalier.	8633
Simon (Mathelin), écuyer.	8634
Sinceny (Mahieu de).	8638
Sipière (Philibert de Marcilly, seigneur de).	5658, 5659
Sissy (Jean de), chevalier.	8639
Sivergues (Aurias de), écuyer.	8640
Soindres (Louis Hennequin, seigneur de).	4612
Soissons (Jean de), écuyer.	8647
Soisy (François de l'Hôpital, seigneur de).	4719
—— (Renaud de), chevalier.	8653–8655
Soize (Gérard, seigneur de), chevalier.	8656
Solle (Jean de), chevalier.	8660
Sombernon (Jean de), écuyer.	8661
—— (Perrin de), écuyer.	8662
Sombreffe (Godefroi de), chevalier.	8663
Soraye (Pierre de la), écuyer.	8666
Sorcy (Henri de), écuyer.	8667
Sorel (Girard Mauvoisin, seigneur de).	5927
—— (Jean de), écuyer.	8669, 8670
—— (Pierre de), écuyer.	8671
Sorviller (Jean de).	8672
Sote (Goussalo de), écuyer.	8675
Souastre (Baudouin, seigneur de), chevalier.	8676, 8677
—— (Jean de), chevalier.	8678
Souès (Lallemant de), chevalier.	8680
Souillé (Jean de), écuyer.	8681
Soulaire (Louis de), écuyer.	8682
Soules (Jean de), chevalier.	8684
Souligné (Renaud de), écuyer.	8685
Sourdeval (Jean Carbonnel, seigneur de).	1855, 1856
Sourdis (François d'Escoubleau, seigneur de).	3353
Soyecourt (Fresneau de), écuyer.	8695
—— (Hugues, seigneur de), chevalier.	8698
Sporquin (Jean), chevalier.	8710
Stalin (Gautier), écuyer.	8713
Stample (Gautier), écuyer.	8714
Stancon (Nicolas), écuyer.	8716
Standish (Henri), écuyer.	8719, 8720
Stapel (Jean), écuyer anglais.	8723
Steenbecque (Jean de), écuyer.	8724, 8725
Stenay (Jacques de), écuyer.	8726
Stendale (Richard de), écuyer.	8727
Stoke (Hugues), chevalier anglais.	8728
Stone (Thomas de), écuyer, d'Écosse.	8730, 8731
Strazeele (Jean de), chevalier.	8732
Stuart (Robert).	8734
Sudeley (Raoul Bouteiller, seigneur de).	1419
Sueil (Hugues), chevalier.	8736
Suhart (Roger), écuyer.	8739
Sully (Catherine de l'Isle-Bouchard, dame de).	9051
—— (Gui de la Trémoille, seigneur de).	9058, 9059
—— (Guillaume de), chevalier.	8740
—— (Jean de), écuyer.	8741
—— (Louis, comte de Guines, baron de).	4370
Surel (Jean), écuyer.	8742
Surgères (Gui de).	8743
—— (Guillaume de), chevalier.	8744
—— (Hugues de), chevalier.	8745
—— (Jean l'Archevêque, seigneur de).	239
—— (Joachim de Clermont, seigneur de).	2615, 2616
Surien (Hugues des Quesnes, dit).	7513, 7514
Surienne (François de), dit l'Aragonnais, chevalier.	8750
Survie (Nicolas, seigneur de), chevalier.	8754
—— (Robert de), chevalier.	8755
Survilliers (Colin de), écuyer.	8756
Syssoole (Jean de), chevalier.	8760
Tachaut (Jean), écuyer.	8761
Taillebourg (Anissant de Pins, seigneur de).	7192
—— (Charles de Coëtivy, seigneur de).	2647
—— (Prigent de Coëtivy, seigneur de).	2648
Taillecol (Alain de), dit l'Abbé de Male-Paie, écuyer.	8765 et 8766
Taillefer (Belot), écuyer.	8767
Taillevent (Guillaume), écuyer.	8768
Taillevent (Guillaume Tirel, dit).	8925

II. 57

TABLEAU SYSTÉMATIQUE

Taillier (Bertrand du), écuyer.................. 8769
Taisson (Raoul), chevalier.................... 8770
—— (Robert), écuyer............. 8771, 8772
Taix (Pierre de), chevalier.................... 8773
Talairan (Pierre de), écuyer.................. 8774
Talay (Guiot de), écuyer...................... 8777
—— (Héliot)................................. 8778
Talbot (Jean, seigneur de) et de Fournival....... 8783
Talleyrand (Hélie), chevalier............ 8788, 8789
—— (Raymond)................................ 8790
Talmont (François, comte de Guines, prince de)... 4368
Tampasture (Marc de)........................ 8794
Tanat (David), écuyer........................ 8795
Tangry (Jean de), écuyer...................... 8808
Tanlay (Pierre de), chevalier.................. 8809
Tannay (Guillaume de), écuyer................ 8810
Tanques (Jean de), écuyer.................... 8811
Tanus (Guillaume d'Arpajon, seigneur de)....... 294
Tartarin (Jean Roussel, dit).................... 8017
Taupin (Robert du Mesnil, dit)................. 6036
Tavannes (Gaspard de Saulx, seigneur de).. 8439, 8440
—— (Guillaume de Saulx, seigneur de)... 8441-8443
—— (Jean de Saulx, seigneur de)............ 8444
Telles (Arnaud des), écuyer.................... 8814
Tellier (Michel le), écuyer..................... 8817
Temple (Guillaume du), écuyer................ 8818
Teneu (Colart de), écuyer..................... 8819
Tenroy (Roger de)............................ 8820
Termes (Louis d'Ars, duc de).................. 313
Ternan (Gaspard de la Châtre, seigneur de)...... 2362
Ternant (Philippe de), chevalier................ 8822
Ternier (Édouard de), écuyer.................. 8823
Tertry (Guérard, seigneur de), chevalier......... 8832
Testevache (Diagodic, dit), écuyer.............. 3167
Teyran (Pierre de la Croix, seigneur de)......... 3035
Theil (Bertrand de Bonneval, seigneur du)..... 1214, 1215
Thélis (Vincent de), écuyer.................... 8836
Théméricourt (Bernard de), écuyer............. 8837
—— (Guillaume de), écuyer.................. 8838
Thenon (Bertrand de Born, seigneur de)......... 1947
Thibaud (Henri), chevalier............. 8844, 8846
—— (Jacques), écuyer....................... 8847
Thibouville (Guillaume de), chevalier....... 8849-8851
Thiennes (Baudouin de la Planque, seigneur de).. 7211
Thierry (Robert), chevalier.................... 8854
Thieuloye (Gilles, seigneur de la), chevalier. 8855, 8856
Thieux (Philippe des Essarts, seigneur de)....... 3406
—— (Tristan de Rostaing, baron de).......... 7966
Thiéville (Henri de), chevalier................. 8857

Thil (Pierre de), chevalier.............. 8861, 8862
—— (Jean du), écuyer....................... 8863
Thoilles (Jacques de Moy, seigneur de).......... 6590
Tholins (Jacques de Roussillon, seigneur de)..... 8029
Thoranne (Raoulin de), écuyer................. 8870
Thore (Guillaume de Montmorency, seigneur de)... 6416
Thou (Jean du Chastelet, seigneur de).......... 2267
Thouars (Milon de), chevalier.................. 8875
Thourotte (Jean de), chevalier................. 8878
Thubeauville (Henri de), dit Anieur, écuyer..... 8880
Thurey (Girard de), chevalier.................. 8884
—— (Thomas de), écuyer..................... 8885
Thury (Guillaume de Ferrières, baron de)....... 3573
Thusy (Colart de), dit Langlois, écuyer......... 8886
Tiercent (Alain du), écuyer.................... 8892
Tigné (Nicolas de), chevalier................... 8896
Tignonville (Louis de), chevalier............... 8898
Tigny (Philippot de), écuyer................... 8899
Tilladet (François de Cassagnet, seigneur de)..... 1896
Tillay (Jean de), chevalier.............. 8902, 8903
Tillée (Lancelot de la), écuyer................. 8904
Tillières (Jean de), écuyer..................... 8907
—— (Jean le Veneur, baron de).............. 9321
Tilliers (Gilbert de Halsat, baron de)........... 4404
Tilloy (Pierre de), écuyer..................... 8910
Tilly (Aubert de), écuyer..................... 8911
Tilly-Garnetot (Jean de), chevalier........ 8912-8914
Tinières (Jean de), chevalier.................. 8916
—— (Pierre de), écuyer..................... 8917
Tinory (Simon de), chevalier.................. 8918
Tintry (Jean de), chevalier.................... 8919
Tiranc (Gilbert), chevalier.................... 8922
Tirecoq (Bertrand), écuyer.................... 8924
Tirel (Jean), écuyer.......................... 8926
—— (Richard), écuyer....................... 8927
Tison (Arnaud)............................. 8928
—— (Hugues), chevalier..................... 8929
—— (Roger), chevalier...................... 8930
Toanart (Robert), écuyer..................... 8932
Toflet (Jacques), chevalier.................... 8933
Tois (Renaud de Vivonne, seigneur de).......... 9585
—— (Savary de Vivonne, seigneur de)......... 9587
Toligny (Acarie de), écuyer................... 8934
—— (Guillaume de), chevalier............... 8935
Tombebœuf (Anissant de Caumont, seigneur de).. 1933
Tombes (Jean de), écuyer..................... 8938
Tonnay-Boutonne (Aimar de Maumont, seigneur de)................. 5891, 5892
—— (Guérard de Maumont, seigneur de).. 5894-5896

Tonnay-Charente (Jean de Rochechouart, seigneur de).................................... 7816
Tonneins (Guillaume Ferréol, seigneur de)...... 3566
Tonneville (Jean de), écuyer................. 8940
Torcenay (Huguenin de), écuyer.............. 8943
—— (Jean de), écuyer..................... 8944
Torchapel (Henri)........................... 8945
Torcy (Colard d'Estouteville, seigneur de).. 3431, 3433
—— (Jean Blosset, seigneur de)............. 1091
Torel (Raoul)............................... 8948
Torigni (Hervé de Mauny, seigneur de).... 5904, 5905
—— (Olivier de Mauny, seigneur de)......... 5910
Torsay (Alexandre, bâtard de), écuyer.......... 8949
—— (Guillaume de), chevalier............... 8950
Tot (Thomas du), écuyer..................... 8953
Toujouse (Roger, seigneur de), chevalier........ 8954
Toulongeon (Frémin, seigneur de), chevalier..... 8955
Tour (Bernard de la)......................... 8960
—— (Espain de), damoiseau................. 8986
—— (Guillaume de la), chevalier............ 8961
—— (Guiot de la).......................... 8962
—— (Henri de la).......................... 8963
—— (Jean de la)........................... 8964
—— (Jean de la), chevalier................. 8965
—— (Jeanne de Lenoncourt, femme de Henri de la)...................................... 8966
—— (Pierre de la), chevalier..... 8969, 8971-8973
—— (Pierre de la), écuyer.................. 8970
—— (Pons de Roset, seigneur de la).......... 7956
—— (Seguin de la), écuyer.................. 8974
Tour-d'Auvergne (Anet de la), chevalier........ 8975
—— (Jean-Godefroi de la).................... 8979
Tour-Landry (Geoffroi de la), chevalier......... 8982
Tour-du-Pin (Aynart de la)................... 8985
Tourette (Guillaume de la), écuyer............ 8987
Tournay (Raoul de), chevalier................ 8990
Tournebœuf (Léon de), écuyer................ 8991
Tournebu (Gillot de), écuyer................. 8992
—— (Girard de), chevalier.................. 8993
—— (Gui de), chevalier..................... 8995
—— (Jean de)............................. 8996
—— (Pierre de), chevalier.. 8997-8999, 9001, 9002
—— (Richard de), écuyer................... 9003
—— (Robert de), chevalier.................. 9004
Tournelle (Hugues de la Roche, seigneur de).... 7785
—— (Jean de la), chevalier................. 9006
—— (Jeanne de la), dame d'Estouteville...... 9007
—— (Raoul de la).......................... 9008
Tournemine (Jean de), écuyer................ 9009

Tournemire (Tandon, bâtard de), écuyer........ 9010
Tournon (Just, seigneur de)................... 9017
—— (Odon de), chevalier................... 9020
Tourny (Guillaume de), chevalier.............. 9021
—— (Robert de Marigny, seigneur de)........ 5744
Tourpes (Antoine d'Estrées, seigneur de)........ 3444
Tours (Girard de), chevalier.................. 9023
—— (Seguin les), chevalier.................. 9025
Tourville (Robert de), écuyer................. 9026
Tourvoy (Charles de Montbron, seigneur de)... 6264
—— (Robert de Montbron, seigneur de)....... 6277
Toury (Gabriel de Clermont, seigneur de)....... 2599
Tourzel (Assailly de), chevalier.......... 9027, 9028
Toutain (Richardin), écuyer.................. 9030
Toys (Jean de), écuyer....................... 9031
Trainel (Garnier, seigneur de)................ 9032
—— (Guillaume Jouvenel des Ursins, seigneur de)...................................... 4959
—— (Helissende, femme de Garnier de)....... 9033
—— (Jean, seigneur de), chevalier........... 9034
—— (Marie de Barbençon, dame de)......... 646
—— (Michelle de Vitry, dame de)............ 9578
—— (Olivier de), écuyer.................... 9035
Tramblay (Guillaume le Vicomte, seigneur du).. 9407
Tranchevilliers (Guillaume de), chevalier........ 9036
Trasetes (Raoul de), chevalier................ 9037
Travernay (Jean de), chevalier................ 9038
Tréforest (Conrad de), chevalier.......... 9041, 9042
Trégomar (Auffroy le Voyer, baron de)........ 9615
Treignac (Guichard de Comborn, seigneur de).. 2678
—— (Hugues de), écuyer.............. 9044, 9045
—— (Jean, vicomte de Comborn, seigneur de).. 2679
Treillières (Guillaume de).................... 9046
Trélon (Jean de), écuyer..................... 9047
Trémagon (Yvon de), chevalier............... 9048
Tremblay (Jean Poignet du), chevalier......... 9049
Tremereuc (Roland de), écuyer............... 9050
Trémoille (Catherine de l'Isle-Bouchard, dame de la)...................................... 9051
—— (François, comte de Guines, seigneur de la). 4368 et 4369.
—— (Gui de la)............................ 9056
—— (Jeanne de la), dame de Rouvray-Saint-Simon.................................. 8053
—— (Louis, comte de Guines, seigneur de la)... 4370
Tremolet (Caylar du)........................ 9068
Treuquis (Robert du), écuyer............ 9070, 9071
Treourgal (Louis), écuyer.................... 9072
Tréperel (Roger de)......................... 9073

57.

TABLEAU SYSTÉMATIQUE

Tresiguidy (Morice de), chevalier................ 9075
Trianon (Louis de la Grange, seigneur du)....... 4212
Trie (Jean de), chevalier..................... 9082
—— (Jeanne de), dame de Livry-en-Launois.... 9083
—— (Patrouillart de), chevalier.............. 9086
—— (Philippe de), chevalier......... 9088, 9089
—— (Renaud de), chevalier............ 9091-9093
Trois-Monts (Raoul de)...................... 9099
Trossy (Jean de), écuyer..................... 9100
Trou (Louis de), écuyer...................... 9103
Trouillart (Pierre de Maucroux, dit)....... 5871-5873
Troumeaux (Gui de), chevalier................ 9104
Trousseau (Pierre)........................... 9108
Troussebois (Philippon de), écuyer............ 9109
Troussechien (Jean), écuyer................... 9111
—— (Louis), écuyer....................... 9112
Troussures (Pierre Richard, seigneur de)....... 7709
Truant (Guillaume le), écuyer................. 9114
—— (Jean le), écuyer..................... 9115
Trubeville (Robert de Sainte-Beuve, seigneur de).. 8309
Truflaut (Jean), écuyer..................... 9119
Trumelet (Jean), écuyer..................... 9120
Trun (Hervé du), écuyer..................... 9121
Tuart (Robert)............................... 9122
Tucé (Baudouin de Champagne, seigneur de).... 2119
Tupigny (Jean de), chevalier................. 9124
Turgoville (Jean de), écuyer................. 9127
—— (Jean de), chevalier.................. 9128
—— (Philippe de), écuyer................. 9130
Turquet (Antoine de la Tour, dit)........... 8959
Tussé (Guillaume de), chevalier.............. 9134
—— (Jean de), chevalier............ 9135, 9136
—— (Pierre de), chevalier................. 9137

Unssos (Fortanier d'), écuyer................ 9138
Urfé (Arnoul d'), chevalier.................. 9139
—— (Guichart d'), chevalier............... 9141
Urvo (Rostaing d')........................... 9144
Urvoy (Bertrand), écuyer.................... 9146
—— (Thomas), écuyer...................... 9147
Usie (Claude d'), écuyer..................... 9148
Uxelles (Artaud de Saint-Germain, seigneur d').... 8195
Uzerche (Pierre d'), écuyer................... 9150
Uzès (Artaut d'), chevalier................... 9151
Uzy (Guiot d')............................... 9158
—— (Philippot d'), écuyer................. 9159

Vabre (Gaubert de), damoiseau................ 9160
Vacongne (Henri de), chevalier............... 9161

Vacongne (Watier de), chevalier............... 9162
Vadant (Charles de Poitiers, seigneur de)...... 7246
Vaillac (Guillemon de), écuyer............... 9164
Vaires (Jean de), écuyer..................... 9167
—— (Pierre d'Avoir, seigneur de)........... 521
Vaissy (Roland de), chevalier................ 9169
Val (Thomas du), écuyer............... 9172, 9173
Valaine (Geoffroi de), écuyer........... 9174, 9175
Valcourt (Véry de), chevalier................ 9177
Val-de-la-Haye (Frémin du), chevalier......... 9179
Valence (Benoît Arb, dit)................... 229
Valence (Jules César de Saint-Severin, marquis
  de)....................................... 8283
Valette (Forton), écuyer.............. 9191, 9192
—— (Guillonnet), écuyer.................. 9193
—— (Hémar de), écuyer.................... 9194
—— (Jean de Nogaret, seigneur de la)....... 6767
—— (Jean-Louis de Nogaret, seigneur de la).... 6768
Valfin (Galois de la Baume, seigneur de)... 711, 713
Valhuon (Colart du), écuyer.................. 9197
Vallangoujard (Ansel de), écuyer.............. 9198
—— (Jean de), chevalier................... 9199
Vallée (Richard de la), écuyer............... 9200
—— (Yvonnet de la), écuyer................ 9201
Vallery (Girardet de)........................ 9202
Vallière (Fouquet de la), écuyer.............. 9203
Vallieu (Pierre de).......................... 9204
Valory (Gui de), chevalier................... 9211
Vancy (Guy de), chevalier.................... 9214
Vandelle (Jean de la), écuyer................ 9215
Vandenesse (Jean de Chabannes, seigneur de)..... 2019
  et 2020.
Vandières (Baudouin, seigneur de), chevalier..... 9216
—— (Oudinet de), écuyer.................. 9217
Vandonne (Floridas de), écuyer............... 9218
Vanoye (Antoine de Rochedragon, seigneur de la).. 7824
Vantoux (Claude de Saulx-Tavannes, seigneur de). 8437
  et 8438.
Vaquerie (Basset de la), écuyer............... 9222
—— (S. de la), écuyer.................... 9223
Vaquier (Guillaume), chevalier............... 9226
Varaize (Andrée de), dame de Malicorne....... 9227
—— (Jean de), écuyer..................... 9228
—— (Jean de), chevalier.................. 9229
Varambon (François de), chevalier............ 9230
Varambon (François de la Palud, dit)........ 6954
Varambon (Pierre de la Palud, seigneur de)..... 6955
Varangière (Jean, seigneur de la), chevalier..... 9231
Varderac (Guillaume de Montfaucon, seigneur de). 6322

Varengière (Jean du Hommet, seigneur de la).... 4701 et 4702.
— (Renaud du Hommet, seigneur de la)...... 4703
Varenne (Arnaud de la), écuyer................ 9233
Varennes (Achille de), chevalier................ 9234
— (Florent de), chevalier.................. 9235
— (Guillaume de), chevalier......... 9236-9238
— (Guillaume de), écuyer................. 9237
— (Huet de), écuyer....................... 9239
— (Jean de), chevalier.................... 9241
— (Jean de), écuyer......... 9240, 9243, 9244
— (Jean de Naga, seigneur de)....... 6627, 6628
— (Mahieu de), chevalier.................. 9245
Varois (Le Prudhomme de), chevalier..... 9247, 9248
Vasadel (Alzias), écuyer....................... 9250
Vasseur (Colart le).......................... 9257
Vatilieu (Philippe de la Tour, seigneur de)...... 8968
Vatonne (Pierre de), écuyer.................... 9258
Vauchelles (Raoul de), chevalier............... 9259
Vaucler (Guillaume de), écuyer................. 9260
— (Hervy de), écuyer..................... 9261
Vaucouleurs (Robert de Guitté, seigneur de)..... 4381
Vancourt (Jean de), écuyer..................... 9263
Vaud (Louis de Savoie, seigneur de)............ 8479
Vaudemont (Louis de), chevalier................ 9264
Vaudringhem (Bertrand de), écuyer.............. 9269
— (Étienne de), chevalier......... 9270, 9271
— (Guillaume, seigneur de), chevalier...... 9272
Vaugrigneuse (Guiot de), écuyer................ 9273
— (Jean de), écuyer...................... 9274
Vauguière (Louis d'Ars, comte de).............. 313
Vauvert (Antoine de Lévis, seigneur de)......... 5200
Vauville (Pierre de), écuyer.................... 9275
Vauvillers (Nicolas du Chastelet, seigneur de)... 2269
Vaux (Anieux de), écuyer...................... 9276
— (Gérardin de), écuyer................... 9277
— (Guillaume de), écuyer.................. 9278
— (Guiot de), écuyer...................... 9279
— (Huguenin de), écuyer................... 9280
— (Jacques des Champs, seigneur de)....... 2143
— (Jean de), écuyer....................... 9281
— (Pierre de), écuyer..................... 9283
— (Rogue de), écuyer...................... 9284
Vauxtourneux (Olivier de Silly, seigneur de).... 8627
Veau (Robin), écuyer.......................... 9289
Vedel (Arnaud), écuyer........................ 9291
Velnières (Gérard de), chevalier................ 9292
Velaux (Jean de), écuyer....................... 9294
Vélines (Arnaud de Cervolle, dit *Archiprêtre de*).. 1998

Vellart (Colin), écuyer......................... 9295
Vellefaux (Girard de Montfaucon, seigneur de)... 6319 et 6320.
— (Jacques de), écuyer.................... 9296
Vélu (Jean de), chevalier....................... 9297
Venais (François de Roquefort, seigneur de)..... 7944
Venasque (Geoffroi de), écuyer................. 9298
Vendegies (Guérard de), chevalier.............. 9299
Vendelles (Jean de), écuyer..................... 9300
Vendin (Baudouin de), chevalier................ 9301
Vendôme (Bouchard de), chevalier.............. 9302
— (Jean de), chevalier.................... 9305
— (Jean de), écuyer...................... 9306
— (Robert de), chevalier.................. 9314
Vendômois (Jean le), chevalier.................. 9317
— (Robert le), chevalier.................. 9318
Vendresse (Jean de), chevalier.................. 9320
Venerque (Guillaume du Fauga, seigneur de)... 3505
Veneur (Pierre le), chevalier.................... 9322
Venisin (Josselin le).......................... 9325
Venoix (Guillaume de), écuyer.................. 9326
— (Henri de), écuyer..................... 9327
— (Robin de), écuyer..................... 9328
Vensac (Élie de), chevalier..................... 9329
Ventadour (Gérard de), chevalier............... 9334
Ver (Baudouin le), écuyer...................... 9340
— (Doit le), écuyer....................... 9341
— (Jean de), écuyer...................... 9342
— (Jean de), chevalier.................... 9343
— (Robert de), écuyer.................... 9344
— (Robert de), chevalier.................. 9345
Verchin (Jean de), écuyer...................... 9348
Verchocq (Arnould de), chevalier....... 9350, 9351
Verdille (Jean de), dit *Robert*, chevalier......... 9353
Verdun (Colin de), écuyer...................... 9354
Verduzan (Oth de), chevalier................... 9358
Verfay (Hugues de), chevalier.......... 9359, 9360
Verger (Jean du), chevalier..................... 9362
Vergheas (Hugues de), chevalier................ 9363
Vergy (Guillaume de), chevalier........ 9365, 9366
— (Jean de), chevalier.................... 9367
Vérie (Jean de la), bâtard de Brabant, écuyer.... 9369
Vernay (Geoffroi de), écuyer, de Savoie......... 9371
— (Gilles) ou Vernel, écuyer............... 9372
— (Jean de), dit *le Bâtard*, écuyer......... 9373
— (Jean du), écuyer...................... 9374
Vernet (Jean de), écuyer....................... 9375
Vernot (Gérard de), chevalier................... 9378
Vernou (Jean de), écuyer....................... 9379

TABLEAU SYSTÉMATIQUE

Veroch (Gérard de), écuyer.................. 9380
Verou (Guillaume de), chevalier............... 9381
———— (P. de), écuyer........................ 9382
Verpillières (Jean de), chevalier............... 9383
Verquigneul (Jean de), chevalier.............. 9384
Verrier (Jean le), écuyer..................... 9386
Verrières (Jean de), écuyer................... 9387
Verriou (Peyrot du), écuyer................... 9388
Verrue (Jean de), chevalier................... 9389
Versal (Pierre), dit *du Cygne*, écuyer........... 9391
Vert (Jean le), chevalier...................... 9392
Verteuil (Geoffroi de la Rochefoucauld, seigneur de). 7859 et 7860.
Vervins (Jean de Coucy, seigneur de).......... 2840
———— (Renaud de Coucy, seigneur de)..... 2843-2845
Very (Gillet), écuyer......................... 9394
Veuxhaules (Simon de), écuyer................ 9395
Veyrac (Pierre de), écuyer.................... 9396
Vezousière (Renaud du Mas, seigneur de la)...... 5822
Vialars (Hugues de), chevalier................. 9399
Vianne (Guillaume de), écuyer................ 9401
Vians (Maître Jean de), écuyer................ 9402
Vic (Jean de), écuyer........................ 9403
Vicogne (Jean de la)......................... 9405
Vicomte (Gassin le), écuyer................... 9406
———— (Guillaume le), chevalier........... 9407
———— (Guiot le)......................... 9408
———— (Renaud le), chevalier........ 9409, 9410
Vidal (Louis), écuyer........................ 9411
Vie (Gérin de), chevalier..................... 9412
Vieil-Dampierre (Robert d'Ante, seigneur du).... 207
Vielle (Jean), écuyer................... 9414, 9415
Vieilleville (François de Scepeaux, seigneur de)... 8502
Viel (Michelle), veuve de Jean Martel, chevalier... 5799
Vienne (Guillaume de), chevalier.............. 9418
Vierville (Guillaume de), chevalier........ 9431, 9432
———— (Marie de), veuve de Jean de Fricamps..... 9433
———— (Philippe de), chevalier............. 9434
Vieuville (Jean de la), chevalier.......... 9436, 9437
———— (Pierre de la), chevalier......... 9439-9442
———— (Pierre Blosset, seigneur de)........ 1096
———— (Sohier de la), chevalier............ 9444
Vieux (Mermet de), écuyer.................... 9446
Vieux-Moulins (Philippe de), chevalier......... 9447
Vieux-Pont (Adam de), chevalier.............. 9448
———— (Jean de), chevalier................ 9449
———— (Laurent, seigneur de)............. 9450
———— (Robinet de), chevalier............. 9452
Viévy (Guillaume de), écuyer................. 9455

Vigève (Jean-Jacques Trivulce, marquis de)...... 9098
Vigier (Aimery), écuyer...................... 9456
———— (Arnaud), chevalier................. 9458
———— (Ayraut), écuyer................... 9459
———— (Bos), chevalier.................... 9460
———— (Foulques), chevalier............... 9461
———— (Jean), écuyer..................... 9462
———— (Pons), chevalier................... 9463
Vigne (Alain de la), écuyer.................... 9464
———— (Jacques Maillart, seigneur de la)...... 5502
Vignemont (Flament, seigneur de), chevalier..... 9465
Vignes (Pierre des), écuyer.................... 9466
Vignolles (Bertrand de), écuyer................ 9467
Villado (Pierre de), écuyer.................... 9470
Villafans (Antoine de), chevalier............... 9471
Villain (Richelet), chevalier................... 9474
Villaine (Jean de), chevalier................... 9475
Villaines (Barthélemy de), écuyer............... 9476
———— (Charles de), chevalier.............. 9477
———— (Pierre, seigneur de), écuyer........ 9478
Villar (Arnaud du), chevalier.................. 9483
Villarceaux (Nicolas de Mornay, seigneur de)..... 6505
Villars (Bornu de), écuyer..................... 9485
———— (Imbert de), écuyer................. 9486
———— (Philippe de Lévis, seigneur de)...... 5122
Villate (Antoine de Rochedragon, seigneur de la).. 7824
Villausel (Catherine de Couzan, dame de)....... 2940
Ville (Abraham de la Motte, seigneur de)........ 6533
———— (Hugart de), écuyer................. 9488
———— (Pierre de la), écuyer............... 9489
Villaudran (Charles de la), écuyer.............. 9490
———— (Jean de la), écuyer................ 9491
Villebéon (Jean de), chevalier.................. 9492
———— (Pierre de), chevalier............... 9493
Villeblanche (Mathieu de la), écuyer............ 9494
Villebois (Raymond de Marcuil, seigneur de)..... 5723
Villebon (Gui de), chevalier.................... 9496
———— (Jean d'Estouteville, seigneur de).... 3435, 3436
Villefalot (Renaud de), chevalier................ 9498
Villemaheu (Renier de), chevalier............... 9500
Villemor (Jacques de), chevalier................ 9504
Villeneuve (François de), chevalier.............. 9506
———— (Pierre de), écuyer............ 9509, 9510
Villeneuve-la-Cornue (Simon de Jouy, seigneur de), 4957
Villentrois (Foulques de), chevalier............. 9511
Villepesque (Ferri Briart, seigneur de)........... 1560
Villepion (Geoffroi de), chevalier............... 9512
Villequier (André, vicomte de la Guerche, seigneur de).. 4300

DES SCEAUX DE CLAIRAMBAULT. 455

Villequier (Claude, vicomte de la Guerche, seigneur de).. 4301
—— (Colart de), chevalier............ 9515, 9516
—— (Jean de Tournelu, seigneur de)......... 8996
Villereau (Pierre de), chevalier................ 9518
—— (Pierre de), écuyer.................... 9519
Villeret (Guillaume du) chevalier........ 9520, 9521
Villeron (Edme de Bar, seigneur de)............ 623
Villeroy (Jean de la Vicogne, seigneur de)....... 9405
Villers (Foulques de).................. 9523
—— (Prison de), écuyer.................... 9524
—— (Guillaume de), chevalier................ 9526
—— (Jacques de), écuyer.................... 9527
—— (Jean de), chevalier............ 9528, 9529
—— (Robert de), chevalier.................. 9530
—— (Thibaud de), écuyer................... 9532
Villersexel (François de la Palud, seigneur de)..... 6954
Villers-la-Rivière (Guillaume de), écuyer.......... 9533
—— (Jean de), chevalier............. 9534, 9535
Villers-sur-Authie (Colaye de Moreuil, dame de)... 6485
Ville-sur-Arce (Jean, seigneur de), chevalier..... 9539
Villette (Jean de), chevalier................... 9540
—— (Jean de), écuyer...................... 9541
Villiers (Guillaume de)....................... 9542
—— (Jean de), chevalier.................... 9543
—— (Mabiet de), écuyer.................... 9544
—— (Sauvage de), écuyer................... 9545
—— (Sauvage de), chevalier.................. 9546
Villiers de Saulx (Gilles de), chevalier............ 9547
—— (Jean de), chevalier..................... 9549
Villiers-le-Bel (Philippe de), chevalier.......... 9554
Vimont (Guillaume), écuyer................... 9559
Vinay (Aynart de la Tour-du-Pin, seigneur de)... 8985
Vinches (Jean de), écuyer..................... 9560
Vion (Mermet de), écuyer..................... 9565
Virieux (Amé de), écuyer...................... 9570
Viris (Jean de), écuyer........................ 9571
Virre (Jean de), écuyer........................ 9572
Vis (Guillemin de), écuyer..................... 9573
Vismes (Jean de Cayeux, seigneur de)....... 1973, 1974
Vissencourt (Philippot de), écuyer.............. 9575
Vissieu (Jacques de), chevalier.................. 9576
Vitermont (Adrien d'Hurnières, seigneur de)..... 4761
—— (Gilles de Neuville, seigneur de)........... 6722
Vitrac (Gilbert de Domme, seigneur de)......... 3202
Vitré (Gui, comte de Laval, seigneur de)......... 5131
Vitry (Michelle de), dame de Trainel............ 9578
Vitry-la-Ville (Henry de Clacy, seigneur de)..... 2534
Vittefleur (Pierre de)......................... 9579

Vivain (Jean de), écuyer..................... 9580
Vivier (Bernard-Guillaume, seigneur du), chevalier. 9582
Vivonne (Aimery de)......................... 9583
—— (Yèbles de), chevalier................... 9588
Vogué (Pierre de), écuyer..................... 9589
Voin (Geoffroi le), chevalier................... 9591
Voise (Guiot de), écuyer...................... 9592
—— (Jean de), chevalier..................... 9593
—— (Jean de), écuyer....................... 9594
Voisins (Jean de), chevalier.................... 9596
—— (Jean de), écuyer.................. 9595, 9597
—— (Sohier de), chevalier.................... 9600
Vollore (Jean de Chazeron, seigneur de)......... 2418
Vossemin (Marie, dame de).................... 9605
Voudenay (Eustache, seigneur de), chevalier...... 9606
—— (Guillaume de), écuyer................... 9607
Vouhet (Guillaume de), chevalier............... 9609
Vouillers (Audry de), écuyer................... 9610
Voulte (Louis d'Anduze, seigneur de la).......... 152
—— (Philippe de Lévis, seigneur de la)......... 5122
Vove (François de la), chevalier................ 9611
—— (Jean de la), écuyer..................... 9612
—— (Robert de la), écuyer.................... 9613
Voyer (Guillaume le), chevalier........ 9616, 9617
—— (Hugues le), écuyer..................... 9618
—— (Pierre le), écuyer...................... 9620
—— (Simon le), chevalier.................... 9621
Vrey (Thiébaud), écuyer...................... 9623
Vriermont (Briquet de), écuyer................. 9624
Vrigny (Jean de), écuyer...................... 9625
Vrine (Robinet de), écuyer.................... 9626
Vulpillère (Hugues de), chevalier............... 9628
Vy (Jean de), écuyer......................... 9629
—— (Simon de), écuyer...................... 9630

Wagnars (Jean), écuyer....................... 9631
Wailly (Jean, seigneur de), chevalier............ 9633
—— (Pierre de), chevalier.................... 9635
—— (Robert de), chevalier.................... 9636
Walincourt (Mahieu de), chevalier.............. 9640
Wanchy (Robert de), écuyer................... 9644
Wancourt (Jean de), chevalier............ 9645-9647
Wandonelle (Colart de), écuyer................. 9648
Warbreton (Thomas), écuyer................... 9650
Wargnies (Le Galois de), écuyer................ 9652
—— (Jean de), chevalier..................... 9655
—— (Robert de), chevalier.................... 9656
Warluzel (Morelet de), écuyer.................. 9666
Warnaudie (Pietre), écuyer.................... 9667

Warnicamp (Robert de), dit *Fournier*, écuyer	9668
Warnier (Colart), de Dury	9669
Warsies (Adam de), chevalier	9670
Warty (Françoise de), dame de Picquigny	9671
Waru (Pierre de), écuyer	9672
Watten (Jean, seigneur de), chevalier	9674, 9675
Wavrans (Britaut de), chevalier	9676
Wavrin (Robert de)	9678
Wez (Arnoul du), chevalier	9683
Wicart (Guillaume de Bours, dit)	1395, 1396
Willerval (Jean de), chevalier	9687
Willerval (Louis, seigneur de), écuyer	9689
—— (Pierre des Essarts, seigneur de)	3408
Win (Jean), dit *Poursuivant d'Amours*, écuyer	9694
Wissous (Pierre de), écuyer	9696
Wolston (Guillaume), écuyer	9697
Wynstryngham (Thomas), écuyer	9698
Yanis (Gilles Garsia de), chevalier	9701
Yaucourt (Jouffroi d')	9703
Yreux (Pierre d'), écuyer	9705
Yzernay (René de Daillon, seigneur d')	3110

VILLES.

Barcelonne	653
Condom	2726
Craon	2964
Domme	3301
Harfleur	4510
Lectoure	5147
Libourne	5223
Mas-d'Agenais (Le)	5823
Moissac	6150
Monclar-d'Agenais	6176, 6177
Monségur-en-Bazadais	6202
Montauban	6235
Monteuq	6290
Montréal	6448
Nantes	6648
Paris	6987
Rabastens	7543
Rouen	8002, 8003
Saint-Front	8184
Saint-Jean-d'Angely	8214
Saint-Valery-sur-Mer	8292
Toulouse	8958
Tour-Blanche (La)	8980
Tournon	9014
Winchelsea	9695
Amiens (Colard de Richebourg, bourgeois d')	7714
Bayeux (Philippe de Caumont, bourgeois de)	1952
Bourges (Gautier le Roy, bourgeois de)	8067
Bruges (Zegher le Meyere, échevin de)	6076
Bruxelles (Jean Juetensoen, échevin de)	4970
Caen (Garinnet Aubert, bourgeois de)	351
—— (Pierre le Flament, bourgeois de)	3629
—— (Jean le Marchand, bourgeois de)	5647
—— (Jean le Prévôt, bourgeois de)	7440
Châteauneuf (Guillaume Rebréchien, bourgeois de)	7608
Chaumont (Jean-Gilles, bourgeois de)	4072
Édimbourg (Roger Hog, bourgeois d')	4691
Hampton (Étienne Michel, bourgeois de)	6094
Joigny (Jean Gontier, bourgeois de)	4122
Nîmes (Jacques Mandol, bourgeois de)	5618
Orléans (Raoulet Renart, bourgeois d')	7648
Paris (Jean Barreau, changeur et bourgeois de)	668
—— (Bernardo Bellenati, marchand et bourgeois de)	858
—— (Huchon Berthélemy, changeur et bourgeois de)	950
—— (Jean de Bonnes, échevin et bourgeois de)	1304
—— (Pierre Chappelu, changeur et bourgeois de)	2200
—— (Jean Coquatrix, de Bonnes, échevin de)	2762
—— (Nicolas le Flament, drapier et bourgeois de)	3628
—— (Nicolas Fournier, bourgeois de)	3771
—— (André Giffart, changeur et bourgeois de)	4058
—— (Étienne Haudry, drapier et bourgeois de)	4536
—— (Jacques Luce, bourgeois de)	5412
—— (Jean Mandole, pelletier et bourgeois de)	5619
—— (Guillaume Marcel, changeur et bourgeois de)	5640
—— (Jean de Meaux, pelletier et bourgeois de)	5947
—— (Jean Poinglane, bourgeois de)	7236
—— (Garnot Robiolie, drapier à)	7779
—— (Pierre de Sainte-Marie, demeurant à)	8319

ÉCHEVINS, BOURGEOIS ET MARCHANDS.

Agen (Raymond del Caune, bourgeois et marchand d')	1958
Aigueperse (Durand Glenac, changeur à)	4095
—— (Durand Jobert, facteur de Guillaume de Nesson à)	4928
Amiens (Jean de Lessines, bourgeois d')	5184
—— (Jean Piquet, bourgeois d')	7196

Paris (Barthélemy Spifame, marchand et bourgeois de).................................	8702
—— (Édouard Tadelin, de Lucques, bourgeois de).................................	8762
Pont-l'Évêque (Robert du Mont, bourgeois de)...	6206
Rouen (Jean du Bosc, bourgeois de)............	1261
Soissons (Jean de Valenciennes, bourgeois de)....	9185

MÉTIERS ET PROFESSIONS.

Chartres (Jacques de), maître charpentier du roi pour tout le royaume....................	2245
Foucher (Robert), charpentier général du roi.....	3748
Sous-le-Four (Gilles de), chirurgien du roi pour visiter les malades de l'Hôtel-Dieu...........	8690
—— (Jean de), chirurgien du roi pour visiter les malades de l'Hôtel-Dieu.................	8691
Troyes (Jean de), chirurgien du roi pour visiter les malades de l'Hôtel-Dieu.................	9113
Bonacursi (Bandille), Lombard................	1181
Dupant (Jean), médecin du duc de Bourgogne....	3251
Cadart (Jean), médecin du dauphin.............	1746
Voyenne (Thomas de), médecin du comte de Nevers...................................	9614
Bosançon (Jean de), médecin du duc de Normandie.	964
Aire (Adam d'), orfèvre......................	53
Calain (Eudes), orfèvre de Paris...............	1756
Escot (Hennequin l'), orfèvre sur le pont de Paris.	3352
Julien (Guillaume), orfèvre du roi.............	4976
Maucreux (Jean de), orfèvre................	5870
Cantois (Vincent), plommier du roi.............	1808
Denis (Jacquet), garde des petits paniers de poisson aux halles de Paris......................	3150

COURS SOUVERAINES.

PARLEMENT DE PARIS.

Birague (René de), premier président..........	1029
Emeville (Pierre d'), président................	3304
Sens (Guillaume de), chevalier, premier président.	8561
Bellay (Eustache du), conseiller...............	841
Guérin (Jean), procureur en Parlement.........	4808
Gorges (Raoul de), huissier du Parlement.......	3971
Porte (Enguerran de la), huissier du Parlement...	7345
Blanchet (Pierre), maître des requêtes de l'hôtel...	1061
Blondel (Guillaume), maître des requêtes de l'hôtel...................................	1082
Boissay (Jean de), maître des requêtes de l'hôtel.	1160
Boistel (Alcaume), maître des requêtes de l'hôtel..	1172
Chamaillart (Maurice), doyen de Saint-Martin de Tours, maître des requêtes de l'hôtel.........	2089
Frenel (Pierre), maître des requêtes de l'hôtel....	3831
Girard (Jean), maître des requêtes de l'hôtel.....	4080
Mez (Ferri de), maître des requêtes de l'hôtel....	6078
Presles (Raoul de), maître des requêtes de l'hôtel..	7426
Castel (Jean du), premier huissier des requêtes, garde de la chambre du Parlement...........	1902

PARLEMENTS.

Les gens du conseil du roi ordonnés sur le gouvernement de Languedoc.................	5053-5055
Normandie (Échiquier de)....................	6785
Geoffroi Herbert, évêque de Coutances, président de l'échiquier de Normandie..............	2925

CHAMBRE DES COMPTES.

Jean d'Augeran, évêque de Chartres, président...	2246
Mailly (Jean de), évêque de Noyon, président....	6811
Plancy (Nicolas de), maître des comptes....	7209, 7210
Vaudetar (Jean de), maître des comptes.........	9267
Meudon (Jean le Bâcle de), conseiller à la Chambre des comptes, chevalier...................	6058
Arnaud (Raymondet), des comptes du roi.......	287
Boursier (Alexandre le), des comptes du roi.....	1401
Chastelé (Jean), des comptes du roi............	2265
Comptes (Les gens des)................	2708-2714
Galeranne (Marie la), huissière de la Chambre des comptes.............................	3913
Roussel (Pierre), huissier de la Chambre des comptes................................	8018
Thomas (Louiset), fils de Galeran Thomas, huissier de la Chambre des comptes.................	8866
Mareuil (Jean de), auditeur des comptes du Dauphiné.................................	5722
Croix (Pierre de la), maître des comptes à Montpellier	3035
Renaud Chauveau, évêque de Châlons, maître des comptes du duc de Normandie.............	2080
Pâquier, évêque de Meaux, des comptes du roi à Rouen.................................	5949

LE CHÂTELET.

Alègre (Gabriel), baron et seigneur d'), chambellan du roi, prévôt de Paris.....................	76

Aubriot (Hugues), chevalier, garde de la prévôté de Paris................................. 377
Barre (Jean de la), comte d'Étampes, prévôt de Paris.................................. 3458
Beson (Simon), lieutenant du prévôt de Paris..... 970
Paris (Jean de Bonnes, prévôt des marchands de).. 1205
Châtel (Tanneguy du), chevalier, prévôt de Paris... 2301
Essarts (Pierre des), chevalier, prévôt de Paris.... 3407
Estouteville (Jean d'), chevalier, prévôt de Paris... 3435
Folleville (Jean, seigneur de), chevalier, garde de la prévôté de Paris................. 3671, 3672
Loré (Ambrois, seigneur de), prévôt de Paris..... 5355
Marchand (Audry), chevalier, garde de la prévôté de Paris................................. 5646
Tignonville (Guillaume, seigneur de), chevalier, prévôt de Paris....................... 8897
Beson (Simon), conseiller au Châtelet........... 970
Germonville (Jean de), conseiller au Châtelet..... 4043
Guérin (Jean), conseiller au Châtelet............ 4303
Jouvenel des Ursins (Jean), conseiller au Châtelet.. 4953
Keranbars (Yves de), conseiller au Châtelet....... 4989
Laitre (Euslache de), conseiller au Châtelet....... 5013
Sous-le-Four (Gilles de), chirurgien du roi, conseiller au Châtelet..................... 8690
—— (Jean de), chirurgien du roi, conseiller au Châtelet........................... 8691
Troyes (Jean de), chirurgien juré du roi, conseiller au Châtelet........................ 9113
Turc (Guillaume le), conseiller au Châtelet....... 9125
Vé (Pierre de), conseiller au Châtelet............ 9288
Gigot (Jean), examinateur au Châtelet........... 4066
Bouvroy (Milon de), examinateur au Châtelet..... 8057
Châtelet de Paris (Greffe du)................... 2309
Bois Aurem (Jean du), sergent, audiencier et garde de la seconde porte du Châtelet............ 1142
Aubigeois (Jean l'), aide à l'entrée des «plaidoueres» du Châtelet............................. 367

CHEVALIERS DU GUET DE NUIT DE PARIS.

Enfernet (Bertrand d'), chevalier, garde du guet.. 3313
Huissart (Nicolas), lieutenant du chevalier du guet................................... 4758
Rochette (Louis de Bouent, dit de la)............ 7877
Ville-Robert (Olivier de la).................... 9522
Villiers-le-Bel (Philippe de), chevalier........... 9552
—— (Pierre de)............................. 9555

SERGENTS DU GUET DE NUIT DE PARIS.

Acquin (Jourdain)............................ 10

Alain (Jean)................................. 56
Belleval (Tassin)............................. 864
Blaive (Jean)................................ 1043
Bouc (Michelet le)........................... 1289
Bruxelles (Jean de).......................... 1666
Buchet (Girard)............................. 1676
Chapon (Geoffroi)........................... 2196
Charpentier (Eugène le)...................... 2231
Chesne (Pierre du)........................... 2459
Cirier (Jean le)............................. 2532
Clicque (Jean).............................. 2618
Conrart (Henri)............................. 2741
Courray (Hervé)............................ 2896
Dampont (Raoulet de)........................ 3128
Dangereux (Jean le)......................... 3129
Doux (Yvonnet le)........................... 3227
Dowas (Jean)............................... 3231
Errant (Roger).............................. 3339
Fresnay (Jean du)........................... 3833
Fruitier (Oudin le).......................... 3880
Glorion (Jean).............................. 4101
Godin (Jean)............................... 4105
Gouvieux (Jean de).......................... 4175
Grand (Jean le)............................. 4202
Guérin (Raoul)............................. 4304
Héronst (Jean).............................. 4639
Maignen (Jean)............................. 5494
Maillet (Jean).............................. 5519
Maunoury (Blanot).......................... 5898
Menn (Jean)................................ 6072
Mire (Adenet le)............................ 6128
Moulin (Pierre du).......................... 6556
Néret (Pierre).............................. 6691
Olivier (Jean).............................. 6854
Polart (Renaud)............................. 7265
Pont-Saint-Pierre (Barthélemy de)............ 7328
Porte (Guillemin de la)...................... 7347
Posteau (Guillaume)......................... 7361
Prat (Denisot du)........................... 7398
Queste (Guillaume).......................... 7518
Seguin (Guillaume).......................... 8521
Tigier (Jean)............................... 8894
Vaillant (Jean)............................. 9165
Ventigle (Hennequin de)..................... 9338
Villain (Pierre)............................. 9473

SERGENTS DE LA DOUZAINE.

Audry (Nicolas)............................. 396
Bide (Richard).............................. 1005

DES SCEAUX DE CLAIRAMBAULT. 459

Dagobert (Jean)............................ 3101	Seluet (Jean)............................. 8532
Dommiers (Jean de)......................... 3205	Tisserand (Jean le)........................ 8931
Fromentin (Colin).......................... 3872	Vaucouleurs (Jean de)...................... 9062
Galiot (Philippot).......................... 3919	
Garnier (Jean)............................. 3981	SERGENTS À CHEVAL DU CHÂTELET.
Grochet (Perrin de)......................... 4273	
Houssy (Jacques de)......................... 4742	Hays (Jean).............................. 4574
Pied-de-Cerf (Jean)......................... 7158	Portier (Aleaume le)....................... 7359
Pilleur (Jean le)............................ 7186	Rochefort (Jean de)........................ 7841
Poivre (Raoulet le).......................... 7256	Tellier (Jean le)........................... 8816

JURIDICTIONS EXTRAORDINAIRES.

Maréchaussée de France................ 5686-5688	Rivière (Jean de la), prévôt du maréchal de France, comte de Retz................... 7751, 7752
Berthelot (Roland), prévôt des connétables et maréchaux de France........................ 951	Ronchaut (Hector de), prévôt des connétables et maréchaux de France..................... 7924
Boymer (Jean de), dit d'Ast, prévôt des maréchaux de France....................... 1450, 1451	Saules (Alabre des), écuyer, prévôt des maréchaux de France............................ 8424
Harbonnières (Mahieu de), lieutenant du prévôt des maréchaux de France..................... 4458	Molliens (Pierre de), sergent à cheval de la prévôté des maréchaux....................... 6155
Lahroye (Pierre de), écuyer, prévôt des maréchaux de France en Saintonge.................... 5001	

COURS PROVINCIALES.

Château-Gontier (Cour de)................... 2286	Poitiers (Cour de).................... 7247, 7248
Montfort (Sceaux aux contrats du comté de)...... 6333	Vendômois (Cour de)....................... 9316
Nancy (Cour de)............................ 6645	

BAILLIAGES ET SÉNÉCHAUSSÉES.

Angoulême (Sénéchaussée d')................. 181	Melun (Bailliage de)....................... 5971
Brienne (Bailliage de)....................... 1598	Montargis (Bailliage de).................... 6234
Caen (Bailliage de).................... 1749, 1750	Rouen (Bailliage de)....................... 7995
Cotentin (Bailliage de)...................... 2836	Saint-Jean-d'Angely (Sénéchaussée de)........ 8215
Guise (Bailliage de la terre de)................ 4377	Saintonge (Sénéchaussée de)................. 8330
Louviers (Bailliage de)...................... 5408	Senlis (Bailliage de)....................... 8554
Lyon (Sénéchaussée de)..................... 5447	Tours (Bailliage de)....................... 9022
Meaux (Bailliage de)........................ 5945	Villedieu (Bailliage de)..................... 9497

PRÉVÔTÉS.

Augy (Prévôté d')........................... 182	Nogent-sur-Seine (Prévôté de)............... 6775
Nevers (Prévôté de)......................... 6740	

VICOMTÉS.

Avranches (Vicomté d'). 526, 527	Pontorson (Vicomté de). 7326
Breteuil (Vicomté de). 1525	Tancarville (Vicomté de). 8806
Carentan (Vicomté de). 1864	Valognes (Vicomté de). 9206
Cervelle (Vicomté de la). 1995	Vire (Vicomté de). 9568, 9569

CHÂTELLENIES.

Châtelux (Châtellenie de). 2315	Mantes (Châtellenie de). 5628
Lihons (Châtellenie de). 5265	Vendôme (Châtellenie de). 9303

TABELLIONAGES.

Mortain (Tabellionage de la vicomté de). 6523	Rosières (Tabellionage de). 7958

BAILLIS ET SÉNÉCHAUX.

BAILLIS D'ABBEVILLE.

Biencourt (Hugues de). 1008
Malicorne (Mahieu). 5598
Martaineville (Raoul de). 5774
Queux (Philippe de). 7522

SÉNÉCHAUX D'AGENAIS ET DE GASCOGNE.

Balsac (Robert de). 601-603
Barbazan (Arnaud-Guilhem, seigneur de), chevalier banneret. 633
Helleville (Gobert de), chevalier du roi, bailli d'Agen. 4603
Marle (Arnoul de), chevalier. 5749
Montaut (Ote, seigneur de), chevalier. 6250
Rabastens-sur-Tarn (Pierre-Raymond de). 7545
Raffin (Antoine), dit *Poton*, chevalier. 7560
Terride (Raymond-Jourdain de), chevalier. . . . 8829

BAILLI D'AIRAINES ET D'ARGUEL.

Mustel (Jean). 6615

SÉNÉCHAL D'ALBIGEOIS.

Chabannes (Jacques de), chevalier. 2014

BAILLIS D'ALENÇON.

Harlyng (Robert), chevalier. 4515, 4516
Redford (Henri), chevalier. 7632

BAILLI D'AMIENS.

Auxy (Philippe d'), chevalier, seigneur de Dompierre. 495

SÉNÉCHAUX D'ANGOULÊME.

Bataillé (Guillaume), chevalier banneret. 688
Bouteiller (Guillaume le), chevalier. 1410
Montbron (Jacques, seigneur de), chevalier. 6269, 6270 et 6272.
Vergne (Ligon de la), écuyer, lieutenant du sénéchal. 9364

BAILLI D'ARRAS.

Piquet (Jacques). 7195

BAILLI D'AUTUN.

Huilly (Jean d'), écuyer. 4757

BAILLIS ET SÉNÉCHAUX D'AUVERGNE.

Chaillo (Raoul), chevalier. 2058

Lare (Pierre de), bailli des montagnes.......... 5085
Langeac (Jean, seigneur de), chevalier.......... 5047

BAILLIS D'AUXERRE.

Calleville (Colart de), chevalier................ 1762
Clayette (Marc de la), chevalier................ 2566

SÉNÉCHAL DE BAZADAIS.

Montferrand (Gaston, seigneur de), chevalier.... 6328

SÉNÉCHAUX DE BEAUCAIRE ET DE NÎMES.

Balsac (Rauffet, seigneur de), chevalier.... 599, 600
Breuc (Pierre du), chevalier du roi............ 1540
Châteauneuf (Antoine de), chevalier............ 2289
Crussol (Charles de), vicomte d'Uzès...... 9152, 9153
—— (Jacques de), vicomte d'Uzès, chevalier.... 9156
Meuillon (Guillaume de), chevalier banneret. 6061-6063
Saint-Nectaire (Jean de).................... 8246

BAILLIS DE BERRY.

Stuart (Béraud)............................ 8733
Vendôme (Jean de)......................... 9308

SÉNÉCHAUX DE BIGORRE.

Isle-en-Jourdain (Bertrand de l'), chevalier...... 4800
Lavedan (Arnaud de)....................... 5140
Terride (Bertrand de), chevalier.... 8824, 8826-8828

SÉNÉCHAUX DU BOULONNAIS.

Ailly (Sarrasin d'), chevalier.............. . . 44
Estrées (Antoine d'), chevalier................ 3444

BAILLIS DE BOURGES.

Dicy (Guillaume de)........................ 3170
Grand (Hugues)............................ 4201
Meudon (Jean le Bâcle de), chevalier.......... 6058

BAILLIS DE CAEN.

Alègre (Gabriel, baron et seigneur d'). 77
Aubert (Guérin), lieutenant général du bailli..... 354
Breton (Guillaume), chevalier.......... 1528, 1529
Haryngton (Richard), chevalier.............. 4524
Silly (Jacques de)............................ 8625
Willoughby (Robert, seigneur de), lieutenant aux bailliages de Caen, Cotentin et Alençon....... 9692

SÉNÉCHAUX DE CARCASSONNE.

Arlende ou Erlende (Guillaume d'), chevalier. 267, 3334
Barbazan (Thibaud de)..................... 639

Lévis (Jean de)............... 5211, 5213, 5214
Roussillon (Girard de), chevalier............. 8025

BAILLIS DE CAUX.

Aubusson (Antoine d'), chevalier, seigneur du Monteil.............................. 382, 383
Bernard (Gautier), commis du bailli de Caux à Gournay................................. 927
Chaponval (Jean de)....................... 2198
Charny (Geoffroi de), chevalier............... 2229
Cossé (Artus de), chevalier................. 2822
—— (René de), chevalier.................... 2833
Montgommery (Jean de), chevalier....... 6343, 6344
Rouault (Jacques), chevalier............. 7972-7975
Spencer (Hugues), écuyer................... 8700

BAILLI DE CHARTRES.

Coningham (Philippe de), chevalier............ 2740

BAILLIS DE CHAUMONT.

Arrentières (Jean, seigneur d')........ 309
Clacy (Henri de), chevalier.................. 2534
Tintry (Jean, seigneur de), chevalier..... 8920, 8921

BAILLIS DE COTENTIN.

Aubert (Jean), lieutenant du bailli de Cotentin en la vicomté de Carentan.................... 355
Harpeley (Jean), chevalier................... 4518
Jozel (Robert), lieutenant général du bailli.... 4967
Mas (Jean du)........................... 5820
Puy (Jean du)........................... 7494
Spencer (Hugues), écuyer................... 8701

BAILLI DE CRÉCY.

Prés (Jean des)........................... 7419

BAILLI DE DREUX.

Gaudin (Eustache), chevalier................ 3993

BAILLI DE LA CHÂTELLENIE D'ÉPERLECQUES.

Zontenai (Simon de)....................... 9709

BAILLI D'ÉTAMPES ET DE GIEN.

Archevêque (Eudes l')...... 235

BAILLIS D'ÉVREUX.

Annebault (Claude d'), chevalier de l'ordre..... 192
Barton (Robert), lieutenant du bailli.......... 686
Cosse (Pierre), lieutenant du bailli........... 2820

Gower (Thomas), écuyer.................. 4182
Haugest (Jean de), chevalier............. 4441
Wallier (Richard), écuyer................ 9641

SÉNÉCHAL ET GOUVERNEUR DES FRONTIÈRES DE FLANDRE.

Précy (Philippe de), chevalier........... 7414

BAILLI DE GRÉSIVAUDAN.

Urre (Jean d'), écuyer.................. 9143

GOUVERNEUR DU SOUVERAIN BAILLIAGE DE LILLE, DOUAI, ORCHIES.

Ribemont (Eustache de)............. 7695, 7696

BAILLI DE LIMOGES.

Bérenger (Jean)....................... 908

BAILLIS ET SÉNÉCHAUX DE LYON.

Estuer (Jean d'), chevalier.............. 3453
Groslée (Imbert de), chevalier........... 4280

BAILLIS DE MÂCON.

Archimaut (Pierre), chevalier du roi..... 247
Groslée (Imbert de), chevalier........... 4280
Laye (Olivier de), chevalier du roi....... 5144
Maubuisson (Gilles de), chevalier........ 5859

BAILLIS DE MANTES.

Guethin (Richard), chevalier............. 4317
Hanford (Jean), chevalier................ 4418
Hoo (Thomas), chevalier................. 4713

BAILLIS DE MEAUX.

Gace (Boniface)........................ 3888
Gast (Louis), chevalier................. 3986

BAILLIS DE MELUN.

Aubert (Pierre), écuyer................. 357
Marcognet (Enguerran de), chevalier..... 5668
Melun (Charles de), écuyer.............. 5972

BAILLIS DE MONTFERRAND.

Chazeron (François de).................. 2417
Rivière-Labatut (Poncet de), chevalier... 7762
Taloresse (Estevenot de), écuyer........ 8793

BAILLI DE PARIS.

Barre (Jean de la), comte d'Étampes..... 3458

SÉNÉCHAUX DE PÉRIGORD ET DE QUERCY.

Chabot (Gui), chevalier................. 2036
Espagne (Arnaud d'), chevalier...... 3376, 3377
Herpedenne (Jean), chevalier............ 4645
Lubert (Jourdain de).................... 5411
Marmande (Pierre de), chevalier......... 5755
Montfaucon (Guillaume de), chevalier.... 6322

SÉNÉCHAUX DE RODEZ.

Arpajon (Jean d'), chevalier............. 299
Roland (Guillaume), chevalier........... 7912

BAILLIS DE ROUEN.

Barbou (Renaud)........................ 652
Cousinot (Guillaume), chevalier..... 2915, 2916
Estouteville (Jean d'), chevalier........ 3435
Fontaine (Guillaume de la), lieutenant général du bailli. 3686
Polin (Pierre), lieutenant du bailli..... 7274
Rochechouart (Charles de), chevalier... 7802, 7803
Salvain (Jean).......................... 8370
Vipart (Guillaume), chevalier, lieutenant en la vicomté d'Auge.................. 9566, 9567

SÉNÉCHAUX DE ROUERGUE.

Carmaing (Arnaud de), chevalier, seigneur de Nègrepelisse........................... 1873
Ferrières (Pierre de), chevalier......... 3578
Mortemer (Gui Sénéchal, seigneur de).... 6525
Roland (Guillaume), chevalier....... 7913, 7914

BAILLIS DE RUE.

Keuret (Jean), dit *Poulain*............. 4997
Magnier (Guillaume le).............. 5487, 5488

SÉNÉCHAUX DE SAINTONGE.

Angle (Guichard d'), seigneur de Plain-Martin, chevalier du roi.......................... 170
Bertrand (Jean), chevalier............... 959
Coq (Hervé le), chevalier................ 2757
Gouffier (Guillaume).................... 4140
Magnac (Itier, seigneur de)............. 5497
Maillé (Hardouin de), chevalier......... 5511
Naillac (Guillaume de), chevalier....... 6633
Rochechouart (Jean, vicomte de)........ 7816
Roquenecade (Bertrand de), chevalier... 7948

BAILLI DE SAINT-PIERRE-LE-MOÛTIER.

Montmorin (Pierre de), chevalier du régent..... 6434

DES SCEAUX DE CLAIRAMBAULT.

BAILLIS DE SENLIS.

Baux (Bertrand des), chevalier	727
Broue (Pierre du), chevalier du roi	1541
Épogny (Colart d'), écuyer	3321
—— (Colart d'), chevalier	3322
Haquin (Gilles)	4455
Huval (Robert de), écuyer	4777
Précy (Pierre de), écuyer	7416
Rully (Henri de), lieutenant général du bailli	8109
Thiant (Jean de), chevalier	8843
Vendresse (Jean de), écuyer	9319

BAILLIS DE SENS.

Galleville (Colart de), chevalier	1762
Châtelet (Renaud du)	2307
Mailly (Thévenin de)	5540
Marcenat (Berthon de)	5642

BAILLI DE THÉROUANNE.

Broiefort (Jean)	1610

SÉNÉCHAUX DE TOULOUSE ET D'ALBIGEOIS.

Baux (Agout des), chevalier	723
Blainville (Jean de), chevalier	1038
Bonnay (Jean de), chevalier	1193
Chabannes (Jacques de), chevalier	2013, 2014
Chabannes (Joachim de), chevalier	2027
Maingre (Jean le), dit *Boucicaut*, chevalier	5550
Montfaucon (Girard de), chevalier	6318, 6319
Rivière-Labatut (Bernard de)	7760
Rochechouart (Aimery de), chevalier	7796
—— (Antoine de), chevalier	7800, 7801
Solignac (Béraud, seigneur de), chevalier	8659

BAILLIS DE TOURNAY, TOURNÉSIS, ETC.

Launay (Mahieu de), chevalier	5107
Moy (Jacques de), chevalier	6587

BAILLI DE TOURS.

Bigot (Jean)	1018

BAILLIS DE TROYES.

Savoisy (Eudes, seigneur de), chevalier	8483
Soissons (Jean de), chevalier	8648

BAILLIS ET SÉNÉCHAUX DE VERMANDOIS.

Arrentières (Jean, seigneur d'), chevalier	308
Bos (Tristan du), chevalier	1259
Fay (Godemart du), chevalier	3513
Fonsomme (Gobert de), chevalier, sénéchal	3678
Paris (Michel de)	6988
Staise (Guillaume)	8712
Tillay (Jamet de)	8901
Vieulaines (Jacques de), lieutenant du bailli	9435
Vignolle (Étienne de), dit *la Hire*	9468
Villiers-Mourier (Gui, seigneur de)	9558

BAILLI DE VIENNOIS.

Maché (Artaud)	5459

BAILLIS DE VITRY.

Bricon (Guiot de)	1571
Joinville (Érart de), chevalier	4938
Orge (Jean, seigneur d'), chevalier	6879
Sars (Jacques de), chevalier	8410
Saulx (Colart de), chevalier	8430

PRÉVÔTS.

Moy (Jean de), écuyer, prévôt de la cité de Laon	6591
Vretet (Pierre), écuyer, prévôt de Lille	9622
Prévôts de Paris. *Voyez* le Châtelet.	

VIGUIERS.

Mas (Aimery du), damoiseau, viguier de Figeac	5817
Salles (Raymond de), chevalier, viguier de Figeac	8363
Morières (Ausias de), écuyer, viguier de Pont-Saint-Esprit	6498
Maubeuge (Jean de), viguier de Rochemaure	5858
Arquen (Galehaut d'), chevalier, viguier de Toulouse	302
Aumône (Robert de l'), sous-viguier de Toulouse	411
Neuville (Gratien de la), damoiseau, viguier de Toulouse	6731
Parade (Gaston de la), viguier de Toulouse	6960

VICOMTES.

Villers (Guillaume de), chevalier, vicomte de Breteuil. 9525
Barre (Jean de la), vicomte de Bridurs. 3458
Renouf (Aimery), vicomte de Coutances. 7671
Gourdel (Jean), vicomte d'Évreux. 4151
Laitre (Robert de), vicomte de Gisors. 5014
Val (Bobert du), vicomte de Hougueville. 9171
Martel (Jean), lieutenant général du vicomte d'Orbec. 5795
Sage (Raoul le), vicomte de Roucheville. 8141

OFFICES DE JUSTICE.

Maître des requêtes du duc d'Anjou et de Touraine. — Michel du Dureux. 3261
Maître des requêtes de l'hôtel du duc de Normandie. — Payen de Maillé, chevalier. 5516
Maître des requêtes de l'hôtel du comte de Poitiers. — Jean de Cruzy, chanoine de Bourges. 3055
Procureur du roi au bailliage d'Amiens. — Robert Baillet. 568
—— Hugues de Puis. 7474
—— Jean de la Trenquie. 9069
Procureur du roi au bailliage d'Auxerre. — Pierre Cousinot. 2918, 2919
Procureur de la sénéchaussée de Beaucaire. — Guillaume de Lèdre. 5148
Procureur général de Dauphiné. — Jacques de Saint-Germain. 8198
Procureur de la judicature de Lauraguais. — Jacques de Nogarède. 6764
Procureur du roi au bailliage de Mâcon. — Jean de Neuilly. 6712
Procureur du roi en Ponthieu. — Pierre de Laisseau. 5012
Procureur du roi en cour pontificale. — Simon de Bourich. 1380
Procureur général du roi au bailliage de Rouen et en Normandie. — Henri Picart. 7151
Procureur général de la sénéchaussée de Rouergue. — Pierre de Cosins. 2818
Procureur général de la sénéchaussée de Toulouse et d'Albigeois. — Vital de Nogaret. 6772
Procureur de Viennois et de Valence. — Antoine Garin. 3974
Juge mage d'Agenais. — Pierre Dairelzer. 3112
Juge d'Auch. — Bernard Mars. 5770
Juge-major des appels du Dauphiné. — Bergadan de Montclar. 6287
Juge de Fezensac. — Bernard Mars. 5771
Juge mage et lieutenant général en Périgord. — Pierre de Marquessac, écuyer. 5768
Juge de Rivière. — Jacques Vivat, clerc. 9581
Juge de Sannazaro dans le Milanais. — Bandelli (Antoine). 609
—— Bandelli (Henri). 610
Juge en la sénéchaussée de Toulouse. — Bertrand de Nogaret. 6765
Juge mage à Toulouse. — Bertrand de Nogaret. .. 6766
Juge de Viennois et de la terre de la Tour. — Antoine Toulousain. 8957
Avocat général du roi. — Jean Jouvenel des Ursins. 4953
Avocat au Parlement. — Jean de Germonville. .. 4043
—— Eustache de Laitre. 5013
—— Jean des Marès. 5713
—— Guillaume le Turc. 9195
—— Pierre de Vé. 9288
Avocat du roi en la cour de l'évêque d'Amiens. — Renaud du Bos. 1258
Avocat et conseiller du roi en la vicomté de Bayeux. — Robert de Caumont. 1955
Avocat et conseiller du roi en la vicomté de Falaise. — Michel Bras de Fer. 1487
Avocat et conseiller du roi de Sicile. — Olivier Tillon. 8908
Avocat à Rouen. — Roger de Hobes. 4688
Avocat en cour laic. — Yves de Keraulars. 4989
Avocat. — Jean Acart. 9
Licencié en droit. — Jean Sarpe. 8404
Jurisconsulte. — «Petrus Socii» d'Escoulet. 8642
Notaire du roi. — Jean de Châtillon. 2348
Clerc de l'écrivainerie d'Aingoulaincourt. — Guillemin Raoul. 7590
Écrivain de l'écrivainerie de Bar-sur-Aube. — Jacques de Saint-Belin. 8162

DES SCEAUX DE CLAIRAMBAULT. 465

Écrivain de l'écrivainerie de Bourdons. — Guillaume
Girard, prêtre............................ 4079
Notaire de Condom. — Jean Bertrand........... 960
Sergent du roi au bailliage d'Amiens. — Jean
Bouton.................................... 1426
—— Robert Renier........................ 7662
Sergent fieffé de Coiffy. — Jean Lallemant...... 5018
—— Nicolas Pauvre-Allemand............... 7019

Sergent fieffé de Coiffy. — Perrinot Mairot....... 5561
—— Thomas de Soyers..................... 8699
—— Renaud Taverne....................... 8813
Sergent de la châtellenie de Torcy-en-Brie. — Jean
Cordelledieu............................... 2778
Sergent de Tosny. — Pierre de Gaillon......... 3894
Sergent du roi. — Andrieu de Marouil......... 5719
—— Jacques de Meurchin................... 6074

OFFICES DE GUERRE.

GOUVERNEURS.

Montagu (Thomas de), comte de Salisbury, gouverneur du duché d'Alençon.................. 8351
Sansac (Louis de), chevalier de l'ordre, gouverneur du pays et duché d'Angoulême............ 8392
Bellegarde (César de), gouverneur en Angoumois, Saintonge, Aunis, etc..................... 849
Fastolf (Jean), chevalier, gouverneur d'Anjou et du Maine.................................. 3497
Sassenage (François, seigneur de), gouverneur d'Apt................................... 8418
Séchelles (Pierre, seigneur de), chevalier, gouverneur d'Artois............................. 8515
Rochefoucauld (Jean-Louis de la), gouverneur au pays d'Auvergne.......................... 7863
Clayette (Marc de la), chevalier, gouverneur d'Auxerre................................... 2566
Lorraine (Ferri de), gouverneur du duché de Bar.. 5360
Sourdeval (André de), chevalier de l'ordre, gouverneur de Belle-Isle........................ 8687
Huart (Béraud), gouverneur de Berry.......... 8733
Vendôme (Jean de), gouverneur de Berry....... 9308
Barbençon (Alard de), seigneur de Donstiennes, gouverneur du comté de Blois............. 643
Aunoy (Jean d'), gouverneur de Bourges........ 437
Chabot (Philippe), chevalier de l'ordre, gouverneur de Bourgogne......................... 2050
Épinac (Pierre d'), chevalier de l'ordre, gouverneur de Bourgogne......................... 3328
Roucy (Robert, comte de), gouverneur de Bourgogne.................................... 7990
Gui, comte de Laval, gouverneur de Bretagne.... 5131
Amboise (Charles d'), seigneur de Chaumont, gouverneur de Champagne et de Langres......... 114
Montagu (Thomas de), comte de Salisbury, gouverneur de Champagne et de Brie............ 8350

Coustave (Gui), gouverneur de Clermont en Auvergne.......................... 2922, 2923
Bauchan (Jean, seigneur de), gouverneur des terres du connétable de France................. 698
Chabot (Gui), chevalier, gouverneur de Coucy.... 2036
Boves (Guillaume des), gouverneur de Crèvecœur, Arleux, Rumilly, Saint-Souplet........... 1439
Bouville (Charles, seigneur de), gouverneur du Dauphiné.................................. 1432
Joyeuse (Randon de), chevalier, gouverneur du Dauphiné........................... 4963, 4964
Laire (Guillaume de), chevalier, gouverneur du Dauphiné.......................... 5008-5010
Laval (Louis de), gouverneur du Dauphiné...... 5134
Maingre (Geoffroi le), dit *Boucicaut*, gouverneur du Dauphiné................................. 5549
Bouchavesnes (Antoine de), chevalier, gouverneur de Doullens.............................. 1393
Choiseul (Renard de), chevalier, gouverneur des frontières de Flandre...................... 2505
Précy (Philippe de), chevalier, gouverneur des frontières de Flandre........................ 7414
Hoo (Thomas), chevalier, gouverneur de France et de Normandie............................ 4714
Hoos (Robert), chevalier, gouverneur de France et de Normandie............................ 7931
Bourbon (Henri de), prince de Navarre, gouverneur de Guienne........................ 6671
—— (Henri de), roi de Navarre, gouverneur de Guienne................................. 6672
Comminges (Odet d'Aydie, comte de), gouverneur de Guienne.............................. 2697
Foix (Odet, comte de), gouverneur de Guienne... 3667
Bourbonnais (Charles, duc de), gouverneur de Languedoc................................. 1361
Clermont-Lodève (Guilhem, seigneur de), chevalier, lieutenant du gouverneur de Languedoc...... 2603

II. 59

Joyeuse (Guillaume, vicomte de), gouverneur de Languedoc... 4961
Comminal (Constantin), gouverneur du marquisat de Montferrat... 2688
Comte (Thierri le), chevalier, gouverneur de Montpellier... 2716
Cousinot (Guillaume), chevalier, gouverneur de Montpellier... 2917
Croix (Guillaume de la), écuyer, gouverneur de la ville et de la baronnie de Montpellier... 3027
Suzanne (Jean de), gouverneur de Mouzon... 8758
Rouvray-Saint-Simon (Alphonse de), gouverneur de Navarre... 8050
Barre (Jean de la), comte d'Étampes, gouverneur de Paris... 3458
Saluces (Michel-Antoine, marquis de), gouverneur de Paris et de l'Île-de-France... 8369
Bisches (Guillaume de), chevalier, gouverneur de Péronne, Montdidier et Roye... 1034
Humières (Jean, seigneur d'), gouverneur de Péronne, Montdidier et Roye... 4764, 4765
—— (Louis d'), chevalier, gouverneur de Péronne, Montdidier et Roye... 4766
Bourbon (Louis de), prince de Condé, gouverneur de Picardie... 2723, 2724
Laisseau (Pierre de), lieutenant du gouverneur de Ponthieu... 5012
Angoulême (Henri d'), grand prieur de France, commandant en Provence... 179
Chabot (Gui), chevalier, gouverneur de la Rochelle. 2037 à 2039.
Guerche (André, vicomte de la), gouverneur de la Rochelle... 4300
Jambes (Jean de), chevalier, gouverneur de la Rochelle... 4842
Montauban (Jean, seigneur de), gouverneur de la Rochelle... 6237
Montmaur (Jacques de), chevalier, gouverneur de la Rochelle... 6391
Naillac (Guillaume de), chevalier, gouverneur de la Rochelle... 6633
Villaines (Pierre de), chevalier, gouverneur de la Rochelle... 9481, 9482
Carbonnières (Christophe de), seigneur de Chambéry, gouverneur de Rocroi... 1858
Malestroit (Jeanne de), veuve de Tanneguy du Châtel, gouvernante de Roussillon... 5583
Moreuil (Arthur de), chevalier, gouverneur de Thérouanne... 6482

Aumont (Jean, seigneur d'), écuyer, gouverneur du Tonnerrois... 614
Vaudrey (Philibert de), écuyer, gouverneur du Tonnerrois... 9268
Ligne (Geoffroi de), commandant à Verdun en l'absence du gouverneur... 5242
Losse (Jean de), chevalier de l'ordre, gouverneur de Verdun et Verdunois... 5369, 5870
Saulx-Tavannes (Gaspard de), chevalier de l'ordre, gouverneur de Vermandois... 8440

CHÂTELAINS.

Cœurdor (Pierre), châtelain d'Aire... 2652
Épinal (Guillaume d'), écuyer, châtelain du Grand Château d'Angoulême... 3327
Croix (Guillaume de la), écuyer, châtelain d'Aumelas... 3027
Bavelinghem (Michel de), écuyer, châtelain de Bavelinghem... 733
Ghier (Adenoulle le), écuyer, châtelain de Bavelinghem... 4048
Verchin (Hugues de), écuyer, châtelain de Beauquesne... 9346
Dainville (Jean de), chevalier, châtelain de Beaurain... 3111
Pennon (Robert), écuyer, châtelain de Beauvoir... 7067
Rebretengues (Jean de), écuyer, châtelain de Belle... 7609
—— (Jean de), chevalier, châtelain de Belle... 7612
Moy (Jacques de), chevalier, châtelain de Bellencombre... 6588
Bergues (Jean de), chevalier, châtelain de Bergues... 913
Clolet (Gilles), chevalier, châtelain de Bonneval... 2510
Cintray (Jean de), écuyer, châtelain de Breteuil... 2529
Ourville (Henri d'), châtelain de Caen... 6921
Wargnies (Robert de), chevalier, châtelain de Caen. 9658
Mortel (Guillaume), châtelain de Château-Gaillard... 5778
Machault (Jean de), écuyer, garde du château et de la garenne de Choisy... 5455, 5456
Montaut (Bertrand de), chevalier, châtelain de Cintegabelle... 6243
Châtenay (Jean de), chevalier, châtelain de Coiffy... 2318
Deuilly (Henri de), chevalier, châtelain de Coiffy... 3165
Hangest (Jacques de), garde du château de Corbeil... 4428
Gosseaume (Raymond), chevalier banneret, châtelain de Courtrai... 4127

Hardinthun (Guillaume de), écuyer, châtelain de Crécy... 4503
Mercier (Jean le), châtelain de Creil... 6004
Raincheval (Hugues de), écuyer, châtelain du Crotoy... 7568
Hesdigneul (Jean de), écuyer, châtelain de l'Écluse. 4653
Sainte-Aldegonde (Jean de), châtelain d'Éperlecques... 8302
Ostove (Enguerran d'), châtelain d'Étaples... 6912
Sault (Guillaume-Arnaud de), dit *Huchuste*, châtelain d'Évreux... 8426
Martel (Guillaume), chevalier, châtelain de Falaise... 5777
—— (Jean), chevalier, châtelain de Falaise... 5792
Berchem (Jean de), écuyer, châtelain de Fiennes.. 900
Bournel (Hugues), chevalier, châtelain du Gard... 1385
Loras (Guichard de), écuyer, châtelain de Gimont.. 5353
Lévis (Jean de), châtelain de Giroussens... 5211, 5213
Cave (Otte), écuyer, châtelain de Hardelot... 1970
Hardinthun (Morel de), chevalier, châtelain de Hardinthun... 4505
Launoy (Jean, seigneur de), chevalier, lieutenant du châtelain d'Hesdin... 5111
Villiers-le-Bel (Jean de), banneret, châtelain de de l'Isle-Adam... 9550
Montigny (Baudet de), écuyer, châtelain de Lavaur... 6355
Montaut (Gérard de), châtelain de Leucate... 6244
Gand (Solier de), chevalier du roi, châtelain de Lille... 3934
Luxembourg (Louis, comte de), châtelain de Lille.. 5258
Angennes (Renaud d'), chevalier, châtelain et capitaine du Louvre... 162, 164
Aubiac (Azémar d'), châtelain de Madaillan... 365
Savoisy (Philippe de), chevalier, châtelain de Melun... 8488
Perdrisat (Hugues le), chevalier, châtelain de Montcuq... 7084
Saint-Geniez (Arnaud de), châtelain de Montcuq.. 8191 à 8193.
Courgy (Guillaume de), châtelain de Montéclère... 2889
Houdelaincourt (Jean de), écuyer, lieutenant du châtelain de Montéclère... 4734
Beaujeu (Étienne de), écuyer, châtelain de Montigny... 772
Chastelet (Renaud du), chevalier, châtelain de Montigny en Bassigny... 2272
Licques (Jean de), écuyer, châtelain de la Montoire. 5231 à 5233.

Patrignon (Jean), écuyer, châtelain de la Motte de Bar-sur-Aube... 7004
Quien (Guillaume le), écuyer, châtelain de la Motte-lès-Marquise... 7524
Brunen (Richard), châtelain des Moulineaux... 1648
Harcourt (Louis d'), chevalier, châtelain des Moulineaux... 4493
Agen (Pierre d'), châtelain de Najac... 22
Aumont (Pierre d'), chevalier, châtelain de Neauphle-le-Château... 420
Bréauté (Adrien de), chevalier, châtelain de Néville et de Bouffe... 1495
Pot (René), chevalier, châtelain de Nîmes... 7366
Rabastens (Bertrand de), écuyer, châtelain de Nogent en Bassigny... 7544
Gauville (Guillaume de), châtelain d'Orbec... 4000
Montaut (Ote, seigneur de), chevalier, châtelain de Penne... 6248
Bisches (Guillaume de), chevalier, seigneur de Clary, châtelain de Péronne... 1034
Mesnil (Richard du), écuyer du roi, châtelain de Pont-de-l'Arche... 6035
Caumont (Guillot de), damoiseau, sergent d'armes du roi, châtelain de Puycelcy... 1945, 1946
Montmaur (Jacques de), chevalier banneret, garde du château de Revel... 6393
Reut, dit *le Borgne*, écuyer, châtelain de Ribemont... 7689
Brécy (Jacques de), écuyer, châtelain de Rigny-sur-Saône... 1503
Sachin (Henri de), garde du château de la Roche-Solutré... 8132
Noyer (Huguet de), écuyer, châtelain de Roquemaure... 6803
Touneville (Jean de), chevalier, châtelain de Rouen. 8941
Cordrenbroch (Philippe de), châtelain de Rupelmonde... 2784
Voorhout (Hector de), chevalier, châtelain de Saeftingue... 9603
Seaume (Jean), écuyer, châtelain et viguier du château de Saint-André et de la tour du bout du pont de Villeneuve-lès-Avignon... 8510
Humières (Jean, seigneur d'), chevalier, châtelain de Saint-Omer... 4763
Sgakane (Robert), châtelain de Saint-Omer. 8611
Sainte-Marthe (Guillaume-Raymond de), chevalier, châtelain de Saint-Puy... 8321, 8322
Bouafle (Martin de), garde du château de Sainte-Gemme et des quatre étangs de Raiz... 1281

Saulx (Jean de), chevalier, châtelain de Sainte-Menehould............................... 8433
Lettes (Nicolas de), chevalier, châtelain du pont de Saintes............................... 5193
Villes (Guillaume de), écuyer, châtelain de Saintes. 9537
Bandelli (Antoine), châtelain de Sannazaro dans le Milanais.............................. 609
Bérard (Arnaud), châtelain de Sompuis........ 894
Tangry (Guillaume de), écuyer, châtelain de Souverain-Moulin............................. 8807
Roy (Pierre), chevalier, lieutenant du château de Talmont............................... 8072
Belalbre (Raymond), châtelain de Tarbes....... 837
Arpajon (Guillaume d'), châtelain de Thuriès... 293 et 294.
Renty (Oudart de), châtelain de Tournehem et d'Audruicq................................. 7675
Chepoix (Thibaud de), châtelain de Tours....... 2443
Ambonville (Jean d'), écuyer, châtelain de Vassy... 123

CAPITAINES.

Montbron (Jacques, seigneur de), capitaine en Angoumois................................ 6270
Monjean (Briant, seigneur de), capitaine au pays d'Anjou et du Maine..................... 6373
Apchon (Guillaume, seigneur d'), capitaine général d'Auvergne............................ 220
Roche (Hugues de la), capitaine général au pays d'Auvergne.............................. 7785
Terride (Bertrand de), chevalier, capitaine de Bigorre................................ 8826, 8827
Arbo (Jean d'), écuyer, capitaine général de Bourgogne................................ 231
Trémoille (Guillaume de la), capitaine de gens d'armes envoyés au service de la duchesse de Brabant................................ 9060
Nesle (Gui de), maréchal de France, capitaine général de Bretagne, d'Anjou et du Maine....... 6699
Rochefort (Thibaud, seigneur de), capitaine en Bretagne de gens d'armes et d'archers.......... 7847
Préaux (Pierre, seigneur de), chevalier, capitaine aux bailliages de Caen et de Cotentin........ 7406
Enfant (Jean l'), lieutenant au pays de Caux..... 3310
Préaux (Pierre, seigneur de), chevalier, capitaine des frontières de Caux..................... 7405
Châtelet (Pierre du), capitaine des nobles des ban et arrière-ban du bailliage de Chaumont....... 2306
Breuilly (Raoul, seigneur de), chevalier, capitaine des nobles de l'arrière-ban de Cotentin.. 1547, 1549

Flandre (Riflard, bâtard de), capitaine général du pays de Flandre......................... 3635
Rambures (Andrieu, seigneur de), chevalier, capitaine du pays de West-Flandre.............. 7576
Coucy (Enguerran de), comte de Soissons, capitaine général de Guienne.................... 8646
Isle-en-Jourdain (Jean, comte de l'), capitaine général de Languedoc....................... 4806
Palud (Pierre de la), capitaine en Languedoc..... 6955
Rabastens-sur-Tarn (Pierre-Raymond de), capitaine général en Languedoc.................. 7545
Rochechouart (Aimery de), chevalier, capitaine général en Languedoc....................... 7796
—— (Aimery de), capitaine souverain des évêchés de Limoges, Tulle, des comté de la Marche, vicomté de Limoges, etc..................... 7795
Bricquebec (Robert-Bertrand, seigneur de), capitaine des frontières de la mer au pays de Normandie. 1573
Ferté-Fresnel (Jean, seigneur de la), capitaine en basse Normandie................... 3591, 3592
Guesclin (Bertrand du), capitaine souverain en la province de Rouen........................ 4310
Mauny (Hervé de), chevalier banneret, capitaine de la basse Normandie...................... 5904
Paynel (Guillaume), capitaine en basse Normandie. 7036
Montfaucon (Guillaume de), chevalier, capitaine de Périgord et de Quercy................... 6322
Cossé (Charles de), chevalier, capitaine général des bandes de chevau-légers en Picardie et Hainaut.. 2826
Longroy (Jacques, seigneur de), lieutenant du capitaine général de Picardie................... 5326
Luxembourg (Waleran de), comte de Ligny, capitaine général de Picardie et West-Flandre..... 5261 à 5263.
Sempy (Jean, seigneur de), chevalier, capitaine du pays de Picardie................... 8538-8540
Daillon (Gui de), comte du Lude, lieutenant en Poitou.............................. 5415, 5416
Guillon (Renaud de), chevalier, capitaine de Poitou. 4364
Hangest (Jean, seigneur de), chevalier, capitaine de Poitou et de Saintonge..................... 4449
Mortagne (Pons de), chevalier du roi, capitaine des sénéchaussées de Poitou, Saintonge, Angoumois et Limousin............................. 6518
Landas (Jean de), chevalier, capitaine souverain sur les frontières de Ponthieu, de Boulogne et de Guines................................. 5033
Magnac (Itier, seigneur de), capitaine de Saintonge, Poitou et Limousin........................ 5479

DES SCEAUX DE CLAIRAMBAULT. 469

Nanteuil (Jean de), capitaine souverain en Sain-
tonge.................................. 6650
Paillé (Guillaume du), lieutenant du capitaine de
Saintonge.............................. 6940
Sassenage (Aubert, seigneur de), chevalier, capi-
taine souverain en Saintonge.............. 8416
Dampierre (Milon de), écuyer, capitaine des nobles
du bailliage de Sens..................... 3125
Vendôme (Jean, bâtard de), écuyer, capitaine des
francs-archers des élections de Sens et de Langres................................... 9307
Palud (François de la), dit *Varambon*, lieutenant
et capitaine général du comte de Vaudemont.... 6954
Joinville (Érart de), chevalier, capitaine des gens
d'armes du bailliage de Vitry.............. 4938
Arnaud (Louis), écuyer, seigneur de la Roche, capitaine de gens d'armes et de trait............ 317
Boker (Jennequin), écuyer, capitaine de gens
d'armes et de trait....................... 580
Beaumont (Thomas de), chevalier banneret, capi-
taine de gens d'armes et de trait............ 796
Coningham (Joachim de), capitaine d'hommes
d'armes et d'archers écossais............... 2739
Espinasse (Étienne de l'), chevalier, capitaine de
gens d'armes et de trait................... 3391
Gough (Mathieu), écuyer, capitaine de gens d'armes
et de trait....................... 4129, 4133
Boulogne (Léon de), capitaine de brigands. 1338, 1339
Pise (Ours de), capitaine de brigands......... 7201
Wertel (Perduche), capitaine de brigands...... 9682
Banthelu (Simon de), écuyer, capitaine d'une com-
pagnie................................. 620
Bueil (Jean de), capitaine d'une compagnie..... 1694
Crussol (François de), chevalier, capitaine d'Aigues-
Mortes................................. 3048
Quiéret (Pierre), écuyer, capitaine du château d'Ai-
raines................................. 7532
Ramburcs (David, seigneur de), chevalier, capi-
taine du château d'Airaines............... 7578
Colembert (Jean de), chevalier, sire du fort d'Alem-
bon................................... 2658
Fastolf (Jean), chevalier, capitaine d'Alençon..... 3494
à 3496.
Gower (Thomas), écuyer, lieutenant à Alençon.... 4183
Oldhalle (Guillaume), chevalier, capitaine d'Alençon. 6847
Wideville (Richard de), chevalier, capitaine d'Alen-
çon................................... 9685
Calonne (Jean), écuyer, capitaine du fort d'Al-
quines................................ 1766

Maubuisson (Oudart de), chevalier du roi, capitaine
d'Amiens....................... 5861, 5862
Marcilly (Foulques de), chevalier, capitaine d'Anet. 5654
Châtelliers (Huet des), écuyer, capitaine du petit
châtelet d'Angoulème..................... 2311
Rosoy (Jean de), écuyer, capitaine «d'Annemours». 7962
Cateplume (Baudouin), capitaine «d'Arcambronne». 1918
Haryngton (Richard), chevalier, capitaine d'Ar-
gentan................................ 4523
Montaigu (Jean de), chevalier, capitaine d'Argen-
tan................................... 6217
Aubusson (Antoine d'), chevalier, capitaine d'Ar-
ques.................................. 383
Bouteiller (Raoul), chevalier, capitaine d'Arques... 1419
Cliston (Gervais), lieutenant du capitaine d'Arques. 2628
Devereux (Gautier), chevalier, capitaine d'Ar-
ques.................................. 3477
Mailly (Ferri de), capitaine d'Arques.......... 5525
Montgommery (Jean de), chevalier, capitaine d'Ar-
ques.................................. 6344
Norbery (Jean), écuyer, capitaine d'Arques...... 6784
Rouaut (Jacques), chevalier, capitaine d'Arques... 7972
à 7974.
Torcy (Colard, seigneur de), chevalier, capitaine
d'Arques.............................. 8946
Pessan (Bertrand de), écuyer, capitaine d'Astaffort. 7128
à 7130.
Chaffrois (Pierre), chevalier, capitaine d'Aubeterre. 2056
Châtillon (Arnaud de), chevalier, capitaine d'Aube-
terre.................................. 2322
Pouques (Jean de), chevalier, capitaine du nouveau
château d'Audenarde..................... 7390
Fartin (Ostelin de), écuyer, capitaine du château
d'Audrehem............................ 3492
Griboval (Jean de), écuyer, capitaine d'Audrehem. 4248
Polart (Jean), écuyer, capitaine d'Audruicq..... 7264
Lampet (Jean), écuyer, lieutenant à Avranches.. 5026
à 5030.
Veneur (Jean le), capitaine d'Avranches........ 9321
Galard (Viguier de), écuyer, capitaine de Balarin... 3910
à 3912.
Berglus (Manaut de), écuyer, capitaine de Barce-
lonne........................... 911, 912
Haye (Renaud de la), capitaine du fort de Bar-
fleur.................................. 4565
Avion (Jean d'), écuyer, garde de la Bassée....... 518
Breton (Guillaume), chevalier, capitaine de Bayeux. 1528
Gough (Mathieu), écuyer, capitaine de Bayeux. 4131, 4132
à 4134.

470 TABLEAU SYSTÉMATIQUE

Vieux-Pont (Yves de), chevalier, capitaine du château de Bayeux............................ 9454
Tiercelin (Charles), chevalier, capitaine de Beaumont-en-Argonne........................ 8890
Wysfild (Jean), écuyer, capitaine de Beaumont-le-Roger................................. 9699
Heilly (Jacques, seigneur de), chevalier, capitaine de Beauquesne........................ 4584
Biron (Bonafous de), chevalier, capitaine de Beauvoir................................. 1082
Joigny (Jean de), chevalier, capitaine de Beauvoir-sur-Mer et de la terre de Belleville...... 4835, 4836
Hébert (Pierre), écuyer, capitaine de Belle....... 4577
Bonneval (Antoine de), chevalier, capitaine du château de Belver en Sardaigne.............. 1210
Breuc (Jean du), écuyer, capitaine du fort de Berles. 1539
Esne (Jean de l'), écuyer, capitaine de Bernay..... 3277
Fleggue (Jean), écuyer, capitaine de Bernay...... 3645
Gavre (Rasse Mulart de), chevalier, capitaine de Bierwliet............................... 4006
Corel, chevalier, capitaine de Blasson?........... 2785
Cholet (Gilles), chevalier banneret, capitaine de Bonneval................................ 2512
Antèges (Amanieu d'), écuyer, capitaine de Bouloc. 208
Hangest (Jean, seigneur de), chevalier banneret, capitaine de Boulogne-sur-Mer.................. 4440
Isques (Colart d'), chevalier, capitaine de Boulogne-sur-Mer............................. 4814, 4815
Joly (Pierre), capitaine de 12 compagnies à Boulogne-sur-Mer............................. 4941
Mortagne (Jean de), chevalier banneret, capitaine de Boulogne-sur-Mer...................... 6515
Sempy (Jean, seigneur de), chevalier, capitaine de Boulogne-sur-Mer...................... 8537
Bachivillers (Jean de), chevalier, capitaine de Breteuil, Conches et Orbec................. 550
Melun (Guillaume de), chevalier, capitaine de Breteuil................................. 5977
Ivry (Guillaume, seigneur d'), chevalier, capitaine de Breval................................ 4826
Blanchart (Jean), chevalier, capitaine de Brévillers................................. 1055
Féranville (Pierre de), écuyer, capitaine de Brisambourg................................. 3553
Cloy (Jean du), écuyer, capitaine du fort de Brunembert................................. 2633
Conant (Guise), capitaine du château de Brunembert................................. 2717
Budos (Andrieu de), capitaine de Budos... 1682, 1683

Chabannes (Joachim de), chevalier, capitaine de Buzet................................. 2027
Loupiac (Jean de), écuyer, capitaine du château de Cabrières.............................. 5400
Brinkeley (Jean), écuyer, lieutenant du capitaine de Caen............................. 1591, 1592
Dryland (James), écuyer, lieutenant à Caen....... 3247
Silly (Jacques de), capitaine de Caen........... 8625
Vayrols (Gauzelm de), chevalier, capitaine de Cahors............................... 9285
Mauvoisin (Jean), chevalier banneret, capitaine de Calais................................ 5931
Cloy (Adam du), écuyer, garde de la tour de Campagne............................... 2632
Tillet (Oudet de), écuyer, capitaine de Campagne................................ 8905
Castelnau (Guion, seigneur de) et de Clermont, capitaine de la Carbonnière-lès-Aigues-Mortes..... 1908
Down (Griffyth), écuyer, capitaine de Carenton.... 3207
Robersart (Jean de), chevalier, capitaine de Carentan................................ 7764
Balsac (Pierre de), écuyer, capitaine de Castelculier................................. 597
Fort ou Four (Guillaume du), écuyer, capitaine de Castelnau-d'Auzan.................. 3721, 3760
Béo (Pierre de), écuyer, capitaine de Castelnau-Rivière............................. 889, 890
Verduzan (Jean de), chevalier, capitaine de Casteron. 9356 et 9357.
Bourgeois (Guillaume), capitaine de Catus....... 1373
Eyton (Foulques), écuyer, capitaine de Caudebec... 3481 et 3482.
Neuville (Bernard de), écuyer, capitaine de Caudrot................................. 6718
Carmaing (Arnaud de), chevalier, capitaine de Caussade................................. 1871
Bouteiller (Anseau le), écuyer, garde et capitaine du pont de Charenton....................... 1407
Corbie (Huet de), écuyer, capitaine du pont de Charenton................................. 2777
Mercier (Robinet le), commis en l'absence du capitaine du pont et de la forteresse de Charenton... 6006
Beaumont (Gui de), chevalier, capitaine de Chartres................................. 787
Séchaut (Imbert), chevalier, capitaine de Chartres.. 8512
Beaumont (Thomas de), chevalier, capitaine de Château-Gaillard................... 795, 797, 798
Bishopstone (Guillaume de), chevalier, capitaine de Château-Gaillard........................ 1635

DES SCEAUX DE CLAIRAMBAULT. 471

Léon (Jean du), chevalier, capitaine de Château-Gaillard. 5170
Martel (Guillaume), chevalier, capitaine de Château-Gaillard. 5783, 5784
—— (Jean), chevalier, capitaine de Château-Gaillard. 5794
Treu (Amaury de), capitaine du Château-du-Loir. . 9102
Sainte-Hermine (Arnaud de), écuyer, capitaine de Châteauneuf. 8314
Tigné (Jean de), écuyer, capitaine de Châtillon.... 8895
Fay (Pierre de), écuyer, capitaine de Chaumont-en-Vexin. 3518
—— (Pierre de), dit *Oiselet*, chevalier, capitaine de Chaumont-en-Vexin. 3516, 3517
Ayen (Ferrando d'), capitaine de Cherbourg. 532
Gower (Thomas), écuyer, lieutenant à Cherbourg.. 4184
—— (Thomas), écuyer, capitaine de Cherbourg.. 4185
Norbery (Henri), chevalier, lieutenant à Cherbourg. 6782
Paulet (Martin), capitaine de Cherbourg. 7011
Raffin (Antoine), dit *Poton*, chevalier, capitaine de Cherbourg. 7560
Babin (Jean), chevalier, capitaine de Chevreuse. .. 545
Bueil (Jean de), chevalier, capitaine de Chinon.... 1690
Garguesalle (Jean de), capitaine de Chinon....... 3972
Remeneuil (Guillaume de), chevalier, capitaine des châteaux de Chinon. 7642
Rochechouart (Antoine de), chevalier, capitaine de Cintegabelle. 7800
Tiercent (Jean de), capitaine de la Cité. 8893
Ailly (Mahieu d'), dit *Sarrasin*, capitaine de Clermont-en-Beauvoisis. 43
Maillé (Robert de), écuyer, capitaine de Clinchamp. 5518
Roussillon (Girard de), lieutenant à Cognac. 8024
Cardonne (François de), capitaine du château de Collioure. 1861
Flavy (Guillaume de), écuyer, capitaine de Compiègne. 3641
Blosset (Pierre), dit *le Moine*, capitaine de Conches. 1096
Burghill (Richard), écuyer, capitaine de Conches... 1735
Standish (Henri), écuyer, capitaine de Conches.... 8717
Dicy (Moreau de), écuyer, capitaine de Corbeil.... 3173
Toulongeon (Gérard de), capitaine de Corbeil..... 8956
Armagnac (Manaut d'), capitaine de Corneillan... 279
Herbaumez (Girard de), chevalier, capitaine du château de Coucy. 4624
Fouilloy (Pierre de), chevalier, garde du château de Courtrai. 3753
Arcy (Jean, seigneur d'), capitaine de Coutances.. 249 à 251.

Chisevall (Thomas), écuyer, lieutenant à Coutances. 2486
Talbot (Jean, seigneur de), capitaine de Coutances. 8779
Chesnes (Mahieu des), chevalier, capitaine de Creil. 2460
Gérard (Thomas), écuyer, capitaine de Creil 4037
Peyto (Guillaume), chevalier, capitaine de Creil.... 7138 et 7139.
Sousa (Waast de), chevalier, capitaine de Creil.... 8689
Soyecourt (Charles du), chevalier, capitaine de Creil. 8694
Taloresse (Estevenot de), écuyer, capitaine de la tour du Crest-Arnaud. 8793
Boves (Guillaume des), capitaine de Crévecœur, Arleux, Rumilly, Saint-Souplet. 1439
Bouteiller (Raoul), chevalier, capitaine du Crotoy.. 1418
Hengest (Jean de), capitaine du Crotoy 4433
Harcourt (Jacques d'), chevalier, capitaine du Crotoy. 4477
Raincheval (Hugues de), capitaine du Crotoy. 7568
Gaudin (Eustache), chevalier, garde de la tour de Dannemarcke.... 3993
Comminges (Odet d'Aydie, comte de), capitaine de Dax. 2697
Gayton (Jean), écuyer, lieutenant à Dieppe. 4008
Montgommery (Jean de), chevalier, capitaine de Domfront. 6342
Scales (Thomas, seigneur de), capitaine de Domfront. 8495, 8498
Domme (Gilbert de), chevalier, capitaine du château de Domme. 3202-3204
Ventadour (Gérard de), chevalier, capitaine de Donzenac. 9333
Rochechouart (Jean de), chevalier, capitaine du château du Dorat. 7814
Brouillard (Guillaume du), chevalier, capitaine de Dreux et de la tour de Dannemarcke..... 1627-1629
Dreux (Gauvain de), capitaine de Dreux 3236
Halsal (Gilbert de), chevalier, capitaine de Dreux... 4404
Picot (Thomas), écuyer, capitaine de Dreux 7153
Gouzeaucourt (Hector de), chevalier, capitaine de Dunkerque. 4181
Hingettes (Jean de), seigneur des Obeaux, chevalier, capitaine de Dunkerque. 4685
Morchies (Jean de), dit *Galehaut*, chevalier, capitaine du château de l'Écluse. 6471, 6472
Wailly (Guillaume de), écuyer, capitaine du château d'Éperlecques. 9632
Zoutenai (Simon de), écuyer, capitaine d'Éperlecques. 9708
Harlyng (Robert), chevalier, capitaine d'Essai..... 4516
Oldhalle (Guillaume), chevalier, capitaine d'Essai .. 6846

472   TABLEAU SYSTÉMATIQUE

Pierreville (Renaud de), chevalier, commis à garder Étretat. 7183
Pierrecourt (Jean de), dit *le Galois*, chevalier, capitaine d'Eu. 7178
Annebault (Claude d'), chevalier de l'ordre, capitaine d'Évreux. 192
Gower (Thomas), écuyer, capitaine d'Évreux. 4182
Standish (Rouland), chevalier, capitaine d'Évreux.. 8721
Waller (Richard), écuyer, capitaine d'Évreux..... 9641
Burgh (Thomas), écuyer, capitaine d'Exmes...... 1734
Gray (Jean), chevalier, capitaine d'Exmes... 4230-4232
Holde (Jacques), écuyer, capitaine d'Exmes...... 4697
Theld (Jennequin), dit *Baker*, écuyer, capitaine d'Exmes. 8835
Blosset (Jean), chevalier, capitaine de Falaise..... 1087
Écuyer (Thomas), baron de Bazoches, capitaine de Falaise. 3293
Fitz-Hugh (Geoffroi), lieutenant à Falaise....... 3624
Kyngeston (Thomas), chevalier, lieutenant à Falaise... 4998
Martel (Guillaume), chevalier, capitaine de Falaise. 5777
— (Jean), chevalier, capitaine de Falaise.... 5792
Halle (Jean de la), écuyer, capitaine de Fécamp... 4399
Buisset (Pierre), écuyer, capitaine du château de Fiennes. 1711
Quotot (Simon), écuyer, capitaine du château de Fiennes. 7502
Francs (Aissieu de), chevalier, capitaine de Fleurance. 3808
Gière (Pierre de), chevalier, capitaine de Fleurance. 4057
Montlezun (Bernard de), capitaine de Fleurance... 6187
— (Guillaume de), chevalier, capitaine de Fleurance. 6189
Aubusson (Antoine d'), chevalier, seigneur du Monteil, capitaine de Fontenay-le-Comte. 381
Boniface (Aimery), capitaine de la Française..... 1190
Madirac (Mathieu de), écuyer, capitaine de Francescas. 5471-5475
Fastolf (Jean), chevalier, capitaine de Fresnay-le-Vicomte. 3495, 3496, 3498
Oldhalle (Guillaume), chevalier, capitaine de Fresnay-le-Vicomte. 6847
Wideville (Richard de), chevalier, capitaine de Fresnay-le-Vicomte. 9685
Oinville (Pierre d'), chevalier, capitaine de Gallardon. 6841
Surienne (François de), dit *l'Aragonnais*, chevalier, capitaine de Gallardon. 8749

Benauges (Bertrand de), chevalier, capitaine du château de Gamaches ?. 885
Warbreton (Richard), écuyer, capitaine de Gamaches. 9649
Frotier (Pierre), capitaine du château de Gençay... 3876
Chamberlain (Guillaume), chevalier, capitaine de Gerberoy. 2091
Loras (Guichard de), écuyer, capitaine de Gimont.. 5353
Burghill (Richard), écuyer, capitaine de Gisors..... 1735
Gérard (Thomas), écuyer, capitaine de Gisors..... 4036
Talbot (Jean, seigneur de), capitaine de Gisors, Caudebec et Neufchâtel. 8782
Pardaillan (Odin de), écuyer, capitaine de Gondrin. 6971
Chamberlain (Guillaume), chevalier, capitaine de Gournay. 2091
Corwan (Guillaume), écuyer, capitaine de Gournay. 2816 et 2817.
Kyriel (Thomas), chevalier, capitaine de Gournay. 4999
Lorraine (Jean de), écuyer, capitaine de Granville. 5362
Warguies (Gilles, seigneur de), chevalier, capitaine de 200 piquenaires à Gravelines. 9653
Leur (Jean), écuyer, capitaine du château de Hardinthun. 5195
Usurier (Robert l'), capitaine du château de Hardinthun. 9149
Bellay (Jean du), chevalier, capitaine de Harfleur. 843
Minours (Guillaume), écuyer, capitaine de Harfleur. 6117
— (Jean), écuyer, capitaine de Harfleur..... 6118
Moustier (Étienne du), écuyer, capitaine de Harfleur. 6568
Haucourt (Renaud de), chevalier, capitaine du château de Haucourt. 4533
Cherwynd (Jean), écuyer, lieutenant à Honfleur... 2453 et 2454.
— (Jean), écuyer, capitaine de Honfleur...... 2455
Curson (Richard), écuyer, capitaine de Honfleur... 3091
Fitz-Harry (Guillaume), écuyer, capitaine de Honfleur. 3623
Drouyn (Thomas), écuyer, capitaine de l'Isle-Adam. 3246
Marche (Bernard de la), écuyer, capitaine de Jonzac. 5649
Allemand (Pierre), capitaine de Laon et du Laonnois. 95
Croix (Guillaume de la), écuyer, capitaine de Lattes. 3027
Galard (Manaut de), écuyer, capitaine de Laugnac. 3907
Baume (Jean de la), écuyer banneret, capitaine de Lauzerte. 718

Fumel (Gaubert de), chevalier, capitaine de Lauzerte................................. 3882
Isle-en-Jourdain (Jean, comte de l'), capitaine de Lauzerte............................. 4809
Masas (Jean de), écuyer, capitaine de Lavardens... 5824
Beaumont (Pélegrin de), écuyer, capitaine de Layrole................................. 791-793
Valat (Vidal de), écuyer, capitaine de Layrole..... 9176
Turgoville (Jean de), chevalier, garde de Leure... 9129
Fou (Yvon du), capitaine du château de Lézignan. 3743
Lavardac (Bernard de), chevalier, capitaine de Lias. 5135
Calonne (Jean), écuyer, capitaine de l'abbaye de Licques............................ 1767-1769
Licques (Florent de), écuyer, capitaine du château de Licques........................... 5229
Pont (Pierre du), écuyer, capitaine du château de Licques................................ 7813
Semart (Robert), écuyer, capitaine de Lillebonne.. 8534
Bourdet (Nicolas), chevalier, capitaine de Lisieux. 1370
Redhugh (Thomas), écuyer, capitaine de Lisieux.. 7624
Lansac (Guillotin de), chevalier, capitaine de Louviers................................. 5073
Barbazan (Arnaud-Guilhem, seigneur de), capitaine de Lusignan................... 635, 636
Chevrier (Gui), chevalier, lieutenant du gardien de Lyon pour le roi..................... 2474
Grabensière (Augier de), écuyer, capitaine de Manciet................................... 2943, 2944
Saissac (Bernard de), écuyer, capitaine de Manciet. 8334
Bucton (Guillaume), chevalier, capitaine de Mantes. 1677
Gray (Raoul), chevalier, capitaine de Mantes..... 4233
Guethin (Richard), chevalier, capitaine de Mantes. 4317
Hanford (Jean), chevalier, capitaine de Mantes.... 4418
Hoo (Thomas), chevalier, capitaine de Mantes.... 4713
Martel (Guillaume), chevalier, capitaine de Mantes. 5780
Sacqueuville (Guillaume de), chevalier, capitaine de Mantes................................. 8134
Saint-Clair (Jean de), dit *Bruneau*, chevalier, capitaine de Mantes........................ 8170
Taillebois (Wautier), chevalier, capitaine de gens d'armes et de trait pour la garde de Mantes... 8764
Espagne (Thibaud d'), chevalier, capitaine de Marmande............................... 3386
Terride (Raymond-Jourdain de), chevalier, capitaine de Marmande...................... 8829
Sac (Raymond), capitaine de Maubourguet....... 8128
Arpajon (Gui d'), chevalier, capitaine de Mauléon-de-Soule............................... 292
Aunoy (Pierre d'), chevalier, capitaine de Meaux.. 440

Nanfan (Jean), écuyer, capitaine de Meaux....... 6647
Auvergne (Floridas, dauphin d'), capitaine d'écuyers en garnison à Melun................ 467
Culant (Louis de), chevalier banneret, capitaine de la garnison de Melun................ 3081
Fourchades (Giron de), écuyer, capitaine en la garnison de Melun..................... 3765
Gaut (Jean), capitaine de 45 écuyers en garnison à Melun................................. 3997
Nesle (Ferri de), chevalier, garde et capitaine des trois villes de Melun................. 6696
Roussay (Jean, seigneur de), chevalier, capitaine du château de Melun................ 8015
Saint-Nectaire (Georges, bâtard de), capitaine de 71 écuyers en la garnison de Melun.... 8244, 8245
Savoisy (Philippe de), chevalier, capitaine du château de Melun........................ 8488
Montaut (Oudin de), capitaine de Mérens....... 6251
Flocques (Robert de), capitaine de Meulan...... 3650
Merbury (Richard), chevalier, lieutenant à Meulan................................. 5999
Paroy (Étienne de), écuyer, capitaine du château du Mez-le-Maréchal.................. 6993
Personne (Jean la), capitaine de Mirabel et de Cannac................................. 7113
Bueil (Jean de), capitaine de Mirebeau......... 1695
Isle-en-Jourdain (Jean de l'), chevalier, capitaine de Moissac............................ 4807, 4809
Maingre (Jean le), dit *Boucicaut*, chevalier, capitaine de Moissac..................... 5550
Porte (Thierri de la), dit *Roland*, écuyer, capitaine de Moissac........................ 7353
Roland (Laude), écuyer, capitaine de Moissac..... 7915
Louvet (Jean), chevalier, capitaine du château de Monaco............................. 5407
Motte (Abraham de la), écuyer, capitaine du château de Monceaux....................... 6533
Laire (Robert de), chevalier, capitaine de Montargis............................... 5011
Surienne (François de), dit l'*Aragonnais*, chevalier, capitaine de Montargis.......... 8746
Isle-en-Jourdain (Jean, comte de l'), capitaine de Montauban............................ 4809
Valette (Pons de la), chevalier, capitaine de Montauban............................ 9196
Vaquier (Arnaud), chevalier, capitaine de Montauban................................ 9225
Isle-en-Jourdain (Jean, comte de l'), capitaine de Montcuq.............................. 4809

TABLEAU SYSTÉMATIQUE

Malmont (Bertrand de), chevalier, capitaine de Montcuq... 5606, 5607
Kermoisan (Thugdual de), dit *le Bourgeois*, capitaine de Montéclère... 4995
Maussemont (Jean de), chevalier, capitaine de Montgaillard et de la terre du comte de l'Isle... 5919
Owerton (Clément), écuyer, capitaine de Montiviliers... 6924, 6925
Villequier (Colart de), chevalier, capitaine de Montivilliers... 9517
Boulay (Hugues du), chevalier, capitaine du château de Montlhéry... 1329
Raillart (Jean), chevalier, capitaine de Montlhéry.. 7567
Roy (Guillaume le), écuyer, capitaine de Montlhéry... 8068
Montjeu (Guillaume, seigneur de), chevalier banneret, capitaine de Montlieu... 6385
Boisdingbem (Jean de), écuyer, capitaine du château de la Montoire... 1144, 1145
Saint-Astier (Hélie de), chevalier, capitaine royal de Montravel... 8156
Montesquiou (Raymond-Aymery de), chevalier banneret, capitaine de Montréal... 6316
Haye (Robert de la), chevalier, capitaine de Montreuil-Bellay... 4566
Beaumont (Geoffroi de), chevalier, capitaine de Mortagne?... 786
Vienne (Jean de), capitaine de Mortagne... 9420
Ximenès (Martin), capitaine de Mortain... 9700
Aux Épaules (Guillaume), chevalier, capitaine du château de Moulineaux... 477
Tiercelin (Charles), chevalier, lieutenant à Mouzon. 8890
Agen (Pierre d'), capitaine de Najac... 22
Blosset (Guillaume), dit *le Borgne*, écuyer, capitaine de Neufchâtel... 1085
Bourdet (Nicolas), chevalier, capitaine de Neufchâtel et de Torcy... 1369
Down (Griffith), capitaine de Neufchâtel... 3208
Espoy (Louis d'), chevalier, capitaine de Neufchâtel... 3398
Hilton (Adam), écuyer, lieutenant à Neufchâtel... 4681
Lansac (Mondot de), capitaine de Neufchâtel... 5075
Woke (Jean), écuyer, lieutenant à Neufchâtel... 9638
Pot (René), chevalier, capitaine de Nîmes... 7365
Saint-Nectaire (Jean de), capitaine du château de Nîmes... 8246
Coningham (Jacques de), capitaine de Niort... 2737
Angennes (Jean d'), dit *Sappin*, écuyer, capitaine de Nogent-le-Roi... 159

Blosset (Jean), chevalier, capitaine de Noyon... 1090
Bière (Renaud de la), capitaine d'Orbec... 1011
Lansac (Mondot de), écuyer, capitaine de 10 lances et de 30 archers devant Orléans... 5074
Malgésir (Armand, seigneur de), chevalier, garde de Paracol... 5595
Estrées (Jean d'), chevalier de l'ordre, capitaine du Châtelet de Paris... 3447
Montaigu (Jean de), capitaine du château Saint-Antoine de Paris... 5082
Personne (Jean la), vicomte d'Acy, capitaine de la Bastille... 7115
Angennes (Renaud d'), chevalier, capitaine du Louvre... 163, 164
Montmaur (Morelet de), chevalier, capitaine du Louvre... 6395, 6396
Rochette (Louis de Bouent, dit *de la*), capitaine du Louvre... 7877
Tresiguidy (Morice de), chevalier, capitaine de Paris... 9074
Villiers-le-Bel (Jean de), banneret, capitaine de Paris... 9550
Puy (Géraud du), écuyer, capitaine de Pech-Perdy... 7491
—— (Géraud du), chevalier, capitaine de Pech-Perdy... 7492
Campuhac (Pierre de), chevalier, capitaine de Périgueux... 1784
Lambres (Tristan de), écuyer, capitaine de Peteghem... 5023
Estaing (Becq d'), chevalier, capitaine du château de Pezénas... 3414
Fiennes (Colart de), chevalier, capitaine du château de Pierrefonds... 3609
Estissac (Forgant d'), capitaine de Pinel... 3426
Villesavoir (Hugues de), chevalier, capitaine de Plassac... 9538
Compiègne (Jean de), chevalier, capitaine du fort du pont de Poissy... 2705
Crussol (Louis, seigneur de), capitaine des châteaux de Poitiers et de Niort... 3053
Picquigny (Gnérard de), lieutenant à Pont-Audemer... 7155
Chamberlain (Guillaume), chevalier, lieutenant à Pont-de-l'Arche... 2090
Cherwynd (Philippe), écuyer, lieutenant à Pont-de-l'Arche... 2456
Ferrières (Henri de), chevalier, capitaine du château de Pont-de-l'Arche... 3574

Héruppe (Jean de la), écuyer, capitaine de Pont-de-l'Arche................................. 4650
Hilton (Adam), écuyer, lieutenant de l'archevêque de Rouen à Pont-de-l'Arche............... 4680
Lindelay (Guillaume), écuyer, lieutenant à Pont-de-l'Arche................................. 5280
Pommereuil (Robert de), chevalier, capitaine de Pont-de-l'Arche........................... 7280
Willoughby (Robert, seigneur de), capitaine de Pont-de-l'Arche............................ 9693
Creully (Fouquet de), écuyer, capitaine du Pont-d'Ouve.................................... 3005
Rothelane (Guillaume), écuyer, capitaine du Pont-d'Ouve.................................. 7968
Zieberg (Jean Van), chevalier, capitaine du Pont-d'Ouve................................... 9707
Vaux (Jean des), écuyer, capitaine du château de Poutmain................................ 928
Standish (Henri), écuyer, capitaine de Pontoise... 8718
Manny (Alain de), capitaine de Pontorson pour Bertrand du Guesclin....................... 5899
Chabannes (Jacques de), chevalier, capitaine de Pont-Saint-Esprit......................... 2016
Maucreux (Pierre de), dit *Trouillart*, écuyer, capitaine de la tour de Pont-Sainte-Maxence... 5872
Nielles (Oudart de), écuyer, capitaine de la tour de Pont-Sainte-Maxence................. 6754
Baches (Adam de), chevalier, capitaine de Pont-Sainte-Maxence........................... 7556
Jouy (Simon de), chevalier, capitaine de Provins.. 4957
Chabannes (Joachim de), chevalier, capitaine de Puicelcy................................. 2027
Caret (Raymond), chevalier, capitaine de Puy-la-Roque.................................... 1866
Pierrelatte (Raymond de), écuyer, capitaine de Puy-la-Roque............................. 7179
Durfort (Jean de), chevalier, capitaine de Puymirol.................................... 3269
Cambout (Jean du), écuyer, lieutenant à Régneville...................................... 1779
Champs (Jacques des), seigneur de Vaux, capitaine de Reims.............................. 2143
Harcourt (Mahieu d'), capitaine de Ribemont..... 4494
Barbazan (Manaut de), chevalier, capitaine de la terre de Rivière....................... 637
Guerche (André, vicomte de la), capitaine de Rochefort................................. 4300
Semart (Robert), écuyer, commis à la garde de la Roche-Guyon........................... 8533

Trégonan (Guillaume), écuyer, capitaine de la Roche-Guyon............................... 9043
Foix (Gaston de), captal de Buch, capitaine de la Rochelle............................. 3665
Lezay (Hugues de), chevalier, capitaine de la Rochelle................................ 5221
Marcoux (Bertrand), chevalier, capitaine de la Rochelle............................... 5678
Moras (Foulques de), chevalier, capitaine de la Rochelle.............................. 6467
Kerlouet (Jean de), écuyer, capitaine de la Roche-Posay............................... 4992
Garnot (Pierre), écuyer, capitaine de Roquefixade. 3982
Bourdet (Nicolas), chevalier, lieutenant au château de Rouen........................... 1371
Clay (Jean de), écuyer, lieutenant au pont de Seine de Rouen.......................... 2563
Crossy (Jean de), chevalier, lieutenant de la ville du pont de Rouen................. 3003
Carson (Richard), écuyer, lieutenant à Rouen.... 3088 et 3089.
Gorgis (Thibaud), chevalier, lieutenant du duc d'York à Rouen......................... 4125
Hanford (Jean), chevalier, capitaine du château de Rouen.............................. 4417
Harcourt (Jean d'), capitaine de Rouen.... 4485, 4486
Montferrand (Bérard de), chevalier, lieutenant au pont de Seine de Rouen.............. 6326
Talbot (Jean, seigneur de), capitaine de Rouen... 8780
——— (Jean, seigneur de), lieutenant du duc d'York à Rouen........................... 8782
——— (Jean, seigneur de), capitaine du château de Rouen............................. 8784, 8785
Tancarville (Guillaume, comte de), vicomte de Melun, capitaine du château de Rouen... 8799
Thornes (Richard), écuyer, lieutenant au château de Rouen........................... 8871
Trie (Renaud de), capitaine du château de Rouen.. 9094
Willoughby (Robert, seigneur de), capitaine de Rouen............................... 9691
Nielles (Jean de), chevalier, capitaine de Rue..... 6753
Robert (Baudouin), écuyer, capitaine du château de Ruminghem.......................... 7771
Voorhout (Hector de), chevalier, capitaine de Saeftingue........................... 9603
Gontelm (Raymond), capitaine de la tour de Saint-Antonin............................ 4121
Cugnac (Bernard de), écuyer, capitaine de Saint-Avit-le-Vieil........................ 3060-3064

Courtenay (Guillaume de), chevalier, capitaine du pont et de la ville de Saint-Cloud............ 2907
Essarts (Jacques des), capitaine du pont de Saint-Cloud.................................. 3404
Martainville (Guillaume de), chevalier, capitaine du pont de Saint-Cloud.................... 5776
Rigaut (Pierre), écuyer, capitaine du pont de Saint-Cloud.................................. 7728
Audirac (Bernard d'), dit *Pinon de Riscle*, écuyer, capitaine de Saint-Front................. 392
Bouchard (Jean), chevalier, capitaine de Saint-Front.................................... 1292
Cauwe (Andrieu), écuyer, capitaine de l'église de Saint-Georges, près Gravelines....... 1966, 1967
Espoy (Louis d'), chevalier, capitaine de Saint-Germain-en-Laye....................... 3397
Surienne (François de), dit *l'Aragonnais*, chevalier, capitaine de Saint-Germain-en-Laye.... 8747, 8748
Villeneuve (Guillaume de la), capitaine de Saint-Germain-en-Laye....................... 9508
Romilly (Geoffroi de), écuyer, capitaine de Saint-James-de-Beuvron................... 7917
Wargnies (Robert de), chevalier, capitaine de Saint-James-de-Beuvron et de Saint-Malo.. 9657
Croix (Martin d'), chevalier, capitaine de Saint-Laurent.................................. 6907
Hasting (Jean), écuyer, capitaine de Saint-Lô..... 4529
Norbery (Henri), chevalier, capitaine de Saint-Lô. 6783
Morel (Hugues), capitaine du château de Saint-Louis.................................. 6478
Guitté (Robert de), chevalier, capitaine de Saint-Malo.................................. 4381
Kerrimel (Pierre de), capitaine de Saint-Mathieu-de-Fine-Poterne......................... 4996
Sainte-Marthe (Guillaume-Raymond de), capitaine de Saint-Puy............................ 8320
Stoke (Jean), capitaine et lieutenant de Jean Chandos à Saint-Sauveur-le-Vicomte............. 8729
Fenis (James), écuyer, capitaine de Saint-Valery.. 3552
Avenant (Renaud), écuyer, capitaine de Sainte-Catherine-lès-Rouen....................... 508
Etton (Guillaume), écuyer, garde de l'abbaye et forteresse de Sainte-Catherine-lès-Rouen....... 3466
Mestua (Jean de), capitaine de Sainte-Catherine-lès-Rouen.............................. 6052
Mond (Thomas), écuyer, capitaine de Sainte-Catherine-lès-Rouen.......................... 6178
Gemac (Espan de), chevalier, capitaine de Sainte-Colombe................................ 4017

Barthe (Guillemot, Bour de la), le jeune, écuyer, capitaine de Sainte-Foy.................... 682
Guédon (Olivier de), capitaine de Sainte-Menehould.................................. 4292
Saulx (Jean de), chevalier, capitaine de Sainte-Menehould............................... 8433
Bourcieu (Jean de), chevalier, du pays de Viennois, capitaine de Saintes.................... 1364
Eslettes (Nicolas d'), châtelain et capitaine du pont de Saintes.............................. 3357
Petit-Cellier (Étienne du), chevalier, capitaine de Saintes.................................. 7135
Crocq (Louis du), écuyer, capitaine de l'abbaye de Samer de Boulogne...................... 3018
Livry (Guillaume de), écuyer, capitaine du pont de Samois................................ 5297
Béral (Arnaud), écuyer, capitaine de «Sarsacn.... 891
Sedeilhac (Raymond de), écuyer, capitaine de la Sauvetat de Gauré........................ 8510
Pujols (Hugues de), chevalier, capitaine de Sauveterre.............................. 7481, 7482
Salle (Guillaume de la), dit *Marmier*, capitaine de Senlis.................................. 8354
Thiant (Jean de), chevalier, capitaine de Senlis.... 8843
Tonneins (Pierre de), écuyer, capitaine de «Serrefront»................................. 8939
Valette (Pons de la), chevalier, capitaine de Sompuis.................................. 9195
Scobier (Jacquemart le), écuyer, capitaine du fort de Souverain-Moulin........................ 8506
Mairé (Maillot de), écuyer, capitaine de la bastide de Saint-Jacques, devant Taillebourg....... 5560
Vigier (Aimery), écuyer, capitaine de la bastide Saint-Louis, près Taillebourg.............. 9457
Durfort (Bertrand de), chevalier, capitaine de la bastide Saint-Séverin, près Taillebourg...... 3265
Heilly (Jacques, seigneur de), capitaine du château de Talmont............................ 4586
Jambes (Jean de), chevalier, capitaine de Talmont-sur-Gironde.............................. 4842
Plusquellec (Henri de), écuyer, capitaine de Talmont-sur-Gironde.......................... 7229
Mulso (Thomas), écuyer, capitaine de Tancarville... 6601
Tancarville (Henri Gray, comte de), capitaine de Tancarville............................. 8802
Quardeplume (Baudouin), capitaine du château de Thiembronne............................ 7499
Chabannes (Joachim de), chevalier, capitaine de Thuric.................................. 1027

Burgh (Thomas), écuyer, capitaine de Tombelaine. 1372
Curson (Richard), écuyer, capitaine de Tombelaine............................... 3090
Longworth (Makyn of), écuyer, lieutenant à Tombelaine........................ 5343, 5344
Saint-Gelais (Baude de), chevalier, capitaine de Tombelaine............................... 8185
Goutz (Pierre de), capitaine de Tonneins........ 4174
Martin (Olivier), écuyer, lieutenant à Touques.... 5805
Ogard (André), chevalier, capitaine de Touques... 6831
Ramonnerie (Taillefer de la), écuyer, lieutenant d'André Ogard à Touques.................. 7587
Bos (Guillaume du), écuyer, capitaine de Tournehem................................ 1255
Cressonnière (Guillaume de la), écuyer, capitaine du château de Tournehem................... 3000
Isle-en-Jourdain (Jean, comte de l'), capitaine de Tournon............................ 4809
Vaissy (Roland de), chevalier, capitaine de Tournon.................................... 9168
Préchac (Béraud de), chevalier, capitaine de Toutoulon en Bazadais.................. 7408
Lasseran (Manaut de), écuyer, capitaine de Valence. 5093
Burgh (Thomas), écuyer, capitaine de Valognes... 1733
Haye (Guillaume de la), capitaine de Valognes.... 4556 à 4558.
Moine (Jean le), écuyer, lieutenant à Valognes..... 6139
Mâcon (Pierre de), chevalier, capitaine de Vaour.. 5460
Junel (Galois de), chevalier, capitaine de la bastide de Varaize............................. 4981
Losse (Jean de), capitaine de la citadelle de Verdun. 5370
Viens (François de), chevalier de l'ordre, lieutenant à Verdun............................ 9430
Gough (Mathieu), écuyer, lieutenant à Verneuil... 4130
Surienne (François de), dit l'Aragonnais, chevalier, capitaine de Verneuil et de Longni..... 8751, 8752
Breuse (Jean), écuyer, lieutenant à Vernon...... 1553
Burgh (Jean), capitaine de Vernon............. 1732
Estouteville (Jeannet d'), capitaine du château de Vernon................................. 3437
Merbury (Richard), chevalier, capitaine de Vernon. 6000
Redford (Henri), chevalier, capitaine de Vernon... 7621
Stafford (Hunfroy, comte de), capitaine de Vernon. 8711
Ourcel (Louis), écuyer, capitaine de la tour de Vernonnet, au bout du pont de Vernon.......... 6919
Pujols (Pons de), capitaine de Villefranche en Périgord............................. 7483, 7484
——— (Raymond de), capitaine de Villefranche en Périgord............................... 7485

Barthe (Guillaume, Bour de la), le vieux, écuyer, capitaine de Villeneuve-d'Agen......... 680, 681
Jouvenel des Ursins (Guillaume), capitaine de Villeneuve-le-Roi........................... 4592
Baulet (Arnaud de), chevalier, capitaine de Villenouvette................................ 705
Trie (Pierre de), chevalier, capitaine du bois de Vincennes............................... 9090
Clynghin (Thomas), lieutenant à Vire............ 2637
Longworth (Elys of), écuyer, lieutenant à Vire..... 5341 et 5342.
Ogard (André), chevalier, capitaine de Vire. 6829, 6830
Sénéchal d'Eu (Jean le), chevalier du roi, capitaine de Vire.................................. 8551
Vrolande (Ansel de), écuyer, capitaine du fort de Vrolande.............................. 9627

LIEUTENANTS DES MARÉCHAUX DE FRANCE.

Angeliers (Guillaume d'), chevalier............. 156
Fenqueray (Brisegal de)....................... 3608
Frelay (Gui de), chevalier..................... 3819
Ivry (Jean, seigneur d'), chevalier............. 4827
Jully (Gautier de), chevalier.................. 4977
Marquais (Jean du), écuyer.................... 5767
Rouville (Moradas, seigneur de), chevalier.... 8034-8036
Sénéchal d'Eu (Jean le), chevalier............. 8549
Thiéville (Henri, seigneur de)................. 8858
Varennes (Parceval de), chevalier.............. 9246
Vieuville (Pierre de la), banneret.............. 9443

COMMIS À RECEVOIR LES MONTRES.

Allonville (Jean d'), seigneur de Liouville-la-Chenart.................................... 102
Aloze (Patrice), écuyer........................ 106
Aoust (Étienne)............................... 218
Auffay (Noël d'), chevalier.................... 398
Bachivillers (L'Ermite de), chevalier........... 3902
Beaumont (Gui de), chevalier........... 788, 2102
Bermont (Héliot), écuyer...................... 922
Besdon (Jean de)............................. 967
Boissay (Robert de), chevalier................. 1162
Bonnes (Jean de)....................... 1204, 1205
Bourgeoise (Pierre), panetier du roi............ 9663
Bours (Guillaume, seigneur de), chevalier...... 1396
Bove (Enguerran de la), écuyer................ 1434
Braque (Étienne)............................. 1481
Bricon (Guiot de)............................. 1571
Brinkeley (Jean), écuyer....................... 1590
Chabot (René), écuyer......................... 2051

Chambly (Jean de), dit le Haze, chevalier........ 2102
Champagne (Jean de), chevalier, maréchal du duc
  d'Anjou............................... 2122
Champeaux (Robert de), écuyer................ 2131
Chantemerle (Taupin de), chevalier............. 2173
Charny (Geoffroi de), chevalier................ 2229
Charruel (Évenn), chevalier................... 2236
Cintray (Jean de), chevalier................... 2528
Coquatrix (Jean), de Bonnes................... 2762
Cresme (Dominge), écuyer génois.............. 2992
Drach (Pierre du)............................ 3235
Dreux (Gauvain de).......................... 3236
Faypou (Jean de), chevalier................... 3543
Feuillée (Silvestre de la), chevalier............. 2236
Fontaines (Jean de), chevalier................. 3693
Gal (Thomas du), chevalier................... 3902
Guillaume (Jean).......................'..... 4352
Guyencourt (Philippe de), chevalier............ 4388
Jolly (Gautier de), chevalier................... 4977
Lange (Pierre de)............................ 5044
Lavardin (Louis de)......................... 5138
Louppy (Raoul, seigneur de), chevalier......... 5401
Malet (Gilles), chevalier...................... 5586
Mandol (Jacques)........................... 5618
Marolles (Maupin de), chevalier............... 5765
Massy (Eudes de), chevalier.................. 5833
Masuier (Roger le), chevalier...... 8859, 9659-9664
Matefélon (Juhel de), chevalier................ 5838
Moustier (Étienne du)........................ 6568
Mussy (Henri de)............................ 6617
Perrin (Pariset)............................. 7109
Renart (Jacques)............................ 7647
Richebourg (Louis de), écuyer................ 7717
Rocherousse (Pierre de la).................... 7869
Rouvray-Saint-Simon (Le Borgne de), chevalier... 8051
Roy (Gautier le)............................. 8067
Saint-Gobert (Jean de), chevalier.............. 8207
Sainte-Aldegonde (Guillebert de), chevalier...... 8300
Saules (Alabre des).......................... 8423
Thibonville (Robert de), chevalier.............. 8852
Thiéville (Henri de), chevalier................. 8859
Tillay (Antoine de), écuyer.................... 8900
—— (Jamet de).............................. 8901
Toligny (Guillaume de), chevalier.............. 8936
Tourneba (Girard de)........................ 8994
Tresiguidi (Morice de), chevalier............... 9076
Vé (Jean, seigneur de), chevalier....... 9286, 9287
Verrat (Pierre le), écuyer..................... 9385
Vieuville (Jean de la), chevalier................ 8300

Villiers-le-Bel (Philippe de), chevalier..... 9551-9553
—— (Pierre de), chevalier.................... 9557
Volpillière (Pierre), écuyer............... 9601, 9602
Voudenay (Thomas de), chevalier.............. 9608
Wargnies (Robert de), chevalier........... 9659-9664
Wideville (Richard de), écuyer................ 9684

MARÉCHAUX DE GENS D'ARMES.

Châtel (Tanneguy du), chevalier, maréchal des
  guerres du régent......................... 2302
Coly (Jean), écuyer, maréchal de la garnison de Caen. 2673
Picquigny (Ferri de), maréchal en l'establie de Ca-
  lais..................................... 7154
Limbery (Jean), écuyer, sous-maréchal du siège de-
  vant Château-Gaillard..................... 5273
Belon (Jean), chevalier, maréchal de monseigneur
  de Craon................................. 881
Holdan (Guillaume), écuyer, maréchal de la gar-
  nison de Falaise.......................... 4696
Jonguer (Jean), écuyer, maréchal de Honfleur.... 4942
Azai (Gui d'), chevalier, maréchal du lieutenant du
  roi en Languedoc......................... 537
Chambritha (Amieu de), chevalier, maréchal du
  comte de Valentinois en Languedoc..... 2114, 2115
Estendart (Jean l'), chevalier, maréchal du capi-
  taine de Poitou et de Saintonge............. 3419
Picquigny (Robert de), chevalier, maréchal du
  capitaine de Poitou et de Saintonge......... 3419
Bonvilliers (Pierre de), chevalier, maréchal de gens
  d'armes.................................. 1223

CONNÉTABLES.

Abougen (Francequin d'), connétable de sergents
  en garnison à Ardres...................... 8
Martel (Isambert), écuyer, connétable du château
  d'Arques................................. 5788
Ayvar (Jonhanco Ruis d'), connétable de Carentan. 535
Bayenghem (Coppin de), connétable de 38 compa-
  gnons de pied............................. 741
Bougen (Francequin de), connétable de sergents
  à pied................................... 1308
Coquillan (Henri), connétable de gens de pied.... 2769
Haverskerque (Jean de), chevalier, connétable de
  27 hommes d'armes....................... 4549
Holin (Gui), connétable de 12 compagnons de pied. 4699
Montreuil (Pierre de), connétable.............. 6452
Oncle (Jean l'), connétable de sergents, arbalétriers
  et pavaisiers.............................. 6859
Paillard (Jean), connétable................... 6937

Prévôt (Jean), connétable..................... 7439
Hilton (Maykin), écuyer, chef et conducteur de la garnison de Pont-de-l'Arche................ 4682

DIZENIERS.

Bléty (Gilles de), écuyer, dizenier en l'establie d'Aire............................... 1074
Oxelacre (Jean d'), dizenier................. 6926
Polincove (Philippe de), dizenier............ 7275
Ram (Jean le), dizenier..................... 7570
Warhem (Jean de), dizenier.................. 9365

SERGENTS D'ARMES.

Bérard (Arnaud), châtelain de Sompuis......... 894
Mesnil (Richard du)......................... 6034
Guitard (Bérenguier)........................ 4379
Pécharie (Louis de)......................... 7048
Quarré (Guillaume).......................... 7500

COMMISSAIRES DES GUERRES.

Albert (Jean), seigneur de Moulluc............. 60
Bel (Guillaume le)........................... 836
Bérard (Pierre de), comte de Dizane........... 897
Bosc (Isambert du).......................... 1260
Bras (..... de)............................. 1486
—— (Philippe de)............................ 1485
Campluiac (Jean de), seigneur de Beaumont..... 1785
Champs (Jacques des), seigneur de Vaux........ 2143
Durel (François), écuyer..................... 3259
Forbin (Bertrand de)........................ 3706
Forget (César), seigneur de la Grafardière.... 3718
Girard (Jean)............................... 4081
—— (Pierre de).............................. 4082
Grange-Trianon (Louis de la)............. 4212, 4213
Hardi (Nicolas)............................. 4502
Hennequin (Louis).......................... 4612
Hilaire (Jean)............................. 4679
Marillac (Jean de).......................... 5746
—— (Julien de).............................. 5747
Miron (Pierre).............................. 6130
Morlière (Valentin de la)................... 6502
Moustier (Jean du).......................... 6572
Nambu (André de)............................ 6640
Oison (Jean d')............................. 6844
Pellisson (Pierre).......................... 7055
Peschin (Gilbert du)........................ 7122
Place (René de la).......................... 7205
Richard (Pierre), seigneur de Troussures...... 7709
Robineau (Claude)........................... 7778

Troussebois (Pierre de), écuyer.............. 9110
Vasselin (Thomas)........................... 9256
Villemontée (Antoine de).................... 9501
Viole (Pierre).............................. 9563

CONTRÔLEURS.

Laverok (Jean), contrôleur de la garnison d'Argentan........................... 5142
Pont (Guillaume), contrôleur de la garnison d'Arques........................... 7304
Fumereys (Reoulin), dit du Parc, contrôleur de la garnison d'Avranches............... 3884
Pakyngton (Guillaume), contrôleur de la garnison de Bayeux......................... 6944
Sutton (Jean), contrôleur de la garnison de Caen......................... 8757
Courtois (Guillaume), contrôleur de la garnison de Carentan......................... 2913
Fermain (Roger), contrôleur de la garnison de Conches....................... 3557-3559
Guernesey (Roger), contrôleur de la garnison de Coutances........................ 4305
Routeau (Jean), écuyer, contrôleur de la garnison de Dreux et de la tour de Dannemarck...... 8030
Enfant (Guillaume l'), contrôleur de la garnison d'Exmes........................ 3309
Tilly-Garnetot (Pierre de), écuyer, contrôleur de la garnison d'Exmes................... 8915
Bradshaw (Raoul), contrôleur de la garnison de Fresnay-le-Vicomte................... 1464
Gregory (Henry), écuyer, contrôleur de la garnison de Gisors........................ 4235
Soulby (Jean), contrôleur de la garnison de Gisors........................ 8683
Harpifeld (Thomas), écuyer, contrôleur de la garnison de Harfleur..................... 4519
Pakyngton (Thomas), contrôleur de la garnison de Honfleur........................ 6945
Harman (Guillaume), contrôleur de la garnison de Mantes........................... 4517
Lound (Pierre), écuyer, contrôleur de la garnison de Pontoise........................ 5396
Goullet (Guillaume), contrôleur de la garnison de Regnéville........................ 4148
Autry (Thomas d'), contrôleur de la garnison de Tombelaine.................. 459, 460
Borow (Robert), contrôleur de la garnison de Touques........................... 665
Warde (Thomas), contrôleur de la garnison de Vire. 9651

COMMIS AUX APPROVISIONNEMENTS.

Bertin (Guillaume), commis aux vivres pour l'armée de la mer................................... 954
Bousseau (Nicolas), maître des garnisons de l'armée. 1405
Champenois (Jean), maître des garnisons de l'armée de la mer.................................. 2135
Fayel (Jean du), écuyer, maître des garnisons pour les fortifications de Gravelines............... 3528
Willencourt (Denisot de), garde des garnisons du roi à Valognes............................... 9686
Maucourt (Dreux de), commis aux garnisons dans les bailliages de Vermandois et d'Amiens....... 5867

ARBALÉTRIERS.

LIEUTENANTS DU MAÎTRE DES ARBALÉTRIERS.

Beaulo (Enguerran, seigneur de), chevalier...... 775
Cherisy (Jean de), chevalier.................... 2449
Juys (Philippe de), chevalier................... 4987
Quevisy (Jean de), chevalier................... 7523

COMMIS DE LA MAÎTRISE DES ARBALÉTRIERS.

Cramesnil (Guillaume de), chevalier............ 2951

CLERC DES ARBALÉTRIERS.

Hôpital (Jean de l')......................... 4721, 4722

CAPITAINES D'ARBALÉTRIERS.

Aimery (Antoine).......................... 46, 47
Allesolle (Loppé d')............................ 98
Alvillons (Alfonse d')........................... 109
Amiens (Jean d').............................. 133
Areno (Peruce d').............................. 256
Armentier (Antoine), écuyer................... 281
Ast (Gruson d')................................ 346
Bardel (Jean), Génois.......................... 654
Blanchâton (Jean)............................. 1051
Blond (Guillaume le), écuyer................... 1078
Bonne (Francequin de)................... 1197, 1198
Bonnefons (Guillaume de)..................... 1201
Bonnet (Jacques)...................... 1207-1209
Callevay (Louis).............................. 1760
Cappon (Daniel)....................... 1814, 1815
Carouel (Gasparin), écuyer génois.............. 1876
Carret (Briquet du), écuyer génois.............. 1879
Cercamp (Barthélemy)......................... 1989
Ciboulle (Jean), écuyer génois.................. 2525
Conte (Antoine).............................. 2745
—— (Aubert)................................. 2746
Fossé (Pierre du).............................. 3730
Froment (Geoffroi)............................ 3868
Gentil (Péverin).............................. 4031
Géraut (Roland de)............................ 4038
Grignon (Pierre de)............................ 4253
Grimaldi (Andalot)............................ 4255
—— (Cosme)........................... 4258-4260
—— (Georges)............................... 4261
—— (Louis), écuyer......................... 4263
Guillaume (Renaud), écuyer................... 4354
Janne (Nicolas), écuyer................. 4851, 4852
Juge (Julien)................................. 4974
Langueille (Conrard de la)..................... 5058
—— (Hector de la)........................... 5059
Laredo (Sanzo de)............................ 5088
Maître (Guillaume le)......................... 5565
Malet (Gilles), chevalier....................... 5586
Manfroy (Barthélemy), écuyer génois........... 5620
—— (Isnard)................................ 5621
Maricourt (Jean de).......................... 5735
Marins (Jean de)............................. 5748
Martin (Ferrant)....................... 5802, 5803
Moncafieri (Perron de), écuyer, du pays de Gênes.. 6158
Moux (Antoine), dit le Roux de Savillan......... 6578
Naples (François de).......................... 6658
Neel (Jean).................................. 6686
Nielle (Guillaume de), dit le Pape.............. 6751
Olive (Jean d')............................... 6850
Pallavicini (Damian).......................... 6951
Pierre (Georges).............................. 7167
Pise (Ghide de).............................. 7200
Portefin (Jean)............................... 7356
Renier (Pierre), écuyer........................ 7659
Ribes (Jean de).............................. 7697
Saintreval (Antoine de)....................... 8333
Sauvage (Étienne le), écuyer............. 8459, 8460
Seuces (Louppes de).......................... 8548
Seranis (Ferrando de)......................... 8577
Séville (Ferrandon de)......................... 8602
—— (Jean de)......................... 8603, 8604
Solier (Fouquet), écuyer................. 8657, 8658

Spinart (Honofre), écuyer............. 8704, 8705
Spinola (Aubert), écuyer génois......... 8707-8709
Teste (Nicolas)........................... 8834
Thibaud (Pierre)......................... 8848
Tollevast (Jean de), écuyer............. 8937
Truc (Guillaume)........................ 9116
Valence (Jacques de).................... 9184
Vergaire (Jean de)....................... 9361
Vintimille (Vincheguerre de)............ 9562

CONNÉTABLES D'ARBALÉTRIERS.

Alfonse (Pierre)......................... 88
Arreq (Lazarin d'), Génois............... 310
Aubillet (Raymond)...................... 372
Ausart (Odet d'), écuyer génois......... 449
Balot (Guillaume)....................... 588
Bédat (Bernard du)...................... 830
Biaudi (Nicolozo)................ 1002, 1003
Blanc (Philippon), écuyer génois........ 1047
Blanchart (Antoine), dit *de Senneval*... 1052
Blond (Roland le)....................... 1079
Clavel (Guiot).......................... 2562
Coing (Antoine du)...................... 2656
Contoville (Jean de).................... 2748
Corterin (Guillaume).................... 2815
Coulon (Gilles)......................... 2865
Fortuna (Guillaume).............. 3727, 3728
Gamlo (Martin de)....................... 3927
Gandolfe (Thomas)....................... 3936
Goresses (Jacques de)................... 3965
Germain (Bertrand)...................... 4039
Giraut (Jean)........................... 4085
Goupil (Geoffroi le).................... 4150
Gousalle (Jean), écuyer................. 4168
Juge (Jacques), écuyer génois........... 4972
—— (Julien), du pays de Gênes........... 4973
Malebaye (Thibaud)...................... 5577

Moulin (Guillaume du), écuyer........... 6555
Negro (Nicolas de)...................... 6687
Peyrelongue (P. de)..................... 7136
Pommard (Jacques de).................... 7278
Pournas (Bertrand de)................... 7393
Quinaille (Antoine)..................... 7537
Ravin (Jean)............................ 7599
Serreval (Antoine de)................... 8588
Spinart (Grégoire)...................... 8703
Tourier (Jacquemart le), connétable des arbalétriers de Marles......................... 8988
Truc (Séraphin)......................... 9117
Vacqué (Georges)........................ 9163
Wals (Martin)........................... 9642

ARBALÉTRIERS.

Asseline (Jacquemart l')................ 339
Belmont (François de), écuyer de la compagnie du maître des arbalétriers................. 872
Blondeau (Jean)......................... 1080
Cambon (Guichard de), écuyer de la compagnie du maître des arbalétriers............... 1778
Carresse (Jacques de)................... 1878
Coquerel (Jacques de)................... 2767
Darer (Lazarin)......................... 3134
Esseline (Jacquemart)................... 3411
Ferrand (Thomas)........................ 3563
Four (Jean du).......................... 3761
Girard (Denis).......................... 4077
Neveu (Guillaume le).................... 6742
Nielle (Guillaume de), dit *le Pope*.... 6750
Parent (Jean), arbalétrier de Créquy.... 6975
Perron (Aubellet)....................... 7110
Pierre (Georges)........................ 7166
Quinaille (Antoine)..................... 7536
Samuel (Pierre)......................... 8373
Vaquerie (Tassart de la), arbalétrier d'Abbeville... 9224

ARCHERS.

Aubert (Pierre), écuyer, l'un des quatre capitaines généraux des francs-archers du royaume....... 357
Breton (Guillaume le), écuyer, lieutenant des archers de retenue............................. 1530
Archier (Perrinet l'), archer................. 246

Bérard (Henri de), archer................ 895
Pennetier (Pierre), archer............... 7065
Raoulet (Petit), écuyer, archer armé..... 7591
Breuilly (Raoul de), écuyer, capitaine des francs-archers du Cotentin........................ 1546

ARTILLERIE.

Choisy (Jean de), maître des artilleries du roi au Louvre... 2507
Harbotel (Jean), maître des ordonnances et artilleries du roi et du régent... 4459
Lion (Jean de), maître de l'artillerie du roi... 5285
—— (Milet de), grand maître de l'artillerie du roi... 5286
Louvre (Jean du), maître de l'artillerie du roi... 5410
Appilby (Guillaume), écuyer, maître des ordonnances et artilleries du roi en Normandie... 226

Banaster (Jean), écuyer, maître des ordonnances et artilleries du roi en Normandie... 608
Glocestre (Guillaume), écuyer, maître des ordonnances et artilleries du roi en Normandie... 4100
Mière (Guillaume le), maître de l'artillerie du château de Caen... 6096
Fondeur (Gautier le), canonnier... 3677
Gardins (Jean des), canonnier et artilleur à Gravelines... 3954, 3955

ARQUEBUSIERS, MINEURS, FOSSIERS.

Boulainvilliers (Nicolas de), conducteur de 25 arquebusiers à cheval... 1321
Hanover (Conrad), de Bohême, maître mineur... 4450
—— (Jean d'), de Bohême, maître mineur... 4451
Liège (Guillaume de), maître mineur à Boulogne... 5238
Sainct, écuyer, maître des mineurs... 8148

Ham (Pierre de), maître des fossiers du roi... 4406
Garnier (Jean), de Collezy, connétable de 50 fossiers... 3980
Maire (Jean le), de Ruit, connétable de fossiers... 5559
Pas (Jean de), connétable de fossiers... 6997
Roy (Jean le), fossier... 8070

COMPAGNIES D'ORDONNANCE.

CAPITAINES.

Albon (Jacques d'), seigneur de Saint-André, capitaine de 100 lances... 65
—— (Jean d'), seigneur de Saint-André, capitaine de 40 lances... 66
Alègre (Gabriel, baron et seigneur d'), garde de la prévôté de Paris, capitaine de 40 lances... 76
—— (Gabriel, baron et seigneur d'), bailli de Caen, capitaine de 24 lances... 77
Alençon (François, duc d'), capitaine de 100 lances. 80
Allonville (Charles d'), capitaine de 50 lances... 101
Amboise (Charles d'), grand maître, maréchal et amiral de France, capitaine de 100 lances... 110
Angennes (Jacques d'), seigneur de Rambouillet, capitaine de 30 lances... 157
Angoulême (Henri d'), grand prieur de France, capitaine de 100 lances... 179
Anjou (François de France, duc d'), capitaine de 120 lances... 185
—— (Hercule, duc d'), capitaine de 50 lances... 188

Annebault (Claude d'), capitaine de 80 lances... 193
—— (Jean d'), chevalier, capitaine de 40 lances... 194
Ars (Louis d'), duc de Ternes, capitaine de 60 lances. 313
Balsac (Robert de), capitaine de 40 lances... 603
Bellay (Martin du), seigneur de Langey, capitaine de 40 lances... 844
Bellegarde (César de), capitaine de 50 hommes d'armes... 849
—— (Roger de), maréchal de France, capitaine de 60 lances... 856
Biez (Oudart du), chevalier, capitaine de 40 lances. 1015
—— (Oudart du), chevalier, capitaine de 80 lances. 1016
Blosset (Jean), chevalier, capitaine de 100 lances... 1089
—— (Jean de), seigneur de Torcy, capitaine de 30 lances... 1091
—— (Pierre), dit le Moine, capitaine de 100 lances. 1095
Blout (Thomas), chevalier, capitaine de 20 lances. 1102
Bonneval (Antoine de), chevalier, capitaine de 30 lances... 1211
—— (Jean de), chevalier, capitaine de 36 lances. 1214
—— (Jean de), chevalier, capitaine de 50 lances. 1215

Bouillon (Henri-Robert de la Marck, duc de), capitaine de 50 lances........................ 1315
Boulainvilliers (Philippe de), comte de Dammartin, capitaine de 30 lances.................... 3123
Bourbon (Charles de), capitaine d'une compagnie d'hommes d'armes....................... 1344
—— (Henri de), marquis de Conty, capitaine de 50 lances............................... 2749
—— (Henri de), marquis de Conty, capitaine de 100 lances.............................. 2750
—— (Jean de), duc d'Enghien, chevalier, capitaine de 40 lances......................... 3316
—— (Louis de), prince de Condé, capitaine de 100 hommes d'armes.......... 2723, 2724
Bourbonnais (Charles, duc de), capitaine de 100 lances................................ 1361
Bourdeilles (André de), chevalier, capitaine de 50 lances............................... 1365
Bréauté (Adrien de), chevalier, capitaine de 50 lances................................. 1495
Bretagne (Jean de), duc d'Étampes, capitaine de 60 lances............................. 3459
Brézé (Louis de), chevalier de l'ordre, capitaine de 80 lances........................... 5888
Brichanteau (Jean de), capitaine de 100 lances.... 1563
—— (Nicolas de), capitaine de 50 lances.. 1565, 1566
Carbonnel-Sourdeval (Jean), capitaine de 20 lances de la petite ordonnance................... 1854
Cars (François des), baron de Saint-Germain, capitaine de 25 lances....................... 1885
—— (Jacques des), capitaine de 50 lances........ 1887
—— (Jean des), seigneur de Lavauguyon, capitaine de 50 lances............................ 1889
Castillon (Jean-Gérôme de), chevalier, capitaine de 15 lances........................... 1915
Caumont (Gabriel de), chevalier de l'ordre, capitaine de 50 hommes d'armes.................. 1938
Cère (René de), chevalier de l'ordre, capitaine de 60 lances................................ 1990
Chabannes (Jacques de), chevalier, capitaine de 40 lances............................... 2015
—— (Jean de), capitaine de 40 lances... 2020, 2021
—— (Joachim de), capitaine de 40 lances.... 2024 et 2026.
—— (Joachim de), capitaine de 50 hommes d'armes................................ 2027
Chabot (Gui), capitaine de 40 lances...... 2036-2038
—— (Léonor), comte de Charny, capitaine de 30 lances................................ 2045

Chabot (Philippe), chevalier, baron d'Apremont, capitaine de 30 lances..................... 2047
—— (Philippe), capitaine de 40 lances........ 2048
—— (Philippe), capitaine de 60 lances........ 2050
—— (Philippe), capitaine de 100 lances....... 2049
Chalançon (Claude de), chevalier, capitaine de 40 lances................................. 2066
Chambre (Jean, marquis de la), chevalier de l'ordre, capitaine de 100 hommes d'armes........... 2113
Châtre (Claude de la), capitaine de 30 lances..... 2361
Chourses (Jean de), chevalier de l'ordre, capitaine de 50 lances............................ 2522
Clayette (Marc de la), chevalier, capitaine de 100 lances............................... 2566
Clermont en Dauphiné (..., comte de), capitaine de 30 lances............................ 2588
—— (Antoine, comte de), chevalier de l'ordre, capitaine de 50 lances...................... 2593
—— (Claude de), capitaine de 50 lances....... 2596
Clermont-Lodève (Pierre de), chevalier, capitaine de 40 lances............................ 2604
—— (Pierre, seigneur de), capitaine de 31 lances. 2605
Cochefilet (Joseph de), capitaine de 50 lances..... 2639
Coëtquen (Jean de), chevalier, capitaine de 50 lances. 2650
Coligny (Gaspard de), amiral de France, capitaine de 50 lances............................ 2661
Comminal (Constantin), capitaine de 85 lances trois quarts à la mode d'Italie.................... 2688
Conflans (Eustache de), chevalier, capitaine de 30 hommes d'armes..................... 2730
Coningham (Philippe de), chevalier, capitaine de 40 lances................................ 2740
Cossé (Artus de), capitaine de 30 lances......... 2824
—— (Artus de), capitaine de 100 hommes d'armes. 2825
—— (Charles de), capitaine de 50 lances....... 2831
—— (Charles de), chevalier de l'ordre, capitaine de 90 hommes d'armes................... 2827
—— (Charles de), capitaine de 90 lances....... 2829
—— (Thimoléon de), capitaine de 30 lances.... 2834
Coueys (Charles de), chevalier, capitaine de 40 lances. 2846
Créquy (Antoine de), chevalier, capitaine de 50 lances................................ 2972
—— (Jean de), chevalier, prince de Poix, capitaine de 40 lances............................ 2982
—— (Philippe de), capitaine de 32 lances....... 2985
Crussol (Antoine de), chevalier, capitaine de 50 lances................................ 3046
—— (Jacques de), duc d'Uzès, capitaine de 60 lances............................... 9157

Daguerre (Gratien), chevalier, capitaine de 5o lances. 3102
Daillon (Gui de), comte du Lude, chevalier, capitaine de 5o lances........................ 5416
—— (Jacques de), capitaine de 4o lances....... 3105
Dunois (François, comte de), capitaine de 5o lances. 3249 et 3250.
Épinal (Pierre d'), chevalier de l'ordre, capitaine de 5o lances................................ 3328
Estouteville (Jean d'), chevalier, capitaine de 4o lances.............................. 3436
—— (Jean d'), chevalier, capitaine de 5o lances.. 3435
Estrées (Antoine d'), capitaine de 3o lances.. 3444, 3445
—— (Jean d'), capitaine de 3o lances......... 3448
Fayette (Louis de la), chevalier, capitaine de 5o lances................................ 3539
—— (Louis de la), chevalier, capitaine de 4o lances. 3540 à 3542.
Ferté-Fresnel (Jean, seigneur de la), capitaine de 100 lances............................ 3590
Foix (Odet, comte de), capitaine de 6o lances..... 3667
—— (Thomas de), capitaine de 5o lances...... 3669
Fou (Jean du), écuyer, capitaine de 16 lances..... 3741
—— (Jean du), capitaine de 28 lances et demie. 3742
Galiot (Jacques), chevalier de l'ordre, capitaine de 5o lances............................... 3918
Gontaud (Armand de), seigneur de Biron, capitaine de 3o lances 4115
—— (Armand de), seigneur de Biron, capitaine de 5o hommes d'armes..................... 4116
Gouffier (Gilbert), capitaine de 5o lances........ 4139
—— (Guillaume), seigneur de Bonnivet, chevalier de l'ordre, capitaine de 100 lances........... 4141
Graçay (Gilbert de), capitaine de 4o lances...... 4187
Gramont (A. de), chevalier de l'ordre, capitaine de 3o lances............................... 4191
Graville (Louis, seigneur de), capitaine de 5o lances. 4227
Gueldre (Charles, duc de) et de Juliers, capitaine de 36 lances............................. 4296
Guerche (Claude, vicomte de la), chevalier de l'ordre, capitaine de 5o lances..................... 4301
Guiche (Gabriel de la), chevalier de l'ordre, capitaine de 4o lances....................... 4333
Halluin (Louis de), chevalier, capitaine de 5o lances. 4403
Hamilton (James), chevalier, comte d'Arran, capitaine de 6o lances......................... 4414
Hangest (Louis de), chevalier, capitaine de 4o lances. 4442
Harcourt (Claude, comte d'), capitaine de 4o lances. 4467
—— (Jean, comte d'), capitaine de 5o lances.... 4487 à 4489.

Hochberg (Philippe de), capitaine de 95 lances... 4690
Humières (Jean, seigneur d'), capitaine de 25 lances. 4764
—— (Louis d'), chevalier, capitaine de 5o lances.. 4766
Joyeuse (Le vicomte de), chevalier, capitaine de 5o lances................................ 4966
Kergadavarn (Jean, seigneur de), comte de Chaumont, chevalier, capitaine de 3o lances........ 2378
Launoy (Louis de), chevalier, capitaine de 5o lances. 5113 et 5114.
Laval (Gui, comte de), capitaine de 4o lances..... 5131
Lévis (Claude de), baron de Couzan, capitaine de 5o lances............................... 5206
—— (Gilbert de), comte de Ventadour, capitaine de 5o lances.......................... 9335
Lorraine (Antoine, duc de), capitaine de 100 lances. 5359
—— (Louis de), comte de Vaudemont, capitaine de 56 lances............................ 9265
Losse (Jean de), chevalier de l'ordre, capitaine de 5o lances............................... 5369
Luxembourg (Charles de), comte de Roucy, capitaine de 36 lances...................... 7984
—— (Louis de), comte de Ligny, capitaine de 100 lances............................ 5260
Lyons (Adolphe de), chevalier de l'ordre, capitaine de 5o lances.......................... 5449
Marck (Henri-Robert de la), chevalier de l'ordre, capitaine de 6o lances..................... 5662
—— (Jean de la), chevalier de l'ordre, capitaine de 3o lances........................... 5664
—— (Jean de la), chevalier de l'ordre, capitaine de 5o lances........................... 5653
—— (Robert de la), chevalier de l'ordre, capitaine de 100 lances..................... 5665-5667
Matignon (Jacques de), capitaine de 3o lances..... 5854
Miolans (Louis, seigneur de), capitaine de 4o lances. 6121
Montbron (Louis de), capitaine de la compagnie du duc de Longueville........................ 6274
Montferrand (Gaston, seigneur de), chevalier, capitaine de 20 lances........................ 6328
Montferrat (Guillaume, marquis de), capitaine de 100 lances............................. 6331
Montmorency (Anne de), chevalier, capitaine de 15 lances................................ 6398
—— (Anne de), chevalier, capitaine de 100 lances. 6400
—— (François de), chevalier, capitaine de 5o lances 6412
—— (François de), capitaine de 3o lances...... 6413
—— (Guillaume de), capitaine de 5o lances..... 6416
—— (Henri de), chevalier de l'ordre, capitaine de 6o lances................................ 6418

DES SCEAUX DE CLAIRAMBAULT.

Montpezat (Antoine, seigneur de), capitaine de 30 lances............................ 6442
—— (Melchior des Prés, seigneur de), capitaine de 50 lances............................ 6445
Moreuil (Arthur de), chevalier, capitaine de 40 lances............................ 6482
Moy (Charles de), chevalier, capitaine de 30 lances. 6579
—— (Charles de), chevalier, capitaine de 50 lances. 6580 et 6581.
—— (Charles de), chevalier, capitaine de 40 lances. 6582
—— (Jacques de), capitaine de 30 lances....... 6590
Navarre (Antoine, roi de), capitaine de 100 lances. 6664
—— (Henri, roi de), capitaine de 60 lances..... 6668
—— (Henri, roi de), capitaine de 80 lances..... 6669
—— (Henri de Bourbon, prince de), capitaine de 40 lances............................ 6670
—— (Henri de Bourbon, prince de), capitaine de 50 lances............................ 6671
—— (Henri de Bourbon, roi de), capitaine de 80 lances............................ 6672
—— (Henri de Bourbon, roi de), capitaine de 100 lances............................ 6673
—— (Jean, roi de), capitaine de 100 lances..... 6674
Nesle (Gui de), maréchal de France, capitaine de 200 hommes d'armes du Vermandois......... 6697
Nogaret (Jean de), capitaine de 50 lances....... 6767
Oignies (Louis d'), chevalier, capitaine de 50 lances. 6838 et 6839.
Orléans (Alexandre, duc d'), capitaine de 70 lances. 6893
—— (François d'), marquis de Rothelin, capitaine de 50 lances............................ 7969
Pompéreint (Joachim de), capitaine de 30 lances.. 7287
Pons (Antoine, seigneur de), chevalier de l'ordre, capitaine de 50 lances....................... 7291
Prévôt (Louis), chevalier de l'ordre, capitaine de 50 hommes d'armes...................... 7441
Prye (Aimar de), chevalier, capitaine de 50 lances. 7462
Rochechouart (Antoine de), chevalier, capitaine de 50 lances............................ 7801
—— (René de), chevalier, capitaine de 50 lances. 7822
Rochefoucauld (Charles de la), chevalier, capitaine de 50 lances........................ 7851-7853
—— (François, comte de la), capitaine de 30 lances. 7856
—— (Jean-Louis de la), capitaine de 50 lances... 7863
Rohan (Jean, vicomte de), capitaine de 50 lances.. 7902
—— (René de), chevalier de l'ordre, capitaine de 40 lances............................ 7906
Rosnivinen (Guillaume de), écuyer, capitaine de 30 lances....................... 7960, 7916

Rostaing (Tristan de), chevalier de l'ordre, capitaine de 40 lances............................ 7965
—— (Tristan de), chevalier de l'ordre, capitaine de 50 lances............................ 7966
Rouaut (Joachim), écuyer, capitaine de 40 lances.. 7977
Saint-Gelais (Gui de), capitaine de 50 lances...... 8189
Saint-Séverin (Galéas de), chevalier de l'ordre, capitaine de 90 lances..................... 8282
—— (Jules-César de), chevalier de l'ordre, capitaine de 30 lances..................... 8283
Saluces (François, marquis de), chevalier de l'ordre, capitaine de 40 lances.................... 8366
—— (Michel-Antoine, marquis de), capitaine de 100 lances............................ 8368
—— (Michel-Antoine, marquis de), capitaine de 60 lances............................ 8369
Sansac (..... de), chevalier de l'ordre, capitaine de 50 lances............................ 8391
—— (Louis de), chevalier de l'ordre, capitaine de 50 lances............................ 8392
Saulx-Tavannes (Gaspard de), chevalier, capitaine de 50 lances............................ 8440
—— (Guillaume de), capitaine de 50 lances.... 8441 à 8443.
—— (Jean de), capitaine de 50 lances......... 8444
Savoie (François de), chevalier de l'ordre, capitaine de 30 lances........................ 8477
Silly (Henri de), capitaine de 30 lances......... 8624
—— (Jacques de), capitaine de 40 lances....... 8625
Stuart (Béraud), capitaine de 92 lances......... 8733
—— (Robert), chevalier de l'ordre, capitaine de 60 lances............................ 8735
Tiercelin (Charles), chevalier, capitaine de 32 lances. 8888
—— (Charles), chevalier, capitaine de 40 lances. 8889
—— (Charles), chevalier, capitaine de 50 lances.. 8890
Tour-d'Auvergne (Jean de la), vicomte de Turenne, capitaine de 40 lances..................... 9126
Tournon (Antoine, seigneur de), chevalier, capitaine de 30 lances............................ 9013
—— (Just de), capitaine de 30 lances... 9018, 9019
Trémoïlle (Louis, seigneur de la), chevalier, capitaine de 80 lances........................ 9064
—— (Louis, seigneur de la), chevalier, capitaine de 50 lances............................ 9066
Valentinois (César Borgia, duc de), capitaine de 100 lances....................... 9186, 9187
Valois (François, duc de), capitaine de 100 lances. 9208
Vassé (Groignet de), chevalier de l'ordre, capitaine de 40 lances............................ 9254

Vassé (Jean de), capitaine de 3o lances......... 9255
Vendôme (François de), vidame de Chartres, capitaine de 4o lances...................... 2239
—— (Louis de), vidame de Chartres, capitaine de 5o lances............................ 2249
Vendômois (Charles, duc de), capitaine de 62 lances. 9315
Veneur (Tanneguy le), chevalier de l'ordre, capitaine de 3o lances...................... 9324
Visconti (Galeas), chevalier de l'ordre, capitaine de 100 lances............................ 9574

LIEUTENANTS.

Ambleville (François d'), chevalier, lieutenant de la compagnie de monseigneur de Jarnac........ 113
Angennes (Nicolas d'), lieutenant de 3o lances.... 161
Appelvoisin (François d'), lieutenant de la compagnie de la Roche-du-Maine................ 232
Aumont (Jean d'), chevalier, seigneur de Châteauroux, lieutenant de 6o lances............. 415
—— (Jean d'), lieutenant de 5o lances........ 416
Bailleul en Normandie (Jean de), chevalier, seigneur du Renouard, lieutenant de 4o lances..... 573-575
Balsac (Guillaume de), chevalier, seigneur d'Entragues, lieutenant de 100 lances............. 594
—— (Mondon, bâtard de), lieutenant de 4o lances. 595
Bellegarde (Jean de), seigneur de Montastruc, lieutenant de 3o lances....................... 850
—— (Pierre, seigneur de), chevalier, lieutenant de 4o lances........................... 851
—— (Pierre de Saint-Lary, seigneur de), chevalier, lieutenant de 5o lances................. 852
—— (Pierre de), lieutenant de la compagnie du maréchal de Termes.................... 853
—— (Roger de), écuyer, lieutenant de 3o lances. 855
Bernier (Charles), chevalier, seigneur du Lathay, lieutenant de 4o lances.................... 936
Billy (Claude de), lieutenant de la compagnie de monseigneur de Beaumais?................ 1023
Bonc (Gilbert de), seigneur d'Hautefort, lieutenant de la compagnie de monseigneur des Cars...... 1250
Bouchavesnes (Antoine de), chevalier, lieutenant de 100 lances............................ 1293
Bourbon (André de), lieutenant de la compagnie de monseigneur d'Estrées.................... 1342
—— (Claude de), lieutenant de la compagnie de monseigneur de Lavauguyon................ 1346
Boves (Charles des), chevalier, lieutenant de 5o lances............................. 1438

Brichanteau (Nicolas de), chevalier, lieutenant de 100 lances............................ 1564
Bueil (Jean de), chevalier, lieutenant de 4o hommes d'armes............................ 1697
Cars (François des), lieutenant de 5o lances...... 1886
—— (Jean des), chevalier, lieutenant de la compagnie du prince de Salerne................ 1888
Caumont (Pierre de), lieutenant de la compagnie de monseigneur de Lavauguyon................ 1954
Cazillac (François de), lieutenant de 5o lances.... 1980
Chabannes (Joachim de), lieutenant de la compagnie du duc d'Albany....................... 2023
Chabot (Charles), lieutenant de la compagnie du seigneur de Montlieu..................... 2033
—— (Charles), lieutenant de la compagnie du prince de Condé........................ 2034
—— (François), lieutenant de 80 lances........ 2035
Champagne (Nicolas de), lieutenant de 4o lances.. 2125
Chastelet (Jean du), lieutenant de 4o lances...... 2267
—— (Nicolas du), chevalier, lieutenant de 80 lances. 2269
—— (Pierre du), lieutenant de 5o lances....... 2271
Chate (Jacques de), lieutenant de 4o lances...... 2276
Château-Chalon (Anne de), lieutenant de 5o lances. 2280
Châtelux (Louis de), lieutenant de 3o lances..... 2316
—— (Louis de), lieutenant de 5o lances....... 2317
Châtre (Balthazard de la), lieutenant de 3o lances. 2357
—— (Balthazard de la), lieutenant de 5o lances.. 2358
—— (Claude de la), lieutenant de 3o lances... 2359 et 2360.
—— (Gaspard de la), lieutenant de 5o lances.... 2362
Chauvet (Philippe), écuyer, lieutenant de 4o lances. 2394 et 2395.
—— (Philippe), chevalier, lieutenant de 4o lances. 2396
Choiseul (Jean de), lieutenant de 4o lances. 2502, 2503
Chourses (Jean de), chevalier, lieutenant de 4o lances............................ 2521
Clermont d'Anjou (Esmé de), lieutenant de 5o lances............................. 2583
—— (Georges de), chevalier, lieutenant de 80 lances............................. 2584
Clermont en Dauphiné (Jacques de), écuyer, lieutenant de 100 hommes d'armes et de 200 archers. 2600
—— (Jacques de), lieutenant de 5o lances..... 2601
Cossé (Artus de), chevalier, lieutenant de 100 hommes d'armes............................ 2823
Fayette (Claude de la), lieutenant de 4o lances... 3532
Ferté (François de la), lieutenant de 3o lances sous le gouverneur d'Orléans.................. 3584
Foissy (Bertrand de), lieutenant de 100 lances... 3663

DES SCEAUX DE CLAIRAMBAULT. 487

Frenel (Claude de), chevalier, lieutenant de 100 lances... 3828
Frotier (François), chevalier de l'ordre, lieutenant de la compagnie de monseigneur de Sansac..... 3875
Gonnelieu (Nicolas de), lieutenant de 30 lances... 4113
Gourdon (Flottard de), lieutenant de 50 lances... 4154
Grange-Montigny (Charles de la), chevalier, lieutenant de 40 lances... 4210
Gruel (Claude), lieutenant de 30 lances... 4287
Guiche (Gabriel de la), lieutenant de la compagnie de monseigneur de Montmorency... 4330
—— (Gabriel de la), lieutenant de 100 lances... 4331
—— (Gabriel de la), lieutenant de 80 lances... 4332
Harcourt (Charles d'), lieutenant de la compagnie de monseigneur de Bonnivet... 4465
—— (Pierre d'), lieutenant de 80 lances... 4495
Humières (Adrien d'), lieutenant de 30 lances... 4761
—— (Jean, seigneur d'), chevalier de l'ordre, lieutenant de 100 lances... 4765
Jay (Jean), chevalier, lieutenant de 50 lances... 4853
Lenoncourt (Henri de), lieutenant de 100 lances... 5160
Lévis (Charles de), chevalier, lieutenant de 40 lances... 5201, 5202
—— (Claude de), lieutenant de 30 lances... 5205
—— (Claude de), chevalier de l'ordre, lieutenant de 50 lances... 5207
Lyons (Adolphe de), lieutenant de 40 lances... 5448
Madaillan (Guillaume de), chevalier, lieutenant de 50 lances... 5467
Maillé (Arthur de), lieutenant de 40 lances... 5506 et 5507
—— (Claude de), lieutenant de 50 lances... 5508
Mailly (African de), lieutenant de 50 lances... 5523
—— (Louis de), lieutenant de la compagnie de monseigneur de Chaulnes... 5536
Mancourt (Adrien de), chevalier, lieutenant de 30 lances... 5613
Marcilly (Philibert de), chevalier, lieutenant de la compagnie du duc de Lorraine... 5658, 5659
Maugiron (Guillaume de), lieutenant de 40 lances.. 5875 et 5876
—— (Laurent de), lieutenant de la compagnie du maréchal de Brissac... 5877
Monchy (Antoine de), lieutenant de 30 lances... 6166
—— (Jean de), lieutenant de 80 lances... 6171 et 6172
Montalembert (André de), lieutenant de 40 lances... 6228
—— (André de), chevalier, lieutenant de 50 lances... 6229
Montbron (Jacques de), lieutenant de 30 lances... 6273

Montesquiou (Jean de), lieutenant de la compagnie de monseigneur des Cars... 6314
Montluc (Bertrand de), lieutenant de 50 lances... 6389
Montmorency (Pierre de), lieutenant de 30 lances.. 6430
Mornay (Nicolas de), lieutenant de 50 lances... 6505
Moy (Jacques de), lieutenant de 40 lances... 6589
—— (Jean de), lieutenant de 40 lances... 6592
Mun (Barthélemy de), lieutenant de 50 lances... 6602
O (Jean d'), chevalier, lieutenant de 40 lances... 6813 et 6814.
Paillard (Jean de), lieutenant de 30 lances... 6939
Pardaillan (Antoine de), chevalier, lieutenant de 80 lances... 6962, 6963
—— (Blaise de), chevalier, lieutenant de 50 lances... 6965
—— (Blaise de), chevalier, lieutenant de 40 lances. 6966 et 6967.
—— (Hector de), chevalier, lieutenant de 60 lances... 6968, 6969
Plessis (François du), seigneur de Richelieu, lieutenant de 50 lances... 7219
Polastron (Jean de), chevalier, lieutenant de 40 lances... 7266
Pontailler (Louis de), chevalier, lieutenant de 50 lances... 7317
Poulchre (François le), lieutenant d'une compagnie d'hommes d'armes... 7384
Prye (Esme de), lieutenant de 40 lances... 7463
—— (René de), lieutenant de 50 lances... 7471
Ravenel (Claude de), lieutenant de 50 lances... 7598
Renty (Baptiste de), lieutenant de 30 lances... 7672
Rieux (Gérard de), lieutenant de 50 hommes d'armes... 7723
Rivière (François de la), lieutenant de 40 lances... 7740
Rivière-Labatut (Antoine de), lieutenant de la compagnie de monseigneur de Gramont... 7758
Rochechouart (Charles de), chevalier, lieutenant de 40 lances... 7804
Rochefoucauld (Antoine de la), lieutenant de 50 lances... 7849
—— (François, comte de la), lieutenant de la compagnie du duc de Lorraine... 7854
—— (François de la), lieutenant de 30 lances... 7857
Rouault (Nicolas), lieutenant de 30 lances... 7980
Roussel-Médavy (Jacques), lieutenant de la compagnie de monseigneur de Fervaques... 8020
Rouvray (Jean de), lieutenant de 50 lances... 8048
Roux (Louis le), lieutenant de 50 lances... 8061
Saint-Nectaire (François de), lieutenant de la compagnie de monseigneur de Vieilleville... 8242

Saint-Savin (Jacques de), chevalier de l'ordre, lieutenant de 30 lances... 8281
Saulx-Tavannes (Claude de), écuyer, lieutenant de 50 lances... 8437, 8438
—— (Gaspard de), chevalier, lieutenant de 100 lances... 8439
Savary (Claude), chevalier de l'ordre, lieutenant de 60 lances... 8464
Savigny (Georges de), chevalier de l'ordre, lieutenant de 30 lances... 8473
Savoisy (Oudart de), lieutenant de 50 lances... 8487
Scepeaux (François de), chevalier, lieutenant d'une compagnie de 100 lances... 8502
Thévalles (Jean de), lieutenant de 60 lances... 8842
Tiercelin (Jacques), lieutenant de la compagnie de monseigneur de Brosse... 8891
Tour (Philippe de la), lieutenant de 80 lances... 8968
Urfé (Claude, seigneur d'), chevalier, lieutenant de 80 lances... 9140
Vassé (François de), lieutenant de la compagnie de monseigneur de Vassé... 9252
—— (Groignet de), lieutenant de 100 lances... 9253
Veilhan (Antoine de), chevalier, lieutenant de 80 lances... 9293
Vernon (Adrien), lieutenant de 50 lances... 9376
Vezins (Jean de), chevalier de l'ordre, lieutenant de 60 lances... 9398
Vienne (Antoine de), chevalier de l'ordre, lieutenant de 30 lances... 9416
Wambez (Aimé de), lieutenant de 50 lances... 9643
Ysoré (Pierre), lieutenant de la compagnie de monseigneur de Villequier... 9706

ENSEIGNES.

Ailly (Claude d'), enseigne de 30 lances... 42
Allemand (André), enseigne de 40 lances... 92, 93
Ange (Thomas l'), chevalier, enseigne de 80 lances. 154
Armentieux (Antoine d'), seigneur de Noilhan, enseigne de la compagnie de monseigneur de Bois-Jourdain... 283
Aubespin (Jean de l'), chevalier, seigneur de Sigy, enseigne de 40 lances... 361
Auxy (Louis d'), seigneur de Bonnay, enseigne de 30 lances... 494
Avrouit (Jean d'), chevalier, enseigne de 100 lances. 528
Balsac (Charles de), enseigne de 100 lances... 589
—— (Thomas de), enseigne de 50 et de 80 lances. 604 et 605.
Billy (Louis de), enseigne de 30 lances... 1027

Blosset (Louis), enseigne de 30 lances... 1092
Boslinard (Joachim de), chevalier, enseigne de 40 lances... 1272
Boulainvilliers (Méry de), enseigne de 35 lances... 1320
—— (Perceval de), enseigne de 40 lances... 1324
Bourzolles (François de), enseigne de 40 lances... 1403
Boves (Charles des), enseigne de 50 lances... 1437
Brouilly (Robert de), chevalier, enseigne de 80 lances... 1631
Chabannes (...... de), enseigne de 40 lances... 2005
—— (François de), enseigne de 30 lances. 2009, 2011
—— (François de), enseigne de 50 lances... 2010
—— (Jean de), enseigne de 40 lances... 2022
Chabans (Pierre de), enseigne de 30 lances... 2029
Chalabre (François de), enseigne de 30 lances... 2064
Chapelle (René de la), chevalier, enseigne de 80 lances... 2192
Chate (Aimar de), enseigne de 30 lances... 2275
Châtillon (Jacques de), enseigne de 50 lances... 2342
Chazeron (Antoine de), enseigne de 100 lances... 2416
Choiseul (Ferri de), chevalier, enseigne de la compagnie du duc de Guise... 2501
Chuys (Pierre de), enseigne de la compagnie du vicomte d'Auchy... 2635
Condé (Julien de), chevalier, enseigne de 50 lances. 2721
Courseulles (Louis de), chevalier, enseigne de 80 lances... 2898
Créquy (Claude de), enseigne de la compagnie du connétable... 2973
Crevant (Antoine de), enseigne de 100 hommes d'armes... 3009
Culant (Philippe de), enseigne de 50 lances... 3083
Cuvillers (Adrien de), enseigne de 30 lances... 3097
Estuer (François d'), dit Caussade, enseigne de 40 lances... 3451
Forêt (Philibert de la), enseigne de 100 lances... 3715
Frotier (Pierre), chevalier de l'ordre, enseigne de la compagnie de monseigneur de Sansac... 3877
Garde (Gilbert de la), enseigne de la compagnie du dauphin... 3944
—— (Gilbert de la), chevalier, enseigne de 80 lances... 3945
Giffart (Gui de), chevalier, enseigne de 80 lances... 4059
Guenan (Jean de), enseigne de 40 lances... 4297
Hautemer (Jean de), enseigne de 100 lances... 4540
Hélie (René), chevalier, enseigne de 50 lances... 4593
Hurault (Jacques), enseigne de 50 lances... 4771
Lannoy (Guillaume de), chevalier, enseigne de 80 lances... 5066

DES SCEAUX DE CLAIRAMBAULT. 489

Lévis (Claude de), enseigne de la compagnie de monseigneur de Lavauguyon 5204
Loupiac (Antoine de), chevalier, enseigne de 40 lances. 5399
Madaillan (Guillaume de), enseigne de 50 lances.. 5465
—— (Guillaume de), chevalier, enseigne de 40 lances. 5466
Maillé (Jean de), enseigne de 50 lances......... 5515
Mailly (François de), enseigne de 30 lances...... 5526
—— (Jean de), enseigne de 50 lances.......... 5534
Malain (Joachim de), enseigne de 100 lances..... 5572
Mandelot (François de), chevalier, enseigne de 50 lances. 5615, 5616
Massès (Merigon de), enseigne de 30 lances...... 5829
Mauléon (François de), enseigne de 50 lances.... 5883
—— (Jacques de), enseigne de 30 lances....... 5885
Monchy (Jacques de), enseigne de 100 lances..... 6170
—— (Robert de), enseigne de 30 lances........ 6174
Montaut (Renaud de), enseigne de 30 lances..... 6253
Montcavrel (Charles, bâtard de), enseigne de 50 lances. 6281
Montenard (Louis de), enseigne de la compagnie de monseigneur de Suze. 6299
Montluc (Jean de), chevalier, enseigne de 40 lances. 6390
Neuchèse (Louis de), enseigne de la compagnie de monseigneur de Damville. 6707
Noizal (Jean de), enseigne de 30 lances......... 6780
Pas (Jacques de), enseigne de 100 lances........ 6996
Rivière (Adrien de la), enseigne de 30 lances..... 7732
Rochechouart (Claude de), enseigne de 40 lances.. 7805
—— (Claude de), enseigne de 50 lances........ 7806
Rochedragon (Antoine de), enseigne de la compagnie de monseigneur de Villequier............. 7824
Rochefort (René de), chevalier, enseigne de 50 lances. 7845
Roche-Saint-Paulien (François de la), enseigne de la compagnie de monseigneur de la Barge......... 7875
Roque (François de la), enseigne de la compagnie du maréchal de la Marck. 7934
Rousat (Thibaud), chevalier, enseigne de la compagnie de monseigneur de Montmorency........ 7981
Roussel-Médavy (Denis), enseigne de la compagnie de monseigneur de Fervaques............... 8019
Saint-Gelais (Charles de), écuyer, enseigne de 40 lances. 8187
—— (François de), chevalier, enseigne de la compagnie de monseigneur de Jarnac............ 8188
Seyssel (Aimar de), enseigne de 50 lances....... 8606
Sillans (Antoine de), chevalier de l'ordre, enseigne de la compagnie de monseigneur de Méru...... 8617

Thévalles (Jean de), enseigne de 50 lances....... 8841
Tournelle (Gui de la), enseigne de 30 lances..... 9005
Traves-Choiseul (Antoine de), enseigne de 50 lances. 9039
Vassé (Antoine de), enseigne de 50 lances....... 9251
Vernade (Guillaume de la), chevalier, enseigne de 40 lances. 9370
Villeneuve (Gaspard de), chevalier de l'ordre, enseigne de la compagnie de monseigneur de Darces. 9507
Voisins (Jean de), enseigne de la compagnie de monseigneur de Crussol. 9598
Voyer (Jacques le), enseigne de la compagnie du duc de Longueville. 9619
Warguies (Jacques de), chevalier, enseigne de 60 lances. 9654

GUIDONS.

Angennes (René d'), seigneur de la Louppe, guidon de 50 lances. 165
Anglure (Valérian d'), seigneur d'Autricourt, guidon de la compagnie du duc d'Anjou. 178
Aubeterre (Jean d'), chevalier, seigneur de Saint-Martin, guidon de 40 lances. 362
Aubusson (Foucauld d'), guidon de 30 lances.... 386
—— (Louis d'), seigneur de Bauson, guidon de la compagnie du vicomte de Turenne. 388
Balsac (François de), guidon de 60 lances....... 590
—— (Galéas de), seigneur de Courbéfy, guidon de 50 lances. 591
Bar (Edme de), guidon de 50 lances............ 623
Beaufort (Jean de), guidon de 30 lances........ 764
Beauvau (Jean de), guidon de 30 lances........ 818
Bellegarde (Roger de Saint-Lary, seigneur de), guidon de 40 lances. 854
Blosset (Philippe de), seigneur de Roussy, guidon de 30 lances. 1094
Bonnault (Guillaume de), guidon de 50 lances... 1192
Bouchet (François du), chevalier, guidon de 50 lances. 1299
Bouflers (Louis de), guidon de 30 lances........ 1307
Boulainvilliers (Adrien de), guidon de 30 lances... 1316
—— (François de), guidon de 30 lances........ 1317
—— (Perceval de), guidon de 30 lances........ 1322
Bueil (Louis de), guidon de 40 lances. 1699
Calonne (Philippe de), guidon de 60 lances...... 1770
Chabot (Charles), guidon de 50 lances.......... 2052
Chambray (Gabriel de), guidon de 50 lances..... 2110
Champagne (Nicolas de), guidon de 40 lances.... 2124
Chastelet (Jean du), guidon de la compagnie du duc de Lorraine. 2268

Chastelet (Ory du), guidon de la compagnie du duc de Lorraine.................................. 2270
Châtelet (Renaud du), guidon de 60 lances...... 2308
Chazeron (Antoine de), chevalier, guidon de 100 lances..................................... 2415
Choiseul (Antoine de), guidon de la compagnie du duc de Mercœur................................. 2500
Clermont en Dauphiné (Claude de), guidon de 100 lances..................................... 2595
—— (François de), guidon de 40 lances........ 2597
—— (François de), guidon de 60 lances........ 2598
Cossé (Jacques de), guidon de 30 lances........ 2832
Créquy (Jean de), chevalier, guidon de 100 lances. 2983
Crevant (Claude de), guidon de 100 lances..... 3010
Crussol (Galliot de), guidon de 30 lances........ 3049
Cugnac (François de), guidon de 100 lances..... 3066
—— (Louis de), guidon de la compagnie de l'amiral... 3067
Cuzieu (Antoine de), chevalier, guidon de 80 lances. 3099
Escoubleau (François d'), guidon de 100 hommes d'armes.. 3353
Fayette (François de la), écuyer, guidon de 40 lances. 3533 et 3534.
Fourneaux (Lionnet des), guidon de 30 lances.... 3768
Grimouville (Nicolas de), guidon de 30 lances..... 4271
Gruel (Claude), chevalier, guidon de 40 lances... 4286
Guiche (Philibert de la), guidon de 50 lances.... 4334
Hallain (Jacques de), chevalier, guidon de 80 lances. 4402
Hayes (Madelon des), chevalier, guidon de 40 lances. 4570 et 4571.
Gontaut (Armand de), chevalier, seigneur de Biron, guidon de 40 lances........................... 4114
—— (Jean de), guidon de 30 lances........... 4117
Goué (Jacques de), chevalier, guidon de la compagnie du seigneur de la Motte-Gondrin.......... 4136
Gout (Bernard du), chevalier, guidon de 40 lances. 4173
Gramont (Antoine de), chevalier, guidon de 40 lances... 4189, 4190
Illiers (Oudard d'), écuyer, guidon de 40 lances... 4783
Joyeuse (Foucauld de), chevalier, guidon de 50 lances... 4960
Jugie (François de la), guidon de la compagnie du vidame de Chartres............................. 4975
Lannoy (Christophe de), guidon de 60 lances..... 5065
Launoy (Jean de), guidon de 30 lances.......... 5112
Lenoncourt (Robert de), guidon de 40 lances..... 5163
Lestaing (Antoine de), guidon de 40 lances....... 5185
Lévis (Claude de), guidon de 50 lances.......... 5203
Madeleine (François de la), guidon de 50 lances.. 5469

Maillart (Jacques), guidon de 30 lances......... 5502
Massès (Pierre de), guidon de 50 lances......... 5830
Marçay (François de), chevalier, guidon de 50 lances. 5638
Monchy (Antoine de), chevalier, guidon de 50 lances... 6165
—— (Antoine de), guidon de la compagnie du baron de Mailly................................. 6167
—— (François de), chevalier, guidon de 40 lances. 6169
—— (Louis de), guidon de 100 lances.......... 6173
Monestay (Octavian de), guidon de 40 lances..... 6182
Montboissier (François de), chevalier, guidon de 40 lances....................................... 6257
Montbron (Charles de), guidon de 80 lances..... 6264
—— (René de), guidon de 50 lances........... 6275
—— (Robert de), guidon de 80 lances.......... 6277
Montmorency (Gabriel de), chevalier, guidon de 100 lances..................................... 6414
—— (Gabriel de), chevalier, guidon de 50 lances. 6415
Mornay (Jean de), guidon de 30 lances......... 6504
Moy (Georges de), guidon de la compagnie de monseigneur de la Mailleraye....................... 6584
Nagu (Jean de), guidon de 50 lances..... 6627, 6628
O (Charles d'), guidon de 40 lances............. 6812
Orbessan (François d'), guidon de 30 lances...... 6871
Plessis (Louis du), guidon de 30 lances.......... 7222
Pons (Pons de), guidon de 30 lances............ 7296
Porte (François de la), guidon de 50 lances...... 7346
Puy-du-Fou (René du), guidon de la compagnie du maréchal de Brissac............................ 7497
Quinquempoix (Jean de), guidon de 50 lances..... 7541
Rieux (Jean de), guidon de 50 lances........... 7724
Rivière (François de la), dit *capitaine Sainte-Marie*, guidon de 30 lances............................. 7741
—— (Hector de la), guidon de 60 lances....... 7745
Roche (Jacques de la), guidon de 50 lances...... 7786
Rochechouart (François de), guidon de 50 lances.. 7808
—— (François de), guidon de 30 lances....... 7809
—— (Jean-Georges de), guidon de 40 lances... 7817 et 7818.
—— (Louis de), guidon de 50 lances.......... 7821
Rochefoucauld (François de la), guidon de 40 lances. 7855
Roquefort (François de), écuyer, guidon de 40 lances. 7944
Rouvray-Saint-Simon (Louis de), chevalier, guidon de la compagnie du maréchal de Montmorency.. 8054
Saint-Chamond (Antoine de), guidon de 40 lances. 8167
—— (Antoine de), chevalier, guidon de 50 lances. 8168
Saint-Geniès (Bernard de), guidon de 100 lances.. 8190
Savonnières (Jean de), guidon de 40 lances. 8490, 8491
Sez (Bernard du), guidon de 40 lances.......... 8607

Sommièvre (Pierre de), guidon de la compagnie du vicomte d'Auchy............................ 8665
Sugny (Philibert de), chevalier, guidon de 40 lances. 8738
Tiercelin (Adrien), guidon de 50 lances......... 8887
Trémoille (François de la), guidon de 50 lances... 9053
Vieuville-Rugles (Pierre de la), guidon de 100 lances. 9445
Vivonne (François de), chevalier, guidon de 100 lances............................ 9584
Voisins (Louis de), guidon de la compagnie du duc d'Uzès................................ 9599
Voyer (Auffroy le), guidon de la compagnie de monseigneur d'Annebault..................... 9615

MARÉCHAUX DES LOGIS.

Aubry (Jean), maréchal des logis de 40 lances.... 379
Aunou (Martin d'), maréchal des logis de 40 lances. 431
Beaucaire (Bonaventure de), maréchal des logis d'une compagnie d'ordonnance.............. 750
Beaurains (Gui des Maretz de), maréchal des logis de 30 lances............................. 807
Boisvillier (Antoine de), maréchal des logis de 40 lances............................. 1176
Bosquet (Jean du), écuyer, maréchal des logis de 40 lances............................ 1273
Bouverie (Jacques de la), chevalier, maréchal des logis d'une compagnie...................... 1428
Braque (Charles de), maréchal des logis de 40 lances. 1480
Breschard (Claude de), chevalier, maréchal des logis de 40 lances......................... 1508
Brouilly (Raymond de), maréchal des logis de la compagnie de monseigneur de Genlis............ 1630
Cavoye (Hector de), maréchal des logis de la compagnie du maréchal de Montmorency......... 1972
Chabot (Jean), écuyer, maréchal des logis de 30 lances............................. 2042, 2043
Chate (Jean de), maréchal des logis de la compagnie de monseigneur de Suze............. 2277, 2278
Condamine (Jean de la), maréchal des logis de 50 lances............................. 2719
Courtemont (Robert de), maréchal des logis sous monseigneur de la Rochepot................ 2906
Coussin (Jean), écuyer, maréchal des logis de 40 lances............................. 2921
Daillon (René de), maréchal des logis de 50 lances. 3109 et 3110.
Donville (Gilles de), maréchal des logis de 30 lances................................ 3210
Fresnay (Jean du), maréchal des logis de la compagnie du connétable....................... 3839
Fretori (Évard de), maréchal des logis de 30 lances. 3846
Goustiménil (Charles de), maréchal des logis de 50 lances............................. 4172
Halluin (Alexandre de), maréchal des logis de monseigneur de Lavauguyon................. 4401
Herment (Jacques de), maréchal des logis de 30 lances............................. 4634
Herpin (Gilles), maréchal des logis de 50 lances... 4646
Hucqueliers (Enguerran de), écuyer, maréchal des logis de 80 lances....................... 4755
Lameth (Antoine de), maréchal des logis de 100 lances............................ 5024
Lys (Pierre de), maréchal des logis de 30 lances... 5450
—— (Pierre de), maréchal des logis de 50 lances. 5451
Malacride (Baptiste), maréchal des logis de 55 lances................................ 5571
Monestay (Gilbert de), maréchal des logis de 20 lances................................ 6180
—— (Gilbert de), maréchal des logis de 30 lances. 6181
Mornay (Jean de), maréchal des logis de 50 lances. 6503
Parisy (Clément de), écuyer, maréchal des logis de la compagnie du duc d'Aumale............. 6992
Rochedragon (Berthelot de), maréchal des logis de la compagnie du prince de la Roche-sur-Yon.... 7825
Rommecourt (Martin de), maréchal des logis de 30 lances............................. 7922
Rubempré (Arthur de), maréchal des logis de la compagnie du dauphin..................... 8091
Saint-Julien (Claude de), maréchal des logis de 40 lances............................. 8219
—— (Gui de), maréchal des logis de 50 lances... 8220
Saint-Yon (Antoine de), maréchal des logis de 40 lances............................. 8299
Salemart (Claude de), dit de Ressis, maréchal des logis de 100 lances........................ 8339
Sauvagnac (Antoine de), maréchal des logis de 80 lances............................. 8462

COLONELS.

Nogaret (Jean-Louis de), duc d'Épernon, colonel général de l'infanterie de France............ 6768
Cassagnet (François de), chevalier de l'ordre, colonel des bandes légionnaires de Guienne...... 1896

Montmorency (Guillaume de), colonel de la cavalerie légère de Piémont........................ 6416

Montmorency (Henri de), colonel de la cavalerie légère de Piémont........................ 6417

ARMÉE DE LA MER.

VICE-AMIRAUX ET LIEUTENANTS.

Casenove (Guillaume de), dit *Coulon*, écuyer..... 1893
Hélie (Nicole), sergent d'armes du roi. 4592
Moustier (Étienne du)........................ 6568
Moy (Charles de), chevalier................... 6580
Roy (Guion le), chevalier..................... 8069
Bricon (Guiot de), maréchal de l'amiral de France. 1570
Champonval (Jean de), bailli de Caux, lieutenant de l'amiral de la mer....................... 2198
Châtillon (Gui de), chevalier, lieutenant de l'amiral de France............................. 2332
Grange (Jean de la), abbé de Fécamp, commissaire sur le fait de dix galées envoyées à Corneto...... 3544
Grosménil (Robin de), commis sur le fait de la seconde armée de la mer................... 4283

CAPITAINES DES GALÉES ÉTRANGÈRES.

Perellos (François de), chevalier, amiral des galées d'Aragon............................. 7088
Doria (Aytou), capitaine des galées de Gênes..... 3212
Grimaldi (Charles), chevalier, capitaine des galées de Monaco............................. 4257

GARDES DU CLOS DES GALÉES À ROUEN.

Brumare (Richard de)......................... 1647
Choque (Jean), dit *Desramet*.................. 2517
Grimaldi (Nicolas), écuyer.................... 4264
—— (Renier), chevalier...................... 4266

SEIGNEURS ET CAPITAINES DE NEFS.

Conflans (Antoine de), capitaine de la barque *Dauphine* appartenant au roi................... 2727
Valois (Pierre le), maître de la barge *Notre-Dame* qui est au roi........................... 9210
Hogue (Guillaume de la), maître de la barge *Saint-Andrien* qui est au roi.................... 4695
Lardot (Willart), d'Espagne, maître de la barge *Saint-Christophe* du roi........................ 5084
Mire (Mahieu le), patron de la barge *Saint-Georges* du roi................................. 6126
Capelle (Jean de la), seigneur de la nef *la Blide* de Boulogne.............................. 1810

Pesquet (Robert), maître de la nef *la Mère-Dieu* de Bricquebec............................. 7127
Prévôt (Jean le), seigneur de la nef *la Jeannette* de Caen. 7440
Marchand (Jean le), seigneur de la nef *Dieu*, de la nef *Notre-Dame-la-Marchande* et de la nef *Dieu-la-Gart* de Caen......................... 5647
Jardins (Raoul des), seigneur de la nef *Saint-James* de Caen................................ 4845
Flament (Pierre le), seigneur des nefs *Saint-Pierre*, *l'Amoureuse* et *Sainte-Anne* de Caen.......... 3629
Demisel (Robert), maître de la barge du roi *Sainte-Catherine* de Cayeux....................... 3149
Polin (Guillebert), seigneur de la nef *la Nativité* de Dieppe................................ 7273
Calctot (Guillaume), seigneur de la nef *Notre-Dame-de-l'Assomption* de Dieppe................... 1758
Chefdeville (Mahieu), capitaine de la barge *Saint-Jean* de Dieppe............................ 2421
Sueur (Gautier le), seigneur de la nef *Saint-Pol* de Dieppe................................ 8737
Goussal (Jean), maître de la nef *Sainte-Marie-Madeleine* d'Espagne........................ 4171
Vitaloing (Enguerran), maître de la nef *Saint-Nicolas* d'Étaples........................ 9577
Marescot (Jean), maître de la nef *Notre-Dame* d'Étretat............................... 5716
Spinelle (James), patron de la galée génoise *Saint-Antoine*.............................. 8706
Sacquespée (Thomas), seigneur de *la Jeannette* du Gué-de-Caux........................... 8138
Flament (Pierre le), seigneur de la nef *Notre-Dame-Gaignepain* de Harfleur.................... 3630
Avironneur (Jean l'), seigneur de la nef *Saint-Eustache* de Honfleur........................ 519
Prudhomme (Jean), patron de la galée *la Goberde* de Leure?............................. 7455
Putot (Guillaume de), écuyer, seigneur de la nef *la Chrétienne* de Leure..................... 7487
Rose (Raoul), seigneur des nefs *la Madeleine* et *Saint-Jean* de Leure............................ 7954
Gabart (Nicole), seigneur de la nef *Notre-Dame* de Leure. 3887
Roussel (Jean), dit *Tartarin*, maître de la nef *Notre-Dame* de Leure.......................... 8017

Tourneville (Martin), maître de la nef *Saint-Anton* de Leure. 9012
Moustier (Guillaume du), gouverneur de la galée *Saint-Étienne* de Leure?. 6569
Hardi (Guillaume), seigneur de la nef *Saint-Georges* de Leure. 4500
Croix (Pierre de la), seigneur des nefs *Saint-Martin* et *Saint-Louis* de Leure. 3034
Tourneville (Bertin), maître de la nef *Sainte-Marie* de Leure. 9011
Gaing (Bernard), maître de la nef *Sainte-Croix* de Saint-Savinien. 3900
Diaiz (Pierre), maître de la nef *Sainte-Marie* de Villevau en Espagne. 3168

NAUTONIERS.

Beyrest (Guillaume), nautonier, de Marmande.... 992
Soillelhade (Guiraud de la), nautonier. 8643
Vez (Guiart de), nautonier. 9397

OFFICES DE FINANCE.

AIDES.

Châtillon (Adam de), général des aides à Paris.... 2321
—— (Jean de), général élu des aides à Paris..... 2349
Roger (Mathurin), général élu des aides à Paris... 7887
Varroc (Richard), clerc, général élu des aides.... 9249
Généraux élus des aides à Paris. 6980
Châtel (Jacques du), général élu des aides en Normandie. 2299
Maudétour (Gilles de), général élu des aides en Normandie. 5874
Moustier (Étienne du), général élu des aides en Normandie. 6567
Chevreuse (Pierre de), général trésorier des aides à Paris. 2469
Fremaut (Bernard), général trésorier des aides à Paris. 3822
Généraux trésoriers des aides à Paris. 6981-6983
Braine (Simon de Roucy, comte de), général conseiller des aides. 1470
Piquet (Jean), général conseiller des aides. 7196, 7197
Renart (Jacques), général conseiller des aides. .. 7646
Rucil (Jean de), général conseiller des aides. 8096
Sarrebruck (Jean, comte de), général conseiller des aides. 8409
Vauletar (Jean de), général conseiller des aides... 9267
Généraux conseillers des aides. 28-31
Arnoulfin (Jean), chevalier, général conseiller des finances en Normandie. 289
Mauregard (Nicolas de), receveur général des aides. 5911
Croisettes (Martin de), receveur général des aides en Artois, Boulonnais, etc. 3019
Orléans (Jean d'), receveur général des aides en Normandie. 6899
Renouf (Aimery), receveur général des aides en Normandie. 7671
Gencien (Jean), receveur général des aides en la cité, prévôté et vicomté de Paris. 4020
Stancon (Jean), receveur général des aides en la province de Rouen. 8715
Villain (Jean le), receveur général des aides à Rouen. 9472
Mauriac (Germain de), chevalier, receveur de la rançon du roi dans la sénéchaussée de Toulouse et d'Albigeois. 5915
Hôpital (Jean de l'), receveur général des aides en Touraine, Anjou et Maine. 4726
Leigny (Jean de), contrôleur général des aides. ... 5006
Plancy (Nicolas de), commis au gouvernement de la recette générale des aides pour le passage de la mer. 7209
Lesclat (Pierre de), président de la chambre des aides. 5174
Dormans (Guillaume de), archevêque de Sens, général sur le fait des aides pour la guerre. 8563
Essarts (Pierre des), chevalier, souverain gouverneur des finances des aides. 3407
Boursier (Alexandre le), commissaire sur le gouvernement de toutes les finances. 1402
Lucé (Guillaume de), évêque élu de Maillezais, commissaire des finances. 5520
Norry (Jean de), archevêque de Vienne, commissaire sur le fait des aides. 9424
Bamont (Étienne de), commissaire des aides à Amiens. 607
Commissaire des aides au diocèse d'Amiens. 128
Bois (Tristan du), chevalier, commissaire des aides au pays d'Artois. 1141
Montaigu (Jean de), commissaire des aides au pays d'Artois. 6214

494   TABLEAU SYSTÉMATIQUE

Hôpital (François de l'), chevalier, commissaire des aides à Bourges.......... 4719
Châteauneuf (Philippe de), chevalier, commissaire du duc de Bourbon sur le subside au diocèse de Bourges.......... 2296
Bechignevoisin (Raimbaud de), ex-commissaire des impôts dans la province de Lyon.......... 7617
Charretier (Gilles), commissaire sur le fait des emprunts pour la guerre aux diocèses de Chartres et d'Orléans.......... 2232
Pérusse (Gautier de), chevalier, commissaire des aides en Limousin.......... 7119
Châtillon (Dymanche de), commissaire sur les nouvelles ordonnances en la ville de Paris.......... 2326
Gontier (Jean), commissaire sur le fait des nouvelles aides à Paris.......... 4122
Sens (Adam de), commissaire sur les nouvelles ordonnances en la ville de Paris.......... 8560
Nantouillet (Renaud de), chevalier, commissaire sur l'imposition de 4 deniers par livre octroyée en la ville de Paris.......... 6655
Chapelle (Arnaud ou Renaud de la), commissaire des aides en la province de Reims.......... 2187
Commissaire des aides en la province de Reims.... 7627
Péroy (Nicolas de), général député des aides au bailliage de Gisors.......... 7103
Valricher (Vincent du), général député sur le fait du subside octroyé au duc de Normandie.......... 9213
Tuile (Jean de la), général réformateur des aides en Picardie.......... 9123
Dicy (Jean de), réformateur au diocèse de Chartres. 3172
Paté (Louis), conseiller du roi, réformateur au diocèse de Chartres.......... 7002
Guyencourt (Simon de), enquêteur au bailliage de Sens.......... 4389
Bray (Jean de), élu des aides à Amiens.......... 1492
Croy (Pierre de), élu des aides au diocèse d'Amiens. 3043
Gard (Pierre du), élu des aides au diocèse d'Amiens. 3943
Mille (Simon), élu des aides à Amiens.......... 6101
Élus des aides au diocèse d'Amiens........ 129, 130
Breton (Guillaume le), alias l'Aîné, élu des aides au diocèse d'Angers.......... 1527
Barneby (Guillaume), élu des aides aux vicomtés d'Argentan, Exmes, Domfront, etc.......... 662
Renier (Pierre), écuyer, élu des aides à Auxerre... 7660
Gambout (Jean du), écuyer, élu des aides au diocèse d'Avranches.......... 1780, 1781
Chasseguey (Colart de), chevalier, élu des aides au diocèse d'Avranches.......... 2260, 2261

Cervelle (Étienne de la), écuyer, élu des aides au diocèse d'Avranches.......... 1994
Truelle (Étienne de la), écuyer, élu des aides au diocèse d'Avranches.......... 9118
Bar (Jean de), élu du Bourbonnais.......... 625
Trousseau (Jacquelin), chevalier, élu des aides au diocèse de Bourges.......... 9105
Chantemerle (Ansel de), élu des aides au diocèse de Chartres.......... 2166
Marolles (Maupin de), chevalier, élu des aides au diocèse de Chartres.......... 5766
Chalançon (Ébraud de), chanoine de Clermont, élu des aides aux diocèse de Clermont et bailliage d'Auvergne.......... 2067
Condé (Poulet de), élu des aides au diocèse de Condom.......... 2725
Prestrel (Jean le), élu des aides au diocèse de Coutances.......... 7431
Roque (Pierre de la), élu des aides au diocèse de Coutances.......... 7937
Tellier (Guillaume le), élu des aides au diocèse de Coutances.......... 8815
Bouteiller (Jean le), élu des aides au diocèse d'Évreux.......... 1417
Malfant (Philippe), élu des aides au diocèse d'Évreux. 5593 et 5594.
Mesnil (Guillaume du), élu des aides au diocèse d'Évreux.......... 6030
Fontaine (Étienne de la), élu des aides à Gisors... 3683
Parfondru (Moreau de), chevalier, élu des aides au diocèse de Laon.......... 6978
Talaru (Jean de), élu des aides au diocèse de Laon. 8775
Broisset (Pierre), élu des aides au diocèse de Lisieux.......... 1611
Fénières (Louis de), élu des aides au diocèse de Lisieux.......... 3551
Harcourt (Richard d'), doyen de Lisieux, élu des aides au diocèse de Lisieux.......... 4496
Hôpital (Raoul de l'), élu des aides au diocèse de Lisieux.......... 4728
Lannoy-le-Grand (Guillaume de), élu des aides au diocèse de Lisieux.......... 5072
Élu des aides au diocèse de Lisieux.......... 5292
Toreau (Jean), élu des aides à Loudun.......... 8947
Garde (Jean de la), élu des aides aux diocèses de Mâcon et de Chalon.......... 3951
Hasard (Jean), élu des aides aux diocèses de Mâcon et de Chalon.......... 4525
Élu des aides aux diocèses de Mâcon et de Chalon.. 5461

Élu des aides à Mantes, Meulan et Poissy........ 5630
Malassis (Jean), élu des aides à Nesle.......... 5573
Aubry (Jacques), élu des aides à Noyon........ 378
Caillouel (Quentin de), élu des aides à Noyon..... 1753
Champluisant (Jean de), élu des aides à Noyon.... 2142
Coquel (Jean), élu des aides à Noyon.......... 2765
Chevreuse (Pierre de), chevalier, distributeur des aides des diocèses de Noyon et de Beauvais..... 2470
Gamaches (Jean de), élu des aides à Noyon...... 3925
Guillerville (..... de), élu des aides au diocèse de Noyon................................. 4362
Targny (Jean), lieutenant des élus du diocèse de Noyon, à Chauny....................... 8812
Élu des aides au diocèse de Noyon............. 6810
Lestelle (Jean de), élu des aides au diocèse d'Orléans................................. 5187
Aunoy (François d'), élu des aides à Paris........ 434
Brisson (Béraud), élu des aides à Paris.......... 1606
Giffart (Philippe), élu des aides à Paris......... 4064
Salles (François), élu des aides en la ville, diocèse et vicomté de Paris...................... 8361
Carbonnier (Fursy le), commis des aides au doyenné rural de Péronne....................... 1857
Cayeux (Jean de), élu des aides en Ponthieu..... 1974
Hesdin (Guillaume d'), élu des aides en Ponthieu.. 4654
Élu des aides en Ponthieu.................... 7322
Anceville (Eustache d'), chevalier, élu des aides au diocèse de Rouen......................... 139
Bosc (Jean du), élu des aides à Rouen...... 1262-1264
Filleul (Jean), élu des aides à Rouen........... 3620
Élus des aides au diocèse de Rouen....... 7996, 7997
Élus des aides au diocèse de Seez........ 8517, 8518
Abbé (Geoffroi l'), élu des aides au diocèse de Senlis................................. 6
Aridel (Mahieu d'), écuyer, seigneur de Maimbeville, élu des aides au diocèse de Senlis........... 265
Jolly (Philippe de), chevalier, élu des aides au diocèse de Senlis........................... 4978
Orfèvre (Jean l'), de Chambly, élu des aides au diocèse de Senlis........................... 6877
Calais (Pierre de), élu des aides à Soissons....... 1757
Tilloy (Mahieu de), archidiacre de la Rivière, élu des aides au diocèse de Soissons................ 8909
Valenciennes (Jean de), élu des aides au diocèse de Soissons................................ 9185
Besille (Renaud), chevalier, élu des aides au pays de Touraine............................ 969
Cousin (Jacques), élu des aides au diocèse de Troyes. 2914
Orenge (Henri), élu des aides à Vire........... 6873

Vogué (Pierre de), élu des aides aux diocèses de Viviers, Valence et Vienne.................. 9590
Talmas (Pierre de), receveur des aides au diocèse d'Amiens............................. 8791
Charron (Pierre le), receveur des aides à Mantes... 2233
Orenge (Jean), receveur des aides en la vicomté de Vire................................. 6874
Fouquier (Jean), commis des aides en la ville et doyenné d'Athis........................ 3758
Thierry (Pierre), commis des aides au doyenné de Curchy............................... 8853
Mesureur (Jean le), commis des aides à Honnecourt et villes voisines........................ 6053
Lamoureux (Robert), prêtre, commis à visiter les aides au diocèse de Laon.................. 5025
Tadelin (Édouard), de Lucques, commis au dixième dans les provinces de Lyon, etc............. 8762
Poulain (Jean), commis des aides à Nesle et au doyenné d'Ercheux...................... 7382
Saules (Alabre des), écuyer, contrôleur de l'imposition foraine de Paris..................... 8424
Bec (Richard du), commis à recevoir le dixième du diocèse de Sens........................ 826
Liencour (Jean de), commis à la levée des dixièmes en la province de Tours................... 5239
Mayeur (Jean le), commis des aides dans le doyenné de Vendeuil........................... 5937
Estrigales (Robert), clerc des généraux élus des aides en Normandie........................ 3450
Doux (Jean le), clerc des élus des aides au diocèse d'Évreux............................. 3226
Scarphy (Antoine-François), maître des ports de la sénéchaussée de Beaucaire et de Nîmes........ 8500
Seaume (Jean), écuyer, maître des ports de la sénéchaussée de Beaucaire.................... 8510
Villeneuve (Bernard de), maître des ports de la sénéchaussée de Beaucaire.................... 9505

NOUVEAUX ACQUÊTS.

Saussy (Baudouin de), chevalier, commis des nouveaux acquêts au duché de Bourgogne........ 8457

SEL ET GRAINS.

Ancézune (Jean d'), seigneur de Codolet, visiteur des gabelles à sel du Languedoc............. 140
Contrôleur du grenier à sel d'Amiens........... 131
Maisnil (Alcaume du), grènetier du grenier à sel d'Amiens.............................. 5562

Mercier (Jean le), grènetier du grenier à sel d'Amiens.................................. 6003
Grènetier et contrôleur du grenier de Beauvais.... 810
Rueil (Jean de), grènetier et contrôleur du grenier à sel de Beauvais........................ 8097
Grènetier et contrôleur du grenier à sel de Blois... 1077
Aubert (Gervais), contrôleur du grenier à sel de Conches................................. 353
Garencières (Sevin de), contrôleur du grenier à sel d'Étampes............................. 3960
Chambly (Jean de), grènetier du grenier à sel de Meaux.................................. 2104
Caux (Michel de), grènetier de Paris............ 1969
Grènetier et contrôleur du grenier à sel de Reims. 7629
Loton (Jean), contrôleur du grenier de Rouen..... 5372
Maingot (Jean), contrôleur des grains à Rouen.... 5547
Montigny (Raoul de), grènetier du grenier à sel de Rouen.................................. 6364
Guiot (Jean), grènetier et contrôleur du grenier à sel de Saint-Quentin....................... 4374
Grènetier et contrôleur des greniers à sel de Saint-Quentin................................. 8269
Creil (Pierre de), contrôleur du grenier à sel de Senlis.................................. 2967
Rivière (Thomas de la), grènetier du grenier à sel de Senlis............................... 7757
Grènetier et contrôleur du grenier à sel de Vailly.. 9166
Villefort (B. de), grènetier et contrôleur du grenier à sel de Vailly........................... 9499

EAUX ET FORÊTS.

Châtillon (Charles de), souverain maître et réformateur des eaux et forêts dans tout le royaume... 2324
—— (Gaucher de), réformateur pour le roi par tout le royaume............................. 2329
Essarts (Pierre des), chevalier, souverain maître des eaux et forêts de France................. 3408
Melun (Guillaume, vicomte de), souverain maître des eaux et forêts....................... 5978
Meudon (Jean de), chevalier du roi, maître des eaux et forêts............................ 6057
Montauban (Jean, seigneur de), grand maître des eaux et forêts........................... 6236
Tancarville (Guillaume, comte de), maître et général réformateur des eaux et forêts du royaume...... 8798
Bardilly (Adam de), maître et enquêteur des eaux et forêts............................... 655
—— (Bertrand de), chevalier, maître et enquêteur des eaux et forêts........................ 656
Cordier (Pierre le), maître et enquêteur des eaux et forêts, lieutenant général du souverain maître réformateur................................ 2780
Courcelles (Pierre de), maître et enquêteur des eaux et forêts............................ 2874
Guy (Renaud de), chevalier, maître et enquêteur des eaux et forêts........................ 4385
Proverville (Hugues de), maître et enquêteur des eaux et forêts........................... 7451
Veneur (Robert le), chevalier, maître et enquêteur des eaux et forêts........................ 9323
Chennevières (Pierre Choisel, seigneur de), chevalier du roi, enquêteur au bailliage d'Amiens.... 2436
Bueil (Pierre de), chevalier, maître enquêteur des eaux et forêts d'Anjou et du Maine........... 1702
Lecteron (Thibaud le), lieutenant général du maître des eaux et forêts aux bailliages de Caen et de Cotentin................................. 5146
Pomponne (Jean de), commissaire et réformateur général aux sénéchaussées de Carcassonne, Beaucaire, Toulouse, aux bailliages d'Auvergne, etc... 7289
Guiffrey (Guigue), maître des eaux et forêts du Dauphiné................................. 4338
Grange (Thibaud de la), maître et enquêteur des eaux et forêts en France, Champagne et Brie.... 4209
Hôpital (François de l'), chevalier, maître des eaux et forêts de France, Champagne et Brie.. 4717, 4718
Cornouailles (Briant de), écuyer, lieutenant général du maître enquêteur et général réformateur des eaux et forêts de France et Normandie........ 2804
Assire (Robert), maître et enquêteur des eaux et forêts de Normandie....................... 344
Bouent (Louis), dit *de la Rochette*, chevalier, maître enquêteur et réformateur des eaux et forêts en Normandie et Picardie...................... 1303
Braque (Jean), maître et enquêteur des eaux et forêts au pays de Normandie.................... 1482
Casenove (Guillaume de), dit *Coulon*, écuyer, maître enquêteur et réformateur des eaux et forêts en Normandie et Picardie...................... 1893
—— (Jean de), dit *Coulon*, chevalier, maître enquêteur et réformateur des eaux et forêts en Normandie et Picardie......................... 1894
Cordier (Pierre le), lieutenant général du maître enquêteur des eaux et forêts de Normandie et Picardie................................. 2781
Cugnac (Antoine de), chevalier, maître enquêteur et réformateur des eaux et forêts en Normandie et Picardie................................. 3059

Cugnac (Pierre de), écuyer, maître enquêteur et réformateur des eaux et forêts en Normandie et en Picardie.......................... 3068, 3069
Guise (Jean de), chevalier, maître et enquêteur des eaux et forêts en Normandie et Picardie......... 3079
Montauban (Jean de), chevalier, souverain maître et réformateur des eaux et forêts au duché de Normandie............................. 6238
Moy (Jacques de), chevalier, grand maître des eaux et forêts en Normandie et Picardie............ 6586
—— (Jacques de), chevalier, maître enquêteur et général réformateur des eaux et forêts en Normandie et Picardie................. 6587, 6588
Pommereuil (Robert de), chevalier, maître enquêteur et réformateur des eaux et forêts en Normandie et Picardie...................... 7280
Robersart (Jean de), chevalier, maître enquêteur et général réformateur des eaux et forêts en Normandie............................. 7765
Montmorency (Bouchard de), chevalier, enquêteur sur tous les maîtres et officiers des forêts du bailliage d'Orléans........................ 6406
Adeuil (Jean), maître des eaux et forêts de Poitou. 13
Fou (Jacques, seigneur du), maître des eaux et forêts de Poitou............................. 3738
Hayes (Pierre des), maître et enquêteur des eaux et forêts de la reine Blanche................. 4573
Fresnoy (Colart de), maître des eaux et forêts du roi de Navarre................................ 3837
Mousergent (Guérart), maître des eaux et forêts du roi de Navarre................................ 5918
Pennoa (Robert), écuyer, verdier de Beauvoir..... 7067
Chailly (Guillebaut, seigneur de), chevalier, maître forestier de la forêt de Bierre................ 2060
Cintray (Jean de), écuyer, verdier de la forêt de Breteuil.............................. 2529
Clamorgan (Thomas de), écuyer, verdier de la forêt de Brotonne......................... 2543, 2544
Esneval (Robert d'), écuyer, verdier de la forêt de Brotonne............................ 3372, 3373
Franconville (Mahieu de), écuyer, verdier de la forêt de Brotonne.......................... 3805
Hardinthun (Guillaume de), écuyer, garde de la forêt de Crécy............................. 4503
Thubeauville (Thibaud de), garde et châtelain de la forêt de Crécy en Ponthieu.................. 8881
Martel (Thomas), écuyer, verdier de Gravigny.... 5800
Douchin (Morisse), lieutenant du verdier de Longchamps................................. 3222

Franconville (Robert de), écuyer, verdier de Longchamps et de Bleu........................ 3806
Caumont (Robert de), verdier des bois des «Monts de Lonque»............................. 1956
Marçay (Jourdain de), écuyer, verdier de Pacy..... 5639
Longchamps (Alain de), verdier de la forêt de Touques.................................. 5320
Carbonnel-Canisy (Cariot), verdier de Valognes... 1824
Pierrepont (Robillart de), écuyer, verdier des forêts de Vernon, Blaru, des Andelys, etc........... 7181
Villers-Saint-Pol (Adam de), écuyer, gruyer de la forêt de Halatte............................ 9536
Meudon (Bureau de), écuyer, gruyer de la forêt de Laye.................................... 6055
Corquilleroy (Jean de), écuyer, gruyer de la forêt de Livry en Laonnois.......................... 2811
Trossy (Jean de), écuyer, gruyer de la forêt de Pommeroye................................ 9101
Saussoy (Enguerran du), écuyer, gruyer de la forêt de Rouvroy-lès-Saint-Cloud................. 8456
Brie (Pierre de), écuyer, gruyer de la garenne de Senart................................. 1579
Bézu (Jean de), dit Bouquery, sergent de la forêt de Crécy.................................. 1001
Brossart (Gilles), sergent à cheval des forêts de Fresnes et de Cruye....................... 1616
Courcelles (Pierre de), garde de la forêt de Neuville.................................. 2873
Flocques (Raoul de), sergent en la forêt de «Ronneis»................................. 3649
Ambonville (Jean d'), écuyer, maître sergent des eaux et forêts de Vassy.................... 123
Maréchal (Thévenin le), sergent des bois du Vivier en Brie................................ 5684
Cordelledieu (Jean), garde de l'étang du Pont-Gibert................................... 2778

TRÉSORIERS DE FRANCE.

Babou (Philibert), chevalier, seigneur de la Bourdaizière................................ 546
Bérard (Pierre)............................. 896
Chantemerle (Thibaud de), chevalier............ 2177
Gaite (Mahieu)............................. 3901
Gilier (Philippe)............................ 4069
Saint-Pierre (Philippe de).................... 8258
Boileau (Antoine), trésorier royal de la sénéchaussée de Beaucaire et de Nîmes................. 1118
Chaponay (Laurent de), trésorier de France en Dauphiné et marquisat de Saluces................ 2197

498 TABLEAU SYSTÉMATIQUE

Mundeford (Osberne), écuyer, trésorier et général gouverneur des finances en France et en Normandie............................. 6603
Stanlawe (Jean), écuyer, trésorier et gouverneur général des finances en France et en Normandie.. 8722
Camus (Antoine), trésorier de France en la généralité de Lyon............................ 1792
Le trésorier de Normandie.................. 6787
Amblard (Guillaume), trésorier de Saintonge..... 112

TRÉSORIERS DU ROI À PARIS.

Alemant (Érard d')....................... 78
Baillet (Jean)...................... 566, 567
Brunel (Guillaume)...................... 1656
Crépy (Jean de)......................... 2969
Dicy (Guillaume de)...................... 3171
Forget (Pierre).......................... 3719
Fremont (Bernard)....................... 3821
Guy (Robert), chevalier................... 4386
Hangest (Guillaume de)................... 4426
Lille (Raoul de)......................... 5271
Orbec (Jean d')......................... 6869
Petit-Collier (Enguerran du)............... 7133
Scatisse (Pierre), lieutenant du roi........... 8501
Tadelin (Édouard)....................... 8763
Trésoriers du roi à Paris............... 9078-9080

TRÉSORIERS DE TOULOUSE.

Alberia (Johannes d'), lieutenant du trésorier..... 59
Hardi (Jean)........................... 4501
Lauward (Simon)........................ 5123
Loard (Simon).......................... 5299

TRÉSORIER DE TOURS.

Soyecourt (Gilles de).................... 8697

TRÉSORIERS DES GUERRES.

Bellay (Simonnet de), clerc, lieutenant du trésorier.................................. 845
Boucher (Arnoul)....................... 1296
Chanteprime (Jean)..................... 2181
Chauvel (Jean)......................... 2390
Cochon (Pierre)........................ 2641
Coquatrix (Renier)...................... 2763
Coutelier (Renier le), lieutenant du trésorier..... 2926
Croix (Guillaume de la), écuyer............ 3027
Drach (Barthélemy du).................. 3233
Empereur (Jacques l')................... 3305
Enfernet (Guillaume d').................. 3314

Flament (Jean le)........................ 3627
François (Robin), clerc et lieutenant du trésorier.. 3797
Garde (Jean de la), lieutenant du trésorier... 3948 et 3949.
Mercier (Jean le)....................... 6002
Orgemont (Guillaume d'), écuyer........... 6880
Raguier (Hémon)....................... 7562
Ronti (Étienne), lieutenant du trésorier.... 8031, 8032
Renier (Colas), trésorier des guerres en Auvergne, Berry et Limousin...................... 7656
Montmejean (Étienne de), trésorier des guerres en Languedoc........................... 6397
Périer (Étienne), lieutenant du trésorier des guerres en Languedoc......................... 7092

TRÉSORIERS DE LA REINE ET DES PRINCES.

Raguier (Hémon), trésorier général de la reine... 7563
Climence (Jean), trésorier du roi de Navarre..... 2619
Froyer (Guillaume), trésorier du roi de Navarre... 3878
Brasseur (Jean le), trésorier général de la duchesse d'Alençon............................ 1489
Fremont (Bernard), trésorier du duc de Normandie.................................. 3820
Poulain (Jean), trésorier général du duc d'Orléans. 7382
Renier (Pierre), trésorier général du duc d'Orléans. 7661
Gros (Guillaume), trésorier du comte de Poitiers et de Mâcon............................ 4274

RECEVEURS.

Baille (Pierre), receveur général des finances en France et en Normandie................. 564
Chauve (Roger le), lieutenant du receveur général de Languedoc........................ 2386
Gros (Guillaume), receveur général en Languedoc. 4274
Isle (Raoul de l'), receveur général de Languedoc.. 4794
Odde (Nicolas), receveur général en Languedoc... 6824
Rouvray (Jean de), receveur des subventions au bailliage d'Orléans....................... 8039
Riche (Odin le), lieutenant du receveur de Ponthieu.................................. 7713
Surreau (Pierre), receveur de Ponthieu........ 8753
Marcilly (Guillaume de), écuyer, commis à recevoir les finances de l'est au bailliage de Sens....... 5656
Chauvel (Jean), receveur général de Touraine, d'Anjou et du Maine.................... 2391
Blondel (Gervais), receveur d'Étrépagny........ 1083
Bosc (Jean du), bourgeois de Rouen, receveur du tiers accordé à la ville de Rouen........... 1261
Tréfillier (Laurent le), receveur de la ville de Rouen. 9040

DES SCEAUX DE CLAIRAMBAULT. 499

Isle (Raoul de l'), receveur de Toulouse........ 4794
Poullettes (Jean des), receveur général des finances du duc de Bourgogne.................... 7386
Porte (Jean de la), receveur du comte de Hainaut.. 7349

PAYEURS.

Gourdel (Jean), vicomte d'Évreux, payeur des manœuvres employés aux sièges................ 4151
Banquet (Pierre), payeur des ouvriers pour le siège de Courbéfy........................... 614
Mercier (Jean le), commis au payement des piquenaires de l'Écluse........................ 6005

MONNAIES.

Bataillé (Pierre), maître général des monnaies du roi................................... 689
Braque (Bernard), maître général des monnaies du roi................................... 1477
Lambert (Jean), maître général des monnaies du roi................................... 5021
Saint-Germain (Michel de), maître général des monnaies du roi.......................... 8200
Vannes (Gaucher de), maître général des monnaies du roi................................ 9219
Brochart (Thomas), commissaire du roi sur le fait des monnaies.......................... 1607
Orfèvre (Alexandre l'), commissaire des monnaies au bailliage de Bourges................ 6875
Wailly (Nicolas de), commissaire des monnaies au bailliage de Bourges.................. 9634
Dammartin (Adam de), commis à visiter la monnaie de Poitiers............................ 3118
Saint-Martin (Jean de), commissaire des monnaies en Poitou et Saintonge............... 8235
Guaret (Étienne), commissaire des monnaies au bailliage de Sens....................... 4289
Chahuent (Estiennot le), garde de la monnaie de Dijon................................. 2057

Braque (Arnoul), garde de la monnaie du roi à Paris................................... 1476
Raymond (Jeannin), le jeune, garde de la monnaie du roi à Paris........................ 7603
Fiquesperon (Jean), garde de la monnaie de Rouen.................................... 3622
Godet (Thomas du), garde de la monnaie de Rouen. 4103
Courneuve (Nicolas de la), garde de la monnaie de Saint-Pourçain........................ 2892
Renier (Jean), garde de la monnaie de Saint-Pourçain................................. 7657
Saint-Germain (Robert de), garde de la monnaie de Saint-Pourçain...................... 8204
Sans Dent (P.), lieutenant du garde de la monnaie de Saint-Pourçain................... 8396
Violeur (Robin le), garde de la monnaie de Saint-Pourçain............................. 9564
Baillet (Jean), le jeune, maître de la monnaie de Troyes.............................. 565
Breteau (Guillaume), prévôt des monnayeurs de la monnaie d'Angers..................... 166
Rambaut (Pierre), prévôt des ouvriers de la monnaie d'Angers.......................... 166
Fournier (Nicolas), receveur général des profits des monnaies......................... 3771, 3772
Sens (Pierre de), changeur du trésor et commis à la recette du domaine royal........... 8572
Francières (Jean de), commis à la recette sur la monnaie du Crotoy..................... 3789
Viel (Jean), changeur pour le roi en la monnaie de Paris............................... 9413
Glenac (Jeannet), changeur pour le roi en la monnaie de Saint-Pourçain................ 4096
Mantes (Jacques de), changeur pour le roi à Tournay. 5629
Caux (Jean de), essayeur de la monnaie de Toulouse................................... 1968
Ischés (Josset d'), tailleur des coins de la monnaie de Dijon.......................... 4791

HÔTEL DU ROI,

DU RÉGENT, DE LA REINE, DES PRINCES ET DES GRANDS FEUDATAIRES.

MAÎTRES DE L'HÔTEL DU ROI.

Aubin (Gaucher), chevalier, seigneur de Malicorne. 375 et 376.
Aunoy (Philippe d'), chevalier du roi............ 438

Blosset (Roger), chevalier, seigneur de la Galande.. 1099
Boissay (Robert de), chevalier........... 1162, 1163
Bouconvilliers (Gace de), chevalier............. 1301
Bouent (Louis de), dit de la Rochette, chevalier... 1303
Braque (Blanchet), chevalier...   1479

63.

Braque (Nicolas), chevalier.................. 1483
Cardonne (François de)..................... 1861
Chambly (Jean de), dit *le Hase*, chevalier.. 2102, 2103
Chantemerle (Taupin de), chevalier............ 2173
Chevreuse (Pierre, seigneur de), chevalier....... 2470
Cléret (Pierre)............................ 2579
Coningham (Jacques de).................... 2737
Cygne (Jean du)........................... 3100
Dainville (Jean de), chevalier................ 3111
Dreux (Simon de).......................... 3242
Épagny (Gilles d'), chevalier................. 3323
Essarts (Philippe des), chevalier.............. 3406
Étaules (Oudart d'), chevalier du roi........... 3461
Gaillonnel (Adam de), chevalier............... 3896
Girard (Renaud), chevalier................... 4083
Granges (Jean des), chevalier................ 4215
Jambes (Jean de), chevalier, premier maître de l'hôtel du roi......................... 4840-4842
Juch (Henri du), chevalier................... 4968
Lupé (Carbon de), écuyer................... 5425
Maintenon (Yon de), dit *le Borgne de la Queue*, chevalier................................ 5557
Malet (Gilles), chevalier.................... 5586
Marcognet (Enguerran de), chevalier, premier maître de l'hôtel du roi.................... 5669
Montigny (Yvon de)........................ 6370
Puisieux (Arnoul de), chevalier............... 7479
Récourt (Michel de)........................ 7618
Reims (Jean de)........................... 7630
Remi (Pierre), familier du roi................ 7645
Saint-Clair (Jean de), dit *Bruneau*........... 8171
Sandouville (Jean de), écuyer................ 8386
Silleron (Jean de).......................... 8623
Ver (Adam de), chevalier.................... 9339

POURVOYEUR DE L'HÔTEL DU ROI.

Flavacourt (Guillaume de).................... 3639

PREMIER QUEUX DU ROI.

Réaulx (Huguelin des), dit *Menjart*........... 7606

PREMIER ÉCUYER DE CUISINE DU ROI.

Tirel (Guillaume), dit *Taillevent*,.............. 8925

PANETIERS DU ROI.

Aunoy (Denisot d'), écuyer.................. 433
Bourgeoise (Pierre), chevalier................ 9664
Cassain (Guillaume de), dit *Châtelain*........ 1898
Estendart (Guillaume l'), écuyer.............. 3416

Fécamp (Raoulin de), écuyer................ 3546
Gaillonnel (Renaud de), écuyer............... 3899
Jeucourt (Guillaume de), dit *Sauvage*, écuyer, premier panetier........................... 4922
Mor (Jean du), écuyer...................... 6461
Mail (Denis de), écuyer..................... 5498
Pomponne (Jean de)........................ 7289
Seure ou Seurre (Jean de).................... 8598
Varennes (Jean de), écuyer.................. 9242
Vichy (Camus de), écuyer................... 9404
Vincy (Jean de), écuyer..................... 9561
Vossemin (Galois de), écuyer................ 9604

ÉCHANSONS DU ROI.

Azenières (Lionnet d'), écuyer................ 543
Boistel (Charlot)....................... 1173, 1174
—— (Jean), écuyer........................ 1175
Boutervilliers (Robert de)................... 1423
Bruneval (Colard de), écuyer................. 1657
Chantemerle (Guillaume de), écuyer.......... 2169
Coquatrix (Geoffroi)....................... 2761
Faignon (Pierre de), écuyer.................. 3484
Fou (Jean du), écuyer, premier échanson.. 3741, 3742
Giffart (Gui de), chevalier................... 4059
Giresme (Charlot de), écuyer................ 4086
Gravelle (Simon de), écuyer................. 4223
Harville (Guillaume de), écuyer.............. 4592
Haverskerque (Pierre, bâtard de), écuyer...... 4551
Isle-Adam (Anselet de l'), écuyer, premier échanson. 4795
—— (Charles de l'), premier échanson......... 4796
Orléans (Jacquet d')....................... 6897
Renty (Oudart de), écuyer................... 7677
Rosnivinen (Guillaume de), écuyer, premier échanson. 7961
Sausse Bernard (Essart de), écuyer........... 8454
Trémoille (Guillaume de la), écuyer.......... 9062
Trousseau (Jacquelin), écuyer............... 9106
Versailles (Robert de), écuyer............... 9390

SOMMELIERS DU ROI.

Colin..................................... 2662
Marcade (Jacques), premier sommelier du corps.. 5636
Moustier (Jean du)......................... 6571

VALETS TRANCHANTS DU ROI.

Blossel (Roger)............................ 1098
Chantemerle (Taupinet de).................. 2174
Dreux (Gauvain de), écuyer................. 3237
Essarts (Antoine des)....................... 3402
Estouteville (Jeannet d').................... 3437

DES SCEAUX DE CLAIRAMBAULT.

Fay (Thibaud de), écuyer..................... 3519
Havart (Jean), écuyer........................ 4546
Jully (Philippe de), écuyer................... 4979
Marescot (Morelet de), écuyer............... 5717
Mesnil-Jourdain (Jean du), écuyer, premier valet tranchant....................... 6039
Nantouillet (Jean de), écuyer................. 6652
Tirant (Robin le), écuyer, premier valet tranchant.. 8923
Trémoille (Pierre de la), écuyer.............. 9067

VALETS DE CHAMBRE DU ROI.

Chambly (Jean de)............................ 2104
Chaumont (Jean de), écuyer................... 2376
Damoisel (Imbert le).......................... 3124
Dehors (Jourdain)............................. 3145
Fatinant (Gabriel)............................ 3499
Foucaut (Guillaume), écuyer.................. 3746
Nesson (Jamet de)............................. 6706
Noble (Jacquet le)............................ 6761
——— (Jean), épicier du roi................... 6762
Vaudetar (Jean de)............................ 9266

VALETS DU ROI.

Chantemerle (Ansel de)....................... 2165
Corbeil (Jacques de).......................... 2772
Paiote (Jean), d'Arras........................ 6933

MAÎTRES DES GARNISONS DU ROI.

Bois (Jean du), maître des garnisons de bûche pour le roi.. 1131
Budé (Guillaume), maître des garnisons de vin du roi... 1680
Coquatrix (Geoffroi), procureur des garnisons du roi... 2761

ÉCUYERS DU ROI.

Boissay (Colin de), écuyer d'honneur.......... 1159
Chamborant (Guillaume de), écuyer de corps... 2109
Coquatrix (Renier)............................ 2763
Escuier (Roger l')............................ 3355
Garguesalle (Jean de), premier écuyer de corps.. 3972
Giresme (Cordelier de), premier écuyer de corps... 4088
Guiry (Pierre de), dit le Galois, écuyer de corps... 4376
Joucourt (Pierre de), dit Compaignon, écuyer de corps... 4923
Mesnil (Richard du)........................... 6035
Meudon (Henri de), veneur du roi............. 6056
Nantouillet (Robert de)....................... 6657
Pisdoue (Guillaume)........................... 7199

Pomponne (Jean de)........................... 7289
Rocherousse (Pierre de la), écuyer de corps. 7869, 7870
Villeneuve (Bernard de)....................... 9505

HUISSIERS D'ARMES DU ROI.

Angennes (Jean d'), dit *Sappin*, écuyer....... 159
Aumont (Jean d'), écuyer..................... 413
Bours (Robert de)............................. 1400
Chauvincourt (Jean de)....................... 2408
Gambernard (Hugues de), écuyer............. 1775
Cormeilles (Étienne de)....................... 2790
Courgy (Guillaume de)........................ 2889
Fontenel (Renaudin), écuyer.................. 3702
Hangest (Jacques de).......................... 4498
Kerlouet (Jean de), écuyer.................... 4992
Maucreux (Pierre de), dit *Troullart*, écuyer. 5872, 5873
Moustier (Étienne du)................... 6567, 6568
Orléans (Raoul d')............................ 6904
Paime (Georges de la), écuyer................. 6953
Reut, dit le Borgne, écuyer................... 7689
Thonnance (Jean de), écuyer.................. 8869
Tristan (Gencien)............................. 9096
Valée (Guillaume)....................... 9182, 9183

SERGENTS D'ARMES DU ROI.

Allemand (Guillot l')......................... 94
Aubert (Gautier).............................. 352
Aumont (Renaud d')........................... 426
Bamont (Étienne de).......................... 607
Bérenger (Jean)............................... 908
Brumare (Richard de)......................... 1647
Caucuiel (François), écuyer............. 1925, 1926
Caumont (Guillot de), damoiseau, châtelain de Puicelcy.. 1945, 1946
Chalus (Guillaume de), écuyer................ 2084
Chartres (Jacques de)......................... 2245
Chefdeville (Mahieu).......................... 2421
Chepoix (Thibaud de)......................... 2443
Colne (Jean).................................. 2672
Croisettes (Martin de)........................ 3019
Drach (Pierre du)............................. 3234
Estrées (Guérart d').......................... 3446
Foucher (Robert).............................. 3748
Franche (Jean), écuyer........................ 3784
Galard (Pierre de)............................ 3908
Hélie (Nicole), vice-amiral.................... 4592
Hôpital (Amé de l')........................... 4715
——— (Jean de l')............................. 4724
Lion (Jean de)................................ 5285

Lion (Milet de)............................ 5286
Louvre (Gilbert du)........................ 5409
Malet (Gilles), chevalier................... 5586
Martine (Thierry).......................... 5807
Mauregard (Nicolas de).................... 5911
Meudon (Robert de), écuyer................ 6060
Nancy (Louis de).......................... 6646
Ourville (Henri d')........................ 6921
Perdriaut (Huguet)......................... 7082
Perdriset (Thibaud)........................ 7085
Polin (Guillebert).......................... 7273
Rabastens (Bertrand de), écuyer............ 7544
Richete (Jean)............................. 7720
Rocquemont (Mahiet de).................... 7880
Sachin (Henri de).......................... 8132
Saint-Geniez (Arnaud de)............... 8191-8193
Salle (Bernard de la)....................... 8353
Sorcy (Oudart de).......................... 8668
Villers (Simon de).......................... 9531
Waitin (Henri)............................. 9637

ROI DES HÉRAUTS DE FRANCE.
Roi (Robert)............................... 7907

GENTILSHOMMES DE LA CHAMBRE.
Vendôme (Louis de), vidame de Chartres, capitaine de 100 gentilshommes de la maison du roi..... 2249
Harlay (Jacques de), enseigne des 100 gentilshommes de l'hôtel............................. 4512
Annebault (Jean d'), chevalier............... 194
Bandini (Mario)............................ 611
Barre (Jean de la), comte d'Étampes, premier gentilhomme de la chambre.................. 3458
Blosset (Louis de), seigneur de Fleury........ 1093
Boves (Charles des), chevalier, seigneur de Cothenau.................................... 1438
Bueil (Jean de), chevalier................... 1697
Chabot (Gui), chevalier..................... 2039
Champagne (Brandelis de).................. 2120
Chastelet (Nicolas du), chevalier............. 2269
Châtre (Gaspard de la)...................... 2362
Choiseul (Ferri de), chevalier................ 2501
Chourses (Jean de), chevalier................ 2521
Clermont en Dauphiné (Gabriel de)......... 2599
Escoubleau (François d').................... 3353
Grange Montigny (Charles de la)............ 4211
Humières (Adrien d')....................... 4761
Joyeuse (Claude de)........................ 4959
—— (Guillaume, vicomte de)............... 4961

Lannoy (Christophe de).................... 5065
Maillé (Arthur de).......................... 5507
Marcilly (Philibert de), chevalier........ 5658, 5659
Maugiron (Laurent de)..................... 5877
Montmorency (Henri de)................... 6417
Moy (Charles de), chevalier................. 6581
Oignies (Louis d'), chevalier................ 6839
Raffin (Antoine), dit *Poton*, chevalier....... 7560
Saint-Nectaire (Jean de).................... 8246
Savary (Claude), chevalier de l'ordre........ 8464

HUISSIERS DE LA CHAMBRE.
Conflans (Antoine de), premier huissier..... 2727
Saudes (Alabre des)........................ 8423

CONCIERGES DES HÔTELS DU ROI.
Joyet (Baudet), concierge de l'hôtel de Beauté-sur-Marne.................................. 4958
Rungegrez (Guillaume de), dit *Orgeval*, concierge de l'hôtel des Loges en la forêt de Laye........ 8111
Bournaseau (Pierre de), chevalier, concierge du palais royal................................. 1383
Brimeu (David de), chevalier, concierge du palais royal................................. 1588
Garges (Raoul de), portier du palais royal.... 3971
Meudon (Jean de), chevalier, concierge du château de Saint-Germain-en-Laye................ 6059
Moustier (Jean du), garde et concierge de l'hôtel Saint-Paul............................... 6571
Présent (Étienne), garde de la garenne et de l'hôtel de la conciergerie du bois de Vincennes........ 7423

GARDE DU ROI.
Billy (Gautier de), chevalier, lieutenant des gardes du corps du roi............................ 1034
Chambre (Christin de la), capitaine des Écossais de la garde du corps du roi.................... 2111
Coningham (Jean de), chevalier, capitaine de la garde du corps du roi............................ 2738
Crussol (Jacques de), capitaine de 200 archers français de la garde du roi...................... 3051
—— (Jacques de), vicomte d'Uzès, chevalier, capitaine des archers de la garde du roi.......... 9156
Montbron (Charles de), lieutenant des Cent-Suisses de la garde du roi........................ 6265

MAÎTRES DE L'ÉCURIE DU ROI.
Châtel (Tanneguy du), premier écuyer de corps... 2303
Garguesalle (Jean de), maître de la grande écurie.. 3972

DES SCEAUX DE CLAIRAMBAULT.

Givesme (Cordelier de).................... 4088
Linar (Henri de)......................... 5279
Maréchal (Guillaume le)................... 5682

ÉCUYERS D'ÉCURIE.

Aulon (Jean d')........................... 408
Barbery (Guillaume)....................... 648
Belotuau (Pierre)......................... 883
Brancas (Baptiste de)..................... 1471
Bricon (Guiot de)......................... 1571
Carbonnel-Sourdeval (Henri), seigneur de Fresne.. 1851
Chabannes (Jean de)....................... 2018
Hermanville (Guillaume de)................ 4693
Launay (Hardouin de)...................... 5106
Lormaison (Étienne de).................... 5357
Pommereuil (Robert de), chevalier, premier écuyer. 7280
Rochefoucauld (Jean de la)................ 7862
Rogres (Lancelot)......................... 7894
Sousa (Jean de), dit *de Portugal*........ 8688
Vignolles (Étienne de), dit *la Hire*..... 9468

VÉNERIE DU ROI.

Corquilleroy (Philippe de), chevalier, maître veneur. 2812
Gamaches (Guillaume de), chevalier, maître veneur. 3924
Giry (Renaud de), maître veneur........... 4093
Guy (Renaud de), chevalier, maître veneur. 4385
Thubeauville (Thibaud de), maître veneur.. 8881
Franconville (Robert de), écuyer, veneur.. 3806
Meudon (Henri de), écuyer du roi, veneur.. 6056
—— (Jean de), veneur...................... 6057

FAUCONNERIE DU ROI.

Bruneval (Colard de), écuyer, grand fauconnier... 1657
Gaucourt (Tassin de), grand fauconnier.... 3992
Sorviller (Jean de), maître fauconnier.... 8673
Morel (Hannequin), fauconnier............. 6476

ARCHERS DU ROI.

Machault (Jean de), écuyer................ 5455
Maillart (Guillaume), maître archer du roi. 5501

ARMURIER DU ROI.

Damoisel (Imbert le)...................... 3124

PRÉVÔT DE L'HÔTEL DU ROI.

Tour (Antoine de la), dit *Turquet*....... 8959

SERGENT À GAGES DU ROI.

Clamorgan (Colin de), écuyer.............. 2542

SECRÉTAIRES DU ROI.

Aunoy (Guillaume d')...................... 435
Barraut (Guillaume)....................... 666
Blanchet (Jean)........................... 1059
—— (Louis), premier secrétaire du roi..... 1060
Bonsolas (Hugues).................... 1219, 1220
Bougis (Nicaise).......................... 1309
Boutier (Jean le)......................... 1424
Charité (Étienne de la)................... 2203
Derrien (Yvon)............................ 3158
Fiennes (Jean de)......................... 3611
Gehé (Jean)............................... 4012
Hocié (Thibaud), chanoine de Paris........ 4691
Neuilly (Jean de)......................... 6712
Porcher (Dreux)........................... 7337
Thumery (Gobert).......................... 8882
Vernon (Jean de), clerc................... 9377

CLERCS DU ROI.

Bosc (Nicolas du)......................... 1265
Châtillon (Jean de).................. 2347, 2348
Convers (Philippe le)..................... 2754
Coq (Jean le), clerc de la chambre aux deniers.... 2759
Corbie (Arnaud de)........................ 2774
Guidières (Othon de)...................... 4336
Hayes (Adam des), clerc et notaire du roi. 4567
Jacquemin (Jean), clerc et tabellion du roi. 4828
Liencour (Jean de)........................ 5239
Mars (Bernard)............................ 5771
Maulin (Jean), clerc des comptes du roi... 5890
Meun (Macy de)............................ 6078
Munier (Jean), clerc des comptes du roi... 6605
Nogaret (Vital de)........................ 6772
Peleus (Jean de).......................... 7052
Raguier (Raymond), clerc du roi en la chambre aux deniers........................... 7564
Rechignevoisin (Raimbaud de).............. 7617
Rouvray (Jean de)......................... 8039
Saint-Belin (Jacques de).................. 8162
Talaru (Philippe de)...................... 8776
Tournay (Guillaume de).................... 8989
Hôpital (François de l'), valet de Guillaume Chantre de Milly et de Thomas du Petit-Cellier, clercs du roi...................................... 4716
Poulain (Jean), valet de Guillaume Chantre de Milly et de Thomas du Petit-Cellier, clercs du roi..... 7380

PREMIERS MÉDECINS DU ROI.

Fréron (Renaud).......................... 3832
Gazel (Martin)............................ 4009

GOUVERNEUR DU DAUPHIN.

Urfé (Claude, seigneur d'), chevalier.......... 9140

MÉNÉTRIER DU ROI.

Hautemer (Jeannot)....................... 4541

CHAPELLE DU ROI.

Grand (Denis le), premier chapelain du roi....... 4199
Murs (Jean des), maître des enfants de la chapelle.. 6612

AUMÔNIERS ET CONFESSEUR.

Braiche (Michel de), aumônier du roi.......... 1466
Montmoret (Étienne de), aumônier du roi....... 6431
Anglart (Frère Jean), confesseur de l'hôtel du roi.. 169

ARGENTIERS ET GARDES DES COFFRES DU ROI.

Fontaine (Étienne de la), argentier du roi........ 3682
Poupart (Charles), argentier du roi............ 7387
Vannes (Gaucher de), argentier du roi......... 9320
Cassain (Guillaume de), dit *Châtelain*, garde des coffres du roi........................... 1898
Dehors (Jourdain), garde des coffres du roi..... 3145
Foucaut (Guillaume), écuyer, garde des coffres du roi................................... 3746
Nesson (Jamet de), garde des coffres du roi..... 6706
Reuly (Oudart de), écuyer, garde de l'épargne du roi................................... 7677

HÔTEL DU RÉGENT.

Puy-du-Fou (Pierre du), dit *le Galois*, maître de l'hôtel du régent........................ 7496
Eypecat (Pierre), écuyer d'écurie du régent...... 3480
Frotier (Pierre), premier écuyer d'écurie du régent. 3876
Hondschoote (Jean de), écuyer d'écurie du régent.. 4707
Leet (Olivier), écuyer d'écurie du régent........ 5149
Chesne (Denis du), argentier du régent........ 2457

HÔTEL DE LA REINE.

Bonnin (Hugues), chevalier, maître de l'hôtel de la reine................................ 1216
Borlande (Philippe de), chevalier du roi, maître de l'hôtel de la reine..................... 1246
Dreux (Robert de), chevalier, souverain maître de l'hôtel de la reine..................... 3239
Fay (Pierre de), dit *Oiselet*, chevalier, maître de l'hôtel de la reine..................... 3517
Roussay (Jean, seigneur de), chevalier, souverain maître de l'hôtel de la reine.............. 8015
Germonville (Louis de), écuyer, panetier de la reine.................................. 4044
Marigny (Enguerran de), écuyer, panetier de la reine. 5740
Fay (Pierre de), écuyer, échanson de la reine..... 3518
Rocquemont (Charles de), échanson de la reine.... 7878
Fétu (Jean), fourrier de la reine............... 3597
Besse (Guiot de), valet de la reine............. 971
Chabannes (Joachim de), chevalier d'honneur de la reine.................................. 2027
Bourbon (Anne de), douairière de Nevers, dame de la reine............................... 6737
Brézé (Françoise de), duchesse de Bouillon, dame d'honneur de la reine................... 1314
Incheville (Catherine, dame d'), demoiselle de la reine.................................. 4785
Préaux (Marguerite, dame de), demoiselle de la reine.................................. 7404
Seunhert (Anne, dame de), dame de corps de la reine.................................. 8559
Chefdeville (Jean), aumônier et premier chapelain de la reine............................ 2430
Granges (Frère Jean des), aumônier de la reine... 4214
Perdrier (Jean le), maître de la chambre aux deniers de la reine............................ 7083
Raguier (Hémon), argentier de la reine......... 7562

HÔTEL DE LA REINE MÈRE.

Beaufort (Jean de), vicomte de Canillac, panetier de la reine mère........................ 765
Monceaux (François de), panetier de la reine mère. 6160
Motte (Abraham de la), écuyer, panetier de la reine mère.................................. 6533
Brillac (René de), seigneur d'Argy, échanson de la reine mère............................. 1585
Saint-Belin (Nicolas de), premier échanson de la reine mère............................. 8163
Motte (Abraham de la), écuyer, gentilhomme ordinaire de la reine mère................... 6533
Bretagne (Jeanne de), damoiselle de Bressuire, dame de la reine mère....................... 1519
Diane, bâtarde de France, duchesse de Montmorency, dame de la reine mère............. 6410
Manoueli (Lionnette de), dame de la reine mère... 5694
Gondy (Jérôme de), écuyer d'écurie de la reine mère.................................. 4110

DES SCEAUX DE CLAIRAMBAULT.

HÔTEL DE LA REINE BLANCHE.

Sabrevois (Gilles de), conseiller de la reine Blanche. 8125
Val (Robert du), conseiller de la reine Blanche.... 9171
Boisenart (Sevestre), clerc de la reine Blanche.... 1148
Saint-Avit (Geoffroi de), clerc de la reine Blanche.. 8161
Roux (Colin le), procureur de la reine Blanche en la vicomté de Gisors...................... 8059
Mello (Pierre de), maître de la chambre aux deniers de la reine Blanche........................ 5968

HÔTEL DE MONSIEUR, FRÈRE DU ROI.

Hurault (Jacques), gentilhomme ordinaire de la chambre du frère du roi.................. 4771

HÔTEL DE MADAME, SŒUR DU ROI.

Grimouville (Geoffroi de), gentilhomme de Madame, sœur du roi............................ 4269

HÔTEL DU ROI D'ANGLETERRE.

Curson (Richard), écuyer d'écurie du roi d'Angleterre................................. 3090

HÔTEL DU ROI DE NAVARRE, DE LA REINE, ETC.

Graville (Jean), chevalier, maître de l'hôtel du roi de Navarre............................. 4222
Quingey (Jean de), chevalier du roi de Navarre... 7540
Caumont (Sansonnet de), dit *de la Borde*, sergent d'armes du roi de Navarre................. 1957
Sault (Jean de), dit *le Bascon de Mareuil*, sergent d'armes du roi de Navarre................. 8427
Carbonnel (Martin), roi des hérauts de Navarre.... 1822
Tertre (Pierre du), secrétaire du roi de Navarre... 8830 et 8831.
Froissart (Jacques), chanoine d'Avranches, clerc du roi de Navarre............................ 3865
Menilles (Simon de), écuyer, échanson de la reine de Navarre............................... 5989
Tilleul (Jean du), clerc de la chambre aux deniers de la reine de Navarre.................... 8906
Bretonnière (Jean de la), dit *le Breton*, écuyer d'écurie de Charles de Navarre.............. 1536
Garde (Jean de la), écuyer, maître de l'hôtel de Louis de Navarre.......................... 3950
Poissy (Jean de), chevalier, maître de l'hôtel de Pierre de Navarre.......................... 7243

HÔTEL DU DUC D'ANJOU.

Matefelon (Juhel de), chevalier, maître de l'hôtel.. 5838

Besdon (Jean de), écuyer d'écurie............. 967
Lenoncourt (Philippe de), écuyer d'écurie........ 5162
Massuel (Martin), secrétaire.................. 5831
Meun (Macy de), secrétaire et maître de la chambre aux deniers............................. 6073
Vernon (Jean de), clerc, secrétaire............ 9377

HÔTEL DU DUC DE BEDFORD.

Fastolf (Jean), chevalier, grand maître de l'hôtel... 3494 à 3496.

HÔTEL DU DUC DE BERRY.

Trousseau (Jacques), chevalier, maître de l'hôtel... 9107
Volpillière (Pierre), écuyer, échanson.......... 9601
Rochefort (Pourcelet de), écuyer, valet tranchant................................. 7844
Nades (Guillaume de), écuyer de corps......... 6626
Hermant (Jean), secrétaire et maître de la chambre aux deniers............................. 4632

HÔTEL DU DUC DE BOURGOGNE.

Béthencourt (Morelet de), maître de l'hôtel...... 976
Pouques (Jean de), chevalier, maître de l'hôtel... 7390
Mussy (Henri de), écuyer d'écurie............. 6617
Neauville (Hervieu de), maître de la chambre aux deniers................................. 6683

HÔTEL DES COMTES DE CHAMPAGNE.

Guiot, roi des hérauts de Champagne........... 4373

HÔTEL DU COMTE D'EU.

Bauchan (David de), chevalier, maître de l'hôtel... 696

HÔTEL DU DUC DE GUIENNE.

Jars (Laurent de), écuyer d'écurie............. 4849
Bragelonne (Adam de), maître de la chambre aux deniers................................. 1465

HÔTEL DU DUC DU MAINE.

Turpin (Jean), chevalier, maître de l'hôtel....... 9131

HÔTEL DU COMTE DE NEVERS.

Paris (Guiot de), maître de l'hôtel............ 6984

HÔTEL DU DUC DE NORMANDIE.

Boves (Jean des), écuyer, panetier............ 1440
Maucourt (Dreux de), panetier................ 5867
Rivière (Bureau de la), chevalier............. 7733
Matefelon (André de), écuyer du duc........... 5837

Boves (Pierre des), huissier d'armes............ 1442
Servelle (Silvestre de la), aumônier du duc...... 8542

HÔTEL DU DUC D'ORLÉANS.

Villars (Archambaud de), écuyer, maître de l'hôtel. 9484
Goulle (Guiot), premier écuyer tranchant....... 4145
Nantouillet (Oger de), premier écuyer de corps et maître de l'écurie...................... 6653
Racaille (Jean), valet de chambre............. 7554
Renty (Jacotin de), écuyer d'écurie........... 7673

HÔTEL DU COMTE DE POITIERS.

Bray (Jean de), chevalier, maître de l'hôtel...... 1491
Orléans (Jean d'), valet de chambre.......... 6898

HÔTEL DU COMTE DE RICHEMONT.

Kermelet (Pierre de), écuyer, maître de l'hôtel de monseigneur et de madame de Richemont...... 4993

HÔTEL DU COMTE DE VALOIS.

Soudoy (Guillaume de), maître de l'écurie...... 8679
Hermite (Robert l'), écuyer de feu monseigneur de Valois................................. 4638

Grès (Guillemin de), clerc de la chambre aux deniers. 4240
Dijon (Jean de), chapelain de madame de Valois... 3183

HÔTEL DU COMTE DE VERTUS.

Machault (Jean de), écuyer tranchant........... 5757

HÔTEL DU DAUPHIN DE VIENNOIS.

Bernes (Gabriel de), écuyer, maître de l'hôtel... 933
Heilly (Jean de), écuyer tranchant............ 4588
Boves (Johannin des), écuyer de l'hôtel......... 1441
Cars (Jacques des), gentilhomme de la chambre... 1887
Cossé (Artus de), chevalier, gentilhomme de la chambre............................... 2822
Rouaut (Joachim), premier écuyer de corps du dauphin et maître de l'écurie.................. 7976
Tonnière (Pierre de la), écuyer d'écurie........ 8942

HÔTEL DU DUC D'YORK.

Mulso (Edmond), chevalier, serviteur du duc d'York. 6600
Clay (Jean de), trésorier de l'hôtel............. 2564

HÔTEL DE L'AMIRAL.

Berguettes (Quarre de), maître de l'hôtel........ 916

OEUVRES DES CHÂTEAUX DU ROI, ETC.

Plaisance (Gilles), visiteur des œuvres des châteaux du roi.................................. 7207
Amyot (Jeannin), clerc et payeur des œuvres du roi. 136
Ramisse (Jean de la), payeur des œuvres du roi à Ardres................................. 7585
Rebrechien (Guillaume), maître des œuvres de Châteauneuf................................ 7608
Pont (Jean du), payeur des œuvres de Creil pour le roi.................................... 7310
Rivière (Jean de la), maître des œuvres de charpenterie du roi au bailliage de Gisors............. 7750
Boucher (Jacques le), élu sur le fait des ouvrages de Harfleur............................... 1297

Mesnil (Guillaume du), élu sur le fait des ouvrages de Harfleur............................... 6029
Chantoprime (Étienne), payeur des œuvres du château de Montereau-faut-Yonne................ 2180
Germonville (Louis de), écuyer, payeur des travaux de l'hôtel de Nesle....................... 4044
Bonto (Jean), payeur des œuvres de Nonette au diocèse de Clermont......................... 1221
Richete (Jean), payeur des œuvres de la ville de Paris. 7720
Châtelain (Gilles), payeur des œuvres du château de Pierrefonds et de la Ferté-Milon............. 2304
Berry (Guillaume de), député aux œuvres de Poissy. 944
Potier (Pierre), clerc des œuvres du roi.......... 7369

CLERGÉ SÉCULIER.

CARDINAUX.

Georges d'Amboise, cardinal-légat............. 116

Jean Jouvenel des Ursins, archevêque de Reims, légat................................... 7681
René de Prye, évêque de Bayeux, cardinal....... 743

DES SCEAUX DE CLAIRAMBAULT. 507

Guillaume de la Fontaine, cardinal-évêque de Tusculum............................. 9133

OFFICIERS PONTIFICAUX.

Guillaume de la Fontaine, cardinal-évêque de Tusculum, camérier du sacré collège............ 9133
Gaubert, archevêque d'Arles, camérier du pape.... 268
Gui d'Amboise, sous-diacre du pape............. 117
Boulainvilliers (Robert de), protonotaire apostolique. 1326
Plessis (Geoffroi du), notaire apostolique........ 7220

ARCHEVÊQUES ET ÉVÊQUES.

Gaubert, archevêque d'Arles, camérier du pape.... 268
Jean d'Armagnac, archevêque d'Auch, conseiller du roi.................................. 389
Robert de la Porte, évêque d'Avranches, lieutenant du captal de Buch......................... 525
René de Prye, évêque de Bayeux.............. 743
Milon de Dormans, évêque de Beauvais......... 814
Nicolas de Cocquainvilliers, évêque de Berrhoé.... 943
Simon de Cramaux, évêque de Béziers.......... 996
Jean, évêque de Carcassonne.................. 1859
Renaud Chauveau, évêque de Châlons, conseiller du roi.................................. 2080
Jean d'Augeran, évêque de Chartres, président de la chambre des comptes..................... 2246
Jean de Montaigu, évêque de Chartres, conseiller du roi.................................. 2247
René d'Illiers, évêque de Chartres.............. 2254
Charles de Bourbon, évêque de Clermont........ 2580
Robert, évêque de Clermont................... 2581
Artus de Cossé, évêque de Coutances........... 2924
Geoffroi Herbert, évêque de Coutances.......... 2925
Philippe de Moulins, évêque d'Évreux.......... 3478
Bernard de la Tour-d'Auvergne, évêque de Langres.................................. 5052
Jean Jouvenel des Ursins, évêque de Laon....... 5078
Jean Ier de Roucy, évêque de Laon....... 5079, 5080
Sebrand Chabot, évêque de Limoges............ 5278
Alphonse Chevrier, évêque de Lisieux........... 5291
Renaud de Thouars, évêque de Luçon........... 5414
Guillaume de Lucé, évêque élu de Maillezais..... 5520
Jean, évêque de Meaux....................... 5948
Pâquier, évêque de Meaux.................... 5949
Renaud de Bourbon, archevêque de Narbonne.... 6662
Jean de Mailly, évêque de Noyon............... 6811
Pierre de Gondy, évêque de Paris.............. 6990
Jean, évêque de Périgueux.................... 7096
Simon de Cramaux, évêque de Poitiers 7255

Jean Jouvenel des Ursins, archevêque de Reims.... 7631
Renaud de Chartres, archevêque de Reims.. 7632 - 7634
Guillaume de Dormans, archevêque de Sens. 8562, 8563
Guillaume de Melun, archevêque de Sens... 8564 - 8566
Jean de Montaigu, archevêque de Sens.......... 8567
Jean de Norry, archevêque de Sens............. 8568
Tristan de Salazar, archevêque de Sens.......... 8573
Jacques Gelu, archevêque de Tours............. 9024
Louis de Poitiers, évêque de Valentinois......... 9190
Jean de Norry, archevêque de Vienne........... 9424

OFFICIALITÉ, OFFICIAL.

Officialité de Sens........................... 8571
Évrard (Martin), official de Rouen............. 3476

ARCHIDIACRES.

Rechignevoisin (Raimbaud de), archidiacre d'Avallon en l'église d'Autun....................... 7617
Arrabloy (Pierre d'), archidiacre de Bourbon en l'église de Bourges....................... 306
Mornay (Philippe de), archidiacre de la Rivière en l'église de Soissons...................... 6506
Tilloy (Mahieu de), archidiacre de la Rivière en l'église de Soissons....................... 8909

DOYENS DE CHAPITRE.

Soyecourt (Gilles de), sous-doyen de Bayeux...... 8696
Créquy (Guillaume de), doyen de Cambrai...... 2977
Talaru (Jean de), doyen de Laon.............. 8775
Harcourt (Richard d'), doyen de Lisieux......... 4496
Erquery (Jean d'), doyen de Noyon............. 3337
Picquigny (Guérard de), doyen de Thérouanne... 7155
Chamaillart (Maurice), doyen de Saint-Martin de Tours.................................. 2089
Gilles, doyen de Saint-Martin de Tours......... 4071
Orgemont (Nicolas d'), doyen de Saint-Martin de Tours.................................. 6881

PRÉVÔT.

Raix (Jean de), prévôt de Notre-Dame de Cambrai. 7569

CHANTRES.

Peleus (Jean de), chantre de Bray-sur-Somme..... 7052
Amboise (Gui d'), chantre de Tours............. 117
Dureux (Michel du), chantre de Tours.......... 3261

TRÉSORIER.

Heudebouville (Étienne de), trésorier de Notre-Dame d'Évreux.......................... 4659

64.

CHANOINES.

Picquigny (Mahieu de), chanoine d'Amiens...... 7156
Quiéret (Gui), chanoine d'Amiens........ 7525, 7526
Froissart (Jacques), clerc du roi de Navarre, chanoine d'Avranches...................... 3865
Cruzy (Jean de), chanoine de Bourges........... 3055
Merchant (Guillaume de), chanoine de Cambrai... 6001
Chalançon (Ébraud de), chanoine de Clermont.... 2067
Vardelaure (Gautier de), chanoine de Glasgow.... 9232
Ferrand (Macé), chanoine du Mans............. 3562
Chapelle (Jean de la), chanoine de la chapelle du roi à Paris....................... 2189, 2190
Convers (Philippe le), chanoine de Paris......... 2754
Fortet (Pierre), chanoine de Paris............. 3724
Hocié (Thibaud), secrétaire du roi, chanoine de Paris................................... 4691
Carel (Gaspard), chanoine distributeur de Notre-Dame de Rouen....................... 1867
Liencour (Jean de), chanoine de Saint-Quentin.... 5239
Cousin (Jacques), chanoine de Troyes........... 2914

DOYEN RURAL.

Rouvray (Jean de), doyen de Jargeau........... 8039

CURÉS.

Boisenart (Sevestre), curé de Bliquetuit......... 1148

Colart, curé de Harfleur.................... 4509
Boulainvilliers (Robert de), curé de Nesle........ 1326
Rochechouart (Gui de), prieur séculier de Saint-Gilles de Surgères........................ 7812
Hurtaut (Guillaume), curé de Tamerville........ 4774

CHAPELAINS.

Olivier (Guillaume), chapelain de monseigneur de Chambly............................. 6853
Arc (Simon d'), chapelain de la chapelle Notre-Dame, au château du roi à Chaumont........ 234
Breton (Henri le), chapelain du château de Coiffy.. 1531
Fiennes (Jean de), chapelain en l'église de Moncel-lès-Pont-Sainte-Maxence........... 3610, 3611
Bièncourt (Colinet de), chapelain du «Translet»... 1007
Laurent (Jean), chapelain du château de Vernon... 5118

PRÊTRES.

Girard (Guillaume), prêtre, écrivain de l'écrivainerie de Bourdons........................ 4079
Godier (Guillaume), prêtre, administrateur de la maladrerie de Neuf-Marché............... 4104
Hérouville (Maître Pierre de), prêtre............ 4643
Lamoureux (Robert), prêtre................. 5025
Meaux (Foulques de), prêtre................. 5946
Munier (Étienne le), prêtre.................. 6604
Suzoy (Jean de), prêtre..................... 8759

UNIVERSITÉS.

COLLÈGE, MAÎTRE.

Harcourt (Collège d')...................... 4468
Die (Pierre de), maître en médecine........... 3175

DOCTEURS.

Faye (Laurent de), docteur en lois et en décrets... 3522
Fieux (Jean de), docteur en lois............... 3619
Girard (Jean), docteur en lois................ 4080
Maudétour (Gilles de), docteur en lois.......... 5874
Nogaret (Bertrand de), docteur en lois.......... 6765

LICENCIÉS.

Cosse (Pierre), licencié en droits............. 2820
Dureux (Michel du), licencié en lois........... 3261
Lestelle (Jean de), licencié en lois............. 5187
Nicolaï (Jean), licencié en lois............... 6746
Postel (Jean), licencié en lois................. 7362

BACHELIERS.

Cosins (Pierre de), bachelier en décrets......... 2818
Fiennes (Jean de), bachelier en lois............ 3610
Granolles (Olric de), bachelier en lois.......... 4218

ÉTUDIANT.

Bièncourt (Colinet de), étudiant à Paris......... 1007

CLERCS.

Épicier (Nicolas l'), clerc de Geoffroi Coquatrix.... 3326
Jacques (Léonard), clerc de Jean, comte d'Armagnac................................. 4832
Maréchal (Guillaume le), clerc................ 5681
Paris (Jean de), clerc, conseiller du roi.......... 6986
Pavie (Robert de), clerc..................... 7020
Val (Richard du), clerc..................... 9170
Varroc (Richard), clerc..................... 9249

DES SCEAUX DE CLAIRAMBAULT.

Verderel (Geoffroi), clerc..................... 9352	Viguier (Guillaume), clerc..................... 9469
Vernon (Jean de), clerc..................... 9377	Vivat (Jacques), clerc..................... 9581

CLERGÉ RÉGULIER.

ABBAYE, ABBÉS, ABBESSES.

Boscherville (Abbaye de Saint-Georges de)........ 1266
Jean, abbé d'Aulnay-sur-Odon................. 427
Jean de Sarcus, grand prévôt de Saint-Lucien de Beauvais................................. 8402
René d'Illiers, évêque de Chartres, abbé commandataire de Saint-Florentin de Bonneval.......... 2254
Pierre Chasteignier, abbé de Charroux.......... 2234
Guillaume, abbé de Cherbourg, conseiller du roi de Navarre................................. 2445
Raymond Morel, abbé de Clairac............... 2535
Simon de la Brosse, abbé de Cluny............. 2634
Guillaume, abbé de Saint-Corneille de Compiègne.. 2702
Jean de la Grange, abbé de Fécamp............. 3544
André, abbé de Ham en Vermandois............. 4407
Jean, abbé de Licques...................... 5235
Robert Jolivet, abbé du Mont-Saint-Michel........ 6456
Pierre le Roy, abbé du Mont-Saint-Michel........ 6455
Guillaume, abbé de Notre-Dame................ 4343
Artus de Cossé, évêque de Coutances, abbé commandataire de Saint-Jouin-de-Marne............. 2924
Jean, abbé de Sainte-Catherine-au-Mont-lès-Rouen. 7999
L'abbé de Somer-au-Bois................... 8372
Gautier, abbé de Sostendal................. 8674
Marguerite d'Aveluy, abbesse d'Avesnes près Bapaume................................. 513
Blanche d'Harcourt, abbesse de Fontevrault...... 3703
Marie de Bretagne, abbesse de Fontevrault....... 3704
Marguerite de Chartres, abbesse de Notre-Dame-du-Footel, dit le Bois-aux-Dames................. 1143
Jeanne Cadoc, abbesse de l'Ourcine-lès-Saint-Marcel. 6920
Guillotte du Crocq, abbesse de Saint-Amand de Rouen................................. 8000
Isabeau de Montbourcher, abbesse de Saint-Cyr.... 8177
Jeanne de Garencière, abbesse de Saint-Cyr...... 8178
Constance Marcoaltie, abbesse de Saint-Jean-au-Bois................................. 8216
Jeanne de Montigny, abbesse du Trésor-Notre-Dame. 9077
Denise la Nivode, abbesse du Val-de-Grâce ou Notre-Dame-de-Val-Profond..................... 9178
Marguerite des Prés, abbesse de Val-Profond..... 9212
Jeanne de Charsainnes, abbesse du Val-des-Vignes. 9180

PRIEURÉS, PRIEURS, PRIEURES, ETC.

Bar-sur-Aube (Prieuré de)................... 676
Beaumont-le-Roger (Prieuré de Saint-Jean de).... 802
Gand (Prieuré de Sainte-Agnès de)............. 3933
Paris (Prieuré de Saint-Éloi de).............. 6991
Saint-Pol-en-Lyons (Prieuré de).............. 8264
Nogent (Jean de), prieur de Beauroy............ 6773
Bourgeois (Guillaume), prieur de Cotus......... 1373
Montfort (Guillaume de), prieur de Saint-Laurent-en-Lyons................................. 6334
Mauroy (Guillaume de), prieur de Montier-en-l'Isle-sous-Bar-sur-Aube..................... 5916
Bertrand, prieur de Saint-Martin-des-Champs..... 951
Thomas, prieur de Notre-Dame-du-Carme de Rouen. 8001
Estain (Jacques d'), prieur de Notre-Dame-du-Pré-lès-Rouen............................. 3413
Simoine (Étienne), prieur du Val-Dieu-lès-Luchy.. 9181
Marvilles (Aimé de), prieur de Vaucouleurs...... 5761
Louise d'Illiers, prieure de Notre-Dame de Chaise-Dieu................................. 2063
Marguerite, prieure du couvent de Haute-Bruyère.. 4538
Melun (Prégente de), prieure de Saint-Louis de Poissy................................. 5986
Bretagne (Marie de), religieuse de Saint-Louis de Poissy................................. 1521
Harcourt (Catherine d'), religieuse de Saint-Louis de Poissy............................. 4464
Palis (Thibaud de), procureur des religieuses de Saint-Louis de Poissy..................... 6949

CORPORATIONS RELIGIEUSES.

Port-Sainte-Marie (Les Chartreux du).......... 7360
Châlons (Les frères prêcheurs de)............. 2077
Verdun (Hugues de), frère prêcheur, inquisiteur en Gascogne............................. 9355
Cliquetot (Pierre de), vicaire des frères mineurs de Paris................................. 2623
Hugue de Chen, abbesse des sœurs mineures de Provins............................... 7453
Plessis-lès-Tours (Les Minimes du)............ 7225
Monthodin (Frère Jean de), procureur des Jacobins de Clermont............................. 6256

Paris (Béguinage de Saint-Paul à)............ 834
—— (Les Béguines de Saint-Paul à).......... 6979
Arbois (Robert d'), moine écolier, écuyer, de la Franche-Comté......................... 232

HÔPITAUX ET MALADRERIES.

Beaumont-le-Roger (Hôtel-Dieu de)............ 799
Caen (Raoul, prieur de l'Hôtel-Dieu de)........ 1751
Paris (Hôtel-Dieu de)...................... 6985
Beaumont-le-Roger (Maladrerie de)............ 801
Harfleur (Maladrerie de).................... 4511
Neuf-Marché (Guillaume Godier, prêtre, administrateur de la maladrerie de)................. 4104

ORDRES MILITAIRES RELIGIEUX.

Giresme (Nicole de), grand prieur des Hospitaliers................................... 4090
Nanteuil (Jean de), prieur d'Aquitaine........ 6650
Angoulême (Henri d'), grand prieur de France.... 179
Bos (Frère Jean du), commandeur de Bourgoult.................................... 1256
Pons (Frère Roland de), commandeur du Château-du-Loir et des Ruysseaux................... 7801
Ivors (Frère Philippe d'), commandeur de Fieffes.. 4823
Fouquesolles (Jean de), chevalier de Saint-Jean-de-Jérusalem............................... 3756
Avila (Jean d'), chevalier de Rhodes.......... 515

TABLE HÉRALDIQUE.

ABEILLE.

Une abeille (?) et trois maillets cantonnant une croix, 1797.

AGNEAU.

Trois têtes d'agneau accompagnant un chevron, 3142, 3143.

AGNUS.

Un agnus dei, 6431.

AIGLE.

Une demi-aigle, 247, 611, 2940, 3174, 5036, 6054.
— sur champ d'hermines, 8135.

Une aigle, 187, 212, 398, 588, 922, 1009, 1124, 1132, 1277, 1376, 1697, 1770, 2292, 2526, 2604, 3170, 3171, 3173, 3211, 3212, 3590, 3591, 3592, 3593, 3825, 3868, 4215, 4273, 5031, 6121, 6217, 6259, 6616, 6756, 6804, 6806, 6807, 6911, 6933, 7190, 7241, 7333, 7403, 7404, 7405, 7406, 7446, 7460, 7462, 8027, 8028, 8115, 8117, 8217, 8313, 8350, 8351, 8352, 8529, 8569, 8570, 8610, 8616, 9054, 9326, 9416, 9417, 9418, 9419, 9420, 9421, 9510, 9685; — en chef et trois chapons en pointe, 1816; — et deux rocs d'échiquier en pointe, 7004.

Une aigle *accompagnant* en chef et à sénestre une bande frettée, 6576, 6577; — en chef une fasce, 5670.
— *accompagnée* de deux étoiles en chef, 8154; — de deux trèfles en chef, à la bordure, 8116.
— à la *bande* brochant, 1134, 1766, 1769, 8010, 8029, 8141, 8194, 8417; — chargée d'aiglettes, 2536; — chargée de trois fermaux, 7281.
— au *bâton en bande* brochant, 1, 1768, 2262, 3344, 8902, 8903.
— à la *bordure*, 1374, 1582, 7337, 7935, 9663; — de ..., 6201; — besantée, 1082, 2543, 2544, 2545, 6706; — engrêlée, 2542, 7165.
— *chargeant* un chef surmontant une croix vidée, cléchée et pommetée, 2785; — un chef surmontant un écartelé d'une croix et de deux fasces, 1877; — un chef surmontant un fretté, 3258; — un écusson en abime, 5846; — un franc canton accompagnant un burelé ou cinq fasces, 4550; — un franc canton accompagnant trois chevrons 4981; — un franc canton accompagnant trois fasces frettées, 4068.

Une aigle *chargée* en cœur d'un écusson à la croix cantonnée de ..., 2854; — en cœur d'un écusson losangé au lambel, 4099; — d'un étoile à l'aile dextre et accompagnée de deux fleurs de lys en chef, 6562; — d'une étoile à l'aile dextre et accompagnée de deux étoiles plus petites en chef, 6562; — d'une étoile à l'aile dextre et accompagnée de deux fleurs de lys en chef, 8863; — d'une étoile à l'aile dextre et accompagnée de deux hermines en chef, 6027.
— sous un *chef* chargé de trois étoiles, 1583; — au lion issant, 3995.
— à *deux clefs* en sautoir brochant, 2634.
— sur champ *d'hermines*, 8134, 8136, 8137.
— au *lambel*, 6151, 8259, 9372, 9425.
— à la *lance* en bande brochant, 1767.

Une aigle contournée, 5198, 6183, 9177.
— *accompagnée* d'une fleur de lys en chef et à dextre, 8357.
— à la *bande* brochant, 1765.
— au *bâton en bande* brochant, 3428.

Une aigle couronnée, 1811, 2660, 2661, 2853, 3124, 3172.
— *contournée*, 3213.

UNE AIGLE le cou passé dans une couronne, 8026.
UNE AIGLE ÉPLOYÉE, 544, 1010, 1326, 1809, 2054, 2688, 2857, 3206, 3315, 3763, 3836, 3837, 4362, 5123, 5246, 5484, 5485, 5486, 5549, 5550, 5551, 5552, 5553, 5692, 5697, 5698, 5699, 5700, 5701, 5702, 5703, 5704, 6810, 7264, 7384, 9057, 9058, 9059, 9422, 9423.
— *accompagnée* d'une croisette en chef au bâton engrêlé en bande brochant, 4312 ; — d'un point en chef à la bordure besantée, 8971 ; — d'une quintefeuille en chef, à la bordure, 5071.
— à la *bande* brochant, 2407 ; — engrêlée brochant, 4213.
— au *bâton en bande* brochant, 4310, 4311, 5336, 7326.
— à la *bordure*, 2856, 3313, 3314 ; — en forme de croissant, 3471.
— *brochant* sur trois pals, 3701 ; — sur le tout d'un fascé de huit pièces, au sautoir, 3187.
— *chargeant* à dextre un chef surmontant un gironné de douze pièces, 3305 ; — un écusson sur le tout, 1437, 1438 ; — un écusson en abîme accompagné d'annelets en orle, 1105 ; — un franc canton accompagnant un chevron accompagné de deux aiglettes, 9056.
— au *lambel*, 5483.
UNE AIGLE ÉPLOYÉE COURONNÉE, 743, 6331.
DEUX AIGLES *adossées*, 8065.
— *affrontées*, 5685.
— *côtoyant* une bande, 5804.
TROIS AIGLES, 6798, 6820, 6821, 7257, 7449, 8155.
— *accompagnant* un chevron, 5749 ; — deux en chef et une en pointe accompagnant une fasce chargée d'un écusson portant trois chevrons, 4600.
TROIS AIGLES *accompagnées* d'une croix ancrée en abîme, 3038 ; — d'une étoile en abîme, 5043.
— à la *bande* brochant, 4216.
— au *bâton en bande* brochant, 3752.
— *cantonnant* le 1, 3 et 4 d'une croix cantonnée au 2 d'une étoile, 7534.
— au *lambel*, 9297.
— *contournées* accompagnant un chevron, 6859.
QUATRE AIGLES *cantonnant* une croix chargée de cinq coquilles, 2467 ; — une croix chargée en cœur d'un écusson au lion écartelé de trois fasces, 5631 ; — une croix engrêlée, 3686.
TROIS SERRES D'AIGLE, 1514.
UNE TÊTE D'AIGLE arrachée, *accompagnant* en chef à sénestre une bande chargeant un franc canton accompagnant une fleur de lys, 481.
TROIS TÊTES D'AIGLE *accompagnant* un chevron, 355 ; — arrachées, accompagnant trois chevrons, 4305.
QUATRE TÊTES D'AIGLE arrachées, *cantonnant* une croix, 3033 ; — une croix engrêlée, 4501.
DIX TÊTES D'AIGLE au *franc canton*, 6869.

AIGLETTE.

UNE AIGLETTE, 3, 440, 441.
— *accompagnant* en chef une bande chargée d'une étoile en chef, 2869 ; — une croix de vair au canton dextre, 559 ; — en chef et à sénestre un écusson en abîme, 9677 ; — en chef et à dextre une herse, 6716.
— *cantonnant* en chef et à dextre une croix, 4445.
UNE AIGLETTE et deux molettes, *chargeant* un chef surmontant un palé de six pièces, 4664 ; — un franc canton accompagnant trois croissants accompagnés d'une coquille en pointe, 1593.
DEUX AIGLETTES *accompagnant* un chevron au franc canton chargé d'une aigle éployée, 9056.
TROIS AIGLETTES, 1586, 1587, 1588, 1589, 2900, 5240, 8458, 8811.
— *accompagnant* une bande, deux en chef et une en pointe, 9053 ; — un chevron, 4368, 4369, 4370, 7322, 8053, 8327, 8572, 9051, 9054, 9055, 9057, 9058, 9059, 9060, 9061, 9063, 9064, 9066, 9067 ; — un chevron chargé de... au sommet, 9062 ; — deux en chef et une en pointe accompagnant une fasce, 5173, 5366, 5367, 5368 ; — deux en chef et une en pointe, accompagnant une fasce chargée de trois besants ou trois tourteaux, 3683 ; — deux en chef et une en pointe, accompagnant une fasce chargée d'un écusson, 4601, 4602 ; — deux en chef et une en pointe, accompagnant une fasce chargée d'un écusson portant trois chevrons, 4600 ; — deux en chef et une en pointe accompagnant une fasce en devise, 337.
— *chargeant* une bande, 1170, 2232 ; — une bande brochant sur un semé de fleurs de lys, à la bordure, 1796 ; — une bordure accompagnant une croix vidée, cléchée et pommetée, 4803.
QUATRE AIGLETTES, deux en chef et deux en pointe *accompagnant* une fasce, 432 ; — une fasce, au lambel, 4732.
— *cantonnant* une croix, 2247, 4419, 5081, 5082, 6209, 8567 ; — le 2 et 3 d'une

DES SCEAUX DE CLAIRAMBAULT.   513

croix chargée de quatre coquilles et de quatre lions passant, 5768; — une croix vidée chargeant un écusson en abîme accompagné de sept annelets en orle, 5843; — un sautoir, 865, 3889, 4660, 8248, 9179.
QUATRE AIGLETTES *chargeant* un sautoir chargé en cœur d'une tête de léopard, 4066.
CINQ AIGLETTES *chargeant* une croix accompagnée en chef et à dextre d'un annelet, 5683.
SIX AIGLETTES, 2413, 7456, 8328.
DOUZE AIGLETTES *cantonnant* les trois cantons d'une croix cantonnée d'une molette en chef et à dextre, 808.
AIGLETTES? *chargeant* une bande brochant sur une aigle, 2536.

AIGUIÈRE.

Voir *Vase*.

AIL.

TROIS AULX, 6108.

ALÉRION.

DEUX ALÉRIONS, 1506.
TROIS ALÉRIONS *chargeant* une bande, 3681, 5359, 5360, 5361, 5362, 5363, 5365, 6645, 7958; — une bande à la bordure chargeant un écusson sur le tout, 9265.
SEPT ALÉRIONS 4 et 3 *cantonnant* une demi-croix, 6410, 6411.
HUIT ALÉRIONS *cantonnant* une demi-croix, 6427.
DOUZE ALÉRIONS *cantonnant* le 2, 3 et 4, d'une croix cantonnée au 1 de cinq mouchetures d'hermine, 6422; — le 2, 3 et 4, d'une croix cantonnée au 1, d'hermines, 6406; — le 2, 3 et 4, d'une croix chargée de cinq coquilles, au franc canton chargé de trois fleurs de lys, 5127; —

le 2, 3 et 4, d'une croix chargée de cinq coquilles et cantonnée au 1 d'un lion passant, au bâton en bande brochant sur le tout, 5126; — le 2, 3 et 4, d'une croix cantonnée au 1, d'un rais, 6419, 6420, 6423, 6424.
SEIZE ALÉRIONS *cantonnant* une croix, 4141, 5689, 6398, 6399, 6400, 6401, 6402, 6403, 6404, 6405, 6407, 6413, 6417, 6418, 6421, 6425, 6426, 6430; — une croix chargeant un écusson sur le tout, 2824, 2825; — une croix chargée de cinq coquilles, 2120, 3105, 4370, 4571, 5128, 5129, 5131, 5415, 5416; — une croix chargée de cinq coquilles à la bordure, 5134; — une croix chargée de cinq coquilles au lambel, 5125, 5130; — une croix chargée d'un croissant en chef, 6414, 6415; — une croix à l'écusson sur le tout chargé d'une croix, 6416; — une croix à l'écusson sur le tout écartelé au 1 et 4 d'une fasce, au 2 et 3 d'un échiqueté, 6412; — une croix au lambel de cinq pendants, 6429.

ALISIER.

DEUX TIGES D'ALISIER *accostant* un écusson sous un chef échiqueté, 42.

ALOSE.

TROIS ALOSES en fasce l'une sur l'autre *accompagnées* à sénestre d'un pal, 106.

AMPHISTÈRE.

Voir *Dragon ailé*.

ANCOLIE.

UNE ANCOLIE sous un *chef* d'hermines,

au bâton en bande brochant sur le tout, 5241.

ANCRE.

UNE ANCRE *attachée* d'une double chaîne, 5089.
UNE ANCRE, LA TRABE EN BAS, *accostée* de deux croisettes, 7945.

ÂNE.

UN ÂNE au *lambel* de quatre pendants, 3595.
TROIS ÂNES *chargeant* une bande, 7236.
TROIS RENCONTRES D'ÂNE, 6712, 9120.

ANGEMME.

ANGEMMES EN ORLE *accompagnant* un écusson en abîme, 8797; — un écusson en abîme à la bordure fleurdelysée, 4466.

ANNELET.

UN ANNELET, 746.
— *accompagnant* en pointe et à dextre une bande accompagnée en chef d'un franc canton sénestre chargé d'une croix, 4967; — en pointe trois chevrons, 1958; — en chef et à dextre une croix chargée de cinq aiglettes, 5683; — en abîme accompagnant trois fleurs de lys, 1733, 1734; — à sénestre trois poissons en fasce l'un sur l'autre, 6778; — en chef et à dextre et une étoile en abîme accompagnant trois rencontres de bœuf, 8991.
— *chargeant* un franc canton accompagnant une croix ancrée vidée 4759.
— *surmontant* un croissant brochant sur un billeté, 5534, 6535.
— *tenu* par un dextrochère accompagné de trois croisettes, 742.
DEUX ANNELETS l'un dans l'autre, 3056, 3057.
— *accostant* une étoile accompagnant

II.   65

IMPRIMERIE NATIONALE.

en chef une fasce accompagnée d'une autre étoile en pointe, 8853.

Deux annelets *brochant* sur les deux premières pièces d'un fascé de huit pièces, 8300.
— l'un sur l'autre à la *bordure* besantée, 6498.

Deux annelets emmaillés, 5329.
— *chargeant* une fasce accompagnée de trois étoiles, deux et une, 662.

Trois annelets, 2767, 2791, 3716, 3891, 7402, 8305, 8306, 8307, 8308, 8309, 8758, 8841, 8842.
— *accompagnant* un chevron, 2930; — en pointe un chevron, 7745; — un chevron engrêlé, 8757; — trois chevrons, 2143; — une fasce, deux en chef et un en pointe, 8406; — en chef une fasce, 319, 322, 323; — une fasce au bâton en bande brochant, 320; — une fasce à la bordure, deux en chef et un en pointe, 2652; — en chef une fasce à la bordure engrêlée, 321; — l'un en chef, l'autre en abime et le troisième en pointe, accompagnant deux lévriers courant l'un sur l'autre, 9112; — en chef et une étoile en abime, accompagnant deux tierces, 2002.
— *accompagnés* de deux lévriers courant l'un sur l'autre, 5812; — d'une quintefeuille en abime, 8304.
— *brochant* sur sept burelles, 1422; — sur les deux premières pièces d'un burelé chargé en abime d'un écusson au lion, 9440; — sur les deux premières pièces d'un fascé de huit pièces, 8300, 9436, 9437, 9439, 9441, 9442, 9443, 9444; — sur un semé de..., 2139.

Trois annelets et un oiseau *cantonnant* une croix, 365
— *chargeant* une bande, 6128, 7913, 7914; — une bande accompagnée d'une étoile en chef et à sénestre, 7912; — une bande accompagnée d'une merlette en chef et à sénestre, 7915, 9094; — une bande accompagnée d'une molette en chef et à sénestre, 9082; — une bande brochant sur deux fasces, 2252; — une bande brochant sur un vairé, 2721; — une bande au lambel, 9081; — un chef surmontant six billettes, 3582, 3583; — un chef surmontant un chevron renversé, au filet en barre brochant, 2240; — un chef surmontant un sautoir, 8869; — un écusson chargeant un franc canton accompagnant sept annelets en orle, 5287; — une fasce, 1431, 1432; — un franc canton accompagnant trois poissons, 376; — un parti à la bordure besantée, 8679.
— *contenant* chacun un point ou un besant, 8721.
— au *lambel*, 1037, 6291, 6292, 8310.

Quatre annelets *cantonnant* une croix, 512; — une croix vidée au lambel, 4844; — un sautoir, 2850.

Cinq annelets *chargeant* une croix au bâton en barre brochant, 6733; — une croix sur champ d'hermines, 198; — un sautoir, 8714; — un sautoir cantonné d'une coquille en chef, 942; — un sautoir accompagné en chef d'une merlette, 4558; — un sautoir chargeant un franc canton accompagnant un fretté, 6146; — un sautoir engrêlé, 8617.
— au *franc canton*, 5171; — 2, 2 et 1, au franc canton chargé de deux macles, 9178.

Six annelets posés en *sautoir*, 5401, 5402; — et au lambel, 2201.

Six annelets, 2063, 2254, 3108, 3291, 4783, 7458, 7711, 8045, 8597.
— 3 et 3, *accompagnant* une bande, 8580; — un fascé, trois en chef et trois en pointe, 2133, 6087.
— à la *bande* brochant, 4776; — à la bande de vair brochant, 3289, 3290.
— à la *bordure* engrêlée, 5088.
— *brochant* sur un fascé de six pièces, 233.
— *chargeant* trois fasces, 2382; — 2, 2 et 2, chargeant un franc canton accompagnant un losangé, 6803.
— *côtoyant* une bande, 2134.
— au *franc canton*, 759.
— au *lambel*, 2458, 9409; — de deux pendants, 3890; — de quatre pendants, 9410.

Six annelets en orle *accompagnant* une bande, 520, 1710; — une bande componée, 1726; — une bande componée, au franc canton chargé de....., 1727; — une bande engrêlée, 7703, 7705; — une bande engrêlée, à la bordure engrêlée, 7702; — un écusson en abime, 2858.
— *brochant* sur une bande engrêlée, 7704.

Sept annelets, 3, 3 et 1, 2132.

Sept annelets en orle *accompagnant* un écusson en abime chargé d'une croix vidée cantonnée de quatre aiglettes, 5843.
— au *franc canton*, 5288; — chargé d'un écusson portant trois annelets, 5287.

Huit annelets en orle *accompagnant* deux fasces, 6380.

Dix annelets, 3, 3, 3 et 1, 9450, 9451, 9453, 9454.
— 3, 3, 3 et 1, à la *bande* brochant, 9452.
— 3, 3, 3 et 1, au *lambel*, 9448, 9449.
Seize annelets *chargeant* une bordure accompagnant un lion, 2029.
Seize annelets en orle *accompagnant* un écusson au lion, 2029.
Annelets *chargeant* une bordure accompagnant deux fasces accompagnées de neuf merlettes en orle, 7038; — une fasce accompagnée de six fers de cheval, trois en chef et trois en pointe, 3570.
Annelets en orle *accompagnant* un écusson en abîme chargé d'une aigle éployée, 1105.
— au *franc canton* chargé d'une tête d'oiseau, 657.

ARBALÈTE.

Une arbalète, 1080, 3761.
— en pointe et deux étoiles en chef accompagnant un chevron, 449.
— *accostée* de deux fleurs, 3563; — de quatre petits sautoirs, 6096; — d'un soleil et d'un croissant en chef et plus bas de deux virelots, 5285.
Trois arbalètes *chargeant* une bande, 5409, 5410.

ARBRE, ARBUSTE, BRANCHE, BUISSON, RAMEAU, TIGE.

Voir aussi: *Chêne, Genévrier, Poirier, Sureau*, etc.
Un arbre, 22, 61, 407, 656, 1129, 1164, 1171, 1272, 5068, 5770, 5771, 6104, 6544, 6602, 6660, 7288, 7887, 8421.
— *accompagnant* à sénestre un château à une tour, 2319; — en pointe et deux étoiles en chef accompagnant un chevron, 7396, 7397.
Un arbre *accompagné* de....., 5573; — d'une fasce ondée en pointe, 9696; — de onze merlettes en orle au lambel de cinq pendants, 5713; — de trois quintefeuilles en chef, 8742; — de quintefeuilles en orle, 5124.
— *accosté* de deux étoiles, 9370; — de quatre étoiles, 1128; — de deux fleurs de lys, 5148; — de deux rats et accompagné de deux étoiles en chef, 7552; — de deux sangliers passant, 9430.
— à la *bande* brochant, 655; — chargée de trois coquilles brochant, 3620.
— à la *bordure* chargée de fleurettes, 3008; — componée, 5578.
— *chargeant* un écusson chargeant une bande brochant sur un burelé, 1978; — un écusson sur le tout, 3451; — un écusson en abîme accompagné de six fleurs de lys en orle, 9667; — un franc canton accompagnant un fretté, 4527.
— *chargé* de boutons au chevron brochant, 1426; — d'un épervier en chef et accosté de deux fleurs de lys, 1681; — à six branches symétriques chargées chacune d'un oiseau, 4846, 4847.
— *coupé* d'hermines, chargeant un franc canton accompagnant une croix de macles accotonnée en chef et à sénestre d'un croissant, 2433.
— à la *fasce* brochant, 5935.
— au *loup* passant, 4663.
— *planté* sur un mont, 1907, 5919, 6202, 6235, 7490; — sur un mont à la bordure engrêlée, 6278; — sur une terrasse, 6457.
— *tenu* par un dextrochère à dextre accompagné à sénestre d'un ours debout, 3387.
Un arbre en barre *chargé* en chef de deux oiseaux perchés, 6564.
Un arbre et demi *planté* sur un mont et demi, 7491, 7492.
Trois arbres, 1610, 7684, 8450.
— *accompagnant* une fasce, 3160.
— *chargeant* une bande, 6851; — un chef accompagnant un fascé de six pièces, 3329.
— *sous un chef*, 9411; — chargé d'un lion issant, 7684.
Un arbuste, 4150; — à trois tiges, 408; — disposé en créquier, 3045.
— en pointe et un croissant en chef et à dextre accompagnant un chevron, 9147; — accompagnant en pointe un chevron à la barre brochant le tout, 9146.
Un arbuste fleuri, 255; — de trois fleurs, 830; — de cinq fleurs 9581.
Un buisson *portant* un coq perché, 4725.
Deux branches en sautoir en pointe, et une étoile ou une sextefeuille en chef accompagnant deux têtes d'homme vis-à-vis, 3095.
Un rameau *accompagnant* en abîme trois chèvres passant, 2465; — en abîme trois croissants, 5320; — en chef un merle passant, 5959.
— et une étoile *accostant* un hanap accompagné de deux merlettes en chef, au franc canton portant deux jumelles en bande, 776.
— *tenu* par un dextrochère, 1006.
Un rameau *remplaçant* la branche inférieure d'une croix, 3776.
Deux rameaux *accostant* un lion assis, à la fasce brochant, 1708.
— et deux lions, *cantonnant* une croix, 1242.
Trois rameaux *disposés* en fleur de lys, 257.

516   TABLE HÉRALDIQUE

Rameaux *accompagnant* une bande au franc canton chargé d'un lion, 3636; — une fasce, 2558.
— *entourant* un cœur, 97.
Une tige à deux feuilles *accompagnant* en pointe un château, 3759.
Cinq tiges fleuronnées *chargeant* un sautoir, 672.

ARC.

Un arc bandé *garni* de sa flèche la pointe en bas et accompagné en chef de trois fleurs de lys, 6975.

ARCADE.

Trois arcades, 9116, 9117.

ARCHEVÊQUE.

Buste d'archevêque *cimant* un heaume posé sur le tout, 238.

AVANT-MUR.

Un avant-mur *adextrant* une tour, 8968; — une tour au bâton en bande brochant, 6161.
— *sénestrant* une tour, 8984, 8985.

BALANCE.

Deux balances l'une sur l'autre, 6440, 6441, 6443, 6444.
— l'une sur l'autre au lambel, 6446.

BANDE.

Une bande, 308, 309, 313, 482, 483, 485, 539, 540, 542, 569, 570, 658, 659, 700, 716, 791, 1012, 1013, 1032, 1045, 1236, 1237, 1238, 1239, 1240, 1241, 1668, 1772, 1784, 1896, 1926, 1934, 1935, 1936, 1938, 1952, 2035, 2306, 2399, 2464, 2707, 3011, 3097, 3154, 3155, 3265, 3266, 4113, 4168, 4217, 4529, 4690, 4750, 4793, 4818, 4987, 5196, 5199,
5244, 5345, 5346, 5464, 5493, 5545, 5710, 5990, 5991, 5994, 6086, 6122, 6438, 6684, 6710, 6711, 7019, 7187, 7213, 7349, 7420, 7587, 7714, 7733, 7735, 7736, 7737, 7740, 7747, 7748, 7753, 7865, 7969, 8062, 8068, 8069, 8080, 8081, 8100, 8132, 8133, 8172, 8290, 8374, 8486, 8715, 8845, 8997, 9000, 9001, 9116, 9151, 9159, 9248, 9293, 9294.
Une bande *accompagnée* de..., 9364; — en chef et à sénestre de..., 6357; — de..., chargeant un écusson sur l'épaule d'un lion brochant sur un chef, 1195; — de..., chargeant un franc canton accompagnant une croix ancrée, 5444; — de..., chargeant un franc canton accompagnant une fleur de lys, 476, 479; — en chef et à sénestre d'une tête d'aigle arrachée, chargeant un franc canton accompagnant une fleur de lys, 481; — de trois aiglettes, deux en chef et une en pointe, 9053; — de six annelets, 3 et 3, 8580; — de six annelets en orle, 520, 1710; — de deux besants ou de deux tourteaux, au franc canton chargé de trois chevrons, 1158; — de trois besants ou trois tourteaux, 7834, 7835; — de six besants en orle, 3863; — de six besants ou six tourteaux en orle, 1181, 1429; — de neuf besants ou neufs tourteaux, quatre en chef et cinq en pointe, 1067; — de six billettes, 3 et 3, 8467, 8468, 8469; — de six billettes en orle, 4504, 4505; — de sept billettes, quatre en chef et trois en pointe, 2316, 2317, 5756; — de douze billettes, 6 et 6, 8471; — en chef d'un bœuf passant contourné, en pointe d'un croissant surmonté d'une étoile, au lambel, 9291; — de six coquilles en orle, 448, 5456, 6039, 8393, 8394, 8395, 8591; — de six coquilles en orle, au lambel, 6038; — de deux corneilles, une en chef et l'autre en pointe, 2803; — de six croisettes en orle, 3858, 3861, 5338, 8145, 9433; — de huit croisettes en orle, 3860; — de dix croisettes en orle, 3862; — d'un croissant en chef et à sénestre, 1379, 5785, 9543; — d'un croissant tourné en chef et à sénestre, brochant sur quatre fasces vivrées, 5069; — de deux croix recroisetées en chef et d'une étoile en pointe, 7259; — de six croix recroisetées en orle, 7261, 7262, 7263; — de douze croix recroisetées, 7260; — en chef et à sénestre d'un écusson, à la bordure engrêlée, 6513; — en chef et à sénestre d'un écusson chargé de..., 6685; — en chef et à sénestre d'un écusson chargé d'une croix, 5014; — d'une étoile en chef, 568, 3831; — en chef et à sénestre d'une étoile, 6717, 7322; — d'une étoile en chef et d'un écusson sénestre à la croix chargée de... et cantonnée de douze merlettes, 3829; — d'une étoile en pointe, au lambel de quatre pendants, 1738; — de deux étoiles, 1007; — de deux étoiles en chef, 3568; — de trois étoiles, deux à dextre, une à sénestre, à la bordure, 16; — de six étoiles en orle, 5718, 7772, 9375, 9686; — de deux fleurs de lys, l'une

en chef et l'autre en pointe, au franc canton, 2452; — d'un fleuron en chef et à sénestre, 5317; — en chef d'un franc canton sénestre chargé d'une croix et en pointe et à dextre d'un annelet, 4967; — d'un lion à sénestre, 6157; — d'un lion à sénestre et de deux étoiles à dextre, 9668; — d'un lion en chef et côtoyée d'une onde en pointe, 2814; — de six losanges en orle à la bordure engrêlée, 8996; — d'une merlette en chef, 1530; — de trois merlettes, deux en chef et une en pointe, 356; — de quatre merlettes en orle, 4291; — de cinq merlettes, deux en chef et trois en pointe, au lambel, 2720; — de cinq merlettes en orle, 940; — de six merlettes en orle, 397, 996, 1704, 1786, 1787, 1948, 3002, 4053, 4382, 5750, 6983, 7255, 7605, 8779, 8780, 8781, 8782, 8783, 8784, 8785, 8786, 8787, 9035, 9407; — de six merlettes en orle, au lambel, 1790; — de sept merlettes en orle, 7100; — — d'une molette en chef et à sénestre, 155, 156, 8992, 8995; — de six molettes en orle, 1528, 1529, 5943; — d'un oiseau, chargeant un franc canton accompagnant une fleur de lys, 477, 480; — de deux oiseaux, l'un en chef et l'autre en pointe, au lambel, 2377; — de trois oiseaux, deux en chef et un en pointe, 648; — de deux quintefeuilles, 1862; — de six quintefeuilles en orle, 7886; — de six quintefeuilles en orle, parti de deux fasces, 7723; — de rameaux, au franc canton chargé d'un lion, 3636; — de deux roses? une en chef et l'autre en pointe, 3246, 4112; — de trois roses, deux en chef et une en pointe, 7691; — de six roses en orle, 764, 765, 4142; — de six roses en orle chargeant un écusson sur le tout, 5201, 5202, 5203, 5204, 5212; — de six roses en orle, au lambel, 763; — de six roses en orle, parti d'une fasce, 4975; — en chef et à sénestre d'une roue, chargeant un écusson posé à sénestre sur un chef chargé à dextre d'un croissant, 7204; — de deux roues sous un chef chargé d'un écusson en bannière portant une croix cantonnée de quatre croisettes et accosté de deux croisettes, 8500; — d'un point en chef et à sénestre, 5908; — de six petits sautoirs en orle, 7132; — de deux sextefeuilles, une en chef l'autre en pointe, 3982; — de six sextefeuilles en orle, 7778; — de trois têtes de... en chef, 1587; — de deux têtes de léopard, l'une en chef et l'autre en pointe, 8326; — de trois têtes d'oiseau en chef..., 648; — d'un trèfle en chef et à sénestre, 7738, 7739; — accompagnée de..., chargeant un écusson à l'épaule d'un lion brochant sur un chef, 1195.

UNE BANDE *accostée* de deux étoiles, 1007; — de six hermines, au lambel, 5098; — de deux marteaux, 5797.

— à la *bordure*, 2637, 3264, 3267, 3270, 3272, 3273; — engrêlée, 217, 6512, 8024, 8025, 8275, 8047, 8716; — de vair, 3533, 3534, 3535, 3536, 3539, 3540, 3541, 3542, 5705, 5706, 5707, 5708.

UNE BANDE *brochant* sur une aigle, 1134, 1760, 1769, 8010, 8029, 8141, 8194, 8417; — sur une aigle contournée, 1765; — sur une aigle éployée, 2407; — sur trois aigles, 4216; — sur six annelets, 4776; — sur dix annelets, 3, 3, 3 et 1, 9452; — sur un arbre, 655; — sur deux bars adossés accompagnés d'une étoile en chef à l'orle d'hermines, 8336; — sur six besants sous un chef chargé à dextre d'une couronne, 7249; — sur dix billettes vidées, 4, 3, 2 et 1, 8252, 8253; — sur un billeté, 2933; — sur un billeté, au lambel, 5299; — sur une bordure engrêlée, 8113; — sur un burelé, 168, 237, 238, 239, 240, 241, 3131, 5825, 7157; — sur un burelé de dix pièces, 1637, 6140; — sur un burelé de douze pièces, 1567; — sur un burelé au lion, 3432, 3442, 3443, 7996, 8039; — sur un château, 1594; — sur un chef, 439, 1046, 3055; — sur un chef chargé d'une étoile, 5859, 5863; — sur un chef chargé de trois oiseaux, 5280; — sur un chef chargé d'un vivré, 4180; — sur le tout d'un chef au dextrochère brochant, 9553; — sur un chef au lambel, 4605; — sur un chef échiqueté de deux tires, 8149; — sur trois chevrons d'hermine, 5675; — sur six coquilles, 7319; — sur sept coquilles en orle, 5455; — sur des coquilles en orle, 5458; — sur trois corbeaux, 5139; — sur trois couronnes, 8066; — sur un créquier, 2979,

2980, 5878; — sur une croix, 2356; — sur une croix à la bordure engrêlée, 8493; — sur une croix cantonnée de vingt billettes de cinq en cinq posées en sautoir, 2504, 2505; — sur une croix cantonnée d'une étoile en chef et à sénestre, 2346; — sur une croix chargée de cinq quintefeuilles, 8302; — sur une croix ancrée, 692, 900, 5712, 7121, 7517, 8237; — sur une croix fleuronnée, 4977, 5622; — sur une croix paltée, 2699; — sur trois croix, 1586, 7257; — sur un diapré, 1588; — sur trois doloires accompagnées en chef d'une étoile sur champ d'hermines, 7432; — sur le tout de deux dragons passant l'un sur l'autre accompagnés de trois maillets en chef, 7997; — sur un échiqueté, 2493, 3179, 6547; — sur un écusson, 529; — sur un écusson en abîme, 5912, 6351, 6352, 6877, 6878, 7338; — sur le tout d'un écusson en abîme accompagné de six losanges en orle, 7444; — sur un émanché de trois pièces mouvant du chef, 8288; — sur un émanché de trois pièces mouvant de la pointe, 7237; — sur trois étoiles, 7313; — sur un semé d'étoiles au lion, 3832; — sur une fasce, 535; — sur une fasce accompagnée de trois molettes en chef, 3675; — sur une fasce fuselée de trois pièces, 6217; — sur une fasce fuselée de cinq pièces, 8243, 8244, 8245; — sur deux fasces, 3690, 7188, 9114, 9115; — sur deux fasces vivrées, 4064; — sur trois fasces, 2409; — sur trois fasces accompagnées d'un croissant en chef et à dextre, 9148; — sur trois fasces chargeant un franc canton accompagnant un semé d'étoiles, 3784; — sur trois fasces ondées, 2808; — sur quatre fasces, 2116; — sur quatre fasces chargeant un écusson accompagnant en chef et à dextre deux fasces, 4493; — sur quatre fasces vivrées, 4061; — sur un fascé de six pièces, 8684; — sur un fascé de vair et de..., de six pièces, 2844; — sur un fascé enté de six pièces, 5512, 5513; — sur un fascé ondé, 7376; — sur trois fermaux, 6734; — sur une fleur de lys, 8199; — sur trois fleurs de lys, 1347, 2092, 5131, 6664, 7836, 9206; — sur trois fleurs de lys au lambel, 2749, 7069; — sur un semé de fleurs de lys, 1525, 2279, 2499, 3703, 3746; — sur un semé de fleurs de lys chargeant un écusson à dextre posé avec deux coquilles sur un chef surmontant trois pals de vair, 6929; — sur un semé de fleurs de lys au lion naissant, 6488; — sur six fusées, 3 et 3, 5593, 5594; — sur un fuselé, 2995; — sur trois heaumes, 6478; — sur deux hermines, 1868; — sur trois jumelles, 6956; — sur un lévrier rampant, 1523; — sur trois lévriers courant l'un sur l'autre, 4447, 4448; — sur un lion, 135, 148, 904, 1008, 1595, 3608, 4024, 4199, 4747, 5040, 5041, 5085, 5722, 5962, 6356, 6476, 7234, 7495, 8125, 8459, 8460, 8923, 9369, 9694; — sur un lion accompagné à sénestre d'un croissant et au-dessous d'une quintefeuille, 5488; — sur un lion sur champ d'hermines, à la bordure engrêlée, 6755; — sur un lion passant, 5564; — sur un lion à queue fourchée, 2928, 6044; — sur un lion couronné, 2314, 4219, 5592, 5772, 6383, 6387, 6641, 6642, 6643; — sur trois lions, 5032, 7202, 7640, 7641, 9457; — sur un losangé, 6545, 6796; — sur trois merlettes, 4544; — sur six merlettes, 9233; — sur deux molettes, 5767; — sur un semé de molettes au lion, 3465; — sur un ours? passant, à la bordure engrêlée, 3735; — sur un pal, 1488; — sur un pal accosté de deux lions affrontés, 4302; — sur trois pals, 1735, 8323, 9531; — sur le tout de trois pals sous un chef, 6820; — sur un palé de six pièces, 119, 120, 1178, 5817, 7277, 8858, 8359, 9452; — sur un palé de douze pièces, 9456; — sur le tout d'un parti chargé d'une fasce de l'un en l'autre, 7129; — sur le tout d'un parti chargé de deux fasces de l'un en l'autre, 7128; — sur un parti de plains, 3353. 8775, 8934, 8935, 8936; — sur trois pointes ou sur un émanché de trois pièces mouvant de la pointe, 7237; — sur un pot à une anse et à trois pieds, 8592; — sur le tout de trois quintefeuilles sous un chef, 6762; — sur trois quintefeuilles sur champ d'hermines, 7007; — sur deux renards passant l'un sur l'autre, 7648; — sur trois têtes de chien, 7118; — sur trois têtes de lion, 6215; — sur un semé de trèfles à deux bars adossés, 6704; — sur un demi-vol,

6178; — sur un vol, 7374, 7375.

UNE BANDE *chargeant* un écusson sur le tout, 2340; — un écusson accompagnée en chef et à dextre deux fasces, 5932; — un écusson accompagnant deux fasces accompagnées de sept coquilles en orle, 5930; — un écusson accompagnant en chef et à dextre un lion brochant sur un semé d'étoiles, 7451; — un écusson en abime, 6875; — un écusson en abime accompagnant trois maillets, 6165, 6166, 6171, 7172; — un écusson en abime accompagné d'un orle de..., 6875; — un écusson chargeant à dextre un chef échiqueté de trois tires, 5257; — une feuille accompagnée d'une molette en chef et d'une coquille en pointe, 3939. — *chargée* de..., 2327, 6163, 9143; — de... en chef, 1277, 2072, 7964; — de trois..., 4707, 7712, 9576. — de... en chef et accompagnée de six billettes en orle, 9002; — de quatre... et accostée de deux dragons ailés, 566; — de trois... et accostée de deux étoiles, 1137; — de..., à la bordure engrêlée, 4772; — de..., brochant sur un billeté, 3580, 3581; — de..., brochant sur un chef, 2258; — de..., brochant sur un échiqueté, 7196; — de..., brochant sur six écussons, 5837; — de..., brochant sur une fasce accompagnée d'un croissant en chef et à sénestre, 3026; — de..., brochant sur deux fasces, 2238; — de..., brochant sur un fascé d'hermines et de... de six pièces, 3905; — de..., brochant sur un palé, 1957; — de..., brochant sur un rencontre de bœuf, 6910; — de trois..., brochant sur un double tréchour fleuronné, 8270; — de..., sur un vairé, 1712; — de..., sur un vairé au filet en barre brochant, 1332; — de..., au lambel, 3321; — de trois aigrettes, 1170, 2232; — de trois aiglettes, brochant sur un semé de fleurs de lys, à la bordure, 1796; — d'aiglettes, brochant sur une aigle, 2536; — de trois alérions, 3681, 5359, 5360, 5361, 5362, 5363, 5365, 6645, 7958; — de trois alérions à la bordure chargeant un écusson sur le tout, 9265; — de trois ânes, 7236; — de trois annelets, 6128, 7913, 7914; — de trois annelets et accompagnée d'une étoile en chef et à sénestre, 7912; — de trois annelets et accompagnée d'une merlette en chef et à sénestre, 7915, 9094; — de trois annelets et accompagnée d'une molette en chef et à sénestre, 9082; — de trois annelets, brochant sur deux fasces, 2252; — de trois annelets sur un vairé, 2721; — de trois annelets au lambel, 9081; — de trois arbalètes, 5409, 5410; — de trois arbres, 6851; — de trois B, brochant sur une croix pattée, 2692; — d'un bâton et d'une étoile en chef, 2075; — d'un bâton côtoyé de six fleurs de lys, 6662; — de trois besants, 3320, 3323, 3663, 5623; — de trois besants ou de trois tourteaux, 4710; — de trois besants et accompagnée d'une merlette en chef et à sénestre, 3324; — de trois besants, brochant sur une croix ancrée, 5633; — de trois besants, au lambel, 3322; — de trois bouterolles, 2474, 2475, 2476; — de trois châteaux, 2280; — de trois châteaux et accompagnée en chef d'une étoile, 2281; — d'un chevron entre deux quintefeuilles et accompagnée de six billettes en orle, 8998; — de trois chiens, 8410; — de trois chiens et accompagnée d'un écusson en chef et à sénestre, 8411; — de trois clefs, 2541, 2567; — de trois colombes tenant chacune à son bec une étoile, 8198; — d'une coquille en chef, 8993; — d'une coquille et accompagnée de deux autres en chef, 3680; — d'une coquille en chef et accompagnée de six croisettes en orle, 1019, — d'une coquille en chef et accompagnée de deux hures, 2181; — de trois coquilles, 484, 1225, 1226, 2171, 2518, 4508, 8614, 9093; — de trois coquilles et accompagnée de billettes en orle, 1926; — de trois coquilles et accompagnée de six canettes en orle, au lambel, 1782; — de trois coquilles et accompagnée d'un château et d'une étoile en chef, 2174; — de trois coquilles et accompagnée de six croisettes en orle, 1335; — de trois coquilles et accompagnée d'une étoile en chef, 2172, 2173, 2175, 2176, 2178; — de trois coquilles et accompagnée d'une étoile en chef, au lambel, 2169; — de trois coquilles et accompagnée d'une fleur de lys en chef, au lambel, 2168; — de trois coquilles et accompagnée d'un lion naissant en chef, 2166; — de trois coquilles et accompagnée d'une merlette en chef et à sénestre, 7501; — de trois coquilles et accompagnée en chef d'une molette, 2178; — de trois coquilles et accompagnée d'un oiseau en chef, 1256; — de trois coquilles, à la bordure engrêlée, 6792; — de trois coquilles, brochant sur un arbre, 3620; — de trois coquilles, brochant sur un bâton en barre, 6828; — de trois coquilles, brochant sur un burelé, 1499, 1500, 1501; — de trois coquilles, brochant sur un chef chargé d'une étoile, 5860; — de trois coquilles, brochant sur un chef chargé d'une étoile à sénestre, 2408; — de trois coquilles, brochant sur un fascé de vair et de..., de six pièces, 2840; — de trois coquilles, brochant sur un lion passant, 5884; — de trois coquilles, brochant sur trois lions, 7203; — de trois coquilles, brochant sur un palé de six pièces sous un chef, 7054; — de trois coquilles et côtoyée de deux cotices, 9471; — de trois coquilles ou de trois roses et côtoyée de deux dragons ailés, 575, 567; — de trois coquilles, sur champ d'hermines, 4706; — de trois coquilles, au lambel, 1190; — d'une croisette en chef, 8810; — d'une croisette en chef, brochant sur un parti de plains, 8776; — de trois croisettes recroisetées, brochant sur un écartelé de plains, 3494, 3495, 3496, 3498; — de trois croisettes, brochant sur quatre fasces, 7371, 7372; — d'un croissant en chef, 571, 5023; — d'un croissant entre deux étoiles et accompagnée en chef et à sénestre d'un oiseau perché sur une branche, 9414; —

de trois croissants et accompagnée d'une étoile en chef et d'un écusson au canton sénestre, 96; — d'un dragon et de deux coquilles, sur champ d'hermines, 8713; — de trois dragons, brochant sur trois cœurs et sur un chef chargé de trois macles, 1972; — d'un écusson en chef, 2071; — d'un écusson en chef et accompagnée de six billettes en orle, 8999; — d'un écusson et accompagnée de six fleurs de lys en orle, 2965; — d'un écusson en chef et accompagnée de six merlettes en orle, 1788, 1789; — d'un écusson en chef, brochant sur un burelé, 236; — d'un écusson portant un arbre, brochant sur un burelé, 1978; — d'un écusson en chef portant trois croisettes et accompagnée de six losanges, 3 et 3, 8470; — d'un écusson en chef à la croix, brochant sur un fascé de huit pièces, 5734; — d'un écusson à la croix cantonnée de quatre étoiles, accompagnée de six croisettes en orle, 3859; — d'un écusson en chef portant un dragon et accompagnée d'une étoile en chef et à sénestre, 5995; — d'un écusson en chef au lion et côtoyée de deux cotices potencées contre-potencées, 8383; — d'un écusson en chef au rencontre de bœuf, 5992; — de trois écussons portant chacun trois lions, et accompagnée de six croix recroisetées en orle, 7258; — d'un émanché, 5013; — d'une étoile en chef, 537, 538, 893, 2073, 2075, 2076, 6223, 7569, 8130, 8131, 8994, 9084, 9085; — d'une étoile et de deux canettes, 7060; — d'une étoile et de deux merlettes,

9560; — d'une étoile en chef et accompagnée d'une aiglette en chef, 2869; — d'une étoile en chef entre deux bandes de vair sous un chef chargé d'une fleur de lys issant, 7435; — d'une étoile en chef et accompagnée de six besants en orle, 2150; — d'une étoile en chef et accompagnée de six billettes en orle, 4506; — d'une étoile et accompagnée de deux hures, 2180; — d'une étoile en chef et accompagnée de cinq quintefeuilles en orle, 3551; — d'une étoile en chef, brochant sur un écusson en abîme, 6349; — de deux étoiles et accompagnée d'une étoile en pointe sous un chef, 1079; — de deux étoiles et côtoyée de deux cotices, 6181; — de trois étoiles, 17, 888, 1309, 1812, 3727, 3728, 4292, 6892, 7832, 8547, 9182; — de trois étoiles et accompagnée d'un croissant en chef et d'une étoile en pointe, 6563; — de trois étoiles et côtoyée de deux cotices, 6182; — de trois étoiles, brochant sur une fasce fuselée de trois pièces, 6474; — de trois étoiles, brochant sur deux fasces au lambel, 3284; — de trois étoiles, ou de trois coquilles, brochant sur trois fasces, 7574; — de trois étoiles sous un chef chargé d'un écusson à la croix ancrée, 3357; — de trois fermaux et accompagnée en chef et à sénestre d'un croissant sur champ d'hermines, 7102; — de trois fermaux et accompagnée de six hermines en orle et d'un croissant en chef, 3307; — de trois fermaux, brochant sur une aigle, 7281; — de trois fleurs de lys, 2267, 2269,

DES SCEAUX DE CLAIRAMBAULT. 521

2270, 2271, 2308; — de trois fleurs de lys et accompagnée d'une merlette en chef et d'une étoile en pointe, 9536; — de trois fleurs de lys et accompagnée de six merlettes en orle, 5864, 5865, 6816; — de trois fleurs de lys et accompagnée d'un oiseau à sénestre, 2272, 2307; — de fleurs de lys et côtoyée de deux dragons ailés, 7133; — de trois fruits? 8938; — de trois glands, 4927; — d'un griffon, 4337, 4338; — de trois hanaps et accompagnée de sept billettes, trois à sénestre et quatre à dextre, 130; — de trois hanaps et accompagnée de sept billettes, quatre à sénestre et trois à dextre, 129; — de trois hanaps, brochant sur un fascé d'un vivré et de... de huit pièces, 4058; — de trois hermines, au lambel, 803; — d'un lion et accompagnée d'une étoile en chef et d'un tourteau? en pointe, 3806; — d'un lion et accompagnée d'une merlette en chef et d'une étoile en pointe, 3805; — d'un lion en chef et accompagnée de six merlettes, en orle, 4051, 4052; — d'un lion et de deux fleurs de lys et côtoyée de deux dragons ailés, 7134; — de trois lionceaux, 1207, 1208, 1209, 6646; — de trois lionceaux, brochant sur trois fasces ondées, 4059; — de trois lionceaux, brochant sur un écartelé de trois pals et d'un émanché de trois pièces, 685; — de trois lionceaux, brochant sur quatre fasces, 7384; — de trois lionceaux, brochant sur trois fleurs de lys, 1888, 1889; — de trois lionceaux, brochant sur un semé de fleurs de lys, 1354, 1355, 1356, 7404, 9312;

— de trois lionceaux, brochant sur un semé de fleurs de lys, au bâton en barre sur le tout, 9307; — de trois lionceaux, brochant sur un semé de fleurs de lys, au lambel, 4378; — de trois lionceaux, sur champ de vair, 9404; — de cinq losanges, 8900, 8901; — de trois macles, 6184; — de trois macles et accompagnée en chef et à sénestre d'une tête de chèvre, 4063; — de trois macles, au lambel, 4060; — de trois marteaux, 4597, 6925; — de trois marteaux, à la bordure, 4598; — de trois merlettes, brochant sur une croix ancrée, 1970; — de trois merlettes, brochant sur une croix pattée, 2691; — d'une molette, 3271; — d'une molette en chef, 9003; — d'une molette en chef, brochant sur un lion, 8940; — de deux molettes, 5254; — de trois molettes et accompagnée de six merlettes en orle, 5307; — de trois molettes, brochant sur un chef, 390; — de trois oiseaux et accompagnée d'un croissant en chef, 706; — d'une quintefeuille en chef et accompagnée de six coquilles, 3 et 3, 1281; — d'une quintefeuille, à la bordure chargée de neuf quintefeuilles, 4336; — de trois quintefeuilles, 6928; — de trois quintefeuilles et accompagnée de six billettes en orle, 4503; — de trois quintefeuilles, brochant sur un émanché de quatre pièces et demie mouvant du flanc sénestre, 9213; — de trois quintefeuilles, brochant sur une gerbe accostée de deux étoiles, 1481; — de trois quintefeuilles sous un chef portant à dextre un écusson à la croix

ancrée, 5193; — de trois quintefeuilles, au franc canton sénestre, 5253; — de trois roses et accompagnée d'un vairé en chef, 5619; — de trois roses? et côtoyée de deux dragons ailés, 565, 567; — de trois roses et côtoyée de deux feuilles de scie, 2000; — de trois têtes de chèvre arrachées, sur champ d'hermines, 6599, 6600, 6601; — d'une tête de lion, 7734; — d'un tourteau, au lambel, 707; — de trois trèfles et côtoyée de deux cotices ondées, 5273; — de trois vergettes et accompagnée de trois étoiles, 2 et 1, 1078; — d'un vivré, 3193; — d'un vivré et accompagnée de deux têtes de léopard, une en chef et l'autre en pointe, 8326.

Une bande sous un chef, 3903, 9280; — sous un chef chargé de trois étoiles, 2203; — de trois rocs d'échiquier, 7937; — d'une rose, 7615.

— côtoyée de deux aigles, 5804; — de six annelets, 2134; — de deux cotices, 718, 1115, 1230, 1685, 2193, 2332, 3461, 3485, 4390, 5379, 6378, 6872, 7198, 8549, 8550, 8551; — de deux cotices et accompagnée de..., 4420; — de deux cotices et accompagnée de deux croissants, 717; — de deux cotices et accompagnée d'un écusson en chef et à sénestre, 4997; — de deux cotices et accompagnée d'une étoile en chef et à sénestre, 5380; — de deux cotices et accompagnée de six losanges en orle, 3501; — de deux cotices et accompagnée de huit losanges en orle, 3500; — de deux cotices et accompagnée d'un sanglier passant

66

en chef et à sénestre, 8552; — de deux cotices chargeant un franc canton accompagnant deux croissants, 129, 130; — de deux cotices et chargée d'un écusson en chef, 4647; — de deux cotices et chargée de deux gerbes, 3869; — de deux cotices et chargée d'un lion au lambel, 9185; — de deux cotices et chargée de trois lionceaux, 2996; — de deux cotices, au lambel, 8964; — de deux cotices, au lambel de cinq pendants, 9036; — de deux cotices dentées, 6858; — de deux cotices engrêlées, 9699; — de deux cotices potencées et contre-potencées, 465; — de deux cotices potencées contre-potencées et accompagnée d'une molette en chef et à sénestre, 5745; — de deux cotices potencées et contre-potencées, chargeant un écusson sur le tout, 2120; — de deux cotices potencées contre-potencées, au lambel, 5687, 5693, 5694, 5695, 5696, 5697, 8377, 8378, 8379, 8380; — de deux dragons ailés, 7135; — de six roses, chargeant un écusson sur le tout, 5207.

UNE BANDE à la crosse en pal brochant, 5291.
— à la fasce brochant, 6288.
— à la fasce ondée brochant, 7056.
— au franc canton sénestre, 154; — au franc canton chargé d'un lion, 3635.
— sur champ d'hermines, 585, 587, 877; — sur champ d'hermines, au chef, 9588.
— au lambel, 436, 1640, 1939, 1979, 2989, 3649, 3696, 3904, 3907, 3911, 3912, 4062, 4529, 4738, 5993, 6459, 7383, 7561, 8075, 8079, 8082, 8083, 8084,
8085, 8170, 8171, 8173, 8331, 8506, 8623, 9004, 9149, 9522; — au lambel de deux pendants, 793; — au lambel de cinq pendants, 3908, 5219, 5319, 7070; — au lambel et accompagnée à sénestre d'un écusson, 8078; — et accompagnée à sénestre d'un écusson chargé d'une fasce accompagnée de..., 8076; — et brochant sur un parti, 9158; — sous un chef, 8318.

UNE BANDE de l'un en l'autre, chargeant un parti, 3458.
— sur un vairé, 1901, 1925, 2284, 5546, 5922, 5923, 5924, 5925, 5926, 7840, 8316, 8317, 9690.

UNE BANDE BESANTÉE brochant sur un lion, 6860.

UNE BANDE COMPONÉE, 609, 610, 5374, 6138, 9091.
— accompagnée de six annelets en orle, 1726; — de six annelets en orle, au franc canton chargé de..., 1727; — d'une merlette en chef et à sénestre, 9086, 9090, 9092, 9093; — d'une molette en chef et à sénestre, 1493.
— brochant sur un chef, 3025, 6617; — sur une croix ancrée, au chef chargé de trois coquilles, 1125; — sur une croix ancrée de vair, 2364; — sur une croix engrêlée, 3073, 3075, 8578; — sur un écusson en abîme, 4163, 7718, 8414; — sur trois fleurs de lys, 5128, 6665, 6668, 6669, 6672, 6673, 6674, 6677; — sur trois fleurs de lys, au lambel, 5709; — sur un semé de fleurs de lys, 526, 3460, 3664, 6666, 6667, 6675, 6676; — sur un semé de fleurs de lys, à la bordure, 800; — sur un semé de fleurs de lys, à la bordure
engrêlée, 6522; — sur trois lions, 663; — sur trois rocs d'échiquier, 1914.

UNE BANDE COMPONÉE à la coquille brochant en chef et à dextre, 9083.

UNE BANDE COMPONÉE COTICÉE, 9088, 9089.
— accompagnée d'une merlette en chef et à sénestre, 9087.

UNE BANDE DENCHÉE chargée de trois étoiles et accompagnée d'un lion en chef et à sénestre, 9183.

UNE BANDE DIAPRÉE, 3602; — diaprée de lions et d'aiglettes, 866.

UNE BANDE ÉCHIQUETÉE de deux tires, 6776; — de deux tires et accompagnée de six hermines en orle, 5651; — de trois tires, 6144, 6145.
— accompagnée d'un croissant en chef et à sénestre, 4946; — d'un croissant en chef et à sénestre tourné, 4272.

UNE BANDE ÉCOTÉE brochant sur un lion, 6354.

UNE BANDE ENGRÊLÉE, 204, 1135, 2287, 2970, 3773, 7486, 8037, 8267.
— accompagnée de six annelets en orle, 7605, 7703; — de six annelets en orle, à la bordure engrêlée, 7702; — de six annelets en orle, brochant sur le tout, 7704; — de six besants ou six tourteaux en orle, brochant sur le tout, 7706; — de six coquilles en orle, 4572; — de six coquilles, au lambel, 4392; — d'un écusson en chef portant trois tourteaux? 205; — d'un écusson en chef et à sénestre au lambel, 8909; — d'une merlette en chef et à sénestre, 6714, 6715.
— à la bordure, 7872; — à la bordure de vair, 3532, 3538.
— brochant sur un billeté, sous un chef, 6743; —sur un billeté au

franc canton chargé de trois merlettes, 4943; — sur un burelé, 4222; — sur un château à une tour, 2323; — sur trois châteaux, 4694; — sur un chef, 8601; — sur un chef chargé à sénestre d'un écusson fretté, 7756; — sur un contre-écartelé plain, 195, 197; — sur un coupé de l'un en l'autre, 8339, 8340; — sur un écartelé plain, 196; — sur une fasce, 9666; — sur un fascé de six pièces, 710; — sur un papelonné, au lambel de trois pendants chargés chacun de trois besants, 5544; — sur trois vols, 794.

Une bande engrêlée *chargée* de trois fleurs de lys et coticée, 2637.
— *contre-écartelé* d'un plain, 1185, 1257.
— *au lambel*, 3023; — de quatre pendants besantés, 3185; — à la bordure, 8899.

Une bande frettée, 569, 3715, 6573, 6574, 6575, 9322, 9324.
— *accompagnée de...* en chef et à sénestre, 6576, 6577.
— *à la bordure*, 486.
— *chargeant* un franc canton accompagnant une fleur de lys, 478.
— *coticée*, 755; — accompagnée de..., 9162.
— *au lambel*, 9321; — de trois pendants chargés chacun de trois besants, 547, 550, 3902; — de cinq pendants, 752.

Une bande fuselée, 1437, 1438, 1440, 1441, 3136, 3830, 4584, 4586, 8037; — de trois pièces, 4839.
— *accompagnée* à sénestre d'un écusson chargé d'une fasce, 3010; — d'une étoile en chef et à sénestre, 4888; — de six fleurs de lys en orle, 842, 843, 844; — de six fleurs de lys en orle cantonnant au 1 et 4 une croix chargée de fleurs de lys, 844; — d'un oiseau en chef et à sénestre, 2884; — d'un lion passant en chef et à sénestre, 4460.

Une bande fuselée à la *bordure*, 7871.
— *brochant* sur un chef, 3401, 8601.
— *au lambel*, 2883, 8077; — de trois pendants chargés chacun de trois besants, 3626; — de cinq pendants, 1534.

Une bande fuselée de cinq pièces, 4583, 4585, 4587, 4837, 6578.
— *accompagnée* d'un écusson en chef et à sénestre, 4589; — d'une étoile en chef et à sénestre, au lambel, 4588; — d'une merlette en chef et à sénestre, 9346.
— *à la bordure*, 1540, 1541.
— *brochant* sur une fasce, 2268.
— *au lambel*, 1184, 1442, 1443.

Une bande fuselée de neuf pièces *accompagnée* de six fleurs de lys en orle, 841.

Une bande fuselée de dix pièces *accompagnée* de six fleurs de lys en orle, 2192.

Une bande d'hermines, 1677.
— *accompagnée* d'une étoile au canton sénestre, 1364.
— *accostée* de deux lions, 1527.
— *brochant* sur un lion, 149.

Une bande losangée, 6909, 9671.
— *accompagnée* d'un lion en chef et à sénestre, 1667; — d'un lion à sénestre, 2899.
— *brochant* sur un palé de huit pièces, 4074; — sur trois pals, 2446; — sur un papelonné, au lambel de trois pendants chargés chacun de trois besants, 5544.
— *chargeant* un écusson chargeant, en chef et à dextre, le premier de trois chevrons, 9652.

Une bande losangée au *lambel*, 3029.

Une bande ondée *accompagnée* de six merlettes en orle, 5132; — de six merlettes en orle, au lambel de quatre pendants, 6914.

Une bande semée de trèfles *chargée* de trois hanaps couverts et accompagnée d'une étoile en chef et à sénestre, 7195.

Une bande de vair, 1395, 1396, 1439, 7578, 7579, 7580, 7581, 7619, 9108.
— *accompagnée* d'une merlette en chef et à sénestre, 5653; — d'une molette en chef et à sénestre, 1400.
— *brochant* sur six annelets, 3289, 3290; — sur un lion, 4127; — sur trois lions, 663.

Une bande vivrée, 497, 711, 712, 713, 714, 715, 719, 2866.
— *accompagnée* d'une étoile en chef et à sénestre, 6842.
— *au lambel*, 2867.

Deux bandes, 452, 983, 1418, 4603.
— *accompagnées de...*, 1419; — d'une colombe en abîme, la première bande brochant sur une étoile, 8312; — de sept coquilles, 1, 3 et 3, 6216; — d'un croissant au canton dextre, 1464; — en chef et à sénestre d'un écusson chargé de trois écussons, 6163; — d'une étoile en chef et à sénestre, 4196.
— *alternant* avec trois étoiles, 4.
— *chargeant* le premier de trois besants, 1845; — une fasce, 7296.
— *sous un chef* chargé de trois maillets, 2 et 1, 5613.
— *côtoyées* de cinq coquilles, 1, 2 et 2, 8859; — de sept coquilles, 1, 3 et 3, 8857, 8858; — de

de deux cotices potencées contre-potencées, 6775.
DEUX BANDES au *franc canton*, 7928; — sénestre, 1114.
— au *lambel*, 2527; — au franc canton d'hermines, 8661.
— *séparées* par une étoile, 4832; — par trois étoiles et accompagnées d'un croissant en chef, 511; — par trois fleurs de lys? 3100.
DEUX BANDES ENGRÊLÉES *séparées* par trois étoiles, 7153.
DEUX BANDES FRETTÉES, *séparées* en chef par une étoile, 6720.
DEUX BANDES ONDÉES, 5324.
— *accompagnées* de deux lions, l'un en chef, l'autre en pointe, 2570.
DEUX BANDES DE VAIR, *accostant* une bande chargée d'une étoile en chef, sous un chef chargé d'une fleur de lys issant, 7435.
TROIS BANDES, 46, 47, 137, 611, 666, 929, 970, 1112, 1269, 1508, 1580, 1682, 1683, 1684, 1737, 2041, 2401, 2412, 2425, 2481, 2697, 2815, 3046, 3349, 3350, 3722, 3723, 3918, 4154, 4157, 4162, 4405, 4473, 4474, 4476, 4477, 4734, 5036, 5058, 5426, 5634, 5763, 6121, 6232, 6440, 6441, 6444, 6905, 7884, 8191, 8360, 8482, 8546, 8746, 8747, 8748, 8749, 8750, 8751, 8752, 9126, 9152, 9154, 9155, 9157, 6335, 9580.
— *accompagnées* de... en chef et à sénestre, à la bordure engrêlée, au franc canton chargé de trois lions passant l'un sur l'autre, 5233; — d'un croissant en chef et à sénestre, 4204; — d'une étoile en chef et à sénestre, 5424; — en chef et à dextre d'une fleur de lys en bande, 9042; — de trois hermines? en chef, 3133; — de sept quintefeuilles, 1, 3, 3, 4642.
TROIS BANDES au *bâton en barre* brochant, 14; — à la bordure besantée, au franc canton d'hermines, 9010.
— à la *bordure*, 3153, 4466, 4475, 5691, 6725, 8796, 8797, 8800; — la bande du milieu chargée de la lettre B, 4463; — à la barre brochant, 4494; — engrêlée, 483, 3049, 6514; — engrêlée sous un chef chargé d'une étoile à dextre, 3345; — engrêlée, au franc canton d'hermines, 6226; — engrêlée, au lambel, 5227.
— *brochant* sur un burelé, 9379; — sur un semé de charbons?, 1858.
— *chargeant* un écusson sur le tout, 9157; — une fasce, 7291.
— *chargées* de onze coquilles sur champ d'hermines, 5469.
— sous un *chef*, 1655, 1892; — chargé d'une étoile à dextre, 6445; — chargé de trois étoiles, 6442; — chargé d'un léopard, à la barre brochant sur le tout, 9559; — chargé d'une quintefeuille, soutenu d'un autre chef chargé de trois chandeliers? 282; — chargé de trois roses, 4953.
— au *franc canton* d'hermines, 9632, 9633, 9635, 9636; — d'hermines, accompagnées d'une merlette en chef et à sénestre, 9636.
— sur champ d'*hermines* en bande, 1101.
— au *lambel*, 3192, 4794, 5271, 6446, 7520, 7701, 8545; — de cinq pendants, 4324, 8544; — accompagnées en chef et à dextre d'un écusson fascé de six pièces au lambel, 7520; —
au franc canton d'hermines, 8602.
TROIS BANDES ENGRÊLÉES, 4335, 8761.
— *rapprochées*, *accompagnées* d'une étoile en chef et à sénestre, 3688.
TROIS BANDES DE VAIR, 9285.
— au *franc canton* chargé de..., 5719.
QUATRE BANDES, 868, 6841, 7192, 7193, 7833; — en pointe et une étoile en chef *accompagnant* une fasce, 5452.
— au *lambel*, 4155.
CINQ BANDES, 126, 1879, 3278, 6841, 8190, 8489, 9593, 9594.
— à la *bordure*, 7753, 7864; — engrêlée, 7749.
— sous un *chef* d'hermines, 1883; — d'hermines à la bordure, 1882.
— au *lambel* de cinq pendants, 9592.

BANDÉ.

UN BANDÉ *chargeant* une fasce, 3452.
UN BANDÉ DE SIX PIÈCES, 611, 1310, 2480, 2482, 2510, 2511, 2512, 2513, 2514, 2650, 3351, 3617, 3618, 3650, 3730, 4093, 4385, 4705, 4709, 5090, 5122, 5555, 5764, 5765, 8483, 9163, 9573.
— *accompagnant* en chef une fasce, 9572.
— à un *besant* ou un tourteau en abîme, 5766.
— à la *bordure*, 394, 1377, 2590, 4708, 5059, 5237, 5692, 6225; — au franc canton d'hermines, 6227; — besantée, 2999, 3000, 6300; — engrêlée, 5228, 5230, 5232, 5234, 5417, 9340, 9341; — engrêlée, la seconde pièce chargée d'une croisette, 3867; — engrêlée sous un

chef au lion issant, 301, 302 ; — engrêlée au franc canton chargé de trois lions passant l'un sur l'autre, 5229, 5231.

Un bandé de six pièces *chargeant* un chef surmontant une étoile, 377 ; — un écusson accompagnant en chef et à dextre une fasce d'hermines, 3318 ; — une fasce, 7300 ; — un pal, 2393.

— *chargé* d'un besant en chef et à dextre à la bordure engrêlée, 4704 ; — la seconde pièce chargée d'une étoile, 9486 ; — la seconde pièce chargée d'une fleur de lys en bande, 9041 ; — la seconde pièce chargée d'un lion, 9487.

— sous un *chef* chargé d'un lion issant, 3828 ; — d'un lion passant, 882, 883, 1373 ; — chargé d'une rose et soutenu d'un autre chef, 4952, 7631, 9578 ; — chargé d'une sextefeuille et d'une rose, soutenu d'un autre chef chargé de trois chandeliers, 281.

— *au franc canton*, 3769, 3892 ; — chargeant un écusson accompagné de neuf merlettes en orle, 6462 ; — chargé de..., 1035.

— *au lambel*, 2130, 2651, 2793, 5556, 5557 ; — de cinq pendants, 7519 ; — la troisième pièce chargée d'une étoile, 6614 ; — et à l'écusson en abîme portant deux chevrons, brochant, 5200.

Un bandé d'un *échiqueté* et de... de six pièces, 3689 ; — et de... de six pièces, la seconde pièce chargée d'un lion, 3682.

Un bandé d'*hermines* et de... de six pièces, sous un chef chargé de..., 9399.

Un bandé de *vair* et de... de six pièces, 5334 ; — et de... de

six pièces, sous un chef chargé d'un lambel, 7542 ; — et de..., de six pièces, au lambel, 1722, 5331.

Un bandé ondé de six pièces, 5448.
Un bandé de huit pièces, 7886.
— à la *bordure*, 306.
Un bandé de dix pièces *chargeant* une fasce, 7298.

BANNIÈRE.

Une sorte de bannière en pal au fût coupé par une flèche en fasce, 622.

BAR.

Un bar *renversé accompagné* d'une étoile en chef, 641.

Deux bars adossés *accompagnés* de... en chef, 4268 ; — d'un château en chef, sur champ d'hermines, 3992 ; — d'un croissant en chef, 6273 ; — d'une étoile en chef, 6255 ; — d'une étoile en chef et d'une orle d'hermines à la bande brochant, 8336 ; — d'un lion à dextre, brochant sur un semé de trèfles, 6697, 6698.

— à la *bordure* engrêlée chargeant un écusson sur le tout, 3461.

— *brochant* sur un semé de... chargeant un franc canton accompagné d'un lion, 3144 ; — sur un burelé, 4655, 4656 ; — sur un semé de croisettes, 5359 ; — sur un semé de croisettes et accompagnés en chef d'un écusson chargé de..., 555 ; — sur un semé de croisettes, au lambel, 556 ; — sur un semé de croisettes recroisetées au pied fiché, 624, 625, 628, 5363 ; — sur un semé de croisettes recroisetées au pied fiché, accompagnés d'une fleur de lys en chef, 5751 ; — sur un semé de croisettes recroisetées au

pied fiché, au lambel, 629 ; — sur un semé de croix recroisetées au pied fiché, 6231, 9265 ; — sur un semé de croix recroisetées au pied fiché, à la bordure engrêlée, 630 ; — sur champ d'hermines, 3991 ; — sur un semé de trèfles, 2244, 4571, 5690, 6699, 6701, 6703, 7632, 7633, 7634 ; — sur un semé de trèfles à la bande sur le tout, 6704 ; — sur un semé de trèfles, à la bordure, 6705 ; — sur un semé de trèfles chargeant un franc canton accompagnant un lion, 531 ; — sur un semé de trèfles, au lambel, 2609, 2610, 2611, 2612, 2613.

Deux bars adossés au double *trécheur* fleuronné, 6318, 6319, 6320.

BARIL.

Trois barils *accompagnant* une fasce, deux en chef et un en pointe, 1417.

BARILLET.

Trois barillets, 1425.

BARRE.

Une barre, 7271, 9147, 9415.
— *accompagnée* d'une étoile en chef, 8847 ; — de deux étoiles, l'une en chef et l'autre en pointe, 2890 ; — de six merlettes en orle, 9135, 9136 ; — de deux sextefeuilles, l'une en chef et l'autre en pointe, 5018.
— à la *bordure*, 9362.
— *brochant* sur trois bandes à la bordure, 4494 ; — sur le tout de trois bandes sous un chef chargé d'un léopard, 9559 ; — sur un chef denché chargé d'une fleur de lys accostée de deux besants ou deux tourteaux, 7461 ; — sur le tout

526   TABLE HÉRALDIQUE

d'un chevron accompagné d'un arbuste en pointe, 9146; — sur quatre cotices, au franc canton chargé de trois besants, 3774; — sur trois doloires, les deux en chef adossées, 7681; — sur une fasce accompagnée de six sautoirs, 595; — sur trois fasces, 8797, 8800; — sur un fascé de huit pièces, 563; — sur une fleur de lys et demie, 6410; — sur trois fleurs de lys, 2647; — sur un semé de fleurs de lys au lambel de trois pendants, chaque pendant chargé de trois châteaux, 4494; — sur le tout d'un semé de fleurs de lys au lion naissant, 6482; — sur un lion, 5086, 6566; — sur trois losanges en chef, 1394; — sur trois rangs de merlettes, 2566.

UNE BARRE *chargée* de trois... brochant sur deux lions passant l'un sur l'autre, 7457; — de trois coquilles, 3024; — de deux étoiles et côtoyée de deux filets en barre, 6180; — d'un semé de fleurs de lys, au bâton en barre brochant, 2580.

— au lambel, 3910.

UNE BARRE ENGRÊLÉE, 5997;

— *accompagnée* d'une étoile en chef et à dextre, 5143.

— *brochant* sur une aigle éployée, 4213.

UNE BARRE FUSELÉE *accompagnée* à dextre d'un écusson chargé d'une fasce, 3009.

DEUX BARRES *brochant* sur un burelé, 2376.

TROIS BARRES, 1736, 5425, 8192, 8193.

— *accompagnées* d'un chien passant à sénestre en chef, 346.

— *chargées* chacune à son milieu d'un besant ou d'un tourteau, 7591.

TROIS BARRES au *franc canton* chargé de..., 5236.
TROIS BARRES DE VAIR, 6173.
QUATRE BARRES à la *bordure*, 8624.
CINQ BARRES, 6286.

BARRÉ.
UN BARRÉ DE SIX PIÈCES, 1632.

BÂTON.
UN BÂTON EN BANDE *accompagné* en chef et à sénestre d'une étoile, 3973; — d'une fleur de lys en chef et d'une quintefeuille en pointe, 1494; — d'un oiseau en chef et à sénestre, au franc canton chargé de trois losanges, 2910.

— *brochant* sur une aigle, 1, 1768, 2262, 3344, 8902, 8903; — sur une aigle contournée, 3428; — sur une aigle éployée, 4310, 4311, 5336, 7326; — sur trois aigles, 3752; — sur le tout d'une ancolie sous un chef d'hermines, 5241; — sur trois besants ou trois tourteaux, 4047; — sur dix billettes, 4, 3, 2 et 1, 5034; — sur un billeté au lion, 8840; — sur une bordure engrêlée, 5963; — sur cinq burelles, 3854; — sur un burelé, 4166; — sur un burelé, à la fleur de lys sur le tout, 2860; — sur un burelé chargé d'un lion en chef et à dextre, 2537; — sur trois carreaux, 3770; — sur un château accompagné d'une fleur de lys en pointe, 2084; — sur cinq châteaux, 7227; — sur un chef chargé de trois merlettes, 3084; — sur un chevron accompagné de trois croisettes, 3474; — sur un contre-écartelé de plains, 9673; — sur un cœur, 358; — sur trois coquilles, 4994; — sur un créquier, 2971, 9218; — sur une croix, 885, 4715, 8479; — sur une croix à la bordure, 4075; — sur une croix cantonnée de quatre fleurs de lys, 8672; — sur une croix cantonnée en chef et à sénestre d'une gerbe, 799; — sur une croix chargeant un franc canton accompagnant un semé de feuilles de chêne, 7515; — sur une croix chargée de cinq coquilles et accompagnée d'une étoile en chef et à dextre, 5333; — sur une croix chargée de cinq coquilles et cantonnée au 1 d'un lion passant, au 2, 3 et 4 de douze alérions, 5126; — sur une croix ancrée, 899, 1313, 1333, 3147, 3777, 4813, 4814, 4815, 4816, 4817, 6025, 9219; — sur une croix cantonnée de besants, 3906; — sur une croix ancrée ou recercelée accompagnée d'un croissant en chef et à dextre, 3116; — sur une croix ancrée vidée, 5714; — sur une croix engrêlée, 8407; — sur une croix papelonnée, 1929; — sur une croix pattée, 3086; — sur un dauphin, 464; — sur trois doloires, 345, 7673; — sur un écartelé de : au 1 et 4, trois pals; au 2 et 3, un émanché de trois pièces mouvant de la pointe, 682; — sur un échiqueté, 2491, 2492; — sur un écusson en abîme, 8949; — sur un écusson en abîme chargé de... accompagné de six étoiles en orle, 4220; — sur trois écussons, 2229; — sur trois écussons sur champ d'hermines, 4565; — sur un émanché de trois pièces et deux demies mouvant du chef, 8485; — sur une fasce, 4011, 7727, 8114; — sur une fasce accompagnée de... en chef, à la bordure, 1322; — sur une fasce accompagnée de trois annelets en chef, 320; — sur une fasce accompagnée d'un besant ou d'un tourteau en chef, 7728; — sur une fasce accompagnée en chef et à sénestre d'une étoile, à la bordure engrêlée, 8927; — sur une fasce accompagnée de trois étoiles en chef, 6890; — sur une fasce accompagnée de sept merlettes, quatre en chef et trois en pointe, 4383; — sur une fasce accompagnée de six quintefeuilles, la fasce chargée d'une molette à dextre, 1189; — sur une fasce à la bordure engrêlée, 8926; — sur une fasce sur champ d'hermines, 203, 8852; — sur une fasce au lambel, 4551, 9616; — sur une fasce losangée de trois pièces, 2701; — sur deux fasces, 4471, 5887; — sur deux fasces surmontées de trois besants ou trois tourteaux, 2040; — sur trois fasces, 50, 51, 7177, 9434; — sur trois ou quatre fasces, 6355; — sur trois fasces au franc canton chargé d'une étoile, 124; — sur un fascé d'hermines et de... de quatre pièces, 8770; — sur un fascé de six pièces, 582, 9431, 9432, 9433; — sur un fascé de six pièces chargé de sept annelets, 820; — sur un fascé de six pièces chargé de trois fleurs de lys en chef, 668; — sur le tout d'un fascé de six pièces au franc canton chargé d'une quintefeuille, 7755; — sur un fascé d'un diapré et d'hermines de six pièces, 8771, 8772; — sur un fascé d'hermines et de... de six pièces, 699; — sur un fascé de vair et de... de six

pièces, 2843; — sur un fascé de..... et d'hermines de six pièces, 8772; — sur une fleur de lys et demie, 6737; — sur trois fleurs de lys, 1344, 1361, 1362, 2722, 2723, 3316, 4368, 4369, 4370, 6672, 6673, 7296, 7867, 9315; — sur trois fleurs de lys au lambel, 1344, 3249, 4250; — sur trois fleurs de lys au pied coupé, 4752, 9648; sur trois fleurs de lys au pied nourri, 3834; — sur un semé de fleurs de lys, 2113, 4464; — sur un semé de fleurs de lys à la bordure manquant en pointe, sous un chef chargé d'une croix potencée et cantonnée de quatre croisettes, 1346; — sur trois fruits, 3561; — sur un gironné de huit pièces à la bordure, 3065; — sur un gironné de quatorze pièces chargé d'un écusson en abîme, 1658; — sur une harpe, 293; — sur trois heaumes, 6477; — sur hermines sous un chef chargé de trois roses, 2786, 2787; — sur hermines à trois écussons, 4565; — sur une herse? à la bordure engrêlée, 3606; — sur deux jumelles accompagnées d'un lion passant en chef, 753; — sur un léopard lionné ou rampant, 3737; — sur deux léopards l'un sur l'autre, 6629; — sur un lion, 54, 150, 271, 1298, 1389, 1392, 1963, 3772, 3823, 3970, 5587, 6381, 8272, 8941; — sur un lion accompagné à sénestre d'un croissant et au-dessous d'une soxefeuille, 5487; — sur un lion accompagné de deux quintefeuilles, l'une en chef et l'autre en pointe, 167; — sur un lion à

la bordure, 3380; — sur un lion chargé d'un écusson à l'épaule, 3844; — sur un lion, sous un chef chargé de trois coquilles, 352; — sur un lion au lambel, 1007, 1964; — sur un lion passant, 2849, 3475; — sur trois lions, 5094, 9204, 9276; — sur trois lions sur champ d'hermines, 3327; — sur trois lions couronnés, 1139, 1228, 8575; — sur trois losanges en fasce, 2701; — sur dix losanges, 3, 3, 3 et 1, 8832; — sur un losangé, 2956, 2961, 2962; — sur trois macles', 4553; — sur trois maillets, 5521, 5874; — sur trois manches maltaillées, 4318; — sur trois morteaux, 5790; — sur trois pals, 682, 2030; — sur un palé de six pièces, 118, 1177; — sur un parti de trois lions couronnés et d'une quintefeuille, 1139, 1228; — sur trois pieds de biche, 780; — sur cinq points équipollés. 4023, 9038; — sur trois pots à trois pieds et à deux anses. 826; — sur une quintefeuille accompagnée de besants en orle, 5302; — sur trois raisins à la bordure, 9465; — sur six roses, 552, 5809; — sur une tour défendue par un avant-mur, 6161; — sur trois tourteaux, 1729, 5108; — sur trois tourteaux à la bordure engrêlée, 5491; — sur un vairé, 2806.

UN BÂTON EN BANDE et une étoile en chef *chargeant* une bande, 2075.

— *chargé* de trois coquilles, surmonté d'un mur crénelé ou d'une fasce bretessée, 6613: — d'une étoile en chef et accosté de deux mortiers, 6529;

528   TABLE HÉRALDIQUE

— de trois étoiles brochant sur un burelé, 3990; — de trois quintefeuilles brochant sur une croix pattée, 2693.
Un bâton en bande *côtoyé* de six fleurs de lys et chargeant une bande, 6662.
— au *lambel*, 1713.
Un bâton en bande alaisé *brochant* sur trois fleurs de lys au bâton en barre sur le tout, 1342; — sur trois fleurs de lys au lambel, 2750.
Un bâton en bande desanté brochant sur une croix ancrée de vair, 2363.
Un bâton en bande écoté *brochant* sur un écusson en abîme, 8738.
Un bâton en bande engrêlé *brochant* sur une aigle éployée accompagnée d'une croisette en chef, 4312.
Un bâton en bande fleuronné *brochant* sur quatre croissants accompagnés de trois grillets, 173; — sur trois poissons en pal, 5762.
Un bâton péri en bande *brochant* sur trois fleurs de lys, 2724, 6670, 6671.
Un bâton en barre, 6264, 6265, 6277.
— à la *bande* chargée de trois coquilles brochant, 6828.
— *brochant* sur trois bandes, 14; — sur trois bandes à la bordure besantée, au franc quartier d'hermines, 9010; — sur une barre semée de fleurs de lys, 2580; — sur une croix, 8480; — sur une croix chargée de cinq annelets, 6733; — sur un faucon, 6317; — sur le tout de trois fleurs de lys au bâton en bande alaisé, 1342; — sur trois fleurs de lys au lambel, 6521; — sur trois fleurs de lys au lambel sous un chef chargé d'une croix, 179; — sur le tout d'un semé de fleurs de lys à la bande chargée de trois lionceaux brochant, 9307; — sur un lion, 1630; — sur un lion sur champ d'hermines, à la bordure besantée, 2804; — sur six losanges, 6040; — sur le tout d'un parti chargé d'une fasce de l'un en l'autre, 7130.
Un bâton en pal, *accosté* de quatre fleurs de lys, 1051.

BÉLIER.
Un bélier, 5147, 5313.
— sous un *chef* chargé de..., 4078;
— chargé de trois étoiles, 5151.
Deux béliers l'un sur l'autre, 3274, 3309, 3310, 8839.
— à la *bordure* besantée, 6312; — à la bordure engrêlée, 5315.
— au *lambel*, 5314.
Trois béliers accompagnés d'une merlette en chef, 9478.
Cinq béliers *chargeant* un sautoir, 4560.
Trois têtes de bélier *accompagnées* d'un croissant en chef et à dextre, 8163.

BERCEAU.
Trois berceaux à la *bordure*, 1286.

BESANT.
Un besant en abîme *accompagnant* trois étoiles, 4269; — et neuf merlettes, 3, 2, 2 et 2, accompagnant quatre fasces, 2396; — accompagnant trois fleurs de lys, 1372; — trois griffons rampant, 5640; — en chef un sautoir chargé de cinq besants, 3194.
— à la *bordure*, 3202, 3204.
— *chargeant* en chef et à dextre un bandé de six pièces à la bordure engrêlée, 4704; — chacun des trois croissants accompagnés d'une merlette en abîme, 5322; — en cœur une croix cantonnée de quatre lions, 4923; — la seconde de quatre fasces accompagnées de neuf merlettes, 3, 2, 2 et 2, 2394, 2395; — en cœur un sautoir brochant sur un semé de fleurs de lys, 2438; — en cœur un sautoir engrêlé, 6004.
Un besant sous un *chef* chargé de deux besants, 1826, 1827, 1831, 1833, 1834, 1836; — de deux besants, au chevron brochant, 1847, 1850; — de deux besants au lambel, 1838.
— à l'*orle*, 3303.
Deux besants *accompagnant* en chef deux chevrons accompagnés de... en pointe, 6984.
— *chargeant* un chef surmontant un besant, 1826, 1827, 1831, 1833, 1834, 1836; — un chef surmontant un besant, au chevron brochant, 1847, 1850; — une fasce accompagnée d'une étoile en chef et d'une coquille en pointe, 6142; — chaque pendant d'un lambel accompagnant cinq châteaux, 2, 2 et 1, 4662; — chaque pendant d'un lambel accompagnant trois doloires, les deux en chef adossées, 7676; — chacun des quatre pendants d'un lambel accompagnant une fasce, 3826.
— au *franc canton* portant un chevron chargé de trois besants, 1846.
— au *lambel* chargeant un chef accompagnant un besant, 1838.
Deux besants en pal au *lambel*, 9356, 9357, 9358.
Trois besants, 1427, 1828, 1835, 1837, 1840, 1842, 7075.
— *accompagnant* un chevron, 1849, 8205; — un chevron à l'étoile en abîme, 6719; — un chevron au lambel, 6718; — deux en chef et un en pointe accompagnant une fasce, 1839;

— en chef et cinq hermines en pointe accompagnant une fasce, 1829, 1841, 1843; — une fasce au chevron brochant, 1124; — en chef deux fasces au lambel, 4400; — en chef, deux fasces d'hermine, 303; — deux fasces d'hermine à la bordure, 304; — trois fasces, à l'écusson en cœur brochant, 3003.

TROIS BESANTS *accompagnés* d'une fleur de lys en abîme, 15; — d'un lion en abîme, 1832.

— *chargeant* une bande, 3320, 3323, 3663, 5623; — une bande accompagnée d'une merlette en chef et à sénestre, 3324; — une bande brochant sur une croix ancrée, 5633; — une bande au lambel, 3322; — un chevron accompagné d'un buste en pointe, 8449; — un chevron accompagné de trois lions, 2907, 2908; — un chevron sur un franc canton accompagnant deux besants, 1846; — un coupé, 1825, 1848; — un coupé à la bordure, 1830; — une fasce, 3812; — une fasce accompagnée de trois étoiles en chef, 5866; — une fasce au lambel, 3811; — la première pièce d'un fascé de six pièces, 3001; — un franc canton accompagnant quatre cotices à la barre brochant, 3774; — chaque pendant d'un lambel, 3626; — chaque pendant d'un lambel à quatre pendants, 3185; — chaque pendant d'un lambel accompagnant une bande frettée, 547, 550, 3902; — chaque pendant d'un lambel accompagnant une bande fuselée, 3626; — chaque pendant d'un lambel accompagnant trois chevrons, 9156, 9656;

— chaque pendant d'un lambel accompagnant une croix chargée de cinq étoiles, 4537; — chaque pendant d'un lambel accompagnant un écartelé de plains, 4689; — chaque pendant d'un lambel accompagnant un gironné de douze pièces, 8615; — chaque pendant d'un lambel accompagnant trois lions, 8169; — chaque pendant d'un lambel de quatre pendants accompagnant sept losanges, 3, 3 et 1, 5868; — chaque pendant d'un lambel accompagnant trois maillets, 5538; — chaque pendant d'un lambel accompagnant un papelonné à la bande engrêlée ou losangée brochant, 5544; — chaque pendant d'un lambel à cinq pendants chargeant un chef, 3751.

TROIS BESANTS, le premier *chargé* de deux bandes, les deux autres d'hermines, 1845.

— sous un *chef* chargé de deux bœufs passant l'un sur l'autre, 4984.

— *contenus* chacun dans un annelet, 8721.

— l'un sur l'autre, au *lambel*, 5133.

TROIS BESANTS D'HERMINE, 1835, 2374, 2375.

QUATRE BESANTS *accompagnés* chacun de quatre croisettes cantonnant une croix, 2744.

— *cantonnant* deux épées en sautoir la pointe en haut, 4985.

— 3 et 1, au *lambel* de cinq pendants, 4848.

CINQ BESANTS, 2, 2 et 1, 5700, 5701; — 2, 2 et 1 à dextre, et une étoile à sénestre *cantonnant* une croix engrêlée, 6993.

CINQ OU SIX BESANTS, 2284.

CINQ BESANTS en sautoir, 4467, 4488, 5582, 7724.

— *chargeant* un chevron, 4308, 4309; — une croix, 4457; —

et un croissant chargeant une croix engrêlée cantonnée de quatre coquilles, 5026, 5027, 5028, 5029, 5030; — une croix recroisetée, 2456; — un sautoir, 1577; — un sautoir accompagné d'un besant? en chef, 3194; — un sautoir cantonné en chef d'une étoile, 4045; — un sautoir cantonné de quatre merlettes, au lambel, 4581; — un sautoir cantonné de quatre merlettes contournées, 5301.

CINQ BESANTS, 2, 2 et 1, sous un *chef*, 8292.

— 2, 2 et 1, sous un *vairé*, 5698, 5700, 5701, 5702.

SIX BESANTS, 3, 2 et 1, 1563, 1564, 1565, 1566, 5207, 5583.

— trois en chef et trois en pointe, *accompagnant* une fasce, 1844.

— à la *bande* brochant sous un chef chargé à dextre d'une couronne, 7249.

— *cantonnant* un sautoir, sous un chef, un en chef, un en pointe, et deux à chaque flanc, 7250, 7251.

SIX BESANTS *chargeant* une bordure accompagnant trois fleurs de lys, 83.

— *chargeant* deux fasces en chef accompagnées d'un lion en pointe, 4082; — trois fasces, 2382.

— sous un *chef*, 5201, 5202, 9189; — chargé à dextre d'une couronne, 7245, 7246; — chargé d'un lion issant, 7244; — 3 et 3, sous un chef, 8803; — au lion issant chargeant un écusson accompagnant cinq fleurs de lys, 3200.

SIX BESANTS EN ORLE *accompagnant* une bande, 3863; — une bande chargée d'une étoile en chef, 2150; — un écusson en abîme, 3092.

SEPT BESANTS, 3, 3 et 1, sous un *chef*, 5977, 5982, 8566, 8800, 8805; — 3, 3 et 1, sous un chef chargé d'une couronne à dextre, 5978, 5983; — 3, 3 et 1, sous un chef chargé d'un écusson, 5970; — 3, 3 et 1, sous un chef chargé d'un écusson à dextre, 5969; — 4, 2 et 1, sous un chef chargé d'une fleur de lys, 2434; — 3, 3 et 1, sous un chef chargé d'un lion issant, 5973, 5984, 7309; — 3, 3 et 1, sous un chef chargé à dextre d'un lion issant, 9390; — 3, 3 et 1, sous un chef au lion issant accompagné d'une molette au canton dextre, 5972; — 3, 3 et 1, sous un chef chargé d'un lion passant à dextre, 5980, 5981; — 3, 3 et 1, sous un chef chargé de trois merlettes, 5975, 5987; — 3, 3 et 1, sous un chef chargé de trois pals, 2305; — 3, 3 et 1, sous un chef, à la croix archiépiscopale brochant, 8565; — 3, 3 et 1, sous un chef, à la crosse en pal brochant, 8564; — 3, 3 et 1, au lambel, 7307.

HUIT BESANTS, 4, 3 et 1, sous un *chef*, 1670, 6388.

HUIT BESANTS EN ORLE *accompagnant* un écusson en abîme chargé de trois mains, 2204; — un lion, 3578.

NEUF BESANTS, 3, 3 et 3, 4388, 4487, 4489, 7076, 7077; — 3, 3, 2 et 1, 7266, 9618.

— 3, 3 et 3, sous un *chef*, 5977, 5982, 8797, 8798, 8799, 8804; — 3, 3 et 3, sous un chef chargé d'une couronne à dextre, 5978; — 3, 3 et 3 sous un chef, à la croix archiépiscopale brochant, 8565; — 3, 3 et 3 sous un chef, à la crosse en pal brochant, 8564;

NEUF BESANTS EN ORLE *accompagnant* un écusson en abîme chargé de trois quintefeuilles et d'une étoile en cœur, 4007; — trois oiseaux passant l'un sur l'autre, 8322.

DIX BESANTS, 4, 3, 2 et 1, 4387, 5584, 6194, 7066, 7067, 8502.

— 4, 3, 2 et 1, au *lambel* de cinq pendants, 4389.

DIX BESANTS EN ORLE, *accompagnant* un écusson écartelé d'une croix et de trois oiseaux, 4720.

ONZE BESANTS EN ORLE *accompagnant* un lion, 4153, 4160, 4161.

DOUZE BESANTS EN ORLE *accompagnant* un écusson en abîme chargé de deux lions passant l'un sur l'autre, 4982.

TREIZE BESANTS EN ORLE *accompagnant* deux lions passant l'un sur l'autre, 1980.

BESANTS *cantonnant* une croix ancrée au bâton en bande brochant, 8906.

— *chargeant* un bâton en bande brochant sur une croix ancrée de vair, 2363.

BESANTS EN ORLE *accompagnant* dix billettes, 4, 3, 2 et 1, 973; — un lévrier rampant accolé, 1958; — un lion, 1872, 3550, 4152; — un lion au lambel, 1860; — un noyer, 6769; — une quintefeuille au bâton en bande brochant, 5302; — un demi-sautoir engrêlé, 2439.

UN SEMÉ DE BESANTS, 8825, 8826, 8827, 8828.

— sous un *chef* au lion passant, 8216.

— à trois *croissants* brochant, 4367.

— à la *fasce* brochant, 6021; — à trois fasces besantées, 4700; — à trois fasces de vair brochant, 6639.

— au *lion*, 748, 857, 994.

UN SEMÉ DE BESANTS à trois *quintefeuilles* brochant, 7005.

— au *sautoir* engrêlé brochant. 3083.

BESANT OU TOURTEAU.

UN BESANT OU UN TOURTEAU, 406, 6492.

— *accompagnant* en chef et à dextre trois têtes de chèvre, 3309; — en chef et à dextre trois chevrons, 6120; — en abîme trois croissants dans un double trécheur fleuronné, 8730; — en chef une fasce au bâton en bande brochant, 7728; — en abîme trois lions, 9284; — en pointe et deux étoiles en chef accompagnant une fasce, 8018.

— *chargeant* en abîme un bandé de six pièces, 5766; — à dextre un chef surmontant trois pals, 3358; — à sénestre un chef surmontant trois pals, — le sommet d'un chevron accompagné de trois oiseaux, 9649; — une fasce accompagnée de trois roses, deux en chef et une en pointe, 3492; — un franc canton accompagnant quatre losanges, 9620; — à sénestre un chef surmontant trois pals, 3359; — à sénestre un écusson en abîme, au lambel sur le tout, 4181.

UN BESANT OU UN TOURTEAU EN ABÎME *traversé* par une brochette ou fasce dépassant le champ de l'écu, 1982.

DEUX BESANTS OU DEUX TOURTEAUX, l'un sur l'autre, 5093.

— *accompagnant* une bande au franc canton chargé de trois chevrons, 1158; — en chef un chevron, 9380; — en chef deux chevrons, 7933; — en chef deux chevrons accompagnés d'une étoile en abîme.

6906; — en chef et une quintefeuille en pointe accompagnant un chevron, 8064; — accompagnant en chef une fasce au lambel, 135; — accompagnant en chef deux fasces, 7152.
Deux besants ou deux tourteaux accostant une fleur de lys chargeant un chef denché à la barre brochant, 7461.
— chargeant un chef surmontant un chevron renversé, 6686.
Trois besants ou trois tourteaux, 968, 969, 1138, 1326, 1617, 1800, 3288, 4113, 5146, 5542, 5826, 6101, 6156, 6960, 7179, 7256, 8511, 8533, 8534, 9214, 9606, 9608; — l'un sur l'autre, 8605.
— accompagnant une bande, 7834, 7835; — un château, 8097; — un chevron, 1956, 6461, 6546, 6702, 7140; — deux chevrons, 7625; — trois chevrons, 7048; — une fasce en chef, 3477, 7138, 7139; — une fasce, deux en chef et un en pointe, 2796, 2797, 4276, 5820, 6379, 7478; — une fasce accompagnée d'une étoile en chef, deux en chef et un en pointe, 5819; — une fasce en chef et une gerbe en pointe, 3223; — une fasce, à la bordure engrêlée, deux en chef et un en pointe, 8354; — une fasce chargée d'un léopard, deux en chef et un en pointe, 6117; — une fasce chargée d'un lion passant, deux en chef et un en pointe, 6118; — en chef deux fasces, 8904.
— accompagnés d'un croissant en abîme, 8525.
— au bâton en bande brochant, 4067.
— à la bordure, 1034.

Trois besants ou trois tourteaux cantonnant le 1 et 4 d'une croix chargée de quatre coquilles et de quatre lions passant, 5768; — en chef et aux flancs un sautoir cantonné d'une coquille en pointe, 9435.
— chargeant une bande, 4710; — trois barres, un sur chacune, 7591; — un burelé, 2385; — un chef, 4125, 6999; — un chevron accompagné de trois têtes de cheval, 5629; — un écusson en abîme au lambel de cinq pendants sur le tout, 7049; — une fasce accompagnée de trois aiglettes, deux en chef et une en pointe, 3683; — une fasce accompagnée d'une étoile en chef et à dextre, 8671; — une fasce accompagnée de deux lions affrontés en chef et d'ondes en pointe, 229; — une fasce accompagnée d'une quintefeuille et d'une étoile en chef et d'une étoile en pointe, 5562; — un franc canton accompagnant un échiqueté, 6824, 6982; — un parti à la bordure, 7077.
— chargés chacun d'un chat couché, 1109.
— sous un chef, 2286, 8830; — chargé d'un lion passant, 4267; — au lambel, 3050, 6184.
— au lambel, 4149, 4364, 5541, 6095, 6741.
— surmontant deux fasces au bâton en bande brochant, 2040.
Quatre besants ou quatre tourteaux, 2 et 2, 7942.
— accompagnant trois fasces, trois en chef et un en pointe, 9638.
— cantonnant un sautoir, 4945.
Cinq besants ou cinq tourteaux posés en sautoir, 5308.
— chargeant un chevron brochant sur un écusson en abîme, 1960; — une croix, 1320,

2142; — un sautoir accompagné d'une étoile en chef, 9527; — un sautoir accompagné d'un lion en chef, 9405; — un sautoir cantonné de quatre étoiles, 9523.
Cinq besants ou cinq tourteaux sous un chef, parti d'un lion, à la bordure, 1322.
Six besants ou six tourteaux, 7656.
— sous un chef au lion passant, 3098.
Six besants ou six tourteaux en orle accompagnant une bande, 1181, 1429.
— brochant sur une bande engrêlée, 7706.
— chargeant un écusson sur le tout, 8108.
Sept besants ou sept tourteaux, 3, 3 et 1.
— sous un chef, 8682; — sous un chef chargé d'un vivré, 3647.
Neuf besants ou neuf tourteaux accompagnant une bande, quatre en chef, cinq en pointe, 1067.
Dix besants ou dix tourteaux, 4, 3, 2 et 1, 773, 5543, 7643.

BILLETÉ.

Un billeté, 3993.
— à la bande brochant, 2933; — et au lambel, 5299; — à la bande chargée de..., brochant, 3580, 3581; — à la bande engrêlée brochant, sous un chef, 6743; — à la bande engrêlée, au franc canton chargé de trois merlettes, 4943.
— à la bisse posée en bande, 1050.
— au chevron, 8929.
— au croissant brochant, 6135, 7308; — surmonté d'un annelet, 6534, 6535.
— à l'épée en bande, la pointe en bas brochant, 3355.
— à la fasce brochant, 3467, 8589; — échiquetée de deux tires,

5022; — à deux fasces brochant, 4768.
Un billeté au lambel, accompagné d'une étoile en chef et à dextre, 2085.
— au léopard brochant, 3585; — au lambel de cinq pendants, 3588.
— au lion brochant, 170, 329, 350, 749, 1329, 1377, 2734, 2735, 3739, 3817, 3818, 4533, 4534, 5150, 5246, 6132, 7434, 8221, 8222, 8477, 8860, 8907, 9347, 9349; — au bâton en bande brochant, 8840; — à la bordure, 2732, 2733; — à la bordure chargée de coquilles, 6125; — à la bordure componée, 2728; — au lambel, 1106, 1141, 1254, 1259, 2729, 7212, 7433; — au lambel de cinq pendants, 8223; — contourné brochant, 6618; — à queue fourchée et passée en sautoir brochant, 4532; — couronné brochant, 1377, 4657, 7211; — couronné brochant, à la bordure, 2347, 2348; — couronné, au lambel, 171.
— à deux poissons adossés, 1223, 1224, 8036; — adossés brochant et accompagnés d'une étoile en chef, 8033; — adossés au lambel, 1222.

BILLETTE.

Une billette accompagnant en chef et à dextre un lion passant, 8604.
— chargeant en cœur une croix engrêlée, 5162.
Deux billettes cantonnant une croix en chef, 138.
Trois billettes accompagnant en chef trois losanges en bande, 457, 458.
Trois billettes couchées, 5648.

Quatre billettes cantonnant une croix, 3708; — une croix recercelée accompagnée de deux fleurs de lys en chef, 1022; — un sautoir, 361.
Cinq billettes posées en croix chargeant un franc canton accompagnant un fascé ondé, 8424.
Six billettes, 3, 2 et 1, 909, 3838, 5988.
— accompagnant une bande, 3 et 3, 8467, 8468, 8469; — un croissant, trois en chef et trois en pointe, 4951; — une fasce, trois en chef et trois en pointe, 7162; — trois en chef et trois en pointe, accompagnant une fasce chargeant un écusson en abîme accompagnant trois lions couronnés, 4403.
— sous un chef chargé de trois annelets, 3582, 3583.
Six billettes en orle accompagnant une bande, 4504, 4505; — une bande chargée de..., en chef, 9002; — une bande chargée d'un chevron entre deux quintefeuilles, 8998; — une bande chargée d'un écusson en chef, 8999; — une bande chargée d'une étoile en chef, 4506; — une bande chargée de trois quintefeuilles, 4503; — un écusson en abîme, 3938; — une fasce, 5989, 7730.
Sept billettes accompagnant une bande, quatre en chef et trois en pointe, 2316, 2317, 5756; — trois en chef et quatre en pointe accompagnant une fasce chargée d'une quintefeuille, 4239; — trois à sénestre et quatre à dextre accompagnant une bande chargée de trois hanaps, 130; — quatre à sénestre, trois à dextre accompagnant une bande chargée de trois hanaps, 129.

Neuf billettes, 4, 3 et 2, sous un chef chargé d'un lion passant, 7845.
Dix billettes, 4, 3, 2 et 1, 453, 910, 5743, 6857, 8260.
— cinq en chef et cinq en pointe, accompagnant une fasce échiquetée de deux tires, 5022.
— 4, 3, 2 et 1, accompagnées de besants en orle, 973.
— au bâton en bande brochant, 5034.
— au lambel de cinq pendants, 2144.
Dix billettes vidées, 4, 3, 2 et 1, à la bande brochant, 8252, 8253.
Douze billettes, 6 et 6, accompagnant une bande, 8471; — un chevron, 2414.
— cantonnant une croix fleuronnée, 4300, 4301, 9515, 9516, 9517; — un sautoir, 3195.
Dix-huit billettes cantonnant une croix, cinq en sautoir à chaque canton du chef et quatre à chaque canton en pointe, 2500, 2501, 2502, 2503; — les mêmes à la bordure componée, 9039.
Vingt billettes, de cinq en cinq posées en sautoir, cantonnant une croix à la bande brochant, 2504, 2505.
Billettes en orle accompagnant une bande chargée de trois coquilles, 1926.

BISSE.

Une bisse en bande sur un billeté, 1030.

BOEUF.

Un boeuf passant, 9187.
— à la bordure, 9186, 9188.
Un boeuf passant accompagné en chef d'une étoile, 3974.
— à la bordure, 7355.
— sur un mont, 791; — au lambel de deux pendants, 792, 793.

DES SCEAUX DE CLAIRAMBAULT.   533

Un bœuf passant contourné accompagnant en chef une bande accompagnée en pointe d'un croissant surmonté d'une étoile, au lambel, 9291.
Un bœuf passant couronné, 4363.
Deux bœufs passant l'un sur l'autre, 6156, 8128.
— accompagnés d'une étoile en chef, 5829, 5830; — d'une étoile à chaque canton du chef, 981.
— chargeant un chef surmontant trois besants, 4984.
Un rencontre de bœuf à la bande chargée de..., brochant, 6910.
— chargeant un écusson chargeant en chef une bande, 5992.
Trois rencontres de bœuf, 7354.
— accompagnant un chevron chargé d'une fleur de lys au sommet, 6782, 6783; — un chevron chargé d'une quintefeuille au sommet et surmonté d'un croissant, 6784.
— accompagnés d'une étoile en abîme et d'un annelet en chef et à dextre, 8991.
— chargeant un coupé, 7354.

BORDE.
Voir Maison.

BORDURE.
Une bordure, 831, 1661, 9133.
— accompagnant... chargeant un écusson sur le tout, 8796; — une aigle, 1374, 1582, 7837, 7935, 9663; — une aigle accompagnée de deux trèfles en chef, 8116; — une aigle éployée, 2856, 3313, 3314; — une aigle éployée accompagnée d'une quintefeuille en chef, 5074; — une bande, 2637, 3264, 3267, 3270, 3272, 3273; — une bande accompagnée de trois étoiles, 16; — une bande chargée de trois alérions, chargeant un écusson sur le tout, 9265; — une bande chargée de trois marteaux, 4598; — une bande engrêlée, 7872; — une bande engrêlée au lambel, 8899; — une bande frettée, 486; — une bande fuselée, 1540, 1541, 7871; — trois bandes, 3153, 4466, 4475, 5691, 6725, 6726, 8796, 8797, 8800; — trois bandes, la bande du milieu chargée de l'initiale B, 4463; — trois bandes à la barre brochant, 4494; — cinq bandes, 7753, 7864; — cinq bandes sous un chef d'hermines, 1882; — un bandé de six pièces, 394, 1377, 2509, 4708, 5059, 5237, 5692, 6225; — un bandé de six pièces au franc canton d'hermines, 6227; — un bandé de huit pièces, 306; — une barre, 9362; — quatre barres, 8624; — trois berceaux, 1286; — un besant, 3202, 3204; — trois besants ou trois tourteaux, 1034; — cinq besants ou cinq tourteaux sous un chef, parti d'un lion, 1322; — un billeté au lion, 2732, 2733; — un billeté au lion couronné brochant, 2347, 2348; — un bœuf passant, 7355; — un bœuf passant, 9186, 9188; — sept carreaux, 3, 3, et 1, 9111; — les chaînes de Navarre, 6679; — trois chausse-trapes, 5590; — un chef, 2912; — un chef chargé à dextre d'un écusson écartelé : au 1, d'une molette, au 2, 3 et 4, d'une aiglette, 441; — un chef chargé de deux roses, 8944; — un chef au lion brochant, 9314; — un chevron, 5835, 9660, 9663, 9664; — un chevron accompagné de trois gerbes, 1175; — un chevron accompagné de trois lions, 3015, 3822; — un chevron accompagné de trois têtes de léopard, 8204; — un chevron de vair accompagné de trois lions, 9079; — deux chevrons, 1179; — trois chevrons, 7230, 8482, 8488, 9660; — trois chevrons au lambel, 8484; — un chien, 6221; — trois chouettes, 9260; — des cisailles, 9040; — deux clefs en sautoir accompagnées d'une couronne en chef, 2595, 2596; — un contre-écartelé de plains, 4117; — trois coquilles, 7707; — un coupé à trois besants, 1830; — un créquier, 1206, 6076; — cinq croisettes en sautoir, 5687; — un croissant, 5902; — un croissant accompagné de quatre croix recroisetées au pied fiché, 1701; — trois croissants accompagnés d'une quintefeuille en abîme, 8731; — une croix, 761; — une croix accompagnée d'une étoile en chef et à dextre, 5269; — une croix au bâton en bande brochant, 4075; — une croix cantonnée de quatre griffons, 8258; — une croix chargée de cinq coquilles, 4442, — une croix chargée de cinq coquilles et cantonnée de seize alérions, 5134; — une croix ajourée en cœur, 8250; — une croix ancrée, 1701; — une croix ancrée accompagnée d'un oiseau en chef et à dextre, 3528; — une croix fleuronnée, 2891; — une croix recercelée, 7603; — une croix vidée, cléchée et pommettée, 1659, 4804, 4805; — une croix vidée, cléchée et pommettée chargée d'un écusson en cœur, 4809; — trois

cygnes, 1061; — trois cygnes marchant, 2914; — trois doloires, 516; — trois doloires, les deux en chef adossées et accompagnées de..., 7674; — un écartelé des chaînes de Navarre et d'un semé de fleurs de lys à la bande componée brochant, 800; — un écartelé : au 1 et 4, d'une croix ancrée; au 2 et 3, de quatre croix recroisetées au pied fiché au croissant en abîme, 1701; — un écartelé d'une croix ancrée et d'un croissant en abîme accompagnée de six croix recroisetées au pied fiché, 1702, 1703; — un écartelé : au 1, de trois fasces, parti de...; au 2, d'un échiqueté; au 3, d'une fasce accompagnée de... en chef, au bâton en bande brochant; au 4, de cinq besants ou cinq tourteaux sous un chef parti d'un lion; et sur le tout un écusson portant trois fasces à la bordure, 1322; — un écartelé : au 1, une molette; au 2, 3 et 4, une aiglette, 441; — un écartelé de plains, 1409, 2070, 4117; — un échiqueté, 1322, 2704, 3180, 3236, 3237, 3242, 3365, 3366, 4743, 5114, 5958, 8733, 9018, 9019, 9665; — un échiqueté au franc canton d'hermines, 1521, 6640; — un écusson en abîme, 1090; — un écusson en abîme chargé d'une étoile au lambel, 7573; — un écusson sur le tout chargé de..., 8796; — deux épées en sautoir, la pointe en bas, 8908; — trois étoiles, 1763; — trois étoiles à la bande, 16; — six étoiles, 4072; — une fasce, 4005, 8283; — une fasce accompagnée de... en chef, au bâton en bande brochant, 1322; —

une fasce accompagnée de trois annelets, deux en chef et un en pointe, 2652; — une fasce accompagnée de trois tiercefeuilles, 2463; — une fasce au lambel, 3483; — une fasce diaprée, 7364; — une fasce échiquetée de deux tires, 8734; — une fasce d'hermine, 5567; — deux fasces, 5891, 5892, 5893, 5894, 5895, 5896; — deux fasces accompagnées de neuf merlettes en orle, 4339, 7030, 7039, 7041, 7042, 7043, 7044, 7045; — deux fasces accompagnées de neuf merlettes en orle et séparées par deux étoiles, 7033; — deux fasces chargeant un écusson chargeant en cœur un gironné de douze pièces au lambel, 6055; — deux fasces sur champ d'hermines, 7487; — deux fasces d'hermine, 6372; — deux fasces d'hermine accompagnées de trois besants en chef, 304; — trois fasces, 3121, 9462; — trois fasces chargeant un écusson sur le tout, 1322; — trois fasces chargeant un écusson chargeant à dextre un chef surmontant un échiqueté, 6793; — trois fasces au lambel, 1327; — trois fasces, parti de..., 1322; — quatre fasces, 515, 5880; — six fasces, 7218; — un fascé de six pièces, 43, 44, 709, 736, 2055, 2303, 3122, 3660, 4786, 5583, 7058, 7155, 7156, 7157, 7330, 7331, 7332, 8342, 8344; — un fascé de six pièces chargé de... en chef, 8343; — un fascé de six pièces, la première pièce chargée à dextre d'un oiseau, 3503; — un fascé de six pièces sous un chef chargé

de..., 6113; — un fascé d'hermines et de..., de six pièces, 7154; — un fascé de huit pièces, 3393, 4926, 5430; — un fascé enté de six pièces, 7801, 7805 7808, 7818; — trois fers de lance? 1558; — une fleur de lys accompagnée d'une étoile en chef et à dextre, 7503; — trois fleurs de lys, 80, 185, 1558, 4399, 6756, 9403; — un semé de fleurs de lys, 189, 190, 3783, 5359, 5363, 6739, 6756, 6785, 6786, 9209, 9265; — un semé de fleurs de lys à la bande chargée de trois aiglettes brochant, 1796; — un semé de fleurs de lys à la bordure componée, 6679; — un semé de fleurs de lys au lion naissant, 2468; — un franc canton accompagnant trois oiseaux, 5172; — un franc canton d'hermines accompagnant trois chevrons, 9257; — un fretté de vair, 8744; — une gerbe, 1475, 1478, 1479, 1483, 1484; — un gironné de huit pièces, 3061, 3062, 3063, 3064, 3069; — un gironné de huit pièces au bâton en bande brochant, 3065; — un champ d'hermines, 1521, 1516; — trois huchets, 2524; — trois hures, 2926; — trois jumelles, 5117; — un lambel, 1483; — un léopard à deux corps, l'un rampant, l'autre passant, 8269; — deux léopards l'un sur l'autre, 4886; — trois lévriers courant l'un sur l'autre, 4446; — un lion, 892, 1615, 1910, 2685, 2702, 3071, 3386, 3709, 4805, 4963, 6756, 7317; — un lion au bâton en bande brochant, 3380; — un lion chargeant un écusson posé à sénestre sur un chef surmontant trois pals de vair, 9702; — un lion au lambel, 7828; — un lion au lambel de cinq pendants, 3698; — un lion passant, 5197; — un lion couronné, 6386; — un lion couronné sur champ d'hermines, 1163; — un lion couronné à queue fourchée, 8954; — deux lions adossés croisés en sautoir, 1130; — trois lions, 7502; — dix losanges, 3, 3, 3 et 1, 1803, 1804; — un losangé, 5109, 6794; — trois loups courant l'un sur l'autre, 5194; — trois macles, 6221; — trois marmites, 8354; — trois merlettes en bande, 6777; — trois merlettes sous un chef chargé de..., 1000; — trois molettes, 5097, 8594; — trois oiseaux, 9260, 9564; — un pal chargé de trois couronnes, 607; — un pal chargé de trois tours et accosté de quatre pattes de lion, 1471; — deux pals de vair sous un chef au lambel de cinq pendants, 5481; — trois pals, 5570; — trois pals de vair, 5045; — un palé de six pièces, 1601, 7877; — un parti chargé de trois besants ou trois tourteaux, 7970; — un parti de cinq besants sous un chef et d'un lion, 1322; — un parti de trois fasces et de..., 1322; — un parti de plains, 6391, 6392, 6393; — trois perdrix marchant, 7085; — trois poissons en fasce l'un sur l'autre, 8034; — trois quintefeuilles, 1568, 9365; trois quintefeuilles au lambel, 9366; — trois raisins au bâton en bande brochant, 9465; — trois rocs d'échiquier, 433, 434, 437,

4298; — six roses, 553, 554; — un sautoir, 3899, 5957; — un sautoir accompagné de trois fleurs de lys au pied coupé, deux en chef et une en pointe, 5636; — un sautoir cantonné de..., 1917; — un sautoir échiqueté cantonné de quatre gonds, 4122; — un sautoir engrêlé cantonné de quatre châteaux chargeant un écusson en abîme, 7350; — un sautoir engrêlé cantonné de quatre têtes de cheval, 5682; — un sautoir engrêlé cantonné de quatre têtes d'homme de profil, 2390, 8753; — trois tiercefeuilles, 7468, 7469; — dix tiercefeuilles, 4, 3, 2 et 1, 8067; — trois tours, 7283, 7285, 7286; — un semé de trèfles à deux bars adossés, 6705; — un treillissé, 8068, 8069.

Une bordure manquant en pointe, *accompagnant* un semé de fleurs de lys au bâton en bande brochant sous un chef chargé d'une croix potencée et cantonnée de quatre croisettes, 1346.

— *chargée de*..., accompagnant une aigle, 6201; — un dragon ailé couronné, 3235; — de trois aiglettes, accompagnant une croix vidée, cléchée et pommetée, 4803; — d'annelets, accompagnant deux fasces accompagnées de neuf merlettes en orle, 7038; — de seize annelets, accompagnant un lion, 2029; — de châteaux, accompagnant un gironné de huit pièces, 3059; — de six coquilles, accompagnant un lion, 1348; — de onze coquilles, accompagnant un lion, 6553; — de coquilles, accompagnant un lion brochant sur un billeté, 6125; — de dix croisettes, accompagnant une croix vidée, cléchée et pommetée, 6175; — de six écussons, accompagnant un lion, 5711; — d'écussons, accompagnant un lion, 3376, 3377, 3379, 5710; — de six étoiles, accompagnant une fasce, 8282; — de huit fermaux, accompagnant une fasce échiquetée de trois tires, 8735; — de huit fermaux, accompagnant trois fleurs de lys, 8735; — de feuilles, accompagnant un fascé de six pièces, 2056; — de fleurettes, accompagnant un arbre, 3008; — de lionceaux, accompagnant un semé de fleurs de lys, au lambel, 4378; — de huit quintefeuilles, accompagnant un chevron accompagné de trois lions, 3821; — de huit quintefeuilles, accompagnant un chevron de vair accompagné de trois lions, 3820; — de neuf quintefeuilles, accompagnant un bandé chargé d'une quintefeuille, 4336; — de quatorze quintefeuilles, accompagnant un chevron accompagné de trois lions, 3821; — de huit sextefeuilles, accompagnant un lion, 58.

Une bordure besantée *accompagnant* une aigle, 1082, 2543, 2544, 2545, 6706; — une aigle éployée accompagnée d'un pont en chef, 8971; — deux annelets l'un sur l'autre, 6498; — trois bandes au bâton en barre brochant, au franc canton d'hermines, 9010; — un bandé de six pièces, 2999, 3000, 6300; — deux béliers passant l'un sur l'autre, 6312; — un bandé, 583; — un cerf passant, 5618; — un cerf saillant, 1999; — cinq châteaux, 2, 2 et 1, 2443; — un chevron accompagné de trois quintefeuilles, 958; — un chevron à trois sommets accompagné de trois merlettes, 9651; — un coq, 2768; — une croix cantonnée au 1 d'un écusson portant deux fasces, au 2, 3 et 4 d'une aigle, 7190; — un échiqueté, 2895, 9530; — un écusson sur le tout, 8801; — six écussons, 5838, 5839; — un émanché de trois pièces mouvant du chef, sur champ d'hermines, 8212; — une fasce, 5281; — une fasce accompagnée de trois étoiles en chef, 1773; — deux fasces accompagnées de neuf coquilles en orle, 6304; — trois fasces losangées, 4564; — un fascé de six pièces, 9184, 9250; — trois fleurs de lys, 83, 3316; — un semé de fleurs de lys, 79, 7073; — un fretté, 1446, 1447, 8434, 8435; — un huchet enguiché accompagné de trois étoiles, 3311; — un léopard couronné, 9353; — un lévrier rampant, 444, 9047; — un lion, 891, 1126, 2028, 2135, 2628, 3328, 3376, 4190, 4484, 5170, 8175, 8267; — un lion au bâton en barre brochant, sur champ d'hermines, 2804; — un lion passant, 1169; — un lion couronné, 829; — trois lions, 2753; — une main appaumée, 5939; — neuf merlettes, 3, 3, 2 et 1, 3729; — trois oiseaux passant l'un sur l'autre, 8320, 8321; — quatre pals, le deuxième pal chargé d'un objet indistinct couronné, 6326; — quatre pals au lambel, 8324; — un palé de huit pièces, 6328, 6329; — un parti chargé de trois annelets, 8679; — un parti d'un lion et de cinq pommes de pin, 2, 2 et 1, 8175; — un pot et demi à trois pieds et à une anse, 6262; — trois pots à trois pieds et à une anse, 6261; — un sautoir cantonné de quatre têtes de lévrier, 4641; — un vairé? 6105.

UNE BORDURE BESANTÉE *chargeant* un écusson sur le tout, 8801; — une fasce chargée de trois fleurs de lys, 82.

UNE BORDURE COMPONÉE *accompagnant* ....., cantonnant le 1 d'une croix, 4921; — un billeté au lion, 2728; — un chien courant, 764, 765; — une demi-croix, parti d'un arbre, 5578; — une croix cantonnée de dix-huit billettes, dix en chef, cinq par cinq posées en sautoir, huit en pointe, 9039; — une croix ancrée échiquetée, 2772; — deux fasces, 1255; — un écartelé de trois fleurs de lys et de trois léopards l'un sur l'autre, 7074; — un fascé enté de six pièces, 5515, 5516, 5517; — trois fleurs de lys, 1453; — un semé de fleurs de lys, 81, 625, 1377, 5359, 6756; — un semé de fleurs de lys, le tout à la bordure, 6679; — un semé de fleurs de lys au lambel, 3255; — un lévrier rampant accolé, 952; — un lion, 2684, 2730, 9138; — un lion au lambel, 8390; — trois marteaux, 5778, 5781, 5782, 5789; — trois poissons en fasce l'un sur l'autre, 674; — six roses sur champ d'hermines, 5596.

UNE BORDURE DENCHÉE *accompagnant* un échiqueté, 5035; — trois étoiles au lambel, 5605; — une tête de femme de face, 4458.

UNE BORDURE ENGRÊLÉE, 3469, 6078. — *accompagnant*......, 2777, 6078; — une aigle, 2542, 7165; — six annelets, 5088; — une bande, 217, 6512, 8024, 8025, 8275, 8647, 8716; — une bande accompagnée en chef et à sénestre d'un écusson, 6513; — une bande accompagnée de six losanges en orle, 8996; — une bande chargée de..., 4772; — une bande chargée de trois coquilles, 6792; — une bande engrêlée accompagnée de six annelets en orle, 7702; — trois bandes, 483, 3049, 6514; — trois bandes accompagnées de... en chef et à sénestre, au franc canton chargé de trois lions passant l'un sur l'autre, 5233; — trois bandes sous un chef chargé d'une étoile à dextre, 3345; — trois bandes au franc canton d'hermines, 6226; — trois bandes au lambel, 5227; — cinq bandes, 7749; — un bandé de six pièces, 5228, 5230, 5232, 5234, 5417, 9340, 9341; — un bandé de six pièces chargé d'un besant en chef et à dextre, 4704; — un bandé de six pièces, la seconde pièce chargée d'une croisette, 3867; — un bandé de six pièces sous un chef au lion issant, 301, 302; — un bandé de six pièces au franc canton chargé de trois lions passant l'un sur l'autre, 5229, 5231; — deux bars adossés chargeant un écusson sur le tout, 3641; — deux béliers passant l'un sur l'autre, 5315; — un canard essorant, 5054; — les chaînes de Navarre, 6522; — un chef, 6801; — un chef chargé d'une étoile à dextre, 5327; — un chevron accompa-

DES SCEAUX DE CLAIRAMBAULT.

gné de trois étoiles, sous un chef, 3458; — un chevron chargé de trois fleurs de lys, 1656; — deux chevrons accompagnés d'une quintefeuille en chef et à dextre, 1898; — trois chevrons, 8485; — un chevronné de huit pièces, 8355; — un contre-écartelé de plains, 8190; — un coq perché sur un mont, 4721; — trois coquilles, 3953; — trois coquilles au croissant en abîme, 1507, 4770; — un créquier, 1539, 7609, 7610, 7611, 7612, 7614; — un créquier accompagné d'une étoile en chef et à dextre, 7613; — un créquier sur champ d'hermines, 8152; — une croix, 4188; — une croix à la bande brochant, 8493; — une croix cantonée de douze hermines, 2217; — une croix chargeant un écusson sur le tout, 8477; — un écartelé de six croix recroisetées au croissant en abîme, et d'une croix ancrée, 1687; — un semé de croix recroisetées au pied fiché à deux bars adossés brochant, 630; — une croix ancrée, 1687, 3616, 7132; — une croix engrêlée, 564; — six croix recroisetées au pied fiché, au croissant en abîme, 1687; — trois doloires, les deux en chef adossées, 7677; — un écartelé des chaînes de Navarre et d'un semé de fleurs de lys à la bande componée brochant, 6522; — un échiqueté, 3239, 3240; — un échiqueté chargé d'une croisette en chef, 3241; — trois écussons, 3691; — trois écussons de vair? 6732; — trois épis, 6881; — une escarcelle? au lambel de cinq pendants, 2003; — une étoile ou un rais, 2296; — trois étoiles, 1761, 1762; — une fasce accompagnée de trois annelets en chef, 321; — une fasce accompagnée de trois besants ou trois tourteaux, deux en chef et un en pointe, 8354; — une fasce accompagnée d'une étoile en chef et à dextre, 5617; — une fasce au bâton en bande brochant, 8926; — une fasce au bâton en bande brochant et accompagnée d'une étoile en chef et à sénestre, 8927; — deux fasces, 5933; — cinq fasces, 3419; — un fascé de six pièces, 3049, 7329; — trois fermaux, 8386; — trois fleurs de lys au pied nourri, 7531; — un semé de fleurs de lys, 945, 946, 7253; — un semé de fleurs de lys à la bande componée brochant, 6522; — cinq fusées en fasce coupées par deux jumelles, l'une en chef, l'autre en pointe, 4596; — une gerbe, 1482; — un griffon, 3112; — d'hermines au lion à la bande brochant, 6755; — une herse? au bâton en bande brochant sur le tout, 3606; — trois hures, 3901; — trois jumelles, 9493; — un lambel, 343; — deux léopards l'un sur l'autre, 7979; — un lion, 630, 847, 2617, 3787, 4229, 4230, 4231, 4232, 4233, 4810, 4811, 5007, 5008, 5009, 5010, 8779, 8780, 8781, 8782, 8783, 8784, 8785, 8786, 8787, 8801, 8802; — un lion au lambel, 3099; — deux lions passant l'un sur l'autre, 7971; — trois lions, 5067, 5503, 5504, 6835; — trois lions accompagnés d'une étoile en abîme, 643; — trois lions couronnés, 647, 2751, 2752; — trois macles, 7496; — trois maillets, 6170; — un massacre de cerf au lambel, 8021; — neuf molettes, 3, 3, 2 et 1, 6708; — un mont planté d'un arbre, 6278; — trois murs crénelés l'un sur l'autre, 6609; — un oiseau, 5035; — trois oiseaux marchant, 3043; — un ours? passant à la bande brochant, 3735; — un pal de vair, 1885, 1888, 1889; — un palé de six pièces, 1303; — un parti de deux : au 1, un fascé de six pièces; au 2, trois chevrons au lambel; au 3, trois bandes, 3049; — un parti de plains, 6394, 6395, 6396; — une patte de lion en bande, 8475; — cinq quintefeuilles en sautoir chargeant un franc canton, accompagnant un gironné de huit pièces, 514; — trois renards courant l'un sur l'autre, 7646, 7647; — trois rocs d'échiquier, 7885, 7949; — six rocs d'échiquier, 9249; — un sautoir, 8717, 8718, 8719, 8720; — un sautoir accompagné d'une merlette en chef, 6323; — un sautoir cantonné de quatre merlettes, 3523; — un sautoir de trois perdrix et d'une coquille, la coquille en pointe, 7562; — un sautoir engrêlé, 2630; — un sautoir fleuronné, 2561; — trois têtes de dragon? 1492; — trois têtes de léopard, 8726; — trois têtes de pavot? 2892; — trois tourteaux au bâton en bande brochant, 5491.

Une bordure engrêlée à la *bande* brochant, 8113.
— au *bâton en bande brochant*, 5963.
— sous un *chef* au lambel, 6802.

UNE BORDURE ENGRÊLÉE au *franc canton* sur le tout, 6081.
UNE BORDURE FESTONNÉE *accompagnant* un lion, 505, 506, 507.
UNE BORDURE FLEURDELYSÉE *accompagnant* un lion, 4966; — un contre-écartelé de plains, 7270; — un écartelé de plains, 2069; — un écusson en abime à l'orle d'angemmes, 4466; — un fascé de six pièces dont trois chargées d'étoiles ou de molettes, 5580; — un lion, 4959, 4961, 4964, 4965; — une main bénissante accostée de deux molettes ou de deux étoiles en chef, 235; — un parti de deux émanchés, l'un mouvant du chef, l'autre de la pointe, 3975; — un santoir, 6133.
UNE BORDURE FLEURONNÉE *accompagnant* un écusson en abime chargé d'un lion, 4094.
UNE BORDURE D'HERMINES *accompagnant* trois fleurs de lys, 3216; — trois léopards l'un sur l'autre, 3216.
UNE BORDURE DE VAIR *accompagnant* une bande, 3533, 3534, 3535, 3536, 3539, 3540, 3541, 3542, 5705, 5706, 5707, 5708; — une bande engrêlée, 3532, 3538.
UNE BORDURE EN CROISSANT *accompagnant* une aigle éployée, 3471.

BOUC.
UN BOUC SAILLANT, 997, 1011.
UN BOUC NAISSANT, 2952.

BOURSE.
Voir aussi *Escarcelle*.
UNE BOURSE, 5545.
TROIS BOURSES, 1405.
— deux en chef et une en pointe, *accompagnant* une fasce chargée de trois fleurs de lys, 9105, 9107; — deux en chef et une

pointe, accompagnant une fasce chargée de trois fleurs de lys, brisé d'une étoile en chef, 9106.

BOUSE.
TROIS BOUSES, 7931.
QUATRE BOUSES *cantonnant* une croix engrêlée, 3467.

BOUTEROLLE.
DEUX BOUTEROLLES au *franc canton* sénestre chargé d'une croix, 7021.
TROIS BOUTEROLLES *chargeant* une bande, 2474, 2475, 2476.

BRAS.
UN BRAS *sortant* d'un nuage et tenant des rameaux (de vesce), 546.

BROCHETTE.
UNE BROCHETTE en fasce *traversant* un besant ou un tourteau en abime et dépassant le champ de l'écu, 1982.

BROYE.
UNE BROYE *accompagnant* au canton dextre une croix chargée de cinq coquilles, 1626.
TROIS BROYES L'UNE SUR L'AUTRE *accompagnées* d'un lion issant en chef et à dextre, 1636.
— sous un *chef* au lion issant, 4939;
— sous un *chef* d'hermines au lion issant, 4935, 4938.
— au *lambel*, 2805.
SIX BROYES *accostant* un pal frotté, 1635.

BUIRE.
DEUX BUIRES, 2870.

BURELÉ.
UN BURELÉ, 623, 1724, 2539, 3619, 4206, 6266, 6267, 6268, 6269, 6270, 6271, 6272, 6279, 7405, 7541, 8101, 8102, 8219, 8755, 8910.
UN BURELÉ à... brochant, 268.
— à trois *annelets* brochant sur les deux premières pièces, chargé en abime d'un écusson au lion, 9440.
— à la *bande*, 168, 237, 238, 239, 240, 241, 3131, 5825, 7157; — chargée de trois coquilles brochant, 1499, 1500, 1501; — chargée d'un écusson en chef brochant, 236; — chargée d'un écusson portant un arbre, 1978; — et sur le tout un heaume cimé d'un buste d'archevêque, 238; — engrêlée brochant, 4222; — à trois bandes brochant, 9379.
— à deux *bars* adossés brochant, 4655, 4656.
— à deux *barres* brochant, 2376.
— au *bâton* en bande brochant, 4166; — chargé de trois étoiles, 3990; — à la fleur de lys sur le tout, 2860.
— à trois *besants?* 2385.
— à la *bordure* besantée, 583.
— *chargeant* un écusson sur le tout, 2501; — un écusson chargeant à dextre un chef surmontant un échiqueté, 6153.
— chargé de..., au franc canton sénestre losangé, 4083; — d'une étoile en chef et à dextre, 2538.
— sous un *chef* chargé d'un lion issant, 859.
— au *chevron* brochant, 7852, 8508; — au chevron chargé de... brochant, 9167; — à trois chevrons brochant, 7848, 7849, 7851, 7854, 7856, 7858, 7859, 7860, 7861, 7862, 7863.
— à trois *coqs* brochant, 2453, 2454, 2455, 4285.
— à l'*écusson* en abime chargé de..., 5644.

Un burelé à l'émanché de trois pièces mouvant du chef brochant, 7830.
— à la fasce fuselée brochant, 4591.
— à la fleur de lys brochant, 2861, 2862, 2863.
— au franc canton chargé d'une aigle, 2550.
— au lambel, 3966, 3967, 7829; — de cinq pendants, 3165.
— au lion brochant, 1119, 1430, 1468, 2148, 3430, 3431, 3433, 3434, 3435, 3436, 3437, 3438, 3439, 3440, 3441, 4578, 4579, 5434, 5435, 5441, 6504, 6505, 6506, 6507, 6508, 6509, 6510, 6511, 7295, 8040, 8041, 8042, 8043, 8044, 8046, 8047, 8946, 9007; — à sénestre et un lion à dextre accostant un pal chargé d'une croix potencée cantonnée de quatre croisettes, 280; — à la bande sur le tout, 3432, 3442, 3443, 7996, 8039; — en chef et à dextre au bâton en bande brochant, 2537; — à queue fourchée brochant, 7951; — couronné brochant, 2388, 7568, 7923, 8416, 8418.
— à trois maillets brochant, 7063.
— à l'orle de cinq merlettes, au franc canton, 5222; — de six merlettes, au franc canton chargé d'une rose, 5220; — de huit merlettes, au franc canton chargé d'un lion passant, 5221; — de merlettes brochant, 3001.
— au pal brochant, 4012; — à trois pals brochant, 7000, 7001.
— à la quintefeuille brochant, au lambel, 3016; — à trois quintefeuilles? brochant, 7106.
Un burelé de dix pièces, 144, 781, 9172, 9173.

Un burelé de dix pièces à la bande brochant, 1637, 6140.
Un burelé de douze pièces, 123, 3505, 4205, 5038, 5039, 9621.
— à la bande brochant, 1567.
Un burelé de quatorze pièces, 986, 9539.
— à la fasce fuselée de cinq pièces brochant, 4593.
Un burelé de seize pièces, 1728.

BURELLE.

Deux burelles côtoyant une fasce accompagnée de six merlettes, trois en chef et trois en pointe, 4418; — une fasce chargée de trois gerbes, 5999, 6000.
Trois burelles brochant sur cinq pals, 4234.
Quatre burelles accompagnant un lion passant en chef, 754.
— au lambel, 1423.
Cinq burelles, 985, 987, 988, 989, 990, 991.
— au bâton en bande brochant, 3854.
Six burelles, 1536, 4143.
— au franc canton chargé d'une croix engrêlée, 4284.
— engrêlées? 7697.
Sept burelles à trois annelets brochant, 1422.
— au chevron chargé de trois coquilles brochant, 1421.
— au lambel, 1537.
— à l'oiseau brochant en chef et à dextre, 1420.
Huit burelles au lambel de cinq pendants, 1535.

BUSTE.

Un buste accompagnant en pointe un chevron chargé de trois besants, 8449.
Un buste d'homme de profil à droite accompagné par derrière d'un héron, 661.

Un buste de face accosté d'une étoile à dextre et d'un point à sénestre, 9125.

CANARD.

Un canard accompagné d'une fleur de lys en chef, 4379.
— essorant à la bordure engrêlée, 5054.

CANETTE.

Deux canettes et une étoile chargeant une bande, 7060.
Trois canettes, 3762.
— chargeant un chef surmontant un fretté chargé d'une coquille en cœur, 3491.
Six canettes en orle accompagnant une bande chargée de trois coquilles? au lambel, 1782.

CARREAU.

Trois carreaux au bâton en bande brochant, 3770.
Sept carreaux, 3, 3 et 1, à la bordure, 9111.

CERF.

Un cerf passant, 2673, 7266, 8502; — attaqué par un lévrier, 6751.
— à la bordure besantée, 5618.
— chargeant un franc canton accompagnant trois pointes, 7138, 7139.
Un cerf saillant, 1998, 3607, 8590.
— attaqué par un lévrier, 6750.
— à la bordure besantée, 1999.
— brochant sur un chef, 9373.
Un cerf issant chargeant un chef, 4320; — un chef surmontant..., 1997.
Trois cerfs passant, deux en chef et un en pointe, accompagnant une fasce, 4211; — deux fasces, deux entre les fasces et un en pointe, 4210.
Un massacre de cerf, 388.

Un massacre de cerf à *l'épée* en bande, la pointe en bas, brochant, 5855.
— au *lambel* à la bordure engrêlée, 8021.
Un rencontre de cerf *portant* une croix entre ses ramures et accosté de deux croix à double traverse, 6995.
— *surmonté* d'une étoile entre ses ramures, 5501.
Deux rencontres de cerf, *l'un sur l'autre*, 8665.
Trois rencontres de cerf, 1590, 1591, 1592, 8119.
Trois têtes de cerf *accompagnant* un chevron chargé de trois merlettes, 7417.

CERISE.

Six cerises *accostant* un lévrier rampant, 6760.

CHABOT.

Un chabot et demi, 2044.
Trois chabots, 2032, 2033, 2034, 2035, 2036, 2037, 2038, 2039, 2042, 2045, 2047, 2048, 2049, 2050, 2051, 3053.
— *accompagnant* un écusson en abîme, 2046.

CHAÎNE.

Deux chaînes en bande *accompagnées* d'une croix pattée en chef, 2427.
Deux chaînes en barre *accompagnées* d'une croix pattée en chef, 2426.
Fragments de chaînes ou de cordes, 6072.
Chaînes de Navarre, 526, 1525, 3664, 6664, 6665, 6666, 6667, 6668, 6669, 6670, 6671, 6672, 6673, 6674, 6675, 6676, 6677, 6775, 9206.

Chaînes de Navarre à la *bordure*, 800, 6679; — à la bordure engrêlée, 6522.
— au *lambel*, 5709.

CHAMPAGNE.

Une champagne *accompagnant* un croissant versé surmontant une étoile, 8400; — une fasce burelée accostée de six fleurs de lys, 1346.
Une champagne ondée sur un vairé, 8577.

CHANDELIER.

Trois chandeliers, 370.
— *chargeant* un chef soutenant un autre chef chargé d'une sextefeuille et d'une rose, au-dessus d'un bandé de six pièces, 281.

CHAPÉ.

Un chapé *chargé* à dextre d'un cheval gai contourné, à sénestre d'un fascé de huit pièces au crancelin brochant, en pointe de trois croissants, 8477.

CHAPELLE.

Deux chapelles et une étoile *cantonnant* trois cantons d'une croix ancrée, 2191.

CHAPERON.

Trois chaperons *accompagnés* d'une étoile en abîme, 2195.

CHAPON.

Un chapon, 1815, 2185, 2196.
Trois chapons, 2197, 2198; — en pointe et une aigle en chef, 1816.
— *contournés*, 2199.

CHARBON.

Trois charbons, 1857.
Un semé de charbons? à trois *bandes*, 1858.

CHARDON.

Trois chardons *accompagnant* un chevron, 1861.

CHAT.

Trois chats couchés *chargeant* trois besants ou trois tourteaux, 1109.
Trois têtes de chat, 2274.

CHÂTEAU.

Un demi-château *accompagné* d'un croissant en chef et d'une étoile en pointe, 6176.
Un château, 81, 129, 130, 181, 1102, 1118, 1907, 1908, 1911, 1912, 1913, 1993, 2266, 2289, 2298, 2304, 2321, 3375, 3381, 3382, 3383, 3721, 3760, 4081, 5817, 6177, 6665, 6668, 6669, 6672, 6673, 6674, 7551, 8363, 8792, 8969, 8980, 9477, 9480.
— et une étoile *accompagnant* en chef une bande chargée de trois coquilles, 2179; — *accompagnant* en chef deux bars adossés, sur champ d'hermines, 3993; — en chef et à dextre une croix frettée, 7513, 7514; — en chef trois fasces, 4243.
— *accompagné* de trois besants ou trois tourteaux, 8097; — de trois étoiles en chef, 1002, 1003; — de rinceaux en pointe, 2297; — de deux têtes d'homme en chef et de deux lions assis affrontés en pointe, supporté par deux hommes sauvages, 2321; — en pointe d'une tige à deux feuilles, 3759.
— *accosté* de deux fleurs de lys et accompagné d'une étoile en pointe, 7359; — la tour du milieu accostée de deux haches en pal adossées, sur une ban-

DES SCEAUX DE CLAIRAMBAULT.

nière tenue par un ours debout heaumé, 219.
Un château à la bande brochant, 1594.
— au bâton en bande brochant, accompagné d'une fleur de lys en pointe, 2084.
— en abîme brochant sur un losange, 2638.
— en chef, une étoile en pointe, deux clous en flanc cantonnant un sautoir, 2562.
— chargeant en cœur une croix cantonnée de quatre oiseaux, 9413; — un franc canton accompagnant trois lions, 9481, 9482.
— sous un chef chargé d'une croix vidée, cléchée et pommetée, 1909; — chargé de deux étoiles, 4039.
— coupé d'un lion, 3381, 3382, 3383.
— au lambel de cinq pendants, 2295, 8961.
— surmontant un loup courant, 2167.
— sur un mont sous un chef parti d'une fleur de lys et d'une croix vidée, cléchée et pommetée, 6490.
Un château à une seule tour, à sénestre, 6947, 7448.
— accompagné d'un arbre à sénestre, 2319.
— à la bande engrêlée brochant, 2323.
— chargeant un écusson en abîme sur un gironné de huit pièces, 2835.
Un château à deux tours, la plus petite à sénestre surmontée d'une étoile, 7936.
Deux châteaux cantonnant un sautoir en chef et en pointe, 40.
Deux châteaux et demi, 2439.
Trois châteaux, 317, 2070, 2294, 4366, 4415, 4629, 8006,

8345, 8346, 8844, 8846, 9607.
Trois châteaux, deux en chef et un en pointe, accompagnant une fasce componée, 2299; — deux en chef et un en pointe accompagnant une fasce échiquetée de deux tires, 6033.
— accompagnés en flanc de deux points, 3576.
— à la bande engrêlée brochant, 4694.
— chargeant une bande, 2280; — une bande accompagnée en chef d'une étoile, 2281; — chaque pendant d'un lambel sur un semé de fleurs de lys, 327, 329, 330, 1377, 3468, 7141, 8292; — chaque pendant d'un lambel sur un semé de fleurs de lys à la barre brochant, 4494; — chaque pendant d'un lambel sur un semé de fleurs de lys chargé d'un écusson en chef, 325; — chaque pendant d'un lambel accompagnant trois lions, 2159.
Quatre châteaux cantonnant un sautoir engrêlé chargeant un écusson en abîme à la bordure, 7350.
Cinq châteaux, 2, 2 et 1, 949, 1079, 2440, 2441, 2442, 3489, 3692, 3693, 3695, 3697, 6366, 6367.
— 2, 2 et 1, accompagnés de... en chef, 3779; — d'un point en abîme, 6365.
— au bâton en bande brochant, 7227.
— à la bordure besantée, 2443.
— chargeant une croix, 7029.
— au lambel, 9670; — de trois pendants chargés chacun de deux besants, 4662.
— parti d'un palé de six pièces, 1323.
— posés en sautoir dans un trécheur fleuronné, 6052.

Cinq châteaux en orle accompagnant un écusson en abîme écartelé de plains, 4118.
Six châteaux, 6368.
Six châteaux en orle accompagnant un écusson en abîme écartelé de plains, 4119, 4120.
Châteaux chargeant une bordure accompagnant un gironné de huit pièces, 3859.

CHAUDRON.

Un chaudron au lambel, 1532.
Trois chaudrons, deux en chef et un en pointe, accompagnant une fasce, 5495.

CHAUSSE-TRAPE.

Trois chausse-trapes à la bordure, 5590.

CHEF.

Un chef, 248, 363, 364, 950, 1018, 1026, 1649, 1650, 1653, 1900, 2101, 2285, 2529, 2666, 2667, 2668, 2669, 2671, 2745, 2746, 3287, 3660, 3923, 3924, 3926, 4293, 4648, 4757, 4835, 4836, 4934, 5145, 5268, 5326, 5889, 6022, 6723, 6574, 7103, 7209, 7480, 7481, 7482, 8135, 8158, 8201, 8366, 8367, 8368, 8369, 8559, 8641, 8659, 9562.
— à la bande brochant, 439, 1046, 3055; — chargée de... brochant, 2258; — chargée de trois molettes brochant, 390; — componée brochant le tout, 3025, 6617; — engrêlée brochant, 8601; — fuselée brochant, 3401.
— bandé au chevron brochant accompagné en pointe d'un croissant versé, surmontant trois coquilles, 1403; — de six

pièces, surmontant une étoile, 377.
Un chef à la *bordure*, 2912; — engrêlée, 6801.
— *chargeant* un écusson sur le tout, 6331.
— *chargé* de..., 6113, 7181; — de... à sénestre, 9344; — de..., soutenant un autre chef chargé d'une quintefeuille surmontant trois bandes, 282; — de..., surmontant un bandé d'hermines et de..., de six pièces, 9399; — de..., surmontant un bélier, 4078; — de trois..., surmontant six clous, 2672; — de..., surmontant une croix chargée de cinq coquilles sur champ d'hermines, 1486; — de..., surmontant un fascé de six pièces à la bordure, 6113; — de..., surmontant trois hures, 6495; — de..., surmontant trois merlettes, à la bordure, 1000; — de..., surmontant trois pals, 3941; — de..., surmontant trois sautoirs, 6539; — d'une aigle, surmontant une croix vidée, cléchée et pommetée, 2785; — et surmontant un écartelé d'une croix et de deux fasces, 1877; — et surmontant un fretté, 3258; — à dextre d'une aigle éployée, surmontant un gironné de douze pièces, 3305; — d'une aiglette et de deux molettes, surmontant un palé de six pièces, 4664; — d'une annelets, surmontant six billettes, 3584, 3583; — de trois annelets, surmontant un chevron renversé, au filet en barre brochant, 2240; — de trois annelets, surmontant un sautoir, 8869; — de trois arbres, surmontant un fascé de six pièces, 3329; — à dextre

d'un besant ou d'un tourteau, surmontant trois pals, 3358; — à sénestre d'un besant ou d'un tourteau, surmontant trois pals, 3359; — de deux besants, surmontant un besant, 1826, 1827, 1831, 1833, 1834, 1836; — de deux besants, surmontant un besant, au chevron brochant, 1847, 1850; — de deux besants au lambel, surmontant un besant, 1838; — de deux besants ou de deux tourteaux, surmontant un chevron renversé, 6686; — de trois besants ou trois tourteaux, 4125, 6999; — de deux bœufs passant l'un sur l'autre, surmontant trois besants, 4984; — de trois canettes, surmontant un fretté chargé d'une coquille en cœur, 3491; — d'un cerf issant, 6340; — d'un cerf issant, surmontant....., 1997; — de trois chandeliers, soutenant un autre chef chargé d'une sextefeuille ou d'une rose, surmontant un bandé de six pièces, 281; — d'un cœur entre deux feuilles de houx, surmontant deux lions adossés, 1001; — d'un cœur ailé, surmontant un semé de fleurons au lion brochant, 943; — de trois cœurs, surmontant une étoile ou un soleil, 1607; — d'une coquille, 1652; — d'une coquille à sénestre, surmontant un losangé, 1291; — d'une coquille et demie pour trois coquilles, 3023; — de deux coquilles, surmontant un palé, 2499; — de deux coquilles et d'un écusson à dextre portant un semé de fleurs de lys à la bande brochant, surmontant trois pals de vair, 6929; — de trois coquilles, 3022,

5652; — de trois coquilles, surmontant une croix ancrée, 1127; — de trois coquilles, surmontant une croix ancrée, à la bande componée brochant sur le tout, 1125; — de trois coquilles, surmontant une fasce, 2490; — de trois coquilles, surmontant un lion au bâton brochant, 352; — de trois coquilles, surmontant un losangé, 1290; — de trois coquilles, surmontant trois pals de vair, 6931, 6977; — de trois coquilles surmontant une pie, 19; — de trois coquilles, surmontant un sautoir, 8764; — de trois coquilles, surmontant un vairé, 5575; — d'une cornoille, surmontant un chevronné, 2799, 2800; — d'une couronne à dextre, surmontant six besants, 7245, 7246; — d'une couronne à dextre, surmontant six besants à la bande brochant, 7249; — d'une couronne à dextre, surmontant sept besants, 3, 3 et 1, 5978, 5983; — d'une couronne à dextre, surmontant neuf besants, 3, 3 et 3, 5978; — de trois couronnes, surmontant un chevron, 3457; — d'un croissant, 2187; — d'un croissant et d'une corneille, surmontant un chevronné de six pièces, 2798; — d'un croissant, surmontant un lion, 2998; — d'un croissant à dextre, et à sénestre d'un écusson portant une bande accompagnée en chef et à sénestre d'une roue, 7204; — de deux croissants au lambel, 2670; — de deux croissants au lambel, surmontant un fer de moulin, 3553; — d'une croix, surmontant trois cloches, 2688; — d'une croix, surmontant une fasce losangée de trois pièces, 6627; — d'une croix, surmontant trois fleurs de lys au lambel au bâton en barre brochant, 179; — d'une croix, surmontant un noyer, 6765, 6766, 6767; — d'une croix pattée, surmontant une plume en bande, 7064; — d'une croix pattée accostée de deux fleurons, surmontant un chevron accompagné de trois coquilles, 3718; — d'une croix potencée et cantonnée de quatre croisettes, surmontant un semé de fleurs de lys au bâton en bande brochant, à la bordure manquant en pointe, 1346; — d'une croix potencée, surmontant un parti d'un noyer et d'un plain parti d'une demi-croix fleuronnée à l'écusson sur le tout chargé d'une cloche, 6768; — d'une croix vidée, cléchée et pommettée, surmontant un château, 1909; — de deux croix ancrées, 2260, 2261; — de trois dragons ailés, surmontant trois pals, 4962; — de trois dragons ailés ou de trois hydres, surmontant un palé de six pièces, 4963; — d'un écusson à dextre, 5328, 7389; — d'un écusson, surmontant sept besants, 3, 3 et 1, 5970; — d'un écusson à dextre, surmontant sept besants, 3, 3 et 1, 5969; — d'un écusson à dextre, surmontant un losangé, 7415, 7416; — d'un écusson à..., surmontant un palé de six pièces, 3361, 3362, 3363; — d'un écusson et de deux molettes, surmontant un palé de six pièces, 4668; — d'un écusson à sénestre chargé de..., 6289; — d'un écusson burelé à dextre, surmontant un échi-

queté, 6153; — d'un écusson en bannière portant une croix cantonnée de quatre croisettes et accostée de deux croisettes, surmontant une bande accompagnée de deux roues, 8500; — d'un écusson à la croix ancrée, surmontant une bande chargée de trois étoiles, 3357; — d'un écusson à dextre à la croix ancrée, surmontant une bande chargée de trois quintefeuilles, 5193; — d'un écusson à dextre à la croix fleuronnée, surmontant un chevron, 5463; — d'un écusson à dextre écartelé....., 442; — d'un écusson au canton dextre écartelé au 1 d'une molette, au 2, 3 et 4 d'une aiglette, l'écu à la bordure, 441; — d'un écusson à dextre portant trois fasces à la bordure, surmontant un échiqueté, 6793; — d'un écusson à sénestre, fretté, à la bande engrêlée brochant sur le tout, 7756; — d'un écusson à sénestre au lion, 502; — d'un écusson à sénestre portant un lion à la bordure, surmontant trois pals de vair, 9702; — d'un écusson à dextre au lion, surmontant trois pals de vair, 2325, 2355; — d'un émanché de cinq pièces, surmontant deux fasces, 7751, 7752; — d'un émanché, surmontant un lion, 1866, 1867; — d'un émanché de six pièces, surmontant trois pals, 6080; — d'une étoile, 5861, 5862; — d'une étoile à dextre, 935; — d'une étoile à dextre, surmontant trois bandes, 6445; — d'une étoile à dextre, surmontant trois bandes à la bordure engrêlée, 3345; — d'une étoile, surmontant deux lévriers courant l'un sur l'autre, 1870;

— d'une étoile, à la bande brochant, 5859, 5863; — d'une étoile, à la bande chargée de trois coquilles brochant, 5860; — d'une étoile à sénestre, à la bande chargée de trois coquilles brochant, 2408; — d'une étoile à dextre, à la bordure engrêlée, 5327; — de deux étoiles, 4014; — de deux étoiles, surmontant un château, 4039; — de trois étoiles, 4411; — de trois étoiles, surmontant une aigle, 1583; — de trois étoiles, surmontant une bande, 2203; — de trois étoiles, surmontant trois bandes, 6442; — de trois étoiles, surmontant un bélier, 5151; — de trois étoiles, surmontant une étoile, 626; — de trois étoiles, surmontant un griffon, 9150; — de trois étoiles, surmontant trois pals de vair, 6930; — de trois étoiles, surmontant une rose, 5807; — de trois étoiles, sur champ d'hermines, 7982; — de trois fers de lance, surmontant un chevronné de six pièces, 6327; — de trois fermaux, surmontant un gironné de huit pièces, 7368; — de trois fermaux, surmontant un palé de six pièces, 9127, 9128, 9129, 9130; — d'une feuille, 4785; — de trois feuilles ou trois fruits, surmontant un lion contourné, 8911; — d'une fleur de lys, surmontant sept besants, 4, 2 et 1, 2434; — d'une fleur de lys issant, 1300, 1654; — d'une fleur de lys issant, surmontant un échiqueté 3888; — d'une fleur de lys issant, surmontant un échiqueté à trois pals brochant, 2534; — d'une fleur de lys issant, surmontant un fascé de huit pièces, 747; — d'une fleur de lys issant, surmontant un fascé ondé de six pièces, 4065; — d'une fleur de lys issant, surmontant un champ d'hermines, 9583; — d'une fleur de lys issant, surmontant trois pals, 3942; — d'une fleur de lys issant, surmontant un tiercé en bande, 7435; — d'une fleur de lys issant, surmontant un vairé, à la bande, portant une quintefeuille en chef, 5779; — de deux fleurs de lys, surmontant un marteau, 6896; — de trois fleurs de lys, 208, 1906; — de trois fleurs de lys au lambel, surmontant une guivre engoulant un enfant, 3704; — de trois fleurs de lys, surmontant un demi-vol, 59; — de deux hures, sur champ d'hermines, 8683; — de trois hydres, surmontant deux pals, 4961; — de trois hydres, surmontant trois pals, 4960, 4964, 4965, 4966; — de trois hydres, surmontant un palé de six pièces, 4959, 4963; — d'un léopard, surmontant trois bandes à la barre brochant sur le tout, 9559; — d'un léopard, surmontant un santoir, 6924, 6925; — d'un lévrier courant, surmontant un roc d'échiquier, 7947; — de trois lévriers accolés issants, surmontant un losangé, 1968; — d'un lion à dextre, surmontant trois pals de vair, 2327; — d'un lion issant, 825, 835, 1674, 5266, 5267, 6110, 6111, 6453, 7644, 8031, 8032, 8098, 9624; — d'un lion issant, surmontant une aigle, 3995; — d'un lion issant, surmontant trois arbres, 7684; — d'un lion issant, surmontant un bandé de six pièces, 3828; — d'un lion issant, surmontant un bandé de six pièces à la bordure engrêlée, 301, 302; — d'un lion issant, surmontant six besants, 7244; — d'un lion issant, surmontant six besants chargeant un écusson accompagnant en chef et à dextre cinq fleurs de lys, 3200; — d'un lion issant, surmontant sept besants, 3, 3 et 1, 5973, 5984, 7309; — d'un lion issant à dextre, surmontant sept besants, 3, 3 et 1, 9390; — d'un lion issant, surmontant trois broyes l'une sur l'autre, 4939; — d'un lion issant, surmontant un burelé, 859; — d'un lion issant, surmontant trois chevrons, 6299; — d'un lion issant, surmontant un chevronné de six pièces, 1876; — d'un lion issant, surmontant cinq croisettes recroisetées au pied fiché, 3 et 2, 8121; — d'un lion issant, surmontant un échiqueté, 9386; — d'un lion issant, surmontant un échiqueté à trois pals brochant, 6864; — d'un lion issant, surmontant un fretté, 2118, 2119, 2120, 2125; — d'un lion issant, surmontant des hermines, 2706; — d'un lion issant, surmontant un losangé, 7413; — d'un lion issant, surmontant trois molettes, 543; — d'un lion issant, surmontant deux oiseaux, à la palme en bande brochant, 1028; — d'un lion issant, surmontant trois pals, 3367; — d'un lion issant, surmontant trois pals de vair, 455; — d'un lion issant, surmontant un palé de six pièces, 3370, 6332; — d'un lion issant, surmontant trois poissons, 5144; — d'un lion issant, surmontant trois têtes de lion, 1594; — d'un lion issant, surmontant un vairé, 4283; — d'un lion issant accompagné de... à dextre, 7104; — d'un lion issant accompagné d'une molette à dextre, surmontant sept besants, 3, 3 et 1, 5972; — d'un lion issant contourné, surmontant un palé de six pièces, 3364; — d'un lion passant, 7880; — d'un lion passant à dextre, 3935, 9540, 9541; — d'un lion passant, surmontant un bandé de six pièces, 882, 883, 1373; — d'un lion passant à dextre, surmontant sept besants, 3, 3 et 1, 5980, 5981; — d'un lion passant, surmontant un semé de besants, 8216; — d'un lion passant, surmontant trois besants ou trois tourteaux, 4267; — d'un lion passant, surmontant six besants ou six tourteaux, 3098; — d'un lion passant, surmontant neuf billettes, 4, 3 et 2, 7845; — d'un lion passant, surmontant un chevron de vair accompagné de trois oiseaux, 4502; — d'un lion passant, surmontant trois coquilles, 1172, 2326; — d'un lion passant, surmontant une croix vidée, cléchée et pommelée, 5121; — d'un lion passant, surmontant un semé d'étoiles, 7554; — d'un lion passant, surmontant trois fasces ondées, 1297; — d'un lion passant, surmontant un fretté, 9511; — d'un lion passant, surmontant deux jumelles, 8518; — d'un lion passant, surmontant un lion, 6202; — d'un lion passant, surmontant un losangé, 4054; — d'un lion passant, surmontant trois pals, 9237; — d'un lion passant, surmontant trois pals de vair, 1524, 7340, 7341; — d'un lion passant, surmontant un palé de six pièces, 7221; — d'un lion passant, surmontant deux poissons adossés, 7209; — d'un lion passant, surmontant un vairé, 2061, 4612; — d'un lion passant contourné, surmontant trois pals, 3940; — d'un lion passant contourné à dextre, surmontant trois pals de vair, 2345; — d'un lion couronné issant, 6109, 6112, 7216, 8023; — d'un lion couronné issant, surmontant un fretté, 2122, 2123, 2124; — de deux lions passant affrontés, surmontant trois pals chargeant un fretté, 774; — de deux lions passant affrontés, surmontant trois pals de vair, 2078, 2079, 2333, 2334, 2335, 2336, 2337, 2338, 2339; — de trois lions, 5279; — de trois lions, surmontant six losanges, 7565; — de trois losanges, surmontant trois hermines, 6464; — de trois losanges, surmontant trois mâcles, 7666; — de trois losanges, surmontant trois pals, 5233; — de trois losanges au lambel de quatre pendants, 5226; — de six losanges, 3141; — d'un loup passant, surmontant un chêne accosté de..., 8014; — de trois macles, surmontant trois cœurs, à la bande chargée de trois dragons, brochant sur le tout, 1972; — de trois macles, surmontant trois coquilles, 2099; — de trois maillets, 3707; — de trois maillets, 2 et 1, surmontant deux bandes, 5613; — d'une merlette à dextre,

7401; — d'une merlette à dextre, surmontant deux pals de vair, 243; — d'une merlette, surmontant trois pals de vair, 2353; — d'une merlette à dextre, surmontant trois pals de vair, 2324, 2328, 2349; — d'une merlette, surmontant un palé de vair et de..., de quatre pièces, 178; — de deux merlettes, surmontant trois pals, 6089; — de trois merlettes, 2665, 4520, 5613; — de trois merlettes, surmontant sept besants, 3, 3 et 1, 5975, 5987; — de trois merlettes, surmontant un fretté, 3444, 3445, 3447, 3448; — de trois merlettes, surmontant trois merlettes, 6788; — de trois merlettes, surmontant trois pals de vair, 2329, 2343; — de trois merlettes, surmontant un palé de six pièces, 3299; — de trois merlettes, au bâton en bande brochant, 3084; — de trois merlettes, au lambel, 5407; — de quatre merlettes, surmontant trois merlettes, 999, 2218; — d'une molette à dextre, surmontant deux pals de vair, 243; — de deux molettes séparées par une fleur de lys, 8370; — de deux molettes, surmontant un fretté, 9203; — de trois molettes, surmontant trois pals, 4666; — de trois molettes, surmontant un palé de six pièces, 4669; — de deux mûres, 9558; — d'un oiseau à sénestre et au lambel, surmontant trois pals, 5671; — de trois oiseaux, surmontant trois fasces, 5142; — de trois oiseaux, à la bande brochant sur le tout, 5280; — de deux ondes, surmontant une tiercefeuille, 4541; — d'un

ours passant, surmontant sept losanges, 3, 3 et 1, 1969; — de deux pals de vair, 6525; — de trois pals, 9180; — de trois pals, surmontant sept besants, 3, 3 et 1, 2305; — de cinq pals, surmontant..., 2310; — d'un palé, surmontant un oiseau, 9575; — de deux pattes en sautoir, surmontant une licorne, 5598; — d'une quintefeuille au canton dextre, 438, 2528; — d'une quintefeuille entre deux étoiles, surmontant un lion, 5372; — de deux quintefeuilles, 3931; — de deux quintefeuilles, surmontant un croissant, 2368, 2369, 2370; — de deux quintefeuilles, surmontant une croix ancrée, 6605; — de deux quintefeuilles, surmontant une quintefeuille, 1853; — de trois quintefeuilles, surmontant un chevron accompagné de trois oiseaux, 3846; — de trois quintefeuilles, surmontant deux chevrons, 4942; — de trois quintefeuilles, surmontant trois merlettes, 5064; — de rinceaux, surmontant un palé contrepalé, 6502; — de trois rocs d'échiquier, surmontant une bande, 7937; — d'une rose, surmontant une bande, 7615; — d'une rose à dextre et d'une étoile à sénestre, surmontant un champ d'hermines, 7780; — d'une rose et soutenu d'un autre chef, surmontant un bandé de six pièces, 4952, 7631, 9578; — de deux roses, surmontant un croissant surmonté de..., 7566; — de deux roses? surmontant deux pals de vair, 245; — de deux roses, à la bordure, 8944; — de trois roses, surmontant trois bandes,

4953; — de trois roses, surmontant un léopard, 6094; — de trois roses, surmontant un losangé, 9622; — de trois roses, sur champ d'hermines, au bâton en bande brochant sur le tout, 2786, 2787; — de trois roues, 6210; — d'un sautoir, 9168, 9169; — d'un sautoir cantonné de quatre merlettes, surmontant un lion naissant entouré de huit fleurs de lys en orle, 1524; — de trois sautoirs, surmontant trois sautoirs, 589, 590, 591, 592, 593, 594, 597, 598, 599, 600, 604; — de trois sautoirs surmontant trois autres sautoirs accompagnés d'une croisette, 596, 601, 602, 603; — de trois têtes de léopard, surmontant un lion, 7137; — d'une tiercefeuille à dextre, 1024; — d'une vache passant, surmontant une fasce accompagnée de six fleurs de lys, 1346; — de deux vaches passant l'une sur l'autre, surmontant un écartelé de quatre lions, 6672, 6673; — d'un vivré, 340, 342, 1049, 2931, 3847; — d'un vivré, surmontant sept besants ou sept tourteaux, 3, 3 et 1, 3647; — d'un vivré, surmontant un coq, 2643; — d'un vivré, surmontant deux pals, 1089; — d'un vivré, surmontant trois pals, 1093, 1095; — d'un vivré, surmontant quatre pals, 1094; — d'un vivré, surmontant un palé de six pièces, 1084, 1085, 1086, 1087, 1088, 1091, 1096, 1098, 1099, 6196; — d'un vivré accompagné d'une croisette au canton dextre, surmontant trois pals, 1092; — d'un vivré accompagné d'une étoile au canton dextre, 939; —

d'un vivré, à la bande brochant, 4180; — d'un vivré au lambel, 1048; — d'un vivré et d'un écusson gironné au canton dextre, surmontant un palé de six pièces, 1097; — d'un vivré, soutenant un autre chef, 5940.

Un chef au cerf saillant brochant, 9373.
— au dextrochère brochant, à la bande sur le tout, 9553; — revêtu d'hermines brochant, 9550, 9555, 9156, 9557; — revêtu d'hermines brochant et accompagné à dextre d'une cornière, 9551, 9552; — revêtu d'hermines, brochant, au lambel, 9554.
— au franc canton sénestre semé de..., au lion brochant, 7485.
— sur champ d'hermines, 8872, 9584, 9585, 9586; — à la bande brochant sur le tout, 9588; — au lion brochant, 9302.
— au lambel, 7243, 7327, 7483, 7484; — surmontant un bandé de vair et de..., de six pièces, 7542; — surmontant trois besants ou trois tourteaux, 3050, 6184; — surmontant une bordure engrêlée, 6802; — surmontant un échiqueté, 2993; — surmontant trois fasces, 7410; — surmontant un fretté, 8049; — surmontant trois pals de vair, 1435, 1436; — surmontant un vairé, 3486; — à la bande brochant sur le tout, 4605; — au lambel et chargé au canton dextre d'un écusson écartelé: au 1, d'une molette; au 2, 3 et 4, d'une aiglette, 440; — sur champ d'hermines, 9484.

Un chef au lambel de deux pendants, surmontant deux pals de vair,

9209; — de quatre pendants, surmontant un sautoir cantonné de quatre roses, 7599; — de cinq pendants, 2901, 3866, 3934, 5761, 6115, 8296, 8297, 8298; — de cinq pendants, surmontant un lion, 2718; — de cinq pendants, surmontant deux pals de vair, 5479, 8222; — de cinq pendants, surmontant deux pals de vair, à la bordure, 5481: — de cinq pendants, surmontant trois pals, 454; — de cinq pendants, surmontant trois pals de vair, 8261; — de cinq pendants, surmontant un parti d'un lion et de trois fasces, 7409, 7410; — de cinq pendants chargés chacun de trois besants, 3751.

Un chef au lion brochant, 1194, 2239, 2249, 3816, 9305, 9313; — au lion brochant sur le tout accosté de six fleurs de lys, 260; — au lion brochant, à la bordure, 9314; — au lion brochant chargé à l'épaule d'un écusson à la bande accompagnée? 1195; — au lion brochant, le tout chargé de sept trèfles, 5496, 5497; — au lion, au lambel brochant, 9306.
— au lion couronné brochant, 786, 1546, 1547, 1549, 3922, 5720, 5721, 5723, 5724, 5725.
— à l'oiseau brochant sur le tout, 3804.
— surmontant trois arbres, 9411; — une bande, 3903, 9280; — une bande chargée de deux étoiles et accompagnée d'une troisième en pointe, 1079; — une bande au lambel, 8318; — trois bandes, 1655, 1892; cinq besants, 2, 2 et 1, 8922; — six besants, 5201, 5202.

9189; — six besants, 3 et 3, 8803; — sept besants, 3, 3 et 1, 5977, 5982, 8566, 8800, 8805; — sept besants, 3, 3 et 1, à la crosse en pal brochant, 8564; — huit besants, 4, 3 et 1, 1670, 6388; — neuf besants, 3, 3 et 3, 5977, 5982, 8797, 8798, 8799, 8804; — neuf et sept besants à la croix archiépiscopale brochant, 8565; — neuf besants, 3, 3 et 3, à la crosse en pal brochant sur le tout, 8564; — trois besants ou trois tourteaux, 2286. 8830; — cinq besants ou cinq tourteaux, parti d'un lion, à la bordure, 1322; — sept besants ou sept tourteaux, 3, 3 et 1, 8682; — un billeté à la bande engrêlée brochant, 6743; — un chêne, 4567; — un chevron, 3795, 7875, 8879; — un chevron accompagné de deux coquilles en chef et d'une rose en pointe, 169; — un chevron accompagné de trois étoiles, 2818; — un chevron accompagné de trois étoiles, à la bordure engrêlée, 3458; — un chevron accompagné en pointe d'un huchet, 664; — trois chevrons, 9157, 9288; — des chevrons, 2608; — un chevronné de six pièces, 5581, 8241; — un croissant, 2781; — un échiqueté, 2885, 2886, 9319, 9320, 9610; — trois étoiles, 9131; — deux fasces ondées, 6567; — trois? fasces ondées, 3290; — un fascé ondé de six pièces, 6568; — une feuille tigée, 8022; — trois fleurs de lys, 3414, 3415; — un fretté, 2454, 3301, 3624, 3625, 7320, 7621, 7622, 7623; — un fretté chargé d'un croissant en abîme, 2816, 2817; —

d'hermines au lion brochant, 9302; — trois hures? 344; — trois jumelles, 6036; — un lion, 3130; — un lion passant, 7968; — quatre losanges, 3 et 1, chargeant un écusson sur le tout, 8054; — un losangé, 362, 7414; — trois merlettes, 8953; — six molettes, 2713; — un oiseau de face, contourné, les ailes fermées, 7533; —. un ondé en fasce, 218; — un pal, 113; — deux pals, 5672; — deux pals chargeant un vairé, 1678; — deux pals de vair, 242, 244, 2352, 5365; — trois pals, 1121, 2293, 3369; — trois pals à la bande brochant sur le tout, 6820; — trois pals de vair, 1678, 2340, 2341, 2342; — quatre pals, le quatrième coupé par une petite fasce, 1064; — un palé de quatre pièces, 1120, 1122; — un palé de six pièces, 3360, 3368, 3371, 3372, 3373, 7687; — un palé de six pièces à la bande chargée de trois coquilles brochant, 7054; — un papelonné, 6911; — trois quintefeuilles, 6168, 6282, 6283, 6284, 6285; — trois quintefeuilles à la bande brochant sur le tout, 6762; — trois rocs d'échiquier, 7944; — sept roses, 3, 3 et 1, 2265; — un sautoir, 58; — un sautoir cantonné de six besants, un en chef, un en pointe, et deux à chaque flanc, 7250, 7251; — trois tierces, 2991; — un vairé, 9139, 9140, 9141, 9142; — un vairé chargé de deux pals, 1678.

Un chef bandé au chevron brochant sur le tout et accompagné en pointe d'un croissant versé surmontant trois coquilles, 1403.

Un chef composé de petits chevrons, surmontant deux pals composés comme le chef et accompagnés à sénestre d'un écusson chargé d'un pal, 6447.

Un chef denché chargé d'une fleur de lys entre deux besants ou deux tourteaux à la barre brochant, 7461.

— sur champ d'hermines, 6812, 6813, 6814, 6815.

— surmontant une fleur de lys accostée de deux épines, 8703, 8705.

Un chef échiqueté, 4571, 9671.

— chargeant un franc canton accompagnant une croix, 1287.

— surmontant un écusson accosté de deux tiges d'alisier, 42; — un lion, 3734.

Un chef échiqueté de deux tires, 2066, 8273.

— accompagné d'une étoile en pointe, 8150; — d'une sextefeuille en pointe, 8151.

— à la bande brochant, 8149.

— surmontant quatre fasces, 4521; — un fretté au croissant en abîme, 5822; — un sautoir, 6100.

Un chef échiqueté de trois tires, 41, 43, 3944, 3945, 3946, 5255, 5256, 6382.

— chargé à dextre d'un écusson à la bande, 5257.

— surmontant une quintefeuille, 7385.

Un chef fretté, 1305, 1719, 6001, 7268.

— surmontant un croissant, 5910; — un écusson en abîme chargé de..., 7267; — trois mains? 2725.

Un chef d'hermines, 307, 4000, 8531.

— chargé à dextre d'un écusson portant..., 6753; — d'une merlette à dextre, 8530.

— au lambel de six pendants, surmontant trois fasces, 2607.

69.

548   TABLE HÉRALDIQUE

Un chef d'hermines au *lion* issant surmontant trois broyes l'une sur l'autre, 4935, 9938.
— *surmontant* une ancolie au bâton en bande brochant sur le tout, 5241; — cinq bandes, 1883; — cinq bandes à la bordure, 1882; — trois fasces, 1908, 3054; — un lion, 379; — trois lions, 5869, 5870, 5871, 5872, 5873; — une quintefeuille, 5376.

Un chef parti au 1, d'une fleur de lys, au 2, d'une croix vidée, cléchée et pommettée accompagnant un château sur un mont, 6290.

Un chef soutenu d'un second chef chargé d'un vivré, 5940.
— *chargé* d'une quintefeuille, soutenu d'un autre chef chargé de trois chandeliers? au-dessus de trois bandes, 282; — d'une rose et soutenu d'un autre chef surmontant un bandé de six pièces, 4952, 7631, 9578; — d'une rose ou d'une sextefeuille soutenu de trois chandeliers, surmontant un bandé de six pièces, 281; — d'un vivré, soutenu d'un autre chef chargé d'un vivré, surmontant trois roses, 342.

Un chef vairé, 2128, 2411.
— au *lambel*, surmontant un échiqueté, 1739.
— au *lion* brochant sur le tout, 5249, 5250, 5251, 5252.
— *surmontant* un échiqueté, 4671; — un fretté, 1706.

Un chef vergetté, 3789.

CHÊNE.

Un chêne, 1897, 2459, 4573.
— *accosté* de..., sous un chef chargé d'un loup passant, 8014.
— sous un *chef*, 4567.
— *englanté*, 2259.

Trois chênes, 7684.

Deux feuilles de chêne et entre elles un cœur *chargeant* un chef surmontant deux lions adossés, 1001.

Un semé de feuilles de chêne, au *franc canton* chargé d'une croix au bâton en bande brochant, 7515.

CHEVAL.

Un cheval passant au *lambel* de quatre pendants, 3595.

Un cheval gai, 2773.
— contourné *chargeant* à dextre un clapé, 8477.

Deux chevaux passant l'un sur l'autre, 5626.

Une tête de cheval, 2033, 7382.
— *chargeant* un écusson sur le tout, 2034.

Trois rencontres de cheval, 9120.

Trois têtes de cheval *accompagnant* un chevron chargé de trois besants ou trois tourteaux, 5629.

Quatre têtes de cheval *cantonnant* un sautoir engrêlé à la bordure, 5682.

CHÈVRE.

Une chèvre saillant, 1745.
— *accompagnée* d'étoiles en orle, 2473.

Une chèvre naissant, 2952.

Trois chèvres passant, 2466.
— *accompagnées* d'un rameau en abîme, 2465.

Une tête de chèvre *accompagnant* en chef et à sénestre une bande chargée de trois macles, 4063.

Trois têtes de chèvre *accompagnées* en chef et à dextre d'un besant ou d'un tourteau, 3309.
— *arrachées chargeant* une bande sur champ d'hermines, 6599, 6600, 6601.

CHEVRON.

Un chevron, 20, 211, 368, 614, 789, 901, 902, 903, 1306, 1384, 1385, 1458, 1460, 1461, 1562, 1627, 1628, 1629, 2146, 2277, 2278, 2904, 2938, 3209, 3399, 3400, 4026, 4028, 4249, 4329, 5366, 5654, 5655, 5826, 6083, 7184, 7272, 7334, 8711, 9392, 9401, 9662.

— *accompagnant* en pointe une fasce accompagnée d'une étoile en chef et à sénestre, 965; — en pointe et deux étoiles séparées par une quintefeuille en chef accompagnant une fasce, 5828.

— *accompagné* de..., 2922, 8016; — de trois..., 4202; — de... au *lambel* de cinq pendants, 412; — de trois aigles, 5749; — de trois aigles contournées, 6859; — de deux aiglettes, au *franc canton* chargé d'une aigle éployée, 9056; — de trois aiglettes, 4368, 4369, 4370, 7322, 8053, 8327, 8572, 9051, 9054, 9055, 9057, 9058, 9059, 9060, 9061, 9063, 9064, 9066, 9067; — de trois annelets, 4930; — de trois annelets en pointe, 7745; — d'un arbuste en pointe et d'un croissant en chef et à dextre, 9147; — d'un arbuste en pointe à la barre brochant sur le tout, 9146; — de trois besants, 1849, 8205; — de trois besants au *lambel*, 6718; — de trois besants et d'une étoile en abîme, 6719; — de deux besants ou deux tourteaux en chef, 9380; — de deux besants ou deux tourteaux en chef et d'une quintefeuille en pointe,

8064; — de trois besants ou trois tourteaux, 1956, 6461, 6546, 6702, 7140; — de douze billettes, 2414; — de trois chardons, 1861; — de trois autres petits chevrons, 2859; — d'un chien contourné et rampant en chef et à dextre, 1456; — de trois cœurs, 3522; — de trois coqs, 3150; — d'une coquille en pointe, 2764; — de deux coquilles en chef et d'un croissant en pointe, 691; — de deux coquilles en chef et d'un lion en pointe, 2915, 2916, 2917; — de deux coquilles en chef et d'une rose en pointe, sous un chef, 169; — de trois coquilles, 1415, 1647, 2091, 4080, 6774; — de trois coquilles sous un chef chargé d'une croix pattée accostée de deux fleurons, 3718; — de trois coquilles au lambel, 2090, 2091; — de trois corneilles, 2801; — d'une croisette en chef et à dextre, 3979; — de trois croisettes, 5110; — de trois croisettes au bâton en bande brochant, 3474; — de trois croisettes recroisetées, 4794, 8524; — de seize croisettes recroisetées au pied fiché, 1055; — d'un croissant en chef et d'une étoile, et en pointe d'une sextefeuille, 9470; — d'un croissant en pointe, 6174; — de deux croissants en chef et d'une étoile en pointe, 3932; — de trois croissants, 928, 1660, 3125, 5044, 8404; — de trois croissants et d'une étoile en chef et à dextre, au lambel, 7841; — de trois croissants surmontés chacun d'une tête de léopard couronnée, 4696; — de trois dés, 4525; — de trois dextrochères? 7630;

— de trois dragons, 9080; — d'un écusson en chef et à dextre, 1459; — d'une étoile en pointe, 2905, 6615; — de deux étoiles en chef, 6077; — de deux étoiles en chef et d'une arbalète en pointe, 449; — de deux étoiles en chef et d'un arbre en pointe, 7396, 7397; — de deux étoiles en chef et d'un croissant en pointe, 612, 2383, 3952; — de deux étoiles en chef et d'une tête de dauphin en pointe, 1192; — de deux étoiles en chef et d'une tête de femme en pointe, 1219, 1220; — de trois étoiles, 230, 3253, 4774, 5565, 6074, 7280, 8103; — de trois étoiles en chef, 4253; — de trois étoiles, sous un chef, 2818; — de trois étoiles accompagnant en pointe une fasce au lambel, 8931; — de trois étoiles à la bordure engrêlée sous un chef, 3458; — de trois étoiles et surmonté d'un croissant, 8104; — de trois étoiles et en abîme d'un point, 2263; — de trois fers de flèche, 3851; — de trois fers de flèche la pointe en bas, 8795; — d'un fermail et de deux hermines en chef, 1455; — de deux fermaux, au franc canton chargé d'une merlette, 9201; — de trois fermaux, 103; — de trois feuilles, 4183, 4184, 4185; — de trois fleurs à cinq pétales, 7071; — de trois fleurs de lys, 6601, 9609; — de trois gerbes, 1173, 1174, 7310; — de trois gerbes à la bordure, 1175; — de trois glands? 2386; — de trois griffons rampants, 3622; — de trois harpes, 4519; — de trois hermines, 6458; — d'un huchet

en pointe, sous un chef, 664; — de trois hures, 7205; — d'un lion en chef et à dextre, 5657; — d'un lion issant en chef et de quatre hermines en pointe, 6855; — de deux lions couronnés, au franc canton chargé de..., 3702; — de trois lions, 2477, 6682; — de trois lions, à la bordure, 3015, 3822; — de trois lions, à la bordure chargée de quatorze quintefeuilles, 3821; — de trois lions chargeant un écusson sur le tout, 1326; — de trois losanges, 4069; — de huit losanges, quatre en chef et quatre en pointe, 4125; — d'un maillet en chef et à dextre, 1462, 1463; — de deux merlettes affrontées en chef et d'une rose en pointe, 5968; — de trois merlettes, 3839, 5660, 6626, 8818; — de sept merlettes, quatre en chef et trois en pointe, 414, 415, 416, 417, 419, 420, 421, 424, 425, 8447; — de sept merlettes, quatre en chef et trois en pointe, au lambel de cinq pendants, 413; — d'une molette en chef et à dextre, 5656; — de deux molettes en chef, 5042; — de trois molettes, 1104, 4193, 4753, 5296, 6139, 7911, 8119; — d'un oiseau en chef et à dextre, 1386; — de trois oiseaux, 1553, 3196, 4317; — de trois oiseaux, les deux en chef affrontés, 3197, 3198; — de trois oiseaux sous un chef chargé de trois quintefeuilles? 3846; — d'un orle, 8859; — de trois perdrix marchant, 7083; — de trois pommes de pin, 226, 7194; — de trois petits quadrupèdes, 4359; — de trois quartefeuilles, 6942; — d'une quintefeuille en chef et à dextre, 927; — de deux quintefeuilles en chef, 2997, 6090; — de deux quintefeuilles en chef et d'une fleur de lys au pied coupé en pointe, 5002; — de trois quintefeuilles, 2906, 4037, 7097; — de trois quintefeuilles, à la bordure besantée, 958; — de trois raisins, 9466; — d'une rose en chef et à dextre, 8989; — de trois roses, 1180, 5643, 6003; — de trois roues, 2233, 4691, 5630; — de trois sextefeuilles, 580, 581, 2837, 8835; — de trois têtes d'agneau, 3142, 3143; — de trois têtes d'aigle, 355; — de trois têtes de chien, 4697; — de trois têtes d'homme barbu, 5911; — de trois têtes de lapin arrachées, 2913; — de trois têtes de léopard, 2111, 3706, 8200, 8700; — de trois têtes de léopard, à la bordure, 8204; — de trois têtes de lévrier et surmonté d'une étoile, 1103; — de trois têtes de loup arrachées, 845; — de trois têtes de loup, à l'étoile en abime, 1304; — de trois têtes de loup contournées, 3997; — d'une tour et d'une coquille en chef et d'une tour en pointe, 9499; — de trois tourteaux, 758; — de trois trèfles, 128, 1060, 1428, 4070, 5949, 7438, 7866, 8791.

Un chevron à la *bordure*, 5835, 9660, 9663, 9664.

— *brochant* sur un arbre chargé de boutons, 1426; — sur un besant, au chef chargé de deux besants, 1847, 1850; — sur un billeté, 8929; — sur un burelé, 7852, 8508; — sur un chef bandé et accompagné en pointe d'un croissant versé surmontant trois coquilles, 1403; — sur un semé de croisettes recroisetées au pied fiché, 1055; — sur une fasce accompagnée de trois besants, 1824; — sur trois fasces, 9104; — sur un fascé de six pièces, 2126, 2127, 9037; — sur un fascé de fleurs de lys et de... de six pièces, 9022; — sur un fascé d'hermines et de... de six pièces, 8526; — sur un lion, 1449; — sur un losangé au lambel, 8598; — sur cinq merlettes en orle, 8140; — sur un palé de six pièces, 5050; — sur un semé de quartefeuilles, 5760.

Un chevron *chargeant* entre deux quintefeuilles une bande accompagnée de six billettes en orle, 8998; — un écusson, 9661; — un écusson accompagnant en chef trois poissons en pal, 7126.

— *chargé* de..., 4008, 6073; — de... au sommet et accompagné de trois aiglettes, 9062; — de..., au sommet et accompagné de trois coquilles, 8769; — de trois... et accompagné de deux glands en chef et de... en pointe, 6456; — de deux... et accompagné de deux lions en chef et d'une coquille en pointe, 2104; — de... et accompagné de deux oiseaux en chef et d'une étoile en pointe, 2097; — de... et accompagné de deux roses en chef, 3254; — de..., brochant sur un burelé, 9167; — de..., brochant sur un écusson en abime accompagné d'une étoile en chef et à dextre, 1959; — de..., brochant sur un papelonné, 3336; — de trois besants et accompagné d'un buste en pointe, 8449; — de trois besants et accompagné de trois lions, 2907, 2908; — de trois besants, porté par un franc canton accompagnant deux besants, 1846; — de cinq besants, 4308, 4309; — d'un besant ou d'un tourteau au sommet et accompagné de trois oiseaux, 9649; — de trois besants ou trois tourteaux et accompagné de trois têtes de cheval, 5629; — de cinq besants ou cinq tourteaux, brochant sur un écusson en abime, 1960; — d'une coquille au sommet et accompagné de trois quintefeuilles, 7431; — d'une coquille au sommet et accompagné de trois têtes chevelues et barbues, 56; — d'une coquille au sommet et accompagné de trois têtes de loup, 7345; — de trois coquilles et accompagné de deux têtes de léopard en chef et de la lettre *R* sénestrée d'une croix en pointe, 7939; — de trois coquilles et accompagné de trois têtes de léopard, 5330; — de trois coquilles, brochant sur sept burelles, 1421; — d'une croisette recroisetée au sommet, brochant sur un palé de six pièces, 3088, 3090, 3091; — de trois croisettes recroisetées, 1955; — d'un croissant au sommet et accompagné de trois fleurs de lys, 6600; — d'un croissant au sommet et accompagné de trois trèfles, 7585; — de trois croissants et accompagné de trois étoiles, 3354; — d'un écusson au sommet, au lambel, 4684, 4685; — d'une étoile au sommet, 2953, 4027, 6867; — d'une étoile au sommet et accompagné de sept merlettes, quatre en chef et trois en pointe, 418, 422, 423, 426; — d'une étoile au sommet, brochant sur un fascé de quatre pièces, 8509; — d'une étoile au sommet, brochant sur un fascé de six pièces, 8510; — de trois étoiles et accompagné de trois merlettes, 1746; — de trois étoiles et accompagné de trois trèfles, 1059; — de trois étoiles, brochant sur un papelonné, 3337, 3338; — d'une fleur de lys au sommet et accompagné de trois rencontres de bœuf, 6782, 6783; — de trois fleurs de lys? à la bordure engrêlée, 1656; — de cinq fleurs de lys, 1183; — de fruits épineux ou de feuilles dentelées et accompagné de trois hures, 151; — de trois losanges? et accompagné d'une quintefeuille en pointe, 1131; — d'un maillet au sommet, parti d'un fascé de quatre pièces, 1251; — de trois merlettes et accompagné de trois têtes du cerf, 7417; — d'une molette au sommet et accompagné de trois oiseaux, 9650; — de trois molettes et accompagné de trois feuilles de trèfle, 836; — d'une quintefeuille au sommet, surmonté d'un croissant et accompagné de trois rencontres de bœuf, 6786; — de trois quintefeuilles, sur champ d'hermines, 8055; — de trois têtes de..., 4568.

Un chevron sous un *chef*, 3795, 7875, 8879; — chargé de trois couronnes, 3457; — chargé à dextre d'un écusson à la croix fleuronnée, 5463.

Un chevron *coiffé* d'une couronne du milieu de laquelle s'élève une tête d'oiseau et accompagné

de trois croisettes recroisetées, 966.

Un chevron au *franc canton* accompagné en pointe d'une merlette, 6479; — chargé d'une fasce accompagnée de trois fers de cheval, 1267.

— sur champ *d'hermines*, 5956, 8056.

— au *lambel*, 1186, 1187, 4686; — et accompagné d'un lion en chef et à dextre, 1457; — à la coquille brochant sur le tout en chef et à dextre, 7620; — sur champ d'hermines, 8445; — de cinq pendants, 1152, 3661, 5891, 8347.

— *parti* d'un chef échiqueté, 4571.

— *sur le tout* d'un parti d'un plain et d'un échiqueté, 7709.

— *surmonté* d'une étoile, 4933; — de la lettre A et accompagné de trois..., 8493.

Un chevron ABAISSÉ *accompagné* en pointe d'une fleur de lys, au lambel, 6460.

— au *lambel*, 6158.

Un chevron DENTELÉ *accompagné* de trois croissants, 4212; — de trois croissants au lambel, le croissant en pointe surmonté d'un fer de flèche, 4213.

Un chevron ÉCHIQUETÉ *chargeant* un écusson en abîme au franc canton sénestre chargé d'un lévrier passant et accompagnant trois maillets, 5024.

Un chevron ENGRÊLÉ *accompagné* de trois annelets, 8757; — de trois oiseaux, 9043; — de trois papegaux, 665.

— *chargé* d'un oiseau au sommet, 3645.

— *sommé* d'une fleur de lys, 2223.

Un chevron FRETTÉ *accompagné* de trois croix recercelées, 9641.

— *chargé* de... au sommet, sur champ d'hermines, 7373.

Un chevron D'HERMINE, 4049.

— *accompagné* de trois étoiles, 4050; — de trois fleurs de lys, 6341. 6345; — de trois fleurs de lys et surmonté d'une quintefeuille, 6342, 6343, 6344.

— *brochant* sur un échiqueté, 9675.

— *chargé de*..... au sommet et accompagné de trois....., 6647.

Un chevron RABIÉ en chef, 1274.

Un chevron RENVERSÉ, 2640.

— sous un *chef* chargé de trois annelets? au filet en barre brochant, 2240; — chargé de deux besants ou deux tourteaux, 6668.

Un chevron DE VAIR *accompagné* de trois lions, à la bordure, 9079; — de trois lions, à la bordure chargée de huit quintefeuilles, 3820; — de trois oiseaux sous un chef chargé d'un lion passant, 4502.

Un chevron À TROIS SOMMETS *accompagné* de trois merlettes à la bordure besantée, 9651.

Deux chevrons, 12, 133, 1893, 1894, 2202, 2456, 5217, 7424.

— l'un en chef, l'autre en pointe, *accompagnant* une fasce chargée de trois macles, 4517.

— *accompagnés* de deux besants en chef et de... en pointe, 6984; — de deux besants ou deux tourteaux en chef, 7933; — de deux besants ou deux tourteaux en chef et en abîme d'une étoile, 6906; — de trois besants ou trois tourteaux, 7625; — d'une quintefeuille en chef et à dextre, à la bordure engrêlée, 1898.

— à la *bordure*, 1179.

— sous un *chef* chargé de trois quintefeuilles, 4942.

Deux chevrons à la *fasce* brochan 4634.

DEUX CHEVRONS au *franc canton*, 4999.
— sur champ *d'hermines*, 7003
— an *lambel*, 6091.
— *séparés* par une étoile et accompagnés de trois croissants, 4384.
— l'un renversé, *enlacés*, 7172.
DEUX CHEVRONS D'HERMINE, 2031.
TROIS CHEVRONS, 132, 313, 429, 933, 1609, 1984, 1985, 2373, 2378, 2583, 2584, 2675, 3386, 3564, 3565, 3566, 3705, 3756, 3849, 3959, 3960, 3984, 4637, 4824, 4826, 4827, 5119, 5122, 5201, 5202, 5203, 5204, 5205, 5206, 5207, 5208, 5212, 5214, 5217, 5245, 5305, 5306, 5377, 5378, 5699, 5942, 6297, 7219, 7222, 7556, 7557, 7558, 7740, 8352, 8482, 8486, 8487, 8501, 8807, 8808, 8837, 9033, 9325, 9335, 9406, 9563, 9653, 9654, 9655, 9673.
— *accompagnant* un chevron, 2859.
— *accompagnés* de... au canton dextre, 134; — de... en chef 8129; — d'un annelet en pointe, 1958; — de trois annelets, 2143; — d'un besant ou d'un tourteau en chef et à dextre, 6120; — de trois besants ou trois tourteaux, 7048; — d'un écusson au canton dextre, 738; — d'une étoile en chef et à dextre, 734, 8854; — de deux étoiles en chef, 735, 7567; — d'une merlette en chef et à dextre, 3013; — de deux oiseaux affrontés en chef, 8853; — d'une quintefeuille en chef et à dextre, 2462; — d'une quintefeuille en abîme, au lambel, 7229; — de trois têtes d'aigle arrachées, 4305; — d'un trèfle en chef et à dextre, 6812.
TROIS CHEVRONS à la *bordure*, 7230, 8482, 8488, 9660; — à la bordure engrêlée, 8485.
— *brochant* sur un burelé, 7848, 7849, 7851, 7854, 7856, 7858, 7859, 7860, 7861, 7862, 7863; — sur trois fasces 7850, 7853, 7855, 7857; — sur un pal, 2354; — sur un semé de trèfles, 4575.
— *chargeant* un écusson accompagnant un chef et à dextre une fasce en devise, 6311; — un écusson sur le tout, 4404; — un écusson chargeant une fasce accompagnée de trois aigles, deux en chef et une en pointe, 4600; — un écusson en abîme brochant sur un bandé de six pièces au lambel, 5200; — un franc canton accompagnant une bande accompagnée de deux tourteaux ou de deux besants, 1158; — un pal, 4690. 6709, 7969.
— le premier *chargé* en chef et à dextre d'un écusson à la bande losangée de quatre pièces, 9662.
— sous un *chef*, 9157, 9288; — au lion issant, 6299.
— à la *fasce* chargée de trois coquilles brochant, 9300.
— au *franc canton* chargé d'une aigle, 4981; — fretté au canton sur le tout, 4982; — d'hermines à la bordure, 9257; — vairé, 5941.
— sur champ *d'hermines*, 8621.
— au *lambel*, 3037, 3046, 3051, 4825, 5192, 7617, 7635, 7636, 7637, 7638, 7754, 8838, 9152, 9153, 9656, 9657, 9658, 9659, 9661, 9662, 9663, 9664; — et à la bordure, 8484; — et à la bordure engrêlée, 3049; — de trois pendants chargés chacun de trois besants, 9156, 9656.
TROIS CHEVRONS *de l'un en l'autre*, 2322.
— la branche dextre du premier chevron *remplacée* par une fleur de lys, 6023.
— *séparés* par du vair, 6533.
TROIS CHEVRONS ÉCHIQUETÉS, 5609.
TROIS CHEVRONS D'HERMINE, 5676, 5677.
— à la *bande* brochant, 5675.
— au *lambel* de quatre pendants. 5674.
TROIS CHEVRONS DE VAIR, 9463.
— *accompagnés* en chef et à sénestre d'un écusson chargé de..., 7626; — d'une merlette en chef et à dextre, 3651.
TROIS CHEVRONS VIDÉS ? 5077.
QUATRE OU CINQ CHEVRONS *accompagnés* d'une étoile en chef et à dextre, 5645.
CINQ CHEVRONS, 7715, 7717.
CINQ CHEVRONS RENVERSÉS, 5224.
CHEVRONS sous un *chef*, 2608.
— *composant* deux pals sous un chef composé de même et accompagnés à sénestre d'un écusson chargé d'un pal, 6447.

CHEVRONNÉ.

UN CHEVRONNÉ au *lambel*, 708.
UN CHEVRONNÉ DE SIX PIÈCES, 2585, 2586, 2674, 3961. 3962. 4948, 5211, 5213, 5215, 5825, 6918, 7376, 8178. 8585.
— *chargé* en chef et à dextre d'une molette, 3958.
— sous un *chef*, 5581, 8249; — chargé d'une corneille, 2799, 2800; — chargé d'une corneille et d'un croissant au canton dextre, 2798; — chargé de trois fers de lance, 6327; — au lion issant, 1876.
— à la *fasce en devise* brochant. 4769.

DES SCEAUX DE CLAIRAMBAULT.

Un chevronné de huit pièces à la bordure engrêlée, 8355.
— chargé d'une merlette en chef et à dextre, 7716.
Un chevronné de dix pièces, 6155.
Un chevronné de douze pièces au franc canton d'hermines, 4631.

CHICOT.

Trois chicots ou trois hermines chargeant une fasce accompagnée en chef d'un lion passant, 8112.

CHIEN.

Voyez aussi *Lévrier*.
Un chien à la *bordure*, 6221.
Un chien passant, 2695, 4274.
— *accompagnant* en chef trois fasces, 1817; — à sénestre en chef accompagnant trois barres, 346; — en abime quatre fasces ondées, 7803.
Un chien courant à la *bordure* componée, 764, 765.
— *chargeant* en abime un fascé enté de six pièces, 7795, 7796, 7797, 7798, 7799, 7822; — en abime un fascé ondé de dix pièces, 7802.
Un chien rampant accolé, 146.
— *accompagné* de... en chef, 7524.
— au-dessus d'un mur, à la *fasce* brochant sur le chien, 1965.
Un chien rampant contourné *accompagnant* en chef et à dextre un chevron, 1456.
Deux chiens passant l'un sur l'autre, 889, 1793, 5093; — le premier courant, 1793.
Deux chiens courant à sénestre *accompagnant* une fasce, 1613.
Trois chiens passant *l'un sur l'autre*, 884.
— *accompagnés* d'une étoile en chef, 4459.
— *chargeant* une bande, 8410; — une bande accompagnée d'un écusson en chef et à sénestre, 8411.

Trois chiens courant *l'un sur l'autre*, 5450, 5451.
Trois chiens? rampant, 2131.
Quatre chiens *cantonnant* une croix, 3178.
Trois têtes de chien, 4728.
— *accompagnant* un chevron, 4697.
— à la *bande* brochant, 7118.

CHOUETTE.

Trois chouettes à la *bordure*, 9260.
Trois chouettes contournées *accompagnées* d'un croissant en abime, 9261.

CIBOULE.

Un fascé de trèfles et de six ciboules, 3, 2 et 1, de six pièces 2525.

CISAILLE.

Des cisailles à la *bordure*, 9040.

CLEF.

— une clef, 177.
— *accompagnant* en abime trois maillets, 5530.
— *cantonnant* le 2 d'une croix cantonnée au 1 d'une fleur de lys, au 3 et au 4 de deux étoiles, 5072.
Une clef en bande *accompagnée* d'un croissant versé en chef, 2275; — d'un croissant versé en chef et à sénestre, 2276.
Une clef en barre *accompagnée* en chef d'un croissant versé, 2277, 2278.
Deux clefs en pointe et deux fleurs de lys en chef *cantonnant* une croix vidée, cléchée et pommetée, 2.
Deux clefs en pal adossées, tenues par un dextrochère, 5915.
Deux clefs en sautoir, 268, 2587, 2588, 2589, 2591, 2592, 2593, 2594, 2599.
— *accompagnées* de... en chef, 2614; — d'une couronne en

chef, 2590, 2597, 2598, 2601, 2615, 2616; — d'une couronne en chef, à la bordure, 2595, 2596; — d'un losange en chef, 2602; — d'une quintefeuille en chef, 2600.
Deux clefs en sautoir *brochant* sur une aigle, 2634.
— *cantonnées* de quatre étoiles, 5291.
— *surmontées* d'une tiare, chargeant un pal, 9188.
Trois clefs, 4252, 9398.
— *chargeant* une bande, 2541, 2567.
Trois clefs couchées *l'une sur l'autre*, 2727.

CLOCHE.

Une cloche, 851, 852, 853, 6764, 8166.
— *cantonnant* le 1 et 4 d'une croix losangée, cantonnée au 2 et 3 de trois jumelles, 8299.
— *chargeant* un écusson sur le tout, 848, 849, 854, 856, 6768.
Trois cloches, 1 et 2, sous un chef chargé d'une croix, 2688.
Cloches *chargeant* une croix cantonnée au 1 et 4 d'un lion; au 2 et 3 d'une aiguière, 850.

CLOU.

Un clou *accosté* de deux étoiles, 2629.
Deux clous en flanc, un château en chef, une étoile en pointe *cantonnant* un sautoir, 2562.
Six clous sous un *chef* chargé de trois..., 2672.

COEUR.

Un coeur, 256, 3226.
— au *bâton en bande* brochant, 358.
— entre deux feuilles de houx *chargeant* un chef surmontant deux lions adossés, 1001.
— *entouré* de rameaux, 97.
— *percé* d'une flèche, 8373.
Un coeur ailé *chargeant* un chef

554   TABLE HÉRALDIQUE

surmontant un semé de fleurons au lion brochant, 943.
Deux cœurs et une molette *accompagnant* une fasce, 94.
Trois cœurs, 98, 2372.
— *accompagnant* un chevron, 3522.
— *accompagnés* d'un oiseau en abime, 1302.
— *chargeant* un chef surmontant une étoile ou un soleil, 1607.
— sous un *chef* chargé de trois macles, à la bande chargée de trois dragons brochant sur le tout, 1972.
— au *lambel*, 7489.
Trois cœurs couronnés, 7145.

COLOMBE.

Une colombe au rameau d'olivier, 2659.
— *accompagnant* en abîme deux bandes, la première brochant sur une étoile, 832.
Trois colombes tenant chacune à son bec une étoile, *chargeant* une bande, 8198.

CONTRE-ÉCARTELÉ.

Contre-écartelé : au 1 et 4, trois... l'un sur l'autre; au 2 et 3, trois bandes, 9157.
— au 1 et 4...; au 2 et 3, un chien passant, 2695.
— au 1 et 4, une *bande*; au 2 et 3, un pal chargé de trois chevrons, 7969.
— au 1 et 4, une *bande engrêlée*; au 2 et 3, un *plain*, 1257, 8267.
— au 1 et 4, les *chaines de Navarre*; au 2 et 3, trois fleurs de lys à la bande componée; le tout au lambel, 5709.
— au 1 et 4, un *château*; au 2 et 3, un lion, 1908.
— au 1, un *chevron* accompagné de trois aiglettes; au 2, trois fleurs de lys, au bâton en bande brochant; au 3, trois fleurs de lys

au franc canton; au 4, un losangé, 4368, 4369.
Contre-écartelé au 1 et 4, trois coquilles; au 2 et 3, une croix ancrée accompagnée de (merlettes), 2101.
— au 1 et 4, une croix *engrêlée*; au 2 et 3, un lion, 8966.
— au 1 et 4, une croix *recroisetée* chargée de cinq besants; au 2 et 3, deux chevrons, 2456.
— au 1 et 4, deux *fasces*; au 2 et 3, un semé de trèfles à deux bars adossés, 7632, 7634.
— au 1 et 4, trois *fasces*; au 2, trois fleurs de lys au lambel; au 3, la guivre engoulant l'enfant, 4368, 4369.
— au 1 et 4, un *fascé* de six pièces, la première pièce chargée de trois besants; au 2 et 3, une quintefeuille, 3001.
— au 1 et 4, trois *fleurs de lys*; au 2 et 3, un plain, 6668, 6669, 6674.
— au 1, 2, 3 et 4, un *lion*, 275.
— au 1 et 4, un *lion*; au 2 et 3, deux fasces, 2594.
— au 1, un *lion*; au 2 et 3, un léopard rampant; le tout au lambel, 4378.
— au 1 et 4, une *manche mataillée*; au 2 et 3, un burelé à l'orle de merlettes brochant, 3001.
— au 1, 2, 3 et 4, quatre *otelles*, 275.
— au 1 et 4, un *palé* de six pièces sous un chef chargé de trois hydres; au 2 et 3, un lion à la bordure fleurdelysée, 4959.
— au 1, 2, 3 et 4, un *plain*, 85, 327, 929, 3009, 3010, 4713, 4959, 5415, 5416, 5582, 6684, 8788, 8789, 9227.
— au 1, 2, 3 et 4, un *plain* à la bande engrêlée brochant, 195, 197.
— au 1, 2, 3 et 4, un *plain* au bâton en bande brochant, 9673.

Contre-écartelé au 1, 2, 3 et 4, un *plain* à la bordure, 4117.
— au 1, 2, 3 et 4, un *plain* à la bordure engrêlée, 8190.
— au 1, 2, 3 et 4, un *plain* à la bordure fleurdelysée, 7270.
— au 1 et 4, un *plain*; au 2 et 3, quatre besants ou quatre tourteaux, 2 et 2, 7942.
— au 1, 2, 3 et 4, un *plain*, coupé d'une barre fuselée accompagnée à dextre d'un écusson chargé d'une fasce, 3009.
— au 1 et 4, quatre *pals*; au 2, un château; au 3, un lion, 6668.
— au 1 et 4, trois *pointes* au franc canton chargé d'un cerf; au 2 et 3, une fasce accompagnée de trois besants ou trois tourteaux en chef, 7138, 7139.

COQ.

Un coq, 341, 1764, 3758, 4717, 4718, 4722, 4723, 5858, 9589, 9590; — en pointe et un vairé en chef, 8611.
— à la *bordure* besantée, 2768.
— sous un *chef* chargé d'un vivré, 2643.
— *perché* sur un buisson, 4725; — sur un mont, 4716; — sur un mont, à la bordure engrêlée, 4721.
Deux coqs au *franc canton* d'hermines chargé d'une fasce, 2759.
Trois coqs, 720, 2765, 4013, 4374, 8019, 8020, 8924.
— *accompagnant* un chevron, 3150; — en chef une fasce, 6936; — en chef une fasce chargée à dextre d'un croissant, 6818; — en chef une fasce, au lion passant brochant sur la fasce et la pointe de l'écu, 6817.
— *brochant* sur un burelé, 2453, 2454, 2455, 4285.
Trois têtes de coq arrachées, 7624.

DES SCEAUX DE CLAIRAMBAULT. 555

COQUILLE.

Une coquille, 3519; — en chef, 353, 1201.
— en pointe et une molette en chef accompagnant une bande chargeant une feuille, 3939; — accompagnant en pointe un chevron, 2764; — en pointe trois croissants, au franc canton chargé d'une aiglette, 1593; — en pointe et deux lions en chef accompagnant un chevron chargé de..., 2104; — et une tour en chef et une tour en pointe accompagnant un chevron, 9499; — accompagnant en chef et à dextre une croix recercelée chargée de... en cœur, 4086; — en pointe et une étoile en chef accompagnant une fasce chargée de deux besants, 6142; — accompagnant en chef et à dextre une fasce chargée de trois molettes, 5325.
— brochant en chef et à dextre sur une bande componée, 9083; — en chef et à dextre sur un chevron au lambel, 7620.
— cantonnant une croix en chef et à dextre, 2478, 4196; — en pointe un sautoir cantonné de trois besants ou trois tourteaux en chef et aux flancs, 9435; — cantonnant un chef en sautoir chargé de cinq annelets, 942; — et trois perdrix cantonnant un sautoir, la coquille en pointe, 7563, 7564; — et trois perdrix cantonnant un sautoir à la bordure engrêlée, la coquille en pointe, 7562; — en chef et trois têtes d'homme de profil cantonnant un sautoir engrêlé, 2391.
— chargeant en chef une bande, 8993; — en chef une bande accompagnée de deux coquilles en chef, 3680; — en chef une bande accompagnée de six croisettes en orle, 1019; — en chef une bande accompagnée de deux hures, 2181; — un chef, 1652; — à sénestre un chef surmontant un losangé, 1291; — le sommet d'un chevron accompagné de trois quintefeuilles, 7431; — le sommet d'un chevron accompagné de trois têtes chevelues et barbues, 56; — le sommet d'un chevron accompagné de trois têtes de loup, 7345; — en cœur une croix engrêlée, 5164; — une fasce accompagnée de six quintefeuilles en orle, 6041; — un franc canton accompagnant un échiqueté, 2705; — un franc canton sur champ d'hermines, 1145; — en chef un fretté, 4247; — en cœur un fretté sous un chef portant trois canettes, 3491; — un sautoir en cœur, 163, 165; — un vairé en chef et à dextre, 7831.

Une coquille remplaçant la partie dextre et en chef d'une croix recercelée, 7189.

Une coquille et demie pour trois coquilles chargeant un chef, 3023.

Deux coquilles accompagnant en chef une bande chargée d'une coquille, 3680; — en chef et un croissant en pointe accompagnant un chevron, 691; — en chef et un lion en pointe accompagnant un chevron, 2915, 2916, 2917; — en chef et une rose en pointe accompagnant un chevron sous un chef, 169; — et une sextefeuille en pointe et deux sextefeuilles en chef accompagnant une fasce, 5769.

Deux coquilles, l'une en chef accompagnée d'un lion, l'autre en pointe, 2107.
— en pointe et deux croissants en en chef cantonnant une croix, 3724; — un sautoir, l'une en chef et l'autre en pointe, 6557.
— et un dragon chargeant une bande sur champ d'hermines, le dragon en chef, 8713; — et un écusson à dextre portant un semé de fleurs de lys à la bande brochant, chargeant un chef surmontant trois pals de vair, 6929; — chargeant un chef surmontant un palé, 2499.
— au franc canton sénestre vairé, 1146.

Trois coquilles, 1509, 1665, 1986, 2095, 2096, 2098, 2101, 2105, 2497, 2918, 2919, 3021, 3446, 3764, 4098, 4107, 5238, 6198, 6199, 6200, 6213, 6805, 7547, 8058, 8774, 9133; — l'une sur l'autre, 8426.
— accompagnant un chevron, 1415, 1647, 2091, 4080, 6774; — un chevron chargé de... au sommet, 8769; — un chevron sous un chef chargé d'une croix pattée accostée de deux fleurons, 3718; — un chevron au lambel, 2090, 2091; — une fasce, deux en chef et une en pointe, 2100, 5184, 6550; — une fasce componée, deux en chef et une en pointe, 8522; — une fasce en devise, deux en chef et une en pointe, 6742; — en chef une fasce fuselée de quatre pièces, 9279; — en chef une fasce losangée, 5353; — en chef deux fasces, 4606; — en chef trois fasces, 3340; — en chef trois jumelles, 8956; — un lion au lambel, deux en chef, une en pointe, 4396.

70.

TROIS COQUILLES *accompagnées* d'un croissant en abime, 4599; — d'un croissant en abime, à la bordure engrêlée, 1507, 4770; — d'une étoile en chef, 6019; — d'une étoile en chef et à sénestre, au franc canton portant une fasce en devise accompagnée en chef de trois merlettes, 6873; — accompagnées d'une merlette en chef, 5419; — d'un oiseau en abime, 3227.

— au *bâton en bande* brochant, 4994.
— à la *bordure*, 7707.
— à la *bordure* engrêlée, 3953.
— *chargeant* une bande, 484, 1225, 1226, 2171, 2518, 4508, 8614, 9093; — une bande accompagnée de billettes en orle, 1926; — une bande accompagnée de six canettes en orle, au lambel, 1782; — une bande accompagnée en chef d'un château et d'une étoile, 2174; — une bande accompagnée de six croisettes en orle, 1335; — une bande accompagnée d'une étoile en chef, 2172, 2173, 2175, 2176, 2178; — une bande accompagnée d'une étoile en chef, au lambel, 2169; — une bande accompagnée d'une fleur de lys en chef, au lambel, 2168; — une bande accompagnée d'un lion naissant en chef, 2166; — une bande accompagnée d'une merlette en chef et à sénestre, 7501; — une bande accompagnée en chef d'une molette, 2178; — une bande accompagnée d'un oiseau en chef, 1256; — une bande à la bordure engrêlée, 6792; — une bande brochant sur un arbre, 3620; — une bande brochant sur un bâton en barre, 6828; — une bande brochant sur un burelé, 1499, 1500, 1501; — une bande brochant sur un chef chargé d'une étoile, 5860; — une bande brochant sur un chef chargé d'une étoile à sénestre, 2408; — une bande brochant sur trois fasces, 7574; — une bande brochant sur un fascé de vair et de... de six pièces, 2840; — une bande brochant sur un lion passant, 5884; — une bande brochant sur trois lions, 7203; — une bande brochant sur un palé de six pièces sous un chef, 7054; — une bande côtoyée de deux cotices, 9471; — une bande sur champ d'hermines, 4706; — une bande au lambel, 1190; — une barre, 3024; — un bâton en bande surmonté d'un mur crénelé, 6613; — un chef, 3022, 5632; — un chef surmontant une croix ancrée, 1127; — un chef surmontant une croix ancrée, à la bande componée brochant sur le tout, 1125; — un chef surmontant une fasce, 2490; — un chef surmontant un lion au bâton en bande brochant, 352; — un chef surmontant un losangé, 1290; — un chef surmontant trois pals de vair, 6931, 6977; — un chef surmontant une pie, 19; — un chef surmontant un sautoir, 8767; — un chef surmontant un vairé, 5575; — un chevron accompagné de deux têtes de léopard en chef et de la lettre R sénestrée d'une croix en pointe, 7379; — un chevron accompagné de trois têtes de léopard, 5330; — un chevron brochant sur sept burelles, 1421; — un écusson, 3279; — une fasce, 405; — une fasce accompagnée d'une étoile en chef et à dextre, 5832; — une fasce accompagnée d'un lion passant en chef et à dextre, 7047; — une fasce accompagnée de deux lions, l'un en chef et l'autre en pointe, au franc canton chargé de trois escarcelles, 5021; — une fasce accompagnée en chef de deux merlettes, 4178; — une fasce accompagnée de sept merlettes, quatre en chef et trois en pointe, 3410; — une fasce accompagnée de deux molettes en chef, 7306; — une fasce accompagnée d'un vivré en chef, 4224; — une fasce brochant sur trois chevrons, 9300; — une fasce brochant sur un échiqueté, 3181, 3182; — la première pièce d'un fascé de six pièces, 872, 873; — un franc canton accompagnant deux fasces accompagnées de cinq merlettes contournées, 1, 3, 1, 9354.

TROIS COQUILLES sous un *chef* au lion passant, 1172, 2526; — chargé de trois macles, 2099.
— au *franc canton* vairé, 1147.
— sur champ *d'hermines* chargeant un franc canton accompagnant une herse, 224, 225.
— au *lambel*, 688, 2102, 2103, 2106, 2769.
— *surmontées* d'un croissant versé accompagnant en pointe un chevron brochant sur un chef bandé, 1403.

TROIS COQUILLES RENVERSÉES, 8767.
QUATRE COQUILLES posées en croix, 3575.
— *cantonnant* une croix, 78, 1221; — une croix échiquetée, 4787; — une croix engrêlée, 1606; — une croix engrêlée chargée de cinq besants et d'un croissant, 5026, 5027, 5028,

5029, 5030; — un sautoir, 6, 7011; — un sautoir au lambel, 6558.

QUATRE COQUILLES et quatre lions passant, deux en chef et deux en pointe *chargeant* une croix cantonnés au 1 et 4, de trois besants ou trois tourteaux, au 2 et 3, de quatre aiglettes, 5768.

CINQ COQUILLES *chargeant* une croix, 809, 811, 812, 813, 815, 957, 1817, 2137, 3670, 4441, 4443, 4748, 4749, 6861, 6862, 6863, 7540, 7667, 7668, 7669, 7670, 8050, 8051, 8052, 8053, 8054, 9326; — une croix accompagnée d'une broye au canton dextre, 1626; — une croix accompagnée d'un dauphin? en chef et à dextre, 6102; — une croix accompagnée d'un écusson en chef et à dextre, 4431, 4432, 4433, 4434, 4437, 4438; — une croix accompagnée en chef et à dextre d'un écusson fascé de six pièces, 4435; — une croix accompagnée d'une étoile en chef et à dextre, 4422, 4423; — une croix accompagnée d'une étoile en chef et à dextre, au bâton en bande brochant, 5333; — une croix accompagnée d'un lion passant en chef et à dextre, 4427; — une croix accompagnée d'une merlette en chef et à dextre, 8247, 9241; — une croix accompagnée d'une molette en chef et à dextre, 6638; — une croix à la bordure, 4442; — une croix cantonnée de quatre aigles, 2467; — une croix cantonnée au 2, 3 et 4, de douze alérions, au franc canton chargé de trois fleurs de lys, 5127; — une croix cantonnée de seize alérions, 2120, 3105, 4370, 4571, 5128, 5129, 5131, 5415, 5416; — une croix cantonnée de seize alérions, à la bordure, 5134; — une croix cantonnée de seize alérions, au lambel, 5125, 5130; — une croix cantonnée de douze croisettes, 9342; — une croix cantonnée de quatre mouchetures d'hermine, 1485; — une croix cantonnée au 1, d'un lion passant, au 2, 3 et 4, de douze alérions, au bâton en bande brochant sur le tout, 5126; — une croix cantonnée de quatre lions, 6897, 6899; — une croix cantonnée de douze merlettes, 3367; — une croix sur champ d'hermines sous un chef chargé de..., 1486; — une croix au lambel, 6369, 9509; — une croix au lambel de quatre pendants, 6637; — une croix au lambel de cinq pendants, 6823; — une croix ancrée, 9240; — une croix engrêlée accompagnée en chef et à dextre d'un lion passant, 3077, 3078, 3079; — une croix fleuronnée, cantonnée d'un oiseau en chef et à dextre, 2533; — un sautoir, 3841, 5279, 6134; — un sautoir cantonné de quatre merlettes, 3554, 3555.

CINQ COQUILLES, 1, 2 et 2, *côtoyant* deux bandes, 8859.
— 2, 1 et 2, les deux en chef séparées par une étoile, au *lambel* de quatre pendants, 1707.

SIX COQUILLES, 5453, 5454, 5457, 8109, 8495, 8496, 8497, 8498, 8499.
— 3 et 3, *accompagnant* une bande chargée d'une quintefeuille en chef, 1281; — une fasce, trois en chef et trois en pointe, 7425, 7618; — une fasce chargée d'une croisette, trois en chef et trois en pointe, 1042; — une fasce au lambel, trois en chef et trois en pointe, 7068.

SIX COQUILLES à la *bande* brochant, 7319.
— *chargeant* une bordure accompagnant un lion, 1348.

SIX COQUILLES EN ORLE *accompagnant* une bande, 448, 5456, 6039, 8393, 8394, 8395, 8591; — une bande au lambel, 6038; — une bande engrêlée, 4572; — une bande engrêlée au lambel, 4392.

SEPT COQUILLES, 3, 3 et 1, 4995.
— 1, 3 et 3, *accompagnant* deux bandes, 6216; — 3, 3 et 1, accompagnant deux fasces, 1375.
— 1, 3 et 3, *côtoyant* deux bandes, 8857, 8858.

SEPT COQUILLES EN BANDE, 1, 3 et 3, *séparées* par deux cotices, au lambel, 4294.

SEPT COQUILLES EN ORLE *accompagnant* deux fasces accompagnées en chef et à dextre d'un écusson chargé d'une bande, 5930.
— à la *bande* brochant, 5455.

HUIT COQUILLES EN ORLE *accompagnant* un écusson en abîme, 5055, 5056, 5637, 6358, 9124; — deux fasces, 5056, 5057, 5931, 9512; — deux fasces tressées, 5929.

NEUF COQUILLES EN ORLE *accompagnant* deux fasces, 6301, 6302, 6303, 6305, 6306, 6307, 6308; — deux fasces à la bordure besantée, 6304.

ONZE COQUILLES *chargeant* trois bandes sur champ d'hermines, 5469; — une bordure accompagnant un lion, 6553.

COQUILLES *chargeant* une bordure accompagnant un lion brochant sur un billeté, 6125.

TABLE HÉRALDIQUE

COQUILLES EN ORLE *accompagnant* un lion, 1349, 1350, 1351.
— à la *bande* brochant, 5458.

CORBEAU.

TROIS CORBEAUX marchant, 26, 2771, 2774, 2775.
— à la *bande* brochant, 5139.
— au *lambel*, 5140.

CORDE.

FRAGMENTS DE CORDES ou de chaînes, 6072.

CORDELIÈRE.

UNE CORDELIÈRE *chargeant* chaque case d'un échiqueté, 7938.

CORNE DE CERF.

UNE CORNE DE CERF, 6691.

CORNEILLE.

UNE CORNEILLE *chargeant* un chef surmontant un chevronné, 2799, 2800; — et un croissant à dextre chargeant un chef surmontant un chevronné de six pièces, 2798.
— au *lambel*, 3904.
DEUX CORNEILLES *accompagnant* une bande, une en chef et l'autre en pointe, 2803.
TROIS CORNEILLES, 2802, 3909.
— *accompagnant* un chevron, 2801; — un lion, 6191; — un lion accompagné d'un croissant versé en chef, 6190.
HUIT CORNEILLES EN ORLE *accompagnant* un écusson en abîme chargé d'un lion, 6188; — un écusson en abîme chargé d'un lion, au lambel sur le tout, 6187.
ONZE CORNEILLES EN ORLE *accompagnant* un lion, 6972, 6973.
DIX-HUIT CORNEILLES EN ORLE *accompagnant* un lion, 6974.

CORNIÈRE.

UNE CORNIÈRE *accompagnant* à dextre un dextrochère revêtu d'hermines et brochant sur un chef, 9551, 9552.

COTICE.

DEUX COTICES *accostées* de deux étoiles, 1142; — de deux têtes de lion arrachées, 654.
— *côtoyant* une bande, 718, 1115, 1230, 1685, 2193, 2332, 3461, 3485, 4390, 5379, 6378, 6872, 7198, 8549, 8550, 8551; — une bande accompagnée de..., 4420; — une bande accompagnée de deux croissants, 717; — une bande accompagnée d'un écusson en chef et à sénestre, 4997; — une bande accompagnée d'une étoile en chef et à sénestre, 5380; — une bande accompagnée de six losanges en orle, 3501; — une bande accompagnée de huit losanges en orle, 3500; — une bande accompagnée en chef et à sénestre d'un sanglier passant, 8552; — une bande chargeant un franc canton accompagnant deux croissants, 129, 130; — une bande chargée de trois coquilles, 9471; — une bande chargée d'un écusson en chef, 4647; — une bande chargée de deux étoiles, 6181; — une bande chargée de trois étoiles, 6182; — une bande chargée de deux gerbes, 3869; — une bande chargée d'un lion au lambel, 9185; — une bande chargée de trois lionceaux, 2996; — une bande au lambel, 8964; — une bande au lambel de cinq pendants, 9036; — une bande componée, 9088, 9089; — une bande componée accompa-

gnée d'une merlette en chef et à sénestre, 9087; — une bande engrêlée chargée de trois fleurs de lys, 2637; — une bande frettée, 755; — une bande frettée accompagnée de..., 9612.
DEUX COTICES *séparant* sept coquilles en bande, 1, 3 et 3, au lambel, 4294.
DEUX COTICES DENTÉES *côtoyant* une bande, 6858.
DEUX COTICES ENGRÊLÉES *côtoyant* une bande, 9699.
DEUX COTICES ONDÉES *côtoyant* une bande chargée de trois trèfles, 5273.
DEUX COTICES POTENCÉES ET CONTRE-POTENCÉES *côtoyant* une bande, 465, 2120; — accompagnée d'une merlette en chef et à sénestre, 5745; — une bande chargée en chef d'un écusson au lion, 8383; — une bande au lambel, 5687, 5693, 5694, 5695, 5696, 5697, 8377, 8378, 8379, 8380; — deux bandes, 6775.
QUATRE COTICES à la *barre* brochant, au franc canton chargé de trois besants, 3774.
CINQ COTICES, 126, 1879, 4117.
SIX COTICES, 5400, 5429.

COTICÉ.

UN COTICÉ, 7293, 7297, 7299.
UN COTICÉ DE DIX PIÈCES, 5177.
UN COTICÉ DE DOUZE PIÈCES, 5478.
— au *franc canton* chargé de... 1752.

COUPE.

TROIS COUPES, 5476.

COUPÉ.

UN COUPÉ, 5458.
UN COUPÉ : au 1, trois *arcades*; au 2, une bande, 9116.

DES SCEAUX DE CLAIRAMBAULT.

UN COUPÉ : au 1, trois *arcades*; au 2, un plain, 9117.
— au 1, une *bande côtoyée* de deux cotices potencées contre-potencées au lambel, parti d'un quart de croix cantonné de cinq croisettes en sautoir; au 2, un paon marchant, 5687.
— à la *bande engrêlée* de l'un en l'autre, 8339, 8340.
— à trois *besants*, 1825, 1848.
— à trois *besants* à la bordure, 1830.
— au 1, six *besants*, 3 et 3, sous un chef; au 2, un écusson accompagné de huit étoiles en orle, 8803.
— au 1, neuf *besants*, 3, 3 et 3, sous un chef; au 2, un écusson accompagné de huit étoiles en orle, 8804.
— au 1, deux *bœufs* passant l'un sur l'autre; au 2, trois besants ou trois tourteaux, 6156.
— au 1 : les *chaînes de Navarre*, parti de trois fleurs de lys au bâton en bande brochant, parti d'un écartelé de trois fleurs de lys et d'un plain, parti de quatre pals; au 2, un écartelé de quatre lions, sous un chef chargé de deux vaches passant l'une sur l'autre, parti de trois fleurs de lys à la bande componée brochant, parti d'un écartelé en sautoir de trois pals en chef, et en pointe d'un château à dextre et d'un lion à sénestre; sur le tout, un écusson à deux lions passant l'un sur l'autre, 6672, 6673.
— au 1, un *château*; au 2, un lion, 3381, 3382, 3383, 8792.
— au 1, cinq *châteaux*, 2, 1 et 2, parti d'un palé de six pièces; au 2, un fascé de six pièces, 1323.
— au 1, un *chevron* chargé d'un maillet au sommet, parti d'un fascé de quatre pièces; au 2, trois fasces ou un fascé, 1251.

UN COUPÉ : au 1, trois *chevrons*; au 2, un lion, 5119.
— au 1, un *croissant* en abîme accompagné de six croix recroisetées au pied fiché; au 2, une croix ancrée, 8382.
— au 1, une *croix* alésée, parti de trois bandes; au 2, un pélican en sa piété, 8360.
— au 1, un *écartelé* de...; au 2, un plain, 8489.
— au 1, un *écartelé* de plains; au 2, une barre fuselée accompagnée à dextre d'un écusson chargé d'une fasce, 3009.
— au 1, trois *fasces*; au 2, d'hermines, 9318.
— au 1, un *fascé* de six pièces; au 2, d'hermines, 9317.
— au *lion* sur le tout, 8110.
— au 1 et 2, un *lion*, 946, 3782.
— au 1, un *lion* issant; au 2, un fretté, 9501.
— au 1, un *lion* issant accompagné à sénestre de deux pals; au 2, une coquille, 3519.
— au 1, un *objet* en forme de π accosté de deux étoiles; au 2, trois ondes, 6569.
— au 1, trois *pals*; au 2, un plain, 2373, 3513.
— au 1, un *palé*; au 2...; sur le tout un écusson, 9400.
— au 1, *parti* de trois chevrons au lambel et d'un chevron à la bordure; au 2, une aigle à la bordure, 9663.
— au 1 et 2, un *plain*, 8559.
— à trois *quintefeuilles*, 1852, 1854.
— à trois *quintefeuilles* au lambel, 1851, 1855, 1856.
— au 1, un *rais d'escarboucle*; au 2, un fascé de six pièces à la bordure, 3660.
— au 1, un *renard* passant contourné; au 2, un arbuste, 4150.
— à trois *rencontres* de bœuf, 7354.

UN COUPÉ à trois *rocs* d'échiquier, 2 et 1, 1823.
— au 1, un *vairé*; au 2, cinq besants, 5698, 5700, 5701, 5702.

COUPÉ DE 1, PARTI DE 2 : au 1, les *chaînes de Navarre*; au 2, un contre-écartelé de trois fleurs de lys et d'un plain; au 3, trois pals; au 4, deux vaches passant l'une sur l'autre; au 5, trois fleurs de lys à la bande componée brochant; au 6, un écartelé en sautoir d'un palé de six pièces flanqué d'un château et d'un lion; sur le tout, un écusson à deux lions passant l'un sur l'autre, 6674.
— au 1, les *chaînes de Navarre*; au 2, un contre-écartelé de trois fleurs de lys et d'un plain; au 3, un palé de six pièces; au 4, deux vaches passant l'une sur l'autre; au 5, trois fleurs de lys à la bande componée brochant; au 6, un contre-écartelé en sautoir au 1 et 4, quatre pals, au 2, un château, au 3, un lion; sur le tout, un écusson à deux lions passant l'un sur l'autre, 6668.

COURONNE.

UNE COURONNE, 67.
— *accompagnant* en chef deux clefs en sautoir, 2590, 2597, 2598, 2601, 2615, 2616; — en chef deux clefs en sautoir à la bordure, 2595, 2596; — en chef et une étoile en pointe, accompagnant une fasce, 1642.
— *accompagnée* en pointe d'une étoile, 2532; — de trois fleurs de lys, 8215.
— *chargeant* à dextre un chef surmontant six besants, 7245, 7246; — à dextre un chef surmontant six besants à la bande brochant, 7249; — à dextre un chef surmontant sept besants, 3, 3 et 1, 5978,

5983; — à dextre un chef surmontant neuf besants, 3, 3 et 3, 5978; — en chef un gironné de huit pièces, 4280.

Une couronne du milieu de laquelle s'élève une tête d'oiseau, coiffant un chevron accompagné de trois croisettes recroisetées, 966.

— surmontant les initiales P M accompagnées d'une rose en pointe, 5561; — un lion, 145.

Deux couronnes en chef et une fleur de lys en pointe accompagnées d'une étoile en abîme, 7442, 7443.

Trois couronnes, 1953, 7907; — l'une sur l'autre, 4373.

— à la bande brochant, 8066.

— chargeant un chef surmontant un chevron, 3457; — un pal, à la bordure, 607.

CRANCELIN.

Un crancelin brochant sur un fascé de huit pièces, 8477.

CRÉQUIER.

Un créquier, 1164, 2972, 2973, 2975, 2976, 2977, 2978, 2981, 2982, 2985, 2988, 3045, 3692, 5060, 5061, 8181.

— accompagné d'un croissant en chef et à dextre, 2987; — d'un écusson en chef et à dextre, 2986; — d'une étoile en chef et à dextre, à la bordure engrêlée, 7613.

— à la bande brochant, 2979, 2980, 5878.

— au bâton en bande brochant, 2971, 9218.

— à la bordure, 1206, 6076; — à la bordure engrêlée, 1539, 7609, 7610, 7611, 7612, 7614.

Un créquier chargeant le premier de trois écussons, 1283.

— chargé en cœur d'un écusson, 4693.

— à la fasce brochant, 4254.

— sur champ d'hermines à la bordure engrêlée, 8152.

— au lambel, 2983, 2984.

— au sautoir brochant, 2974.

Un créquier renversé, 6006.

Trois créquiers, 1168.

CROC.

Un croc tenu par un dextrochère, 3018.

CROISETTE.

Une croisette accompagnant en chef une aigle éployée au bâton engrêlé en bande brochant, 4312; — en chef et à dextre un chevron, 3979; — en chef et à dextre un dragon ailé, 5371; — en chef et à dextre une fasce, 5095; — à dextre un gant renversé, 6037; — en chef trois lions, 4327; — en chef et une fleur de lys en abîme accompagnant cinq losanges, 1053; — en abîme trois maillets penchés, 4135; — en chef un sautoir chargé de... en cœur, 160; — trois sautoirs sous un chef chargé de trois autres sautoirs, 596, 601, 602, 603; — au canton dextre un vivré chargeant un chef surmontant trois pals, 1092.

— cantonnant en chef et à dextre une croix, 430; — le 1 et le 4 d'une croix, 1651.

— chargeant en chef une bande, 8810; — en chef une bande brochant sur un parti de plains, 8776; — la seconde pièce d'un bandé de six pièces à la bordure engrêlée, 3867; — en chef un échiqueté à la bordure engrêlée, 3241; — une fasce accompagnée de six coquilles, trois en chef et trois en pointe, 1042; — à dextre la première pièce d'un fascé de six pièces, 8814.

Une croisette surmontant un croissant, 1688.

Une croisette recroisetée chargeant au sommet un chevron brochant sur un palé de six pièces, 3088, 3090, 3091.

Deux croisettes en chef et trois roses en pointe, 1021.

— en chef et un lapin en pointe accompagnant une fasce besantée, 5947.

— accostant une ancre, la trabe en bas, 7945; — un écusson chargé d'une croix cantonnée de quatre croisettes chargeant un chef surmontant une bande accompagnée de deux roues, 8500.

— cantonnant en chef une croix, 4015.

Deux croisettes fleuronnées accostant une pie, 18.

Trois croisettes accompagnant un un chevron, 5110; — un chevron au bâton en bande brochant, 3474; — un dextrochère tenant un annelet, 742.

— chargeant une bande brochant sur quatre fasces, 7371, 7372; — un écusson chargeant en chef une bande accompagnée de six losanges, 3 et 3, 8470.

Trois croisettes recroisetées accompagnant un chevron, 4724, 8524; — un chevron coiffé d'une couronne du milieu de laquelle s'élève une tête d'oiseau, 966.

— chargeant une bande brochant sur un écartelé de plains, 3494, 3495, 3496, 3498; — un chevron, 1955.

Quatre croisettes, 2 et 2, 5650.

— deux en chef et deux en pointe.

DES SCEAUX DE CLAIRAMBAULT.   561

Quatre croisettes *accompagnant* quatre fasces chargeant un parti de l'un en l'autre, 8657, 8658.
— *alternant* avec trois étoiles, accompagnées d'un croissant en abîme, 3621.
— *cantonnant* une croix, 6224, 8278; — une croix chargeant un écusson en bannière accosté de deux croisettes et chargeant un chef surmontant une bande accompagnée de deux roues, 8500; — une croix potencée, 227, 3783, 3962, 5359, 5363, 6331, 9265; — une croix potencée chargeant un chef surmontant un semé de fleurs de lys au bâton en bande brochant à la bordure manquant en pointe, 1346; — une croix potencée chargeant un pal accosté d'un lion à dextre et d'un burelé au lion à sénestre, 280.
Quatre croisettes recroisetées cantonnant une croix, 4418, 4419.
Cinq croisettes en sautoir à la *bordure*, 5687.
Cinq croisettes recroisetées posées en croix *accompagnées* de trois merlettes, 2 et 1, 860.
Cinq croisettes recroisetées au pied fiché, 3 et 2, sous un *chef* chargé d'un lion issant, 8121.
Six croisettes, 3 et 3, 3883.
— *accompagnant* un croissant, 1695; — une fasce échiquetée de deux tires, 1418, 1419.
Six croisettes en orle *accompagnant* une bande, 3858, 3861, 5338, 8155, 9433; — une bande chargée d'une coquille en chef, 1019; — une bande chargée de trois coquilles, 1335; — une bande chargée d'un écusson à la croix cantonnée de quatre étoiles, 3859.

Six croisettes recroisetées, trois en chef et trois en pointe, *accompagnant* une fasce, 4713, 8727.
— *accompagnées* d'un croissant en abîme, 8723.
Six croisettes recroisetées au pied fiché, trois en chef et trois en pointe, *accompagnant* une fasce d'hermines, 4183, 4184, 4185.
Six croisettes au pied fiché en orle, *accompagnant* une fasce, 1383.
Huit croisettes, 4, 3 et 1, 2179.
— *cantonnant* une demi-croix, cinq en sautoir en chef, trois en pointe, 5694.
Huit croisettes en orle *accompagnant* une bande, 3860; — un écusson en abîme, 1555; — un écusson en abîme dans un trécheur, 1314, 5888.
Neuf croisettes *cantonnant* une demi-croix, cinq en sautoir en chef, quatre en pointe, 5693, 5695.
Dix croisettes *cantonnant* une demi-croix, cinq et cinq en sautoir, 5696.
— *chargeant* une bordure accompagnant une croix vidée, cléchée et pommettée, 6175.
Dix croisettes en orle *accompagnant* une bande, 3862; — un écusson en abîme chargé d'une croix vidée, cléchée et pommettée, 6175.
Douze croisettes *cantonnant* une croix chargée de cinq coquilles, 9342.
Douze croisettes recroisetées *cantonnant* une croix, 1038.
Quatorze croisettes, 4, 4, 3 et 3, *cantonnant* une croix, 8277, 8279.
Seize croisettes *accompagnant* quatre besants cantonnant une croix, 2744.
Seize croisettes recroisetées au pied

fiché *accompagnant* un chevron, 1055.
Vingt croisettes, cinq par cinq, posées en sautoir, *cantonnant* une croix, 6581, 6582, 8946.
Vingt croisettes recroisetées *cantonnant* une croix, 1040; — cinq par cinq posées en sautoir, cantonnant une croix, 443.
Croisettes *accompagnant* trois poissons en fasce l'un sur l'autre, 3963; — trois roses, 7954.
Un semé de croisettes à deux *bars* adossés, 5359; — à deux bars adossés accompagnés en chef d'un écusson chargé de cinq objets indistincts posés en croix, 555; — à deux bars adossés, au lambel, 556.
— à la *croix ancrée*, 3433.
— à trois *étoiles* au lambel de cinq pendants, 1937.
— à deux *fasces* brochant, 3882.
— au *lion*, 333, 334, 1296, 6258, 7986, 8527.
— à *l'orle* brochant, 7742, 7743.
— à trois *sextefeuilles* brochant, 250, 251, 3462.
— à trois *tourteaux*, 259.
Un semé de croisettes fleuronnées à trois *sextefeuilles*, 249.
Un semé de croisettes recroisetées à deux *lances* brochant, 9526.
— au *lion* chargé en cœur d'un écusson portant..., 8739.
Un semé de croisettes recroisetées au pied fiché à deux *bars* adossés, 624, 625, 628, 5363; — à deux bars adossés accompagnés d'une fleur de lys en chef, 5751; — à deux bars adossés, à la bordure engrêlée, 630; — à deux bars adossés, au lambel, 629.
— au *chevron* brochant, 1055.
— à trois *fleurs de lys* brochant, 6729.
— au *lion* brochant, 2894.

II.   71

CROISSANT.

Un croissant, 863, 1020, 2551, 3259, 5275, 5423, 6274, 7628.

Un croissant en abîme accompagnant trois besants ou trois tourteaux, 8525; — trois chouettes contournées, 9261; — trois coquilles, 4599; — trois coquilles à la bordure engrêlée, 1507, 4770; — six croisettes recroisetées, 8723; — quatre croix recroisetées au pied fiché, à la bordure, 1701; — six croix recroisetées au pied fiché, 1690, 1691, 1692, 1693, 1694, 1696, 1697, 1699, 8374, 8376; — six croix recroisetées au pied fiché, à la bordure, 1703; — six croix recroisetées au pied fiché, à la bordure engrêlée, 1687; — huit croix recroisetées au pied fiché, 1685; — trois étoiles alternant avec quatre croisettes, 3621; — deux fasces à l'orle de neuf merlettes, 5966; — trois fleurs de lys, 7594; — six fleurs de lys, 3547; — trois hures au lambel, 2820; — trois lions couronnés, 4925; — trois marteaux, 5787; — trois oiseaux, 9261; — et trois points accompagnant trois roses, 7302; — trois têtes de loup, 4739.

Un croissant en chef et une étoile en pointe accompagnant une bande chargée de trois étoiles, 6563; — et six hermines en orle accompagnant une bande chargée de trois fermaux, 3307; — une bande chargée de trois oiseaux, 706; — deux bandes séparées par trois étoiles, 511; — deux bars adossés, 6273; — et une étoile en pointe accompagnant un demi-château, 6176; — et une étoile accompagnant en chef un chevron accompagné en pointe d'une sextefeuille, 9470; — trois croix, 6992; — et un soleil accompagnant en chef une fasce, 5286; — et trois fleurs de lys en chef accompagnant un léopard, 631; — trois poissons en pal, les deux en chef adossés, 7838; — trois quintefeuilles, 4569.

Un croissant en chef accompagnant en chef et à dextre deux bandes, 1464; — un cep de vigne, 9464; — et un arbuste en pointe accompagnant un chevron, 9147; — un créquier, 2987; — une croix ancrée ou recercelée, au bâton en bande brochant, 3116; — une croix ancrée et vidée, 36; — une fasce, 8325; — une fasce de vair, 2318; — trois fasces, 5063; — trois fasces à la bande brochant, 9148; — un lion au lambel, 399; — un lion couronné, 2005, 2009, 2010, 2021, 2022, 2023, 2024, 2025, 2026, 2027, 6257; — trois têtes de bélier, 8163.

— accompagnant en chef et à sénestre une bande, 1379, 5785, 9543; — une bande chargée de trois fermaux, sur champ d'hermines, 7102; — une bande échiquetée, 4946; — trois bandes, 4204; — une croix de macles, au franc canton portant un arbre coupé d'hermines, 2433; — une fasce à la bande chargée de... brochant, 3026; — un lion, 4681; — et au-dessous une quintefeuille, accompagnant en chef et à sénestre un lion à la bande brochant, 5488; — et au-dessous une sextefeuille, accompagnant en chef et à sénestre un lion au bâton en bande brochant, 5487; — sept macles, 3, 3 et 1, 9490.

Un croissant en pointe et deux étoiles en chef, 3740; — et deux roses en chef, 7065.

— accompagnant un chevron, 612, 6174; — et deux étoiles en chef accompagnant un chevron, 612, 691, 2383, 3952; — deux épées en sautoir la pointe en bas, 2448; — et une merlette et une étoile en chef accompagnant deux fasces, 2932; — un sautoir, 9383.

Un croissant accompagné de trois.... 7206; — de six billettes, trois en chef et trois en pointe, 4951; — de six croisettes, 1695; — de quatre croix recroisetées, 1689; — de six croix recroisetées au pied fiché, 1690, 1691, 1692, 1693, 1694, 1696, 8382; — de six croix recroisetées au pied fiché, à la bordure, 1702, 1703; — de six croix recroisetées au pied fiché, à la bordure engrêlée, 1687; — de deux étoiles en chef, 7476; — de trois étoiles, 8602; — de six étoiles, trois en chef et trois en pointe, 4566; — de six étoiles en orle, 48; — d'une étoile en pointe, au lambel, 861; — de six merlettes en orle, 3516, 3517; — de six merlettes en orle, au lambel, 3518; — de sept merlettes, quatre en chef et trois en pointe, 2871, 2872; — de sept merlettes, quatre en chef et trois en pointe, et d'une étoile en chef, 1153; — de sept merlettes en orle, 4580; — de six quintefeuilles en orle, 3807; — de six trèfles, trois en chef et trois en pointe, 2780. — à sénestre et un soleil à dextre et

plus bas deux viretons accostant une arbalète, 5285.
Un croissant accosté de deux étoiles chargeant une bande accompagnée en chef et à sénestre d'un oiseau perché sur une branche, 9414.
— à la bordure, 5902.
— brochant sur un billeté, 6135, 7308; — sur un palé de six pièces, 3815.
— à dextre et une étoile à sénestre cantonnant en chef une croix, 7233; — le 2 et le 3 d'une croix, 1651; — le 2 et 3 d'une croix cantonnée au 1 d'une étoile, au 4 d'une rose, 8848; — en chef et à sénestre une croix de macles au franc canton portant un arbre coupé d'hermines, 2433.
— chargeant une bande en chef, 571, 5023; — un chef, 2187; — à dextre un chef chargé à sénestre d'un écusson portant une bande accompagnée en chef et à sénestre d'une roue, 7204; — et une corneille chargeant un chef surmontant un chevronné de six pièces, 2798; — un chef surmontant un lion, 2998; — le sommet d'un chevron accompagné de trois fleurs de lys, 6600; — le sommet d'un chevron accompagné de trois trèfles, 7585; — en cœur une croix, 2027, 8185; — en cœur une croix aux branches latérales bretessées, 3035; — en chef une croix cantonnée de seize alérions, 6414, 6415; — en cœur une croix engrêlée, 5165; — et cinq besants chargeant une croix engrêlée cantonnée de quatre coquilles, 5026, 5027, 5028, 5029, 5030; — la pièce du milieu d'un émanché de trois pièces mouvant du chef, 2415, 2416; — une fasce, 3479; — à dextre une fasce accompagnée en chef de trois coqs, 6818; — la première de deux fasces semées d'étoiles, 1489; — à dextre la première pièce d'un fascé de six pièces, 3644; — la seconde pièce d'un fascé de vair et de... de six pièces, 2649; — un franc canton accompagnant un fretté, 5721; — un fretté sous un chef, 2816, 2817; — un fretté sous un chef échiqueté de deux tires, 5822; — en pointe et six merlettes, 2, 3 et 4, chargeant un maçonné, 5746, 5747; — la seconde pièce d'un palé de six pièces, 3814; — un parti de l'un en l'autre, 7357.
Un croissant chargé de cinq mouchetures d'hermine, 7346; — d'une merlette, au lambel de cinq pendants, 6532.
— sous un chef, 2781; — chargé de deux quintefeuilles, 2368, 2369, 2370; — fretté, 5910.
— sur champ d'hermines, 1083, 9384.
— au lambel, 862, 2188, 3030, 5775, 5776, 5899, 5903, 5907, 5908, 5909, 9194; — et accompagné d'une étoile en chef et à dextre, 5900, 5901, 5904, 5905.
— surmontant un chevron accompagné de trois étoiles, 8104; — un chevron chargé d'une quintefeuille au sommet et accompagné de trois rencontres de bœuf, 6784; — une croix ancrée cantonnée de quatre merlettes, 7377; — deux étoiles en pal, 4162; — et une étoile surmontant un lambel, 8629.
— surmonté de... sous un chef chargé de deux roses, 7566; — d'un annelet brochant sur un billeté, 6534, 6535; — d'une croisette, 1688; — d'une étoile, 60, 2552; — d'une étoile accompagnant en pointe une bande accompagnée en chef d'un bœuf passant contourné, au lambel, 9291; — d'une étoile et accompagné de six fleurs en orle, 6948; — d'une moucheture d'hermine, 1532; — d'une molette et accompagné de sept merlettes, quatre en chef et trois en pointe, 6724; — d'une molette, chargeant une fasce, 3557, 3588, 3559; — d'un soleil, 1672.
Un croissant tenu par un lion, 1215.
Un croissant tourné accompagnant en chef et à sénestre une bande brochant sur quatre fasces vivrées, 5069; — en chef et à sénestre une bande échiquetée, 4272; — et une étoile accompagnant en chef une fleur de lys, 1044.
— surmontant un fer de moulin, 6554.
Un croissant versé, 5422.
— accompagnant en chef une clef en bande, 2275; — en chef et à sénestre une clef en bande, 2276; — en chef une clef en barre, 2277, 2278; — en chef et à dextre une croix, 9383; — en chef un lion accompagné de trois corneilles, 6190.
— accompagné d'une étoile en pointe, 267, 3334; — d'une étoile en pointe, à la champagne, 8400.
— surmontant trois coquilles et accompagnant en pointe un chevron brochant sur un chef bandé, 1403.
Un croissant d'hermines au lambel, 7348.
Deux croissants accompagnant une bande coticée, 717; — en chef et une étoile en pointe accompagnant un chevron,

3932; — en chef et trois étoiles en pointe accompagnant une fasce, 9642; — en pointe et un soleil en chef accompagnant une fasce, 431.

Deux croissants cantonnant en chef une croix, 9273; — en chef et deux coquilles en pointe cantonnant une croix, 3724; — et deux étoiles alternées cantonnant une croix, 1651.

— *chargeant* un chef, au lambel, 3670; — une fasce brochant sur un lion couronné, 3971.

— *au franc canton* sénestre en pointe, 2149; — chargé d'une bande côtoyée de deux cotices, 129, 130.

— *au lambel* chargeant un chef surmonté un fer de moulin, 3553.

Deux croissants adossés *accompagnés* des lettres R G accostant une croix fichée, 4845.

— *brochant* sur un palé de six pièces, 254.

— et deux étoiles *cantonnant* une croix, 1705.

Deux croissants affrontés *accompagnant* en chef un lion, 7445.

Trois croissants, 895, 1331, 1720, 1992, 2873, 2874, 3402, 3404, 3406, 3408, 3956, 4640, 6298.

— *accompagnant* un chevron, 928, 1660, 3125, 5044, 8404; — un chevron accompagné d'une étoile en chef et à dextre, au lambel, 7841; — un chevron dentelé, 4212; — un chevron dentelé au lambel, le croissant en pointe surmonté d'un fer de flèche, 4213; — deux chevrons séparés par une étoile, 4384; — une fasce, deux en chef et une en pointe, 5624; — une fasce componée, deux en chef et un en pointe, 5741.

— *accompagnés* d'un besant ou d'un tourteau en abîme dans un double trêcheur fleuronné, 8730; — d'une coquille en pointe, au franc canton chargé d'une aiglette, 1593; — d'une étoile en abîme, 1792; — d'un lion en abîme, 3407; — de trois plumes en chef, 7061; — d'une quintefeuille en abîme à la bordure, 8731; — d'un rameau en abîme, 5320.

Trois croissants *brochant* sur un semé de besants, 4367; — sur une croix, 549, 7539; — sur un semé de trèfles, 6809.

— *chargeant* une bande accompagnée d'une étoile en chef et d'un écusson au canton sénestre, 96; — en pointe un chapé, 8477; — un chevron accompagné de trois étoiles, 3354; — un franc canton accompagnant quatre pals au lambel, 5974.

— *chargés* chacun d'un besant et accompagnés d'une merlette en abîme, 5322.

— *contenant* chacun une étoile, celui en pointe versé, 7924; — chacun un gland, le croissant en pointe versé, 2457.

— sur champ *d'hermines*, 8446.

— au *lambel*, 1748, 4654, 5321, 5323, 6597.

— *l'un sur l'autre* au lambel, 5133.

— *surmontés* chacun d'une étoile accompagnant une fasce engrêlée, 1176; — chacun d'une tête de léopard couronnée accompagnant un chevron, 4696.

Trois croissants en bande, 2719.

Quatre croissants *accompagnés* d'une croix ancrée au canton dextre et de deux grillets l'un au canton sénestre l'autre en abîme, 176; — de trois grillets, deux en chef et un en abîme, au bâton fleuronné en bande brochant, 173.

Quatre croissants *cantonnant* une croix, 2508; — une croix potencée, 3629; — un sautoir, 351; — un sautoir engrêlé, 4574.

— *chargeant* les extrémités d'une croix, 8478; — et cinq étoiles chargeant un sautoir, 6923.

Quatre croissants adossés cantonnant une croix potencée, au lambel, 3630.

Quatre croissants affrontés posés en rose, 8385.

Cinq croissants *chargeant* une croix, 4453.

Six croissants *surmontés* chacun d'une étoile et posés 2, 2 et 2, 7598.

Croissants, 174.

— et grillets par paires, alternés, 175.

CROIX.

Une demi-croix, 5136, 5137, 6427.

— à la *bordure* componée, 5578.

— *cantonnée* de sept alérions, 4 et 3, 6410, 6411; — de huit alérions, 6427; — de huit croisettes, cinq en sautoir en chef, trois en pointe, 5694; — de neuf croisettes, cinq en sautoir en chef, quatre en pointe, 5693, 5695; — de dix croisettes, cinq et cinq en sautoir, 5695.

— *chargée* de cinq quintefeuilles sur champ d'hermines, 8300.

Une croix, 63, 195, 197, 406, 503, 633, 635, 636, 638, 639, 963, 1023, 1027, 1069, 1397, 1399, 1485, 1740, 1775, 1776, 1807, 1903, 1904, 1905, 1993, 2114, 2115, 2192, 2864, 2875, 3037, 3162, 3231, 3638, 3879, 3950, 4084, 4091, 4288, 4353, 4380, 4381, 4429, 4430, 4436, 4439, 4440, 4522, 4571, 4611,

4711, 4720, 4819, 4820, 4821, 5033, 5106, 5711, 6195, 6417, 6418, 6455, 6519, 6822, 7172, 7301, 7384, 7593, 7804, 8186, 8187, 8188, 8189, 8232, 8462, 8476, 8570, 8888, 8889, 9144, 9199, 9211, 9234, 9235, 9244, 9402, 9495, 9497, 9525, 9528, 9611, 9613.

Une croix *accompagnant* à sénestre la lettre R accompagnant en pointe un chevron chargé de trois coquilles et accompagné de deux têtes de léopard en chef, 7939.

— *accompagnée* de... en chef, 4849; — de... en chef et à sénestre 9171; — d'un croissant versé en chef et à dextre, 9383; — d'une étoile en chef et à dextre, 5000, 6246, 9198; — d'une étoile en chef et à dextre, à la bordure, 5269; — d'une fleur de lys en chef et à dextre, 4823; — d'une fleur de lys en chef et à dextre surmontée d'une étoile, 5180; — d'un lion en chef et à dextre, 9245; — d'un lion issant en chef et à dextre, 7016; — d'un lion passant en chef et à dextre, 6917; — d'une merlette en chef et à dextre, 2945; — de douze merlettes en orle, 2320; — d'une quintefeuille en chef et à dextre, 4677.

— à la *bande* brochant, 2356; — et à la bordure engrêlée, 8493.

— au *bâton en bande* brochant, 885, 4715, 8479; — et à la bordure, 4075; — chargeant un franc canton accompagnant un semé de feuilles de chêne, 7515.

— au *bâton en barre* brochant, 8480.

— à la *bordure*, 761; — à la bordure engrêlée, 4188; — à la bordure engrêlée, chargeant un écusson sur le tout, 8477.

Une croix *brochant* sur un échiqueté, 4444.

— *cantonnée* de..., 3108, 5416; — de.... en chef et à dextre, 2496; — au 1, de... à la bordure componée et au 2, 3 et 4, de trois lions, 4921; — de..., chargeant un écusson chargeant en cœur une aigle, 2854; — au 1, 3 et 4, d'une aigle; au 2, d'une étoile, 7534; — de quatre aigles et chargée en cœur d'un écusson écartelé : au 1 et 3, on lion; au 2 et 3, trois fasces, 5631; — en chef et à dextre d'une aiglette, 4445; — de quatre aiglettes, 2247, 4419, 5081, 5082, 6209, 8567; — de seize alérions, 4141, 5689, 6398, 6399, 6400, 6401, 6402, 6403, 6404, 6405, 6407, 6413, 6417, 6418, 6421, 6425, 6426, 6430; — de seize alérions chargeant un écusson sur le tout, 2824, 2825; — de seize alérions à l'écusson sur le tout chargé d'une croix, 6416; — de seize alérions à l'écusson sur le tout écartelé : au 1 et 4, d'une fasce; au 2 et 3, d'un échiqueté, 6412; — de seize alérions au lambel de cinq pendants, 6429; — de quatre annelets, 512; — de quatre besants accompagnés chacun de quatre croisettes, 2744; — de deux billettes ? en chef, 138; — de quatre billettes, 3708; — de dix-huit billettes, cinq en sautoir à chaque canton du chef et quatre à chaque canton de la pointe, 2500, 2501, 2502, 2503; — de dix-huit billettes, dix en chef cinq par cinq en sautoir, huit en pointe, à la bordure componée, 9039; — de vingt billettes de cinq en cinq posées en sautoir à la bande brochant, 2504, 2505; — de quatre chiens, 3178; — d'une coquille? en chef et à dextre, 2478, 4196; — de quatre coquilles, 78, 1221; — d'une croisette en chef et à dextre, 430; — de deux croisettes en chef, 4015; — au 1 et 4, d'une croisette; au 2 et 3, d'un croissant, 1651; — de quatre croisettes, 6224, 8278; — de quatre croisettes chargeant un écusson en bannière accosté de deux croisettes chargeant en chef une bande accompagnée de deux roues, 8500; — de quatre croisettes recroisetées, 4418, 4419; — de douze croisettes recroisetées, 1038; — de quatorze croisettes, 4, 4, 3 et 3, 8277, 8279; — de vingt croisettes, cinq par cinq, posées en sautoir, 6581, 6582, 8946; — de vingt croisettes recroisetées, 1040; — de vingt croisettes recroisetées, cinq par cinq posées en sautoir, 443; — en chef d'un croissant et d'une étoile, 7233; — de deux croissants en chef, 9273; — de deux croissants en chef et de deux coquilles en pointe, 3724; — de quatre croissants, 2508; — de deux croissants adossés et de deux étoiles, 1705; — de quatre crosses, 8562, 8565, 8571; — de quatre crosses adossées, 8564; — de quatre dragons ailés, 2846; — au 1, d'un écusson portant deux fasces; au 2, 3 et 4, d'une aigle, à la bordure besantée, 7190; — d'une étoile en chef et à dextre, 2430; — d'une étoile en chef et à sénestre, à la bande brochant, 2346; —

au 1, d'une étoile; au 2 et 3, d'un croissant; au 4, d'une rose, 8848; — de deux étoiles en chef, 2158; — de deux étoiles et de deux croissants adossés, 1705; — de quatre étoiles, 1731, 4988, 6606; — de quatre étoiles chargeant un écusson chargeant une bande accompagnée de six croisettes en orle, 3859; — au 1 et 4, de quatre fers de moulin; au 2 et 3, de quatre otelles, 6243; — de deux fermaux en chef et de deux hanaps couverts en pointe, 1756; — de quatre fermaux, 6331; — au 1, d'une fleur de lys; au 2, d'une clef; au 3 et 4, de deux étoiles, 5072; — au 1 et 4, d'une fleur de lys; au 2 et 3, d'une quintefeuille, 9535; — de quatre fleurs de lys, 828, 2094, 5080, 7631, 7632, 7634; — de quatre fleurs de lys, au bâton en bande brochant, 8672; — de seize fleurs de lys, 5079; — d'une gerbe en chef et à sénestre, au bâton en bande brochant, 799; — de quatre griffons à la bordure, 8258; — au 1, de cinq mouchetures d'hermine; au 2, 3 et 4, de douze alérions, 6422; — de douze mouchetures d'hermine, à la bordure engrêlée, 2217; — d'hermines en chef et à dextre, 2889; — au 1, d'hermines; au 2, 3 et 4, de douze alérions, 6406; — de quatre huchets enguichés, 2789; — au 1 et 4, d'un lion; au 2 et 3, d'un rameau, 1242; — d'un lion passant en chef et à dextre, 971; — de quatre lions, 2782, 2783, 3473; — de quatre loups, 5349; — de trois maillets et d'une abeille? 1797; — de quatre merlettes, 2628; — de quatre merlettes au lambel, 763; — de douze merlettes, 5627; — de douze merlettes au lambel, 2145; — d'une molette en chef et à dextre, sur champ d'hermines, 9007; — d'une molette en chef et à dextre et de quatre aiglettes à chacun des trois autres cantons, 808; — à dextre et en chef d'un oiseau, et de trois annelets aux trois autres cantons, 365; — de quatre ours, 7201; — de quatre poiriers, 7092; — au 1 et 4, d'une quintefeuille; au 2 et 3, d'une fleur de lys, 9534; — de deux quintefeuilles en chef, 615; — de trois quintefeuilles, au franc canton sénestre chargé de deux fleurs de lys rangées en fasce, 9533; — au 1, d'un rais; au 2, 3 et 4, de douze alérions, 6419, 6420, 6423, 6424; — de quatre boutons de rose, 8882; — de quatre soleils, 4771; — d'un tau en chef et à sénestre, 4195; — de quatre têtes d'aigle arrachées, 3033; — au 1 et 4, d'une tête de léopard; au 2 et 3, d'une croix pattée, chargeant un écusson en abîme, 5449; — de quatre têtes de léopard, 3034.

Une croix chargeant un chef surmontant trois cloches, 2688; — un chef surmontant une fasce losangée de trois pièces, 6627; — un chef surmontant un noyer, 6765, 6766, 6767; — un chef surmontant trois fleurs de lys au lambel, au bâton en barre brochant, 179; — un écusson en abîme, 3808; — un écusson accompagnant en chef et à sénestre une bande, 5014; — un écusson en abîme brochant sur un semé de fleurs de lys, 2648; — un écusson chargeant en chef une bande brochant sur un fascé de huit pièces, 5734; — un écusson sur le tout d'une croix cantonnée de seize alérions, 6416; — un franc canton sénestre accompagnant en chef une bande accompagnée en pointe et à dextre d'un annelet, 4967; — un franc canton accompagnant deux bouterolles, 7021; — un vairé, 3594.

Une croix chargée de..., 4425; — de cinq....., 2946, 2947; — de... en cœur, 8387; — de..... et cantonnée de...... 1519; — de quatre..... et cantonnée de quatre lions, 9323; — de... et cantonnée de douze merlettes chargeant un écusson accompagnant à sénestre une bande accompagnée d'une étoile en chef, 3829; — de cinq... sur champ d'hermines, 9630; — de cinq aiglettes et accompagnée d'un annelet, en chef et à dextre, 5683; — de cinq annelets au bâton en barre brochant, 6733; — de cinq annelets ? sur champ d'hermines, accompagnée d'une étoile en chef et à dextre, 198; — d'un besant en cœur et cantonnée de douze lions, 4923; — de cinq besants, 4457; — de cinq besants ou cinq tourteaux, 1320, 2142; — d'un château en cœur et cantonnée de quatre oiseaux, 9413; — de cinq châteaux, 7029; — de cloches et cantonnée au 1 et 4, d'un lion; au 2 et 3, d'une aiguière, 850, 855—; de quatre coquilles et de quatre lions passant, deux en chef et deux en pointe, cantonnée au 1 et 4, trois besants ou trois tourteaux; au 2 et 3, de quatre aiglettes, 5768; — de cinq coquilles. 809, 811, 812, 813, 815,

957, 1817, 2137, 3670, 4441, 4443, 4748, 4749, 6861, 6862, 6863, 7540, 7667, 7668, 7669, 7670, 8050, 8051, 8052, 8053, 8054, 9236; — de cinq coquilles et accompagnée d'une broye au canton dextre, 1626;
— de cinq coquilles et accompagnée d'un dauphin ? en chef et à dextre, 6102; — de cinq coquilles et accompagnée d'un écusson en chef et à dextre, 4431, 4432, 4433, 4434, 4437, 4438; — de cinq coquilles et accompagnée en chef et à dextre d'un écusson fascé de six pièces, 4435; — de cinq coquilles et accompagnée d'une étoile en chef et à dextre, 4422, 4423; — de cinq coquilles et accompagnée d'une étoile en chef et à dextre, au bâton en bande brochant, 5333; — de cinq coquilles et accompagnée d'un lion passant en chef et à dextre, 4427; — de cinq coquilles et accompagnée d'une merlette en chef et à dextre, 8247, 9241; — de cinq coquilles et accompagnée d'une molette en chef et à dextre, 6638; — de cinq coquilles à la bordure, 4442; — de cinq coquilles et cantonnée de quatre aigles, 2467; — de cinq coquilles et cantonnée au 2, 3 et 4, de douze alérions, au franc canton chargé de trois fleurs de lys, 5127; — de cinq coquilles et cantonnée de seize alérions, 2120, 3105, 4370, 4571, 5128, 5129, 5131, 5415, 5416; — de cinq coquilles et cantonnée de seize alérions, à la bordure, 5134; — de cinq coquilles et cantonnée de seize alérions, au lambel, 5125, 5130; — de cinq coquilles et cantonnée de douze croisettes, 9342; — de cinq coquilles et cantonnée de quatre mouchetures d'hermine, 1485; — de cinq coquilles et cantonnée au 1, d'un lion passant; au 2, 3 et 4, de douze alérions, au bâton en bande brochant sur le tout, 5126; — de cinq coquilles et cantonnée de quatre lions, 6897, 6899; — de cinq coquilles et cantonnée de douze merlettes, 3367; — de cinq coquilles sur champ d'hermines, sous un chef chargé de..., 1486; — de cinq coquilles au lambel, 6369, 9509; — de cinq coquilles au lambel de quatre pendants, 6637; — de cinq coquilles au lambel de cinq pendants, 6823; — d'un croissant en cœur, 3027, 8185; — d'un croissant en chef et cantonnée de seize alérions, 6414, 6415; — de quatre croissants, un à l'extrémité de chaque branche, 8478; — de cinq croissants, 4453; — d'un écusson en cœur portant trois maillets et cantonnée de quatre lions, 4922; — d'une étoile en cœur, 9274, 9378; — de cinq étoiles au lambel, 5037; — de cinq étoiles au lambel de quatre pendants chargés chacun de trois besants, 4537; — de cinq fermaux, 6203, 6204, 7111, 7639; — de cinq fermaux et accompagnée d'une étoile en chef et à dextre, 8229; — de cinq fermaux et accompagnée d'une merlette en chef et à dextre, 6016, 6017; — d'une fleur de lys en cœur et cantonnée de quatre lions, 9339; — de fleurs de lys et en cœur d'un écusson cantonné au 1 et 4, d'une bande fuselée accompagnée de six fleurs de lys en orle; au 2 et 3, d'un lion, 844; — de losanges et cantonnée au 1, d'une molette; au 2, 3 et 4, d'un lion, 7199; — de cinq quintefeuilles, à la bande brochant, 8302; — de cinq quintefeuilles, sur champ d'hermines, 3641, 3642, 8301, 8303; — d'une tour en cœur et cantonnée de quatre fleurs de lys, 8963, 8966.

UNE CROIX sous un *chef* chargé d'une aigle, 1877.
— à trois *croissants* brochant, 549. 7539.
— au *franc canton*, 4424; — chargé d'un chef échiqueté, 1287.
— au *lambel*, 64, 65, 66, 200, 637, 6692, 6693; — au lambel de cinq pendants, 21, 4421. 4822.
— *posée* entre les ramures d'un rencontre de cerf accosté de deux croix à double traverse, 6995.
— au *vivré* en fasce brochant en chef, 1641.

UNE CROIX dont la branche sénestre manque, 760; — dont la branche inférieure manque et est remplacée par un rameau à cinq feuilles, 3776.

UNE CROIX AJOURÉE EN CŒUR, à la *bordure*, 8250.

UNE CROIX ALÉSÉE, *parti* de trois bandes, 8360.

UNE DEMI-CROIX ANCRÉE, 2940, 4591. 6927, 9396.

UNE CROIX ANCRÉE, 35, 380, 387, 693, 694, 750, 1608, 1685, 1688, 1689, 1690, 1691, 1692, 1693, 1694, 1695, 1696, 1697, 1699, 1976, 2444, 2876, 2903, 3036, 3478, 3514, 3529, 3556, 3609, 3613, 3614, 3768, 3819, 3880, 3929, 3947, 4055, 4088, 4089, 4090, 4146, 4147, 4461, 4986.

5205, 5206, 5443, 5445, 5446, 5498, 5500, 5857, 5921, 6114, 6164, 6230, 6231, 6454, 6549, 6754, 7123, 7124, 7125, 7142, 7547, 8161, 8226, 8254, 8374, 8376, 8382, 8401, 8891, 9102, 9123, 9212, 9625, 9627; — dont les deux pattes du canton dextre manquent, 4590.

UNE CROIX ANCRÉE accompagnant en abime trois aigles, 3038; — au canton dextre quatre croissants accompagnés de deux grillets, 176; — en chef trois gants, 9644.

— accompagnée de..., 2101, 5248; — de... au canton dextre, 1975; — d'un croissant en chef et à dextre, au bâton en bande brochant, 3116; — d'une étoile au canton dextre, 886, 938; — en chef d'une étoile à dextre, d'un dextrochère à sénestre, 7548; — de trois étoiles, deux en chef et une en pointe, 5298; — d'un lion en chef et à dextre, 2999, 4176; — d'une merlette en chef et à dextre, 3567, 8681; — d'une merlette en chef et à dextre, chargeant un écusson en abime, 3527; — de deux merlettes en chef, 6452; — de trois merlettes, deux en chef et une en pointe, 8284; — d'un oiseau? au canton dextre, 1612, 3528.

— à la *bande* brochant, 692, 900, 5712, 7121, 7517, 8237; — à la bande chargée de trois besants, brochant, 5633; — à la bande chargée de trois merlettes, brochant, 1970.

— au *bâton en bande* brochant, 899, 1313, 1333, 3147, 3777, 4813, 4814, 4815, 4816, 4817, 6025, 9219.

— à la *bordure*, 1701, 1702, 1703;

— à la bordure engrêlée, 1687, 3616, 7122.

UNE CROIX ANCRÉE *brochant* sur un semé de croisettes, 3433; — sur trois fasces, 4983; — sur un papelonné, 4535.

— *cantonnée* de quatre..., 7628; — de besants, au bâton en bande brochant, 3906; — en chef d'une chapelle et d'une étoile, et en pointe à sénestre seulement d'une chapelle, 2191; — en chef de deux étoiles, au lambel, 5937; — de quatre roses ou de quatre étoiles, 915; — de quatre sautoirs, 5.

— *chargeant* un écusson chargeant un chef surmontant une bande chargée de trois étoiles, 3357; — un écusson chargeant un chef surmontant une bande chargée de trois quintefeuilles, 5193; — un écusson sur le tout, 6168; — un franc canton accompagnant un fretté, 8680; — un franc canton accompagnant un gironné de neuf pièces pour douze, 3994.

— *chargée* de..., 258, 1977; — en cœur de..., 4499; — de cinq coquilles, 9240; — en cœur d'un écusson, 3526, 8778; — en cœur d'un écusson palé de six pièces, 5297; — de cinq mouchetures d'hermine, 7024; — de cinq quintefeuilles, 1973, 1974.

— sous un *chef* chargé de trois coquilles, 1127; — chargé de trois coquilles, à la bande componée brochant sur le tout, 1125; — chargé de deux quintefeuilles, 6605.

— au *franc canton*, 671; — chargée d'une bande accompagnée de..., 5444.

— au *lambel*, 9, 381, 382, 383, 384, 385, 729, 730, 731, 732, 733, 7549, 7550, 8256,

8257, 8917, 9103; — au lambel de cinq pendants, 2367, 3117.

UNE CROIX ANCRÉE au *sautoir* brochant, 3115.

— *surmontée* d'un croissant et cantonnée de quatre merlettes, 7377.

UNE CROIX ANCRÉE AJOURÉE en cœur, 6228, 6229, 8777.

UNE CROIX ANCRÉE ÉCHIQUETÉE, à la bordure componée, 2772.

UNE CROIX ANCRÉE DE VAIR, 2357, 2358, 2359, 2360, 2361, 2362, 6885.

— accompagnée de deux étoiles en chef, 7570.

— à la *bande* componée brochant, 2364.

— au *bâton* en bande besanté brochant, 2363.

UNE CROIX ANCRÉE VIDÉE, 2631, 4097, 4759, 8255.

— *accompagnée* d'un croissant au canton dextre, 36.

— au *bâton en bande* brochant, 5714.

— *chargée* en cœur d'un écusson au sautoir, 3928.

— au *franc canton* chargé d'un annelet, 4759.

— au *lambel*, 4944.

UNE CROIX ANCRÉE, la branche d'en haut remplacée par un lion issant, 8389.

UNE CROIX ARCHIÉPISCOPALE brochant sur neuf et sept besants sous un chef, 8565.

UNE CROIX BRETESSÉE aux branches latérales et *chargée* d'un croissant en cœur, 3035.

UNE CROIX BURELÉE, 7459.
UNE CROIX COMPONÉE, 7208.
UNE CROIX DENCHÉE, 3429.
UNE CROIX ÉCHIQUETÉE, 8060.

— *cantonnée* de quatre coquilles, 4787; — de quatre lions, 1260, 1261, 1262, 1263, 1264, 1265.

UNE DEMI-CROIX ENGRÊLÉE *accompagnée*

DES SCEAUX DE CLAIRAMBAULT.

en chef et à sénestre d'une merlette, 7234.

UNE CROIX ENGRÊLÉE, 112, 650, 897, 1293, 1294, 1295, 1755, 1916, 2083, 2086, 2087, 2138, 2236, 2428, 2431, 2432, 3076, 3105, 3106, 3107, 3108, 3109, 3110, 3429, 3623, 4731, 5160, 5163, 5415, 5416, 6469, 6470, 6471, 6472, 7027, 7266, 7452, 7741, 8398, 8399, 8502, 8919, 8920, 8921, 8966, 9458, 9604, 9691, 9692, 9693.

— *accompagnée* d'un écusson en chef et à dextre, 3072; — d'une étoile en chef et à dextre, 1742, 4452; — d'un lion au canton sénestre, 1757; — d'un lion passant en chef et à dextre, 3074; — de deux oiseaux affrontés en chef, 2519.

— *accostée* de deux étoiles en chef, 690.

— *à la bande* componée brochant, 3073, 3075, 8578.

— *au bâton en bande* brochant, 8407.

— *à la bordure* engrêlée, 564.

— *cantonnée* de quatre aigles, 3686; — de cinq besants, 2, 2 et 1 en chef et à dextre et d'une étoile à sénestre, 6993; — de quatre bouses, 3407; — de quatre coquilles, 1606; — de quatre étoiles, 7660; — de quatre étoiles, au lambel, 8886; — d'une fleur de lys en chef et à dextre, 4428; — au 1 et 4, d'une fleur de lys; au 2 et 3, d'un poisson en pal, 7239; — de quatre macles, 7423; — au 1 et 4, de trois merlettes contournées; au 2 et 3, de trois hermines ou trois poissons, 6350; — de quatre merlettes, 8388; — de quatre pointes, 5999, 6000; — de quatre poissons en pal, 7240; — de quatre têtes d'aigle arrachées, 4501; — de quatre têtes de lion arrachées, 411, 887.

UNE CROIX ENGRÊLÉE *chargeant* un franc canton accompagnant six burelles, 4284.

— *chargée de*... en cœur et accompagnée d'une merlette en chef et à sénestre, 5161; — de cinq besants et d'un croissant et cantonnée de quatre coquilles, 5026, 5027, 5028, 5029, 5030; — d'une billette en cœur, 5162; — d'une coquille en cœur, 5164; — de cinq coquilles et accompagnée d'un lion passant en chef et à dextre, 3077, 3078, 3079; — d'un croissant en cœur, 5165; — d'une étoile en cœur, 5159.

— *au lambel*, 2082, 2429, 6527, 7223, 8397.

UNE CROIX FICHÉE entre deux croissants adossés accostés des lettres R G, 4845.

— dans *l'initiale* V et accostée de deux fleurs de lys, 5264.

UNE DEMI-CROIX FLEURONNÉE, 5954, 6767, 6768.

UNE CROIX FLEURONNÉE, 39, 1913, 4978, 4980, 6852, 8206, 8207, 8739.

— *accompagnée* d'une étoile en chef et à sénestre ou de deux étoiles en chef, 4561; — d'une gerbe en chef et à dextre, 8251; — de deux merlettes en chef, 9672.

— *à la bande* brochant, 4977, 5622.

— *à la bordure*, 2891.

— *cantonnée* de douze billettes, 4300, 4301, 9515, 9516, 9517; — de quatre lions? 1633.

— *chargeant* un écusson chargeant à dextre un chef surmontant un chevron, 5463; — un franc canton accompagnant un fascé de six pièces, 3466; — un franc canton accompagnant un losangé, 6657.

UNE CROIX FLEURONNÉE *chargée* de cinq coquilles et cantonnée d'un oiseau en chef et à dextre, 2533.

— *au lambel*, 4102, 4979.

UNE CROIX FLEURONNÉE PERRONNÉE, 3028.

UNE CROIX FLEURONNÉE VIDÉE, 6280.

UNE CROIX FRETTÉE, 1614, 6934, 6939.

— *accompagnée* d'un château en chef et à dextre, 7513, 7514; — d'une molette en chef et à dextre, 6935.

— *au lambel*, 1063; — au lambel de quatre pendants, cantonnée de... au canton dextre, 2460; — de cinq pendants, 7512.

UNE CROIX GRINGOLÉE, 4108, 4109.

— au *lambel*, 2450.

UNE CROIX D'HERMINES, 6954, 6955.

— *accompagnée* d'un soleil en chef et à dextre, 9230.

UNE CROIX LOSANGÉE, *cantonnée*, au 1 et 4, d'une cloche; au 2 et 3, de trois jumelles, 8299.

UNE CROIX DE MACLES, *cantonnée* d'un croissant en chef et à sénestre, au franc canton portant un arbre coupé d'hermines, 2433.

UNE CROIX PAPELONÉE? au *bâton* en bande brochant, 1929.

UNE DEMI-CROIX PATTÉE, 5135, 6252, 6254.

— *à la fasce* brochant, 6244.

UNE CROIX PATTÉE, 275, 347, 2313, 2690, 2698, 5448, 5641, 6129, 6137, 7787, 8004, 8005, 8490, 8491, 8895, 8896; — en pointe, et deux B séparés par un roc d'échiquier en chef, 1510.

— *accompagnant* en chef deux chaines en bande, 2427; — en chef deux chaines en barre, 2426.

— *accostée* de deux fleurons char-

geant un chef surmontant un chevron accompagné de trois coquilles, 3718.
UNE CROIX PATTÉE à la *bande* brochant, 2699; — chargée de trois B, brochant, 2692; — chargée de trois merlettes, brochant, 2691.
— au *bâton en bande* brochant, 3086; — chargé de trois quintefeuilles, brochant, 2693.
— *cantonnant* le 2 et 3 d'une croix chargeant un écusson en abime, 5449.
— *cantonnée* de quatre fleurs de lys, 608.
— *chargeant* un chef surmontant une plume en bande, 7064; — un écusson sur le tout, 2697; — un écusson en abime accompagnant trois maillets, 5536; — un franc canton accompagnant une fasce accompagnée de cinq merlettes, deux en chef et trois en pointe, 620.
— *chargée* en cœur de... et cantonnée de quatre lions, 7993; — de quatre lions, 2694.
— *au lambel*, 2311, 6136.
UNE CROIX PATTÉE ALÉSÉE, 7112.
UNE CROIX POTENCÉE *cantonnée* de quatre croisettes, 227, 3783, 3962, 5359, 5363, 6331, 9265; — de quatre croisettes, chargeant un chef surmontant un semé de fleurs de lys au bâton en bande brochant, à la bordure manquant en pointe, 1346; — de quatre croisettes, chargeant un pal accosté d'un lion à dextre et d'un burelé au lion à sénestre, 280; — de quatre croissants, 3629; — de quatre croissants contournés et adossés, au lambel, 3630.
— *chargeant* un chef surmontant un parti, 6768; — un cœur en sautoir accompagné de neuf mouchetures d'hermine en orle, 3584.
UNE CROIX PROCESSIONNELLE *brochant* sur deux léopards l'un sur l'autre, 5408.
UNE DEMI-CROIX RECERCELÉE, 367.
UNE CROIX RECERCELÉE, 521, 522, 523, 667, 4145, 5337, 5338, 5339, 5340, 5499, 7419, 9691, 9692, 9693.
— *accompagnée* d'une fleur de lys en chef et à dextre, 2941.
— à la *bordure*, 7603.
— *cantonnée* de quatre billettes et accompagnée de deux fleurs de lys en chef, 1022.
— *chargée* de... en cœur, 4087; — de... en cœur et accompagnée d'une coquille en chef et à dextre, 4086.
— la *patte* en chef et à dextre *remplacée* par une coquille, 7189.
UNE CROIX RECROISETÉE *chargée* de cinq besants, 2456.
UNE CROIX TRÉFLÉE *cantonnée* de deux étoiles en chef, 7394.
UNE CROIX DE VAIR, 192, 193, 194.
— *accompagnée* d'une aiglette au canton dextre, 559; — d'une étoile au canton dextre, 558.
— *cantonnée* de deux fermaux en chef, 5960; — de quatre lions, 3083.
— au *lambel* de cinq pendants, 557.
UNE CROIX DE VAIR ANCRÉE. Voir *Croix ancrée de vair*.
UNE CROIX VIDÉE, 1273.
— *accompagnée* d'une étoile en chef et à dextre, 8576.
— *cantonnée* de quatre aiglettes chargeant un écusson en abime accompagné de sept annelets en orle, 5843; — de quatre étoiles, 8356.
— *chargée* de quatre annelets, au lambel, 4844.
UNE CROIX VIDÉE ET CLÉCHÉE, 1378.

UNE DEMI-CROIX VIDÉE, CLÉCHÉE ET POMMETTÉE, 2120, 2689, 4800, 5103, 6176, 6177.
— *chargeant* un écusson sur le tout, 2120.
UNE CROIX VIDÉE, CLÉCHÉE ET POMMETTÉE, 292, 296, 297, 299, 722, 723, 724, 1661, 2081, 4003, 4799, 4801, 4802, 4805, 4806, 4807, 4808, 5120, 6235, 9225, 9226, 9599.
— à la *bordure*, 1659, 4804; — chargée de trois aiglettes, 4803.
— *cantonnée* de deux fleurs de lys en chef et de deux clefs en pointe, 6150.
— *chargeant* un chef surmontant un château, 1909; — un écusson en abime accompagné de dix croisettes en orle, 6175; — en cœur un rais, 725, 726, 727.
— *chargée* d'un écusson en cœur, à la bordure, 4809.
— *sous* un chef *chargé* d'une aigle, 2785; — chargé d'un lion passant, 5121.
— *parti* d'une fleur de lys chargeant un chef surmontant un château sur un mont, 6290.
UNE CROIX VIDÉE ET POMMETTÉE, 9298.
UNE CROIX VIDÉE ET TRÉFLÉE, 6759.
— *contenant* une autre croix, 6347; — et bordée d'engrêlures contenant une autre croix, 6346.
DEUX CROIX ANCRÉES *chargeant* en chef 2260, 2261.
DEUX CROIX RECROISETÉES en chef et une étoile en pointe *accompagnant* une bande, 7259.
DEUX CROIX À DOUBLE TRAVERSE *accostant* un rencontre de cerf portant une croix entre ses ramures, 6995.
TROIS CROIX *accompagnées* d'un croissant en chef, 6992.
— à la *bande* brochant, 1586, 7257.

DES SCEAUX DE CLAIRAMBAULT.

Trois croix ancrées, 3019.
Trois croix recercelées *accompagnant* un chevron fretté, 9641.
Trois croix à double traverse, 2716.
Quatre croix recroisetées *accompagnant* un croissant, 1689.
Quatre croix recroisetées au pied fiché au croissant en abîme, à la bordure, 1701.
Six croix fleuronnées *accompagnant* une fasce, 9673.
Six croix recroisetées en orle *accompagnant* une bande, 7261, 7262, 7263; — une bande chargée de trois écussons portant chacun trois lions, 7258.
Six croix recroisetées au pied fiché *accompagnant* un croissant en abîme, 1690, 1691, 1692, 1693, 1694, 1696, 1697, 1699, 8374, 8376; — un croissant en abîme, à la bordure, 1702, 1703; — un croissant en abîme, à la bordure engrêlée, 1687.
Huit croix recroisetées au pied fiché au croissant en abîme, 1685.
Douze croix recroisetées *accompagnant* une bande, 7260.
Un semé de croix recroisetées au pied fiché à deux bars adossés brochant, 6331, 9265.
— au *lion* couronné brochant, 8409.

CROSSE.

Une crosse, 7.
— *accompagnée* de merlettes, au franc canton d'hermines, 3544.
— *brochant* sur une bande, 5291; — sur le tout de sept besants, 3, 3 et 1, sous un chef, 8564; — sur le tout de neuf besants, 3, 3 et 3, sous un chef, 8564; — sur deux fasces, 4468; — sur le tout de trois merlettes en orle au franc canton d'hermines, 6980.
— et une épée *chargeant* un franc canton *accompagnant* un semé de fleurs de lys, 5414.
Une crosse à la *fasce* vivrée brochant, 2445.
— *tenue* par un lion couronné issant, 5520.
Quatre crosses *cantonnant* une croix, 8562, 8565, 8571; — adossées cantonnant une croix, 8564.
Cinq volutes de crosse posées en croix, 8675.

CYGNE.

Un cygne, 642, 3663, 4592, 4622, 5733.
— en pointe et des hermines en chef *accompagnant* une fasce, 4001.
Un cygne passant, 2068.
Deux cygnes passant l'un sur l'autre, 8238.
Trois cygnes, 9394.
— à la *bordure*, 1061, 2914.
Quatre cygnes *cantonnant* un sautoir engrêlé, 7548.
Trois têtes de cygne, 5343, 5344.
— *accompagnées* d'une quintefeuille en abîme, 5341, 5342.

DAME.

Une dame debout *accostée* de quatre fleurs de lys et de quatre quintefeuilles, 7051.

DAUPHIN.

Un dauphin, 461, 462, 463, 465, 466, 467, 468, 469, 470, 471, 472, 1347, 1685, 5008, 5009, 5971, 7248, 8374, 9426, 9427, 9429.
— *accompagnant* en chef et à dextre une croix chargée de cinq coquilles, 6102.
— au *bâton en bande* brochant, 464.
— *chargeant* un écusson sur le tout, 7849.
Une tête de dauphin en pointe et deux étoiles en chef *accompagnant* un chevron, 1192.

DÉ.

Trois dés *accompagnant* un chevron, 4525; — un chevron surmonté de la lettre A, 8423.

DEMI-VOL.

Voir *Vol*.

DÉVIDOIR.

Un dévidoir? 6053.

DEVISE.

Voir *Fasce en devise*.

DEXTROCHÈRE.

Un dextrochère à sénestre et une étoile à dextre *accompagnant* en chef une croix ancrée, 7548.
— *brochant* sur un chef à la bande sur le tout, 9553.
— *chargeant* un franc canton accompagnant un vairé, 2059.
— *tenant* un annelet et accompagné de trois croisettes, 742; — un arbre accompagné d'un ours à sénestre, 3387; — deux clefs en pal adossées, 5915; — un croc, 3018; — une épée et accompagné de cinq flèches en pal, 4056; — une fleur de lys, 9388; — un rameau, 1006.
Un dextrochère à manipule, *tenant* ..., 1758.
Un dextrochère revêtu d'hermines, *accompagné* à dextre d'une cornière brochant sur un chef, 9551, 9552.
— *brochant* sur un chef, 9550, 9555, 9556, 9557; — sur un chef au lambel, 9554.
Deux dextrochères *chargeant* un écusson sur le tout, 1485.
— l'un à dextre et l'autre à sénestre *tenant* une verge accompagnée

572   TABLE HÉRALDIQUE

en pointe d'une fleur de lys et d'une rose, 8866.
Trois dextrochères, 1487.
— *accompagnant* un chevron, 7630.

DIAPRÉ.

Un diapré, 1023.
— à la bande brochant, 1588.
— *chargeant* un franc canton accompagnant une fasce échiquetée de deux tires, 6061, 6062, 6063.

DOLOIRE.

Une doloire et demie, 367.
Deux doloires au *franc canton* chargé de..., 517.
Trois doloires, 1010, 1316, 7878, 7879.
— *accompagnées* en chef d'une étoile à la bande brochant, sur champ d'hermines, 7432; — en chef d'une fleur de lys, 3919, 7881.
— au *bâton* ou bande brochant, 345, 7673.
Trois doloires, les deux en chef adossées, 3040, 3041, 3042, 5691, 5749, 6725, 6726, 7339, 7675, 7680.
— *accompagnées* de... à la bordure, 7674; — de... en abîme, au lambel, 7679; — d'une étoile en pointe, 7672; — de deux étoiles en flanc, 7682.
— à la barre brochant, 7681.
— à la *bordure*, 516; — à la bordure engrêlée, 7677.
— au *lambel*, 7678, 8208, 9350, 9351; — au lambel de trois pendants chargés chacun de deux besants, 7676.

DRAGON.

Un dragon *chargeant* un écusson chargeant en chef une bande accompagnée d'une étoile en chef et à sénestre, 5995; — et deux coquilles chargeant une bande, sur champ d'hermines, 8713.
Un dragon ailé, 3233.
— *accompagné* d'une croisette en chef et à dextre, 5371.
Un dragon ailé passant accompagné de deux merlettes en chef, 1753.
Un dragon ailé rampant, 6879.
Un dragon ailé couronné à la *bordure* de..., 3235.
Deux dragons passant l'un sur l'autre accompagnés de trois maillets en chef, à la bande brochant sur le tout, 7997.
Deux dragons affrontés, 140; — accostant une tourelle, 88; — à face humaine, 141, 142.
Deux dragons ailés *accostant* une bande chargée de trois coquilles ou de trois roses? 565, 567.
— *côtoyant* une bande, 7135; — une bande chargée de quatre..., 566; — une bande semée de fleurs de lys, 7133; — une bande chargée d'un lion et de deux fleurs de lys, 7134.
Trois dragons *accompagnant* un chevron, 9080.
— *chargeant* une bande brochant sur trois cœurs et sur un chef chargé de trois macles, 1972.
— l'un sur l'autre, au *lambel*, 6779.
Trois dragons ailés, 5413.
— *chargeant* un chef surmontant trois pals, 4962; — un chef surmontant un palé de six pièces, 4963.
Quatre dragons ailés *cantonnant* une croix, 2846; — un sautoir engrêlé, 1204, 1205, 2761, 2762; — un sautoir engrêlé chargé en cœur d'un rais d'escarboucle, 2763.
Trois têtes de dragon? à la *bordure* engrêlée, 1492.

ECARTELÉ.

Écartelé : au 1 et 4, trois...; au 2 et 3, un bandé de six pièces à la bordure engrêlée, 9341; — au 2 et 3, un burelé, 8910; — au 1 et 4...; au 2 et 3, un contre-écartelé d'une croix recroisetée chargée de cinq besants et de deux chevrons, 2456.
— au 2 et 3, trois fasces, 6009; — au 2, 3 et 4, un plain, 1407, 1412, 8489; — au 2 et 3, une quartefeuille ou un quadrilobe? 8688, 8689; — au 2 et 3, un rais, 8741; — au 1 et 4, *une aigle*; au 2 et 3, un fretté, 1770, 2604; — au 2 et 3, une guivre engoulant un enfant, 8610; — au 2 et 3, un lion, 3591, 3592, 3593; — au 2 et 3, un lion à queue fourchée, 3590, 6259; — au 2 et 3, un papelonné sous un chef, 6911; — au 2 et 3, une tiercefeuille, 7462; — au 2 et 3, un vairé; sur le tout, un écusson chargé de trois...., 9416.
— au 1 et 4, *une aigle* à la bande brochant; au 2 et 3, un émanché de deux pièces mouvant de la pointe, 8029.
— au 1, *une aigle*, parti d'une fasce échiquetée de trois tires; au 2, contre-écartelé de...; au 3, trois fleurs de lys à la bordure; au 4, trois fleurs de lys à la bordure componée, 6756.
— au 1 et 4, *une aigle*, parti d'un griffon; au 2 et 3, trois fleurs de lys au lambel, 187.
— au 1 et 4, *une aigle* éployée; au 2 et 3, trois cloches, 1 et 2, sous un chef chargé d'une croix, 2688.
— au 1, *une aigle* éployée couronnée; au 2, une croix potencée cantonnée de quatre croisettes,

parti d'un palé de huit pièces; au 3, un fascé de six pièces, parti d'un semé de croix recroisetées au pied fiché à deux bars adossés; au 4, une croix cantonnée de quatre fermaux; sur le tout, un écusson portant un chef, 6331.

ÉCARTELÉ : au 1 et 4, *deux aigles affrontées;* au 2 et 3, deux poissons en fasce l'un sur l'autre, 5685.

— au 1 et 4, *trois aigles;* au 2 et 3, trois croix à la bande brochant, 7257.

— au 1, 2, 3 et 4, *une aiglette*, 3.

— au 1 et 4, *trois aiglettes;* au 2 et 3, une bande accompagnée de trois têtes de... en chef, 1587; — au 2 et 3, trois croix à la bande brochant, 1586; — au 2 et 3, un diapré? à la bande brochant, 1588.

— au 1 et 4, *un annelet;* au 2 et 3..., 746.

— au 1 et 4, *deux annelets* l'un dans l'autre; au 2 et 3, un oiseau, 3056; — au 2 et 3, un oiseau à l'étoile en abîme, 3057.

— au 1 et 4, *trois annelets;* au 2 et 3, un lion passant et une étoile en chef et une étoile en pointe, 8309.

— au 1 et 4, *un arbre;* au 2 et 3, trois fasces ondées, 5770, 5771; — au 2 et 3, un monde crucifère, 6602; — au 2 et 3, un plain, 6660.

— au 1 et 4, *un arbre accosté de deux étoiles;* au 2 et 3, un loup, 9370.

— au 1 et 4, *deux balances* l'une sur l'autre; au 2 et 3, trois bandes, 6440, 6441; — au 2 et 3, trois bandes; le tout au lambel, 6446.

— au 1 et 4, *une bande;* au 2 et 3, une bande chargée de trois coquilles et accompagnée de billettes en orle, 1926; — au 2 et 3, trois besants ou trois tourteaux, 4113; — au 2 et 3, un contre-écartelé de plains, 6684; — au 2 et 3, une corneille, au lambel sur le tout, 3904; — au 2 et 3, une molette, 1952; — au 2 et 3, un pal chargé de trois chevrons, 4690; — au 2 et 3, un plain, 3011, 4750, 5199, 6438, 9151; — au 2 et 3, un plain, au lambel sur le tout, 7383, 7561; — au 2 et 3, un treillissé à la bordure, 8068, 8069; — au 2 et 3, un vairé, 9248.

ÉCARTELÉ : au 1 et 4, *une bande accompagnée de six croix recroisetées en orle;* au 2 et 3, un fretté, 7262, 7263.

— au 1 et 4, *une bande accompagnée de six quintefeuilles en orle;* au 2 et 3, un bandé de huit pièces, 7886.

— au 1 et 4, *une bande accompagnée de six roses en orle;* au 2 et 3, un chien courant à la bordure componée, 764, 765; — au 2 et 3, une croix cantonnée de quatre merlettes; au lambel sur le tout, 763.

— au 2 et 4, *une bande accompagnée de six roses en orle,* parti d'une fasce; au 2 et 3, deux lions affrontés, 4975.

— au 1 et 4, *une bande accompagnée de trois têtes d'oiseaux* en chef...; au 2 et 3, une bande accompagnée de trois oiseaux, deux en chef et un en pointe, 648.

— au 1 et 4, *une bande chargée de...,* au 2 et 3, une aigle, 1277.

— au 1 et 4, *une bande chargée de deux étoiles et côtoyée* de deux cotices; au 2 et 3, un lion à deux fasces brochant, 6181.

— au 1 et 4, *une bande chargée de trois étoiles;* au 2 et 3, un lion, 9182.

ÉCARTELÉ : au 1 et 4, *une bande chargée de trois étoiles et côtoyée* de deux cotices; au 2 et 3, un lion passant à deux fasces brochant, 6182..

— au 1 et 4, *une bande componée accompagnée d'une merlette* en chef et à sénestre; au 2 et 3, une bande chargée de trois coquilles, 9093.

— au 1 et 4, *une bande engrêlée;* au 2 et 3, un plain, 2287, 7486.

— au 1 et 4, *une bande engrêlée chargée de trois fleurs de lys et coticée;* au 2 et 3, une bande à la bordure, 2637.

— au 1 et 4, *une bande frettée;* au 2 et 3, un lion, 3715.

— au 1 et 4, *une bande fuselée;* au 2, trois maillets; au 3, un vairé; sur le tout, un écusson à l'aigle éployée, 1437, 1438.

— au 1 et 4, *une bande d'hermines;* au 2 et 3, une pointe renversée ou un pal aiguisé, 1677.

— au 1 et 4, *une bande de vair;* au 2 et 3, un fascé de six pièces, 1396.

— au 1 et 4, *trois bandes;* au 2 et 3, une aigle, 6121; — au 2 et 3, deux balances l'une sur l'autre, 6444; — au 2, trois chevrons; au 3, trois étoiles; au 4, un lion; sur le tout, un écusson échiqueté, 9335; — au 2 et 3, un contre-écartelé de plains, 929; — au 2 et 3, trois têtes de pavot, 1737.

— au 1 et 4, *trois bandes à la bordure;* au 2 et 3, un semé de fleurs de lys au lambel, 8797, 8800.

— au 1 et 4, *cinq bandes;* au 2 et 3, un écartelé de..., coupé d'un plain, 8489.

— au 1 et 4, *cinq bandes à la bor-*

574 TABLE HÉRALDIQUE

dure; au 2 et 3, une bande, 7753.
ÉCARTELÉ : au 1 et 4, *un bandé* de six pièces; au 2 et 3, trois chevrons, 5122.
— au 1 et 4, *trois barres*; au 2 et 3, trois têtes de pavots renversées, 1736.
— au 1 et 4, *trois barres de vair*; au 2 et 3, trois maillets, 6173.
— au 1, *un bélier?* sous un chef chargé de...; au 2 et 3, sept losanges, 3, 3 et 1; au 4, un lion tenant une hasle, 4078.
— au 1 et 4, *cinq besants en sautoir*; au 2 et 3, un contre-écartelé de plains, 5582; — au 2 et 3, de vair; sur le tout, un écusson chargé de deux fasces, 4467, 4488; — au 2 et 3, de vair; sur le tout, un écusson chargé de trois fasces, 7724.
— au 1 et 4, *sept besants*, 3, 3 et 1, sous un chef; au 2 et 3, un écusson accompagné de huit étoiles en orle, 8805.
— au 1 et 4, *neuf besants*, 3, 3 et 3; au 2 et 3, un lion à queue fourchée, 4388; — au 2 et 3, de vair; sur le tout, un écusson chargé de trois fasces, 4487, 4489.
— au 1 et 4, *neuf besants*, 3, 3 et 3, sous un chef; au 2 et 3, un écusson accompagné de huit étoiles en orle, 8798, 8799.
— au 1 et 4, *neuf et sept besants*, 3, 3 et 3, 3, 3 et 1, sous un chef; au 2 et 3, un écusson accompagné de huit étoiles en orle, 5977, 5982.
— au 1 et 4, *neuf et sept besants*, 3, 3 et 3, 3, 3 et 1, sous un chef chargé d'une couronne à dextre; au 2 et 3, un écusson en abime accompagné de huit étoiles en orle, 5978.
— au 1 et 4, *neuf et sept besants*,

3, 3 et 3, et 3, 3 et 1, sous un chef à la crosse en pal brochant; au 2 et 3, une croix cantonnée de quatre crosses adossées, 8564.
ÉCARTELÉ : au 1 et 4, *un semé de besants* au sautoir engrêlé brochant; au 2 et 3, une croix de vair cantonnée de quatre lions, 3083.
— au 1 et 4, *un billeté* au lion brochant; au 2 et 3, deux pals de vair sous un chef au lambel de cinq pendants, 8222.
— au 1 et 4, *une bourre*; au 2 et 3, une bande, 5545.
— au 1 et 4, *trois bouses*; au 2 et 3, une fasce entre deux jumelles, 7931.
— au 1 et 4, *un bras sortant d'un nuage et tenant des rameaux (de vesce)*; au 2 et 3, un palé? 546.
— au 1 et 4, *un burelé*; au 2, une étoile; au 3, un plain, 8755; — au 2 et 3, d'hermines, 7541; — au 2 et 3, un plain, 6266, 6267, 6268, 6269, 6270, 6271, 6272.
— au 1 et 4, *un burelé à la bande brochant*; au 2 et 3, un chevronné de six pièces, 5825.
— au 1 et 4, *un burelé à trois chevrons* brochant; au 2 et 3, un palé de six pièces; sur le tout, un écusson chargé d'un dauphin, 7849.
— au 1 et 4, *un burelé au lion brochant*; au 2 et 3, un semé de croisettes à la croix ancrée, 3433; — au 2 et 3, une croix cantonnée de vingt croisettes, cinq par cinq, posées au sautoir, 8946.
— au 1 et 4, *trois chabots*; au 2 et 3, un lion, 2050; — au 2, un lion; au 3, un rais, 2045, 2048; — au 2, un lion à la queue fourchée passée en sau-

toir; au 3, un rais, 2047; — au 2, un lion couronné à queue fourchée passée en sautoir; au 3, un rais; sur le tout, un écusson chargé d'une tête de cheval, 2034; — au 2 et 3, un rais, 2049; — au 2 et 3, une tête de cheval, 2033.
ÉCARTELÉ : au 1 et 4, *les chaînes de Navarre*; au 2 et 3, trois fleurs de lys à la bande brochant, 6664, 9206; — au 2 et 3, trois fleurs de lys à la bande componée brochant, 6677; — au 2 et 3, trois fleurs de lys au bâton péri en bande brochant, 6670, 6671; — au 2 et 3, un semé de fleurs de lys à la bande brochant, 1525; — au 2 et 3, un semé de fleurs de lys à la bande componée, 526, 6666, 6667; — au 2 et 3, un semé de fleurs de lys à la bande componée brochant; le tout à la bordure, 800, 6679; — au 2 et 3, un semé de fleurs de lys à la bande componée brochant; le tout à la bordure engrêlée, 652.
— au 1 et 4, *un chapé* chargé à dextre d'un cheval gai contourné, à sénestre d'un fascé de huit pièces au crancelin brochant, en pointe de trois croissants; au 2, un billeté au lion brochant; au 3, un lion; sur le tout, un écusson chargé d'une croix à la bordure engrêlée, 8477.
— au 1 et 4, *un château*; au 2 et 3, un arbre sur un mont, 1907; — au 2 et 3, une croix, 1993; — au 2 et 3, une croix fleuronnée, 1913; — au 2 et 3, deux fasces ondées, 1102; — au 2 et 3, trois fasces ondées, 8363; — au 2 et 3, un lion, 2289; — au 2 et 3, un lion, chargeant un

franc canton accompagnant trois lions, 9477.
ÉCARTELÉ : au 1, un château; au 2 et 3, un semé de fleurs de lys; au 4, un lion, 81.
— au 1 et 4, un chef; au 2 et 3, une croix ancrée, 6754; — au 2 et 3, un trèfle, 1018.
— au 1 et 4, un chef échiqueté; au 2 et 3, un fascé à la bordure, 43.
— au 1 et 4, un chef d'hermines; au 2 et 3, un lion, 307.
— au 1 et 4, un chef au lion brochant; au 2 et 3, un semé de fleurs de lys, 2239, 2249.
— au 1 et 4, une chèvre saillant; au 2 et 3, trois fasces, 1745.
— au 1 et 4, un chevron; au 2 et 3, une fasce d'hermines accompagnée de six macles, trois en chef et trois en pointe, 4249.
— au 1 et 4, un chevron accompagné de trois aigles; au 2 et 3, trois doloires, les deux en chef adossées, 5749.
— au 1 et 4, un chevron accompagné de trois aiglettes; au 2 et 3, une aigle, 9054; — au 2 et 3, une aigle éployée, 9057, 9058, 9059; — au 2 et 3, un losangé, 9064, 9066; — au 2 et 3, un losangé; sur le tout, un écusson à deux léopards l'un sur l'autre, 9055.
— au 1, un chevron accompagné de trois aiglettes, parti de trois fleurs de lys au bâton en bande brochant; au 2, un fascé de six pièces, parti de trois fleurs de lys au lambel; au 3, une guivre engoulant un enfant, parti d'une croix chargée de cinq coquilles et cantonnée de seize alérions; au 4, un semé de fleurs de lys au franc canton, parti d'un losangé, 4370.
— au 1 et 4, un chevron accompagné de trois coquilles au lambel;

au 2 et 3, un sautoir, 2090, 2091.
ÉCARTELÉ : au 1 et 4, un chevron accompagné de trois étoiles à la bordure engrêlée sous un chef; au 2 et 3, un parti à la bande de l'un en l'autre, 3458.
— au 1 et 4, un chevron accompagné de huit losanges, quatre en chef et quatre en pointe; au 2 et 3, un chef chargé de trois besants ou trois tourteaux, 4125.
— au 1 et 4, un chevron chargé de...; au 2 et 3, trois jumelles, 4008.
— au 1, un chevron, parti d'un chef échiqueté; au 2, une croix chargée de cinq coquilles et cantonnée de seize alérions; au 3, un fretté, parti d'un semé de trèfles à deux bars adossés; au 4, une croix, 4571.
— au 1 et 4, un chevron d'hermines; au 2 et 3, un lion, 4049.
— au 1 et 4, un chevron d'hermines chargé de... et accompagné de trois...; au 2 et 3, trois renards passant l'un sur l'autre, 6647.
— au 1 et 4, deux chevrons, l'un renversé, enlacés; au 2 et 3, une croix, 7172.
— au 1, trois chevrons; au 2, six besants; au 3, un échiqueté; au 4, un lion; sur le tout, un écusson à la bande côtoyée de six roses, 5207; — au 2, six besants sous un chef; au 3, un échiqueté; au 4, un lion; sur le tout, un écusson à la bande accompagnée de six roses en orle, 5201, 5202; — au 2, un sautoir engrêlé cantonné de quatre tours; au 3, un échiqueté; au 4, un lion; sur le tout, un écusson à la bande accompagnée de six roses en orle, 5204.

ÉCARTELÉ : au 1 et 4, trois chevrons; au 2 et 3, deux chevrons, 5217; — au 2 et 3, une croix ancrée, 5205, 5206; — au 2 et 3, un lion; sur le tout, un écusson à la bande accompagnée de six roses en orle, 5203, 5212; — au 2 et 3, un lion à queue fourchée, 3565; — au 2 et 3, trois pals, 5208; — au 2 et 3, trois pals, coupé d'un plain, 2373; — au 2 et 3, une tour, 9563.
— au 1 et 4, trois chevrons à la bordure; au 2 et 3, un chevron à la bordure, 9660.
— au 1 et 4, trois chevrons au lambel; au 2 et 3, un chevron, 9662; — au 2 et 3, un chevron à la bordure, 9659.
— au 1 et 4, un chien; au 2 et 3, trois macles; le tout à la bordure, 6221.
— au 1 et 4, deux clefs en sautoir; au 2 et 3, contre-écartelé d'un lion et de deux fasces, 2594.
— au 1 et 4, deux clefs en sautoir accompagnées de... en chef; au 2 et 3, un fretté, 2614.
— au 1 et 4, deux clefs en sautoir accompagnées d'une couronne en chef; au 2 et 3, un fretté, 2615, 2616.
— au 1 et 4, contre-écartelé de... et d'un chien passant; au 2 et 3, quatre otelles, 2695.
— au 1 et 4, contre-écartelé d'une bande engrêlée et d'un plain; au 2 et 3, un lion à la bordure besantée, 8267.
— au 1 et 4, contre-écartelé : au 1 et 4, de trois chabots; au 2, d'un lion; au 3, d'un rais; au 2 et 3, d'une bande, 2035.
— au 1 et 4, contre-écartelé des chaînes de Navarre et de trois fleurs de lys à la bande componée; au 2 et 3, neuf macles, 3, 3 et 3; le tout au lambel; sur le tout,

un écusson à la guivre engoulant l'enfant, 5709.

ÉCARTELÉ : au 1 et 4, contre-écartelé d'un château et d'un lion; au 2 et 3, trois fasces sous un chef d'hermines, 1908.

— au 1 et 4, contre-écartelé au 1, d'un chevron accompagné de trois aiglettes; au 2, de trois fleurs de lys au bâton en bande brochant; au 3, de trois fleurs de lys au franc canton; au 4, d'un losangé; au 2 et 3, contre-écartelé au 1 et 4 de trois fasces; au 2, de trois fleurs de lys au lambel; au 3, de la guivre engoulant l'enfant, 4368, 4369.

— au 1 et 4, contre-écartelé de six croix recroisetées au croissant en abîme, et d'une croix ancrée; au 2 et 3, une aigle, 1697.

— au 1 et 4, contre-écartelé d'un fascé de six pièces la première pièce chargée de trois besants, et d'une quintefeuille; au 2 et 3, contre-écartelé d'une manche maltaillée et d'un burelé à l'orle de merlettes brochant, 3001.

— au 1 et 4, contre-écartelé de quatre lions; au 2 et 3, quatre otelles ou mieux une croix pattée, 275.

— au 1 et 4, contre-écartelé d'un palé de six pièces sous un chef chargé de trois hydres, et d'un lion à la bordure fleurdelysée; au 2 et 3, contre-écartelé de plains, 4959.

— au 1 et 4, contre-écartelé de plains; au 2 et 3, une bande fuselée accompagnée à sénestre d'un écusson chargé d'une fasce, 3010; — au 2 et 3, une croix pattée, 347; — au 2 et 3, une fasce accompagnée de six croisettes recroisetées, trois en chef et trois en pointe; sur le tout, un écusson, 4713; — au 2 et 3, trois fasces, 85; — au 2 et 3, quatre fasces, 8788, 8789.

ÉCARTELÉ : au 1 et 4, contre-écartelé de plains à la bande engrêlée brochant; au 2 et 3, une croix; sur le tout, un heaume cimé d'un col de cygne, 195, 197.

— au 1 et 4, contre-écartelé de plains à la bordure; au 2 et 3, cinq cotices, 4117.

— au 1 et 4, contre-écartelé de plains à la bordure engrêlée; au 2 et 3, cinq bandes, 8190.

— au 1 et 4, six cotices; au 2 et 3, un émanché de trois pièces mouvant de la pointe, 5429.

— au 1 et 4, un coticé de dix pièces; au 2 et 3, neuf losanges, 3, 3 et 3, 5177.

— au 1 et 4, un créquier; au 2 et 3, une fasce, 5060, 5061; — au 2 et 3, trois jumelles; sur le tout, un écusson chargé d'un écusson en abîme, 2985; — au 2 et 3, trois jumelles; sur le tout, un écusson écartelé au 1 et 4, d'une tour accompagnée de fleurs de lys en orle, au 2 et 3, d'un gonfanon; sur le tout du tout, un écusson chargé de trois tourteaux, 2985.

— au 1 et 4, un croissant; au 2 et 3, une croix ancrée cantonnée de quatre..., 7628; — au 2 et 3, une fleur de lys, 3259.

— au 1 et 4, un croissant accompagné de six croisettes; au 2 et 3, une croix ancrée, 1695.

— au 1 et 4, un croissant accompagné de quatre croix recroisetées; au 2 et 3, une croix ancrée, 1689.

— au 1 et 4, trois croissants; au 2 et 3, un écusson? en abîme, 1720; — au 2 et 3, un orle; au lambel sur le tout, 4654.

ÉCARTELÉ : au 1 et 4, une croix; au 2 et 3..., 9402; — au 2 et 3, une aigle, 8570; — au 2 et 3, une bande fuselée de dix pièces accompagnée de six fleurs de lys en orle, 2192; — au 2 et 3, un émanché parti, 5033; — au 2 et 3, deux fasces; le tout sous un chef chargé d'une aigle, 1877; — au 2 et 3, deux fasces ondées, 639; — au 2 et 3, trois fasces ondées, 638; — au 2 et 3, quatre fasces, 963; — au 2 et 3, un fascé ondé de six pièces, 5106; — au 2 et 3, un lion, 8188, 8189; — au 2 et 3, trois oiseaux, 4720; — au 2 et 3, un plain, 3638; — au 2 et 3, un sautoir, 4888; — au 2 et 3, deux tierces en sautoir cantonnées de quatre merlettes, 8889; — au 2 et 3, un vairé, 1029.

— au 1 et 4, une croix cantonnée de quatre aiglettes; au 2 et 3, une croix cantonnée de quatre croisettes recroisetées, 4419.

— au 1 et 4, une croix cantonnée de seize alérions; au 2 et 3, une croix, 6417, 6418.

— au 1 et 4, une croix cantonnée de dix-huit billettes, cinq en sautoir à chaque canton en chef et quatre à chaque canton en pointe; au 2 et 3, un léopard couronné; sur le tout, un écusson burelé, 2501.

— au 1 et 4, une croix cantonnée de quatre croisettes recroisetées; au 2 et 3, une fasce côtoyée de deux burelles et accompagnée de six merlettes, trois en chef et trois en pointe.

— au 1 et 4, une croix cantonnée de quatre crosses; au 2 et 3, neuf et sept besants à la croix archiépiscopale brochant, 8565.

— au 1 et 4, une croix cantonnée de

quatre fleurs de lys; au 2 et 3, un contre-écartelé de deux fasces et d'un semé de trèfles à deux bars adossés, 7632, 7634; — au 2 et 3, un lion, 5080.

ÉCARTELÉ : au 1 et 4, une croix cantonnée de seize fleurs de lys; au 2 et 3, un lion, 5079.

— au 1 et 4, une croix chargée de cinq coquilles; au 2 et 3, une fasce; sur le tout, un écusson chargé de quatre losanges, 3 et 1, sous un chef, 8054.

— au 1 et 4, une croix chargée de cinq coquilles et cantonnée de quatre mouchetures d'hermine; au 2 et 3, une croix; sur le tout, un écusson chargé de deux dextrochères en pal, 1485.

— au 1 et 4, une croix au lambel; au 2 et 3, deux fasces ondées, 637.

— au 1 et 4, une croix dont la branche sénestre manque; au 2 et 3, deux étoiles l'une sur l'autre, 760.

— au 1 et 4, une croix ancrée; au 2 et 3, trois coquilles, 7547; — au 2 et 3, un croissant en abime accompagné de six croix recroisetées au pied fiché, 1690; — au 2 et 3, un croissant en abime accompagné de six croix recroisetées au pied fiché; le tout à la bordure, 1702; — au 2 et 3, un croissant surmonté d'une croisette, 1688; — au 2 et 3, quatre croix recroisetées au pied fiché au croissant en abime; le tout à la bordure, 1701; — au 2 et 3, un sautoir engrêlé, 7123.

— au 1 et 4, une croix ancrée de vair; au 2 et 3, trois têtes de loup, 2359, 2360, 2361.

— au 1 et 4, une croix engrêlée; au 2, six annelets; au 3, une croix cantonnée de... à l'écusson sur le tout chargé de six besants ou de six tourteaux en orle, 3108; — au 2, un contre-écartelé de plains; au 3, une croix chargée de cinq coquilles et cantonnée de seize alérions; sur le tout, un écusson à l'orle de six..., 5415, 5416; — au 2 et 3, une croix recercelée, 9691, 9692, 9693; — au 2 et 3, un échiqueté, 3106; — au 2, un fretté; au 3, une croix chargée de cinq coquilles et cantonnée de seize alérions; sur le tout, un écusson à l'orle de six..., 3105; — au 2 et 3, un fretté au franc canton chargé de...; sur le tout, un écusson à l'orle de..., 3107.

ÉCARTELÉ : au 1, une croix engrêlée; au 2, un cerf passant; au 3, un sanglier au lambel; au 4, neuf besants, 3, 3, 2 et 1; sur le tout, un écusson écartelé de plains, 7266; — au 2, un cerf passant; au 3, un sanglier au lambel; au 4, dix besants, 4, 3, 2 et 1; sur le tout, un écusson écartelé de plains, 8502.

— au 1 et 4, une croix engrêlée cantonnée de quatre bouses; au 2 et 3, un billeté à la fasce brochant, 3467.

— au 1 et 4, une croix engrêlée cantonnée de quatre pointes; au 2 et 3, une fasce chargée de trois gerbes et côtoyée de deux burelles, 5999, 6000.

— au 1 et 4, une croix pattée; au 2 et 3, deux fasces, 8004, 8005.

— au 1 et 4, une croix potencée cantonnée de quatre croisettes; au 2 et 3, un chevronné de six pièces, 3962.

— au 1 et 4, une croix recercelée; au 2 et 3, une bande accompagnée de six croisettes en orle, 5338.

ÉCARTELÉ : au 1 et 4, une croix vidée, cléchée et pommettée; au 2 et 3, un lion, 4801, 4802; — au 2 et 3, un lion; sur le tout, un écusson portant trois fusées en pal rangées, 9599; — au 2 et 3, un palé de six pièces; au 4, une harpe, 299; — au 2 et 3, deux vaches passant l'une sur l'autre, 9225, 9226.

— au 1 et 4, six croix recroisetées au croissant en abime contre-écartelé d'une croix ancrée; au 2 et 3, une aigle, 1697.

— au 1 et 4, six croix recroisetées au pied fiché au croissant en abime; au 2 et 3, une croix ancrée, 1691, 1692, 1693, 1694, 1696, 1699, 8376; — au 2 et 3, une croix ancrée; le tout à la bordure, 1703; — au 2 et 3, une croix ancrée; le tout à la bordure engrêlée, 1687; — au 2 et 3, une croix ancrée; sur le tout, un écusson au dauphin écartelé d'une bande, 8374.

— au 1 et 4, huit croix recroisetées au pied fiché au croissant en abime; au 2 et 3, une croix ancrée; à l'écusson sur le tout écartelé d'un dauphin et d'une bande coticée, 1685.

— au 1 et 4, un semé de croix recroisetées au pied fiché à deux bars adossés brochant à la bordure engrêlée; au 2 et 3, un lion à la bordure engrêlée, 630.

— au 1, un cygne; au 2, deux lions passant l'un sur l'autre; au 3, une bande chargée de trois besants; au 4, un lion, 3663.

— au 1 et 4, un cygne; au 2 et 3, un plain, 5733.

— au 1 et 4, un dauphin; au 2 et 3, une bande; chargeant un écusson sur le tout, 8374; —

au 2 et 3, une bande côtoyée de deux cotices; chargeant un écusson sur le tout, 1685; — au 2 et 3, une bande côtoyée de cotices potencées et contre-potencées, 465; — au 2 et 3, trois fasces vairées, 462, 463, 466; — au 2 et 3, un vairé, 467.

ÉCARTELÉ : au 1 et 4, trois doloires; au 2 et 3, une aigle éployée, 1010.

— au 1 et 4, trois doloires, les deux en chef adossées; au 2 et 3, trois bandes à la bordure, 5691, 6725, 6726.

— au 1 et 4, un écartelé de quatre lions; au 2 et 3, quatre otelles ou une croix pattée, 275.

— au 1 et 4, un échiqueté; au 2 et 3, une aigle, 7460; — au 2 et 3, un écusson à cinq points équipollés, accompagné de trois lions? 494; — au 2 et 3, deux fasces, 492, 495, 6887, 6888, 6889; — au 2 et 3, un fascé de six pièces, 9333, 9334; — au 2 et 3, un fretté, 5113, 5116; — au 2 et 3, une merlette, 4970.

— au 1 et 4, un écusson; au 2 et 3, une croix ancrée, 4461.

— au 1 et 4 un écusson en abîme accompagné d'angemmes en orle; au 2, neuf besants, 3, 3 et 3, sous un chef; au 4, trois fasces à la barre brochant, 8797.

— au 1 et 4, un écusson accompagné de huit coquilles en orle; au 2 et 3, un fascé de six pièces, 9124.

— au 1 et 4, un écusson en abîme accompagné de fleurs de lys en orle; au 2 et 3, un chef échiqueté de deux tires, 2066.

— au 1 et 4, un écusson accompagné de huit quintefeuilles en orle; au 2, sept besants, 3, 3 et 1, sous un chef; au 3, trois fasces à la barre brochant, 8800.

ÉCARTELÉ : au 1 et 4, un émanché de trois pièces mouvant du chef; au 2 et 3, six croisettes, 3 et 3, 3883.

— au 1 et 4, un émanché de trois pièces mouvant de la pointe; au 2 et 3, un semé de croisettes à deux fasces brochant, 3882; — au 2 et 3, trois pals, 680, 683.

— au 1 et 4, un émanché parti; au 2 et 3, une fasce, 5107.

— au 1 et 4, trois étoiles en pal; au 2 et 3, trois bandes, 3918.

— au 1, trois étoiles; au 2, une vache? passant; au 3, trois pals? alaisés; au 4, un plain, 960.

— au 1 et 4, cinq étoiles posées en sautoir; au 2 et 3, cinq feuilles également en sautoir, 8573.

— au 1 et 4, une fasce; au 2 et 3, une bande engrêlée accompagnée d'une merlette en chef et à sénestre, 6715; — au 2 et 3, trois bandes, 1112; — au 2 et 3, trois besants ou trois tourteaux à la bordure, 1034; — au 2 et 3, une croix au vivré en fasce brochant en chef, 1641; — au 2 et 3, un échiqueté à deux huchets enguichés brochant, 7365; — au 2 et 3, un fascé de vair et de... de six pièces, 5348, 5950, 5951, 5952, 5953; — au 2 et 3, quatre pals, 998; — au 2 et 3, un vairé, 7627.

— au 1 et 4, une fasce accompagnée de trois besants ou trois tourteaux, deux en chef et un en pointe; au 2 et 3, un lion, 6379.

— au 1 et 4, une fasce accompagnée de trois besants ou trois tourteaux, deux en chef et un en pointe à la bordure engrêlée; au 2 et 3, trois marmites à la bordure, 8354.

ÉCARTELÉ : au 1 et 4, une fasce accompagnée de six croix fleuronnées, 3 et 3; au 2 et 3, un échiqueté au chevron d'hermines; sur le tout un écusson écartelé : au 1 et 4, trois chevrons; au 2 et 3, un contre-écartelé plain au bâton en bande brochant, 9673.

— au 1 et 4, une fasce accompagnée d'un lion passant en chef; au 2 et 3, un fascé de vair et de... de six pièces, 5347.

— au 1 et 4, une fasce chargée de trois... et accompagnée en chef d'une étoile; au 2 et 3, un burelé à trois coqs brochant, 2453, 2455.

— au 1 et 4, une fasce chargée d'un léopard et accompagnée de trois besants ou de trois tourteaux, deux en chef et un en pointe; au 2 et 3, trois pals, 6117.

— au 1 et 4, une fasce chargée d'un lion passant et accompagnée de trois besants, deux en chef et un en pointe; au 2 et 3, trois pals, 6118.

— au 1 et 4, une fasce au franc canton; au 2 et 3, une aigle, 9685.

— au 1 et 4, une fasce au lambel; au 2 et 3, une bande engrêlée accompagnée d'une merlette en chef et à sénestre, 6714.

— au 1 et 4, une fasce, parti d'un plain; au 2 et 3, une tour flanquée à sénestre d'une tour plus petite, 8167, 8168.

— au 1 et 4, une fasce bretessée; au 2 et 3, un fretté, 8982; — au 2 et 3, deux pals, 4393.

— au 1 et 4, une fasce échiquetée de deux tires, accompagnée de six croisettes, trois en chef et trois en pointe; au 2 et 3, deux bandes, 1418; — au 2 et 3, deux bandes accompagnées de..., 1419.

ÉCARTELÉ : au 1 et 4, une fasce échiquetée de trois tires; au 2 et 3, un gonfanon, 5662.

— au 1 et 4, une fasce fuselée de trois pièces; au 2 et 3, six..., 3 et 3, 8352; — au 2 et 3, une aigle, 8350, 8351, 8352; — au 2 et 3, trois chevrons, 8352.

— au 1 et 4, une fasce fuselée de trois pièces à la bande brochant; au 2 et 3, une aigle, 6217.

— au 1 et 4, une fasce d'hermines accompagnée de six croisettes recroisetées au pied fiché, trois en chef et trois en pointe; au 2 et 3, un chevron accompagné de trois feuilles, 4183, 4184, 4185.

— au 1 et 4, deux fasces; au 2 et 3, trois bandes, 4473, 4474, 4476; — au 2, trois bandes à la bordure; au 3, un gironné de douze pièces, 4475; — au 2 et 3, un burelé, 3619; — au 2, un écusson en abîme à l'orle d'angennes à la bordure fleurdelysée; au 3, trois bandes à la bordure, 4466; — au 2 et 3, un fascé de vair et de... de six pièces, 5927; — au 2 et 3, un semé de fleurs de lys au bâton en bande brochant, 4464; — au 2, un semé de fleurs de lys au lambel; au 3, trois bandes, 4477; — au 2, un semé de fleurs de lys au lambel; au 3, trois bandes à la bordure; sur le tout, un écusson chargé de... à la bordure, 8796; — au 2, un semé de fleurs de lys au lambel de trois pendants chargés chacun de trois châteaux; au 3, trois bandes à la bordure;

à la barre brochant sur le 2 et le 3, 4494; — au 2 et 3, un gironné de douze pièces au lambel, 4106; — au 2 et 3, un lion naissant, 6595; — au 2 et 3, un semé de trèfles à deux bars adossés, 2244, 7633.

ÉCARTELÉ : au 1, deux fasces accompagnées d'une étoile en abîme; au 2 et 3, un lion naissant; au 4, deux fasces, 6596.

— au 1 et 4, deux fasces accompagnées de neuf merlettes en orle; au 2 et 3, un lion, 7034; — au 2 et 3, un lion couronné, 7031, 7032.

— au 1 et 4, deux fasces au lambel; au 2 et 3, deux léopards l'un sur l'autre, 8670.

— au 1 et 4, deux fasces ondées sous un chef; au 2 et 3, trois quintefeuilles, 6567.

— au 1, trois fasces; au 2, une bande; au 3, un plain; au 4, trois chevrons, 313; — au 2, trois besants ou trois tourteaux; au 3, une aigle éployée; au 4, un chevron; sur le tout, un écusson au chevron accompagné de trois lions, 1326.

— au 1 et 4, trois fasces; au 2, deux bars adossés accompagnés d'un croissant en chef; au 3, un plain, 6273; — au 2, un croissant; au 3, un plain, 6274; — au 2 et 3, une croix cantonnée de seize alérions, 4141; — au 2 et 3, trois doloires; sur le tout, un écusson échiqueté, 1316; — au 2 et 3, trois doloires, les deux en chef adossées, 3040, 7339; — au 2 et 3, trois doloires, les deux en chef adossées; sur le tout, un écusson losangé écartelé d'un lion, 3041, 3042; — au 2 et 3, une fasce, 3123.

— au 1 et 4, trois fasces accompagnées de trois besants en chef à l'écusson en cœur brochant; au 2 et 3, un vairé, 3003.

ÉCARTELÉ : au 1 et 4, trois fasces accompagnées d'un lion passant en chef; au 2 et 3, une croix chargée de cinq besants ou cinq tourteaux, 1320.

— au 1 et 4, trois fasces à trois chevrons brochant; au 2 et 3, un écusson en abîme; sur le tout, un écusson chargé de deux vaches passant l'une sur l'autre, 7850, 7853; — au 2 et 3, un palé de six pièces, 7857; — au 2 et 3, un palé de six pièces; sur le tout, un écusson chargé de trois fasces, 7855.

— au 1 et 4, trois fasces à l'écusson en chef brochant sur la première; au 2 et 3, une bande de vair, 1439, 7578, 7579, 7580, 7581.

— au 1 trois fasces, parti de...; au 2, un échiqueté; au 3, une fasce accompagnée de... en chef au bâton en bande brochant; au 4, cinq besants? sous un chef, parti d'un lion; sur le tout, un écusson couronné chargé de trois fasces à la bordure; le tout à la bordure, 1322.

— au 1 et 4, trois fasces ondées; au 2 et 3, une tour surmontée de trois têtes de More, 6969.

— au 1 et 4, un fascé de six pièces; au 2 et 3, un bâton en barre, 6264, 6265, 6277; — au 2 et 3, un contre-écartelé plain à la bordure fleurdelysée, 7270; — au 2 et 3, trois fleurs de lys à la barre brochant, 2647; — au 2 et 3, un gironné de huit pièces, 4279; — au 2 et 3, un plain, 6276.

— au 1 et 4, un fascé de six pièces à la bordure; au 2 et 3, un lion, 7156.

Écartelé : au 1 et 4, un fascé de six pièces au lion brochant; au 2 et 3, une tour adextrée d'un avant-mur, 8968.
— au 1 et 4, un fascé de six pièces, parti de trois chevrons sous un chef; au 2 et 3, trois... l'un sur l'autre écartelé de trois bandes; sur le tout, un écusson chargé de trois bandes, 9157.
— au 1 et 4, un fascé de vair et de... de six pièces; au 2 et 3, une fasce, 8644, 8645, 8646.
— au 1, un fascé de huit pièces, parti d'un semé de fleurs de lys à la bordure; au 2, une croix potencée cantonnée de quatre croisettes, parti de quatre pals; au 3, un semé de fleurs de lys à la bordure componée; au 4, un semé de croisettes à deux bars adossés; sur le tout, un écusson à la bande chargée de trois alérions, 5359.
— au 1, un fascé de huit pièces, parti d'un semé de fleurs de lys au lambel; au 2, une croix potencée cantonnée de quatre croisettes, parti de trois pals; au 3, un semé de fleurs de lys à la bordure componée; au 4, un semé de croix recroisetées au pied fiché à deux bars adossés brochant; sur le tout, un écusson à la bande chargée de trois alérions à la bordure, 9265.
— au 1 et 4, un fascé contrefascé de six pièces fourchées; au 2 et 3, un contre-écartelé de trois pointes au franc canton chargé d'un cerf, et d'une fasce accompagnée de trois besants ou trois tourteaux en chef, 7138, 7139.
— au 1 et 4, un fascé enté de six pièces; au 2 et 3, une croix, 7804.
— au 1 et 4, deux fers de moulin, parti d'une demi-croix pattée; au 2 et 3, un fretté, 6252.

Écartelé : au 1 et 4, trois fermaux; au 2 et 3, trois sautoirs sous un chef chargé de trois autres sautoirs, 604; — au 2 et 3, trois sautoirs sous un chef chargé de trois autres sautoirs; sur le tout, un écusson à la guivre engoulant l'enfant, 605.
— au 1 et 4, trois feuilles de scie en fasce; au 2, un lion; au 3, trois jumelles; sur le tout, un écusson à la croix cantonnée de seize alérions, 2824, 2825.
— au 1, 2, 3 et 4, une fleur de lys, 500, 2108.
— au 1 et 4, une fleur de lys; au 2, une croix vidée, cléchée et pommettée; au 3, un mont planté d'un arbre, 6235; — au 2 et 3, une tour crénelée, 312.
— au 1, une fleur de lys; au 2, 3 et 4, un plain, 498.
— au 1, trois fleurs de lys; au 2 et 3, une croix chargée de cinq coquilles et cantonnée de seize alérions; au 4, trois fleurs de lys à la bande brochant; sur le tout, un écusson au lion, 5131; — au 2 et 3, une croix chargée de cinq coquilles et cantonnée de seize alérions; au 4, trois fleurs de lys à la bande componée brochant; sur le tout, un écusson au lion, 5128.
— au 1 et 4, une fleur de lys portant deux oiseaux perchés; au 2 et 3, un griffon, 3738.
— au 1 et 4, trois fleurs de lys; au 2, un bœuf paissant; au 3, un fascé de six pièces, 9187; — au 2, un bœuf paissant à la bordure; au 3, un fascé de six pièces; sur le tout, un pal à deux clefs en sautoir surmontées d'une tiare, 9188; — au 2 et 3, un dauphin, 7248, 9428, 9429; — au 2 et 3, un échiqueté à la bordure, 8733; — au 2 et 3, une fasce échiquetée de deux tires à la bordure; sur le tout, un écusson au sautoir cantonné de quatre..., 8734; — au 2 et 3, trois léopards l'un sur l'autre, 1750; — au 2 et 3, trois léopards l'un sur l'autre; le tout à la bordure componée de fleurs de lys et de..., 7074; — au 2 et 3, trois léopards l'un sur l'autre; le tout à la bordure d'hermines, 3216; — au 2 et 3, trois léopards l'un sur l'autre; sur le tout, un lambel de cinq pendants, 83; — au 2, un lion, au 3..., 71; — au 2 et 3, un plain, 6672, 6673; — au 2 et 3, un plain; au lambel de cinq pendants, 72.

Écartelé : au 1 et 4, trois fleurs de lys à la bande brochant; au 2 et 3, un dauphin, 1347.
— au 1 et 4, trois fleurs de lys au bâton en bande brochant; au 2 et 3, trois fleurs de lys au lambel et au bâton en bande brochant, 1344; — au 2 et 3, trois fleurs de lys à la bordure besantée, 3316.
— au 1 et 4, trois fleurs de lys au bâton alaisé en bande brochant, au bâton en barre sur le tout; au 2 et 3, trois jumelles, 1342.
— au 1 et 4, trois fleurs de lys à la bordure chargée de huit fermaux; au 2 et 3, une fasce échiquetée de trois tires à la bordure chargée de trois fermaux; sur le tout, un écusson au sautoir cantonné de quatre..., 8735.
— au 1 et 4, trois fleurs de lys au lambel; au 2 et 3, un plain, 70.
— au 1 et 4, trois fleurs de lys au lambel à la bande brochant; au 2 et 3, un contre-écartelé d'une

bande et d'un pal chargé de trois chevrons, 7969.

ÉCARTELÉ : au 1 et 4, trois fleurs de lys au pied nourri; au 2 et 3, un lion, 7527.

— au 1, un semé de fleurs de lys; au 2 et 3, un château; au 4, un lion, 3375, 8980.

— au 1 et 4, un semé de fleurs de lys; au 2 et 3, un dauphin, 5008, 5009, 5971, 9426, 9427; — au 2 et 3, un lion, 9311; — au 2 et 3, un demi-vol, 92.

— au 1 et 4, un semé de fleurs de lys à la bande chargée de trois lionceaux; au 2 et 3, un lion, 9312.

— au 1 et 4, un semé de fleurs de lys au bâton en bande brochant à la bordure manquant en pointe, sous un chef chargé d'une croix potencée cantonnée de quatre croisettes; au 2 et 3, un parti d'une fasce burelée accostée de six fleurs de lys et accompagnée d'une champagne, et d'une fasce accompagnée de six fleurs de lys sous un chef chargé d'une vache passant, 1346.

— au 1 et 4, un semé de fleurs de lys à la bordure componée; au 2 et 3, un bandé de six pièces à la bordure, 1377; — au 2 et 3, un semé de croisettes recroisetées au pied fiché à deux bars adossés, 625.

— au 1 et 4, un semé de fleurs de lys à l'écusson en abime chargé d'une croix; au 2 et 3, un fascé de six pièces, 2648.

— au 1 et 4, un semé de fleurs de lys, parti d'un lion; au 2 et 3, un échiqueté à la bordure, 9019.

— au 1 et 4, un semé de fleurs de lys à la tour brochant; au 2 et 3, trois bandes, 9126; — au 2 et 3, un gonfanon; le tout à la bordure, 8979.

ÉCARTELÉ : au 1 et 4, trois forces; au 2 et 3, un lévrier rompant, 1249; — au 2, un lévrier rumpant; au 3, un lion, 1248.

— au 1 et 4, un fretté; au 2 et 3, deux fasces d'hermines, 3481, 3482; — au 2 et 3, quatre fasces au lion brochant, 6579, 6580; — au 2, quatre fasces au lion brochant; au 3, une croix cantonnée de vingt croisettes, cinq par cinq posées en sautoir, 6581, 6582; — au 2, quatre fasces au lion brochant; au 3, un échiqueté, 6584; — au 2, un fascé de huit pièces au lion brochant; au 3, un échiqueté, 6590; — au 2 et 3, un fascé de huit pièces au lion brochant; sur le tout un écusson échiqueté, 6592; — au 2 et 3, trois fleurs de lys, 5418; — au 2 et 3, trois mouchetures d'hermine, 8228; — au 2, un huchet; au 3, ..., 2; — au 2 et 3, un lion, 8432; — au 2 et 3, trois lions passant l'un sur l'autre; au lambel sur le 1 et 2, 4523.

— au 1 et 4, un fretté sous un chef; au 2 et 3, un burelé à trois coqs brochant; sur le tout, un écusson à la fasce chargée de... et accompagnée d'une étoile en chef, 2454.

— au 1 et 4, un fretté sous un chef au lion issant; au 2 et 3, une croix chargée de cinq coquilles et cantonnée de seize alérions; sur le tout, un écusson à la bande coticée, potencée et contre-potencée, parti d'une demi-croix vidée, cléchée et pommettée, 2120.

— au 1 et 4, un fretté sous un chef chargé de trois merlettes; au 2 et 3, un lion, 3444, 3445,

3448; — au 2 et 3, un lion passant, 3447.

ÉCARTELÉ : au 1, un fretté au lambel; au 2, trois lions passant l'un sur l'autre au lambel: au 3, un fretté; au 4, trois lions passant l'un sur l'autre, 4523, 4524.

— au 1 et 4, un fretté orné de grillets; au 2 et 3, un palé de vair et de... de quatre pièces sous un chef chargé d'une merlette, 178.

— au 1 et 4, un gonfanon; au 2 et 3, une fasce échiquetée de trois tires, 1315.

— au 1 et 4, une harpe; au 2 et 3, la croix de Toulouse, vidée, cléchée et pommettée, 292, 296, 297, 5120.

— au 1, une moucheture d'hermine; au 2, 3 et 4, une rose, 1077.

— au 1 et 4, deux hermines à la bande brochant; au 2 et 3, deux maillets, 1868.

— au 1 et 4, d'hermines à la bande chargée de trois têtes de chèvre arrachées; au 2 et 3, un chevron accompagné de trois fleurs de lys, 6601; — au 2 et 3, un chevron chargé d'un croissant au sommet et accompagné de trois fleurs de lys, 6600.

— au 1 et 4, d'hermines au chef denché; au 2 et 3, trois chevrons accompagnés d'un trèfle en chef et à dextre, 6812.

— au 1 et 4 d'hermines à trois écussons; au 2 et 3, un fretté, 4559.

— au 1 et 4, d'hermines à la fasce vivrée; au 2 et 3, quatre barres à la bordure, 8624.

— au 1 et 4, trois housseaux; au 2 et 3, trois pals sous un chef chargé de trois molettes, 4666.

— au 1 et 4, trois hures sous un chef chargé de...; au 2 et 3, trois lions, 6495.

ÉCARTELÉ : au 1 et 4, trois jumelles; au 2 et 3, une barre accompagnée de six merlettes en orle, 9135, 9136; — au 2 et 3, un fretté sous un chef au lion issant, 2119; — au 2 et 3, un lion sous un chef échiqueté, 3734.
— au 1, un lambel; au 2 et 3, un vairé; au 4, un plain, 1275.
— au 1 et 4, quatre lapins courant l'un sur l'autre; au 2 et 3, trois bandes, parti d'un fretté; sur le tout, une croix pattée, 2697.
— au 1, un lévrier passant; au 2 et 3, trois forces; au 4, un lion, 1247.
— au 1 et 4, un lévrier rampant; au 2 et 3, trois forces, 1250, 8523.
— au 1, 2, 3 et 4, un lion, 270, 273, 389, 3914, 3915, 3916, 4391.
— au 1 et 4, un lion; au 2 et 3, une aigle contournée, 7421; — au 2 et 3, une aiguière; sur le tout, un écusson chargé d'une cloche, 849, 854, 856; — au 2 et 3, une bande engrêlée, contre-écartelée d'un plain, 1135, 1257; — au 2 et 3, trois bandes, 2401, 8191; — au 2 et 3, une barre, 7271; — au 2 et 3, une barre accompagnée de deux étoiles, une en chef et une en pointe, 2890; — au 2 et 3, trois barres, 8193; — au 2 et 3, un château? 181; — au 2 et 3, un château chargeant un franc canton accompagnant trois lions, 9480; — au 2 et 3, un chevron accompagné de trois sextefeuilles, 580, 581, 8835; — au 2 et 3, trois chevrons, 3564, 3566; — au 2 et 3, trois clefs, 9398; — au 2 et 3, une croix ancrée, 3609, 3613, 2614; — au 2 et 3, une croix ancrée à la bordure engrêlée, 3616; — au 2 et 3, une croix ancrée cantonnée de quatre roses ou de quatre étoiles, 915; — au 2 et 3, un dextrochère tenant à la main un annelet et accompagné de trois croisettes, 742; — au 2 et 3, un échiqueté, 332, 6466, 9332; — au 2 et 3, un émanché de cinq pièces mouvant du chef, 4189, 4192; — au 2, deux fasces, le reste est détruit, 1873; — au 2 et 3, deux fasces ou deux murs crénelés, 9503; — au 2 et 3, deux fasces, au lambel sur le tout, 1871, 1874, 1875; — au 2 et 3, trois fasces, chargeant en cœur une croix cantonnée de quatre aigles, 5631; — au 2 et 3, quatre fasces à la bande brochant, 2116; — au 2 et 3, trois flèches; au 3, un palé de dix pièces, 4191; — au 2 et 3, un semé de fleurs de lys, 2248, 9308; — au 2 et 3, un fretté, 331; — au 2 et 3, une main appaumée, 4509; — au 2 et 3, trois merlettes, 5885; — au 2 et 3, un plain, 2157; — au 2 et 3, un parti de plains, 8945; — au 2 et 3, un plain; au 4..., 2365; — au 2 et 3, un taillé, 5467; — au 2 et 3, un tourteau, 6871; — au 2 et 3, un vairé, 5073, 5074, 8439; — au 2 et 3, un vairé; sur le tout, un écusson, 5075.

ÉCARTELÉ : au 1, un lion; au 2, une aigle éployée; au 3, quatre fasces à la bande chargée de trois lionceaux brochant; au 4, une croix, 7384; — au 2, trois fers de flèche rangés en pal la pointe en bas; au 3, un émanché de cinq pièces mouvant du chef; au 4, un lion à la bordure besantée, 4190; — au 2, 3 et 4, un plain, 1414, 2366.

ÉCARTELÉ : au 1 et 4, un lion accompagné de besants en orle; au 2 et 3, deux fasces, 1872.
— au 1 et 4, un lion à la bande brochant; au 2 et 3, un lion, 9694.
— au 1 et 4, un lion au bâton en bande brochant; au 2 et 3, un fretté au lambel, 271.
— au 1 et 4, un lion à la bordure; au 2 et 3, trois chevrons, 3386.
— au 1 et 4, un lion à la bordure besantée; au 2 et 3, une croix cantonnée de quatre merlettes, 2628.
— au 1 et 4, un lion à la bordure engrêlée; au 2 et 3, une bande accompagnée de six merlettes en orle, 8779, 8780, 8781, 8782, 8783, 8784, 8785, 8786, 8787; — au 2 et 3, un lion; sur le tout, un écusson à la bordure besantée, 8801; — au 2 et 3, un lion; sur le tout, un écusson plain, 8802.
— au 1 et 4, un lion sous un chef chargé d'un émanché; au 2 et 3, un gironné de douze pièces, 1867.
— au 1, 2, 3 et 4, un lion sous un chef chargé de deux vaches passant l'une sur l'autre, 6672, 6673.
— au 1 et 4, un lion à deux fasces brochant; au 2 et 3, une barre chargée de deux étoiles et côtoyée de deux filets en barre, 6180.
— au 1, un lion au lambel; au 2, deux fasces au lambel; au 3, deux fasces; au 4, un lion, 1871.

ÉCARTELÉ : au 1 et 4, *un lion*, parti d'un semé de fleurs de lys; au 2 et 3, un échiqueté à la bordure, 9018, 9019.
— au 1, *un lion dans un double trécheur fleuronné*; au 2, un lion à la bordure chargée de huit sextefeuilles; au 3, trois houseaux éperonnés cantonnés; au 4, un sautoir sous un chef, 58.
— au 1 et 4, *un lion contourné*; au 2 et 3, trois barres, 8192.
— au 1, *un lion naissant*; au 2 et 3, un vase (une aiguière); au 4, un lion; sur le tout, un écusson à la cloche, 848.
— au 1 et 4, *un lion passant*; au 2 et 3, une croix ancrée, 750; — au 2 et 3, une fasce chargée de trois merlettes; le tout au lambel; sur le tout, un écusson à la fasce accompagnée de six merlettes en orle, 1369, 1370, 1371.
— au 1, *un lion passant*; au 2, 3 et 4, un plain, 1406.
— au 1 et 4, *un lion à queue fourchée*; au 2 et 3, un créquier à la bordure, 1206; — au 2 et 3, un lion au lambel, 274.
— au 1 et 4, *un lion à queue fourchée passée en sautoir*; au 2 et 3, un burelé au lion brochant, 5434.
— au 1 et 4, *un lion couronné*; au 2 et 3, trois fasces à la bordure; sur le tout, un écusson palé, 3121.
— au 1 et 4, *un lion couronné à queue fourchée et passée en sautoir*; au 2 et 3, un burelé au lion brochant, 5435, 5441.
— au 1 et 4, *deux lions affrontés*; au 2 et 3, une bande accompagnée de six quintefeuilles en orle, parti de deux fasces, 7723.

ÉCARTELÉ : au 1 et 4, *deux lions passant l'un sur l'autre*; au 2 et 3..., 4530; — au 2 et 3, une clef, 177.
— au 1 et 4, *trois lions*; au 2 et 3, un billeté au lion, 8860; — au 2 et 3, trois mains, 2680.
— au 1 et 4, *trois lions passant l'un sur l'autre*; au 2 et 3, un chef, 363.
— au 1 et 4, *quatre lions passant*? 2 et 2; au 2 et 3, un losangé, 818.
— au 1 et 4, *un losangé*; au 2 et 3, un cheval gai, 2773; — au 2 et 3, une croix engrêlée; sur le tout, un écusson chargé d'un animal passant, 897.
— au 1 et 4, *un losangé en bande*; au 2 et 3, un écartelé de quatre lions (Hainaut), 4391.
— au 1 et 4, *un loup*; au 2 et 3, un fretté semé de..., 7489.
— au 1 et 4, *deux loups ravissant affrontés* en chef et un loup passant en pointe; au 2 et 3, une fasce accompagnée de trois oiseaux, deux en chef et un en pointe, 2563, 2564.
— au 1 et 4, *neuf macles, 3, 3 et 3*; au 2 et 3, une guivre, 6236, 6237, 6238.
— au 1 et 4, *trois maillets*; au 2 et 3, trois poires; sur le tout, un écusson chargé d'un arbre? 3451.
— au 1, *trois maillets accompagnés d'une étoile* en abîme; au 2 et 3, trois quintefeuilles sous un chef; au 4, trois maillets; sur le tout, un écusson chargé d'une croix ancrée, 6168.
— au 1 et 4, *une manche mal taillée*; au 2 et 3, une bande; au lambel sur le 1 et le 2, 4529.
— au 1 et 4, *deux masses d'armes en sautoir liées*; au 2 et 3, un palé de six pièces, 6990.
— au 1 et 4, *trois merlettes*; au 2

et 3, trois poires; sur le tout, un écusson chargé d'un arbre, 3451.
ÉCARTELÉ : au 1 et 4, *trois merlettes à la bande* brochant; au 2 et 3, un vairé, 4544.
— au 1 et 4, *un miroir pommetté*; au 2 et 3, un sanglier, 6130.
— au 1 et 4, *trois mitres*; au 2 et 3, trois arbres ou trois épis, 1610.
— au 1 et 4, *trois molettes*; au 2 et 3, une bande, 1236, 1237, 1238, 1239, 1240, 1241.
— au 1 et 4, *une nef*; au 2 et 3, trois quintefeuilles, 4414.
— au 1 et 4, *un oiseau*; au 2 et 3, un plain, 6159.
— au 1 et 4, *trois oiseaux*; au 2 et 3, trois besants ou trois tourteaux, 8533, 8534; — au 2 et 3, trois feuilles, 5480.
— au 1 et 4, *trois ondes en pal*; au 2 et 3, trois pals, 283.
— au 1 et 4, *un orle*; au 2 et 3, une croix ancrée, 35.
— au 1 et 4, *un pairle*; au 2 et 3, trois fermaux, 2738, 2740; — au 2 et 3, trois fleurs de lys; sur le tout, une tête de lion, 2737.
— au 1 et 4, *un pairle au lambel*; au 2 et 3, trois fleurs de lys; sur le tout, une tête de lion, 2739.
— au 1 et 4, *un pal de vair à la bordure engrêlée*; au 2 et 3, trois fleurs de lys à la bordure chargée de trois lionceaux, 1888, 1889.
— au 1 et 4, *deux pals sous un chef chargé de trois hydres*; au 2 et 3, un lion à la bordure fleurdelysée; sur le tout, un écusson portant trois losanges en fasce au lambel, 4961.
— au 1, *trois pals*; au 2, les chaînes de Navarre; au 3, deux vaches passant l'une sur l'autre; au 4,

un semé de fleurs de lys à la bande componée, 3664.

ÉCARTELÉ : au 1 et 4, *trois pals;* au 2 et 3, un chef chargé de trois fleurs de lys, 1906; — au 2 et 3, un émanché de trois pièces mouvant de la pointe, 681, 684; — au 2 et 3, un émanché de trois pièces mouvant de la pointe; à la bande chargée de trois lionceaux brochant sur le tout, 685; — au 2 et 3, un émanché de trois pièces mouvant de la pointe; au bâton en bande brochant sur le tout, 682; — au 2 et 3, deux vaches passant l'une sur l'autre, 3665; — au 2 et 3, deux vaches passant l'une sur l'autre; sur le tout, un écusson chargé de deux lions passant l'un sur l'autre, 3667, 3669; — au 2 et 3, deux vaches passant l'une sur l'autre; au lambel de cinq pendants sur le tout; sur le tout, un écusson, 6661.

— au 1 et 4, *trois pals sous un chef chargé de trois hydres;* au 2 et 3, un lion à la bordure fleurdelysée, 4964, 4965, 4966.

— au 1 et 4, *trois pals sous un chef chargé d'un vivré;* au 2 et 3, un semé de fleurs de lys, 1095.

— au 1 et 4, *trois pals de vair sous un chef;* au 2 et 3, deux léopards l'un sur l'autre, 2341; — au 2 et 3, deux léopards l'un sur l'autre; sur le tout, un écusson chargé d'une bande, 2340.

— au 1 et 4, *trois pals de vair sous un chef chargé à sénestre d'un écusson portant un lion à la bordure;* au 2 et 3, un sautoir; sur le tout, un écusson portant trois jumelles, 9702.

— au 1 et 4, *trois pals de vair sous un chef chargé à dextre d'un lion;* au 2 et 3, une bande chargée de..., 2327.

ÉCARTELÉ : au 1 et 4, *trois pals de vair sous un chef chargé d'une merlette;* au 2 et 3, trois étoiles en bande, 2353.

— au 1 et 4, *quatre pals;* au 2 et 3, une croix potencée cantonnée de quatre croisettes; un fascé de huit pièces; trois fleurs de lys l'une sur l'autre, 227.

— au 1 et 4, *un palé de six pièces;* au 2 et 3, un émanché de deux pièces et demie mouvant du chef, 679.

— au 1 et 4, *un palé de six pièces sous un chef chargé de trois dragons ailés ou de trois hydres;* au 2 et 3, un lion à la bordure, 4963.

— au 1 et 4, *un palé de six pièces sous un chef chargé d'un vivré;* au 2 et 3, un fascé de dix pièces au lion couronné brochant, 1091.

— au 1, un *palé de six pièces sous un chef chargé d'un vivré;* au 2, un gironné de huit pièces; au 3, une fasce au lion? brochant accompagnée d'un mont à trois coupeaux en pointe; au 4, quatre fasces au lion brochant, 1084.

— au 1 et 4, *un palé de huit pièces;* au 2 et 3, une guivre engoulant un enfant, parti d'une fasce à la bordure chargée de six étoiles, 8282.

— au 1 et 4, *une palissade circulaire;* au 2 et 3, trois pals; sur le tout, un écusson portant trois pots à trois pieds, 3397, 3398.

— au 1, 2, 3 et 4, *un plain,* 69, 348, 349, 488, 1199, 1408, 1412, 1416, 2565, 2898, 2992, 3009, 3243, 4057, 4114, 4115, 4116, 4418, 4419, 4420, 4538, 5649, 6437, 6800, 7091, 7266, 8197, 8464, 8466, 8502, 8553, 8607, 8608, 9174, 9175, 9228, 9229.

ÉCARTELÉ : au 1 et 4, *un plain;* au 2 et 3, une croix pattée, 347; — au 2 et 3, un échiqueté; le tout au lambel, 9050; — au 2 et 3, un écusson à la bande brochant, 529; — au 2 et 3, deux fasces, 8790; — au 2 et 3, un lion? passant, 678; — au 2, une roue; au 3, un plain, 9009.

— au 1 et 4, *un plain à la bande chargée de trois croisettes recroisetées brochant sur le tout,* 3494, 3495, 3496, 3498.

— au 1, 2, 3 et 4, *un plain à la bande engrêlée brochant,* 196.

— au 1 et 4, *un plain à la bande engrêlée brochant;* au 2 et 3, un contre-écartelé d'une croix, 195, 197.

— au 1, 2, 3 et 4, *un plain à la bordure,* 1409, 2070.

— au 1, 2, 3 et 4, *un plain à la bordure fleurdelysée,* 2069.

— un écartelé de *plains chargeant un écusson sur le tout,* 7266, 8502.

— un écartelé de *plains chargeant un écusson en abîme accompagné de cinq châteaux en orle,* 4118; — de six châteaux en orle, 4119, 4120.

— au 1, 2, 3 et 4, *un plain au lambel,* 1410, 1411, 2380, 3571, 3930, 5105.

— au 1, 2, 3 et 4, *un plain au lambel de trois pendants chargés chacun de trois besants,* 4689.

— au 1, 2, 3 et 4, *un plain au lambel de quatre pendants, le 1 chargé d'une étoile,* 5104.

— au 1, 2, 3 et 4, *un plain au lambel de cinq pendants sur le tout,* 499.

DES SCEAUX DE CLAIRAMBAULT.   585

ÉCARTELÉ : au 1, 2, 3 et 4, *un plain à trois quintefeuilles* brochant, 262, 263.
— au 1 et 4, *cinq points équipollés*; au 2 et 3, *une croix d'hermines*, 6954.
— au 1 et 4, *deux poissons adossés sous un chef* chargé d'un lion passant; au 2 et 3, un chef, 7209.
— au 1 et 4, *un pot à deux anses*; au 2 et 3, trois pals, 9176.
— au 1 et 4, *une quintefeuille*; au 2 et 3, un plain, 9345.
— au 1 et 4, *un rais*; au 2 et 3, deux fasces, 5076; — au 2, un plain; au 3, trois pals, 6524.
— au 1, *un rais*; au 2, 3 et 4, un plain, 6436.
— au 1 et 4, *un rais d'escarboucle fleuronné*; au 2 et 3, une bande, 9293.
— au 1 et 4, *trois rencontres de cerf*; au 2 et 3, un chevron accompagné de trois molettes, 8119.
— au 1 et 4, *deux rocs d'échiquier*; au 2 et 3, un contre-écartelé de plains et de quatre besants ou quatre tourteaux, 2 et 2, 7942.
— au 1, *une rose*; au 2, 3 et 4, un plain, 6548.
— au 1 et 4, *trois sangliers* passant; au 2 et 3, un bandé de six pièces à la bordure engrêlée, 9340.
— au 1 et 4, *un sautoir*; au 2 et 3, une fasce; sur le tout, une étoile, 3453; — au 2 et 3, une fasce chargée d'un bandé; sur le tout, un écusson à la fasce bandée, 3452; — au 2 et 3, un lion, 5019, 6744, 6745; — au 2 et 3, trois rangs de merlettes à la barre brochant, 2566; — au 2 et 3, un pal aiguisé accosté de six merlettes, 4562.

ÉCARTELÉ : au 1 et 4, *un sautoir cantonné* de quatre merlettes; au 2 et 3, un semé de fleurs de lys, 3524, 3525.
— au 1 et 4, *un sautoir sous un chef* chargé d'un léopard; au 2 et 3, une bande chargée de trois marteaux, 6925.
— au 1 et 4, *un sautoir engrêlé*; au 2 et 3, deux fasces au lambel, 8619.
— au 1 et 4, *trois sautoirs sous un chef* chargé de trois autres sautoirs; au 2, un fretté; au 3, trois fermaux; sur le tout, un écusson à la guivre engoulant l'enfant, 589.
— au 1, *une sextefeuille*; au 2 et 3, une corne de cerf; au 4, un raisin, 6691.
— au 1 et 4, *trois T*; au 2 et 3, une aigle, 2292.
— au 1 et 4, *une tête de léopard*; au 2 et 3, une croix pattée, 5448.
— au 1 et 4, *trois têtes de lion arrachées*; au 2 et 3, trois têtes de licorne; sur le tout, un écusson portant trois chevrons, 4404.
— au 1 et 4, *trois têtes de lion sous un chef* au lion issant; au 2 et 3, un château à la bande brochant, 1594.
— au 1 et 4, *deux tierces en sautoir cantonnées* de quatre merlettes; au 2 et 3, une croix, 8888; — au 2 et 3, une croix ancrée, 8891.
— au 1 et 4, *trois tiercefeuilles*; au 2 et 3, une aigle éployée couronnée, 743.
— au 1 et 4, *une tour*; au 2 et 3..., 6043.
— au 1 et 4, *une tour accompagnée* de fleurs de lys; au 2 et 3, un vairé? 75.
— au 1 et 4, *une tour surmontée* de trois têtes de More; au 2 et 3,

trois fasces ondées, 6962, 6963, 6965, 6966, 6968.
ÉCARTELÉ : au 1 et 4, *un tourteau*; au 2 et 3, une croix, 406; — au 2 et 3, un loup passant contourné, 6390; — au 2 et 3, un loup ravissant contourné, 6389.
— au 1, *deux tourteaux* l'un sur l'autre; au 2 et 3, une aiguière; au 4, trois fasces, 6314.
— au 1 et 4, *un tranché*; au 2 et 3, un lion, 5465, 5466.
— au 1 et 4, *un tranché au lambel*; au 2 et 3, un lion, 5468.
— au 1 et 4, *trois trèfles*; au 2 et 3, une aigle, 4273.
— au 1 et 4, *un vairé*; au 2 et 3, une barre, 9427; — au 2 et 3, un chef, 1900; — au 2 et 3, un plain, 1276, 5489.
— au 1, *un vairé accompagné* d'un plain en pointe; au 2 et 3, un diapré?; au 4, une croix, 1023.
— au 1 et 4, *un vairé à la bande*; au 2 et 3, des besants (5 ou 6), 2284.

ÉCARTELÉ PARTI.

ÉCARTELÉ PARTI : au 1, *les chaînes de Navarre*; au 2, un contre-écartelé de trois fleurs de lys et d'un plain; au 3, deux vaches passant l'une sur l'autre; au 4, trois fleurs de lys à la bande componée brochant; sur le tout, un écusson à deux lions passant l'un sur l'autre; parti d'un écartelé en sautoir portant au 1 et 4, trois pals; au 2, un château; au 3, un lion, 6669.
— au 1, *les chaînes de Navarre*; au 2, trois pals; au 3, deux vaches passant l'une sur l'autre; au 4, trois fleurs de lys à la bande componée brochant; sur le tout,

II.   74

586 — TABLE HÉRALDIQUE

un écusson chargé de deux lions passant l'un sur l'autre; parti d'un écartelé en sautoir de trois pals au 1 et 4, au 2, d'un château, au 3, d'un lion, 6665.

ÉCARTELÉ EN SAUTOIR.

ÉCARTELÉ EN SAUTOIR : au 1 et 4, *trois pals ou un palé* de six pièces; au 2, un château; au 3, un lion, 6665, 6669, 6672, 6673, 6674.
— au 1, 2, 3 et 4, *un plain*, 489; — le quartier en chef portant un lambel, 487.

ÉCHELLE.

UNE ÉCHELLE EN BANDE, 2980, 5805.
— cotoyée de deux lions, 6020.
UNE ÉCHELLE EN BARRE chargée au canton sénestre et une étoile en chef et à dextre, 4395.

ÉCHIQUETÉ.

UN ÉCHIQUETÉ, 175, 332, 490, 491, 492, 493, 494, 495, 496, 790, 941, 947, 1981, 2422, 3106, 3167, 3257, 4746, 4970, 5112, 5113, 5115, 5116, 5201, 5202, 5204, 5207, 5639, 5668, 5669, 6066, 6067, 6068, 6069, 6070, 6071, 6098, 6412, 6466, 6540, 6584, 6590, 6886, 6887, 6888, 6889, 7460, 7498, 7709, 8292, 8762, 8763, 8821, 8822, 8959, 9209, 9222, 9223, 9330, 9331, 9332, 9333, 9334, 9335, 9336, 9337, 9343, 9381, 9385, 9601, 9602, 9707.
— à *la bande* brochant, 2493, 3179, 6547.
— à *la bande* chargée de... brochant, 7196.
— au *bâton en bande* brochant, 2491, 2492.

UN ÉCHIQUETÉ à *la bordure*, 1322, 2704, 3180, 3236, 3237, 3242, 3365, 3366, 4743, 5114, 5958, 8733, 9018, 9019, 9665; — et au franc canton d'hermines, 1521, 6640.
— à *la bordure besantée*, 2895, 9530.
— à *la bordure denchée*, 5035.
— à *la bordure engrêlée*, 3239, 3240.
— *chargeant* un chef, 41, 42, 43, 3944, 3945, 3946, 8149; — chargeant un chef surmontant un lion, 3734; — chargeant un écusson sur le tout, 1316, 6592; — chargeant un franc canton sénestre accompagnant deux étoiles, 1144.
— chaque case chargée d'une cordelière, 7938; — chargé d'une croisette en chef, à la bordure engrêlée, 3241; — d'une étoile en chef et à dextre, 4745; — de trois pals brochant sous un chef au lion issant, 6864.
— sous un *chef*, 2885, 2886, 9319, 9320, 9610; — sous un chef chargé à dextre d'un écusson burelé, 6153; — sous un chef chargé à dextre d'un écusson portant trois fasces à la bordure, 6793; — sous un chef chargé d'une fleur de lys issant, 3888; — sous un chef chargé d'un lion issant, 9386; — sous un chef à un lambel, 2993; — sous un chef de vair, 4671; — sous un chef de vair chargé d'un lambel, 1739.
— au *chevron* d'hermines brochant, 9673.
— à *la croix* brochant, 4444.
— à *la fasce* chargée de trois coquilles brochant, 3181, 3182.
— au *franc canton* chargé de trois besants ou trois tourteaux, 6824, 6982; — chargé d'une coquille, 2705; — chargé d'un lion, 3256, 8182; — d'hermines, 4608, 4609; — d'hermines et à la bordure, 1521.
UN ÉCHIQUETÉ à deux *huchets* enguichés brochant, 7365.
— au *lambel*, 5111, 9050.
— à *trois pals* brochant, sous un chef chargé d'une fleur de lys issant, 2534; — à trois pals brochant, sous un chef au lion issant, 6864.

ÉCREVISSE.

UNE ÉCREVISSE? 1154.

ÉCUREUIL.

UN ÉCUREUIL *grignotant* un fruit, 7214.

ÉCUSSON.

UN ÉCUSSON, 4461.
— *accompagnant en chef et à dextre* un chevron, 1459; — trois chevrons, 738; — un créquier, 2986; — une croix chargée de cinq coquilles, 4431, 4432, 4433, 4434, 4437, 4438; — une croix engrêlée, 3072; — une fasce, 4624, 5304; — et deux molettes accompagnant une fasce, 210; — une fasce diaprée, 2578; — deux fasces, 4470, 4492; — deux fasces d'hermine, 4496; — trois fasces, 49; — une hamayde besantée, 6781; — trois jumelles, 8094; — trois tierces, 869, 2990.
— *accompagnant en chef et à sénestre* une bande à la bordure engrêlée, 6513; — une bande chargée de trois chiens, 8411; — et une étoile accompagnant une bande chargée de trois croissants, 96; — une bande cotoyée de deux cotices, 4997; — une bande au

lambel, 8078; — une bande engrêlée au lambel, 8909; — une bande fuselée de cinq pièces, 4589.

Un écusson *accosté* de deux tiges d'alisier sous un chef échiqueté, 42.

— à la *bande* losangée de quatre pièces chargeant en chef et à dextre trois chevrons, 9652.

— *chargeant en chef* une bande, 2071; — une bande accompagnée de six billettes en orle, 8999; — une bande accompagnée de six fleurs de lys en orle, 2965; — une bande accompagnée de six merlettes en orle, 1788, 1789; — une bande brochant sur un burelé, 236; — une bande côtoyée de deux cotices, 4647.

— *chargeant* un chef à dextre, 5308, 7289; — un chef surmontant sept besants, 3, 3 et 1, 5969, 5970; — un chef surmontant un losangé, 7415, 7416; — un chef surmontant un palé de six pièces, 3361, 3362, 3363; — et deux molettes chargeant un chef surmontant un palé de six pièces, 4668; — le sommet d'un chevron au lambel, 4684, 4685; — le premier canton d'un écu portant trois fasces, 7575, 7576, 7577, 7578, 7579, 7580, 7581; — le premier canton d'un écu portant trois fasces au lambel, 7582, 7583; — une fasce accompagnée de trois aiglettes, deux en chef et une en pointe, 4601, 4602; — à dextre une fasce sur champ d'hermines, 8850, 8851; — la première de trois fasces, 1439; — la première fasce de trois fasces au lambel, 7582, 7583; — la seconde pièce d'un fascé de six pièces, 6570; —

chargeant en chef un semé de fleurs de lys au lambel chastellé, 325; — un franc canton accompagné cinq fleurs de lys, 3840; — un franc canton accompagnant un semé de fleurs de lys, 8873; — un franc canton accompagnant un fretté, 4408; — un franc canton accompagnant deux têtes de loup, 4526; — un fretté en chef, 8146; — un fretté en chef et à dextre, 4956; — un gironné de huit pièces en chef et à dextre, 6826; — un lion à l'épaule, 1123, 4543, 7985, 8541; — un lion à l'épaule, au bâton en bande brochant, 3844; — un lion à queue fourchée, à l'épaule, 3610, 8538, 8540, 8543; — un ondé en chef et à dextre, 7014.

Un écusson *chargé* de..., accompagnant en chef et à sénestre une bande, 6685; — chargé de..., accompagnant en chef et à sénestre trois chevrons de vair, 7626; — chargé de..., accompagnant à dextre un lion, 7472; — chargé de..., chargeant à sénestre une bande, 6289; — chargé de..., chargeant à dextre un chef d'hermines, 6553; — chargé de cinq... posés en croix, séparant en chef deux bars sur un semé de croisettes, 555; — chargé de trois annelets, chargeant un franc canton accompagnant sept annelets en orle, 5287; — d'un arbre? chargeant une bande brochant sur un burelé, 1978; — d'une bande, accompagnant en chef et à dextre deux fasces, 5932; — d'une bande, accompagnant en chef et à dextre deux fasces accompagnées de sept coquilles en orle, 5930; — d'une bande, accom-

pagnant en chef et à dextre un lion brochant sur un semé d'étoiles, 7451; — d'une bande accompagnée en chef et à sénestre d'une roue, chargeant à sénestre un chef chargé à dextre d'un croissant, 7204; — d'une bande, chargeant à dextre un chef échiqueté de trois tires, 5257; — d'une bande accompagnée, chargeant à l'épaule un lion brochant en chef, 1195; — d'une bande losangée de quatre pièces, chargeant le premier de trois chevrons, 9652; — d'un bandé de six pièces, accompagnant en chef et à dextre une fasce d'hermines, 3318; — d'un bandé de six pièces au franc canton, accompagné de neuf merlettes en orle, 6462; — de trois besants ou trois tourteaux, accompagnant en chef une bande engrêlée, 205; — de six besants, accompagnant cinq fleurs de lys sous un chef au lion issant, 3200; — d'un burelé, chargeant à dextre un chef surmontant un échiqueté, 6153; — d'un chevron, 9661; — d'un chevron, accompagnant en chef trois poissons en pal, 7126; — de trois chevrons, accompagnant en chef et à dextre une fasce en devise, 6311; — de trois chevrons, chargeant une fasce accompagnée de trois aigles, deux en chef et une en pointe, 9661; — de trois coquilles, 3279; — de trois croisettes, chargeant en chef une bande, accompagnée de six losanges, 3 et 3, 8470; — d'une croix, accompagnant en chef et à sénestre une bande, 5014; — d'une croix cantonnée de..., chargeant en cœur une aigle, 2854;

74.

— d'une croix cantonnée de quatre croisettes et accostée de deux croisettes, chargeant un chef surmontant une bande accompagnée de deux roues, 8500; — d'une croix cantonnée de quatre étoiles, chargeant une bande accompagnée de six croisettes en orle, 3859; — d'une croix chargée de... et cantonnée de douze merlettes et une étoile en chef accompagnant une bande, 3829; — d'une croix, chargeant en chef une bande brochant sur un fascé de huit pièces, 5734; — d'une croix ancrée, chargeant un chef surmontant une bande chargée de trois étoiles, 3357; — d'une croix ancrée, chargeant à dextre un chef surmontant une bande chargée de trois quintefeuilles, 5193; — d'une croix fleuronnée, chargeant un chef surmontant un chevron, 5463; — d'un dragon, chargeant en chef une bande accompagnée d'une étoile en chef et à sénestre, 5995; — d'un écartelé..., chargeant un chef, 442; — d'un écartelé: au 1, d'une molette; au 2, 3 et 4, d'une aiglette, chargeant à dextre un chef, 440; — de deux écussons, accompagnant en chef et à sénestre deux bandes, 6163; — d'une fasce accompagnée de..., accompagnant une bande au lambel, 8076; — d'une fasce, accompagnant à sénestre une bande fuselée, 3010; — d'une fasce, accompagnant à dextre une barre fuselée, 3009; — d'une fasce, chargeant une fasce accompagnée d'un vivré en chef, 816; — de deux fasces, 4467; — de deux fasces, cantonnant le 1

d'une croix cantonnée au 2, 3 et 4, d'une aigle, à la bordure besantée, 7190; — de deux fasces, chargeant à dextre une fasce accompagnée de sept merlettes, quatre en chef et trois en pointe, 7072; — de trois fasces à la bordure, chargeant à dextre un chef surmontant un échiqueté, 6793; — de quatre fasces à la bande brochant, accompagnant en chef et à dextre deux fasces, 4493; — d'un fascé de six pièces au lambel, accompagnant en chef et à dextre trois bandes au lambel, 7520; — d'un fascé de six pièces, accompagnant en chef et à dextre une croix chargée de cinq coquilles, 4435; — à dextre chargé d'un semé de fleurs de lys à la bande brochant, et deux coquilles chargeant un chef surmontant trois pals de vair, 6929; — d'un fretté, chargeant à sénestre un chef, à la bande engrêlée brochant sur le tout, 7755; — d'un gironné? accompagnant au canton dextre un vivré chargeant un chef surmontant un palé de six pièces, 1097; — d'un gonfanon en chef et à dextre et d'une fleur de lys en abîme, chargeant un fretté, 3848; — d'un lion, accompagnant en chef et à dextre quatre fasces ondées, 7015; — d'un lion, chargeant en chef une bande côtoyée de deux cotices potencées contre-potencées, 8383; — d'un lion, chargeant à sénestre un chef, 502; — d'un lion, chargeant à dextre un chef surmontant trois pals de vair, 2325, 2355; — d'un lion, chargeant en chef et à dextre un vairé, 6953; — d'un lion à la bordure, char-

geant à sénestre un chef surmontant trois pals de vair, 9702; — de deux lions passant l'un sur l'autre, 3667, 3669; — de trois maillets, chargeant une fasce accompagnée de trois annelets en chef, 319; — d'un pal, accompagnant à sénestre deux pals composés de petits chevrons sous un chef de même que les pals, 6447; — de trois pals, accompagnant en chef et à dextre une fasce, 2556; — de cinq points équipollés et accompagné de trois lions? 494; — d'un rencontre de bœuf, chargeant en chef une bande, 5992.

Écusson en abîme ou en cœur, 649, 1252, 1526, 1720, 4164, 6359, 6360, 6363, 7850, 7853, 8230, 8231, 8668, 8951, 8952, 9679.

— accompagnant six fleurs de lys en orle, 6694.

— accompagné d'une aiglette en chef et à sénestre, 9677; — d'angemmes en orle, 8797; — d'angemmes en orle à la bordure fleurdelysée, 4466; — de six annelets en orle, 2858; — de six besants en orle, 3092; — de six billettes en orle, 3938; — de trois chabots, 2046; — de huit coquilles en orle, 5065, 5066, 5637, 6358, 9124; — de huit croisettes en orle, 1555; — d'une étoile en chef et à dextre, 9628; — d'une étoile au canton dextre, au chevron chargé de... brochant, 1959; — de trois étoiles, 1806; — de huit étoiles en orle, 5977, 5978, 5982, 8798, 8799, 8803, 8804, 8805; — d'étoiles en orle, 8806; — de fleurs de lys en orle, 2066; —

de six losanges en orle, 3220 ; — de six losanges en orle, à la bande brochant sur le tout, 7444 ; — de sept losanges en orle, 3219 ; — de neuf losanges en orle, 8429 ; — de six macles en orle, 9048 ; — d'une merlette en chef et à dextre, 9532 ; — de trois merlettes, 8063 ; — de huit merlettes en orle, 5020 ; — de neuf merlettes en orle, 1387 ; — de huit quintefeuilles en orle, 8800 ; — de six roses en orle, 8535 ; — d'un trécheur et de huit croisettes en orle, 5888.

Écusson en abîme ou en coeur à la *bande* brochant, 529, 5912, 6351, 6352, 6877, 6878, 7338 ; — à la bande chargée d'une étoile en chef brochant, 6349.

— à la *bande componée* brochant sur le tout, 4163, 7718, 8414.

— au *bâton en bande* brochant, 8949.

— au *bâton écoté* en bande brochant, 8738.

— à la *bordure*, 1090.

— *brochant* sur la seconde de deux fasces, 9190 ; — sur trois fasces accompagnées en chef de trois besants, 3003.

— *chargeant* un créquier, 4693 ; — une croix chargée de fleurs de lys et cantonnée au 1 et 4 d'une bande fuselée accompagnée de six fleurs de lys en orle ; au 2 et 3 d'un lion, 844 ; — une croix ancrée, 3526, 8778 ; — une croix vidée, cléchée et pommettée, à la bordure, 4809 ; — un écu à la bordure, 1090 ; — un écusson sur le tout, 2985 ; — un gironné de douze pièces, 4626, 8667, 9561 ; — un gironné de quatorze pièces, 1657 ; — un gironné de quatorze pièces, au bâton en bande brochant sur le tout, 1658 ; — un plain au lambel, 5686.

Écusson en abîme ou en coeur *chargé* de... accompagnant un fascé d'hermines et de... de six pièces, la seconde pièce chargée d'une rose, 5585 ; — de... et accompagné de six étoiles en orle, au bâton en bande brochant, 4220 ; — de... et accompagné de huit merlettes en orle, 6031 ; — de... et accompagné d'un trécheur et de huit croisettes en orle, 5888 ; — de... dans un trécheur accompagné de huit trèfles en orle, 5888 ; — de... brochant sur un burelé, 5644 ; — de..., chargeant un lion brochant sur un semé de croisettes recroisetées, 8740 ; — de..., chargeant un sautoir cantonné de quatre oiseaux, 1278 ; — de..., chargeant un sautoir chargé à ses extrémités de... et cantonné de quatre oiseaux, 1278 ; — de... sous un chef fretté, 7267 ; — de... sur champ d'hermines, 3330, 3331 ; — d'une aigle, 5846 ; — d'une aigle éployée, et accompagné d'annelets en orle, 1105 ; — d'un arbre et accompagné de six fleurs de lys en orle, 9667 ; — d'une bande, 6875 ; — d'une bande, et accompagnant trois maillets, 6165, 6166, 6171, 6172 ; — d'une bande et accompagné d'un orle de..., 6875 ; — d'un besant ou d'un tourteau à sénestre, au lambel sur le tout, 4181 ; — de trois besants ou trois tourteaux, au lambel de cinq pendants sur le tout, 7049 ; — d'un château à une tour, chargeant un gironné de huit pièces, 2835 ; — d'un chevron, 9661 ; — d'un chevron chargé de cinq besants ou cinq tourteaux brochant, 1960 ; — d'un chevron échiqueté et au franc canton sénestre chargé d'un lévrier passant, accompagnant trois maillets, 5024 ; — de trois? chevrons, brochant sur un bandé de six pièces au lambel, 5200 ; — de huit croisettes en orle dans un trécheur, 1314 ; — d'une croix, 3808 ; — d'une croix, brochant sur un semé de fleurs de lys, 2648 ; — d'une croix cantonnée au 1 et 4, d'une tête de léopard ; au 2 et 3, d'une croix pattée, 5449 ; — d'une croix ancrée accompagnée d'une merlette en chef et à dextre, 3527 ; — d'une croix pattée et accompagnant trois maillets, 5536 ; — d'une croix vidée cantonnée de quatre aiglettes et accompagné de sept annelets en orle, 5843 ; — d'une croix vidée, cléchée et pommetée et accompagnée de dix croisettes en orle, 6175 ; — d'un écartelé : au 1 et 4, une croix ; au 2 et 3, trois oiseaux, accompagné de dix besants en orle, 4720 ; — d'un écartelé : au 1 et 4, un lion ; au 2 et 3, trois fasces ; chargeant en coeur une croix cantonnée de quatre aigles, 5631 ; — d'un écartelé de plains, accompagné de cinq châteaux en orle, 4118 ; — d'un écartelé de plains, accompagné de six châteaux en orle, 4119, 4120 ; — d'un écartelé : au 1 et 4, une tour accompagnée de fleurs de lys en orle ; au 2 et 3, un gonfanon, 2985 ; — d'une étoile à la bordure et au lambel, 7573 ; — d'une fasce accompagnée de six billettes, trois en chef et trois en pointe, accompagnant trois lions couronnés, 4403; — de deux fasces à la bordure, chargeant un gironné de douze pièces au lambel, 6055; — d'un fretté et accompagné de huit merlettes en orle, 4456; — d'un fretté et accompagné de six molettes en orle, 4940; — d'un lion, 2006; — d'un lion et accompagné d'un orle de..., 3070; — d'un lion et accompagné de seize annelets en orle, 2029; — d'un lion et accompagné de huit corneilles en orle, 6188; — d'un lion et accompagné de huit corneilles en orle, au lambel sur le tout, 6187; — d'un lion et accompagné de rinceaux en orle, 2007; — d'un lion à la bordure fleuronnée, 4094; — d'un lion, sur un burelé à trois annelets brochant sur les deux premières pièces, 9440; — de deux lions passant l'un sur l'autre et accompagné de douze besants en orle, 4932; — d'un losangé et accompagné de fleurs de lys en orle, 3262; — d'un losangé au lambel, chargeant une aigle, 4099; — de trois maillets, chargeant une croix cantonnée de quatre lions, 4922; — de trois mains et accompagné d'un orle de huit besants, 2204; — de trois pals et accosté de deux haches adossées, 8922; — d'un palé de six pièces, chargeant une croix ancrée, 5297; — de trois quintefeuilles accompagnées d'une étoile en abîme et accompagné de neuf besants en orle, 4007; — d'un sautoir cantonné de.... accompagnant un trécheur fleuronné, 3032; — d'un sautoir engrêlé cantonné de quatre châteaux et à la bordure, 7350; — d'un sautoir chargeant une croix ancrée vidée, 3928.

Écusson en abîme ou en cœur au lambel, 8654, 8950, 9678; — au lambel de cinq pendants, 8653, 9301; — au lambel sur le tout, 4412, 4413, 7516, 8732; — au lambel de cinq pendants sur le tout, 8293, 8655.

Un écusson d'hermines en abîme, 1268.

— accompagné de huit fers de cheval en orle, 3573, 3577.

— chargé d'une fasce et accompagné de huit fers de cheval en orle, 3574.

— sur champ de vair, 1505.

Un écusson sur le tout, 4713, 5075, 7429, 8802.

— à la bordure besantée, 8801.

— chargeant un coupé, 9400; — un parti chargé d'un fascé de huit pièces de l'un en l'autre et accompagné de deux pals en chef accostés de deux girons, 7429.

— chargé de..., 6661; — de trois ..., 9416; — de... à la bordure, 8795; — d'une aigle éployée, 1437, 1438; — d'un animal passant, 897; — d'un arbre, 3451; — d'une bande, 2340; — d'une bande accompagnée de six roses en orle, 5201, 5202, 5203, 5204, 5212; — d'une bande chargée de trois alérions, 5359; — d'une bande chargée de trois alérions à la bordure, 9265; — d'une bande côtoyée de six roses, 5207; — de trois bandes, 9157; — de deux bars adossés à la bordure engrêlée, 3641; — de six besants ou six tourteaux en orle, 3108; — d'un burelé, 2501; — d'un chef, 6331; — d'un chevron accompagné de trois lions? 1326; — de trois chevrons, 4404; — d'une cloche, 848, 849, 854, 356, 6768; — d'une croix à la bordure engrêlée, 8477; — d'une croix cantonnée de seize alérions, 2824, 2825, 6416; — d'une croix ancrée, 6168; — d'une croix pattée, 2697; — d'un dauphin, 7849; — de deux dextrochères en pal, 1485; — d'un écartelé : au 1 et 4, trois chevrons; au 2 et 3, un contre-écartelé plain au bâton brochant, 9678; — d'un écartelé : au 1 et 4, un dauphin; au 2 et 3, une bande, 8374; — d'un écartelé : au 1 et 4, un dauphin; au 2 et 3, une bande coticée, 1685; — d'un écartelé : au 1 et 4, une fasce; au 2 et 3, un échiqueté, 6412; — d'un écartelé : au 1 et 4, un losangé; au 2 et 3, un lion, 3641, 3642; — d'un écartelé de plains, 7266, 8502; — d'un écartelé : au 1 et 4, une tour accompagnée de fleurs de lys en orle; au 2 et 3, un gonfanon, 2985; — d'un écartelé, 1316, 6592, 9335; — d'une fasce accompagnée de six merlettes en orle, 1369, 1370, 1371; — d'une fasce chargée de trois... et accompagnée d'une étoile en chef, 2454; — d'une fasce bandée, 3452; — de deux fasces, 4467, 4488; — de trois fasces, 4487, 4489, 7724, 7855; — de trois fasces à la bordure, 1322; — de trois fasces en pal rangées, 9599; — de la guivre engoulant l'enfant, 589, 605, 5709; — de trois jumelles, 9702; — de deux léopards l'un sur l'autre 9055; — d'un lion, 5128, 5131; — de deux lions passant l'un sur l'autre, 3667, 3669,

6665, 6668, 6669, 6672, 6673, 6674; — de trois losanges en fasce, au lambel, 4961; — de quatre losanges, 3 et 1, sous un chef, 8054; — de six... en orle, 3105, 3107, 5415, 5416; — d'un palé, 8121; — d'un parti : au 1, une bande coticée potencée et contre-potencée; au 2, une demi-croix, vidée, cléchée et pommettée, 2120; — de trois pots à trois pieds, 3397, 3398; — d'un sautoir cantonné de quatre..., 8734, 8735; — d'une tête de cheval, 2034; — de deux vaches passant l'une sur l'autre, 7850, 7853.

Un écusson sur le tout du tout chargé de trois tourteaux, 2985.

Trois écussons, 447, 1284, 1285, 2226, 2227, 2228, 4563.
— accompagnés d'une fleur de lys en abime, 1282.
— au bâton en bande brochant, 2229.
— à la bordure engrêlée, 3691.
— chargeant un écusson accompagnant en chef et à sénestre deux bandes, 6163.
— chargés de..., 8111; — le premier chargé d'un créquier, 1283; — chargés chacun d'une fasce fuselée, 5294; — chargés chacun de trois lions, chargeant une bande accompagnée de six croix recroisetées en orle, 7458.
— sur champ d'hermines, 1288, 4559; — au bâton en bande brochant, 4565.
— au lambel, 1743, 4086.

Trois écussons de vair? à la bordure engrêlée, 6732.

Quatre écussons cantonnant cinq tournelles posées en sautoir : le 1 et 4, chargés d'un burelé au lion; le 2 et 3, d'hermines à la croix cantonnée d'une molette en chef et à dextre, 9007.

Six écussons, 5840, 5841, 5842.
— à la bande chargée de... brochant, 5837.
— à la bordure besantée, 5838, 5839.
— chargeant une bordure accompagnant un lion, 5711.

Écussons chargeant une bordure accompagnant un lion, 3376, 3377, 3379, 5710.
— semés dans un fretté, 9507.

ÉGLISE.

Une église, 9634.
— accompagnée en pointe d'un lion passant, 6572.

ÉMANCHÉ.

Un émanché mouvant du chef d'une pièce et deux demi-pièces, 9268.
— de deux pièces, 3700.
— de deux pièces et demie, 679; — à la bordure fleurdelysée, 3975.
— de deux pièces et deux demi-pièces, chargeant un chef surmontant un lion, 1866.
— de trois pièces, 2220, 2417, 2418, 3845, 3883, 5188, 6107, 7079, 8287; — à la bande brochant, 8288; — brochant sur un burele, 7830; — brochant sur un fascé de dix pièces, 9586, 9587; — chargeant un chef, 1867; — la pièce du milieu chargée d'un croissant, 2415, 2416; — sur champ d'hermines, à la bordure besantée, 8212; — sur champ vairé, 5595.
— de trois pièces et deux demies, 8286; — au bâton en bande brochant, 8285.
— de cinq pièces, 4189, 4190, 4192, 6242, 7078, 7081; — et accompagné d'un fermail en pointe, 7080; — chargeant un chef surmontant deux fasces. 9751, 9752.

Un émanché mouvant du chef de six pièces chargeant un chef surmontant trois pals, 6080.

Un émanché mouvant du flanc dextre de deux pièces et demie, 8559.
— de trois pièces, 8528.
— de cinq pièces, 5107.

Un émanché mouvant du flanc sénestre de deux pièces et demie, 8930.
— de quatre pièces et demie à la bande chargée de trois quintefeuilles brochant, 9213.
— de cinq pièces, 5033.
— de huit pièces, 7700.

Un émanché mouvant de la pointe d'une pièce et de deux demi-pièces, 3700.
— de deux pièces, 8029.
— de deux pièces et demie à la bordure fleurdelysée, 3975.
— de deux pièces et deux demies, 8211.
— de trois pièces, 680, 681, 683, 684, 3882, 5429; — et accompagné de trois étoiles en chef, 7353; — et accompagné de trois fermaux, 1336; — et accompagné de trois merlettes en chef, 9520, 9521; — à la bande brochant, 7237; — à la bande chargée de trois lionceaux brochant, 685; — au bâton en bande brochant, 682.
— de quatre pièces et accompagné d'une étoile? en chef, 2419.

Un émanché tranché de quatre pièces chargeant une bande, 5013.
— de quatre pièces et demie, 3986.
— de quatre pièces et deux demi-pièces, 3985.

ENCLUME.

Une enclume cantonnant en pointe un sautoir engrêlé cantonné d'une

fleur de lys en chef et d'un
trèfle à chaque flanc, 3719.

ÉPÉE.

UNE ÉPÉE EN BANDE LA POINTE EN BAS
brochant sur un billeté, 3355;
— sur un massacre de cerf,
5855.
— *au franc canton* sénestre chargé
de trois pattes, 906, 907.
— à *l'orle* de six fleurs de lys,
336.
UNE ÉPÉE EN BANDE LA POINTE EN HAUT
accompagnée de trois étoiles,
2832.
UNE ÉPÉE EN PAL LA POINTE EN
HAUT et une crosse chargeant
un *franc* canton accompagnant
un semé de fleurs de lys,
5414.
DEUX ÉPÉES EN SAUTOIR LA POINTE EN
BAS *accompagnées* d'un croissant
en pointe, 2448; — d'une
molette en chef, 3456.
— à la *bordure*, 8908.
— *cantonnées* de quatre fleurs de lys,
3389; — de quatre molettes,
396.
— au *lambel*, 7504.
DEUX ÉPÉES EN SAUTOIR LA POINTE EN
HAUT, 1448.
— *cantonnées* de quatre besants,
4985; — de quatre molettes,
1203.
TROIS ÉPÉES EN BANDE LA POINTE EN
BAS, 1805, 3199, 7546.
TROIS ÉPÉES EN PAL LA POINTE EN BAS,
890, 8986; — *rangées* en
fasce, 7758, 7759, 7760,
7761, 7762.
— au *franc canton* chargé d'un lion
issant, 5168.
TROIS ÉPÉES EN PAL LA POINTE EN HAUT,
au *lambel*, 4683.

ÉPERVIER.

UN ÉPERVIER *chargeant* en chef un pin
accosté de deux fleurs de lys,
1681.

ÉPI.

UN ÉPI *accosté* de deux oiseaux et accompagné de deux étoiles en
chef, 4218.
DEUX ÉPIS *accompagnés* d'une étoile
en abîme, 3872.
DEUX ÉPIS EN SAUTOIR *accompagnés*
d'une quintefeuille en chef,
1990.
TROIS ÉPIS, 1610, 3396, 6882,
6883, 6884.
— à la *bordure* engrêlée, 6881.
— au *lambel*, 6880.
QUATRE ÉPIS *accompagnant* une fasce,
trois en chef, un en pointe,
8405.

ÉPIEU.

DEUX ÉPIEUX ? EN SAUTOIR cantonnés de
quatre molettes, 396.

ÉPINE.

UNE ÉPINE *surmontant* une fasce échiquetée de deux tires, 8707,
8708; — une fasce échiquetée
de trois tires, 8706.
DEUX ÉPINES *accompagnées* d'un vivré
en chef et d'une fleur de lys en
pointe, 8704.
— *accostant* une fleur de lys sous
un chef denché, 8703, 8705.

ÉQUERRE.

UNE ÉQUERRE en chef et un oiseau
en pointe *accompagnant* une
hache, 7750.

ESCARCELLE.

UNE ESCARCELLE? au *lambel* de cinq
pendants à la bordure engrêlée, 2003.
TROIS ESCARCELLES *chargeant* un franc
canton accompagnant une fasce
chargée de trois coquilles et accompagnée de deux lions, l'un
en chef et l'autre en pointe,
5021.

Voir aussi *Bourse.*

ÉTOILE.

UNE ÉTOILE, 1863, 5166, 6959,
8755; — en chef et à dextre
et une échelle? en barre au
canton sénestre, 4395; — et
une fleur de lys en chef et une
fleur de lys en pointe, 3332;
— en pointe et deux têtes de
léopard en chef, 7418.
UNE ÉTOILE EN ABÎME *accompagnant*
trois aigles, 5043; — deux
bandes, 4832; — trois chaperons, 2195; — et trois besants accompagnant un chevron, 6719; — un chevron
accompagné de trois têtes de
loup, 1304; — deux chevrons
accompagnés en chef de deux
besants ou deux tourteaux,
6906; — deux couronnes en
chef et une fleur de lys en
pointe, 7442, 7443; —
trois croissants, 1792; —
deux épis, 3872; — deux
fasces, 6596; — deux fasces
accompagnées de neuf mer-
lettes en orle, 980; — deux
fasces à l'orle de merlettes,
5403; — six fers de cheval,
3569, 3571; — trois fermaux
1538, 6197; — trois feuilles
de..., 3232; — trois fleurs
de lys, 7869, 7870, 8870; —
trois fleurs de lys au lambel,
1398; — trois lions à la bordure engrêlée, 643; — trois
lions couronnés, 644, 645,
4924; — quatre lions cou-
ronnés, 817; — trois maillets,
475, 5560, 6168; — trois
maillets au lambel, 3810,
5332; — un oiseau, 3057; —
trois pommes de pin au lambel,
7191; — trois quintefeuilles,
5001; — trois quintefeuilles
chargeant un écusson en abîme
accompagné de neuf besants en
orle, 4007; — trois quinte-

feuilles sur champ d'hermines, 7006; — et un annelet en chef et à dextre accompagnant trois rencontres de bœuf, 8991; — trois roses ou trois quintefeuilles, 5001, 5155; — trois têtes d'homme barbu, 3191; — trois têtes de lion, 6937, 6938; — et trois annelets en chef accompagnant deux tierces, 2002.

UNE TOILE *accompagnant en chef* une bande, 568, 3831; — une bande chargée de trois châteaux, 2281; — une bande chargée de trois coquilles, 2172, 2173, 2175, 2176, 2178; — et un château accompagnant en chef une bande chargée de trois coquilles, 2174; — une bande chargée de trois coquilles, au lambel, 2169; — et un tourteau? en pointe accompagnant une bande chargée d'un lion, 3806; — un bar renversé, 641; — une barre, 8847; — deux bars adossés, 6255; — deux bars adossés à l'orle d'hermines, à la bande brochant, 8336; — un bœuf passant, 3974; — deux bœufs passant l'un sur l'autre, 5829, 5830; — et un croissant accompagnant en chef un chevron accompagné en pointe d'une sextefeuille, 9470; — trois chiens, 4459; — trois coquilles, 6019; — un croissant accompagné de sept merlettes, quatre en chef et trois en pointe, 1153; — trois doloires à la bande brochant, sur champ d'hermines, 7432; — un émanché de quatre pièces mouvant de la pointe, 2419; — une fasce, 2766; — et quatre bandes en pointe accompagnant une fasce, 5452; — une fasce accompagnée de trois besants ou trois tourteaux, deux en chef et un en pointe, 5819; — une fasce chargée de trois..., 2453, 2454, 2455; — et une coquille en pointe accompagnant une fasce chargée de deux besants, 6142; — une fasce chargée de trois fleurs de lys et accompagnée de trois bourses, deux en chef et une en pointe, 9106; — une fasce bretessée contre-bretessée, 4200; — trois feuilles de scie posées en fasce, 2833; — et un croissant contourné accompagnant en chef une fleur de lys, 1044; — un fretté, 8514; — trois pattes de lion en pal, 7116; — trois losanges, 1994; — un oiseau passant, 2717; — deux poissons adossés en pal, 2517; — deux poissons adossés brochant sur un billeté, 8033; — trois poissons en pal, 5152, 5153; — un sautoir, 4742; — un sautoir chargé de cinq besants ou cinq tourteaux, 9527; — un sautoir engrêlé, 3484, 7629; — et deux branches en sautoir en pointe accompagnant deux têtes d'homme vis-à-vis, 3095.

UNE ÉTOILE *accompagnant en chef et à dextre* une barre engrêlée, 5143; — un billeté? au lambel, 2085; — un chevron accompagné de trois croissants, au lambel, 7841; — trois chevrons, 734, 8854; — quatre ou cinq chevrons, 5645; — un créquier, à la bordure engrêlée, 7613; — un croissant, au lambel, 5900, 5901, 5904, 5905; — une croix, 5000, 6446, 9198; — une croix, à la bordure, 5269; — une croix chargée de cinq annelets, sur champ d'hermines, 198; — une croix chargée de cinq coquilles, 4422, 4423; — une croix chargée de cinq coquilles, au bâton en bande brochant, 5333; — une croix chargée de cinq fermaux, 8229; — une croix ancrée, 386, 938; — et un dextrochère à sénestre accompagnant en chef une croix ancrée, 7548; — une croix engrêlée, 1742, 4452; — une croix de vair, 558; — une croix vidée, 8576; — un écusson en abîme, 9628; — un écusson en abîme, au chevron chargé de... brochant, 1959; — une fasce, 4552, 7962, 8157, 8203; — une fasce, à la bordure engrêlée, 5617; — une fasce chargée de trois besants ou de trois tourteaux, 8671; — une fasce chargée de trois coquilles, 5832; — une fasce chargée de trois fermaux, 2687; — une fasce émanchée, 1644, 1645; — une fasce frettée, 7950; — une fasce fuselée de trois pièces, 8452, 8453, 8454; — deux fasces, 5740; — et une merlette en chef et un croissant en pointe accompagnant deux fasces, 9932; — deux fasces vivrées, 2579, — trois fasces, 7344, 7837; — une fleur de lys, 8914; — une fleur de lys à la bordure, 7503; — six fleurs de lys, 3603; — trois jumelles en fasce, 510; — deux léopards l'un sur l'autre, 8494; — un lion, 5646, 9195, 9196; — un lion couronné, 2019, 2020; — deux pals, 3797; — un porc, 7391; — une porte surmontée de deux tourelles, 5462; — une rose, 8812; — une tête d'homme barbu de profil, 4398; — trois têtes de singe arrachées, sur champ d'hermines, 3347; — un vivré chargeant un chef, 939.

UNE ÉTOILE *accompagnant en chef et à sénestre* une bande, 6717, 7322; — et un écusson sénestre à la croix chargée de... et cantonnée de douze merlettes accompagnant une bande, 3829; — et un écusson sénestre accompagnant une bande chargée de trois croissants, 96; — une bande chargée de trois annelets, 7912; — une bande chargée en chef d'un écusson au dragon, 5995; — une bande semée de trèfles et chargée de trois hanaps couverts, 7195; — une bande coticée, 5380; — une bande fuselée de cinq pièces, 4838; — une bande fuselée de cinq pièces, au lambel, 4588; — une bande d'hermines, 1364; — une bande vivrée, 6842; — deux bandes, 4126; — trois bandes, 5424; — trois bandes engrêlées rapprochées, 3688; — un bâton en bande, 3973; — trois coquilles, au franc canton portant une fasce en devise accompagnée en chef de trois merlettes, 6873; — (ou deux étoiles en chef) accompagnant une croix fleuronnée, 4561; — une fasce, 8007, 8202; — une fasce accompagnée d'un chevron en pointe, 965; — une fasce au bâton en bande brochant, à la bordure engrêlée, 8927; — un lion, 7108; — un lion passant couronné, 1166; — un demi-vol, 2966.

— *une étoile en pointe* et deux croix recroisetées en chef *accompagnant* une bande, 7259; — une bande chargée de deux étoiles sous un chef, 1079; — et un croissant en chef accompagnant une bande chargée de trois étoiles, 6563; — et une merlette en chef accompagnant une bande chargée de trois fleurs de lys, 9536; — et une merlette en chef accompagnant une bande chargée d'un lion, 3805; — une bande au lambel, de quatre pendants, 1738; — et un croissant en chef accompagnant un demi-château, 6176; — un château accosté de deux fleurs de lys, 7359; — un chef échiqueté de deux tires, 8150; — un chevron, 2905, 6615; — et deux croissants accompagnant un chevron, 3932; — et deux oiseaux en chef accompagnant un chevron chargé de..., 2097; — une couronne, 2532; — un croissant versé, 267, 3334; — un écusson versé à la champagne, 8400; — trois doloires, les deux en chef adossées, 7672; — et une couronne en chef accompagnant une fasce, 1642; — et deux roses en chef accompagnant une fasce chargée de..., 5083; — une fasce, au lambel de cinq pendants, 5070; — une hure, 9474; — deux lions adossés, 9629; — une loups courant l'un sur l'autre, 6819; — et deux hermines en chef accompagnant un vase à trois pieds et à une anse, 4454.

UNE ÉTOILE *accompagnée en chef et à dextre de...* mouvant en barre du canton sénestre, 4395.

— et un point *accostant* un buste d'homme de face, 9125; — et un rameau accostant un hanap accompagné de deux merlettes en chef, au franc canton portant deux jumelles en bande, 776.

UNE ÉTOILE à la *bordure* engrêlée, 2296.

— *brochant* sur la première de deux bandes accompagnées d'une colombe en abîme, 8312.

— *cantonnant* une croix en chef et à dextre, 2430; — à sénestre et un croissant à dextre cantonnant en chef une croix, 7233; — le 2 d'une croix cantonnée au 1, 3 et 4, d'une aigle, 7534; — le 1 d'une croix cantonnée au 2 et 3, d'un croissant, au 4 d'une rose, 8848; — en chef et à sénestre une croix à la bande brochant, 2346; — et deux chapelles cantonnant trois cantons d'une croix ancrée, 2191; — à sénestre et cinq besants, 2, 2 et 1, à dextre, cantonnant une croix engrêlée, 6993; — en chef et trois merlettes aux trois autres cantons cantonnant un sautoir, 6127; — en pointe, un château en chef, deux clous en flanc, cantonnant un sautoir, 2562; en chef un sautoir chargé de cinq besants, 4045.

— *chargeant* l'aile dextre d'une aigle accompagnée de deux étoiles plus petites en chef, 6562; — l'aile dextre d'une aigle accompagnée de deux fleurs de lys en chef, 8863; — l'aile dextre d'une aigle accompagnée de deux hermines en chef, 6027; — en chef une bande, 537, 538, 893, 2073, 2075, 2076, 6223, 7569, 8130, 8131, 8994, 9084, 9085; — en chef et un bâton chargeant une bande, 2075; — et deux canettes chargeant une bande, 7060; — et deux merlettes chargeant une bande, 9560; — une bande accompagnée d'une aiglette en chef, 2869; — en chef une bande accompagnée de six besants en orle, 2150; — en chef une bande accompagnée de six billettes en orle, 4506; — une bande accompagnée de deux hures, 2180; — en chef une bande accompagnée de cinq quintefeuilles en orle, 3551; — en chef une bande brochant sur un écusson en abîme, 6349; — en chef une bande entre deux bandes de vair sous un chef chargé d'une fleur de lys issant, 7435; — la deuxième pièce d'un bandé de six pièces, 9486; — la troisième pièce d'un bandé de six pièces au lambel, 6614; — en chef un bâton en bande accosté de deux mortiers, 6529; — en chef et à dextre un burelé, 2538; — un chef, 5861, 5862; — un chef au canton dextre, 935; — un chef à la bande brochant, 5859, 5863; — un chef, à la bande chargée de trois coquilles brochant, 5860; — à sénestre un chef, à la bande chargée de trois coquilles brochant, 2408; — à dextre un chef, à la bordure engrêlée, 5327; — à dextre un chef surmontant trois bandes, 6445; — à dextre un chef surmontant trois bandes à la bordure engrêlée, 3345; — à sénestre et une rose à dextre chargeant un chef surmontant un champ d'hermines, 7780; — un chef surmontant deux lévriers courant l'un sur l'autre, 1870; — le sommet d'un chevron, 2953, 4027, 6867; — le sommet d'un chevron accompagné de sept merlettes, quatre en chef et trois en pointe, 418, 422, 423, 426; — le sommet d'un chevron brochant sur un fascé de quatre pièces, 8509; — le sommet d'un chevron brochant

sur un fascé de six pièces, 8510; — en cœur une croix, 9274, 9378; — en cœur une croix engrêlée, 5159; — le tout d'un écartelé, 3453; — le 1 d'un écartelé de plains au lambel de quatre pendants, 5104; — en chef et à dextre un échiqueté, 4745; — un écusson en abîme à la bordure et au lambel, 7573; — une fasce, 1472; — une fasce accompagnée de sept merlettes, quatre en chef et trois en pointe, 619; — une fasce accompagnée de sept merlettes, quatre en chef et trois en pointe, au lambel, 618; — une fasce accompagnée de trois têtes de léopard en chef, 9296; — à dextre la deuxième pièce d'un fascé de vair et de... de six pièces, 2484, 4785; — un franc canton accompagnant trois fasces au bâton en bande brochant, 124; — un franc canton accompagnant cinq fasces, 357; — un franc canton accompagnant un fascé ondé, 5514; — un franc canton accompagnant un fretté, 4449; — un franc canton accompagnant neuf losanges, 3, 3 et 3, 5003; — un franc canton accompagnant un losangé, 6652; — un franc canton accompagnant un vairé, 4648, 5576; — en chef un fretté, 4244, 4245, 4246, 8514; — en chef et à dextre un fretté, 1714, 6589; — en chef et à sénestre un fretté, 9278; — en chef la troisième pièce d'un palé de six pièces, 9238.

UNE ÉTOILE sous un *chef,* bandé de six pièces, 377; — chargé de trois cœurs, 1607; — chargé de trois étoiles, 626.
— au *lambel,* 5104; — au lambel de quatre pendants, 2290.

UNE ÉTOILE *séparant* deux bandes, 4832; — en chef deux bandes frettées, 6720; — deux chevrons accompagnés de trois croissants, 4384; — deux coquilles en chef sur un écu chargé de cinq? croisettes, au lambel de quatre pendants, 1707.
— *surmontant* un chevron, 4933; — un chevron accompagné de trois têtes de lévrier, 1103; — un croissant, 60, 2559; — un croissant accompagné en pointe une bande accompagnée en chef d'un bœuf passant contourné, au lambel, 9291; — un croissant accompagné de six fleurs en orle, 6948; — un fer de moulin, 3113; — une fleur de lys accompagnant en chef et à dextre une croix, 5180; — un gant ou une main, 4679; — à sénestre et un croissant à dextre surmontant un lambel, 8629; — un loup passant, 2164; — un rencontre de cerf, 5501; — la tour sénestre d'un château à deux tours, 7936.

DEUX ÉTOILES l'une sur l'autre, 760; — en chef et un croissant en pointe, 3740.
— l'une en chef adextrée d'un lion passant, l'autre en pointe, 8309; — en pointe et une quintefeuille et une hure en chef, 131.
— *accompagnant* en chef une aigle, 8154; — en chef une aigle chargée d'une étoile à l'aile droite, 6562; — en chef un arbre accosté de deux rats, 7552; — une bande, 1007; — en chef une bande, 3568; — à dextre et un lion à sénestre accompagnant une bande, 9668; — l'une en chef et l'autre en pointe accompagnant

596   TABLE HÉRALDIQUE

une barre, 2890; — accompagnant en chef deux bœufs passant l'un sur l'autre, 981; — en chef un chevron, 6077; — en chef et une arbalète en pointe accompagnant un chevron, 449; — en chef et un arbre en pointe accompagnant un chevron, 7396, 7397; — en chef et un croissant en pointe accompagnant un chevron, 612, 2383, 3952; — en chef et une tête de dauphin en pointe accompagnant un chevron, 1192; — en chef et une tête de femme en pointe accompagnant un chevron, 1219, 1220; — en chef trois chevrons, 735, 7567; — en chef un croissant, 7476; — en chef une croix ancrée de vair, 7570; — en flanc trois doloires, les deux en chef adossées, 7682; — en chef un épi accosté de deux oiseaux, 4218; — en chef une fasce, 6475; — une fasce, l'une en chef entre deux annelets, l'autre en pointe, 8853; — une étoile et une quintefeuille en chef et une étoile en pointe accompagnant une fasce chargée de trois besants ou trois tourteaux, 5562; — en chef et un besant ou un tourteau en pointe, accompagnant une fasce, 8018; — séparées par une quintefeuille en chef et un chevron en pointe, accompagnant une fasce, 5828; — en chef une fasce au franc canton vairé, 3044; — en chef une fasce en devise, 1073; — en chef, trois fasces, 7929; — en chef une main bénissante sénestrée d'un nuage, 4040.

DEUX ÉTOILES accostant un arbre, 9370; — une bande, 1007; — une bande chargée de trois..., 1137; — un clou, 2629; — deux cotices, 1142; — un croissant chargeant une bande accompagnée en chef et à sénestre d'un oiseau perché sur une branche, 9414; — une croix engrêlée en chef, 690; — en chef une fleur de lys, 2573; — une gerbe, à la bande chargée de trois quintefeuilles brochant, 1481; — une gerbe, au lambel, 7362; — en chef une main bénissante, à la bordure fleurdelysée, 235; — une quintefeuille chargeant un chef surmontant un lion, 5372; — un objet en forme de A, 6569.

DEUX ÉTOILES cantonnant en chef une croix, 2158; — en chef une croix ancrée, au lambel, 5937; — le 3 et 4 d'une croix cantonnée au 1 d'une fleur de lys, au 2 d'une chef, 5072; — et deux croissants alternés cantonnant une croix, 1651, 1705; — en chef une croix tréflée, 7394; — un sautoir flanqué de quatre pals, l'une en chef, l'autre en pointe, 972.

— chargeant une bande accompagnée d'une étoile en pointe sous un chef, 1079; — une bande cotoyée de deux cotices, 6181; — une barre cotoyée de deux filets en barre, 6180; — un chef, 4014; — un chef surmontant un château, 4039; — en chef un fretté au lambel, 4712.

— au franc canton sénestre échiqueté, 1144.

— séparant deux fasces accompagnées de neuf merlettes en orle, à la bordure, 7033.

— en pal surmontées d'un croissant, 4152.

TROIS ÉTOILES, 960, 1041, 2162, 3968, 4085, 4271, 4758, 5119, 5224, 6895, 7399, 8457, 9335; — géométriques à six branches, 3244; — en bande, 2353; — l'une sur l'autre ou en pal, 3918, 4154, 4157, 7701.

TROIS ÉTOILES accompagnant une bande à la bordure, 16; — une bande chargée de trois vergettes, 1078; — en chef un château, 1002, 1003; — un chevron, 230, 3253, 4774, 5565, 6074, 7280, 8103; — en chef un chevron, 4253; — et un point en abîme accompagnant un chevron, 2263; — un chevron à la bordure engrêlée sous un chef, 3458; — un chevron chargé de trois croissants, 3354; — un chevron sous un chef, 2818; — un chevron surmonté d'un croissant, 8104; — un chevron en pointe surmonté d'une fasce au lambel, 8931; — un chevron d'hermines, 4050; — un croissant, 8602; — une croix ancrée, deux en chef et une en pointe, 5298; — un écusson en abîme, 1806; — en chef un émanché de trois pièces mouvant de la pointe, 662; — une épée en bande la pointe en haut, 2832; — une fasce, deux en chef et une en pointe, 1465, 5195, 5460, 7946; — une fasce chargée de..., deux en chef et une en pointe, 8431; — une fasce chargée de deux annelets enlacés, deux en chef et une en pointe, 662; — une fasce denchée, deux en chef et une en pointe, 4038; — accompagnant une fasce frettée au lambel, deux en chef et une en pointe, 8451; — en chef, une fasce, 2156, 3335, 7560, 9044, 9045; — en chef et trois huchets en pointe accompagnant une fasce, 108; — en chef.... accompagnant une fasce bandée? 7292; — en chef une fasce au bâton en bande brochant, 6890; — en chef une bande à la bordure besantée, 1773; — en chef une fasce chargée de trois besants, 5866; — en chef une fasce frettée, 1774; — en pointe et deux croissants en chef accompagnant une fasce, 9642; — en chef deux fasces, 4186; — en chef et une quintefeuille au flanc dextre accompagnant deux fasces, 6030; — trois hanaps, 378; — un huchet enguiché, 3312; — un huchet enguiché, à la bordure besantée, 3311; — un huchet enguiché, au lambel, 3310; — les lettres G T, deux en chef et une en pointe, 4928; — un lion, 4046; — une macle cramponnée, deux en chef et une en pointe, 4843; — une main appaumée, deux en chef et une en pointe, 5471, 5472; — une quintefeuille, deux en chef et une en pointe, 4582; — un sanglier, 7278; — un sautoir, 7279; — un soleil, deux en chef et une en pointe, 4105, 4627.

TROIS ÉTOILES accompagnées d'un besant en abîme, 4269.
— alternant avec deux bandes, 4;
— avec quatre croisettes, accompagnées d'un croissant en abîme, 3621; — avec trois maillets à la fasce brochant, 5540.
— à la bande brochant, 7313.
— à la bordure, 1763; — à la bordure engrêlée, 1761, 1762.
— brochant sur un semé de croisettes, au lambel de cinq pendants, 1937.
— chargeant une bande, 17, 888;

1309, 1812, 3727, 3728, 4292, 6892, 7832, 8547, 9182; — une bande accompagnée d'un croissant en chef et d'une étoile en pointe, 6563; — une bande brochant sur une fasce fuselée de trois pièces, 6474; — une bande brochant sur deux fasces au lambel, 3284; — une bande brochant sur trois fasces, 7574; — une bande sous un chef chargé d'un écusson à la croix ancrée, 3357; — une bande côtoyée de deux cotices, 6182; — une bande denchée accompagnée d'un lion en chef et à sénestre, 9183; — un bâton en bande brochant sur un burelé, 3990; — un chef, 4411; — un chef surmontant une aigle, 1583; — un chef surmontant une bande, 2203; — un chef surmontant trois bandes, 6442; — un chef surmontant un bélier, 5151; — un chef surmontant une étoile, 626; — un chef surmontant un griffon, 9150; — un chef surmontant trois pals, 6930; — un chef surmontant trois pals de vair, 6930; — un chef surmontant une rose, 5807; — un chef sur champ d'hermines, 7982; — un chevron accompagné de trois merlettes, 1746; — un chevron accompagné de trois trèfles, 1059; — un chevron brochant sur un papelonné, 3337, 3338; — une fasce, 670, 1711; — une fasce accompagnée de sept merlettes, quatre en chef et trois en pointe, 2515; — une fasce accompagnée de deux oiseaux la tête contournée, un en chef, l'autre en pointe, 9473; — la première pièce d'un fascé de six pièces, 8819.

TROIS ÉTOILES sous un chef, 9131.
— contenues dans trois croissants, celui en pointe versé, 7924.
— au lambel, 2479, 4270; — et à la bordure denchée, 5605.
— séparant deux bandes engrêlées, 7153; — deux bandes accompagnées d'un croissant en chef, 511.
— surmontant trois croissants accompagnant une fasce engrêlée, 1176.

TROIS ÉTOILES EN PAL, au lambel, 4155.

QUATRE ÉTOILES accostant un arbre, 1128.
— cantonnant deux clefs en sautoir, 5291; — une croix, 1731, 4988, 6606; — une croix chargeant un écusson chargeant une bande accompagnée de six croisettes en orle, 8859; — une croix ancrée, 915; — une croix engrêlée, 7660; — une croix engrêlée, au lambel, 8886; — une croix vidée, 8356; — un sautoir, 824, 3749; — un sautoir chargé de cinq besants ou cinq tourteaux, 9523.
— chargeant une fasce accompagnée de seize étoiles, huit en chef et huit en pointe, 6503.

CINQ ÉTOILES en sautoir, 8573.
— chargeant une croix au lambel, 5037; — une croix au lambel de quatre pendants chargés chacun de trois besants, 4537; — un sautoir, 2887; — et quatre croissants chargeant un sautoir, 6923.

SIX ÉTOILES, 5600, 8710.
— accompagnant un croissant, trois en chef et trois en pointe, 4566.
— à la bordure, 4072.
— chargeant une bordure accompagnant une fasce, 8282.
— surmontant chacune un croissant,

les croissants posés 2, 2 et 2, 7598.
SIX ÉTOILES EN ORLE *accompagnant* une bande, 5718, 7772, 9375, 9086; — un croissant, 48; — un écusson en abîme chargé de..., au bâton en bande brochant, 4220; — une fleur de lys, 8765, 8766.
SEPT ÉTOILES, 3, 3 et 1, 8587.
HUIT ÉTOILES EN ORLE, 5370.
— *accompagnant* un écusson en abîme, 5977, 5978, 5982, 8798, 8799, 8803, 8804, 8805.
NEUF ÉTOILES, 3, 3, 2 et 1, 5369.
DIX ÉTOILES *accompagnant* deux fasces, quatre en chef, trois entre les deux fasces et trois en pointe, 2562.
SEIZE ÉTOILES, accompagnant une fasce chargée de quatre étoiles, huit en chef et huit en pointe, 6503.
UN SEMÉ D'ÉTOILES *chargeant* deux fasces, la première chargée d'un croissant, 1489; — trois pièces d'un fascé de six pièces, à la bordure fleurdelysée, 5580.
— sous un *chef* chargé d'un lion passant, 7554.
— au *franc canton* chargé de trois fasces, à la bande brochant, 3784.
— au *lion* brochant accompagné en chef et à dextre d'un écusson chargé d'une bande, 7451; — au lion brochant, à la bande sur le tout, 3832; — au lion brochant, au lambel, 3081, 7791; — au lion brochant, au lambel de cinq pendants, 3080.
ÉTOILES ? EN ORLE *accompagnant* une chèvre saillant, 2472; — un écusson en abîme, 8806; — la lettre P couronnée, 8554; — un lion, 110, 858, 1307.

ÉTRIER.
UN ÉTRIER *surmonté* d'un oiseau, 1666.
TROIS ÉTRIERS au *lambel*, 9631.

FASCE.
UNE FASCE, 68, 371, 998, 1034, 1119, 1641, 1723, 1949, 1950, 1951, 2236, 2449, 2531, 2555, 2557, 2893, 2939, 3085, 3123, 3127, 3229, 3230, 3453, 3694, 3852, 4549, 4975, 5060, 5061, 5096, 5107, 5191, 5348, 5616, 5824, 5950, 5951, 5952, 5953, 6245, 6412, 6536, 6715, 6791, 6952, 7293, 7297, 7299, 7365, 7428, 7523, 7627, 8031, 8032, 8054, 8144, 8156, 8167, 8168, 8323, 8457, 8644, 8645, 8646, 8728, 8729, 8756, 8813, 8905, 9026, 9424; — en chef et une harpe en pointe à sénestre, 4490; — de l'un en l'autre, parti, 6870.
— *accompagnée* de..., 9205; — de... en chef, 8736; — de trois..., 6874, 9494; — de... en chef, au bâton en bande, à la bordure, 1322; — de... chargeant un écusson accompagnant à sénestre une bande au lambel, 8076; — d'une aigle en chef, 5670; — de trois aiglettes, deux en chef et une en pointe, 5173, 5366, 5367, 5368; — de quatre aiglettes, deux en chef et deux en pointe, 432; — de quatre aiglettes, deux en chef et deux en pointe, au lambel, 4732; — de trois annelets, deux en chef, une en pointe, 8406; — de trois annelets en chef, 319, 322, 323; — de trois annelets en chef, au bâton en bande brochant, 320; — de trois annelets, deux en chef, un en pointe, à la bordure, 2652; — de trois annelets en chef, à la bordure engrêlée, 321; — de six annelets, trois en chef et trois en pointe, 2133, 6087; — de trois arbres, 3160; — d'un bandé de six pièces en chef, 9572; — de trois barils, deux en chef et un en pointe, 1417; — de deux besants ou deux tourteaux en chef, au lambel..., 335; — de trois besants, deux en chef et un en pointe, 1839; — de trois besants ou trois tourteaux, deux en chef et un en pointe, 2796, 2797, 4276, 5820, 6379, 7478; — de trois besants ou trois tourteaux, deux en chef et un en pointe, à la bordure engrêlée, 8354; — de trois besants ou trois tourteaux, deux en chef et un en pointe, brisé d'une étoile en chef, 5819; — de trois besants ou trois tourteaux, 3477, 7138, 7139; — de trois besants ou de trois tourteaux en chef et d'une gerbe en pointe, 3223; — de trois besants en chef et de cinq hermines en pointe, 1829, 1841, 1843; — de trois besants, au chevron brochant, 1824; — de six besants, trois en chef et trois en pointe, 1844; — de six billettes, trois en chef et trois en pointe, 7161; — de six billettes, trois en chef et trois en pointe, chargeant un écusson en abîme accompagnant trois lions couronnés, 4403; — de six billettes en orle, 5989, 7730; — de trois cerfs passant, deux en chef et un en pointe, 4211; — de trois

chaudrons, deux en chef et un en pointe, 5495; — de deux chiens ou deux loups courant à à sénestre, 1613; — de trois coqs en chef, 6936; — de trois coqs en chef, au lion passant brochant sur la fasce et la pointe de l'écu, 6817; — de trois coquilles, deux en chef et une en pointe, 2100, 5184, 6550; — de six coquilles, trois en chef et trois en pointe, 7425, 7618; — de six coquilles, trois en chef et trois en pointe, au lambel, 7068; — d'une couronne en chef et d'une étoile en pointe, 1642; — d'une croisette en chef et à dextre, 5095; — de six croisettes au pied fiché en orle, 1383; — de six croisettes recroisetées, trois en chef et trois en pointe, 4713, 8727; — d'un croissant en chef et à dextre, 8325; — d'un croissant en chef et à sénestre, à la bande chargée de... brochant, 3027; — de deux croissants en chef et de trois étoiles en pointe, 9642; — de trois croissants, deux en chef et un en pointe, 5624; — de six croix fleuronnées, 3 et 3, 9673; — d'un écusson en chef et à dextre, 4624, 5304; — d'un écusson et d'une molette en chef et d'une molette en pointe, 210; — d'un écusson en chef et à dextre chargé de trois pals, 2556; — de quatre épis, trois en chef, un en pointe, 8405; — d'une étoile en chef, 2766; — d'une étoile en chef et à dextre, 4552, 7962, 8157, 8203; — d'une étoile en chef et de quatre bandes en pointe, 5452; — d'une étoile en chef et à dextre, à la bordure engrêlée, 5617; — d'une étoile en chef

et à sénestre, 8007, 8202; — d'une étoile en chef et à sénestre et d'un chevron en pointe, 965; — d'une étoile en pointe, au lambel de cinq pendants, 5070; — de deux étoiles en chef, 6475; — de deux étoiles en chef et d'un besant ou d'un tourteau en pointe, 8018; — de deux étoiles en chef, au franc canton de vair, 3044; — de deux étoiles, l'une entre deux annelets en chef et l'autre en pointe, 8853; — de trois étoiles, deux en chef et une en pointe, 1465, 5195, 5460, 7946; — de trois étoiles en chef, 2156, 3335, 7560, 9044, 9045; — de trois étoiles en chef et de trois huchets en pointe, 108; — de trois étoiles en chef, au bâton en bande brochant, 6890; — de trois étoiles en chef, à la bordure besantée, 1773; — de trois fers de cheval? chargeant un franc canton accompagnant un chevron, 1267; — de six fers de cheval, trois en chef et trois en pointe, 3572; — d'un fer de lance en chef et à dextre, 7325; — de trois fers de lance en pointe, 4930; — de trois flacons en chef, 3248; — de trois fleurs en chef, 6467; — d'une fleur de lys en chef, 6212; — de trois fleurs de lys, deux en chef et une en pointe, 9328; — de six fleurs de lys, trois en chef et trois renversées en pointe, 2184; — de six fleurs de lys sous un chef chargé d'une vache passant, 1346; — d'un heaume en chef, 4004; — de six hermines en orle, 8096; — d'hermines en chef et d'un cygne en pointe, 4001; — d'un

huchet en chef, 8073; — de deux jumelles, l'une en chef, l'autre en pointe, 7391; — d'un lion en chef et à dextre, 2554, 3720; — d'un lion passant en chef, 5347, 7366, 7521; — d'un lion passant en chef et à dextre, 1798, 2897, 6205, 7324, 7479; — de trois lions, deux en chef et un en pointe, 6608; — de six losanges en orle, 4649; — de six losanges chargés de... en orle, 4651; — de six macles, trois en chef et trois en pointe, 2935; — de six macles en orle, 3159, 4650; — de sept macles, trois en chef et quatre en pointe, 2934, 2936, 2937; — d'une merlette en chef et à dextre, 2381, 2553, 2855, 4223, 5358, 8234, 8638; — de trois merlettes, deux en chef et une en pointe, 3463; — de trois merlettes, deux en chef et une en pointe, au lambel ou sous un chef, 5735; — de trois merlettes en chef, 253, 451, 6921, 8105, 8663; — de trois merlettes en chef, 3711; — de quatre merlettes en chef, 252; — de cinq merlettes, deux en chef et trois en pointe, au franc canton chargé d'une croix pattée, 620; — de six merlettes, trois en chef et trois en pointe, 3543, 8195, 8196; — de six merlettes, trois en chef et trois en pointe, au lambel de quatre pendants, 3490; — de six merlettes en orle, 1369, 1370, 1371, 1801, 1802, 2315; — de sept merlettes, quatre en chef et trois en pointe, 616, 617, 2219, 3409, 4795, 4796; — de sept merlettes, quatre en chef et trois en pointe, au bâton en bande brochant, 4383; — de sept merlettes, quatre en chef et trois en pointe, au lambel de cinq pendants, 2435, 4797; — de merlettes, 513; — de merlettes... et trois en pointe, 3711; — d'une molette et d'un cœur en chef, et d'un cœur en pointe, 94; — de deux molettes en chef, 4638, 8095; — de deux molettes en chef et d'une rose en pointe, 5012; — de deux molettes, au franc canton fretté, 7185; — de trois molettes, deux en chef et une en pointe, 5460, 9011; — de trois molettes en chef, à la bande brochant, 3675; — de trois oiseaux, deux en chef et un en pointe, 2563, 2564; — de trois oiseaux en chef, 3225; — de six oiseaux en orle, 4275; — de trois pointes mouvant du chef, 5102; — de trois poissons? un en chef et deux en pointe, 3356; — d'une quintefeuille entre deux étoiles en chef et d'un chevron en pointe, 5828; — de deux quintefeuilles en chef, 354, 8943; — de trois quintefeuilles, 1110; — de six quintefeuilles, trois en chef et trois en pointe, 936; — de six quintefeuilles en orle, 6042; — de rameaux fleuris, 2558; — de trois rencontres de veau, deux en chef et un en pointe, 9289; — d'une rose ou d'une marguerite en chef, 8847; — d'une rose en chef et à sénestre, 7953; — de deux roses ou de deux quintefeuilles en chef et en... en pointe, 354; — de trois roses en chef, 4576; — de six roses, trois en chef et trois en pointe, 8126, 8127; — de six sautoirs, trois en chef et

trois en pointe, à la barre brochant sur le tout, 595; — de deux sextefeuilles en chef et de deux coquilles et d'une sextefeuille en pointe, 5769; — d'un soleil et d'un croissant en chef, 5286; — d'un soleil en chef et de deux croissants en pointe, 431; — de trois têtes de léopard en chef, 8341; — de trois têtes de lévrier, deux en chef et une en pointe, 8871; — de trois têtes de lion, deux en chef et une en pointe, 5996; — de trois tiercefeuilles, à la bordure, 2463; — de trois tours, deux en chef et une en pointe, 7555; — d'un tourteau et de deux hermines séparées par un tourteau en pointe, 201; — de trois tourteaux, 1730; — d'un vivré en chef, 1244, 4957, 6696, 8685; — d'un vivré en chef et de trois fleurs de lys en pointe, 2664; — en chef d'un vivré à dextre et d'un lion passant contourné à sénestre, 5156.

UNE FASCE à la *bande* brochant, 535; — à la bande engrêlée brochant, 9666; — à la bande fuselée de cinq pièces brochant, 2268.

— au *bâton en bande* brochant, 4011, 7727, 8114; — et accompagnée d'un besant ou d'un tourteau en chef, 7728; — et accompagnée d'une étoile en chef et à sénestre, à la bordure engrêlée, 8927; — et à la bordure engrêlée, 8926; — au lambel, 9616.

— à la *bordure*, 4005, 8283; — chargée de besants, 5281; — chargée de six étoilés, 8282.

— *brochant* sur un arbre, 5935; — sur une bande, 6288; — sur un besanté, 6021; — sur un billeté, 3467, 8589; — sur

deux chevrons, 4634; — sur un chien rampant au-dessus d'un mur, 1965; — sur un créquier, 4254; — sur une demi-croix pattée, 6244; — sur un fer de cheval, 9701; — sur deux fers de moulin, 6244; — sur un fretté, 4528, 8933; — sur un lion, 959, 4307; — sur un lion accosté de deux rameaux, 1708; — sur un lion au lambel, 3755; — sur un lion contourné au lambel, 5936; — sur un losangé, 2779, 6528; — sur trois maillets et trois étoiles alternés, 5540; — sur un pairle renversé, 807; — sur trois pals, 7559; — sur trois pals de macles, 7685; — sur un palé de six pièces, 1444, 6565; — sur un parti de deux fers de moulin et d'une demi-croix pattée, 6244; — sur un parti de plains, 2136, 5615; — sur un vivré, 8291.

UNE FASCE *chargeant* un écusson accompagnant à sénestre une bande fuselée, 3010; — un écusson accompagnant à dextre une barre fuselée, 3009; — un écusson chargeant une fasce accompagnée d'un vivré en chef, 816; — un écusson d'hermines en abîme, accompagné de huit fers de cheval en orle, 3574; — un franc canton accompagnant trois heaumes, 1380; — un franc canton d'hermines accompagnant deux coqs, 2759; — un parti de l'un et de l'autre, 6870; — un parti de l'un en l'autre, à la bande brochant sur le tout, 7129; — un parti de l'un en l'autre, au bâton en barre brochant sur le tout, 7130.

— *chargée* de trois..., 3111; — de

DES SCEAUX DE CLAIRAMBAULT.

trois... et accompagnée en chef d'une étoile. 2453, 2454, 2455; — de... et accompagnée de trois étoiles, deux en chef et une en pointe, 8431; — de trois... et accompagnée de trois macles, deux en chef et une en pointe, 9232; — de... et accompagnée de deux roses en chef et d'une étoile en pointe, 5083; — de trois..., brochant sur trois pals de macles, 7686; — de deux annelets emmaillés et accompagnée de trois étoiles, deux en chef et une en pointe, 662; — de trois annelets, 1431, 1432; — d'annelets et accompagnée de six fers de cheval, trois en chef et trois en pointe, 3570; — de deux bandes, 7296; — de trois bandes, 7291; — d'un bandé, 3452; — d'un besant? et accompagnée de trois roses, deux en chef et une en pointe, 3492; — de deux besants et accompagnée d'une étoile en chef et d'une coquille en pointe, 6142; — de trois besants, 3812; — de trois besants et accompagnée de trois étoiles en chef, 5866; — de trois besants, au lambel, 3811; — de trois besants ou trois tourteaux et accompagnée de trois aigrettes, deux en chef et une en pointe, 3683; — de trois besants ou de trois tourteaux et accompagnée d'une étoile en chef et à dextre, 8671; — de trois besants ou de trois tourteaux et accompagnée de deux lions affrontés en chef et d'ondes en pointe, 229; — de trois besants ou trois tourteaux et accompagnée d'une quintefeuille et d'une étoile en chef et d'une étoile en pointe, 5562;

— de trois chicots ou de trois hermines et accompagnée d'un lion passant en chef, 8112; — d'une coquille et accompagnée de six quintefeuilles en orle, 6041; — de trois coquilles, 405; — de trois coquilles et accompagnée d'une étoile en chef et à dextre, 5832; — de trois coquilles et accompagnée d'un lion passant en chef et à dextre, 7047; — de trois coquilles et accompagnée de deux lions, un en chef et un en pointe, au franc canton chargé de trois escarcelles, 5021; — de trois coquilles et accompagnée en chef de deux merlettes, 4178; — de trois coquilles et accompagnée de sept merlettes, quatre en chef et trois en pointe, 3410; — de trois coquilles et accompagnée de deux molettes en chef, 7306; — de trois coquilles et accompagnée d'un vivré en chef, 4246; — de trois coquilles, brochant sur trois chevrons, 9300; — de trois coquilles, brochant sur un échiqueté, 3181, 3182; — d'une croisette et accompagnée de six coquilles, trois en chef et trois en pointe, 1042; — d'un croissant, 3479; — d'un croissant à dextre et accompagnée en chef de trois coqs, 8818; — d'un croissant surmonté d'une molette, 3557, 3558, 3559; — de deux croissants, brochant sur un lion couronné, 3971; — d'un écusson à dextre, sur champ d'hermines, 8850, 8851; — d'un écusson et accompagnée de trois aiglettes, deux en chef et une en pointe, 4601, 4602; — d'un écusson portant trois chevrons et accompagnée de trois aigles, deux en chef et une en

pointe, 4600; — d'un écusson à la fasce et accompagnée d'un vivré en chef, 816; — d'un écusson à dextre portant deux fasces et accompagnée de sept merlettes, quatre en chef et trois en pointe, 7072; — d'un écusson à trois maillets et accompagnée de trois annelets en chef, au lambel, 319; — d'une étoile, 1472; — d'une étoile et accompagnée de sept merlettes, quatre en chef et trois en pointe, 619; — d'une étoile à dextre et accompagnée de sept merlettes, quatre en chef et trois en pointe, au lambel, 618; — d'une étoile et accompagnée de trois têtes de léopard en chef, 9296; — de trois étoiles, 670, 1711; — de trois étoiles et accompagnée de sept merlettes, quatre en chef et trois en pointe, 2515; — de trois étoiles et accompagnée de deux oiseaux la tête contournée, l'un en chef et l'autre en pointe, 9473; — de quatre étoiles et accompagnée de seize étoiles, huit en chef et huit en pointe, 6503; — de trois fermaux et accompagnée d'une étoile en chef et à dextre, 2687; — de trois fleurs de lys et accompagnée de trois bourses, deux en chef et une en pointe, 9105, 9107; — de trois fleurs de lys et accompagnée de trois bourses, deux en chef et une en pointe, brisé d'une étoile en chef, 9106; — de trois fleurs de lys à la bordure besantée, 82; — de trois gerbes et côtoyée de deux burelles, 5999, 6000; — d'un léopard et accompagnée de trois besants ou de trois tourteaux, deux en chef et un en pointe, 6117; — d'un lion

76

passant et accompagnée de trois besants, deux en chef et un en pointe, 6118; — de trois macles et accompagnée de deux chevrons, l'un en chef et l'autre en pointe, 4517; — de trois marmites et accompagnée de six roses ou six quintefeuilles, trois en chef et trois en pointe, 8925; — de trois merlettes, au lambel, 1369, 1370, 1371; — d'une molette à dextre et accompagnée de six quintefeuilles en orle, au bâton en bande brochant, 1189; — de trois molettes, 8324; — de trois molettes et accompagnée d'une coquille en chef et à dextre, 5325; — de trois molettes et accompagnée de sept merlettes en orle, 2371; — de trois molettes, brochant sur un lion, 8162; — d'un pot à une anse, 7363; — d'une quintefeuille et accompagnée de sept billettes, trois en chef et quatre en pointe, 4239; — de trois rocs d'échiquier, 7948; — de trois roses, 670; — de trois roses, sur champ d'hermines, 25; — d'une roue et accompagnée de trois molettes, deux en chef et une en pointe, 4993; — d'une sextefeuille et accompagnée de six macles, trois en chef et trois en pointe, 6598; — de trois sextefeuilles, 7447; — de trois trèfles et accompagnée de trois oiseaux, deux en chef et un en pointe, 896; — d'un vivré, 1413.

Une fasce sous un chef chargé de trois coquilles? 2490.

— côtoyée de deux burelles et accompagnée de six merlettes, trois en chef et trois en pointe, 4418.

— coupant le quatrième pal de quatre pals sous un chef, 1064.

Une fasce au franc canton, 9684, 9685.

— sur champ d'hermines, 2153, 2154, 8849; - - au bâton en bande brochant, 203, 8852.

— au lambel, 11, 4546, 4547, 4548, 4550, 6552, 6713, 6714, 7238, 9166, 9675; — au lambel de deux pendants, 792; — au lambel de quatre pendants chargés chacun de deux besants, 3826; — au lambel de cinq pendants, 3228, 3813, 9674; — et au bâton en bande brochant, 4551; — et à la bordure, 3483; — surmontant un chevron accompagné de trois étoiles en pointe, 8931.

— au lion brochant, 6501; — et accompagnée d'un mont à trois coupeaux en pointe, 1084.

— parti d'un plain, 8167, 8168.

— au sautoir engrêlé brochant, 9603.

— surmontée d'un vivré chargeant un franc canton accompagnant deux lions couronnés, 2112.

Une fasce abaissée au lambel de cinq pendants, 8048.

Une fasce bandée de six pièces, 7300; — de dix pièces, 7298.

— accompagnée de trois étoiles en chef..., 7292.

— chargeant un écusson sur le tout, 3452.

Une fasce besantée accompagnée de deux croisettes en chef et d'un lapin en pointe, 5947.

— au lambel, 7788.

Une fasce bretessée, 4393, 6951, 7311, 7314, 8981, 8982, 8983, 9623.

— brochant sur un lion, 3788.

— surmontant en chef un bâton en bande chargé de trois coquilles, 6613.

Une fasce bretessée contre-bretessée, 7477.

Une fasce bretessée contre-bretessée, accompagnée d'une étoile en chef, 4200.

Une fasce burelée accostée de six fleurs de lys et accompagnée d'une champagne, 1346.

Une fasce composée accompagnée de trois châteaux, deux en chef et un en pointe, 2299; — de trois coquilles, deux en chef et une en pointe, 8522; — de trois croissants, deux en chef et un en pointe, 5741.

Une fasce crénelée, 4773.

Une fasce denchée, 8918.

— accompagnée de trois étoiles, deux en chef et une en pointe, 4038.

Une fasce en devise accompagnée de trois aiglettes, deux en chef et une en pointe, 337; — de trois coquilles, deux en chef et une en pointe, 6742; — d'un écusson en chef et à dextre chargé de trois chevrons, 6311; — de deux étoiles en chef, 1073; — de trois merlettes en chef, chargeant un franc canton accompagnant trois coquilles accompagnées d'une étoile en chef, 6873.

— brochant sur un chevronné de six pièces, 4769; — sur un lion, 2792; - - sur un lion couronné, 1193.

Une fasce diaprée, 2574, 2575, 2577.

— accompagnée d'un écusson en chef et à dextre, 2578; — diaprée de deux aigles et d'un lion et accompagnée de trois quintefeuilles, deux en chef et une en pointe, 5632.

— à la bordure, 7364.

— au lambel, 2576.

Une fasce écuiquetée de deux tires, 291.

— accompagnée de dix billettes, cinq en chef et cinq en pointe,

5022; — de trois châteaux, deux en chef et un en pointe, 6033; — de six croisettes, 1418, 1419.
UNE FASCE ÉCHIQUETÉE DE DEUX TIRES à la bordure, 8374.
— brochant sur un billeté, 5022.
— au franc canton diapré, 6061, 6062, 6063; — au franc canton sénestre et accompagnée de... en chef et à dextre, 1182.
— surmontée d'une épine, 8707, 8708.
UNE FASCE ÉCHIQUETÉE DE TROIS TIRES, 1314, 1315, 5662, 5666, 5667, 6756, 8709.
— à la bordure chargée de huit fermaux, 8735.
— surmontée d'une épine, 8706; — d'un lion issant, 5663, 5664, 5665, 8425.
UNE FASCE ÉMANCHÉE accompagnée d'une étoile en chef et à dextre, 1644, 1645.
UNE FASCE ENGRÊLÉE, 8686.
— accompagnée de trois croissants surmontés chacun d'une étoile, 1176.
UNE FASCE FRETTÉE, 2140, 2141.
— accompagnée d'une étoile en chef et à dextre, 7950; — de trois étoiles en chef, 1774; — de trois étoiles, deux en chef et une en pointe, au lambel, 8451; — d'un lion passant en chef et à dextre, 846; — de trois merlettes, deux en chef et une en pointe, 4238.
— sur champ d'hermines, 3277.
— au lambel, 4306.
UNE FASCE FUSELÉE DE DEUX PIÈCES brochant sur un burelé, 4591.
UNE FASCE FUSELÉE DE TROIS PIÈCES, 27, 1140, 6141, 6435, 8350, 8351, 8352, 8455.
— accompagnée d'une étoile en chef et à dextre, 8452, 8453, 8454.

UNE FASCE FUSELÉE DE TROIS PIÈCES à la bande brochant, 6217; — à la bande chargée de trois étoiles brochant, 6474.
— chargeant trois écussons, 5294.
— chargées chacune d'une gerbe, 4095, 4096.
UNE FASCE FUSELÉE DE TROIS PIÈCES ET DEUX DEMIES, 4297.
UNE FASCE FUSELÉE DE QUATRE PIÈCES, 7693, 8893; — en pointe et un lion passant en chef, 5548.
— accompagnée de trois coquilles en chef, 9279.
— au lambel, 8893.
UNE FASCE FUSELÉE DE CINQ PIÈCES, 7694, 8240, 8241, 8242, 8246, 9461, 9597.
— accompagnée d'un oiseau en pointe, 5183.
— à la bande brochant, 8243, 8244, 8245.
— brochant sur un burelé de quatorze pièces, 4593.
— au franc canton sénestre portant un lion, 199.
— au lambel de cinq pendants, 7427.
UNE FASCE FUSELÉE DE CINQ PIÈCES ET DEUX DEMIES, 4854.
— au lambel de six pendants, 2402, 2403, 2405.
UNE FASCE FUSELÉE DE SIX PIÈCES au pal aiguisé brochant, 5396.
UNE FASCE FUSELÉE DE SEPT PIÈCES, 8916.
UNE FASCE HAUSSÉE et une roue, 7965, 7666.
UNE FASCE D'HERMINES, 37, 9049.
— accompagnée de six croisettes recroisettées au pied fiché, trois en chef et trois en pointe, 4183, 4184, 4185; — d'un écusson en chef et à dextre bandé de six pièces, 3318; — de six macles, trois en chef et trois en pointe, 3247, 4249.
— à la bordure, 5567.
— au lambel, 6838, 6839; — au

lambel de cinq pendants, 3449.
UNE FASCE LOSANGÉE DE TROIS PIÈCES, 6628.
— au bâton en bande brochant, 2701.
— sous un chef chargé d'une croix, 6627.
— au lambel, 9496; — au lambel de cinq pendants, 931.
UNE FASCE LOSANGÉE DE QUATRE PIÈCES brochant sur quatre pals, 4636.
UNE FASCE LOSANGÉE DE CINQ PIÈCES au franc canton sénestre chargé d'un lion, 9705.
UNE FASCE LOSANGÉE DE DEUX TIRES, 5354.
— accompagnée de trois coquilles en chef, 5353.
UNE FASCE ONDÉE, 9412; — en chef, 7022.
— accompagnant en pointe un arbre, 9696.
— accompagnée d'un oiseau en chef, 3306; — de trois vols liés, deux en chef et un en pointe, 6891.
— brochant sur une bande, 7056.
— au lambel, 7057.
UNE FASCE DE VAIR accompagnée d'un croissant en chef et à dextre, 2318.
UNE FASCE VIVRÉE, 3157.
— accompagnée de trois tourteaux en chef sur champ d'hermines, 8625, 8626, 8627, 8628.
— brochant sur un parti d'un lambel et d'une crosse, 2445; — sur un parti de plains, 9099.
— au franc canton chargé d'un fretté, 6480.
— sur champ d'hermines, 8624.
— au lambel, 5579.
DEUX FASCES, 101, 102, 409, 410, 492, 495, 775, 1074, 1075, 1598, 1871, 1872, 1873, 1995, 2243, 2244, 2251, 2547, 2594, 2755, 2756, 2757, 2758, 3619,

76.

3703, 3870, 3871, 4002, 4106, 4464, 4465, 4466, 4467, 4473, 4474, 4475, 4476, 4477, 4479, 4480, 4481, 4482, 4483, 4484, 4485, 4486, 4494, 4495, 4633, 5076, 5754, 5755, 5927, 6595, 6596, 6887, 6888, 6889, 6904, 6970, 7200, 7607, 7632, 7633, 7634, 7723, 8004, 8005, 8093, 8329, 8790, 8773, 8796, 8797, 8800, 8803, 8804, 9031, 9706.

Deux fasces *accompagnées* de huit annelets en orle, 6380 ; — de deux besants ou deux tourteaux, 7152 ; — de trois besants en chef, au lambel, 4400 ; — de trois besants ou trois tourteaux en chef, 8904 ; — de trois cerfs passant, deux entre les deux fasces et un en pointe, 4210 ; — de trois coquilles en chef, 4606 ; — de sept coquilles, 3, 3 et 1, 1375 ; — de sept coquilles en orle et d'un écusson chargé d'une bande en chef et à dextre, 5930 ; — de huit coquilles en orle, 5056, 5057, 5931, 9512 ; — de neuf coquilles en orle, 6301, 6302, 6303, 6305, 6306, 6307, 6308 ; — de neuf coquilles en orle, à la bordure besantée, 6304 ; — d'un écusson en chef et à dextre, 4470, 4492 ; — d'un écusson en chef et à dextre chargé d'une bande, 5932 ; — d'un écusson en chef et à dextre portant quatre fasces à la bande brochant, 4493 ; — d'une étoile en chef et à dextre, 5740 ; — d'une étoile en abîme, 6596 ; — d'une étoile en abîme, à l'orle de merlettes, 5403 ; — de trois étoiles en chef, 4186 ; — de trois étoiles en chef et d'une quintefeuille au flanc dextre, 6030 ; — de dix étoiles, quatre en chef, trois entre les deux fasces et trois en pointe, 2572 ; — d'un heaume en pointe, 1299 ; — d'un lion passant en chef, 5850 ; — de huit maillets en orle, 6610 ; — d'une merlette en chef et à dextre, 5744 ; — d'une merlette et d'une étoile en chef et d'un croissant en pointe, 2932 ; — de deux merlettes en chef, 8932 ; — de trois merlettes en chef, au lambel de quatre pendants, 3857 ; — de quatre merlettes en chef, 1783, 6526, 7388, 8463 ; — de cinq merlettes contournées, 1, 3, 1, au franc canton chargé de trois coquilles, 9354 ; — de six merlettes, 3, 2 et 1, 7441, 8391, 8392 ; — de huit merlettes, 3, 2 et 3, posées en barre, 3009 ; — de neuf merlettes en orle, 2241, 2242, 3156, 5965, 7731, 7032, 7034, 7035, 7036, 7037, 7040 ; — de neuf merlettes en orle, à la bordure, 4339, 7030, 7039, 7041, 7042, 7043, 7044, 7045 ; — de neuf merlettes en orle, à la bordure d'annelets, 7038 ; — de neuf merlettes en orle, au croissant en abîme, 5966 ; — de neuf merlettes en orle, à l'étoile en abîme, 980 ; — de neuf merlettes en orle et séparées par deux étoiles, à la bordure, 7033 ; — de neuf merlettes en orle, au lambel, 5318 ; — de neuf merlettes en orle, au lambel de cinq pendants, 5967 ; — de merlettes en orle, 2788, 3881 ; — d'une molette en chef et à dextre, 6028, 6034, 6035 ; — de six oiseaux en orle, 5879 ; — de trois quintefeuilles en chef, 3835 ; — de trois quintefeuilles en chef, sur champ d'hermines, 4778 ; — de trois quintefeuilles en chef, au lambel de quatre pendants, sur champ d'hermines, 4777 ; — de trois quintefeuilles en chef, au lambel de cinq pendants, sur champ d'hermines, 4779 ; — de cinq roses, 2, 2 et 1. 967 ; — de trois tourteaux en chef, sur champ d'hermines, 5015 ; — de trois tourteaux en chef, au lambel, 5272 ; — d'un vivré en chef, 4468, 5928.

Deux fasces à la *bande* brochant, 3690, 7188, 9114, 9115 ; — à la bande chargée de.... brochant, 2238 ; — chargée de trois annelets, brochant. 2252.

— au *bâton en bande* brochant, 4471. 5887.

— à la *bordure*, 5891, 5892, 5893, 5894, 5895, 5896 ; — chargeant un écusson chargeant en cœur au gironné de douze pièces au lambel, 6055 ; — componée ? 1255 ; — engrêlée, 5933.

— *brochant* sur un billeté, 4768 ; — sur un semé de croisettes, 3882 ; — sur un lion, 6180, 6181 ; — sur un lion passant, 6182.

— *chargeant* un écusson cantonnant le 1 d'une croix cantonnée au 2, 3 et 4 d'une aigle, à la bordure besantée, 7190 ; — un écusson posé à dextre sur une fasce accompagnée de sept merlettes, quatre en chef et trois en pointe, 7072 ; — un écusson sur le tout, 4467, 4488, 4489 ; — un parti de l'un en l'autre, à la bande brochant sur le tout, 7128.

— *chargées* chacune de trois besants

en chef et accompagnées d'un lion en pointe, 4082; — la première chargée d'une quintefeuille, accompagnées d'un lion passant en chef, 1036; — chargées chacune de trois roses, 7592; — d'un semé d'étoiles, la première chargée d'un croissant, 1489.

DEUX FASCES sous un *chef* chargé d'une aigle, 1877; — chargé d'un émanché de cinq pièces, 7751, 7752.

— à la *crosse* brochant, 4468.
— à l'*écusson* en abime brochant sur la seconde, 9190.
— au *fermail* brochant en chef et à sénestre, 4478.
— au *franc canton*, 9217; — au franc canton d'hermines, 1340.
— sur champ d'*hermines*, 202, 7773; — sur champ d'hermines à la bordure, 7487.
— au *lambel*, 532, 1143, 1871, 1874, 1875, 3405, 4812, 5753, 5934, 8619, 8670; — et à la bande chargée de trois étoiles brochant, 3284.
— *parties* d'une bande accompagnée de six quintefeuilles en orle, 7723.
— *surmontées* de trois besants ou trois tourteaux, au bâton en bande brochant, 2040.
— sur champ *rairé*, 5614.

DEUX FASCES CRÉNELÉES, 9503.

DEUX FASCES ENTÉES, 1102.

DEUX FASCES D'HERMINES, 3481, 3482, 4497.

— *accompagnées* de trois besants en chef, 303; — de trois besants en chef, à la bordure, 304; — d'un écusson en chef et à dextre, 4496; — de neuf merlettes, 4, 3 et 2, au lambel de cinq pendants, 3308; — d'une molette en chef et à dextre, 6371.

— à la *bordure*, 6372.

DEUX FASCES D'HERMINES au *lambel*, 4479.
— sur un semé de *losanges*, 5149.

DEUX FASCES DE LOSANGES, 3531.

DEUX FASCES ONDÉES, 637, 639, 1102, 6079, 6650.
— sous un *chef*, 6567.

DEUX FASCES TRESSÉES accompagnées de huit coquilles en orle, 5929.

DEUX FASCES VIVRÉES accompagnées d'une étoile en chef et à dextre, 2579.
— à la *bande* brochant, 4064.

TROIS FASCES, 58, 85, 111, 313, 536, 701, 894, 1251, 1316, 1326, 1745, 1840, 2065, 3040, 3041, 3042, 3123, 3135, 3168, 3283, 3560, 3920, 4141, 4173, 4287, 4325, 4368, 4369, 4484, 4487, 4996, 5631, 5657, 5802, 5803, 6009, 6160, 6273, 6274, 6314, 6850, 7053, 7178, 7296, 7339, 7408, 7411, 7721, 7724, 8427, 8523, 9138, 9252, 9253, 9255, 9318, 9460.

— *accompagnées* de trois besants en chef, à l'écusson en cœur brochant, 3003; — de quatre besants ou quatre tourteaux, trois en chef et un en pointe, 9638; — d'un château en chef, 4243; — d'un chien ou d'un lion passant en chef, 1317; — de trois coquilles en chef, 3340; — d'un croissant en chef et à dextre, 5063; — d'un écusson au canton dextre, 49; — d'une étoile en chef et à dextre, 7344, 7837; — de deux étoiles en chef, 7929; — de trois fleurs de lys en chef, 1402; — d'hermines en chef, 2603, 2605, 2606; — d'un lion passant en chef, 1317, 1320, 8334; — d'un lion passant en chef et à dextre, 1324; — d'une merlette en chef, 1321; — de trois merlettes en chef, 1015, 1016; — de deux poissons affrontés en chef (deux baleines?), 584; — de deux rocs d'échiquier en chef, 7940; — de trois rocs d'échiquier en chef, 7941; — d'un sanglier en chef, 5621; — de trois tourteaux en chef, 1947, 1948.

TROIS FASCES à la *bande* brochant, 2409; — et accompagnées d'un croissant en chef et à dextre, 9148; — chargeant un franc canton accompagnant un semé d'étoiles, 3784; — à la bande chargée de trois étoiles ou trois coquilles brochant, 7574.

— à la *barre* brochant, 8797, 8800.
— au *bâton en bande* brochant, 50, 51, 6355, 7177, 9434.
— à la *bordure*, 3121, 9462; — chargeant un écusson sur le tout, 1322; — chargeant un écusson chargeant à dextre un chef surmontant un échiqueté, 6793.
— *chargeant* un écusson sur le tout, 4487, 4489, 7855.
— *chargées* de..., 5678; — de six besants ou de six annelets? 2382; — le premier canton chargé d'un écusson, 7575, 7576, 7577, 7578, 7579, 7580, 7581.
— sous un *chef* au lambel, 7410; — sous un chef, au lambel de cinq pendants, 7409; — sous un chef d'hermines, 1908, 3054; — sous un chef d'hermines, au lambel de six pendants, 2607.
— au *chevron* brochant, 9104; — à trois chevrons brochant, 7850, 7853, 7855, 7857.
— à la *croix* ancrée brochant, 4983.
— à l'*écusson* en chef brochant sur la première fasce, 1439.

606 TABLE HÉRALDIQUE

Trois fasces au *franc canton* chargé d'une étoile, au bâton en bande brochant, 124.
— sur champ *d'hermines*, 7967, 8106, 8107.
— au *lambel*, 1318, 1319, 1401, 1899, 3766, 7584, 8492, 9251; — au lambel de cinq pendants, 2255; — au lambel de cinq pendants et accompagnées de... en pointe, 4179; — au lambel et à la bordure, 1327; — au lambel, la première fasce chargée d'un écusson en chef et à dextre, 7582. 7583.
— au *lion* brochant, 1504.
— *parti* de...., à la bordure, 1322.
— la première fasce *surmontée* de trois tourteaux et de..., 1947.
Trois fasces besantées sur un semé de besants, 4700.
Trois fasces crénelées, 5185.
Trois fasces échiquetées de deux tires, 1779; — au lambel, 1780, 1781.
Trois fasces frettées, 1991, 1962.
— au *franc canton* chargé d'une aigle, 4068.
Trois fasces losangées à *l'orle* besanté, 4564.
Trois fasces ondées, 638, 660, 2117, 2397, 3601, 3926, 4290, 4853, 5510, 5770, 5771, 5802, 5803, 6962, 6963, 6965, 6966, 6967, 6968, 6969, 7817, 8363, 8557, 8579, 9489; — vivrées ou bretessées? 8108.
— à la *bande* brochant, 2808; — à la bande chargée de trois lionceaux brochant, 4059.
— sous un *chef*, 3390; — sous un chef chargé d'un lion passant, 1997; — sous un chef chargé de trois oiseaux, 5142.
— au *franc canton* d'hermines. 3969.

Trois fasces ondées au *lambel*, 2400.
Trois fasces vairées, 462, 463, 466, 501, 8112.
— *brochant* sur un semé de besants, 6639.
Trois fasces vivrées au *lambel*, 4020.
Quatre fasces, 963, 1028, 1716, 1932, 1940, 1941, 1944, 5373, 8788, 8789, 9363.
— *accompagnées* de neuf merlettes, 3, 2, 2 et 2, et d'un besant? en abîme, 2396; — de neuf merlettes, 3, 2, 2 et 2, la deuxième fasce chargée d'un besant? 2394, 2395; — d'un poisson entre la première et la seconde fasce, 2676.
— à la *bande* brochant, 2110; — chargeant un écusson accompagnant en chef et à dextre deux fasces, 4493; — à la bande chargée de trois croisettes brochant, 7371, 7372; — chargée de trois lionceaux brochant, 7384.
— au *bâton* en bande brochant, 6355.
— à la *bordure*, 515, 5880.
— *chargeant* un parti de l'un en l'autre et accompagnées de quatre croisettes en chef et deux en pointe, 8657, 8658.
— sous un *chef* échiqueté de deux tires, 4521.
— au *lambel*, 1423, 3166.
— au *lion* brochant, 1084, 6579. 6580, 6581, 6582, 6584.
— à la *palme* en bande brochant. 1028.
Quatre fasces crénelées, 1030.
Quatre fasces ondées *accompagnées* d'un chien courant en abîme, 7803; — d'un écusson en chef et à dextre chargé d'un lion, 7015.
Quatre fasces vivrées à la *bande* brochant, 4061; — et accompagnées d'un croissant tourné en chef et à sénestre, 5069.
Cinq fasces, 694, 1942, 2522, 2539, 4498, 5242, 9227.
— à la *bordure* engrêlée, 3419.
— au *franc canton* chargé d'une aigle, 2550; — au franc canton sénestre chargé d'une étoile, 357.
— au *lion* brochant, 2017.
Six fasces, 2520, 2521, 2523.
— à la *bordure*, 7218.
Des fasces vivrées au *lion* brochant. 8613.

FASCÉ.

Un fascé de quatre pièces, 1251, 3712.
— au *chevron* chargé d'une étoile au sommet brochant, 8509.
Un fascé d'hermines et de..... de quatre pièces au *bâton en bande* brochant, 8770.
Un fascé de vair et de... de quatre pièces *chargeant* un franc canton, 2841.
Un fascé de six pièces, 247, 528, 561, 623, 871, 1323, 1396, 2647, 2648, 3014, 3046, 3050, 3051, 3053, 3499. 3653, 3655, 3656, 3657, 3827, 3965, 4279, 4370, 4972, 4973, 4974, 4989, 5659, 6264, 6265, 6275, 6276, 6277, 6287, 6331, 7059, 7270, 7810, 7882, 7883, 7994, 8165, 8209, 8210, 8268, 8335, 8656, 8806, 9124, 9152, 9153, 9156, 9157, 9186, 9187, 9188, 9254, 9266, 9317, 9333, 9334, 9544, 9595.
— à la *bande* brochant, 8684; — à la bande engrêlée brochant, 710.
— au *bâton en bande* brochant, 582, 9431, 9432, 9433.
— à la *bordure*, 43, 44, 709, 736, 2055, 2303, 3122, 3660,

4780, 5583, 7058, 7155, 7156, 7157, 7330, 7331, 7332, 8342, 8344; — et sous un chef chargé de..., 6113; — à la bordure besantée, 9184, 9250; — à la bordure chargée de feuilles, 2056; — à la bordure engrêlée, 3049, 7329.
Un fascé de six pièces chargeant un écusson accompagnant en chef et à dextre une croix chargée de cinq coquilles, 4435.
— la première pièce chargée de..., 874; — chargé de... en chef, à la bordure, 8343; — chargé de six annelets, 3, 2 et 1, 233; — chargé de sept annelets, 3, 3 et 1, au bâton brochant, 820; — la première pièce chargée de trois besants, 3001; — la première pièce chargée de trois coquilles, 872, 873; — la première pièce chargée à dextre d'une croisette, 8814; — la première pièce chargée à dextre d'un croissant, 3644; — dont trois pièces chargées d'étoiles ou de molettes, à la bordure fleurdelysée, 5580; — la seconde pièce chargée d'un écusson, 6570; — la première pièce chargée de trois étoiles, 8819; — la première pièce chargée à sénestre d'un faucon 3504; — la première pièce chargée d'un faucon à dextre, à la bordure, 3503; — chargé de trois fleurs de lys en chef, au bâton en bande brochant, 668, — chargé d'un semé de fleurs de lys de l'un en l'autre, 1638, 1639; — la troisième pièce chargée d'une merlette, 8426; — la première pièce chargée de trois merlettes, 9542; — chargé de six merlettes, 3, 2 et 1, 823; — la troisième pièce chargée d'une roue, 2301, 2302.

Un fascé de six pièces sous un chef chargé de trois arbres, 3329.
— au chevron brochant, 2126, 2127, 9037; — au chevron chargé d'une étoile au sommet brochant, 8510.
— au franc canton chargé d'une croix flanronnée, 3466; — chargé d'un lion passant, 821, 1715; — chargé d'une quintefeuille, au bâton en bande brochant sur le tout, 7755; — chargé d'un sautoir, 6432.
— au lambel, 727, 876, 3048, 3643, 7927, 9545, 9546; — de cinq pendants, 3658, 7231, 7926; — au lambel chargeant un écusson accompagnant en chef et à dextre trois bandes au lambel, 7520.
— au lion brochant, 8968.
— à neuf merlettes en orle, au lambel de cinq pendants, 822.
— à deux virés en pal entrecroisés brochant, 8412.
Un fascé de besants et de trois fasces besantées de six pièces, 4703, 9231.
Un fascé de trois fasces besantées et de besants de six pièces, 4701, 4702.
Un fascé de besants et de vair de six pièces, 9524.
Un fascé de croisettes et de... de six pièces, 7351.
Un fascé de diapré et d'hermines de six pièces au bâton en bande brochant, 8771, 8772.
Un fascé de fleurs de lys et de... de six pièces au chevron brochant, 9022.
Un fascé d'hermines et de... de six pièces, 696, 697, 698, 1560, 1561, 5586, 5813, 5814, 5815, 5816, 9242, 9259.
— à la bande chargée de... brochant, 3905.
— au bâton en bande brochant, 699, 8772.

Un fascé d'hermines et de... de six pièces à la bordure, 7154.
— la seconde pièce chargée d'une rose, à l'écusson en abîme chargé de..., 5585.
— au chevron brochant, 8526.
Un fascé de tresses et de six ciboules de six pièces, 2595.
Un fascé de vair et de... de six pièces, 876, 2845, 5347, 5348, 5927, 5950, 5951, 5952, 5953, 6207, 8512, 8596, 8644, 8645, 8646.
— à la bande brochant, 2844; — chargée de trois coquilles brochant, 2840.
— au bâton en bande brochant, 2843.
— chargeant un franc canton, 2842.
— la seconde pièce chargée d'un croissant, 2649; — à dextre d'une étoile, 2484, 4785; — d'un lion passant, 2838.
— au franc canton, 2485.
Un fascé de huit pièces, 227, 562, 3394, 3487, 4450, 5359, 5363, 5620, 9265, 9359, 9360.
— à deux annelets brochant sur les deux premières pièces, 8300, 9436, 9437, 9439, 9441, 9442, 9443, 9444.
— à la bande brochant chargée en chef d'un écusson à la croix, 5734.
— à la barre brochant, 563.
— à la bordure, 3393, 4936, 5420.
— de l'un en l'autre accompagné de deux pals en chef accostés de deux girons, chargeant un parti, à l'écusson sur le tout, 7429.
— la première pièce chargée de trois quintefeuilles, 7323.
— sous un chef à la fleur de lys issant, 747.
— au crancelin brochant chargeant à sénestre un chapé, 8477.
— au lambel, 3395.

TABLE HÉRALDIQUE

Un fascé de huit pièces au *lion* brochant, 6590, 6592.
— au *sautoir* brochant, 984, 3188, 3189; — au sautoir brochant, à l'aigle éployée sur le tout, 3187.
Un fascé de fasces bretessées et de... de huit pièces, 1029.
Un fascé d'hermines et de... de huit pièces, 5428.
Un fascé d'un vivré et de... de huit pièces, à la *bande* chargée de trois hanaps brochant, 4058.
Un fascé de dix pièces, 144, 1604, 9363.
— à la *bande* brochant, 6140.
— à l'*émanché* de trois pièces mouvant du chef brochant, 9586, 9587.
— au *franc canton*, 1301; — chargé d'un lion passant, 1715.
— au *lambel*, 1382.
— au *lion* couronné brochant, 1091.
Un fascé de douze pièces, 1943.

FASCÉ CONTRE-FASCÉ

Un fascé contre-fascé de six pièces fourchées, 7138, 7139.

FASCÉ ENTÉ

Un fascé enté de six pièces, 5506, 5507, 5508, 5509, 5511, 7786, 7800, 7804, 7806, 7807, 7809, 7810, 7813, 7814, 7815, 7816, 7820, 7821, 8072.
— à la *bande* brochant, 5512, 5513.
— à la *bordure*, 7801, 7805, 7808, 7818; — à la bordure composée, 5515, 5516, 5517.
— *chargé* de deux... en chef, 7819; — d'un chien courant en abîme, 7795, 7796, 7797, 7798, 7799, 7822.
— au *lambel*, 7812.
Un fascé enté d'hermines et de... de six pièces, 7823.
Un fascé enté de huit pièces, 7785.

FASCÉ ONDÉ

Un fascé ondé de six pièces, 1197, 1198, 2811, 2812, 2813, 3546, 5106.
— *chargé* d'un chien courant en abîme, 7802.
— sous un *chef*, 6568; — sous un chef chargé d'une fleur de lys issant, 4065.
— au *lambel*, 2809, 2810.
Un fascé ondé de huit pièces, 5642.
Un fascé ondé de dix pièces, 6971, 7910.
— à la *bande* brochant, 7376.
— au *franc canton* chargé d'une étoile, 5514.
Un fascé ondé de quatorze ou seize pièces au franc canton chargé de cinq billettes posées en croix, 8424.

FAUCILLE.

Quatre faucilles cantonnant un sautoir, 3587; — un sautoir engrêlé, 6981.

FAUCON.

Un faucon à dextre, 3502.
— au *bâton en barre* brochant, 6317.
— sur un *poing*, 5679.

FAUX.

Trois faux, le fer en bas et à sénestre, 3507, 3510, 3511.
— au *lambel*, le fer en bas et à dextre, 3508, 3509.

FER DE CHEVAL.

Un fer de cheval à la *fasce* brochant, 9701.
Trois fers de cheval *accompagnant* une fasce chargeant un franc canton accompagnant un chevron, 1267.
Quatre fers de cheval cantonnant deux trompes en sautoir, 3579.
Six fers de cheval *accompagnant* une fasce, trois en chef et trois en pointe, 3572; — une fasce chargée d'annelets, trois en chef et trois en pointe, 3570.
— *accompagnés* d'une étoile en abîme, 3569, 3571.
Huit fers de cheval en orle *accompagnant* un écusson d'hermines en abîme, 3573, 3577; — un écusson d'hermines à la fasce en abîme, 3574.

FER DE FLÈCHE.

Un fer de flèche *surmontant* un croissant en pointe accompagnant un chevron dentelé accompagné de deux chevrons en chef, 4213.
Trois fers de flèche, 3853, 7789; — en pal la pointe en bas, 4190.
— *accompagnant* un chevron, 3851; — la pointe en bas accompagnant un chevron, 8795.

FER DE LANCE.

Un fer de lance *accompagnant* une fasce en chef et à dextre, 7325.
Trois fers de lance, 7150, 7151.
— *accompagnant* en pointe une fasce, 4930.
— à la *bordure*, 1558.
— *chargeant* un chef surmontant un chevronné de six pièces, 6327.

FER DE MOULIN.

Un fer de moulin sous un *chef* chargé de deux croissants au lambel, 3553.
— *surmonté* d'un croissant tourné, 6554; — d'une étoile, 3113.
Deux fers de moulin, 6252, 6254; — l'un sur l'autre, 3505.
— à la *fasce* brochant, 6244.
Trois fers de moulin, 6912.
— au *lambel*, 6913.

QUATRE FERS de moulin *cantonnant* le 1 et 4 d'une croix cantonnée au 2 et 3 de quatre otelles, 6243.

FERMAIL.

UN FERMAIL et deux hermines en chef *accompagnant* un chevron, 1455; — accompagnant en pointe un émanché de cinq pièces mouvant du chef, 7080.
— *brochant* en chef et à sénestre sur deux fasces, 4478.
DEUX FERMAUX *accompagnant* un chevron au franc canton chargé d'une merlette, 9201.
— *cantonnant* en chef une croix cantonnée de deux harans couverts en pointe, 1756; — en chef une croix vairée, 5960.
TROIS FERMAUX, 589, 604, 605, 2186, 2738, 2740, 2950, 2951, 4227, 5587, 5589; — 2 et 1, en pointe, et un lion passant en chef, 6008.
— *accompagnant* un chevron, 103; — en chef un émanché de trois pièces mouvant de la pointe, 1336.
— *accompagnés* d'une étoile en abîme, 1538, 6197; — de six trèfles en orle, 9637.
— à la *bande* brochant, 6734.
— à la *bordure* engrêlée, 8386.
— *chargeant* une bande accompagnée en chef et à sénestre d'un croissant, sur champ d'hermines, 7102; — une bande accompagnée de six hermines en orle et d'un croissant en chef, 3307; — une bande brochant sur une aigle, 7281; — un chef surmontant un gironné de huit pièces, 7368; — un chef surmontant un palé de six pièces, 9127, 9128, 9126, 9130; — une fasce accompagnée d'une étoile en chef et à dextre, 2689.

TROIS FERMAUX au *lambel*, 1218, 3281, 4225, 4226, 5588.
QUATRE FERMAUX *cantonnant* une croix, 6331.
CINQ FERMAUX *chargeant* une croix, 6203, 6204, 7111, 7639; — une croix accompagnée d'une étoile en chef et à dextre, 8229; — une croix accompagnée d'une merlette en chef et à dextre, 6016, 6017.
HUIT FERMAUX *chargeant* une bordure accompagnant une fasce échiquetée de trois tires, 8735; — une bordure accompagnant trois fleurs de lys, 8735.

FEUILLE.

UNE FEUILLE *chargeant* un chef, 4785.
— *chargée* d'une bande et accompagnée d'une molette en chef et d'une coquille en pointe, 3939.
UNE FEUILLE TIGÉE sous un *chef*, 8022.
TROIS FEUILLES, 5480.
— *accompagnant* un chevron, 4183, 4184, 4185; — en chef un poisson en fasce, 3927.
— *accompagnées* d'une étoile en abîme, 3232.
— *chargeant* un chef surmontant un lion contourné, 8911; — un chevron accompagné de trois hures, 151.
QUATRE FEUILLES LANCÉOLÉES *cantonnant* un sautoir, 2921.
CINQ FEUILLES EN SAUTOIR, 8371, 8573.
— *chargeant* un franc canton accompagnant trois merlettes en orle, 8015.
FEUILLES *chargeant* une bordure accompagnant un fascé de six pièces, 2056.

FEUILLE DE CHÊNE.

Voir *Chêne*.

FEUILLE DE HOUX.

Voir *Houx*.

FEUILLE DE SCIE.

UNE FEUILLE DE SCIE *accompagnée* en pointe de trois fleurs de lys, 6687.
— *brochant* sur un lion, 5916.
DEUX FEUILLES DE SCIE *côtoyant* une bande chargée de trois roses, 2000.
TROIS FEUILLES DE SCIE EN FASCE, 2822, 2823, 2824, 2825, 2826, 2827, 2828, 2829, 2830, 2831, 2833, 2834, 2924.
— *accompagnées* en chef d'une étoile, 2833.

FILET.

UN FILET EN BARRE *brochant* sur un chevron renversé, sous un chef chargé de trois annelets, 2240; — sur une fleur de lys et demie, 6411; — sur un vairé à la bande chargée de....., 1332.
DEUX FILETS EN BARRE *côtoyant* une barre chargée de deux étoiles, 6180.
UN FILET EN FASCE *brochant* sur un lion, 1056.

FLACON.

TROIS FLACONS *accompagnant* en chef une fasce, 3248.

FLAMBEAU.

TROIS FLAMBEAUX allumés, 3488.

FLÈCHE.

UNE FLÈCHE en fasce coupant le fût d'une sorte de bannière, 622.
DEUX FLÈCHES? EN SAUTOIR, 7790.
— *cantonnées* de quatre merlettes, 3646.
DEUX FLÈCHES EMPENNÉES sans leur fer, posées en sautoir, 7110.

TROIS FLÈCHES EN FASCE, l'une sur l'autre, 721.
TROIS FLÈCHES EN PAL, 4191.
CINQ FLÈCHES EN PAL accompagnant un dextrochère armé d'une épée, 4056.
FERS DE FLÈCHE. Voir Fer.

FLEUR.

UNE FLEUR à cinq pétales, 2920; — radiée? 3333.
DEUX FLEURS? accostant une arbalète, 3563; — deux haches en pal adossées, au lambel, 3921.
TROIS FLEURS, 7763; — à quatre pétales, 7025, 7026.
— accompagnant un chevron, 7071; — une fasce en chef, 6467; — un lion en abîme, 6148; — une serre, 2387.
QUATRE FLEURS accostant la lettre O couronnée, 7538.
— cantonnant un sautoir engrêlé, 3948.
SIX FLEURS EN ORLE accompagnant un croissant surmonté d'une étoile, 6948.

FLEUR DE LYS.

UNE DEMI-FLEUR DE LYS, 3796, 6054.
UNE FLEUR DE LYS, 312, 498, 500, 2108, 3259, 5606, 5607, 5681, 6235, 7436, 8420, 8913, 8915; — et une gerbe en chef et une gerbe en pointe, 3925.
— accostée de deux besants ou deux tourteaux chargeant un chef denché à la barre brochant, 7461; — de deux épines sous un chef denché, 8703, 8705; — de deux étoiles en chef, 2573.
— à la bande brochant, 8199.
— brochant sur un burelé, 2861, 2862, 2863; — sur un burelé au bâton en bande, 2860.
— cantonnant le 1 d'une croix cantonnée au 2 d'une clef, au 3 et 4 de deux étoiles, 5072; — le 1 et 4 d'une croix cantonnée au 2 et 3, d'une quintefeuille, 9535; — le 2 et 3 d'une croix cantonnée au 1 et 4 d'une quintefeuille, 9534; — en chef un sautoir engrêlé cantonné en pointe d'une enclume et d'un trèfle à chaque flanc, 3719.
UNE FLEUR DE LYS chargeant un chef entre deux molettes, 8370; — un chef surmontant sept besants, 4, 2 et 1, 2434; — le sommet d'un chevron accompagné de trois rencontres de bœuf, 6782, 6783; — le sommet d'un chevron engrêlé, 2223; — en cœur une croix cantonnée de quatre lions, 9339; — un franc canton accompagnant un fretté, 6162; — la première de trois molettes, 4741.
— chargée de deux oiseaux perchés, 3738, 3741, 3742, 3743; — de deux oiseaux perchés, au lambel, 3736.
— au franc canton chargé d'une bande accompagnée de..., 476, 479; — chargé d'une bande accompagnée d'un oiseau? en chef, 477, 480; — chargé d'une bande accompagnée en chef et à sénestre d'une tête d'aigle arrachée, 481; — chargé d'une bande frettée, 478.
— au lambel, 1270, 8912; — de cinq pendants, 7616.
— parti d'une croix vidée, cléchée et pommettée chargeant un chef surmontant un château sur un mont, 6290.
— remplaçant la branche dextre du premier de trois chevrons, 6023.
— surmontée d'une étoile, accompagnant en chef et à dextre une croix, 5180.
UNE FLEUR DE LYS EN ABÎME accompagnant trois besants, 15; — trois écussons, 1282; — et une croisette en chef accompagnant cinq losanges, 2, 2 et 1, 1053; — trois têtes de loup ou de lévrier, 1108.
— accompagnée de six étoiles en orle, 8765, 8766.
— et un écusson au gonfanon en chef et à dextre chargeant un fretté, 3848.
UNE FLEUR DE LYS EN CHEF accompagnant à dextre une aigle contournée, 8357; — accompagnant une bande chargée de trois coquilles au lambel, 2168; — et une quintefeuille en pointe accompagnant un bâton en bande, 1494; — deux bars adossés, sur un semé de croisettes recroisetées au pied fiché, 5751; — un canard, 4379; — et à dextre une croix, 4823; — et à dextre une croix engrêlée, 4428; — et à dextre une croix recercelée, 2941; — trois doloires, 3919, 7881; — une fasce, 6212; — et à sénestre et six merlettes l'une sur l'autre à dextre accompagnant un griffon, 3163; — et à dextre un lion, 3726; — trois macles, 9605; — un papegai, 3101.
UNE FLEUR DE LYS EN POINTE accompagnant un château en bande brochant, 9084; — un chevron abaissé au lambel, 6460; — un croissant au lambel, 861; — et un vivré en chef accompagnant deux épines, 8704; — et une rose accompagnant une verge tenue par deux dextrochères, 8866.
— et deux couronnes en chef, accompagnée d'une étoile en

abime, 7442, 7443; — d'une étoile en chef et à dextre, 8914; — en chef d'une étoile et d'un croissant contourné, 1044; — d'une étoile en chef et à dextre, à la bordure, 7503.

UNE FLEUR DE LYS EN BANDE *accompagnant* en chef et à dextre trois bandes, 9042.

— *chargeant* la seconde pièce d'un bandé de six pièces, 9041.

UNE FLEUR DE LYS FLEURONNÉE, 6149.

UNE FLEUR DE LYS ISSANT *chargeant* un chef, 1300, 1654; — un chef surmontant un échiqueté, 3888; — un chef surmontant un échiqueté à trois pals brochant, 2534; — un chef surmontant un fascé de huit pièces, 747; — un chef surmontant un fascé ondé de six pièces, 4065; — un chef surmontant un champ d'hermines, 9583; — un chef surmontant trois pals, 3942; — un chef surmontant un tiercé en bande, 7435; — un chef surmontant un vairé en bande à la bande portant une étoile en chef, 7435.

UNE FLEUR DE LYS AU PIED COUPÉ en pointe et deux quintefeuilles en chef *accompagnant* un chevron, 5002.

— *chargeant* un chef, 1300.

UNE FLEUR DE LYS ET DEMIE, 3783, 6901, 9400.

— à la barre brochant, 6410.

— au *bâton en bande* brochant, 6737.

— au *filet en barre* brochant, 6411.

DEUX FLEURS DE LYS, l'une en chef avec une étoile et l'autre en pointe, 3332; — en chef et une rose en pointe, 6362.

— *accompagnant* en chef une aigle chargée d'une étoile à l'aile dextre, 8863; — une bande au franc canton, l'une en chef et l'autre en pointe, 2452; — en chef une croix recercelée cantonnée de quatre billettes, 1022; — deux haches en sautoir, l'une en chef, l'autre en pointe, 3748.

DEUX FLEURS DE LYS *accostant* un arbre, 5148; — un château accompagné d'une étoile en pointe, 7359; — une croix fichée dans l'initiale V, 5264; — le manche d'une laye, 2231; — un pin chargé d'un épervier en chef, 1681.

— *cantonnant* le 1 et 4 d'une croix engrêlée cantonnée au 2 et 3 d'un poisson en pal, 7239; — en chef et deux clefs en pointe cantonnant une croix vidée, cléchée et pommettée, 6150; — et un lion *chargeant* une bande côtoyée de deux dragons ailés, 7134; — un chef surmontant un marteau, 6896; — en fasce chargeant un franc canton accompagnant une croix cantonnée de trois quintefeuilles, 9533.

DEUX FLEURS DE LYS ET DEMIE, 4041.

TROIS FLEURS DE LYS, 70, 71, 72, 1113, 1404, 1584, 1585, 1732, 1750, 2161, 2737, 2739, 3659, 3864, 4531, 5128, 5131, 5138, 5265, 5418, 5881, 6234, 6668, 6669, 6672, 6673, 6674, 7248, 7595, 8733, 8734, 9187, 9188, 9428, 9429, 9538, 9569; — l'une sur l'autre, 227.

— *accompagnant* en chef un arc bandé garni de sa flèche la pointe en bas, 6975; — un chevron, 6601, 9609; — un chevron chargé d'un croissant au sommet, 6600; — un chevron d'hermines, 6341, 6345; — un chevron d'hermines surmonté d'une quintefeuille,

6342, 6343, 6344; — une couronne, 8215; — une fasce, deux en chef et une en pointe, 9328; — en pointe et un vivré en chef accompagnant une fasce, 2664.

TROIS FLEURS DE LYS *accompagnant* trois fasces en chef, 1402; — une feuille de scie, 6687; — et un croissant accompagnant un léopard, 631; — la lettre A couronnée, 182; — à dextre un demi-lion couronné, 2044.

— *accompagnées* d'un annelet en abime, 1733, 1734; — d'un besant en abime, 1372; — d'un croissant en abime, 7594; — d'une étoile en abime, 7869, 7870, 8870; — d'un oiseau en abime, 3512; — de deux tau, 1751.

— à la bande brochant, 1347, 2092, 5131, 6664, 7836, 9206; — et au lambel, 2749; — chargée de trois lionceaux, 1888, 1889; — brochant, 5128, 6665, 6668, 6669, 6672, 6673, 6674, 6677; — componée, au lambel, 5709.

— à la *barre* brochant, 2647.

— au *bâton en bande* brochant, 1344, 1361, 1362, 2722, 2723, 3316, 4368, 4369, 4370, 6672, 6673, 7290, 7867, 9315; — alaisé brochant, au bâton en barre sur le tout, 1342; — alaisé brochant, au lambel, 2750; — au bâton péri en bande brochant, 2724, 6670, 6671.

— à la *bordure*, 80, 185, 1558, 4399, 6756, 9403; — chargée de six besants, 83; — besantée, 3316; — chargée de huit fermaux, 8735; — componée, 1453, 6756; — componée de fleurs de lys et de..., 7074; — d'hermines, 3216.

612 TABLE HÉRALDIQUE

Trois fleurs de lys *brochant* sur un semé de croisettes recroisetées au pied fiché, 6719.
— *chargeant* une bande, 2267, 2269, 2270, 2271, 2308; — une bande accompagnée d'une merlette en chef et d'une étoile en pointe, 9536; — une bande accompagnée de six merlettes en orle, 5864, 5865, 6816; — une bande accompagnée d'un oiseau à sénestre, 2272, 2307; — une bande engrêlée et coticée, 2637; — un chef, 208, 1906; — un chef surmontant un demi-vol, 59; — un chevron à la bordure engrêlée, 1656; — une fasce accompagnée de trois bourses, deux en chef et une en pointe, 9105, 9107; — une fasce accompagnée de trois bourses, deux en chef et une en pointe, brisée d'une étoile en chef, 9106; — une fasce chargée d'une bordure besantée, 82; — de trois un fascé de six pièces au bâton en bande brochant, 668; — un franc canton accompagnant une croix chargée de cinq coquilles et cantonnée au 2, 3 et 4 de douze alérions, 5127.
— sous un *chef*, 3414, 3415.
— au *franc canton*, 4368, 4369.
— au *lambel*, 70, 186, 187, 4368, 4369, 4370, 6603, 6893, 9208; — de quatre pendants, 188; — de cinq pendants, 832, 7868; — et accompagnées d'une étoile en abîme, 1398; — à la bande brochant, 7969; — au bâton en bande brochant, 1344, 3249, 3250; — au bâton en barre brochant, 6521; — au bâton en barre brochant sous un chef chargé d'une croix, 179; — chargeant un chef

surmontant une guivre engoulant un enfant, 3704; — coupé de la guivre engoulant l'enfant, 6901.
Trois fleurs de lys *séparant* deux bandes, 3100.
Trois fleurs de lys au pied coupé, 4678.
— deux en chef et une en pointe *accompagnant* un sautoir à la bordure, 5636.
— au *bâton en bande* brochant, 4752, 9648.
Trois fleurs de lys au pied nourri, 7527, 7528.
— *accompagnées* de trois merlettes, deux en chef et une en abîme, 7532.
— au *bâton en bande* brochant, 3834.
— à la *bordure* engrêlée, 7531.
— *brochant* sur un semé de trèfles, 7530.
— sur champ d'*hermines*, 7525, 7526, 7529.
Quatre fleurs de lys, 1, 2 et 1, 5628; — posées en sautoir, 524.
— *accostant* un bâton en pal, 1051; — et quatre quintefeuilles accostant une dame debout, 7051.
— *cantonnant* une croix, 828, 2094, 5080, 7631, 7632, 7634; — une croix au bâton, en bande brochant, 8072; — une croix chargée d'un tour en cœur, 8963, 8966; — une croix pattée, 608; — deux épées en sautoir, la pointe en bas, 3389; — un sautoir, 2436, 9100, 9101; — un sautoir fretté, 508.
Cinq fleurs de lys *chargeant* un chevron, 1183; — un sautoir, 9239.
— au *franc canton* chargé d'un écusson, 3840; — chargé d'un oiseau, 2494.

Cinq fleurs de lys, 3 et 2, au *lambel*, 99.
Six fleurs de lys, 74, 4792, 7247.
— trois en chef et trois renversées en pointe *accompagnant* une fasce, 2184; — une fasce sous un chef chargé d'une vache passant, 1346; — une jumelle, trois en chef et trois en pointe, 673.
— *accompagnées* d'un croissant en abîme, 3547; — d'une étoile en chef et à dextre, 3603.
— *accostant* une fasce burelée accompagnée d'une champagne, 1346; — un lion brochant sur un chef, 260.
— la première cachée par un écusson chargé de six besants sous un chef au lion issant, 3200.
— *côtoyant* un bâton en bande chargeant une bande, 6662.
— au *lambel*, 4416.
Six fleurs de lys en orle, 6695.
— *accompagnant* une bande chargée d'un écusson, 2965; — une bande fuselée, 842, 843, 844; — une bande fuselée de neuf pièces, 841; — une bande fuselée de dix pièces, 2192; — un écusson en abîme chargé d'un arbre, 9667; — une épée en bande, 336; — une tour perronnée, 77.
— *accompagnées* d'un écusson en abîme, 6694.
Huit fleurs de lys *chargeant* une bordure accompagnant un lion, 4966; — une bordure accompagnant un sautoir, 6133.
Huit fleurs de lys en orle, *accompagnant* un lion naissant, sous un chef chargé d'un sautoir cantonné de quatre merlettes, 1524.
Seize fleurs de lys *cantonnant* une croix, 5079.
Un semé de fleurs de lys, 81, 92, 93, 220, 652, 744, 745.

1095, 1517, 1518, 2239, 2248, 2249, 2968, 3375, 3381, 3382, 3383, 3506, 3520, 3521, 3524, 3525, 3641, 3744, 3745, 3781, 3782, 5008, 5009, 5447, 5638, 5971, 6676, 8281, 8330, 8554, 8792, 8980, 9013, 9015, 9016, 9017, 9018, 9019, 9020, 9290, 9308, 9311, 9426, 9427, 9568.

Un semé de fleurs de lys accompagnant en chef un vaisseau, 5295.

— à la bande brochant, 1525, 2279, 2499, 3703, 3746; — brochant chargeant un écusson à dextre posé avec deux coquilles sur un chef surmontant trois pals de vair, 6929; — chargée de trois aiglettes brochant, à la bordure, 1796; — chargée de trois lionceaux brochant, 1354, 1355, 1356, 7404, 9312; — chargée de trois lionceaux brochant, au bâton en barre sur le tout, 9307; — chargée de trois lionceaux brochant, au lambel, 4378; — componée, 526, 3460, 3664, 6666, 6667, 6675, 6676; — componée brochant, à la bordure, 800, 6679; — componée brochant, à la bordure engrêlée, 6522.

— au bâton en bande brochant, 2113, 4464; — brochant à la bordure manquant en pointe, sous un chef chargé d'une croix potencée et cantonnée de quatre croisettes, 1346.

— à la bordure, 189, 190, 3783, 5359, 5363, 6739, 6756, 6785, 6786, 9209, 9265; — besantée, 79, 7073; — chargée de lionceaux, au lambel, 4378; — componée, 81, 625, 1377, 5359, 6756; — componée, à la bordure, 6679; — engrêlée, 945, 946, 7253.

Un semé de fleurs de lys chargeant une bande côtoyée de deux dragons ailés, 7133; — une barre au bâton en barre brochant, 2580; — une croix cantonnée au 1 et 4 d'une bande fuselée accompagnée de six fleurs de lys en orle, au 2 et 3 d'un lion, 844; — de l'un en l'autre, chargeant un fascé de six pièces, 1638, 1639.

— à l'écusson en abime chargé d'une croix, 2648.

— au franc canton, 4370, 8874, 8875, 8877; — chargé d'un écusson, 8873; — chargé d'une épée et d'une crosse, 5414.

— au lambel, 221, 329, 1884, 3783, 4377, 4477, 5363, 6902, 6903, 7142, 8796, 8797, 8800, 9265; — chaque pendant chargé de trois châteaux, 325, 327, 329, 330, 1377, 3468, 7141, 8292; — chaque pendant chargé de trois châteaux, à la barre brochant, 4494; — et à la bordure componée, 3255; — coupé de..., 180.

— au lion, 795, 796, 797, 798, 6439, 9455, 9518, 9519; — au lambel brochant, 8008; — naissant, 5686, 5689, 6483, 6487, 6490, 6650, 6651; — naissant, à la bande brochant sur le tout, 6488; — naissant, à la barre brochant sur le tout, 6482; — naissant, à la bordure, 2468; — naissant, au lambel, 6485, 6486, 6489; — couronné brochant, 4295.

— au sautoir brochant, 2437, 2498; — chargé d'un besant en cœur brochant, 2438.

— sur le tout d'un chef au lion brochant, 5497.

Un semé de fleurs de lys à la tour brochant, 5052, 8975, 8977, 9126; — brochant, à la bordure, 8979.

Un semé de fleurs de lys et de tours, 8630, 8631, 8632, 8633.

Fleurs de lys en orle accompagnant un écusson en abime, 2066; — un écusson losangé en abime, 3262; — un lion naissant, 8648; — un lion couronné, 4840, 4841, 4842; — une tour, 75, 2985.

FLEURON.

Un fleuron accompagnant une bande en chef et à sénestre, 5317.

Deux fleurons accostant une croix pattée chargeant un chef surmontant un chevron accompagné de trois coquilles, 3718.

Un semé de fleurons au lion brochant sous un chef chargé d'un cor ailé, 943.

FONTAINE.

Une fontaine, 3684.

FORCES.

Trois forces, 1247, 1249, 1250.

FOULQUE.

Voir Oiseau.

FRANC CANTON.

Un franc canton, 6154.

— accompagnant cinq annelets, 5171; — six annelets, 759; — sept annelets en orle, 5288; — une bande accompagnée de deux fleurs de lys, l'une en chef et l'autre en pointe, 2452; — deux bandes, 7928; — un bandé de six pièces, 3769, 8892; — un bandé de six pièces chargeant un écusson accompagné de neuf merlettes en orle, 6462; — un burelé à l'orle de cinq merlettes, 5222;

— un chevron accompagné en pointe d'une merlette, 6479; — deux chevrons, 4999; — une croix, 4424; — une croix ancrée, 671; — une fasce, 9684, 9685; — deux fasces, 9217; — un fascé de vair et de... de six pièces, 2485; — un fascé de dix pièces, 1301; — trois fleurs de lys, 4368, 4369; — un semé de fleurs de lys, 4370, 8874, 8875, 8877; — un fretté, 1445, 1921, 1922, 1923, 2715, 6727, 8639, 8687, 8695; — un fretté, au lambel sur le tout, 6730; — un gironné de douze pièces, 1625; — deux losanges, au lambel sur le tout, 9708, 9709; — quatre losanges, au lambel sur le tout, 6097; — un losangé, 867, 6651, 6654, 6656, 6827, 7794, 8236; — un losangé, au lambel sur le tout, 6653; — sept merlettes en orle, 3959; — des merlettes en orle, 143, 1791; — trois oiseaux, 7161; — deux quintefeuilles, 3639; — dix têtes (dix becs) d'aigle, 6869; — un vairé, 4282, 6537, 9683.

Un FRANC CANTON à la *bordure* accompagnant trois oiseaux, 5172.
— *brochant* sur une bordure engrêlée, 6081.
— *chargé* de..., 1533; — de..., accompagnant une bande componée accompagnée de six annelets en orle, 1727; — de..., accompagnant trois bandes de vair, 5719; — de..., accompagnant un bandé de six pièces, 1035; — de..., accompagnant trois barres, 5236; — de..., accompagnant un chevron accompagné de deux lions couronnés, 3702; — de..., accompagnant un coticé de douze pièces, 1752; — de..., accompagnant deux doloires, 517; — de..., accompagnant un fretté, 2546, 3107, 4409, 8099; — de..., accompagnant deux haches, 5178; — de..., accompagnant deux huchets enguichés contournés, 6092; — de..., accompagnant trois jumelles, 762; — de..., accompagnant deux lions, 3260; — de... en fasce, accompagnant trois lions, 1363; — de cinq... posés en sautoir, accompagnant quatre merlettes en orle, 7930; — de..., accompagnant deux quintefeuilles, 2848; — de..., accompagnant quatre quintefeuilles au lambel, 5625; — de..., accompagnant un vairé, 7013; — de..., chargeant un franc canton portant trois merlettes et accompagnant un gironné de neuf pièces, 3714; — d'une aigle, accompagnant un burelé ou cinq fasces, 2650; — d'une aigle, accompagnant trois chevrons, 4981; — d'une aigle, accompagnant trois fasces frettées, 4068; — d'une aigle éployée, accompagnant un chevron accompagné de deux aiglettes, 9056; — d'une aiglette, accompagnant trois croissants accompagnés d'une coquille en pointe, 1593; — d'un annelet et accompagné d'une croix ancrée vidée, 4759; — de trois annelets, accompagnant trois poissons, 376; — de six annelets, 2, 2 et 2, accompagnant un losangé, 6803; — d'un arbre, accompagnant un fretté, 4427; — d'un arbre, coupé d'hermines et accompagnant une croix de macles cantonnée en chef et à sénestre d'un croissant, 2433; — d'une bande accompagnée de..., accompagnant une croix ancrée, 5444; — d'une bande accompagnée de..., accompagnant une fleur de lys, 476, 479; — d'une bande accompagnée d'un oiseau? accompagnant une fleur de lys, 477, 480; — d'une bande côtoyée de deux cotices, accompagnant deux croissants, 129, 130; — d'une bande sur une fleur de lys accompagnée en chef et à sénestre d'une tête d'aigle arrachée, 481; — d'une bande frettée, sur une fleur de lys. 478; — de trois besants, accompagnant quatre cotices à la barre brochant, 3774; — de trois besants ou trois tourteaux, accompagnant un fretté, 6824, 6982; — de cinq billettes posées en croix, accompagnant un fascé ondé, 8424; — d'un cerf, accompagnant trois pointes, 7138, 7139; — d'un château, accompagnant trois lions, 9481, 9482; — d'un chef échiqueté, accompagnant une croix, 1287; — d'un chevron chargé de trois besants, accompagnant deux besants, 1846; — de trois chevrons, accompagnant une bande accompagnée de deux tourteaux ou de deux besants, 1158; — d'une coquille, accompagnant un échiqueté, 2705; — d'une coquille, sur champ d'hermines, 1145; — de trois coquilles, accompagnant deux fasces accompagnées de cinq merlettes contournées, 1, 3 et 1, 9354; — d'un croissant, accompagnant un fretté, 6721; — de trois croissants, accompagnant quatre pals au lambel, 5974; — d'une croix, au bâton en bande bro-

chant, accompagnant un semé de feuilles de chêne, 7515; — d'une croix ancrée, accompagnant un fretté, 8680; — d'une croix ancrée, accompagnant un gironné de neuf pièces, pour douze, 3994; — d'une croix engrêlée, accompagnant six burelles, 4284; — d'une croix fleuronnée, accompagnant un fascé de six pièces, 3466; — d'une croix fleuronnée, accompagnant un losangé, 6657; — d'une croix pattée, accompagnant une fasce accompagnée de cinq merlettes, deux en chef et trois en pointe, 620; — d'un dextrochère? accompagnant un vairé, 2059; — d'un diapré, accompagnant une fasce échiquetée de deux tires, 6061, 6062, 6663; — d'un écartelé au 1 et 4, d'un château; au 2 et 3, d'un lion; accompagnant trois lions, 9477; — d'un écartelé au 1 et 4, d'un lion; au 2 et 3, d'un château; accompagnant trois lions, 9480; — d'un écusson, accompagnant cinq fleurs de lys, 3840; — d'un écusson, accompagnant un semé de fleurs de lys, 8873; — d'un écusson, accompagnant un fretté, 4408; — d'un écusson, accompagnant deux têtes de loup, 4526; — d'un écusson portant trois annelets, accompagnant sept annelets en orle, 5287; — d'une épée et d'une crosse, accompagnant un semé de fleurs de lys, 5414; — de trois escarcelles, accompagnant une fasce chargée de trois coquilles et accompagnée de deux lions, l'un en chef et l'autre en pointe, 5021; — d'une étoile, accompagnant trois fasces, au bâton en bande brochant, 124;

— d'une étoile, accompagnant un fascé ondé, 5514; — d'une étoile, accompagnant un fretté, 4449; — d'une étoile, accompagnant neuf losanges, 3, 3 et 3, 5003; — d'une étoile, accompagnant un losangé, 6652; — d'une étoile, accompagnant un vairé, 4048, 5576; — d'une fasce, accompagnant trois heaumes, 1380; — d'une fasce accompagnée de trois fers de cheval? accompagnant un chevron, 1267; — d'une fasce surmontée d'un vivré, accompagnant deux lions couronnés, 2112; — d'une fasce en devise accompagnée en chef de trois merlettes, accompagnant trois coquilles accompagnées d'une étoile en chef, 6873; — de trois fasces à la bande brochant, accompagnant un semé d'étoiles, 3784; — d'un fascé de vair et de... de quatre pièces, 2841; — d'un fascé de vair et de... de six pièces, 2842; — de cinq feuilles posées en sautoir, accompagnant trois merlettes en orle, 8015; — d'une fleur de lys, accompagnant un fretté, 6162; — de trois fleurs de lys, accompagnant une croix chargée de cinq coquilles et cantonnée au 2, 3 et 4, de douze alérions, 5127; — d'un fretté, accompagnant trois chevrons, au lambel sur le tout, 4982; — d'un fretté, accompagnant une fasce accompagnée de deux molettes, 7185; — d'un fretté, accompagnant une fasce vivrée, 6480; — d'un fretté, accompagnant un sautoir engrêlé, 5774; — de deux jumelles en bande, accompagnant un hanap accompagné de deux merlettes en chef, 776; d'un lion, 3612, 3634; —

d'un lion, accompagnant une bande, 3635; — d'un lion, accompagnant une bande accompagnée de rameaux, 3636; — d'un lion, accompagnant un échiqueté, 3256, 8183; — d'un lion, accompagnant trois poissons, 373; — d'un lion issant, accompagnant trois épées en pal la pointe en bas, 5168; — d'un lion issant, accompagnant un vairé, 5558; — d'un lion passant, accompagnant un burelé à l'orle de huit merlettes, 5221; — d'un lion passant, accompagnant un fascé de six pièces, 821, 1715; — d'un lion passant, accompagnant un fascé de dix pièces, 1715; — d'un lion passant, accompagnant un fretté, 7695, 7696; — d'un lion passant, accompagnant deux lambels l'un sur l'autre, 1490, 1491; — de trois lions passant l'un sur l'autre, accompagnant trois bandes accompagnées de... en chef et à sénestre, à la bordure engrêlée, 5233; — de trois lions passant l'un sur l'autre, accompagnant un bandé de six pièces à la bordure engrêlée, 5229, 5231; — de trois losanges? accompagnant un bâton en bande accompagné d'un oiseau en chef et à sénestre, 2910; — de deux macles, accompagnant cinq annelets, 2, 2 et 1, 9178; — d'un marteau, accompagnant un fretté, 9197; — d'une merlette, accompagnant un chevron accompagné de deux fermaux, 9201; — d'une merlette, accompagnant un fretté, 6722; — d'une merlette, accompagnant trois pals de vair, 7731; — de trois merlettes, accompagnant un billeté, à la bande engrêlée brochant, 4943; — de trois merlettes et chargé lui-même d'un franc canton, accompagnant un gironné de neuf pièces, 3714; — d'une molette, accompagnant un poisson en bande en chef et une sextefeuille en pointe, 6763; — d'une molette, accompagnant un vairé, 1895, 3341, 3342, 3343; — d'un oiseau, accompagnant cinq fleurs de lys, 2994; — d'un oiseau, accompagnant un gironné de six pièces, 5715; — d'un oiseau, accompagnant deux lions, 1725; — de cinq poissons en pal et posés en sautoir, accompagnant un fretté, 6834; — d'une quintefeuille, 827, 4653; — d'une quintefeuille, accompagnant un plain au lambel, 4652; — d'une quintefeuille, chargeant un fascé de six pièces, au bâton en bande brochant sur le tout, 7755; — de cinq quintefeuilles en sautoir à la bordure engrêlée, accompagnant un gironné, 514; — d'une rose, accompagnant un burelé à l'orle de six merlettes, 5220; — d'un sautoir, accompagnant un fascé de six pièces, 6432; — d'un sautoir chargé de cinq annelets, accompagnant un fretté, 6146; — d'une tête de lion? couronnée, 2644; — d'une tête d'oiseau, accompagnant des annelets en orle, 657; — d'un semé de trèfles à deux bars adossés, accompagnant un lion, 53:.

UN FRANC CANTON D'HERMINES, accompagnant deux bandes au lambel, 8661; — trois bandes, 9632, 9633, 9635, 9636; — trois bandes accompagnées d'une merlette en chef et à sénestre, 9636; — trois bandes, au bâton en barre brochant, à la bordure besantée, 9010; — trois bandes, à la bordure engrêlée, 6226; — trois bandes, au lambel, 8662; — un bandé de six pièces, à la bordure, 6227; — un chevronné de douze pièces, 4631; — une crosse accompagnée de merlettes, 3544; — un échiqueté, 4608, 4609; — un échiqueté, à la bordure, 1521. 6640; — deux fasces, 1340; — trois fasces ondées, 3969; — trois merlettes en orle, à la crosse en pal brochant sur le tout, 6980; — six merlettes en orle, 9596, 9600; — deux rangées de pals alaisés du bout inférieur, 3276; — un palé de six pièces, 1311.

UN FRANC CANTON D'HERMINES à la bordure, accompagnant trois chevrons, 9257.

— chargé de trois coquilles, accompagnant une herse, 224, 225; — d'une fasce, accompagnant deux coqs, 2759.

UN FRANC CANTON VAIRÉ accompagnant trois chevrons, 5941; — trois coquilles, 1147; — une fasce surmontée de deux étoiles, 3044; — un losangé, 1927.

UN FRANC CANTON SÉNESTRE accompagnant une bande, 154; — une bande chargée de trois quintefeuilles, 5253; — en pointe accompagnant deux croissants, 2149; — une fasce échiquetée de deux tires accompagnée de... en chef et à dextre, 1182.

— chargé d'un semé de... à deux bars adossés, accompagnant un lion, 3144; — d'un semé de... au lion brochant, accompagnant un chef, 7485; — d'un besant ou d'un tourteau et accompagnant quatre losanges, 9620;

— d'une croix, accompagnant en chef une bande accompagnée en pointe et à dextre d'un annelet, 4967; — d'une croix, accompagnant deux bouterolles, 7021; — d'un échiqueté, accompagnant deux étoiles, 1144; — d'une étoile, accompagnant cinq fasces, 357; — de deux fleurs de lys rangées en fasce, accompagnant une croix cantonnée de trois quintefeuilles, 9533; — d'un lévrier passant, accompagnant un chevron échiqueté chargeant un écusson en abîme accompagné de trois maillets, 5024; — d'un lion, accompagnant une fasce losangée de cinq pièces, 9705; — d'un lion, accompagnant cinq fusées en fasce, 199; — d'un losangé, accompagnant un burelé chargé de..., 4683; — de deux pals, accompagnant un lion, 13; — de trois pattes, accompagnant une épée en bande la pointe en bas, 906, 907; — d'un vairé, accompagnant deux coquilles, 1146.

FRETTÉ.

UN FRETTÉ, 2, 331, 586, 589, 977, 978, 1662, 1770, 2129, 2447, 2604, 2614, 2615, 2616, 2697, 2878, 2879, 2880, 2881, 2882, 3105, 3297, 3317, 3481, 3482, 4397, 4523, 4524, 4559, 4570, 4755, 4764, 4765, 4766, 4767, 5113, 5116, 5295, 5418, 5869, 6252, 6253, 6373, 6374, 6375, 6376, 6579, 6580, 6581, 6582, 6583, 6584, 6585, 6588, 6590, 6591, 6592, 7136, 7232, 7262, 7263, 7846, 7896, 8147, 8227, 8228, 8430, 8432, 8433,

8436, 8515, 8676, 8677, 8678, 8693, 8694, 8698, 8982, 9072, 9164, 9277, 9501, 9645, 9646, 9647.
Un fretté à la *bordure* besantée, 1446, 1447, 8434, 8435.
— *chargeant* un chef, 1365, 1719, 6001, 7268; — un chef surmontant un croissant, 5910; — un chef surmontant un écusson en abîme chargé de..., 7267; — un chef surmontant trois mains? 2725; — un écusson en abîme accompagné de huit merlettes en orle, 4456; — un écusson en abîme accompagné de six molettes en orle, 4940; — un écusson chargeant un chef à sénestre, à la bande engrêlée brochant sur le tout, 7756; — un franc canton accompagnant trois chevrons, au lambel sur le tout, 4982; — un franc canton accompagnant une fasce accompagnée de deux molettes, 7185; — un franc canton accompagnant une fasce vivrée, 6480; — un franc canton accompagnant un sautoir engrêlé, 5774.
— *chargé* d'une coquille en chef, 4447; — d'une coquille en cœur, sous un chef portant trois canelles, 3491; — d'un croissant en abîme, sous un chef, 2816, 2817; — d'un croissant en abîme, sous un chef échiqueté de deux tires, 5822; — d'un écusson en chef, 8146; — d'un écusson en chef et à dextre, 4956; — d'une étoile en chef, 4244, 4245, 4246, 8514; — d'une étoile en chef et à dextre, 1714, 6589; — d'une étoile en chef et à sénestre, 9278; — de deux étoiles en chef, au lambel 4712; — d'une fleur de lys en abîme et d'un écusson au gonfanon en chef et à dextre, 3848; — de trois pals sous un chef chargé de deux lions passant affrontés, 774.

Un fretté sous un *chef*, 2454, 3301, 3624, 3625, 7320, 7621, 7622, 7623; — chargé d'une aigle, 3258; — au lambel, 8049; — chargé d'un lion issant, 2118, 2119, 2120, 2125; — chargé d'un lion passant, 9511; — chargé d'un lion couronné issant, 2122, 2123, 2124; — chargé de trois merlettes, 3444, 3445, 3447, 3448; — chargé de deux molettes, 9203; — vairé, 1706.
— à la *fasce* brochant, 4528, 8933.
— au *franc canton*, 1445, 1921, 1922, 1923, 2715, 6727, 8639, 8687, 8695; — chargé de..., 2546, 3107, 4409, 8099; — chargé d'un arbre, 4527; — d'un croissant, 6791; — d'une croix ancrée, 8680; — d'un écusson, 4408; — d'une étoile, 4449; — d'une fleur de lys, 6162; — d'un lion passant, 7695, 7696; — d'un marteau, 9197; — d'une merlette, 6721; — de cinq poissons en pal posés en sautoir, 6834; — d'un sautoir chargé de cinq annelets, 6146; — au lambel sur le tout, 6730.
— au *lambel*, 271, 393, 577, 578, 870, 3164, 3817, 4203, 4523, 4524, 4761, 4763, 6586, 6587, 6593, 6594, 8513, 8696, 8697, 9292; — de cinq pendants, 4762.
— *parti* d'un semé de trèfles à deux bars adossés, 4571.
— *semé* de..., 7489; — d'écussons, 9507; — de fleurons, 689; — de grillets, 178.

Un fretté de *vair*, 8743, 8745.
— à la *bordure*, 8744.

FRUIT.

Trois fruits, 2451.
— au *bâton* en bande brochant, 3561.
— *chargeant* une bande, 8938; — un chef surmontant un lion contourné, 8911; — un chevron accompagné de trois hures, 151.
— au *lambel*, 7916.

FUSEAU.

Trois fuseaux, 840.

FUSÉE.

Trois fusées, 2535.
Quatre fusées en bande au *lambel* de cinq pendants, 1534.
Cinq fusées en bande à la *bordure*, 1540, 1541.
— au *lambel*, 1184, 1442, 1443.
Fusées en fasce. Voir *Fasce fuselée*.
Trois fusées en pal rangées, 9598.
— *chargeant* un écusson sur le tout, 9599.
Quatre fusées en fasce *anglées* de six points, 2404.
Cinq fusées en fasce *coupées* par deux jumelles, l'une en chef et l'autre en pointe, à la bordure engrêlée, 4596.
Cinq fusées en pal, 459, 460.
Six fusées, 6485.
— 3 et 3, à la *bande* brochant, 5593, 5594.

FUSELÉ.

Un fuselé, 2994, 4255, 4256, 4258, 4259, 4260, 4261, 4262, 4263, 4264, 4265, 4266.
— à la *bande* brochant, 2995.

GANT.

Un gant *surmonté* d'une étoile, 4679.
Un gant *renversé* accompagné d'une croisette à dextre, 6037.

Trois GANTS ou trois mains, 4156, 4158.
— *accompagnés* d'une croix ancrée en chef, 9644; — d'un oiseau en abime, 231.

GENÉVRIER.
Un GENÉVRIER, 4021.

GERBE.
Une GERBE, 310, 1477, 1480, 5053.
— *accompagnant* en chef et à dextre une croix fleuronnée, 8251; — en pointe et trois besants ou trois tourteaux en chef accompagnant une fasce, 3223.
— *accostée* de deux étoiles, à la bande chargée de trois quintefeuilles brochant, 1481; — de deux étoiles, au lambel, 7362.
— à la *bordure*, 1475, 1478, 1479, 1483, 1484; — à la bordure engrêlée, 1482.
— *cantonnant* à sénestre et en chef une croix, au bâton en bande brochant, 799.
— *chargeant* chaque fusée d'une fasce fuselée de trois pièces, 4095, 4096.
— au *lambel*, 1476.
Une GERBE ET DEMIE, 5707.
Deux GERBES et une fleur de lys, 3925.
— *chargeant* une bande coticée, 3869.
Trois GERBES, 509, 1619, 1620, 1621, 1622, 4148, 7002, 8817.
— *accompagnant* un chevron, 1173, 1174, 7310; — un chevron à la bordure, 1175.
— *accompagnées* de trois oiseaux en abime, 1611.
— *chargeant* une fasce côtoyée de deux burelles, 5999, 6000.

GIRON.
Deux GIRONS *accostant* deux pals et *ac*-

compagnant en chef un fascé de huit pièces chargeant un parti de l'un en l'autre à l'écusson sur le tout, 7429.

GIRONNÉ.
Un GIRONNÉ DE SIX PIÈCES, 5875, 5876, 5877.
— au *franc canton* chargé d'un oiseau, 5715.
Un GIRONNÉ DE HUIT PIÈCES, 919, 920, 1084, 2587, 3066, 3067, 3068, 4277, 4278, 4279, 4281, 5717, 8061, 8606, 9475.
— *au bâton en bande* brochant, à la bordure, 3065.
— à la *bordure*, 3061, 3062, 3063, 3064, 3069; — à la bordure chargée de châteaux, 3059.
— *chargé* d'une couronne en chef, 4280; — d'un écusson en chef et à dextre, 6826.
— *sous un chef* chargé de trois fermaux, 7368.
— à *l'écusson* en abime chargé d'un château à une tour, 2835.
— au *franc canton* chargé de cinq quintefeuilles en sautoir, à la bordure engrêlée, 514.
Un GIRONNÉ DE NEUF PIÈCES (pour douze) au *franc canton* chargé d'une croix ancrée, 3394; — (pour douze) au franc canton portant trois merlettes chargé lui-même d'un franc canton chargé de..., 3714.
Un GIRONNÉ DE DIX PIÈCES, 3060.
Un GIRONNÉ DE DOUZE PIÈCES, 785, 1624, 1625, 1867, 2625, 3548, 3964, 3972, 4475, 4949, 5611, 5612, 5920, 6541, 6551, 7894, 8120, 8474, 8586, 8620, 9389, 9447.
— *chargé* en cœur d'un écusson, 4626, 8667, 9561; — d'un maillet en chef et à dextre, 5610.

Un GIRONNÉ DE DOUZE PIÈCES SOUS UN *chef* chargé à dextre d'une aigle éployée, 3305.
— au *franc canton*, 1625.
— au *lambel*, 787, 1557, 2102, 4106, 6056, 6057, 6058, 6059, 7895, 8519; — de trois pendants chargés chacun de trois besants, 8615; — chargé en cœur d'un écusson portant deux fasces à la bordure, 6055.
Un GIRONNÉ D'HERMINES ET DE... DE DOUZE PIÈCES, 2980.
Un GIRONNÉ DE VAIR ET DE... DE DOUZE PIÈCES, 4645.
Un GIRONNÉ DE QUATORZE PIÈCES chargé d'un écusson en abime, 1657; — d'un écusson en abime, au bâton en bande brochant sur le tout, 1658.
Un GIRONNÉ DE SEIZE PIÈCES au *lambel*, 6060.
Un GIRONNÉ? sur un écusson chargeant à dextre un chef chargé d'un vivré accompagnant un palé de six pièces, 1097.

GLAND.
Deux GLANDS en chef et un... en pointe *accompagnant* un chevron chargé de trois..., 6456.
Trois GLANDS? *accompagnant* un chevron, 2386.
— *chargeant* une bande, 4927.
— *contenus* dans trois croissants, 2457.

GLOBE.
Un GLOBE CRUCIFÈRE, 6602.

GOND.
Quatre GONDS *cantonnant* un sautoir échiqueté, à la bordure, 4142.

GONFANON.
Un GONFANON, 473, 474, 1315, 2620, 2621, 2622, 2985, 4326, 5662, 6336.

Un GONFANON à la bordure, 8979.
— chargeant un écusson chargeant en chef et à dextre un fretté à la fleur de lys en abîme, 3848.

GOURDE.
Trois GOURDES au lambel, 4151.

GRIFFON.
Un GRIFFON, 187, 1201, 1503, 1760, 1814, 2798, 3738, 3765, 4775, 8942, 9113.
— accompagné de six merlettes l'une sur l'autre à dextre et d'une fleur de lys en chef et à sénestre, 3163.
— à la bordure engrêlée, 3112.
— sous un chef chargé de trois étoiles, 9150.
— au lambel, 4236.
Un GRIFFON RAMPANT, 7166, 7167, 7287.
Trois GRIFFONS RAMPANT accompagnant un chevron, 3622.
— accompagnés d'un besant en abîme, 5640.
Quatre GRIFFONS cantonnant une croix, à la bordure, 8258.
Deux PATTES DE GRIFFON, l'une sur l'autre, 1365, 1366, 1367, 1368.

GRILLE.
Trois GRILLES? 3750.

GRILLET OU GRELOT.
Deux GRILLETS l'un au canton sénestre l'autre en abîme, accompagnant quatre croissants accompagnés d'une croix ancrée au canton dextre, 176.
Trois GRILLETS deux en chef et un en abîme, accompagnant quatre croissants, au bâton fleuronné brochant, 173.
Un SEMÉ DE GRILLETS dans un fretté, 178.
GRILLETS ET CROISSANTS par paires alternées, parti d'un échiqueté, 175.
GRILLETS? EN ORLE accompagnant un lion naissant, 3450.

GRUE.
Une GRUE, 7053.
Trois GRUES, 4286.

GUIVRE OU VIVRE.
Une GUIVRE, 6236, 6237, 6238.
Une GUIVRE ENGOULANT L'ENFANT, 589, 605, 4368, 4369, 4370, 5709, 6901, 8282, 8610, 9574.
— chargeant un écusson sur le tout, 5709.
— sous un chef chargé de trois fleurs de lys au lambel, 3704.
Trois GUIVRES, 2392, 2393, 6978.

HACHE.
Une HACHE accompagnée d'une équerre en chef et d'un oiseau en pointe, 7750.
Deux HACHES EN PAL ADOSSÉES, 1576, 1578, 1579, 9246.
— accostant un écusson en abîme chargé de trois pals, 8922; — la tour du milieu d'un château, 219.
— accostées de deux fleurs, au lambel, 3921.
— au franc canton chargé de..., 5178.
— au lambel, 100; — au lambel, sur champ d'hermines, 8666.
Deux HACHES EN SAUTOIR accompagnées de deux fleurs de lys, l'une en chef et l'autre en pointe, 3748.
Trois HACHES au lambel, 9619.
Trois HACHES, LES DEUX EN CHEF ADOSSÉES, 9615, 9617.

HAMAYDE.
Une HAMAYDE, 948, 6941.
— au lambel, 4177.
Une HAMAYDE BESANTÉE accompagnée d'un écusson en chef et à dextre. 6781.

HANAP.
Un HANAP couvert, 2868.
— accompagné de deux merlettes en chef et accosté d'une étoile et d'un rameau, au franc canton portant deux jumelles en bande, 776.
Deux HANAPS couverts cantonnant en pointe une croix cantonnée de deux fermaux en chef, 1756.
Trois HANAPS, 3352.
— accompagnés de trois étoiles, 378.
— chargeant une bande accompagnée de sept billettes, trois à sénestre et quatre à dextre, 130; — une bande accompagnée de sept billettes, quatre à sénestre trois à dextre, 129; — une bande brochant sur un fascé d'un vivré et de... de huit pièces, 4058; — couverts sur un semé de trèfles chargeant une bande accompagnée en chef et à sénestre d'une étoile 7195.

HARENG.
Trois HARENGS en pal, 4507.

HARPE.
Une HARPE, 292, 294, 295, 296, 297, 299, 300, 5120; — en pointe à sénestre et une fasce en chef, 4490.
— au bâton en bande brochant, 293.
Trois HARPES accompagnant un chevron, 4519.

HEAUME.
Un HEAUME, 4121.
— accompagnant en chef une fasce, 4004; — en pointe deux fasces, 1299.
— cimé d'un buste d'archevêque posé sur le tout, 238; — d'un

col de cygne, posé sur le tout d'un écartelé, 195, 197.
Trois heaumes à la *bande* brochant, 6478.
— au *bâton en bande* brochant, 6477.
— au *franc canton* chargé d'une fasce, 7380.

HÉRISSON.
Un hérisson passant, 4630.

HERMINE.
Une moucheture d'hermine, 7077.
— *surmontant* un croissant, 1532.
Deux mouchetures d'hermine *accompagnant* en chef une aigle chargée d'une étoile à l'aile dextre, 6027; — et un fermail en chef accompagnant un chevron, 1455; — en chef et une étoile en pointe accompagnant un vase à trois pieds et à une anse, 4454.
— à la *bande* brochant, 1868.
Trois mouchetures d'hermine, 8228.
— *accompagnant* en chef trois bandes, 3133; — un chevron, 6458.
— *accompagnées* d'une molette en chef, 8634.
— ou trois poissons *cantonnant* le 2 et 3 d'une croix engrelée cantonnée au 1 et 4, de trois merlettes contournées, 6350.
— *chargeant* une bande, au lambel, 803.
— ou trois chicots *chargeant* une fasce accompagnée en chef d'un lion passant, 8112.
— sous un *chef* chargé de trois losanges, 6464.
Quatre mouchetures d'hermine *accompagnant* en pointe un chevron accompagné en chef d'un lion issant, 6855; — et deux tourteaux accompagnant une fasce, 201.
— *cantonnant* une croix chargée de cinq coquilles, 1485.

Cinq mouchetures d'hermine en pointe et trois besants en chef *accompagnant* une fasce, 1829, 1841, 1843.
— *cantonnant* le 1 d'une croix cantonnée au 2, 3 et 4, de douze alérions, 6432.
— *chargeant* un croissant, 7346; — une croix ancrée, 7024.
Six mouchetures d'hermine en orle et un croissant en chef *accompagnant* une bande chargée de trois fermaux, 3307; — accompagnant une bande échiquetée de deux tires, 5651; — une fasce, 8096.
— *accostant* une bande au lambel, 5098.
Neuf mouchetures d'hermine en orle *accompagnant* un sautoir chargé en cœur d'une croix potencée, 3584.
Douze mouchetures d'hermine *cantonnant* une croix, à la bordure engrêlée, 2217; — un sautoir, 3589.
Mouchetures d'hermine en orle *accompagnant* deux bars adossés accompagnés d'une étoile en chef, à la bande brochant, 8336.
D'hermines, 573, 574, 575, 576, 1513, 1516, 1517, 1518, 1519, 3459, 3704, 4377, 5954, 6333, 6648, 7541, 7873, 8350, 8843, 9317, 9318, 9391.
— en chef et un cygne en pointe *accompagnant* une fasce, 4001; — accompagnant en chef trois fasces, 2603, 2605, 2606.
— à une *demi-aigle*, 8135.
— à l'*aigle*, 8134, 8136, 8137.
— à la *bande*, 585, 587, 877; — à la bande chargée de trois coquilles, 4706; — chargée d'un dragon et de deux coquilles, 8713; — chargée de trois fermaux et accompagnée

d'un croissant en chef et à sénestre, 7102; — de trois têtes de chèvre arrachées, 6599, 6600, 6601; — à trois bandes chargées de onze coquilles, 3, 5 et 3, 5469.
D'hermines à deux *bars* adossés, 3991; — à deux bars adossés accompagnés d'un château en chef, 3992.
— à la *bordure*, 1511, 1516.
— *cantonnant* une croix en chef et à dextre, 2889; — le 1 d'une croix cantonnée au 2, 3 et 4, de douze alérions, 6406.
— sous un *chef*, 8872, 9584, 9585, 9586; — à la bande brochant sur le tout, 9588; — chargé de trois étoiles, 7982; — chargé d'une fleur de lys issant, 9583; — chargé de deux hures, 8683; — chargé d'un lambel, 9484; — au lion brochant, 9302; — chargé d'un lion issant, 2706; — chargé d'une rose à dextre et d'une étoile à sénestre, 7780; — chargé de trois roses, au bâton en bande brochant sur le tout, 2786, 2787; — sous un chef denché, 6812, 6813, 6814, 6815.
— au *chevron*, 5956, 8056; — chargé de trois quintefeuilles, 8055; — au lambel, 8445; — au chevron fretté et chargé de... au sommet, 7373; — à deux chevrons, 7003; — à trois chevrons, 8621.
— à trois *coquilles* chargeant un franc canton accompagnant une herse, 224, 225; — coupant un arbre chargeant un franc canton accompagnant une croix de macles cantonnée en chef et à sénestre d'un croissant, 2433.
— au *créquier*, à la bordure engrêlée, 8152.

D'HERMINES au *croissant*, 1083, 9384;
— à trois croissants, 8446.
— à la *demi-croix* chargée de cinq quintefeuilles, 8300.
— à la *croix* cantonnée d'une molette en chef et à dextre, 9007;
— chargée de cinq..., 9630;
— chargée de cinq annelets? brisé d'une étoile en chef et à dextre, 198; — chargée de cinq coquilles sous un chef chargé de..., 1486; — chargée de cinq quintefeuilles, 3641, 3642, 8301, 8303.
— à trois *doloires* accompagnées d'une étoile en chef, à la bande brochant, 7432.
— à l'*écusson* en abîme chargé de......., 3330, 3331.
— à trois *écussons*, 1988, 4559; — et au bâton en bande brochant, 4565.
— à l'*émanché* de trois pièces mouvant du chef, à la bordure besantée, 8212.
— à la *fasce*, 2153, 2514, 8849; — et au bâton en bande brochant, 203, 8852; — chargée à dextre d'un écusson, 8850, 8851; — chargée de trois roses? 25; — à la fasce frettée, 3277; — vivrée, 8624; — vivrée et accompagnée en chef de trois tourteaux, 8625, 8626, 8627, 8628.
— à deux *fasces*, 202, 7773; — accompagnées de trois quintefeuilles en chef, 4778; — accompagnées de trois quintefeuilles en chef, au lambel de quatre pendants, 4777; — accompagnées de trois quintefeuilles en chef, au lambel de cinq pendants, 4779; — accompagnées de trois tourteaux en chef, 5015; — à la bordure, 7487.
— à trois *fasces*, 7967, 8106, 8107.

D'HERMINES à trois *fleurs de lys* au pied nourri, 7525, 7526, 7529.
— au *franc canton* chargé d'une coquille, 1145.
— à deux *haches* adossées, au lambel, 8666.
— au *lambel*, 572.
— au *lion*, 1070, 1160, 1161, 1605, 3884, 4545, 4658, 4791, 7142, 8090; — à la bande brochant, à la bordure engrêlée, 6755; — au bâton en barre brochant, à la bordure besantée, 2804; — au lion naissant et à la roue en chef et à la roue en pointe, 6683; — au lion couronné, 1162; — au lion couronné, à la bordure, 1163; — au lion couronné, au lambel, 1159; à trois lions, au bâton en bande brochant, 3327.
— à trois *losanges*, 7275.
— à six *merlettes*, 8314, 8315.
— à trois *pals*, 8013.
— à trois *quintefeuilles*, 5355; — accompagnées d'une étoile en abîme, 7006; — à la bande brochant, 7007; — au lambel, 7008.
— à six *roses*, 5597; — à la bordure componée, 5596.
— au *sautoir*, 2902.
— à trois *têtes de singe arrachées*, 3348; — accompagnées d'une étoile en chef et à dextre, 3347.
— à trois *tourteaux*, 2110.

D'HERMINES EN BANDE, *portant* trois bandes, 1101.

HÉRON.

UN HÉRON *accompagnant* à sénestre un buste d'homme de profil à droite, 661.
— au *lambel*, 8640.
TROIS HÉRONS, 8533, 8534.

HERSE.

UNE HERSE, 222, 223, 4644.
— *accompagnée* d'une aiglette en chef et à dextre, 6716.
— à la *bordure* engrêlée, au bâton en bande sur le tout, 3606.
— au *franc canton* d'hermines chargé de trois coquilles, 224, 225.
TROIS HERSES au lambel, 4289.

HOMME SAUVAGE.

DEUX HOMMES SAUVAGES *supportant* un château accompagné de deux têtes d'homme en chef et de deux lions assis affrontés en pointe, 2321.

HOUSEAU.

UN HOUSEAU, 290.
UN HOUSEAU ÉPERONNÉ, 8793.
TROIS HOUSEAUX, 4665, 4666, 4667.
TROIS HOUSEAUX ÉPERONNÉS CANTONNÉS, 58.

HOUX.

DEUX FEUILLES DE HOUX et entre elles un cœur *chargeant* un chef surmontant deux lions adossés, 1001.
TROIS FEUILLES DE HOUX, 7505.
CINQ FEUILLES DE HOUX, 3 et 2, 9445.

HUCHET.

UN HUCHET *accompagnant* en chef une fasce, 8073; — en chef et à dextre un lion, 7395.
UN HUCHET ENGUICHÉ, 2, 728, 4035.
— *accompagnant* en pointe un chevron sous un chef, 664.
— *accompagné* de trois étoiles, 3312; — de trois étoiles, à la bordure besantée, 3311; — de trois étoiles, au lambel, 3310.
— *brochant* sur un palé de six pièces, 2792.
— *chargeant* en cœur un palé de six pièces, 2794.

TABLE HÉRALDIQUE

Un huchet contourné enguiché accompagné de trois merlettes, deux en chef et une en pointe, 4992.
Deux huchets enguichés brochant sur un échiqueté, 7365.
Deux huchets contournés accompagnés d'une quintefeuille en chef et à dextre, 4577.
Deux huchets contournés enguichés au *franc canton* chargé de..., 6092.
Trois huchets en pointe et trois étoiles en chef accompagnant une fasce, 108.
Trois huchets enguichés, 2633, 6978, 8164.
— à la *bordure*, 2524.
— au *lambel*, 2632.
Quatre huchets enguichés cantonnant une croix, 2789.

HURE.

Une hure, 5559, 5577, 7450, 7664, 7779.
— accompagnée d'une étoile en pointe, 9474; — une hure et une quintefeuille en chef et deux étoiles en pointe, 131.
— en chef et une quintefeuille en pointe cantonnant un sautoir chargé de... en cœur, 7874.
— au *lambel*, 7960, 7961.
Deux hures accompagnant une bande chargée d'une coquille en chef, 2181; — une bande chargée d'une étoile, 2180.
— *chargeant* un chef sur champ d'hermines, 8683.
Trois hures, 686.
— *accompagnant* un chevron, 7205; — un chevron chargé de..., 151.
— accompagnées d'un croissant en abime, au lambel, 2820.
— à la *bordure*, 2926; — à la bordure engrêlée, 3901.
— sous un *chef*, 344; — sous un chef chargé de..., 6495.

HYDRE.

Trois hydres *chargeant* un chef surmontant deux pals, 4961; — un chef surmontant trois pals, 4960, 4964, 4965, 4966; — un chef surmontant un palé de six pièces, 4959, 4963.

JAMBE.

Une jambe ou un bouscau ou un bas de chausse, 290.

JUMELLE.

Une jumelle *accompagnée* de six fleurs de lys, trois en chef et trois en pointe, 673.
Deux jumelles *accompagnant* une fasce, l'une en chef et l'autre en pointe, 7931; — accompagnant en pointe un lion passant, 754.
— accompagnées d'un lion passant en chef, 756, 3842, 5851, 8179, 8180; — d'un lion passant en chef, au bâton en bande brochant sur le tout, 753; — d'un lion passant contourné en chef, 5852.
— sous un *chef* chargé d'un lion passant, 8518.
— l'une en chef et l'autre en pointe, *coupant* cinq fusées en fasce, à la bordure engrêlée, 4596.
Deux jumelles en bande, 7493.
— *chargeant* un franc canton accompagnant un hanap accompagné de deux merlettes en chef..., 776.
Trois jumelles, 311, 772, 1334, 1342, 2119, 2824, 2825, 2985, 3731, 3732, 3733, 3734, 4008, 4138, 4139, 4140, 6649, 6690, 7294, 7312, 7473, 8091, 8220, 8955, 9134, 9135, 9136, 9137, 9492.
— *accompagnées* de..., en chef et à dextre, 8092; — de trois co-

quilles en chef, 8956; — d'un écusson en chef et à dextre, 8094; — d'une étoile ? au canton dextre, 510.
Trois jumelles à la *bande* brochant, 6956.
— à la *bordure*, 5117; — à la bordure engrêlée, 9493.
— *chargeant* un écusson sur le tout, 9702.
— sous un *chef*, 6036.
— au *franc canton* chargé...., 762.
Trois jumelles en bande, 209.
Trois jumelles en chevron ? 5077.
Six jumelles, trois et trois, *cantonnant* le 2 et 3 d'une croix losangée cantonnée, au 1 et 4, d'une cloche, 8299.

LAMBEL.

Un lambel, 1275, 6808, 8970.
— à la *bordure*, 1328; — à la bordure engrêlée, 343.
— *brochant* sur un écusson en abime, 4412, 4413.
— au *franc canton* chargé d'une quintefeuille, 4652.
Un lambel de trois pendants *chargés* chacun de deux besants, accompagnant cinq châteaux, 2, 2 et 1, 4662; — chacun de deux besants, accompagnant trois doloires, les deux en chef adossées, 7676; — chacun de trois besants, 3626; — chacun de trois besants, accompagnant une bande frettée, 547, 550, 3902; — chacun de trois besants, accompagnant trois chevrons, 9156, 9656; — chacun de trois besants, accompagnant un écartelé de plains, 4689;
• — chacun de trois besants, accompagnant un gironné de douze pièces, 8615; — chacun de trois besants, accompagnant trois lions, 8169; — chacun de trois besants, accompagnant trois maillets, 5538;

— chacun de trois besants, accompagnant un papelonné, à la bande engrêlée ou losangée brochant, 5544; — chacun de trois châteaux, accompagnant un semé de fleurs de lys, 325, 327, 329, 330, 1377, 3468, 7141, 8292; — chacun de trois châteaux, sur un semé de fleurs de lys chargé d'un écusson en chef, 325; — chacun de trois châteaux, accompagnant un semé de fleurs de lys, à la barre brochant, 4494; — chacun de trois châteaux? accompagnant trois lions, 2159.

Un LAMBEL DE QUATRE PENDANTS *chargés* chacun de deux besants, accompagnant une fasce, 3826; — chacun de trois besants, accompagnant une bande engrêlée, 3185; — chacun de trois besants, accompagnant une croix chargée de cinq étoiles, 4537; — chacun de trois besants, accompagnant sept losanges, 3, 3 et 1, 5868.

Un LAMBEL DE CINQ PENDANTS *chargés* chacun de trois besants, chargeant un chef, 3751.

Un LAMBEL à la *fasce* vivrée brochant, 2445.

— sur le tout d'une bande écartelée d'un plain, 7561.

— surmonté d'un croissant et d'une étoile, 8629.

Deux LAMBELS, l'un sur l'autre, au *franc canton* chargé d'un lion passant, 1490, 1491.

LANCE.

Une LANCE EN BANDE *brochant* sur une aigle, 1767.

Deux LANCES *brochant* sur un semé de croisettes recroisetées, 9526.

LAPIN.

Un LAPIN en pointe et deux croisettes en chef *accompagnant* une fasce besantée, 5947.

Quatre LAPINS *courant*, l'un sur l'autre, 2697.

Trois TÊTES DE LAPIN arrachées *accompagnant* un chevron, 2913.

LAYE.

Une LAYE (marteau à dents) au manche *accosté* de deux fleurs de lys, 2231.

LÉOPARD.

Un LÉOPARD, 1813, 1928, 5799.

— *accompagnant* en chef un pont à trois arches, 7318.

— *accompagné* d'un croissant et de trois fleurs de lys en chef, 631.

— *brochant* sur un billeté, 3585; — sur un billeté au lambel de cinq pendants, 3588.

— *chargeant* un chef surmontant trois bandes, à la barre brochant sur le tout, 9559; — un chef surmontant un sautoir, 6924, 6925; — une fasce accompagnée de trois besants ou de trois tourteaux, deux en chef et un en pointe, 6117.

— sous un *chef* chargé de trois roses, 6094; — un léopard et une quintefeuille en chef et une quintefeuille en pointe, au lambel de quatre pendants, 7892, 7893.

Un LÉOPARD MANTELÉ *couché* dans une nacelle voguant sur des ondes où nage un poisson, 6625.

Un LÉOPARD CONTOURNÉ, 1771.

Un LÉOPARD COURONNÉ, 677, 2501.

— à la *bordure* besantée, 9353.

— *brochant* sur un semé de trèfles, 8403.

Un LÉOPARD RAMPANT OU LIONNÉ, 1338, 1339, 5571, 9682.

— au *bâton en bande* brochant, 3737.

— au *lambel*, 4378

Un LÉOPARD RAMPANT CONTOURNÉ, 4410.

Un LÉOPARD à DEUX CORPS, l'un passant et l'autre rampant, à la bordure, 8269.

Deux LÉOPARDS, L'UN SUR L'AUTRE, 183, 184, 1663, 1664, 2340, 2341, 3184, 4798, 6455, 6632, 6633, 6634, 6635, 6688, 7975, 7976, 7977, 7978, 7980, 8670.

— *accompagnés* d'une étoile en chef et à dextre, 8494.

— au *bâton en bande* brochant, 6629.

— à la *bordure*, 4886; — à la bordure engrêlée, 7979.

— *chargeant* un écusson sur le tout, 9055.

— à la *croix processionnelle* brochant, 5408.

— au *lambel*, 6630, 6631, 6636, 7972, 7973, 7974, 7981, 8669.

Deux LÉOPARDS COURONNÉS, L'UN SUR L'AUTRE, 2943, 2944.

Trois LÉOPARDS, L'UN SUR L'AUTRE, 1750.

— à la *bordure* componée de fleurs et de..., 7074; — à la bordure d'hermines, 3216.

— au *lambel* de cinq pendants, 832.

— se *terminant* en une sorte de nef, 9695.

Trois LÉOPARDS COURONNÉS, L'UN SUR L'AUTRE, 1954.

Une TÊTE DE LÉOPARD, 5448.

— *chargeant* un cœur en sautoir chargé de quatre aiglettes, 4066.

Deux TÊTES DE LÉOPARD en chef et une étoile en pointe, 7418.

— *accompagnant* une bande chargée d'un vivré, l'une en chef et l'autre en pointe; — accompagnant en chef un chevron chargé de trois coquilles et accompagné en pointe de la

624 TABLE HÉRALDIQUE

lettre R sénestrée d'une croix, 7939.
DEUX TÊTES DE LÉOPARD *cantonnant* le 1 et 4 d'une croix chargeant un écusson en abîme, 5449.
TROIS TÊTES DE LÉOPARD, 814, 4035, 6787, 6945, 8562, 8563.
— *accompagnant* un chevron, 2111, 3706. 8200, 8700; — un chevron à la bordure, 8204; — un chevron chargé de trois coquilles, 5330; — en chef une fasce, 8341; — en chef une fasce chargée d'une étoile. 9296.
— à la *bordure* engrêlée, 8726.
— *chargeant* un chef surmontant un lion, 7137.
— au *lambel*, 3640, 6179.
TROIS TÊTES DE LÉOPARD COURONNÉES *surmontant* trois croissants *accompagnant* un chevron, 4696.
QUATRE TÊTES DE LÉOPARD *cantonnant* une croix, 3034; — un sautoir, 4695; — un sautoir engrêlé, 2421.
SIX TÊTES DE LÉOPARD, 545.

LETTRES.

LA LETTRE A *accompagnant* en pointe deux lions passant, l'un sur l'autre, au lambel, 8928.
— *surmontant* un chevron accompagné de trois..., 8423.
— *surmontée* de vires, 9570.
LA LETTRE A COURONNÉE, 6262.
— en abîme et *accompagnée* de trois fleurs de lys, 182.
LES LETTRES A T ou M T *chargeant* le quartier en chef d'un écartelé en sautoir, 487.
LA LETTRE B *chargeant* la deuxième bande de trois bandes à la bordure, 4463.
DEUX B en *chef* séparés par un roc d'échiquier, et une croix pattée en pointe, 1510.

TROIS B *chargeant* une bande brochant sur une croix pattée, 2692.
LES LETTRES G T *accompagnées* de trois étoiles, deux en chef et une en pointe, 4928.
TROIS I? *accompagnés* d'un oiseau en abîme, 1881.
LA LETTRE O COURONNÉE *accostée* de quatre fleurs, 7538.
LA LETTRE P COURONNÉE *accompagnée* d'étoiles en orle, 8554.
LES INITIALES P M *surmontées* d'une couronne et *accompagnées* d'une rose en pointe, 5561.
LA LETTRE R *accompagnant* à dextre un lion, 7991; — sénestrée d'une croix accompagnant en pointe un chevron chargé de trois coquilles et accompagné en chef de deux têtes de léopard, 7939.
LES LETTRES R G *accompagnant* deux croissants adossés accostant une croix fichée, 4845.
TROIS T, 2292.
LA LETTRE V *surmontée* d'une croix fichée et accostée de deux fleurs de lys, 5264.
LA LETTRE W, 4699.
LETTRES FORMANT INSCRIPTION *je le vous commande* écrite dans le sens de la barre, 5243.

LÉVRIER.

UN LÉVRIER PASSANT, 1347, 1799, 1971.
— *chargeant* un franc canton sénestre accompagnant un chevron échiqueté chargeant un écusson en abîme accompagné de trois maillets, 5024.
UN LÉVRIER COURANT, 6746; — devant un arbre, 5218.
— *chargeant* un chef surmontant un roc d'échiquier, 7947.
— *terminé* en une sorte de fleuron, accompagné d'une sextefeuille en chef et à sénestre, 3103.
UN LÉVRIER RAMPANT, 372, 1248.

1249, 1250, 4632, 5092, 5811, 6294, 7698, 8523.
UN LÉVRIER RAMPANT *accompagné* de besants en orle, 1958.
— *accosté* de six cerises, 6760.
— à la *bande* brochant, 1523.
— à la *bordure* besantée, 444, 9047; — componée, 952.
UN LÉVRIER ATTAQUANT un cerf passant, 6751; — un cerf saillant, 6750.
DEUX LÉVRIERS PASSANT, L'UN SUR L'AUTRE, 1869.
DEUX LÉVRIERS COURANT, L'UN SUR L'AUTRE, *accompagnant* trois annelets, 5812.
— *accompagnés* de trois annelets l'un en chef l'autre en abîme et le troisième en pointe, 9112.
— sous un *chef* chargé d'une étoile, 1870.
TROIS LÉVRIERS? 3126.
TROIS LÉVRIERS COURANT, L'UN SUR L'AUTRE, à la *bande* brochant, 4447, 4448.
— à la *bordure*, 4446.
TROIS LÉVRIERS ISSANT *chargeant* un chef surmontant un losange, 1968.
UNE TÊTE DE LÉVRIER, 8224.
TROIS TÊTES DE LÉVRIER, 3627.
— *accompagnant* un chevron surmonté d'une étoile, 1103; — une fasce, deux en chef et une en pointe, 8871.
— *accompagnées* d'une fleur de lys en abîme, 1108.
QUATRE TÊTES DE LÉVRIER *cantonnant* un sautoir à la bordure besantée, 4641.

LÉZARD.

DEUX LÉZARDS RAMPANT, 6499.
TROIS LÉZARDS, 5179.

LICORNE.

UNE LICORNE saillant, 4515, 4516.
— sous un *chef* chargé de deux pattes en sautoir, 5598.

TROIS TÊTES DE LICORNE, 4404, 9256.

LIÈVRE.

UN LIÈVRE courant *accompagné* de trois roses, deux en chef et une en pointe, 8768.

LIMAÇON.

TROIS LIMAÇONS, 8235; — en pal, 5421.

LION.

UN DEMI-LION *brochant* sur un semé de petits sautoirs, 9396.

UN LION, 71, 74, 81, 95, 139, 145, 152, 153, 181, 232, 270, 272, 273, 275, 284, 307, 314, 316, 329, 331, 332, 339, 359, 389, 450, 560, 580, 581, 705, 742, 782, 783, 784, 844, 848, 849, 850, 854, 855, 856, 892, 913, 915, 934, 951, 974, 976, 1047, 1054, 1100, 1133, 1135, 1149, 1185, 1196, 1200, 1210, 1211, 1212, 1213, 1214, 1217, 1247, 1257, 1279, 1292, 1377, 1381, 1368, 1390, 1391, 1414, 1450, 1451, 1469, 1470, 1543, 1544, 1545, 1550, 1551, 1555, 1865, 1871, 1873, 1878, 1891, 1908, 1915, 1989, 2012, 2015, 2035, 2045, 2048, 2050, 2064, 2109, 2116, 2151, 2152, 2157, 2182, 2225, 2248, 2286, 2289, 2365, 2366, 2398, 2401, 2487, 2488, 2489, 2582, 2594, 2635, 2636, 2653, 2656, 2795, 2824, 2825, 2865, 2890, 3041, 3042, 3094, 3174, 3186, 3217, 3222, 3263, 3265, 3268, 3271, 3272, 3375, 3381, 3382, 3383, 3388,
3411, 3419, 3444, 3445, 3448, 3464, 3480, 3564, 3566, 3591, 3592, 3593, 3604, 3609, 3613, 3614, 3615, 3616, 3662, 3663, 3678, 3679, 3715, 3717, 3725, 3747, 3757, 3767, 3782, 3785, 3786, 3796, 3824, 3850, 3885, 3936, 3937, 3976, 3983, 4010, 4030, 4036, 4037, 4049, 4101, 4136, 4159, 4167, 4171, 4174, 4187, 4189, 4190, 4191, 4192, 4194, 4197, 4209, 4296, 4315, 4373, 4509, 4672, 4673, 4674, 4675, 4680, 4681, 4682, 4744, 4800, 4801, 4802, 4850, 4958, 4969, 5019, 5073, 5074, 5075, 5079, 5080, 5119, 5136, 5137, 5174, 5181, 5201, 5202, 5204, 5207, 5212, 5284, 5311, 5312, 5459, 5465, 5466, 5467, 5468, 5492, 5574, 5591, 5631, 5736, 5752, 5758, 5818, 5844, 5882, 5885, 5886, 5961, 6093, 6189, 6192, 6278, 6353, 6377, 6379, 6466, 6530, 6611, 6644, 6658, 6665, 6668, 6669, 6672, 6673, 6674, 6681, 6740, 6744, 6745, 6780, 6843, 6845, 6846, 6847, 6848, 6868, 6871, 6908, 6996, 7034, 7087, 7156, 7173, 7174, 7175, 7176, 7235, 7252, 7271, 7315, 7316, 7370, 7378, 7384, 7387, 7407, 7408, 7411, 7421, 7475, 7491, 7492, 7494, 7506, 7507, 7508, 7527, 7536, 7537, 7544, 7708, 7729, 7732, 7781, 7784, 7824, 7825, 7826, 7827, 7873, 7876, 7956, 7987, 7990, 8009, 8011, 8012, 8022, 8052,
8142, 8188, 8189, 8191, 8193, 8233, 8266, 8419, 8425, 8432, 8437, 8438, 8439, 8440, 8441, 8442, 8444, 8472, 8477, 8792, 8801, 8802, 8835, 8855, 8856, 8878, 8881, 8945, 8966, 8967, 8980, 9013, 9015, 9016, 9017, 9018, 9019, 9020, 9182, 9200, 9303, 9308, 9311, 9312, 9316, 9332, 9335, 9348, 9398, 9446, 9477, 9480, 9503, 9565, 9566, 9567, 9599, 9640, 9694; — et deux coquilles, l'une en chef et l'autre en pointe, 2107; — un lion en pointe et deux fasces chargées chacune de trois besants en chef, 4082; — un lion et deux quintefeuilles, l'une en chef et l'autre en pointe, 167; — un lion à tête de lévrier, le cou passé dans une couronne, 7356.

UN LION EN ABÎME *accompagnant* trois besants, 1832; — trois croissants, 3407; — trois maillets, 5534; — trois têtes de More, 1229.

UN LION EN CHEF *accompagnant* une bande côtoyée d'une onde en pointe, 2814; — un sautoir, 5601, 5602; — un sautoir chargé de cinq besants ou de cinq tourteaux, 9405.

UN LION EN CHEF ET À DEXTRE *accompagnant* un chevron, 5657; — un chevron au lambel, 1457; — une croix, 9245; — une croix ancrée, 2909, 4176; — une fasce, 2554, 3720.

UN LION EN CHEF ET À SÉNESTRE *accompagnant* une bande denchée chargée de trois étoiles, 9183; — une bande de losanges, 1667; — une croix engrêlée, 1757.

UN LION À DEXTRE *accompagnant* deux

bars adossés brochant sur un semé de trèfles, 6697, 6698.
UN LION A SÉNESTRE *accompagnant* une bande, 6157; — et deux étoiles à dextre accompagnant une bande, 9668; — accompagnant une bande de losanges, 2899.
UN LION EN POINTE et deux coquilles en chef *accompagnant* un chevron, 2915, 2916, 2917.
UN LION *accompagné* de..., 7952; — de..... en orle, 5680; — de huit besants en orle, 3578; — de onze besants en orle, 4153, 4160, 4161; — de besants en orle, 1872, 3550, 4152; — de besants en orle, au lambel, 1860; — de trois coquilles, deux en chef et une en pointe, au lambel, 4396; — de coquilles en orle, 1349, 1350, 1351; — de trois cornettes, 6191; — de onze cornettes en orle, 6972, 6973; — de dix-huit cornettes en orle, 6974; — d'un croissant en chef et à sénestre, 4681; — d'un croissant versé en chef et de trois cornettes, 6190; — de deux croissants affrontés en chef, 7445; — d'un écusson à dextre, chargé de..., 7472; — d'un écusson en chef et à dextre chargé d'une bande et brochant sur un semé d'étoiles, 7451; — d'une étoile en chef et à dextre, 5646, 9195, 9196; — d'une étoile en chef et à sénestre, 7108; — de trois étoiles, 4046; — d'étoiles en orle, 110, 858, 1307; — en abîme accompagné de trois fleurs, 6148; — d'une fleur de lys à dextre, 3796; — d'un huchet en chef et à dextre, 7895; — de la lettre R à dextre, 7991; — d'une maison au canton dextre, 1234; — de deux poissons à sénestre en fasce, l'un sur l'autre, 1754; — d'un double trécheur fleuronné, 58; — de deux trèfles en chef, 1434.

UN LION à dextre et un burelé au lion à sénestre *accostant* un pal chargé d'une croix potencée cantonnée de quatre croisettes, 280.
— *accosté* de six fleurs de lys et brochant sur un chef, 260.
— à la *bande* brochant, 135, 148, 904, 1008, 1595, 3608, 4094, 4199, 4747, 5040, 5041, 5085, 5722, 5962, 6356, 6476, 7234, 7495, 8195, 8459, 8460, 8923, 9369, 9694; — et accompagné à sénestre d'un croissant et, au-dessous, d'une quintefeuille, 5488; — sur champ d'hermines, à la bordure engrelée, 6755; — à la bande chargée en chef d'une molette, 8940; — à la bande besantée, 6860; — écotée, 6354; — d'hermines, 149; — vairée, 4127.
— à la *barre* brochant, 5086, 6566.
— au *bâton en bande* brochant, 54, 150, 271, 1298, 1389, 1392, 1963, 3772, 3823, 3970, 5087, 6381, 8972, 8941; — et accompagné à sénestre d'un croissant et, au-dessous, d'une sextefeuille, 5487; — et deux quintefeuilles l'une et l'autre en pointe, au bâton en bande brochant, 167; — à la bordure, 3380; — sous un chef chargé de trois coquilles, 352; — au lambel, 1964.
— au *bâton en barre* brochant, 1630; — sur champ d'hermines, à la bordure besantée, 2804.
— à la *bordure*, 892, 1615, 1910, 2685, 2702, 3071, 3386, 3709, 4805, 4963, 5062,

7317; — chargeant un écusson posé à sénestre sur un chef surmontant trois pals de vair, 9702; — chargée de seize annelets, 2029; — chargée de six coquilles, 1348; — chargée de onze coquilles, 6553; — chargée de six écussons, 5711; — d'écussons, 3376, 3377, 3379, 5710; — chargée de huit fleurs de lys, 4966; — chargée de huit sextefeuilles, 58; — à la bordure besantée, 891, 1126, 2028, 2135, 2628, 3328, 4190, 4484, 5170, 8175, 8267; — componée, 2684, 2730, 9138; — engrelée, 630, 847, 2617, 3787, 4229, 4230, 4231, 4232, 4233, 4810, 4811, 5007, 5008, 5009, 5010, 8779, 8780, 8781, 8782, 8783, 8784, 8785, 8786, 8787, 8801, 8802; — festonnée, 505, 506; — festonnée ou ondée, 507; — fleurdelysée, 4959, 4961, 4964, 4965.
UN LION *brochant* sur..., 3464; — sur un semé de... chargeant un franc canton sénestre accompagnant un chef, 7485; — sur un semé de besants, 748, 857, 994; — sur un billeté, 170, 329, 350, 749, 1329, 1377, 2734, 2735, 3739, 3817, 3818, 4533, 4534, 5150, 5246, 6132, 7434, 8221, 8222, 8477, 8860, 8907, 9347, 9349; — sur un billeté, au bâton en bande sur le tout, 8840; — sur un billeté, à la bordure, 2732, 2733; — sur un billeté, à la bordure chargée de coquilles, 6125; — sur un billeté, à la bordure componée, 2728; — sur un billeté, au lambel, 1106, 1141, 1254, 1259, 2729,

7212, 7433; — sur un billeté, au lambel de cinq pendants, 8223; — sur un burelé, 1119, 1430, 1468, 2148, 3430, 3431, 3433, 3434, 3435, 3436, 3437, 3438, 3439, 3440, 3441, 4578, 4579, 5434, 5435, 5441, 6504, 6505, 6506, 6507, 6508, 6509, 6510, 6511, 7295, 8040, 8041, 8042, 8043, 8044, 8046, 8047, 8946, 9007; — sur un burelé à sénestre et un lion à dextre accostant un pal chargé d'une croix potencée cantonnée de quatre croisettes, 280; — sur un burelé, à la bande sur le tout, 3432, 3442, 3443, 7996, 8039; — sur un chef, 1194, 2239, 2249, 3816, 9305, 9313; — sur un chef, à la bordure, 9314; — sur un chef, le tout chargé de trèfles, 5496, 5497; — sur un chef vairé, 5249, 5250, 5251, 5252; — sur un coupé, 8110; — sur un semé de croisettes, 333, 334, 1296, 6258, 7986, 8527; — sur un semé de croisettes recroisetées au pied fiché, 2894; — sur un semé d'étoiles, à la bande sur le tout, 3832; — sur un semé d'étoiles, au lambel, 3081, 7791; — sur une fasce, 6501; — sur une fasce accompagnée en pointe d'un mont à trois coupeaux, 1084; — sur trois fasces, 1504; — sur quatre fasces, 1084, 6579, 6580, 6781, 6582, 6584; — sur cinq fasces, 2017; — sur des fasces vivrées, 8613; — sur un fascé de six pièces, 8968; — sur un fascé de huit pièces, 6590, 6592; — sur un semé de fleurs de lys, 795, 796, 797, 798, 6439, 9455,

9518, 9519; — sur un semé de fleurs de lys, au lambel, 8008; — sur un semé de fleurons, sous un chef chargé d'un cœur ailé, 943; — sur un semé de... chargeant un franc canton sénestre accompagnant un chef, 7485; — sur champ d'hermines, 1090, 1160, 1161, 1605, 3884, 4545, 4658, 4791, 7142, 8090; — sur champ d'hermines, à la bande brochant et à la bordure engrêlée, 6755; — sur champ d'hermines, au bâton en barre brochant, à la bordure besantée, 2804; — sur champ d'hermines, sous un chef, 9302; — sur un semé de molettes, à la bande sur le tout, 3465; — sur un semé de molettes ou d'étoiles, au lambel, 3081; — sur un semé de molettes, au lambel, 6434; — sur un semé de molettes, au lambel de cinq pendants, 3080, 6433; — sur un semé de poissons? 1017; — sur un semé de quintefeuilles, au lambel, 3082; — sur un rais fleuronné, 5442; — sur un semé de trèfles, 1596, 1597, 2379, 6309, 6310, 7217, 9078.

Un lion cantonnant le 1 et 4 d'une croix, 1243; — le 2 et 3 d'une croix chargée de fleurs de lys, 844.

— chargeant une bande accompagnée d'une étoile en chef et d'un tourteau? en pointe, 3806; — une bande accompagnée d'une merlette en chef et d'une étoile en pointe, 3805; — en chef une bande accompagnée de six merlettes en orle, 4051, 4052; — une bande coticée, au lambel, 9185; — et deux fleurs de lys chargeant une bande côtoyée de deux dragons ailés, 7134; — la seconde pièce d'un bandé de six pièces, 9487; — la seconde pièce d'un bandé de six pièces, dont trois échiquetées, 5682; — en chef et à dextre un burelé, au bâton en bande brochant, 2537; — à dextre un chef surmontant trois pals de vair, 2327; — un écusson en abîme, 2006; — un écusson en abîme accompagné d'un orle de..., 3070; — un écusson en abîme accompagné de huit corneilles en orle, 6188; — un écusson en abîme accompagné de huit corneilles en orle, au lambel sur le tout, 6187; — un écusson en abîme accompagné de rinceaux en orle, 2007; — un écusson en abîme posé sur un burelé à trois annelets brochant sur les deux premières pièces, 9440; — un écusson en abîme sur un écu à la bordure fleuronnée, 4094; — un écusson accompagnant en chef et à dextre quatre fasces ondées, 7015; — un écusson chargeant en chef une bande côtoyée de deux cotices potencées contrepotencées, 8383; — un écusson chargeant un chef à sénestre, 502; — un écusson chargeant à dextre un chef surmontant trois pals de vair, 2325, 2355; — un écusson chargeant en chef et à dextre un vairé, 6953; — un écusson sur le tout, 5128, 5131; — un franc canton, 3612, 3634; — un franc canton accompagnant une bande, 3635; — un franc canton accompagnant une bande accompagnée de rameaux, 3636; — un franc canton accompagnant un échiqueté, 3256, 8183; —

un franc canton sénestre accompagnant une fasce fuselée de cinq pièces, 199; — un franc canton sénestre accompagnant une fasce losangée de cinq pièces, 9705; — un franc canton accompagnant trois poissons, 373; — le premier de trois tourteaux, 878.

Un lion *chargé* en cœur d'un écusson portant... brochant sur un semé de croisettes recroisetées, 8740; — d'un écusson à l'épaule, 1123, 4543, 7985, 8541; — d'un écusson à l'épaule, au bâton en bande brochant, 3844; — d'un écusson à l'épaule, à la bande accompagnée et brochant sur un chef, 1195.

— sous un *chef*, 3130; — sous un chef chargé d'un croissant? 2998; — chargé d'un lion passant, 6202; — chargé d'une quintefeuille entre deux étoiles, 5372; — chargé de trois têtes de léopard, 7137; — au lambel, 7410; — au lambel de cinq pendants, 2718, 7409; — sous un chef échiqueté, 3734; — émanché, 1866, 1867; — d'hermines, 379.

— au *chevron* brochant, 1449.
— *colleté* d'une couronne, 7356.
— *coupé* d'une aiguière, 851, 853; — d'un autre lion, 946, 3782.
— à la *fasce* brochant, 959, 4307; — et au lambel, 3775; — à la fasce chargée de trois molettes brochant, 8162; — à la fasce bretessée brochant, 8788; — à la fasce en devise brochant, 279; — à trois fasces brochant, 6180, 6181.
— à la *feuille de scie* brochant, 5916.

Un lion au *filet en fasce* brochant, 1056.
— au *franc canton* semé de trèfles à deux bars adossés, 531; — au franc canton sénestre chargé de deux pals, 13; — au franc canton sénestre semé de... à deux bars adossés, 3144.
— au *lambel*, 127, 274, 400, 401, 770, 917, 918, 1167, 1871, 1874, 1875, 2256, 2624, 3269, 3987, 4378, 5635, 5690, 7010, 7335, 7764, 7765, 8181, 8265, 8415, 8880, 9110, 9282; — au lambel de quatre pendants, 5247; — au lambel de cinq pendants, 916, 9109; — au lambel, accompagné d'un croissant en chef et à dextre, 399; — au lambel, au bâton en bande brochant, 1007; — au lambel, à la bordure, 7828; — au lambel de cinq pendants et à la bordure, 3698; — à la bordure componée, 8390; — à la bordure engrêlée, 3099; — brochant sur un chef, 9306.
— *parti* de cinq besants ou cinq tourteaux sous un chef, à la bordure, 1322.
— *rampant* contre un demi-vol, 4124.
— au *sautoir* brochant, 2230, 3118; — tenant un croissant, 1215; — une haste, 4078.
— au double *trécheur* fleuronné, 3286.

Un lion *assis* accosté de deux rameaux, à la fasce brochant, 1708.
Un lion *contourné*, 1542, 1631, 4850, 5135, 5854, 7046, 7136, 8176, 8192.
— *brochant* sur un billeté, 6618.
— *sous* un *chef* chargé de trois feuilles ou trois fruits, 8911.
— au *lambel* à la fasce brochant, 5936.
— à *queue fourchée*, 9030.

Un lion *issant*, 9501.
— *accompagné* en chef et à dextre trois broyes, l'une sur l'autre, 1636; — en chef un chevron accompagné de quatre hermines en pointe, 6855; — en chef et à dextre une croix, 7016.
— *accompagné* de... à dextre, chargeant un chef, 7104; — d'une molette à dextre, chargeant un chef surmonté sept besants, 3, 3 et 1, 5972; — de deux pals à sénestre, 3519.
— *chargeant* un chef, 825, 835. 1674, 5266, 5267, 6110, 6111, 6453, 7644, 8031. 8032, 8098, 9624; — un chef surmontant une aigle, 3995; — un chef surmontant trois arbres, 7684; — un chef surmontant un bandé de six pièces, 3828; — un chef surmontant un bandé de six pièces, à la bordure engrêlée, 301, 302; — un chef surmontant six besants, 7244; — un chef surmontant six besants sur un écusson accompagnant en chef et à dextre cinq fleurs de lys, 3200; — un chef surmontant sept besants, 3, 3 et 1, 5973, 5984, 7309; — à dextre un chef surmontant sept besants, 3, 3 et 1, 9390; — un chef surmontant trois broyes, l'une sur l'autre, 4939; — un chef surmontant un buralé, 859; — un chef surmontant trois chevrons, 6299; — un chef surmontant un chevronné de six pièces, 1876; — un chef surmontant cinq croisettes recroisetées au pied fiché, 3 et 2, 8121; — un chef surmontant un échiqueté, 9386; — un chef surmontant un échiqueté à trois pals brochant, 6864; — un chef surmontant un fretté,

2118, 2119, 2120, 2125; — un chef surmontant des hermines, 2706; — un chef surmontant un losangé, 7413; — un chef surmontant trois molettes, 543; — un chef surmontant deux oiseaux, à la palme en bande brochant, 1028; — un chef surmontant trois pals, 3367; — un chef surmontant un palé de six pièces, 3390, 6332; — un chef surmontant trois poissons, 5144; — un chef surmontant trois têtes de lion, 1594; — un chef surmontant un vairé, 4283; — un chef d'hermines accompagnant trois broyes, l'une sur l'autre, 4935, 4938; — un franc canton accompagnant trois épées en pal, la pointe en bas, 5168; — un franc canton accompagnant un vairé, 5558.

Un lion issant d'un mont, 5055, 6214.

— remplaçant la branche d'en haut d'une croix ancrée, 8389.

— surmontant une fasce échiquetée de trois tires, 5663, 5664, 5665, 8425.

Un lion issant contourné chargeant un chef surmontant un palé de six pièces, 3364.

Un lion naissant, 206, 207, 848, 5759, 6595, 6596.

— accompagnant en chef une bande chargée de trois coquilles, 2166.

— accompagné de huit fleurs de lys en orle sous un chef chargé d'un sautoir cantonné de quatre merlettes, 1524; — de fleurs de lys en orle, 8548; — de grelots en orle, 3450.

— brochant sur un semé de fleurs de lys, 5686, 5689, 6483, 6487, 6490, 6650, 6651; — sur un semé de fleurs de lys, à la bande sur le tout, 6488; — sur un semé de fleurs de lys, à la barre brochant sur le tout, 6482; — sur un semé de fleurs de lys, à la bordure, 2468; — sur un semé de fleurs de lys, au lambel, 6485, 6486, 6489.

Un lion naissant chargeant un chef surmontant trois pals de vair, 455; — et deux roues, l'une en chef et l'autre en pointe, sur champ d'hermines, 6683.

Un lion passant, 678, 750, 1165, 1406, 1794, 2234, 2549, 3205, 3447, 7105, 7107, 7389, 7390, 7412, 7919, 9476; — et deux étoiles, l'une en chef, l'autre en pointe, 8309; — en chef et une fasce fuselée en pointe, 5548; — en chef et trois fermaux, 2 et 1, en pointe, 6008; — en chef et deux lions adossés en pointe, 5189; — et deux quintefeuilles, l'une en chef et l'autre en pointe, 445.

— accompagnant en chef et à sénestre une bande fuselée, 4460; — en chef et à dextre une croix, 6917; — en chef et à dextre une croix chargée de cinq coquilles, 4427; — en chef et à dextre une croix engrêlée, 3071; — en chef et à dextre une croix engrêlée chargée de cinq coquilles, 3077, 3078, 3079; — en pointe une église, 6572; — en chef une fasce, 5347, 7366, 7521; — en chef et à dextre une fasce, 1798, 2897, 6205, 7324, 7479; — en chef une fasce chargée de trois chicots ou trois hermines, 8112; — en chef et à dextre une fasce chargée de trois coquilles, 7047; — en chef et à dextre une fasce frettée, 846; — en chef deux fasces, 5850; — en chef deux fasces, la première chargée d'une quintefeuille, 1036; — en chef trois fasces, 1317, 1320, 8334; — en chef et à dextre trois fasces, 1324; — en chef deux jumelles, 756, 3842, 5851, 8179, 8180; — en chef deux jumelles, au bâton en bande brochant sur le tout, 753.

Un lion passant accompagné d'une billette en chef et à dextre, 8604; — de deux jumelles ou de quatre burelles en pointe, 754; — de trois quintefeuilles, deux en chef et une en pointe, 3139.

— à la bande brochant, 5564; — à la bande chargée de trois coquilles brochant, 5884.

— un bâton en bande brochant, 2849, 3475.

— à la bordure, 5197; — à la bordure besantée, 1169.

— brochant sur la pointe de l'écu et sur une fasce accompagnée en chef de trois coqs, 6817.

— cantonnant une croix en chef et à dextre, 5197; — le 1 d'une croix chargée de cinq coquilles et cantonnée, au 2, 3 et 4, de douze alérions, au bâton en bande brochant sur le tout, 5126.

— chargeant un chef, 7880; — à dextre un chef, 3935, 9540, 9541; — un chef surmontant un bandé de six pièces, 882, 883, 1373; — un chef surmontant trois besants ou trois tourteaux, 4267; — un chef surmontant six besants ou six tourteaux, 3098; — à dextre un chef surmontant sept besants, 3, 3 et 1, 5980, 5981; — un chef surmontant un semé de besants, 8216; — un

630 TABLE HÉRALDIQUE

chef surmontant neuf billettes, 4, 3 et 2, 7845; — un chef surmontant un chevron de vair accompagné de trois oiseaux, 4502; — un chef surmontant trois coquilles, 1172, 2326; — un chef surmontant une croix vidée, cléchée et pommettée, 5121; — un chef surmontant un semé d'étoiles, 7554; — un chef surmontant trois fasces ondées, 1297; — un chef surmontant un fretté, 9511; — un chef surmontant deux jumelles, 8518; — un chef surmontant un lion, 6202; — un chef surmontant un losangé, 4054; — un chef surmontant trois pals, 9237; — un chef surmontant trois pals de vair, 1524, 7340, 7341; — un chef surmontant un palé de six pièces, 7221; — un chef surmontant deux poissons adossés, 7209; — un chef surmontant un vairé, 2061, 4612; — une fasce accompagnée de trois besants, deux en chef et un en pointe, 6118; — la seconde pièce d'un fascé de vair et de... de six pièces, 2838; — un franc canton accompagnant un burelé à l'orle de huit merlettes, 5221; — un franc canton accompagnant un fascé de six pièces, 821; — un franc canton accompagnant un fascé de dix pièces, 1715; — un franc canton accompagnant un fretté, 7695, 7696; — un franc canton accompagnant deux lambels l'un sur l'autre, 1490, 1491; — le premier de trois tourteaux, 879, 880, 881.

Un lion passant sous un chef, 7968.
— à deux fasces brochant, 6182.
— au lambel, 1369, 1370, 1371, 2851, 3977, 3978.

Un lion passant au pal brochant, 1747.
— la tête contournée en chef et deux lions adossés en pointe, au lambel, 5190.

Un lion passant contourné à sénestre et un vivré à dextre accompagnant en chef une fasce, 5156; — accompagnant en chef deux jumelles, 5852.
— chargeant un chef surmontant trois pals, 3940; — à dextre un chef surmontant trois pals de vair, 2345.

Un lion passant couronné, 993.

Un lion à queue fourchée, 1206, 1521, 1671, 2657, 2658, 2929, 3416, 3417, 3418, 3420, 3421, 3422, 3423, 3424, 3425, 3565, 3590, 3611, 4388, 4998, 6045, 6046, 6047, 6049, 6064, 6065, 6259, 8516, 8537, 8539, 8542.
— à la bande brochant, 2928, 6044.
— brochant sur un burelé, 7951.
— chargé d'un écusson à l'épaule, 3610, 8538, 8540, 8543.
— au lambel, 274, 1069, 6048.

Un lion a queue fourchée et passée en sautoir, 3047, 5434, 7984, 9193, 9508.
— brochant sur un billeté, 4532.

Un demi-lion couronné accompagné à dextre de trois fleurs de lys, 2044.

Un lion couronné, 23, 315, 369, 613, 704, 1548, 1573, 1777, 1778, 2011, 2014, 2016, 2626, 2627, 2645, 2646, 2807, 3119, 3121, 3190, 4198, 4613, 5350, 5351, 5352, 5411, 6232, 6295, 6296, 6330, 6384, 6385, 6926, 7031, 7032, 7658, 7659, 8408, 9096, 9191, 9263.
— accompagnant à sénestre une tour, 6099.

Un lion couronné accompagné d'un croissant en chef et à dextre, 2005, 2009, 2010, 2021, 2022, 2023, 2024, 2025, 2026, 2027, 6257; — d'une étoile en chef et à dextre, 2019, 2020; — de fleurs de lys en orle, 4840, 4841, 4842.
— à la bande brochant, 2314, 4219, 5592, 5772, 6383, 6387, 6641, 6642, 6643.
— à la bordure, 6386; — à la bordure besantée, 829.
— brochant sur un billeté, 1377, 4657, 7211; — sur un billeté à la bordure, 2347, 2348; — sur un billeté, au lambel, 171; — sur un burelé, 2388, 7568, 7923, 8416, 8418; — sur un chef, 786, 1546, 1547, 1549, 3922, 5720, 5721, 5723, 5724, 5725; — sur un semé de croix recroisetées au pied fiché, 8409; — sur un fascé de dix pièces, 1091; — sur un semé de fleurs de lys, 4295.
— à la fasce chargée de deux croissants brochant, 3971; — à la fasce en devise brochant, 1193.
— sur champ d'hermines, 1162; — à la bordure, 1163.
— au lambel, 3120; — au lambel, sur champ d'hermines, 1159.

Un lion couronné contourné, 4165, 6032, 8465, 9192.

Un lion couronné issant chargeant un chef, 6109, 6112, 7216, 8023; — un chef surmontant un fretté, 2122, 2123, 2124.
— tenant une crosse, 5520.

Un lion couronné naissant, 5773.

Un lion couronné passant, 993, 2776.
— accompagné d'une étoile au canton sénestre, 1166.

UN LION COURONNÉ A QUEUE FOURCHÉE à la *bordure*, 8954.
— au *lambel*, 3031.
UN LION COURONNÉ À QUEUE FOURCHÉE PASSÉE EN SAUTOIR, 2034, 5258, 5259, 5260, 5261, 5262, 5263, 5435, 5436, 5437, 5438, 5441, 9707.
— au *lambel*, 5433, 7983.
UN LION COURONNÉ À QUEUE FOURCHÉE PASSÉE EN SAUTOIR, CONTOURNÉ, 4296.
DEUX LIONS (pour un écartelé de quatre lions), 946.
— l'un en chef et l'autre en pointe *accompagnant* deux bandes ondées, 2590; — en chef et une coquille en pointe accompagnant un chevron chargé, 2104; — l'un en chef et l'autre en pointe, accompagnant une fasce chargée de trois coquilles, au franc canton chargé de trois escarcelles, 5021.
— *accostant* une bande d'hermines, 1527.
— *cantonnant* un sautoir, l'un en chef et l'autre en pointe, 318.
— *côtoyant* une échelle en bande, 6020.
— et deux rameaux *cantonnant* une croix, 1242.
— au *franc canton* chargé de..., 3260; — chargé d'un oiseau, 1725.
DEUX LIONS ADOSSÉS en pointe et un lion passant en chef, 5189; — en pointe et un lion passant la tête contournée en chef, au lambel, 5190.
— *accompagnés* d'une étoile en pointe, 9629.
DEUX LIONS ADOSSÉS, CROISÉS EN SAUTOIR, 937, 7522.
— à la *bordure*, 1130.
— au *lambel*, 1648.
— sous un *chef* chargé d'un cœur entre deux feuilles de houx, 1001.

DEUX LIONS AFFRONTÉS, 4975, 5603, 7723.
— en chef et des ondes en pointe *accompagnant* une fasce chargée de trois besants ou de trois tourteaux, 229.
— *accostant* un pal à la bande brochant, 4302.
DEUX LIONS ASSIS AFFRONTÉS en pointe et deux têtes d'homme en chef *accompagnant* un château supporté par deux hommes sauvages, 2321.
DEUX LIONS PASSANT *flanquant* un sautoir, 40.
DEUX LIONS PASSANT, L'UN SUR L'AUTRE, 177, 1052, 1530, 1646, 2163, 2639, 2677, 2678, 2679, 3663, 4530, 6450, 6451, 7088, 7917, 7920, 7921, 8333, 8588, 9051.
— *accompagnés* de treize besants en orle, 1980.
— à la *barre* chargée de trois... brochant, 7457.
— à la *bordure* engrêlée, 7971.
— *chargeant* un écusson sur le tout, 3667, 3669, 6665, 6668, 6669, 6672, 6673, 6674; — un écusson en abîme accompagné de douze besants en orle, 4932.
— au *lambel*, 6222; — et accompagnés de la lettre A en pointe, 8928.
DEUX LIONS PASSANT AFFRONTÉS *chargeant* un chef surmontant un fretté chargé de trois pals, 774; — un chef surmontant trois pals de vair, 2078, 2079, 2333, 2334, 2335, 2336, 2337, 2338, 2339.
DEUX LIONS COURONNÉS *accompagnant* un chevron, au franc canton chargé de..., 3702.
— au *franc canton* chargé d'une fasce surmontée d'un vivré, 2112.
DEUX LIONS COURONNÉS ADOSSÉS, 4851, 4862.

DEUX LIONS COURONNÉS PASSANT, L'UN SUR L'AUTRE, 2004, 2018, 3699, 7918.
TROIS LIONS, 640, 886, 908, 1473, 2160, 2680, 2682, 2911, 3005, 3006, 3298, 3552, 3754, 3893, 6348, 6495, 6620, 6621, 6836, 6950, 7642, 8473, 8860, 8861, 8862, 9387, 9500.
— *accompagnant* un chevron, 2477, 6682; — un chevron, à la bordure, 3015, 3822; — un chevron, à la bordure chargée de quatorze quintefeuilles, 3821; — un chevron de vair, à la bordure, 9079; — un chevron de vair, à la bordure chargée de huit quintefeuilles, 3820; — un chevron chargeant un écusson sur le tout, 1326; — un chevron chargé de trois besants, 2907, 2908; — un écusson chargé de cinq points équipollés, 494; — une fasce, deux en chef et un en pointe, 6608; — en chef six macles, 9698.
— *accompagnés* d'un besant ou d'un tourteau en abîme, 9284; — d'une croisette en chef, 4327; — d'une étoile en abîme, au lambel; — à la bordure engrêlée, 643.
— à la *bande* brochant, 5032, 7202, 7640, 7641, 9457; — chargée de trois coquilles brochant, 7203; — à la bande de vair ou componée brochant, 663.
— au *bâton en bande* brochant, 5094, 9204, 9276.
— à la *bordure*, 7502; — à la bordure besantée, 2753; — engrêlée, 5067, 5503, 5504, 6835.
— *cantonnant* le 2, 3 et 4 d'une croix, 4921; — et une molette *cantonnant* une croix chargée de losanges, 7199.
— *chargeant* un chef, 5270; — un

632   TABLE HÉRALDIQUE

chef surmontant six losanges, 7565; — chacun des trois écussons chargeant une bande accompagnée de six croix recroisetées en orle, 7258.

Trois lions sous un *chef* d'hermines, 5869, 5870, 5871, 5872, 5873.

— au *franc canton* chargé de... en fasce, 1363; — chargé d'un château, 9481, 9482; — écartelé, au 1 et 4, d'un château; au 2 et 3, d'un lion, 9477; — écartelé, au 1 et 4, d'un lion; au 2 et 3, d'un château, 9480.

— sur champ *d'hermines*, au bâton en bande brochant, 3327.

— au *lambel*, 2194, 2288, 2681, 2683, 3007, 4006; — de trois pendants chargés chacun de trois besants, 8169; — chaque pendant chargé de trois châteaux? 2159.

Trois lions : deux adossés en pointe et un troisième passant en chef, 5189; — en pointe et un lion passant la tête contournée en chef, au lambel, 5190.

Trois lions contournés au *lambel*, 6946.

Trois lions passant, 7049.

Trois lions passant, l'un sur l'autre, 363, 364, 1944, 4523, 4524, 5883.

— *chargeant* un franc canton accompagnant trois bandes accompagnées de... en chef et à sénestre, à la bordure engrêlée, 5233; — un franc canton accompagnant un bandé de six pièces à la bordure engrêlée, 5229, 5231.

— au *lambel*, 4523, 4524.

Trois lions à queue fourchée, 5004.

Trois lions couronnés, 646, 2013, 3753, 4401, 4402, 6340, 7094, 7095.

— *accompagnés* d'un croissant en abîme, 4925; — d'un écusson en abîme chargé d'une fasce accompagnée de six billettes, trois en chef et trois en pointe, 4403; — d'une étoile en abîme, 644, 645, 4924.

Trois lions couronnés au *bâton en bande* brochant, 1139, 1228, 8575.

— à la *bordure* engrêlée, 647, 2751, 2752.

— au *lambel*, 3221.

Trois lions couronnés, l'un sur l'autre, 1941, 1942, 1943.

Quatre lions, 2 et 2, 819, 4391.

— *cantonnant* une croix, 2782, 2783, 3473; — une croix chargée de quatre..., 9323; — une croix chargée en cœur d'un besant, 4923; — une croix chargée de cinq coquilles, 6897, 6899; — une croix chargée en cœur d'un écusson portant trois maillets, 4922; — une croix chargée en cœur d'une fleur de lys, 9389; — une croix échiquetée, 1260, 1261, 1262, 1263, 1264, 1265; — une croix fleuronnée, 1633; — une croix pattée chargée en cœur de..., 7993; — une croix de vair, 3083; — un sautoir, 3300, 8815, 9591.

— *chargeant* une croix pattée, 2694.

Quatre lions passant, 2 et 2, 818, 819; — deux en chef et deux en pointe, et quatre coquilles chargeant une croix cantonnée, au 1 et 4, de trois besants ou trois tourteaux, au 2 et 3, de quatre aiglettes, 5768.

Quatre lions couronnés *accompagnés* d'une étoile en abîme, 817.

Six lions, 5005.

Six lions affrontés, deux à deux chargeant un parti, de l'un en l'autre, 6789.

Une tête de lion, 9995; — arrachée, 365.

Une tête de lion *chargeant* une bande, 7734.

— *sur le tout*, 2737, 2739.

Une tête de lion couronnée *chargeant* un franc canton, 2644.

Deux têtes de lion arrachées accostant deux cotices, 654.

Trois têtes de lion, 5293; — arrachées, 4404, 6494.

— *accompagnant* une fasce, deux en chef et une en pointe, 5996.

— *accompagnées* d'une étoile en abîme, 6937, 6938.

— à la *bande* brochant, 6215.

— sous un *chef* au lion issant, 1594.

— *arrachées* au *lambel*, 6957.

Trois têtes de lion couronnées, 6493.

Quatre têtes de lion *cantonnant* une croix engrêlée, 887; — arrachées, cantonnant une croix engrêlée, 411; — un sautoir engrêlé, 7273, 7274; — arrachées, cantonnant un sautoir engrêlé, 2888.

Une patte de lion en bande à la bordure engrêlée, 8475.

Trois pattes de lion, 4221.

— en *pal*, 7113, 7114, 7115.

— *accompagnées* d'une étoile en chef, 7116.

— au *lambel*, 7117.

Quatre pattes de lion *accostant* un pal chargé de trois tours, à la bordure, 1471.

LIONCEAU.

Trois lionceaux *chargeant* une bande, 1207, 1208, 1209, 6646; — une bande brochant sur un écartelé: au 1 et 4, trois pals; au 2 et 3, un émanché de trois pièces mouvant de la pointe, 685; — une bande brochant sur trois fasces ondées, 4059; — une bande brochant sur quatre fasces, 7384; — une bande brochant sur trois fleurs de lys, 1888, 1889; — une bande brochant sur un semé de fleurs de lys, 1354, 1355, 1356, 7404, 9312; — une bande brochant sur un semé de fleurs de lys, au bâton en barre sur le tout, 9307; — une bande brochant sur un semé de fleurs de lys, au lambel, 4378; — une bande coticée, 2996; — une bande sur champ de vair, 9404.

Quatre lionceaux cantonnant un santoir, 2507.

Six lionceaux, 8622.

Lionceaux *chargeant* une bordure accompagnant un semé de fleurs de lys, au lambel, 4378.

LOSANGE.

Un losange, 3710.
— accompagnant en chef deux clefs en sautoir, 2602.
Un losange et demi (pour trois losanges), 2895.
Deux losanges au *franc canton*, au lambel sur le tout, 9708, 9709.
Trois losanges, 8181, 9118.
— *accompagnant* un chevron, 4069.
— *accompagnés* d'une étoile en chef, 1994.
— en *chef* à la *barre* brochant, 1394.
— *chargeant* un chef surmontant trois hermines, 6464; — un chef surmontant trois macles, 7666; — un chef surmontant trois pals, 6235; — un chef, au lambel de quatre pendants, 5226; — un chevron accompagné d'une quintefeuille en pointe, 1131; — un franc canton accompagnant un bâton en bande accompagné d'un oiseau en chef et à sénestre, 2910.
— sur champ d'hermines, 7275.
— au *lambel*, 3224, 5141, 7400.

Trois losanges en bande *accompagnés* de trois billettes en chef, 457, 458.
— *brochant* sur un palé de huit pièces, 4074.
— au *lambel*, 3029.
Trois losanges en fasce, 6628.
— au *bâton en bande* brochant, 2701.
— sous un *chef* chargé d'une croix, 6627.
— au *lambel* chargeant un écusson sur le tout, 4961; — au lambel de cinq pendants, 931.
Quatre losanges, 3 et 1, sous un *chef* chargeant en écusson sur le tout, 8054.
— au *franc canton* sénestre chargé d'un besant ou d'un tourteau, 9620; — au franc canton, au lambel sur le tout, 6097.
Cinq losanges, 2, 2 et 1 *accompagnés* d'une croisette en chef et d'une fleur de lys en abîme, 1053.
— *chargeant* une bande, 8900, 8901.
Cinq losanges en bande *accompagnés* d'un lion en chef et à sénestre, 1667.
Six losanges, 3855, 3856, 5223, 7242, 7665, 8937.
— 3 et 3, *accompagnant* une bande chargée en chef d'un écusson portant trois croisettes, 8470.
— au *bâton en barre* brochant, 6040.
— *chargeant* un chef, 3141.
— sous un *chef* chargé de trois lions, 7565.
Six losanges en orle, *accompagnant* une bande, à la bordure engrêlée, 8996; — une bande coticée, 3501; — un écusson en abîme, 3220; — un écusson en abîme, à la bande brochant sur le tout, 7444; — une fasce, 4649.
— chargés de... accompagnant une fasce, 4651.

Sept losanges, 3, 3 et 1, 4078.
— 3, 3 et 1, sous un chef chargé d'un ours passant, 1969.
— 3, 3 et 1, au *lambel* de quatre pendants, 8581; — au lambel de quatre pendants chargés chacun de trois besants, 5868.
Sept losanges en orle accompagnant un écusson en abîme, 3219.
Huit losanges, quatre en chef et quatre en pointe, *accompagnant* un chevron, 4125.
Huit losanges en orle *accompagnant* une bande coticée, 3500.
Neuf losanges, 3, 3 et 3, 5177.
— au *franc canton* chargé d'une étoile, 5003.
Neuf losanges en orle accompagnant un écusson en abîme, 8449.
Dix losanges, 3, 3, 3 et 1, 3632, 5016, 5017, 9548, 9549; — 4, 3, 2 et 1...? (la pointe de l'écu manque), 953.
— *accostant* un pal, posés 2, 2, 1, de chaque côté, 3875, 3877, 6517.
— 1, 3, 3 et 3, celui du chef accosté de deux merlettes, 8582.
— 3, 3, 3 et 1, au *bâton en bande* brochant, 8832.
— 3, 3, 3 et 1, à la *bordure*, 1803, 1804.
— 3, 3, 3 et 1, au *lambel*, 9547.
— au lambel de quatre pendants, 3631, 3671, 3672, 3673, 5867, 8413, 8583, 8584.
Douze losanges *accostant* un pal, posés 2, 1, 2, 1 de chaque côté, 6516, 6518.
Vingt-deux losanges, posés 2, 2, 2, 2, 2 et 1 de chaque côté, *accostant* un pal, 3876.
Deux pals de losanges au *lambel*, 5913.
Losanges *chargeant* une croix cantonnée au 1, d'une molette, au 2, 3 et 4, d'un lion, 7199.

Un semé de losanges à deux *fasces* d'hermines, 5149.

LOSANGÉ.

Un losangé, 409, 651, 818, 897, 995, 2282, 2283, 2344, 2352, 2548, 2773, 2954, 2955, 2957, 2959, 2960, 2963, 2964, 3041, 3042, 3145, 3996, 4170, 4368, 4368, 4369, 4370, 5845, 5847, 5848, 5849, 6075, 6248, 6249, 6250, 6251, 6655, 6735, 6795, 6797, 7296, 7645, 7692, 7793, 8086, 8087, 8382, 9055, 9064, 9066.
— à la *bande* brochant, 6545, 6796.
— au *bâton en bande* brochant, 2956, 2961, 2962.
— à la *bordure*, 5109, 6794.
— *chargeant* un écusson en abîme accompagné de fleurs de lys en orle, 8262.
— au *château* en abîme brochant, 2638.
— sous un *chef*, 362, 7414; — sous un chef chargé d'une coquille à sénestre, 1291; — chargé de trois coquilles, 1290; — chargé de trois coquilles à dextre, 7415, 7416; — chargé de trois lévriers accolés issant, 1968; — chargé d'un lion issant, 7413; — chargé d'un lion passant, 4054; — chargé de trois roses, 9622.
— à la *fasce* brochant, 2779, 6528.
— au *franc canton*, 867, 6651, 6654, 6656, 6827, 7794, 8236; — chargé de six annelets, 2, 2 et 2, 6803; — chargé d'une croix fleuronnée, 6657; — chargé d'une étoile, 6654; — et un lambel sur le tout, 6653; — au franc canton vairé, 1927.
— au *lambel*, 671, 2330, 3403.

4251; — de quatre pendants, 1991; — chargeant un écusson en cœur sur une aigle, 4099; — et au chevron brochant, 8598.
Un losangé à deux *tierces* brochant, 7792.
Un losangé en bande, 3781, 4391.

LOUP.

Un loup passant, 911, 912, 5375, 5397, 5398, 7489, 9370; — devant un arbre, 4663.
— *chargeant* un chef surmontant un chêne accosté de..., 8014.
— *surmonté* d'une étoile, 2164.
Un loup passant contourné, 6390.
Un loup courant *surmonté* d'un château, 2167.
Un loup ravissant, 3207, 3208, 5103, 5399, 8481.
Un loup ravissant contourné, 1, 6389.
— *accompagné* de... à dextre, 7572.
Deux loups passant, l'un sur l'autre, 5093, 5300, 5373.
Deux loups passant contournés, l'un sur l'autre, 4017.
Deux loups courant à sénestre *accompagnant* une fasce, 1613.
— l'un sur l'autre et *accompagnés* d'une étoile en pointe, 6819.
Trois loups passant, 9700; — l'un sur l'autre, 5404.
Trois loups courant, l'un sur l'autre, à la *bordure*, 5194.
Trois loups, deux ravissant affrontés en chef et un passant en pointe, 2563, 2564.
Quatre loups *cantonnant* une croix, 5349.
Deux têtes de loup au *franc canton* chargé d'un écusson, 4526.
Trois têtes de loup, 810, 1108, 1271, 2359, 2360, 2361, 3152, 4073, 4128, 6018, 8153.
— *accompagnant* un chevron, 845; — un chevron à l'étoile en abîme, 1304; — un chevron

chargé d'une coquille au sommet, 7345.
Trois têtes de loup *accompagnées* d'un croissant en abîme, 4739; — d'une fleur de lys en abîme, 1108.
— au *lambel*, 5405, 5406.
Trois têtes de loup contournées *accompagnant* un chevron, 3997.

MACLES.

Une macle cramponnée, *accompagnée* de trois étoiles, deux en chef et une en pointe, 4843.
Deux macles chargeant un franc canton accompagnant cinq annelets, 2, 2 et 1, 9178.
Trois macles, 5944, 6221, 6241, 6559, 7497.
— deux en chef et une en pointe, *accompagnant* une fasce chargée de trois..., 9432.
— *accompagnées* d'une fleur de lys en chef, 9605.
— au *bâton en bande* brochant, 4553.
— à la *bordure*, 6221; — engrêlée, 7496.
— *cantonnant* en chef et en flanc un sautoir cantonné d'une molette en pointe, 9258.
— *chargeant* une bande, 6184; — une bande accompagnée en chef et à sénestre d'une tête de chèvre, 4063; — une bande, 4060; — un chef surmontant trois cœurs, à la bande chargée de trois dragons brochant sur le tout, 1972; — un chef surmontant trois coquilles, 2099; — une fasce accompagnée de deux chevrons, l'un en chef et l'autre en pointe, 4517.
— sous un *chef* chargé de trois losanges, 7666.
Quatre macles à... en bande brochant, 4740.
— *cantonnant* une croix engrêlée,

7423; — un demi-sautoir, 4041; — un sautoir, 4042, 4043, 4044.
Six macles, 4018, 4019, 5357, 8897, 8898.
— *accompagnant* une fasce, trois en chef et trois en pointe, 2935; — *accompagnant* une fasce chargée d'une sextefeuille, trois en chef et trois en pointe, 6598; — *accompagnant* une fasce d'hermines, trois en chef et trois en pointe, 3247, 4249.
— *accompagnées* en chef de trois lions, 9698.
Six macles en orle *accompagnant* un écusson en abime, 9048; — une fasce, 3159, 4650.
Sept macles, 3, 3 1, 6500, 7215, 7897, 7898, 7899, 7900, 7901, 7902, 7904.
— *accompagnant* une fasce, trois en en chef et quatre en pointe, 2934, 2936, 2937.
— 3, 3 et 1, *accompagnées* d'un croissant en chef et à sénestre, 9490.
— *contenant* chacune un point, 9491.
Neuf macles, 3, 3 et 3, 6236, 6237, 6238, 7906.
— au *lambel*, 5709.
Macles, 180.
— au *lambel*, 6239.

MAÇONNÉ.

Un maçonné *chargé* de six merlettes 2, 3 et 1 et d'un croissant en pointe, 5746, 5747.

MAILLET.

Un maillet *accompagnant* en chef et à dextre un chevron, 1462, 1463; — en chef un sautoir, 6994.
— *chargeant* le sommet d'un chevron, parti d'un fascé de quatre pièces, 1251; — en chef et à dextre un gironné de douze pièces, 5610.
Deux maillets, 1868.
Trois maillets, 456, 1437, 1438, 3451, 5502, 5522, 5523, 5524, 5526, 5527, 5528, 5529, 5537, 5608, 6007, 6167, 6168, 6173.
— *accompagnant* en chef deux dragons passant, l'un sur l'autre, à la bande brochant sur le tout, 7997.
— *accompagnés* d'une clef en abime, 5530; — d'un écusson en abime chargé d'une bande, 6165, 6166, 6170, 6172; — d'un écusson en abime chargé d'une croix pattée, 5536; — d'un écusson en abime au chevron échiqueté et au franc canton sénestre chargé d'un lévrier passant, 5024; — d'une étoile en abime, 475, 5560, 6168; — d'une étoile en abime, au lambel, 3810, 5332; — d'un lion en abime, 5534; — d'un point en abime, 3210.
— *alternant* avec trois étoiles, à la fasce brochant, 5540.
— au *bâton en bande* brochant, 5521, 5874.
— à la *bordure engrêlée*, 6170.
— *brochant* sur un burelé, 7063;
— et une abeille *cantonnant* une croix, 1797.
— *chargeant* un chef, 3707; — 2 et 1, chargeant un chef surmontant deux bandes, 5613; — un écusson, 319; — un écusson chargeant en cœur une croix cantonnée de quatre lions, 4922; — 2 et 1, chargeant un pal sur le tout, 5613.
— au *lambel*, 5525, 5531, 5532, 5533, 5539, 6169, 6811, 8422, 8556, 9676; — au lambel de trois pendants chargés chacun de trois besants,

5538; — et *accompagnés* d'une étoile en abime, 3810; — et *accompagnés* d'un point en abime, 3809.
Trois maillets penchés *accompagnés* d'une croisette en abime, 4135.
Huit maillets en orle *accompagnant* deux fasces, 6610.

MAIN.

Une main appaumée, 4509, 5473, 5474, 5475, 5827.
— *accompagnée* de trois étoiles, deux en chef et une en pointe, 5471, 5472; — de trois quintefeuilles, deux en chef et une en pointe, 4455.
— à la *bordure* besantée, 5939.
— *surmontée* d'une étoile, 4679.
Une main bénissante *accompagnée* de deux étoiles en chef et sénestrée d'un nuage, 4040.
— *accostée* de deux molettes ou de deux étoiles en chef, à la bordure fleurdelysée, 235.
Une main fermée posée en pal, 3134.
Trois mains appaumées, 703, 2124, 2680, 4156, 4158, 5823.
— ou trois gants? *accompagnées* d'un oiseau en abime, 231.
— *chargeant* un écusson en abime accompagné d'un orle de huit besants, 2204.
— *sous* un *chef* fretté, 3725.

MAISON.

Une maison à pignon, 8362.
— (une borde) au canton dextre *accompagnant* un lion, 1234.
Trois maisons (trois bordes), 1232, 1233.

MANCHE.

Deux manches, 4646.

MANCHE MALTAILLÉE.

Une manche maltaillée, 3001, 4319, 4529.

Une manche maltaillée au *lambel*, 4529.
Trois manches maltaillées, 779, 4321, 9216.
— au *bâton en bande* brochant, 4318.

MARGUERITE.
Une marguerite *accompagnant* en chef une fasce, 8847.

MARMITE.
Une marmite, 8699.
Deux marmites à trois pieds, l'une sur l'autre, 9144.
Trois marmites à la *bordure*, 8354.
— *chargeant* une fasce accompagnée de six roses ou de six quintefeuilles, trois en chef et trois en pointe, 8925.

MARTEAU.
Un marteau, 5800.
— *chargeant* un franc canton accompagnant un fretté, 9197.
— sous un *chef* chargé de deux fleurs de lys, 6896.
Un marteau de maçon (une laye) *accostée* de deux fleurs de lys, 2231.
Deux marteaux *accostant* une bande, 5797.
Trois marteaux, 4172, 5779, 5780, 5783, 5786, 5791, 5792, 5793, 5794, 5796, 5799, 6876, 9697.
— *accompagnés* d'un croissant en abime, 5787.
— au *bâton en bande* brochant, 5790.
— à la *bordure* componée, 5778, 5781, 5782, 5789.
— *chargeant* une bande, 4597, 6925; — une bande à la bordure, 4598.
— au *lambel*, 5777, 5788, 5798.
Quatre marteaux *cantonnant* un sautoir, 5795; — un sautoir engrêlé, 5505.

MARTRE.
Une martre passant, 5810.

MASSACRE.
Voy. Cerf.

MASSE D'ARMES.
Deux masses d'armes en sautoir, liées, 4110, 6990.

MERLE.
Un merle passant *accompagné* d'un rameau en chef, 5959.
Trois merles, 6012.

MERLETTE.
Une merlette, 4970; — en chef, 4604.
— *accompagnant* en chef une bande, 1530; — en chef et à sénestre une bande chargée de trois annelets, 7915, 9094; — en chef et à sénestre une bande chargée de trois besants, 3324; — en chef et à sénestre une bande chargée de trois coquilles, 7501; — en chef et une étoile en pointe accompagnant une bande chargée de trois fleurs de lys, 9536; — en chef et une étoile en pointe accompagnant une bande chargée d'un lion, 3805; — en chef et à sénestre une bande componée, 9086, 9090, 9092, 9093; — en chef et à sénestre une bande componée et coticée, 9087; — en chef et à sénestre une bande engrêlée, 6714, 6715; — en chef et à sénestre une bande fuselée de cinq pièces, 9346; — en chef et à sénestre une bande de vair, 5653; — en chef et à sénestre trois bandes, au franc canton d'hermines, 9636; — en chef trois béliers, 9478; — en pointe un chevron, au franc canton, 6479; — en chef et à dextre trois chevrons, 3013; — en chef et à dextre trois chevrons de vair? 3651; — en chef trois coquilles, 5419; — en abime trois croissants chargés chacun d'un besant, 5392; — en chef et à dextre une croix, 2945; — en chef et à dextre une croix chargée de cinq coquilles, 8247, 9261; — en chef et à dextre une croix chargée de cinq fermaux, 6016, 6017; — en chef et à dextre une croix ancrée, 3567, 8681; — en chef et à dextre une croix ancrée chargeant un écusson en abime, 3527; — en chef et à sénestre une demi-croix engrêlée, 7234; — en chef et à sénestre une croix engrêlée chargée de... en cœur, 5161; — en chef et à dextre un écusson en abime, 9532; — en chef et à dextre une fasce, 2381, 2553, 2855, 4223, 5358, 8234, 8638; — en chef et à dextre deux fasces, 5744; — et une étoile en chef et un croissant en pointe accompagnant deux fasces, 2932; — en chef trois fasces, 1321; — en chef et à dextre une quintefeuille, 5099; — en chef à sénestre une quintefeuille, au lambel, 9269; — en chef et à dextre trois quintefeuilles, 6011, 6013; — en chef un sautoir, 5099; — en chef un sautoir, à la bordure engrêlée, 6323; — en chef un sautoir chargé de cinq annelets, 4558.
— *chargeant* à dextre un chef, 7401; — à dextre un chef surmontant deux pals de vair, 243; — à dextre un chef surmontant trois pals de vair, 2324, 2328.

2349, 2353; — un chef surmontant un palé de vair et de... de quatre pièces, 178; — à dextre un chef d'hermines, 8530; — en chef et à dextre un chevronné de huit ou dix pièces, 7716; — un croissant, au lambel de cinq pendants, 6553; — la troisième pièce d'un fascé de six pièces, 8426; — un franc canton accompagnant un chevron accompagné de deux fermaux, 9201; — un franc canton accompagnant un fretté, 6722; — un franc canton accompagnant trois pals de vair, 7731.

DEUX MERLETTES en chef et un mont à trois coupeaux en pointe, 7535.

— accompagnant en chef une croix ancrée, 6452; — en chef une croix fleuronnée, 9672; — en chef une fasce chargée de trois coquilles, 4178; — en chef deux fasces, 8932; — en chef un hanap, au franc canton portant deux jumelles en bande, 776; — en chef dix losanges, 1, 3, 3 et 3, 8582. — et une étoile chargeant une bande 9560; — un chef surmontant trois pals, 6089.

DEUX MERLETTES AFFRONTÉES en chef et une rose en pointe accompagnant un chevron, 5968.

TROIS MERLETTES, 3451, 5885, 8361, 9483, 9643; — l'une sur l'autre, 3873, 7367.

— accompagnant une bande, deux en chef et une en pointe, 356; — un chevron, 3839, 5660, 6626, 8818; — un chevron chargé de trois étoiles, 1746; — un chevron à trois sommets, à la bordure besantée, 9651; — 2 et 1 accompagnant cinq croisettes recroisetées posées en croix, 860;

— une croix ancrée, deux en chef et une en pointe, 8284; — un écusson en abîme, 8063; — en chef un émanché de trois pièces mouvant de la pointe, 9520, 9521; — une fasce, deux en chef et une en pointe, 3463; — accompagnant en chef une fasce, 253, 451, 6921, 8105, 8663; — en pointe une fasce, 3711; — une fasce, deux en chef et une en pointe, au lambel ou sous un chef? 5735; — en chef une fasce en devise chargeant un franc canton accompagnée trois coquilles accompagnées d'une étoile en chef, 6873; — une fasce frettée, deux en chef, une en pointe, 4238; — en chef deux fasces, au lambel de quatre pendants, 3857; — en chef trois fasces, 1015, 1016; — deux en chef et une en abîme, accompagnant trois fleurs de lys au pied nourri, 7532; — un huchet contourné, deux en chef et une en pointe, 4992.

— à la bande brochant, 4544.

— à la bordure, sous un chef chargé de..., 1000.

— et une étoile en chef cantonnant un sautoir, 6127.

— chargeant une bande brochant sur une croix ancrée, 1970; — une bande brochant sur une croix pattée, 2691; — un chef, 2665, 4520, 5613; — un chef, au bâton en bande brochant, 3084; — un chef, au lambel, 5407; — un chef surmontant sept besants, 3, 3 et 1, 5975, 5987; — un chef surmontant un fretté, 3443, 3445, 3447, 3448; — un chef surmontant trois merlettes, 6788; — un chef surmontant trois pals de vair, 2329, 2343; — un chef surmontant un palé de six pièces, 3299; — un chevron accompagné de trois têtes de cerf, 7417; — une fasce, au lambel, 1369, 1370, 1371; — la première pièce d'un fascé de six pièces, 9542; — un franc canton accompagnant un billeté à la bande engrêlée brochant, 4943; — un franc canton chargé lui-même d'un franc canton..., accompagnant un gironné de neuf pièces, 3714.

TROIS MERLETTES sous un chef, 8953; — sous un chef chargé de trois merlettes, 6788; — chargé de quatre merlettes, 999, 2218; — chargé de trois quintefeuilles, 5664.

— au lambel, 4931, 5407.

TROIS MERLETTES EN ORLE au franc canton chargé de cinq feuilles posées en sautoir, 8015; — au franc canton d'hermines, à la crosse en pal brochant sur le tout, 6980.

TROIS MERLETTES EN BANDE à la bordure, 6777.

TROIS MERLETTES CONTOURNÉES cantonnant le 1 et 4 d'une croix engrêlée cantonnée, au 2 et 3, de trois hermines ou trois poissons, 6350.

QUATRE MERLETTES accompagnant en chef une fasce, 252; — en chef deux fasces, 1783, 6526, 7388, 8463.

— cantonnant une croix, 2628; — une croix, au lambel, 763; — une croix ancrée surmontée d'un croissant, 7377; — une croix engrêlée, 8388; — deux flèches en sautoir, 3646; — un sautoir, 3132, 3524, 3525, 4169, 4733, 6731, 6961, 8239, 8402, 9338; — un sautoir, à la bordure engrêlée, 35a3; — un sautoir chargeant un chef surmontant un lion naissant entouré de huit fleurs de lys en orle, 1524; — un sautoir chargé de cinq besants, au lambel, 4581; — un sautoir chargé de cinq coquilles, 3554, 3555; — un sautoir, au lambel, 1795; — un sautoir, au lambel sur le tout, 3146; — un sautoir, au lambel de quatre pendants, 3530; — un sautoir engrêlé, 7657, 7661; — deux tierces en sautoir, 8887, 8888, 8889, 8890, 8891.

QUATRE MERLETTES *chargeant* un chef surmontant trois merlettes, 999, 2218.

QUATRE MERLETTES EN ORLE accompagnant une bande, 4291.

— au *franc canton* chargé de cinq... posés en sautoir, 7930.

QUATRE MERLETTES CONTOURNÉES cantonnant un sautoir chargé de cinq besants, 5301.

CINQ MERLETTES *accompagnant* une bande au lambel, deux en chef et trois en pointe, 2720; — une fasce, deux en chef et trois en pointe, au franc canton chargé d'une croix pattée, 620.

CINQ MERLETTES EN ORLE accompagnant une bande, 940; — un burelé, au franc canton, 5222.

— au *chevron* brochant, 8140.

CINQ MERLETTES CONTOURNÉES accompagnant deux fasces, au franc canton chargé de trois coquilles, 9354.

SIX MERLETTES, 9264.

— *accompagnant* une fasce, trois en chef et trois en pointe, 3543; — accompagnant une fasce côtoyée de deux burelles, trois en chef et trois en pointe, 4418; — une fasce, au lambel de quatre pendants, trois en chef et trois en pointe, 3490; — 3, 2 et 1, accompagnant deux fasces, 7441, 8391, 8392; — l'une sur l'autre à dextre et une fleur de lys en chef et à sénestre accompagnant un griffon, 3163.

SIX MERLETTES *accostant* un pal aiguisé, 4562, 9275; — un pal engrêlé, 104.

— à la *bande* brochant, 9233.

— 3, 2 et 1, *chargeant* un fascé de six pièces, 823; — 2, 3 et 1, et un croissant en pointe chargeant un maçonné, 5746, 5747.

— sur champ d'*hermines*, 8314, 8315.

SIX MERLETTES EN ORLE *accompagnant* une bande, 397, 996, 1724, 1786, 1787, 2948, 3002, 4053, 4382, 5750, 6989, 7255, 7605, 8779, 8780, 8781, 8782, 8783, 8784, 8785, 8786, 8787, 9235, 9407; — une bande chargée en chef d'un écusson, 1788, 1789; — une bande chargée de trois fleurs de lys, 6816; — une bande chargée en chef d'un lion, 4051, 4052; — une bande chargée de trois molettes, 5307; — une bande, au lambel, 1790; — une bande ondée, 6132; — une bande ondée, au lambel de quatre pendants, 6914; — une barre, 9135, 9136; — un burelé, au franc canton chargé d'une rose, 5220; — un croissant, 3515, 3517; — un croissant, au lambel, 3518; — une fasce, 1369, 1370, 1371, 1801, 1802, 2315, 8195, 8196.

— au *franc canton* d'*hermines*, 9596, 9600.

SIX MERLETTES AFFRONTÉES *accostant* une pointe 6029.

SEPT MERLETTES, 3, 3 et 1, 7099.

— *accompagnant* un chevron, quatre en chef et trois en pointe, 413, 414, 415, 416, 417, 419, 420, 421, 424, 425, 8447; — un chevron chargé d'une étoile au sommet, quatre en chef et trois en pointe, 418, 422, 423, 426; — un croissant, quatre en chef et trois en pointe, 2871, 2872; — un croissant accompagné d'une étoile en chef, quatre en chef et trois en pointe, 1153; — un croissant surmonté d'une molette, quatre en chef et trois en pointe, 6724; — une fasce, quatre en chef et trois en pointe, 616, 617, 2819, 3409, 4795, 4796; — une fasce, au bâton en bande brochant, quatre en chef et trois en pointe, 4383; — une fasce chargée de trois coquilles, trois en chef et quatre en pointe, 3410; — une fasce chargée à dextre d'un écusson portant deux fasces, quatre en chef et trois en pointe, 7072; — une fasce chargée d'une étoile à dextre, quatre en chef et trois en pointe, 619; — une fasce chargée d'une étoile à dextre, au lambel, quatre en chef et trois en pointe, 618; — une fasce chargée de trois étoiles, quatre en chef et trois en pointe, 2515; — une fasce, au lambel de cinq pendants, quatre en chef et trois en pointe, 2435, 4797.

SEPT MERLETTES EN ORLE *accompagnant* une bande, 7100; — un croissant, 4580; — une fasce chargée de trois molettes, 2371.

— au *franc canton*, 3959.

HUIT MERLETTES POSÉES EN BARRE, 3,

2 et 3, *accompagnant* deux fasces, 3009.
Huit merlettes en orle *accompagnant* un burelé, au franc canton chargé d'un lion passant, 5221; — un écusson en abime; 5020; — un écusson en abime chargé de..., 6031; — un écusson fretté en abime, 4456.
Neuf merlettes, 4, 3 et 2, *accompagnant* deux fasces d'hermine, au lambel de cinq pendants, 3308; — 3, 2, 2 et 2, et un besant en abime accompagnant quatre fasces, 2396; — 3, 2, 2 et 2, accompagnant quatre fasces, la deuxième chargée d'un besant? 2394, 2395.
— 3, 3, 2 et 1, à la *bordure* besantée, 3729.
Neuf merlettes en orle, 265, 975, 6463.
— *accompagnant* un écusson en abime, 1087; — un écusson bandé de six pièces, au franc canton, 6462; — deux fasces, 2241, 2242, 3156, 5965, 7031, 7032, 7034, 7035, 7036, 7037, 7040; — deux fasces, à la bordure, 4339, 7030, 7039, 7041, 7042, 7043, 7044, 7045; — deux fasces, à la bordure d'annelets, 7038; — deux fasces, au croissant en abime, 5966; — deux fasces, à l'étoile en abime, 980; — deux fasces, au lambel 5318; — deux fasces, au lambel de cinq pendants, 5967; — deux fasces séparées par deux étoiles, à la bordure, 7033; — une quintefeuille, 9287.
— *brochant* sur un fascé de six pièces, au lambel de cinq pendants, 822.
— au *lambel*, 261, 6051.

Onze merlettes en orle *accompagnant* un arbre, au lambel de cinq pendants, 5713.
Douze merlettes *cantonnant* une croix 5627; — une croix chargée de... chargeant un écusson accompagnant à sénestre une bande accompagnée d'une étoile en chef, 3829; — une croix chargée de cinq coquilles, 3367; — une croix, au lambel, 2145.
Douze merlettes en orle *accompagnant* une croix, 2320.
Merlettes *accompagnant* une crosse, au franc canton d'hermines, 3544; — une fasce, 513, 3711.
Merlettes en orle *accompagnant* deux fasces, 2788, 3881; — deux fasces séparées par une étoile en abime, 5403.
— *brochant* sur un burelé, 3001.
— au *franc canton*, 143, 1791.
Trois rangs de merlettes à la *barre* brochant, 2566.

MIROIR.
Un miroir pommeté, 6130.

MITRE.
Trois mitres, 1610.

MOLETTE.
Une molette, 440, 441, 1952.
— *accompagnant* en chef et à sénestre une bande, 155, 156, 8992, 8995; — en chef et une coquille en pointe accompagnant une bande chargeant une feuille, 3939; — en chef et à sénestre une bande chargée de trois annelets, 9082; — en chef une bande chargée de trois coquilles, 2178; — en chef et à sénestre une bande côtoyée de deux cotices potencées contrepotencées, 5745; — en chef et à sénestre une bande componée, 1493; — en chef et à sénestre une bande de vair, 1400; — en chef et à dextre un chevron, 5656; — en chef et à dextre un chevronné de six pièces, 3958; — en chef et à dextre une croix chargée de cinq coquilles, 6638; — en chef et à dextre une croix frettée, 6935; — en chef deux épées en sautoir, la pointe en bas, 3456; — et deux cœurs accompagnant une fasce, 94; — en chef et à dextre deux fasces, 6028, 6034, 6035; — en chef et à dextre deux fasces d'hermine, 6371; — en chef trois mouchetures d'hermine, 8634; — à dextre un lion issant chargeant un chef surmontant sept besants, 3, 3 et 1, 5972.
— *cantonnant* une croix en chef et à dextre, quatre aiglettes la cantonnant à chacun des trois autres cantons, 808; — et trois lions cantonnant une croix chargée de losanges, 7199; — en chef et à dextre une croix, sur champ d'hermines, 9007; — en chef et à dextre une bande brochant sur un lion, 8940; — à dextre un chef surmontant deux pals de vair, 243; — le sommet d'un chevron accompagné de trois oiseaux, 9650; — en chef et à dextre un chevronné de six pièces, 3958; — à dextre une fasce accompagnée de six quintefeuilles en orle, au bâton en bande brochant, 1189; — un franc canton accompagnant un poisson en bande en chef et une sextefeuille en pointe,

6763; — un franc canton accompagnant un vairé, 1895, 3341, 3342, 3343.

UNE MOLETTE *surmontant* un croissant accompagné de sept merlettes, quatre en chef et trois en pointe, 6724; — un croissant chargeant une fasce, 3557, 3558, 3559.

DEUX MOLETTES *accompagnant* en chef un chevron, 5042; — en chef un dragon ailé passant, 1753; — en chef une fasce, 4638, 8095; — et un écusson accompagnant une fasce, 210; — en chef et une rose en pointe accompagnant une fasce, 5012; — accompagnant en chef une fasce chargée de trois coquilles, 7306; — une fasce, au franc canton fretté, 7185.

— *accostant* une main bénissante, à la bordure fleurdelysée, 235.

— à la *bande* brochant, 5767.

— *chargeant* une bande, 5254; — un chef surmontant un fretté, 9203; — et une aiglette chargeant un chef surmontant un palé de six pièces, 4664; — et un écusson chargeant un chef surmontant un palé de six pièces, 4668.

— *séparées* par une fleur de lys chargeant un chef, 8370.

TROIS MOLETTES, 1235, 1236, 1237, 1238, 1240, 1241, 2162, 7183, 8794, 9070, 9071, 9537.

— *accompagnant* un chevron, 1104, 4193, 4753, 5296, 6139, 7911, 8119; — une fasce, deux en chef et une en pointe, 5460, 9011; — en chef une fasce, à la bande brochant, 3675; — accompagnant une fasce chargée d'une roue, deux en chef et une en pointe, 4993; — en chef et des ondes en pointe accompagnant un pont à deux arches, 3605.

TROIS MOLETTES à la *bordure*, 5097, 8594.

— *chargeant* une bande accompagnée de six merlettes en orle, 5307; — une bande brochant sur un chef, 390; — un chef surmontant trois pals, 4666; — un chef surmontant un palé de six pièces, 4669; — un chevron accompagné de trois feuilles de trèfle, 836; — une fasce, 8324; — une fasce accompagnée d'une coquille en chef et à dextre, 5325; — une fasce accompagnée de sept merlettes en orle, 2371; — une fasce brochant sur un lion, 8162.

— la première *chargée* d'une fleur de lys, 4741.

— sous un *chef* au lion issant, 543.

— au *lambel*, 4248; — au lambel de cinq pendants, 8990.

QUATRE MOLETTES *cantonnant* deux épées en sautoir, la pointe en haut, 1203; — deux épées ou deux épieux en sautoir, 396; — un sautoir, 8364.

SIX MOLETTES sous un *chef*, 2713.

SIX MOLETTES EN ORLE *accompagnant* une bande, 1528, 1529, 5943; — un écusson fretté en abîme, 4940.

NEUF MOLETTES, 3, 3, 2 et 1, 6707; — 3, 3, 2 et 1 à la *bordure* engrêlée, 6708.

MOLETTES *chargeant* trois pièces d'un fascé de six pièces, à la bordure fleurdelysée, 5580.

UN SEMÉ DE MOLETTES au *lion* brochant, à la bande sur le tout, 3465; — au lion brochant, au lambel, 3081, 6434; — au lion brochant, au lambel de cinq pendants, 3080, 6433.

MONDE.

UN MONDE CRUCIFÈRE, 6602.

MONOGRAMME.

UNE SORTE DE MONOGRAMME? 954.

MONT.

UN MONT *chargé* d'un lion issant, 5055, 6214.

— *planté* d'un arbre, 1907, 5919, 6202, 6235, 7490; — d'un arbre, à la bordure engrêlée, 6278.

— *portant* un bœuf, 791; — un bœuf, au lambel de deux pendants, 792, 793; — portant un coq perché, 4716; — un coq perché, à la bordure engrêlée, 4721; — un oiseau perché, 5477, 6240.

— *surmonté* d'un château sous un chef parti d'une fleur de lys et d'une croix vidée, cléchée et pommetée, 6390.

UN MONT À TROIS COUPEAUX en pointe et deux merlettes en chef, 7535; — accompagnant en pointe une fasce au lion brochant, 1084.

UN MONT ET UN DEMI-MONT *plantés* d'un arbre et d'un demi-arbre, 7491, 7492.

TROIS MONTS À TROIS COUPEAUX, 8122.

— *accompagnés* d'un oiseau en chef, 1253.

MORE.

UNE TÊTE DE MORE, 4103.

— *accompagnant* en chef un sautoir, 6002.

TROIS TÊTES DE MORE *accompagnées* d'un lion en abîme, 1229.

— *surmontant* une tour, 6962, 6963, 6965, 6966, 6968, 6969.

MORTIER.

DEUX MORTIERS *accostant* un bâton en

bande chargé en chef d'une étoile, 6529.

MOUTON.

Un mouton, 1819.
Cinq moutons chargeant un sautoir, 4560.

MUR.

Un mur crénelé, 6607.
— sommé de trois tours, 9504.
— crénelé surmontant un bâton en bande chargé de trois coquilles, 6613
— surmonté d'un chien rampant, à la fasce brochant, 1965.
Deux murs crénelés, 9503.
Trois murs crénelés, l'un sur l'autre, à la bordure engrêlée, 6609.

MÛRE.

Deux mûres *chargeant* un chef, 9558.
Trois mûres? 2451.

NACELLE.

Une nacelle *portant* un léopard couché mantelé, et voguant sur des ondes où nage un poisson, 6625.
Trois nacelles, l'une sur l'autre, 6622, 6623, 6624.

NAVETTE.

Trois navettes, l'une sur l'autre, 7069.

NEF.

Une nef, 4414.
— accompagnée d'un semé de fleurs de lys en chef, 5225.

NOYER.

Un noyer, 6768, 6770, 6771, 6772.
— accompagné de besants en orle, 6769.
— sous un chef chargé d'une croix, 6765, 6766, 6767.

NUAGE.

Un nuage *accompagnant* à sénestre une main bénissante accompagnée de deux étoiles en chef, 4040.

OISEAU.

Un oiseau, 1634, 3056, 3177, 6159, 7909, 8960; — (un chapou)? 2185; — (une foulque)? 926; — (un paon) 5687.
— *accompagnant* une bande chargeant un franc canton accompagnant une fleur de lys, 477, 480; — en chef une bande chargée de trois coquilles, 1256; — à sénestre une bande chargée de trois fleurs de lys, 2272, 2307; — en chef et à sénestre une bande fuselée, 2884; — en chef et à sénestre un bâton en bande, au franc canton chargé de trois losanges? 2910; — en chef et à dextre un chevron, 1386; — en abîme trois cœurs, 1302; — en abîme trois coquilles, 3227; — une croix ancrée au canton dextre, 1619; — en chef à dextre une croix ancrée, à la bordure, 3528; — en pointe une fasce fuselée, 5183; — en chef une fasce ondée, 3306; — en abîme trois fleurs de lys, 3512; — en pointe et une équerre en chef accompagnant une hache, 7750; — en abîme trois I, 1881; — en abîme trois mains ou trois gants, 931; — en chef trois monts à trois coupeaux, 1253.
— *accompagné* d'une étoile en abîme, 3057; — d'une étoile en chef, 2717; — d'une sextefeuille en chef et à sénestre, 7744.
— à la bordure engrêlée, 5035.
— *brochant* en chef et à dextre sur sept burelles, 1420; — sur un chef, 3804.
Un oiseau et trois annelets *cantonnant* une croix, 365; — cantonnant en chef et à dextre une croix fleuronnée chargée de cinq coquilles, 2533.
— *chargeant* à sénestre un chef au lambel, surmontant trois pals, 5671; — le sommet d'un chevron, 3645; — à sénestre la première pièce d'un fascé de six pièces, 3504; — à dextre la première pièce d'un fascé de six pièces, à la bordure, 3503; — un franc canton accompagnant cinq fleurs de lys, 2494; — un franc canton accompagnant un gironné de six pièces, 5715; — un franc canton accompagnant deux lions, 1725; — en chef un pin accosté de deux fleurs de lys, 1681.
— sous un chef palé, 9575.
— *perché* sur une branche accompagnant en chef et à sénestre une bande chargée d'un croissant entre deux étoiles, 9414; — sur un mont, 5477, 6240.
— *surmontant* un étrier, 1666.
— *tenant* à son bec un rameau, 2659.
Un oiseau contourné de face, les ailes fermées, sous un chef, 7533.
Un oiseau de vol, liant une proie, 2942.
— sur un poing, 5679.
Un oiseau à tête humaine, 1680.
Deux oiseaux *accompagnant* une bande au lambel, l'un en chef et l'autre en pointe, 2377; — en chef et une étoile en pointe accompagnant un chevron chargé, 2097.
— *accostant* un épi accompagné de deux étoiles en chef, 4218.
— sous un chef au lion issant, à la palme en bande brochant, 1028.
— *perchés* en chef sur un arbre en

barre, 6564; — sur une fleur de lys, 3738, 3741, 3742, 3743; — sur une fleur de lys, au lambel, 3736.

DEUX OISEAUX AFFRONTÉS accompagnant en chef trois chevrons, 8353; — en chef une croix engrêlée, 2519.

DEUX OISEAUX LA TÊTE CONTOURNÉE, l'un en chef l'autre en pointe, accompagnant une fasce chargée de trois étoiles, 9473.

TROIS OISEAUX, 1966, 2406, 4092, 4623, 4720, 5480, 5547, 6364, 7224, 8533, 8534, 8642; — le premier la tête contournée, 1967.

— accompagnant une bande, deux en chef et un en pointe, 648; — un chevron, 1553, 3196, 4317; — un chevron, les deux en chef affrontés, 3197, 3198; — un chevron chargé au sommet d'un besant ou d'un tourteau, 9649; — un chevron chargé d'une molette au sommet, 9650; — un chevron sous un chef chargé de trois quintefeuilles? 3846; — un chevron engrêlé, 665, 9043; — un chevron de vair sous un chef chargé d'un lion passant, 4502; — en chef une fasce, 3225; — deux en chef et un en pointe, accompagnant une fasce, 2563, 2564; — une fasce chargée de trois trèfles, 896; — accompagnant en abîme trois gerbes, 1611.

— l'un sur l'autre, accompagnés de neuf besants en orle, 8322.

— à la bordure, 9260, 9564; — l'un sur l'autre, à la bordure besantée, 8320, 8321; — à la bordure engrêlée, 3043.

— cantonnant un pairle vivré, 1678.

— chargeant une bande accompagnée d'un croissant en chef, 706; — un chef, à la bande brochant sur le tout, 5280; — un chef surmontant trois fasces ondées, 5142.

TROIS OISEAUX au franc canton, 7161; — et à la bordure, 5172.

— au lambel, 3943, 9626.

TROIS OISEAUX CONTOURNÉS accompagnés d'un croissant en abîme, 9261.

QUATRE OISEAUX cantonnant une croix chargée en cœur d'un château, 9413; — un sautoir chargé d'un écusson en cœur et à ses extrémités de..., 1278; — un sautoir fretté, 1155.

SIX OISEAUX perchés sur un arbre, 4846; — sur un arbre à six branches symétriques, 4847.

SIX OISEAUX EN ORLE accompagnant une fasce, 4975; — deux fasces, 5879.

UNE TÊTE D'OISEAU chargeant un franc canton accompagnée des annelets en orle, 657.

— issant d'une couronne coiffant un chevron accompagné de trois croisettes recroisetées, 966.

TROIS TÊTES D'OISEAU accompagnant en chef une bande..., 648.

ONDE.

UNE ONDE côtoyant en pointe une bande accompagnée en chef d'un lion, 2814.

DEUX ONDES chargeant un chef surmontant une tiercefeuille, 4541.

TROIS ONDES, 6569; — en pal, 283.

— en pointe et deux lions affrontés en chef accompagnant une fasce chargée de trois besants ou de trois tourteaux, 229; — en pointe et trois molettes en chef accompagnant un pont à deux arches, 3605.

— en pointe au lambel, 4542.

ONDÉ.

UN ONDÉ, 109.

UN ONDÉ accompagné de trois roses? en chef, 1466.

— chargé d'un écusson en chef et à dextre, 7014.

— sous un chef, 218.

ORLE.

UN ORLE, 35.

— accompagnant un besant, 3203; — un chevron, 8859.

— brochant sur un semé de croisettes, 7742, 7743.

— au lambel, 4654.

UN ORLE DE... accompagnant un écusson en abîme chargé d'une bande, 6875; — accompagnant un écusson en abîme chargé d'un lion, 3070.

— chargeant un écusson sur le tout, 3105, 3107, 5415, 5416; — orle d'angemmes, d'annelets, de besants, de billettes, de canettes, de châteaux, de coquilles, de corneilles, de croisettes, de croix recroisetées, d'étoiles, de fers de cheval, de fleurs, de fleurs de lys, de grillets, d'hermines, de losanges, de macles, de maillets, de merlettes, de molettes, d'oiseaux, de quintefeuilles, de rinceaux, de roses, de sautoirs, de sextefeuilles, de trèfles. Voir *Angemmes, Annelets, Besants, Billettes, etc.*, en orle.

OTELLE.

DEUX OTELLES, 2689.

QUATRE OTELLES, 275, 2695.

— cantonnant le 2 et 3 d'une croix cantonnée au 1 et 4 de quatre fers de moulin, 6243.

Voir *croix pattée*.

OURS.

UN OURS PASSANT, 7922.

— à la bande brochant, à la bordure engrêlée, 3735.

Un ours *chargeant* un chef surmonté sept losanges, 3, 3 et 1, 1969.
Un ours passant couronné, 6909.
Un ours rampant, 57, 921, 1930, 1931, 6449, 9192, 7586, 8664.
Un ours debout *accompagnant* à sénestre un arbre tenu par un dextrochère, 3387.
— *grimpant* sur une branche, 7193.
Trois ours passant, 6919.
Quatre ours *cantonnant* une croix, 7201.
Une tête d'ours, le museau en bas, 8213.
Trois têtes d'ours emmuselées, 6281, 9376.

PAIRLE.

Un pairle, 2737, 2738, 2740.
— *accosté* de deux points, 2736.
— *au lambel*, 2739.
Un pairle renversé à la *fasce* brochant, 807.
Un pairle vivré, *cantonné* de trois oiseaux, 1673.

PAL.

Un pal, 1495, 2392, 2960.
— *accompagnant* à sénestre trois alosés, l'une sur l'autre, 106.
— *accosté* de deux lions affrontés, à la bande brochant, 4302; — de dix losanges posés 2, 2 et 1, de chaque côté, 3875, 3877, 6517; — de douze losanges posés, 2, 1, 2, 1, de chaque côté, 6516, 6518; — de vingt-deux losanges, posées 2, 2, 2, 2. 2 et 1, de chaque côté, 3876.
— à la *bande* brochant, 1488.
— bandé de six pièces, 2393.
— *brochant* sur un burelé, 4012; — sur un lion passant, 1747.
— *chargeant* un écusson accompagnant à sénestre deux pals composés de petits chevrons sous un chef de même que les pals, 6447.

Un pal *chargé* de trois chevrons, 4690, 6709, 7969; — de deux clefs en sautoir surmontées d'une tiare, 9188; — de trois couronnes, à la bordure, 607; — d'une croix potencée cantonnée de quatre croisettes, accosté d'un lion à dextre et d'un burelé au lion à sénestre, 280; — chargé de trois maillets, 2 et 1, 5613; — de trois tours et accosté de quatre pattes de lion, à la bordure, 1471.
— sous un *chef*, 113.
— à trois *chevrons* brochant, 2354.
— au *lambel* de cinq pendants, 1946.
Un pal aiguisé, 1677, 2155.
— *accosté* de six merlettes, 4562, 9275.
— *brochant* sur une fasce fuselée, 5396.
Un pal engrêlé *accosté* de six merlettes, 104.
Un pal fretté *accosté* de six broyes, 1635.
Un pal de vair, 1886, 1887, 7119.
— à la *bordure* engrêlée, 1885, 1888, 1889.
Deux pals, 404, 4393, 4512, 4513, 5705, 5706, 5707.
— *accompagnant* à sénestre un lion issant, 3519.
— *accompagnés* d'une étoile en chef et à dextre, 3797.
— en chef *accostés* de deux girons accompagnant un parti d'un fascé de huit pièces de l'un en l'autre, à l'écusson sur le tout, 7429.
— *chargeant* un franc canton sénestre accompagnant un lion, 13; — un vairé sous un chef, 1678.
— sous un *chef*, 5672; — chargé de trois hydres, 4961; — chargé d'un vivré, 1089.
— *composés* de petits chevrons sous un chef composé comme les pals, accompagnés à sénestre

d'un écusson chargé d'un pal, 6447.
Deux pals de losanges au *lambel*, 5913.
Deux pals de vair *chargeant* un chef, 6525.
— sous un *chef*, 242, 234, 3352, 5365; — sous un chef chargé d'une molette au canton dextre 243; — chargé de deux roses? 245; — au lambel de deux pendants, 9209; — au lambel de cinq pendants, 5479. 8222; — au lambel de cinq pendants, à la bordure, 5481.
Trois pals, 283, 680, 681, 683, 684, 1216, 1906, 2873, 3397, 3398, 3513, 3664, 3665, 3667, 3669, 5169, 5208, 5569, 6117, 6118, 6594, 6665, 6669, 6674, 7690, 7699, 8030, 8504, 8600, 9176, 9265, 9483.
— à l'*aigle* éployée brochant, 3701.
— à la *bande* brochant, 1735, 8823, 9531; — à la bande chargée de trois lionceaux brochant, 685; — à la bande de losanges brochant, 2446.
— au *bâton en bande* brochant, 684, 2030.
— à la *bordure*, 5570.
— *brochant* sur un burelé, 7000, 7001; — sur un échiqueté, sous un chef chargé d'une fleur de lys issant, 2534; — sur un échiqueté sous un chef au lion issant, 6844; — sur un fretté sous un chef chargé de deux lions passant affrontés, 774.
— *chargeant* un chef, 9180; — un chef surmontant sept besants. 3, 3 et 1, 2305; — un écusson accompagnant en chef et à dextre une fasce, 2556; — un écusson en abîme accosté de deux haches adossées, 8922.

TROIS PALS sous un *chef*, 1121, 2293, 3369; — à la bande brochant sur le tout, 6820; — sous un chef chargé de..., 3941; — chargé d'un besant ou d'un tourteau à dextre, 3358; — chargé d'un besant ou d'un tourteau à sénestre, 3359; — chargé de trois dragons ailés, 4962; — chargé d'un émanché de six pièces, 6080; — chargé de trois étoiles, 6930; — chargé d'une fleur de lys issant, 3942; — chargé de trois hydres, 4960, 4964, 4965, 4966; — chargé d'un lion issant, 3367; — chargé d'un lion passant, 9237; — chargé d'un lion passant contourné, 3940; — chargé de trois losanges, 6233; — chargé de deux merlettes, 6089; — chargé de trois molettes, 4666; — chargé d'un oiseau à sénestre, au lambel, 5671; — chargé d'un vivré, 1093, 1095; — chargé d'un vivré accompagné d'une croisette au canton dextre 1092; — au lambel de cinq pendants, 454.
— à la *fasce* brochant, 7559.
— sur champ *d'hermines*, 8013.
— au *lambel* de cinq pendants, 6661.
— au *sautoir* brochant, 8962.
TROIS PALS? ALAISÉS, 960.
TROIS PALS DE MÂCLES, à la *fasce* brochant, 7685; — à la fasce chargée de trois... brochant, 7686.
TROIS PALS DE VAIR, 5046, 5047.
— à la *bordure*, 5045.
— sous un *chef*, 1678, 2340, 2341, 2342; — chargé de deux coquilles et d'un écusson à dextre portant un semé de fleurs de lys à la bande brochant, 6929; — chargé de trois coquilles, 6931, 6977; — chargé à dextre d'un écusson au lion, 2325, 2855; — chargé à sénestre d'un écusson portant un lion à la bordure, 9702; — chargé de trois étoiles, 6930; — chargé d'un lambel, 1435, 1436; — chargé d'un lambel de cinq pendants, 8261; — chargé à dextre d'un lion, 2327; — au lion issant, 455; — chargé d'un lion passant, 1524, 7340, 7341; — chargé à dextre d'un lion passant contourné, 2345; — chargé de deux lions passant affrontés, 2078, 2079, 2333, 2334, 2335, 2336, 2337, 2338, 2339; — chargé d'une merlette, 2353; — chargé d'une merlette à dextre, 2324, 2328, 2349; — chargé de trois merlettes, 2329, 2343.
TROIS PALS DE VAIR au *franc canton* chargé d'une merlette, 7731;
— au *lambel*, 5048, 5049.
QUATRE PALS, 227, 228, 998, 5359, 6668, 6672, 6673, 9505.
— à la *bordure* besantée, le second pal chargé d'un objet indistinct, 6326.
— sous un *chef*, le quatrième pal coupé par une petite croix et semblant une croix, 1064; — chargé d'un vivré, 1094.
— à la *fasce* losangée de quatre pièces brochant, 4636.
— au *lambel*, à la bordure besantée, 6324; — et au franc canton chargé de trois croissants, 5974.
— *flanquant* un sautoir cantonné de deux étoiles, une en chef et l'autre en pointe, 972.
CINQ PALS, 2147, 3427.
— à trois *burelles* brochant, 4234.
— *chargeant* un chef surmontant..., 2310.
CINQ PALS AIGUISÉS *brochant* sur une bande, 5219.
DEUX RANGÉES DE PALS ALAISÉS du bout inférieur, au *franc canton* d'hermines, 3276.

PALÉ.
UN PALÉ, 546, 2836, 9400.
— à la *bande* chargée de... brochant, 1957.
— *chargeant* un chef surmontant un oiseau, 9575; — un écusson sur le tout, 3121.
— sous un *chef* chargé de deux coquilles, 2499.
UN PALÉ DE QUATRE PIÈCES sous un *chef*, 1120, 1122.
UN PALÉ DE VAIR ET DE... DE QUATRE PIÈCES, sous un *chef* chargé d'une merlette, 178.
UN PALÉ DE SIX PIÈCES, 114, 115, 116, 117, 121, 122, 621, 679, 982, 1323, 1599, 1600, 1602, 1603, 1643, 3388, 3426, 5051, 6668, 6674, 6990, 7789, 7849, 7855, 7857, 8283, 9098.
— à la *bande* brochant, 119, 120, 1178, 5817, 7277, 8358, 8359, 9459.
— au *bâton en bande* brochant, 118, 1177.
— à la *bordure*, 1601, 7877; — engrêlée, 1303.
— *chargeant* un écusson chargeant en cœur une croix ancrée, 5297.
— la seconde pièce *chargée* d'un croissant, 3814; — la troisième pièce chargée en chef d'une étoile, 9238.
— sous un *chef*, 3360, 3368, 3371, 3372, 3373, 7687; — à la bande chargée de trois coquilles brochant, 7054; — chargé d'une aiglette et de deux molettes, 4664; — chargé de trois dragons ailés ou de trois hydres, 4963; — chargé d'un écusson portant..., 3361, 3362, 3363; — chargé d'un écusson et de deux molettes, 4668;

— chargé de trois fermaux, 9127, 9128, 9129, 9130; — chargé de trois hydres, 4959;— chargé d'un lion issant, 3370, 6332; — chargé d'un lion issant contourné, 3364; — chargé d'un lion passant, 7221; — chargé de trois merlettes, 3299; — chargé de trois molettes, 4669; — chargé d'un vivré, 1084, 1085, 1086, 1087, 1088, 1091, 1096, 1098, 1099, 6196; — chargé d'un vivré et d'un écusson gironné au canton dextre, 1097.

UN PALÉ DE SIX PIÈCES au chevron brochant, 5050; — chargé au sommet d'une croisette recroisetée, 3088, 3090, 3091.
— au croissant brochant, 3815.
à deux croissants tournés et adossés, 254.
— à la fasce brochant, 1444, 6565.
— au franc canton d'hermines, 1311.
— au huchet enguiché en cœur, 2794; — au huchet enguiché brochant, 2792.

UN PALÉ DE SIX PIÈCES DONT TROIS BRETESSÉES, 632.
UN PALÉ DE HUIT PIÈCES, 6331, 8282.
— à la bande losangée de trois pièces brochant, 4074.
— à la bordure besantée, 6328, 6329.

UN PALÉ DE DIX PIÈCES, 4191.
UN PALÉ DE DOUZE PIÈCES à la bande brochant, 9456.
UN PALÉ CONTRE PALÉ sous un chef chargé de rinceaux, 6502.

PALISSADE.

UNE PALISSADE, 6949; — circulaire, 3397, 3398.

PALME.

UNE PALME EN BANDE brochant sur un parti : au 1, de quatre fasces; au 2, de deux oiseaux, sous un chef au lion issant, 1028.

PAMPRE.

DES PAMPRES chargés de raisins, 7713.

PAON.

UN PAON marchant, 5687, 8349.

PAPEGAI.

UN PAPEGAI accompagné d'une fleur de lys en chef, 3101.
TROIS PAPEGAUX accompagnant un chevron engrêlé, 665.

PAPELONNÉ.

UN PAPELONNÉ à la bande losangée brochant, au lambel de trois pendants chargés chacun de trois besants, 5544.
— sous un chef, 6911.
— au chevron chargé de ..., brochant, 3336; — chargé de trois étoiles brochant, 3337, 3338.
— à la croix ancrée brochant, 4535.

PARTI.

PARTI : au 1 ...; au 2, une fleur de lys et demie, au bâton en bande brochant, 6737; — au 2, un vairé à la bande, 5546; — au 2, trois bandes, 5036; — au 2, trois bandes ou un bandé de six pièces, 611; — au 2, une demi-croix ancrée, 2940; — au 2, un fascé de six pièces, 247; — au 2, une demi-fleur de lys, 6054.
— au 1, une aigle; au 2, une fasce échiquetée, 6756; — au 2, un griffon, 187.
— au 1, une aigle éployée; au 2, un billeté au lion, 5246; — au 2, trois chevrons, 5699; — au 2, un vairé coupé de cinq besants 2, 2 et 1, 5698, 5700, 5701, 5702; — au 2, un vairé au lambel, 5703, 5704.
PARTI au 1, une aiguière; au 2, trois merlettes l'une sur l'autre, 3873.
— trois annelets de l'un en l'autre à la bordure besantée, 8679.
— au 1, un arbre et demi planté sur un mont et demi; au 2, un lion, 7491, 7492.
— au 1, une bande; au 2, trois chevrons, 7740.
— au 1, une bande accompagnée d'une merlette en chef; au 2, deux lions passant, l'un sur l'autre, 1530.
— au 1, une bande accompagnée de six roses en orle; au 2, une fasce, 4975.
— au 1, une bande à la bordure de vair; au 2, une gerbe et demie, 5707; — au 2, deux pals, 5705.
— au 1, une bande chargée de trois alérions; au 2, deux pals de vair sous un chef, 5365.
— au 1, une bande chargée de trois macles; au 2, trois besants ou trois tourteaux sous un chef chargé d'un lambel, 6184.
— au 1, une bande côtoyée de deux cotices potencées contrepotencées; au 2, une demi-croix vidée, cléchée et pommetée; chargeant un écusson sur le tout, 2120.
— au 1, une bande côtoyée de deux cotices potencées contrepotencées, au lambel; au 2, une aigle éployée, 5697; — au 2, une demi-croix cantonnée de huit croisettes, cinq en sautoir en chef et trois en pointe, 5694; — au 2, une demi-croix cantonnée de neuf croisettes, cinq en sautoir en chef, quatre en pointe, 5693, 5695; — au 2, une demi-croix cantonnée de dix

croisettes, cinq et cinq en sautoir, 5696.

PARTI à *la bande*, au lambel, 9158; — de l'un en l'autre, 3458.

— au 1, *une bande engrêlée* au lambel; au 2, un chef chargé d'une coquille et demie pour trois coquilles, 3023.

— au 1, *deux bandes* côtoyées de cinq coquilles, 1, 2 et 2; au 2, un chevron dans un orle, 8859.

— au 1, *trois bandes;* au 2, trois étoiles rangées en pal, 4154; — au 2, un fretté; sur le tout une croix pattée, 2697.

— au 1, *un bandé de six pièces* à la bordure; au 2, une aigle éployée, 5692.

— au 1, *un bandé de six pièces* sous un chef chargé d'une rose et soutenu d'un autre chef; au 2, un vairé, 9578.

— au 1, *trois besants* l'un sur l'autre; au 2, trois croissants l'un sur l'autre, au lambel sur le tout, 5133.

— au 1, *trois besants ou trois tourteaux;* au 2, un chevron, 5826.

— *trois besants ou trois tourteaux* de l'un en l'autre à la bordure, 7970.

— au 2, *cinq besants?* sous un chef; au 2, un lion; le tout à la bordure, 1322.

— au 1. *six besants*, 3 et 3, sous un chef, coupé d'un écusson accompagné de huit étoiles en orle; au 2, deux fasces, 8803.

— au 1, *neuf besants*, 3, 3 et 3, sous un chef, coupé d'un écusson accompagné de huit étoiles en orle; au 2, deux fasces, 8804.

— au 1, *un billeté* au lion; au 2, un fretté au lambel, 3817.

— au 1, *un bœuf passant* à la bordure; au 2, un fascé de six pièces, 9186.

PARTI: au 1, *un bœuf passant sur un mont;* au 2, une bande, 791; — au 2, une bande; au lambel de deux pendants sur le tout, 793; — au 2, une fasce; au lambel de deux pendants sur le tout, 792.

— au 1, *une bordure;* au 2, trois coquilles, 9133.

— au 1, *un burelé* à la fasce fuselée brochant; au 2, une demi-croix ancrée, 4591.

— au 1, *les chaînes de Navarre;* au 2, deux bandes côtoyées de deux cotices potencées contrepotencées, 6775; — au 2, un semé de fleurs de lys, à la bande brochant, 1525.

— au 1, *les chaînes de Navarre,* coupé d'un semé de fleurs de lys à la bande componée; au 2, un semé de fleurs de lys 6676.

— au 1, *un demi-château* accompagné d'un croissant en chef et d'une étoile en pointe; au 2, une demi-croix vidée, cléchée et pommetée, 6176.

— au 1, *un château;* au 2, une demi-croix vidée, cléchée et pommetée, 6177; — au 2, trois roses? 2298.

— au 1, *deux châteaux et demi;* au 2, un demi-sautoir engrêlé accompagné de besants en orle, 2439.

— au 1, *un chaudron;* au 2, deux fasces; sur le tout, un lambel, 532.

— au 1, *un chef;* au 2, un écartelé de trois coquilles et d'une croix ancrée accompagnée de...., 2101; — au 2, trois fasces ondées, 3926; — au 2, d'hermines à une demi-aigle, 8135.

— au 1, *un chef chargé de trois merlettes;* au 2, deux bandes sous un chef chargé de trois maillets,

2 et 1; sur le tout un pal chargé de trois maillets, 2 et 1, 5613.

PARTI: au 1, *un chef échiqueté;* au 2, une bande losangée, 9671.

— au 1, *deux chevaux passant,* l'un sur l'autre; au 2, deux roues, l'une sur l'autre, 5626.

— au 1, *un chevron;* au 2, un chef échiqueté, 4571; — au 2, une clef en barre accompagnée en chef d'un croissant versé, 2277, 2278.

— au 1, *un chevron* accompagné de trois aiglettes; au 2, trois fleurs de lys, au bâton en bande brochant, 4870; — au 2, deux lions passant, l'un sur l'autre, 9051.

— au 1, *trois chevrons;* au 2, une bande, 8486.

— au 1, *trois chevrons* à la bordure; au 2, trois bandes ou trois chevrons, 8482.

— au 1, *trois chevrons* au lambel; au 2, un chevron à la bordure, 9663, 9664; — au 2, un écusson chargé d'un chevron, 9661.

— *trois chevrons* de l'un en l'autre, 2322.

— au 1, *deux clefs* en sautoir; au 2, un gironné de huit pièces, 2587.

— au 1, *une cloche;* au 2, un lion, coupé d'une aiguière, 851, 853.

— au 1, *un contre-écartelé* d'une croix engrêlée et d'un lion; au 2, une croix chargée d'une tour en cœur et cantonnée de quatre fleurs de lys, 8966.

— au 1, *trois coquilles,* l'une sur l'autre; au 2, trois fasces de six pièces, la troisième pièce chargée d'une merlette, 8426.

— au 1, *un coupé;* au 2, un orle de coquilles à la bande brochant, 5458.

— au 1, *un coupé* d'un palé et

de..., à l'écusson sur le tout; au 2, une fleur de lys et demie, 9400.
PARTI : au 1, trois couronnes, l'une sur l'autre; au 2, un lion, 4373.
— un croissant de l'un en l'autre, 7357.
— au 1, un croissant accompagné de trois...; au 2, un plain, 7206.
— au 1, un croissant accompagné de six croix recroisetées au pied fiché, coupé d'une croix ancrée; au 2, un losangé, 8382.
— au 1, des croissants et des grillets par paires alternées; au 2, un échiqueté, 175.
— au 1, une demi-croix; au 2, un arbre; le tout à la bordure componée, 5578; — au 2, un lion, 5136.
— au 1, une demi-croix cantonnée de sept alérions, 4 et 3; au 2, une fleur de lys et demie, à la barre brochant, 6410; — au 2, une fleur de lys et demie, au filet en barre brochant, 6411.
— au 1, une demi-croix cantonnée de huit alérions; au 2, une demi-croix, 6427.
— au 1, une croix; au 2, deux pots à trois pieds, l'un sur l'autre, 9144.
— au 1, une croix cantonnée de seize alérions; au 2, un semé de fleurs de lys, au lion naissant, 5689.
— au 1, une croix chargée de... et cantonnée de...; au 2, d'hermines, 1519.
— au 1, une croix chargée de cinq coquilles; au 2, un chevron accompagné de trois aiglettes, 8053.
— au 1, une croix chargée de cinq coquilles et cantonnée de douze merlettes; au 2, trois pals sous un chef au lion issant, 3367.

PARTI : au 1, une croix alaisée; au 2, trois bandes, 8360.
— au 1, une demi-croix ancrée; au 2, un semé de petits sautoirs, au demi lion brochant, 9396.
— au 1, une croix ancrée; au 2, cinq fasces, 694.
— au 1, une croix ancrée, au franc-canton; au 2, un losangé, au lambel, 671.
— au 1, une demi-croix fleuronnée; au 2, d'hermines, 5954.
— au 1, une croix potencée, cantonnée de quatre croisettes; au 2, trois pals. 9265; — au 2, quatre pals, 5369; — au 2, un palé de huit pièces, 6331.
— au 1, une demi-croix recercelée; au 2, une doloire et demie (pour 3), 367.
— au 1, une demi-croix vidée, cléchée et pommetée; au 2, un lion, 4800; — au 2, un lion; le tout à la bordure, 4805; — au 2, un loup ravissant, 5103.
— au 1, un écartelé de plains à la bordure; au 2, trois châteaux, 2070.
— au 1, un échiqueté à la bordure besantée; au 2, un losange et demi (pour trois losanges), 2895.
— au 1, un écusson accompagné d'étoiles en orle; au 2, un fascé de six pièces, 8806.
— au 1, un émanché de deux pièces mouvant du chef; au 2, un émanché d'une pièce et de deux demi-pièces mouvant de la pointe, 3700.
— au 1, un émanché de deux pièces et demie mouvant du chef; au 2, un émanché de deux pièces et demie mouvant de la pointe; le tout à la bordure fleurdelysée, 3975.
— au 1, un émanché de deux pièces et demie mouvant du flanc

dextre; au 2, un chef ou un coupé de plains, 8559.
PARTI : au 1, deux étoiles en pal surmontées d'un croissant; au 2, trois bandes, 4162.
— au 1, trois étoiles; au 2, trois chevrons, coupé d'un lion, 5119.
— au 1, trois étoiles, l'une sur l'autre; au 2, trois bandes, 4157; — au 2, trois bandes, au lambel, 7701; — au 2, quatre bandes; le tout au lambel, 4155.
— au 1, une fasce; au 2, un chef chargé d'un lion issant, 8031, 8032; — au 2, un coticé, 7393, 7297, 7299; — au 2, une croix engrêlée, 2236; — au 2, un plain, 8167, 8168.
— au 1, une fasce accompagnée d'une rose ou d'une marguerite en chef; au 2, une barre accompagnée d'une étoile en chef, 8847.
— une fasce de l'une en l'autre, 6870.
— une fasce de l'un en l'autre, à la bande brochant sur le tout, 7129.
— une fasce de l'un en l'autre, au bâton en barre brochant sur le tout, 7130.
— au 1, une fasce chargée de trois chicots ou de trois hermines et accompagnée d'un lion passant en chef; au 2, trois fasces de vair, 8112.
— au 1, une fasce burelée accostée de six fleurs de lys et accompagnée d'une champagne; au 2, une fasce accompagnée de six fleurs de lys, sous un chef chargé d'une vache passant, 1366.
— au 1, une fasce échiquetée de trois tires; au 2, un écusson en abîme dans un trécheur et accompagné de huit croisettes en orle, 1314.
— au 1, une fasce échiquetée de trois

tirés, surmontée d'un lion issant; au 2, un lion, 8425.

PARTI : au 1, *deux fasces;* au 2, un semé de fleurs de lys, à la bande brochant, 3703.

deux fasces de l'un en l'autre, à la bande brochant sur le tout, 7128.

— au 1, *deux fasces accompagnées* de huit merlettes, 3, 2 et 3, posées en barre; au 2, un écartelé plain, coupé d'une barre fuselée accompagnée à dextre d'un écusson chargé d'une fasce, 3009.

— au 1, *trois fasces;* au 2, un lion à la bordure componée, 9138; — au 2, un plain, 2065.

— au 1, *trois fasces ondées;* au 2, trois fasces, 5802, 5803.

— au 1, *quatre fasces;* au 2, deux oiseaux sous un chef au lion issant, à la palme en bande brochant sur le tout, 1028; — au 2, trois serres, 1940.

— *quatre fasces de l'un en l'autre* accompagnées de quatre croisettes, deux en chef et deux en pointe, 8657, 8658.

— au 1, *cinq fasces;* au 2, un écartelé de plains, 9227.

— au 1, *un fascé de six pièces;* au 2, trois besants ou trois tourteaux, sous un chef au lambel, 3050; — au 2, trois chevrons sous un chef, 9157; — au 2, trois chevrons, au lambel, 3051, 9153; — au 2, trois chevrons au lambel, chaque pendant chargé de trois besants, 9156; — au 2, un semé de croix recroisetées au pied fiché, à deux bars adossés, 6331; — au 2, trois fleurs de lys, au lambel, 4370.

— au 1, *un fascé de six pièces au bâton* en bande brochant; au 2, une bande accompagnée de six croisettes en orle, 9433.

— au 1, *un fascé de six pièces à la bordure;* au 2, six besants, 5583; — au 2, un burelé, à la bande brochant, 7157.

PARTI : au 1, *un fascé de six pièces à la bordure sous un chef* chargé de...; au 2, un chef chargé de..., 6113.

— au 1, *un fascé de vair et de...* de six pièces, la deuxième pièce chargée d'une étoile à dextre; au 2, un chef chargé d'une feuille, 4785.

— au 1, *un fascé de huit pièces;* au 2, un semé de fleurs de lys, à la bordure, 5359; — au 2, un semé de fleurs de lys, au lambel, 9265; — au 2, un plain, 9359, 9360.

— *un fascé de huit pièces de l'un en l'autre* accompagné de deux pals en chef accostés de deux girons, à l'écusson sur le tout, 7429.

— au 1, *deux fers de moulin,* l'un sur l'autre; au 2, un burelé de douze pièces, 3505; — au 2, une demi-croix pattée, 6252, 6254; — au 2, une demi-croix pattée; à la fasce brochant sur le tout du parti, 6244.

— au 1, *une feuille* liée sous un chef; au 2, un lion, 8022.

— au 1, *une demi-fleur de lys;* au 2, un lion, 3796.

— au 1, *une fleur de lys et demie;* au 2, un tiercé en pal : 1, une croix cantonnée de quatre croisettes; 2, un semé de fleurs de lys, au lambel; 3, un semé de fleurs de lys, à la bordure, 3783.

— au 1, *trois fleurs de lys* au lambel, coupé de la guivre engoulant l'enfant; au 2, une fleur de lys et demie, 6901.

— au 1, *un semé de fleurs de lys;* au 2, un château, coupé d'un lion, 3381, 3382, 3383, 8792; — au 2, un lion, 9013,

9015, 9016, 9017, 9020; — au 2, un lion, coupé d'un autre lion, 3782; — au 2, un losangé en bande, 3781.

PARTI : au 1, *un semé de fleurs de lys à la bande* chargée de trois lionceaux brochant; au 2, une aigle, 7404.

— au 1, *un semé de fleurs de lys à la bande* componée brochant; au 2, les chaînes de Navarre, 6675.

— au 1, *un semé de fleurs de lys à la bordure;* au 2, deux pals de vair, sous un chef au lambel de deux pendants, 9209.

— au 1, *un semé de fleurs de lys à la bordure componée;* au 2, un écartelé : au 1, un château; au 2 et 3, un semé de fleurs de lys; au 4, un lion, 81.

— au 1, *un semé de fleurs de lys à la bordure engrêlée;* au 2, un demi écartelé de quatre lions, 946.

— au 1, *un semé de fleurs de lys au franc-canton;* au 2, un losangé, 4370.

— au 1, *un semé de fleurs de lys au lambel;* au 2, d'hermines, 4377.

— au 1, *un semé de fleurs de lys au lambel* de trois pendants, chargés chacun de trois châteaux; au 2, cinq besants, 2, 2 et 1, sous un chef, 8292.

— au 1, *un semé de fleurs de lys au lion* naissant; au 2, un écusson en abîme sur un écu au lambel, 5686.

— au 1, *un fretté;* au 2, un lion couronné, 7136; — au 2, un semé de trèfles à deux bars adossés, 4571.

— au 1, *six fusées;* au 2, un semé de fleurs de lys au lion naissant, au lambel, 6485.

— au 1, *une grue;* au 2, trois fasces, 7053.

— au 1, *une guivre* engoulant un enfant; au 2, une croix chargée de cinq coquilles et cantonnée de seize alérions, 4370; — au 2, une fasce, à la bordure chargée de six étoiles, 8282.

PARTI : au 1, d'hermines; au 2, un semé de fleurs de lys, 1517, 1518; — au 2, une guivre engoulant l'enfant, sous un chef chargé de trois fleurs de lys au lambel, 3704; — au 2, d'hermines, à la bordure, 1516; — au 2, un plain, 573, 574, 575, 576; — au 2, un plain, au lambel sur le tout, 572.

— au 1, d'hermines à la demi-croix chargée d'une quintefeuille et trois denies; au 2, un fascé de huit pièces, à deux annelets brochant sur les deux premières, 3800.

— au 1, d'hermines à la croix chargée de cinq quintefeuilles; au 2, un semé de fleur de lys; sur le tout, un écusson à deux bars adossés à la bordure engrêlée, 3641.

— au 1, une jambe ou un houseau ou un bas de chausse; au 2, un vairé, 290.

— au 1, un lambel; au 2, une crosse; à la fasce vivrée brochant sur le tout, 2445.

— au 1, un lévrier rampant accolé accompagné de besants en orle; au 2, trois chevrons accompagnés d'un annelet en pointe, 1958.

— au 1, un lion; au 2, une demi-aigle, 3174; — au 2, une bande, 3265; — au 2, une bande chargée d'une molette, 3271; — au 2, trois besants sous un chef, 2286; — au 2, une demi-croix, 5137; — au 2, trois fasces, 7408, 7411; — au 2, trois fasces sous un chef au lambel, 7410; — au 2, trois fasces; le tout sous un chef au lambel de cinq pendants, 7409; — au 2, cinq fasces à la bordure engrêlée, 3419; — au 2, six fleurs de lys, 74; — au 2, un semé de fleurs de lys, 9018, 9019; — au 2, d'hermines, 7873; — au 2, un lion contourné, 4850; — au 2, un poisson en pal, 3268; — au 2, cinq pommes de pin, 2, 2 et 1; le tout à la bordure besantée, 8175; — au 2, deux serres, 5181; — au 2, une tour crénelée, 314.

PARTI : au 1, un lion à la bande brochant; au 2, une demi-croix engrêlée accompagnée en chef et à sénestre d'une merlette, 7234.

— au 1, un lion à la bordure; au 2, un lion, 892.

— au 1, un lion sous chef chargé d'un lion passant, au 2, un mont planté d'un arbre, 6202.

— au 1, un lion au lambel, au bâton en bande brochant; au 2, une bande accompagnée de deux étoiles, 1007.

— au 1, un lion contourné; au 2, une demi-croix pattée, 5135; — au 2, trois pommes de pin, 8176.

— au 1, un lion naissant accompagné de huit fleurs de lys en orle sous un chef chargé d'un sautoir cantonné de quatre merlettes; au 2, trois pals de vair sous un chef chargé d'un lion passant, 1524.

— au 1, un lion passant, en chef; au 2, trois coquilles, au lambel, 2106.

— au 1, un demi-lion couronné accompagné à dextre de trois fleurs de lys; au 2, un chabot et à demi (pour trois chabots), 2044.

— au 1, un lion couronné; au 2, trois bandes, 6232.

PARTI : au 1, un lion couronné, à queue fourchée, passée en sautoir; au 2, un échiqueté, 9707.

— au 1, trois lions sous un chef d'hermines; au 2, un fretté, 5869.

— au 1, trois lions passant l'un sur l'autre; au 2, un chef, 364; — au 2, quatre fasces, 1944.

— au 1, trois lions couronnés; au 2, une quintefeuille; au bâton en bande brochant sur le tout. 1139, 1228.

au 1, trois lions couronnés l'un sur l'autre; au 2, quatre fasces, 1941; — au 2, cinq fasces, 1942; — au 2, un fascé de douze pièces, 1943.

— six lions affrontés deux à deux, de l'un en l'autre, 6789.

— au 1, un losangé; au 2, un pal, 2960; — au 2, deux pals de vair sous un chef, 2352.

— au 1, deux loups passant l'un sur l'autre; au 2, deux besants ou deux tourteaux, l'un sur l'autre, 5093; — au 2, quatre fasces, 5373.

— au 1, trois marteaux; au 2, un léopard, 5799.

— au 1, une merlette en chef; au 2, un plain, 4604.

— au 1, sept merlettes en orle, au franc canton; au 2, trois chevrons, 3959.

— au 1, un mont planté d'un arbre, à la bordure engrêlée; au 2, un lion, 6278.

— au 1, un noyer; au 2, un plain, parti d'une demi-croix fleuronnée; sur le tout, un écusson chargé d'une cloche; le tout sous un chef chargé d'une croix potencée, 6768.

— au 1, un noyer sous un chef chargé d'une croix; au 2, une demi-croix fleuronnée, 6767.

— au 1, deux otelles; au 2, une demi-croix, vidée, cléchée et pommettée, 2689.

82

PARTI : au 1, *un ours grimpant* sur une branche; au 2, quatre bandes, 7193.
— au 1, *un ours rampant*; au 2, quatre bandes, 7192.
— au 1, *deux pals*; au 2, une bande à la bordure de vair, 5706.
— au 1, *un palé de six pièces*; au 2, une fasce à la bordure, 8283; — au 2, un lion, 3388.
— au 1, *un palé de six pièces à la bande* brochant; au 2, un château, 5817.
— au 1, *un palé sous un chef* chargé de deux coquilles; au 2, un semé de fleurs de lys, à la bande brochant, 2499.
— au 1 et 2, *un plain*, 533, 8945.
— au 1 et 2, *un plain à la bande* brochant, 3353, 8775, 8934, 8935, 8936.
— au 1 et 2, *un plain à la bande* chargée d'une croisette en chef brochant, 8776.
— au 1 et 2, *un plain à la bordure*, 6391, 6392, 6393.
— au 1 et 2, *un plain à la bordure engrêlée*, 6394, 6395, 6396.
— au 1 et 2, *un plain à la fasce* brochant sur le tout, 2136, 5615.
— au 1 et 2, *un plain à la fasce vivrée* brochant, 9099.
— au 1, *un plain*; au 2, trois bandes sous un chef, 1892; — au 2, une demi-croix fleuronnée, 6768; — au 2, un échiqueté; sur le tout un chevron, 7709; — au 2, deux tourteaux, l'un sur l'autre, 6313, 6315, 6316.
— au 1, *un plain à la bordure*; au 2, trois coquilles, 9133.
— au 1, *un pot à une anse*; au 2, trois merlettes, l'une sur l'autre 7367.
— au 1, *un pot et demi à trois pieds et à une anse, à la bordure besantée*; au 2, la lettre A couronnée, 6262.

PARTI : au 1, *une quintefeuille et demie* (pour trois); au 2, une bande frettée, au lambel de trois pendants chargés chacun de trois besants, 3902.
— au 1, *six quintefeuilles en orle* accompagnant une bande; au 2, deux fasces, 7723.
— au 1, *un rais*; au 2, la croix de Toulouse, 722, 723, 724.
— au 1, *un rais d'escarboucle*, coupé d'un fascé de six pièces à la bordure; au 2, un chef, 3660.
— au 1, *un demi-sautoir* cantonné de quatre macles; au 2, six fleurs de lys, 4041.
— au 1, *un sautoir engrêlé* cantonné de quatre cygnes; au 2, une croix ancrée accompagnée d'une étoile en chef et à dextre et d'un dextrochère ou d'un personnage à sénestre, 7548.
— au 1, *trois serres*; au 2, quatre fasces 1932.
— au 1, *trois serres, l'une sur l'autre*; au 2, trois besants ou trois tourteaux, l'un sur l'autre, 8605.
— au 1, *une tête d'homme couronnée*; au 2, une demi-croix ancrée, 6927.
— au 1, *un tiercé* portant en chef trois fasces; au milieu, une fasce chargée de deux bandes; en pointe, trois fleurs de lys au bâton en bande brochant; au 2, un losangé, 7296.
— au 1, *une tour*; au 2, un échiqueté, 8959.
— au 1, *un treillissé*; au 2, un semé de besants, 8825, 8826, 8827, 8828.
— au 1, *deux vaches passant*; au 2, trois fasces, 8427.
— au 1, *un vairé*; au 2, une bande à la bordure de vair, 5708; — au 2, trois lions couronnés, 646; — au 2, trois quintefeuilles, 768.

PARTI : au 1, *un demi-vol abaissé*; au 2, un oiseau, 3177.
PARTI DE DEUX : au 1, *un contre-écartelé d'un lion et d'un léopard rampant*; au 2, un semé de fleurs de lys, à la bande chargée de trois lionceaux brochant; au 3, un semé de fleurs de lys, à la bordure chargée de lionceaux; le tout au lambel, 4378; — au 1, *un fascé de six pièces*; au 2, trois chevrons au lambel; au 3, trois bandes, 3046, 9152; — au 2, trois chevrons, au lambel; au 3, trois bandes; le tout à la bordure engrêlée, 3049.
PARTI DE DEUX, COUPÉ DE UN : au 1, *un fascé de huit pièces*; au 2, un semé de fleurs de lys, au lambel; au 3, une croix potencée cantonnée de quatre croisettes; au 4, un semé de fleurs de lys, à la bordure; au 5, un semé de croisettes recroisetées au pied fiché, à deux burs adossés brochant; au 6, une bande chargée de trois alérions, 5363.

PATTE.

DEUX PATTES EN SAUTOIR, 2893, 9669.
— *chargeant* un chef surmontant une licorne, 5598.
TROIS PATTES *chargeant* un franc canton accompagnant une épée en bande la pointe en bas, 906, 907.
QUATRE PATTES *cantonnant* un sautoir engrêlé, 7474.
PATTES DE GRIFFON, DE LION. Voir Griffon, Lion.

PAVOT.

TROIS TÊTES DE PAVOTS, 1737.
— à *la bordure engrêlée*, 2892.
TROIS TÊTES DE PAVOTS RENVERSÉES, 1736.

PEIGNE.
Un peigne ou un râteau? 675.

PÉLICAN.
Un pélican en sa piété, 7055, 8360, 9121.
Trois pélicans en leur piété, 8816.

PERCHE.
Voir *Corne de cerf*.

PERDRIX.
Trois perdrix, 3102, 7082, 7084, 7086.
— *accompagnant* un chevron, 7083.
— à la *bordure*, 7085.
— et une coquille *cantonnant* un sautoir, la coquille en pointe, 7563, 7564; — et une coquille cantonnant un sautoir à la bordure engrêlée, la coquille en pointe, 7562.

PIE.
Une pie passant à dextre sous un *chef* chargé de trois coquilles, 19.

PIEDS FOURCHUS.
Trois pieds de biche au *bâton en bande* brochant, 780.

PIN.
Voir *Pommes de pin*.

PLAIN.
Un plain, 69, 70, 71, 85, 313, 347, 348, 349, 488, 489, 529, 533, 573, 574, 575, 576, 678, 960, 1135, 1199, 1257, 1275, 1276, 1406, 1407, 1408, 1412, 1414, 1416, 1721, 1892, 2065, 2157, 2287, 2365, 2366, 2565, 2898, 2992, 3011, 3443, 3513, 3638, 3989, 4057, 4114, 4115, 4116, 4538, 4604, 4713, 4750, 5166, 5199, 5489,

5582, 5649, 5733, 5955, 6159, 6266, 6267, 6268, 6269, 6270, 6271, 6272, 6273, 6274, 6276, 6293, 6313, 6315, 6316, 6436, 6437, 6438, 6524, 6548, 6660, 6668, 6669, 6672, 6673, 6674, 6684, 6768, 6800, 6959, 7091, 7206, 7266, 7486, 7709, 7942, 8167, 8168, 8197, 8267, 8464, 8466, 8489, 8502, 8553, 8559, 8607, 8608, 8755, 8790, 8945, 9009, 9117, 9151, 9174, 9175, 9227, 9228, 9229, 9345, 9359, 9360, 9582.
— *accompagnant* en pointe un vairé, 1023.
— à la *bande* engrêlée brochant, 195, 196, 197.
— à la *bordure*, 9133.
— *coupé* de trois pals, 2373.
— au *lambel*, 572, 1410, 1411, 2380, 3930, 7383, 7561, 9050; — au lambel de cinq pendants, 72, 499; — et à l'écusson en abîme, 5686; — et au franc canton chargé d'une quintefeuille, 4652.
Un contrécartelé de plains, 929, 8788, 8789.
— au *bâton en bande* brochant, 9673.
— à la *bordure*, 4117; — à la bordure engrêlée, 8190; — fleurdelysée, 7270.
Un écartelé de plains à la *bande* chargée de trois croisettes recroisetées brochant sur le tout, 3494, 3495, 3496, 3498.
— à la *bordure*, 1409, 2070; — à la bordure fleurdelysée, 2069.
— *chargeant* un écusson en abîme accompagné de cinq châteaux en orle, 4118; — de six châteaux en orle, 4119, 4120.
— au *lambel*, 1410, 1411, 2380, 2571, 3930, 5105; — au

lambel de trois pendants chargés chacun de trois besants, 4689; — au lambel de quatre pendants, le 1 chargé d'une étoile, 5104.
Un écartelé de plains à trois quintefeuilles sur le tout, 262, 263.
Un parti de plains à la *bande* brochant, 3353, 8775; — à la bande chargée en chef d'une croisette brochant, 8776.
— à la *bordure*, 6391, 6392, 6393; — à la bordure engrêlée, 6394, 6395, 6396.
— à la *fasce* brochant, 2136, 5615; — à la fasce vivrée brochant, 9099.

PLUME.
Une plume en *bande* sous un *chef* chargé d'une croix pattée, 7064.
Deux plumes d'autruche en panache, 1918.
Trois plumes, 7062.
— *accompagnant* en chef trois croissants, 7061.
Trois plumes d'autruche, 7499.

POINT.
Un point *accompagnant* en abîme cinq châteaux, 2, 2, et 1, 6365; — et trois étoiles accompagnant un chevron, 2263; — trois maillets, 3809.
— *accompagnant* en chef une aigle éployée à la bordure besantée, 8971; — un sautoir demi-potencé, 3596.
— à sénestre et une étoile à dextre accostant un buste d'homme de face, 9125.
Deux points *accompagnant* en flanc trois châteaux, 3576.
— *accostant* un pairle, 2736.
Trois points et un croissant en abîme *accompagnant* trois roses, 7302.

TABLE HÉRALDIQUE

Trois points *contenus* chacun dans un annelet, 8791.
Six points *anglant* quatre fusées en fasce, 2404.
Sept points *contenus* dans sept mâcles, 3, 3 et 1, un dans chaque mâcle, 9491.

POINTS ÉQUIPOLLÉS.

Cinq points équipollés, 4025, 4031, 6954, 7553.
— au *bâton en bande* brochant, 4023, 9038.
— *chargeant* un écusson accompagné de trois lions? 494.

POINTE.

Une pointe renversée, 1677.
— *accostée* de six merlettes affrontées, 6029.
Trois pointes *accompagnant* en chef une fasce, 5102.
— *à la bande* brochant, 7237.
— *au franc canton* chargé d'un cerf, 7138, 7139.
Quatre pointes *cantonnant* une croix engrêlée, 5999, 6000.

POIRE.

Une poire, 7088.
Trois poires, 3451, 7089.

POIRIER.

Un poirier, 7093.
Quatre poiriers *cantonnant* une croix, 7092.

POISSON.

Un poisson en bande, 4729, 4730;
— et une sextefeuille en pointe, au franc canton chargé d'une molette, 6763.
Un poisson en fasce *accompagnant* quatre fasces entre la première et la seconde, 2676.
— *accompagné* de trois feuilles en chef, 3927.
— *sous un lion passant*, 33.
Un poisson *nageant* dans des ondes portant une nacelle contenant un léopard couché, mantelé, 6625.
Un poisson en pal, 3268.
— *cantonnant* le 2 et 3 d'une croix engrêlée cantonnée, au 1 et 4, d'une fleur de lys, 7239.
Deux poissons en fasce, l'un sur l'autre, 5685, 8660.
— *accompagnant* à sénestre un lion, 1754.
Deux poissons en fasce affrontés (2 baleines), *accompagnant* en chef trois fasces, 584.
Deux poissons adossés en pal *accompagnés* de... en chef, 7265; —
d'une étoile en chef, 2517; —
d'une étoile en chef, brochant sur un billeté, 8033.
— *brochant* sur un billeté, 1223, 1224, 8036; — sur un billeté, au lambel, 1222.
— *sous un chef* chargé d'un lion passant, 7209.
— *au lambel*, 6152.
Trois poissons en fasce *accompagnant* une fasce, un en chef et deux en pointe, 3356.
Trois poissons en fasce, l'un sur l'autre, 6024, 8035.
— *accompagnés* d'un annelet à sénestre, 6778; — de croisettes, 3963; — d'un pal à sénestre, 106.
— *à la bordure*, 8034; — *à la bordure composée*, 674.
— *au lambel*, 4371.
Trois poissons en pal, 374, 375, 5154.
— *accompagnés* en chef d'un écusson chargé d'un chevron, 7152;
— *d'une étoile en chef*, 5152, 5153.
— *au bâton en bande* fleuronné brochant, 5762.
— *cantonnant* le 2 et 3, d'une croix engrêlée cantonnée, au 1 et 4, de trois merlettes contournées, 6350.

Trois poissons en pal, sous un chef chargé d'un lion issant, 5144.
— *au franc canton* chargé de trois annelets, les deux en chef séparés par un trait, 376; — au lion, 373.
— *au lambel*, 4372.
Trois poissons en pal, les deux en chef adossés *accompagnés* d'un croissant en chef, 7838.
— *au lambel*, 7839.
Quatre poissons en fasce *cantonnant* un sautoir engrêlé, 7379.
Quatre poissons en pal *cantonnant* une croix engrêlée, 7240; — un sautoir engrêlé, 7380.
Cinq poissons en pal posés en sautoir *chargeant* un franc canton accompagnant un frette, 6834.
Six poissons en pal, 6531.
Un semé de poissons? au lion, 1017.

POMME DE PIN.

Trois pommes de pin, 8176, 9074, 9076.
— *accompagnant* un chevron, 226, 7191.
— *accompagnées* d'une étoile en abîme, au lambel, 7191.
Cinq pommes de pin, 2, 2 et 1, à la bordure besantée, 8175.

PONT.

Un pont à deux arches *accompagné* de trois molettes en chef et d'ondes en pointe, 3605.
Un pont à trois arches *accompagné* d'un léopard en chef, 7318.

PORC.

Un porc *accompagné* d'une étoile en chef et à dextre, 7391.
— *au lambel* de cinq pendants, 7392.
Trois porcs, 2641, 2927, 7336.
Six porcs, 4735, 4736, 4737.

PORTE.

Une porte, 7358.
— *crénelée*, 525.

UNE PORTE *flanquée* de deux tours, 7347.
— *surmontée* de deux tourelles et accompagnée d'une étoile en chef et à dextre, 5462.

POT.

UN POT À UNE ANSE, 7367.
— *accompagnant* en chef et à dextre quatre quintefeuilles, 7228.
— et à trois pieds à la *bande* brochant, 8592.
— *chargeant* une fasce, 7363.
UN POT À DEUX ANSES, 9176.
UN POT ET DEMI À TROIS PIEDS ET À UNE ANSE, à la *bordure* besantée, 6262.
DEUX POTS À TROIS PIEDS, l'un sur l'autre, 9144.
TROIS POTS À TROIS PIEDS *chargeant* un écusson sur le tout, 3397, 3398.
TROIS POTS À TROIS PIEDS ET À UNE ANSE, 2423, 2424, 8177.
— à la bordure besantée, 6261.
— au *lambel*, 6263, 6339.
TROIS POTS À TROIS PIEDS ET À DEUX ANSES au *bâton en bande* brochant, 826.

PRESSOIR.

UN PRESSOIR, 7430.

QUADRILOBE.

UN QUADRILOBE, 8688, 8689.

QUADRUPÈDE.

TROIS QUADRUPÈDES passant, 9700.
— *accompagnant* un chevron, 4352.

QUARTEFEUILLE.

UNE QUARTEFEUILLE, 3687, 8688, 8689.
TROIS QUARTEFEUILLES *accompagnant* un chevron, 6942.
CINQ QUARTEFEUILLES? *chargeant* un sautoir, 3648.
UN SEMÉ DE QUARTEFEUILLES au chevron brochant, 5760.

QUINTEFEUILLE.

UNE QUINTEFEUILLE, 804, 1071, 1072, 1228, 1495, 1496, 1497, 1498, 3001, 5303, 9345; — et une hure en chef et deux étoiles en pointe, 131.
— *accompagnée* debesants en orle, au bâton en bande brochant, 5302; — de trois étoiles, deux en chef et une en pointe, 4582; — en chef et à dextre d'une merlette, au lambel, 6752; — d'une merlette à sénestre, au lambel, 9269; — de neuf merlettes en orle, 9287.
— *au bâton en bande* brochant, 1139, 1228.
— *brochant* sur un burelé, au lambel, 3016.
— *cantonnant* le 1 et 4 d'une croix cantonnée, au 2 et 3, d'une fleur de lys, 9534; — le 2 et 3 d'une croix cantonnée, au 1 et 4, d'une fleur de lys, 9535; — en pointe et une hure en chef cantonnant un sautoir chargé de... en cœur, 7874.
— *chargeant* en chef une bande accompagnée de six coquilles, 3 et 3, 1281; — une bande, à la bordure chargée de neuf quintefeuilles, 4336; — un chef à dextre, 438, 2528; — un chef soutenu d'un autre chef chargé de trois chandeliers, au-dessus de trois bandes, 282; — entre deux étoiles chargeant un chef surmontant un lion, 5372; — le sommet d'un chevron surmonté d'un croissant et accompagné de trois rencontres de bœuf, 6784; — une fasce accompagnée de sept billettes, trois en chef et quatre en pointe, 4289; — la première de deux fasces accompagnées d'un lion passant en chef, 1036; — un franc canton, 827, 4653; — un franc canton accompagnant un fascé de six pièces, au bâton en bande brochant sur le tout, 7555; — un franc canton accompagnant un plain au lambel, 4652.

UNE QUINTEFEUILLE sous un *chef*, chargé de deux quintefeuilles, 1853:
— échiqueté de trois tires, 7385; — d'hermines, 5376.
— sous un *croissant* accompagné à sénestre un lion à la bande brochant, 5488.
— au *lambel*, 805, 1467, 9270, 9271, 9272; — au lambel de cinq pendants, 2686, 7023.
— *surmontant* un chevron d'hermines accompagné de trois fleurs de lys, 6342, 6343, 6344.

UNE QUINTEFEUILLE EN ABÎME *accompagnant* trois annelets, 8304; — trois chevrons, au lambel, 7229; — trois croissants, à la bordure, 8731; — trois quintefeuilles plus petites, 1330; — trois têtes de cygne, 5341, 5342.

UNE QUINTEFEUILLE EN CHEF *accompagnant* une aigle éployée, à la bordure, 5071; — et à dextre un chevron, 927; — et à dextre deux chevrons, à la bordure engrêlée, 1898; — et à dextre trois chevrons, 2463; — deux clefs en sautoir, 2600; — et à dextre une croix, 4677; — deux épis en sautoir, 1990; — entre deux étoiles et un chevron en pointe accompagnant une fasce, 5828; — et deux étoiles, l'une en chef et l'autre en pointe, accompagnant une fasce chargée de trois besants ou trois tourteaux, 5562; — et à dextre deux huchets contournés, 4577.

UNE QUINTEFEUILLE AU FLANC DEXTRE

et trois étoiles en chef *accompagnant* deux fasces, 6030.

UNE QUINTEFEUILLE EN POINTE et une fleur de lys en chef *accompagnant* un bâton en bande, 1494; — accompagnant un chevron chargé de trois losanges? 1131; — et deux besants ou deux tourteaux en chef accompagnant un chevron, 8064; — un sautoir, 4242.

UNE QUINTEFEUILLE ET DEMIE (pour trois quintefeuilles), 3902.

DEUX QUINTEFEUILLES *accompagnant* une bande, 1862; — en chef un chevron, 2997, 6090; — en chef et une fleur de lys au pied coupé en pointe accompagnant un chevron, 5002; — accompagnant en chef une fasce, 354, 8943.

— l'une en chef *accompagnée* d'un lion passant, l'autre en pointe, 445; — l'une en chef accompagnée d'un lion et l'autre en pointe, au bâton en bande brochant, 167.

— *cantonnant* une croix en chef, 615.

— séparées par un chevron, *chargeant* une bande accompagnée de six billettes en orle, 8998; — chargeant un chef, 3931; — un chef surmontant un croissant, 2368, 2369, 2370; — un chef surmontant une croix ancrée, 6605; — un chef surmontant une quintefeuille, 1853.

— au *franc canton*, 3639; — chargé de..., 2848.

— l'une en chef dextrée d'un léopard, l'autre en pointe, au *lambel* de quatre pendants, 7892, 7893.

TROIS QUINTEFEUILLES, 579, 768, 1569, 1570, 1571, 2877, 3096, 3218, 4375, 4376,

4414, 4661, 6010, 6147, 6567, 7009, 7290, 8174, 9367, 9368.

TROIS QUINTEFEUILLES *accompagnant* un chevron, 2906, 4237, 7097; — un chevron, à la bordure besantée, 958; — un chevron chargé d'une coquille au sommet, 7431; — une fasce, deux en chef et une en pointe, 1110; — une fasce diaprée d'un lion entre deux aigles, deux en chef et une en pointe, 5632; — un lion passant, deux en chef et une en pointe, 3139; — une main appaumée, deux en chef et une en pointe, 4455; — en chef un arbre, un sureau? 8742; — en chef deux fasces, 3835; — en chef deux fasces, sur champ d'hermines, 4778; — en chef deux fasces, au lambel de quatre pendants, sur champ d'hermines, 4777; — en chef deux fasces, au lambel de cinq pendants, sur champ d'hermines, 4779.

— *accompagnées* d'un croissant en chef, 4569; — d'une étoile en abîme, 5001; — d'une étoile en abîme, sur champ d'hermines, 7006; — d'une étoile en abîme, chargeant un écusson en abîme accompagné de neuf besants en orle, 4007; — d'une merlette en chef à dextre, 6011, 6013; — d'une quintefeuille plus grande en abîme, 1330.

— à la *bande* brochant, sur champ d'hermines, 7007.

— à la *bordure*, 1568, 9365.

— *brochant* sur un semé de besants, 7005; — sur un burelé, 7106; — sur un écartelé de plains, 262, 263.

— *cantonnant* une croix, au franc canton sénestre chargé de deux fleurs de lys rangées en fasce, 9533.

TROIS QUINTEFEUILLES *chargeant* une bande, 6928; — une bande accompagnée de six billettes en orle, 4503; — une bande brochant sur un émanché de quatre pièces et demie mouvant du flanc sénestre, 9213; — une bande brochant sur une gerbe accostée de deux étoiles, 1481; — une bande sous un chef portant à dextre un écusson à la croix ancrée, 5193; — une bande, au franc canton sénestre, 5253; — un bâton en bande brochant sur une croix pattée, 2693; — un chef surmontant un chevron accompagné de trois oiseaux, 3846; — un chef surmontant deux chevrons, 4942; — un chef surmontant trois merlettes, 5064; — un chevron, sur champ d'hermines 8055; — un coupé, 1852, 1854; — un coupé, au lambel, 1851, 1855, 1856; — la première pièce d'un fascé de huit pièces, 7323.

— sous un *chef*, 6168, 6282, 6283, 6284, 6285; — à la bande brochant sur le tout, 6762.

— sur champ *d'hermines*, 5355.

— au *lambel*, 3515, 3674, 6014, 6015, 7098, 8089; — et à la bordure, 9366; — au lambel, sur champ d'hermines, 7008.

QUATRE QUINTEFEUILLES *accompagnées* d'un pot en chef et à dextre, 7228.

— et quatre fleurs de lys accostant une dame debout, 7051.

— *cantonnant* un sautoir, 2516, 2925, 6082, 8760; — un sautoir au lambel, 1136, 2469, 2471.

DES SCEAUX DE CLAIRAMBAULT.   655

Quatre quintefeuilles au *lambel*, au franc canton chargé de..., 5625.
Cinq quintefeuilles *chargeant* une demi-croix, sur champ d'hermines, 8300; — une croix, à la bande brochant, 8302; — une croix, sur champ d'hermines, 3641, 3642, 8301, 8303; — une croix ancrée, 1973, 1974.
Cinq quintefeuilles en orle *accompagnant* une bande chargée d'une étoile en chef, 3551.
Cinq quintefeuilles en sautoir à la *bordure* engrêlée chargeant un franc canton accompagnant un gironné de huit pièces, 514.
Six quintefeuilles, 1150, 1151, 3599, 4386, 8710.
— *accompagnant* une fasce, trois en chef et trois en pointe, 936; — une fasce chargée de trois marmites, trois en chef et trois en pointe, 8925.
Six quintefeuilles en orle *accompagnant* une bande, 7886; — une bande, parti de deux fasces, 7793; — un croissant, 3807; — une fasce, 6049; — une fasce, au bâton en bande brochant, la fasce chargée d'une molette à dextre, 1189; — une fasce chargée d'une coquille, 6041.
Sept quintefeuilles, 1, 3 et 3, *accompagnant* trois bandes, 4642.
Huit quintefeuilles *chargeant* une bordure accompagnant un chevron de vair accompagné de trois lions, 3820.
Huit quintefeuilles en orle *accompagnant* un écusson en abîme, 8800.
Neuf quintefeuilles *chargeant* une bordure accompagnant une bande chargée d'une quintefeuille, 4336.
Quatorze quintefeuilles *chargeant*

une bordure accompagnant un chevron accompagné de trois lions, 3821.
Un semé de quintefeuilles au *lion* brochant, au lambel, 3082.
Quintefeuilles au *lambel*, 3917.
Quintefeuilles en orle *accompagnant* un arbre, 5124.

RAIS.

Un rais, 722, 723, 724, 964, 2034, 2035, 2045, 2047, 2048, 2049, 4727, 5076, 6436, 6524, 6829, 6830, 6831, 6832, 6833, 8741.
— à la *bordure* engrêlée, 2296.
— *cantonnant* le 2 d'une croix cantonnée, au 2, 3 et 4, de douze alérions, 6419, 6420, 6423, 6424.
— *chargé* en cœur d'une croix vidée, cléchée et pommetée, 725, 726, 727.
— au *lambel* de quatre pendants, 2290.

RAIS D'ESCARBOUCLE.

Un rais d'escarboucle *chargeant* en cœur un sautoir engrêlé cantonné de quatre dragons ailés, 2763.
Un rais d'escarboucle fleuronné, 2273, 3333, 7600, 7601, 7602, 9293.
— *coupé* d'un fascé de six pièces, à la bordure, 3660.
— au *lion* brochant, 5442.

RAISIN.

Un raisin, 6691.
Trois raisins, 9467, 9468.
— *accompagnant* un chevron, 9466.
— au *bâton en bande* brochant, à la bordure, 9465.
Des raisins *chargeant* des pampres, 7713.

RAMEAU.

Voir *Arbre*.

RAT.

Deux rats *accostant* un arbre accompagné de deux étoiles en chef, 7552.

RÂTEAU.

Un râteau sans manche, 675.
Deux râteaux sans manche, l'un sur l'autre, 1377, 8609.
Trois râteaux sans manche, l'un sur l'autre, 7596.
Un râteau emmanché, au sautoir brochant, 7688.
Trois râteaux emmanchés, 6799.

RAVE.

Trois raves, 7543.

RENARD.

Un renard passant *contourné*, 4150.
Deux renards passant, l'un sur l'autre, à la *bande* brochant, 7648.
Trois renards passant, l'un sur l'autre, 6647.
Trois renards courant, l'un sur l'autre, à la *bordure* engrêlée, 7646, 7647.

RENCONTRE.

Voir *Ane, Bœuf, Cerf, Cheval, Taureau, Veau*.

RINCEAUX.

Rinceaux *accompagnant* en pointe un château, 2297.
— *chargeant* un chef surmontant un palé contre palé, 6502.
Rinceaux en orle *accompagnant* un écusson au lion, 2007.

ROC D'ÉCHIQUIER.

Un roc d'échiquier, 7943.
— sous un *chef* chargé d'un lévrier courant, 7947.
— *séparant* deux B en chef et une croix pattée en pointe, 1510.
Deux rocs d'échiquier, 7942; — en

pointe et une aigle en chef, 7004.
Deux rocs d'échiquier *accompagnant* en chef trois fasces, 7940.
Trois rocs d'échiquier, 435, 1785, 1822, 7932, 7934.
— *accompagnant* en chef trois fasces, 7941.
— à la *bande* componée brochant, 1914.
— à la *bordure*, 433, 434, 437, 4298; — engrêlée, 7885, 7949.
— *chargeant* un chef surmontant une bande, 7937; — un coupé, 1823; — une fasce, 7948.
— sous un *chef*, 7944.
— au *lambel*, 4299, 5518.
Six rocs d'échiquier à la bordure engrêlée, 9249.

ROSE.

Une rose, 1077, 6548; — en pointe et deux fleurs de lys en chef, 6362.
— *accompagnant* un chevron en chef et à dextre, 8989; — et deux merlettes affrontées en chef accompagnant un chevron, 5968; — et deux coquilles en chef accompagnant un chevron sous un chef, 169; — en chef une fasce, 8847; — en chef et à sénestre une fasce, 7953; — en pointe et deux molettes en chef accompagnant une fasce, 5012; — en pointe les initiales PM couronnées, 5561; — et une fleur de lys accompagnant en pointe une verge tenue par deux dextrochères, 8866.
— *accompagnée* d'une étoile en chef et à dextre, 8812.
— *cantonnant* le 4 d'une croix cantonnée, au 1, d'une étoile, au 2 et au 3, d'un croissant, 8848.
— *chargeant* un chef surmontant une bande, 7615; — un chef soutenu d'un autre chef et surmontant un bandé de six pièces, 4952, 7631, 9578; — et une sextefeuille chargeant un chef soutenu d'un autre chef chargé de trois chandeliers, surmontant un bandé de six pièces, 281; — à dextre et une étoile à sénestre chargeant un chef surmontant d'hermines, 7780; — la seconde pièce d'un fascé d'hermines et de... de six pièces à l'écusson en abîme chargé de..., 5585; — un franc canton accompagnant un burelé à l'orle de six merlettes, 5220.
Une rose sous un *chef* chargé de trois étoiles, 5807.
Deux roses en chef et un croissant en pointe, 7065.
— l'une en chef, l'autre en pointe, *accompagnant* une bande, 3246, 4112.
— *accompagnant* en chef un chevron chargé de..., 3254; — une fasce, 354; — en chef et une étoile en pointe accompagnant une fasce chargée de..., 5083.
— *chargeant* un chef surmontant un croissant surmonté de..., 7566; — un chef à la bordure, 8944; — un chef surmontant deux pals de vair, 245.
Trois roses, 391, 2298, 4688, 6844, 7957, 8088, 8189; — en chef, et deux croisettes en chef, 1021.
— *accompagnant* une bande, deux en chef et une en pointe, 7691; — un chevron, 1180, 5643, 6003; — en chef une fasce, 4576.
Trois roses, deux en chef et une en pointe, *accompagnant* une fasce chargée d'un besant ou d'un tourteau, 3492; — un lièvre courant, 8768.
Trois roses? en chef *accompagnant* un ondé en fasce, 1466.

Trois roses? en chef *accompagnées* de... en chef, 7720; — de croisettes, 7954; — d'un croissant en abîme et de trois points, 7302; — d'une étoile en abîme, 5001, 5155.
— *chargeant* une bande accompagnée d'un vairé en chef, 5619; — une bande accostée de deux dragons ailés, 565, 567; — une bande côtoyée de deux feuilles de scie, 2000; — un chef surmontant trois bandes, 4953; — un chef surmonté d'hermines, au bâton en bande brochant sur le tout, 2786, 2787; — un chef surmontant un léopard, 6094; — un chef surmontant un losangé, 9622.
Trois roses ou trois étoiles *chargeant* une fasce 670.
Trois roses? *chargeant* une fasce, sur champ d'hermines 25.
— sous un *chef* chargé d'un vivré, soutenu d'un second chef chargé également d'un vivré, 342.
— au *lambel*, 8089.
Quatre roses ou quatre étoiles *cantonnant* une croix ancrée, 915; — en sautoir sous un chef au lambel de quatre pendants, 7599.
Quatre boutons de rose *cantonnant* une croix, 8882.
Cinq roses, 2, 2 et 1, *accompagnant* deux fasces, 967.
Six roses, 551.
— *accompagnant* une fasce, trois en chef et trois en pointe, 8126, 8127; — trois en chef et trois en pointe, accompagnant une fasce chargée de trois marmites, 8925.
— au *bâton en bande* brochant, 552, 5809.
— à la *bordure*, 553, 554.
— *chargeant* deux fasces, trois sur chacune, 7592.

SIX ROSES *côtoyant* une bande chargeant un écusson sur le tout, 5207.
— sur champ d'hermines, 5597; — et à la bordure componée, 5596.
SIX ROSES EN ORLE *accompagnant* une bande, 764, 765, 4142; — une bande chargeant un écusson sur le tout, 5201, 5202, 5203, 5204, 5212; — une bande, parti d'une fasce, 4975; — une bande, au lambel, 763; — un écusson en abîme, 8535.
SEPT ROSES, 3, 3 et 1, sous un *chef*, 2265.

ROSIER.
UN ROSIER? 255.

ROUE.
UNE ROUE, 1148, 1246, 9009, 9299; — et une fasce haussée, 7965, 7966.
— *accompagnant* en chef et à sénestre une bande chargeant un écusson posé à sénestre sur un chef chargé à dextre d'un croissant, 7204.
— *chargeant* une fasce accompagnée de trois molettes, deux en chef et une en pointe, 4993; — la troisième pièce d'un fascé de six pièces, 2301, 2302.
DEUX ROUES, l'une sur l'autre, 5626; — une en chef avec un lion naissant et l'autre en pointe sur champ d'hermines, 6683.
— *accompagnant* une bande sous un chef chargé d'un écusson en bannière portant une croix cantonnée de quatre croisettes et accostée de deux croisettes, 8500.
TROIS ROUES, 1559, 5948, 7689, 8517.
— *accompagnant* un chevron, 2233, 4691, 5630.
— *chargeant* un chef, 6210.
— au *lambel*, 518.

SANGLIER.
UN SANGLIER PASSANT, 266, 6130, 6542, 6543, 8673.
— *accompagnant* en chef et à sénestre une bande côtoyée de deux colices, 8552; — en chef trois fasces, 5621.
— *accompagné* de trois étoiles, 7278.
— *devant* un arbre, 3137, 3138.
— au *lambel*, 7266, 8502.
DEUX SANGLIERS PASSANT *accostant* un arbre, 9430.
TROIS SANGLIERS PASSANT, 2641, 2927, 4129, 4130, 4132, 4133, 4134, 9281, 9340.

SAUTOIR.
UN DEMI-SAUTOIR *cantonné* de quatre mâcles, 4041.
UN SAUTOIR, 157, 158, 161, 360, 687, 1065, 1066, 1157, 1191, 2090, 2091, 2566, 3452, 3453, 3454, 3896, 3898, 4288, 4330, 4331, 4332, 4333, 4334, 4557, 4562, 5019, 5801, 5806, 6185, 6370, 6497, 6744, 6745, 6840, 6932, 8159, 8160, 8218, 8883, 8884, 8885, 9371, 9498, 9529, 9702.
— *accompagnant* en chef et à sénestre une bande, 5998.
— *accompagné* de... en chef, 8618; — de... en chef et en pointe, 5101; — d'un croissant en pointe, 9383; — d'une étoile en chef, 4742; — de trois étoiles, 7279; — de trois fleurs de lys au pied coupé, deux en chef et une en pointe, à la bordure, 5636; — d'un lion en chef, 5601, 5602; — d'un maillet en chef, 6994; — d'une merlette en chef, 5099; — d'une merlette en chef, à la bordure engrêlée, 6323; — en pointe d'une quintefeuille, 4242.
UN SAUTOIR à la *bordure*, 3899, 5957; — chargée de huit fleurs de lys, 6133; — engrêlée, 8717, 8718, 8719, 8720.
— *brochant* sur un créquier, 2974; — sur une croix ancrée, 3115; — sur un fascé de huit pièces, 984, 3188, 3189; — sur un fascé de huit pièces, à l'aigle éployée sur le tout, 3187; — sur un semé de fleurs de lys, 2437, 2498; — sur un lion, 2230, 3118; — sur trois pals, 8962; — sur un râteau emmanché, 7688.
— *cantonné* de..., à la bordure, 1917; — de quatre... chargeant un écusson sur le tout, 8734, 8735; — de... chargeant un écusson en abîme accompagnant un trécheur fleuronné, 8032; — de quatre aiglettes, 865, 3889, 4660, 8248, 9179; — de quatre annelets, 2850; — de trois besants ou trois tourteaux en chef et aux flancs et d'une coquille en pointe, 9435; — de quatre besants ou quatre tourteaux, 4945; — de six besants, un en chef, un en pointe et deux à chaque flanc, sous un chef, 7250, 7251; — de quatre billettes? 361; — de douze billettes, 3195; — d'un château en chef, d'une étoile en pointe, de deux clous en flanc, 2562; — de deux châteaux en chef et en pointe et de deux lions passant en flanc, 40; — de deux coquilles, l'une en chef et l'autre en pointe, 6557; — de quatre coquilles, 6, 7011; — de quatre coquilles, au lambel, 6558; — de quatre croissants, 351; — d'une étoile en chef et de trois

merlettes aux trois autres cantons, 6127; — en chef et en pointe d'une étoile et de deux pals à chaque flanc, 972; — de quatre étoiles, 824, 3749; — de quatre faucilles, 3587; — de quatre feuilles lancéolées, 2921; — de quatre fleurs de lys, 2436, 9100, 9101; — de douze hermines, 3589; — de deux lions, l'un en chef, l'autre en pointe, 318; — de quatre lions, 3300, 8815, 9591; — de quatre lionceaux, 2507; — de trois mâcles en chef et en flanc et d'une molette en pointe, 9258; — de quatre mâcles, 4042, 4043, 4044; — de quatre marteaux, 5795; — de quatre merlettes, 3132, 3524, 3525, 4169, 4733, 6731, 6961, 8239, 8402, 9338; — de quatre merlettes, à la bordure engrêlée, 3523; — de quatre merlettes chargeant un chef surmontant un lion naissant dans un orle de huit fleurs de lys, 1524; — de quatre merlettes, au lambel, 1795; — de quatre merlettes, au lambel sur le tout, 3146; — de quatre merlettes au lambel de quatre pendants, 3530; — de quatre molettes, 8364; — de trois perdrix et d'une coquille, la coquille en pointe, 7563, 7564; — de trois perdrix et d'une coquille, la coquille en pointe, à la bordure engrêlée, 7562; — de quatre quintefeuilles, 2516, 2925, 6082, 8760; — de quatre quintefeuilles, au lambel, 1136, 2469, 2471; — de quatre roses, sous un chef au lambel de quatre pendants, 7599; — de quatre soleils, 3951; — de quatre têtes de léopard, 4695; — de quatre têtes de lévrier, à la bordure besantée, 4641.

Un sautoir *chargeant* un chef, 9168, 9169; — un écusson chargeant en cœur une croix ancrée vidée, 3928; — un franc canton accompagnant un fascé de six pièces, 6432.

— *chargé* de... en cœur, 162, 164; — de... en cœur, accompagné d'une croisette en chef, 160; — de... en cœur et cantonné d'une hure? en chef et d'une quintefeuille en pointe, 7874; — de... à chaque extrémité, 2847; — de quatre aiglettes et d'une tête de léopard en cœur, 4066; — de cinq annelets? 8714; — de cinq annelets et accompagné d'une merlette en chef, 4558; — de cinq annelets et cantonné d'une coquille en chef, 942; — de cinq annelets chargeant un franc canton accompagné un fretté, 6146; — d'un besant en cœur, brochant sur un semé de fleurs de lys, 2438; — de cinq besants? 1577; — de cinq besants et accompagné d'un besant? en chef, 3194; — de cinq besants et cantonné d'une étoile en chef, 4045; — de cinq besants et cantonné de quatre merlettes, au lambel, 4581; — de cinq besants et cantonné de quatre merlettes contournées, 5301; — de cinq besants ou cinq tourteaux et accompagné d'une étoile en chef, 9527; — de cinq besants ou cinq tourteaux et accompagné d'un lion en chef, 9405; — de cinq besants ou cinq tourteaux et cantonné de quatre étoiles, 9523; — d'une coquille en cœur, 163, 165; — de cinq coquilles, 3841, 5279, 6134; — de cinq coquilles et cantonné de quatre merlettes, 3554, 3555; — en cœur d'une croix potencée et accompagné de neuf mouchetures d'hermine en orle, 3584; — en cœur d'un écusson portant trois... et de quatre... à ses extrémités, cantonné de quatre oiseaux, 1278; — de cinq étoiles, 2887; — de cinq étoiles et de quatre croissants, 6923; — de cinq fleurs de lys, 9239; — de cinq moutons ou cinq béliers, 4560; — de cinq quartefeuilles, 3648; — de cinq tiges fleuronnées, 672.

Un sautoir sous un *chef*, 58; — chargé de trois annelets, 8869; — chargé de trois coquilles, 8764; — chargé d'un léopard, 6924, 6925; — échiqueté de deux tires, 6100.

— sur champ *d'hermines*, 3902.

— au *lambel*, 159, 2821, 2822, 3895, 3897, 4556, 5100, 5917, 6311, 7959, 8560, 9703.

— au double *trécheur fleuronné* brochant, 6322.

— sur champ de *vair*, 8724.

Un sautoir *écuiqueté* cantonné de quatre gonds, à la bordure, 4132.

Un demi-sautoir engrêlé accompagné de besants en orle, 2439.

Un sautoir *engrêlé*, 1741, 2058, 3493, 4071, 6468, 6496, 6904, 7123, 8619.

— *accompagné* d'une étoile en chef, 3484, 7629; — d'une tête d'homme en chef, 2969; — de quatre têtes d'homme de profil, à la bordure, 8753; — d'une tête de More en chef, 6002.

— à la *bordure* engrêlée, 2630.

— *brochant* sur un semé de besants, 3083; — sur une fasce, 9803.

Un sautoir engrêlé cantonné de quatre..., 3549, 5008; — de quatre châteaux chargeant un écusson en abime, à la bordure, 7350; — d'une coquille en chef et de trois têtes d'homme de profil aux trois autres cantons, 2391; — de quatre croissants, 4574; — de quatre cygnes, 7548; — de quatre dragons ailés, 1204, 1205, 2761, 2762; — de quatre faucilles, 6981; — en chef d'une fleur de lys, en pointe d'une enclume et d'un trèfle à chaque flanc, 3719; — de quatre marteaux, 5505; — de quatre merlettes, 7657, 7661; — de quatre pattes, 7474; — de quatre poissons, 7379, 7380; — de quatre sextefeuilles, 7090; — de quatre soleils, 3948; — de quatre têtes de cheval, à la bordure, 5682; — de quatre têtes de dame, 3755, 4303; — de quatre têtes d'homme, 9377; — de quatre têtes d'homme de profil, à la bordure, 2390, 8753; — de quatre têtes de léopard, 2421; — de quatre têtes de lion, 7273, 7274; — de quatre têtes de lion arrachées, 2888; — de quatre tours, 5204, 5897.
— chargé de cinq annelets, 8617; — d'un besant en cœur, 6004; — en cœur d'un rais d'escarboucle et cantonné de quatre dragons ailés, 2763.
— au *franc canton* fretté, 5774.
Un sautoir? fleuronné à la *bordure* engrélée, 2561.
Un sautoir fretté cantonné de quatre fleurs de lys? 508; — de quatre oiseaux, 1155.
Un sautoir demi-potencé accompagné d'un point en chef, 3596.
Un sautoir de vair, 7012, 7305.
Trois sautoirs *accompagnés* d'une croisette sous un chef chargé de trois autres sautoirs, 596, 601, 602, 603.
Trois sautoirs *chargeant* un chef surmontant trois autres sautoirs, 589, 590, 591, 592, 593, 594, 597, 598, 599, 600, 604, 605.
— sous un *chef* chargé de..., 6539; — chargé de trois autres sautoirs, 589, 590, 591, 592, 593, 594, 597, 598, 599, 600, 604, 605.
Quatre sautoirs *accostant* une arbalète, 6096.
— *cantonnant* une croix ancrée, 5.
Six sautoirs, trois en chef et trois en pointe, *accompagnant* une fasce à la barre brochant, 595.
Six petits sautoirs en orle *accompagnant* une bande, 7132.
Un semé de petits sautoirs au demi-lion *brochant*, 9396.

SERRE.
Une serre *accompagnée* de trois fleurs, 2387.
Deux serres, 5181.
— en fasce, l'une sur *l'autre*, 7017, 7018.
— en *sautoir*, 289.
Trois serres, 1932, 1940.
— l'une sur l'autre, 8605.
Voir *Aigle*.

SEXTEFEUILLE.
Une sextefeuille, 6691.
— *accompagnée* en chef et à sénestre un lévrier courant, 3103; — sous un croissant, accompagnant à sénestre un lion au bâton en bande brochant, 5487; — accompagnant en chef et à sénestre un oiseau, 7744; — ou une étoile en chef et deux branches en sautoir en pointe, accompagnant deux têtes d'homme vis-à-vis, 8095; — accompagnant en pointe un chef échiqueté de deux tires, 8151; — en pointe un chevron *accompagné* en chef d'un croissant et d'une étoile, 9470.
Une sextefeuille et une rose *chargeant* un chef soutenu d'un autre chef chargé de trois chandeliers au-dessus d'un bandé de six pièces, 281; — chargeant une fasce accompagnée de six mâcles, trois en chef et trois en pointe, 6598.
— en pointe et un poisson en bande en chef, au *franc canton* chargé d'une molette, 6763.
Deux sextefeuilles *accompagnant* une bande, l'une en chef et l'autre en pointe, 3982; — accompagnant une barre, l'une en chef et l'autre en pointe, 5018; — en chef et deux coquilles et une sextefeuille en pointe accompagnant une fasce, 5769.
Trois sextefeuilles ou trois roses, 391.
— *accompagnant* un chevron, 580, 581, 2837, 8835; — une sextefeuille et deux coquilles en pointe et deux sextefeuilles en chef accompagnant une fasce, 5769.
— *brochant* sur des croisettes, 250, 251, 3462; — sur des croisettes fleuronnées, 249.
— *chargeant* une fasce, 7447.
Quatre sextefeuilles *cantonnant* un sautoir engrélé, 7090.
Six sextefeuilles en orle *accompagnant* une bande, 7778.
Sept sextefeuilles posées en rais d'escarboucle, 6084.
Huit sextefeuilles *chargeant* une bordure accompagnant un lion, 58.

SINGE.
Un singe? *rampant*, 392.
Trois têtes de singe arrachées, sur champ d'hermines, 3348.

83.

Trois têtes de singe *accompagnées* d'une étoile en chef et à dextre, sur champ d'hermines, 3347.

SIRÈNE.
Une sirène, 8957.

SOLEIL.
Un soleil, 4417.
— *accompagnant* en chef et à dextre une croix d'hermines, 9230; — et un croissant accompagnant en chef une fasce, 5286; — en chef et deux croissants en pointe accompagnant une fasce, 431.
— *accompagné* de trois étoiles, 4105; — de trois étoiles, deux en chef et une en pointe, 4627.
— à dextre et un croissant à sénestre *accostant* en chef une arbalète accostée plus bas de deux viretons, 5285.
— ou une étoile sous un *chef* chargé de trois cœurs, 1607.
— *surmontant* un croissant, 1672.
Trois soleils? 1081.
Quatre soleils *cantonnant* une croix, 4771; — un sautoir, 3951; — un sautoir engrêlé, 3948.

SUR LE TOUT.
Une aigle éployée sur le tout d'un fascé de huit pièces, au sautoir brochant, 3187.
Un chevron sur un parti d'un plain et d'un échiqueté, 7709.
Une étoile sur le tout d'un écartelé d'un sautoir et d'une fasce, 3453.
Une fleur de lys sur le tout d'un burelé au bâton en bande brochant, 2860.
Un heaume cimé d'un buste d'archevêque sur un burelé à la bande, 238.
Un heaume cimé d'un col de cygne sur le tout d'un écartelé de plains à la bande engrêlée et d'une croix, 195, 197.
Un lambel sur le tout d'un écartelé d'une bande et d'un plain, 7379, 7561.
Un pal chargé de deux clefs en sautoir surmontées d'une tiare, sur le tout d'un écartelé de trois fleurs de lys, d'une vache passant et d'un fascé de six pièces. 9188.
Un pal chargé de trois maillets, 2 et 1, sur le tout d'un parti d'un chef chargé de trois merlettes et de deux bandes sous un chef chargé de trois maillets, 5613.
Une tête de lion sur le tout d'un écartelé d'un pairle et de trois fleurs de lys, 2737, 2739.
Voir *Écusson sur le tout.*

SUREAU
Un sureau accompagné de trois quintefeuilles en chef, 8742.

TAILLÉ.
Un taillé, 5467.

TAU.
Un tau *cantonnant* en chef et à sénestre une croix, 4195.
Deux tau *accompagnant* trois fleurs de lys, 1751.

TAUREAU.
Un rencontre de taureau, 8947.

TERRASSE.
Une terrasse plantée d'un arbre, 6457.

TÊTE....
Trois têtes de... en *chef* accompagnant une bande, 1587.
— *chargeant* un chevron, 4568.

TÊTE HUMAINE.
Une tête de femme de face, en couvrechef, 264.
— en pointe et deux étoiles en chef accompagnant un chevron, 1219, 1220.
— de face à la *bordure* dentée? 4458.
Quatre têtes de dame *cantonnant* un sautoir engrêlé, 3755, 4303.
Une tête d'homme de profil à dextre. 2245.
— *accompagnant* en chef un sautoir engrêlé, 2969.
— barbu de profil, *accompagnée* d'une étoile à dextre, 4398.
— *couronnée*, 6927.
Un buste d'homme de face, *accosté* d'une étoile et d'un point, 9125.
— de profil *percé* d'une flèche, 4077.
— de profil à droite *sénestré* d'un héron, 661.
Une tête de roi de face couronnée, 4033.
Une tête humaine sur un corps d'oiseau, 1680.
Deux têtes d'homme en chef et deux lions assis affrontés en pointe *accompagnant* un château supporté par deux hommes sauvages, 2321.
— vis-à-vis *accompagnées* d'une étoile ou d'une sextefeuille en chef et de deux branches en sautoir en pointe, 3095.
Trois têtes d'homme, 6465, 9472.
Trois têtes d'homme barbu *accompagnant* un chevron, 5911; — un chevron chargé à son sommet d'une coquille, 56.
— *accompagnées* d'une étoile en abime, 3191.
Trois têtes d'homme de profil et une coquille en chef *cantonnant* un sautoir engrêlé, 2391.
Quatre têtes d'homme *cantonnant* un

sautoir engrêlé, 9377; — de profil cantonnant un sautoir engrêlé, à la bordure, 2390, 8753.

TÊTE DE MORE.

UNE TÊTE DE MORE, 4103.
— *accompagnant* en chef un sautoir engrêlé, 6002.
TROIS TÊTES DE MORE *accompagnées* d'un lion en abîme, 1229.
— *surmontant* une tour, 6962, 6963, 6965, 6966, 6968, 6969.
TÊTES D'AGNEAU, D'AIGLE, D'ÂNE, DE BÉLIER, DE CERF, DE CHAT, DE CHEVAL, DE CHÈVRE, DE CHIEN, DE COQ, DE CYGNE, DE DAUPHIN, DE DRAGON, DE LAPIN, DE LÉOPARD, DE LÉVRIER, DE LICORNE, DE LION, DE LOUP, D'OISEAU, D'OURS, DE SINGE.
Voir *Agneau, Aigle, Âne,* etc.

TIARE.

UNE TIARE *surmontant* deux clefs en sautoir chargeant un pal 9188.

TIERCE.

UNE TIERCE EN BANDE *accompagnée* de six trèfles en orle, 9329.
DEUX TIERCES EN FASCE *accompagnées* d'une étoile en abîme et de trois annelets en chef, 2002.
DEUX TIERCES *brochant* sur un losangé, 7792.
DEUX TIERCES EN SAUTOIR *cantonnées* de quatre merlettes, 8887, 8888, 8889, 8890, 8891.
TROIS TIERCES *accompagnées* d'un écusson en chef et à dextre, 869, 2990.
— sous un *chef*, 2991.
TROIS TIERCES ONDÉES, 4540.

TIERCÉ.

UN TIERCÉ : au 1, trois fasces; au 2, une fasce chargée de deux bandes;

au 3, trois fleurs de lys au bâton en bande brochant, 7296.
UN TIERCÉ EN BANDE : une bande chargée d'une étoile en chef entre deux bandes de vair, sous un chef chargé d'une fleur de lys issant, 7435.
UN TIERCÉ EN PAL : au 1, une croix tencée cantonnée de quatre croisettes; au 2, un semé de fleurs de lys, au lambel; au 3, un semé de fleurs de lys, à la bordure, 3783.

TIERCEFEUILLE.

UNE TIERCEFEUILLE, 7462.
— *chargeant* un chef à dextre, 1024.
— sous un *chef* chargé de deux ondes, 4541.
TROIS TIERCEFEUILLES, 743, 7462, 7463, 7464, 7465, 7466, 7467, 7471.
— *accompagnant* une fasce, à la bordure, 2463.
— à la *bordure*, 7468, 7469.
DIX TIERCEFEUILLES, 4, 3, 2 et 1, à la *bordure*, 8067.

TIGE.

Voir *Arbre*.

TONNEAU

TROIS TONNEAUX, 4555; — munis chacun d'un entonnoir, 3676.

TONNELET.

TROIS TONNELETS ou barillets, 1425.

TOUR.

UNE TOUR, 312, 314, 3175, 5563, 6043, 8294, 8295, 8348, 8503, 8959, 8965, 8972, 8973, 8907, 8988, 9563;
— la baie de la porte garnie d'une herse, 76 ; — la porte fermée par une herse, perronnée et accompagnée de six fleurs de lys en orle, 77.
— *accompagnée* de fleurs de lys en

orle, 75, 2985; — à sénestre d'un lion couronné, 6099.
UNE TOUR *accostée* de deux..., 9023; — de deux dragons, 88.
— *brochant* sur un semé de fleurs de lys, 5052, 8975, 8977, 9126; — sur un semé de fleurs de lys, à la bordure, 8979.
— *chargeant* en cœur une croix cantonnée de quatre fleurs de lys, 8963, 8966.
— *flanquée* à sénestre d'une tour plus petite, 8168.
— au *lambel*, 9027, 9028, 9029.
— *adextrée* d'un avant-mur, 8968; — d'un avant-mur, au bâton en bande brochant, 6161.
— *sénestrée* d'un avant-mur, 8984, 8985.
UNE TOUR *surmontée* de trois têtes de More, 6962, 6963, 6965, 6965, 6968, 6969.
UNE TOUR PERRONNÉE, 6050.
DEUX TOURS : une tour et une coquille en chef et une tour en pointe accompagnant un chevron, 9499.
— *surmontant* une porte accompagnée d'une étoile en chef et à dextre, 5462.
TROIS TOURS, 1618, 4607, 4947, 7282, 7283, 7284, 7782, 8365, 8974, 9021, 9025.
— deux en chef et une en pointe, *accompagnant* une fasce, 7555.
— à la *bordure*, 7283, 7285, 7286.
— *chargeant* un pal accosté de quatre pattes de lion, à la bordure, 1471.
— *défendant* un mur, 9504.
TROIS TOURS COUVERTES amorties en cône, 4726.
QUATRE TOURS *cantonnant* un sautoir engrêlé, 5204, 5897.
UN SEMÉ DE TOURS ET DE FLEURS DE LYS, 8630, 8631, 8632, 8633.

TOURNELLE.

Trois tournelles, 9005.
— au *lambel*, 9008.
Cinq tournelles, 2, 2 et 1, 1679, 9006.
— en sautoir *cantonnées* de quatre écussons : le 1 et 4 chargés d'un burelé au lion brochant; le 2 et le 3 d'hermines à la croix cantonnée d'une molette en chef et à dextre, 9007.

TOURTEAU.

Un tourteau, 5389, 6390, 6871.
— en pointe et une étoile en chef *accompagnant* une bande chargée d'un lion, 3806.
— *chargeant* une bande au lambel, 707.
Deux tourteaux, l'un sur l'autre, 6313, 6314, 6315, 6316.
— et quatre hermines *accompagnant* une fasce, 201.
Trois tourteaux, 6123, 6849.
— *accompagnant* un chevron, 758; — une fasce, 1730; — en chef une fasce vivrée, sur champ d'hermines, 8625, 8626, 8627, 8628; — en chef deux fasces, sur champ d'hermines, 5015; — en chef deux fasces, au lambel, 5272.
— au *bâton en bande* brochant, 1729, 5108; — à la bordure engrêlée, 5491.
— *brochant* sur un semé de croisettes, 259.
— *chargeant* un écusson *accompagnant* en chef une bande engrêlée, 205; — un écusson sur le tout du tout, 2985.
— le premier *chargé* d'un lion, 878; — le premier chargé d'un lion passant, 879, 880, 881.
— sur champ *d'hermines*, 2110.
— au *lambel*, 8809.
— *surmontant* trois fasces, 1947, 1948.

Sept tourteaux, 3, 3 et 1, 5277.
Tourteau ou besant. Voir *Besant ou Tourteau*.

TRANCHÉ.

Un tranché, 5465, 5466.
— au 1, *trois étoiles*, au 2, cinq chevrons renversés, 5224.
— au *lambel*, 5468.

TRÉCHEUR.

Un trécheur *accompagnant* un écusson en abîme accompagné de huit croisettes en orle, 1314, 5888.
Un trécheur fleuronné *accompagnant* cinq châteaux posés en sautoir, 6052.
— à l'écusson en abîme chargé d'un sautoir cantonné de..., 3032.
Un double trécheur fleuronné *accompagnant* deux bars adossés, 6318, 6319, 6320; — trois croissants accompagnés d'un besant ou d'un tourteau en abîme, 8730; — un lion, 58, 3286.
— à la *bande* chargée de trois... brochant, 8270.
— *brochant* sur un sautoir, 6322.

TRÈFLE.

Un trèfle, 1018.
— *accompagnant* une bande en chef et à sénestre, 7738, 7739; — en chef et à dextre trois chevrons, 6812.
Un trèfle vidé, 3713.
Deux trèfles *accompagnant* en chef une aigle, à la bordure, 8116; — en chef un lion, 1434.
— *flanquant* un sautoir cantonné d'une fleur de lys en chef et d'une enclume en pointe, 3719.
Trois trèfles, 2291, 4273, 6916, 7955, 9069.
— *accompagnant* un chevron, 128, 1060, 1428, 4070, 5949, 7438, 7866, 8791; — un chevron chargé d'un croissant au sommet, 7585; — un chevron chargé de trois étoiles, 1059.
Trois trèfles *chargeant* une bande côtoyée de deux cotices ondées, 5273; — une fasce accompagnée de trois oiseaux, deux en chef et un en pointe, 896.
Trois feuilles de trèfle *accompagnant* un chevron chargé de trois molettes, 836.
Cinq trèfles tigés, en bouquet, 7180.
Six trèfles, trois en chef et trois en pointe *accompagnant* un croissant, 2780.
Six trèfles en orle *accompagnant* trois fermaux, 9637; — une tierce en bande, 9329.
Sept trèfles *chargeant* le tout d'un lion brochant sur un chef, 5496, 5497.
Huit trèfles ? en orle *accompagnant* un écusson en abîme chargé de.... dans un trécheur, 5888.
Un semé de trèfles à trois chevrons brochant, 4575.
— à trois croissants brochant, 6809.
— à trois fleurs de lys au pied nourri brochant, 7530.
Un semé de trèfles et trois hanaps couverts *chargeant* une bande accompagnée en chef et à sénestre d'une étoile, 7195.
— au *léopard* couronné brochant, 8403.
— au *lion* brochant, 1596, 1597, 2379, 6309, 6310, 7217, 9078.
Un semé de trèfles à deux bars adossés, 2244, 4571, 5690, 6699, 6701, 6703, 7632, 7633.
— *accompagnés* à dextre d'un lion, 6697, 6698.
— à la bande brochant, 6704.
— à la bordure, 6705.
— *chargeant* un franc canton accompagnant un lion, 531.

UN SEMÉ DE TRÈFLES À DEUX BARS ADOSSÉS au lambel, 2609, 2610, 2611, 2612, 2613.

TREILLISSÉ.
UN TREILLISSÉ, 833, 8824, 8825, 8826, 8827, 8828, 8829.
— à la bordure, 8068, 8069.

TRESSE.
UN FASCÉ DE TRESSES et de six cibouttes, 2, 2 et 1, de six pièces, 4595.

TROMPE.
DEUX TROMPES EN SAUTOIR cantonnées de quatre fers de cheval, 3579.

VACHE.
UNE VACHE? PASSANT, 960.
— chargeant un chef surmontant une fasce accompagnée de six fleurs de lys, 1346.
DEUX VACHES PASSANT, L'UNE SUR L'AUTRE 3664, 3665, 3667, 3669, 6665, 6668, 6669, 6674, 8427, 9225, 9226.
— chargeant un chef surmontant un écartelé de quatre lions, 6672, 6673; — un écusson sur le tout, 7850, 7853.
— au lambel de cinq pendants, 6661.

VAIRÉ.
UN VAIRÉ, 75, 290, 467, 646, 768, 769, 1004, 1027, 1275, 1276, 1437, 1438, 1900, 2060, 2062, 2088, 3003, 4467, 4487, 4488, 4489, 4544, 5073, 5074, 5075, 5489, 5708, 6106, 6131, 6538, 7627, 7724, 7846, 7847, 8439, 9032, 9034, 9215, 9247, 9248, 9416, 9578, 9687, 9688, 9689; — en chef et un coq en pointe, 8611.

UN VAIRÉ accompagnant en chef une bande chargée de trois roses, 5619.
— accompagné d'un plain en pointe, 1023.
— à la bande, 1901, 1925, 2284, 5546, 5922, 5923, 5924, 5925, 5926, 7840, 8316, 8317, 9690; — chargée de... 1712; — chargée de..., au filet en barre brochant, 1332; — chargée de trois annelets, 2721; — chargée de trois lionceaux, 9404.
— au bâton en bande brochant, 2806.
— à la bordure besantée, 6105.
— à la champagne ondée, 8577.
— chargé d'une coquille en chef et à dextre, 7831; — d'une croix, 3594; — en chef et à dextre d'un écusson portant un lion, 6953; — de deux fasces, 5614; — de deux pals sous un chef, 1678.
— sous un chef, 9139, 9140, 9141, 9142; — sous un chef chargé de trois coquilles, 5575; — chargé d'un lambel, 3486; — chargé d'un lion issant, 4283; — d'un lion passant, 2061, 4612.
— coupé de cinq besants, 2, 2 et 1, 5698, 5700, 5701, 5702.
— à l'écusson en abîme, 1505.
— à l'émanché de trois pièces mouvant du chef, 5595.
— au franc canton, 4282, 6587, 9683; — chargé de..., 7013; — chargé d'un dextrochère? 2059; — chargé d'une étoile, 4048, 5576; — chargé d'un lion issant, 5558; — chargé d'une molette, 1895, 3341, 3342, 3343.
— au lambel, 767, 1718, 5703, 5704, 7843; — de cinq pendants, 2089.
— au sautoir, 8724.

VAISSEAU.
Voir Nef.

VANNET.
Voir Coquille.

VASE.
UNE AIGUIÈRE, 848, 849, 850, 851, 854, 855, 856, 3873, 6314.
UN VASE À TROIS PIEDS ET À UNE ANSE accompagné de deux hermines en chef et d'une étoile en pointe, 4454.
UN VASE À TROIS PIEDS ET À DEUX ANSES garni de trois tiges de lys, 3677.
TROIS VASES FERMÉS, 1424.

VEAU.
TROIS RENCONTRES DE VEAU, deux en chef et un en pointe, accompagnant une fasce, 9289.

VERGE.
UNE VERGE accompagnée en pointe d'une fleur de lys et d'une rose, tenue par deux dextrochères, 8866.

VERGETTE.
TROIS VERGETTES chargeant une bande accompagnée de trois étoiles 2 et 1, 1078.
SIX VERGETTES, 9361.
VERGETTES chargeant un chef, 3789.

VIGNE.
UN CEP DE VIGNE accompagné d'un croissant en chef et à dextre, 9464.

VIRES.
DES VIRES surmontant la lettre A, 9570.

VIRETON.
DEUX VIRETONS et un soleil et un croissant accostant une arbalète, 5285.

VIVRE.

UN VIVRÉ en chef, 6247.
— et une fleur de lys en pointe accompagnant deux épines, 8704;
— accompagnant en chef une fasce, 1244, 4957, 6696, 8685; — en chef et trois fleurs de lys en pointe accompagnant une fasce, 2664; — à dextre et un lion passant contourné accompagnant en chef une fasce, 5156; — accompagnant en chef une fasce chargée de trois coquilles, 4224; — en chef une fasce chargée d'un écusson à la fasce, 816; — en chef deux fasces, 4468, 5928.
— accompagné d'une croisette au canton dextre, chargeant un chef surmontant trois pals, 1092; — d'un écusson gironné? au canton dextre, chargeant un chef surmontant un palé de six pièces, 1097; — d'une étoile au canton dextre, chargeant un chef, 939.
— brochant en chef sur une croix, 1641.

UN VIVRÉ chargeant une bande, 3193;
— une bande accompagnée de deux têtes de léopard, l'une en chef et l'autre en pointe, 8326;
— un chef, 340, 342, 1049, 2981, 3847; — un chef surmontant sept besants ou sept tourteaux, 3, 3 et 1, 3647; — un chef surmontant un coq, 2643; — un chef surmontant deux pals, 1089; — un chef surmontant trois pals, 1093, 1095; — un chef surmontant quatre pals, 1094; — un chef surmontant un palé de six pièces, 1084, 1085, 1086, 1087, 1088, 1091, 1096, 1098, 1099, 6196; — un chef à la bande brochant, 4180; — un chef brisé d'une croisette au canton dextre, surmontant trois pals, 1092; — un chef soutenant un autre chef, 5940; — une fasce, 1413.
— à la *fasce brochant*, 8291.
— au *lambel*, chargeant un chef, 1048.
— surmontant une fasce chargeant un franc canton accompagnant deux lions couronnés, 2112.

DEUX VIVRÉS, l'un *chargeant* un chef soutenu, l'autre le chef soutenant, 2966.
— en pal entrecroisés *brochant* sur un fascé de six pièces, 8412.

VOL.

UN DEMI-VOL, 90, 92, 93.
— *abaissé*, 3176, 3177.
— *accompagné* d'une étoile en chef et à sénestre, 2966.
— à la *bande* brochant, 6178; - et un lion rampant contre lui, 4124.
— au *chef* chargé de trois fleurs de lys, 59.

UN VOL, 5292.
— à la *bande* brochant, 7374, 7375.

TROIS VOLS? à la bande engrêlée brochant, 794.

TROIS VOLS LIÉS *accompagnant* une fasce ondée, deux en chef et un en pointe, 6891.

FIN DU SECOND VOLUME.

RENVOIS ET CORRECTIONS.

TOME PREMIER [1].

Nos · 33. *Au lieu de :* poisson tourné à dextre, *lisez :* tourné à sénestre.
    85. Alerant (Raymond), *conférez :* Talleyrand (Raymond).
  266. Arlende, *voyez aussi :* Erlande.
  269. *Au lieu de :* Barcelone, *lisez :* Barcelonne.
  274. *Au lieu de :* un lion au lambel, *lisez :* au lambel sur le tout.
  339. Asseline (Jacquemart l'), *conférez :* Esseline (Jacquemart).
  409. *Après :* deux dauphins à sénestre, *ajoutez :* formant l'initiale B.
  455. *Au lieu de :* lion naissant, *lisez :* lion issant.
  513. *Au lieu de :* Papaume, *lisez :* Bapaume.
  612. *Au lieu de :* Banentin : *lisez :* Baneutin.
  702. Baudouin de Constantinople : *Article annulé, n'appartient pas à Clairambault.*
  885. *Au lieu de :* sceau rond, *lisez :* sceau ovale.
  939. *Au lieu de :* Bernieux, *lisez :* Berneuil.
1017. *Ajoutez :* supporté par deux sirènes.
1097. *Au lieu de :* canton dextre, *lisez :* canton sénestre.
1119. *Au lieu de :* Boinville, *lisez :* Bouville.
1141. *Au lieu :* d'une tête de femme, *lisez :* d'une tête de More, supporté par deux aigles à tête de femme.
1245. *Au lieu :* d'un oiseau, *lisez :* un animal.
1287. *Au lieu de :* au franc canton, au chef échiqueté, *lisez :* au franc canton chargé d'un chef échiqueté.
1314. *Supprimez :* dans un trécheur.
1630, 1631. *Au lieu de :* Brouilly, *lisez :* Breuilly.
1695. *Au lieu de :* supporté par deux damoiselles, *lisez :* supporté par deux anges.
1799. *Au lieu de :* Canerel, *lisez :* Caverel.
1895. *Au lieu de :* Casines (des), *lisez :* Escames (d').
2028, 2029. *Au lieu de :* Chabannes, *lisez :* Chabans.
2271, 2272. Chastelet, *voyez aussi :* Châtelet.
2306, 2307, 2308. Châtelet, *voyez aussi :* Chastelet.
2368, 2369. Guillaume de Chauffour, *conférez :* Guillaume d'Escaufour.

[1] Par une erreur de copie, les renvois et corrections placés à la fin du tome 1er se trouvent incomplets; nous en reproduisons ici la liste entière.

RENVOIS ET CORRECTIONS.

N°' 2679. *Au lieu de :* supporté par deux oiseaux, *lisez :* supporté par deux griffons.

2730. *Au lieu de :* vicomte d'Auchy, *lisez :* vicomte d'Ouchy.

2878. *Au lieu de :* cimé d'un personnage à mi-corps, *lisez :* cimé d'un dragon ailé.

2936. *Au lieu de :* six mâcles, *lisez :* sept mâcles.

3112. *Au lieu de :* à la bande engrêlée, *lisez :* à la bordure engrêlée.

3250. *Au lieu de :* Dunois (Jean, comte de), *lisez :* Dunois (François, comte de).

3334. Erlande, *voyez aussi :* Arlende.

3357. Eslettes (d'), *conférez :* Lettes (de).

3451. *Au lieu de :* trois merlettes, *lisez :* trois maillets.

3534. *Au lieu de :* Fayente (de la), *lisez :* Fayette (de la).

3565. *Au lieu de :* au 1 et 4, trois chevrons; au 2 et 3, un lion à queue fourchée, *lisez :* au 1 et 4, un lion à queue fourchée; au 2 et 3, trois chevrons.

3587. *Au lieu de :* quatre feuilles, *lisez :* quatre faucilles.

3721. Fort (Guillaume du), *voyez :* Four (Guillaume du).

3760. Four (Guillaume du), *voyez :* Fort (Guillaume du).

3965. Garesses, *conférez :* Carresse.

4093. Giry (Renaud de), *conférez :* Guy (Renaud de).

4149. Goullons (Renaud de), *conférez :* Guillon (Renaud de).

4175. *Au lieu de :* tenant un lion, *lisez :* tenant un livre.

4364. Guillon (Renaud de), *conférez :* Goullons (Renaud de).

4385. Guy (Renaud de), *conférez :* Giry (Renaud de).

4484. *Au lieu de :* 2 avril 1399, *lisez :* 2 avril 1396.

4805. *Au lieu de :* à la bordure, *lisez :* le tout à la bordure.

4835. Jaigny, *conférez :* Joigny.

4934. Joigny, *conférez :* Jaigny.

5123. Lauward, *conférez :* Loard.

5173. Lerrain (Guérin de), *conférez :* Lorris (Guérin de).

5193. Lettes (de), *conférez :* Eslettes (d').

5225. *Au lieu de :* trois mâts, *lisez :* un mât avec une hune et deux châteaux, surmontés chacun d'une fleur de lys.

5299. Loard, *conférez :* Lauward.

5320, 5321. *Au lieu de :* Longchamp, Lonchamps, *lisez :* Longchamps.

5366. Lorris (Guérin de), *conférez :* Lerrain (Guérin de).

5700. *Au lieu de :* une vairé, *lisez :* un vairé.

5884. *Au lieu de :* trois étoiles, *lisez :* trois coquilles.

6122. *Au lieu de :* (Tassan), *lisez :* (Tasson).

6248. *Au lieu de :* Mantaut, *lisez :* Montaut.

6264. *Au lieu de :* maréchal de la Marche, *lisez :* maréchal de la Marck.

6323. *Au lieu de :* à la bande engrêlée, *lisez :* à la bordure engrêlée.

6553. *Au lieu de :* supporté par un griffon, *lisez :* supporté par deux griffons.

6575. *Au lieu de :* Moustiers (de), *lisez :* Moustiers (des).

6594. *Au lieu de :* Quantin, *lisez :* Quentin.

TOME SECOND.

N°ˢ 6633. Dans la légende, *au lieu de* : Nellat, *lisez* : Neillat.
6820. *Au lieu de* : Ochancourt, *lisez* : Ochancourt.
6953. Palme (Georges de la), *conférez* : Paume (Georges de la).
6962. L'écartelé est inverse.
6965. *Au lieu de* : trois têtes de More, *lisez* : une tête de More.
6982. Les généraux trésoriers des aides à Paris, *conférez* : Odde (Nicolas).
7022. Payoloé, *conférez* : Pelloie.
7071. *Au lieu de* : ....,1415, *lisez* : juin 1415.
7128. *Au lieu de* : 24 avril 1415, *lisez* : 24 avril 1414.
7334. *Au lieu de* : Hubon de Pontvoire, *lisez* : Hugon de Pontvoire.
7753. *Au lieu de* : écartelé, *lisez* : parti.
7784. *Au lieu de* : écu au lion accosté de deux palmes, *lisez* : écu au lion, accosté de deux palmes.
7949. *Au lieu de* : à la bande engrêlée, *lisez* : à la bordure engrêlée.
8333. Saintreval, *conférez* : Serreval.
8505. *Au lieu de* : Schrosbury, *lisez* : Schrewsbury.
8512. Séchaut, *conférez* : Seschaut.
8601. *Au lieu de* : de Severdes, *lisez* : d'Esquerdes.
8749. Au contre sceau, *au lieu de* : trois fasces, *lisez* : trois bandes.
9053. *Au lieu de* : sceau rond, *lisez* : sceau ovale.
9057. *Ajoutez* : supporté par deux hommes sauvages.

www.ingramcontent.com/pod-product-compliance
Lightning Source LLC
Chambersburg PA
CBHW050316240426
43673CB00042B/1424